判例プラクティス 憲法

1 人権の主体
■判例の流れ■　4
(1) 外国人─────5
1　外国人の出国の自由　5
2　外国人の政治活動の自由　マクリーン事件　6
3　外国人の再入国の自由　森川キャサリーン事件　8
4　協定永住許可外国人の再入国の自由　崔善愛事件　9
5　亡命者・政治難民の保護　尹秀吉事件　10
6　社会生活における外国人の人権　ゴルフクラブ入会拒否事件　11
7　定住外国人の地方参政権　12
8　外国人の公務就任権　東京都管理職選考受験資格事件　13
9　戦後補償における国籍条項　台湾住民元日本兵戦死傷者の補償請求　15
10　援護法の戸籍条項　在日韓国人元日本軍属障害年金訴訟　16
(2) 少数民族─────17
11　少数民族の文化享有権　二風谷ダム事件　17
(3) 法人─────18
12　団体の人権享有主体性　八幡製鉄事件　18

2 人権の法律関係
■判例の流れ■　20
(1) 私人相互間における人権─────21
13　傾向経営と政治的信条による解雇　日中旅行社事件　21
14　私法関係と基本的人権　三菱樹脂事件　22
15　私立大学と基本的人権　昭和女子大事件　24
16　私企業における女性差別　女子若年定年制事件　25
17　労働者への政党所属調査　東京電力塩山営業所事件　26
18　入会部落での入会権者の資格要件　男子孫入会権事件　27
19　国が行う私法上の行為　百里基地訴訟　28
(2) 公務員の勤務関係における人権─────29
20　公務員の「政治的行為」と刑罰　猿払事件上告審　29
(3) 刑事施設における人権─────31
21　未決拘禁者の閲読の自由　よど号ハイジャック記事抹消事件　31

3 幸福追求権
■判例の流れ■　33
(1) 一般的自由─────34
22　幸福追求権の性格　賭場開張事件　34
23　被拘禁者の喫煙の禁止　36
24　自己消費目的の酒類製造と免許制　どぶろく裁判　37
25　公立中学校における髪形の規制　38
26　校則違反による自主退学勧告の適法性　修徳高校パーマ退学事件　40
27　校則によるバイク制限　41
28　ストーカー行為の処罰　ストーカー規制法事件　42
(2) 憲法上の権利─────43
　a　自己情報コントロール権
29　被疑者の写真撮影と肖像権　京都府学連事件　43
30　警察による撮影・録画の許容限度　山谷テレビカメラ監視事件　45
31　街頭防犯用監視カメラの設置　釜ヶ崎監視カメラ事件　46
32　Nシステムの合憲性　47
33　市による弁護士への前科回答　前科照会事件　48
34　講演会参加者リストの提出　江沢民講演事件　49
35　行政による個人情報の管理・利用　大阪住基

CONTENTS

    ネット訴訟　50
36 指紋押捺制度の合憲性　52
   b　人格権
37 自己決定権と輸血拒否(1)　エホバの証人輸血拒否事件1審　53
38 自己決定権と輸血拒否(2)　エホバの証人輸血拒否事件2審　54
39 自己決定権と輸血拒否(3)　エホバの証人輸血拒否事件上告審　55
40 空港騒音公害と人格権(1)　大阪空港公害訴訟2審　56
41 空港騒音公害と人格権(2)　大阪空港公害訴訟上告審　57

4　法の下の平等

■判例の流れ■　59
(1) 高齢者差別───60
42 高齢を理由とする待命処分の合憲性　60
(2) イエ制度───61
43 尊属殺重罰規定と法の下の平等　61
(3) 思想差別───63
44 思想による解雇　レッド・パージ事件　63
(4) 性差別───64
45 再婚禁止期間と法の下の平等　64
46 外貌障害に対する保険給付の男女間格差　65
(5) 非嫡出子差別───66
47 非嫡出子の法定相続分差別と法の下の平等　66
48 非嫡出子の国籍取得差別と法の下の平等　68
(6) 同性愛者差別───70
49 同性愛者への公共施設宿泊拒否　東京都青年の家事件　70
(7) 性同一性障害特例法───71
50 性同一性障害特例法と法の下の平等　71

5　思想・良心の自由

■判例の流れ■　72
(1) 思想・良心の自由の侵害の可能性──73
51 謝罪広告の命令の合憲性　73
52 内申書への事実の記載の合憲性　麹町中学内申書事件　75
53 国歌斉唱等の強制の合憲性　「日の丸・君が代」予防訴訟　76
54 「君が代」ピアノ伴奏の強制の合憲性　77
55 「君が代」起立斉唱の強制の合憲性　78
(2) 団体の行為と構成員の思想・良心の自由───79

56 労組の活動範囲と組合員の協力義務　国労広島地本事件　79
57 日弁連特定法案反対決議と一般会費からの活動費支出　81
58 税理士会の活動範囲　南九州税理士会事件　82
59 司法書士会の活動範囲と会員の協力義務　群馬司法書士会事件　84

6　信教の自由

■判例の流れ■　85
(1) 信教の自由の間接的規制───86
60 加持祈禱を行った者に対する傷害致死罪の成立　86
61 宗教法人解散命令の合憲性　オウム真理教解散命令事件　87
62 アレフに対する観察処分の合憲性　88
63 牧会活動の正当業務行為該当性　89
(2) 間接的規制と行政裁量審査───90
64 日曜参観への欠席扱いの当否の判断と信教の自由　90
65 退学処分等の当否の判断と信教の自由　剣道受講拒否事件　91

7　政教分離

■判例の流れ■　93
(1) 住民訴訟と政教分離───94
66 市体育館起工式挙行の合憲性　津地鎮祭事件　94
67 地蔵像のための市有地の無償利用提供の合憲性　96
68 忠魂碑敷地取得等の合憲性　箕面忠魂碑・慰霊祭事件　97
69 例大祭等への玉串料支出の合憲性　愛媛玉串料事件　99
70 知事の大嘗祭参列の合憲性　鹿児島大嘗祭違憲訴訟　101
(2) 住民訴訟と政教分離―裁量審査───102
71 神社の撤去請求の不作為の違法性　空知太神社事件　102
72 神社のための市有地の譲与の合憲性　富平神社事件　104
(3) 損害賠償請求訴訟と政教分離───105
73 自衛隊員の合祀申請準備行為の合憲性　自衛官合祀事件　105
74 首相の靖國神社参拝の合憲性　107

C O N T E N T S

8 表現の自由(1) 総論
■判例の流れ■ 108
(1) 表現の自由の範囲 ───── 109
- 75 せん動の処罰と表現の自由　109
- 76 破防法せん動罪　渋谷暴動事件　110
- 77 営利的広告の制限　111
(2) 表現の時・場所・方法 ───── 112
- 78 街頭演説の許可制　112
- 79 屋外広告物の規制(1)　大阪市屋外広告物条例事件　113
- 80 屋外広告物の規制(2)　大分県屋外広告物条例事件　114
(3) 管理権と表現の自由 ───── 115
- 81 電柱へのビラ貼り　115
- 82 駅構内でのビラ配布　116
- 83 自衛隊宿舎の敷地内でのビラ配布　立川ビラ配布事件　117
- 84 マンションでのビラ配布　葛飾ビラ配布事件　118
(4) 表現の助成 ───── 119
- 85 車内広告放送　囚われの聴衆事件　119
- 86 美術作品の観覧の制限　天皇コラージュ事件　120
- 87 公立図書館司書の図書廃棄　「新しい歴史教科書をつくる会」事件　121
(5) 集会の自由とその限界 ───── 122
- 88 工作物使用禁止命令と集会の自由　成田新法事件　122
(6) 集団示威運動 ───── 123
- 89 条例によるデモ規制(1)　新潟県公安条例事件　123
- 90 条例によるデモ規制(2)　東京都公安条例事件　124
- 91 国会周辺のデモ規制　126
- 92 道路交通法によるデモ規制　127
(7) 施設管理権と集会の自由 ───── 128
- 93 メーデー集会と公園の使用　皇居前広場事件　128
- 94 政治的集会と市公会堂の使用　大阪市公会堂事件　130
- 95 空港建設反対集会と市民会館の使用　泉佐野市民会館事件　131
- 96 労組幹部合同葬と福祉会館の使用　上尾市福祉会館事件　133

9 表現の自由(2) わいせつ・性表現
■判例の流れ■ 134
- 97 わいせつ文書頒布罪と表現の自由　チャタレイ事件　135
- 98 わいせつの判断方法(1)　「悪徳の栄え」事件　137
- 99 わいせつの判断方法(2)　「四畳半襖の下張」事件　138
- 100 わいせつの判断方法(3)　ビニール本事件　139
- 101 わいせつの判断方法(4)　メイプルソープ事件　140
- 102 漫画のわいせつ性　「蜜室」事件　141

10 表現の自由(3) 名誉・プライバシー
■判例の流れ■ 142
(1) プライバシー ───── 143
- 103 プライバシー概念の承認　「宴のあと」事件　143
- 104 プライバシー侵害と表現の自由　「石に泳ぐ魚」事件　145
- 105 時の経過とプライバシー　ノンフィクション「逆転」事件　146
- 106 少年事件推知報道とプライバシー　長良川事件　147
- 107 プライバシー侵害に基づく事前差止め　「週刊文春」事件　148
(2) 名誉毀損 ───── 149
- 108 民事名誉毀損と「相当の理由」　「署名狂やら殺人前科」事件　149
- 109 刑事名誉毀損と「相当の理由」　「夕刊和歌山時事」事件　150
- 110 私人の私生活上の行状と事実の公共性　「月刊ペン」事件　152
- 111 公正な論評の法理　長崎教師批判ビラ事件　153
- 112 法的な意見の表明と名誉毀損　「新・ゴーマニズム宣言」事件　154
- 113 テレビ報道による名誉毀損　テレビ朝日ダイオキシン報道事件　155
- 114 ネットワークの媒介者の責任　ニフティサーブ事件　156
- 115 インターネット上の名誉毀損　平和神軍観察会事件　157
- 116 名誉毀損に基づく事前差止め　「北方ジャーナル」事件　158
- 117 反論文の掲載と21条　「サンケイ新聞」事件　160
- 118 訂正放送制度と訂正放送請求権　生活ほっとモーニング事件　161
- 119 メディアへの謝罪広告掲載命令　石器捏造報道事件　162

CONTENTS

11 表現の自由(4)
知る権利 検閲・事前抑制 通信の秘密

■判例の流れ■　163

(1) 知る権利―――164
- 120 取材の自由と法廷における写真撮影　「北海タイムス」事件　164
- 121 取材フィルム提出命令と取材の自由　博多駅事件　165
- 122 検察の取材テープ押収と取材の自由　日本テレビ事件　167
- 123 警察の取材テープ押収と取材の自由　TBSビデオテープ押収事件　168
- 124 国家秘密と取材の自由　外務省秘密電文漏洩事件　169
- 125 未決拘禁者との接見制限と取材の自由　170
- 126 取材源に係る証言拒絶と公正な裁判　取材源秘匿事件　171
- 127 取材対象者の「期待権」と番組改編　NHK期待権事件　172
- 128 法廷でのメモ行為の自由　レペタ事件　173
- 129 情報公開と知る権利　大阪府知事交際費公開請求事件　174
- 130 自己情報の本人開示請求　レセプト開示請求事件　175
- 131 裁判公開と刑事確定訴訟記録の閲覧　176

(2) 検閲・事前抑制―――177
- 132 「検閲」の意義　税関検査事件　177
- 133 有害図書規制と表現の自由　岐阜県青少年保護育成条例事件　178
- 134 教科書検定の検閲該当性　第1次家永訴訟上告審　179

(3) 通信の秘密―――180
- 135 電話傍受と通信の秘密　180

12 学問の自由と教育を受ける権利

■判例の流れ■　181

(1) 学問の自由と大学の自治―――182
- 136 警察官の立入りと学問の自由と自治(1)　ポポロ事件　182
- 137 警察官の立入りと学問の自由と自治(2)　愛知大学事件　184
- 138 国立大学の人事の自律性　九大・井上事件　185
- 139 私立大学における学校法人，教授会，教員の関係　186

(2) 教育を受ける権利―――187
- 140 教科書費国庫負担請求の可否　187
- 141 教科書検定制度と検定の合憲性　第2次家永訴訟1審　188
- 142 全国一斉学力調査の適法性　旭川学テ事件　189
- 143 教育条件整備に関する国会・内閣の裁量　私学訴訟　191
- 144 学習指導要領等に違反した教諭の懲戒　伝習館高校事件　192

(3) 教育を受ける権利―裁量審査―――193
- 145 教科書検定の合憲性　第1次家永訴訟上告審　193
- 146 普通高校入学不許可の当否と教育を受ける権利　195
- 147 特殊学級入級処分の当否と教育を受ける権利　196
- 148 入学後の教育内容の変更と親の教育の自由　197

13 職業選択の自由・居住移転の自由

■判例の流れ■　198

(1) 職業の自由とその規制―――199
- 149 有料職業紹介事業の禁止・制限　職業安定法事件　199
- 150 公衆浴場の適正配置規制(1)　福岡公衆浴場事件　200
- 151 公衆浴場の適正配置規制(2)　大阪公衆浴場事件　201
- 152 タクシー事業の免許制　白タク営業事件　202
- 153 社会経済政策による営業規制　小売市場事件　203
- 154 薬事法による適正配置規制　薬局距離制限違憲判決　204
- 155 酒類販売の免許制　206
- 156 たばこ小売販売の免許制　208

(2) 職業遂行の自由とその規制―――209
- 157 医業類似行為の禁止　209
- 158 生糸の輸入制限と職業活動の自由　西陣ネクタイ事件　210
- 159 資格制における業務独占　司法書士法事件　211
- 160 農業共済組合の当然加入制　農災法事件　212

(3) 居住・移転の自由(海外渡航の自由)―213
- 161 旅券発給拒否と海外渡航の自由　帆足計事件　213

14 財産権

■判例の流れ■　214

(1) 財産権の制限―――215
- 162 条例による財産権の制限　奈良県ため池条例事件　215

CONTENTS

163 共有林の分割制限と財産権の保障　森林法事件　217
164 短期売買利益の提供要求と財産権保障　証券取引法事件　219
165 事後法による財産権の内容変更　国有農地売払特措法事件　221

(2) 損失補償 —— 223
166 戦後農地改革と29条3項(1)　「正当な補償」の意味　223
167 戦後農地改革と29条3項(2)　「公共のために用ひる」の意味　225
168 土地収用法71条と憲法29条3項の「正当な補償」　226
169 29条3項に基づく直接補償請求　河川附近地制限令事件　228
170 予防接種事故と補償請求　230
171 在外財産の喪失と29条3項　232
172 改正駐留軍用地特措法と憲法29条3項　「象のオリ」訴訟　233

15 適正手続
■判例の流れ■　234
173 第三者所有物没収にかかわる諸問題(1)　235
174 第三者所有物没収にかかわる諸問題(2)　236
175 第三者所有物没収にかかわる諸問題(3)　237
176 量刑における余罪の考慮　239
177 31条から導かれる明確性の原則　徳島市公安条例事件　240
178 明確性の原則と罪刑均衡の原則　福岡県青少年保護育成条例事件　242
179 行政手続に対する31条の適用・準用　成田新法事件　243

16 刑事手続上の権利
■判例の流れ■　244
(1) 身体の拘束に対する保障 —— 245
180 緊急逮捕の合憲性　245
181 別件逮捕・勾留　狭山事件　246
182 人身保護法による救済請求　247
183 法廷等の秩序維持のための監置　248
(2) 不法な捜索・押収からの自由 —— 249
184 行政調査権と住居の不可侵　249
185 行政手続と令状主義・黙秘権　川崎民商事件　250
186 所持品検査と違法収集証拠の証拠能力　252
187 強制採尿に必要な令状　253
(3) 拷問および残虐な刑罰の禁止 —— 254

188 死刑と残虐な刑罰　254
(4) 公平な裁判所で迅速な裁判を受ける権利 —— 255
189 「公平な裁判所」の意義　255
190 迅速な裁判の保障　高田事件　256
(5) 証人審問権 —— 257
191 被告人の証人審問権　257
(6) 弁護人依頼権 —— 258
192 弁護人依頼権(1)　国選弁護　258
193 弁護人依頼権(2)　接見交通　259
(7) 自白の強要からの自由 —— 261
194 自己に不利益な供述の拒否　261
195 道路交通法における呼気検査　262
196 麻薬取扱者の記帳義務　263
197 交通事故の報告義務　264
198 犯則嫌疑者に対する質問調査手続　265
199 死体検案における異状届出義務　医事法事件　266
200 公判廷における自白と「本人の自白」　267
(8) 遡及処罰と二重の危険の禁止 —— 268
201 検察官の上訴と二重の危険　268
202 刑罰と追徴税の併科　269

17 国務請求権
■判例の流れ■　270
(1) 裁判を受ける権利 —— 271
203 裁判所において裁判を受ける権利　271
204 上告理由の制限と裁判を受ける権利　272
205 即決裁判の合憲性　273
206 出訴期間の短縮と裁判を受ける権利　274
207 調停に代わる裁判と裁判を受ける権利　強制調停事件　275
208 夫婦同居審判と裁判を受ける権利　家事審判事件　276
209 過料の裁判と裁判を受ける権利　278
210 裁判官の分限裁判と裁判を受ける権利　寺西判事補事件　279
211 非訟事件と審問請求権　280
212 抗告訴訟における処分性と裁判を受ける権利　281
(2) 国家賠償請求権・刑事補償請求権 —— 282
213 国家賠償責任の免除・制限の合憲性　郵便法事件　282
214 不起訴事実に基づく抑留・拘禁と刑事補償　284
215 少年審判手続における不処分決定と刑事補償　285
(3) 請願権 —— 286
216 請願権の意義　286

CONTENTS

18 社会権(1) 生存権
■判例の流れ■ 287
(1) 憲法25条の法意 ———288
- 217 生存権の性格　食糧管理法違反事件　288
- 218 生活保護法(1)　朝日訴訟1審　289
- 219 生活保護法(2)　朝日訴訟上告審　290
- 220 公的年金と児童扶養手当の併給禁止(1)　堀木訴訟2審　292
- 221 公的年金と児童扶養手当の併給禁止(2)　堀木訴訟上告審　293
- 222 介護保険料の徴収と25条・14条1項　295
(2) 生存権保障と平等 ———296
- 223 老齢福祉年金と夫婦受給制限　牧野訴訟　296
- 224 学生無年金障害者訴訟(1)　1審判決　297
- 225 学生無年金障害者訴訟(2)　上告審判決　298
(3) 生存権保障と行政裁量統制のあり方 ——299
- 226 生活保護受給者の学資保険の満期返戻金　299
- 227 生活保護老齢加算廃止違憲訴訟　300
(4) 外国人と生存権保障 ———301
- 228 障害福祉年金の国籍要件　塩見訴訟　301
- 229 不法残留者の生存権　302

19 社会権(2) 労働基本権
■判例の流れ■ 303
(1) 労働基本権の限界 ———304
- 230 生産管理の正当性　山田鋼業事件　304
- 231 いわゆる「逆締め付け」の合憲性　和教組事件　305
- 232 現業公務員の争議行為禁止の合憲性(1)　全逓東京中郵事件　306
- 233 地方公務員の争議行為禁止等の合憲性(1)　東京都教組事件　308
- 234 国家公務員の争議行為禁止等の合憲性　全農林警職法事件　309
- 235 地方公務員の争議行為禁止等の合憲性(2)　岩教組学テ事件　311
- 236 現業公務員の争議行為禁止の合憲性(2)　全逓名古屋中郵事件　312
- 237 争議行為をあおった公務員の懲戒の合憲性　人勧スト事件　313
(2) 労働組合の統制権の限界 ———314
- 238 労組の統制権と組合員の立候補の自由　三井美唄炭鉱事件　314
- 239 労組の活動範囲と組合員の政治的自由　国労広島地本事件　315
- 240 労組脱退を制限する合意の効力　東芝事件　316

20 参政権(1) 選挙権・選挙運動規制
■判例の流れ■ 317
(1) 選挙権 ———319
- 241 選挙権・被選挙権の性格と公選法252条　319
- 242 在外日本国民の選挙権　在外邦人選挙権事件　320
- 243 精神的原因による投票困難者の選挙権　322
- 244 選挙犯罪捜査での投票用紙差押えと投票の秘密　323
(2) 被選挙権 ———324
- 245 公選法による拡大連座制　324
(3) 選挙活動の制限 ———325
- 246 選挙における報道・評論の規制　「政経タイムス」事件　325
- 247 戸別訪問の禁止　326
- 248 候補者届出政党所属の有無による選挙運動の差別　328
- 249 政見放送での差別用語使用部分の削除　雑民党事件　329

21 参政権(2) 選挙制度と議員定数不均衡
■判例の流れ■ 330
(1) 衆議院中選挙区制 ———331
- 250 衆議院中選挙区制(1)　1対4.99の較差　331
- 251 衆議院中選挙区制(2)　1対3.94の較差　333
(2) 衆議院小選挙区制 ———334
- 252 衆議院小選挙区制(1)　1人別枠方式①　334
- 253 衆議院小選挙区制(2)　1人別枠方式②　335
- 254 衆議院小選挙区制(3)　重複立候補　337
(3) 参議院の議員定数不均衡 ———338
- 255 参議院議員定数不均衡(1)　1対5.26の較差　338
- 256 参議院議員定数不均衡(2)　1対6.59の較差　339
- 257 参議院議員定数不均衡(3)　1対5.06の較差　340
- 258 参議院議員定数不均衡(4)　1対4.86の較差　341
(4) 地方議会の議員定数不均衡 ———342
- 259 地方議会における議員定数不均衡　342

22 天皇・国会・内閣
■判例の流れ■ 344
(1) 天皇 ———345
- 260 天皇と不敬罪　345
- 261 天皇と民事裁判権　346
(2) 国会 ———347
- 262 国会議員の期限付逮捕許諾　347

CONTENTS

- 263 国会議員の免責特権(1) 第1次国会乱闘事件 348
- 264 国会議員の免責特権(2) 国会議員の発言と国家賠償責任 349
- 265 国政調査権の範囲 日商岩井事件 350

(3) 内閣 ———351
- 266 解散権行使の根拠と手続 「抜き打ち」解散事件 351
- 267 解散権行使の限界 衆参同日選挙事件 352
- 268 内閣の行政権と独立行政委員会 353
- 269 内閣総理大臣の職務権限 ロッキード事件丸紅ルート 354

23 戦争放棄
■判例の流れ■ 356
- 270 米国駐留軍と9条 砂川事件1審 357
- 271 駐留軍・9条にいう「戦力」の意義 砂川事件上告審 358
- 272 戦力・平和的生存権の意義 長沼事件1審 359
- 273 自衛隊と統治行為 長沼事件2審 360
- 274 駐留軍用地特措法の適用 沖縄代理署名訴訟 361
- 275 自衛隊のイラク派遣 イラク特措法差止訴訟 362

24 裁判所(1) 裁判所と裁判官
■判例の流れ■ 363
(1) 特別裁判所の禁止 ———364
- 276 特別裁判所の禁止と家庭裁判所 364
(2) 裁判の公開 ———365
- 277 ビデオリンク方式と被告人の証人尋問権 365
(3) 裁判官 ———366
- 278 参与判事補制度 366
- 279 裁判官の良心 367
- 280 裁判官の積極的政治運動 寺西判事補事件 368
- 281 最高裁判所裁判官の国民審査 369

25 裁判所(2) 司法権
■判例の流れ■ 370
(1) 司法権の内在的制約 ———371
- 282 司法権と「法律上の争訟」(1) 教育勅語事件 371
- 283 司法権と「法律上の争訟」(2) 村議会予算議決無効確認事件 372
- 284 行政主体間の争いと「法律上の争訟」 ＡＳＷＯＣ事件 373
- 285 国家試験の合否と終局的解決可能性 技術士国家試験事件 375

(2) 司法権の外在的制約─司法権の限界─ ———376
- 286 国会の議事手続と司法審査 警察法改正無効事件 376
- 287 法律案の受理手続と司法審査 国民投票法事件 377
- 288 国立大学の内部問題と司法審査 富山大学事件 378
- 289 議員除名処分の司法審査と執行停止 米内山事件 380
- 290 地方議会議員の懲罰と司法審査 381
- 291 政党の内部自治と司法審査 共産党袴田事件 382
- 292 政党による除名処分と司法審査(1) 日本新党繰上当選事件1審 383
- 293 政党による除名処分と司法審査(2) 日本新党繰上当選事件上告審 384
- 294 専門職集団の会告と司法審査 日本産科婦人科学会会告事件 385

(3) 宗教問題と司法 ———386
- 295 住職の地位確認と民事裁判権 種徳寺事件 386
- 296 宗教団体の自治と司法審査 本門寺事件 387
- 297 法律上の争訟と宗教問題(1) 「板まんだら」事件 388
- 298 法律上の争訟と宗教問題(2) 蓮華寺事件 390
- 299 法律上の争訟と宗教問題(3) 日蓮正宗管長事件 392

(4) 内閣総理大臣の異議 ———393
- 300 内閣総理大臣の異議 393

26 裁判所(3) 憲法訴訟
■判例の流れ■ 395
(1) 付随的違憲審査制 ———396
- 301 違憲審査権の性格 396
- 302 下級裁判所の審査権 397
- 303 違憲立法審査権の性格 警察予備隊訴訟 398
- 304 最高裁判所規則に対する取消訴訟 400
- 305 住民訴訟と条例の合憲性審査 401

(2) 憲法判断回避と合憲解釈 ———402
- 306 法律解釈による憲法判断の回避 恵庭事件 402
- 307 法令の合憲限定解釈 東京都教組事件 403
- 308 合憲限定解釈の基準 税関検査事件 404
- 309 合憲限定解釈の限界(1) 福岡県青少年保護育成条例事件 405
- 310 合憲限定解釈の限界(2) 広島市暴走族追放条例事件 406
- 311 合憲拡張解釈 非嫡出子国籍法差別違憲判決 407

(3) 違憲審査の対象 ———408

CONTENTS

- 312 統治行為論(1)　砂川事件上告審　408
- 313 統治行為論(2)　苫米地事件　409
- 314 立法不作為(1)　在宅投票制度廃止事件　410
- 315 立法不作為(2)　熊本ハンセン病訴訟　411
- 316 立法不作為と部分違憲　在外邦人選挙権事件　412
- 317 立法不作為と合理的期間　関釜訴訟1審　413

(4) 違憲判断の方法 ―― 414
- 318 適用違憲の方法　猿払事件1審　414
- 319 部分違憲の判断　郵便法事件　415
- 320 違憲主張適格の判断　第三者所有物没収事件　416
- 321 議員定数不均衡と合理的期間　417

(5) 違憲判決の効力 ―― 418
- 322 違憲判決の将来効と議員定数不均衡　418
- 323 憲法判例の変更　全農林警職法事件　419
- 324 判例と遡及処罰の禁止　420
- 325 傍論による憲法判断　大阪靖國訴訟　421

27 財　政

■判例の流れ■　422

(1) 租税法律主義の意義と射程 ―― 423
a　租税法律主義
- 326 租税法律主義の意義　423
- 327 通達課税と租税法律主義　424
- 328 国民健康保険料の徴収と租税法律主義　425
b　平等原則
- 329 所得税の不平等　サラリーマン税金訴訟　427
- 330 夫婦所得課税　428

(2) 公金支出とその統制 ―― 429
a　宗教団体への公金支出規制
- 331 宗教団体に対する国有財産の譲与　国有境内地処分法事件　429
b　慈善・教育・博愛事業への公金支出規制
- 332 幼児教室に対する補助金支出　幼児教室事件　430

28 地方自治

■判例の流れ■　431

(1) 地方公共団体の意義 ―― 432
- 333 特別区と憲法上の地方公共団体　渋谷区長選任贈収賄事件　432

(2) 地方公共団体の組織 ―― 433
- 334 地方議員の免責　佐賀県議会事件　433
- 335 条例制定請求と地方公共団体の長による審査　練馬区長準公選事件　434
- 336 住民訴訟と地方自治の本旨　435
- 337 住民投票結果と異なる首長の判断　名護市住民投票条例事件　436
- 338 国地方係争処理委員会による係争処理　437

(3) 地方公共団体の権能 ―― 438
- 339 地方公共団体の課税権(1)　大牟田市電気税訴訟　438
- 340 地方公共団体の課税権(2)　東京都銀行税事件　439
- 341 条例による地域取扱いの差異　440
- 342 条例制定権の範囲　徳島市公安条例事件　441
- 343 河川管理条例の河川法適合性　443
- 344 条例による罰則　444

29 国法の諸形式

■判例の流れ■　445

(1) 憲法体制の変動と法令の効力 ―― 446
- 345 明治憲法下の法令の効力　446
- 346 明治憲法前の法令の効力　447
- 347 占領法規の効力　政令325号事件　448

(2) 法律の制定・公布 ―― 449
- 348 法律成立の時期　449

(3) 法律と命令 ―― 450
- 349 立法の委任　犯罪構成要件の委任　450
- 350 人事院規則の委任　451
- 351 委任立法の範囲　児童扶養手当法施行令事件　452

執筆者紹介・担当一覧
（五十音順，数字は本書事件番号）

淺野　博宣（あさの・ひろのぶ）　神戸大学大学院法学研究科教授
　　4　法の下の平等（判例の流れ，42〜50）
　21　参政権(2)選挙制度と議員定数不均衡（判例の流れ，250〜259）

尾形　健（おがた・たけし）　同志社大学法学部法律学科教授
　13　職業選択の自由・居住移転の自由（判例の流れ，149〜161）
　18　社会権(1)生存権（判例の流れ，217〜229）
　27　財政（判例の流れ，326〜332）
　28　地方自治（判例の流れ，333〜344）
　29　国法の諸形式（判例の流れ，345〜351）

小島　慎司（こじま・しんじ）　上智大学法学部国際関係法学科准教授
　　5　思想・良心の自由（判例の流れ，51〜59）
　　6　信教の自由（判例の流れ，60〜65）
　　7　政教分離（判例の流れ，66〜74）
　12　学問の自由と教育を受ける権利（判例の流れ，136〜148）
　15　適正手続（判例の流れ，173〜179）
　19　社会権(2)労働基本権（判例の流れ，230〜240）

宍戸　常寿（ししど・じょうじ）　東京大学大学院法学政治学研究科准教授
　　2　人権の法律関係（判例の流れ，13〜21）
　16　刑事手続上の権利（判例の流れ，180〜202）
　17　国務請求権（判例の流れ，203〜216）
　22　天皇・国会・内閣（判例の流れ，260〜269）
　23　戦争放棄（判例の流れ，270〜275）
　24　裁判所(1)裁判所と裁判官（判例の流れ，276〜281）
　26　裁判所(3)憲法訴訟（判例の流れ，301〜325）

曽我部真裕（そがべ・まさひろ）　京都大学大学院法学研究科教授
　　1　人権の主体（判例の流れ，1〜12）
　　9　表現の自由(2)わいせつ・性表現（判例の流れ，97〜102）
　10　表現の自由(3)名誉・プライバシー（判例の流れ，103〜119）
　11　表現の自由(4)知る権利　検閲・事前抑制　通信の秘密（判例の流れ，120〜135）
　20　参政権(1)選挙権・選挙運動規制（判例の流れ，241〜249）

中林　暁生（なかばやし・あきお）　東北大学大学院法学研究科准教授
　　8　表現の自由(1)総論（判例の流れ，75〜96）

山本　龍彦（やまもと・たつひこ）　慶應義塾大学大学院法務研究科准教授
　　3　幸福追求権（判例の流れ，22〜41）
　14　財産権（判例の流れ，162〜172）
　25　裁判所(2)司法権（判例の流れ，282〜300）

判例プラクティス

憲法

憲法判例研究会 編

執筆者＝淺野博宣・尾形　健・小島慎司
宍戸常寿・曽我部真裕・中林暁生・山本龍彦

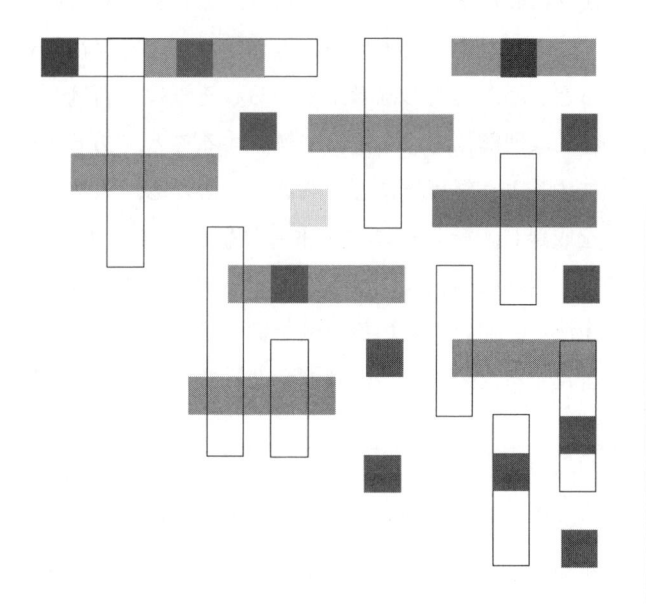

信山社

は　し　が　き

　どの実定法学の分野でも，判例を学ぶことの意義は大きい。憲法の分野でも，憲法の条文が他の法律以上に簡潔であること，硬性憲法のしくみによって裁判所の法発見・法創造への期待が強いこと，そして法令の違憲・合憲の判断が最終的には最高裁判所に委ねられていること等により，判例の学習は特別の意義を有している。

　こうした事情から，憲法判例の学習のための教材も，既に数多く用意されている。「定番」として不動の地位を占めているもの，判決文の正確な紹介を心がけるもの，判例の鳥瞰を重視したハンディなものなどについては，研究・教育に活用してきたわたしたち自身が，それぞれの長所を十分に承知しているつもりである。

　さらに，法科大学院で使用されるケースブックも，学習上の配慮からますます創意工夫が凝らされてきている。最近の判例データベースの充実と低廉化は，学習者自身が判決文に直接アクセスすることを，著しく容易なものとしている。

　こうした中で，本書がいささかなりとも存在意義を主張しうるとすれば，次の点にあると，わたしたちは考えている。それは，判例をして自らを語らしめ，あるいはその内在的な理解に力点を置いて解説すること，あるテーマに関する判例相互の関係を明らかにするよう努めたことである。このため，憲法の学習・教育で触れられる判例の相当数を収録し，それをユニット毎に編成して，1人の執筆者が1つのユニット全体を担当し，さらに当該ユニットに関する〈判例の流れ〉を執筆することにした。また，複数の憲法上の論点に関わる判例を別々のユニットで取り上げたり，説示の詳細や少数意見に言及するために1つの判例を2頁で扱ったりする等の工夫を行った。

＊　　　　＊　　　　＊

　従来，憲法判例は，具体的事案から切り離された上で，あたかも抽象的な法理を展開するものとして読まれ，批判され，そして講じられてきたという側面が強い。「この判例はいかなる違憲審査基準を用いたのか，それは妥当か」という形での分析・批判が多かったのは，そのためであろう。しかしおよそ判例の本質が，優れた実務家による妥当な事案の解決の模索にあることからすれば，憲法判例の学習が「判例」それ自体からいささか乖離する傾向があったことは，否定できないことのように思われる。

　こうした事情は，独り学説の側に責任があるだけでなく，実質的な意味での憲法判例の過少にも，一因を求めることができる。とりわけ最高裁の憲法に関する説示が，あまりに抽象的かつ簡略であったり，当該事案とは無関係である別の事案についての先例の参照から一足飛びに結論を正当化したりする場合があることは，よく知られている。

　そこで，本書では，他の分野の「判例プラクティスシリーズ」と共通の方針から一歩

進んで，ひとりひとりが1つのテーマに関連する収録判例の全体を執筆することにした。この試みは，わたしたち自身にとっても大きな負担ではあったが，憲法判例を事案との結び付きにおいて理解し，各判例の射程や位置付け，相互関係を明らかにするという目標に，より接近できたものと考えている。読者の皆さんには，ぜひ，個々の判例の紹介・解説を精読するだけでなく，その判例を含むユニット全体を〈判例の流れ〉を含めて通読していただきたい。

わたしたちは，憲法訴訟論・違憲審査基準論が一つの完成を見た後にその研究を開始し，1990年代以降の最高裁の動向や法科大学院制度の開始と並行する形で，研究者として修行を積んできた世代に属する。本書が，これまでの判例集とは違うやり方で，憲法判例の「全体像」を描き出すことができたとすれば，幸いである。

＊　　　　＊　　　　＊

本書の企画がスタートしたのは，2007年の夏に遡る。以後，数回にわたり執筆者全体での研究会をもち，執筆の分担や採り上げる判例を検討し，一部原稿を持ち寄って具体的な記述のあり方を議論する等した。簡単な編集上の調整を除き，各ユニットは研究者としてのお互いの自己責任の下で，執筆されたものである。

最後になるが，渡辺左近氏，鳥本裕子氏，木村太紀氏をはじめとする信山社編集部の方々には，「判例プラクティスシリーズ」の一角を託されたことをはじめ，研究会の世話や資料の準備，細部にわたる原稿チェック，なかなか筆の進まないわたしたちへの叱咤激励など，終始一貫して多大なご支援を頂いたことに，心より厚く御礼申し上げたい。

2012年1月

憲法判例研究会
　淺野博宣・尾形　健・小島慎司・宍戸常寿・曽我部真裕・中林暁生・山本龍彦

判例の流れ　　　　　　　　　　　　　　　　　　　　●曽我部真裕●

1 人権の主体

1　日本国憲法の想定するもっとも典型的な人権享有主体は日本国民たる自然人であるが、基本的人権の保障がそれ以外の主体に対しても一定の範囲で及ぶことが否定されているわけではない。本章（「1 人権の主体」）ではこの点に関する諸判例を扱うわけであるが、本章で取り上げた外国人や法人（団体）、少数民族のほかにも、教科書では未成年者や天皇・皇族の人権享有主体性も論じられることがある。しかし、本章で取り上げた3つの類型とは異なり、天皇・皇族はともかく、未成年者は、当然、日本国民たる自然人に含まれるもので、人権の享有主体であること自体には疑いがない。その上で、心身の未熟性ゆえに成人には許されない特別な人権の制約がどこまで許されるのかが問題となる点で、上記の他の類型とは問題の次元を異にすることに注意すべきである（実際、未成年者の人権の問題は人権享有主体性とは別の項目で扱う教科書も多い）。

2　さて、本章で取り上げた判決の大部分は、外国人に関するものである（他に36事件〔最判平7・12・15〕、228事件〔最判平元・3・2―塩見訴訟〕、229事件〔最判平13・9・25〕も外国人の人権の問題を扱う）。自然権思想を背景とし（11・97）、個人の尊厳（13）に基づく日本国憲法の人権保障からすれば、2事件（最大判昭53・10・4―マクリーン事件）が述べるように、「基本的人権の保障は、権利の性質上日本国民のみをその対象としていると解されるものを除き、わが国に在留する外国人に対しても等しく及ぶ」という考え方を基本とすべきことは当然である。しかしながら他方で、今日の国際秩序は国民国家から成り立っており、人は原則としていずれかの国家の国民であり、その管轄に属するという考え方の上に成立している。そこで、国家主権あるいは国民主権と外国人の人権保障が対立する場面においては、日本人と外国人とで区別して考えざるを得ない。そして、国家主権と外国人の人権保障が対立する典型的な場面は、入国および在留関係である。どの外国人に入国・在留を認めるのかを決定する権限は国家主権の属性であるが、他方で、とりわけ日本に生活拠点を有する外国人にとっては在留が認められないこ

とは死活的な問題であることから、この対立関係は抜き差しならないものとなる。1事件（最大判昭32・12・25）～5事件（最判昭51・1・26―尹秀吉事件）がこの問題に関わるが、国家主権というあいまいな観念によって、時に死活的な外国人の権利をどこまで制約できるのかが問われている。他方、主として国民主権との関係で問題となるのは、7事件（最判平7・2・28）および8事件（最大判平17・1・26―東京都管理職選考受験資格事件）であるが、これもどこまでが国民主権の不可欠な要請なのかを見極める必要があろう。

ところで、日本に在留する外国人は多様であるが、その中で特別な考慮を要するのは旧植民地（朝鮮、台湾）出身者である。彼らは、戦前には日本国籍を有していたところ、戦後（1952年）、サンフランシスコ平和条約発効と同時に一方的に日本国籍を剥奪されたものである。こうした経緯から、彼ら（およびその子孫）については一般外国人（定住者を含む）とは異なる配慮が必要であるが、4事件（最判平10・4・10―崔善愛事件）および7事件～10事件（最判平13・4・5―在日韓国人元日本軍属障害年金訴訟）はこうした点をめぐる判決である。

3　憲法の教科書では外国人と並んで大きく扱われる法人（団体）の人権享有主体性の問題であるが、12事件（最大判昭45・6・24―八幡製鉄事件）は法人の人権享有主体性を明確に認める判示を行った。従来の通説は比較的悩むことなく享有主体性を肯定する立場に立っていたが、近時、日本国憲法が基本原理とする個人主義（13）との緊張関係が重視されるようになり、改めて議論が行われている。なお、法人の人権に関しては、56（最判昭50・11・28―国労広島地本事件）～59事件（最判平14・4・25―群馬司法書士会事件）（「5 思想・良心の自由」）でも関連問題を取り上げている。

4　最後に、教科書ではあまり取り上げられないが、11事件（札幌地判平9・3・27―二風谷ダム事件）は、究極的には個人ならざる民族集団の権利を承認することが可能かという問題を誘発する事件である。

1 外国人の出国の自由

最高裁昭和 32 年 12 月 25 日大法廷判決
(昭和 29 年 (あ) 第 389 号出入国管理令違反関税法違反被告事件)
刑集 11 巻 14 号 3377 頁

■ 事 案 ■

朝鮮国籍である Y ら 2 名は、貨物を朝鮮に密輸出するために日本から出国しようとしたとして、出入国管理令（現行法は、「出入国管理及び難民認定法」）および関税法違反の現行犯で逮捕され、1 審（長崎地武生水支判昭 28・3・20 刑集 11 巻 14 号 3390 頁参照）・2 審（福岡高判昭 28・10・15 前掲刑集 3393 頁参照）とも有罪判決を受けた。

Y らは、日本から朝鮮への出国を処罰することは、外国移住の自由 (22 Ⅱ) の侵害であり違憲であるとして上告。

■ 争 点 ■

基本的人権の享有主体として外国人に出国の自由はあるか。

■ 判 旨 ■

上告棄却（小谷勝重、垂水克己裁判官の各意見および河村大助、下飯坂潤夫両裁判官の意見がある）。

「憲法 22 条 2 項は『何人も、外国に移住し、又は国籍を離脱する自由を侵されない』と規定しており、ここにいう外国移住の自由は、その権利の性質上外国人に限って保障しないという理由はない。次に、出入国管理令 25 条 1 項は、本邦外の地域におもむく意図をもって出国しようとする外国人は、その者が出国する出入国港において、入国審査官から旅券に出国の証印を受けなければならないと定め、同 2 項において、前項の外国人は、旅券に証印を受けなければ出国してはならないと規定している。右は、出国それ自体を法律上制限するものではなく、単に、出国の手続に関する措置を定めたものであり、事実上かかる手続的措置のために外国移住の自由が制限される結果を招来するような場合があるにしても、同令 1 条に規定する本邦に入国し、又は本邦から出国するすべての人の出入国の公正な管理を行うという目的を達成する公共の福祉のため設けられたものであって、合憲性を有するものと解すべきである。」

■ 解 説 ■

1　本判決はこの外国人の基本権享有主体性に関する一連の判例解説の冒頭におかれているので、まずは一般論について検討する。在日外国人（無国籍者を含む）も基本権の享有主体かどうかという問題について、否定説（国民説）もある（他説の批判的検討を含め、高橋・後掲参照）が、基本的人権の本質は人を「個人として尊重する」（13 前段）ことの帰結であること、憲法の国際協和主義（前文・98）などを根拠に、今日では肯定説が支配的であり、議論の中心はどのような基本権がどの程度保障されるのかという点に移行していると言われる（芦部憲法学 Ⅱ 124 頁）。判例も肯定説であるが、本書 2 事件（最大判昭 53・10・4―マクリーン事件）で一般論を述べるまでは、本判決もそうであるように、個別の基本権ごとに判断するに留まっていた。

また、どのような基本権が保障されるのかという点について、権利性質説と文言説の対立があったところ、最高裁は、2 事件で前者（ただし、同事件解説で触れるように重大な留保を付さなければならない）を明言するまでに若干の紆余曲折を経ている。本判決も、文言と権利の性質の両者を援用している。学説においては、権利性質説が支配的である。もっとも、従来の権利性質説においては、外国人に保障される基本権と保障されない基本権という二分論がとられていたが、地方参政権に関する 7 事件（最判平 7・2・28）のような例を考慮すれば、外国人に保障されない基本権をさらに二分し、憲法上保障されないが法律で付与することは可能な権利（判例によれば地方レベルでの選挙権はこれに当たる）と、法律で付与することも禁止される権利（国政レベルでの選挙権など）という三分論を考える必要があろう（長尾・後掲 5 頁）。

さらに、一口に在日外国人といっても、旧植民地出身者およびその子孫である特別永住者から不法入国者まで、実際には彼らの立場・地位は多様であり、基本権享有の範囲・程度に関してもこの点を考慮する必要がある（具体的には各事件の解説において触れる）。

2　本件で問題となった出国の自由については、国際法上認められている（人権宣言 13 Ⅱ、人権 B 規約 12 Ⅱ）が、憲法上の根拠として、このような国際法規範が 98 条 2 項を経由して憲法上も採用されているという説（芦部憲法学 Ⅱ 140 頁。本判決の河村・下飯坂意見はこれに近い）と、22 条で保障されるとする説（これには、本判決のように同条 2 項〔「外国に移住」する自由〕を根拠とする説と 1 項〔「居住・移転の自由」〕を根拠とする説がある）があり、さらには否定説（佐藤憲法論 143 頁）もある。ただ、国民の入出国と外国人のそれとは全く意味合いが異なり、次元の異なる問題であるので、国民の出国の自由が権利の性質上外国人にも保障されるという論法をとる 22 条説は妥当ではないように思われる。また、保障程度についても、国際慣習法を考慮すれば、外国人の出国の自由は、むしろ国民のそれよりも強く保障されるべき筋合いであって、この点でも 22 条説には疑問が残る（日比野・後掲 43 頁参照）。

3　外国人の出国の自由が憲法上保障されるとしても、適正な出入国管理の観点から一定の手続を法律上課すことはもちろん可能であり、本判決の結論には特段の問題はないと思われる。現在の入管法 25 条によれば、外国人の出国に当たっては、法務省令所定の手続により入国審査官から出国の確認を受ける必要があり、一定の犯罪被疑者に該当するなどの場合には一時的に出国確認の留保が可能である（入管 25 の 2）が、出国自体を規制することは法律上できない。

4　なお、外国人の入国の自由および再入国の自由については 3 事件（最判平 4・11・16―森川キャサリーン事件）を参照。

◆ 参考文献 ◆

『公法の思想と制度』（菅野喜八郎先生古稀記念）[1999] 85 頁（高橋正俊）、長尾一紘・百選 Ⅰ 〔第 5 版〕4 頁、日比野勤・法教 210 号 35 頁。

2 外国人の政治活動の自由 —— マクリーン事件

最高裁昭和53年10月4日大法廷判決
（昭和50年(行ツ)第120号在留期間更新不許可処分取消請求事件）
民集32巻7号1223頁，判時903号3頁

■事案■

英語講師として日本に在留していたアメリカ合衆国国籍を有するX（ロナルド・A・マクリーン）は，1970（昭和45）年5月1日，1年間の在留期間の更新を申請したところ，Y（法務大臣）は，出国準備期間として120日間の在留期間更新を許可した。そこで，Xはさらに1年間の更新を申請したところYは更新を適当と認めるに足りる相当な理由がないとして本件不許可処分を行った。

本件処分の理由は，Xが在留期間中に無届けで別の語学学校に転職したこと，および，Xが同期間中にベトナム反戦や日米安保反対，出入国管理法案反対を目的とする集会やデモに参加するなどの政治活動を行ったことにあった。ただし，Xの参加した活動は平和的・合法的なものであり，Xの参加態様は指導的または積極的なものではなかった。

1審（東京地判昭48・3・27行集24巻3号187頁）はYの裁量逸脱を認めて本件処分を取り消したが，2審（東京高判昭50・9・25行集26巻9号1055頁）はそれを取り消して請求を棄却した。Xが上告。

■争点■

①外国人の基本権享有主体性はどのようなものか。
②外国人に在留の権利はあるか。
③外国人に政治活動の自由はあるか。

■判旨■

上告棄却。

「憲法22条1項は，日本国内における居住・移転の自由を保障する旨を規定するにとどまり，外国人がわが国に入国することについてはなんら規定していないものであり，このことは，国際慣習法上，……外国人を自国内に受け入れるかどうか，また，これを受け入れる場合にいかなる条件を付するかを，当該国家が自由に決定することができるものとされていることと，その考えを同じくするものと解される」。したがって，憲法上，外国人には，入国の自由も，在留の権利も保障されていない。

出入国管理令（当時）は「法務大臣に一定の期間ごとに当該外国人の在留中の状況，在留の必要性・相当性等を審査して在留の許否を決定させようとする趣旨に出たものであり，……更新事由の有無の判断を法務大臣の裁量に任せ，その裁量権の範囲を広汎なものとする趣旨」である。

「右判断に関する前述の法務大臣の裁量権の性質にかんがみ，その判断が全く事実の基礎を欠き又は社会通念上著しく妥当性を欠くことが明らかである場合に限り，裁量権の範囲をこえ又はその濫用があったものとして違法となるものというべきである。」

「基本的人権の保障は，権利の性質上日本国民のみをその対象としていると解されるものを除き，わが国に在留する外国人に対しても等しく及ぶものと解すべきであり，政治活動の自由についても，わが国の政治的意思決定又はその実施に影響を及ぼす活動等外国人の地位にかんがみこれを認めることが相当でないと解されるものを除き，その保障が及ぶものと解するのが，相当である。しかしながら，前述のように，外国人の在留の許否は国の裁量にゆだねられ，わが国に在留する外国人は，憲法上わが国に在留する権利ないし引き続き在留することを要求することができる権利を保障されているものではなく，ただ，出入国管理令上法務大臣がその裁量により更新を適当と認めるに足りる相当の理由があると判断する場合に限り在留期間の更新を受けることができる地位を与えられているにすぎないものであり，したがって，外国人に対する憲法の基本的人権の保障は，右のような外国人在留制度のわく内で与えられているにすぎないものと解するのが相当であって，在留の許否を決する国の裁量を拘束するまでの保障，すなわち，在留期間中の憲法の基本的人権の保障を受ける行為を在留期間の更新の際に消極的な事情としてしんしゃくされないことまでの保障が与えられているものと解することはできない。」

「Xの在留期間中のいわゆる政治活動は，その行動の態様などからみて直ちに憲法の保障が及ばない政治活動であるとはいえない。しかしながら，……Yが，当時の内外の情勢にかんがみ，Xの右活動を日本国にとって好ましいものではないと評価し，また，Xの右活動から同人を将来日本国の利益を害する行為を行うおそれがある者と認めて，在留期間の更新を適当と認めるに足りる相当の理由があるものとはいえないと判断したとしても」違法ではない。

■解説■

1 本件は在留期間更新不許可処分の取消しをめぐって争われた事件であるが，本件および他の外国人に対する基本権保障関係事件を理解する上で前提となる在留制度についてごく簡単に説明しておきたい（手塚・後掲，法務省入国管理局ウェブサイト〔http://www.immi-moj.go.jp/〕も参照のこと）。

本件当時は出入国管理令がこの制度を規律していたが，現行法は入管法である。それによれば，日本に在留しようとする外国人は，まず，上陸（日本の領海内に入ることを意味する「入国」とは区別され，日本の領土に入ることをいう）の許可を受けなければならないが，上陸許可を受けた外国人は，在留資格が付与されると同時に在留期間も決定される（入管9Ⅲ）。この在留資格は，同法別表第1の1ないし5および第2に27種類列挙されてお

り，それ以外の目的での在留は認められないほか，在留資格ごとに国内で従事できる活動が特定されており，それ以外の収入を伴う活動については制限され（入管19Ⅰ），その違反の中には罰則（入管70Ⅰ④・73）が課される場合があるとともに退去強制事由（入管24④イ）ともなる場合がある。なお，1989年の同法改正以前は，収入を伴わないものも含め，一切の資格外活動が禁止されていた。また，在留期間の更新については，法務大臣が更新を適当と認めるに足りる相当の理由がある場合に限り行うことができる（入管21Ⅲ）。

こうして，現在の制度の下では，外国人は断片化されいわば輪切りにされた特定領域の活動の遂行だけを許されるというシステム（安念・後掲172頁参照）がとられているのである。

2　争点①について，本書1事件（最大判昭32・12・25）でも検討したように，最高裁は一貫して外国人の基本権享有主体性を認めてきたが，このことを一般論的に述べたのは本判決が初めてであり，ここにおいて通説でもある権利性質説をとることが明らかにされた。

しかしながら，最高裁によれば，外国人の基本権享有はもともと重大な留保つきのものであり，「外国人に対する憲法の基本的人権の保障は，……外国人在留制度のわく内で与えられているにすぎない」のである。

ところで，外国人の基本権保障を考える際には，出入国システム優位説と基本的人権優位説と呼ばれる2つの視点がある（日比野・後掲44頁）。前者は，出入国に関わる事柄は国家の自由裁量事項であり，基本権の射程に含まれないとし，後者はこうした事柄も基本権の射程に含まれるとする。

3事件（最判平4・11・16―森川キャサリーン事件）でも検討するように，国家が外国人の入国を認めるか否かは主権的な自由裁量に属するとし，そのコロラリーとして一度入国を認めた場合でも在留の継続を認めるか否かも自由であることを強調すると，出入国システム優位説が妥当ということになり，本判決もこうした論理をとって，外国人には在留の権利はないとし，また，一応保障されるはずの政治活動の自由を行使したことをもって在留期間更新の際に消極的に斟酌することも差し支えないとしている。また，1で述べたような在留資格による就労（職業の自由）の制約も当然可能になる。

しかしながら，このような考え方をとれば，外国人の基本権は法律と行政機関の裁量にただ委ねられることになり，外国人も権利の性質に応じて基本権享有が認められるという命題は成立しないことになる。

そこで，外国人には入国の自由や在留の権利は認められないとしても，また，在留資格による就労制限も可能だとしても，出入国システム優位説を全面的に及ぼすことは妥当でなく，基本権優位説が妥当する領域との切り分けを考える必要がある（小山・後掲2頁も参照）。第1に，入国・在留に関わる場面とそうでない場面との区別が必要である。前者の場合には出入国システム優位説が妥当するとしても，後者の場合には権利性質説による基本権優位説が妥当すると考えることができる。第2に，入国・在留に関わる場合でも，少なくとも，本件のようにそれ自体は許される政治活動を行ったことを裁量判断上，消極的要素として考慮することは表現に対する委縮効果が大きく，認めるべきではないと思われる。また，新規入国の場合とその他の場合（在留期間更新の場合など），あるいは，定住外国人（特に特別永住者）とそれ以外とでは裁量の幅が異なると考えることもできよう。いずれにしても，出入国システム優位説が妥当する領域があること自体は否定できないと思われるが，その範囲については基本権保障との関係で慎重に判断する必要があろう。

3　争点③の外国人の政治活動の自由については，権利性質説からは表現の自由の一環として外国人にも認められると考えるのが通説であり，本判決もそうした立場である。ただ，外国人の基本権享有主体性を認める通説からも，国民と外国人とで保障の程度が異なりうることは一般に認められている。そこで，本件では，外国人の政治活動の自由の保障程度が問題となる。この点については外国人に参政権が認められないことを理由に，「日本国民の政治的意思ないし政治的意見の形成に対する直接かつ著しく不当な妨害ないし干渉を排除するのに必要な最小限度の制約」は可能（芦部憲法学Ⅱ152頁）など，一定の制約を認めるのが通説であり，本判決もその一つといえるが，他方，国民が多様な観点からの見解に接することは，国民による主権的意思決定にとっても必要であり，外国人の政治活動の自由（表現の自由）も国民と同等に保障されるとする見解もある（浦部教室58頁）。

もっとも，本判決は，このような保障の効果として，ある表現に対して刑事的・行政的制裁を直接加えることからの保障を想定しているようであり，上述のように，在留期間更新の際にこうした表現を行ったことを消極的に考慮されないことまでの保障は認められないとしている（越山・後掲449頁参照。この区別は2で述べた両説の守備範囲の差に基づく）。学説がこの点についてどのように考えているのかは明らかではないが，この点も含め，外国人の表現の自由は日本国民と同程度だとする説に立てば，退去強制に関する入管法24条4号ワやヨの合憲性は怪しくなるが，在留外国人も様々であり，国際環境も多様で流動的なことも考えれば，この種の制限がすべて憲法上許されないとまでは言えないのではないか。

◆ 参考文献 ◆

芦部古稀(上)163頁（安念潤司），越山安久・最判解民事篇昭和53年度434頁，小山剛・判例講義Ⅰ1頁，日比野勤・法教217号43頁，手塚和彰『外国人と法〔第3版〕』[2005]．

3 外国人の再入国の自由
—— 森川キャサリーン事件

最高裁平成4年11月16日第一小法廷判決
(平成元年(行ツ)第2号再入国不許可処分取消等請求事件)
集民166号575頁

■事案■

アメリカ合衆国国籍を有するX（森川キャサリーン・クノルド）は、留学生として1973（昭和48）年に来日したが、後に日本人である夫と婚姻し（子どももいる）、日本で主婦業の傍ら英語講師として活動している者である。Xは、1982年のクリスマス休暇に韓国旅行をする計画を立て、東京入国管理局横浜支局において再入国許可申請をしたが、Y（法務大臣）はこれを不許可とする本件処分を行った。その唯一の理由は、1982年9月、外国人登録法により当時義務づけられていた指紋押捺（指紋押捺に係る憲法問題については本書36事件〔最大判平7・12・15〕参照）を拒否していることであった（後に、これにより罰金1万円の有罪判決を受けた）。なお、本件の背景には、1980年代に入って在留外国人の間で指紋押捺拒否運動が盛んになっていたことを受けて、法務省は1982年10月ごろから、指紋押捺を拒否する者については再入国の許可をしない方針をとっていたことがある。

Xは本件処分の取消しを求めて出訴したが、1審（東京地判昭61・3・26行集37巻3号459頁）は請求を棄却し、2審（東京高判昭63・9・29行集39巻9号948頁）も1審判決をほぼ全面的に引用して控訴を棄却した。Xが上告。

■争点■

外国人の再入国の自由は、我が国の憲法上保障された権利か。

■判旨■

上告棄却。

「我が国に在留する外国人は、憲法上、外国へ一時旅行する自由を保障されているものでないことは、当裁判所大法廷判決（〔最大判昭32・6・19刑集11巻6号1663頁、2事件（最大判昭53・10・4—マクリーン事件）〕……）の趣旨に徴して明らかである。」

■解説■

1 日本に在留を認められた外国人が在留期間内に一時的に国外旅行する場合には、出国前に法務大臣に申請して再入国の許可を受ける必要があるが（入管26）、その法的性質は、外国人に対し新たな在留資格を付与するものではなく、同人が有していた在留資格を出国にもかかわらず存続させ（出国すると在留資格は消滅するのが原則である）、元の在留資格のままで本邦に再び入国することを認める処分であるとされる（坂中＝齋藤・後掲532頁）。

2 再入国の自由を論じる前提として、外国人の入国の自由について検討する必要がある。これについては本判決でも引用されている最大判昭32・6・19が、22条1項にいう居住・移転の自由は国内に関するものであり、それ以外にも22条には外国人の入国の自由については何も規定していないし、国際慣習法上も外国人の入国の自由は認められないとしている。学説の大勢も、この点については基本的には異論を唱えていない（しかし、有力な異論もある〔後藤・後掲参照〕）。

3 次に再入国の自由についてであるが、本件の1審、2審判決は、入国の自由と再入国の自由との間に質的差異を認めず、入国の自由が保障されないことを理由に再入国の自由も憲法上保障されておらず、また、入管法上再入国の許可については法務大臣に広い裁量が認められているとして本件処分は違法ではないとし、本判決もこれを是認するものである。

また、Xは、永住許可こそ得ていないものの、その日本在留歴は9年間に及び、家族とともに生活の本拠を日本においているのであるが、こうした点も判決では考慮されていない。1審・2審ではむしろ長期在留者と短期在留者とで区別すべきではない旨が明言されている。

4 これに対して、再入国の自由を22条で保障される海外旅行の自由の一環と位置づけ、さらに、海外旅行の自由は外国人に対しても保障されるとする裁判例（東京地判昭43・10・11行集19巻10号1637頁およびその控訴審である東京高判昭43・12・18行集19巻12号1947頁）もある。確かに、最高裁判例上、日本国籍保持者の海外旅行の自由は22条2項で保障される（161事件〔最大判昭33・9・10—帆足計事件〕）。

しかし、出国の自由は外国人にも保障されている（1事件〔最大判昭32・12・25〕）としても、再入国の法的性質が新規入国と同様だとすれば、日本への入国については、その自由が保障されている日本国籍保持者と、そうではない外国人の場合ではその地位は大きく異なり、権利性質説を前提としても外国人の海外旅行の自由は認められないということにもなりそうである。

この点は結局、新規入国と再入国とが同様の性質を有するのか否かという問題に帰着することになる。最高裁は両者を同質であるとみているようであるが、新規入国については出入国管理の根幹であるのに対し、再入国は外国人登録制度とともに、在留外国人の公正な管理に関わるものであるとして両者を区別することも可能であるとすれば、一時的海外旅行を憲法上の自由として認める可能性も見えてこよう（日比野・後掲80頁）。

◆参考文献◆
後藤光男・早稲田法学85巻3号457頁、日比野勤・法教218号65頁、山下威士・百選Ⅰ〔第5版〕8頁、坂中英憲＝齋藤利男『出入国管理及び難民認定法逐条解説〔改訂第3版〕』[2007]。

4 協定永住許可外国人の再入国の自由
―― 崔善愛事件

最高裁平成10年4月10日第二小法廷判決
(平成6年(行ツ)第153号再入国不許可処分取消等請求事件)
民集52巻3号776頁, 判時1638号63頁

■事案■

X（崔善愛）は，日本で出生した在日韓国人であり，いわゆる協定永住資格（現在の特別永住資格に相当）を有していた。しかし，1986（昭和61）年に音楽を学ぶため米国の大学に留学する際に申請した再入国許可申請が指紋押捺拒否をしていたことを理由に不許可とされた（その背景については本書3事件〔最判平4・11・16―森川キャサリーン事件〕を参照）ため，その取消し等を求めて訴えを提起した。

1審（福岡地判平元・9・29行集40巻9号1300頁）はXが再入国許可を受けないまま出国したことにより永住資格を喪失したことから，本件不許可処分の取消しを求める訴えの利益が消滅したとしたが，2審（福岡高判平6・5・13行集45巻5・6号1202頁）は訴えの利益の存続を認め，不許可処分を取り消した。この判決に対してXとY（法務大臣）の双方が上告したが，X上告に係る事件が本件であり，Y上告に係る同日の同じ小法廷判決は，1審と同様訴えの利益が消滅したとした。

なお，Xは1999年に追加された入管特例法附則6条の2により特別永住資格を回復し，現在も日本国内でピアニスト等として活動している。ちなみに，NHK氏名権訴訟（最判昭63・2・16民集42巻2号27頁）の原告である，崔昌華は，Xの父である。

■争点■

協定永住許可を受けた外国人に対してされた指紋押なつ拒否を理由とする再入国不許可処分は違法か。

■判旨■

上告棄却。
「一般に，出入国に関する事務は国際法上国内事項とされていて，外国人の入国にいかなる条件を課するかは専らその国の立法政策にゆだねられているところ，我が国の出入国管理及び難民認定法は，再入国の許可を受けて本邦から出国した外国人に限って，当該外国人の有していた在留資格のままで本邦に再び入国することを認めるものとしている。そして，再入国の許可の要件について，同法26条1項は，……判断基準について特に規定していないが，右は，再入国の許否の判断を法務大臣の裁量に任せ，その裁量権の範囲を広範なものとする趣旨からである」。

「再入国の許否に関する法務大臣の処分は，その判断が全く事実の基礎を欠き，又は社会通念上著しく妥当性を欠くことが明らかである場合に限り，裁量権の範囲を超え，又はその濫用があったものとして違法となる」。

「右のような本件不許可処分がされた当時の社会情勢や指紋押なつ制度の維持による在留外国人及びその出入国の公正な管理の必要性その他の諸事情に加えて，……法務大臣の裁量権の範囲がその性質上広範なものとされている趣旨にもかんがみると，協定永住資格を有する者についての法務大臣の右許否の判断に当たってはその者の本邦における生活の安定という観点をもしんしゃくすべきであることや，本件不許可処分がXに与えた不利益の大きさ，本件不許可処分以降，在留外国人の指紋押なつ義務が軽減され，協定永住資格を有する者についてはさらに指紋押なつ制度自体が廃止されるに至った経緯等を考慮してもなお，右処分に係る法務大臣の判断が社会通念上著しく妥当性を欠くことが明らかであるとはいまだ断ずることができない」。

■解説■

1 本件は3事件と類似の事案であるが，原告が協定永住資格を有する在日韓国人3世であり，3事件とは法的地位を異にする点が特徴である。周知のように，かつて日本の植民地であった朝鮮や台湾の人々は日本国籍を有していたところ，1952年のサンフランシスコ平和条約の発効により一方的に日本国籍を剥奪された（最大判昭36・4・5民集15巻4号657頁はこれを合憲とする）が，日本国内に引き続き滞在する者も多かった。これらの人々を一般の外国人と同様に扱うことが妥当でないことは明らかであって，実際にも特別の地位が認められてきた。具体的な法制度には変遷があり，本件当時は出入国管理特別法による協定永住資格の制度であったが，今日では1991年制定の入管特例法によって規律されており，終戦前から日本在住であった在日コリアンや台湾人およびその子孫は，特別永住者として，国内での活動制限がないことや退去強制事由が限定されるなど，一般外国人とは異なる処遇を受けている（再入国許可の特例として入管特例10参照）。特別永住者は現在約40万人いるが，今日では世代交代が進み，本国とのつながりがほとんどなく，母国語を解さない者も多い。

2 本判決は憲法論には立ち入らず，法務大臣の広い裁量を前提として処分は適法であるとしたが，Xが協定永住者であることは裁量権行使の際の考慮事項として登場するだけであり（この点につき詳しくは西川・後掲423頁以下参照），憲法論レベルでは3事件のような一般外国人と協定永住者を区別しない趣旨のようである（小林・後掲217頁）。しかし，旧植民地人が日本に定住している場合，その生活利益は単に長年居住し，1の最後で述べたような生活実態となっていることに由来する事実上の既得権ではなく，歴史的経緯の中で法制度上の処遇の変化によって生じたものであるから，憲法論レベルで一般外国人と区別することも可能であると思われる（山下・後掲349頁。松井139頁も参照）。この観点からは，少なくとも在留関係についてはできるだけ日本人に準じて取り扱うべきではないか（8事件〔最大判平17・1・26―東京都管理職選考受験資格事件〕解説も参照されたい）。

3 なお，本判決では触れられていないが，本件の下級審においては，国際人権B規約（自由権規約）12条4項（「何人も，自国に戻る権利を恣意的に奪われない。」）にいう「自国」とは国籍国のみならず定住国も含むかという点が争点になった。これについては肯定説（芹田・後掲191頁）もあるが，1審・2審とも否定説をとった。

◆ 参考文献 ◆
小林武・判評479（判時1655）号213頁，西川知一郎・最判解民事篇平成10年度412頁，山下威士・民商120巻2号155頁，芹田健太郎『永住者の権利』[1991]。

5 亡命者・政治難民の保護
―― 尹秀吉事件

最高裁昭和 51 年 1 月 26 日第二小法廷判決
（昭和 47 年（行ツ）第 65 号退去強制令書発付処分取消請求事件）
訟月 22 巻 2 号 578 頁，判タ 334 号 105 頁

■ **事 案** ■

韓国人である X（尹秀吉）は，1951（昭和 26）年に日本に密入国し，研究生として大学で学んだ後，1960 年に在日本大韓民国居留民団（在日本大韓民国民団の前身）栃木県本部事務局長となったが，同県本部団長選挙において，朴正熙政権から敵性団体とされている韓国社会大衆党の党員 A を支援して当選させ，また，反政府運動により韓国で死刑判決を受けた B の助命運動を展開するなどにより朴政権を非難したとして，民団中央総本部によって辞任に追い込まれた。

他方，X は 1962 年 4 月ごろに密入国の容疑で入国管理事務所に収容され，同年 6 月には送還先を韓国とした退去強制令書の発付処分を受けたが，この本件処分の取消しを求めたのが本件である。

X は，自分は政治犯であり，政治犯を引き渡すことは国際法・憲法上許されないなどと主張し，1 審（東京地判昭 44・1・25 行集 20 巻 1 号 28 頁）は政治犯不引渡し原則は国際慣習法であり，X は政治犯に該当するから，98 条 2 項により本件退去強制処分は違法であるとして X の請求を認容したが，2 審（東京高判昭 47・4・19 判時 664 号 3 頁）は政治犯不引渡し原則等は国際慣習法とはいえないなどとして本件処分は有効であるとしたため，X が上告。

■ **争 点** ■

①政治犯不引渡し原則の法的性格はどのようなものか。
②個人の庇護を求める権利の法的性格はどのようなものか。
③追放・送還の禁止原則の法的性格はどのようなものか。

■ **判 旨** ■

上告棄却。
「いわゆる政治犯罪人不引渡の原則は未だ確立した一般的な国際慣習法であると認められないとした原審の認定判断は，……正当として是認することができる。」

■ **解 説** ■

1 本書 2 事件（最大判昭 53・10・4 ―マクリーン事件）で検討したように，どのような外国人に入国・在留を認めるかは国家の主権的裁量に属するとされ，どのような場合に退去強制を行うことができるかということも国家が自由に決定することができる。しかし，当該外国人が本国において政治的に迫害されるなどのおそれがあって外国に保護を求める場合（こうした者を亡命者〔政治難民〕という），こうした裁量が国際法上・国内法上制約され，退去強制を行うことができないのではないか，あるいは当該外国人は日本国に対して何らかの保護を請求する権利が認められるのではないかということが問題となる。

この問題に関する国際法の法理として，(1)政治犯不引渡し原則，(2)庇護権，(3)追放・送還の禁止（ノン・ルフールマン）原則の 3 つがあり（芹田・後掲 262 頁），程度の差はあれ本件でもそれぞれ問題とされた。

2 争点①について，他国で犯罪を犯し自国に滞在する者を他国からの請求に応じて訴追・処罰のために引き渡すことを（逃亡）犯罪人引渡しといい，個別条約に基づき，あるいは国際礼譲として行われている（関連する国内法として，逃亡犯罪人引渡法がある）が，政治犯はその例外であるとするのが政治犯不引渡し原則である。この原則については，政治犯は引き渡さなくてもよいとする原則なのか，不引渡しの義務を課すものであるのかが問題となるが，本件 1 審判決（杉本判決〔141 事件〕（東京地判昭 45・7・17 ― 第 2 次家永訴訟 1 審）で有名な杉本良吉が裁判長）は後者の意味での政治犯不引渡し原則は国際慣習法であり，「確立された国際法規」（98 Ⅱ）に該当するから同原則に違反して X を強制退去させることは違法であるとした。これに対して，2 審および本判決は同原則の国際慣習法性を否定したが，今日では 1 審の立場が多数説であるとされる（杉原ほか・後掲 236 頁）。

なお，本件は犯罪人引渡しとして行われたものではなく，通常の退去強制の手続によるもの（偽装引渡し）であるが，1 審はこれにも上記原則は適用されるとした。

3 争点②について，国家は，領域主権に基づき，自国に逃れてきた亡命者その他をその領域内で保護する権利を有し，これを庇護権という。他方，さらに進んで，亡命者等が庇護を求める権利を有するのかどうか（国家が庇護を行う義務があるのかどうか）は問題であり，国際法上は確立していないが，各国憲法の中にはこの権利を認めるものがある（フランス 1946 年憲法前文，ドイツ基本法 16a 条など）。日本では憲法上の保障はないとするのが通説（芦部憲法学 Ⅱ 143 頁参照）であるが，「全世界の国民が，ひとしく恐怖と欠乏から免かれ」る「権利」を持つとする憲法前文 2 段から法務大臣の裁量の制約を認める見解もある（樋口 187 頁。小林・後掲 21 頁も参照）。

この点は本件の主要争点ではないが，2 審では否定的な立場が示されている。なお，1981 年の日本の難民条約加入に伴い設けられた一時庇護制度（入管 18 の 2）は，「不完全ながら一種の亡命権を認める」ものとも評される（芦部憲法学 Ⅱ 143 頁）。

4 争点③について，追放・送還の禁止原則とは，難民を生命または自由が脅威にさらされるおそれのある国へ追放または送還してはならないというものであり，難民条約 33 条などにより実定化されてもいるが，国際慣習法として確立しているという見方が強まりつつあるとされる（杉原ほか・後掲 239 頁）。

X は本件処分をこの原則にも違反すると主張したが，1 審はこの主張については判断せず，他方，2 審は否定的な判断を示した。もっとも，本件当時，日本は難民条約に未加入であったが，上記のようにその後難民条約に加入したため，国際慣習法性を論じる議論の実益は失われている（岩沢・後掲 17 頁。入管 53 Ⅲ①参照）。

◆ **参考文献** ◆

岩沢雄司・ジュリ 1321 号 16 頁，小林武・百選 Ⅰ〔第 4 版〕20 頁，齊藤正彰・同〔第 5 版〕22 頁，田畑茂二郎＝太寿堂鼎編『ケースブック国際法〔新版〕』〔1987〕259 頁（芹田健太郎），杉原高嶺ほか『現代国際法講義〔第 4 版〕』〔2007〕。

6 社会生活における外国人の人権
―― ゴルフクラブ入会拒否事件

東京高裁平成 14 年 1 月 23 日判決
（平成 13 年（ネ）第 3550 号ゴルフ会員権譲渡承認等，理事会決議無効確認等請求控訴事件）
判時 1773 号 34 頁，金判 1138 号 31 頁

■事 案■

日本生まれの在日韓国人である X は，1995（平成 7）年，株主会員制をとる Y ゴルフクラブを経営する A 社の株式を購入し，X への会員権の名義書換えを請求したところ，Y は「外国人の入会は当分の間制限する」旨の本件理事会決議の存在を理由にこれを拒否した。Y はかつてはこのような制限をとっていなかったのであるが，外国人会員のマナー違反が問題化したため 1978 年に本件決議がなされたという経緯があった。

1 審（東京地判平 13・5・31 判時 1773 号 36 頁）は本書 14 事件（最大判昭 48・12・12―三菱樹脂事件）によりながら，社団ないし団体は，どのような者をどのような条件で加入を認めるかを原則として自由に決定できるのであり，国籍による制限を行うことを理事会等で決議してもそれが直ちに民法 90 条により無効となるものではなく，また，それに基づいて外国人の加入を制限したとしても直ちに不法行為となることはないとし，これらが違法になるのは「結社の自由を制限してまでも相手方の平等の権利を保護しなければならないほどに，相手方の平等の権利に対して重大な侵害がされ，その侵害の態様，程度が憲法の規定の趣旨に照らして社会的に許容しうる限界を超えるといえるような極めて例外的な場合に限られる」とした。

そして，Y はゴルフを楽しむための単なる私的な社団であってその入会の資格・手続もごく閉鎖的なものであること，外国人は文化・習慣が異なり日本人との意思疎通や信頼関係の形成発展に影響を生じることがあること，他方，ゴルフは趣味にすぎず生活基盤に関わるものではないこと，ゴルフ会員権は市場性を有し入会が認められなくても投下資本の回収が可能であること，外国人の入会を認めるクラブは他に多数存在すること，Y による外国人の入会制限は不当に外国人を排斥することなどを目的とするものではないことなどから，本件では上記の例外に該当せず，本件決議は有効であるとした。なお，上告は棄却された（最決平 14・7・18 公刊物未登載）。

■争 点■

結社・団体への外国人の入会制限は法の下の平等に反するか。

■判 旨■

控訴棄却。
「X の Y に対する本件請求はいずれも理由がないものと判断する。」「その理由は，原判決……のとおりであるから，これを引用する。」（事案中の 1 審判断参照）

■解 説■

1 昨今の経済停滞で頭打ちになっているとはいえ，在日外国人数の近年の増加は目覚ましく，外国人登録者数は平成年間の約 20 年間で 2 倍となった（2010 年末で約 219 万人）。外国人は，本章(1)の他の事件で扱われる対国家関係での人権保障の問題のほか，より日常的な社会生活上の差別にも直面しているのであり，この問題は外国人の増加に伴ってますます深刻化しているように思われる。

この問題は憲法理論上，いわゆる私人間効力の問題であるが，その本格的検討は「2 人権の法律関係」で行われる（なお，本判決の評釈である山本・後掲は，本件事案に即して考え方の筋道を具体的に示しており必読）ことから，ここでは，社会生活における外国人の人権が問題となった裁判例を概観し，問題状況を示してみることにしたい。

2 まず，本件と類似した，ゴルフクラブ入会拒否に関する事案がある。東京地判昭 56・9・9（判時 1043 号 74 頁）は，日本に帰化した元在日韓国人について，帰化後相当年限を経過しない場合には会員としない旨の細則が 14 条に照らし公序良俗に反しないとした。他方，東京地判平 7・3・23（判時 1531 号 53 頁）は，ゴルフクラブ法人会員契約に関し，プレーに制約のあるプレーイング・メンバーから，そのような制約のない登録者への変更を日本国籍を有しないことを理由に認めなかったことを違法とした。

ゴルフクラブの形態は様々で（佐藤・後掲 43 頁以下参照），一般のスポーツ施設利用と同様の場合もあるが，本件では私的な結社性を比較的濃厚に備えている場合であって，どのような者に入会を認めるのかという結社の自由が重視される場合であると言えよう。このような場合，国籍だけでなく，性別や年齢により入会を制限することもとりあえずは可能と言わざるを得ないだろう。ただ，具体的事案において殊更に差別的な言動があった場合などには，人格権侵害として慰謝料請求を認める余地はある（山本・後掲 13 頁，棟居・後掲 18～19 頁，大村・後掲②495 頁参照）。

3 ゴルフクラブ関係以外の事案では以下のようなものがあるが，それぞれの措置の合理的理由の有無が問われている（なお，大村・後掲①は一連の事案を public〔公衆＝公開〕性の観点から整理する）。

例えば，札幌地判平 14・11・11（判時 1806 号 84 頁〔小樽入浴拒否事件〕）では公衆浴場における入浴拒否が違法とされたが，他にも，外国籍であることからマンション賃貸借契約の締結が拒否されたことが違法であるとされた事案（大阪地判平 5・6・18 判時 1468 号 122 頁）や，外国人であることを理由に宝石店主らが店舗からの退去を求めたことが不法行為に当たるとされた事案（静岡地浜松支判平 11・10・12 判時 1718 号 92 頁），銀行が永住資格のない外国人に対する住宅ローンの融資を拒絶したことが不法行為に当たらないとされた事案（東京地判平 13・11・12 判時 1789 号 96 頁）等が報告されている。

◆参考文献◆

大村敦志①・法教 357 号 134 頁，大村②『新しい日本の民法学へ』[2009]，佐藤哲治・ひろば 48 巻 9 号 41 頁，棟居快行『憲法フィールドノート〔第 3 版〕』[2006]，山本敬三・判評 525（判時 1794）号 5 頁。

7 定住外国人の地方参政権

最高裁平成7年2月28日第三小法廷判決
（平成5年（行ツ）第163号選挙人名簿不登録処分に対する異議の申出却下決定取消請求事件）
民集49巻2号639頁，判時1523号49頁

■事案■

Xらは永住者たる地位を有する在日韓国人であるが，選挙人名簿に登録されていないのは不服であるとして，Y（大阪市北区選挙管理委員会）に対し，同名簿への登録を求める異議の申出（公選24Ⅰ）をしたが却下されたので，その取消しを求めて公選法25条1項に基づく本件名簿訴訟を提起した。
1審（大阪地判平5・6・29判タ825号134頁）は，定住外国人は憲法上，地方公共団体に関する選挙権を保障されていないとして請求を棄却したので，Xらが上告（公選25Ⅲ参照）。

■争点■

定住外国人に地方参政権の憲法的保障があるか。

■判旨■

上告棄却。
「主権が『日本国民』に存するものとする憲法前文及び1条の規定に照らせば，……憲法15条1項の規定は，権利の性質上日本国民のみをその対象とし，右規定による権利の保障は，我が国に在留する外国人には及ばない」。「憲法93条2項にいう『住民』とは，地方公共団体の区域内に住所を有する日本国民を意味するものと解するのが相当であり，右規定は，我が国に在留する外国人に対して，地方公共団体の長，その議会の議員等の選挙の権利を保障したものということはできない。」
「憲法第8章の地方自治に関する規定は，民主主義社会における地方自治の重要性に鑑み，住民の日常生活に密接な関連を有する公共的事務は，その地方の住民の意思に基づきその区域の地方公共団体が処理するという政治形態を憲法上の制度として保障しようとする趣旨に出たものと解されるから，我が国に在留する外国人のうちでも永住者等であってその居住する区域の地方公共団体と特段に緊密な関係を持つに至ったと認められるものについて，その意思を日常生活に密接な関連を有する地方公共団体の公共的事務の処理に反映させるべく，法律をもって，地方公共団体の長，その議会の議員等に対する選挙権を付与する措置を講ずることは，憲法上禁止されているものではない」。

■解説■

1 外国人参政権の問題は，憲法学上関心の高い論点の一つであるが，現在のところ，(1)国政に係る選挙権・被選挙権は憲法上保障されず，法律で付与することもできないこと（最判平5・2・26判時1452号37頁も参照），(2)地方参政権を認める見解にあっても，在留外国人一般に認めることはできず，少なくとも定住外国人に限定されること，については概ね合意があるように思われる（(1)に関する異論として，浦部教室514頁，青柳・後掲63頁以下な

ど）。本判決は定住外国人の地方参政権の保障が争われたものであるが，これについては，禁止説（伝統的通説であるが近年再び有力化している感もある），要請説，許容説（有力説）の対立があることは周知のことであり（学説概観につき後藤・後掲13頁参照），本判決は傍論ではあるが許容説ないしこれに近い立場をとっている（福岡・後掲273頁）。以下では，若干の論点を通じて見解の分岐状況を見てみたい。
2 まず，外国人の基本権享有主体性の一般論との関連で，本判決も依拠する本書2事件（最大判昭53・10・4―マクリーン事件）がとる権利性質説との関係では，選挙権が国家を前提とする後国家的権利である点で権利の性質上外国人には保障されないのではないかが問題となるが，今日ではこの点を決め手にする論者は少ない。
3 むしろ，この問題で重要なのは国民主権原理との関係である。国政レベルでの参政権についてはこの原理との抵触を理由に禁止説が通説であるが，地方レベルでは(a)国の専権に属するものを除く地域的な公共事務を処理することが目的であるから，同原理との関係が薄い上に，(b)条例制定は法律の範囲内に限定されるから，禁止説をとる必要はなく，むしろ住民自治の観点から法律により定住外国人にも選挙権を認めることが望ましい（許容説）とも主張される。また，グローバル化を背景に「国民」概念自体を再構築すべきだとする見解もある（青柳・後掲64頁など）。
これについては，まず，国民主権と民主政とは別次元の問題でありえ（渋谷＝赤坂・後掲252頁以下など参照），民主政の問題である参政権についてはむしろ政治共同体の構成員として定住外国人を含めることが可能かという問題設定も可能だろう。また，許容説の上記論拠(a)は，地方自治体も統治団体であるという位置づけと平仄が合わない。国民概念再構築論については，それが要請されるほどに国民国家概念が変容しているかが問題であるとともに，本論点で主として問題となる在日コリアンとの関係では，彼らの多くは民族的アイデンティティ保持のためにあえて帰化していないのであるから，彼らを日本国民に包摂することは問題だろう。
4 国民主権原理の問題とも関連して，「国民」（15Ⅰ）と「住民」（93Ⅱ）の解釈についても見解が分かれる。禁止説は「住民」は「国民」の一部であるとするが，許容説の中には，両者は意味を異にし，住民は地域社会の構成員たる外国人も含むとする論者もいる（ただし，本判決はこの議論に与していない）。
5 本判決は，「住民」は日本国民のみを指すとしつつ，地方自治の憲法的保障のうち，住民自治の原理を重視し，「永住者等であってその居住する区域の地方公共団体と特段に緊密な関係を持つに至ったと認められるもの」に立法政策として選挙権を付与しても違憲ではないとし，国民主権原理を住民自治原理により相対化することができるとする（小山・後掲3頁）。

◆参考文献◆

青柳幸一・ジュリ1375号60頁，青柳ほか・同67頁，後藤光男・百選Ⅰ〔第5版〕12頁，小山剛・判例講義Ⅰ3頁，福岡右武・最判解民事篇平成7年度257頁，渋谷秀樹＝赤坂正浩『憲法2 統治〔第4版〕』〔2010〕。

8 外国人の公務就任権
―― 東京都管理職選考受験資格事件

最高裁平成17年1月26日大法廷判決
(平成10年(行ツ)第93号管理職選考受験資格確認等請求事件)
民集59巻1号128頁，判時1885号3頁

■ 事　案 ■

在日韓国人2世で特別永住資格を有するX（鄭香均）は，1988（昭和63）年に保健師（当時の名称は保健婦）としてY（東京都）に外国人として初めて採用され，勤務していた者である。Xは，94年度および95年度の管理職選考試験を受験しようとしたが，日本国籍がないことを理由にいずれも受験資格がないとして受験することができなかったため，右試験の受験資格の確認と慰謝料の支払を求めて本訴を提起した。

1審（東京地判平8・5・16労民集47巻3号185頁）は，受験資格の確認については確認の利益がないとして却下し，慰謝料請求については，公権力の行使または公の意思の形成に参画することによって我が国の統治作用に関わる職務に従事する地方公務員に就任することについて，外国人には，その性質上，職業選択の自由（22Ⅰ）および法の下の平等（14Ⅰ）の規定による保障は及ばないなどとして棄却した。

2審（東京高判平9・11・26高民集50巻3号459頁）は，確認請求については1審同様確認の利益がないとしたが，大要以下のように述べて慰謝料請求については一部認容した。国民主権原理に照らせば，15条1項および93条2項による保障は外国人には及ばないが，職業選択の自由（22Ⅰ），幸福追求権（13），平等原則（14）については，原則として外国人にも保障される。ところで，国民主権原理は我が国の統治作用の根本に関わる職務に従事する公務員は日本国民であることをも要請しているが，公務員の職務は多様であり，国の統治作用に関わる職務に従事するものであっても，その職務内容・権限と統治作用との関わり方およびその程度によっては外国人に就任を認めてもよいものがあり，それについては22条1項および14条1項の保障が及ぶ。Yは管理職について一律に外国人の任用を排除しているが，管理職の中にも外国人の任用を許されるものがあり，それについては上記のような基本権保障が及ぶので，一律の排除は違法である。

これに対してYが上告した。

■ 争　点 ■

①外国人の公務就任権は憲法的保障がなされるか。
②外国人の公務就任権は法律的保障がなされるか。
③外国人の公務就任と平等原則はどのような関係にあるか。
④特別永住者と一般在留者とは区別されるべきか。

■ 判　旨 ■

破棄自判（藤田宙靖裁判官の補足意見，金谷利廣，上田豊三裁判官の各意見，滝井繁男，泉德治裁判官の各反対意見がある）。

「地方公務員法は……普通地方公共団体が，法による制限の下で，……職員に在留外国人を任命することを禁止するものではない。普通地方公共団体は，職員に採用した在留外国人について，国籍を理由として，……勤務条件につき差別的取扱いをしてはならない」。ただし，合理的な区別は14条1項に違反しない。「在留外国人を職員に採用するに当たって管理職への昇任を前提としない条件の下でのみ就任を認めることとする場合には，そのように取り扱うことにつき合理的な理由が存在することが必要である。」

「地方公務員のうち，住民の権利義務を直接形成し，その範囲を確定するなどの公権力の行使に当たる行為を行い，若しくは普通地方公共団体の重要な施策に関する決定を行い，又はこれらに参画することを職務とするもの（以下『公権力行使等地方公務員』という。）については，次のように解するのが相当である。すなわち，公権力行使等地方公務員の職務の遂行は，住民の権利義務や法的地位の内容を定め，あるいはこれらに事実上大きな影響を及ぼすなど，住民の生活に直接間接に重大なかかわりを有するものである。それゆえ，国民主権の原理に基づき，国及び普通地方公共団体による統治の在り方については日本国の統治者としての国民が最終的な責任を負うべきものであること（憲法1条，15条1項参照）に照らし，原則として日本の国籍を有する者が公権力行使等地方公務員に就任することが想定されている」。

「そして，普通地方公共団体が，公務員制度を構築するに当たって，公権力行使等地方公務員の職とこれに昇任するのに必要な職務経験を積むために経るべき職とを包含する一体的な管理職の任用制度を構築して人事の適正な運用を図ることも，その判断により行うことができ」，「労働基準法3条にも，憲法14条1項にも違反するものではない」。

■ 解　説 ■

1　本件は，外国人の公務就任権に関わる事案であると言われるが，本判決自体は，公務への採用と一度採用された後の管理職昇任の場面を区別した上で，後者の問題として処理することによって問題点を限定し，外国人の公務就任権という主題で論じられる問題点のいくつかを回避している。以下では，随時本判決の判示にも触れつつも，むしろ，この主題についての一般的解説に重点をおいて論述したい（本件争点の設定もこの観点を加味している）。

2　争点①について，本判決自体は，1で指摘したような問題の区別に基づき，本件を管理職昇任における差別の14条（およびそれを受けた労基3）適合性の問題として扱っている（争点③）ため，この争点には触れていない。

学説上，国民の公務就任権については否定する見解はないと思われるが，憲法上明文がないために，その根拠をめぐっては13条説，15条1項説，22条1項説などが対立する。そのポイントは，公務就任権を（広義の）参政権と職業選択の自由のいずれに引きつけて理解するかという点にある。この点についてはいずれとも決しがたく，公務就任権の複合的性格を指摘する見解（山本・後掲①38頁）があることも理解できる。

次に，公務就任権が外国人に対しても保障されるかどうかについて，かつては，国民主権原理を理由に，外国

人に対しては全面的に公務就任権が保障されないとされたが、その後、「教育的・調査的・技術的等の職務についてまで外国人を排除するのは行き過ぎ」（佐藤憲法論146頁）として、国民主権原理を前提としても一定の職については外国人にも公務就任権が認められるとする見解が有力化した（高橋89頁）。

しかしながら、今日ではさらに進んで、国民主権原理と外国人の公務就任権の制限とは別次元の問題であるという見解も提唱されている（渋谷・後掲5～7頁、山本・後掲②63頁、高橋88頁）。その上で、外国人の公務就任権の否定あるいは制限を正当化する論理として国家主権原理を援用できるかどうかについては議論が分かれる（渋谷・後掲8頁、山本・後掲②63～65頁）。

3　争点②は、外国人の公務就任権が憲法上保障されているかどうかは別として、法律・条例によって認めることは可能かという問題である（ただし、争点①と②とは厳密に区別されずに論じられることも多い）。この点についてこれまで実務上重要な役割を果たしてきたのが、公務員に関する「当然の法理」と呼ばれる政府見解である（猪野・後掲①60～65頁）。これは、「公権力の行使又は公の意思の形成への参画に携わることを職務とする公務員となるためには、日本国籍を必要とする」というものであり、法令上明文規定がなくても認められるという意味で「当然の法理」であるとされる（現に、各種公務員についての法令に国籍条項があるのは例外的である）。また、同法理は国家公務員のみならず地方公務員にも適用があるとされている。

この法理については、従来、その根拠が不明確であり、また、適用範囲が広すぎることが批判されてきた。同法理の根拠について注目すべき点は、政府は従来、国民主権原理ではなく、国家主権原理に関するような理由を挙げてきたことである（猪野・後掲①62頁）。

4　本判決は、外国人が「公権力行使等地方公務員」に就任することは、国民主権原理に照らし「本来我が国の法体系の想定するところではない」とするが、この判示についてはいくつか注意が必要である。まず、この判示の文脈は、直接には、本件の事案に即し、地方公共団体が現に外国人への管理職就任を認めていないことが適法であることを示すためのものであるから、争点②とは文脈が異なる（「当然の法理」は外国人を任用すれば違憲となるという文脈である）。また、本判決は公権力行使等地方公務員には「原則として」日本人が就任することが想定されているとするところから、例外もあり得る（例外を認めても違憲ではない）としたと理解する見解もある（本書7事件〔最判平7・2・28〕と同型の判決だと理解するわけである）。

他方、「当然の法理」とは文脈が違うとは言っても、藤田補足意見からもうかがえるように、本判決の「公権力行使等地方公務員」の概念が、「当然の法理」における外国人任用が禁止される公務員の範囲についての批判を意識し、その範囲をより明確化する意図があったことも確かである（具体的検討として、高世・後掲①31～32頁、猪野・後掲①65～66頁、猪野・後掲②74～77頁を参照）。

5　本判決では争点③の平等原則との関係がむしろ主要な論点であった。すなわち、最高裁は、国籍を理由とする勤務条件の差別を禁ずる労働基準法3条は地方公務員にも適用されるとし、また、同条は14条と同内容であると理解しているとされる（高世・後掲②80頁）。したがって、職員の人事制度の設計については各地方公共団体に裁量が認められることを前提としても、本件で問題となった外国人の管理職就任を一律に排除する制度は、合理的な区別と言えない限り14条違反となる。

問題は、その合理性をどの程度厳格に判断するかであるが、本判決はいわゆる合理性の基準を用いて、公権力行使等地方公務員とこれに昇任するのに必要な職務経験を積むために経るべき職とを包含する一体的な管理職任用制度から、外国人を一律に排除することの合憲性を認めた。

4で検討したように、公権力行使等地方公務員たる管理職から外国人を排除することは可能であるとしても、それに当たらない管理職からの排除までも合理的であるとは直ちには言えないはずであるが、本判決はこの点について具体的な理由を示していない。他方、藤田補足意見は、管理職を公権力行使等地方公務員に該当するか否かで区別して外国人の就任に配慮する制度は、全体としての人事の流動性を著しく損なう可能性があることを指摘しているが、本件当時、そのような具体的なおそれはなかったことは同補足意見も認めるところであり、学説から批判されている（野坂・後掲397頁）。

6　争点④について、本件のXは特別永住者の資格を有する在日韓国人2世であったが、外国人の公務就任権に関してこの点を考慮すべきかどうか。この点について、本判決は特段の理由を述べないまま、明示的に考慮不要とした（泉反対意見はこの点を批判する）が、藤田補足意見がこの点を敷衍している。それによれば、入管法上の特別永住者の制度は、在留および在留中の就労に関するものにとどまり、それ以上に現行法上、他の在留外国人と異なった日本人に準じる法的地位を付与するものではないという。

しかし、基本権享有主体性の論点でいわれる特別永住者の特別の地位は、入管法上の特別永住者であることが根拠となるわけではなく、旧植民地出身でかつて日本国籍を有していたが一方的に剥奪されたという歴史的経緯を有する者（とその子孫）がどのような憲法的地位に立つかという問題である（特別永住者制度はその憲法的地位の具体化の一側面と見うる）から、藤田補足意見は説得力を欠く。

もっとも、特別永住者をいかなる場合であっても日本人に準じて扱う憲法的要請があるとまでは言えないだろう。少なくとも、在留については日本人に準じた権利を付与する要請があると言いうるが、それ以外では、権利主張を望むのであれば日本国籍を取得すべきだというべき場面があると解され、その範囲についての検討が課題となろう（4事件〔最判平10・4・10―崔善愛事件〕解説も参照）。

◆ 参考文献 ◆

猪野積①・自治研究81巻4号52頁、猪野②・同5号73頁、高世三郎①・ジュリ1288号26頁、高世②・最判解民事篇平成17年度60頁、渋谷秀樹・ジュリ1288号2頁、野坂泰司『憲法基本判例を読み直す』[2011]383頁、山本隆司①・法教347号35頁、山本②・同349号63頁。

9 戦後補償における国籍条項
——台湾住民元日本兵戦死傷者の補償請求

最高裁平成 4 年 4 月 28 日第三小法廷判決
(昭和 60 年(オ)第 1427 号損害賠償請求事件)
訟月 38 巻 12 号 2579 頁、判時 1422 号 91 頁

■事案■

台湾在住の台湾住民である X らは第二次大戦中、日本軍軍人または軍属として戦地に赴いて戦死傷した者(およびその遺族)である。X らは、この戦死傷による損害について、(1)契約等の法律関係に基づく請求権、(2)憲法 29 条 1 項・13 条に基づく損失補償請求権、(3)恩給法及び戦傷病者戦没者遺族等援護法(援護法)の日本国籍条項の憲法 14 条 1 項違反を主張して、Y(国)に対して各 500 万円の支払を求めて本訴を提起した。

この事件の背景には下記のような歴史的経緯がある(萩野・後掲も参照)。日本は 1952(昭和 27)年発効のサンフランシスコ平和条約、日華平和条約により、植民地であった台湾および澎湖諸島に対するすべての権利、権原および請求権を放棄し、この地域に関する日本国および日本国民に対する台湾当局および住民の請求権の処理は、日本国と台湾当局との間の特別取極の主題とするなどとされた。しかし、判旨にあるように、日中国交正常化、日台断交の影響で、この特別取極は締結されずに今日に至っている。

他方、戦後制定された援護法により、軍人軍属等であった者またはその遺族に対しては年金が支給され、またその後制定された恩給法改正法により旧軍人等またはその遺族に対する恩給が支給されている(以下「本件給付」という)が、上記 2 法にはいずれも国籍条項・戸籍条項(援護法には国籍条項のほか、附則 2 項は戸籍法の適用を受けない者「旧植民地人」には援護法は適用されないという戸籍条項があり、また恩給法 9 条 1 項 3 号は日本国籍喪失の場合には恩給受給権は消滅するとする)があり、日華平和条約により日本国籍を喪失した X らには一切の支給がなされなかった。

1 審(東京地判昭 57・2・26 行集 33 巻 1・2 号 287 頁)、2 審(東京高判昭 60・8・26 行集 36 巻 7・8 号 1211 頁)とも請求棄却。X ら上告。なお、上告後の立法により、人道的措置として弔慰金・見舞金の支給が行われることとなった(館田・後掲 19 頁参照)。

■争点■

戦後補償立法の国籍条項と平等原則はどのような関係にあるか。

■判旨■

上告棄却(園部逸夫裁判官の意見がある)。

事案摘示のような経緯に照らせば、本件国籍条項により X らが排除されたのは、「台湾住民の請求権の処理は日本国との平和条約及び日華平和条約により日本国政府と中華民国政府との特別取極の主題とされたことから、台湾住民である軍人軍属に対する補償問題もまた両国政府の外交交渉によって解決されることが予定されたことに基づくものと解されるのであり、そのことには十分な合理的根拠があるものというべきである。したがって、本件国籍条項により、日本の国籍を有する軍人軍属と台湾住民である軍人軍属との間に差別が生じているとしても、……憲法 14 条に……違反するものとはいえない。ところで、……昭和 47 年 9 月 29 日、日本国政府と中華人民共和国政府の共同声明が発せられ、日本国政府は中華人民共和国政府が中国の唯一の合法政府であることを承認した結果、〔日華平和条約に基づく〕右特別取極についての協議が行われることは事実上不可能な状態にある。しかしながら、そのことのゆえに本件国籍条項が違憲となるべき理由はなく、右のような現実を考慮して、我が国が台湾住民である軍人軍属に対していかなる措置を講ずべきかは、立法政策に属する問題というべきである」。

■解説■

1 戦後補償問題に関しては、今日に至るまで多数の訴訟が提起されている。一連の戦後補償訴訟での争点は多種多様であり、また、本件に限っても事案にあるように幾つもの争点があったが、本判決における主たる論点は援護法、恩給法の国籍条項の憲法 14 条適合性の問題であった。そして、本件では、時の経過による立法事実の変化に注意して検討する必要がある。なお、本書 10 事件(最判平 13・4・5——在日韓国人元日本軍属障害年金訴訟)も類似事件であり、併せて参照されたい。

2 まず、国籍条項が設けられた当時における同条項の趣旨は、台湾住民の軍人軍属の補償問題も、同住民の他の請求権問題とともに日台両政府間の特別取極において解決される予定であったからというものであり、これは「差別的意図を含むものではなく」(小山・後掲 7 頁)、また、戦後台湾(中華民国)は独立し、台湾住民は同国の施政権下にあったのであり、補償問題について政府間取極という形で台湾政府の意向を汲むことも不合理ではない。

他方、下級審では本件給付の法的性格の問題も争われ、1 審はこれらは国家補償的性格とともに社会保障的性格をも有することを理由に国籍条項を合憲とした(228 事件〔最判平元・3・2—塩見訴訟〕も参照)が、疑問である(戸波・後掲 183 頁参照)。

3 次に、日台政府間の特別取極の締結が不可能となった後の国籍条項の合憲性が問題となるが、本判決はこうした事実関係の変化は国籍条項の合憲性判断に影響しないとした(なお、園部意見は事実関係の変化を指摘しつつも、統治行為論的発想により合憲論をとるが、批判がある〔小山・後掲 7 頁、また佐藤憲法 358〜359 頁も参照〕)。

しかし、この段階においては、少なくとも本件給付の国家補償的性格を重視する立場からは、日本軍の軍人軍属として勤務した X らにつき国籍喪失を理由に差別するのは違憲というべきだろう。

4 なお、仮に本件区別を違憲とする場合、国籍条項を違憲無効とするだけでよいかは問題となり得る(戸波・後掲 185 頁、本判決の判時冒頭のコメント〔1422 号 92 頁〕、311 事件〔最大判平 20・6・4—非嫡出子国籍法差別違憲判決〕解説も参照)。

◆ 参考文献 ◆
小山剛・判例講義 I 7 頁、館田晶子・百選 I 〔第 5 版〕18 頁、戸波江二・判評 298(判時 1091)号 180 頁、萩野芳夫・ジュリ 778 号 55 頁。

10 援護法の戸籍条項
―― 在日韓国人元日本軍属障害年金訴訟

最高裁平成13年4月5日第一小法廷判決
（平成10年(行ツ)第313号障害年金請求却下処分取消請求事件）
訟月49巻5号1500頁，判時1751号68頁

■事案■

Xらは，第二次大戦中に日本軍の軍属として従軍中負傷し障害の状態になった在日韓国人であるが，戦傷病者戦没者遺族等援護法（援護法）に基づき障害年金の請求をしたところ，Y（厚生大臣〔当時〕）が，Xらは戸籍法の適用を受けない者であるから援護法附則2項（戸籍条項）により同法の適用を受けないとして請求を却下する本件処分を行ったため，Xらは，同項は憲法14条1項に違反するなどとして本件処分の取消しを求める訴えを提起した。

1審（東京地判平6・7・15判時1505号46頁），2審（東京高判平10・9・29判時1659号35頁）とも請求を棄却した。Xら上告。

本件の背景には次のような歴史的経緯がある。戸籍条項により朝鮮人が援護法の適用から除外されたのは，本書9事件（最判平4・4・28―台湾住民元日本兵戦死傷者の補償請求）の台湾人の場合と同様，これらの人々の請求権の処理がサンフランシスコ平和条約により日本国政府と朝鮮施政当局との間の特別取極の主題とされたことから，本件のような補償問題もその一環として解決が予定されたことによる。そして，日台間とは異なり，日韓間ではその特別取極として1965（昭和40）年に日韓請求権協定が締結されたが，日韓両政府の同協定の解釈の違い（山本・後掲23頁参照）から，在日韓国人の元軍人軍属については日韓のいずれの国家からも補償がなされず今日に至っている（在韓の元軍人軍属には韓国政府が補償）。

なお，在日コリアンの元軍人軍属に対しては，人道的精神に基づき，本件上告中に弔慰金・見舞金の制度が立法化されている。

■争点■

援護法の戸籍条項と平等原則とはどのような関係にあるか。

■判旨■

上告棄却。

援護法制定当時の戸籍条項については，9事件を引用して14条1項に反しないとした。

他方，上記のとおり，日韓請求権協定締結後も在日韓国人の元軍人軍属は日韓いずれの国家からも補償がないことにつき，本判決は，日本人の元軍人軍属との間に差別状態が生じていたことは否めないとし，立法府が在日韓国人の軍人軍属に対して援護の措置を講ずることなく援護法附則2項を存置したことが14条1項に反しないか否か，更に検討を要するとした。

「ところで，軍人軍属等の公務上の負傷若しくは疾病又は死亡のような戦争犠牲ないし戦争損害に対する補償は，憲法の予想しないところというべきであり，その補償の要否及び在り方は，事柄の性質上，財政，経済，社会政策等の国政全般にわたった総合的政策判断を待って初めて決し得るものであって，……立法府の裁量的判断にゆだねられたものと解される」。「また，以上のような日韓請求権協定の締結後の経過や国際情勢の推移等にかんがみると，援護法附則2項を廃止することをも含めて在日韓国人の軍人軍属に対して援護の措置を講ずることとするか否かは，大韓民国やその他の国々との間の高度な政治，外交上の問題でもあるということができ，その決定に当たっては，……複雑かつ高度に政策的な考慮と判断が要求されるところといわなければならない」。

これらのことからすれば，日韓請求権協定締結後，在日韓国人の元軍人軍属に対して援護の措置を講ずることなく援護法附則2項を存置したことは，いまだ立法府の裁量の範囲を著しく逸脱したものとまではいえず，本件各処分当時において14条1項に違反するに至っていたものとすることはできない。

■解説■

1　9事件は台湾住民の元日本軍軍属による補償請求であるのに対し，本件は在日韓国人による年金支給拒否処分の取消請求であるが，歴史的背景および憲法上の論点には類似性があるので，9事件も併せて参照されたい（その他同種事件については，愛敬・後掲参照）。事実関係において9事件と本件が大きく異なるのは，日台間とは異なり日韓間には請求権問題に関して日韓請求権協定が締結されたことである。しかし，日韓両国の同協定の解釈の相違から在日韓国人に対しては一切の補償がなされていない（援護法の附則2項および国籍条項が存置された）ため，結果的には在日韓国人と台湾人とは同様の地位にあることになる。

2　本件においても，戸籍条項の憲法14条1項適合性に関しては援護法制定時と日韓請求権協定締結後とで区別して検討する必要があるが，前者の援護法制定時の合憲性については，9事件解説を参照されたい。

3　次に，請求権協定締結後における援護法の戸籍条項の合憲性について，本判決は明確に論点化しているが，結局，戦争犠牲・損害に対する補償は広い立法裁量に服するとした先例（171事件〔最大判昭43・11・27〕）に依拠して合憲判断を行った。

本判決はまとめて判断しているが，この問題は厳密には，(1)援護法の戸籍・国籍条項自体の14条適合性の問題と，より一般的に，(2)日本人軍人軍属には補償をしながら，在日韓国人にはそれを一切認めないという立法不作為の14条適合性の問題とに区別しうる（1審判決参照）。一般的にはこの種の補償問題には立法裁量が認められるとすれば，援護法自体では国籍による区別をしても不合理ではないとする可能性もないではないが，(2)については，国籍がない（しかも，これは戦後一方的に剝奪されたからである）ことだけを理由に一切の補償がないことの合理性を支える根拠を見出すことは容易ではない。本件では日韓請求権協定の日本政府による解釈の妥当性が1つのポイントとなろうか（愛敬・後掲10頁参照）。

◆参考文献◆
愛敬浩二・平成16年度重判解10頁，君塚正臣・セレクト2001年8頁，又坂常人・法教254号111頁，山本悦夫・平成13年度重判解22頁。

11 少数民族の文化享有権
——二風谷ダム事件

札幌地裁平成9年3月27日判決
（平成5年（行ウ）第9号権利取得裁決等取消請求事件）
訟月44巻10号1798頁，判時1598号33頁

■事案■

Y（北海道収用委員会）は，国を起業者とする二風谷ダム建設工事に伴う土地の収用裁決をしたところ，その対象たる土地の所有者であり，アイヌ民族であるX（萱野茂）らが，その取消しを求めて本件訴訟を提起した。

本件ダム予定地である二風谷地域の住民はその大部分がアイヌ民族であり，同地域は同民族の伝統文化が保存されてきた地域であって重要な遺跡や聖地が多く存在するほか，重要な祭も行われているところ，本件ダム建設によって同地域の大部分が水没することになる。

Xらは，本件事業認定はダム建設によるアイヌ民族やその文化への影響を十分考慮しておらず土地収用法20条3号に反し違法であり，その違法性を承継する本件収用裁決も違法であると主張した。

■争点■
少数民族の文化享有権が認められるか。

■判旨■
本件裁決は違法だが事情判決（行訴31 I）により請求棄却（確定）。

土地収用法20条3号の要件充足性判断は，事業計画の達成によって得られる公益と失われる公的・私的利益を比較衡量することにより行う。

一方で，本件事業計画の公共性は高い。

他方で，失われる公的・私的利益は少数民族であるアイヌ民族の文化であるが，これについては次のように判示された。

(i) アイヌ民族は国際人権B規約27条にいう少数民族であり，同条および憲法98条2項によりその文化享有権が保障される。

(ii) 「少数民族にとって民族固有の文化は，……その民族性を維持する本質的なものであるから，その民族に属する個人にとって，民族固有の文化を享有する権利は，自己の人格的生存に必要な権利ともいい得る重要なものであって」，Xらには憲法13条により文化享有権が保障される。また，アイヌの人々は，日本の統治が及ぶ以前より北海道に居住し，独自の文化を形成し，またアイデンティティを有しており，日本の統治下におかれた後もなお独自の文化およびアイデンティティを喪失していない社会的な集団であり，少数民族であるだけでなく先住民族に当たるから，その文化享有権に対する一層の配慮が要請される。

本件事業認定・収用裁決は，利益衡量のために必要な調査・研究等を怠り，本来最も重視すべき諸要素・諸価値を不当に軽視・無視し，アイヌ文化に対する影響を可能な限り軽減する対策を講じずになされたもので裁量権を逸脱して違法であるが，本件ダムはすでに完成し稼働しており，本件裁決の取消しは公共の利益に適合しないため請求棄却。

■解説■

1　狩猟・漁労を生業とし，アイヌ語をはじめとする独自の文化を持つアイヌ民族は，和人が進出する前から北海道に先住していたが，明治時代に入り北海道開拓が進められると本格的な同化政策の対象となった。同化政策は狩猟・漁労の制限と営農の奨励といった経済面からアイヌ語の使用禁止など文化面にも及ぶものであった。これによりアイヌの生活は困窮したため，1899（明治32）年制定・施行の北海道旧土人保護法は，同化政策に基づく恩恵的な施策を定めたが，十分な成果はなかった（同法は1997年まで存続）。今日では北海道を中心に数万人のアイヌが存在するとされるが，長年にわたる苦難の歴史を経て，その独自の文化は一時期消滅の危機にあった。しかし，昭和50年代以降，本件原告の萱野茂(1926-2006)などの尽力に加え，先住民族の権利回復を目指す国際的な潮流もあって，民族のアイデンティティ回復を求める運動が一定の成果を挙げており，本件もこうした状況を背景としている。また，本判決とほぼ同時にアイヌ文化振興法の制定を見るに至った（後掲報告書など参照）。

2　争点について，本判決は，アイヌ民族に属する個人には（人権B規約27条〔同条との関連での検討は岩沢・後掲参照〕および）憲法13条により文化享有権が認められるとした。民族独自の文化の享有権は，ここでは個人権として構成されているとはいえ，その本質は集団の権利である。そこで，集団の権利の承認は集団の個人に対する優位を認めることにつながり，13条前段の個人主義原理との関係で緊張関係に立つことが問題とされてきた（常本・後掲①86～87頁）。

実際，13条の背景をなす近代立憲主義は，抽象的・普遍的な個人を至上の価値と位置づける個人主義を標榜するため，固有の文化を有する民族とそれに包摂され，文化的に刻印を受けた個人という社会構想とは対立するものと考えられてきたのであり，この後者の文脈に本籍を持つ文化享有権を13条から導出する本判決は，スキャンダラスだと評されてもおかしくない。

しかし近年，伝統文化は個人の自律を成立させる基盤であるなどとしてこれらの2つの構想を調和させようとする政治哲学が有力に主張され（常本・後掲①参照），本判決もその系譜に連なる論理を展開する（常本・後掲②53頁参照）。

こうした主張によって個人主義と調和する形で民族集団の権利が位置づけられるかどうかは予断を許さないが，ことアイヌの場合，同化が進み民族集団が大幅に解体されていることから，民族文化の享有を個人権として個人の選択の問題と位置づけ易くなっているのは皮肉なことであろう。

3　なお，アイヌ民族の法的地位について日本政府はその先住民族性を否定していたところ，本判決は先住民族性を認めたが，その意義と限界については岩沢・後掲58～59頁を，先住民族性に関する近年の動きについては後掲報告書21～22頁を参照。

◆参考文献◆
アイヌ政策のあり方に関する有識者懇談会報告書（http://www.kantei.go.jp/jp/singi/ainu/index.html），岩沢雄司・国際人権9号56頁，長谷部恭男編著『リーディングズ現代の憲法』〔1995〕81頁（常本照樹①），常本②・国際人権9号51頁。

12 団体の人権享有主体性
―― 八幡製鉄事件

最高裁昭和 45 年 6 月 24 日大法廷判決
(昭和 41 年(オ)第 444 号取締役の責任追及請求事件)
民集 24 巻 6 号 625 頁, 判時 596 号 3 頁

■事 案■

八幡製鉄株式会社（その後、本判決と同じ 1970〔昭和 45〕年、合併により新日本製鉄株式会社となる）の代表取締役 Y_1・Y_2 が、同社の名義で自由民主党に対して 350 万円の政治資金の寄付（いわゆる政治献金）を行ったところ、同社の株主である X が本件政治献金は同社の定款所定の事業目的（「鉄鋼の製造及び販売並びにこれに附帯する事業を営むこと」）の範囲外の行為であって無効であり、また、Y らの行為は取締役の忠実義務違反（商 254 の 2〔現行規定は会 355〕）であるとして Y らの責任を追及する株主代表訴訟を提起した。

1 審（東京地判昭 38・4・5 下民集 14 巻 4 号 657 頁）は X の主張を認めたが、2 審（東京高判昭 41・1・31 高民集 19 巻 1 号 7 頁）は 1 審判決を取り消したため、X が上告し、憲法との関係では、会社の政治献金は自然人たる国民にのみ参政権を認めた憲法に反し、民法 90 条に違反して無効である旨を主張した。

■争 点■

①団体には人権享有主体性が認められるか。
②団体には政治献金の自由が認められるか。

■判 旨■

上告棄却（松田二郎裁判官の意見〔入江俊郎、長部謹吾、岩田誠裁判官同調〕および大隅健一郎裁判官の意見がある）。

会社は社会的実在として、ある行為が一見定款所定の目的と無関係であっても、社会通念上期待・要請されるものである限り、当然になしうる。「憲法は政党について規定するところがなく、これに特別の地位を与えてはいないのであるが、憲法の定める議会制民主主義は政党を無視しては到底その円滑な運用を期待することはできないのであるから、憲法は、政党の存在を当然に予定しているものというべきであり、政党は議会制民主主義を支える不可欠の要素なのである。そして同時に、政党は国民の政治意思を形成する最も有力な媒体であるから、政党のあり方いかんは、国民としての重大な関心事でなければならない。したがって、その健全な発展に協力することは、会社に対しても、社会的実在としての当然の行為として期待されるところであり」、協力の一態様としての政治献金も会社の定款所定の目的の範囲内の行為である。

会社の政治献金が自然人たる国民にのみ参政権を認めた憲法に反し、その結果民法 90 条にも反するという上告理由について、「会社が、納税の義務を有し自然人たる国民とひとしく国税等の負担に任ずるものである以上、納税者たる立場において、国や地方公共団体の施策に対し、意見の表明その他の行動に出たとしても、これを禁圧すべき理由はない。のみならず、憲法第 3 章に定める国民の権利および義務の各条項は、性質上可能なかぎり、内国の法人にも適用されるものと解すべきであるから、会社は、自然人たる国民と同様、国や政党の特定の政策を支持、推進または反対するなどの政治的行為をなす自由を有するのである。政治資金の寄附もまさにその自由の一環であり、会社によってそれがなされた場合、政治の動向に影響を与えることがあったとしても、これを自然人たる国民による寄附と別異に扱うべき憲法上の要請があるものではない。論旨は、会社が政党に寄附をすることは国民の参政権の侵犯であるとするのであるが、政党への寄附は、事の性質上、国民個々の選挙権その他の参政権の行使そのものに直接影響を及ぼすものではないばかりでなく、政党の資金の一部が選挙人の買収にあてられることがあるにしても、それはたまたま生ずる病理的現象に過ぎず、しかも、かかる非違行為を抑制するための制度は厳として存在するのであって、いずれにしても政治資金の寄附が、選挙権の自由なる行使を直接に侵害するものとはなしがたい。会社が政治資金寄附の自由を有することは既に説示したとおりであり、それが国民の政治意思の形成に作用することがあっても、あながち異とするには足りないのである。所論は大企業による巨額の寄附は金権政治の弊を産むべく、また、もし有力株主が外国人であるときは外国による政治干渉となる危険もあり、さらに豊富潤沢な政治資金は政治の腐敗を醸成するというのであるが、その指摘するような弊害に対処する方途は、さしあたり、立法政策にまつべきことであって、憲法上は公共の福祉に反しないかぎり、会社といえども政治資金の寄附の自由を有するといわざるを得」ない。よって、民法 90 条違反の主張はその前提を欠く。

■解 説■

1 本判決は団体の人権享有主体性に関するリーディングケースとされ、ここでの解説もこの点に焦点を当てることになるが、同時に、本判決は政党の憲法上の地位について判示したことでも知られる（ただし、いずれの判示も傍論的である）ので、学習の便宜上、判旨前半で該当部分を引用しておく。

2 争点①は、伝統的には「法人の人権享有主体性」の問題として扱われてきたものであるが、法人格の有無は必ずしも重要なわけではないため、近年の傾向に従い、ここでは「団体の人権（基本権）享有主体性」として論じる。

さて、この定番である割には解明が進んでいない論点について、肯定説が通説であるが、その論拠については大別して 2 つの考え方があり（芦部憲法学Ⅱ 164〜165 頁参照）、第 1 説は、団体の活動は自然人を通じて行われ、結局その効果が自然人に帰属することを論拠とする。他方、第 2 説（通説）は、団体が自然人と同様の社会的実在であることを論拠とするもので、本判決もこの立場をとるようである。

しかし、第 1 説に対しては、それなら団体に基本権享有能力を認める必要はないのではないかとの批判が妥当するし、第 2 説に対しても、社会的実在であるからといって直ちに基本権享有能力が認められるとするのは議論に飛躍があるように思われる。とりわけ、憲法が個

人主義を基本原理としていること（13。なお，立憲主義の歴史からの立論として，樋口182頁参照）に照らすと，団体に基本権享有主体性を認めることには憲法規定上の手掛かりが必要なのではないかと思われる（ドイツ基本法がこの点につき明文〔19Ⅲ〕を持つことは教科書でもしばしば指摘されるところである）。

こうした問題点を踏まえ，近年では，団体は構成員の基本権を代表して行使するものであるとする見解（高橋90頁以下）等もみられるが，特に，結社の自由（21Ⅰ。大学，労働組合などについては23条，28条など個別条文）からアプローチする見解（近時では市川・後掲60頁，小泉・後掲78頁，松井316頁，佐藤憲法論152頁など）が注目される。すなわち，一般に結社の自由は，個人の結社する（しない）自由のほか，結社自体の活動の自由も含むと考えられており，この後者の側面が団体の基本権享有の基盤であると考えられるのである。この見解は，なお課題はあるものの，団体の基本権享有の憲法規定上の根拠が明確である点や，従来の団体の基本権享有主体性論には欠けていた結社の自由との関係の説明を提供する点などで優れていると思われる。

3　争点②は，より一般化してとらえれば，団体には(1)どのような基本権が(2)どの程度保障されるかという問題である。

(1)については，本判決も述べるように，権利の性質上可能な限り，団体にも基本権が保障されるとするのが通説である。ただ，どのような基準で権利の性質を分類して団体にも保障されるとするのかについては考え方が分かれている（芦部憲法学Ⅱ166～171頁参照）。いずれにしても，個別の点については異論もあるが，概ね，選挙権・被選挙権（15）や生存権（25），一定の人身の自由（18・33・34・36など）を除く多くの基本権は団体も享受できるものとするのが一般的な考え方であると思われる。

しかし，(1)の問題を考えるにあたっては，権利の性質のみならず，団体の目的・性格をも考慮する必要がある（市川・後掲60頁，宮地・後掲515頁）。例えば，宗教団体には信教の自由が保障されるとしても，株式会社や強制加入団体についてはそうではないだろう。

(2)の問題については，団体が時に巨大な経済力を蓄え，社会的影響力が強いこともありうることから，団体の基本権は個人の場合よりも強い制約に服することが指摘される（芦部憲法学Ⅱ172頁）。この点は，ⓐ国家との関係，ⓑ団体構成員の基本権との関係およびⓒ団体外部の第三者との関係のそれぞれで問題となる。本件の事例ではⓐとⓑが問題となりうるが，最高裁が取り上げたのは主としてⓐである（そこで，ⓑの検討は本書56〔最判昭50・11・28―国労広島地本事件〕～59事件〔最判平14・4・25―群馬司法書士会事件〕に譲る）。

ところで，団体の基本権の保障程度がなぜ低いのかについては，社会的影響力が大きいからというだけでは説明しにくい（小泉・後掲79頁）。この点，団体の基本権は個人とは異なり，個人の自律に基づいて認められた「人権」ではなく，公共の福祉にかなう限りで認められた「憲法上の権利」にすぎないのであって，同じく公共の福祉による制約を受けるとする見解がある（長谷部123～124頁）。しかし，前述の結社の自由からのアプローチではこうした区別は困難であるし，また，団体の基本権がすべて政策的に制限できるとまでは言えないだろう（宮地・後掲515～516頁）。さしあたり，個別に検討していく方向で考えたい。

4　以上を踏まえて，争点②の本体である政治献金の自由についてである。本判決は自然人と同様に法人も政治的行為の自由の一環として政治献金の自由が認められるとしたが，学説は，特に会社（大企業）による政治献金の自由を認めた点について，総じて批判的である。

すなわち，政治献金の自由は，表現の自由あるいは幸福追求権の一環であると位置づけうるが，国家の政治的意思形成に影響を及ぼす点で参政権と密接に関係しているところ，参政権は自然人にのみ認められる基本権である。そこで，㋐大企業による政治献金は民主政の過程を歪めること，㋑政治腐敗を生むおそれがあること，㋒団体構成員の政治的思想・良心の自由と衝突しうるなどの問題が指摘されている（市川・後掲59頁，芹沢・後掲13頁参照）。

ただ，こうした学説は，市民団体や労働組合による政治献金と大企業によるそれとを区別して，後者のみを問題視する傾向があるように見受けられる。確かに，一定の政策実現を目指して結成された市民団体がその運動の一環として政治献金をすることは（結社の自由を媒介とした）表現の自由ないし政治的幸福追求権として憲法上保障されるといえるが，こうした団体と会社とで政治献金の自由について区別することが理論上可能かどうかには検討を要する。

上記で指摘した諸点との関係でごく簡単に検討すると，㋑については本判決も指摘するように個別の腐敗行為を取り締まれば足りるといえるし，㋒については団体の権利と構成員の権利を個別に調整する方途があり（56～59事件参照），しかも，この調整は株式譲渡によって脱退することのより容易な会社よりも，労働組合などにおける方が困難であるともいえる。問題は㋐であるが，少数の団体が政治過程に巨大な影響力を及ぼすことが問題であるとしても，会社以外にも影響力ある団体はあり，影響力の大きさのみで会社の政治献金を区別して規制するのは困難である。ただ，巨大な資本の集積を可能にする目的で特に設けられた会社という制度を使って大きな政治的影響力を及ぼすことは許されないという立論は可能かもしれない（毛利・後掲213～214頁参照）。

実際の政治献金規制をみると，本判決が団体の政治献金の規制は立法政策に属するとしたこともあり，少なくとも法文上はかなり制約されている。すなわち，政治団体を除く団体一般に対し，政党・政治資金団体以外の者への政治活動に関する寄付を禁止する（政資21Ⅰ）。ただし，こうした団体一般への規制は過剰であるという指摘もある（毛利・後掲229頁以下参照）。

◆ 参考文献 ◆
市川正人『ケースメソッド憲法〔第2版〕』[2009]，小泉良幸・争点78頁，芹沢斉・基本判例〔第2版〕10頁，プロセス513頁（宮地基），毛利透『民主政の規範理論』[2002]，柳川俊一・最判解民事篇昭和45年度(下)883頁。

判例の流れ

●宍戸常寿●

2 人権の法律関係

1　伝統的な理解によれば，憲法上の人権規定は，個人の自由・利益を国家権力から守るための制限規範である。本章では，この人権規定の適用範囲についての裁判例を概観する。「国または公共団体と個人との関係」と「私人相互の関係」は区別され（14事件〔最大判昭48・12・12―三菱樹脂事件〕），前者は公法の，後者は私法の規律する領域である。そしてかつては，この公法上の関係の中でも，一般権力関係とは異なる特別の権力関係には人権保障が及ばない，とする特別権力関係論も説かれていた。そうすると，①公権力と市民の間の一般的な関係には当然に人権規定が適用されるが，②特別権力関係および③私法上の関係については人権規定が及ぶのか，どのようにして及ぶのかが，論点となる。

2　まず③の私人相互間における人権のリーディング・ケースは14事件である。一般的には同判決は，人権規定は私人間にも効力を有し，公序良俗等の私法の一般条項を介して間接的に適用があるとする間接適用説を採用したものと解されており，私人間での男女差別を違法とした女子若年定年制事件（16事件〔最判昭56・3・24〕）や男子孫入会権事件（18事件〔最判平18・3・17〕）もその延長線上で理解できる。他方，私人間で思想・良心の自由等が侵害された等の主張に対して最高裁は冷淡である（14事件・15事件〔最判昭49・7・19―昭和女子大事件〕・17事件〔最判昭63・2・5―東京電力塩山営業所事件〕）。もっとも14事件判決が述べるように，「基本的な自由や平等」の私人間での調整は，まずは私的自治（これは営業の自由とその限界の問題でもある。13事件〔大阪地判昭44・12・26―日中旅行社事件〕参照），次に立法に委ねられる。特に雇用関係については労働基準法3条（「使用者は，労働者の国籍，信条又は社会的身分を理由として，賃金，労働時間その他の労働条件について，差別的取扱をしてはならない。」）の意義が大きい（17事件）。また私人間での人権問題は，不法行為法における人格権侵害という形で処理されることも多い（最判平7・9・5判時1546号115頁，「10 表現の自由(3)名誉・プライバシー」も参照）。「人権の私人間効力」と

いう問題設定は，裁判所が一般条項を通じて人権価値の調整を図るという，限定された場面を想定していたにすぎないともいえよう。

3　②の，かつて「特別権力関係」と呼ばれた関係としては，公務員関係，刑事収容施設被収容関係（在監関係），国公立大学における関係（288事件〔最判昭52・3・15―富山大学事件〕）があるが，現在の判例・学説は特別権力関係論を採用していない。公務員関係では，猿払事件上告審（20事件〔最大判昭49・11・6〕）は全体の奉仕者性（15Ⅱ）を挙げながら政治的行為の一律禁止および処罰を合憲としたのに対して，堀越事件上告審（最判平24・12・7裁時1569号2頁）はそれを限定するよう解釈した（20事件参照）。公務員の労働基本権制限については232（最大判昭41・10・26―全逓東京中郵事件）～237事件（最判平12・3・17―人勧スト事件）参照。

また刑事収容施設被収容関係について，かつて特別権力関係論を前提としつつ人権保障および司法審査が及ぶものとした裁判例（大阪地判昭33・8・20行集9巻8号1662頁）が有名であったが，よど号ハイジャック記事抹消事件（21事件〔最大判昭58・6・22〕）が未決勾留者の新聞閲読の自由の制限について厳格な基準を示すなど，端的に人権制限の必要性・合理性を問い，その中で刑事収容施設の特殊性を考慮する方向性が，最近では顕著になっている。

4　国家の私法上の行為にも憲法規範の拘束が及ぶかどうかという論点についても，ここで取り上げた。百里基地訴訟（19事件〔最判平元・6・20〕）で最高裁は，国の私法上の行為が98条1項にいう「国務に関するその他の行為」に当たらないとした上で，一般条項を介した相対化された効力を有するのみとしたが，こうした憲法の最高法規性の捉え方には，学説の批判が強い。なお，人権規定がおよそ私人間に直接効力を有しないということではなく，労働基本権（28）等はその趣旨から当然に直接適用があるものと解されていることからすれば，真に事案の解決に重要であるのは，総論的な問題設定ではなく，個別の人権条項の解釈論のほうといえよう。

13 傾向経営と政治的信条による解雇——日中旅行社事件

大阪地裁昭和44年12月26日判決
（昭和42年（ヨ）第1874号仮処分申請事件）
労民集20巻6号1806頁，判時599号90頁

■ 事 案 ■

Y（株式会社日中旅行社―被申請人）は1964（昭和39）年，日中友好協会の決定に基づき，「日中両国民間の貿易，経済，文化の交流を発展させ相互理解を深め日中友好をより増進させるために訪中友好視察団の旅行斡旋，団体，個人の訪中斡旋を行うことを目的」として設立された。しかし1966（昭和41）年4月のA党（日本共産党）B書記長の訪中後に生じた，A党と中華人民共和国の間の対立によって日中友好協会は分裂し，Yの役員も，A党の路線に反対する多数派が同年10月に結成した日中友好協会正統本部を支持し，日中友好協会と断絶した。1966年4月以来，Y社従業員として雇用され関西営業所に勤務していたX（申請人）らは，分裂後も日中友好協会の会員でありかつA党の党員であったところ，Yらから正統本部への入会を強く要請されたが，それを拒みしかも組合の応援を得て要請の撤回を求める等して，Yとの対立を深めた。

Yは1967（昭和42）年3月，経営不振等を理由に関西営業所を閉鎖し，Xを含む所員を全員解雇した。これに対してXらは，営業所閉鎖は思想信条を理由とする解雇を偽装するためのものであり，本件解雇は憲法14条，労基法3条に反し民法90条により無効であるとして，従業員としての地位の確認等を求めた。

■ 争 点 ■

①憲法14条1項，労基法3条にいう「信条」の意義は何か。
②特定の政治的信条を存立の条件とする会社は，信条の相違を理由に従業員を解雇できるか。
③信条と外部的行為の関係はどのようなものか。

■ 判 旨 ■

一部認容。

(i)「およそ政治的信条はそれが政治に関するものである以上，政治そのものの性質からして当然に国の具体的な政治の方向について実践的な志向を有するものであって，これを有しない政治的信条などというものは，仮にあり得るとしてもそれは極めて例外に属する」。「憲法14条の信条がすべて実践的な志向を持たない個人の内心の問題即ち宗教的倫理的な信念または世界観，人生観といったものに限られるというのであれば格別，それが政治的信条を含むものであり，かつ右信条が原則として実践的な志向を有するものである以上，当然右志向を有する政治的意見は憲法14条の信条に含まれる」。「労基法3条の規定は憲法14条の定める法の下の平等の原理を私人間の関係としての労働関係に適用したもので，そこに規定された信条は憲法14条所定の信条と同一で政治的意見を含むものであるから，使用者は労働者の政治的意見を理由として差別的取扱をしてはならない」。

(ii)「イデオロギーを以て雇用契約の要素とすることはできず，したがって使用者が特定のイデオロギーの承認，支持を存立の条件とする事業を営むことは，右承認，支持が使用者側だけの問題であるならば格別，労働者に対してもこれを求めるものである以上，それは雇用契約の要素とせざるを得ないので，許されない」が，「憲法22条によると，国民は公共の福祉に反しない限り営業の自由を認められているのであるから，公共の福祉に反しないものである以上，特定のイデオロギーを存立の条件としかつ労働者に対してもその承認，支持を要求する事業を営むことも認められなければならないのであって，この2つの相反する憲法上の要請を満たすためには，その事業が特定のイデオロギーと本質的に不可分であり，その承認，支持を存立の条件とし，しかも労働者に対してそのイデオロギーの承認，支持を求めることが事業の本質からみて客観的に妥当である場合に限って，その存在を認められ」，「イデオロギーと事業目的との関連性……が本質的に不可分でない事業についてはそのイデオロギーを以て雇用契約の要素としてはなら」ず，またそれは「憲法14条，労基法3条の例外をなすものであるところから，労働者の右資格要件は明確にすべきものであり，個別的雇用契約だけではなく労働協約か少くとも就業規則中の労働条件を定めた部分にこれを明記しなければならない」。Yは特定の政治的イデオロギーの承認，支持を存立の条件としているが，それが事業の目的と本質的に不可分とは認められない。

(iii)「信条が信条として右各法条によって差別的取扱禁止の保障を受けるのはそれが内心の問題としてとどまる場合においてであって，右信条に基づく具体的な行動があった場合には既に右各法条による保障の範囲外の問題として……右行動によって事業に明白かつ現在の危害を及ぼすべき具体的危険を発生させたときは，その行動によって解雇が可能となる場合もある」が，本件ではXらの行動による具体的危険の発生は認められない。

■ 解 説 ■

本判決は，特定の思想信条を基礎とする企業すなわち傾向経営（Tendenzbetrieb）に関する裁判例として貴重である。判旨(i)は「信条」と政治的意見を区別する説（宮沢II 277頁）を批判し，政治的信条を理由とする解雇を無効とした。そうすると，傾向経営が認められる余地はないかのように思えるが，判旨(ii)は営業の自由を理由に，政党・宗教団体の出版事業等を挙げて，これを例外的に承認する余地を残している。そして，本件では旅行事業とイデオロギーの間に本質的不可分性が認められないと判断し，解雇を違法とした。しかし，傾向経営を認める場合の根拠は，営業の自由ではなく信教・表現の自由等に求めるべきではないか，また職種・職階の違いを考慮すべきではないか（山口・後掲35頁）。判旨(iii)の判断は妥当といえよう。

◆ 参考文献 ◆

尾吹善人・昭和45年度重判解21頁，木村俊夫・百選Ⅰ〔第4版〕68頁，髙井裕之・判例講義Ⅰ40頁，山口俊夫・労働百選〔第3版〕34頁。

14 私法関係と基本的人権
——三菱樹脂事件

最高裁昭和48年12月12日大法廷判決
(昭和43年(オ)第932号労働契約関係存在確認請求事件)
民集27巻11号1536頁, 判時724号18頁

■事案■

X (原告・被控訴人＝控訴人・被上告人) は, 1963 (昭和38) 年東北大学卒業と同時にY (三菱樹脂株式会社——被告・控訴人＝被控訴人・上告人) に3か月の試用期間を設けて採用されたが, その前年の社員採用試験の際に, 学生運動に参加したことや生協理事であったことを身上書に記載せず, 面接試験においても学生運動をしたことはない等の虚偽の回答をしたことを理由として, 試用期間の満了直前に, Yから同期間の満了とともに本採用を拒否する旨の告知を受けた。

XはYの従業員たる地位を有することの確認および賃金等の支払を求めてYを訴えたところ, 1審 (東京地判昭42・7・17判時498号66頁) はYの解約申入れは解雇権濫用に当たり無効であるとし, 2審 (東京高判昭43・6・12判時523号19頁) は, 企業者が労働者を雇用する場合のように一方が他方より優越する地位にある場合には, その一方が他方の有する憲法19条の保障する思想信条の自由をその意に反してみだりに侵すことは許されず, 通常の商事会社では労働者の思想信条が事業の遂行に支障をきたすとは考えられないから, これによって雇用関係上差別することは憲法14条, 労基法3条に反するとした上で, 採用試験に際してその政治的思想信条に関係のある事項について申告を求めることは公序良俗に反し許されないとして, 本採用拒否を無効と判断した。

これに対してYは, 憲法19条・14条の規定は私人間の関係を直接規律するものではない等と主張して上告した。

■争点■

①憲法の自由権規定の効力は私人間にも及ぶか。
②企業による思想信条を理由とした雇入れ拒否や, 労働者の採否決定に当たってその思想信条を調査することは, 許されるか。
③Xに対するYの本採用拒否は違法か。

■判旨■

破棄差戻し (全員一致。後に東京高裁で和解)。

(i) 憲法19条・14条は同法「第3章のその他の自由権的基本権の保障規定と同じく, 国または公共団体の統治行動に対して個人の基本的な自由と平等を保障する目的に出たもので, もっぱら国または公共団体と個人との関係を規律するものであり, 私人相互の関係を直接規律することを予定するものではない。このことは, 基本的人権なる観念の成立および発展の歴史的沿革に徴し, かつ, 憲法における基本権規定の形式, 内容にかんがみても明らかである。のみならず, これらの規定の定める個人の自由や平等は, 国や公共団体の統治行動に対する関係においてこそ, 侵されることのない権利として保障されるべき性質のものであるけれども, 私人間の関係においては, 各人の有する自由と平等の権利自体が具体的場合に相互に矛盾, 対立する可能性があり, このような場合におけるその対立の調整は, 近代自由社会においては, 原則として私的自治に委ねられ, ただ, 一方の他方に対する侵害の態様, 程度が社会的に許容しうる一定の限界を超える場合にのみ, 法がこれに介入しその間の調整をはかるという建前がとられているのであって, この点において国または公共団体と個人との関係の場合とはおのずから別個の観点からの考慮を必要とし, 後者についての憲法上の基本権保障規定をそのまま私人相互間の関係についても適用ないしは類推適用すべきものとすることは, 決して当をえた解釈ということはできないのである」。

(ii) 「私人間の関係においても, 相互の社会的力関係の相違から, 一方が他方に優越し, 事実上後者が前者の意思に服従せざるをえない場合があり, このような場合に私的自治の名の下に優位者の支配力を無制限に認めるときは, 劣位者の自由や平等を著しく侵害または制限することとなるおそれがあることは否み難いが, そのためにこのような場合に限り憲法の基本権保障規定の適用ないしは類推適用を認めるべきであるとする見解もまた, 採用することはできない。何となれば, 右のような事実上の支配関係なるものは, その支配力の態様, 程度, 規模等においてさまざまであり, どのような場合にこれを国または公共団体の支配と同視すべきかの判定が困難であるばかりでなく, 一方が権力の法的独占の上に立って行なわれるものであるのに対し, 他方はこのような裏付けないしは基礎を欠く単なる社会的事実としての力の優劣の関係にすぎず, その間に画然たる性質上の区別が存するからである。すなわち, 私的支配関係においては, 個人の基本的な自由や平等に対する具体的な侵害またはそのおそれがあり, その態様, 程度が社会的に許容しうる限度を超えるときは, これに対する立法措置によってその是正を図ることが可能であるし, また, 場合によっては, 私的自治に対する一般的制限規定である民法1条, 90条や不法行為に関する諸規定等の適切な運用によって, 一面で私的自治の原則を尊重しながら, 他面で社会的許容性の限度を超える侵害に対し基本的な自由や平等の利益を保護し, その間の適切な調整を図る方途も存するのである。そしてこの場合, 個人の基本的な自由や平等を極めて重要な法益として尊重すべきことは当然であるが, これを絶対視することも許されず, 統治行動の場合と同一の基準や観念によってこれを律することができないことは, 論をまたないところである。」

(iii) 「憲法は, 思想, 信条の自由や法の下の平等を保障すると同時に, 他方, 22条, 29条等において, 財産権の行使, 営業その他広く経済活動の自由をも基本的人権として保障している。それゆえ, 企業者は, かような経済活動の一環としてする契約締結の自由を有し, 自己

の営業のために労働者を雇傭するにあたり、いかなる者を雇い入れるか、いかなる条件でこれを雇うかについて、法律その他による特別の制限がない限り、原則として自由にこれを決定することができるのであって、企業者が特定の思想、信条を有する者をそのゆえをもって雇い入れることを拒んでも、それを当然に違法とすることはできないのである。」「思想、信条を理由とする雇入れの拒否を直ちに民法上の不法行為とすることができないことは明らかであり、その他これを公序良俗違反と解すべき根拠も見出すことはできない。」

(iv)「企業者が、労働者の採否決定にあたり、労働者の思想、信条を調査し、そのためその者からこれに関連する事項についての申告を求めることも、これを法律上禁止された違法行為とすべき理由はない。もとより、企業者は、一般的には個々の労働者に対して社会的に優越した地位にあるから、企業者のこの種の行為が労働者の思想、信条の自由に対して影響を与える可能性がないとはいえないが、法律に別段の定めがない限り、右は企業者の法的に許された行為と解すべきである」。企業者が「採否決定に先立ってその者の性向、思想等の調査を行なうこと」は、とりわけ終身雇用制の下での雇用関係が一種の継続的な人間関係として相互信頼を要請することに鑑みれば「企業活動としての合理性を欠くものということはできない」。「本件において問題とされているYの調査が……Xの思想、信条そのものについてではなく、直接にはXの過去の行動についてされたものであり、ただその行動がXの思想、信条となんらかの関係があることを否定できないような性質のものである……という〔こと〕にとどまるとすれば、なおさらこのような調査を目して違法とすることはできないのである」。

(v)「Xに対する本件本採用の拒否は、留保解約権の行使、すなわち雇入れ後における解雇にあたり、これを通常の雇入れの拒否の場合と同視することはできない。」「留保解約権に基づく解雇は、これを通常の解雇と全く同一に論ずることはできず、前者については、後者の場合よりも広い範囲における解雇の自由が認められてしかるべき」であるが、「法が企業者の雇傭の自由について雇入れの段階と雇入れ後の段階とで区別を設けている趣旨にかんがみ、また、雇傭契約の締結に際しては企業者が一般的には個々の労働者に対して社会的に優越した地位にあることを考え、かつまた、本採用後の雇傭関係におけるよりも弱い地位であるにせよ、いったん特定企業との間に一定の試用期間を付した雇傭関係に入った者は、本採用、すなわち当該企業との雇傭関係の継続についての期待の下に、他企業への就職の機会と可能性を放棄したものであることに思いを致すときは、前記留保解約権の行使は、上述した解約権留保の趣旨、目的に照らして、客観的に合理的な理由が存し社会通念上相当として是認されうる場合にのみ許されるものと解するのが相当である」。

■ 解 説 ■

1 本判決は、試用期間中の雇用関係を解約権留保付

の労働関係と理解し、解約権の行使に客観的な相当性を要求して、事案を東京高裁に差し戻した（争点③に関する判旨(v)）。1審が本件における本採用拒否を解雇権濫用に当たると判断したことからも分かるとおり、本件の本採用拒否はいかにも不当との感があり、そのため、差戻審ではX勝訴に近い形での和解がなされた。このように後から省みれば、本件における争点は、純然たる労働法上の問題にあったように思われる。

2 にもかかわらず、本判決が憲法でも最重要判例の一つとされているのは、19条の私人間効力を正面から認めた2審と、それを批判するYの上告理由に応答する形で、人権が私人間に効力を有するかどうか（争点①）について論じたからである。すなわち判旨(i)は人権の対国家性という伝統的理解と私的自治の意義を説き、人権規定が私人間で直接ないし類推適用されないとする。そして判旨(ii)は社会的権力が一方当事者である場合についても人権規定の適用を否定し、「個人の基本的な自由や平等」に対する侵害が社会的許容限度を超えた場合には、立法または「私的自治に対する一般的制限規定」による調整という対応を提示する。この説示は従来、憲法の人権規定は私法の一般条項を介して私人間に間接的に適用されるという間接適用説（芦部112頁）を採ったものと理解されてきた。しかし近時では、無適用説の立場から、判旨(i)は憲法上の人権が私人間に及ばず、判旨(ii)は私法上の人権が私法システム内部で救済されるべきことを説いたにとどまる、という理解も見られる（高橋105頁）。

3 争点②に関しては、まず判旨(iii)が契約の自由を22条・29条から導いた上で、企業による労働者の思想信条を理由とした雇入れ拒否は違法ではない、と述べる。この箇所は、企業の契約の自由（雇用の自由）と労働者の思想信条の自由とを等価的に衡量しているのではなく、むしろ私的自治に直結する前者を後者に対して原則として優越させているものと読むべきであろう。次に判旨(iv)は、判旨(iii)を前提として、企業が採否決定に際して労働者の思想信条を調査することも許されるとしている。しかしこの点については、思想信条を理由とした雇入れ拒否が許されることから、当然に思想信条の調査が許されるということにはならない、との批判が強い（野坂・後掲73頁）。本判決は、Yの質問・調査の対象は思想信条そのものではなく、それに関わる過去の行動にすぎないとしているが、外面的行動と内心の結びつきや、前者から後者が推測可能である一方で、Yの側にそのような調査をすることを必要不可欠とする事情もなかったことからすれば、こうした判断はプライバシーの観点からも疑問の余地を残している（本書17事件〔最判昭63・2・5―東京電力塩山営業所事件〕も参照）。

◆ 参考文献 ◆

井上典之『憲法判例に聞く』〔2008〕275頁、小山剛・百選I〔第5版〕26頁、富澤達・最判解民事篇昭和48年度302頁、野坂泰司『憲法基本判例を読み直す』〔2011〕65頁、中窪裕也・労働百選〔第8版〕24頁、棟居快行・基本判例〔第2版〕14頁。

15 私立大学と基本的人権
―― 昭和女子大事件

最高裁昭和49年7月19日第三小法廷判決
(昭和42年(行ツ)第59号身分確認請求事件)
民集28巻5号790頁, 判時749号3頁

■ 事 案 ■

Y（昭和女子大学―被告・控訴人・被上告人）は生徒手帳に掲記された「生活要録」において，学生の署名運動は事前に学校当局に届出してその指示を受けるべきことを定めたり，学生が学校当局の許可を受けずに学外の団体に加入することを禁止する旨の規定を置いていた。

Yの学生であるX_1・X_2（原告・被控訴人・上告人）は，Yに無届で政治的暴力行為防止法案に反対する署名運動を行ったり，許可なく民主青年同盟に加入する等した。Yは，Xらに民主青年同盟からの離脱を求めたものの，両名がメディアでYを批判したこと等を受けて，補導措置を執ることなく両名を退学処分（以下，本件処分）とした。

Xらが学生身分確認の訴えを提起したところ，1審（東京地判昭38・11・20行集14巻11号2039頁）は，本件処分の前に学生を補導する義務がYにあったこと，19条等は私人間でも尊重されるべきこと等を理由として請求を認容した。Yの控訴に対して2審（東京高判昭42・4・10行集18巻4号389頁）は，本件処分は裁量権の範囲を超えるものではないとしたため，Xらは，本件「生活要録」の違憲性，本件処分の違憲性，本件処分に関する裁量権の逸脱・濫用を主張して上告した。

■ 争 点 ■

①本件「生活要録」は19条，21条，23条等に反し無効か。
②本件処分は13条，26条等に反し無効か。
③本件処分は学長の裁量権を逸脱・濫用したものとして無効か。

■ 判 旨 ■

上告棄却（全員一致）。

(i)「憲法19条，21条，23条等のいわゆる自由権的基本権の保障規定は，国又は公共団体の統治行動に対して個人の基本的な自由と平等を保障することを目的とした規定であって，専ら国又は公共団体と個人との関係を規律するものであり，私人相互間の関係について当然に適用ないし類推適用されるものでないことは，当裁判所大法廷判例〔本書14事件（最大判昭48・12・12―三菱樹脂事件）〕……の示すところである。したがって，その趣旨に徴すれば，私立学校であるYの学則の細則としての性質をもつ前記生活要録の規定について直接憲法の右基本権保障規定に違反するかどうかを論ずる余地はない」。

(ii)「大学は，国公立であると私立であるとを問わず，学生の教育と学術の研究を目的とする公共的な施設であり……その設置目的を達成するために必要な事項を学則等により一方的に制定し，これによって在学する学生を規律する包括的権能を有する……。特に私立学校においては，建学の精神に基づく独自の伝統ないし校風と教育方針……を学則等において具体化し，これを実践することが当然認められるべきであり，学生としてもまた，当該大学において教育を受けるかぎり，かかる規律に服することを義務づけられる」。「学校当局の有する右の包括的権能は無制限なものではありえず，在学関係設定の目的と関連し，かつ，その内容が社会通念に照らして合理的と認められる範囲においてのみ是認される」が，その具体的内容は「必ずしも画一的に決することはできず，各学校の伝統ないし校風や教育方針によってもおのずから異なる」。

(iii)「私立大学のなかでも，学生の勉学専念を特に重視しあるいは比較的保守的な校風を有する大学が……学内及び学外における学生の政治的活動につきかなり広範な規律を及ぼすこととしても，これをもって直ちに社会通念上学生の自由に対する不合理な制限であるということはできない。」

(iv)「実社会の政治的社会的活動にあたる行為を理由として退学処分を行うことが，直ちに学生の学問の自由及び教育を受ける権利を侵害し公序良俗に違反するものでないことは，当裁判所大法廷判例〔136事件（最大判昭38・5・22―ポポロ事件）〕……の趣旨に徴して明らかである〔る〕」。

(v) 懲戒処分の相当性や処分の選択の判断は「学内の事情に通暁し直接教育の衝にあたるものの合理的な裁量」に委ねられる。学校教育法11条，同法施行規則13条3項の趣旨からすれば，退学処分には「特に慎重な配慮を要する」が，「補導の過程を経由することが特別の場合を除いては常に退学処分を行うについての学校当局の法的義務であるとまで解するのは，相当でない」。

■ 解 説 ■

1 本件では学生の政治活動の自由と大学の学問の自治が対立している。判旨(i)は，私人間効力論について三菱樹脂事件判決（14事件）と同じ立場を採用し，本件「生活要録」が自由権規定に反する余地はない，とする。もっともこの消極的説示だけでは，「生活要録」の合理性を基礎づけたことにならない。そこで判旨(ii)は大学の使命から，大学が学生を規律する包括的権能を有し，学生はそれに服すべきである，という在学関係の本質を導く。そして判旨(iii)は大学の権能行使の結果として，学生の政治活動の自由の制限を認めている。国公立と私立の違いをどの程度認める趣旨か，本判決は明らかにしていない。

2 判旨(iv)は，Xらの学外団体への加入等は，ポポロ事件判決（136事件）にいう「実社会の政治的社会的活動」に当たるとする。しかしこの概念はもともと大学の自治の保障を受けるかどうかを区別する指標のはずであり，公序良俗違反と関連づけることはやや無理があるように思われる（高橋・後掲29頁参照）。

3 判旨(v)は1審とは異なり，退学処分の際に補導を経由する義務はない，とした。懲戒処分についての裁量に関する議論は，剣道受講拒否事件判決（65事件〔最判平8・3・8〕）でも引用されていることに注意しておきたい。

◆ 参考文献 ◆
佐藤繁・最判解民事篇昭和49年度373頁，高田敏・行政百選I〔第4版〕40頁，高橋正俊・百選I〔第5版〕28頁，田口精一・同〔第3版〕24頁。

16 私企業における女性差別
——女子若年定年制事件

最高裁昭和56年3月24日第三小法廷判決
(昭和54年(オ)第750号雇傭関係存続確認等請求事件)
民集35巻2号300頁，判時998号3頁

■ 事 案 ■

X女（原告・被控訴人＝附帯控訴人・被上告人）は，1966（昭和41）年に勤務するA社がY社（日産自動車株式会社——被告・控訴人＝附帯被控訴人・上告人）に吸収合併された際に，労働協約とその一般的拘束力により，定年を男子満55歳，女子満50歳と定めるYの就業規則の適用を受けることとなった。Xは，1968（昭和43）年にYから，満50歳となる翌年1月末日をもって退職を命ずる旨の予告を受けたため，地位保全の仮処分を申請するとともに（1審・2審ともX敗訴），雇用関係存続の確認等を求めて提訴した。

1審（東京地判昭48・3・23判時698号36頁），2審（東京高判昭54・3・12労民集30巻2号283頁）はともに定年制は民法90条に反するとしてXの請求を認めたため，Yが憲法14条，民法90条の解釈の誤り等を主張して上告した。なお1973（昭和48）年，Yの就業規則は，男子満60歳，女子満55歳を定年とするよう改正されている。

■ 争 点 ■

憲法14条1項は私人間の雇用関係にも及ぶか。

■ 判 旨 ■

上告棄却（全員一致）。

「Yの就業規則は男子の定年年齢を60歳，女子の定年年齢を55歳と規定しているところ，右の男女別定年制に合理性があるか否かにつき，原審は，Yにおける女子従業員の担当職種，男女従業員の勤続年数，高齢女子労働者の労働能力，定年制の一般的現状等諸般の事情を検討したうえ，Yにおいては，女子従業員の担当職務は相当広範囲にわたっていて，従業員の努力とYの活用策いかんによっては貢献度を上げうる職種が数多く含まれており，女子従業員各個人の能力等の評価を離れて，その全体をYに対する貢献度の上がらない従業員と断定する根拠はないこと，しかも，女子従業員について労働の質量が向上しないのに実質賃金が上昇するという不均衡が生じていると認めるべき根拠はないこと，少なくとも60歳前後までは，男女とも通常の職務であれば企業経営上要求される職務遂行能力に欠けるところはなく，各個人の労働能力の差異に応じた取扱がされるのは格別，一律に従業員として不適格とみて企業外へ排除するまでの理由はないことなど，Yの企業経営上の観点から定年年齢において女子を差別しなければならない合理的理由は認められない旨認定判断したものであり，右認定判断は，原判決挙示の証拠関係及びその説示に照らし，正当として是認することができる。そうすると，原審の確定した事実関係のもとにおいて，Yの就業規則中女子の定年年齢を男子より低く定めた部分は，専ら女子であることのみを理由として差別したことに帰着するものであり，性別のみによる不合理な差別を定めたものとして民法90条の規定により無効であると解するのが相当である（憲法14条1項，民法1条ノ2〔当時。現2条〕参照）。」

■ 解 説 ■

1 本判決は，雇用の場面において，東急機関工業事件（東京地判昭44・7・1労民集20巻4号715頁）等の下級審裁判例の流れを是認して（時岡・後掲185頁以下参照），「男女平等取扱い法理」を確立させたものであり，1985年の男女雇用機会均等法（昭47法113）の制定への道標となったものである。それと同時に，本判決の説示とりわけ引用末尾の括弧書きは，憲法の私人間効力論にとって，重要な意義を有する。

2 男女雇用機会均等法制定以前においても，雇用の場面における男女間の不合理な差別を定める就業規則や契約は無効であると解するのが学説・裁判例上も有力であったが，その理由づけについては，憲法14条1項の間接適用による公序違反，憲法14条1項と労基法3・4条の統一的把握で公序違反，労基法3・4条違反等が説かれていた（中山・後掲30頁）。本判決は就業規則を公序違反とする際に，憲法14条1項を括弧書きで参照しており，この箇所は一般には間接適用説を採用したものと解されている（時岡・後掲188頁等）。新無適用説からは，民法1条ノ2（現2条）に言及している点を強調することになろう。なお，同様に男女別定年制の適法性が争われた最判平2・5・28（労経速1394号3頁）は，より明確に間接適用説の立場を示した2審判決（広島高判昭62・6・15判時1236号52頁）を是認している。

3 本判決によれば，定年制について禁止されるのは「性別のみによる不合理な差別」であるから，性別以外の合理的な理由があれば男女別定年制も許容されることになろう。実際に本判決は，具体的検討の上でYには男女別定年制を支える合理性がないとした2審の判断を支持している。もっとも本判決を前提にすれば，通常の企業について男女別定年制を支える合理的理由を認めることは困難であり，それが認められるのはむしろ特殊な業種・業務に限られることになろう。

◆ 参考文献 ◆

小山剛・判例講義 I 16頁，時岡泰・最判解民事篇昭和56年度173頁，中山勲・百選 I〔第5版〕30頁。

17 労働者への政党所属調査
――東京電力塩山営業所事件

最高裁昭和63年2月5日第二小法廷判決
(昭和59年(オ)第415号損害賠償請求上告事件)
労判512号12頁，労経速1315号3頁

■ 事 案 ■

Y₁(東京電力株式会社―被告・控訴人・被上告人)の塩山営業所の情報が外部に漏れて日本共産党の機関紙「赤旗」に報道されたことから，同営業所所長であったY₂(被告・控訴人・被上告人)は，従業員の中で共産党の党員またはそのシンパと噂されているA・X(原告・被控訴人・上告人)から事情聴取を行うことにした。Y₂は1974(昭和49)年2月15日の朝，Xを本件営業所の応接室に呼び2人だけで約1時間話し合い，その比較的冒頭の段階でXが共産党員であるかどうかを尋ねたところXが共産党員ではない旨の返答をしたため，さらにXが共産党員ではない旨を書面にしたためて交付することを再三にわたり求めたが，Xは前記要求を拒否して退室した。

XがYらに対して精神的苦痛に対する損害賠償を求めたところ，1審(甲府地判昭56・7・13労判367号25頁)は，①Y₂の行為はXの思想信条の表明を求めたものである，②労基法3条は「労使の関係に憲法19条の精神を具体化して」おり，「労使関係においても，思想，信条の自由は法的に保護されるべき重要な法益に属する」，③「労使関係において企業の権利もしくは利益との調整において労働者の思想，信条の自由に対する制限が許容されるとしても，それは社会的に相当なものとして許容される場合」でなければ公序違反となる，と述べた上で，Y₂のXに対する行為は合理的理由を欠き，その手段・方法も不適切で，社会的許容限度を超え違法であるとした。Yらが控訴したところ，2審(東京高判昭59・1・20判時1107号139頁)は，Y₂の行為はXの「政治的思想信条の表明を迫り，その返答を強いるものとはいえない」としてXの請求を棄却したため，Xが上告。

■ 争 点 ■

使用者による労働者の政党所属調査は，憲法19条および労基法3条に反するか。

■ 判 旨 ■

上告棄却(全員一致)。

「Y₂が本件話合いをするに至った動機，目的は，本件営業所の公開されるべきでないとされていた情報が外部に漏れ，共産党の機関紙『赤旗』紙上に報道されたことから，当時，本件営業所の所長であったY₂が，その取材源ではないかと疑われていたXから事情を聴取することにあり，本件話合いは企業秘密の漏えいという企業秩序違反行為の調査をするために行われたことが明らかであるから，Y₂が本件話合いを持つに至ったことの必要性，合理性は，これを肯定することができる。」

Y₂が「右調査目的との関連性を明らかにしないで，Xに対して共産党員であるか否かを尋ねたことは，調査方法として，その相当性に欠ける面があるものの，前記赤旗の記事の取材源ではないかと疑われていたXに対し，共産党との係わりの有無を尋ねることには，その必要性，合理性を肯認することができないわけではなく，また，本件質問の態様は，返答を強要するものではなかったというのであるから，本件質問は，社会的に許容し得る限界を超えてXの精神的自由を侵害した違法行為であるとはいえない」。Y₂のXに対する書面交付の要求については，「企業内においても労働者の思想，信条等の精神的自由は十分尊重されるべきであることにかんがみると，Y₂が，本件書面交付の要求と右調査目的との関連性を明らかにしないで，右要求を繰り返したことは，このような調査に当たる者として慎重な配慮を欠いたものというべきであり，調査方法として不相当な面があるといわざるを得ない」。しかし「右要求は強要にわたるものではなく，また，本件話合いの中で，Y₂が，Xに対し，Xが本件書面交付の要求を拒否することによって不利益な取扱いを受ける虞のあることを示唆したり，右要求に応じることによって有利な取扱いを受け得る旨の発言をした事実はなく，さらに，Xは右要求を拒否した，というのであって……Y₂がした本件書面交付の要求は，社会的に許容し得る限界を超えてXの精神的自由を侵害した違法行為であるということはできない」。

■ 解 説 ■

1 本件は雇用関係における思想良心の自由の保障に関わるものである。三菱樹脂事件判決(本書14事件〔最大判昭48・12・12〕)は，私人間に憲法19条は直接適用されないとしたが，本件1審はそれを踏まえながらも，同条の理念は労基法3条により具体化され公序となっていると述べることで，使用者による労働者の思想良心の自由の制限を，比例原則に準じて厳格に判断する枠組みを導いた。これに対して本判決は，Y₂の質問等が相当性を欠くものであったことを認めつつも，政党所属の質問と企業秘密漏えいの調査の間に関連性を肯定している。また，強要や利益誘導の不存在を理由に思想良心の自由の侵害や労基法3条違反を認めなかった。学説上は，1審を支持し本判決を批判する立場が有力である(西原・後掲等)。

2 本判決と関連する事件として，関西電力事件判決(最判平7・9・5判時1546号115頁)が注目に値する。この事件では，使用者側が共産党員やそのシンパである労働者を継続的に監視し孤立させロッカーを無断で開けて私物を撮影した等の行為について，「職場における自由な人間関係を形成する自由を不当に侵害するとともに，その名誉を毀損するものであり，また……プライバシーを侵害するものでもあって，……人格的利益を侵害する」との判断がなされた。同判決が，使用者側の行為は思想良心の自由を侵害するとか，労基法3条に違反するとは認めなかったのは，本判決との整合性に配慮したためといわれている。

◆ 参考文献 ◆
小泉良幸・判例講義Ⅰ51頁，西原博史・百選Ⅰ〔第5版〕80頁，野坂泰司・セレクト1988年11頁，森英樹・法セ401号130頁。関西電力事件について，石田眞・労働百選〔第8版〕58頁。

18 入会部落での入会権者の資格要件——男子孫入会権事件

最高裁平成18年3月17日第二小法廷判決
(平成16年(受)第1968号地位確認等請求事件)
民集60巻3号773頁，判時1931号29頁

■事 案■

沖縄県の旧A村A部落の住民らは，古来，「杣山」と呼称される林野（本件入会地）に入って薪を採取したり，材木を伐採するなどしていた。本件入会地はいったん官有地とされたが，1906（明治39）年にA部落住民に払い下げられ（本件払下げ），入会集団であるA部落が旧来の慣習および規則に基づいて本件入会地の管理を行ってきた。現在，その後継団体として本件入会地を管理している入会団体Y（被告・控訴人・被上告人）は，以下のようなA部落における慣習およびそれに基づく会則（本件慣習）に従って，入会権者とされる者を会員としている。すなわち，①本件払下げを受けた当時，A部落民として世帯を構成していた一家の代表者は本件入会地につき入会権を有する，②入会権者たる資格は一家（1世帯）につき（現実にも独立した世帯を構えて生計を維持している）代表者1名のみに認められる（世帯主要件），③代表者は原則として男子孫に限られ，例外的に女子孫が入会権者の資格を承継することも認められるがその資格は当該女子孫1代限りである（男子孫要件），④A部落民以外の男性と婚姻した女子孫は，離婚して旧姓に復しない限り入会権者の資格を取得することができない。なお本件入会地は第二次大戦後，国が賃借した上でアメリカ合衆国の軍隊の用に供するために使用され，その賃料はYにより収受・管理され，その一部がYの構成員に補償金として分配されている。

本件払下げ当時のA部落民であって本件入会地について入会権を有していた者の女子孫であるXら（原告・被控訴人・上告人）が，Yの正会員であることの確認および補償金の支払を求めたところ，1審（那覇地判平15・11・19判時1845号119頁）は，本件慣習のうち男子孫要件は不合理な性差別で無効であるとした。Yが控訴したところ，2審（福岡高那覇支判平16・9・7判時1870号39頁）は，世帯主要件・男子孫要件いずれも無効とはいえないとしてXらの請求を棄却したため，Xらが上告。

■争 点■

本件慣習のうち世帯主要件および男子孫要件は憲法14条1項，民法90条に反するか。

■判 旨■

原判決の一部破棄差戻し，一部上告棄却（滝井繁男，古田佑紀裁判官の各補足意見がある）。

「入会権は，一般に，一定の地域の住民が一定の山林原野等において共同して雑草，まぐさ，薪炭用雑木等の採取をする慣習上の権利であり（民法263条，294条），この権利は，権利者である入会部落の構成員全員の総有に属し，個々の構成員は，共有におけるような持分権を有するものではなく……，入会権そのものの管理処分については入会部落の一員として参与し得る資格を有するのみである……。他方，入会権の内容である使用収益を行う権能は，入会部落内で定められた規律に従わなければならないという拘束を受けるものの，構成員各自が単独で行使することができる……。このような入会権の内容，性質等や……本件入会地の入会権が家の代表ないし世帯主としての部落民に帰属する権利として当該入会権者からその後継者に承継されてきたという歴史的沿革を有するものであることなどにかんがみると，各世帯の構成員の人数にかかわらず各世帯の代表者にのみ入会権者の地位を認めるという慣習は，入会団体の団体としての統制の維持という点からも，入会権行使における各世帯間の平等という点からも，不合理ということはできず，現在においても，本件慣習のうち，世帯主要件を公序良俗に反するものということはできない。」

「しかしながら，本件慣習のうち，男子孫要件は，専ら女子であることのみを理由として女子を男子と差別したものというべきであり，遅くとも本件で補償金の請求がされている平成4年以降においては，性別のみによる不合理な差別として民法90条の規定により無効であると解するのが相当である。その理由は，次のとおりである。」

「男子孫要件は，世帯主要件とは異なり，入会団体の団体としての統制の維持という点からも，入会権の行使における各世帯間の平等という点からも，何ら合理性を有しない。このことは，A部落民会の会則においては，会員資格は男子孫に限定されていなかったことや，Yと同様に杣山について入会権を有する他の入会団体では会員資格を男子孫に限定していないものもあることからも明らかである。Yにおいては……女子の入会権者の資格について一定の配慮をしているが，これによって男子孫要件による女子孫に対する差別が合理性を有するものになったということはできない。そして，男女の本質的平等を定める日本国憲法の基本的理念に照らし，入会権を別異に取り扱うべき合理的理由を見いだすことはできないから，……本件入会地の入会権の歴史的沿革等の事情を考慮しても，男子孫要件による女子孫に対する差別を正当化することはできない。」

■解 説■

本判決は，入会権の内容・性質や歴史的沿革を挙げ，入会団体の統制の維持および入会権行使における世帯間の平等の観点から，世帯主要件は許される一方，男子孫要件についてはいずれの観点からも合理性がないとして，公序良俗違反とした。後者について，本判決は私人間効力に関する先例を引用しないまま，「男女の本質的平等を定める日本国憲法の基本的理念」に言及しているが，これは調査官解説によれば，女子若年定年制事件（本書16事件〔最判昭56・3・24〕）と同様，憲法14条1項を間接適用したものとされている（松並・後掲395頁）。

◆参考文献◆
大村敦志・平成18年度重判解64頁，佐々木雅寿・同重判解12頁，松並重雄・最判解民事篇平成18年度(上)371頁。

19 国が行う私法上の行為
──百里基地訴訟

最高裁平成元年 6 月 20 日第三小法廷判決
(昭和 57 年(オ)第 164 号・第 165 号不動産所有権確認,
所有権取得登記抹消請求本訴, 同反訴, 不動産所有権
確認, 当事者参加事件ほか)
民集 43 巻 6 号 385 頁, 判時 1318 号 3 頁

■ 事 案 ■

X_1(国―本訴原告＝反訴被告・被控訴人・被上告人)は茨城県東茨城郡小川町百里原に航空自衛隊の基地を建設する計画を立て, 用地の買受けを進めていた。基地建設に不可欠な土地を所有していた X_2(本訴原告＝反訴被告・被控訴人・被上告人)は, 基地反対派の町長 Z(控訴参加人・上告人)の使用人である Y(本訴被告＝反訴原告・控訴人・上告人)との間で, 1958(昭和 33)年 5 月, 売買契約を締結した。ところが Y は売買代金を半額足らずしか支払わなかったため, X_2 は X_1 に本件土地を売り渡す契約を締結するとともに, Y との契約を解除した。X_1・X_2 は Y に本件土地の所有権の確認を請求し, それに対して Y から反訴が請求され, さらに 2 審係属中の 1979(昭和 54)年に Y と契約を締結した Z からも参加請求がなされた。X_1 と X_2 の間の契約は 9 条に反し無効であるとの Y の主張に対して, 1 審(水戸地判昭 52・2・17 判時 842 号 22 頁)は自衛隊の合憲性について統治行為論を適用した上で X_1・X_2 の請求を一部認容した。2 審(東京高判昭 56・7・7 判時 1004 号 3 頁)も Y の控訴を棄却したため, Y・Z が上告。

■ 争 点 ■

① 国が私人と対等の立場で行う行為は, 98 条 1 項にいう「国務に関するその他の行為」に当たるか。
② 9 条は国と私人の間の契約に直接適用されるか。
③ 9 条は国と私人の間の契約に間接適用されるか。

■ 判 旨 ■

上告棄却(伊藤正己裁判官の補足意見がある)。

(i) 憲法 98 条 1 項にいう「国務に関するその他の行為」とは「公権力を行使して法規範を定立する国の行為を意味し, したがって, 行政処分, 裁判などの国の行為は, 個別的・具体的ながらも公権力を行使して法規範を定立する国の行為であるから, かかる法規範を定立する限りにおいて国務に関する行為に該当する」が,「私人と対等の立場で行う国の行為は, 右のような法規範の定立を伴わないから憲法 98 条 1 項にいう『国務に関するその他の行為』に該当しないものと解すべきである」。

(ii) 「憲法 9 条は, その憲法規範として有する性格上, 私法上の行為の効力を直接規律することを目的とした規定ではなく, 人権規定と同様, 私法上の行為に対しては直接適用されるものではないと解するのが相当であり, ……国が行政の主体としてでなく私人と対等の立場に立って, 私人との間で個々的に締結する私法上の契約は, 当該契約がその成立の経緯及び内容において実質的にみて公権力の発動たる行為となんら変わりがないといえるような特段の事情のない限り, 憲法 9 条の直接適用を受けず, 私人間の利害関係の公平な調整を目的とする私法の適用を受けるにすぎないものと解するのが相当である。」

(iii) 「憲法 9 条は, 人権規定と同様, 国の基本的な法秩序を宣示した規定であるから, 憲法より下位の法形式によるすべての法規の解釈適用に当たって, その指導原理となりうるものである」が,「憲法 9 条の宣明する……国家の統治活動に対する規範は, 私法的な価値秩序とは本来関係のない優れて公法的な性格を有する規範であるから, 私法的な価値秩序において, 右規範がそのままの内容で民法 90 条にいう『公の秩序』の内容を形成し, それに反する私法上の行為の効力を一律に否定する法的作用を営むということはないのであって, 右の規範は, 私法的な価値秩序のもとで確立された私的自治の原則, 契約における信義則, 取引の安全等の私法上の規範によって相対化され, 民法 90 条にいう『公の秩序』の内容の一部を形成するのであり, したがって私法的な価値秩序のもとにおいて, 社会的に許容されない反社会的な行為であるとの認識が, 社会の一般的な観念として確立しているか否かが, 私法上の行為の効力の有無を判断する基準になるものというべきである」。

■ 解 説 ■

1 本判決は 9 条に関わる裁判の一つであるが(「23 戦争放棄」参照), 問題となっているのが国の私法上の行為であることを理由に自衛隊の合憲性に立ち入らなかった点に特徴があり, 憲法の私人間効力との関係で取り上げられることの多い判例である。

2 判旨(i)は憲法の最高法規性について, 98 条 1 項にいう「国務に関するその他の行為」は「公権力を行使して法規範を定立する」ものに限られるとして, 国の私法上の行為を違憲審査の対象外とした。学説からは, 公法関係と私法関係の区別は超憲法的区別ではなく, 国家の行為である以上当然に憲法の適用を受けるべきだ, との批判が強い(高橋 105 頁以下)。

3 それでは, 憲法規範一般が国の私法上の行為に当然適用されないとしても, 9 条は直接ないし間接的に, X_1 と X_2 の間の契約に適用されないか。この点で判旨(ii)は三菱樹脂事件判決(本書 14 事件〔最大判昭 48・12・12〕)を引用しながら, 当該契約が「実質的にみて公権力の発動たる行為」といえる「特段の事情のない限り」, 9 条の直接適用はないとした。さらに判旨(iii)は 9 条が統治活動を規律する公法的な規範であるからその効力は私法秩序に取り込まれる際に相対化されるとしている。許容性に関する社会一般の認識を基準とすることは民法 90 条論としては妥当だとしても, この基準を, もともと私的自治原則の対象外である公権力に用いたことについては, 批判も強い(野中ほかⅡ 274 頁〔野中〕)。

◆ 参考文献 ◆

浦田一郎・百選Ⅱ〔第 5 版〕380 頁, 小倉顕・最判解民事篇平成元年度 208 頁, 高見勝利・平成元年度重判解 11 頁, 古川純・法教 109 号 48 頁。

20 公務員の「政治的行為」と刑罰
——猿払事件上告審

最高裁昭和49年11月6日大法廷判決
（昭和44年（あ）第1501号国家公務員法違反被告事件）
刑集28巻9号393頁，判時757号33頁

■ 事 案 ■

北海道宗谷郡猿払村の鬼志別郵便局に勤務する郵政事務官で，猿払地区労働組合協議会事務局長を勤めていたY（被告人）は，1967（昭和42）年1月に告示された衆議院議員選挙に際し，同協議会の決定に従い，日本社会党を支持する目的で，同党公認候補者の選挙用ポスター6枚を自ら公営掲示場に掲示したり，ポスター合計約184枚の掲示を依頼して配布したりした。このためYは，国公法102条1項・110条1項19号（一般職国家公務員の「人事院規則で定める政治的行為」を禁止し，違反行為に3年以下の懲役または10万円〔当時。現100万円〕以下の罰金を課す），人事院規則14-7第5項3号（「政治的目的」の一として「特定の政党その他の政治的団体を支持し又はこれに反対すること」を挙げる）・第6項13号（「政治的行為」の一として「政治的目的を有する署名」等の掲示・配布等の行為を挙げる）違反で起訴された。

1審（旭川地判昭43・3・25—本書318事件）は，Yの行為に適用する限りで国公法の規定は違憲であるとして無罪判決を下し，2審（札幌高判昭44・6・24判時560号30頁）も1審を支持したため，検察官が上告。

■ 争 点 ■

①公務員の政治的行為の一律禁止は憲法上許されるか。
②公務員の政治的行為に対する刑事制裁は憲法上許されるか。
③国公法から人事院規則への罰則の委任は憲法上許されるか。

■ 判 旨 ■

破棄自判（Yは有罪。大隅健一郎・関根小郷・小川信雄・坂本吉勝裁判官の反対意見がある）。

(i)「憲法21条の保障する表現の自由は，民主主義国家の政治的基盤をなし，国民の基本的人権のうちでもとりわけ重要なものであり，法律によってもみだりに制限することができないものである。そして，およそ政治的行為は，行動としての面をもつほかに，政治的意見の表明としての面をも有するものであるから，その限りにおいて，憲法21条による保障を受けるものであることも，明らかである。」「国公法102条1項及び規則による政治的行為の禁止は……公務員のみに対して向けられているものである。ところで，国民の信託による国政が国民全体への奉仕を旨として行われなければならないことは当然の理であるが，『すべて公務員は，全体の奉仕者であって，一部の奉仕者ではない。』とする憲法15条2項の規定からもまた，公務が国民の一部に対する奉仕としてではなく，その全体に対する奉仕として運営されるべきものである」。「公務のうちでも行政の分野におけるそれは，憲法の定める統治組織の構造に照らし，議会制民主主義に基づく政治過程を経て決定された政策の忠実な遂行を期し，もっぱら国民全体に対する奉仕を旨とし，政治的偏向を排して運営されなければならないものと解されるのであって，そのためには，個々の公務員が，政治的に，一党一派に偏することなく，厳に中立の立場を堅持して，その職務の遂行にあたることが必要となる」。「行政の中立的運営が確保され，これに対する国民の信頼が維持されることは，憲法の要請にかなうものであり，公務員の政治的中立性が維持されることは，国民全体の重要な利益にほかならない……。したがって，公務員の政治的中立性を損うおそれのある公務員の政治的行為を禁止することは，それが合理的で必要やむをえない限度にとどまるものである限り，憲法の許容するところである」。

(ii)「国公法102条1項及び規則による公務員に対する政治的行為の禁止が右の合理的で必要やむをえない限度にとどまるものか否かを判断するにあたっては，禁止の目的，この目的と禁止される政治的行為との関連性，政治的行為を禁止することにより得られる利益と禁止することにより失われる利益との均衡の3点から検討することが必要である。」

(iii)「禁止の目的及びこの目的と禁止される行為との関連性について考えると，もし公務員の政治的行為のすべてが自由に放任されるときは，おのずから公務員の政治的中立性が損われ，ためにその職務の遂行ひいてはその属する行政機関の公務の運営に党派的偏向を招くおそれがあり，行政の中立的運営に対する国民の信頼が損われることを免れない。また，公務員の右のような党派的偏向は，逆に政治的党派の行政への不当な介入を容易にし，行政の中立的運営が歪められる可能性が一層増大するばかりでなく，そのような傾向が拡大すれば，本来政治的中立を保ちつつ一体となって国民全体に奉仕すべき責務を負う行政組織の内部に深刻な政治的対立を醸成し，そのため行政の能率的で安定した運営は阻害され，ひいては議会制民主主義の政治過程を経て決定された国の政策の忠実な遂行にも重大な支障をきたすおそれがあり，このようなおそれは行政組織の規模の大きさに比例して拡大すべく，かくては，もはや組織の内部規律のみによってはその弊害を防止することができない事態に立ち至るのである。したがって，このような弊害の発生を防止し，行政の中立的運営とこれに対する国民の信頼を確保するため，公務員の政治的中立性を損うおそれのある政治的行為を禁止することは，まさしく憲法の要請に応え，公務員を含む国民全体の共同利益を擁護するための措置にほかならないのであって，その目的は正当なものというべきである。また，右のような弊害の発生を防止するため，公務員の政治的中立性を損うおそれがあると認められる政治的行為を禁止することは，禁止目的との間に合理的な関連性があるものと認められるのであって，たとえその禁止が，公務員の職種・職務権限，勤務時間の内外，国の施設の利用の有無等を区別することなく，あるいは行政の中立的運営を直接，具体的に損う行為のみに限定されていないとしても，右の合理的な関連性が失われるものではない。」

(iv)「公務員の政治的中立性を損うおそれのある行動類型に属する政治的行為を、これに内包される意見表明そのものの制約をねらいとしてではなく、その行動のもたらす弊害の防止をねらいとして禁止するときは、同時にそれにより意見表明の自由が制約されることにはなるが、それは、単に行動の禁止に伴う限度での間接的、付随的な制約に過ぎず、かつ、国公法102条1項及び規則の定める行動類型以外の行為により意見を表明する自由までをも制約するものではなく、他面、禁止により得られる利益は、公務員の政治的中立性を維持し、行政の中立的運営とこれに対する国民の信頼を確保するという国民全体の共同利益なのであるから、得られる利益は、失われる利益に比してさらに重要なものというべきであり、その禁止は利益の均衡を失するものではない。」

(v) 政治的行為の禁止に対する制裁として刑罰をもって臨むことが必要か否かは、「国民全体の共同利益を擁護する見地からの立法政策の問題であって、右の禁止が表現の自由に対する合理的で必要やむをえない制限であると解され、かつ、刑罰を違憲とする特別の事情がない限り、立法機関の裁量により決定されたところのものは、尊重されなければならない」。

(vi)「たとえ公務員の政治的行為の禁止が憲法21条に違反しないとしても、その行為のもたらす弊害が軽微なものについてまで一律に罰則を適用することは、同条に違反するという……見解は、違法性の程度の問題と憲法違反の有為の問題とを混同するものであ〔る〕」。「懲戒処分と刑罰とは、その目的、性質、効果を異にする別個の制裁なのであるから、前者と後者を同列に置いて比較し、司法判断によって前者をもってより制限的でない他の選びうる手段であると軽々に断定することは、相当ではない」。

「国公法102条1項が、公務員の政治的中立性を損うおそれのある行動類型に属する政治的行為を具体的に定めることを委任するものであることは、同条項の合理的な解釈により理解しうる」から、「憲法の許容する委任の限度を超えることになるものではない」。1審・2審は「Yの本件行為につき罰則を適用する限度においてという限定を付して右罰則を違憲と判断するのであるが、これは、法令が当然に適用を予定している場合の一部につきその適用を違憲と判断するものであって、ひっきょう法令の一部を違憲とするにひとし〔い〕」。

■解 説■

1 本判決は、適用違憲または合憲限定解釈により公務員の表現の自由に配慮した下級審の流れ(318事件参照)を一挙に覆して、公務員の政治的行為の一律禁止(判旨(i)〜(iv))および処罰(判旨(v)〜(vi))を合憲とした。強い学説の批判があることも含め、本判決は最も重要な憲法判例の一つである。

2 判旨(i)は公務員の政治的行為の制限について、特別権力関係論を採用せず、「合理的で必要やむをえない限度」で合憲性を認めることを出発点とした。その具体的な判断基準として判旨(ii)が(1)目的の正当性、(2)目的と手段の合理的関連性、(3)規制により得られる利益と失われる利益の均衡による検討を挙げる。この「合理的関連性の基準」(猿払基準)は規制を目的・手段から分析する点で比例原則に近いようにみえるが、実際の具体的な審査内容からすると緩やかな審査にとどまるため、学説ではLRAの基準を用いるべきだとの批判が強い。

3 判旨(iii)は(1)について判旨(i)を引き継ぎ、行政の中立的運営と国民の信頼を規制目的として掲げる。しかしこれらの目的は抽象的なものであり、とりわけ国民の信頼は漠然としていてあらゆる規制手段の合理性を基礎づけるおそれがある。(2)についてもたった一つのささやかな政治的行為が、行政組織のピラミッド構造を介して累積的波及的効果をもたらすという論法は誇大妄想のきらいがあり、政治的行為の一律禁止を正当化するための強弁にすぎないのではないか。反対意見は学説と同様に、職種・職務権限等を区別して人権制限を必要な限度に止めようとしている。

4 判旨(iv)は(3)について直接的規制と間接的・付随的規制を区別し、政治的行為の制限は後者に当たるので利益の均衡は保たれている、と述べる。この区別は表現内容規制と内容中立規制の区別や純粋言論と行動を伴う言論(speech plus)の区別に類似する。しかし国公法の規制は表現内容規制(主題規制)であり、表現活動それ自体を直接的に規制するものと批判されている。なお本判決が、間接的・付随的規制だから緩やかな審査基準でよいと考えたのかどうかは、文言からは明らかではない。

5 判旨(v)は刑事制裁を用いるか否かは立法政策の問題とし、判旨(vi)は委任の限界を超えないとしているが、これらの点についても反対意見の批判を支持する学説が多い。判旨(vi)はまたLRAの基準により適用違憲とした1審を批判するが、後の最高裁が法令の一部違憲の手法を活用している点に注意する必要がある(48・311事件〔最大判平20・6・4―非嫡出子国籍法差別違憲判決〕、242・316事件〔最大判平17・9・14―在外邦人選挙権事件〕、213・319事件〔最大判平14・9・11―郵便法事件〕)。

6 本判決は行政公務員の政治的行為に対する懲戒(最判昭55・12・23民集34巻7号959頁)のほか戸別訪問規制(最判昭56・6・15刑集35巻4号205頁、247事件〔最判昭56・7・21〕参照)、集会の自由の規制(88事件〔最大判平4・7・1―成田新法事件〕・310事件〔最判平19・9・18―広島市暴走族追放条例事件〕)、裁判官の積極的政治運動の禁止(210・280事件〔最大決平10・12・1―寺西判事補事件〕)、教育公務員に対する君が代の伴奏・起立斉唱の強制(54事件〔最判平19・2・27〕・55事件〔最判平23・5・30〕)等の事例でも幅広く引用されている。しかし堀越事件2審(東京高判平22・3・29判タ1340号105頁)が政治的行為の処罰に対して適用違憲判決を下し、同上告審(最判平24・12・7裁時1569号2頁)は判例を変更しないまま、職務遂行の中立性を損なう現実のおそれが実質的に認められるものへ処罰範囲を限定した。

◆参考文献◆
芦部信喜『憲法訴訟の現代的展開』[1981] 第V・VI論文、安念潤司・法教213号65頁、大沢秀介・基本判例〔第2版〕23頁、香城敏麿・最判解刑事篇昭和49年度165頁、高橋和之・百選I〔第5版〕32頁、野坂泰司『憲法基本判例を読み直す』[2011] 351頁、樋口陽一・百選I〔第4版〕30頁。高橋和之・ジュリ1363号64頁・1364号108頁、宍戸常寿・法時83巻5号20頁以下も参照。

21 未決拘禁者の閲読の自由
―― よど号ハイジャック記事抹消事件

最高裁昭和58年6月22日大法廷判決
(昭和52年(オ)第927号損害賠償請求事件)
民集37巻5号793頁, 判時1082号3頁

■ 事　案 ■

監獄法（当時）31条は「在監者文書，図画の閲読を請ふときは之を許す」(31 I)，「文書，図画の閲読に関する制限は命令を以て之を定む」(31 II) としており，それを受けて同施行規則は「文書図画の閲読は拘禁の目的に反せず且つ監獄の紀律に害なきものに限り之を許す」と定めていた (86 I)。

公安事件の被告人として東京拘置所に勾留されていたXら（原告・控訴人・上告人）は私費で「読売新聞」を定期購読していたところ，1970（昭和45）年3月，日本赤軍の「よど号」ハイジャック事件が発生し，同所長A（被告・被控訴人・被上告人）は上記法令，法務大臣訓令および法務省矯正局長通達により，同月31日の夕刊から2日後の朝刊まで，同事件に関する記事を墨で塗りつぶしてXらに配布した。このためXらは上記法令等は知る権利を侵害し違法である等と主張して国家賠償を求めたが，1審（東京地判昭50・11・21判時806号26頁）・2審（東京高判昭52・5・30訟月23巻6号1051頁）とも敗訴したため，上告した。

■ 争　点 ■

①新聞閲読の自由は憲法上保障されるか。
②未決勾留者の新聞閲読の自由の制限の合憲性審査基準はどのようなものか。
③本件A所長の記事抹消処分は違法か。

■ 判　旨 ■

上告棄却（全員一致）。

(i)「未決勾留は，刑事訴訟法の規定に基づき，逃亡又は罪証隠滅の防止を目的として，被疑者又は被告人の居住を監獄内に限定するものであって，右の勾留により拘禁された者は，その限度で身体的行動の自由を制限されるのみならず，前記逃亡又は罪証隠滅の防止の目的のために必要かつ合理的な範囲において，それ以外の行為の自由をも制限されることを免れないのであり，このことは，未決勾留そのものの予定するところでもある。また，監獄は，多数の被拘禁者を外部から隔離して収容する施設であり，右施設内でこれらの者を集団として管理するにあたっては，内部における規律及び秩序を維持し，その正常な状態を保持する必要があるから，この目的のために必要がある場合には，未決勾留によって拘禁された者についても，この面からその者の身体的自由及びその他の行為の自由に一定の制限が加えられることは，やむをえないところというべきである（その制限が防禦権との関係で制約されることもありうるのは，もとより別論である。）。そして，この場合において，これらの自由に対する制限が必要かつ合理的なものとして是認されるかどうかは，右の目的のために制限が必要とされる程度と，制限される自由の内容及び性質，これに加えられる具体的制限の態様及び程度等を較量して決せられるべきものである〔最大判昭45・9・16―本書23事件〕……。」

(ii)「およそ各人が，自由に，さまざまな意見，知識，情報に接し，これを摂取する機会をもつことは，その者が個人として自己の思想及び人格を形成・発展させ，社会生活の中にこれを反映させていくうえにおいて欠くことのできないものであり，また，民主主義社会における思想及び情報の自由な伝達，交流の確保という基本的原理を真に実効あるものたらしめるためにも，必要なところである。それゆえ，これらの意見，知識，情報の伝達の媒体である新聞紙，図書等の閲読の自由が憲法上保障されるべきことは，思想及び良心の自由の不可侵を定めた憲法19条の規定や，表現の自由を保障した憲法21条の規定の趣旨，目的から，いわばその派生原理として当然に導かれるところであり，また，すべて国民は個人として尊重される旨を定めた憲法13条の規定の趣旨に沿うゆえんでもあると考えられる。しかしながら，このような閲読の自由は，生活のさまざまな場面にわたり，極めて広い範囲に及ぶものであって，もとよりXらの主張するようにその制限が絶対に許されないものとすることはできず，それぞれの場面において，これに優越する公共の利益のための必要から，一定の合理的制限を受けることがあることもやむをえないものといわなければならない。」

(iii)「未決勾留により監獄に拘禁されている者の新聞紙，図書等の閲読の自由についても，逃亡及び罪証隠滅の防止という勾留の目的のためのほか，前記のような監獄内の規律及び秩序の維持のために必要とされる場合にも，一定の制限を加えられることはやむをえないものとして承認しなければならない。しかしながら，未決勾留は，前記刑事司法上の目的のために必要やむをえない措置として一定の範囲で個人の自由を拘束するものであり，他方，これにより拘束される者は，当該拘禁関係に伴う制約の範囲外においては，原則として一般市民としての自由を保障されるべき者であるから，監獄内の規律及び秩序の維持のためにこれら被拘禁者の新聞紙，図書等の閲読の自由を制限する場合においても，それは，右の目的を達するために真に必要と認められる限度にとどめられるべきものである。したがって，右の制限が許されるためには，当該閲読を許すことにより右の規律及び秩序が害される一般的，抽象的なおそれがあるというだけでは足りず，被拘禁者の性向，行状，監獄内の管理，保安の状況，当該新聞紙，図書等の内容その他の具体的事情のもとにおいて，その閲読を許すことにより監獄内の規律及び秩序の維持上放置することのできない程度の障害が生ずる相当の蓋然性があると認められることが必要であり，かつ，その場合においても，右の制限の程度は，右の障害発生の防止のために必要かつ合理的な範囲にとどまるべきものと解するのが相当である。」

(iv)「監獄法31条2項は，在監者に対する文書，図画の閲読の自由を制限することができる旨を定めるとと

もに，制限の具体的内容を命令に委任し，これに基づき監獄法施行規則86条1項はその制限の要件を定め，更に所論の法務大臣訓令及び法務省矯正局長依命通達は，制限の範囲，方法を定めている。これらの規定を通覧すると，その文言上はかなりゆるやかな要件のもとで制限を可能としているようにみられるけれども，上に述べた要件及び範囲内でのみ閲読の制限を許す旨を定めたものと解するのが相当であり，かつ，そう解することも可能であるから，右法令等は，憲法に違反するものではないとしてその効力を承認することができるというべきである。」

(v)「具体的場合における前記法令等の適用にあたり，当該新聞紙，図書等の閲読を許すことによって監獄内における規律及び秩序の維持に放置することができない程度の障害が生ずる相当の蓋然性が存するかどうか，及びこれを防止するためにどのような内容，程度の制限措置が必要と認められるかについては，監獄内の実情に通暁し，直接その衝にあたる監獄の長による個々の場合の具体的状況のもとにおける裁量的判断にまつべき点が少なくないから，障害発生の相当の蓋然性があるとした長の認定に合理的な根拠があり，その防止のために当該制限措置が必要であるとした判断に合理性が認められる限り，長の右措置は適法として是認すべき」である。「殊に本件新聞記事抹消処分当時までの間においていわゆる公安事件関係の被拘禁者らによる東京拘置所内の規律及び秩序に対するかなり激しい侵害行為が相当頻繁に行われていた状況に加えて，本件抹消処分に係る各新聞記事がいずれもいわゆる赤軍派学生によって敢行された航空機乗っ取り事件に関するものであること等の事情に照らすと，東京拘置所長において，公安事件関係の被告人として拘禁されていたXらに対し本件各新聞記事の閲読を許した場合には，拘置所内の静穏が攪乱され，所内の規律及び秩序の維持に放置することのできない程度の障害が生ずる相当の蓋然性があるものとしたことには合理的な根拠があり，また，右の障害発生を防止するために必要であるとして右乗っ取り事件に関する各新聞記事の全部を原認定の期間抹消する措置をとったことについても，当時の状況のもとにおいては，必要とされる制限の内容及び程度についての同所長の判断に裁量権の逸脱又は濫用の違法があったとすることはできない」。

■解説■

1 本判決は，刑事収容施設被収容関係の人権保障に関する重要な判例である。かつて在監関係は特別権力関係論の一つとされ，法律の留保原則や人権規定の保障，司法審査が及ばないとされた。これに対して23事件判決は，監獄法施行規則による被拘禁者の喫煙の制限の合憲性が争われた事例であるが，最高裁は特別権力関係論に触れることなく，未決勾留の特質を強調し，人権制限の合憲性の判断について比較衡量の枠組みを示した。判旨(i)はこの先例に従ったものである。

2 判旨(ii)は新聞閲読の自由を19条・21条の「派生原理」および13条の「趣旨」から導いている。後のレペタ事件判決（最大判平元・3・8ー128事件）は判旨(ii)を参照しながら「情報等に接し，これを摂取する自由」を

21条の「派生原理」として導いており，両判決は防御権としての「知る自由」が21条の保護範囲に含まれることを明らかにしたものと解される。判旨(iii)は判旨(i)を踏まえ，未決勾留者の新聞閲読の自由の限界について論じている。23事件判決では，喫煙という一般的自由が問題であり，その制限は逃走・罪証隠滅防止といった未決勾留者の拘禁目的とも結び付くものであった。これに対して新聞閲読の制限は検閲ないし事前抑制の禁止に抵触しうるものであり，またせいぜい収容施設の規律秩序の維持に結び付くにすぎない。この点で，害悪発生の危険について「明白かつ現在」とまでは行かなくても「相当の蓋然性」を要求し，また制限の程度を「必要かつ合理的な範囲」にとどめるべきだとした判旨(iii)は，かなり厳格な基準を示したものと評価できる（芦部憲法学Ⅱ276頁はLRAの基準と同趣旨であるとしている）。

3 判旨(iv)は，以上の憲法論から本件で問題となった監獄法および同法施行規則等に議論を転じ，これらの規定を判旨(iii)で導かれた憲法上の与件に適合的に解釈している。これは，特別権力関係論の名残でもともと規律密度の弱い法令を，憲法適合的解釈の手法によって事実上書き換えたものといえよう。最後に，判旨(v)は，相当の蓋然性の存否について，監獄の長の裁量を事実上認め，その判断の「合理性」の有無に裁判所の審査範囲を限定して，結果的に処分を適法とした。この点は，裁判所がより厳格に裁量を統制すべきである，という批判が有力である（芦部109頁）。

4 刑事施設被収容者の人権保障については，接見・信書の制限を定める監獄法（当時）50条に関する裁判例が多い。特に未決勾留者について，23事件判決および本判決を参照しながら，接見の自由を制限する同法施行規則（当時）120条ないし124条が同法の委任の範囲を超えて違法とされた例（最判平3・7・9民集45巻6号1049頁）が重要である。他方，同法50条にいう「信書の検閲」は検閲禁止に反せず，本判決の趣旨に徴して憲法21条1項にも反しない（最判平6・10・27判時1513号91頁）。最高裁が，死刑確定者の信書の発送の制限について，死刑確定者の心情の安定等にも配慮して監獄の長の裁量的判断を是認した一方（最判平11・2・26判時1682号12頁），相当の蓋然性の有無を判断代置により審査して，受刑者の信書の発送の制限を違法としていること（最判平18・3・23判時1929号37頁）が注目に値する。

5 本判決から20年以上後の2005（平成17）～2006（平成18）年にかけて，法律の留保原則違反と批判されてきた監獄法は刑事収容施設法へと改正された。同法は被収容者の図書等の閲読の制限ができる場合を「刑事施設の規律及び秩序を害する結果を生ずるおそれがあるとき」（70Ⅰ①）と定める等，本判決の趣旨に配慮しているが，ここでいう「おそれ」とは，本判決のいう相当の蓋然性を要するものと解される。

◆参考文献◆
市川正人・基本判例〔第2版〕19頁，岩間昭道・百選Ⅰ〔第5版〕38頁，太田豊・最判解民事篇昭和58年度255頁，竹中勲・百選Ⅰ〔第4版〕38頁，土井真一・メディア百選170頁．

判例の流れ　●山本龍彦●

3 幸福追求権

　1　憲法13条の幸福追求権が,「包括的自由権」として憲法に列挙されない権利・自由（「新しい人権」とも呼ばれる）の根拠となることについては, 現在ほぼ争いがない。しかし, この幸福追求権が, 具体的にいかなる権利・自由を保障しているかについては（幸福追求権の保障範囲・射程）, いまだ定説が形成されていない状況にある。幸福追求権はあらゆる生活領域に関する行為の自由をカバーすると考える「一般的自由説」と, 個人の人格的生存に不可欠な利益のみをカバーすると考える「人格的利益説」との間で対立があることは, 周知のとおりである。

　しかし, このような対立を軸とした議論が憲法解釈上どこまで有効かについては検討の余地がある。一般的自由説は, 結局は審査基準の設定段階で人格的価値を考慮するし, 人格的利益説も, 人格関連性の乏しい放任行為（例えば, 散歩, 登山, 海水浴。禁止されているとまではいえない人間行動）に憲法上の保護がまったく及ばないとは考えていないからである（このような放任行為は「憲法上の権利」あるいは「人権」そのものではないが, 当該「権利」を実効的に保障するために手段的な保護が及ぶと説明されることもある）。さらに, 近年, 一般的自由説に関する新しい見解（実際にはこちらの見解のほうが古典的・伝統的な「一般的自由説」なのであるが, ここでは便宜上「新説」と呼ぶ）が有力化しており, 両者の対立自体が解消されつつある。上述のように, 旧説は, 個人のあらゆる行為を保障するという観点から, いいかえれば, 主観的な自己決定権の際限なき拡張という観点から「一般的自由」を捉えたため,「主観的権利」という同じ土俵の上で人格的利益説と競い合わなければならなかった。他方で, 新説は,「一般的自由」を, 国家が実質的法治国家原理（恣意的な国家活動の禁止）に服することによって国民の側に保障される「違憲の強制からの自由」として「客観法」的に捉えるため,

両者は同じ土俵の上で競合関係に立つ必要がなくなったのである（このように, 一般的自由説を, 主観的地平とは異なる客観的地平において理解することで, 人間のあらゆる行為を「（憲法上の）権利」として保障することの道徳的・倫理的問題や,「『人権』のインフレ化」といった問題も解消されることになる）。そうすると, 13条は「一般的自由」か「人格的利益」のどちらか一方を保障しているものと考えるのではなく,「一般的自由」と「人格的利益」というレベルの異なるものを同時に保障しているものと考えるべきことになろう（詳細は22事件〔最大判昭25・11・22―賭場開張事件〕の解説参照）。

　2　以上の検討を踏まえると,(1)本章で取り上げる22事件～28事件（最判平15・12・11―ストーカー規制法事件）は, 一般的自由が問題となった「自由」関連事案として,(2)29事件（最大判昭44・12・24―京都府学連事件）～41事件（最大判昭56・12・16―大阪空港公害訴訟上告審）は, 人格的利益に関わる「憲法上の権利」が問題となった「権利」関連事案として位置づけることができる（もちろん,「自由」と「権利」の区別は絶対的なものではない。一般的自由に属すると解されてきた行為が, 時の経過などによって「権利」としての地位を獲得することもあろう）。本章は, 便宜上, さらに後者のグループを, いわゆる「自己情報コントロール権」に関連するもの（29事件～36事件〔最判平7・12・15〕）と,「人格権」に関連するもの（37事件〔東京地判平9・3・12―エホバの証人輸血拒否事件1審〕～41事件）に分類した。なお, これらの事案の中には, 幸福追求権に関する論点とは別に, 人権享有主体性の問題（36事件）, 学校という「場」に関する問題（25事件〔熊本地判昭60・11・13〕, 26事件〔最判平8・7・18―修徳高校パーマ退学事件〕, 27事件〔最判平3・9・3〕）, 私人間効力の問題（26事件, 27事件）を含むものがあるので, 注意されたい。

22 幸福追求権の性格 ── 賭場開張事件

最高裁昭和25年11月22日大法廷判決
(昭和25年(れ)第280号賭場開張図利被告事件)
刑集4巻11号2380頁

■ 事 案 ■

Yは，Aと共謀して，1948（昭和23）年3月4日，B宅に賭場を開張し，Cほか数名に賭博をさせ，同人らから金員を取って利益を図った。2審（東京高裁判決年月日不明）は，かかる事実を認定し，刑法186条2項を適用して，Yを懲役8月に処するとの判決を言い渡した。

そこでYは，以下の理由から，賭場開張図利行為を処罰する刑法の同規定は憲法13条に違反し無効であると主張し，上告した。(1)13条によって，「公共の福祉に反しない限り国民は凡ゆる行為の自由を有して居るのであって，之を制限した法律等」は無効である。(2)賭場開張図利行為は，新憲法施行後はその社会実状等からして，「公共の福祉に反しない娯楽の自由の範囲」に属するに至った。また，賭博行為ないし賭場開張図利行為の本質自体は「行為者間に於て予め金銭の得喪，損益も承知の上で任意平穏裡に為すものであって，行為者以外の者の法益を侵害するものではな」く，よって公共の福祉に反しない。(3)国家・都道府県自体が賭博と本質的に異ならない競馬・競輪等を主催しているという事実から見ても，賭博に関する行為は，公共の福祉に反しない「憲法上保障尊重されて居る自由行為」であると言わざるを得ない。

■ 争 点 ■

賭博等に関する行為は憲法的にどのように位置づけられるか。

■ 判 旨 ■

上告棄却（栗山茂裁判官の意見がある）。

(i)「賭博行為は，一面互に自己の財物を自己の好むところに投ずるだけであって，他人の財産権をその意に反して侵害するものではなく，従って，一見各人に任かされた自由行為に属し罪悪と称するに足りないようにも見えるが，しかし，他面勤労その他正当な原因に因るのでなく，単なる偶然の事情に因り財物の獲得を僥倖せんと相争うがごときは，国民をして怠惰浪費の弊風を生ぜしめ，健康で文化的な社会の基礎を成す勤労の美風（憲法第27条1項参照）を害するばかりでなく，甚だしきは暴行，脅迫，殺傷，強窃盗その他の副次的犯罪を誘発し又は国民経済の機能に重大な障害を与える恐れすらある」。これらの賭博に関する行為は「畢竟公益に関する犯罪中の風俗を害する罪であり（旧刑法第2篇第6章参照），新憲法にいわゆる公共の福祉に反する」。「ことに賭場開張図利罪は自ら財物を喪失する危険を負担することなく，専ら他人の行う賭博を開催して利を図るものであるから，単純賭博を罰しない外国の立法例においてもこれを禁止するを普通とする。されば，賭博等に関する行為の本質を反倫理性反社会性を有するものでないとする所論は，偏に私益に関する個人的な財産上の法益のみを観察する見解であって採ることができない。」

(ii) 政府ないし都道府県が，賭場開張図利と本質的に異ならない競馬や競輪を主催している等の現状を踏まえ，国家自体が賭博行為の自由行為性を公認しているとの所論は全く本末を顚倒している。政府等のかかる行為自体が適法であるか否か，これを認める立法の当否は問題となりうるが，こうした行為が行われているという事実およびこれを認めている立法があるということだけから，国家自身が一般に賭場開張図利を公認したものということはできない。

■ 解 説 ■

1 本判決は，13条の法的性格を隠れた争点としている。13条については，それを裁判規範性のある包括的自由権として，憲法上列挙されない権利・自由の根拠になるとするA説と，単なる訓示的・理念的規定としてその権利性を否定するB説とが対立していた。本件上告は，無論，A説に依拠している（上告趣意(1)を参照）。この上告を正面から受け止め，本件規定の違憲性を実質的に審査した本判決も，一応，A説を前提にしていると解される（ただし結論としては上告棄却）。

他方，本判決に付された栗山意見は，「成文憲法の原則」に触れた上，「憲法11条12条及び13条は『この憲法が保障する自由及び権利』の保障そのものではなく，保障は14条以下に列挙するものである」とし，本件上告については，Yはそもそも憲法上の権利・自由が侵害されたとの主張を行っていないのであるから，実質的な違憲審査を行うまでもなく「不適法なもの」として斥けるべきとした。栗山意見の背景には，13条を「公

共の福祉に適合しなければ違憲な法律であるという保障」と同視することにより，裁判所が「必要な法的判断」を超えて，「立法の是非（ないし当否）」を政治的・政策的に判断することに対する懸念がある。最高裁は，本判決後，本書161事件（最大判昭33・9・10—帆足計事件）の田中耕太郎・下飯坂潤夫裁判官の補足意見を経由して，29事件（最大判昭44・12・24—京都府学連事件）で13条の包括的権利性を正面から肯定するに至った。栗山意見はさしあたり斥けられたわけである（ただし栗山意見は，「この憲法が保障する自由及び権利」は「少くとも当裁判所が裁判によって定めない限り……憲法第3章に列挙されているものである」と述べ，一定の留保を付していた。「人権のインフレ化」に対する懸念から，13条を根拠に具体的権利を導出することに懐疑的な見解としては，伊藤229〜230頁）。

2　13条が憲法に列挙されない権利・自由の根拠となるにしても，その保障範囲をいかに理解すべきか。学説は混乱しているが，伝統的には，(a)人格的自律の存在であり続ける上で必要不可欠な範囲に限定する人格的利益説（芦部119頁，佐藤憲法445頁）と，(b)そのような限定を付さない（したがって，あらゆる行為が憲法上保障されるとする）一般的自由説（橋本・後掲219頁，戸波・後掲175〜178頁）とが対立してきた。しかし，近年，両説の対立は13条の保障範囲の問題とは無関係である，との見解が提示されている。両説は，13条が保障する「権利」と「自由」の各範囲ないし質について見解を異にしているだけである，というのがその理由である。

例えば，(a)説は，人格的価値と関連するものを「憲法上の権利」と捉えるが，それ以外の行為にも13条による保護は及ぶと考える。ただ，「権利」を実効的に保護するための政策的・手段的な「自由」とか（佐藤憲法論177頁），恣意的規制からの「自由」（佐藤・後掲41頁。ただし根拠条文は13条前段であるとする）として保障のレベルを落とすだけである。(b)説も，13条の保障する「自由」の中に，一定の重みをもった「権利」が存することを否定するものではない（ただし戸波説は，13条の保障する「自由」を「自己決定権」として主観的権利化し，「重み」を審査基準の設定時に考慮すべきとする。戸波・後掲187〜188頁）。

そうなると，便宜なのは，13条があらゆる行為・自由を保障対象としていると解した上で，(イ)その中でも人格的価値との関連性など一定の要件を具備した自由を「憲法上の権利」または「権利」（「人格権」，「新しい人権」

と対応）として手厚く保障し，(ロ)それ以外の自由については，国家の規制が法治国家の諸原理（特に比例原則）に服すべきことに由来する，「違憲の強制を受けない自由」（小山・後掲93〜99頁。西村・後掲230頁は，イェリネックの「違法な強制からの自由」を，「法治国家原則を個人の権利の視点からいい表したもの」と説明する）または「憲法上有効な法に従って裁定される自由」として一定の保障を与えられているものと解しておくことであろう（(ロ)の自由の根拠を，アメリカ流に，13条ではなく31条の適正手続に求める見解もありえようが，ここでは触れない。なお，「権利／自由」の峻別は，他の学説にも見られる。長谷部恭男は，13条の保障対象を，個人の自律を根拠とする「切り札としての権利」と，「国家権力の活動範囲を公共の福祉と適合する範囲内に抑える」ために国民に認められた「一般的な行動の自由」に分け，前者を13条前段に，後者を留保つきの13条後段に根拠づける。長谷部143頁）。(イ)の制限には一般に厳格な審査が，(ロ)の制限には一般に緩やかな審査が妥当する。

3　賭博等に関する行為を，上記(イ)の意味における「憲法上の権利」に含むことは困難である。しかし，13条は，実質的法治国家原理に基づく要請から，法律に根拠がない，または実質的に憲法に違反する強制を受けない自由（上記(ロ)参照）を保障しており，本件規制はこのような観点から（保護範囲の積極的画定を経由せずに）合憲性審査を受けうる。この点，まず本件規制は，法律（刑186 II）に基づいており，形式的には問題がない。

次に，実質的な憲法適合性について，本判決は，怠惰浪費の弊風防止，勤労の美風維持，副次的犯罪の防止，経済機能の維持を，本件禁止の目的と捉え，それらを「公共の福祉」に合致するものと見ているようである。本件で制限される「自由」の「質」にかんがみて，さしあたり上記目的を正当とするにしても，本判決が，目的と手段との比例性に対する配慮を欠いていることは問題である。本件禁止が上記目的の実現を促進するのか，刑罰投入が過剰ではないのか，などを考慮すべきであった。

◆ 参考文献 ◆

佐藤幸治・百選 I 〔第5版〕40頁，長谷部恭男編『人権の射程』〔2010〕222頁以下（西村枝美），戸波江二『憲法〔新版〕』〔1998〕，小山剛『「憲法上の権利」の作法〔新版〕』〔2011〕，橋本基弘『プチゼミ1 憲法〔人権〕〔改訂版〕』〔2005〕。

13条　3 幸福追求権　(1)一般的自由

23 被拘禁者の喫煙の禁止

最高裁昭和45年9月16日大法廷判決
(昭和40年(オ)第1425号国家賠償請求事件)
民集24巻10号1410頁, 判時605号55頁

■事案■

Xは, 公職選挙法違反の容疑により, 1963 (昭和38)年5月30日より同年6月7日まで, 高知刑務所において未決勾留による拘禁を受け, その間,「在監者には……煙草を用うることを許さず」とする旧監獄法施行規則96条 (以下,「本件規則」と呼ぶ) に基づき, 喫煙を禁止された。そこで, 1日40～50本の煙草を常用する愛煙家であったXは, 本件規則は(1)法律の根拠を欠くこと, (2)仮に形式的正当性を有するとしても, (イ)愛煙家に計り知れない苦痛を与えることとなり憲法18条に違反すること, (ロ)火災防止は喫煙場所等の制限により達成され得るため, 本件規則には合理的理由が認められないことから違憲無効であると主張し, 同規則に基づく喫煙禁止は違法な公権力の行使に当たるとして, 国に対し11万円の慰謝料の支払を求めた。

1審 (高知地判昭40・3・31判時409号21頁) は, 喫煙の自由は基本的人権の一つとして保障されるとしながらも, 未決拘禁関係を営造物利用の特別権力関係と捉え, この関係の下では当該関係の設定目的に照らし合理的な範囲にとどまる限り, 法律の根拠を要せずに同権利を制限できるとした上で, 拘禁目的達成のために必要とされる一方で, 単なる嗜好品にすぎない煙草の喫煙を禁止するにとどまる本件規則を合理的範囲に属するものとした。2審 (高松高判昭40・9・25民集24巻10号1423頁参照) も同様にXの請求を棄却したため, Xが, 本件規則は未決拘禁者の自由および幸福追求についての基本的人権を侵害するものであって, 憲法13条に違反するとして上告した。

■争点■

在監者の喫煙を禁止した旧監獄法施行規則96条は, 未決拘禁者の自由ないし幸福追求権を侵害するものとして, 憲法13条に違反するか。

■判旨■

上告棄却。

(i)「未決勾留は, 刑事訴訟法に基づき, 逃走または罪証隠滅の防止を目的として, 被疑者または被告人の居住を監獄内に限定するものであるところ, 監獄内においては, 多数の被拘禁者を収容し, これを集団として管理するにあたり, その秩序を維持し, 正常な状態を保持するよう配慮する必要がある。このためには, 被拘禁者の身体の自由を拘束するだけでなく, 右の目的に照らし, 必要な限度において, 被拘禁者のその他の自由に対し, 合理的制限を加えることもやむをえないところである。」

「そして, 右の制限が必要かつ合理的なものであるかどうかは, 制限の必要性の程度と制限される基本的人権の内容, これに加えられる具体的制限の態様との較量のうえに立って決せられるべきものというべきである。」

(ii)①「これを本件についてみると, ……監獄の現在の施設および管理態勢のもとにおいては, 喫煙に伴う火気の使用に起因する火災発生のおそれが少なくなく, また, 喫煙の自由を認めることにより通謀のおそれがあり, 監獄内の秩序の維持にも支障をきたすものであるというのである。右事実によれば, 喫煙を許すことにより, 罪証隠滅のおそれがあり, また, 火災発生の場合には被拘禁者の逃走が予想され, かくては, 直接拘禁の本質的目的を達することができないことは明らかである。のみならず, 被拘禁者の集団内における火災が人道上重大な結果を発生せしめることはいうまでもない。」

②「他面, 煙草は生活必需品とまでは断じがたく, ある程度普及率の高い嗜好品にすぎず, 喫煙の禁止は, 煙草の愛好者に対しては相当の精神的苦痛を感ぜしめるとしても, それが人体に直接障害を与えるものではないのであり, かかる観点よりすれば, 喫煙の自由は, 憲法13条の保障する基本的人権の一に含まれるとしても, あらゆる時, 所において保障されなければならないものではない。」

(iii)「したがって, このような拘禁の目的と制限される基本的人権の内容, 制限の必要性などの関係を総合考察すると, 前記の喫煙禁止という程度の自由の制限は, 必要かつ合理的なものであると解するのが相当であり, 監獄法施行規則96条中未決勾留により拘禁された者に対し喫煙を禁止する規定が憲法13条に違反するものといえないことは明らかである。」

■解説■

1　本判決は,「喫煙の自由」が13条の保障する基本的人権に含まれるか否かという問題を開いたまま (判旨(ii)②参照), 未決拘禁者は拘禁目的に照らし必要かつ合理的な範囲内でその自由を制限されるとの一般原則を示し, かかる前提の下で, 未決拘禁者に対する喫煙禁止の合憲性を,「制限の必要性の程度と制限される基本的人権の内容, これに加えられる具体的制限の態様との較量」によって審査するものとした (判旨(i)参照)。

未決拘禁者の閲読の自由を19条や21条から明確に位置づけ, 上述の一般原則に触れつつも, その制限は「真に必要と認められる限度」にとどまらなければならないとした本書21事件 (最大判昭58・6・22—よど号ハイジャック記事抹消事件) と上記アプローチを比較すると, 本判決が, 喫煙の自由を「憲法上の権利」の一つとして積極的に位置づける意図を有していなかったことが明らかとなる。保護範囲の画定問題を棚上げしながら, その正当性につき緩やかな審査を加えているという点で, さしあたり本判決は喫煙の自由を一般的自由の文脈で捉えたものと理解できる (なお,「喫煙者にとって喫煙のもつ意味を考え」, 喫煙制限に対しLRA基準を適用し, 喫煙時間・場所等の制限による拘禁目的達成の可否を厳密に審査すべきとする見解として, 芦部憲法学Ⅱ 277～278頁)。

2　仮に喫煙を一般的自由の文脈で捉えるとしても, その制限には本来法律の根拠が必要となる (小山・後掲12頁は,「在監関係における喫煙禁止の最大の問題は, 法律上の根拠という人権制限の形式面である」と述べる)。本判決がこの点に全く言及しなかったのは, 最高裁がなお特別権力関係理論の影響下にあったからであろうか (本判決は特別権力関係の概念に触れなかったが,「これを否定する趣旨でもな〔かった〕」とも指摘される。宇野・後掲275頁)。なお, 現在は「刑事収容施設及び被収容者等の処遇に関する法律」41条2項が, 受刑者以外の被収容者による嗜好品 (煙草を含む) の使用を原則許可し, それを制限できる場合を規定している。

◆参考文献◆

宇野栄一郎・最判解民事篇昭和45年度271頁, 小山剛・判例講義Ⅰ 12頁, 藤井樹也・百選Ⅰ〔第5版〕36頁。

24 自己消費目的の酒類製造と免許制
──どぶろく裁判

最高裁平成元年12月14日第一小法廷判決
(昭和61年(あ)第1226号酒税法違反被告事件)
刑集43巻13号841頁, 判時1339号83頁

■ 事 案 ■

酒税法は, 7条1項で, 酒類を製造しようとする者は, 酒類の種別および製造場ごとに税務署長の免許を受けなければならないとし, 54条1項で, 無免許で製造した者に刑事罰(5年以下の懲役または50万円以下の罰金)を科している。また, 7条2項は, 年間の製造見込数量が60キロリットル(清酒の場合)に達しない場合には免許を付与しないとしているため, 自己消費目的の酒類製造は事実上免許を受けることができない。

Yは, 同規定にもかかわらず, 無免許で清酒等を自家製造したために起訴され, 1審(千葉地判昭61・3・26判時1187号157頁)で罰金30万円の有罪判決を受けた。2審(東京高判昭61・9・29高刑集39巻4号357頁)もこれを維持したため, Yが上告した。

■ 争 点 ■

酒をつくる権利・自由は憲法的にどのように位置づけられるか。

■ 判 旨 ■

上告棄却。

酒税法7条1項および54条1項の規定は,「自己消費を目的とする酒類製造であっても, これを放任するときは酒税収入の減少など酒税の徴収確保に支障を生じる事態が予想されるところから, 国の重要な財政収入である酒税の徴収を確保するため, 製造目的のいかんを問わず, 酒類製造を一律に免許の対象とした上, 免許を受けないで酒類を製造した者を処罰することとしたものであり」,「これにより自己消費目的の酒類製造の自由が制約されるとしても, そのような規制が立法府の裁量権を逸脱し, 著しく不合理であることが明白であるとはいえず, 憲法31条, 13条に違反するものでないことは, 当裁判所の判例(〔本書329事件(最大判昭60・3・27──サラリーマン税金訴訟)。なお, 最判昭35・2・11集刑132号219頁〕……参照)」の趣旨から明らかである。

■ 解 説 ■

1 通説によれば, 13条の出番は憲法の個別条項がカバーできない場面に限定される(補充的保障説)。そうすると, 本件のような事案でまず考慮されるべきは, 酒類製造の自由をカバーする個別的権利の存否である。2審は,「生活に必要な物を造る行為自体は, 利潤目的を有するかどうかを問わず経済的活動である」から,「本件の酒造りの問題を経済的自由権の問題」として把握すべきであるとした(29条1項の財産権保障の問題として構成。土井・後掲52頁も,「財産権保障が所有権保障をその中核に含み, 客体物の使用・収益の自由を一内実とする以上, 自己の所有物を用いて生活財を生産・消費する自由は, 基本的に, 財産権にかかわる」と述べる)。その上で, 153事件(最大判昭47・11・22──小売市場事件)を引用し, 租税政策ないし財政政策上の目的を有する本件規制につき「明白の原則」を適用し, 結果として合憲判断を導いたのである。もっとも, こうした財産権的構成に疑問がないわけではない。2審は, 本件規制に緩やかな審査基準を適用するために「経済的自由」を逆算して導いた可能性もあり, また,「嗜好品」としての酒の製造が,「生活の便宜」という目的制限が課された「所有権」概念(ジョン・ロック)の中で説明可能かどうかも議論の余地がある(無論, 販売目的の酒づくり, 業としての酒づくりは経済的自由の守備範囲である)。

2 酒づくりの自由が13条の保障範囲に含まれるのかについても争いがある。Y側は,「人格的自律権によって保障される個人が自由に酒を造り, それを楽しむ権利」と述べ, 人格的利益説を前提に, 酒づくりの自由を13条が保障する「憲法上の権利」と位置づけたが, 酒づくりと人格的価値との関連性を踏まえれば, 議論の余地がある。ただ, 13条が, 一般的自由として,「違憲の強制からの自由」をも保障しているとすれば(22事件〔最大判昭25・11・22──賭場開張事件〕解説参照), 裁判所は本件規制の合憲性を, 酒づくりの「権利」性(人格発展との関連性等)を問題にすることなく, 審査しうる。「酒づくりの自由」の根拠条文や具体的内実を明確にしないまま, 本件規制の正当化の問題に論を進めている本判決が, こうした理解を前提にしている可能性は否定できない。

3 本判決は, 本件規制の目的を酒税の徴収確保と捉えた上, 自己消費目的の酒類製造の放任が, 税収確保を妨げるおそれがあることを比較的簡単に認め, 酒税法による一律の免許制を合憲としている。これについては, 個人による自己消費目的での酒類製造には質量ともに限界があり, これを放任したとしても酒税収入が減少するおそれはなく(なお, Y側は, 1962年の「梅酒」の解禁がリキュール類の販売量を減少させなかった点を指摘),「少量の自己消費目的での酒づくりまで徴税確保の目的で禁止することは過剰な規制であって, 許されない」(戸波・後掲188頁), といった批判がありうる。

◆ 参考文献 ◆

土井真一・百選Ⅰ〔第5版〕52頁, 戸波江二『憲法〔新版〕』〔1998〕188頁, 松本哲治・判例講義Ⅰ23頁。

25 公立中学校における髪形の規制

熊本地裁昭和60年11月13日判決
(昭和58年(行ウ)第3号・第4号校則一部無効確認等請求,服装規定無効確認等請求事件)
行集36巻11・12号1875頁,判時1174号48頁

■事案■

熊本県玉名郡玉東町(Y_1)の町立玉東中学校の校長Y_2は,1981(昭和56)年4月9日,男子生徒の髪形について「丸刈,長髪禁止」とする服装規定(以下,「本件校則」という)を制定,公布した。X_1(X_2・X_3はX_1の両親)は,1981年4月に同校に入学し,以来長髪を続けていたが,本件校則が存在したために級友から「刈り上げウーマン」と書かれた紙を背中に張られるなどの嫌がらせを受けたり,Y_2等から不当な仕打ちを受けたとして,同校則が14条・31条・21条に違反すること,校則制定がY_2の裁量権を逸脱していることを理由に,Y_1およびY_2に対して本件校則の無効確認およびその公示,またY_1に対して不法行為等に基づく損害賠償を求めた(なお,無効確認請求等は,X_1が本訴係属中の1984年3月に同校を卒業したことを理由に却下された。以下に紹介するのは,Y_1に対する損害賠償請求についての判断である)。

■争点■

①公立中学校における丸刈り規制(本件校則)は,14条・21条・31条に反するか。
②本件校則の制定・公布は,学校長の裁量権の逸脱といえるか。

■判旨■

請求棄却(確定)。

(i) Xらは,校区外に丸刈を強制していない中学校が複数存在することをもって「住居地により差別的取扱いを受けていると主張するが,服装規定等校則は各中学校において独自に判断して定められるべきものであるから,それにより差別的取扱いを受けたとしても,合理的な差別であって,憲法14条に違反しない」。また,「男性と女性とでは髪形について異なる慣習があり,いわゆる坊主刈については,男子にのみその慣習があることは公知の事実であるから,髪形につき男子生徒と女子生徒で異なる規定をおいたとしても,合理的な差別であって,憲法14条には違反しない」。

Xらは,本件校則は頭髪という身体の一部について法定手続によることなく切除を強制するものであり,31条に違反すると主張するが,「本件校則には,本件校則に従わない場合に強制的に頭髪を切除する旨の規定はなく,かつ,本件校則に従わないからといって強制的に切除することは予定していなかったのであるから」,主張の前提を欠く。

「Xらは,本件校則は,個人の感性,美的感覚あるいは思想の表現である髪形の自由を侵害するものであるから憲法21条に違反すると主張するが,髪形が思想等の表現であるとは特殊な場合を除き,見ることはできず,特に中学生において髪形が思想等の表現であると見られる場合は極めて稀有であるから,本件校則は,憲法21条に違反しない。」

(ii)① 「中学校長は,教育の実現のため,生徒を規律する校則を定める包括的な権能を有する」。「もっとも,中学校長の有する右権能は無制限なものではありえず,中学校における教育に関連し,かつ,その内容が社会通念に照らして合理的と認められる範囲においてのみ是認されるものであるが,具体的に生徒の服装等にいかなる程度,方法の規制を加えることが適切であるかは,それが教育上の措置に関するものであるだけに,必ずしも画一的に決することはできず,実際に教育を担当する者,最終的には中学校長の専門的,技術的な判断に委ねられるべきものである。従って,生徒の服装等について規律する校則が中学校における教育に関連して定められたもの,すなわち,教育を目的として定められたものである場合には,その内容が著しく不合理でない限り,右校則は違法とはならない」。

② 本件校則は,「生徒の非行化を防止すること,中学生らしさを保たせ周囲の人々との人間関係を円滑にすること,質実剛健の気風を養うこと,清潔さを保たせること,スポーツをする上での便宜をはかること等の目的の他,髪の手入れに時間をかけ遅刻する,授業中に櫛を使い授業に集中しなくなる,帽子をかぶらなくなる,自転車通学に必要なヘルメットを着用しなくなる,あるいは,整髪料等の使用によって教室内に異臭が漂うようになるといった弊害を除却することを目的として制定されたもの」であり,「校長は,本件校則を教育目的で制定したものと認めうる」。

③ 確かに,「丸刈が,現代においてもっとも中学生にふさわしい髪形であるという社会的合意があるとはいえず,スポーツをするのに最適ともいえず,又,丸刈にしたからといって清潔が保てるというわけでもなく,髪形に関する規制を一切しないこととすると当然に……本件校則を制定する目的となった種々の弊害が生じると言いうる合理的な根拠は乏しく,又,頭髪を規制することによって直ちに生徒の非行が防止されると断定することもできない」。さらに,全体の傾向として長髪を許可す

る学校が増えつつあることを踏まえると、「本件校則の合理性については疑いを差し挟む余地のあることは否定できない」。しかし、丸刈は、今なお男子児童生徒の髪形の一つとして社会的に承認され、特に郡部においては広く行われているもので、必ずしも特異な髪形とはいえないこと、「本件中学において昭和40年の創立以来の慣行として行われてきた男子丸刈について昭和56年4月9日に至り初めて校則という形で定めたものであること」、本件校則に違反した場合でも、訓告等の措置にとどまり、バリカン等で強制的に丸刈にするなどの措置を予定していないことなどが認められる。

④ 「右に認定した丸刈の社会的許容性や本件校則の運用に照らすと、丸刈を定めた本件校則の内容が著しく不合理であると断定することはできない」。

■ 解説 ■

1 本判決は、⑴在学関係に対する憲法の適用方法と、⑵本書24事件（最判平元・12・14——どぶろく裁判）に引き続き、13条が保障する憲法上の権利・自由の範囲の問題とのかかわりで一定の重要性を有している。未成年者の権利論ともかかわるが、この問題は⑴の在学関係論のなかに大方吸収される。さらに本件は、公立中学校を「部分社会」（288事件〔最判昭52・3・15——富山大学事件〕参照）と捉える限りで、司法審査それ自体が否定される事案のようにも思えるが、本判決はこの点に直接触れることなく、本件校則に対する司法審査を肯定している（65事件〔最判平8・3・8——剣道受講拒否事件〕も参照）。

2 現在では、在学関係を正面から「特別権力関係」と捉える立場はさすがにその姿を消したが、教育の専門性・特殊性から、学校長の包括的権能、教育上の裁量を広汎に認め、いわゆる判断代置型審査（裁判所が行政の適法性判断に対して自己の判断を対置し、優位させる手法）を否定する立場がその跡を継いでいる。本判決もこの伝統に従い、中学校長の裁量権を広く認め、それが「著しく不合理」である場合に限って違法とするという踰越濫用型審査（亘理・後掲116頁以下参照）を採用し、本件校則の教育上の効果を疑問視しつつも（判旨(ii)③）、その適法性を支持した。

このように、踰越濫用型審査は、学校長の専門技術的判断に敬譲を示す手法といえるが、そこに憲法論の入り込む隙がないわけではない。学校長の措置が「憲法上の権利」ないし「人権」を制限するような場合には、事実上、統制密度の濃い厳格な審査が行われることがありうる（前出65事件は、信仰の自由を制約する処分について、建前として踰越濫用型審査を維持しながら、実際にはより厳格な審査を行った）。在学関係において、憲法上の権利は、学校長の裁量を縮減し、より厳格な審査を導入する一契機として機能する（人権と裁量の関係については、宍戸・後掲100頁以下。なお、本判決が判旨(i)で校則と14条、21条、31条との適合性を裁量論の枠外で審査した点は、もっと注目されてよい）。

3 そうなると、次に問題となるのが、「髪形の自由」の憲法上の地位である。本判決はかかる自由を21条との関係で捉えた上でその保障を否定したが、学説は一般に13条の問題として構成する。補充的保障説を前提にすると、13条保障説には、髪形の自由は21条の保護範囲には含まれないとの判断が先行しているはずであるが、「ほとんどの学説は、髪形やひげを『表現』〔の保護範囲〕から排除する作業を明示的には行っていない」（工藤・後掲90頁。例外として、一義的なメッセージを含むかどうかを基準にこの作業を行う、奥平・後掲27頁、32頁）。Xらは、権力への抵抗思想を「表現」するものとして「髪形」を捉え、13条からの主張を行っていないが、これは、憲法上重要な権利とされる表現の自由を前景化することで、学校長の裁量縮減と厳格審査の導入を狙ったのであろう。

13条の保護範囲について、伝統的には、(a)一般的自由説と、(b)人格的利益説とが対立してきた。(a)説では、髪形の自由は文句なく13条の保護範囲に含まれる。(b)説には、(イ)髪形の自由と人格的価値との直接的な結びつきを否定し、それを「憲法上の権利」の射程外とする見解（佐藤憲法461頁）と、(ロ)「髪形や服装などの身じまいを通じて自己の個性を実現させ人格を形成する自由は、精神的形成期にある青少年にとって成人と同じくらい重要な自由である」として、これに含める見解がある（芦部憲法学II 404頁。自己表現の手段を多くもたない青少年にとって、「髪形」はより重要な個性の発露になるとも考えられる）。このうち、学校長の裁量縮減と、密度の濃い審査を確実に導くのは(b)(ロ)説である。

4 本件と類似した事案として、27事件（最判平3・9・3——校則によるバイク制限）、受刑者の丸刈りが13条等に違反しないとする東京地判昭38・7・29（行集14巻7号1316頁）、ノー・ネクタイ教師に対する解雇を権利の濫用とした東京地判昭46・7・19（判時639号61頁）、ハイヤー運転手が口髭を剃る義務のないことを確認した東京地判昭55・12・15（労民集31巻6号1202頁）がある。

◆ 参考文献 ◆

浅利祐一・百選I〔第5版〕48頁、奥平康弘『憲法にこだわる』〔1988〕、工藤達朗『憲法学研究』〔2009〕、宍戸常寿・公法研究71号100頁、亘理格・行政法の争点〔第3版〕116頁。

26 校則違反による自主退学勧告の適法性——修徳高校パーマ退学事件

最高裁平成8年7月18日第一小法廷判決
(平成5年(オ)第340号高等学校卒業認定等請求事件)
判時1599号53頁, 判夕936号201頁

■ 事 案 ■

Y₁設置の私立修徳高校は, 校則で, 自動車運転免許の取得を制限し, またパーマ等を禁止していた。1985 (昭和60) 年4月に同校に入学したX (当時3年生) は, これら校則を知っていたにもかかわらず学校に無断で運転免許を取得したため, 罰として早朝登校 (清掃) を命じられたが, 同期間中, さらに校則に違反してパーマをかけたことなどから, 同校から自主退学の勧告 (以下, 「本件勧告」と呼ぶ) を受け, これに従い退学届を提出し, 同校の生徒の地位を失った。その後, Xが, Y₁および校長Y₂に対し, 本件勧告が違法かつ無効であるとして, 卒業認定の請求, 生徒としての地位確認, 不法行為等に基づく損害賠償を求めたのが本件である。

1審 (東京地判平3・6・21判時1388号3頁) は, Y₁に対する卒業認定請求の司法審査対象性を肯定し, また自主退学勧告が事実上「退学処分」に類似した性格をもつことを認めつつも, (a)本件勧告の根拠となった校則に違憲性はなく, (b)本件勧告についても, 懲戒権行使における学校の裁量権の範囲を逸脱したものとはいえないとして, Xの請求を棄却した。2審 (東京高判平4・10・30判時1443号30頁) も概ねこれを維持したために, Xが上告した。

■ 争 点 ■

①憲法上の自由権的基本権の保障規定は, 私人間に適用できるか。
②「髪形の自由」等を制約する本件校則は違法か。
③本件の自主退学勧告は違法か。

■ 判 旨 ■

上告棄却。

(i) 所論は, 修徳高校の本件校則が憲法13条・21条・22条・26条に違反すると主張するが, 「憲法上のいわゆる自由権的基本権の保障規定は, 国又は公共団体と個人との関係を規律するものであって, 私人相互間の関係について当然に適用ないし類推適用されるものではないことは, 当裁判所の判例〔本書14事件 (最大判昭48・12・12—三菱樹脂事件)〕……の示すところである。したがって, 私立学校である修徳高校の本件校則について, それが直接憲法の右基本的保障規定に違反するかどうかを論ずる余地はない」。

(ii)「私立学校は, 建学の精神に基づく独自の伝統ないし校風と教育方針によって教育活動を行うことを目的とし, 生徒もそのような教育を受けることを希望して入学する」。「(1) 修徳高校は, 清潔かつ質素で流行を追うことなく華美に流されない態度を保持することを教育方針とし, それを具体化するものの一つとして校則を定めている, (2) 修徳高校が, 本件校則により, 運転免許の取得につき, 一定の時期以降で, かつ, 学校に届け出た場合にのみ教習の受講及び免許の取得を認めることとしているのは, 交通事故から生徒の生命身体を守り, 非行化を防止し, もって勉学に専念する時間を確保するためである, (3) 同様に, パーマをかけることを禁止しているのも, 高校生にふさわしい髪型を維持し, 非行を防止するためである, というのであるから, 本件校則は社会通念上不合理なものとはいえず, 生徒に対してその遵守を求める本件校則は, 民法1条, 90条に違反」しない。

(iii) 2審によれば, Xは入学に際し本件校則を承知していたにもかかわらず, 学校に無断で普通自動車の運転免許を取得し, そのことが学校に発覚した際も顕著な反省を示さなかったこと, 学校は, Xが3年生であることを特に考慮し, 厳重注意にとどめたが, Xはその後間もなく本件校則に違反してパーマをかけ, そのことが発覚した際にも, 反省がないとみられても仕方のない態度をとったことなどの事実が認められる。これらのXの「校則違反の態様, 反省の状況, 平素の行状, 従前の学校の指導及び措置並びに本件自主退学勧告に至る経過等を勘案すると, 本件自主退学勧告に所論の違法があるとはいえない」。

■ 解 説 ■

1 本件の論点は, 部分社会論, 在学関係に対する憲法適用の方法, 憲法の私人間効力, 髪形の自由の憲法的地位など多岐にわたるが (運転免許取得の自由については本書27事件〔最判平3・9・3〕), 最高裁は, 私人間効力論を除いた各論点に具体的に触れることなく, 昭和女子大事件 (最判昭49・7・19—15事件参照) の論旨をほぼそのままなぞりつつ, 判旨のような判断を下した。

2 伝統的に, 在学関係においては, 学校側は生徒・学生を規律する包括的権能を有し, 学則制定を含む教育上の措置について広汎な裁量を有するものとされてきたが, 前記昭和女子大事件判決は, 学校の「私立性」を, かかる権能ないし裁量をより強調する材料として用いた。判旨(ii)のとおり, 本判決も基本的にこれと同様の立場をとる。確かに, 子どもと親は私学選択の自由を有し, それに対応する私学教育の自由も尊重されるべきであるが, 私立学校の公的性格, 制約される権利・利益の性質等から, 私立学校の裁量が縮減し, より密度の濃い審査が導入される場合もある。この点で, 25事件 (熊本地判昭60・11・13) と同様, 「髪形の自由」の憲法上の地位が問題となる。

1審は, 髪形と個人の自尊心・美的意識との密接不可分な関係から, 髪形の自由と人格価値の直接的結びつきを認め, 当該権利は「個人が一定の重要な私的事柄について, 公権力から干渉されることなく自ら決定することができる権利の一内容として憲法13条により保障されている」とした。本判決は, この点に言及することなく, 非行の防止 (目的) とパーマ禁止 (手段) との関連性を比較的安易に認め (判旨(ii)参照), 本件校則および勧告の適法性を導いた。

◆ 参考文献 ◆
小林武・民商117巻4・5号219頁。

27 校則によるバイク制限

最高裁平成3年9月3日第三小法廷判決
(平成元年(オ)第805号損害賠償請求事件)
判時1401号56頁, 判タ770号157頁

■事案■

Xは, Yの設置する私立高等学校2年に在学中, いわゆる三ない原則(バイクについて運転免許をとらない, 乗らない, 買わない)を定める同校校則に反して同免許を取得し, 親からバイクを購入してもらった。Xはこのバイクを同校生徒であるA・Bに貸与し, Aが同校生徒Cに転貸したところ, Cは無免許でこれを乗り回した上, 人身事故を起こし, 逃走した(警察官に全治4か月の重傷を負わせた)。Xらはこの事故を秘匿していたが, 事故発生から4日後にCが逮捕されたことにより, 学校の知るところとなった。学校は, 事故への関与, 事故の秘匿, 三ない原則違反を理由に, AらとともにXに自主退学を勧告し, Xもこれを受けて退学したが, その後, 同勧告の違法性を主張して, Yを相手に損害賠償を求める訴えを提起した。

Xは, (1)憲法の私人間効力を前提に, バイクの所有および運転を禁止する本件校則が, 29条・13条・26条(バイクを通じての学習)を侵害すること, (2)本件校則が合理性を欠く違法なものであること, (3)本件勧告が適正手続, 比例原則に違反することを主張したが, 1審(千葉地判昭62・10・30判時1266号81頁)・2審(東京高判平元・3・1公刊物未登載)ともこれらの主張を斥けたため, Xが上告した。

■争点■

① 憲法上の自由権的基本権の保障規定は, 私人間に適用できるか。
② 「バイクの自由」を制約する本件校則は違法か。
③ 本件の自主退学勧告は違法か。

■判旨■

上告棄却。

(i) 憲法上の自由権的基本権の保障規定は, 私人相互間の関係について当然に適用ないし類推適用されるものではない(本書14事件〔最大判昭48・12・12─三菱樹脂事件〕)。「したがって, その趣旨に徴すれば, 私立学校であるY設置に係る高等学校の本件校則及び……本件自主退学勧告について, それが直接憲法の右基本権保障規定に違反するかどうかを論ずる余地はない」。所論違憲の主張は採用できない。

(ii) 「原審の確定した事実関係の下においては, 本件校則が社会通念上不合理であるとはいえないとした原審の判断は, 正当として是認することができる。」

(iii) 「Xの行為の態様, 反省の状況及びXの指導についての家庭の協力の有無・程度など, 原審の確定した事実関係の下においては, Xに対してされた本件自主退学勧告が違法とはいえないとした原審の判断は, 正当として是認することができる。」

■解説■

1 本件原告は,「私立学校」の「生徒」であるから, 勝訴のためには二重の壁を突破しなければならない。ただ,「バイクの自由」の憲法上の位置づけによっては, 前者の壁(私学の独自性)は私人間効力論によって, 後者の壁(学校長の包括的権能)は裁量縮減論によって克服しうる(65事件〔最高平8・3・8─剣道受講拒否事件〕は,「信教の自由」との関連性を踏まえて, 校長の裁量権行使に「相応の配慮」を要求した)。バイクの自由を13条が保障する「自己決定権」ないし「憲法上の権利」に含めれば(戸波・後掲9頁。ただし「バイクの自由」を1つの独自の「人権」とは見ない。高松高判平2・2・19判時1362号44頁は,「憲法13条が保障する国民の私生活における自由の一つとして, 何人も原付免許取得をみだりに制限禁止されないというべきである」と述べる), 私人間効力が肯定され, 審査密度も濃くなる可能性がある。他方, バイク運転の人格関連性を否定し, それを一般的自由(違憲の強制からの自由), 具体的行動の自由(長谷部157頁)に含めれば, (普遍性を有する「人権」でなく, あくまで国家との関係で成立するものであるとされるために)私人間効力は否定され, 通常の裁量統制が行われる可能性が高い。

2 後者の見解をとるとしても, バイクの自由に対するあらゆる規制が許されるわけではなく, 規制は学校の設置目的を達成するのに必要で合理的な範囲内にとどまらなければならない(包括的権能論は, 校則制定権の根拠を, 形式的には教育基本法や校則の「行政規則」性に求めつつ, 実質的には教育の専門性に求めるため,「教育」を超える部分にはそもそも学校長の制定権は及ばないことになる)。この点, 2審は, 本件校則の目的として, バイク事故から生徒の生命身体を守ること, 非行化を防ぎ, 勉強時間を確保することなどを挙げ, その合理性を導いた。校外での規制が問題になるところ, 2審は,「学校外における生徒の生活がすべて親の権能の及ぶ家庭教育の範囲内に属するということはできず, ……学校の教育内容の実現に関連する合理的範囲内の事項については学校の包括的権能が及」ぶとし, バイク事故が自他の死傷を招き学校教育に重大な支障を生じさせるおそれがあることなどから, なお教育目的との合理的関連性が認められるとした。本判決も, このような判断を前提にしているものと思われる。

3 2審は, 自主退学勧告は, 退学処分とは異なるとしても, 当該生徒に改善の見込みがなく, これを学外に排除することが社会通念から見て教育上やむをえないと認められる場合に限って行われるべきであるとした上で, 本件では, Xの反省状況や家族の協力態度などから見て, 社会通念上重きに失し合理性を欠くものとはいえないとした。本判決も, このような判断を前提にしているものと思われる。

◆参考文献◆
戸波江二・法教96号6頁, 恒川隆生・百選Ⅰ〔第5版〕54頁。

28 ストーカー行為の処罰
—— ストーカー規制法事件

最高裁平成15年12月11日第一小法廷判決
（平成15年（あ）第520号ストーカー行為等の規制等に関する法律違反被告事件）
刑集57巻11号1147頁、判時1846号153頁

■ 事案 ■

Y（当時22歳）は、かつて交際していた女性A（当時21歳）に対する恋愛感情を充足する目的で、A宅に2回にわたりバラの花束を送り、受取りを要求し、さらにその後約半年間に、5回にわたり、接触・連絡を要求する内容の郵便物（「花を受け取ってほしい」、「話し合いに応じてほしい」、「僕がAの答を求める事は、当然の行為である」旨記載したはがき・手紙）を送ったため、「ストーカー行為等の規制等に関する法律」（以下、「ストーカー規制法」と呼ぶ）の禁止する「つきまとい等」の「反復」に当たるとして起訴された（同法は、「面会、交際その他の義務のないことを行うことを要求すること」を含む8つの行為を「つきまとい等」とし〔2Ⅰ〕、その「反復」を「ストーカー行為」〔2Ⅱ〕として処罰する〔13Ⅰ〕）。

1審（神戸地尼崎支判平14・8・30刑集57巻11号1156頁参照）で保護観察付き執行猶予の有罪判決（懲役6月）を受けたYは、2審（大阪高判平15・2・20前掲刑集1161頁参照）において、ストーカー規制法が憲法13条・21条1項に違反すると主張した。これに対し2審は、「恋愛感情を抱くことは、内心の自由あるいは幸福追求権として、また、この恋愛感情を外部に公表することは、表現の自由として、それぞれ憲法上保障されている」としながら、「同法による『ストーカー行為』に対する罰則は、1条に規定する目的のための表現の自由に対する必要最小限度の規制ということができる」としてYの主張を斥けたため、Yが上告した。

■ 争点 ■

①ストーカー規制法は、規制の範囲が広汎で、規制手段も相当ではないとの理由で、憲法13条・21条1項に違反するといえるか。
②「反復して」の文言が不明確であるとの理由で、13条・21条1項・31条に違反するといえるか。

■ 判旨 ■

上告棄却。

(i)① 「ストーカー規制法は、……ストーカー行為等について必要な規制を行うとともに、その相手方に対する援助の措置等を定めることにより、個人の身体、自由及び名誉に対する危害の発生を防止し、あわせて国民の生活の安全と平穏に資することを目的としており、この目的は、もとより正当であるというべきである。」

② 「そして、ストーカー規制法は、上記目的を達成するため、恋愛感情その他好意の感情等を表明するなどの行為のうち、相手方の身体の安全、住居等の平穏若しくは名誉が害され、又は行動の自由が著しく害される不安を覚えさせるような方法により行われる社会的に逸脱したつきまとい等の行為を規制の対象とした上で、その中でも相手方に対する法益侵害が重大で、刑罰による抑制が必要な場合に限って、相手方の処罰意思に基づき刑罰を科すこととしたものであり、しかも、これに違反した者に対する法定刑は、刑法、軽犯罪法等の関係法令と比較しても特に過酷ではないから、ストーカー規制法による規制の内容は、合理的で相当なものであると認められる。」

③ 「以上のようなストーカー規制法の目的の正当性、規制の内容の合理性、相当性にかんがみれば、同法2条1項、2項、13条1項は、憲法13条、21条1項に違反しないと解するのが相当である。このように解すべきことは、当裁判所の判例〔本書132事件（最大判昭59・12・12—税関検査事件）、178・309事件（最大判昭60・10・23—福岡県青少年保護育成条例事件）〕……の趣旨に徴して明らかである。」

(ii) 「ストーカー規制法2条2項にいう『反復して』の文言は、つきまとい等を行った期間、回数等に照らし、おのずから明らかとなるものであり、不明確であるとはいえないから、所論は前提を欠くものである。」

■ 解説 ■

1　2審は、恋愛感情の公表を憲法21条の保護範囲に含まれるものとし、ストーカー規制法を比較的厳格に審査したが、同法が言論規制的な目的をもたないこと、政治的言論への萎縮効果が予想されないことなどを踏まえると、これを21条の保護範囲に含めることに疑問がないわけではない。そうなると、次に13条による保障が考えられるが、親密な関係にない者に対して、自己の恋愛感情を表現する具体的行動の自由を、人格や自律との結びつきが強い「自己決定権」ないし「憲法上の権利」と見ることにも批判がありうる。恋愛感情の公表を、固有の保護範囲をもたない一般的自由ないし「違憲の強制からの自由」という文脈で捉えた上、制限の正当化に照準することも可能である。「本判決は、ストーカー規制法によってどのような自由が制約されるのかを明らかにしていない」と指摘されるが（藤井・後掲13頁）、このような本判決の態度は、一般的自由の文脈からすれば、ある意味で当然のことといえる。

2　本判決は、規制目的の正当性を認めた上（判旨(i)①）、規制対象の限定および法定刑の妥当性を指摘し、本件諸規定を合理的で相当なものとした（判旨(i)②）。「反復して」という文言の明確性も肯定している（判旨(ii)）。「権利」性の捉え方によっては、本判決の採用した審査基準（いわゆる合理性審査）それ自体に批判がありうるほか（藤井・後掲13頁は、「本判決が憲法21条1項についても合理性審査により簡単に合憲としたことには疑問がのこる」と説く）、刑罰による禁止の効果や必要性への批判もありうる（本件Yは、刑罰による禁止が、かえって行為者の行動をエスカレートさせることになり、効果的でないなどと主張していた）。

◆ 参考文献 ◆

藤井樹也・平成15年度重判解12頁、小山剛・受験新報653号8頁。

29 被疑者の写真撮影と肖像権——京都府学連事件

最高裁昭和44年12月24日大法廷判決
（昭和40年（あ）第1187号公務執行妨害，傷害被告事件）
刑集23巻12号1625頁，判時577号18頁

■事案■

当時A大学の学生であったYは，1962（昭和37）年6月21日に行われた京都府学生自治会連合主催の「大学管理制度改悪反対」，「憲法改悪反対」のデモ行進に参加し，先頭集団であるA大学の学生集団の先頭列外で，隊列を誘導していた。

途中，京都府公安委員会が許可したルート中に複数の自動車が停車し，行進の妨げとなっていたため，当該車両を回避して行進を継続させようとしたところ（通常よりも膨らんで交差点を左折しようとした），待機中の機動隊より予定ルートからの逸脱とみなされ，規制を受けた。その際，デモ隊と機動隊が衝突し，混乱状態に陥ったために，「行進隊列は四列縦隊とする」という公安委員会が付した許可条件等に違反する状況が起きた。そこで，許可条件違反等の違法状況の視察・採証の職務に従事していた京都府警のB巡査（私服で勤務）は，この状況を現認して，許可条件違反の事実があると判断し，状況および違反者の確認のため，歩道上から集団の先頭部分の行進状況を写真撮影した。

これに対しYは「どこのカメラマンか」と難詰抗議し，Bがこれを無視する挙動に出たところから憤慨し，デモ行進に使用していた旗竿の根元でBの下顎部を一突きし，同人に全治約1週間の傷害を与えた。これにより，Yは，傷害および公務執行妨害罪で起訴された。

1審（京都地判昭39・7・4刑集23巻12号1655頁参照）は，本件写真撮影は適法な公務執行には当たらないとするY側の主張を斥け，Yを懲役1月（執行猶予1年）に処し，2審（大阪高判昭40・4・27前掲刑集1660頁参照）も，(a)本件写真撮影は，違法者等に物理的な力を加えたり特別な受忍義務を負わすことなく行われたもので刑訴法上の強制処分とはいえないから，任意捜査として令状を要しない，(b)肖像権が認められるとしても，現に犯罪が行われている場合には現行犯処分に準じて許容されるとして，控訴を棄却したため，Yが上告した。

■争点■

①みだりに容ぼう等を撮影されない自由の憲法上の地位（警察官が，正当な理由なく，個人の容ぼう等を撮影することは13条に反するか）。
②犯罪捜査を目的とする容ぼう等の写真撮影はいかなる限度で許容されるか。
③本件写真撮影は適法な職務執行行為に当たるか。

■判旨■

上告棄却。

(i)「憲法13条は，『すべて国民は，個人として尊重される。生命，自由及び幸福追求に対する国民の権利については，公共の福祉に反しない限り，立法その他の国政の上で，最大の尊重を必要とする。』と規定しているのであって，これは，国民の私生活上の自由が，警察権等の国家権力の行使に対しても保護されるべきことを規定しているものということができる。そして，個人の私生活上の自由の一つとして，何人も，その承諾なしに，みだりにその容ぼう・姿態（以下『容ぼう等』という。）を撮影されない自由を有する」。

「これを肖像権と称するかどうかは別として，少なくとも，警察官が，正当な理由もないのに，個人の容ぼう等を撮影することは，憲法13条の趣旨に反し，許されない」。しかし，「個人の有する右自由も，国家権力の行使から無制限に保護されるわけでなく，公共の福祉のため必要のある場合には相当の制限を受けることは同条の規定に照らして明らかである。そして，犯罪を捜査することは，公共の福祉のため警察に与えられた国家作用の一つであり，警察にはこれを遂行すべき責務があるのであるから（警察法2条1項参照），警察官が犯罪捜査の必要上写真を撮影する際，その対象の中に犯人のみならず第三者である個人の容ぼう等が含まれても，これが許容される場合がありうる」。

(ii)「刑訴法218条2項〔身体の拘束を受けている被疑者の写真撮影等を規定〕のような場合のほか，次のような場合には，撮影される本人の同意がなく，また裁判官の令状がなくても，警察官による個人の容ぼう等の撮影が許容される」。「すなわち，現に犯罪が行なわれもしくは行なわれたのち間がないと認められる場合であって，しかも証拠保全の必要性および緊急性があり，かつその撮影が一般的に許容される限度をこえない相当な方法をもって行なわれるときである。このような場合に行なわれる警察官による写真撮影は，その対象の中に，犯人の容ぼう等のほか，犯人の身辺または被写体とされた物件の近くにいたためこれを除外できない状況にある第三者である個人の容ぼう等を含むことになっても，憲法13条，35条に違反しない」。

(iii) 本件の事実によれば，Bの写真撮影は，「現に犯罪が行なわれていると認められる場合になされたものであって，しかも多数の者が参加し刻々と状況が変化する集団行動の性質からいって，証拠保全の必要性および緊急性が認められ，その方法も一般的に許容される限度をこえない相当なものであったと認められるから，たとえそれがYら集団行進者の同意もなく，その意思に反して行なわれたとしても，適法な職務執行行為」にあたる。

■解説■

1 本判決の意義は，まず，13条の裁判規範性を正面から肯定した点にある（判旨(i)。問題の所在について，本書22事件〔最大判昭25・11・22——賭場開張事件〕解説参照）。その上で本判決は，「みだりにその容ぼう等を撮影されな

い自由」が同条によって保障されることを認めるのであるが、当該自由が、「私生活上の自由」の中でも、肖像権やプライバシー権のような人格的・自律的価値と結びついた「憲法上の権利」なのか、喫煙の自由等と並ぶ一般的な「自由」なのかは明言していない。「これを肖像権と称するかどうかは別として」という留保を重視すれば、後者のようにも解しうるが、判旨(ii)で比較的厳格な審査基準を導いているところを見ると、「権利」性を肯定していると解することもできる（海老原・後掲491頁参照。ただし、後述のように、本判決の審査基準は、「みだりに……自由」の法的性格だけでなく、それが刑事警察権によって侵害・制限されているという点をも考慮されて設定されたと解すべきである）。

学説上は、情報化社会の進展を踏まえ、「みだりに……自由」を「自己情報コントロール権」ないし「情報プライヴァシー権」として再構成しようとする見解が有力である（佐藤憲法455頁）。

2　13条が肖像権・プライバシー権を保障するとしても、一般公衆が自由に通行し、自由に観覧できる公道上でデモ行進が行われるような場合には、当該権利はあらかじめ放棄されており、それを撮影しても当該権利の侵害・制限には当たらないとする見解がある（大阪高判昭31・4・19労刑集6輯180頁）が、本判決はこの見解を採用しなかった。確かに、公道上で活動する者は、その場所で「見られること」について同意（権利放棄）しているといえるかもしれない。しかし、「写真」としてその行動の一部を切り取られ、当該文脈や状況から離れて（文脈切断）「見られ続ける」ことや、保存され、加工され（デジタル処理も含む）、第三者に開示等されるリスクについてまで同意しているとは解されない（「自己情報コントロール権」の含意は、この点を強調するところにある）。事後的な情報の取扱いに関する問題や目的外使用等のリスクは、捜査目的による「撮影」の適法性問題と切り離して考えるべきとの見解もあるが、これは、情報の管理方法等が法律上明記され、濫用等のリスクが適切に減じられている限りで有効な見方であるといえよう。

3　本判決は、(1)現行犯ないし準現行犯的状況、(2)証拠保全の必要性および緊急性、(3)手段の相当性という3要件が具備された場合に、警察官による令状のない容ぼう等の撮影も憲法上許容されるとした（判旨(ii)参照）。この判断は、同撮影が認められる場面を、「眼前の違法行為〔(1)〕に対して緊急に証拠保全の必要性〔(2)〕がある場合」に厳しく限定する点で、「厳格な合理性」基準に準じる基準を打ち出したものとして、学説からの評価も高い（芦部憲法学Ⅱ387頁、鴨野・後掲43頁）。ただ、学説は、容ぼう情報を、人の道徳的自律の存在にかかわる情報（佐藤憲法454～455頁）とか、「だれが考えてもプライバシー情報と思われるもの」には当たらないが「一般にプライバシーに属すると思われる情報」（芦部憲法学Ⅱ386～387頁）に当たると解することによって（もっぱら情報の性質に注目して）上記基準の「厳格さ」を説明しよう

とするが、不十分である。本判決の3要件説は、本件撮影が公権力の典型である刑事警察権の行使としてなされたという事実や、35条の令状主義の精神にも強い影響を受けているように思われるからである（35条は、いわゆる一般令状を禁止し、捜索・押収等に司法官憲の発する各別の令状を求めることによって、公権力の典型としての刑事警察権を統制し、国家の恣意性を抑え込もうとするものである。3要件説の厳格さ、あるいはそのルール的性格は、このような35条の客観法的性格を無視しては説明できない）。したがって、警察官による撮影でも、犯罪「予防」を目的とした撮影（すなわち行政警察活動の一環としてなされた撮影）や（30事件〔東京高判昭63・4・1—山谷テレビカメラ監視事件〕）、私人による撮影等については、本判決の基準は適用されない（名古屋地判平16・7・16判時1874号107頁）。

4　本判決は、3要件が具備される限りで令状のない撮影も適法としており、写真撮影を利益侵害性の低い任意捜査と捉えているようにも見えるが、実際には、強制処分であるとも任意捜査であるとも言い切らずに、令状発付要件に代替しうる要件をカテゴリカルに付している。捜査目的の写真撮影の侵害性を一般に認めながら、公道上での行動の撮影という事実をもって、令状の形式要求のみを例外的に排除したものと捉えるべきであろう（もっとも、法律上の根拠を欠く写真撮影は、法治国家原則から、それ自体問題となりうる。刑訴法218条2項、220条1項2号が写真撮影を「法定」していると解する見解もあるが、批判が強い）。

自動速度監視装置による写真撮影の合憲性を争った昭和61年最高裁判決（最判昭61・2・14刑集40巻1号48頁）では本判決の3要件説（カテゴリカル・アプローチ）が維持されたが、その後、特に(1)要件が現実にそぐわない点等が指摘され、本判決の示した3要件説を事例限定的な基準と見る見解が有力となっている。最高裁自身も、警察官が犯人の同一性確認のため、公道上およびパチンコ店内において被疑者の容ぼう等をビデオ撮影した捜査活動の適法性が争われた事件で、上記3要件を用いず、被侵害利益の重大性と撮影の必要性等を考慮する比較衡量的判断を行い（バランシング・アプローチ）、当該撮影を適法としている（最決平20・4・15刑集62巻5号1398頁）。

5　本判決は、写真に写り込む第三者の利益についても繰り返し言及している。付随的違憲審査制の建前からすれば例外的なアプローチのようにも思われるが（関連する論点として、31事件〔大阪地判平6・4・27—釜ヶ崎監視カメラ事件〕）、この点については35条の客観法的側面を考慮されたい（35条は、個人の自由ないし権利そのものを保障したものというより、「それを〔国家が〕侵害する場合の条件」を定めたものであるとも指摘される。奥平Ⅲ299頁）。

◆ 参考文献 ◆
海老原震一・最判解刑事篇昭和44年度479頁、鴨野幸雄・百選Ⅰ〔第5版〕42頁、三浦守・刑訴百選〔第8版〕20頁、山本龍彦・警察学論集63巻8号111頁。

30 警察による撮影・録画の許容限度——山谷テレビカメラ監視事件

東京高裁昭和63年4月1日判決
(昭和62年(う)第1341号器物損壊被告事件)
東高刑時報39巻1〜4号8頁,判時1278号152頁

■事案■

いわゆる山谷通り(東京都台東区,荒川区)では,早朝,職を求めて公道上にたむろする数百名の労働者によって交通が妨げられたり,付近に事務所を置くA争議団によって無許可のデモ行進が行われるなど,問題が多発していた。加えて,Aと,やはり付近に事務所を構えるB暴力団との対立抗争が勃発し,1985(昭和60)年10月19日には,両構成員間で人身傷害に至る衝突事件が起きた。浅草警察署山谷地区派出所は,既に1985年5月から,交通秩序の維持および泥酔者保護等を目的として,同派出所前に立つ電柱に,山谷通りの状況を俯瞰的に撮影できる雑踏警備用の円筒型テレビカメラ1台を設置し,同派出所内からモニタリングを行っていたが,上記衝突事件以降は,犯罪の予防,鎮圧および捜査(犯罪が発生した場合はその証拠保全)を目的に,撮影画像を録画することとした。

1986年9月20日,同テレビカメラにより,派出所前に現れたAの一団が,同所に駐車中の警察車両の赤色回転燈や窓ガラスを損壊する様子が撮影,録画され(以下,「本件ビデオテープ」),そこには,警察車両の右側サイドミラーを両手でもぎ取るY(被告人)の姿が写っていた。器物損壊の罪で起訴されたYは,本件ビデオテープは本書29事件(最大判昭44・12・24—京都府学連事件)が要求する写真撮影の要件を満たさずに撮影・録画された違法収集証拠であり,証拠能力はないと主張したが,1審はこの主張を斥け,Yを有罪としたため,Yが控訴した。

■争点■

①警察官による写真撮影につき,29事件が示した適法性要件(3要件)は,警察官が行うあらゆる写真・ビデオ撮影等に適用される一般的基準か。
②犯罪捜査を目的とする容ぼう等のテレビカメラ撮影(録画を伴う)はいかなる限度で許容されるか。

■判旨■

控訴棄却。
(i)「みだりにその容貌等を写真撮影されない自由は,いわゆるプライバシーの権利の一コロラリーとして憲法13条の保障するところというべきである」が,「右最高裁判例〔29事件〕は,その具体的事案に即して警察官の写真撮影が許容されるための要件を判示したものにすぎず,この要件を具備しないかぎり,いかなる場合においても,犯罪捜査のための写真撮影が許容されないとする趣旨まで包含するものではない」。
(ii)「当該現場において犯罪が発生する相当高度の蓋然性が認められる場合であり,あらかじめ証拠保全の手段,方法をとっておく必要性及び緊急性があり,かつ,その撮影,録画が社会通念に照らして相当と認められる方法でもって行われるときには,現に犯罪が行われる時点以前から犯罪の発生が予測される場所を継続的,自動的に撮影,録画することも許されると解すべきである」。

■解説■

1 29事件が示した3要件説は,1986年の自動速度監視事件(最判昭61・2・14刑集40巻1号48頁)でも採用され,これを警察官によるあらゆる写真・ビデオ撮影に適用される一般的な基準として見る向きもあったが,本判決は判旨(i)で同見解を否定し,3要件説を事例限定的な基準と捉えた。このような3要件説の射程限定は,多数の下級審判決を経て,平成20年決定において最高裁でも確認されている(最決平20・4・15刑集62巻5号1398頁。同決定については,29事件解説で若干触れた)。

2 ただ,本判決による射程限定は,実際には相当に「限定的」なものであった。本判決は,3要件説の(2)要件(証拠保全の必要性および緊急性)と(3)要件(手段の相当性)をそのまま踏襲した上,これら2要件から独立して,「当該現場において犯罪が発生する相当高度の蓋然性」を求めている。現行犯性までは求めていないものの,3要件説の(1)要件(現行犯ないし準現行犯的状況)に対応させる形で,犯罪発生との強い連関を要求していたのである。この点で,犯人の特定を目的になされる「狙い撃ち」的撮影につき,「被撮影者がその犯罪を行ったことを疑わせる相当な理由」までを求めた上智大学内ゲバ事件東京地裁判決(東京地判平元・3・15判時1310号158頁)と同様,捜査活動を特定の場面や特定の対象に限定しようとする令状主義の精神を少なからず反映したものと解することができる。しかし,近年の判決には,(1)要件の意義をさらに希釈化し,被侵害利益と撮影の必要性・緊急性との比較衡量を基軸に撮影の適法性を判断するものが多い(例えば東京地判平17・6・2判時1930号174頁は,ビデオカメラによる本件撮影につき,「公道に面する被告人〔被撮影者〕方玄関ドアを撮影するというプライバシー侵害を最小限にとどめる方法が採られていること」や,「本件が住宅街における放火という重大事案であること」を考慮し,「相当高度の蓋然性」〔本判決〕や「相当な理由」〔上記,上智大学内ゲバ事件判決〕は要求されず,「被告人〔被撮影者〕が罪を犯したと考えられる合理的な理由の存在をもって足りる」とした。平成17年判決については亀井・後掲185頁以下参照)。

3 こうした傾向の背景には,公道での行動については,通常,プライバシーの客観的期待が低く,その撮影が惹起する権利利益への侵害度もそれほど高くないとの判断があろう。しかし,問題となる権利を「自己情報コントロール権」と捉えれば,公道での撮影であっても,それが「録画」・「保存」される限り(とくに法律によってその管理方法等が明確に規定されていない場合には),当該権利に対する実質的な侵害とみなしうる。また,本件のようなテレビカメラによる犯罪発生前の継続的監視が個人の行動に及ぼす萎縮効果にも注意する必要があろう(「目的的で継続的な視線」の権力性について,駒村・後掲291頁以下参照)。この点については,31事件(大阪地判平6・4・27—釜ヶ崎監視カメラ事件)参照。

◆参考文献◆
『河上和雄先生古稀祝賀論文集』[2003]503頁(前田雅英),『慶應の法律学 公法Ⅰ』[2008]283頁(駒村圭吾),亀井源太郎・平成18年度重判解185頁,中島宏・刑訴百選〔第9版〕22頁。

13条　3 幸福追求権　(2) 憲法上の権利　a 自己情報コントロール権

31　街頭防犯用監視カメラの設置
――釜ヶ崎監視カメラ事件

大阪地裁平成6年4月27日判決
(平成2年(ワ)第5031号監視用テレビカメラ撤去等請求事件)
判時1515号116頁, 判タ861号160頁

■事案■

日雇労働者が多く居住する「あいりん地区」(大阪府大阪市西成区)は, 他の地域よりも犯罪発生率が高く, 集団による暴行・放火・投石等の集団不法事案も多発していた。そこで大阪府(Y＝大阪府警察)は, 犯罪予防を目的として, 同地区に15台のテレビカメラを設置し, 警察署等でモニタリングしていた。このような監視活動に対し, 同地区に居住・勤務し, あるいは同地区において労働組合活動やボランティア活動等を行っているXらが, プライバシー権侵害等を理由に, Yに対し各カメラの撤去および慰謝料等の支払を求めたのが本件である。

■争点■

①犯罪予防目的のテレビカメラ撮影(非録画)には具体的な法的根拠が必要か。
②同撮影はいかなる限度で許容されるか。
③公道上での監視はプライバシー権を侵害するものといえるか。

■判旨■

一部請求認容, 一部請求棄却。
(i) 「本件テレビカメラによる監視行為は, 主として犯罪の予防を目的とした警ら活動や情報収集の一手段であり, 性質上任意手段に属するから, 本件テレビカメラの設置及びその使用は, 警察法及び警職法が当然に予定している行為の範疇に属するものであり, 特別な根拠規定を要することなく行える」。
(ii) しかし, 「テレビカメラによる監視は通常外部から隔離された密室等で行われるものであるから, 監視対象者の側からすれば使用方法の遵守如何を確認する術がなく, その設置者による使用方法の逸脱の危険性は無視でき」ず, また「テレビカメラ等の情報機器は, 警察官の目・耳・記憶の延長線上の補完物に止まるものではなく, 警察官の目や耳では取得することの困難な情報を大量にもたらし, それを限りなく集積し, 多様な利用の道を開く」ことなどに鑑みれば, 「その濫用の危険性は高」く, 「その利用には格別の配慮が必要である」。
「以上のとおり, 情報活動の一環としてテレビカメラを利用することは基本的には警察の裁量によるものではあるが, 国民の多種多様な権利・利益との関係で, 警察権の行使にも自ずから限界があるうえ, テレビカメラによる監視の特質にも配慮すべきであるから, その設置・使用にあたっては, ①目的が正当であること, ②客観的かつ具体的な必要性があること, ③設置状況が妥当であること, ④設置及び使用による効果があること, ⑤使用方法が相当であることなどが検討されるべきである。そして, 具体的な権利・利益の侵害の主張がある場合には, 右各要件に留意しつつ, その権利・利益の性質等に応じ, 侵害の有無や適法性について個別に検討される」。
(iii) 「公道においても, 通常は, 偶然かつ一過性の視線にさらされるだけであり, 特別の事情もないのに, 継続的に監視されたり, 尾行されることを予測して行動しているものではない」。同じく公共の場所でも「例えば病院や政治団体や宗教団体など人の属性・生活・活動に係わる特殊な意味あいを持つ場所の状況をことさら監視したり, 相当多数のテレビカメラによって人の生活領域の相当広い範囲を継続的かつ子細に監視するなどのことがあれば, 監視対象者の行動形態, 趣味・嗜好, ……思想・信条等を把握できないとも限らず, 監視対象者のプライバシーを侵害するおそれがあるばかりか, ……監視の対象にされているかもしれないという不安を与えること自体によってその行動等を萎縮させ, 思想の自由・表現の自由その他憲法の保障する諸権利の享受を事実上困難にする懸念の生ずることも否定できない」。「また, ……特別な意味あいを持つ場所でなくても」, 「往来の様子や路上での行動をいつ監視されているかわからない状況に置かれた場合, なにがしかの不快感や圧迫感を受け, 自由に振る舞えない感情を抱くこともありうる」。以上のように, 「公共の場所にいるという一事によってプライバシーの利益が全く失われると解するのは相当でなく, もとより当該個人が一切のプライバシーの利益を放棄しているとみなすこともできない。したがって, 監視の態様や程度の如何によってはなおプライバシーの利益を侵害するおそれがあるというべきである」。
労働運動の拠点である釜ヶ崎解放会館の継続的監視は, その他道路・公園等の一過的監視と異なり, 一部原告のプライバシーの利益を侵害する。他方で, 現時点では一部原告や同会館内に事務所を置く労働組合が違法行為を行う蓋然性が高いとはいえず, またそのようなおそれがあるとの主張・立証がない。労働者同士の喧嘩等を抑止するためには代替地からの監視も可能である。これらの諸事情を勘案すると, 同会館付近のテレビカメラ1台については, その撤去を命ずるのが相当である(その他14台のカメラについては許容)。

■解説■

1　本判決は, 警察官による公道上でのテレビカメラ撮影につき, 現行犯性や犯罪発生の相当高度の蓋然性を求めていない。この点で, 本書29事件(最大判昭44・12・24―京都府学連事件)や30事件(東京高判昭63・4・1―山谷テレビカメラ監視事件)より, 警察官による監視活動に寛大な判決のようにも見えるが, 本件撮影が, 上記事案における撮影とは異なり, (犯罪の捜査ではなく)「犯罪の予防」を目的とし, 「録画」を伴うものではなかった, ということに留意すべきである(判決は, 「特段の事情のない限り, 犯罪予防目的での録画は許されない」とも述べている)。

2　本判決は, 犯罪予防目的の監視行為は, 警察法等が予定する行政警察作用の範疇に含まれるもので, 特別の法的根拠までは要求されないとしつつも(判旨(i)), 「テレビカメラによる監視」は濫用の危険性が高く, 「格別の配慮」が必要として, その設置・使用につき目的の正当性等を含む5要件の充足を求め, 具体的権利・利益の侵害の主張がある場合には, さらに個別的検討(利益衡量)を要するとした(判旨(ii))。また判旨(iii)が, 公道上の撮影であってもプライバシー侵害が認められる場合がありうると明言した点も注目される。

◆参考文献◆

棟居快行・法セ475号89頁, 山本龍彦・警察学論集63巻8号111頁。30事件の参考文献も参照。

32　Nシステムの合憲性

東京地裁平成13年2月6日判決
（平成10年（ワ）第5272号損害賠償請求事件）
判時1748号144頁

■事案■

本件は、現在自動車を保有して自ら運行の用に供しているか、過去に自動車を保有して自らの運行の用に供していたことのあるXらが、Y（国）が道路上に設置、管理している自動車ナンバー自動読取りシステム（以下、「Nシステム」と呼ぶ）の端末によって容ぼうを撮影された上、車両ナンバープレートを判読され、これらに関する情報を保存、管理されたことにより、肖像権および情報コントロール権等を侵害されたとして、Yに対し不法行為に基づく損害賠償を請求した事案である。

■争点■

①Nシステムは肖像権を侵害するか。
②Nシステムは情報プライバシー権を侵害するか。

■判旨■

請求棄却。
(i)「何人も、その承諾なしに、みだりにその容ぼう等を撮影されない自由を有するものというべきであり、公権力が、正当な理由もないのに、個人の容ぼう等を撮影することは、憲法13条の趣旨に反し許されない（〔本書29事件（最大判昭44・12・24―京都府学連事件）〕……参照）」。しかし、Nシステムにおいては、一時的に走行車両の搭乗者の容ぼう等が撮影されるとしても、撮影された画像は瞬時にコンピュータ処理によって走行車両のナンバープレートの文字データとして抽出され、容ぼう等が写っている画像そのものが記録、保存されることはなく、当該画像を人間が視覚的に認識することは一切できないから、Nシステム端末によって、承諾なしに、みだりにその容ぼう等を撮影されない自由が侵害されるものとは認められない。
(ii)「憲法13条は、国民の私生活上の自由が警察権等の公権力の行使に対しても保護されるべきことを規定しており、この個人の私生活上の自由の一つとして、何人も、その承諾なしに、公権力によってみだりに私生活に関する情報を収集、管理されることのない自由を有するものと解される（Xらの主張する情報コントロール権なるものも、基本的には同様の趣旨をいうものと理解され、その限度で理由があるといえる。）。」「しかし、右のような個人の有する自由も無制限のものではなく、公共の福祉のために必要のある場合には相当の制限を受けることは同条の規定するところである。したがって、公権力による国民の私生活に関する情報の収集、管理が同条の趣旨に反するか否かは、①公権力によって取得、保有、利用される情報が個人の思想、信条、品行等に関わるかなどの情報の性質、②公権力がその情報を取得、保有、利用する目的が正当なものであるか、③公権力によるその情報の取得、保有、利用の方法が正当なものであるかなどを総合して判断すべきこととなる。」
①公道を自動車が走行する際には、「常にナンバープレートが外部から容易に認識し得る状態となっているのであるから、走行車両のナンバー及びそのナンバーの車両が公道上の特定の地点を一定方向に向けて通過したとの情報は、警察等の公権力に対して秘匿されるべき情報とはいえない」。②「Nシステムによって走行車両のナンバーデータを記録、保存する目的は、自動車使用犯罪発生時において、現場から逃走する被疑者車両を速やかに捕捉し、犯人を検挙すること並びに重要事件等に使用されるおそれの強い盗難車両を捕捉し、犯人の検挙及び被害車両の回復を図ること」にあり、正当である。③「Nシステムは、走行車両のナンバーデータを記録、保存するだけであって、車両の移動そのものに対して直接に制約を加えるものではない。また、記録されたナンバーデータは、犯罪の発生から警察による事件の認知又は容疑車両等の割出しまでに時間が掛かる場合があるため、一定期間保存できるようになっているが、その後は消去されることになっており、これが長期間にわたって大量に集積される仕組みとはなっていない」。また、②の目的を逸脱して、「国民の私生活上の行動に対する監視が問題となる態様で緊密に張りめぐらされているような事実を認めるに足りる証拠はない」。このような事情に鑑みれば、Nシステムによる情報の取得、保有、利用の方法は、正当なものである。上記①、②、③に照らすと、Nシステムによるナンバーデータの記録、保存が、13条の趣旨に反して、Xらの権利もしくは私生活上の自由を違法に侵害するものとはいえない。

■解説■

1　運転者等の容ぼうを撮影し、記録する自動速度監視装置を問題とした最判昭61・2・14（刑集40巻1号48頁）が、「みだりにその容ぼう等を撮影されない自由」への侵害（制限）があることを前提に、29事件の3要件説を適用し、その合憲性を審査したのに対し、容ぼう等の写る画像そのものを記録・保存しないNシステム（車両ナンバーデータのみを一定期間保存）を問題とした本判決は、Nシステムによる同自由への侵害はそもそも認められないとし（判旨(i)参照）、合憲性審査の焦点を「情報コントロール権」（本判決は、「公権力によってみだりに私生活に関する情報を収集、管理されることのない自由」という）侵害の正当化の可否へと移行させた（判旨(ii)参照）。

2　この点で、本判決は、学説における自己情報コントロール権論の展開に一定の配慮を示したものといえるが、かかる配慮が十分であったかは検討の余地がある。例えば、本判決は、Nシステムにおいて取得・利用・保存される情報の性質（秘匿性の低さ）に着目し、緩やかな審査を導いているが、「自動データ処理という条件のもとで『些細』なデータは、もはや存在しない」との指摘（小山・後掲16頁）を踏まえれば、批判もありえよう。このような観点からすれば、合憲性判断のポイントは、情報の性質というよりも、利用目的等を規定する法律上の根拠の有無やその明確性、さらには情報セキュリティの「構造」（35事件〔最判平20・3・6―大阪住基ネット訴訟〕解説）に置かれるべきであろう（ただし、東京高判平21・1・29判タ1295号193頁は、Nシステムが「法律の定めに基づくことを要する」との原告の主張を認めなかった）。

◆参考文献◆

辻村みよ子＝長谷部恭男編『憲法理論の再創造』[2011] 381頁（小山剛）、大沢秀介＝小山剛編『自由と安全』[2009] 109頁（實原隆志）。

33 市による弁護士への前科回答
—— 前科照会事件

最高裁昭和56年4月14日第三小法廷判決
(昭和52年(オ)第323号損害賠償等請求事件)
民集35巻3号620頁、判時1001号3頁

■ 事 案 ■

A自動車教習所は、技術指導員であるXを解雇したが、その効力が中央労働委員会および京都地裁で争われることとなった。

A代理人のB弁護士は、この係争中に、いわゆる犯罪人名簿を作成・保管する本籍市町村(政令指定都市の区を含む)からXの前科情報を獲得すべく、弁護士法23条の2に基づき、まずは所属する京都弁護士会に対しXの「前科及び犯罪経歴について」照会申出を行い、1971(昭和46)年5月19日、これを受けた同弁護士会が、照会を必要とする事由として「中央労働委員会、京都地方裁判所に提出するため」とのみ記載した照会申出書を添付し、Y(京都市)に照会した。同年6月4日、Y市中京区の区役所長は、この照会に応じ、Xの前科につき、道路交通法違反11犯、業務上過失傷害1犯、暴行1犯がある旨の回答・報告をした。これによりXの前科を知ったAの関係者が、中央労働委員会や京都地裁の構内等で、事件関係者や傍聴人らの前でXの前科を摘示し、また経歴詐称を理由にXを予備的解雇したために、Xが、中京区役所長による本件前科回答はプライバシーの権利を違法に侵害するとして、Yに対し損害賠償と謝罪文の交付等を求めた。

1審(京都地判昭50・9・25判時819号69頁)は、「権威ある弁護士会からの法律に基づく照会である以上、……然らざる限りそれに応ずるのが当然」とし、本件回答に違法性はないとしたが、2審(大阪高判昭51・12・21判時839号55頁)は、弁護士の守秘義務は依頼者には及ばず、依頼者が秘密を漏洩・濫用することを有効に防止する制度上の保障がないために、弁護士会への本件前科回答は違法であるとし、Xの請求を一部認容した。そこでYが上告した。

■ 争 点 ■

①前科情報は法的保護の対象となるか。
②弁護士会の照会に基づく、市区町村長による前科情報の開示はどこまで許容されるか。

■ 判 旨 ■

上告棄却(伊藤正己裁判官の補足意見、環昌一裁判官の反対意見がある)。

(i)「前科及び犯罪経歴(以下『前科等』という。)は人の名誉、信用に直接にかかわる事項であり、前科等のある者もこれをみだりに公開されないという法律上の保護に値する利益を有するのであって、市区町村長が、本来選挙資格の調査のために作成保管する犯罪人名簿に記載されている前科等をみだりに漏えいしてはならないことはいうまでもない」。

(ii)「前科等の有無が訴訟等の重要な争点となっていて、市区町村長に照会して回答を得るのでなければ他に立証方法がないような場合には、裁判所から前科等の照会を受けた市区町村長は、これに応じて前科等につき回答をすることができるのであり、同様な場合に弁護士法23条の2に基づく照会に応じて報告することも許されないわけのものではないが、その取扱いには格別の慎重さが要求される」。「本件において、……照会を必要とする事由としては、……照会申出書に『中央労働委員会、京都地方裁判所に提出するため』とあったにすぎないというのであり、このような場合に、市区町村長が漫然と弁護士会の照会に応じ、犯罪の種類、軽重を問わず、前科等のすべてを報告することは、公権力の違法な行使にあたる」。

伊藤補足意見
「他人に知られたくない個人の情報は、それがたとえ真実に合致するものであっても、その者のプライバシーとして法律上の保護を受け、これをみだりに公開することは許され」ない。

「本件で問題とされた前科等は、個人のプライバシーのうちでも最も他人に知られたくないものの一つであり、……それを公開する必要の生ずることもありうるが、公開が許されるためには、裁判のために公開される場合であっても、その公開が公正な裁判の実現のために必須のものであり、他に代わるべき立証手段がないときなどのように、プライバシーに優越する利益が存在するのでなければならず、その場合でも必要最小限の範囲に限って公開しうるにとどまる」。「このように考えると、人の前科等の情報を保管する機関には、その秘密の保持につきとくに厳格な注意義務が課せられていると解すべきである。」

■ 解 説 ■

本判決は、前科情報を「みだりに公開されない」利益を認め、区長による本件前科回答を違法としたが、厳密には、本件回答は本書103事件(東京地判昭39・9・28—「宴のあと」事件)が問題にしたような(不特定多数の者への)「公開」や「公表」ではなかった。「公開」という語を用いたのは103事件との連続性を意識してのことであろうが、本件回答のみを見れば、それはあくまで「(狭義の)開示」または「第三者提供」にとどまる(竹中・後掲45頁)。それにもかかわらず、前科情報の性質(105事件〔最判平6・2・8—ノンフィクション「逆転」事件〕参照)から、本件回答に厳格な審査を加えた本判決は、私事の「公開」を基軸とする古典的プライバシー権論(103事件参照)から、いわゆる自己情報コントロール権論へ一歩足を踏み入れたものと評価することができる(少なくとも本判決は、権威的団体に対する官庁の条件反射的開示を諫める実践的意義を有する)。

もちろん、本判決が、「犯罪人名簿」に関する明確な法的根拠の不在や、開示等に関する事前手続等の不備、さらには情報セキュリティの「構造」を不問に付している点は、法治国家論的視角、構造論的視角(35事件〔最判平20・3・6—大阪住基ネット訴訟〕解説参照)から問題とされよう。なお、照会を受けた市町村が本判決のいう前科回答可能条件(判旨(ii)参照)を判断することの現実的困難、さらには自己情報コントロール権論の今日的展開を斟酌すれば、弁護士会側の情報収集行為それ自体が問題とされてもよい(警察からの協力要請を受けたコンビニ経営者が、防犯カメラの撮影テープを提供した行為に違法性はないとした名古屋地判平16・7・16判時1874号107頁でも同様の問題を指摘できる)。

◆ 参考文献 ◆
平田浩・最判解民事篇昭和56年度252頁、竹中勲・百選Ⅰ〔第5版〕44頁、飯塚和之・メディア百選96頁。

34 講演会参加者リストの提出
── 江沢民講演事件

最高裁平成15年9月12日第二小法廷判決
(平成14年(受)第1656号損害賠償等請求事件)
民集57巻8号973頁、判時1837号3頁

■事案■

Y（被告―学校法人早稲田大学）は、国賓として来日する江沢民中華人民共和国国家主席（当時）の講演会を、1998（平成10）年11月28日に学内講堂で開催することを決定し、参加希望学生には、事前に、学内に備え置かれた名簿（以下、「本件名簿」と呼ぶ）に学籍番号・氏名・住所・電話番号を記入させ、参加証を交付することとした。Yは、この講演会の開催に当たり、警視庁、外務省、中華人民共和国等から万全の警備体制をとるよう要請され、特に警視庁からは、警備を理由に本件名簿の提出を求められた。そのため、Yは、本件講演会の警備を警察に委ねるべく、学生の同意を得ないまま、本件名簿の写しを警視庁に提出した。Xらは、上記参加証を得て本件講演会に参加中、座席から立ち上がって「中国の核軍拡反対」と大声で叫ぶなどしたため、建造物侵入および威力業務妨害の嫌疑で現行犯逮捕され、その後Yからけん責処分を受けた。そこでXらは、Yに対し、けん責処分の無効確認等とともに、本件名簿提出によるプライバシー侵害を理由に損害賠償を求めて出訴した。

1審（東京地判平13・10・17民集57巻8号994頁参照）と同様、2審（東京高判平14・7・17前掲民集1045頁参照）も、本件名簿記載事項の単純情報性、本件開示による具体的不利益の不在、開示の必要性、開示目的の正当性等を総合考慮し、Xらの請求を棄却したため、プライバシー侵害による不法行為につき、Xらが上告した。

■争点■

① 氏名、住所等のいわゆる単純情報は法的保護の対象となるか。
② 大学が、警察の求めに応じて、学生の単純情報を同意なく開示した行為は不法行為を構成するか。

■判旨■

一部破棄差戻し。

(i)「学籍番号、氏名、住所及び電話番号は、Yが個人識別等を行うための単純な情報であって、その限りにおいては、秘匿されるべき必要性が必ずしも高いものではない。また、本件講演会に参加を申し込んだ学生であることも同断である。しかし、このような個人情報についても、本人が、自己が欲しない他者にはみだりにこれを開示されたくないと考えることは自然なことであり、そのことへの期待は保護されるべきものであるから、本件個人情報は、Xらのプライバシーに係る情報として法的保護の対象となる」。

(ii)「このようなプライバシーに係る情報は、取扱い方によっては、個人の人格的な権利利益を損なうおそれのあるものであるから、慎重に取り扱われる必要がある。本件講演会の主催者として参加者を募る際にXらの本件個人情報を収集したYは、Xらの意思に基づかずにみだりにこれを他者に開示することは許されないというべきであるところ、Yが本件個人情報を警察に開示することをあらかじめ明示した上で本件講演会参加希望者に本件名簿へ記入させるなどして開示について承諾を求めることは容易であったものと考えられ、それが困難であった特別の事情がうかがわれない本件においては、本件個人情報を開示することについてXらの同意を得る手続を執ることなく、Xらに無断で本件個人情報を警察に開示したYの行為は、Xらが任意に提供したプライバシーに係る情報の適切な管理についての合理的な期待を裏切るものであり、Xらのプライバシーを侵害するものとして不法行為を構成する」。

なお、本判決には、2審と同様、本件個人情報の単純情報性を強調し、その開示を「社会通念上許容される限度を逸脱した違法な行為」とまではいえないとした亀山継夫裁判官、梶谷玄裁判官の反対意見が付されている。

■解説■

1 本判決は、個人情報の非公表型開示を問題としている点で本書33事件（最判昭56・4・14―前科照会事件）と類似しているが、個人情報保護法の成立等を背景に、情報保護ないし自己情報コントロール権説的な視角をさらに前進させている点で、同事件と同一というわけではない。例えば本判決は、「秘匿されるべき必要性が必ずしも高いものではない」氏名・住所等の単純情報を、「プライバシーに係る情報」として法的保護の対象とした（ただし、「前科」情報に関する33事件が、情報の取扱いに「格別の慎重さ」を要求していたのに対し、本判決はただ「慎重さ」のみを求めている。本判決でも情報の性質は考慮されているのであろう）。

また、本判決は、下級審のような「総合衡量」という手法をとらず、事前同意を得ることが困難な特別の事情のない限り、同意を欠く開示は違法であるとの準則的な判断を示した（判旨(ii)参照。棟居・後掲47頁はこれを「軽量な新基準」と呼ぶ）。なお、特別の事情は、開示に本来必要とされる同意等の手続的要件の不備を正当化するにとどまるのであって、特別の事情がある場合でも、開示事由等の実体的要件は別途検討される必要がある（個人情報23Ⅰ④前段参照）。

2 同じく単純情報の取扱いを問題にした35事件（最判平20・3・6―大阪住基ネット訴訟）との整合性を考慮すれば、本判決が違法性を肯定したポイントは、「公開」と距離が近い「開示」という侵害形態にあったとも考えられる。この点、最高裁は古典的プライバシー権論の磁場から完全には解放されていないように思われる。

◆参考文献◆
杉原則彦・最判解民事篇平成15年度478頁、浜田純一・メディア百選94頁、棟居快行・百選Ⅰ〔第5版〕46頁。

13 条　3 幸福追求権　(2) 憲法上の権利　a 自己情報コントロール権

35　行政による個人情報の管理・利用 —— 大阪住基ネット訴訟

最高裁平成 20 年 3 月 6 日第一小法廷判決
（平成 19 年（オ）第 403 号・同年（受）第 454 号損害賠償請求事件）
民集 62 巻 3 号 665 頁，判時 2004 号 17 頁

■事　案■

従前，住民基本台帳の情報はこれを保有する当該市町村においてのみ利用されていたが，住民基本台帳法改正（平成 11 年）は，氏名・生年月日・性別・住所の 4 情報に，住民票コード（無作為に作成された 10 桁の数字および 1 桁の検査数字を組み合わせた数列）および転入・出生等の変更情報を加えた本人確認情報を，市町村，都道府県および国の機関等で共有してその確認ができるネットワークシステム（以下，「住基ネット」と呼ぶ）を構築した。X らは，この住基ネットにより憲法 13 条の保障するプライバシーの権利その他の人格権が違法に侵害されたなどと主張して，住民基本台帳を保管する Y（守口市）に対し，国家賠償法 1 条に基づく損害賠償（慰謝料）とともに，上記権利に基づく妨害排除請求として住民票コードの削除を求めた。

X らの請求を棄却した 1 審（大阪地判平 16・2・27 判時 1857 号 92 頁）に対し，2 審（大阪高判平 18・11・30 判時 1962 号 11 頁）は，「自己のプライバシー情報の取扱いについて自己決定する利益（自己情報コントロール権）」を憲法上保障されているプライバシー権の重要な一内容とし，本人確認情報をこの対象に含めた上，その収集・保有・利用等には(a)正当な行政目的と，(b)その実現手段の合理性が求められるところ，行政機関に保有されている個人情報が住民票コードをもってデータマッチングや名寄せされて利用される具体的危険のある住基ネットは(b)の合理性を欠くとして上記権利の侵害を肯定し，住民票コードの削除請求を認容した。そこで Y が上告した。

Y は，上告理由として，(1)自己情報コントロール権は，内容が未だ不明確で，実体法上の権利とは認め難いこと，(2)住基法や関連法令，さらに住基ネットの制度上の仕組みに照らせば，データマッチング等が行われる具体的危険は皆無であることを挙げた。

■争　点■

①住基ネットの運用（行政機関による本人確認情報の収集・管理・利用等）に関連・対抗しうる憲法上の自由とは，どのような内容のものか。
②住基ネットの運用は上記①の自由を侵害するか。

■判　旨■

破棄自判。
(i)「憲法 13 条は，国民の私生活上の自由が公権力の行使に対しても保護されるべきことを規定しているものであり，個人の私生活上の自由の一つとして，何人も，個人に関する情報をみだりに第三者に開示又は公表されない自由を有するものと解される（〔本書 29 事件（最大判昭 44・12・24 —— 京都府学連事件）〕……参照）」。

(ii)「そこで，住基ネットが X らの上記の自由を侵害するものであるか否かについて検討するに，住基ネットによって管理，利用等される本人確認情報は，氏名，生年月日，性別及び住所から成る 4 情報に，住民票コード及び変更情報を加えたものにすぎない。このうち 4 情報は，人が社会生活を営む上で一定の範囲の他者には当然開示されることが予定されている個人識別情報であり，変更情報も，転入，転出等の異動事由，異動年月日及び異動前の本人確認情報にとどまるもので，これらはいずれも，個人の内面に関わるような秘匿性の高い情報とはいえない。これらの情報は，住基ネットが導入される以前から，住民票の記載事項として，住民基本台帳を保管する各市町村において管理，利用等されるとともに，法令に基づき必要に応じて他の行政機関等に提供され，その事務処理に利用されてきたものである。そして，住民票コードは，住基ネットによる本人確認情報の管理，利用等を目的として，都道府県知事が無作為に指定した数列の中から市町村長が一を選んで各人に割り当てたものであるから，上記目的に利用される限りにおいては，その秘匿性の程度は本人確認情報と異なるものではない。」

また，「住基ネットによる本人確認情報の管理，利用等は，法令等の根拠に基づき，住民サービスの向上及び行政事務の効率化という正当な行政目的の範囲内で行われているものということができる。住基ネットのシステム上の欠陥等により外部から不当にアクセスされるなどして本人確認情報が容易に漏えいする具体的な危険はないこと，受領者による本人確認情報の目的外利用又は本人確認情報に関する秘密の漏えい等は，懲戒処分又は刑罰をもって禁止されていること，住基法は，都道府県に本人確認情報の保護に関する審議会を，指定情報処理機関に本人確認情報保護委員会を設置することとして，本人確認情報の適切な取扱いを担保するための制度的措置を講じていることなどに照らせば，住基ネットにシステム技術上又は法制度上の不備があり，そのために本人確認情報が法令等の根拠に基づかずに又は正当な行政目的の範囲を逸脱して第三者に開示又は公表される具体的な危険が生じているということもできない」。

「そうすると，行政機関が住基ネットにより住民である X らの本人確認情報を管理，利用等する行為は，個人に関する情報をみだりに第三者に開示又は公表するものということはできず，当該個人がこれに同意していないとしても，憲法 13 条により保障された上記の自由を

侵害するものではないと解するのが相当である。」

━━━━━■ 解 説 ■━━━━━

1 本判決は、住基ネットの運用（行政機関によるデータベース構築、情報システム構築）に関連・対抗しうる憲法上の自由として、「個人に関する情報をみだりに第三者に開示又は公表されない自由」を挙げ、本件システム構築が当該自由を「侵害するものではない」と結論づけた。いわゆる 3 段階審査（違憲審査のプロセスを、(1)保護範囲は何か、(2)制限ないし侵害に当たるか、(3)正当化しうるか、の 3 段階に分けて考える見解）を前提にすれば、侵害＝制限の有無等を問題にする「第 2 段階」で結論を出したものであり、本件システムの目的や手段に照準してその正当性を吟味したり、何らかの違憲審査基準を設定してその合理性を吟味することはなかった。

2 このように、本判決が第 2 段階で足早に本件を処理できたのは、最高裁が依然「私事の公開」を基軸とする古典的プライバシー権論に執着したからである。確かに、34 事件〔最判平 15・9・12―江沢民講演事件〕を経験した最高裁は、「情報保護」という観点をもはや無視はできない。本判決も、保護対象をあくまで「個人に関する情報」としているし、おそらくは非公表・非公開を前提とする「開示されない自由」までを明示的にその保障範囲に含めている（判旨(i)。なお、「開示」と「公表」の違いにつき、33 事件〔最判昭 56・4・14―前科照会事件〕参照）。

しかし、判旨(i)の自由の定義は、結局は「公開」と一定の連続性を有する情報の「外部流出」を問題とするものであって、流出がいまだ起きておらず、またその後も流出を予定しないような単なるシステム構築（ネットワーク化）とはうまく噛み合わない。「公開」系の定義を加える限り、(内部的)システム構築は基本的にこの自由を侵害・制限せず、当該システムが技術的・制度的に流出の具体的危険を抱えているような場合に限って、「侵害」・「制限」が前倒し的に認定されるにとどまるからである（判旨(ii)は、住基ネットにはこうした「具体的危険」はないがゆえに「侵害」が認められないとした。同アプローチを強調するものに、仙台高判平 20・8・21 公刊物未登載）。

他方、本件 2 審は、近年の学説の展開を踏まえ、流出を（あるいは新たな情報収集さえ）前提としない単なるシステム構築にも対抗しうる憲法上の自由として、「自己のプライバシー情報の取扱いについて自己決定する利益（自己情報コントロール権）」を提示し、システム構築や稼動に必然的に伴う情報の保存・登録（データベース化）・利用といった内部的行為をも「権利侵害」として正面から捕捉しようとした。それにより審査は「第 3 段階」まで進み、形式的観点および実質的観点からの具体的な審査が可能となる（もちろん 2 審が 3 段階審査を明確に意識していたわけではない。なお、2 審は、「具体的危険」の判断をいわゆる手段審査の局面で行うものであった）。

3 データベース社会への対応可能性という点で、2 審のアプローチが基本的に妥当であるとしても、自己情報コントロール権は、2 審が「プライバシーの権利の保障、それによる人格的自律と私生活上の平穏の確保を実効的なものにするために〔保障される〕」と述べるように、核心的権利侵害や不可逆的損害（以下、便宜上「実害発生」と呼ぶ）を予防するための手段的機能、リスク制御的機能、またそれによる萎縮効果除去的機能を強く有しており、その侵害の正当化には、特に次のような視角が要求される。第 1 は、自己情報コントロール権の制限が法律上根拠づけられていることはもちろん、当該法律の規定が実害発生リスクを制御し、萎縮効果を実質的に除去しうるほど明確なものであるか、を問う法治国家論的視角である（ここでは利用目的や利用範囲等の明確性・特定性が主たる検討対象となる）。第 2 は、当該システムが、情報漏洩や目的外利用等による実害発生を有効に防ぎうる強固な「構造（structure）」を有しているか、を問う構造論的視角である（構造審査の必要性について、山本・後掲 80 頁以下参照）。具体的危険の有無を審査する本判決もこの視角をまったく欠くわけではないが、「個別案件ごとの事前規制の権限を付与されているわけではない」審議会ないし委員会（住民台帳 30 の 9・30 の 15）が本人確認情報の適切な取扱いを担保するための監視機関として十分なものかどうかは議論の余地がある（棟居・後掲 217 頁）。

なお、これまでのプライバシー関連事案では、秘匿性の高低など、取り扱われる情報の性質によって保護の程度を変える情報性質論的視角が重視されることもあったが、情報連結可能性等を本来的に有するネットワークシステムの合憲性審査においては重点を置かれるべきではない。ネットワークシステムは、その扱い方次第で、単純情報のデータベースから瞬時にセンシティヴ情報のデータベースへと変わるからである。このことを踏まえれば、行政機関による情報システム構築の合憲性を判断する上で重要なのは、やはり、その扱い方を厳格に規律するための「法律上の根拠」と「構造」ということになろう（判旨(ii)は情報論的視角を示唆するが、これが本判決の結論とどのように接続しているのかは実は不明瞭である。情報の秘匿性の低さより、それが以前から各市町村において管理されてきた既存情報であることが、「侵害なし」の実質的な根拠とされている可能性もある）。

◆ 参考文献 ◆

長谷部恭男＝中島徹編『憲法の理論を求めて』[2009] 221 頁（中島徹）、松本和彦『基本権保障の憲法理論』[2001]、『岩波講座 憲法 2』[2007] 193 頁（棟居快行）、山本龍彦・ジュリ 1412 号 80 頁、平松毅・民商 139 巻 4・5 号 522 頁、山崎友也・平成 20 年度重判解 11 頁、中岡小名都・自治研究 87 巻 9 号 131 頁。

36 指紋押捺制度の合憲性

最高裁平成7年12月15日第三小法廷判決
(平成2年(あ)第848号外国人登録法違反被告事件)
刑集49巻10号842頁, 判時1555号47頁

■事案■

日系アメリカ人宣教師であるY（上告審判決時にはハワイ在住）は, 1981（昭和56）年11月, 新規の外国人登録申請をした際, 外国人登録原票, 登録証明書および指紋原紙2葉に指紋押捺をしなかったため, 在留外国人に対し指紋押捺義務を定めた外国人登録法（以下,「外登法」と呼ぶ）14条1項（昭和57年改正前のもの）に違反するとして起訴された。

Yは, 同法の指紋押捺制度は憲法13条・14条・19条・31条等に違反すると主張したが, 1審（神戸地判昭61・4・24判タ629号212頁), 2審（大阪高判平2・6・19判時1385号134頁）とも, みだりに指紋押捺を強制されない自由を憲法13条の保障対象としながら, いわゆる「合理性の基準」を採用して同制度の合憲性を肯定し, Yの主張を斥けた。

そこでYが, みだりに指紋をとられない権利は個人の高度の精神的自由に属するもので, その制約は「厳格な基準」によるべきこと, 指紋押捺制度は在日韓国・朝鮮人に日本社会への同化を強いるもので, 彼らのアイデンティティ形成にとって重大な障害となることなどを理由に上告した。

■争点■

①国家機関による指紋押捺の強制に関連・対抗しうる憲法上の自由の内容はいかなるものか。
②指紋押捺制度は憲法13条に違反するか。

■判旨■

上告棄却。

(i)「指紋は, 指先の紋様であり, それ自体では個人の私生活や人格, 思想, 信条, 良心等個人の内心に関する情報となるものではないが, 性質上万人不同性, 終生不変性をもつので, 採取された指紋の利用方法次第では個人の私生活あるいはプライバシーが侵害される危険性がある。このような意味で, 指紋の押なつ制度は, 国民の私生活上の自由と密接な関連をもつものと考えられる。」

「憲法13条は, 国民の私生活上の自由が国家権力の行使に対して保護されるべきことを規定していると解されるので, 個人の私生活上の自由の一つとして, 何人もみだりに指紋の押なつを強制されない自由を有するものというべきであり, 国家機関が正当な理由もなく指紋の押なつを強制することは, 同条の趣旨に反して許されず, また, 右の自由の保障は我が国に在留する外国人にも等しく及ぶと解される」（本書29事件〔最大判昭44・12・24―京都府学連事件〕, 2事件〔最大判昭53・10・4―マクリーン事件〕参照)。

(ii) しかし, 「右の自由も, 国家権力の行使に対して無制限に保護されるものではなく, 公共の福祉のため必要がある場合には相当の制限を受けることは, 憲法13条に定められている」。「そこで, 外国人登録法が定める在留外国人についての指紋押なつ制度についてみると, 同制度は, 昭和27年に外国人登録法……が立法された際に, 同法1条の『本邦に在留する外国人の登録を実施することによって外国人の居住関係及び身分関係を明確ならしめ, もって在留外国人の公正な管理に資する』という目的を達成するため, 戸籍制度のない外国人の人物特定につき最も確実な制度として制定されたもので, その立法目的には十分な合理性があり, かつ, 必要性も肯定できる」。また, その具体的な制度内容は, 「社会の状況変化に応じた改正が行われているが, 本件当時の制度内容は, 押なつ義務が3年に一度で, 押なつ対象指紋も一指のみであり, 加えて, その強制も罰則による間接強制にとどまるものであって, 精神的, 肉体的に過度の苦痛を伴うものとまではいえず, 方法としても, 一般的に許容される限度を超えない相当なものであったと認められる」。

上のような指紋押なつ制度を定めた外国人登録法の諸規定は憲法13条に違反するものでない。

■解説■

1 外登法の指紋押捺制度に対しては, 立法当初からその対象となる在日韓国・朝鮮人からの反対が強かったが, 特に1980年代以降, 多くの指紋押捺拒否事件が起こり, 法廷で同制度の合憲性が争われるまでに至った。下級審はいずれも合憲としたが, 複数の事案で上告がなされ, 最高裁の判断が待たれていたところ, 昭和天皇死去に伴う大赦令によって, 2回目以降（登録切替時）の押捺拒否に関する刑事事件（多くは在日韓国人を被告人とする）が免訴とされたため, アメリカ人宣教師による1回目（新規登録時）の押捺拒否が問題となった本件で, 同制度の合憲性に関する初の最高裁判断が示されることとなった。

2 本判決は, 「みだりに指紋の押なつを強制されない自由」を13条の保障対象としながらも, 先述した多くの下級審判決と同様, その制限につき緩やかな「合理性の基準」を用いて本件指紋押捺制度を合憲とした（ただし本判決では制度の「必要性」に関する独立した検討がなされておらず, 下級審判決の合理性基準よりもさらに緩やかな審査がなされた。なお, 指紋押捺制度の合憲性につき緩やかな審査が採用される理由として, 指紋の表層性や秘匿性の低さが挙げられることが多いが, 市川・後掲146頁は, 裁判所が「指紋制度の合憲性に対して厳密な検討を加えていないより大きな理由は, 恐らく, 外国人の『みだりに指紋押捺を強制されない自由』が問題になったからで〔ある〕」と指摘する。「裁判所が古典的な国籍観念（内外人峻別論）に囚われているということ」, 「国家の主権に係わるナーヴァスな問題であると捉えられていること」が, その「大きな要因」であるのである）。これに対し, 学説には, 指紋の「索引情報性」を本判決以上に重要視し, 指紋押捺制度につきより厳格な審査基準を適用すべきとする見解が多い（横田・後掲121頁)。そこでは, 指紋ではなく写真によって外国人の人物特定ないし公正な管理を達成できないかなどが厳密に検討されることになる（青柳・後掲11頁, 近藤・後掲129頁)。指紋押捺義務等に関する外登法上の規定が定住外国人に対して適用される場合の憲法問題（適用違憲）については, 青柳・11頁参照。

3 また本判決は, 指紋に関する憲法上の自由を, 採取・押捺を強制されない自由と捉え, 専ら採取時に着目して指紋押捺制度の合憲性を審査したが, 指紋のデジタル化等を可能にする情報通信技術の発展を踏まえれば, 自己情報コントロール権の観点から, 採取後の保存・利用・管理方法にまで目を配って, その合憲性を審査すべきである（構造審査の必要性につき, 35事件〔最大判平20・3・6―大阪住基ネット訴訟〕解説参照)。この点, 2006（平成18）年の出入国管理及び難民認定法改正は, テロ対策の一環として, 上陸申請するすべての外国人（特別永住者等を除く）に指紋情報等の提供を義務づけたが（6Ⅲ), 取得情報の保存・利用・管理方法等に関する明確な規定, さらには濫用・漏洩等を防止する制度的措置を（省令上も）欠いており, 問題である（同じ問題は外登法に基づく本件指紋押捺制度にも指摘できたが, 本件制度は1999〔平成11〕年の同法改正により廃止されている)。

◆**参考文献**◆
池田耕平・最判解刑事篇平成7年度316頁, 青柳幸一・平成7年度重判解10頁, 近藤敦・セレクト1996年129頁, 根森健・百選Ⅰ〔第5版〕10頁, 横田耕一・法政研究56巻2号121頁, 市川正人・ジュリ914号142頁。

37 自己決定権と輸血拒否(1)
—— エホバの証人輸血拒否事件1審

東京地裁平成9年3月12日判決
(平成5年(ワ)第10624号損害賠償請求事件)
訟月44巻3号315頁,判タ964号82頁

■事 案■

X(原告)は,30代半ばでエホバの証人の信者となり,以後30年近く同宗教を信仰していた。エホバの証人は,聖書の解釈から,エホバ神が人間に対し血を避けるよう指示していると考え,Xも,輸血以外に救命手段がない場合でも輸血を拒否(絶対的無輸血)しようという固い意思を有していた。Xには,夫と3人の子(いずれも成人)がおり,夫と長男はXの意思を尊重していた(長男はXと同じ信者である)。

Xは,訴外病院で,悪性の肝臓血管腫との診断を受けたが,輸血なしでは手術ができないと告げられたため,無輸血手術の実績のある病院(国が設置・運営)へ転院した。その際,Xらは,絶対的無輸血の意思をI医師に伝え,同医師より「本人の意思を尊重する」旨の回答を得たが,実際には同病院では,手術患者がエホバの証人の信者である場合,"診療拒否はせず,その教義を尊重し,できる限りその主張を守るべく対応するが,輸血以外に生命の維持が困難となった際には患者およびその家族の諾否にかかわらず輸血する"(相対的無輸血)旨の治療方針を採用していた。I医師は,手術前の説明会でXらが提示した免責証書(絶対的無輸血によっていかなる損傷が生じても医療者の責任を問わない)を受領したが,Xの手術拒否を懸念して,上記治療方針について説明せず,輸血の可能性を告げないまま腫瘍摘出手術に踏み切った。手術中,Xに予想以上の出血があり,輸血しない限り死に至るとの判断があったために,輸血がなされた。

Xは,手術後にこの事実を知りYら(国・医師ら)に,(1)国に対し,絶対的無輸血の特約違反に基づく債務不履行を,(2)Iを含む医師6名に対し,Xの絶対的無輸血の意思に従うかのように振る舞って,Xに手術を受けさせ,輸血をしたことにより,Xの自己決定権および信教上の良心を侵害したことによる不法行為などを主張し,1200万円の損害賠償を請求した(なお2審,上告審につき本書38事件〔東京高判平10・2・9〕・39事件〔最判平12・2・29〕参照)。

■争 点■

①絶対的無輸血の特約は存在したか。また,存在したとして,その特約は有効か(債務不履行は成立するか)。

②治療方針に関する医師の説明懈怠は,患者の自己決定権を侵害し,不法行為となるか。

■判 旨■

請求棄却。

(i) 医師が患者との間で,絶対的無輸血による手術の特約を合意することは,特約の存否について論ずるまでもなく,「医療が患者の治療を目的とし救命することを第一の目標とすること,人の生命は崇高な価値のあること,医師は患者に対し可能な限りの救命措置をとる義務があることのいずれにも反するものであり,それが宗教的信条に基づくものであったとしても,公序良俗に反して無効である」。債務不履行に基づく損害賠償請求は,失当である。

(ii)① 「手術は患者の身体を傷害するものであるから,治療を受けようとする患者は,当該手術を受けるかどうかを自分で決定することができる」。「その反面として,患者に対し手術をしようとする医師は,当該手術の内容・効果,身体に対する影響・危険及び当該手術を受けない場合の予後の予想等を患者に対し説明する義務を負う」が,この説明は,「医学的な観点からされるものであり,手術の際の輸血について述べるとしても,輸血の種類・方法及び危険性等の説明に限られ,いかなる事態になっても患者に輸血をしないかどうかの点は含まれない」。

② また,「一般的に,医師は,患者に対し可能な限りの救命措置をとる義務があり,手術中に輸血以外に救命方法がない事態になれば,患者に輸血をする義務があると解される」。「患者がエホバの証人の信者である場合,医師から,手術中に輸血以外に救命方法がない事態になれば必ず輸血をすると明言されれば,当該手術を拒否する蓋然性が高く,当該手術以外に有効な治療方法がなく,手術をしなければ死に至る可能性の高い病気では,当該手術を受けないことが患者を死に至らしめることになる」。よって,「患者の救命を最優先し,手術中に輸血以外に救命方法がない事態になれば輸血するとまでは明言しない対応をすることも」,「医師の前記救命義務の存在からして,直ちに違法性があるとは解せられない」。

③ 本件の事実を総合考慮すると,Yら(医師)がXの絶対的無輸血の「意思を認識した上で,Xの意思に従うかのように振る舞って,Xに本件手術を受けさせたことが違法であるとは解せられないし,相当でないともいうことはできない」。

■解 説■

一定の私的事柄について,公権力から干渉されることなく,自ら決定できる権利(自己決定権)は,一般的自由から区別された「憲法上の権利」として13条により保障されると解する見解が多いが,本判決は,憲法との関係を明示しないまま,これを身体的利益(侵襲・傷害からの自由)に基礎づけ,その射程を療法選択の場面に限定した上,裏面として生ずる医師の説明義務の範囲を絞り込んだ(身体への影響を超える部分の説明は医師の専権的裁量に委ねられている。判旨(ii)①参照)。さらに本判決は,「自己決定権」の制約は医師の救命義務(生命価値)によって容易に正当化されることを示唆している(判旨(ii)②参照)。

◆ 参考文献 ◆
38事件・39事件を参照。

13条　3 幸福追求権　(2) 憲法上の権利　b 人格権

38 自己決定権と輸血拒否(2)
―― エホバの証人輸血拒否事件2審

東京高裁平成10年2月9日判決
(平成9年(ネ)第1343号損害賠償請求事件)
高民集51巻1号1頁, 判時1629号34頁

■事案■

本書37事件(東京地判平9・3・12)の2審。本事件は, 1審の請求棄却判決を受け, Xが控訴したものである。
なお, 1審原告(控訴人。以下, Aとする)は, 2審係属中に死亡し, 相続人である夫(X₁)と子(X₂ないしX₄)が訴訟を承継した。

■争点■

①絶対的無輸血の特約は存在したか。また, 存在したとして, その特約は有効か(債務不履行は成立するか)。
②治療方針に関する医師の説明解怠は, 患者の自己決定権を侵害し, 不法行為となるか。
③本件輸血は社会的に相当な行為または緊急事務管理として違法性が阻却されるか。

■判旨■

控訴人の請求につき, 一部認容。
(i) Yら(医師)は, 口頭または文書によってAの絶対的無輸血の求めに応ずる旨の意思を表示しておらず, AとY(国)との間に絶対的無輸血の合意が成立したとは認められない。
念のため, 同合意の効力について付言すれば, 「当事者双方が熟慮した上で右合意が成立している場合には, これを公序良俗に反して無効とする必要はない」。「すなわち, 人が信念に基づいて生命を賭しても守るべき価値を認め, その信念に従って行動すること(このような行動は, 社会的に優越的な宗教的教義に反する科学的見解を発表すること, 未知の世界を求めて冒険をすること, 食糧事情の悪い状況下で食糧管理法を遵守することなど枚挙にいとまがない。)は, それが他者の権利や公共の利益ないし秩序を侵害しない限り, 違法となるものではなく, 他の者がこの行動を是認してこれに関与することも, 同様の限定条件の下で, 違法となるものではない。」「ただし, これは医師に患者による絶対的無輸血治療の申入れその他の医療内容の注文に応ずべき義務を認めるものでない」。
(ii)① 手術に対する患者の同意は, 「各個人が有する自己の人生のあり方(ライフスタイル)は自らが決定することができるという自己決定権に由来するものである。Yらは自己の生命の喪失につながるような自己決定権は認められないと主張するが, 当裁判所は, 特段の事情がある場合は格別として(自殺をしようとする者がその意思を貫徹するために治療拒否をしても, 医師はこれに拘束されず, また交通事故等の救急治療の必要のある場合すなわち転医すれば救命の余地のないような場合には, 医師の治療方針が優先される。), 一般的にこのような主張に与することはできない。すなわち, 人はいずれも死すべきものであり, その死に至るまでの生きざまは自ら決定できるといわなければならない(例えばいわゆる尊厳死を選択する自由は認められるべきである。)」。本件においても, 「Aが相対的無輸血の条件下でなお手術を受けるかどうかの選択権は尊重されなければならなかった。」
② この自己決定権行使の機会を与えるために, 「医師は, 〔エホバの証人患者は, その宗教的教義に基づいて輸血を拒否することが一般的であるから〕エホバの証人患者に対して輸血が予測される手術をするに先立ち, 同患者が判断能力を有する成人であるときには, 輸血拒否の意思の具体的内容を確認するとともに, 医師の無輸血についての治療方針を説明することが必要である」。しかし, Yら(医師)は, 相対的無輸血の治療方針を採用していながら, Aに対し, この治療方針の説明を怠った。
(iii) 「本件輸血は, Yらが前記説明を怠ったことによって発生したものであるから」, 「本件輸血がAの救命のために必要であったことをもってYらが前記説明を怠ったことの違法性が阻却されることはない。そして, この違法性が阻却されない以上, 前記説明を怠ったことによって発生した本件輸血の違法性も阻却されることはない(仮に, 本件輸血がAの救命のために必要であったことをもって本件輸血の違法性が阻却されるものとすれば, Yらは, Aの意思にかかわらず, また, 前記説明をするとしないとにかかわらず, およそ本件輸血は違法でないこととなるが, このような考え方は, ……救命のためという口実さえあれば医師の判断を優先することにより, 患者の自己決定権をその限りで否定することとなるから, 採用できない。)」。

■解説■

1 本判決は, 憲法との関係を明らかにしていないものの, 「自己決定権」を正面から認め, しかもその根拠を, 身体的侵襲からの自由(1審〔37事件〕)ではなく, 個人の自律性(「一人ひとりが"自らの生の作者である"こと」。佐藤憲法448頁)に求めた。それにより, 当該権利の射程も拡張されている(尊厳死の選択の自由も認める。判旨(ii)①参照)。

2 医師の説明義務の範囲は, 自己決定権の根拠を個人の自律性に求めることによって拡張する。本判決によれば, 医師は, 患者が人生のあり方を決定する上で必要な情報を, 「具体的な患者に則し」説明すべきとされる(判旨(ii)②参照。他方, 1審によれば, 医師の説明義務は身体への加害情報に限定され, 説明に際して患者の具体性・個別性は捨象される)。なお, 自己決定権は, 本来は干渉されない自由であるが, 情報の非対称性の顕著な医師患者関係においては, 権利の実際の行使のために医師の説明(積極的"干渉")が不可欠となる。医師の説明義務はここから導かれる(自己決定の「条件」については, 中山・後掲96頁)。

3 1審と異なり, 本判決は, 生命価値による自己決定権の制限を一般に認めない(ただし, 「特段の事情がある場合」を除く。判旨(ii)①参照)。

◆参考文献◆
駒村圭吾・平成10年度重判解10頁, 浅野博宣・百選Ⅰ〔第4版〕56頁, 中山茂樹・争点94頁。

39 自己決定権と輸血拒否(3)
——エホバの証人輸血拒否事件上告審

最高裁平成12年2月29日第三小法廷判決
（平成10年（オ）第1081号・第1082号損害賠償請求上告，同附帯上告事件）
民集54巻2号582頁，判時1710号97頁

■ 事案 ■

本書37事件（東京地判平9・3・12）の上告審。
2審（38事件〔東京高判平10・2・9〕）は，Aの被った損害につき，慰謝料50万円，弁護士費用5万円が相当であるとして，その金額の限度でXらの請求を認容したため，Y（国―被控訴人）が上告。Xらも損害額の低さなどを理由に附帯上告した（当事者の呼称は38事件のまま）。

■ 争点 ■

治療方針に関する医師の説明懈怠は，患者の自己決定権を侵害し，不法行為となるか。

■ 判旨 ■

上告棄却，附帯上告棄却。
「患者が，輸血を受けることは自己の宗教上の信念に反するとして，輸血を伴う医療行為を拒否するとの明確な意思を有している場合，このような意思決定をする権利は，人格権の一内容として尊重されなければならない。そして，Aが，宗教上の信念からいかなる場合にも輸血を受けることは拒否するとの固い意思を有しており，輸血を伴わない手術を受けることができると期待して……〔本件病院〕に入院したことをI医師らが知っていたなど本件の事実関係の下では，I医師らは，手術の際に輸血以外には救命手段がない事態が生ずる可能性を否定し難いと判断した場合には，Aに対し，……そのような事態に至ったときには輸血するとの方針を採っていることを説明して，〔本件病院〕……への入院を継続した上，I医師らの下で本件手術を受けるか否かをA自身の意思決定にゆだねるべきであったと解するのが相当である。」
ところが，I医師らは，手術の際に輸血を必要とする事態が生ずる可能性があることを認識したにもかかわらず，病院が採用していた治療方針（37事件事案参照）を説明せず，Aらに対して輸血の可能性を告げないまま本件手術を施行し，同方針に従って輸血をした。「そうすると，本件においては，I医師らは，右説明を怠ったことにより，Aが輸血を伴う可能性のあった本件手術を受けるか否かについて意思決定をする権利を奪ったものといわざるを得ず，この点において同人の人格権を侵害したものとして，同人がこれによって被った精神的苦痛を慰謝すべき責任を負うものというべきである」。Yは，I医師らの使用者として，Aに対し民法715条に基づく不法行為責任を負う。

■ 解説 ■

1 本判決は，「自己決定権」を正面から認めず，「宗教上の信念に基づき輸血を拒否する権利」を，「人格権」として，あるいは「不法行為法上保護される利益」として認めた（潮見・後掲96頁，佐久間・後掲115頁）。このように，「自己決定権」という一つの「憲法上の権利」を構成せず，それを事例限定的なものにとどめたことについては，賛否両論がありうる（本判決の射程は，あくまでも宗教的信念に基づく輸血拒否にのみ及ぶ）。例えば，憲法が保障する自己決定を，生涯にわたって遂行される全体としての「生き方」にかかわる決定と捉え，その固有の規範内容を積極的に画定しようという見解からは，本判決は批判の対象となろう。

他方，自己決定権とは「固有名詞を持たない雑多な諸自由の総称」にすぎず，これを一つの「権利」として類型化することは不要で，かえって混乱を招くとする見解（棟居・後掲11頁），患者の自己決定については「私法上のレベルでその意義と限界をじっくりと議論する必要がある」との見解（樋口・後掲77頁）からは，本判決はむしろ肯定的に捉えられよう。生命倫理が絡む論争的問題についての「合意」が困難であるとすれば，「憲法上の権利」としての確定を先送りにする本判決の態度も理解できる。

2 「意思決定権」の上記限定は，医師の説明義務が生ずる場面をも限定する。本判決は，(1)患者が宗教上の信念から絶対的無輸血の固い意思を有しており，(2)医師がその意思を知っており，かつ，(3)医師が，手術の際に輸血以外には救命手段がない事態が生ずる可能性を否定し難いと判断した場合に，相対的無輸血に関する説明義務が生ずるとした。したがって，その意思が真摯な（固い）宗教的信念に基づいていない場合（→(1)），本人意思が確認し難い場合（→(2)），医師が無輸血で手術できると確信している場合（→(3)）に医師の説明義務が生じるかについて，本判決は判断していない。

3 「自己決定権」の制限を正当化する事由については争いがある。本件のような事案で，他者加害原理として，家族の利益（「将来の扶養義務の履行を期待する期待権」等）が持ち出されることがあるが（大分地決昭60・12・2判時1180号113頁），家族と患者の意思が合致している場合には援用不能な上，これを「他者加害」と認定してよいか議論の余地がある。また，本判決は，宗教的信念に基づく輸血拒否について，救命のためのパターナリズム的介入を否定したものといえる（淺野・後掲57頁）。なお，自己決定権は，自律の能力を前提とした権利であるため，かかる能力を欠く者はそもそも当該権利の享有主体とはなりえない。患者が子どものような場合には，外在的制約としてのパターナリズムとは異なる論理構成での干渉がありうる点に注意されたい。

◆ 参考文献 ◆

潮見佳男・医事百選96頁，佐久間邦夫・最判解民事篇平成12年度115頁，棟居快行『憲法講義案I〔第2版〕』[1995]11頁，岩村正彦ほか編『岩波講座 現代の法14』[1998]77頁（樋口範雄），淺野博宣・百選I〔第5版〕56頁。

40 空港騒音公害と人格権(1)
——大阪空港公害訴訟2審

大阪高裁昭和50年11月27日判決
(昭和49年(ネ)第453号・第473号・同50年(ネ)第724号・第760号・第860号大阪国際空港夜間飛行禁止等請求控訴, 同附帯控訴事件)
判時797号36頁, 判タ330号116頁

■ 事案 ■

大阪国際空港は, 1970 (昭和45) 年のB滑走路 (3000メートル) の供用開始等に伴う大型ジェット機の発着回数増大により, 周辺に深刻な騒音被害等をもたらすようになった。そこで, 付近住民のXらは, 空港の設置管理者であるY (国) に対して, 人格権および環境権に基づき, 午後9時から翌朝7時までの空港の使用差止めと, 過去および将来の損害賠償の支払を求め, 民事訴訟を提起した。

1審判決 (大阪地判昭49・2・27判時729号3頁) は, (Xらの主張する午後9時からではなく) 午後10時から翌朝7時までの差止めと, 過去の損害賠償請求を認め, 将来の損害賠償請求については棄却した。X, Yともに控訴。

■ 争点 ■

個人の生命, 身体, 精神および生活に関する利益は, 人格権ないし環境権として, 生活環境の侵害の排除を求める法的根拠となるか。

■ 判旨 ■

一部変更, 一部取消し, 一部控訴棄却 (Xらの請求をほぼ全面的に認容)。

(i) 「およそ, 個人の生命・身体の安全, 精神的自由は, 人間の存在に最も基本的なことがらであって, 法律上絶対的に保護されるべきものであることは疑いがなく, また, 人間として生存する以上, 平穏, 自由で人間たる尊厳にふさわしい生活を営むことも, 最大限度尊重されるべきものであって, 憲法13条はその趣旨に立脚するものであり, 同25条も反面からこれを裏付けているものと解することができる。このような, 個人の生命, 身体, 精神および生活に関する利益は, 各人の人格に本質的なものであって, その総体を人格権ということができ, このような人格権は何人もみだりにこれを侵害することは許されず, その侵害に対してはこれを排除する権能が認められなければならない。すなわち, 人は, 疾病をもたらす等の身体侵害行為に対してはもとより, 著しい精神的苦痛を被らせあるいは著しい生活上の妨害を来たす行為に対しても, その侵害行為の排除を求めることができ, また, その被害が現実化していなくともその危険が切迫している場合には, あらかじめ侵害行為の禁止を求めることができるものと解すべきであって, このような人格権に基づく妨害排除および妨害予防請求権が私法上の差止請求の根拠となりうるものということができる。」

(ii) このように「人格権の内容をなす利益は人間として生存する以上当然に認められるべき本質的なものであって, これを権利として構成するのに何らの妨げはなく, 実定法の規定をまたなくとも当然に承認されるべき基本的権利であるというべきである。また, 従来人格権の語をもって名誉, 肖像, プライバシーあるいは著作権等の保護が論ぜられることが多かったとしても, それは, 人格的利益のそのような面について, 他人の行為の自由との牴触およびその調整がとくに問題とされることが多かったことを意味するにすぎず, より根源的な人格的利益をも総合して, 人格権を構成することには, 何ら支障とならないものと解される。もっとも, 人格権の外延をただちに抽象的, 一義的に確定することが困難であるとしても, 少なくとも前記のような基本的な法益をその内容とするものとして人格権の概念を把握することができ, 他方このような法益に対する侵害は物権的請求権をもってしては救済を完うしえない場合があることも否定しがたく, 差止請求の根拠として人格権を承認する実益も認められるのであって, 学説による体系化, 類型化をまたなくてはこれを裁判上採用しえないとするYの主張は, とりえないところである」。

(iii) 「Xらの人格権に基づく差止請求を認容するのであり, ……損害賠償についても人格権侵害を根拠とすれば足りるものと解するので, Xら主張の環境権理論の当否については判断しない。」

■ 解説 ■

1 環境権は, 新しい人権として, 高度経済成長に伴い環境汚染等が深刻化した1960年代以降, 提唱されてきた (大阪弁護士会・後掲54頁)。「健康で快適な生活を維持する条件としての良い環境を享受し, これを支配する権利」などと定義され (芦部憲法学II 362頁), その根拠として25条および13条が挙げられるのが通例であるが, 「それから先, その内容や権利の性質に関しては, いまだ学説上も種々の論議の段階であって, 定説はない」(野中ほかI 489頁〔野中〕)。裁判例をみても, 環境権を明示的に認めたものは未だ存在しない。

2 本判決も, 環境権を明示的に, あるいは正面から認めたものではない。しかし, 13条および25条を参照しつつ, 「個人の生命, 身体, 精神および生活に関する利益」の総体を「人格権」と称し, これを差止請求の法的根拠として積極的に承認した。環境権概念が未だ不明確で「成熟過程にある」(伊藤236頁) とすれば, 本判決のように, 人格権的構成によって環境権の実質的一部 (その自由権的側面) を実現しようとするアプローチは注目に値する (より積極的な評価を与えるものに, 奥平III 424頁)。人格権に触れずに本件差止請求を却下した本書41事件 (最大判昭56・12・16—大阪空港公害訴訟上告審) により, 「人格権に対する懐疑的な意見が表明され〔た〕」ともいわれるが (五十嵐・後掲104頁), 下級審レベルでは, 公害訴訟につき人格権的構成が広く採用され, 環境権理論の遅延を完全ではないにせよカバーしている (例えば, 横田基地騒音訴訟2審判決〔東京高判昭62・7・15判時1245号3頁〕, 国道43号線公害訴訟2審判決〔大阪高判平4・2・20判時1415号3頁〕。産業廃棄物処分場の建設に関する千葉地判平19・1・31〔判時1988号66頁〕は, 人格権的構成に基づく差止請求を認容)。もっとも, 人格権的構成についても, 「人格」概念の射程や広狭 (本判決が財産的利益以外の生活利益を広く人格権として観念するのに対して, 名古屋高判昭60・4・12〔判時1150号30頁〕は, 「身体の侵襲」の排除という側面のみで人格権を認める), 人格権に基づく差止請求の認容要件 (いわゆる受忍限度論) など, さらなる検討を必要とする事項が少なくない。

3 本判決は, 1審判決を変更し, 午後9時以降の飛行機の発着禁止を認めるとともに, 過去および将来の損害賠償も認めた。Yはこれを不服として上告に及んでいる (41事件参照)。

◆ 参考文献 ◆

大阪弁護士会環境権研究会編『環境権』[1973], 五十嵐清『人格権論』[1989], 田井義信・環境百選96頁, 戸波江二・百選I〔第5版〕58頁。

41 空港騒音公害と人格権(2)
——大阪空港公害訴訟上告審

最高裁昭和56年12月16日大法廷判決
(昭和51年(オ)第395号大阪国際空港夜間飛行禁止等請求事件)
民集35巻10号1369頁,判時1025号39頁

■ 事 案 ■

本書40事件(大阪高判昭50・11・27)の上告審。2審は,Xらの請求をほぼ全面的に認容したために,Yが上告した。

■ 争 点 ■

①基幹国営空港の管理作用(とくに離発着のためにする供用行為)は,「公権力の行使」たる側面を有するか。
②国が設置管理者である空港の使用差止めを求める訴えは民事訴訟として適法か。
③国営空港の供用に関連する騒音被害につき,国家賠償法2条1項の適用はあるか(供用関連瑕疵)。
④上記③における瑕疵の判断基準は何か(とくに受忍限度と公共性との関係について)。
⑤「危険接近の理論」の射程はどこまで及ぶか。

■ 判 旨 ■

一部上告棄却,一部破棄自判,一部破棄差戻し(各争点について個別意見がある)。

(i)「営造物管理権の本体をなすものは,公権力の行使をその本質的内容としない非権力的な権能であって,同種の私的施設の所有権に基づく管理権能とその本質において特に異なるところはない」が,「空港については,その運営に深いかかわりあいを持つ事象として,航空行政権,すなわち航空法その他航空行政に関する法令の規定に基づき運輸大臣に付与された航空行政上の権限で公権力の行使を本質的内容とするものの行使ないし作用の問題があり,これと空港ないし飛行場の管理権の行使ないし作用とが法律上どのような位置,関係に立つのかが更に検討されなければならない」。

「そもそも法が一定の公共用飛行場についてこれを国営空港として運輸大臣がみずから設置,管理すべきものとしたゆえんのものは,これによってその航空行政権の行使としての政策的決定を確実に実現し,国の航空行政政策を効果的に遂行することを可能とするにある」。「右にみられるような空港国営化の趣旨,すなわち国営空港の特質を参酌して考えると,本件空港の管理に関する事項のうち,少なくとも航空機の離着陸の規制そのもの等,本件空港の本来の機能の達成実現に直接にかかわる事項自体については,空港管理権に基づく管理と航空行政権に基づく規制とが,空港管理権者としての運輸大臣と航空行政権の主管者としての運輸大臣のそれぞれ別個の判断に基づいて分離独立的に行われ,両者の間に矛盾乖離を生じ,本件空港を国営空港とした本旨を没却し又はこれに支障を与える結果を生ずることがないよう,いわば両者が不即不離,不可分一体的に行使実現されているものと解するのが相当である。」

(ii)「本件空港の離着陸のためにする供用は運輸大臣の有する空港管理権と航空行政権という2種の権限の,総合的判断に基づいた不可分一体的な行使の結果であるとみるべきであるから」,Xらの請求は,「事理の当然として,不可避的に航空行政権の行使の取消変更ないしその発動を求める請求を包含することとなるものといわなければならない。したがって,Xらが行政訴訟の方法により何らかの請求をすることができるかどうかはともかくとして,Yに対し,いわゆる通常の民事上の請求として前記のような私法上の給付請求権を有するとの主張の成立すべきいわれはない」。したがって,「Xらの本件訴えのうち,いわゆる狭義の民事訴訟の手続により一定の時間帯につき本件空港を航空機の離着陸に使用させることの差止めを求める請求にかかる部分は,不適法というべきである」。

(iii)「国家賠償法2条1項の営造物の設置又は管理の瑕疵とは,営造物が有すべき安全性を欠いている状態をいう」が,「そこにいう安全性の欠如,すなわち,他人に危害を及ぼす危険性のある状態とは,ひとり当該営造物を構成する物的施設自体に存する物理的,外形的な欠陥ないし不備によって一般的に右のような危害を生ぜしめる危険性がある場合のみならず,その営造物が供用目的に沿って利用されることとの関連において危害を生ぜしめる危険性がある場合をも含み,また,その危害は,営造物の利用者に対してのみならず,利用者以外の第三者に対するそれをも含むものと解すべきである」。

(iv)「本件空港の供用のような国の行う公共事業が第三者に対する関係において違法な権利侵害ないし法益侵害となるかどうかを判断するにあたっては,……侵害行為の態様と侵害の程度,被侵害利益の性質と内容,侵害行為のもつ公共性ないし公益上の必要性の内容と程度等を比較検討するほか,侵害行為の開始とその後の継続の経過及び状況,その間にとられた被害の防止に関する措置の有無及びその内容,効果等の事情をも考慮し,これらを総合的に考察してこれを決すべきものであることは,異論のないところであ」る。

「本件において主張されている公共性ないし公益上の必要性の内容は,航空機による迅速な公共輸送の必要性をいうものであるところ,現代社会,特にその経済活動の分野における行動の迅速性へのますます増大する要求に照らしてそれが公共的重要性をもつものであることは自明であり,また,本件空港が国内・国際航空路線上に占める地位からいって,その供用に対する公共的要請が相当高度のものであることも明らかであ」る。「しかし,これによる便益は,国民の日常生活の維持存続に不可欠な役務の提供のように絶対的ともいうべき優先順位を主張しうるものとは必ずしもいえない」。「他方,……本件空港の供用によって被害を受ける地域住民はかなりの多数にのぼり,その被害内容も広範かつ重大なものであり,しかも,これら住民が空港の存在によって受ける利益とこれによって被る被害との間には,後者の増大に必然的に前者の増大が伴うというような彼此相補の関係が成り立たないことも明らかで,結局,前記の公共的利益の実現は,Xらを含む周辺住民という限られた一部少数者の特別の犠牲の上でのみ可能であって,そこに看過す

ることのできない不公平が存することを否定できない」。
　してみると、「Yが本件空港の供用につき公共性ないし公益上の必要性という理由によりXら住民に対してその被る被害を受忍すべきことを要求することはできず、Yの右供用行為は法によって承認されるべき適法な行為とはいえないとしたことには、十分な合理的根拠がないとはいえ」ない。
　(v)「その者が危険の存在を認識しながらあえてそれによる被害を容認していたようなときは、事情のいかんにより加害者の免責を認めるべき場合がないとはいえない」。Xらのうち特定の者が「航空機騒音の存在についての認識を有しながらそれによる被害を容認して居住したものであり、かつ、その被害が騒音による精神的苦痛ないし生活妨害のごときもので直接生命、身体にかかわるものでない場合においては、……本件空港の公共性をも参酌して考察すると」、「特段の事情が認められない限り、その被害は〔同人ら〕……において受忍すべきものというべく、右被害を理由として慰藉料の請求をすることは許されない」。

■解　説■

1　本件2審（40事件）は、空港の騒音被害等に苦しむXらの請求（(a)午後9時以降の供用差止め、(b)過去の損害賠償請求、(c)将来の損害賠償請求）をほぼ全面的に認めるものであり、日本の公害・環境訴訟を大きく前進させる「画期的判決」（戸波・後掲59頁）として、学説においておおむね好意的に受け止められた。しかし、その上告審である本判決は、(b)を認めたほかは（判旨(iii)(iv)。ただし判旨(v)により、Xらのうち特定の者の請求を棄却）、Xらにとって非常に厳しい判断を下した。(a)については、民事上の請求として不適法であり、却下を免れないとし（判旨(i)(ii)）、(c)についても、「損害賠償請求権の成否及びその額をあらかじめ一義的に明確に認定することができ」ない将来の損害賠償請求権については、「本来例外的にのみ認められる将来の給付の訴えにおける請求権としての適格を有するものとすることはできない」として却下したのである。以下、とくに批判の強かった(a)に関する判断を中心に検討を加える。

2　公害・環境訴訟は、訴訟形式という「壁」に阻まれることが多い。公害・環境問題は、公的（あるいは公私混合的）な主体ないし作用によって引き起こされる場合が少なくないため（発生源となる営造物が大規模なものであるほど、国が当該営造物の設置管理者である場合が多く、その管理作用の公権力性が問題となる）、環境侵害的行為の排除を民事訴訟のルートで求めていくべきか、行政訴訟（抗告訴訟）のルートで求めていくべきかに不明確なところが生じ、訴訟形式の選択によって訴えそれ自体が不適法とされる可能性が高くなるのである。本判決は、まさにこのような壁を作り出した、消極的な意味において「画期的」な判決といえる。すなわち本判決は、営造物の管理作用それ自体は非権力的な権能であるとしても、国営空港の管理作用、とりわけ航空機の離発着のための管理作用（供用行為）は、公権力の行使を本質的内容とする航空行政権と不可分一体のものであり、公権力性を併有するから（判旨(i)）、その禁止ないし差止めは、「行政訴訟の方法により何らかの請求をすることができるか

どうかはともかくとして」、民事上の請求としては許されないとしたのである（判旨(ii)）。本判決が、行政訴訟の具体的方法に言及していないこともあり、その後、騒音被害等に悩む多くの住民が「途方に暮れる」こととなった（本判決の団藤重光裁判官反対意見）。環境被害から司法的救済を得るためにどのような手続をとるべきかが著しく不明瞭になったからである。無論、この点につき、国民の裁判を受ける権利の保障という観点から批判が噴出したのであるが、最高裁は、公共性の高い事業の差止めを何とか防ぎたいからか（田井・後掲97頁）、こうした訴訟形式上の「壁」を未だに堅持している（福岡空港訴訟上告審判決〔最判平6・1・20判時1502号98頁〕。自衛隊機の運航に関する防衛庁長官の権限行使を、周辺住民との関係において公権力の行使に当たると認定し、自衛隊機の離発着等の民事上の差止請求を不適法とした厚木基地第1次訴訟上告審判決〔最判平5・2・25民集47巻2号643頁〕も、この「壁」にかかわる）。
　新潟空港訴訟上告審判決（最判平元・2・17民集43巻2号56頁）は、周辺住民が、大臣が航空運送事業者に与えた事業免許の取消訴訟を提起できる旨を示したが、個別の事業免許を争うことによって空港全体の騒音公害に対処しうるかは疑問で、学説には、依然民事上の差止請求を可能とするものや（畠山・後掲109頁等。小松基地訴訟1審判決〔金沢地判平3・3・13判時1379号3頁〕も参照。具体的な法律上の根拠のない航空行政権の行使を「公権力の行使」とみなしうるかについて疑問を呈する見解は多い）、2004（平成16）年の行訴法改正による義務付け訴訟の法定化を踏まえ、「大臣が航空機騒音障害防止法3条に基づき航行の方法を告示で指定すべき旨を命ずることを求める義務付け訴訟」を提起すべきとするもの（深澤・後掲325頁）などがある。なお、下級審レベルでは、騒音被害等を理由とする新幹線の減速走行や、国道の供用禁止を求める民事上の差止請求が適法とされている（前者として、名古屋新幹線訴訟2審判決〔名古屋高判昭60・4・12判時1150号30頁〕。ここでは、新幹線鉄道の管理権と運輸行政権の不可分一体性が否定された。後者として、国道43号線訴訟2審判決〔大阪高判平4・2・20判時1415号3頁〕）。

3　(b)に関連して、本判決が、国賠法2条1項の「瑕疵」類型に、営造物の物理的瑕疵だけでなく、その供用に関連して第三者に騒音・振動等の被害を及ぼすこと（供用関連瑕疵・機能的瑕疵）を含めたこと（判旨(iii)）、その判断において空港の公共性の絶対性を認めなかったこと（判旨(iv)）は、評価に値する（供用関連瑕疵については、さらに国道43号線訴訟上告審判決〔最判平7・7・7民集49巻7号2599頁〕参照）。なお、本判決は、(a)の場面ではもちろん、(b)の場面においても、人格権論に関する直接的な言及を行わなかった。

4　本判決以降、(b)を金額抑制のうえ認容し、(a)(c)を却下するという姿勢は、航空騒音訴訟を含む公害・環境訴訟における一般的な傾向となっていった。

◆参考文献◆
古城誠・環境百選94頁、田井義信・同96頁、畠山武道・同106頁、戸波江二・百選Ⅰ〔第5版〕58頁、深澤龍一郎・行政百選Ⅱ〔第5版〕324頁。

判例の流れ　　　　　　　　　　　　　　　●淺野博宣●

4 法の下の平等

　1　平等に反すると主張することは，しようと思えば，いつでもできる。法律は通常はある要件を満たした場合に一定の法律効果を与えるものだから，その要件を満たして効果を与えられる者と満たさない者が現れるし，また，たとえあらゆる者に同一の法的効果が与えられる場合であっても，各人の現実の境遇が異なる以上は実際の効果は同一ではない。これらを不平等ということもできないわけではない。しかし，当然ながら，このようにいつでも言える程度のことを言っても中身はないだろう。14条に意味があると考えるなら，それが保障する実質を探究することが不可欠である。

　2　初期の学説には14条の実質を1項後段列挙事由に関する平等に絞って理解しようとするものもあった。初期の判例にもその理解を前提としているように読めるものもあったが，しかし，42事件（最大判昭39・5・27）判決は例示説を採用してこれを否定する。

　そして，42事件判決は，同時に，相対的平等論を採用し，平等を事柄の性質に即応した合理性によって判断するという枠組みを打ち出す。しかし，これだけでは14条の実質が明らかになるわけではない。どのような合理性かを明らかにすることが必要である。

　合理性の審査が目的審査・手段審査の2段階で行われることがあるが，なぜこのような審査を行うのかということも，相対的平等論の合理性をどのように考えるかに関わる。相対的平等論のいう合理性とは〈別異取扱い（手段）を正当化する根拠（目的）があるか〉ということだと考えるなら，目的審査と手段審査とはこの1つの問いを2つの方向から問うているのであって，独立の2つの審査ではない，とも考えられる。

　なお，ややこしいが，43事件（最大判昭48・4・4─尊属殺事件判決）における違憲論内の対立を目的違憲論と手段違憲論と呼ぶことがある。この言葉は，何を違憲と判断するかの対立として用いられることがある（目的違憲＝区別すること自体を違憲，手段違憲＝区別した上での取扱いを違憲）。この意味で用いるときは，目的審査をパスしなければ目的違憲，手段審査をパスしなければ手段違憲という関係にあるわけではないので注意を要する。

　3　学説では，42事件判決の枠組みに乗った上で，合理性とは民主主義的合理性の意味であるとし，アメリカの憲法判例を参照して，どのような差違についての区別であるのか，また，何を配分対象とした区別であるのかの2点を手掛かりに，裁判所が合理性を審査する場合の違憲審査基準を変えるべきであるという主張が有力である。背景にあるのは，民主主義においては区別してはならない差違がある，民主主義においては平等に配分されなければならない財がある，という思考である。

　以下に掲げる事件は，前者の観点から問題とされた事案が多い。45事件（最判平7・12・5─再婚禁止期間）・46事件（京都地判平22・5・27─外貌障害）は性別という差違に関わる事件であり，47事件（最大決平7・7・5─相続分）・48事件（最大判平20・6・4─国籍取得）は両親が婚姻をしているかどうか（嫡出性）という差違に関わる事件であり，49事件（東京高判平9・9・16─東京都青年の家事件）は性的指向という差違に関わる事件である。性別という差違についてそれに基づく差別を解消する試みは現行憲法下で様々になされてきたが，最高裁も労働分野におけるそれについては比較的に積極的に取り組んできた（参照，16事件〔最判昭56・3・24─女子若年定年制事件〕）。嫡出性に基づく差別については，最判平11・1・21（判時1675号48頁）で問題とされたような住民票の記載については行政実務により解消されるなど，徐々に差別解消に向けた取組が進みつつある。性的指向については，近年になってようやくそれが差別であるという認識がなされるようになり，欧米では解消への動きが顕著なところである。

　4　上述のような学説の審査基準論に対して，最高裁は長い間冷淡であるように見えた。また，14条の保障内容について，学説と異なる解釈を提示してきたわけではなかった。

　しかし，このような状況も最近になって変化しつつある。47事件の非嫡出子相続分決定では争点の中心ではなかったものの学説の説く審査基準論を考慮した上での応酬があったと考えられ，48事件の国籍法判決では上記学説の影響が明確である。このような変化が学説のゆっくりとした浸透力によるものなのか，それとも，単なる裁判官の世代交代によるものなのかは分からないが，最高裁が今後どのように平等の内容を明らかにするのか，判例の展開から目が離せないところである。

42 高齢を理由とする待命処分の合憲性

最高裁昭和39年5月27日大法廷判決
(昭和37年(オ)第1472号待命処分無効確認判定取消等請求事件)
民集18巻4号676頁，判時379号9頁

■事案■

地方公務員には一定の身分保障が与えられているが（地公27以下参照），1954（昭和29）年の地方公務員法の一部を改正する法律附則第3項は，地方公共団体が，条例で定める員数を超えることとなる員数の職員については，昭和29年度および昭和30年度において，国家公務員の例に準じて条例で定めることにより，職員にその意に反して臨時待命を命じること，または，職員の申出に基づいて臨時待命を承認することができる旨を定めていた。

富山県中新川郡立山町では，この規定に基づき，職員定数条例および待命条例が定められた。過員は10名であったが，1名が退職したので，Y（立山町長—被告・被控訴人・被上告人）は，8名について臨時待命の申出を承認し，また，町事務吏員であったX（原告・控訴人・上告人）に対して待命処分を行った。Yは，待命の対象者として，合併前の旧町村の町村長，助役，収入役であった者で年齢55歳以上の職員を主として考慮することとしており，退職勧告もそれらの者に対して行った。そして，Xが旧新川村の村長であった者であり当時66歳であったこと，また，勤務成績が良好でないこと，恩給受給権者であることから，Xに対して待命処分を行った。

Xは待命処分の無効確認等を求めて提訴した。1審（富山地判昭35・4・15民集18巻4号685頁参照）は請求棄却。2審（名古屋高金沢支判昭37・10・17前掲民集705頁参照）は控訴棄却。Xが上告。

本判決は，憲法問題についてだけ分離され，大法廷で審理判断されたものである（その他の論点に関しては，最判昭39・5・27前掲民集711頁）。Xは，憲法上の主張として，高齢者であることを不利益処分の基準とすることは，高齢者であることを社会的身分として取り扱い差別待遇をしたものであるから，憲法14条ならびに地方公務員法13条に違反すると述べていた。この主張に対して，1審は，「社会的身分と言うのは，広く人が社会において有する或る程度継続的な地位を指称するのであって，人の成長に従って生ずる人の自然的状態である55才以上の者ということは，右にいう社会的身分に該らない」と述べて斥け，2審もこの判断を肯定していた。

■争点■

①高齢者であることを不利益処分の基準とすることは憲法14条に違反するか。
②高齢者であることは「社会的身分」に該当するか。

■判旨■

論旨理由なし。

「思うに，憲法14条1項及び地方公務員法13条にいう社会的身分とは，人が社会において占める継続的な地位をいうものと解されるから，高令であるということは右の社会的身分に当らないとの原審の判断は相当と思われるが，右各法条は，国民に対し，法の下の平等を保障したものであり，右各法条に列挙された事由は例示的なものであって，必ずしもそれに限るものではないと解するのが相当であるから，原判決が，高令であることは社会的身分に当らないとの一事により，たやすくXの前示主張を排斥したのは，必ずしも十分に意を尽したものとはいえない。しかし，右各法条は，国民に対し絶対的な平等を保障したものではなく，差別すべき合理的な理由なくして差別することを禁止している趣旨と解すべきであるから，事柄の性質に即応して合理的と認められる差別的取扱をすることは，なんら右各法条の否定するところではない。」

「一般に国家公務員につきその過員を整理する場合において，……何人に待命を命ずるかは，……任命権者の適正な裁量に任せられているものと解するのが相当である。これを本件についてみても」，本件事情の下において，「任命権者たるYが，55歳以上の高令であることを待命処分の一応の基準とした上，Xはそれに該当し……しかも，その勤務成績が良好でないこと等の事情をも考慮の上，Xに対し本件待命処分に出たことは，任命権者に任せられた裁量権の範囲を逸脱したものとは認められず，高令であるXに対し他の職員に比し不合理な差別をしたものとも認められないから，憲法14条1項及び地方公務員法13条に違反するものではない」。

■解説■

1 本判決は，例示説と相対的平等論を採用して，判例の平等論の出発点となったものである。

2 例示説の採用は，平等の実質に対する一つの答えを拒否するという意義をもっていた。

平等違反の主張は常に可能である。例えば，本件事案が高齢者であることを基準とするものではなく，他のどのような基準によるものであっても，やはりその基準該当者に対する差別待遇であると主張することができる。少なくとも平等という言葉の誤用ではない。しかし，この程度に拡散した意味で捉えられた平等は無内容であろう。14条に実質があると考えるなら，それが保障する内容を明らかにすることが不可欠である。

初期に説かれた法適用平等説（法内容平等説に対する意味での）は，1項前段が法内容に及ぶことを否定すると同時に，後段列挙事由については法内容についても平等保障が及ぶと解することによって，14条の固有の内容を列挙事由による差別禁止に絞り込もうとするものであった。初期の最高裁判例にもこの考え方を前提していると思われるものがあった（例えば，最大判昭23・5・26刑集2巻5号517頁。なお，最大判昭25・10・11刑集4巻10号2037頁における穂積重遠裁判官反対意見も参照）。

しかし，本判決の意義の一つは，例示説を採用することを明らかにして，平等の実質に対するこのような答えを拒否したというところにある。

3 相対的平等論は，平等の問いを，事柄の性質に即応して合理的かどうかという問題として問おうというものである。

しかし，事柄の性質に即応して合理的かというのは，非常に大きく開かれた問いである。これだけを手掛かりに他者の判断を覆すには，自らの理性に対する余程の自信がなければならないだろう。実際，賢明な日本の裁判所は概して謙虚な態度を示してきた。つまり，相対的平等論はあくまで出発点であって，14条が意味をもつためには，それが求める合理性の内容について更に詳しく明らかにされなければならない。本判決はその後の多くの判決で引用されることとなるが，本判決の他に挙げるべき判例がなかったということが，これまでの最高裁の平等法理が出発点で立ち止まってしまっていることを示しているように思われる。

◆参考文献◆
矢野邦雄・最判解民事篇昭和39年度145頁。

43 尊属殺重罰規定と法の下の平等

最高裁昭和48年4月4日大法廷判決
(昭和45年(あ)第1310号尊属殺人被告事件)
刑集27巻3号265頁, 判時697号3頁

■事案■

Yは中学2年生の時に実父Aにより強姦され, その後も数人の子を成すなど夫婦同様の生活を強制された。25歳を過ぎて仕事を始め, ようやく正常な結婚の機会も得たが, これも実父により妨げられた上, 脅迫虐待を受けたことから, 懊悩煩悶しついにAを絞殺した。

当時の刑法は, 通常の殺人罪(199)のほかに, 200条が「自己又は配偶者の直系尊属を殺したる者は死刑又は無期懲役に処す」と定めており, Yはこの尊属殺人罪で起訴された。

1審(宇都宮地判昭44・5・29判タ237号262頁)は, 刑法200条は憲法に違反し無効であると判断して, 刑法199条を適用するとした上で, 過剰防衛を認め刑を免除した。しかし, 2審(東京高判昭45・5・12判時619号93頁)は, 1審判決を破棄して, 刑法200条は憲法に違反しないと判断し, 過剰防衛も否定し, ただ, 心神耗弱を認め情状を考慮して, Xを懲役3年6月とした。

■争点■

尊属殺人を犯した者を死刑または無期懲役とする規定は14条に違反するか。

■判旨■

破棄自判(懲役2年6月, 執行猶予3年。田中二郎裁判官の意見〔2裁判官同調〕, 下田武三裁判官の反対意見, 岡原昌男裁判官補足意見などがある)。

憲法14条1項後段列挙の事項は「例示的なもの」であり, 平等の要請は,「事柄の性質に即応した合理的な根拠に基づくものでないかぎり, 差別的な取扱いをすることを禁止する趣旨」と解すべきことは, 最大判昭39・5・27(本書42事件)の示すとおりである。「刑法199条のほかに同法200条をおくことは, 憲法14条1項の意味における差別的取扱いにあた」り, それが14条に違反するかどうかは,「右のような差別的取扱いが合理的根拠に基づくものであるかどうかによって決せられる」。

まず刑法200条の立法目的につき,「これが憲法14条1項の許容する合理性を有するか否かを判断すると, 次のように考えられる」。

「刑法200条の立法目的は, 尊属を卑属またはその配偶者が殺害することをもって一般に高度の社会的道義的非難に値するものとし, かかる所為を通常の殺人の場合より厳重に処罰し, もって特に強くこれを禁圧しようとするにあるものと解される。ところで, およそ, 親族は, 婚姻と血縁とを主たる基盤とし, 互いに自然的な敬愛と親密の情によって結ばれていると同時に, その間おのずから長幼の別や責任の分担に伴う一定の秩序が存し, 通常, 卑属は父母, 祖父母等の直系尊属により養育されて成人するのみならず, 尊属は, 社会的にも卑属の所為につき法律上, 道義上の責任を負うのであって, 尊属に対する尊重報恩は, 社会生活上の基本的道義というべく, このような自然的情愛ないし普遍的倫理の維持は, 刑法上の保護に値するものといわなければならない。しかるに, 自己または配偶者の直系尊属を殺害するがごとき行為はかかる結合の破壊であって, それ自体人倫の大本に反し, かかる行為をあえてした者の背倫理性は特に重い非難に値するということができる。」

「このような点を考えれば, 尊属の殺害は通常の殺人に比して一般に高度の社会的道義的非難を受けて然るべきであるとして, このことをその処罰に反映させても, あながち不合理であるとはいえない。そこで, 被害者が尊属であることを犯情のひとつとして具体的事件の量刑上重視することは許されるものであるのみならず, さらに進んでこのことを類型化し, 法律上, 刑の加重要件とする規定を設けても, かかる差別的取扱いをもってただちに合理的な根拠を欠くものと断ずることはできず, したがってまた, 憲法14条1項に違反するということもできないものと解する。」

「しかしながら, 刑罰加重の程度いかんによっては, かかる差別の合理性を否定すべき場合がないとはいえない。すなわち, 加重の程度が極端であって, 前示のごとき立法目的達成の手段として甚だしく均衡を失し, これを正当化しうべき根拠を見出しえないときは, その差別は著しく不合理なものといわなければならず, かかる規定は憲法14条1項に違反して無効であるとしなければならない。」

「尊属殺の法定刑は, それが死刑または無期懲役刑に限られている点(現行刑法上, これは外患誘致罪を除いて最も重いものである。)においてあまりにも厳しいものというべく, 上記のごとき立法目的, すなわち, 尊属に対する敬愛や報恩という自然的情愛ないし普遍的倫理の維持尊重の観点のみをもってしては, これにつき十分納得すべき説明がつきかねるところであり, 合理的根拠に基づく差別的取扱いとして正当化することはとうていできない」。刑法200条は憲法14条1項に違反して無効である。

田中意見

憲法14条が列記する事項は主要なものの例示的列記にすぎない。もっとも, 一切の差別的取扱いが絶対に許されないわけではなく, 差別的取扱いが合理的な理由に

基づくものとして許容されることはある。何がそこでいう合理的な差別的取扱いであるのかは、「憲法の基調をなす民主主義の根本理念に鑑み、個人の尊厳と人格価値の平等を尊重すべきものとする憲法の根本精神に照らし、これと矛盾牴触しない限度での差別的取扱いのみが許容されるものと考える」。

「日本国憲法は、封建制度の遺制を排除し、家族生活における個人の尊厳と両性の本質的平等を確立することを根本の建前とし（憲法24条参照）、この見地に立って、民法の改正により、『家』、『戸主』、『家督相続』等の制度を廃止するなど、憲法の趣旨を体して所要の改正を加えることになったのである。この憲法の趣旨に徴すれば、尊属がただ尊属なるがゆえに特別の保護を受けるべきであるとか、本人のほか配偶者を含めて卑属の尊属殺人はその背徳性が著しく、特に強い道義的非難に値いするとかの理由によって、尊属殺人に関する特別の規定を設けることは、一種の身分制道徳の見地に立つものというべきであり、前叙の旧家族制度的倫理観に立脚するものであって、個人の尊厳と人格価値の平等を基本的な立脚点とする民主主義の理念と牴触するものとの疑いが極めて濃厚であるといわなければならない」。尊属殺人に関する規定は、「憲法を貫く民主主義の根本理念に牴触し、直接には憲法14条1項に違反するものといわなければならないのである」。

■ 解 説 ■

1 第三者所有物没収事件判決（最大判昭37・11・28〔175・320事件〕）を除いて、日本で初めて法律を違憲とした判決であり、非常に有名な判例であるが、その論拠を理解することはそれほど容易ではない。

2 田中意見の目的違憲説に対して、多数意見は手段違憲説に立つといわれるが、この用語は下田反対意見が用いたものであり、その合憲論の観点からの呼称であることに注意する必要がある。多数意見と田中意見とが、立法目的の捉え方は同一でその合憲性の評価が分かれた、というわけではない。

下田反対意見は、200条は、「自然的情愛ないし普遍的倫理の維持尊重」という立法目的を実現するための手段として決して不合理なものとは考えられないという。この合憲論に対して、その立法目的理解を受け容れた上で、200条が定める法定刑という手段が「十分納得すべき説明がつきかねる」とするのが多数意見である。他方、田中意見は、下田意見の立法目的の説明を受け容れられないとする。200条が、(1)尊属がただ尊属なるがゆえに特別の保護を与えていること、(2)配偶者の尊属を殺した者も含めていることから、その立法目的を「自然的情愛ないし普遍的倫理の維持尊重」と考えることはできず、「一種の身分制道徳の見地に立つものというべきであり、前叙の旧家族制度の倫理観に立脚するものであって、個人の尊厳と人格価値の平等を基本的な立脚点とする民主主義の理念と牴触するものとの疑いが極めて濃厚であるといわなければならない」とする。

3 多数意見は、普通殺のほかに尊属殺という特別の罪を設けその刑を加重すること自体はただちに違憲ではないとしつつ、尊属殺の法定刑が死刑または無期懲役刑に限られている点において合理的根拠に基づく差別的取扱いではないとする。200条以外の対尊属犯罪重罰規定について合憲判断の余地を残す趣旨であるが（最判昭49・9・26刑集28巻6号329頁は本判決に拠りつつ当時の刑法205条2項〔尊属傷害致死〕を合憲と判断した）、しかし、このような議論に対しては、本当に平等違反を論拠としているといえるのかが問われている。

田中意見の違憲論は旧家族制度との結びつきを指摘することにあり、そこに平等を論拠とすることの理由がある（憲法24条参照）。200条が「自己又は配偶者の直系尊属を殺したる者」をカテゴリーとして区別していることを問題としている。

これに対して、多数意見は法定刑があまりにも厳しいということを問題としている。確かに、区別すること自体が絶対的に禁じられるという場合だけが平等の問題であると考えない限り、区別した上でどのように取り扱うかも平等の問題となりうると考えられる。したがって、平等の観点からも「あまりにも厳しい」ということは問題としうる。しかし、平等は比較の問題であるから、平等が問題であるなら、普通殺と比較してあまりに厳しいかどうかという問題のはずであり、逆に言えば、普通殺の法定刑を死刑か無期懲役に限るという法改正をすれば解消する性質の問題である。だが、本件で多数意見が不合理と判断しているのはそのような点なのであろうか。田中意見は、多数意見が不合理としているのはむしろ憲法36条の観点からではないかと指摘し、下田反対意見も同様の趣旨を述べている。

この点、岡原補足意見は、多数意見の趣旨を、「往時の『家』の制度におけるがごとき尊属卑属間の権威服従関係を極めて重視する思想を背景とし、これに基づく家族間の倫理および社会的秩序の維持存続をはかるものたる性格」が、尊属殺の法定刑が極端に重い刑のみに限られている点に露呈されているということだ、と説明している。この説明であれば、平等の問題として捉えているといえよう。しかし、この説明に説得力があるだろうか。この説明が成り立つためには、「自然的」・「普遍的」な価値のためであれば法定刑は軽いはずであるという前提が必要であり、また、説明が正しいとすれば、対尊属犯罪重罰規定のうち尊属殺規定のみが旧家族制度に基づく規定であるということになる。

◆ 参考文献 ◆

小林武・百選I〔第5版〕62頁、野坂泰司・法教302号71頁。

44 思想による解雇
――レッド・パージ事件

最高裁昭和30年11月22日第三小法廷判決
(昭和29年(オ)第355号解雇確認等請求事件)
民集9巻12号1793頁，判時66号28頁

■ 事 案 ■

X（大日本紡績株式会社―原告・被控訴人・被上告人）は各種繊維の紡績，織布，加工および販売ならびにこれに関連する事業を経営することを目的とする株式会社である。Xの従業員はほとんど全員がA（大日本紡績労働組合）に加入している。

1950（昭和25）年，Xは，紡績産業が日本経済再建の基幹産業であることからその正常な業務運営を維持確保する必要があるとして，Xの機能を損壊してその使命の遂行を阻害するかまたはそのおそれのある従業員を排除することとした。Xは，組合Aとの間の労働協約が定める解雇基準「已むを得ない業務上の都合によるとき」によって解雇することとし，その実施基準として緊急人員整理実施要綱を策定し，解雇対象者を，「共産主義的活動に関連を持つものであって(1)事業の社会的使命に自覚を欠く者(2)円滑な業務の運営に支障を及ぼす者(3)常に煽動的言動をなし他の従業員に悪影響を及ぼす者(4)右各号の虞ある者」と定めた。そして，Y₁・Y₂（被告・控訴人・上告人）を含む十数名を解雇した。

Y₁とY₂はX会社貝塚工場の従業員であり，Aの組合員である。そして，日本共産党阪南地区委員会日紡貝塚細胞の構成員であり，ビラ配布や共産党機関紙の閲読勧誘・配布を行うほか，Y₁は雑誌座談会で会社に関する発言を行うなどをしていた。Xは，ビラ配布は労働協約によって会社の承認が必要とされているがYらはそれを得ておらず，また，ビラや発言の内容は虚偽であるか事実を歪曲誇張しており，従業員の不平憎悪を誘発し作業意欲を減退させXの生産を阻害するかまたはその危険があるとして，Yらを解雇した。Yらが解雇の有効性を争ったので，Xが，解雇の有効性等の確認を求めて提訴。1審（大阪地岸和田支判昭26・11・19民集9巻12号1799頁参照）は請求認容。Yらが控訴したが，2審（大阪高判昭29・2・20労民集5巻2号145頁）は控訴棄却。Yらが上告。

■ 争 点 ■

信条による差別的取扱いとは，どのような場合か。

■ 判 旨 ■

上告棄却。

「原審の認定するところによれば，本件解雇は，Y等が共産党員若しくはその同調者であること自体を理由として行われたものではなく，右解雇は，原判決摘示のようなY等の具体的言動をもって，Xの生産を現実に阻害し若しくはその危険を生ぜしめる行為であるとし，しかも，労働協約の定めにも違反する行為であるとして，これを理由になされたものである，というのである。そして，原審の認定するような本件解雇当時の事情の下では，XがY等の右言動を現実的な企業破壊的活動と目して，これを解雇の理由としたとしても，これをもって何等具体的根拠に基かない単なる抽象的危虞に基く解雇として強いて非難し得ないものといわねばならない。してみると，右解雇は，もはや，Y等が共産党員であること若しくはY等が単に共産主義を信奉するということ自体を理由として行われたものではないというべきであるから，本件解雇については，憲法14条，基準法3条違反の問題はおこり得ない。右と同趣旨に出た原判決は正当であり，論旨は，右解雇が具体的現実的根拠を伴わない抽象的な危虞に基く解雇であることを前提とするものであって，採用の限りでない。」

■ 解 説 ■

1 本件は，いわゆるレッド・パージの一例である。占領開始後まず右派が公職追放されたが，その後の冷戦の高まりや朝鮮戦争（1950年6月25日開始）を背景に，今度は左派が追放されることとなった。1950年6月6日・同7日・7月18日のマッカーサー書簡によって共産党中央委員の公職追放，『アカハタ』編集委員の追放，報道機関からの共産主義者の追放が行われたが，それ以外にも政府機関や多くの民間企業で同様の措置がとられた。政府機関の場合は行政整理が名目であり，民間企業の場合も形式的には企業が自主的に行ったという建前である。

2 本件はこのような特殊な事件であるが，本判決は，信条ではなく行為を理由とする解雇であるとしてあくまで通常の事件であるかのように処理しようとしている（7月18日マ書簡が直接争われた最大判昭27・4・2民集6巻4号387頁は占領下の超憲法的効力を理由とする）。具体的なあてはめの当否は別として，信条と行為との区別という枠組み自体は，労基法3条の信条差別の基準として現在でも判例・学説が用いているところである（菅野和夫『労働法〔第9版〕』[2010] 149頁参照）。

◆ 参考文献 ◆

加藤俊平・労働百選〔第5版〕24頁，浦部法穂・ジュリ900号50頁。

45 再婚禁止期間と法の下の平等

最高裁平成 7 年 12 月 5 日第三小法廷判決
(平成 4 年 (オ) 第 255 号損害賠償請求事件)
判時 1563 号 81 頁, 判タ 906 号 180 頁

■ 事 案 ■

X₁ (女) は, 1988 (昭和 63) 年 12 月 1 日に A との間で離婚調停が成立し, 未成年の子 B・C 2 人の親権を持つこととなった。X₁ は離婚成立後に X₂ との同居を開始し, 2 人は 1989 (平成元) 年 3 月 7 日に婚姻届を広島県竹原市長に提出したが, 民法 733 条 (再婚禁止期間) を理由に受理されなかった。なお, X₂ は, 婚姻届提出に先だつ 1988 年 12 月 9 日に, B・C を養子にするため広島家庭裁判所竹原支部に民法 798 条の許可を申請したが, 同裁判所は許可しなかった。不許可の理由は, X₁ と X₂ との婚姻前に養子縁組を認めると, 婚姻が成立しなかった場合に未成年者の子の福祉に反する結果を生むおそれがあるというものであった。1989 年 6 月 1 日に X₁ と X₂ は婚姻し, X₂ は B・C との養子縁組を行った。

X らは, 国が民法 733 条を立法し, また, 廃止・改正しないために, 婚姻届が受理されず養子縁組が不許可になり, 精神的苦痛を被ったとして Y (国) に対して損害賠償を求める訴えを提起した (国賠 1)。1 審 (広島地判平 3・1・28 判時 1375 号 30 頁) は請求棄却。2 審 (広島高判平 3・11・28 判時 1406 号 3 頁) は控訴棄却。X らが上告。

■ 争 点 ■

女性のみの再婚禁止期間 (民 733) は, 憲法 14 条 1 項に違反するか。

■ 判 旨 ■

上告棄却。

本書 314 事件 (最判昭 60・11・21—在宅投票制度廃止事件) 等を引用して「国会ないし国会議員の立法行為 (立法の不作為を含む。) は, 立法の内容が憲法の一義的な文言に違反しているにもかかわらず国会があえて当該立法を行うというように, 容易に想定し難いような例外的な場合でない限り, 国家賠償法 1 条 1 項の適用上, 違法の評価を受けるものでない」とした上で, 最高裁は次のように述べた。

「再婚禁止期間について男女間に差異を設ける民法 733 条が憲法 14 条 1 項の一義的な文言に違反すると主張するが, 合理的な根拠に基づいて各人の法的取扱いに区別を設けることは憲法 14 条 1 項に違反するものではなく, 民法 733 条の元来の立法趣旨が, 父性の推定の重複を回避し, 父子関係をめぐる紛争の発生を未然に防ぐことにあると解される以上, 国会が民法 733 条を改廃しないことが直ちに前示の例外的な場合に当たると解する余地のないことが明らかである。したがって, 同条についての国会議員の立法行為は, 国家賠償法 1 条 1 項の適用上, 違法の評価を受けるものではないというべきである。」

■ 解 説 ■

1 民法 733 条は女性に対してのみ離婚後 6 か月間の再婚を禁止している。憲法との関係では, 14 条, 24 条に違反するのではないかが指摘されている。

2 民法 733 条が,「貞婦は二夫にまみえず」という思想に基づくものであるとか, 離婚に対する制裁を女性にのみ課そうとするものであれば, 当然に憲法違反となるであろう。

3 合憲論が挙げる民法 733 条の立法目的の 1 つは, 本判決でも述べられているように, 父性推定 (民 772) の重複回避である。重複を回避しなければならないのは, 子どもを保護するためである。ただし, 期間が重複しないようにするためだけであれば, 禁止期間は 100 日 (解釈によっては 101 日) で足りる。また, そもそも期間が重複したとしても, 例えば後婚の子という推定が優先するという規定を設けることもできる。したがって, 6 か月間の再婚禁止を正当化するためには, 単に法的推定の重複回避だけではなく, もう少し広く事実的効果も含めて立法目的を捉える必要があるだろう。1 審・2 審判決はこの点を明記するが, 本判決が父性推定の重複回避に続けて「父子関係をめぐる紛争の発生を未然に防ぐこと」と述べているのもそのような趣旨と解すべきであろう。6 か月という期間は, 懐胎が外見上も明らかになる時期を目安に定められたと指摘されている。

ただ, 紛争防止に関する再婚禁止期間の事実上の効果には疑問がある。法律婚の禁止は事実上の婚姻生活まで禁止するものでもない。現在では, 事実上の障碍としてもそれほど大きいとはいえないだろう。

また, そもそも民法 733 条の前提である 772 条については, 最近ではその合理性に強い批判がある (毎日新聞社社会部『離婚後 300 日問題』[2008])。

もちろん子どもを保護するための制度は必要であるが, どのような制度が実効的にその目的を果たすのか再検討する必要は大いにある。

4 このように考えると 733 条の合憲論の論拠は説得的ではない。本判決が憲法違反の結論を導かなかったのは, 問題が国賠法上の違法性に限定され, 非常に限られた合憲性審査しか行わなかったからである。しかし, 再婚禁止期間の場合は, 不受理それ自体の有効性を争おうとしても, 期間が過ぎれば受理されるので訴えの利益を失ったとされやすい。違憲審査の役割を担う裁判所としては, 争う場の提供を考えなければならないだろう。

◆ 参考文献 ◆

君塚正臣・民商 115 巻 4・5 号 223 頁, 植野妙実子・セレクト 1996 年 8 頁, 小林節・百選 I〔第 5 版〕66 頁。

46 外貌障害に対する保険給付の男女間格差

京都地裁平成 22 年 5 月 27 日判決
(平成 20 年(行ウ)第 39 号障害補償給付支給処分取消請求事件)
判時 2093 号 72 頁, 判タ 1331 号 107 頁

■事 案■

X（男性）は，1995（平成 7）年に勤務先作業中での事故で火傷を負い，その後 15 回の手術を受けたが，2004年に症状固定した。X は，園部労働基準監督署長に対して，労働者災害補償保険法（以下，法）に基づく障害補償給付の支給を請求したところ，X が障害等級表第 11 級に該当すると認定する旨の処分（以下，本件処分）を受けた。

法は，障害補償給付の額を障害等級に応じて定めており，そして，障害等級は厚生労働省令で定めることとしていた。省令（労働者災害補償保険法施行規則）は，外貌の醜状障害に関しては，障害等級を性別により区別しており（以下，「本件差別的取扱い」），「男性の外貌に醜状を残すもの」を第 14 級（給付基礎日額の 56 日分の一時金），「女性の外貌に醜状を残すもの」を第 12 級（同 156 日分の一時金），「男性の外貌に著しい醜状を残すもの」を第 12 級，「女性の外貌に著しい醜状を残すもの」を第 7 級（1 年につき同 131 日分の年金）と定めていた。ただ，「男子のほとんど顔面全域にわたる瘢痕で人に嫌悪の感を抱かせる程度のもの」については女性の「著しい醜状」に準じて第 7 級が適用されることとなっていた。X が第 11 級と認定されたのも，外貌の醜状障害について第 12 級と判断されたことに基づき，他の障害と併合して算定されたものであった。

X は，外貌の醜状障害の等級について男女に差を設けることは憲法 14 条に違反すると主張して，国（Y）に対して，本件処分の取消しを求めて提訴した。

■争 点■

外貌の醜状障害に関する補償給付について女性を優遇することは 14 条に違反するか。

■判 旨■

請求認容（確定）。

障害等級表の策定については，高度の専門技術的考察が必要である。障害補償給付を受ける権利への制約に関する厚生労働大臣の裁量は，表現行為や経済活動などの人権への制約場面に比し，比較的広範である。「本件差別的取扱いについて，その策定理由に合理的根拠があり，かつ，その差別が策定理由との関連で著しく不合理なものではなく，厚生労働大臣に与えられた合理的な裁量判断の限界を超えていないと認められる場合には合憲であるということができる」。

他方，行政処分の取消訴訟において処分の適法性を立証する責任は基本的に処分をした行政庁の側にあると解されるから，Y は「本件差別的取扱いの合憲性について立証しなければならない」。

Y は，外貌の醜状障害が第三者に対して与える嫌悪感，障害を負った本人が受ける精神的苦痛，これらによる就労機会の制約の程度について，男性に比べ女性の方が大きいという事実的・実質的な差異がある旨主張するが，そのような差異について，顕著ではないものの根拠になり得る調査結果（国勢調査の結果）がある。また，外貌の醜状障害により受ける影響について差異があるという社会通念があるといえなくはない。そうすると，「本件差別的取扱いについて，その策定理由に根拠がないとはいえない」。

「しかし，本件差別的取扱いの程度は，男女の性別によって著しい外ぼうの醜状障害について 5 級の差があり，給付については，女性であれば 1 年につき給付基礎日額の 131 日分の障害補償年金が支給されるのに対し，男性では給付基礎日額の 156 日分の障害補償一時金しか支給されないという差がある。これに関連して，障害等級表では，年齢，職種，利き腕，知識，経験等の職業能力的条件について，障害の程度を決定する要素となっていないところ……，性別というものが上記の職業能力的条件と質的に大きく異なるものとはいい難く，現に，外ぼうの点以外では，両側の睾丸を失ったもの（第 7 級の 13）以外には性別による差が定められていない。そうすると，著しい外ぼうの醜状障害についてだけ，男女の性別によって上記のように大きな差が設けられていることの不合理さは著しいものというほかない。また，そもそも統計的数値に基づく就労実態の差異のみで男女の差別的取扱いの合理性を十分に説明しきれるか自体根拠が弱いところであるうえ，前記社会通念の根拠も必ずしも明確ではないものである。その他，本件全証拠や弁論の全趣旨を省みても，上記の大きな差をいささかでも合理的に説明できる根拠は見当たらず，結局，本件差別的取扱いの程度については，上記策定理由との関連で著しく不合理なものであるといわざるを得ない。」

「『従前，女性について手厚くされていた補償は，女性の社会進出等によって，もはや合理性を失ったのであるから，男性と同等とすべき（引き下げるべき）である』との Y が主張するような結論が単純に導けない以上」，本件処分は違法であるといわざるを得ない。

■解 説■

1　本判決に対して国は控訴せず，障害等級表の見直しに着手した。その結果，性に基づく区別自体が廃止され，男女とも従来の女性に関する基準に統一されるとともに，第 9 級に「外貌に相当程度の醜状を残すもの」が新たに項目として設けられた新等級表が 2011 年 2 月 1 日から施行されている。本判決は地裁判決であるが，このような大きな影響を及ぼした。

2　判決が憲法違反であると判断したのは，本件差別的取扱いの「程度」が「大きな差」であることである。性別に基づく区別を設けることそれ自体は違憲とはいえないとしている。このような結論において，本書 43 事件〔最大判昭 48・4・4—尊属殺重罰規定〕判決多数意見と同様である。

ただし，違いにも注意する必要がある。まず，本判決の場合は，国の広い裁量を認め裁判所の憲法判断の範囲を著しい不合理性に絞り込んだため，区別自体の違憲判断は控えたと理解すべきであろう。区別すること自体の合理性が積極的に肯定されたわけではない。また，本判決が憲法違反であると判断したのは，男性と女性との「大きな差」であることが明示されている。男性に対して支給される 156 日分の一時金が低すぎることではない。

◆ 参考文献 ◆
新井誠・法セ 669 号 34 頁，巻美矢紀・セレクト 2010 年 - I 7 頁，糠塚康江・平成 22 年度重判解 11 頁。

47 非嫡出子の法定相続分差別と法の下の平等

最高裁平成7年7月5日大法廷決定
(平成3年(ク)第143号遺産分割審判に対する抗告棄却決定に対する特別抗告事件)
民集49巻7号1789頁, 判時1540号3頁

■ 事案 ■

1988(昭和63)年にAが亡くなると, Aの非嫡出子B(既に死亡)の代襲者Xは, 他のAの相続人Y₁～Y₉を相手に遺産分割を申し立てた。Xは, 民法900条4号ただし書の規定(以下,「本件規定」)が非嫡出子の相続分を嫡出子の2分の1と定めているのは法の下の平等に違反し無効であるのだから, 嫡出であるかを問わず平等に分割すべきであると主張した。

Aは1901(明治34)年に甲野家の長女として生まれた者であるが, 甲野家では他に男子がいなかったので, 甲野家戸主の後継ぎ選びのためにAに対して4回の試婚が繰り返された(うち2人とは法律上の婚姻)。2人目の試婚相手Cの子がXの父親Bである。Cは当時の戸主に気に入られなかったのか, Aとの法律上の婚姻に至っていない。B以外のAの子は婚姻に至った試婚相手との子(したがって嫡出子)である。Xによれば, Bは非嫡出子であることにより様々な差別を経験し, Xもまたそのことで苦しんできたという。

1審(静岡家熱海出審平2・12・12民集49巻7号1820頁参照)は, 平等違反の主張を認めず, 本件規定に従った相続分の審判を行った。Xが抗告したが, 2審(東京高決平3・3・29判タ764号133頁)は抗告棄却。Xが特別抗告。

■ 争点 ■

非嫡出子の相続分を嫡出子の2分の1と定める民法900条4号ただし書は憲法14条に違反するか。

■ 決定要旨 ■

抗告棄却(可部恒雄裁判官, 大西勝也裁判官〔園部逸夫裁判官同調〕, 千種秀夫・河合伸一裁判官の各補足意見, 中島敏次郎・大野正男・高橋久子・尾崎行信・遠藤光男裁判官の反対意見, 尾崎追加反対意見がある)。

「相続制度は, 被相続人の財産を誰に, どのように承継させるかを定めるものであるが, その形態には歴史的, 社会的にみて種々のものがあり, また, 相続制度を定めるに当たっては, それぞれの国の伝統, 社会事情, 国民感情なども考慮されなければならず, 各国の相続制度は, 多かれ少なかれ, これらの事情, 要素を反映している。さらに, 現在の相続制度は, 家族というものをどのように考えるかということと密接に関係しているのであって, その国における婚姻ないし親子関係に対する規律等を離れてこれを定めることはできない。これらを総合的に考慮した上で, 相続制度をどのように定めるかは, 立法府の合理的な裁量判断にゆだねられているものというほかない。」

「そして, 前記のとおり, 本件規定を含む法定相続分の定めは, 右相続分に従って相続が行われるべきことを定めたものではなく, 遺言による相続分の指定等がない場合などにおいて補充的に機能する規定であることをも考慮すれば, 本件規定における嫡出子と非嫡出子の法定相続分の区別は, その立法理由に合理的な根拠があり, かつ, その区別が右立法理由との関連において著しく不合理なものでなく, いまだ立法府に与えられた合理的な裁量判断の限界を超えていないと認められる限り, 合理的理由のない差別とはいえず, これを憲法14条1項に反するものということはできないというべきである。」

民法は法律婚主義や一夫一婦制を採用しているが, これらの制度が憲法24条1項に反するものでないことはいうまでもない。

「そして, このように民法が法律婚主義を採用した結果として, 婚姻関係から出生した嫡出子と婚姻外の関係から出生した非嫡出子との区別が生じ, 親子関係の成立などにつき異なった規律がされ, また, 内縁の配偶者には他方の配偶者の相続が認められないなどの差異が生じても, それはやむを得ないところといわなければならない。」

本件規定の立法理由は, 「法律婚の尊重と非嫡出子の保護の調整を図ったもの」と解される。

「現行民法は法律婚主義を採用しているのであるから, 右のような本件規定の立法理由にも合理的な根拠があるというべきであり, 本件規定が非嫡出子の法定相続分を嫡出子の2分の1としたことが, 右立法理由との関連において著しく不合理であり, 立法府に与えられた合理的な裁量判断の限界を超えたものということはできないのであって, 本件規定は, 合理的理由のない差別とはいえず, 憲法14条1項に反するものとはいえない。」

中島ほか5名反対意見

「相続制度は社会の諸条件や親族各人の利益の調整等を考慮した総合的な立法政策の所産であるが, 立法裁量にも憲法上の限界が存在する」。

そして, 憲法14条1項は「個人の尊厳という民主主義の基本的理念に照らして, これに反するような差別的取扱を排除する趣旨」と解される。そして本件は「精神的自由に直接かかわる事項ではないが, 本件規定で問題となる差別の合理性の判断は, 基本的には, 非嫡出子が婚姻家族に属するか否かという属性を重視すべきか, あるいは被相続人の子供としては平等であるという個人と

しての立場を重視すべきかにかかっているといえる。したがって、その判断は、財産的利益に関する事案におけるような単なる合理性の存否によってなされるべきではなく、立法目的自体の合理性及びその手段との実質的関連性についてより強い合理性の存否が検討されるべきである」。

「婚姻を尊重するという立法目的については何ら異議はないが」、「出生について何の責任も負わない非嫡出子をそのことを理由に法律上差別することは、婚姻の尊重・保護という立法目的の枠を超えるものであり、立法目的と手段との実質的関連性は認められず合理的であるということはできないのである」。

また、多数意見は立法理由は非嫡出子の保護をも図ったものとするが、本件規定が社会に及ぼしている現実の影響に合致しない。本件規定は、「非嫡出子を嫡出子に比べて劣るものとする観念が社会的に受容される余地をつくる重要な一原因」となっている。

諸外国の立法の趨勢、国内における立法改正の動向、批准された条約等を考慮するならば、少なくとも今日の時点において、立法目的と手段との間の実質的関連性は失われているというべきである。

本件規定を違憲と判断するとしても、その判断の効力は遡及しない。

■ 解 説 ■

1 多数意見は 10 人の裁判官から成るが、必ずしも盤石とはいえない。

2 多数意見の合憲論を支えている第 1 は、制度論への争点の移動である。(1)相続分の不平等の合理性という論点は相続制度を前提としており、また、相続制度は「家族というものをどのように考えるかということと密接に関係している」から婚姻制度・親子制度等を離れて定めることはできないという理由によって、争点を、いわばローカルな個別論点からグローバルな制度全体へと移動させる。グローバルな制度全体の評価ということになれば、多様な要素・事情を総合的に考慮しなければならないことになるから、立法府の役割だということになり、司法による合理性審査の密度は大幅に縮減される。さらに、(2)制度全体が合理的であるとすればその中の個別の論点は「やむを得ないところ」であるとして、制度の合理性判断から個々の論点の合理性判断が導かれている。

第 2 としては、多数意見の中にいわゆる審査基準論への目配りを認めるべきであろう。本決定は民法 900 条が任意法規であることを指摘するが、その趣旨は、非嫡出子が被る不利益の小ささを指摘することにあると考えられよう。差別の対象となる利益によって審査基準を変えるべきと説く学説に配慮して、重大な利益ではないことを指摘して、審査基準を引き上げない根拠としている。

3 しかし、本決定では、以上の 2 点だけでは多数を形成できなかった。制定時（昭和 22 年の改正時）の合理性を肯定しつつ、しかし、その後の事情の変化を指摘し、ただそれでもなお立法による改正に期待しようとする 4 名の裁判官（大西〔園部同調〕、千種・河合各補足意見）の合流によって、初めて多数を形成できたものである。

4 これに対して、中島ら 5 名の反対意見は、第 1 の点に関しては、立法裁量に対する憲法の優越を説き、第 2 の点に関しては、社会的な観念への影響という、法令の象徴的・表現的な意味における不利益をも視野に入れている。その上で、学説が主張してきた審査基準論に乗って、いかなる基準で区分するかに着目し、いわゆる厳格な合理性の基準によって違憲論を組み立てている。

5 本決定は最高裁のその後の非嫡出子相続分に関する事件でも先例として踏襲されているものの、必ず補足意見・反対意見が付加されており、辛うじて多数を維持し得ている状況である。2010（平成 22）年には事件が大法廷に回付されたという報道もあった（ただし、当該事件は裁判外の和解で終結したようである）。

本書 48・311 事件（最大判平 20・6・4―非嫡出子国籍法差別違憲判決）後も本決定は覆されていないが（最決平 21・9・30 家月 61 巻 12 号 55 頁）、国籍法違憲判決が伝統的に国家の裁量が広く認められてきた領域に憲法による規律を及ぼした点、嫡出子という身分が「子にとっては自らの意思や努力によっては変えることのできない父母の身分行為に係る事柄である」ことを合理性に関する慎重な検討を要する論拠とした点、時間の経過による合理性の喪失を違憲論の論拠とした点において、本決定の今後に影響を与えざるを得ないと思われる。

6 本決定の時点では、900 条改正が法制審議会で検討されていた。翌 1996（平成 8）年に、嫡出子と非嫡出子の相続分を同等とする旨の答申が法務大臣に対して提出されたが、以降は目立った変化はない。改正の動向に対して本決定がどのようなプラス・マイナスの影響を与えたのかは別途検討を要する。

裁判所が違憲判断によって解決しようとする場合は、既に行われた遺産分割の効力が問題となる。本決定の反対意見は遡及効の否定という解決策を提案している。

◆ 参考文献 ◆

大村敦志＝石川健治・法協 114 巻 12 号 1533 頁、高見勝利＝右近健男・法教 183 号 16 頁、米倉明・法セ 490 号 4 頁、野山宏・最判解民事篇平成 7 年度 633 頁、青柳幸一・百選Ⅰ〔第 5 版〕64 頁、内野正幸・基本判例〔第 2 版〕51 頁。

48 非嫡出子の国籍取得差別と法の下の平等

最高裁平成20年6月4日大法廷判決
(平成18年(行ツ)第135号退去強制令書発付処分取消等請求事件)
民集62巻6号1367頁, 判時2002号3頁

■事案■

Xは，1997（平成9）年にA男（日本国籍）とB女（フィリピン共和国籍）との間に日本で生まれた者である。AとBとは法律上の婚姻関係にはなかったが，1999年にAはXを認知した。2003年にXは認知を受けたことを理由に法務大臣あてに日本国籍取得届を提出したが，「国籍取得の条件を備えているものとは認められない」旨の通知を受けた。

国籍法（平20法88による改正以前のもの。以下，「法」）は，2条で出生による国籍の取得について規定し，その1号は「出生の時に父又は母が日本国民であるとき」と定めている。しかし，Xは，出生時点ではAとの法律上の親子関係はなかった。Xは出生後にAに認知され，民法784条は認知に遡及効を認めているが，最高裁の先例は，国籍の生来的な取得の効果が遡って認められるわけではないとしていた（最判平9・10・17民集51巻9号3925頁，最判平14・11・22判時1808号55頁）。

また，法3条1項は届出による国籍の取得について規定し，「父母の婚姻及びその認知により嫡出子たる身分を取得した子で20歳未満のもの」について認めていた。しかし，A・Bは法律上の婚姻関係になかった。Aには法律上の妻があり，その間に子どももいる。

Xは，日本国籍を有することの確認を求める訴えを国に対して提起した。Xは，法3条1項は憲法14条に違反しており国籍取得届を提出したことにより日本国籍を取得したなどと主張した。

なお，本件訴訟提起後，BはさらにAの子を懐胎し，Aは胎児認知を行った（2005年出生）。

1審（東京地判平17・4・13判時1890号27頁）は，法3条1項は，父母が法律上の婚姻関係を成立させた子と内縁関係にとどまる子との間に不合理な区別を生じさせている点において，憲法14条1項に違反すると判断した。そして，法3条1項のうち「父母の婚姻」を内縁関係も含む趣旨であると合憲的に解釈することとし，また，法3条1項は子が「嫡出」としての身分を取得した場合にのみ国籍取得を認める旨の定めをしている点において一部無効であるとして，請求を認容した。2審（東京高判平18・2・28家月58巻6号47頁）は，仮に法3条1項が無効であるとしても，出生後に日本国民である父から認知を受けたにとどまる子が日本国籍を取得する制度が創設されるわけではなく，また，国籍法については厳密な解釈が要請されており，立法者の意思に反するような拡張・類推解釈は許されないとして，1審判決を取り消し，請求を棄却した。Xが上告。

■争点■

外国人の母から生まれ出生後に日本国民である父から認知を受けた子のうち，準正によって嫡出子の身分を取得した子には届出による日本国籍の取得を認め，認知を受けたにとどまる子については帰化要件の緩和のみ定める国籍法は，憲法14条に違反するか。

■判旨■

破棄自判（2審判決破棄，国の控訴棄却。泉德治，今井功〔那須弘平，涌井紀夫裁判官が同調〕，田原睦夫，近藤崇晴裁判官の各補足意見，藤田宙靖裁判官の意見，横尾和子・津野修・古田佑紀裁判官の反対意見，甲斐中辰夫・堀籠幸男裁判官の反対意見がある）。

憲法10条は国籍の得喪に関する要件をどのように定めるかについて立法府の裁量判断にゆだねる趣旨のものであると解されるが，定められた要件によって生じた区別が合理的理由のない差別的取扱いとなるときは憲法14条1項違反の問題を生ずることはいうまでもない。

「日本国籍は，我が国の構成員としての資格であるとともに，我が国において基本的人権の保障，公的資格の付与，公的給付等を受ける上で意味を持つ重要な法的地位でもある。一方，父母の婚姻により嫡出子たる身分を取得するか否かということは，子にとっては自らの意思や努力によっては変えることのできない父母の身分行為に係る事柄である。したがって，このような事柄をもって日本国籍取得の要件に関して区別を生じさせることに合理的な理由があるか否かについては，慎重に検討することが必要である。」

「国籍法3条1項は，同法の基本的な原則である血統主義を基調としつつ，日本国民との法律上の親子関係の存在に加え我が国との密接な結び付きの指標となる一定の要件を設けて，これらを満たす場合に限り出生後における日本国籍の取得を認めることとしたものと解される」。このような立法目的自体には，合理的な根拠があるというべきである。

また，国籍法3条1項の規定が設けられた当時の社会通念や社会的状況の下においては，準正をもって「日本国民である父との家族生活を通じた我が国との密接な結び付きの存在を示すものとみることには相応の理由があったもの」とみられる。また，「当時の諸外国における前記のような国籍法制の傾向にかんがみても」，準正要件は，上記の立法目的との間に一定の合理的関連性があったものということができる。

しかしながら，その後，我が国における社会的，経済的環境等の変化に伴って，家族生活や親子関係に関する意識や実態は変化し多様化してきている。加えて，両親の一方のみが日本国民である場合には，より複雑多様な認識や実態があり，「その子と我が国との結び付きの強弱を両親が法律上の婚姻をしているか否かをもって直ちに測ることはできない」。

「また，諸外国においては，非嫡出子に対する法的な差別的取扱いを解消する方向にあることがうかがわれ，我が国が批准した市民的及び政治的権利に関する国際規約及び児童の権利に関する条約にも，児童が出生によっていかなる差別も受けないとする趣旨の規定が存する。さらに，国籍法3条1項の規定が設けられた後，自国民である父の非嫡出子について準正を国籍取得の要件としていた多くの国において，今日までに，認知等により自国民との父子関係の成立が認められた場合にはそれだけで自国籍の取得を認める旨の法改正が行われている。」

以上のような国内的，国際的な社会的環境等の変化に照らしてみると，「準正を出生後における届出による日本国籍取得の要件としておくことについて，前記の立法目的との間に合理的関連性を見いだすことがもはや難しくなっているというべきである。」

一方，国籍法2条1号の結果，日本国民である父または母の嫡出子として出生した子はもとより，日本国民である父から胎児認知された非嫡出子および日本国民である母の非嫡出子も，生来的に日本国籍を取得することとなるところ，日本国民である父から出生後に認知された子のうち準正により嫡出子たる身分を取得しないものに限っては，生来的に日本国籍を取得しないのみならず，同法3条1項所定の届出により日本国籍を取得することもできないことになる。

「とりわけ，日本国民である父から胎児認知された子と出生後に認知された子との間においては，日本国民である父との家族生活を通じた我が国社会との結び付きの

程度に一般的な差異が存するとは考え難」い。また，父母両系血統主義を採用する国籍法の下で，日本国民である母の非嫡出子と日本国民である父から出生後に認知されたにとどまる非嫡出子との間の区別は，「両性の平等という観点からみてその基本的立場に沿わないところがあるというべきである」。

「国籍法が，同じく日本国民との間に法律上の親子関係を生じた子であるにもかかわらず，上記のような非嫡出子についてのみ，父母の婚姻という，子にはどうすることもできない父母の身分行為が行われない限り，生来的にも届出によっても日本国籍の取得を認めないとしている点は，今日においては，立法府に与えられた裁量権を考慮しても，我が国との密接な結び付きを有する者に限り日本国籍を付与するという立法目的との合理的関連性の認められる範囲を著しく超える手段を採用しているものというほかなく，その結果，不合理な差別を生じさせているものといわざるを得ない。」

確かに，国籍法8条1項所定の簡易帰化により日本国籍を取得するみちが開かれているが，「帰化は法務大臣の裁量行為であり，同号所定の条件を満たす者であっても当然に日本国籍を取得するわけではないから，これを届出による日本国籍の取得に代わるものとみることにより，本件区別が前記立法目的との間の合理的関連性を欠くものでないということはできない」。

なお，仮装認知のおそれがあるとしても，「父母の婚姻により子が嫡出子たる身分を取得することを日本国籍取得の要件とすることが，仮装行為による国籍取得の防止の要請との間において必ずしも合理的関連性を有するものとはいい難く」，結論を覆す理由とすることは困難である。

「そうすると，本件区別は，遅くともXが法務大臣あてに国籍取得届を提出した当時には，立法府に与えられた裁量権を考慮してもなおその立法目的との間において合理的関連性を欠くものとなっていたと解される。」

「したがって，上記時点において，本件区別は合理的な理由のない差別となっていたといわざるを得ず，国籍法3条1項の規定が本件区別を生じさせていることは，憲法14条1項に違反するものであったというべきである。」

そして，最高裁は，法3条1項を合憲的に解釈すれば，「日本国民である父と日本国民でない母との間に出生し，父から出生後に認知された子は，父母の婚姻により嫡出子たる身分を取得したという部分を除いた国籍法3条1項所定の要件が満たされるときは，同項に基づいて日本国籍を取得することが認められる」として，2審判決を破棄し，国の控訴を棄却した。

■解説■

1 国籍取得要件の設定は国家の主権的権限であるというのは伝統的な考え方であった（しかし，この点には批判もある。後掲特集・ジュリ46頁参照）。本判決も，国籍の得喪に関する要件について立法府の裁量を認めている。このように権利（国籍取得に対する権利というようなもの）を構成しづらいときに，それでも憲法違反を主張しようとする場合には，平等主張を検討することになるだろう。

ただし，平等主張が権利主張の単なる看板の掛け替えに終わってしまえば説得力はないから，平等を主張する場合は，平等特有の問題の存在を提示しなければならない。多数意見は①日本国籍が「重要な法的地位」であること，②嫡出・非嫡出という差異が「自らの意思や努力によっては変えることのできない……事柄である」ことから，区別に合理的な理由があるかについて慎重に検討する必要があるとした。つまり，裏返していえば，重要な法的地位については区別するべきではない，また，自らの意思や努力によって変えることができない事柄に基づいて区別するべきではないという原則を，多数意見は平等の内容として認めたということになる。

学説は，区別の結果がどのような違いをもたらすのか，いかなる差違について区別しているのか，という2点に着目して，重大な不平等であるかどうかを判断するという考え方を主張してきた。多数意見は，このような学説に沿うものであり，その意義は非常に大きい。

2 多数意見は，平等違反の検討を目的手段審査によって行っている。平等違反の場合，「手段」は差別取扱いということになるが，多数意見が主として検討したのは，①法律上の婚姻関係にない日本国籍の父と日本国籍でない母との間に出生した子のうち，父母の婚姻によって嫡出子の身分を取得した子は届出により国籍を取得できるのに対して，出生後に父から認知を受けたにとどまる子はできないことである。加えて，②日本国民である父から胎児認知を受けた子は出生により国籍を取得するのに対して，出生後に認知を受けたにとどまる子はそうでないこと，③法律上の婚姻関係にない日本国民と外国人との間に出生した子で，日本国民である母の非嫡出子は出生により国籍を取得するのに対して，日本国民である父の非嫡出子はそうでないこと，という差別的取扱いそれぞれについても検討している。

①について，多数意見は，目的（法律上の親子関係に加えて「我が国との密接な結び付き」がある場合に国籍取得を認める）は正当であり，また，制定当時は，目的と手段（準正要件）との間に合理的関連性があったとする。しかし，「我が国を取り巻く国内的，国際的な社会的環境等の変化」に照らしてみると，今日においては，合理的関連性は見いだせないとする。

「社会的環境等の変化」が違憲判断の鍵となっているが，その内容として多数意見が最初に挙げるのは家族生活や親子関係の意識・実態の変化や多様化（特に国際カップルの場合のそれ）である。つまり嫡出子と非嫡出子との相違が実際は相対化していることを指しているのであろう。ただ，嫡出子と同様の「我が国との密接な結び付き」をもつ非嫡出子が増加しているとしても，嫡出子の「結び付き」が希薄化しているということではないと思われる。このような場合にも，目的と手段の関連性が失われたといえるだろうか。特に，国籍法を「創設的・授権的法律」と理解する反対意見の立場（国籍要件を国家の主権的権限とする伝統的な立場からは，素直な理解であろう）からは，どのように答えることになるだろうか。

しかし，非嫡出子差別については，このような場合にも目的と手段との関連性が認められない。嫡出性を理由とする差別取扱いは許されないのが原則であり，例外的に許されるためには重要な目的のためにぴったりに仕立てられた（narrowly tailored）手段でなければならない。多数意見は，国際法や外国法の変化に依拠してこのような考え方を認めたと解されるのであり，相続分などその他の非嫡出子差別事案の今後を占う意味でもこのことをおさえておくことが重要であると思われる。

なお，多数意見は準正要件を「過剰な要件」であるとしている。今井功裁判官補足意見は，国籍法は血統主義を「大原則」にしているとし，3条はその大原則から非嫡出子を除外した規定であると解釈している。実質的には，平等違反構成から権利侵害構成への転換であり，このように考えることによっても，目的（「結び付き」がない者を排除すること）と手段（非嫡出子に対して届出による国籍取得を認めない）との関連性が失われたといえることになるだろう。

◆参考文献◆
「特集・国籍法違憲訴訟最高裁大法廷判決」ジュリ1366号44頁，山元一・平成20年度重判解13頁，石川健治・法教343号35頁・344号40頁・346号7頁。

49 同性愛者への公共施設宿泊拒否——東京都青年の家事件

東京高裁平成9年9月16日判決
(平成6年(ネ)第1580号損害賠償請求控訴事件)
判タ986号206頁,判自175号64頁

■ 事 案 ■

1990(平成2)年,「動くゲイとレズビアンの会」(以下,X)は,スポーツおよび勉強会合宿を行うため,東京都(以下,Y)が設置・管理する「東京都府中青年の家」を予約した上で使用申込みをしたところ,青年の家の使用承認権限をもつ東京都教育委員会は不承認処分を行った。不承認の理由は,①青年の家は青少年の健全な育成を図る目的で設定されているものであり,男女の同室での宿泊を認めていない,②この男女別室宿泊原則は異性愛に基づく性意識を前提としたものであり,同性愛の場合には複数の同性愛者が同室に宿泊するのを認めることができない,③青年の家にはXのメンバーが個々に分かれて宿泊できるような相当数の個室はない,などであった。背景には,Xが青年の家で初回の合宿を行った際に,他グループから好奇心・蔑視の対象となるなどトラブルが生じたことがあった。Xは,不承認処分により,他の施設を借りざるを得なくなる等の損害を被ったとして,Yに対して損害賠償請求を提起した。

1審(東京地判平6・3・30判時1509号80頁)は請求を一部認容。Yが控訴。

■ 争 点 ■

同性愛者に対する別異取扱いと平等の関係をいかに捉えるか。

■ 判 旨 ■

一部変更(賠償額を減額)(確定)。

青年の家が,利用の承認・不承認に当たって,男女別室宿泊の原則を考慮すべき事項とすることは相当である。そして,この原則を,性的行為が行われる可能性について着目して,同性愛者の同室宿泊について考えるならば,複数の同性愛者が同室に宿泊することは「右原則に実質的に抵触することになる」から,この点を同性愛者の施設利用の承認不承認に当たって考慮することは相当である。ただし,性的行為の可能性については,「異性愛者である男女の同室宿泊の場合と同程度と認めるべきであり,それ以上でもなければそれ以下でもないというべきである」。

「憲法21条,26条,地方自治法244条に鑑みると,Xらは,『公の施設』である本件府中青年の家についてその利用権を有しているものと認められる」。東京都青年の家条例が定める不承認事由も,その趣旨に即して解釈されるべきである。

男女別室宿泊の原則を,性的行為が行われる可能性という観点から実質的に適用すると,同性愛者は,青年の家の宿泊利用を全くできなくなってしまい,「これは異性愛者に比べて著しく不利益であり,同性愛者である限り,青年の家の宿泊を伴う利用権は全く奪われるに等しいものである」。

男女別室宿泊原則は青年の家における性的行為を禁止しようとするものであるが,実際は,最終的には利用者の自覚に期待するしかない。また,青年の家における宿泊形態においては,そもそも性的行為に及ぶ可能性がそれほど高いとはいえない。同性愛者の宿泊利用を一切拒否することは,「右原則が身体障害者の利用などの際,やむを得ない場合にはその例外を認めていることと比較しても,著しく不合理であって,同性愛者の利用権を不当に制限するものといわざるを得ない」。

また,Yは,青年の家の利用者には小学生も含まれ,性的成熟度が未発達で,学習に対するレディネス(準備能力)が備わっていない小学生たちが同性愛者の同室宿泊を知れば,男女の同室宿泊以上に強い衝撃を受け,誤解あるいは理解不能な対象に対する過剰反応を起こす可能性は否定できず,有害であり,青年の家の秩序を乱すおそれがあると主張するが,「青少年に対しても,ある程度の説明をすれば,同性愛について理解することが困難であるとはいえ」ず,また,「同性愛者と同宿させることにより,青少年,特に小学生等に,有害な影響を与えると都教育委員会が相応の根拠をもって判断する場合には,いずれかの団体のうち,後に使用申込をした団体の申込を都青年の家条例8条に基づき拒否することも場合によっては可能と考えられるから,右のような事態が生じる可能性があるからといって,当然に同性愛者の宿泊利用を全て拒否できるということはできない」。

本件不承認処分は,同性愛者の利用権を不当に制限し,結果的,実質的に不当な差別的取扱いをしたものであり,裁量権の範囲を逸脱し,違法である。

■ 解 説 ■

1 本件は,同性愛者についてだけ,同性の同室宿泊を認めないという別異取扱いが為されたことが争われた事案である。

2 Yは,事件以前から男女同室宿泊が禁止されており,このルールには性的行為の可能性の禁止という上位ルールがあるとして,その上位ルールを異性愛者・同性愛者に対して平等に適用したと主張した。しかし,裁判所は,その上位ルールはその遵守を利用者の自覚に依拠する性質のものであり,実際にも青年の家が厳重に取り締まっていたわけではないことを指摘し,にもかかわらず宿泊利用拒否という重大な結果をもたらすことは不合理であるとして斥けている。

3 平等論としては,同性愛者にのみ特別な取扱いがなされたことを正面から取り上げるべきであろう。そして,そもそも青年の家で性行為が行われる可能性は高くなく,また,青年の家も男女別室のほかには特に対策を講じていないにもかかわらず,同性愛者について特別な取扱いを行おうとするのは,同性愛者は性的に特に活発な人々であるという考え方が背景にあったとも推測されよう。裁判所はこの点を明確に否定している。

◆ 参考文献 ◆

棟居快行ほか『基本的人権の事件簿〔第4版〕』[2011]第2章(赤坂正浩),風間孝=河口和也『同性愛と異性愛』[2010]第2章,君塚正臣・百選Ⅰ〔第5版〕68頁。

50 性同一性障害特例法と法の下の平等

最高裁平成19年10月19日第三小法廷決定
（平成19年（ク）第704号性別の取扱いの変更申立却下審判に対する抗告審の却下決定に対する特別抗告事件）
家月60巻3号36頁

■事案■

2003（平成15）年に制定された「性同一性障害者の性別の取扱いの特例に関する法律」（以下，「特例法」）によって，性同一性障害者は，一定の要件を満たす場合に家庭裁判所の審判を受ければ，民法その他の法令の規定の適用については他の性別に変わったものとみなされることができるようになった。

Xは，2006年11月に奈良家裁に対して性別の取扱いの変更の審判を申し立てたが，家裁は，当時の特例法3条1項3号（「現に子がいないこと」）の要件が満たされていないことを理由に申立てを却下した（奈良家審平19・3・30公刊物未登載）。Xが抗告したが，大阪高裁は抗告棄却（大阪高決平19・6・6公刊物未登載）。Xが特別抗告。

■争点■

性同一性障害者に対して，現に子がいる限り性別の変更を認めないことは，憲法13条・14条1項に違反するか。

■決定要旨■

特別抗告棄却。
「性同一性障害者につき性別の取扱いの変更の審判が認められるための要件として『現に子がいないこと』を求める性同一性障害者の性別の取扱いの特例に関する法律3条1項3号の規定は，現に子のある者について性別の取扱いの変更を認めた場合，家族秩序に混乱を生じさせ，子の福祉の観点からも問題を生じかねない等の配慮に基づくものとして，合理性を欠くものとはいえないから，国会の裁量権の範囲を逸脱するものということはできず，憲法13条，14条1項に違反するものとはいえない。」

■解説■

1　性別は各人のアイデンティティにおいて最重要なものの一つと考えられる。ただ，通常，出生時に身体的特徴によって性別が判断され，その後はそれに基づく取扱いを公的にも私的にも受けていくことになるが，多くの者はそのことに問題を感じない。しかし，多くの者が疑いをもたないということは，「生物学的には性別が明らかであるにもかかわらず，心理的にはそれとは別の性別……であるとの持続的な確信を持」つ者（特例法2）の苦しみは非常に大きいということである。本件は形式的には別異取扱いが問題になった事案ではないが，このような場合には差別を論じる実質がある。

2003年に議員立法によって特例法が制定されたことは，画期的なことであった。従来は戸籍法113条に基づく戸籍訂正の申請が試みられていたが，裁判所は認めていなかった。ただ，特例法が定めた性別取扱いの変更のための要件については，当初から，狭すぎるのではないかという指摘がなされており，それは，特例法自体も認めていたところであった（附則2〔当時〕）。

2　本件では「現に子がいないこと」という要件が争われた。性同一性障害に苦しむ者にも，求められる性役割に合わせようとした等の事情から，子をもつ者も少なくない。それらの者に対して，この要件は子が亡くなるまでは性別の変更を認めないということであり，非常に重いものである。

本決定の合憲判断の理由付けは簡単であるが，その趣旨は2審と同じと考えられる。2審は，「現に子がいる場合にも性別の取扱いの変更を認めると，『女である父』や『男である母』を生じることになり，これまで当然の前提とされてきた，父は男，母は女という，男女という性別と父母という属性との間に不一致を来し，これを社会的あるいは法的に許容できるかが問題となり，ひいては，家族秩序に混乱を生じるおそれがあること，あるいは，子に心理的な混乱や不安などをもたらしたり，親子関係に影響を及ぼしかねないことなどが，子の福祉の観点から，問題となり得ると指摘されたことから，我が国における性同一性障害に対する社会の理解の状況，家族に関する意識等も踏まえつつ，まずは，厳格な要件の下で，性同一性障害者の性別の取扱いの変更を認めることとすることもやむを得ないとの判断のもとに……設けられたものである」と述べて，「合理的な根拠があるもの」と判断している。これは立法時の説明を肯定したものである。

しかし，親が「自己を身体的及び社会的に他の性別に適合させよう」としていて（特例法2），性別適合手術も受けたというときに（特例法3Ⅰ④・⑤），法令上の性別の取扱いの変更を認めないことが，果たして家族秩序や子の福祉に適合的なのであろうか。また，「子の福祉」は，子の成年によってその重要性は低下するであろう。

特例法3条1項3号は2008年に「現に未成年の子がいないこと」と改正された。

3　性別取扱い変更のそれ以外の要件についてもその合理性を検討すべき必要性は高い。3条1項4号・5号は去勢手術を含む性別適合手術を受けていることを要件としているが，自らの身体的性別に対する違和に苦しんでいるからといって，性別適合手術という治療を受けるかどうかは自由に決定できるはずである。にもかかわらず手術を性別変更の要件とするためには，それを条件としなければならない強度の必要性が求められると思われるが，そのような必要性は肯定できるだろうか。

◆ 参考文献 ◆
大沢秀介ほか編著『憲法.com』〔2010〕105頁以下（齊藤笑美子），谷口洋幸・Law and Practice 1号159頁。

判例の流れ　　　　　　　　　　　　　　　　　　　　●小島慎司●

5 思想・良心の自由

　1　本章の諸判決は，大まかに言って2つのグループに分けられる。51事件（最大判昭31・7・4―謝罪広告事件）から55事件（最判平23・5・30―「君が代」起立斉唱事件）までが第1グループ，56事件（最判昭50・11・28―国労広島地本事件）から59事件（最判平14・4・25―群馬司法書士会事件）までが第2グループである。それぞれの冒頭の判決がリーディングケースである。
　第1グループの判決群は，公共団体が個人の思想・良心を否定するかのような行為（しばしば個人に何かを強制するという形をとり，なかには告白を強制するものもある）を行った場合にかかわる。現在の判例の基本的なアプローチは，19条で保護された思想・良心とは内面の思想を意味すると考える手法である。この19条＝内面説の原点は，51事件の法廷意見と補足意見にある。その結果いくつかの事件で，当該行為が内面を侵さないことを理由に，憲法上の問題が生じないとして処理された（51・54事件）。
　なお，教科書的な内心説と信条説の対立は，理論的に成り立たないものではもちろんないが，判例を読む補助線としては有用ではない。
　2　もっとも，従来から，特にいわゆる私人間での人権問題を扱った判例のなかには，個人の内面にかかわる告白を強制したり（14事件〔最大判昭48・12・12―三菱樹脂事件〕，17事件〔最判昭63・2・5―東京電力塩山営業所事件〕），内面を推知しうる行為を評価したり（52事件〔最判昭63・7・15―麹町中学内申書事件〕）することが思想・良心の自由を制約することを前提としているものもあった。加えて，55事件とそれに続いた最判平23・6・6（民集65巻4号1855頁），最判平23・6・14（民集65巻4号2148頁），最判平23・6・21（判時2123号35頁），最判平24・1・16（2つの判決〔平23（行ツ）242（判時2147号139頁），平23（行ツ）263（判時2147号127頁）〕）は思想に反する行動の強制が思想・良心の自由を間接的に制約すると指摘しており，とりわけ近時の判決は間接的とはいえ制約があることを懲戒処分の裁量審査の中に組み込む注目すべき傾向を示している（「6 信教の自由」の〈判例の流れ〉を参照）。すなわち，思想・良心の自由に間接的とはいえ制約があり不起立行為は式の進行を物理的に妨げないなどの「事情によれば」減給以上の懲戒処分の選択には「本件事案の性質等を踏まえた慎重な考慮が必要」であり，「例えば過去の1回〔1，2年度に数回〕の卒業式等における不起立行為等〔「等」なし〕による懲戒処分の処分歴がある場合に，これのみをもって直ちにその相当性を基礎付けるには足りず，上記の場合に比べて過去の処分歴に係る非違行為がその内容や頻度等において規律や秩序を害する程度の相応に大きいものであるなど，過去の処分歴が減給〔停職〕処分による不利益の内容との権衡を勘案してもなお規律や秩序の保持等の必要性の高さを十分に基礎付けるものであることを要する」というのである（前掲最判平24・1・16。〔　〕内は平23（行ツ）242事件の判文）。しかし，仮に先の19条＝内面説を徹底するならば，これらについても思想・良心の制約がなかったと考えることも可能である。したがって，このように突き詰めて考えると，判例を整合的に理解することも容易ではなくなる。
　3　これらに対して，第2グループの判決群は，そもそも中間団体が多数決で行動すること自体が一定の場合には少数派の構成員の思想・良心の自由との関係で不当ではないかという問題にかかわる。現在の判例の基本的なアプローチは，①団体に当該行為を行う権利能力・行為能力があるか（当該行為を行うことが団体の目的の範囲内か）と，②当該行為に対して構成員の協力を義務づけうるかという2段階に分けて論じるものである。このアプローチは，もとをたどれば労組の統制権の限界の審査枠組み（「19 社会権(2) 労働基本権」の〈判例の流れ〉を参照）に由来しており，56事件を介して第2グループの諸判決にも継承された。②の検討で思想の自由（特に政治的なそれ）の重要性に徴して協力義務を否定した判決もあれば（56事件），①の検討で思想・良心の自由を当該団体の能力を否定する1つの因子とした判決もある（58事件〔最判平8・3・19―南九州税理士会事件〕）。特に①の検討においての思想の自由は，団体という社会的存在の能力の範囲に影響を与えるものなのであるから，第1グループとは異なり，純粋に私的な内面の自由には縮減しえないと思われる。
　なお，この第2グループの判決群は，いわゆる私人間適用の可否が問われる事案のうち，14事件のような水平的関係ではなく，団体と構成員との関係において憲法上の自由が問題になったと考えられる典型的な場合の1つでもある。

51 謝罪広告の命令の合憲性

最高裁昭和31年7月4日大法廷判決
(昭和28年(オ)第1241号謝罪広告請求事件)
民集10巻7号785頁,判時80号3頁

■ 事 案 ■

昭和27年10月1日に執行された衆議院議員総選挙に際し日本共産党公認候補として徳島県から立候補したY(被告・控訴人・上告人)は,ラジオの政見放送および新聞紙上において,対立候補X(原告・被控訴人・被上告人)が徳島県副知事在職期間中に,発電所建設にあたって周旋料を取った旨を発表した。Xは,これが名誉毀損に相当するとして謝罪状の掲載と放送を求めた。

1審(徳島地判昭28・6・24下民集4巻6号926頁)は,発表された事実が真実ではなく,十分な調査を経ずに他人の報告をそのまま発表したことには重大な過失があるとして,「右放送及び記事は真実に相違して居り,貴下の名誉を傷け御迷惑をおかけいたしました。ここに陳謝の意を表します」という説示を含む謝罪広告の新聞への掲載を命じた。Yの控訴を2審(高松高判昭28・10・3民集10巻7号818頁参照)が棄却したため,Yはさらに上告した。

Yはその上告理由の一部で,仮にYの行為が不法行為に該当するとしても,なお自己の行為の正当性を信じているYに対して上記内容の謝罪広告の掲載を命じることはその良心の自由を侵害するもので19条に違反すると主張した。そこで,上告理由に正面から答えるならば,「他人の名誉を毀損したる者に対しては裁判所は被害者の請求に因り損害賠償に代へ又は損害賠償と共に名誉を回復するに適当なる処分を命ずることを得」と定める平易化前の民法723条と憲法19条との関係で生じた次の争点②に最高裁が判断を下すはずであった。なお,上告理由は選挙の際の演説等の言論を名誉毀損とすることは21条に違反するとも主張していた(争点①)。

■ 争 点 ■

①名誉を毀損する表現は21条の保護する表現か。
②敗訴してもなお自己の行為の正当性を信じる名誉毀損事件の加害者に対して裁判所が民法723条にいう「名誉を回復するに適当なる処分」として謝罪広告の新聞への掲載を命令することは,憲法19条に違反するか。

■ 判 旨 ■

上告棄却(田中耕太郎裁判官の補足意見,栗山茂,入江俊郎裁判官の各意見,藤田八郎,垂水克己裁判官の各反対意見がある)。

(i)「憲法21条は言論の自由を無制限に保障しているものではない。そして本件において,原審の認定したような他人の行為に関して無根の事実を公表し,その名誉を毀損することは言論の自由の乱用であって,たとえ,衆議院議員選挙の際,候補者が政見発表等の機会において,かつて公職にあった者を批判するためになしたものであったとしても,これを以て憲法の保障する言論の自由の範囲内に属すると認めることはできない。してみれば,原審がYの行為について,名誉毀損による不法行為が成立するものとしたのは何等憲法21条に反するものでなく,所論は理由がない。」

(ii)「民法723条にいわゆる『他人の名誉を毀損した者に対して被害者の名誉を回復するに適当な処分』として謝罪広告を新聞紙等に掲載すべきことを加害者に命ずることは,従来学説判例の肯認するところであり,また謝罪広告を新聞紙等に掲載することは我国民生活の実際においても行われているのである。尤も謝罪広告を命ずる判決にもその内容上,これを新聞紙に掲載することが謝罪者の意思決定に委ねるを相当とし,これを命ずる場合の執行も債務者の意思のみに係る不代替作為として民訴734条〔当時。現民執172〕に基き間接強制によるを相当とするものもあるべく,時にはこれを強制することが債務者の人格を無視し著しくその名誉を毀損し意思決定の自由乃至良心の自由を不当に制限することとなり,いわゆる強制執行に適さない場合に該当することもありうるであろうけれど,単に事態の真相を告白し陳謝の意を表明するに止まる程度のものにあっては,これが強制執行も代替作為として民訴733条〔当時。現民執171〕の手続によることを得るものといわなければならない。そして原判決の是認したXの本訴請求は,Yが判示日時に判示放送,又は新聞紙において公表した客観的事実につきY名義を以てXに宛て『右放送及記事は真相に相違しており,貴下の名誉を傷け御迷惑をおかけいたしました。ここに陳謝の意を表します』なる内容のもので,結局Yをして右公表事実が虚偽且つ不当であったことを広報機関を通じて発表すべきことを求めるに帰する。されば少くともこの種の謝罪広告を新聞紙に掲載すべきことを命ずる原判決は,Yに屈辱的若くは苦役的労苦を科し,又はYの有する倫理的な意思,良心の自由を侵害することを要求するものとは解せられないし,また民法723条にいわゆる適当な処分というべきであるから所論は採用できない。」

田中補足意見

法廷意見には「若干の論理の飛躍があるように思われる」。本件について「判決の内容に関し強制執行が債務者の意思のみに係る不代替行為として間接強制によるを相当とするかまたは代替行為として処置できるものであ

るかというようなことは，本件の判決の内容が憲法19条の良心の自由の規定に違反するか否かを決定するために重要ではない。かりに本件の場合に名誉回復処分が間接強制の方法によるものであったにしてもしかりとする。謝罪広告が間接にしろ強制される以上は，謝罪広告を命ずること自体が違憲かどうかの問題が起ることにかわりがないのである」。

「私は憲法19条の『良心』というのは，謝罪の意思表示の基礎としての道徳的の反省とか誠実さというものを含まないと解する」。宗教やそれと同じように取り扱うべき世界観，主義，思想や主張についての「禁止，処罰，不利益取扱等による強制，特権，庇護を与えることによる偏頗な所遇というようなことは，各人が良心に従って自由に，ある信仰，思想等をもつことに支障を招来するから，憲法19条に違反するし，ある場合には憲法14条1項の平等の原則にも違反することとなる」。

「ところが本件において問題となっている謝罪広告はそんな場合ではない。もちろん国家が判決によって当事者に対し謝罪という倫理的意味をもつ処置を要求する以上は，国家は命ぜられた当事者がこれを道徳的反省を以てすることを排斥しないのみか，これを望ましいことと考えるのである。これは法と道徳との調和の見地からして当然しかるべきである。しかし現実の場合においてはかような調和が必ずしも存在するものではなく，命じられた者がいやいやながら命令に従う場合が多い。もしかような場合に良心の自由が害されたというならば，確信犯人の処罰もできなくなるし，本来道徳に由来するすべての義務（例えば扶養の義務）はもちろんのこと，他のあらゆる債務の履行も強制できなくなる。」

「謝罪広告においては，法はもちろんそれに道徳性（Moralität）が伴うことを求めるが，しかし道徳と異る法の性質から合法性（Legalität）即ち行為が内心の状態を離れて外部的に法の命ずるところに適合することを以て一応満足するのである。内心に立ちいたってまで要求することは法の力を以てするも不可能である。この意味での良心の侵害はあり得ない。これと同じことは国会法や地方自治法が懲罰の一種として『公開議場における陳謝』を認めていること（国会法122条2号，地方自治法135条1項2号）についてもいい得られる。」

「謝罪する意思が伴わない謝罪広告といえども，法の世界においては被害者にとって意味がある。というのは名誉は対社会的観念であり，そうしてかような謝罪広告は被害者の名誉回復のために有効な方法と常識上認められるからである。」

「要するに本件は憲法19条とは無関係であり，この理由からしてこの点の上告理由は排斥すべきである。」

■ 解　説 ■

1　判旨(i)は教科書では触れられていないが，名誉を毀損する表現を21条の保護範囲から外した重要な説示であり，以後の判決でも引用されている（たとえば最判昭33・4・10刑集12巻5号830頁や105事件〔最判平6・2・8―ノンフィクション「逆転」事件〕）。

2　判旨(ii)は争点に真正面から答えていない。本件謝罪広告の可否の問題を広告の内容と強制執行方法の種類との関係に注目することで解決しようとしているからである。すなわち，謝罪広告の内容には，(a)およそ強制執行に適さないもの，(b)間接強制による強制執行が許されるもの，(c)代替執行によって強制することさえ可能なものの3種類があり，本件の謝罪広告は「単に事態の真相を告白し陳謝の意を表明するに止まる程度のもの」にすぎないので，(c)に相当するという。したがって，憲法問題に一切立ち入らなかったと見ることもできる。19条と無関係なのかにすら触れなかったというわけである。しかし，判例はその後，法廷意見を本件が19条と無関係であると述べるものとして理解してきた（最判昭41・4・21集民83号269頁，119事件〔最判平16・7・15―石器捏造報道事件〕，54事件〔最判平19・2・27〕）。こうして本判決は，19条と無関係という関係を有する憲法判例となった。

他方で，田中補足意見は本件が19条と無関係である理由を説明している。謝罪広告の命令が外形的に広告掲載を求めるにすぎず，それ以上に広告が本心より発せられたか否か，すなわち，19条の問題とは無関係というのである。

上述したようにその後の判例は本判決を本件謝罪広告が19条と無関係であると述べたと理解しているが，さらに無関係の理由について，法廷意見の背後に田中補足意見の論理を見ていると思われる。言い換えれば，本件程度の広告は外形的行為に尽き，その強制によって内心は否定されないと考えるものとして本判決の法理を継承しているように見える（54事件）。この19条＝内面説が現在の判例法理である。この発想に対して，本判決の藤田・垂水各反対意見は，法廷意見と同じく本件謝罪広告を外形的行為に尽きると考えるかのようであるが，それにもかかわらず，広告の命令を19条違反であるとみなすところに特徴がある。他方で，入江意見は，謝罪広告を外形的行為とみなしつつ，それだからこそ，広告の命令が19条違反であると論じている。

◆ 参考文献 ◆

蟻川恒正・メディア百選142頁，樋口陽一ほか編『国家と自由』［2004］107頁（蟻川恒正）。

52 内申書への事実の記載の合憲性
―― 麹町中学内申書事件

最高裁昭和63年7月15日第二小法廷判決
(昭和57年(オ)第915号損害賠償請求事件)
判時1287号65頁, 判タ675号59頁

■事 案■

X(原告・被控訴人・上告人)は東京都千代田区立麹町中学校を卒業するにあたり,都立および私立の複数の高等学校を受験したが,いずれも不合格となった。この受験に際して麹町中から調査書(通称「内申書」)が各高校に提出されたが,その内申書の「行動及び性格の記録」欄の「基本的な生活習慣」「自制心」および「公共心」の3項目はC(3段階の評価のうち最低)と評定され,さらには「備考」欄等に概ね「校内において,麹町中全共闘を名乗り,機関紙『砦』を発行した。学校文化祭の際,文化祭粉砕を叫んで他校生徒とともに校内に乱入しビラまきを行った。大学生ML派の集会に参加している。学校側の指導説得をきかないでビラを配ったり,落書きをした」と記載され,「出欠の記録」欄の「欠席の主な理由」欄には「風邪,発熱,集会又はデモに参加して疲労のため」との趣旨が記載された。この事実が後に判明したため,Xは自らの不合格の原因が以上の内申書の記載にあるとして,Y1(千代田区)およびY2(東京都)に対して国家賠償法に基づき慰謝料の請求をした。

1審(東京地判昭54・3・28判時921号18頁)は以上にかかるXの請求を認容,Y2の控訴を受けた2審(東京高判昭57・5・19高民集35巻2号105頁)はXの請求を棄却。Xが上告。

■争 点■

①全共闘活動への参加の事実を内申書に記載することが19条に違反するか。
②生徒会規則により禁止された無許可でのビラ配布等の事実を内申書に記載することが21条に違反するか。

■判 旨■

上告棄却。

(i) 上告理由のうち,「原判決が憲法19条によりその自由の保障される思想,信条を『具体的内容をもった一定の考え方』として限定的に極めて狭く解し,また,原判決が思想,信条が行動として外部に現われた場合には同条による保障が及ばないとしたのは,いずれも同条の解釈を誤ったものとする点については,原判決を正解しない独自の見解であって,前提を欠き,採用できない」。

「いずれの記載も,Xの思想,信条そのものを記載したものでないことは明らかであり,右の記載に係る外部的行為によってはXの思想,信条を了知し得るものではないし,また,Xの思想,信条自体を高等学校の入学者選抜の資料に供したものとは到底解することができないから,所論違憲の主張は,その前提を欠き,採用できない。」

「なお,調査書は,〔当時の〕学校教育法施行規則59条1項の規定により学力検査の成績等と共に入学者の選抜の資料とされ,その選抜に基づいて高等学校の入学が許可されるものであることにかんがみれば,その選抜の資料の一とされる目的に適合するよう生徒の学力はもちろんその性格,行動に関しても,それを把握し得る客観的事実を公正に調査書に記載すべきであって,本件調査書の備考欄等の記載も右の客観的事実を記載したものであることは,原判決の適法に確定したところであるから,所論の理由のないことは明らかである。」

(ii)「表現の自由といえども公共の福祉によって制約を受けるものであるが〔〔本書132事件(最大判昭59・12・12―税関検査事件)〕……参照),前記のXの行為は,原審の適法に確定したところによれば,いずれも中学校における学習とは全く関係のないものというのであり,かかるビラ等の文書の配付及び落書を自由とすることは,中学校における教育環境に悪影響を及ぼし,学習効果の減殺等学習効果をあげる上において放置できない弊害を発生させる相当の蓋然性があるものということができるのであるから,かかる弊害を未然に防止するため,右のような行為をしないよう指導説得することはもちろん,前記生徒会規則において生徒の校内における文書の配付を学校当局の許可にかからしめ,その許可のない文書の配付を禁止することは,必要かつ合理的な範囲の制約であって,憲法21条に違反するものでないことは,〔21事件(最大判昭58・6・22―よど号ハイジャック記事抹消事件)〕……の趣旨に徴して明らかである」。したがって,「Xの右生徒会規則に違反する前記行為及び大学生ML派の集会の参加行為をいずれもXの性格,行動を把握し得る客観的事実としてこれらを本件調査書に記載し,入学者選抜の資料に供したからといって,Xの表現の自由を侵し又は違法に制約するものとすることはでき」ない。

■解 説■

本件を主に26条(教師の教育評価権の裁量逸脱の有無)の問題として論じた1審,2審と異なり,本判決が力点を置いたのは争点の19条,21条論である。このうち争点①について,本判決は,たとえ外形的行動を規制する場合であってもそれにより思想が制約される場合であれば19条違反となりうることを否定しない(そのため上告代理人の主張は的外れ)。しかし本件での記載事項はXの思想を「了知し得るものではない」ことを理由に,本判決は19条違反がないという。本判決が敢えてこう強弁したのは内心を了知させる資料をもとに選抜を行ったとすれば思想への制約を含みうるからであろう。

◆ 参考文献 ◆

高橋和之・昭和63年度重判解18頁,蟻川恒正・百選I〔第5版〕78頁,井上典之・法セ610号80頁。

53 国歌斉唱等の強制の合憲性
——「日の丸・君が代」予防訴訟

東京地裁平成 18 年 9 月 21 日判決
(平成 16 年(行ウ)第 50 号・第 223 号・第 496 号・同 17 年(行ウ)第 235 号国歌斉唱義務不存在確認等請求事件)
判時 1952 号 44 頁, 判タ 1228 号 88 頁

■ 事案 ■

Y (都教委—被告) は都立学校の校長に対し, 2003 (平成 15) 年 10 月 23 日に通達を発して, 入学式, 卒業式等において教職員らが国旗に向かって起立して国歌を斉唱すること, 国歌斉唱はピアノ伴奏により行うこと, この件での校長の職務命令への不服従が服務上の責任を問われることを教職員に周知することなどにより, 国旗掲揚および国歌斉唱の適正な実施を要求した。都立学校に勤務する (していた) 教職員であった X ら (原告) は, 斉唱や伴奏の強制が思想・良心の自由等を侵害するとして, Y に対して, 起立, 斉唱, 伴奏義務の不存在確認, 義務違反を理由とした不利益処分の差止め, および通達と職務命令による精神的損害に対する賠償を求めて出訴した。

本判決は, 精神的自由がかかわる本件において不利益処分を受けた後に義務の存否, 処分の適否を争ったのでは回復し難い重大な損害を被るとして, X らの義務不存在確認, 差止めの訴えも適法であるとした (本件は 2004 年の行訴法改正前の事件である)。そのため起立, 斉唱, 伴奏の義務の存否が問題となり, その存否を判断する上で次の争点が問われたのである。なお, この義務の存否は上記 2 つの請求のみならず賠償請求とも関係する。

■ 争点 ■

国歌斉唱の際に起立, 斉唱, 伴奏の義務を課すことが①思想・良心の自由を制約するか, ②制約するとして公共の福祉の観点から許される範囲にとどまるか。

■ 判旨 ■

請求一部認容, 請求一部棄却。

(i) 「教職員に対して, 入学式, 卒業式等の式典において国歌斉唱の際に, 国旗に向かって起立し国歌を斉唱すること, ピアノ伴奏をすることを命じたとしても, 特定の思想, 良心を抱くことを直接禁止するものとまではいえない」。しかし, 宗教上の信仰に準ずる世界観, 主義, 主張に基づいて, 起立等を拒否する「教職員らに対して, 処分をもって上記行為を強制することは, 結局, 内心の思想に基づいてこのような思想を持っている者に対し不利益を課すに等しいということができる。したがって, 教職員に対し, 一律に, 入学式, 卒業式等の式典において国歌斉唱の際に国旗に向かって起立し, 国歌を斉唱すること, ピアノ伴奏をすることについて義務を課すことは, 思想・良心の自由に対する制約になるものと解するのが相当である」。「人の内心領域の精神的活動は外部的行為と密接な関係を有するものであり, これを切り離して考えることは困難かつ不自然であり, 入学式, 卒業式等の式典において, 国旗に向かって起立したくない, 国歌を斉唱したくない, 或いは国歌をピアノ伴奏したくないという思想, 良心を持つ教職員にこれらの行為を命じることは, これらの思想, 良心を有する者の自由権を侵害しているというべきであ」る。

(ii) 本件のように義務を課すことがたとえ思想・良心の自由を制約するとしても公共の福祉のための必要かつ最小限度の制約であれば許される。そこで学習指導要領の国旗・国歌条項, 平成 15 年 10 月 23 日の通達, 校長による職務命令により X らが職務として起立等の義務を負うのかを検討する。

第 1 に, 本書 142 事件 (最大判昭 51・5・21—旭川学テ事件) を参照すると, 学習指導要領の国旗・国歌条項は法的効力を有すると解するのが相当である。もっとも, 国旗・国歌条項の法的効力は「その内容が教育の自主性尊重, 教育における機会均等の確保と全国的な一定水準の維持という目的のために必要かつ合理的と認められる大綱的な基準を定めるものであり, かつ, 教職員に対し一方的な一定の理論や理念を生徒に教え込むことを強制しないとの解釈の下で認められるものである。したがって, 学習指導要領の国旗・国歌条項が, このような解釈を超えて, 教職員に対し, 入学式, 卒業式等の式典において国歌斉唱の際に国旗に向かって起立し, 国歌を斉唱する義務, ピアノ伴奏をする義務を負わせているものであると解することは困難である」。

第 2 に, 同様の基準で考えると, 平成 15 年 10 月 23 日の通達は, 「教育の自主性を侵害するうえ, 教職員に対し一方的な一定の理論や観念を生徒に教え込むことを強制することに等しく, 教育における機会均等の確保と一定の水準の維持という目的のために必要かつ合理的と認められる大綱的な基準を逸脱しているとの誹りを免れない」。ゆえに通達も X らに起立等を義務づけない。

また第 3 に, 「都立学校の各校長が, 本件通達に基づき, X ら教職員に対し, 入学式, 卒業式等の式典において国歌斉唱の際に国旗に向かって起立し, 国歌を斉唱せよとの職務命令を発することには, 重大かつ明白な瑕疵があるというべきである」。そうだとすると, 各校長の職務命令も X らに起立等を義務づけない。

■ 解説 ■

本件の特徴は, 校長の職務命令等により教諭に対して課された具体的な職務上の義務の履行が, 当人の思想の自由と衝突するのではないかが争われた点にある。

本件に類する事件に対しては本判決に先行して 54 事件 (最判平 19・2・27—「君が代」ピアノ伴奏事件) の 1 審・2 審判決と福岡地判平 17・4・26 (公刊物未登載) があった。しかし, 4 判決の議論には一致が見られなかった。前 2 者が思想の自由の制約はあるがそれは公共の福祉の観点から正当化しうるとし, 福岡地判が制約もないと述べていたのに対し, 本判決は, 思想の自由の制約でもあり (判旨(i)), 公共の福祉による正当化の余地もない (判旨(ii)) と述べていたからである。こうした下級審の判断の分かれに対して, 54 事件で最高裁は 51 事件 (最大判昭 31・7・4—謝罪広告事件) での先例を引いて 19 条=内面説を再確認し, 制約なしと結論づけている。

◆ 参考文献 ◆
佐々木弘通・セレクト 2006 年 5 頁。

54 「君が代」ピアノ伴奏の強制の合憲性

最高裁平成19年2月27日第三小法廷判決
(平成16年(行ツ)第328号戒告処分取消請求事件)
民集61巻1号291頁、判時1962号3頁

■ 事 案 ■

東京都内の市立A小学校で音楽専科の教諭であったX(原告・控訴人・上告人)は、入学式の国歌斉唱の際に「君が代」のピアノ伴奏を行うことを内容とする校長の職務命令に従わなかったことを理由にY(東京都教育委員会—被告・被控訴人・被上告人)から戒告処分を受けた。本件は、Xがその処分の取消しを求めた取消訴訟である。

1審(東京地判平15・12・3判時1845号135頁)・2審(東京高判平16・7・7民集61巻1号457頁参照)は請求棄却、Xが上告。本件で校長の職務命令が19条に違反するならば、その職務命令への服従義務が否定されて戒告処分も違法となる可能性があるため、1審以来次の争点が検討されており、最高裁では専らそれが争われた。

■ 争 点 ■

「君が代」について否定的な歴史観・世界観を有する教諭に対して入学式での「君が代」のピアノ伴奏を校長が職務命令で命じることは、19条に違反するか。

■ 判 旨 ■

上告棄却(那須弘平裁判官の補足意見、藤田宙靖裁判官の反対意見がある)。

(i)「学校の儀式的行事において『君が代』のピアノ伴奏をすべきでないとして本件入学式の国歌斉唱の際のピアノ伴奏を拒否することは、Xにとっては、上記の歴史観ないし世界観に基づく1つの選択ではあろうが、一般的には、これと不可分に結び付くものということはできず、Xに対して本件入学式の国歌斉唱の際にピアノ伴奏を求めることを内容とする本件職務命令が、直ちにXの有する上記の歴史観ないし世界観それ自体を否定するものと認めることはできないというべきである。」

(ii)「他方において、本件職務命令当時、公立小学校における入学式や卒業式において、国歌斉唱として『君が代』が斉唱されることが広く行われていたことは周知の事実であり、客観的に見て、入学式の国歌斉唱の際に『君が代』のピアノ伴奏をするという行為自体は、音楽専科の教諭等にとって通常想定され期待されるものであって、上記伴奏を行う教諭等が特定の思想を有するということを外部に表明する行為であると評価することは困難なものであり、特に、職務上の命令に従ってこのような行為が行われる場合には、上記のように評価することは一層困難であるといわざるを得ない。」

(iii) 地方公務員「法32条は、上記の地方公務員がその職務を遂行するに当たって、法令等に従い、かつ、上司の職務上の命令に忠実に従わなければならない旨規定するところ、Xは、A小学校の音楽専科の教諭であって、法令等や職務上の命令に従わなければならない立場にあり、校長から同校の学校行事である入学式に関して本件職務命令を受けたものである。そして、〔当時の〕学校教育法18条2号は、小学校教育の目標として『郷土及び国家の現状と伝統について、正しい理解に導き、進んで国際協調の精神を養うこと。』を規定し、学校教育法(平成11年法律第87号による改正前のもの)20条、学校教育法施行規則(平成12年文部省令第53号による改正前のもの)25条に基づいて定められた小学校学習指導要領(平成元年文部省告示第24号)第4章第2D(1)は、学校行事のうち儀式的行事について、『学校生活に有意義な変化や折り目を付け、厳粛で清新な気分を味わい、新しい生活の展開への動機付けとなるような活動を行うこと。』と定めるところ、同章第3の3は、『入学式や卒業式などにおいては、その意義を踏まえ、国旗を掲揚するとともに、国歌を斉唱するよう指導するものとする。』と定めている。入学式等において音楽専科の教諭によるピアノ伴奏で国歌斉唱を行うことは、これらの規定の趣旨にかなうものであり、A小学校では従来から入学式等において音楽専科の教諭によるピアノ伴奏で『君が代』の斉唱が行われてきたことに照らしても、本件職務命令は、その目的及び内容において不合理であるということはできないというべきである。」

以上は、過去の判決(本書51事件〔最大判昭31・7・4—謝罪広告事件〕、20事件〔最大判昭49・11・6—猿払事件上告審〕、142事件〔最大判昭51・5・21—旭川学テ事件〕、235事件〔最大判昭51・5・21—岩教組学テ事件〕)の趣旨に徴して明らかである。

■ 解 説 ■

本判決は、4つの下級審判決(53事件〔東京地判平18・9・21—「日の丸・君が代」予防訴訟〕の解説参照)の間で議論の一致のなかった争点に、諸判決が引用していなかった51事件での先例を引いて答えを出した。

すなわち、判旨(i)は、おそらく同判決の法廷意見に田中耕太郎裁判官補足意見を加味して19条=内面説を導き、単なる謝罪広告と同じく単なるピアノ伴奏ならば、内面の思想を「否定するものと認めることはできない」というのであろう。これに対して、本判決の藤田反対意見は、「君が代」に対する個人的な好悪ではなく入学式のあり方に対する賛否としての思想が、外形的にピアノ伴奏を行うだけでも侵害されうると述べている(55事件〔最judge平23・5・30—「君が代」起立斉唱事件〕の判旨(ii)がこれに触れる)。

判旨(ii)は、ピアノ伴奏が意見(思想)表明の趣旨を持たないことを述べている。この説示は内容的には21条の問題を論じるもので、20事件の先例はこの説示を導くために引用されたと思われる。すなわち、ポスター貼付・配布と同じくピアノ伴奏も、その外形的な「行動」自体は21条により保護されない。しかも、ポスター貼付・配布と異なり、ピアノ伴奏には意見表明の面が存在しないというわけである。

その上で判旨(iii)が述べているのは、小学校学習指導要領を前提とした上でいかなる職務命令を出すかは校長の合理的な裁量に委ねられており、本件ではそれを逸脱してはいないということである(55事件の解説2参照)。

◆ 参考文献 ◆
佐々木弘通・自由と正義58巻12号80頁、渡辺康行・ひろば61巻1号60頁。

55 「君が代」起立斉唱の強制の合憲性

最高裁平成23年5月30日第二小法廷判決
（平成22年（行ツ）第54号再雇用拒否処分取消等請求事件）
民集65巻4号1780頁，判時2123号3頁

■事案■

都立高等学校の教諭であったXは，卒業式の国歌斉唱の際に国旗に向かって起立し国歌を斉唱すること（以下，起立斉唱行為）を命じる校長の職務命令（以下，本件職務命令）への不服従を理由に，定年退職に先立ち申し込んだ再任用制度等にかかる採用選考において東京都教育委員会から不合格とされた。そのため，Xは，本件職務命令が憲法19条に違反し，不合格としたことは違法であるとして，国賠法1条1項に基づく損害賠償などを求めた。

1審（東京地判平21・1・19判時2056号148頁）が本件職務命令を合憲としたものの認めた裁量権の濫用を，2審（東京高判平21・10・15判時2063号147頁）は認めず，請求を棄却。Xが上告。

■争点■

「日の丸」「君が代」を卒業式に組み入れて強制することは教師としての良心が許さないと考える教諭に，国歌斉唱の際の起立斉唱行為を義務づける職務命令は19条に違反するか。

■判旨■

上告棄却（竹内行夫裁判官，須藤正彦裁判官，千葉勝美裁判官の各補足意見がある）。

（i）本件当時，「公立高等学校における卒業式等の式典」で「日の丸」の掲揚および「君が代」の斉唱が「広く行われていた」ので，「起立斉唱行為は，一般的，客観的に見て，これらの式典における慣例上の儀礼的な所作としての性質を有」し，かつ，「そのような所作として外部からも認識され」ていた。したがって，起立斉唱行為は，「その性質の点から見て，Xの有する歴史観ないし世界観を否定することと不可分に結び付くものとはいえず」，本件職務命令は，「上記の歴史観ないし世界観それ自体を否定するもの」ではない。また，起立斉唱行為は，「その外部からの認識という点から見ても，特定の思想又はこれに反する思想の表明として外部から認識されるものと評価することは困難であり，職務上の命令に従ってこのような行為が行われる場合には，上記のように評価することは一層困難である」。「そうすると，本件職務命令は，これらの観点において，個人の思想及び良心の自由を直ちに制約するものと認めることはできない」。

（ii）もっとも，「教員が日常担当する教科等や日常従事する事務の内容それ自体には含まれない」起立斉唱行為は，「一般的，客観的に見ても，国旗及び国歌に対する敬意の表明の要素を含む」。そうすると，「自らの歴史観ないし世界観との関係で否定的な評価の対象となる『日の丸』や『君が代』に対して敬意を表明することには応じ難いと考える者が，これらに対する敬意の表明の要素を含む行為を求められることは，その行為が個人の歴史観ないし世界観に反する特定の思想の表明に係る行為そのものではないとはいえ，個人の歴史観ないし世界観に由来する行動（敬意の表明の拒否）と異なる外部的行為（敬意の表明の要素を含む行為）を求められることとなり，その限りにおいて，その者の思想及び良心の自由についての間接的な制約となる」。

なお，Xの主張する，個人の歴史観等を離れた「学校の卒業式のような式典において一律の行動を強制されるべきではないという信条」の制約の問題は，この，個人の歴史観等の「間接的な制約の有無に包摂される」。

検討するに，個人の歴史観等が「内心にとどまらず」「外部的行動として現れ」た場合には「制限を受けることがある」が，「その制限が必要かつ合理的なものである場合には，その制限を介して生ずる上記の間接的な制約も許容され得る」。したがって，本件についても間接的な制約の許否は，「職務命令の目的及び内容並びに上記の制限を介して生ずる制約の態様等を総合的に較量して，当該職務命令に上記の制約を許容し得る程度の必要性及び合理性が認められるか否かという観点から判断する」べきである。

本件職務命令は，「一般的，客観的な見地からは式典における慣例上の儀礼的な所作とされる行為を求めるものであり，それが結果として上記の要素との関係においてその歴史観ないし世界観に由来する行動との相違を生じさせることとなるという点で」，Xの思想・良心の自由の間接的な制約となる。

他方，本件職務命令は，「公立高等学校の教諭」であるXに対して「式典における慣例上の儀礼的な所作」として「起立斉唱行為を求める」ものであって，「高等学校教育の目標や卒業式等の儀式的行事の意義，在り方等を定めた関係法令等の諸規定」と「地方公務員の地位の性質及びその職務の公共性」を踏まえた上で，「生徒等への配慮を含め，教育上の行事にふさわしい秩序の確保とともに当該式典の円滑な進行を図るもの」である。ゆえに，本件職務命令には，思想・良心の自由の間接的な制約を許容し得る程度の必要性および合理性がある。

■解説■

1　本判決は本書54事件（最判平19・2・27―「君が代」ピアノ伴奏事件）の枠組みを継承しながら，ピアノ伴奏よりもその拒否が思想に直結する（千葉補足意見など参照）起立斉唱行為についてはその強制が思想・良心の自由の間接的制約に当たるとして，その正当化が可能であるかを検討した。こうした枠組みは，制約があると述べる点で54事件の那須弘平裁判官補足意見に近い（竹内補足意見）。

もっとも，法廷意見は，思想を否定したり逆の思想を表明させるものではないものの思想に「由来する行動」と異なる行為を強制する点をもって制約が間接的というのに対して，須藤補足意見は規制の「趣旨，目的が別にある」ないしは思想を否定する「意図を含んでいるとはみられない」場合と，規制の目的を重視する（この点，本判決に似た事案につきほぼ同じ判決を下した最判平23・6・6民集65巻4号1855頁の宮川光治裁判官反対意見は本件の規制の目的が思想の否定にあると指摘する）。

2　須藤補足意見は傍論で，不利益処分については「国のことに注意を向ける契機を与えるために，起立斉唱がどれほど必要なのか」や不起立の影響などを，さらに職務命令については教育の自由闊達さの必要性とともに「思想及び良心の自由についての間接的制約等が生ずることが予見されること」を考慮して，裁量審査を行うことも示唆した（似た事件についての最判平23・6・14民集65巻4号2148頁の岡部喜代子裁判官補足意見，田原睦夫裁判官反対意見も同趣旨の議論を展開した。「6 信教の自由」の〈判例の流れ〉を参照。この傾向は後に具体化され，とりわけ最判平24・1・16〔2つの判決，判時2147号127頁，同139頁〕は，「5 思想・良心の自由」の〈判例の流れ〉で引いたように，減給以上の懲戒処分に対して慎重な考慮を求めるに至っている〔同判決の櫻井龍子裁判官補足意見も参照〕）。

◆参考文献◆

特になし。

56 労組の活動範囲と組合員の協力義務——国労広島地本事件

最高裁昭和50年11月28日第三小法廷判決
（昭和48年（オ）第499号組合費請求事件）
民集29巻10号1698頁，判時798号3頁

■事案■

X（国鉄労組—原告・控訴人・上告人）は，1958（昭和33）年以降数回にわたり中央委員会や広島地方本部地方委員会の決議により組合員から臨時組合費の徴収を決定した。そこには，(a)日本炭鉱労働組合の企業整備反対闘争を支援するための資金（炭労資金），(b)安保反対闘争により民事・刑事の不利益処分を受けた組合員を救援するための資金（安保資金），(c)組合出身の立候補者の選挙運動の応援のため所属政党に寄付する資金（政治意識昂揚資金）などが含まれていた。本件はXが組合員であったYら（被告・被控訴人・被上告人）に対してこの臨時組合費の支払を求めた事案である。

1審（広島地判昭42・2・20判時486号72頁）と同じく2審（広島高判昭48・1・25労民集24巻1・2号1頁）も(a)ないし(c)の資金に限っては労組の目的の範囲外として支払義務を否定したため，Xが上告。

■争点■

①(a)ないし(c)の資金の提供は，労組の目的の範囲内の行為か。
②仮に目的の範囲内の行為だとして，この資金の提供に対して組合員はその基礎をなす組合費を納付する義務（「協力義務」）を負うか。

■判旨■

一部上告棄却，一部破棄自判（天野武一裁判官，高辻正己裁判官の反対意見がある）。

「労働組合は，労働者の労働条件の維持改善その他経済的地位の向上を図ることを主たる目的とする団体であって，組合員はかかる目的のための活動に参加する者としてこれに加入するのであるから，その協力義務も当然に右目的達成のために必要な団体活動の範囲に限られる」。しかし，労組の「活動は，決して固定的ではなく，社会の変化とそのなかにおける労働組合の意義や機能の変化に伴って流動発展するものであり，今日においては，その活動の範囲が本来の経済的活動の域を超えて政治的活動，社会的活動，文化的活動など広く組合員の生活利益の擁護と向上に直接間接に関係する事項にも及び，しかも更に拡大の傾向を示しているのである。このような労働組合の活動の拡大は，そこにそれだけの社会的必然性を有するものであるから，これに対して法律が特段の制限や規制の措置をとらない限り，これらの活動そのものをもって直ちに労働組合の目的の範囲外であるとし，あるいは労働組合が本来行うことのできない行為であるとすることはできない」。

「しかし，このように労働組合の活動の範囲が広く，かつ弾力的であるとしても，そのことから，労働組合がその目的の範囲内においてするすべての活動につき当然かつ一様に組合員に対して統制力を及ぼし，組合員の協力を強制することができるものと速断することはできない。労働組合の活動が組合員の一般的要請にこたえて拡大されるものであり，組合員としてもある程度まではこれを予想して組合に加入するのであるから，組合からの脱退の自由が確保されている限り，たとえ個々の場合に組合の決定した活動に反対の組合員であっても，原則的にはこれに対する協力義務を免れないというべきであるが，労働組合の活動が前記のように多様化するにつれて，組合による統制の範囲も拡大し，組合員が一個の市民又は人間として有する自由や権利と矛盾衝突する場合が増大し，しかも今日の社会的条件のもとでは，組合に加入していることが労働者にとって重要な利益で，組合脱退の自由も事実上大きな制約を受けていることを考えると，労働組合の活動として許されたものであるというだけで，そのことから直ちにこれに対する組合員の協力義務を無条件で肯定することは，相当でないというべきである。それゆえ，この点に関して格別の立法上の規制が加えられていない場合でも，問題とされている具体的な組合活動の内容・性質，これについて組合員に求められる協力の内容・程度・態様等を比較考量し，多数決原理に基づく組合活動の実効性と組合員個人の基本的利益の調和という観点から，組合の統制力とその反面としての組合員の協力義務の範囲に合理的な限定を加えることが必要である。」

(i)炭労資金について

「右資金は，X自身の闘争のための資金ではなく，他組合の闘争に対する支援資金である。」「労働組合ないし労働者間における連帯と相互協力の関係からすれば，労働組合の目的とする組合員の経済的地位の向上は，当該組合かぎりの活動のみによってではなく，広く他組合との連帯行動によってこれを実現することが予定されているのであるから，それらの支援活動は当然に右の目的と関連性をもつものと考えるべきであり，また，労働組合においてそれをすることがなんら組合員の一般的利益に反するものでもないのである」。したがって「これに対する組合員の協力義務を否定すべき理由はない」。

(ii)安保資金，(iii)政治意識昂揚資金について

(ii)，(iii)は共に「労働組合の政治的活動に関係するので，以下においては，まず労働組合の政治的活動に対する組合員の協力義務について一般的に考察し」，次いで(ii)，(iii)を個別に検討する。

既述のことから，労組が「政治的活動をし，あるいは，そのための費用を組合基金のうちから支出すること自体は，法的には許されたものというべきであるが，これに対する組合員の協力義務をどこまで認めうるかについては，更に別個に考慮することを要する」。「すなわち，一般的にいえば，政治的活動は一定の政治的思想，

見解，判断等に結びついて行われるものであり，労働組合の政治的活動の基礎にある政治的思想，見解，判断等は，必ずしも個々の組合員のそれと一致するものではないから，もともと団体構成員の多数決に従って政治的行動をすることを予定して結成された政治団体とは異なる労働組合としては，その多数決による政治的活動に対してこれと異なる政治的思想，見解，判断等をもつ個々の組合員の協力を義務づけることは，原則として許されないと考えるべきである。かかる義務を一般的に認めることは，組合員の個人としての政治的自由，特に自己の意に反して一定の政治的態度や行動をとることを強制されない自由を侵害することになるからである」。しかし，「一定の行動が政治的活動であると同時に経済的活動としての性質をもつことは稀ではない」ので，「労働組合の活動がいささかでも政治的性質を帯びるものであれば，常にこれに対する組合員の協力を強制することができないと解することは，妥当な解釈とはいいがたい」。

とはいえ，たとえば「いわゆる安保反対闘争のような活動は，究極的にはなんらかの意味において労働者の生活利益の維持向上と無縁ではないとしても，直接的には国の安全や外交等の国民的関心事に関する政策上の問題を対象とする活動であり，このような政治的要求に賛成するか反対するかは，本来，各人が国民の1人としての立場において自己の個人的かつ自主的な思想，見解，判断等に基づいて決定すべきことであるから，それについて組合の多数決をもって組合員を拘束し，その協力を強制することを認めるべきではない」。

(ii)について考えると，上記安保反対闘争のような政治的活動に参加して不利益処分を受けた組合員に対する「救援そのものは，組合の主要な目的の一つである組合員に対する共済活動として当然に許されるところであるが，それは同時に，当該政治的活動のいわば延長としての性格を有することも否定できない。しかし，労働組合が共済活動として行う救援の主眼は，組織の維持強化を図るために，被処分者の受けている生活その他の面での不利益の回復を経済的に援助してやることにあり，処分の原因たる行為のいかんにかかわるものではなく，もとよりその行為を支持，助長することを直接目的とするものではないから，右救援費用を拠出することが直ちに処分の原因たる政治的活動に積極的に協力することになるものではなく，また，その活動のよって立つ一定の政治的立場に対する支持を表明することになるものでもないというべきである。したがって，その拠出を強制しても，組合員個人の政治的思想，見解，判断等に関係する程度は極めて軽微なものであって，このような救援資金については，先に述べた政治的活動を直接の目的とする資金とは異なり，組合の徴収決議に対する組合員の協力義務を肯定することが相当である」。

これに対して(iii)は「総選挙に際し特定の立候補者支援のためにその所属政党に寄付する資金であるが，政党や選挙による議員の活動は，各種の政治的課題の解決のために労働者の生活利益とは関係のない広範な領域にも及ぶものであるから，選挙においてどの政党又はどの候補者を支持するかは，投票の自由と表裏をなすものとして，組合員各人が市民としての個人的な政治的思想，見解，判断ないしは感情等に基づいて自主的に決定すべき事柄である。したがって，労働組合が組織として支持政党又はいわゆる統一候補を決定し，その選挙運動を推進すること自体は自由であるが（〔本書238事件（最大判昭43・12・4―三井美唄炭鉱事件）〕……参照），組合員に対してこれへの協力を強制することは許されないというべきであり，その費用の負担についても同様に解すべきことは，既に述べたところから明らかである」。

■解　説■

団体活動とそれに否定的な構成員の自由との対立という問題を解くにあたり，本判決は以下の2段階に分けて検討した（労働基本権の角度からは239事件〔最判昭50・11・28―本件と同一事件〕を参照）。

まず，争点①について。本判決は労組の目的を労働者の経済的地位の向上に限られず，政治的，社会的，文化的活動にも及ぶと解する。この議論は，労組という団体の権利能力・行為能力を論じるもので，引用されていないとしても12事件（最大判昭45・6・24―八幡製鉄事件）でのそれに似る。同判決は，政治的多元主義の"秩序"を前提に会社の能力を広く解したが，本判決も同じく，現代において労組に多様な非経済的活動が求められているとする秩序論を前提に労組の能力を広く解したのである。

次に，争点②について。本判決はこの問題を検討する上で，団体の活動の内容や協力の内容・程度を比較考量するという枠組みを打ち出した。具体的には，他労組との連帯を活動内容とする(a)については協力義務が比較的容易に肯定されたのに対し，政治的活動を内容とする(b)，(c)については組合員の政治的自由を侵害する可能性があるとして慎重に審査が行われた（結果的に(c)については協力義務を否定。天野，高辻裁判官は(b)についても否定を主張）。

異なる判例理解もあるとはいえ，その後の判決は，こうした2段階審査の枠組みを受け継ぎ，事案の区別や議論の精緻化を行ったと考えてよい。たとえば，58事件（最判平8・3・19―南九州税理士会事件）では争点①につき団体の性格や構成員の自由を加味して団体の目的を狭く解する手法を用いた。争点②についても，57事件（東京地判平4・1・30―日弁連事件）では，本件の臨時組合費がいわば特別会費であることに着目して，一般会費については本判決の射程が及ばないと解した。また，59事件（最判平14・4・25―群馬司法書士会事件）では，当該活動の非政治性，非宗教性を指摘することでその活動に寛容な結論を導いた。

◆参考文献◆
佐藤繁・最判解民事篇昭和50年度582頁，蟻川恒正・ジュリ1089号199頁。

57 日弁連特定法案反対決議と一般会費からの活動費支出

東京地裁平成4年1月30日判決
（平成元年(ワ)第4758号総会決議無効確認請求事件）
判時1430号108頁

■事案■

Y（日本弁護士連合会）は昭和62年5月30日の定期総会で，当時自民党が準備していた「防衛秘密を外国に通報する行為等の防止に関する法律案」（いわゆるスパイ防止法案）につき，国会への提出に反対する内容の決議を行い，一般会費から反対運動の費用を支出していた。Yに所属する弁護士Xらは，総会決議の無効確認，反対運動の差止め，慰謝料の支払を請求して出訴した。

本判決は，本件決議が法律効果を伴わない事実行為にすぎないことを理由に確認の利益なしとして無効確認を求める訴えを却下した上で，差止め，損害賠償について請求棄却の前提として次のように述べた。

なお，本件は控訴されたが，東京高判平4・12・21（自由と正義44巻2号99頁）は本判決に修正を加えつつ引用した上で控訴を棄却。上告審である最判平10・3・13（公刊物未登載）も上告を棄却。

■争点■

①日弁連のスパイ防止法案への反対運動が会員の思想・良心の自由を侵害しているか。
②さらに，一般会費からの費用支出が会員の思想・良心の自由を侵害しているか。

■判旨■

一部訴え却下，一部請求棄却。

(i) まず，Yの本件反対活動がXらにその意に反する意見の表明を強制し，その思想の自由を侵害するかを検討する。「社団たる法人は，単なる個人個人の集合体とは異なり，構成員個々人を離れた別個独立の法的存在であり，団体としての独自の活動を認められているのであって，団体として行う行為とその構成員個々人の行為とは自ずから別個のものであることはいうまでもない。したがって，団体が団体の名において一定の意見を述べ活動することが，当然に，その構成員各個人の意見ないしは活動と同視されることになるわけではなく，そのことが，構成員個々人についてその思想なり信条なりを強制的に外部に開示させることになるわけではない。」

「これを本件についてみるに，Yは，国内の弁護士全員を強制加入させている団体（法人）であって，このような多数の構成員から成る団体においては，団体内部の意思決定機関において，多数決により団体の運営ないし活動方針が決定されているのであって，団体の行っている運動に顕現されている意見が会員個人の意見と必ずしも一致していないことは周知のことである。したがって，YがYの名において本件法律案に反対の意見を表明し対外的・対内的に活動を行うことが，取りも直さず会員であるXら個人個人も同法律案に反対していることを意味するとは，必ずしも一般に考えられてはおらず，Xらがその意に反する思想，信条を開示させられていることにはならないというべきである。」

(ii) 次に，強制的に納入させている会費からの資金の支出がXらの思想の自由を侵害するかを検討する。「確かに，例えば，特定の具体的な活動の資金として費用を拠出することが，拠出者において当該活動ないしそのよって立つ意見，立場等に対する支持を表明したものとみられる場合がある。その場合には，その拠出と支出目的との間に個別的，具体的な関連性が特定されていることによって，拠出行為とその目的との間に一体性を認めることができるからである。したがって，そのような資金についてその拠出を強制することは，当該活動にあらわされる一定の意見，立場等に対する支持の表明を強制するに等しいものとして許されない場合もあるといえよう（〔本書56事件（最判昭50・11・28―国労広島地本事件）……参照）。」

「しかしながら，Xらが納入している会費は，日本弁護士連合会規則によって毎月一定額の会員を納入することとされている一般会費であり，Yの運営経費一般に充てるために特に具体的な支出目的を定めることなく徴収され，納入することが義務づけられているものであって，その点で，前記のような特定の個別的，具体的な目的ないし活動の費用に充てるための拠出金とは基本的にその性質を異にするものである。また，前記認定のとおり，本件反対運動の資金はYの定期総会において承認された予算に基づいて支出されているものであり，Xらの納入した一般会費のどの部分が右運動の費用に充てられているかを特定することは不可能であって，Xらの拠出と本件反対運動との間に直接的な結び付きは全く認められない。」

「したがって，Yが，一方で一般会費としてXらに資金拠出を強制し，他方で会財政から費用を支出して本件反対運動を行っているからといって，Xらに対し，その意に反して右運動のよって立つ意見，立場等についての支持の表明を強制しているに等しいということはできず，Xらの思想，良心の自由を侵害することになるものではないと解するのが相当である。」

■解説■

56事件とは請求の趣旨が異なるものの，2段階審査の枠組みで本判決も読むことができる。この点目を引くのは，争点②である。本判決自体は本件活動の非政治性については明言しておらず，56事件の枠組みからすると協力義務が否定される可能性もあった。そこで，本判決は，本件では一般会費から活動費用が支出されたことを重視し，56事件の射程から逃れようとしたものと思われる。

他方で本判決は，争点①につきYの反対運動を構成員とは「別個独立の法的存在」の活動であり，それによるXらの思想の自由の侵害はないという。この説示は，56事件と同じく，本判決が団体の性格や構成員の思想の自由による団体の目的の限定を行わなかったことを意味する（2審はこの点をさらに明確化）。

◆参考文献◆
特になし。

58 税理士会の活動範囲 ――南九州税理士会事件

最高裁平成8年3月19日第三小法廷判決
(平成4年(オ)第1796号選挙権被選挙権停止処分無効確認等請求事件)
民集50巻3号615頁,判時1571号16頁

■ 事 案 ■

Y(南九州税理士会―被告・控訴人・被上告人)は昭和53年6月16日の定期総会で,税理士法改正運動に要する特別資金とするため,各会員から特別会費5000円を徴収し,南九州税理士政治連盟(以下,「南九税政」)の下にある南九州各県税政に寄付するとの内容の本件決議をした。域内の税理士は,日本税理士会連合会の下にあるYに加入が義務づけられ,同時に,日本税理士政治連盟の下にある南九税政の構成員ともなっていたが,Yが公益法人であるのに対して南九税政が政治活動を目的とする政治団体であるところに違いがある。

X(原告・被控訴人・上告人)はYの会員である税理士であったが,先の特別会費を納入しなかったため,Yの役員選任規則に基づいて役員選挙において選挙権,被選挙権の停止措置を受けた。そこでXは,本件決議の無効等を主張し,特別会費の納入義務の不存在確認,損害賠償等を求めて出訴した。以下の争点は,こうした本件決議の無効性にかかわる。

1審(熊本地判昭61・2・13判時1181号37頁)は本件決議を無効としXの請求を大筋で認めたのに対し,2審(福岡高判平4・4・24判時1421号3頁)は決議を有効としXの請求を排斥した。Xが上告。

当時の税理士法(以下,法)改正運動は,納税者の権利擁護という税理士の使命の明記やその業務拡大,自治などを目指すもので昭和30年代から続けられてきた。昭和50年代には最終局面に入り関係国会議員への働きかけも活発化していたが,他方で,当初の強い主張から後退して国税当局と妥協しつつある日税連執行部を批判する会員もいた。Xもそうした批判者だったのである。なお,本件とほぼ同じ背景を有する問題についての先行判決として最判平5・5・27(判時1490号83頁)があったが,争い方が適切ではなかったためその法廷意見は先例的価値に乏しかった。

■ 争 点 ■

政治団体である各県税政への金員の寄付は税理士会の目的の範囲外の行為か。

■ 判 旨 ■

一部破棄自判(Xが納入義務を負わないことについてのYの控訴を棄却),一部破棄差戻し。

「民法上の法人は,法令の規定に従い定款又は寄付行為で定められた目的の範囲内において権利を有し,義務を負う(〔当時の〕民法43条)。この理は,会社についても基本的に妥当するが,会社における目的の範囲内の行為とは,定款に明示された目的自体に限局されるものではなく,その目的を遂行する上に直接又は間接に必要な行為であればすべてこれに包含され(〔最判昭27・2・15民集6巻2号77頁,最判昭30・11・29民集9巻12号1886頁〕……参照),さらには,会社が政党に政治資金を寄付することも,客観的,抽象的に観察して,会社の社会的役割を果たすためにされたものと認められる限りにおいては,会社の定款所定の目的の範囲内の行為とするに妨げないとされる(〔本書12事件(最大判昭45・6・24―八幡製鉄事件)〕……参照)。」

「しかしながら,税理士会は,会社とはその法的性格を異にする法人であって,その目的の範囲については会社と同一に論ずることはできない。」

「税理士は,国税局の管轄区域ごとに1つの税理士会を設立すべきことが義務付けられ(法49条1項),税理士会は法人とされる(同条3項)。また,全国の税理士は,日税連を設立しなければならず,日税連は法人とされ,各税理士会は,当然に日税連の会員となる(法49条の14第1,第3,4項)。」「税理士会の目的は,会則の定めをまたず,あらかじめ,法において直接具体的に定められている。すなわち,法49条2項において,税理士会は,税理士の使命及び職責にかんがみ,税理士の義務の遵守及び税理士業務の改善進歩に資するため,会員の指導,連絡及び監督に関する事務を行うことを目的とするとされ」ている。

「また,税理士会は,総会の決議並びに役員の就任及び退任を大蔵大臣〔当時〕に報告しなければならず(法49条の11),大蔵大臣は,税理士会の総会の決議又は役員の行為が法令又はその税理士会の会則に違反し,その他公益を害するときは,総会の決議についてはこれを取り消すべきことを命じ,役員についてはこれを解任すべきことを命ずることができ(法49条の18),税理士会の適正な運営を確保するため必要があるときは,税理士会から報告を徴し,その行う業務について勧告し,又は当該職員をして税理士会の業務の状況若しくは帳簿書類その他の物件を検査させることができる(法49条の19第1項)とされている。」

「さらに、税理士会は、税理士の入会が間接的に強制されるいわゆる強制加入団体であり、法に別段の定めがある場合を除く外、税理士であって、かつ、税理士会に入会している者でなければ税理士業務を行ってはならないとされている（法52条）。」

「以上のとおり、税理士会は、税理士の使命及び職責にかんがみ、税理士の義務の遵守及び税理士業務の改善進歩に資するため、会員の指導、連絡及び監督に関する事務を行うことを目的として、法が、あらかじめ、税理士にその設立を義務付け、その結果設立されたもので、その決議や役員の行為が法令や会則に反したりすることがないように、大蔵大臣の前記のような監督に服する法人である。また、税理士会は、強制加入団体であって、その会員には、実質的には脱退の自由が保障されていない」。「税理士会は、以上のように、会社とはその法的性格を異にする法人であり、その目的の範囲についても、これを会社のように広範なものと解するならば、法の要請する公的な目的の達成を阻害して法の趣旨を没却する結果となることが明らかである。」

「そして、税理士会が前記のとおり強制加入の団体であり、その会員である税理士に実質的には脱退の自由が保障されていないことからすると、その目的の範囲を判断するに当たっては、会員の思想・信条の自由との関係で、次のような考慮が必要である。」「税理士会は、法人として、法及び会則所定の方式による多数決原理により決定された団体の意思に基づいて活動し、その構成員である会員は、これに従い協力する義務を負い、その1つとして会則に従って税理士会の経済的基礎を成す会費を納入する義務を負う。しかし、法が税理士会を強制加入の法人としている以上、その構成員である会員には、様々の思想・信条及び主義・主張を有する者が存在することが当然に予定されている。したがって、税理士会が右の方式により決定した意思に基づいてする活動にも、そのために会員に要請される協力義務にも、おのずから限界がある。」「特に、政党など〔政治資金〕規正法上の政治団体に対して金員の寄付をするかどうかは、選挙における投票の自由と表裏を成すものとして、会員各人が市民としての個人的な政治的思想、見解、判断等に基づいて自主的に決定すべき事柄であるというべきである。なぜなら、政党など規正法上の政治団体は、政治上の主義若しくは施策の推進、特定の公職の候補者の推薦等のため、金員の寄付を含む広範囲な政治活動をすることが当然に予定された政治団体であり（規正法3条等）、これらの団体に金員の寄付をすることは、選挙においてどの政党又はどの候補者を支持するかに密接につながる問題だからである。」

「そうすると、前記のような公的な性格を有する税理士会が、このような事柄を多数決原理によって団体の意思として決定し、構成員にその協力を義務付けることはできないというべきであり〔56事件（最判昭50・11・28―国労広島地本事件）〕……参照〕、税理士会がそのような活動をすることは、法の全く予定していないところである。税理士会が政党など規正法上の政治団体に対して金員の寄付をすることは、たとい税理士に係る法令の制定改廃に関する要求を実現するためであっても、法49条2項所定の税理士会の目的の範囲外の行為といわざるを得ない。」

■解　説■

56事件に見られる2段階の争点のうち、本判決は②に言及しつつ主に①を検討し、目的の範囲外と述べた。

56事件の解説で述べたように、政治団体への金員の寄付が団体の目的の範囲内かという問題は税理士会の権利能力・行為能力を論じるものである。12事件、56事件が多元主義的な"秩序"を前提に会社や労組が固有の能力を持つ存在としたのに対して、本判決は税理士会が国家から伝来する能力を持つにすぎず、しかも構成員から完全に独立した単位とみなすことも適切ではないと考えたのである。

すなわち、本判決は税理士会が次の3つの理由から会社とは異なり、目的を狭く解する余地があるという。1つは税理士会が税理士法により設立が義務づけられ、目的も同法によって定められた団体だという点であり（目的の法定）、もう1つは設立後も所管大臣の監督に服しているという点にある（事後的な監督）。さらには、税理士には税理士会への入会が強制されていることも理由とされている（強制加入団体性）。

この第3の理由を検討する文脈において思想の自由の問題が考慮されている。すなわち、任意加入団体であれば活動に賛同しえない構成員には脱退の自由があるから一定程度思想に触れる領域にも団体の目的が拡張することも予定されている（もちろんこの命題も疑いうる）が、強制加入団体ではそれと事情が異なるというわけである。このように本判決で思想の自由は税理士会という団体の目的を制約する因子として働いているのである。

◆ 参考文献 ◆

八木良一・最判解民事篇平成8年度215頁、渡辺康行・平成8年度重判解13頁、初宿正典＝毛利透・法教272号20頁、井上典之・法セ629号79頁。

59 司法書士会の活動範囲と会員の協力義務——群馬司法書士会事件

最高裁平成14年4月25日第一小法廷判決
（平成11年（受）第743号債務不存在確認請求事件）
判時1785号31頁，判タ1091号215頁

■事案■

Y（群馬司法書士会—被告・控訴人・被上告人）は，阪神・淡路大震災により被災した兵庫県司法書士会に3000万円の復興支援拠出金を寄付することとし，その資金の一部は会員から登記申請事件1件当たり50円の復興支援特別負担金の徴収をもって当てる旨の総会決議をした。これに対してYの会員であるXら（原告・被控訴人・上告人）が，この総会決議は無効であり会員には負担金の支払義務がないとして，債務不存在の確認を求めて出訴した。

1審（前橋地判平8・12・3判時1625号80頁）はXらの請求を認容したが，2審（東京高判平11・3・10判時1677号22頁）はこの判決を取り消し，請求を棄却。Xらが上告。

■争点■

①被災した他県の司法書士会への金員の寄付は，司法書士会の目的の範囲内の行為か。
②この寄付に対して会員は協力義務を負うか。

■判旨■

上告棄却（深澤武久，横尾和子裁判官の各反対意見がある）。

(i)「原審の適法に確定したところによれば，本件拠出金は，被災した兵庫県司法書士会及び同会所属の司法書士の個人的ないし物理的被害に対する直接的な金銭補てん又は見舞金という趣旨のものではなく，被災者の相談活動等を行う同司法書士会ないしこれに従事する司法書士への経済的な支援を通じて司法書士の業務の円滑な遂行による公的機能の回復に資することを目的とする趣旨のものであったというのである。」

「司法書士会は，司法書士の品位を保持し，その業務の改善進歩を図るため，会員の指導及び連絡に関する事務を行うことを目的とするものであるが〔当時の〕司書士法14条2項），その目的を遂行する上で直接又は間接に必要な範囲で，他の司法書士会との間で業務その他について提携，協力，援助等をすることもその活動範囲に含まれるというべきである。そして，3000万円という本件拠出金の額については，それがやや多額にすぎるのではないかという見方があり得るとしても，阪神・淡路大震災が甚大な被害を生じさせた大災害であり，早急な支援を行う必要があったことなどの事情を考慮すると，その金額の大きさをもって直ちに本件拠出金の寄付がYの目的の範囲を逸脱するものとまでいうことはできない。したがって，兵庫県司法書士会に本件拠出金を寄付することは，Yの権利能力の範囲内にあるというべきである。」

(ii)「そうすると，Yは，本件拠出金の調達方法についても，それが公序良俗に反するなど会員の協力義務を否定すべき特段の事情がある場合を除き，多数決原理に基づき自ら決定することができるものというべきである。これを本件についてみると，Yがいわゆる強制加入団体であること（同法19条）を考慮しても，本件負担金の徴収は，会員の政治的又は宗教的立場や思想信条の自由を害するものではなく，また，本件負担金の額も，登記申請事件1件につき，その平均報酬約2万1000円の0.2%強に当たる50円であり，これを3年間の範囲で徴収するというものであって，会員に社会通念上過大な負担を課するものではないのであるから，本件負担金の徴収について，公序良俗に反するなど会員の協力義務を否定すべき特段の事情があるとは認められない。したがって，本件決議の効力はYの会員であるXらに対して及ぶものというべきである。」

■解説■

本書56事件（最判昭50・11・28―国労広島地本事件）での2段階審査の枠組みが本判決でも引き継がれている。まず争点①の検討には，他の判決と同じく本判決においても，一定の"秩序"論が先行している。すなわち，本判決は，司法書士会という職能団体同士の横の連帯を秩序のあり方として選択した上で，司法書士の職能回復という本件の寄付の目的をもって司法書士会の目的の範囲内にあると考えたのである（本件の寄付が実は個人的な資産の補填にあったと反論するのが横尾反対意見）。司法書士会の強制加入団体性もここでは考慮されていない（それに反対するのが深澤反対意見）。

他方で争点②について本判決は，それを否定するための要件を「公序良俗に反するなど会員の協力義務を否定すべき特段の事情」がある場合と明示して検討している。これは，団体の活動の内容や協力の内容・程度を比較衡量するという枠組みを用いていた56事件での枠組みを継承するものと見てよい。寄付金額の寡少性や（少なくとも事実上の）強制加入団体性においてはそれほど異ならなかったにもかかわらず56事件と異なり本件において上記要件が満たされなかったのは，本件の寄付が政治的，宗教的な目的を有していなかった（団体の活動の内容）ためと思われる。

◆参考文献◆
岡田信弘・法教269号48頁，甲斐道太郎・判タ1108号9頁，瀧川裕英・法時75巻8号13頁。

判例の流れ　　　　　　　　　　　　　　　　　●小島慎司●

6 信教の自由

　1　信教の自由の判例は主にその間接的規制にかかわる議論の積み重ねである。つまり、以下の諸判決では、信仰の手段としての行動（行為、結社）のもたらす弊害に着目した規制の是非が問われているのである。しかも規制の中身も、間接的規制がしばしばそうであるように、狙い打って不利益を課すというよりも特別な利益を与えないというものである。学説上はこうした問題を特に信仰を理由とした一般市民としての義務の「免除」の可否と呼ぶことがある。判決文上明確なのは61事件〔最決平 8・1・30―オウム真理教解散命令事件、所属する宗教団体の法人格の剥奪〕、65事件〔最判平 8・3・8―剣道受講拒否事件、公立学校の授業等への出席義務を特別に免除しないこと〕であるが、他の判決にも同様に当てはまる。こうした規制の間接性は、直接的な規制ではないという点において規制の合憲性を導く上でプラスに作用しているが、裁判所が結論的に間接的規制を不当とすることもある（63事件〔神戸簡判昭 50・2・20―牧会活動〕）。

　2　他方で64事件〔東京地判昭 61・3・20―日曜参観〕、65事件は、仮に法規範とその当てはめを通常の審査方法とするならば（憲法についてはこれを疑うことは可能）、それには見られない別の特徴も有している。処分等を行う行政の裁量を前提とした上でその裁量を審査する枠組みの内部において憲法上の権利（信教の自由）の侵害が問題になっているからである（同じ例である最判平 24・1・16〔2つの判決、判時2147号127頁、同139頁〕については「5 思想・良心の自由」の〈判例の流れ〉、55事件〔最判平 23・5・30―「君が代」起立斉唱事件〕を参照。145事件〔最判平 5・3・16―第1次家永訴訟上告審〕や最判平 18・2・7〔民集60巻2号401頁〕もそうなりえた事件である）。いずれの審査も、判断代置はしないが判断過程を審査する濫用統制型である。したがってこれらの判決は、処分等による不利益が憲法上の信教の自由の侵害であるがゆえに行政が選択の余地なしに覊束されると考えているわけではない。侵害された利益が憲法上のものであることはおそらく前提とした上で、間接的とはいえそれが侵害されていることを、個々の事実関係において侵害を避けると被る不利益の大きさや代替的な処分等の可能性と並ぶ1つの考慮要素としている。

　この2つの判決では信教の自由の保障と政教分離原則という2つの要請が衝突しているといわれる。たとえば、公立学校で特定宗教を信じる生徒に授業への出席義務を免除することは、信教の自由の涵養にもつながるが、同時に公共団体によるその特定宗教への援助ともなりうるのではないかという具合である（「7 政教分離」の項目に含まれている71事件〔最大判平 22・1・20―空知太神社事件〕、72事件〔最大判平 22・1・20―富平神社事件〕でも同様の問題が扱われている）。判例が政教分離原則違反を判断する上で用いる目的効果基準は、こうした問題に正面から検討を加えるものとは必ずしもなっていない（「7 政教分離」の〈判例の流れ〉を参照）。そこで、判例上は、裁量審査の際の検討要素に加えるという対応がとられているように思われる。

60 加持祈禱を行った者に対する傷害致死罪の成立

最高裁昭和38年5月15日大法廷判決
(昭和36年(あ)第485号傷害致死被害事件)
刑集17巻4号302頁、判時335号11頁

■事案■

Yは、真言宗の信仰を有し、自らが住職を務めるA院において病人等の求めに応じその平癒のために加持祈禱することを業としていた。Yは、B（死亡当時18歳）の母および叔母等からBが急に異常な言動を示すようになったのでその平癒のため加持祈禱をするように依頼されたため、Bを約1週間自宅に連れて来させ、祈禱したが、一向に治癒しなかった。Yは、Bに大きな狸が憑いていて容易なことでは落とせないと見て、Bの父の自宅にて部屋を締め切り、内部に護摩壇を作ってその近くにBを侍らせて、線香を焚いた。線香の熱気でBが暴れ出すや、父や従兄にBの体を取り押さえさせ、かつ狸が咽喉まで出かかっていると称し、「ど狸早く出ろ」と怒号しながらBの咽喉部を線香の火で煙らせて、ついには約3時間にわたり線香800束を燃やし尽くした。そのため、Bは熱傷および皮下出血を負い、その2次性ショックおよび疲労困憊等に基づく急性心臓麻痺により死亡した。

Yは傷害致死罪（刑205）に問われた。1審（大阪地判昭35・5・7刑集17巻4号328頁参照）はYを有罪とし、2審（大阪高判昭35・12・22前掲刑集333頁参照）は控訴を棄却。Xが上告。

■争点■

被害者の平癒のために行われたが、生命、身体に危害を及ぼすに至った加持祈禱行為を行った者を処罰することは20条1項に違反するか。

■判旨■

上告棄却。

「憲法20条1項は信教の自由を何人に対してもこれを保障することを、同2項は何人も宗教上の行為、祝典、儀式または行事に参加することを強制されないことを規定しており、信教の自由が基本的人権の一として極めて重要なものであることはいうまでもない。しかし、およそ基本的人権は、国民はこれを濫用してはならないのであって、常に公共の福祉のためにこれを利用する責任を負うべきことは憲法12条の定めるところであり、また同13条は、基本的人権は、公共の福祉に反しない限り立法その他の国政の上で、最大の尊重を必要とする旨を定めており、これら憲法の規定は、決して所論のような教訓的規定というべきものではなく、従って、信教の自由の保障も絶対無制限のものではない。」

「これを本件についてみるに、第1審判決およびこれを是認した原判決の認定したところによれば、Yの本件行為は、Bの精神異常平癒を祈願するため、線香護摩による加持祈禱の行としてなされたものであるが、Yの右加持祈禱行為の動機、手段、方法およびそれによってBの生命を奪うに至った暴行の程度等は、医療上一般に承認された精神異常者に対する治療行為とは到底認め得ないというのである。しからば、Yの本件行為は、所論のように一種の宗教行為としてなされたものであったとしても、それが前記各判決の認定したような他人の生命、身体等に危害を及ぼす違法な有形力の行使に当るものであり、これによりBを死に致したものである以上、Yの右行為が著しく反社会的なものであることは否定し得ないところであって、憲法20条1項の信教の自由の保障の限界を逸脱したものというほかはなく、これを刑法205条に該当するものとして処罰したことは、何ら憲法の右条項に反するものではない。これと同趣旨に出た原判決の判断は正当であって、所論違憲の主張は採るを得ない。」

■解説■

本判決の結論に異論はなかろうが、注目すべきはその理由づけである。本判決は、本件の加持祈禱行為が20条1項により保護される「宗教行為」であることを否定はしていない。むしろ処罰が、その外形的な、単なる違法な有形力の行使という側面に向けられていることを理由に、本件の加持祈禱行為が20条1項の保護の限界を超えていることは明らかだと論じられているのである。これは、規制の目的が宗教と無関係であることを理由に信教の自由への規制を正当化する理由づけにつながるものである。

次の本書61事件（最決平8・1・30――オウム真理教解散命令事件）でも似た問題が扱われている。同事件での解散命令は、信者から見ると典型的な規制ではない。まず、信者の宗教的結社の自由については、同決定は侵害なしと考えている。命令により宗教法人の法人格が失われても宗教団体は存続するからである。次に、信者の宗教的行為の自由については、同決定は命令がそれに対する「間接的で事実上の」規制であると考えている。ここには事実上の規制と間接的な規制という独立した2つの意味が混在しており、両者合わさって命令の合憲性にプラスに作用している。事実上の規制とは、礼拝の施設等が処分されて信者の宗教的行為が制約されたとしてもそれは命令の「法的」効果でないことを意味する。間接的な規制とは、命令が信者の「精神的・宗教的側面に容かいする意図によるものではな」いことを意味する。この最後の点で、この61事件の決定と本判決との間には共通性がある。いずれも内心の信仰を狙い打って不利益を課すのではなく手段としての行動に特別な利益を与えないという規制だからである（61事件の調査官はやや異なる理解）。

◆参考文献◆
安念潤司・法教209号49頁以下（61事件以下の諸判決についても参照）、小泉洋一・百選Ⅰ〔第5版〕84頁。

61 宗教法人解散命令の合憲性
――オウム真理教解散命令事件

最高裁平成8年1月30日第一小法廷決定
（平成8年（ク）第8号宗教法人解散命令に対する抗告棄却決定に対する特別抗告事件）
民集50巻1号199頁，判時1555号3頁

■事案■

Y（宗教法人オウム真理教―抗告人）の代表役員および多数の幹部は，山梨県A村所在の建物（第7サティアン）内にサリン生成化学プラントを建設し作動させ，毒ガスの生成を企てた。そこで，検察官および所轄庁（東京都知事）が以上の殺人予備行為が宗教法人法（以下，法）81条1項1号（法令違反，公共の福祉の侵害）および2号前段（団体の目的からの逸脱）に当たるとして，裁判所に対しYの解散を請求した。

解散を命じた1審（東京地決平7・10・30判時1544号43頁）に対するYの抗告を受けた2審（東京高決平7・12・19高民集48巻3号258頁）は，解散命令事由が存在することは明らかとした上で，命令がYの一般信者の信教の自由の侵害を論じる前提として争点①に触れた。すなわち，解散命令手続においては信者には自らの信教の自由を主張する機会がないため，Yが信者の憲法上の権利を主張することができると考える余地があるとしつつも，信者が特定されておらず信仰の具体的態様も明らかでないので，憲法判断を加える必要がないとした。Yが特別抗告。

■争点■

①裁判所は信者の信教の自由の侵害を理由とした宗教団体の違憲の主張について判断しうるか。
②本件解散命令は信者の信教の自由を侵害し20条1項違反といえるか。

■決定要旨■

抗告棄却。
「解散命令によって宗教法人が解散しても，信者は，法人格を有しない宗教団体を存続させ，あるいは，これを新たに結成することが妨げられるわけではなく，また，宗教上の行為を行い，その用に供する施設や物品を新たに調えることが妨げられるわけでもない。すなわち，解散命令は，信者の宗教上の行為を禁止したり制限したりする法的効果を一切伴わないのである。もっとも，宗教法人の解散命令が確定したときはその清算手続が行われ（法49条2項，51条），その結果，宗教法人に帰属する財産で礼拝施設その他の宗教上の行為の用に供していたものも処分されることになるから（法50条参照），これらの財産を用いて信者らが行っていた宗教上の行為を継続するのに何らかの支障を生ずることがあり得る。このように，宗教法人に関する法的規制が，信者の宗教上の行為を法的に制約する効果を伴わないとしても，これに何らかの支障を生じさせることがあるとするならば，憲法の保障する精神的自由の一つとしての信教の自由の重要性に思いを致し，憲法がそのような規制を許容するものであるかどうかを慎重に吟味しなければならない。」

この観点から本件解散命令について見ると，解散命令の制度は「専ら宗教法人の世俗的側面を対象とし，かつ，専ら世俗的目的によるものであって，宗教団体や信者の精神的・宗教的側面に容かいする意図によるものではなく，その制度の目的も合理的であるということができる。そして，原審が確定したところによれば，Yの代表役員であった松本智津夫及びその指示を受けたYの多数の幹部は，大量殺人を目的として毒ガスであるサリンを大量に生成することを計画した上，多数の信者を動員し，Yの物的施設を利用し，Yの資金を投入して，計画的，組織的にサリンを生成したというのであるから，Yが，法令に違反して，著しく公共の福祉を害すると明らかに認められ，宗教団体の目的を著しく逸脱した行為をしたことが明らかである。Yの右のような行為に対処するには，Yを解散し，その法人格を失わせることが必要かつ適切であり，他方，解散命令によって宗教団体であるオウム真理教やその信者らが行う宗教上の行為に何らかの支障を生ずることが避けられないとしても，その支障は，解散命令に伴う間接的で事実上のものであるにとどまる。したがって，本件解散命令は，宗教団体であるオウム真理教やその信者らの精神的・宗教的側面に及ぼす影響を考慮しても，Yの行為に対処するのに必要でやむを得ない法的規制であるということができる。また，本件解散命令は，法81条の規定に基づき，裁判所の司法審査によって発せられたものであるから，その手続の適正も担保されている。」

「宗教上の行為の自由は，もとより最大限に尊重すべきものであるが，絶対無制限のものではなく，以上の諸点にかんがみれば，本件解散命令及びこれに対する即時抗告を棄却した原決定は，憲法20条1項に違背するものではないというべきであり，このように解すべきことは，当裁判所の判例〔本書60事件（最大判昭38・5・15―加持祈禱）〕……の趣旨に徴して明らかである。」

■解説■

1 争点①は原決定が「第三者の憲法上の権利主張の適格」と呼ぶ問題である。本決定はこれに黙示的には肯定で答えている。

争点②については60事件の解説を参照してほしいが，こうした規制の間接性を考慮する判例の底にある発想は異なる論点にかかわる判例をも支えていると考えることもできる。たとえば，76事件（最大平2・9・28―渋谷暴動事件）は，「政治上の主義若しくは施策を推進し，支持し，又はこれに反対する目的……をもって」放火罪，騒乱罪などの「せん動」をした者を処罰する破壊活動防止法39条や40条の合憲性について，せん動が「表現活動としての性質を有している」としつつ，「公共の安全を脅かす現住建造物等放火罪，騒擾罪等の重大犯罪をひき起こす可能性のある社会的に危険な行為であるから，公共の福祉に反し，表現の自由の保護を受けるに値しない」と述べている。この判決は75事件（最大判昭24・5・18）を受けてせん動を21条の保護範囲から外した重要なものであるが，この判断の底にあるのは表現行為のうち「行動としての面」（20事件〔最大判昭49・11・6―猿払事件上告審〕）は保護に値しないという発想である。内面の思想や意見は保護に値するが，外面の行動が伴うに従って公共の利益との関係で要保護性が低下するというわけである。根においてこの発想が存在するがゆえに，本判決においても，規制が表現された「精神的」側面に容かいしないという意味で間接的であることが，合憲性を導く上でプラスに働いているのである。

2 争点①・②については次の62事件（東京地判平13・6・13）でも似た問題が扱われた。もっとも，結局は請求棄却したものの，法律を厳しく合憲限定解釈した点が特徴的である。危険の具体性を要求しているところから見て事前規制としての性格を考慮したのであろう。

◆参考文献◆
近藤崇晴・最判解民事篇平成8年度67頁，プロセス〔第3版〕40頁以下（駒村圭吾）。

62 アレフに対する観察処分の合憲性

東京地裁平成13年6月13日判決
（平成12年(行ウ)第35号観察処分取消請求事件）
判時1755号3頁，判タ1069号245頁

■事案■

「無差別大量殺人行為を行った団体の規制に関する法律」（以下，法）5条1項は，政治上の目的で「無差別大量殺人行為」を行った団体が各号列記事由に該当し，その活動状況を継続して知る必要がある場合にY（公安審査委員会—被告）が3年以内の期間を定めて公安調査庁長官の観察処分に付しうるとしていた。その列記事由とは，首謀者が団体の活動に影響力を持つこと（法5Ⅰ①），関与者が団体の役職員又は構成員であること（法5Ⅰ②），当時団体の役員であった者が役員であること（法5Ⅰ③）等である。観察処分を受けた団体は，構成員の住所氏名や資産等について報告義務を負い（法5Ⅱ），行政調査を受けなければならない（法7）。

Yは，オウム真理教の教義に従う者により構成される団体に対して観察処分を行った。X（アレフ―原告）は直後に宗教団体オウム真理教を改組して成立した団体であり，この観察処分の違憲性および違法性を主張してその取消しを求めた。本判決は判旨(ii)のように解した上で，そうした「限定的な解釈をとるまでもなく」2号，3号該当性を否定したが，1号該当性を肯定した（なお，4号該当性を疑問ありとし，5号該当性は肯定）。

■争点■

①裁判所は，信者の信仰の自由の侵害を理由とした団体の違憲の主張に理由があるかを判断しうるか。
②法5条1項各号をいかに解すれば観察処分が20条1項違反とならないか。

■判旨■

請求棄却（確定）。

(i) 宗教団体は，宗教的結社の自由が侵害された場合には「自己固有の権利が侵害されたものとして憲法違反の主張をし得る」し，「宗教的結社においては，一般に，信者と団体が宗教を通じて密に結びつき，信者の宗教活動が団体活動として行われる」ことにかんがみると，構成員の信教の自由の侵害の場合には「規制の違憲性を主張する適格を有する」。

(ii) 宗教団体や構成員の「外部的な行為」に対する規制は「信教の自由に対する内在的制約として許される場合がある」。もっとも，「当該制限が必要かつ合理的なものとして是認されるか」は「その制限が必要とされる程度と，制限される自由の内容及び性質，これに加えられる具体的制限の態様及び程度等を較量して決せられる」。そして，仮に規制手段が「当該団体及び当該団体に属する信者の宗教上の行為を法的に直接制約する効果を伴わない」としても，「信教の自由に事実上の支障を生じさせる」ならば「憲法の保障する精神的自由の一つとしての信教の自由の重要性にかんがみ」規制の許容性を「慎重に吟味しなければならない」。

観察処分に基づく「報告義務の履行や立入検査それ自体」によって信者は「宗教上の行為を行い，又は宗教上の団体の運営を行うことが直接に妨げられ」ないし，団体や信者の「宗教上の活動自体を直接的に禁止したり制限したりする法的効果を伴」わない。しかし，宗教団体に対する構成員についての報告の強制により「当該構成員の宗教的行為の自由の一内容である消極的信仰告白の自由，すなわち自己の信仰を外部的に明らかにしない自由が害される」。また，組織，資産状況等についての報告の強制により「宗教的結社の自由の一内容である，当該結社の自律的な活動に関わる情報を開示しない自由が侵害される」。また，活動内容が開示されることを通じて団体や信者の「宗教上の活動において事実上の支障」となりうる。

では，右のような観察処分が信教の自由等の内在的制約として許容されるか。「法5条1項に基づく観察処分により保護される利益」は「国民全体の生命・身体の安全及び生活の平穏」にあり，「強く要請される」。そして，無差別大量殺人行為の準備は「秘密裡に行われ，しかも迅速に実行に移され」うるから「準備行為」開始の段階で「発見し対策を講じ」なければならない。また，無差別大量殺人行為の反復可能性も大きい。したがって観察処分の「目的自体」については合理性がある。

しかし，「かつて無差別大量殺人行為を行った団体」や構成員も「そのような行為に再び及ぶおそれがない限り，通常の宗教団体又は一般市民として信教の自由等を保障されるべきである」からその信教の自由の制限には「再び無差別大量殺人行為の準備行為を開始するという一般的，抽象的な危険があるというだけでは足りず，その具体的な危険があることが必要であり，かつ，その場合においても，観察処分による制限の程度は，右の危険の発生の防止のために必要かつ合理的な範囲にとどまるべき」である。そして，具体的な危険の存否については，「当該団体が再び無差別大量殺人行為の準備行為を開始する恐れが常に存在すると通常人をして思料せしめるに足りる状態が存在するか否かについて，当該団体の組織，構成員，綱領，教義，活動状況などの具体的な事情を基礎として客観的に判断すべき」である。したがって，団体が右の危険性を備えていない限り，観察処分は必要かつ合理的な範囲にとどまるとはいえない。

以上のことから，法5条1項各号の要件は，「当該団体が再び無差別大量殺人行為の準備行為を開始するおそれが常に存在すると通常人をして思料せしめるに足りる状態にあることを基礎付ける事実を定めているもの」と解すべきである。ゆえに(1)1号については，首謀者が純粋な宗教上の活動における影響力を有しているだけでは足りず，「将来，首謀者が再び無差別大量殺人行為の実行を命じ」うるほどの影響力を有していることと解すべきである。(2)2号については，関与者が役職員又は構成員であるだけでは足りず，「無差別大量殺人行為の準備行為に着手し得る権限ないし影響力を伴っ」ていることと解すべきである。(3)3号については，当時役員であった者が役員であるだけでは足りず，「無差別大量殺人の準備行為に着手し得る権限ないし影響力を伴っ」ていることと解すべきである。

■解説■

本書61事件（最決平8・1・30―オウム真理教解散命令事件）の解説2を参照。

◆ 参考文献 ◆
池田実・平成13年度重判解18頁。

63 牧会活動の正当業務行為該当性

神戸簡裁昭和50年2月20日判決
(昭和45年(ろ)第705号犯人蔵匿被告事件)
判時768号3頁, 判タ318号219頁

■ 事 案 ■

日本キリスト教団尼崎教会の牧師Yは、学園紛争における建造物侵入、凶器準備集合等の事件の主導者として警察が高校生A・Bの所在を捜査していたことを知りながら、別の教会に同行し、この教会の牧師もA・Bを教会内の教育館に居住させ、約1週間労働による反省の指導に当たった。この間、Yは警察官の質問にAの所在を知らないと答え学校にも知らせなかったが、他の共犯少年が警察の取調べを受けていることやA・Bが反省した様子を示していることを聞知し、少年らを説得して警察署へと任意出頭させた。Yの行為は犯人蔵匿罪（刑103）に問われた。

■ 争 点 ■

高校生に反省を求めるために自らの信仰心から一時的に犯人を蔵匿することは正当業務行為か。

■ 判 旨 ■

無罪（確定）。

(i)「前認定Yの所為は、自己を頼って来た迷える2少年の魂の救済のためになされたものであるから、牧師の牧会活動に該当し、Yの業務に属するものであったことは明らかである。」

(ii) ところで、正当な業務行為による違法性の阻却には、「業務そのものが正当であるとともに、行為そのものが正当な範囲に属することを要する」ところ、牧会活動は「キリスト教教師（牧師）の職として公認されて」おり、かつ「その目的は個人の魂への配慮を通じて社会へ奉仕すること」なので、「業務そのものの正当性に疑を差しはさむ余地はない」。一方、「その行為が正当な牧会活動の範囲に属したかどうか」については、「それが具体的諸事情に照らし、目的において相当な範囲にとどまり、手段方法において相当である」かにより判断すべきである。

(iii) 而して、牧会活動は「憲法20条の信教の自由のうち礼拝の自由にいう礼拝の一内容」をなす。もっとも「外面的行為である牧会活動」は「公共の福祉による制約を受け」うるが、「その制約が、結果的に行為の実体である内面的信仰の自由を事実上侵すおそれが多分にあるので」、制約には「最大限に慎重な配慮」を要する。

形式的には犯罪であっても「その行為が宗教行為でありかつ公共の福祉に奉仕する牧会活動であるとき、同じく公共の福祉を窮極の目標としながらも、直接には国家自身の法益の保護（本件の刑法103条の保護法益は正にこれに当る。）を目的とする刑罰法規との間において、その行為が後者に触れるとき、公共の福祉の価値において、常に後者が前者に優越し、その行為は公共の福祉に反する」と解するのは、「余りに観念的かつ性急に過ぎる」。後者は「外面的力」、前者は「内面的心の確信」に関係し、両者は「性格を全く異にしながら公共の福祉において相互に補完し合うもの」である。この場合、「事情によってはその順位の先後を決しなければならなくなるが、それは具体的事情に応じて社会的大局的に実際的感覚による比較衡量によって判定されるべき」である。

(iv) しかして、「具体的牧会活動が目的において相当な範囲にとどまったか」は「それが専ら自己を頼って来た個人の魂への配慮としてなされたものであるか否か」によって決すべきであり、「その手段方法の相当性は、右憲法上の要請を踏まえた上で、その行為の性質上必要と認められる学問上慣習上の諸条件を遵守し、かつ相当の範囲を超えなかったか否か、それらのためには法益の均衡、行為の緊急性および補充性等の諸事情を比較検討することによって具体的綜合的に判定すべき」である。

本件についてみると、Yの行為は「専らYを頼って来た両少年の魂への配慮に出た行為」であり「目的において相当な範囲にとどま」る。また、「両少年を取巻く前記諸般の事情を考え、彼等の将来に思いを致せば、第三者的傍観者はいざ知らず、その渦中に身を投じ彼等と共に真摯に悩む神ならぬ通常人にとっては、Yの採った右処置以外に適当な方途を見出すことは至難の業であった」し、「それは正に緊急を要する事態でもあった」。しかも、その間、同高校封鎖事犯の捜査は「取立てていう程の遅滞もなく進展していたし、両少年も8日後には牧会が効を奏し、自己の責任を反省し自ら責任をとるべく任意に警察に出頭した」ので、「前述の憲法上の要請を考え、かつ、その後大きくは彼等が人間として救済されたこと、小さくは彼等の行動の正常化による捜査の容易化等の利益と比較衡量するとき、Yの右牧会活動は、国民一般の法感情として社会的大局的に許容しうるものであると認めるのを相当とし、それが宗教行為の自由を明らかに逸脱したものとは到底解することができない。本件の場合、国家は信教の自由を保障した憲法の趣旨に照らし、右牧会活動の前に一歩踏み止まるべきものであったのである」。「これを要するに、Yの本件牧会活動は手段方法においても相当であったのであり、むしろ両少年に対する宗教家としての献身は称賛されるべきものであった」。以上を総合して、Yの本件所為は正当な業務行為といいうる。

■ 解 説 ■

判旨(ii)は、業務行為の正当性（刑35）の問題を業務の正当性とYの具体的行為の正当性に分けて、問題を後者に絞り、後者の検討を目的の相当性、手段方法の相当性に具体化する。このうち手段方法の正当性については(iv)が、法益の均衡、行為の緊急性、補充性を判断要素とする。こうした枠組みは、緊急性や補充性の要求につき異論があるが、標準的である。以上のうち、(iii)の憲法論と関係するのは法益の均衡審査である。すなわち20条論は、Yの活動による利益が犯人蔵匿罪の国家的な保護法益に劣らない公益だと示すため、つまり、私的な信仰心の要保護性というより宗教的行為の公共性を示すためのものである。この点で、私的な宗教活動の保護が争点化した本書61事件（最判平8・1・30—オウム真理教解散命令事件）、62事件（東京地判平13・6・13）とは異なろう。

◆ 参考文献 ◆
田口守一・愛知学院大学宗教法制研究所紀要25号61頁。

64 日曜参観への欠席扱いの当否の判断と信教の自由

東京地裁昭和61年3月20日判決
（昭和57年（行ウ）第151号日曜日授業欠席処分取消等請求事件）
行集37巻3号347頁、判時1185号67頁

■事案■

X₁ら（原告）は東京都江戸川区立の小学校に在籍する児童であったが、昭和57年6月13日（日曜日）午前中の参観授業に出席しなかったため、Y₁（校長—被告）はその指導要録の出欠記録に欠席の記載をした。X₁らが出席しなかったのは、X₂（両親）らが日本キリスト教団小岩教会の牧師等であり日曜日午前中の教会学校にX₁らを出席させていたからである。

X₁らはY₁に対して欠席記載の取消しを、X₁らおよびX₂らはY₂（江戸川区）、Y₃（東京都）に対して慰謝料の支払を求めて出訴した。取消訴訟については欠席記載が事実行為であるとして処分性を否定（訴え却下）。以下では国賠訴訟についての判示を見る。

■争点■

本件欠席記載にY₁の学校管理運営上の裁量権の濫用はないか。

■判旨■

請求棄却（確定）。

「特別の必要がある場合」は日曜日を授業日とすることができるとする〔当時の〕学校教育法施行規則47条に照らし、日曜日授業参観の実施は法的な根拠に基づいているから、「これを実施するか否か、実施するとして午前、午後のいかなる時間帯に行うかはY₁の学校管理運営上の裁量権の範囲内である」。したがって、授業実施と欠席扱いにXらに対して不法行為を構成する違法があるとすれば、それは「Y₁が右の裁量権の範囲を逸脱し、濫用した場合」に限られる。

Xらは欠席記載自体による利益侵害をいう。欠席記載が「消極的な評価」であり「X₁らにとって精神的な負担とな」るとの意味でこれを「不利益な措置あるいは扱い」ということができなくはない。学校教育法施行規則15条2項で指導要録の保存期間とされた20年の間は右の「記載が記録されたまま」になる。しかし、欠席記載には、「右に述べた以外にさらに法律上あるいは社会生活上の処遇において何らかの不利益な効果が発生するとは認められない」。それにしても、「欠席記載がX₁らにとって好ましくない事実であ」り、「Xらは、本件授業に出席するか同日の教会学校に出席するかという二者択一の形で本件授業を実施することは、Xらがキリスト教徒として有する信仰の自由を侵すことになり、不法行為に当たると主張する」。

「一般に、宗教教団がその宗教的活動として宗教教育の場を設け、集会（本件の教会学校もここにいう『集会』に含める。）をもつことは憲法に保障された自由であ」る。しかし、「公教育をし、これを受けさせること」も憲法上の要請である。「その結果、公教育が実施される日時とある宗教教団が信仰上の集会を行う日時とが重複し、競合する場合が生じることは、ひとり日曜日のみでなく、その他の曜日についても起こりうるものである」。それゆえ、信仰者が「いずれに出席するかの選択をその都度迫られること」をしも「公教育の実施が信者の宗教行為の自由を制約するというのであれば、そのような制約はひとり本件授業にとどまらず、随所に起こ」りうる。しかし、宗教行為に参加する児童の出席免除では、「宗教、宗派ごとに右の重複・競合の日数が異なるところから、結果的に、宗教上の理由によって個々の児童の授業日数に差異を生じることを容認することになって、公教育の宗教的中立性を保つ上で好ましいことではな」く、「さらに、公教育が集団的教育として挙げるはずの成果をも損なうことにならざるをえず、公教育が失うところは少なくない」。

この見地から前掲関係法規は「公立小学校の休業日に授業を行い授業日に休業しようとするときの手続を定めるに当たっても、右宗教上の集会と抵触するような振替えを特に例外的に禁止するような規定は設けず、振替えについての公教育上の必要性の判断を『特別の必要がある場合』との要件の下に当該学校長の裁量に委ね」ている。ゆえに、「特別の必要性がある授業日の振替えの範囲内では、宗教教団の集会と抵触することになったとしても、法はこれを合理的根拠に基づくやむをえない制約として容認しているものと解すべきである」。このように、信仰の自由は「内心にとどまるものではなく外形的行為となって現れる」ときには「合理的根拠に基づく一定の制約を受けざるをえない」。

Xらは「他の日時を選択することも可能であり、この点でY₁の裁量には違法がある」という。しかし、「授業参観を平日に実施することで補えない」ことは前記の考察の結果から明らかである。日曜日午後をXらは代案として主張するが、「およそ学校の授業が午前8時半から9時の間に開始されることは公知の事実であり、児童の心身の状態からみて一般的に午前に学習することが午後のそれに比べ優れているし」、また午後の授業参観だと「自由な時間が午前中に入」り「正規の授業の効果が挙げられなくな」り、「平日と同様な授業を参観させようとする本件授業実施の目的に副わない結果となる恐れ」がある。また、午前中に授業参観、午後に父母と教師、校長との懇談という通例に鑑みても、「平常どおり午前中に授業参観を行うことは強い合理性がある」。

以上のことから、Y₁の裁量権の行使には逸脱、濫用はない。

■解説■

本判決では、判断過程に注目する行政裁量審査で憲法上の信教の自由が問われた。すなわち、本判決は、校長の裁量を肯定した上で、Xらの信教の自由の侵害あるいはそれを避けると被る不利益の度合いと代替措置の可能性という2つの角度からその濫用の有無を調べた。結論に影響したのは不利益の軽微さもあろうが、政教分離と教育上の効果から見た代替措置の困難さであった。

◆参考文献◆
常岡孝好・自治研究64巻4号127頁。

65 退学処分等の当否の判断と信教の自由——剣道受講拒否事件

最高裁平成8年3月8日第二小法廷判決
（平成7年(行ツ)第74号進級拒否処分取消, 退学命令処分等取消請求事件）
民集50巻3号469頁, 判時1564号3頁

■ 事　案 ■

X（原告・控訴人・被上告人）は, 神戸市立工業高等専門学校の学生であった。同校では保健体育が全学年の必修科目であり, 第1学年の授業種目として剣道が採用されていた。ところが, Xは, 聖書に固く従うという信仰を持つキリスト教信者「エホバの証人」であり, 格技である剣道の実技に参加することは自己の宗教的信条と根本的に相容れないとの信念の下に, 事前に体育担当教員らに対して, 剣道実技には参加できないのでレポート提出等の代替措置を認めてほしい旨を繰り返し申し入れたが, 拒否された。その後Y（校長—被告・被控訴人・上告人）は, 体育担当教員らと協議し, 代替措置の不採用を決定した。実際, Xは剣道実技の授業に参加せずレポート作成のために授業内容を記録していた。その後, 体育担当教員とYはXらの学生やその保護者に説得を試み, 剣道実技に参加しなければ留年することは必至であると説明し, 剣道実技の補講も行ったが, Xは結局補講にも参加しなかった。その結果Xは, 体育科目の不認定のため, 原級留置処分を受け, 翌年度も同様であった。ゆえに, Yは, 学校規則31条に定める退学事由である「学力劣等で成業の見込みがないと認められる者」に該当するとの判断の下に, 退学処分を下した。

XはYに対して, 原級留置, 退学処分の取消しを求めた。1審（神戸地判平5・2・22判タ813号134頁）は請求を棄却, 2審（大阪高判平6・12・22判時1524号8頁）は原判決取消し, 請求認容。Yが上告。

■ 争　点 ■

本件退学処分等にYの合理的な教育的裁量権の踰越または濫用はないか。

■ 判　旨 ■

上告棄却。

「高等専門学校の校長が学生に対し原級留置処分又は退学処分を行うかどうかの判断は, 校長の合理的な教育的裁量にゆだねられるべきものであり, 裁判所がその処分の適否を審査するに当たっては, 校長と同一の立場に立って当該処分をすべきであったかどうか等について判断し, その結果と当該処分とを比較してその適否, 軽重等を論ずべきものではなく, 校長の裁量権の行使としての処分が, 全く事実の基礎を欠くか又は社会観念上著しく妥当を欠き, 裁量権の範囲を超え又は裁量権を濫用してされたと認められる場合に限り, 違法であると判断すべきものである」（[最判昭29・7・30民集8巻7号1463頁, 最判昭29・7・30前掲民集1501頁, 本書15事件（最判昭49・7・19—昭和女子大事件）, 最判昭52・12・20民集31巻7号1101頁]……参照）。しかし, 退学処分は学生の身分をはく奪する重大な措置であり, 学校教育法施行規則13条3項も4個の退学事由を限定的に定めていることからすると, 当該学生を学外に排除することが教育上やむを得ないと認められる場合に限って退学処分を選択すべきであり, その要件の認定につき他の処分の選択に比較して特に慎重な配慮を要するものである（[15事件]……参照）。また, 原級留置処分も, 学生にその意に反して1年間にわたり既に履修した科目, 種目を再履修することを余儀なくさせ, 上級学年における授業を受ける時期を延期させ, 卒業を遅らせる上, 神戸高専においては, 原級留置処分が2回連続してされることにより退学処分にもつながるものであるから, その学生に与える不利益の大きさに照らして, 原級留置処分の決定に当たっても, 同様に慎重な配慮が要求されるものというべきである。そして, 前記事実関係の下においては, 以下に説示するとおり, 本件各処分は, 社会観念上著しく妥当を欠き, 裁量権の範囲を超えた違法なものといわざるを得ない。」

「1　公教育の教育課程において, 学年に応じた一定の重要な知識, 能力等を学生に共通に修得させることが必要であることは, 教育水準の確保等の要請から, 否定することができず, 保健体育科目の履修もその例外ではない。しかし, 高等専門学校においては, 剣道実技の履修が必須のものとまではいい難く, 体育科目による教育目的の達成は, 他の体育種目の履修などの代替的方法によってこれを行うことも性質上可能というべきである。」

「2　他方, 前記事実関係によれば, Xが剣道実技への参加を拒否する理由は, Xの信仰の核心部分と密接に関連する真しなものであった。Xは, 他の体育種目の履修は拒否しておらず, 特に不熱心でもなかったが, 剣道種目の点数として35点中のわずか2.5点しか与えられなかったため, 他の種目の履修のみで体育科目の合格点を取ることは著しく困難であったと認められる。したがって, Xは, 信仰上の理由による剣道実技の履修拒否の結果として, 他の科目では成績優秀であったにもかかわらず, 原級留置, 退学という事態に追い込まれたものというべきであり, その不利益が極めて大きいことも明らかである。また, 本件各処分は, その内容それ自体においてXに信仰上の教義に反する行動を命じたものではなく, その意味では, Xの信教の自由を直接的に制約するものとはいえないが, しかし, Xがそれらによる重大な不利益を避けるためには剣道実技の履修という自己の信仰上の教義に反する行動を採ることを余儀なくさせられるという性質を有するものであったことは明白である。」

「Yの採った措置が, 信仰の自由や宗教的行為に対する制約を特に目的とするものではなく, 教育内容の設定及びその履修に関する評価方法についての一般的な定めに従ったものであるとしても, 本件各処分が右のとおりの性質を有するものであった以上, Yは, 前記裁量権の行使に当たり, 当然そのことに相応の考慮を払う必要があったというべきである。また, Xが, 自らの自由意思により, 必修である体育科目の種目として剣道の授業を採用している学校を選択したことを理由に, 先にみたよ

うな著しい不利益をXに与えることが当然に許容されることになるものでもない。」

「3　Xは、レポート提出等の代替措置を認めて欲しい旨繰り返し申し入れていたのであって、剣道実技を履修しないまま直ちに履修したと同様の評価を受けることを求めていたものではない。これに対し、神戸高専においては、Xら『エホバの証人』である学生が、信仰上の理由から格技の授業を拒否する旨の申出をするや否や、剣道実技の履修拒否は認めず、代替措置は採らないことを明言し、X及び保護者からの代替措置を採って欲しいとの要求も一切拒否し、剣道実技の補講を受けることのみを説得したというのである。本件各処分の前示の性質にかんがみれば、本件各処分に至るまでに何らかの代替措置を採ることの是非、その方法、態様等について十分に考慮すべきであったということができるが、本件においてそれがされていたとは到底いうことができない。」

「所論は、神戸高専においては代替措置を採るにつき実際的な障害があったという。しかし、信仰上の理由に基づく格技の履修拒否に対して代替措置を採っている学校も現にあるというのであり、他の学生に不公平感を生じさせないような適切な方法、態様による代替措置を採ることは可能であると考えられる。また、履修拒否が信仰上の理由に基づくものかどうかは外形的事情の調査によって容易に明らかになるであろうし、信仰上の理由に仮託して履修拒否をしようという者が多数に上るとも考え難いところである。さらに、代替措置を採ることによって、神戸高専における教育秩序を維持することができないとか、学校全体の運営に看過することができない重大な支障を生ずるおそれがあったとは認められないとした原審の認定判断も是認することができる。そうすると、代替措置を採ることが実際上不可能であったということはできない。」

「所論は、代替措置を採ることは憲法20条3項に違反するとも主張するが、信仰上の真しな理由から剣道実技に参加することができない学生に対し、代替措置として、例えば、他の体育実技の履修、レポートの提出等を求めた上で、その成果に応じた評価をすることが、その目的において宗教的意義を有し、特定の宗教を援助、助長、促進する効果を有するものということはできず、他の宗教者又は無宗教者に圧迫、干渉を加える効果があるともいえないのであって、およそ代替措置を採ることが、その方法、態様のいかんを問わず、憲法20条3項に違反するということができないことは明らかである。また、公立学校において、学生の信仰を調査せん索し、宗教を序列化して別段の取扱いをすることは許されないものであるが、学生が信仰を理由に剣道実技の履修を拒否する場合に、学校が、その理由の当否を判断するため、単なる怠学のための口実であるか、当事者の説明する宗教上の信条と履修拒否との合理的関連性が認められるかどうかを確認する程度の調査をすることが公教育の宗教的中立性に反するとはいえないものと解される。これらのことは、〔66事件（最大判昭52・7・13―津地鎮祭事件）〕……の趣旨に徴して明らかである。」

「4　以上によれば、信仰上の理由による剣道実技の履修拒否を、正当な理由のない履修拒否と区別することなく、代替措置が不可能というわけでもないのに、代替措置について何ら検討することもなく、体育科目を不認定とした担当教員らの評価を受けて、原級留置処分をし、さらに、不認定の主たる理由及び全体成績について勘案することなく、2年続けて原級留置となったため進級等規程及び退学内規に従って学則にいう『学力劣等で成業の見込みがないと認められる者』に当たるとし、退学処分をしたというYの措置は、考慮すべき事項を考慮しておらず、又は考慮された事実に対する評価が明白に合理性を欠き、その結果、社会観念上著しく妥当を欠く処分をしたものと評するほかはなく、本件各処分は、裁量権の範囲を超える違法なものといわざるを得ない。」

■解　説■

1　冒頭の社会観念審査の定式にもかかわらず、本判決は2事件（最大判昭53・10・4―マクリーン事件）等とは異なりYの判断過程の審査を行った。このとき信教の自由の侵害、それを避けると被る不利益（判旨2）や代替措置の可能性（判旨1、3）を考慮要素とした点では、64事件（東京地判昭61・3・20―日曜参観）と似ている。処分に至るYの一連の措置を（本当にそうかはともかく）信仰の自由の制約を目的としない間接的な規制と見た点でも同じである。しかし、退学が大きな不利益であり格技が信仰の核心に反することが、濫用をいう上でプラスに働いている。

他方、代替措置の可能性に関しては、信仰上の理由から特定の学生に他の履修、評価の方法を認めても政教分離の原則に反しないとされたが、このことは、判例上厳格な分離が要求されていないことと平仄が合う。

2　〈判例の流れ〉で述べたように、こうした本判決の判断手法は、64事件と併せて、信教の自由や政教分離という各論的なテーマを超えた意味を有する。すなわち、法規範と当てはめ（包摂）が通常の審査手法であるとするならば、こうした通常の場合には法規範は選択の余地なしに名宛人を覊束するものとされている。これに対して、判断過程の審査という近時の判例で活用されている行政裁量の審査手法は、いくつかの考慮要素に注目しつつ行政による衡量の過程を審査するものであり、そこではたとえば信教の自由を保障するという憲法上の要請も行政が考慮すべき要素の一つとして位置づけられるからである。本判決は、こうした審査手法と憲法上の権利との関係を考える素材として有用なのである（本判決ほど明瞭ではないが145事件〔最判平5・3・16―第1次家永訴訟上告審〕も同様であり、また、より明確な例である最判平24・1・16〔2つの判決、判時2147号127頁、同139頁〕については「5　思想・良心の自由」の〈判例の流れ〉を参照）。

◆参考文献◆
川神裕・最判解民事篇平成8年度(上)174頁、棟居快行・法教192号94頁、亘理格・行政法の争点〔第3版〕116頁。

判例の流れ

● 小島慎司 ●

7 政教分離

　1　66事件（最大判昭52・7・13―津地鎮祭事件）以降，判例は憲法の政教分離規定の基礎にある政教分離原則を目的効果基準に従って活用してきたが，その理解にあたっては事件の特性に即して場合分けを行うべきであることが指摘されて久しい。以下では，主に地方自治法242条の2第1項4号の住民訴訟から憲法論が生じた場合（(1)(2)住民訴訟と政教分離〔66〜72事件〕）と，主に国賠法1条の損害賠償請求から憲法論が生じた場合（(3)損害賠償請求訴訟と政教分離〔73・74事件〕）に分けて見ていく。理由は帰納的なもので，請求の趣旨によって憲法論の内容にも違いが出ているからである。

　すなわち，住民訴訟は，広義での財務会計行為（地方公共団体の財産の処分等にかかわる決定）を対象とする。そのため，89条の文言が想定するような宗教への財政的な援助の政教分離原則違反を争点化しやすい。忠魂碑用敷地の取得等（68事件〔最判平5・2・16―箕面忠魂碑・慰霊祭事件〕），玉串料の奉納（69事件〔最大判平9・4・2―愛媛玉串料事件〕），神社敷地の無償提供（71事件〔最大判平22・1・20―空知太神社事件〕，72事件〔最大判平22・1・20―富平神社事件〕の各判旨(i)）がこれに相当する。しかし，財務会計行為の原因行為の違法性が対象となることもある。この場合は，しばしば象徴的な意味を持つ事実行為の政教分離原則違反も争点化される。他方で，国賠訴訟では象徴的な事実行為が争点化されている。象徴的な意味に注目するからこそ国家の宗教的な行為で損害を受けたとの主張が生まれるためである。これら象徴的な事実行為は文言上は20条3項により規制され，たとえば，地鎮祭や慰霊祭の挙行（66・68事件），知事の大嘗祭への参列（70事件〔最判平14・7・11―鹿児島大嘗祭違憲訴訟〕），自衛官の合祀申請への協力（73事件〔最大判昭63・6・1―自衛官合祀事件〕），首相の神社への参拝（74事件〔最判平18・6・23〕）が相当する（ただし，国賠訴訟では被侵害利益の欠如から憲法論にたどりつかないこともある）。

　以上の見方によれば，判決の推移は，主に象徴的な事実行為の審査に使われた手法が宗教への援助の場合にも活用されていったと整理しうる。すなわち，象徴的な事実行為についての66事件で，一方で形式的には主に20条3項につき目的効果基準を用い，他方で実質的には一般人の評価において「社会的儀礼」かを重視した。そして，この手法が宗教への援助の審査にも流用された。そもそも66事件の目的効果基準自体，「宗教的活動」を布教等に狭く限定するアプローチの否定の上に現れており，まさに宗教への援助というべき場合も含めて広範な国家活動が20条3項の規制対象に入りうることを前提としていた。こうして，68・69・71・72事件でも実質的にはその援助の象徴的意味を審査することになったのである。この審査手法は，裁判所の自由な判断余地を広くするものだが，浅い審査ばかりを導くものではない（後三者の判決を参照）。しかし，こうした手法は，社会的儀礼を超えていても少数派の宗教への援助を行うべきかという問いを正面から解きにくかった。

　2　これに対して，(2)の，71事件の判旨(ii)は，財務会計行為（それを怠る事実）の違法を対象とするにしても，その行為を行うかにつき行政の裁量を考慮したため独自の特色を見せている。すなわち，同判決は，神社敷地の無償提供の違憲性を解消する多様な手段の1つである契約解除と施設撤去の懈怠の当否を問題にした。このとき，71事件(ii)(イ)が参照を求めている72事件やその原審で，信教の自由に負担の少ないよりソフトな解消手段である譲与でも合憲とされたことが考慮された。つまり，行政の判断過程を検証する上で，一般人の評価において社会的儀礼を超えるかと並列される問題として，信教の自由に対する援助が必要かという問題が検討されている（近藤崇晴裁判官補足意見はこのことを特に強調する）。この問題は，象徴的な事実行為の審査の背後で正面から解かれにくかったものであり，裁量審査において多様な判断要素を考慮するなかで扱われたのである。その意味では65事件（最判平8・3・8―剣道受講拒否事件）と似ていると思われる（「6 信教の自由」の〈判例の流れ〉を参照）。

66 市体育館起工式挙行の合憲性——津地鎮祭事件

最高裁昭和52年7月13日大法廷判決
(昭和46年(行ツ)第69号行政処分取消等請求事件)
民集31巻4号533頁,判時855号24頁

■事 案■

　三重県津市体育館の起工式が市の主催により,宗教法人大市神社の宮司らの主宰の下で神式で挙行された。これにあたりY(被告・被控訴人・上告人)が市長としてその挙式費用(報償費,供物料)7663円を市の公金から支出した。津市の住民,市議会議員Xら(原告・控訴人・被上告人)は,起工式や公金の支出が20条1項,89条前段等に反するとし,当時の地方自治法242条の2に基づきYに対して津市に金7663円を支払うように求める住民訴訟等を提起した(平成14年改正前の同条第4号はXが津市に代位してYに対して損害賠償を請求する形式を採用)。

　1審(津地判昭42・3・16行集18巻3号246頁)は本件起工式の宗教性,支出の違法性を否定したが,2審(名古屋高判昭46・5・14行集22巻5号680頁)は,次のように述べて支出を違法とした。まず,憲法でいう宗教とは「超自然的,超人間的本質……の存在を確信し,畏敬崇拝する心情と行為」をいい,「個人的宗教」も「集団的宗教」も,「自然的宗教」も「創唱的宗教」もすべて包含する。したがって「祭祀中心の」,「自然宗教的,民族宗教的特色があ」る神社神道も「宗教学上はもとよりわが国法上も宗教である」。さらに,「当該行為の主宰者」が宗教家か,「当該行為の順序作法(式次第)が宗教界で定められたものか」,「当該行為が一般人に違和感なく受け容れられる程度に普遍性を有する」かを考えると,このように神社神道のしきたりに則った本件地鎮祭は非宗教的習俗行事とはいえない。20条3項の宗教的活動には「宗教の布教,教化,宣伝等を目的とする積極的行為」のみならず2項の「『宗教上の行為,祝典,儀式又は行事』を含む一切の宗教的行為」を含むので,本件地鎮祭は「宗教的活動」に当たる。Yが上告。

■争 点■

①公金支出の原因行為(本件起工式の挙行)の違法性も住民訴訟の本案で争えるか。
②起工式の挙行は20条3項の禁止する「宗教的活動」に該当するか。

■判 旨■

　破棄自判(藤林益三・吉田豊・団藤重光・服部高顯・環昌一裁判官の反対意見,藤林裁判官の追加反対意見がある)。

　(i)「公金の支出が違法となるのは単にその支出自体が憲法89条に違反する場合だけではなく,その支出の原因となる行為が憲法20条3項に違反し許されない場合の支出もまた,違法となることが明らかである。」

　(ii) 20条1項後段,3項,89条の「政教分離規定は,いわゆる制度的保障の規定であって,信教の自由そのものを直接保障するものではなく,国家と宗教との分離を制度として保障することにより,間接的に信教の自由の保障を確保しようとするものである」。ところが,宗教は「広汎な場面で社会生活と接触する」ので国家が宗教とかかわり合うことは免れえない。したがって,「国家と宗教との完全な分離」の実現は「実際上不可能に近」く,かえって「不合理な事態」を生ぜしめる。例えば,「特定宗教と関係のある私立学校」への助成,「神社,寺院の建築物や仏像等の維持保存のため」の宗教団体への補助金支出が許されないならば「宗教との関係があることによる不利益な取扱い」が生ずる。また,刑務所等での「教誨活動」が一切許されないならば「受刑者の信教の自由は著しく制約される」。ゆえに,「前記政教分離規定の基礎となり,その解釈の指導原理となる政教分離原則」は「国家が宗教とのかかわり合いをもつことを全く許さないとするものではなく,宗教とのかかわり合いをもたらす行為の目的及び効果にかんがみ,そのかかわり合いが右の諸条件に照らし相当とされる限度を超えるものと認められる場合にこれを許さないとするものであると解すべきである」。

　したがって,20条3項の「宗教的活動」とは「およそ国及びその機関の活動で宗教とのかかわり合いをもつすべての行為を指す」のではなく,「そのかかわり合いが右にいう相当とされる限度を超えるものに限られ」,「当該行為の目的が宗教的意義をもち,その効果が宗教に対する援助,助長,促進又は圧迫,干渉になるような行為」をいうと解すべきである。その典型は,同項例示の「宗教教育のような宗教の布教,教化,宣伝等の活動」であるが,「その目的,効果が前記のような」宗教上の祝典,儀式,行事等もこれに含まれる。そして,これに該当するかは,「当該行為の主宰者が宗教家であるかどうか,その順序作法(式次第)が宗教の定める方式に則ったものであるかどうかなど,当該行為の外形的側面のみにとらわれることなく,当該行為の行われる場所,当該行為に対する一般人の宗教的評価,当該行為者が当該行為を行うについての意図,目的及び宗教的意識の有無,程度,当該行為の一般人に与える効果,影響等,諸般の事情を考慮し,社会通念に従って,客観的に判断しなければならない」。

　そこで,本件起工式が20条3項の宗教的活動にあたるかを検討する。

　(ア) 本件起工式は,「建物の建築の着工にあたり,土地の平安堅固,工事の無事安全を祈願する儀式として行

われた」が、その方式は「専門の宗教家である神職が、所定の服装で、神社神道固有の祭式に則り、一定の祭場を設け一定の祭具を使用して行った」し、「主宰した神職自身も宗教的信仰心に基づいてこれを執行した」から、「それが宗教とかかわり合いをもつものである」ことは否定しえない。

(イ) しかし、古来起工式は「宗教的な起源をもつ儀式であったが、時代の推移とともに、その宗教的な意義が次第に稀薄化してきている」。「一般に」、起工式を「行うこと自体」は、「『祈る』という行為を含む」としても「今日においては、もはや宗教的意義がほとんど認められな」い儀礼と化しており、たとえ「宗教において定められた方式をかりて行われ」ても、「長年月にわたって広く行われてきた方式の範囲を出ない」ならば「一般人の意識においては、起工式にさしたる宗教的意義を認めず、建築着工に際しての慣習化した社会的儀礼として、世俗的な行事と評価している」と考えられる。本件起工式は「神社神道固有の祭祀儀礼に則って行われた」が、「かかる儀式は、国民一般の間にすでに長年月にわたり広く行われてきた方式の範囲を出ない」ので、「一般人及びこれを主催した津市の市長以下の関係者の意識においては、これを世俗的行事と評価し、これにさしたる宗教的意識を認めなかった」と考えられる。

(ウ) また、「現実の一般的な慣行」としては「起工式を行うことは、特に工事の無事安全等を願う工事関係者にとっては、欠くことのできない行事とされている」。「このことと前記のような一般人の意識に徴すれば」、「起工式を行うのは、工事の円滑な進行をはかるため工事関係者の要請に応じ建築着工に際しての慣習化した社会的儀礼を行うという極めて世俗的な目的によるものであると考えられる」。「特段の事情のない本件起工式」でも、「津市の市長以下の関係者」は右の「一般の建築主の目的と異なるもの」をもってはいなかった。

(エ) 元来、わが国には「宗教意識の雑居性が認められ、国民一般の宗教的関心度は必ずしも高」くない。他方、神社神道には「祭祀儀礼に専念し、他の宗教にみられる積極的な布教・伝道のような対外活動がほとんど行われることがないという特色」がある。「このような事情と前記のような起工式に対する一般人の意識に徴すれば、建築工事現場において、たとえ専門の宗教家である神職により神社神道固有の祭祀儀礼に則って、起工式が行われたとしても、それが参列者及び一般人の宗教的関心を特に高めることとなるものとは考えられず、これにより神道を援助、助長、促進するような効果をもたらすことになるものとも認められない。そして、このことは、国家が主催して、私人と同様の立場で、本件のような儀式による起工式を行った場合においても、異なるものではなく、そのために、国家と神社神道との間に特別に密接な関係が生じ、ひいては、神道が再び国教的な地位をえたり、あるいは信教の自由がおびやかされたりするような結果を招くものとは、とうてい考えられない」。

(オ) 以上を「総合的に考慮して判断すれば」、「本件起工式は、宗教とかかわり合いをもつものであることを否定しえないが、その目的は建築着工に際し土地の平安堅固、工事の無事安全を願い、社会の一般的慣習に従った儀礼を行うという専ら世俗的なものと認められ、その効果は神道を援助、助長、促進し又は他の宗教に圧迫、干渉を加えるものとは認められないのであるから、憲法20条3項により禁止される宗教的活動にはあたらない」。「原判決中Y敗訴部分は、破棄を免れない」。さらに判断するに、本件起工式は20条3項に違反せず、「また、宗教団体に特権を与えるものともいえないから、同条1項後段にも違反しない」し、「右起工式の挙式費用の支出も、前述のような本件起工式の目的、効果及び支出金の性質、額等から考えると、特定の宗教組織又は宗教団体に対する財政援助的な支出とはいえないから、憲法89条に違反するものではな」い。したがって、Xの請求は棄却されるべきである。前記部分に関する本件控訴は棄却される。

■ 解 説 ■

1 判旨(i)は争点①に肯定で答えた。ただ、後年、先行行為の行為者と財務会計上の行為者の間に独立性がある場合にはこれを否定する判決があり（最判平4・12・15民集46巻9号2753頁等）、住民訴訟により原因行為の政教分離原則への違反を直接に争点化するというアプローチが常に可能とはいいがたい。

2 判旨(ii)での目的効果基準の実質は何か。本判決も確かに一般論では「当該行為の主宰者が宗教家であるかどうか」以下の点を考慮要素として掲げ、後にそれらを細かく検討する裁判官も現れた（本書69事件〔最大判平9・4・2―愛媛玉串料事件〕の可部恒雄裁判官反対意見）。しかし本判決においてはむしろ、先行する(イ)の、起工式＝「社会的儀礼」とする一般人の評価の理解が、目的判断(ウ)、効果判断(エ)のいずれにも影響した。「「社会的儀礼」だから合憲だ」と述べたと判決を読むべきでないという調査官の指摘は正しいが、かといって本判決の目的、効果いずれの判断にも社会的儀礼論という一元的背景があることも否定しえない。判例が目的と効果を個別に判断していないという有名な批判が生じるのもこの理由によろう。

◆ 参考文献 ◆

越山安久・最判解民事篇昭和52年度212頁、日比野勤・百選I〔第5版〕96頁、続く諸判決（67事件以下）についても安念潤司・法教208号57頁。

67 地蔵像のための市有地の無償利用提供の合憲性

最高裁平成4年11月16日第一小法廷判決
（平成3年（行ツ）第147号大阪地蔵像違憲請求事件）
判時1441号57頁、判タ802号89頁

■事 案■

大阪市は、市営住宅を建て替えるに際して、事業を円滑に進めるためには地元の理解と協力が必要であるなどと考えて、地元の町会の要望を受けて、町会が建立、移設する地蔵像の敷地として市有地を無償使用させた。大阪市の住民であるXは、このY（大阪市長）の行為が20条3項、89条に違反するなどとして地方自治法242条の2第1項3号に基づいて、Yに対して、各町会に対して当該市有地の明渡しを請求することを怠っていることの違法確認を求めた。

1審（大阪地判昭61・5・30行集37巻4・5号734頁）は、本書66事件（最大判昭52・7・13—津地鎮祭事件）の枠組みを用いて検討し、地蔵信仰が伝統的習俗となっていることなどを考慮して、20条3項には違反しないと述べる一方、町会は地域社会の福祉の増進を図ることを目的とするもので、89条に定める「宗教上の組織若しくは団体」に相当しないと論じ、Xの請求を棄却した。2審（大阪高判平3・3・26行集42巻3号438頁）もこれを支持。Xが上告。

■争 点■

地蔵像の敷地としての市有地無償使用の承認が20条3項・89条に違反するか。

■判 旨■

上告棄却。

2審の事実認定および2審が確定したその余の事実関係によれば、「(1) 本件において、大阪市が各町会に対して、地蔵像建立あるいは移設のため、市有地の無償使用を承認するなどした意図、目的は、市営住宅の建替事業を行うに当たり、地元の協力と理解を得て右事業の円滑な進行を図るとともに、地域住民の融和を促進するという何ら宗教的意義を帯びないものであった、(2) もともと本件のような寺院外に存する地蔵像に対する信仰は、仏教としての地蔵信仰が変質した庶民の民間信仰であったが、それが長年にわたり伝承された結果、その儀礼行事は地域住民の生活の中で習俗化し、このような地蔵像の帯有する宗教性は稀薄なものとなっている、(3) 本件各町会は、その区域に居住する者等によって構成されたいわゆる町内会組織であって、宗教的活動を目的とする団体ではなく、その本件各地蔵像の維持運営に関する行為も、宗教的色彩の稀薄な伝統的習俗的行事にとどまっている、というのである。右事実関係の下においては、大阪市が各町会に対して、地蔵像建立あるいは移設のため、市有地の無償使用を承認するなどした行為は、その目的及び効果にかんがみ、その宗教とのかかわり合いが我が国の社会的・文化的諸条件に照らし信教の自由の確保という制度の根本目的との関係で相当とされる限度を超えるものとは認められず、憲法20条3項あるいは89条の規定に違反するものではない。このことは、〔66事件および73事件（最大判昭63・6・1—自衛官合祀事件）〕……の趣旨に徴して明らかであり、これと同旨の原審の判断は、正当として是認することができる。所論違憲の主張は、原判決を正解せず又は独自の見解に立って原判決を非難するものにすぎず」、「論旨は採用することができない」。

■解 説■

1　66事件が主に公金の支出（宗教への援助）ではなく起工式という原因行為（象徴的な事実行為）を審査していたのに対して、本件無償使用の承認は宗教への援助というものであった。しかし、信者の保護の必要性、援助の多寡や公平性などを正面から論じるのではなく、実質的には地蔵像の宗教的意味の欠如（2審の確定した事実）を決め手として目的効果基準を用いて答えを出している。つまり、66事件の枠組みを用いているのである。

その現れが89条違反の争点についての説示である。この点、本判決は、「宗教上の組織若しくは団体」の意義につき、「宗教の信仰・礼拝または普及を目的とする事業ないし運動」と捉える広義説ではなく、「宗教上の事業ないし活動を行う目的をもって組織されている団体」と見る狭義説に立ったと評されることがある。しかし、狭義説か広義説かの対立は判例を読む補助線としては必ずしも有用ではない。判決の議論の力点は、団体ではなく活動に宗教性がある場合（葬式など）への支出を除くことにあるのではなく、むしろ66事件で採用された目的効果基準の枠組みを89条にも適用したことに置かれているように思われるからである。これは、66事件の自判部分では簡単にしか展開されていなかった議論であり、次の68事件（最判平5・2・16—箕面忠魂碑・慰霊祭事件）の判旨(ii)や69事件（最大判平9・4・2—愛媛玉串料事件）の判旨でより明確になった。

これに対して学説上は、68事件が「宗教上の組織若しくは団体」とは「特定の宗教の信仰、礼拝又は普及等の宗教的活動を行うことを本来の目的とする組織ないし団体」であると硬い定義を付したと捉える見方もある。しかし、同判決は確かにこの定義を与えているが、そうしたくだりは、89条にも目的効果基準を用いるかのような説示を「換言」したものにすぎないと見てしまえば同判決が89条違反の審査に独自の意味を与えているとまではいいづらいであろう（同判決との関係は明らかではないが69事件の園部逸夫裁判官意見も参照）。

2　なお、本件では無償使用の承認が合憲とされたので問われなかったが、仮に違憲とされた場合には、明渡請求の不作為が違法となるかについては裁量が問題になりうるであろう（71事件〔最大判平22・1・20—空知太神社事件〕）。

◆参考文献◆
桐ヶ谷章・百選Ⅰ〔第5版〕108頁。

68 忠魂碑敷地取得等の合憲性
――箕面忠魂碑・慰霊祭事件

最高裁平成5年2月16日第三小法廷判決
（昭和62年（行ツ）第148号運動場一部廃止決定無効確認等，慰霊祭支出差止請求事件）
民集47巻3号1687頁，判時1454号41頁

■事案■

判旨(i)の述べるとおり，(1)箕面市は昭和50年に忠魂碑の敷地を7882万6824円で買い受けて704万2120円の費用をかけて碑を移設，再建した。さらに市は市遺族会に対して敷地の無償貸与を行った。(2)また，碑前での慰霊祭には，市長 Y_1，教育長 Y_2（被告・控訴人あるいは被控訴人・被上告人）らも参列した。そこで市の住民 X ら（原告・被控訴人あるいは控訴人・上告人）が地方自治法242条の2第1項4号等に基づいて住民訴訟等を提起した。主な請求の趣旨は(a)対 Y_1，Y_2：費用に相当する損害金の市への支払，(b) Y_1 が参列時間に相当する分の給与を支払ったこと等につき対 Y_1：損害賠償請求，対 Y_2：不当利得返還請求。1審（大阪地判昭57・3・24行集33巻3号564頁，大阪地判昭58・3・1行集34巻3号358頁）は一部認容，2審（大阪高判昭62・7・16行集38巻6・7号561頁）は請求棄却ないし訴え却下。X らが上告。

なお，2審での訴え却下は(b)で Y_1 から所管の各課長への財産管理権限の委任により Y_1 が4号の「当該職員」に該当しないとされたからだが，本判決は指揮監督上の義務違反に注目して逆の結論を導いた（主文には影響せず。専決の場合について本書69事件〔最大判平9・4・2―愛媛玉串料事件〕参照）。

■争点■

①忠魂碑敷地取得等の行為は20条3項に違反するか。
②同行為は20条1項後段，89条に違反するか。
③本件慰霊祭参列は20条3項に違反するか。

■判旨■

上告棄却（園部逸夫裁判官の補足意見がある）。

(i) 66事件（最大判昭52・7・13―津地鎮祭事件），73事件（最大判昭63・6・1―自衛官合祀事件）が示した政教分離原則に関する見地に立って本件をみるのに，2審の確定した事実関係によれば，(イ)大正5年4月に建立された旧忠魂碑は「郷土出身の戦没者の慰霊，顕彰のため」のものであり，「本件移設・再建後の本件忠魂碑も同様の性格を有するとみられるものであって」，その碑前で慰霊祭が毎年1回「地区遺族会主催の下に神式，仏式隔年交替で行われているが，本件忠魂碑と神道等の特定の宗教とのかかわりは，少なくとも戦後においては希薄であ」ること，(ロ)碑を所有，管理する「市遺族会は，箕面市内に居住する戦没者遺族を会員とし，戦没者遺族の相互扶助・福祉向上と英霊の顕彰を主たる目的として設立され活動している団体であって，宗教的活動をすることを本来の目的とする団体ではないこと」，(ハ)市がした本件移設・再建等の行為は，旧忠魂碑が設置されていた「公有地に隣接する箕面小学校」の「校舎の建替え等を行う」ために「右公有地を学校敷地に編入する必要が生じ，旧忠魂碑を他の場所に移設せざるを得なくなったことから，市遺族会との交渉の結果に基づき，箕面市土地開発公社から本件土地を買い受け」，「代替地として市遺族会に対し無償貸与し，右敷地上に移設，再建した」ことが明らかである。

これらにかんがみると，市が代替地として本件土地を買い受けた行為，旧忠魂碑を移設，再建した行為，市遺族会に対し本件敷地を無償貸与した行為は，「その目的」は公有地上の碑の「敷地を学校用地として利用すること」であり，「そのための方策」として代替地の取得，その無償提供を行ったものであって「専ら世俗的なもの」であり，「その効果」も「特定の宗教を援助，助長，促進し又は他の宗教に圧迫，干渉を加えるもの」ではない。したがって，市の本件各行為は，「宗教とのかかわり合いの程度」が「信教の自由の保障の確保という制度の根本目的との関係で相当とされる限度を超え」ず，20条3項に違反しない。

(ii) 市の右各行為が憲法上の「政教分離原則に違反するものでないことは，右に述べたとおりであり」，また，「市遺族会は，憲法20条1項後段にいう『宗教団体』，89条にいう『宗教上の組織若しくは団体』のいずれにも該当しないと解すべきことは，後述のとおりであるから」，市の上記各行為は20条1項後段，89条に違反しない。「以上の点は，前掲各大法廷判決の趣旨に徴して明らか」である。

20条1項後段にいう「宗教団体」，89条にいう「宗教上の組織若しくは団体」の意義について。それらは，「宗教と何らかのかかわり合いのある行為を行っている組織ないし団体のすべてを意味するものではなく，国家が当該組織ないし団体に対し特権を付与したり，また，当該組織ないし団体の使用，便益若しくは維持のため，公金その他の公の財産を支出し又はその利用に供したりすることが，特定の宗教に対する援助，助長，促進又は圧迫，干渉等になり，憲法上の政教分離原則に反すると解されるものをいうのであり，換言すると，特定の宗教の信仰，礼拝又は普及等の宗教的活動を行うことを本来の目的とする組織ないし団体を指すものと解するのが相

当である。このことは，前掲各大法廷判決の趣旨に徴して明らかである」。

2審の確定した事実関係によれば市遺族会，地区遺族会等は「戦没者遺族の相互扶助・福祉向上と英霊の顕彰を主たる目的として設立され活動している団体」である。「神式又は仏式による慰霊祭の挙行，靖国神社の参拝等の宗教的色彩を帯びた行事をも実施し，靖国神社国家護持の推進運動にも参画している」が，それらは，「会の本来の目的として，特定の宗教の信仰，礼拝又は普及等の宗教的活動を行おうとするものではなく，その会員が戦没者の遺族であることにかんがみ，戦没者の慰霊，追悼，顕彰のための右行事等を行うことが，会員の要望に沿うものであるとして行われている」。これらを考慮すると，市遺族会，地区遺族会等は「特定の宗教の信仰，礼拝又は普及等の宗教的活動を行うことを本来の目的とする組織ないし団体には該当」せず，20条1項後段の「宗教団体」，89条の「宗教上の組織若しくは団体」に該当しない。

(ⅲ) 2審が確定した事実関係によれば，(α)(i)の(イ)のこと，(β)慰霊祭を挙行した地区遺族会は「特定の宗教の信仰，礼拝又は普及等の宗教的活動を行うことを本来の目的とする組織ないし団体ではない」こと，(γ)慰霊祭へのY_2の参列は「地元において重要な公職にある者の社会的儀礼」として「地元の戦没者の慰霊，追悼のための宗教的行事に際し，戦没者やその遺族に対して弔意，哀悼の意を表する目的で行われた」ことが明らかである。これらにかんがみると，Y_2の参列は「その目的は，地元の戦没者の慰霊，追悼のための宗教的行事に際し，戦没者遺族に対する社会的儀礼を尽くすという，専ら世俗的なものであり，その効果も，特定の宗教に対する援助，助長，促進又は圧迫，干渉等になるような行為とは認められない」。したがって，Y_2の参列は，「憲法上の政教分離原則及びそれに基づく政教分離規定」に違反しない。「以上の点は，前掲各大法廷判決の趣旨に徴して明らか」である。

園部補足意見

「本件忠魂碑は，碑石及びその付属施設から成っているが，一般にこのような追悼のための施設等は，その大小，形状，材質又は付属施設の有無等を問わず，その前で，故人の追悼，慰霊等の行動や行事をする者の何らかの宗教的な感情の対象となるのであり，それは，単なる記念碑以上の宗教的存在としての性格を有するものとなり得るのであって，このことは，右の行動や行事が，特定の宗教の儀式によらない場合も同様であると考える。しかしながら，このような追悼のための施設等の性格を，それにかかわる者の感情に照らして，一義的に判断することは，困難であるのみならず，右の性格を明らかにすることが，憲法上の政教分離原則違反の有無を判断するための不可欠の要件であるとまではいえないのではないかと思う。したがって，本件についていえば，本件忠魂碑の性格いかんにかかわらず，箕面市が本件忠魂碑に関して既存の特定の宗教とどのようにかかわっているか，そのかかわり合いが，我が国の社会的，文化的諸条件に照らし，信教の自由の保障の確保という制度の根本目的との関係で相当とされる限度を超えるものと認められるかという法廷意見の引用する各大法廷判決の判断基準によって判断をすることで足りると考えるのである。」

■解説■

1 争点①について2審は，本件旧忠魂碑は戦没者の慰霊，顕彰のための記念碑でありそれが国家神道を助長していたのは敗戦までに限られ，本件忠魂碑は「宗教施設」に当たらないため，その敷地取得等の行為の違憲性をいうのは前提として失当であるという。このアプローチは「宗教施設」の概念を厳格に画することによって20条3項違反の有無を論じるもので，〈判例の流れ〉で述べた「宗教的活動」を布教等に限定しようとしたり，66事件の2審のように「宗教」の定義を試みたりする手法と近似している。71事件（最大判平22・1・20—空知太神社事件）の藤田宙靖裁判官補足意見は，同事件においてはこうしたアプローチが可能であると説くものと理解しうる。

本判決で採用された目的効果基準がこうした白黒を明確にするアプローチの否定の上に現れていることは再度確認を要する。すなわち，判旨(i)は(イ)で2審の議論に近い内容を検討しているが，判断枠組み自体としては「宗教施設」であるかに注目するのではなく敷地取得等の行為の目的と効果を審査したのである。園部補足意見は，およそ神式，仏式の慰霊祭を行わない忠魂碑であっても一切宗教性がないとはいえないと述べることで，この趣旨を明確にしている。

2 判旨(ⅱ)については67事件（最判平4・11・16）の解説を参照。なお，箕面市から社会福祉法人を介して補助金が支出されたことも政教分離原則に違反しないとした最判平11・10・21（判時1696号96頁。1審で本訴訟と分離）でも本判決とほぼ同じ判断枠組みが用いられている。

◆参考文献◆

高橋利文・最判解民事篇平成5年度161頁，長谷部恭男・ジュリ1026号48頁。

69 例大祭等への玉串料支出の合憲性——愛媛玉串料事件

最高裁平成9年4月2日大法廷判決
(平成4年(行ツ)第156号損害賠償代位請求事件)
民集51巻4号1673頁, 判時1601号47頁

■ 事 案 ■

　1981 (昭和56) 年から86年にかけて, 愛媛県の東京事務所長Y₂が宗教法人靖國神社の挙行した例大祭に際して玉串料 (5000円を9回), みたま祭に際して献灯料 (7000円または8000円を4回) を, 愛媛県生活福祉部老人福祉課長Y₃らが宗教法人愛媛県護國神社の挙行した慰霊大祭に際して供物料 (1万円を9回) を, 県の公金から支出した。県の住民Xらは知事であったY₁, 権限の委任または専決により支出を行ったY₂・Y₃らに対して, 当時の地方自治法242条の2第1項4号に基づいて住民訴訟を提起した。
　以下Y₁の責任に絞ると, 1審 (松山地判平元・3・17集40巻3号188頁) は本件支出を20条3項違反としてその責任を肯定, Y₁の控訴を受けた2審 (高松高判平4・5・12行集43巻5号717頁) は支出を違憲とせず責任を否定。Xらが上告。
　なお, 本判決は, 委任を受けあるいは専決を任されたY₂・Y₃らだけでなく指揮監督上の義務を負うY₁も上述の地方自治法旧242条の2第1項4号にいう「当該職員」に該当しうると考え(この点は1審・2審も同じ。本書68事件〔最判平5・2・16—箕面忠魂碑・慰霊祭事件〕も参照), 本件ではY₂・Y₃らがY₁の具体的な指揮命令を受けていなかったため, Y₂・Y₃らではなくY₁の責任を肯定した。

■ 争 点 ■

　靖國神社, 県護國神社の挙行した例大祭, みたま祭, 慰霊大祭に際して県が玉串料, 献灯料, 供物料を支出することは20条3項・89条に違反するか。

■ 判 旨 ■

　破棄自判 (大野正男裁判官の補足意見, 園部逸夫, 高橋久子, 尾崎行信裁判官の各意見, 三好達, 可部恒雄裁判官の各反対意見がある)。
　(i) 「憲法20条3項にいう宗教的活動とは, およそ国及びその機関の活動で宗教とのかかわり合いを持つすべての行為を指すものではなく, そのかかわり合いが右にいう相当とされる限度を超えるものに限られるというべきであって, 当該行為の目的が宗教的意義を持ち, その効果が宗教に対する援助, 助長, 促進又は圧迫, 干渉等になるような行為をいうものと解すべきである。そして, ある行為が右にいう宗教的活動に該当するかどうかを検討するに当たっては, 当該行為の外形的側面のみにとらわれることなく, 当該行為の行われる場所, 当該行為に対する一般人の宗教的評価, 当該行為者が当該行為を行うについての意図, 目的及び宗教的意識の有無, 程度, 当該行為の一般人に与える効果, 影響等, 諸般の事情を考慮し, 社会通念に従って, 客観的に判断しなければならない。」
　「憲法89条が禁止している公金その他の公の財産を宗教上の組織又は団体の使用, 便益又は維持のために支出すること又はその利用に供することというのも, 前記の政教分離原則の意義に照らして, 公金支出行為等における国家と宗教とのかかわり合いが前記の相当とされる限度を超えるものをいうものと解すべきであり, これに該当するかどうかを検討するに当たっては, 前記と同様の基準によって判断しなければならない。」
　「以上は, 当裁判所の判例の趣旨とするところでもある〔〔66事件 (最大判昭52・7・13—津地鎮祭事件)・73事件 (最大判昭63・6・1—自衛官合祀事件)〕……参照)。」
　(ii) 「そこで, 以上の見地に立って, 本件支出の違法性について検討する。」
　「原審の適法に確定した事実関係によれば, Y₂らは, いずれも宗教法人であって憲法20条1項後段にいう宗教団体に当たることが明らかな靖國神社又は護國神社が各神社の境内において挙行した恒例の宗教上の祭祀である例大祭, みたま祭又は慰霊大祭に際して, 玉串料, 献灯料又は供物料を奉納するため, 前記回数にわたり前記金額の金員を県の公金から支出したというのである。ところで, 神社神道においては, 祭祀を行うことがその中心的な宗教上の活動であるとされていること, 例大祭及び慰霊大祭は, 神道の祭式にのっとって行われる儀式を中心とする祭祀であり, 各神社の挙行する恒例の祭祀中でも重要な意義を有するものと位置付けられていること, みたま祭は, 同様の儀式を行う祭祀であり, 靖國神社の祭祀中最も盛大な規模で行われるものであることは, いずれも公知の事実である。そして, 玉串料及び供物料は, 例大祭又は慰霊大祭において右のような宗教上の儀式が執り行われるに際して神前に供えられるものであり, 献灯料は, これによりみたま祭において境内に奉納者の名前を記した灯明が掲げられるというものであって, いずれも各神社が宗教的意義を有すると考えていることが明らかなものである。」
　(iii) 「これらのことからすれば, 県が特定の宗教団体の挙行する重要な宗教上の祭祀にかかわり合いを持ったということが明らかである。そして, 一般に, 神社自体がその境内において挙行する恒例の重要な祭祀に際して右のような玉串料等を奉納することは, 建築主が主催して建築現場において土地の平安堅固, 工事の無事安全等を祈願するために行う儀式である起工式の場合とは異なり, 時代の推移によって既にその宗教的意義が希薄化し, 慣習化した社会的儀礼にすぎないものになっているとまでは到底いうことができず, 一般人が本件の玉串料等の奉納を社会的儀礼の一つにすぎないと評価しているとは考え難いところである。そうであれば, 玉串料等の奉納者においても, それが宗教的意義を有するものであるという意識を大なり小なり持たざるを得ないのであり, このことは, 本件においても同様というべきである。また, 本件においては, 県が他の宗教団体の挙行する同種の儀式に対して同様の支出をしたという事実がうかがわれないのであって, 県が特定の宗教団体との間にのみ意識的に特別のかかわり合いを持ったことを否定することができない。これらのことからすれば, 地方公共団体が特定の宗教団体に対してのみ本件のような形で特別のかかわり合いを持つことは, 一般人に対して, 県が当該特定の宗教団体を特別に支援しており, それらの宗教団体が他の宗教団体とは異なる特別のものであるとの印象を与え, 特定の宗教への関心を呼び起こすものといわざるを得ない。」
　(iv) 「Yらは, 本件支出は, 遺族援護行政の一環として, 戦没者の慰霊及び遺族の慰謝という世俗的な目的で行われた社会的儀礼にすぎないものであるから, 憲法に違反しないと主張する。確かに, 靖國神社及び護國神社に祭られている祭神の多くは第二次大戦の戦没者であって, その遺族を始めとする愛媛県民のうちの相当数の者が, 県が公の立場において靖國神社等に祭られている戦没者の慰霊を行うことを望んでおり, 必ずしも戦没者を祭神として信仰の対象としているからではなく, 故人をしのぶ心情からそのように望んでいる者もいることは, これを肯認することができる。そのよう

な希望にこたえるという側面においては、本件の玉串料等の奉納に儀礼的な意味合いがあることも否定できない。しかしながら、明治維新以降国家と神道が密接に結び付き種々の弊害を生じたことにかんがみ政教分離規定を設けるに至ったなど前記の憲法制定の経緯に照らせば、たとえ相当数の者がそれを望んでいるとしても、そのことのゆえに、地方公共団体と特定の宗教とのかかわり合いが、相当とされる限度を超えないものとして憲法上許されることになるとはいえない。戦没者の慰霊及び遺族の慰謝ということ自体は、本件のように特定の宗教と特別のかかわり合いを持つ形でなくてもこれを行うことができると考えられるし、神社の挙行する恒例祭に際して玉串料等を奉納することが、慣習化した社会的儀礼にすぎないものになっているとも認められないことは、前記説示のとおりである。ちなみに、神社に対する玉串料等の奉納が故人の葬礼に際して香典を贈ることとの対比で論じられることがあるが、香典は、故人に対する哀悼の意と遺族に対する弔意を表すために遺族に対して贈られ、その葬礼儀式を執り行っている宗教家ないし宗教団体を援助するためのものではないと一般に理解されており、これと宗教団体の行う祭祀に際して宗教団体自体に対して玉串料等を奉納することとでは、一般人の評価において、全く異なるものがあるといわなければならない。また、Yらは、玉串料等の奉納は、神社仏閣を訪れた際にさい銭を投ずることと同様のものであるとも主張するが、地方公共団体の名を示して行う玉串料等の奉納と一般にはその名を表示せずに行うさい銭の奉納とでは、その社会的意味を同一に論じられないことは、おのずから明らかである。そうであれば、本件玉串料等の奉納は、たとえそれが戦没者の慰霊及びその遺族の慰謝を直接の目的としてされたものであったとしても、世俗的目的で行われた社会的儀礼にすぎないものとして憲法に違反しないということはできない。

(v)「以上の事情を総合的に考慮して判断すれば、県が本件玉串料等を靖國神社又は護國神社に前記のとおり奉納したことは、その目的が宗教的意義を持つことを免れず、その効果が特定の宗教に対する援助、助長、促進になると認めるべきであり、これによってもたらされる県と靖國神社等とのかかわり合いが我が国の社会的・文化的諸条件に照らし相当とされる限度を超えるものであって、憲法20条3項の禁止する宗教的活動に当たると解するのが相当である。そうすると、本件支出は、同項の禁止する宗教的活動を行うためにしたものとして、違法というべきである。これと異なる原審の判断は、同項の解釈適用を誤るものというほかはない。」

「また、靖國神社及び護國神社は憲法89条にいう宗教上の組織又は団体に当たることが明らかであるところ、以上に判示したところからすると、本件玉串料等を靖國神社又は護國神社に前記のとおり奉納したことによってもたらされる県と靖國神社等とのかかわり合いが我が国の社会的・文化的諸条件に照らし相当とされる限度を超えるものと解されるのであるから、本件支出は、同条の禁止する公金の支出に当たり、違法というべきである。したがって、この点に関する原審の判断も、同条の解釈適用を誤るものといわざるを得ない。」

可部反対意見
66事件の示した「①地鎮祭の行われる場所、②地鎮祭に対する一般人の宗教的評価、③地鎮祭主催者である市が地鎮祭を行うについての意図・目的、宗教的意識の有無・程度、④地鎮祭の一般人に与える効果・影響等、4つの考慮要素」の考慮要素に即して検討する。

まず①について。多数意見は「春秋の例大祭、みたま祭又は慰霊大祭が、各神社の境内で挙行される」というが、それは「あまりにも当然」であり、66事件のいう①としての「意味を持ち得るものではない」。

②について。多数意見は、玉串料等の奉納が慣習化した社会的儀礼にすぎないとは到底いえないとする。この点、66事件は多くの国民の「宗教意識の雑居性」と「国民一般の宗教的関心」の低さを述べる。このことを考えると、玉串料等の奉納は「神社の祭祀にかかわることであり、奉納先が神社であるところから、宗教にかかわるものであることは否定できず、またその必要もないが、それが慣習化した社会的儀礼としての側面を有することは、到底否定し難い」。

③について。多数意見は②についての検討から玉串料等の奉納者にも宗教的意識があったというが、「問題は、その意識の程度である」。「長年にわたって比較的低額のまま維持された玉串料等の奉納」は「慣習化した社会的儀礼としての側面を持つ」。

最後に④について。多数意見の議論は「甚だ抽象的で具体性に欠け、援助、助長、促進との観念上のつながりを手探りしているかの感がある」。この点、1審判決は、県が靖國神社に対して支出した金額は少額であるが「毎年繰り返されて行けば、県と神社との結び付きも無視することができなくなり、それが広く知られるときは、一般人に対しても、靖國神社は他の宗教団体とは異なり特別のものであるとの印象を生じさせ、或いはこれを強めたり固定したりする可能性が大きくな」り、「経済的な側面からみると」そうでなくとも、「精神的側面からみると、右の象徴的な役割の結果として靖國神社の宗教活動を援助、助長、促進する効果を有する」という。しかし、④の判定は、「このような専ら精神面における印象や可能性や象徴を主要な手がかりとして決せられてはならない」。「抽象的」な「観念」を「指標」とすると「違憲審査権の行使は恣意的とならざるを得ないからである」。多数意見の内容も1審判決と「実質的に異なるものではない」。

以上のように、①は「そもそも本件において機能し得ず」、②ないし④については「十分な説明も論証もないまま、多数意見は、目的・効果基準を適用し」た。しかし、「すでにみたように、玉串料等の奉納行為が社会的儀礼としての側面を有することは到底否定し難く、そのため右行為の持つ宗教的意義はかなりの程度に減殺されるものといわざるを得ず、援助、助長、促進に至っては、およそその実体を欠き、徒らに国家神道の影に怯えるものとの感を懷かざるを得ない」。

■ 解 説 ■

1 本件では公金の支出の原因行為ではなく支出それ自体につき違憲性が争われたが、66事件の枠組みが用いられている。すなわち(i)は、68事件よりも直接的に、89条の判断枠組みそれ自体を目的効果基準で代替した。そして、その実質は、66事件と同じく「社会的儀礼」にとどまるかという判断（(iii)の「そして、一般に、神社自体が……」のくだり）である。本件はハードケースに当たるため、一般人がいかに考えているかを参照することになったのである。

2 本判決には数多くの個別意見が付されている。高橋意見、尾崎意見は20条3項についての目的効果基準の採用を批判し、完全な政教分離を原則としつつ分離が不合理な場合に例外的に国と宗教とのかかわり合いを許容するという議論を示す。園部意見は89条違反の問題に目的効果基準を用いるべきではないとする（67事件〔最判平4・11・16〕の解説も参照）。可部反対意見については66事件の解説を参照。

◆参考文献◆
大橋寛明・最判解民事篇平成9年度561頁、芦部信喜＝日比野勤・法教203号4頁、「特集・愛媛玉串料訴訟最高裁大法廷判決」ジュリ1114号4頁。

70 知事の大嘗祭参列の合憲性——鹿児島大嘗祭違憲訴訟

最高裁平成14年7月11日第一小法廷判決
（平成11年（行ツ）第93号住民訴訟請求事件）
民集56巻6号1204頁、判時1799号99頁

■事案■

皇位継承に伴う儀式として皇室が大嘗祭を挙行した。Y（鹿児島県知事―被告・被控訴人・被上告人）は、宮内庁から案内を受けこの大嘗祭の中心的な儀式に参列し、支出権者として、その旅費7万5660円を支出した。鹿児島県の住民であるXら（原告・控訴人・上告人）は、この旅費の支出が違法であるとして、地方自治法242条の2第1項4号に基づいて住民訴訟を提起した。

1審（鹿児島地判平4・10・2判時1435号24頁）、2審（福岡高宮崎支判平10・12・1判自188号51頁）はXらの請求、控訴を棄却。Xらが上告。

■争点■

知事の大嘗祭への参列は20条3項に違反するか。

■判旨■

上告棄却。

「憲法20条3項にいう宗教的活動とは、およそ国及びその機関の活動で宗教とのかかわり合いを持つすべての行為を指すものではなく、そのかかわり合いが上記にいう相当とされる限度を超えるものに限られるというべきであって、当該行為の目的が宗教的意義を持ち、その効果が宗教に対する援助、助長、促進又は圧迫、干渉等になるような行為をいうものと解すべきである。そして、ある行為が上記にいう宗教的活動に該当するかどうかを検討するに当たっては、当該行為の外形的側面のみにとらわれることなく、当該行為の行われる場所、当該行為に対する一般人の宗教的評価、当該行為者が当該行為を行うについての意図、目的及び宗教的意識の有無、程度、当該行為の一般人に与える効果、影響等、諸般の事情を考慮し、社会通念に従って、客観的に判断しなければならない〔本書66事件（最大判昭52・7・13―津地鎮祭事件）、69事件（最大判平9・4・2―愛媛玉串料事件）〕……等）。」

「原審が適法に確定した事実関係によれば、大嘗祭は、天皇が皇祖及び天神地祇に対して安寧と五穀豊穣等を感謝するとともに国家や国民のために安寧と五穀豊穣等を祈念する儀式であり、神道施設が設置された大嘗宮において、神道の儀式にのっとり行われたというのであるから、鹿児島県知事であるYがこれに参列し拝礼した行為は、宗教とかかわり合いを持つものである。」

「しかしながら、原審が適法に確定した事実関係によれば、(1) 大嘗祭は、7世紀以降、一時中断された時期はあるものの、皇位継承の際に通常行われてきた皇室の重要な伝統儀式である、(2) Yは、宮内庁から案内を受け、三権の長、国務大臣、各地方公共団体の代表等と共に大嘗祭の一部を構成する悠紀殿供饌の儀に参列して拝礼したにとどまる、(3) 大嘗祭へのYの参列は、地方公共団体の長という公職にある者の社会的儀礼として、天皇の即位に伴う皇室の伝統儀式に際し、日本国及び日本国民統合の象徴である天皇の即位に祝意を表する目的で行われたものであるというのである。これらの諸点にかんがみると、Yの大嘗祭への参列の目的は、天皇の即位に伴う皇室の伝統儀式に際し、日本国及び日本国民統合の象徴である天皇に対する社会的儀礼を尽くすものであり、その効果も、特定の宗教に対する援助、助長、促進又は圧迫、干渉等になるようなものではないと認められる。したがって、Yの大嘗祭への参列は、宗教とのかかわり合いの程度が我が国の社会的、文化的諸条件に照らし、信教の自由の保障の確保という制度の根本目的との関係で相当とされる限度を超えるものとは認められず、憲法上の政教分離原則及びそれに基づく政教分離規定に違反するものではないと解するのが相当である。」

「以上の点は、前掲各大法廷判決の趣旨に徴して明らかというべきである。これと同旨の原審の判断は、正当として是認することができ」る。

■解説■

本件では津地鎮祭事件（66事件）と同じく象徴的な事実行為が審査された。本判決は一見すると簡単に大嘗祭への参列を「社会的儀礼」としたと思えるが、その前提には原審の確定した事実関係がある。判旨が(2)・(3)で要約するとおり、明治憲法下での大嘗祭とは意味が異なること、Yが宮内庁から案内を受けたから参列したこと等の事実を前提としたからこそ、社会的儀礼論を下敷きに目的効果を論じるくだりを導きえたのである。したがって、本判決にとって本件は見た目ほど容易に合憲といえた事案であったのではない（参照、後掲本件調査官解説）。そもそも現行憲法下では異物である皇室の行事には政教分離原則が及ばないという有力説が説かれる背景にはこうした事情がある。

◆参考文献◆

福井章代・最判解民事篇平成14年度551頁。

71 神社の撤去請求の不作為の違法性——空知太神社事件

最高裁平成22年1月20日大法廷判決
（平成19年（行ツ）第260号財産管理を怠る事実の違法確認請求事件）
民集64巻1号1頁，判時2070号21頁

■事案■

砂川市はその所有する土地を，地域の集会場である空知太会館（本件建物）と一部がそれに組み込まれた空知太神社の物件（祠，鳥居等）の敷地として無償で使用させている（本件利用提供行為）。Xら（住民―原告・被控訴人・被上告人）は，これが憲法上の政教分離原則に違反しており，敷地の使用貸借契約を解除し本件建物等の撤去と土地明渡しを請求しないことが違法に財産の管理を怠るものであるとして，Y（市長―被告・控訴人・上告人）に対して，地方自治法242条の2第1項3号に基づいて出訴した。

本件利用提供行為に至る過程は以下のとおりである。1948（昭和23）年ごろ，砂川市の公立小学校の校舎の増設に伴い，明治時代からそれに隣接していた空知太神社施設の移転の必要が生じた。そのため，市は協力を申し出た住民Aから土地の寄付を受けて所有権を取得し，神社施設の敷地として空知太連合町内会に無償使用させた。町内会は，1970年，上記土地の上に本件建物を新築するに当たり，従前の神社施設を取り壊して祠を本件建物の一角に移し，敷地に鳥居を新設した。これらの敷地には上記土地のほか，市が住民Bらから寄付された土地と，北海土地改良区等から無償で借用し1994年に買い受けた土地が使われた。こうして，本件建物等の敷地はすべて市の所有地となり，町内会に無償で使用させているという状態が生じたのである。

本件利用提供行為を20条3項・89条違反として請求を認容した1審（札幌地判平18・3・3民集64巻1号89頁参照）に対する控訴を，2審（札幌高判平19・6・26前掲民集119頁参照）は棄却。同行為が20条3項に違反し，20条1項後段および89条の政教分離原則の精神に違反すると述べた。Yが上告。

■争点■

①本件利用提供行為は89条・20条1項後段に違反するか。
②本件に違法もしくは不当に財産管理を怠る事実があるか。

■判旨■

破棄差戻し（藤田宙靖，田原睦夫，近藤崇晴裁判官の各補足意見，甲斐中辰夫・中川了滋・古田佑紀・竹内行夫裁判官の意見，今井功，堀籠幸男裁判官の各反対意見がある）。

(i)(ア) 89条の趣旨は，「国家が宗教的に中立であることを要求するいわゆる政教分離の原則を，公の財産の利用提供等の財政的な側面において徹底させるところにあり，これによって，憲法20条1項後段の規定する宗教団体に対する特権の付与の禁止を財政的側面からも確保し，信教の自由の保障を一層確実なものにしようとした

ものである」。しかし，「国家と宗教とのかかわり合いには種々の形態があ」るので，「憲法89条も，公の財産の利用提供等における宗教とのかかわり合いが，我が国の社会的，文化的諸条件に照らし，信教の自由の保障の確保という制度の根本目的との関係で相当とされる限度を超えるものと認められる場合に，これを許さないとするものと解される」。

(イ) 「国又は地方公共団体が国公有地を無償で宗教的施設の敷地としての用に供する行為は，一般的には，当該宗教的施設を設置する宗教団体等に対する便宜の供与として，憲法89条との抵触が問題となる行為である」。もっとも，「当該施設の性格や来歴，無償提供に至る経緯，利用の態様等」は様々である。例えば，「宗教的施設」が同時に「歴史的，文化財的な建造物」であったり「観光資源，国際親善，地域の親睦の場など」であったりする場合には，「当該施設が国公有地に設置されている」こともありうる。また，「明治初期以来，一定の社寺領を国等に上知（上地）させ，官有地に編入し，又は寄附により受け入れるなどの施策が広く採られたこともあって，国公有地が無償で社寺等の敷地として供される事例が多数生じた」。戦後，「社寺等に無償で貸し付けてある国有財産の処分に関する法律」や内務文部次官通牒が公布，発出され，その後も「譲与，売払い，貸付け等の措置が講じられてきた」が，現在でも「社寺等の敷地となっている国公有地が相当数残存している」。これらの事情は，「当該利用提供行為が，一般人の目から見て特定の宗教に対する援助等と評価されるか否かに影響するものと考えられる」。そうすると，89条に違反するかは「当該宗教的施設の性格，当該土地が無償で当該施設の敷地としての用に供されるに至った経緯，当該無償提供の態様，これらに対する一般人の評価等，諸般の事情を考慮し，社会通念に照らして総合的に判断すべき」である。「以上のように解すべきことは，当裁判所の判例〔〔本書66事件（最大判昭52・7・13―津地鎮祭事件），69事件（最大判平9・4・2―愛媛玉串料事件）〕……等）の趣旨とするところからも明らかである」。

(ウ) 「本件神社物件は，一体として神道の神社施設に当た」り，「本件神社において行われている諸行事」も「神道の方式にのっとって行われているその態様にかんがみ」て「単なる世俗的行事」とはいえない。「本件神社物件を管理し，上記のような祭事を行っているのは，本件利用提供行為の直接の相手方である本件町内会ではなく」，神社付近の住民らで構成される「本件氏子集団」である。本件氏子集団は，「町内会とは別に社会的に実在して」おり，「宗教的行事等を行うことを主たる目的としている宗教団体であって」，89条にいう「宗教上の組織若しくは団体」に当たる。しかし，「本件氏子集団」は，「祭事に伴う建物使用の対価を町内会に支払う」ほかは，「対価を何ら支払うことなく，その設置に伴う便益を享受している。すなわち，本件利用提供行為は，その直接の効果として，氏子集団が神社を利用した宗教的活動を行うことを容易にしている」。

(エ) 「そうすると，本件利用提供行為は，市が，何らの対価を得ることなく本件各土地上に宗教的施設を設置させ，本件氏子集団においてこれを利用して宗教的活動

を行うことを容易にさせているものといわざるを得ず，一般人の目から見て，市が特定の宗教に対して特別の便益を提供し，これを援助していると評価されてもやむを得ないものである。前記事実関係等によれば，本件利用提供行為は，もともとは小学校敷地の拡張に協力した用地提供者に報いるという世俗的，公共的な目的から始まったもので，本件神社を特別に保護，援助するという目的によるものではなかったことが認められるものの，明らかな宗教的施設といわざるを得ない本件神社物件の性格，これに対し長期間にわたり継続的に便益を提供し続けていることなどの本件利用提供行為の具体的態様等にかんがみると，本件において，当初の動機，目的は上記評価を左右するものではない。」

「以上のような事情を考慮し，社会通念に照らして総合的に判断すると，本件利用提供行為は，市と本件神社ないし神道とのかかわり合いが，我が国の社会的，文化的諸条件に照らし，信教の自由の保障の確保という制度の根本目的との関係で相当とされる限度を超えるものとして，憲法89条の禁止する公の財産の利用提供に当たり，ひいては憲法20条1項後段の禁止する宗教団体に対する特権の付与にも該当すると解するのが相当である。」

(ii)(ア) 以上の本件利用提供行為の「違憲状態の解消には，神社施設を撤去し土地を明け渡す以外にも適切な手段があり得る」。例えば，「戦前に国公有に帰した多くの社寺境内地について戦後に行われた処分等と同様に」，土地を「譲与し，有償で譲渡し，又は適正な時価で貸し付ける等の方法」でも「違憲性を解消」しうる。そして，「Yには，本件各土地，本件建物及び本件神社物件の現況，違憲性を解消するための措置が利用者に与える影響，関係者の意向，実行の難易等，諸般の事情を考慮に入れて，相当と認められる方法を選択する裁量権がある」。「本件利用提供行為に至った事情」は「解消手段の選択においては十分に考慮されるべきであろう」。「本件利用提供行為が開始された経緯や本件氏子集団による本件神社物件を利用した祭事がごく平穏な態様で行われてきていること等を考慮すると，Yにおいて直接的な手段に訴えて直ちに本件神社物件を撤去させるべきものとすることは，神社敷地として使用することを前提に土地を借り受けている本件町内会の信頼を害するのみならず，地域住民らによって守り伝えられてきた宗教的活動を著しく困難なものにし，氏子集団の構成員の信教の自由に重大な不利益を及ぼすものとなることは自明であるといわざるを得ない。さらに，上記の他の手段のうちには，市議会の議決を要件とするものなども含まれているが，そのような議決が適法に得られる見込みの有無も考慮する必要がある。これらの事情に照らし，Yにおいて他に選択することのできる合理的で現実的な手段が存在する場合には，Yが本件神社物件の撤去及び土地明渡請求という手段を講じていないことは，財産管理上直ちに違法との評価を受けるものではない。すなわち，それが違法とされるのは，上記のような他の手段の存在を考慮しても，なおYにおいて上記撤去及び土地明渡請求をしないことがYの財産管理上の裁量権を逸脱又は濫用するものと評価される場合に限られるものと解するのが相当である。」

(イ) こうした「本件利用提供行為の違憲性を解消するための他の手段が存在するか」について当事者の主張もなく，2審も釈明権を行使していないが，「他の手段があり得ること」は「明らか」である。また，2審は，併行して，「本件と当事者がほぼ共通する市内の別の神社」をめぐる住民訴訟を審理しており，譲与による違憲性の解消という手段を合憲とし，「当裁判所もそれを合憲と判断する」(72事件〔最大判平22・1・20—富平神社事件〕)。2審は，「本件においてもそのような他の手段が存在する可能性があり，Yがこうした手段を講ずる場合があることを職務上知っていたものである」。

そうすると，「原審がYにおいて本件神社物件の撤去及び土地明渡請求をすることを怠る事実を違法と判断する以上は，原審において，本件利用提供行為の違憲性を解消するための他の合理的で現実的な手段が存在するか否かについて適切に審理判断するか，当事者に対して釈明権を行使する必要があったというべきである。原審が，この点につき何ら審理判断せず，上記釈明権を行使することもないまま，上記の怠る事実を違法と判断したことには，怠る事実の適否に関する審理を尽くさなかった結果，法令の解釈適用を誤ったか，釈明権の行使を怠った違法があるものというほかない」。

■解説■

本判決の本丸は争点②であり，①は前提問題にとどまる。その①について，本判決は(これまで肥大化してきた)20条3項違反ではなく89条・20条1項後段違反の争点を構成し，目的効果基準とは異なる枠組みを示したかに見える(藤田補足意見は本件利用提供行為が「明確に宗教性のみを持った行為」だからだという。68事件〔最判平5・2・16—箕面忠魂碑・慰霊祭事件〕の解説を参照)。しかし，第1に，以前の判例は，実質的には「一般人の評価」に注目しつつ国家の行為の象徴的意味を検討してきたのであり(66事件)，形式面での変化をもって直ちに本判決が異なる枠組みを採用したと解すべきとはいえない。第2に，実質面についていえば，本判決は自らの89条論を総合して最終的な憲法判断を下すうえでは一般人の評価を決め手にしている。したがって，判旨(i)は，宗教への援助を独自の仕方で争点化するものというよりも，これまでの判例と同じく，行為の象徴的意味に注目するものといえよう。

むしろ援助の問題を主題化したといえるのは，争点②で本判決が，Yの裁量に対する審査と憲法の要請を関連づけたくだりである。この点については，〈判例の流れ〉を参照。本件のように他に違憲性を解消する手段がない(ある)ことを当事者が主張していない場合に，本判決は裁判所に釈明義務が発生するというが(その根拠を田原裁判官は住民訴訟の公益的性格に，近藤裁判官は特に当事者ではない氏子の信教の自由の保護に求めた)，今井反対意見は当事者(同裁判官によれば被告)の主張責任の問題として処理すべきであるという。

◆参考文献◆

林知更・ジュリ1400号83頁，蟻川恒正・法時82巻11号85頁。

72 神社のための市有地の譲与の合憲性——富平神社事件

最高裁平成22年1月20日大法廷判決
(平成19年(行ツ)第334号財産管理を怠る事実の違法確認請求事件)
民集64巻1号128頁, 判時2070号41頁

■事案■

　富平町内会が実質的に所有する土地に, 戦前から1968 (昭和43) 年までの間に, 祠を納めた社殿, 鳥居等の神社施設が設置された。1935年, 砂川市は, 町内会の要望を受け, 上記土地の寄付を受けた上で富平小学校の教員住宅を建設し, 同住宅が1975年に取り壊されるに伴い, 土地の管理を無償で町内会に委託した (土地は, 神社施設のほか農協会館, 青年会館, 児童公園として使われた)。X (住民―原告・控訴人・上告人) は, 2004年, 敷地の利用提供行為が政教分離原則に違反するとして住民監査請求を行った。市の監査委員はこれに理由がないと判断したが,「富平神社で行われている祭事は……宗教的なものではないが, 市有地に地域神社の祠が存在しており……祭事という利用の実態は一部市民に不審の念を抱かせるものである。……地域住民の共有財産としての管理と, これまでの返還要求を考慮すると, 当該市有地を富平地域住民に譲与するなどの方策を講ずる必要がある」との意見を付記した。これを受けて市は, 2005年, 町内会に対して上記土地を譲与し, 所有権移転登記手続をした。同年, Xは再度の住民監査請求を経て, 本件譲与が政教分離原則に違反し, 所有権移転登記の抹消登記手続を請求しないことが違法に財産の管理を怠るものであるとして, Y (市長―被告・被控訴人・被上告人) に対し, 地方自治法242条の2第1項3号に基づき怠る事実の違法確認を求めて出訴した。1審 (札幌地判平18・11・30民集64巻1号183頁参照), 2審 (札幌高判平19・8・30前掲民集213頁参照) は請求棄却。Xが上告。

■争点■

①市による神社施設の敷地の利用提供行為は89条・20条1項後段に違反するか。
②本件譲与が20条3項・89条に違反するか。

■判旨■

　上告棄却。
　(i)「本件神社施設は, 一体として明らかに神道の神社施設に当たるものであり, 本件神社において行われている諸行事も, 神道の方式にのっとって行われているその態様にかんがみ, 宗教的行事と認めるほかないものである。」
　また, 本件神社の維持運営費等の「会計は, 地域住民の話合いによって選任された総代及び会計係によって, 本件町内会の会計とは別に管理されている」のだから「氏子に相当する地域住民の集団が社会的に実在することは明らかであり, この集団は憲法89条の宗教上の組織ないし団体に当たる。」「本件神社施設の所有者は定かではないものの, 本件譲与前に市が本件各土地を無償で神社敷地としての利用に供していた行為は, その直接の効果として, 上記地域住民の集団が神社を利用した宗教的活動を行うことを容易にするものであったというべきである。」
　「したがって, 本件各土地が市の所有に帰した経緯についてはやむを得ない面があるとはいえ, 上記行為をそのまま継続することは, 一般人の目から見て, 市が特定の宗教に対して特別の便益を提供し, これを援助していると評価されるおそれがあったものということができる。」
　(ii)「本件譲与は, 市が, 監査委員の指摘を考慮し, 上記のような憲法89条及び20条1項後段の趣旨に適合しないおそれのある状態を是正解消するために行ったものである。」
　「確かに, 本件譲与は, 本件各土地の財産的価値にのみ着目すれば, 本件町内会に一方的に利益を提供するという側面を有しており, ひいては, 上記地域住民の集団に対しても神社敷地の無償使用の継続を可能にするという便益を及ぼすとの評価はあり得るところである。しかしながら, 本件各土地は, 昭和10年に教員住宅の敷地として寄付される前は, 本件町内会の前身である富平各部落会が実質的に所有していたのであるから, 同50年に教員住宅の敷地としての用途が廃止された以上, これを本件町内会に譲与することは, 公用の廃止された普通財産を寄付者の包括承継人に譲与することを認める市の『財産の交換, 譲与, 無償貸付等に関する条例』(平成4年砂川市条例第20号) 3条の趣旨にも適合するものである。また, 仮に市が本件神社との関係を解消するために本件神社施設を撤去させることを図るとすれば, 本件各土地の寄付後も上記地域住民の集団によって守り伝えられてきた宗教的活動を著しく困難なものにし, その信教の自由に重大な不利益を及ぼすことになる。同様の問題に関し,『社寺等に無償で貸し付けてある国有財産の処分に関する法律』(昭和22年法律第53号) は, 同法施行前に寄付等により国有となった財産で, その社寺等の宗教活動を行うのに必要なものは, 所定の手続を経てその社寺等に譲与することを認めたが, それは, 政教分離原則を定める憲法の下で, 社寺等の財産権及び信教の自由を尊重しつつ国と宗教との結び付きを是正解消するためには, 上記のような財産につき譲与の措置を講ずることが最も適当と考えられたことによるものと解される。公有地についてもこれと同様に譲与等の処分をすべきものとする内務文部次官通牒が発出された上, 譲与の申請期間が経過した後も, 譲与, 売払い, 貸付け等の措置が講じられてきたことは, 当裁判所に顕著である。本件譲与は, 上記のような理念にも沿うものであって, 市と本件神社とのかかわり合いを是正解消する手段として相当性を欠くということもできない」。
　「以上のような事情を考慮し, 社会通念に照らして総合的に判断すると, 本件譲与は, 市と本件神社ないし神道との間に, 我が国の社会的, 文化的諸条件に照らし, 信教の自由の保障の確保という制度の根本目的との関係で相当とされる限度を超えるかかわり合いをもたらすものということはできず, 憲法20条3項, 89条に違反するものではないと解するのが相当である〔「本書66事件 (最大判昭52・7・13―津地鎮祭事件), 69事件 (最大判平9・4・2―愛媛玉串料事件)〕……等参照)」。論旨は採用することができない。

■解説■

　71事件 (最大判平22・1・20―空知太神社事件) の関連判決としてここに掲載している。その解説と〈判例の流れ〉を参照。

◆参考文献◆
蟻川恒正・法セ670号86頁。

73 自衛隊員の合祀申請準備行為の合憲性——自衛官合祀事件

最高裁昭和63年6月1日大法廷判決
(昭和57年(オ)第902号自衛隊らによる合祀手続の取消等請求事件)
民集42巻5号277頁、判時1277号34頁

■ 事 案 ■

1968(昭和43)年1月、キリスト教徒X(原告・被控訴人・被上告人)の夫A(自衛官)が公務従事中の交通事故で死亡すると、Xは2、3か月後には教会の納骨堂に亡夫の遺骨を納め、子どもとともに定期的に追悼してきた。ところが、社団法人隊友会の山口県支部連合会(県隊友会)は、判旨の示す準備を自衛隊山口地方連絡部(地連)の事務官に依頼し、1972年3月に山口県護國神社に対して合祀申請を行い、4月19日同神社が殉職自衛隊員を新たに祭神として合祀する鎮座祭を行った。この直前の5日に、Xは、合祀の資料収集のために自宅を訪れた地連の事務官に対して自己の信仰を明らかにして合祀を断るなどをしたが、10日にこの事務官から連絡を受けた県隊友会は合祀申請を撤回しなかった。Xは、これにより精神的苦痛を被ったとして、国賠法1条1項に基づきY(国—被告・控訴人・上告人)に対して100万円の慰謝料を請求するなどをした(なお、県隊友会にも慰謝料を請求したが2審で訴訟当事者能力を欠くとして訴え却下)。

1審(山口地判昭54・3・22判時921号44頁)、2審(広島高判昭57・6・1判時1046号3頁)は、合祀申請が地連職員と県隊友会の共同の行為であり、この合祀申請は20条3項が禁止する宗教的活動に当たり、それによってXの静謐な宗教的環境のもとで信仰生活を送るべき利益(宗教的な人格権)が侵害されたと述べた。Yが上告。

■ 争 点 ■

①地連職員の上記行為が20条3項に違反するか。
②上記の合祀申請や合祀によりXの法的利益が侵害されたか。

■ 判 旨 ■

破棄自判(長島敦裁判官の補足意見、高島益郎・四ツ谷巖・奥野久之裁判官の補足意見、島谷六郎・佐藤哲郎裁判官の意見、坂上壽夫裁判官の意見、伊藤正己裁判官の反対意見がある)。

(i)「本件合祀申請を地連職員と県隊友会の共同の行為と評価すべきか」を検討する。「合祀は、神社にとって最も根幹をなすところの奉斎する祭神にかかわるものであり、当該神社の自主的な判断に基づいて決められる事柄である」。本件合祀申請の経緯は、「県護国神社は当初難色を示した」が県隊友会会長が「役員会の了承を得て同宮司と折衝した結果、昭和46年秋には同神社は殉職自衛隊員を合祀する方針をとるに至った」というものである。申請の過程で「地連職員のした具体的行為」は、総務課長が「九州各県の自衛隊地方連絡部の総務課長にあてて各地の護国神社における殉職自衛隊員の合祀状況等を照会し」たこと、事務官が「奉斎準則と県隊友会の募金趣意書とを起案し、右趣意書を配布し、寄せられた募金を管理し、殉職者の遺族から合祀に必要な殉職者の除籍謄本及び殉職証明書を取り寄せた」ことにとどまり、「地連ないしその職員が直接県護国神社に対し合祀を働き掛けた事実はない」。これらの事実からすれば、本件合祀は「基本的には遺族の要望を受けた県隊友会がその実現に向けて同神社と折衝を重ねるなどの努力をし、同神社が殉職自衛隊員を合祀する方針を決定した結果実現したもの」であり、「地連職員の事務的な協力に負うところがあるにしても、県隊友会の単独名義でされた本件合祀申請は、実質的にも県隊友会単独の行為であったものというべく、これを地連職員と県隊友会の共同の行為とし、地連職員も本件合祀申請をしたものと評価することはできない」。地連は「自衛隊員の社会的地位の向上と士気の高揚」のため合祀を実現しようとしていたと推認されるとしても、右の判断は左右されない。

本件の地連職員の行為が、「憲法20条3項にいう宗教的活動に当たるか否か」を検討する(本書66事件〔最大判昭52・7・13—津地鎮祭事件〕を参照)。「合祀は神社の自主的な判断に基づいて決められる事柄であることは前記のとおりであって、何人かが神社に対し合祀を求めることは、合祀のための必要な前提をなすものではなく、本件において県護国神社としては既に昭和46年秋には殉職自衛隊員を合祀する方針を基本的に決定していたことは原審の確定するところである。してみれば、本件合祀申請という行為は、殉職自衛隊員の氏名とその殉職の事実を県護国神社に対し明らかにし、合祀の希望を表明したものであって、宗教とかかわり合いをもつ行為であるが、合祀の前提としての法的意味をもつものではない。そして、本件合祀申請に至る過程において県隊友会に協力してした地連職員の具体的行為は前記のとおりであるところ、その宗教とのかかわり合いは間接的であり、その意図、目的も、合祀実現により自衛隊員の社会的地位の向上と士気の高揚を図ることにあったと推認されることは前記のとおりであるから、どちらかといえばその宗教的意識も希薄であったといわなければならないのみならず、その行為の態様からして、国又はその機関として特定の宗教への関心を呼び起こし、あるいはこれを援助、助長、促進し、又は他の宗教に圧迫、干渉を加えるような効果をもつものと一般人から評価される行為とは認め難い。したがって、地連職員の行為が宗教とかかわり合いをもつものであることは否定できないが、これをもって宗教的活動とまではいうことはできないものといわなければならない。」

「なお、憲法20条3項の政教分離規定は、いわゆる

制度的保障の規定であって，私人に対して信教の自由そのものを直接保障するものではな〔い〕（〔66事件〕）」。したがって，「この規定に違反する国又はその機関の宗教的活動」も，同条1項前段，同条2項に違反しない限り，「私人に対する関係で当然には違法と評価されるものではない」。

(ii)「Xの法的利益の侵害の有無を検討する。」「合祀は神社の自主的な判断に基づいて決められる事柄で，本件合祀申請は合祀の前提としての法的意味をもつものではないことは前記のとおりであるから，合祀申請が神社のする合祀に対して事実上の強制とみられる何らかの影響力を有したとすべき特段の事情の存しない限り，法的利益の侵害の成否に関して，合祀申請の事実を合祀と併せ一体として評価すべきものではないというべきである。そうであってみれば，本件合祀申請が右のような影響力を有したとすべき特段の事情の主張・立証のない本件においては，法的利益の侵害の成否は，合祀それ自体が法的利益を侵害したか否かを検討すれば足りるものといわなければならない。また，合祀それ自体は県護国神社によってされているのであるから，法的利益の侵害の成否は，同神社とXの間の私法上の関係として検討すべきこととなる。」

「私人相互間において憲法20条1項前段及び同条2項によって保障される信教の自由の侵害があり，その態様，程度が社会的に許容し得る限度を超えるときは，場合によっては，私的自治に対する一般的制限規定である民法1条，90条や不法行為に関する諸規定等の適切な運用によって，法的保護が図られるべきである（〔14事件〕（最大判昭48・12・12―三菱樹脂事件）……参照）。しかし，人が自己の信仰生活の静謐を他者の宗教上の行為によって害されたとし，そのことに不快の感情を持ち，そのようなことがないよう望むことのあるのは，その心情として当然であるとしても，かかる宗教上の感情を被侵害利益として，直ちに損害賠償を請求し，又は差止めを請求するなどの法的救済を求めることができるとするならば，かえって相手方の信教の自由を妨げる結果となるに至ることは，見易いところである。信教の自由の保障は，何人も自己の信仰と相容れない信仰をもつ者の信仰に基づく行為に対して，それが強制や不利益の付与を伴うことにより自己の信教の自由を妨害するものでない限り寛容であることを要請しているものというべきである。このことは死去した配偶者の追慕，慰霊等に関する場合においても同様である。何人かをその信仰の対象とし，あるいは自己の信仰する宗教により何人かを追慕し，その魂の安らぎを求めるなどの宗教的行為をする自由は，誰にでも保障されているからである。原審が宗教上の人格権であるとする静謐な宗教的環境の下で信仰生活を送るべき利益なるものは，これを直ちに法的利益として認めることができない性質のものである。」

「以上の見解にたって本件をみると，県護国神社によるAの合祀は，まさしく信教の自由により保障されているところとして同神社が自由になし得るところであり，それ自体は何人の法的利益をも侵害するものではない。そして，Xが県護国神社の宗教行事への参加を強制されたことのないことは，原審の確定するところであり，またその不参加により不利益を受けた事実，そのキリスト教信仰及びその信仰に基づきAを記念し追悼することに対し，禁止又は制限はもちろんのこと，圧迫又は干渉が加えられた事実については，Xにおいて何ら主張するところがない。県護国神社宮司からXあてに発せられた永代命日祭斎行等に関する書面も……Xの信仰に対し何ら干渉するものではない。してみれば，Xの法的利益は何ら侵害されていないというべきである。」

原判決は破棄を免れず，Xの本訴請求は明らかに理由がないのでこれを認容した1審判決を取り消し，Xの本訴請求を棄却する。

■解　説■

判旨(i)の「なお，憲法20条3項の……」以外の説示，判旨(ii)の「私人相互間において……」以下の説示は傍論である。反射的利益にすぎなければ，国賠法1条の（その他の）違法性判断をせずともよいし，県護國神社は上告人ではないからである。本判決はおそらく事柄の重要性を考えてこれらについても判断した。特に争点②は，原審や伊藤反対意見のように合祀申請を合祀と結び付けかつ県隊友会と地連職員の共同行為と捉えるならば結論に影響した。

争点①については，形式上は目的効果基準を用いているが，決定的なのは合祀申請が法的には合祀の前提でなく，かつ，そこに地連職員が間接的にしか干与していないとみなしたことである。争点②について本判決は，合祀が神社の宗教的行為の自由の行使なのであるから，宗教行事に参加を強制される等の事情がない限り，Xの「不快の感情」を理由に損害賠償や差止めを請求しえないという。これに対して，伊藤反対意見は「Xがキリスト教信仰によって亡夫Aを宗教的に取り扱おうとしているのに，合祀の結果その意に反して神社神道の祭神として祀られ，鎮座祭への参拝を希望され，事実に反してXの篤志により神楽料が奉納されたとして通知を受け，永代にわたって命日祭を斎行されるというのは，まさに宗教上の心の静穏を乱されるものである」という。Xの被侵害利益は，他人の宗教的行為が不快であるという内心というよりも，他人の宗教的行為の協力者と扱われない利益であるというのである。

◆参考文献◆

瀬戸正義・最判解民事篇昭和63年度187頁，芦部信喜・法教95号6頁，「特集・自衛隊合祀訴訟大法廷判決」ジュリ916号4頁。

74 首相の靖國神社参拝の合憲性

最高裁平成18年6月23日第二小法廷判決
(平成17年(受)第2184号靖国参拝違憲確認等請求事件)
訟月53巻5号1615頁,判時1940号122頁

■ 事案 ■

2001(平成13)年8月13日,Y1(内閣総理大臣〔当時〕小泉純一郎—被告・被控訴人・被上告人)は靖國神社に参拝した(この際,往復に公用車を用いて「内閣総理大臣小泉純一郎」と記帳したが,神道形式の参拝はせず玉串料も支払わず献花代も私費で支払った)。Xら(原告・控訴人・上告人)は,この参拝が20条3項に違反し,「戦没者をどのように回顧し祭祀するか,しないかに関して(公権力からの圧迫,干渉を受けずに)自ら決定し,行う権利ないし利益」が害され,精神的苦痛を受けたなどと主張して,Y2(国—被告・被控訴人・被上告人)に対して国家賠償法1条1項による損害賠償請求権に基づき,Y1およびY3(靖國神社—被告・被控訴人・被上告人)に対して不法行為による損害賠償請求権に基づき,それぞれ1万円および遅延損害金の支払,本件参拝の違憲確認,将来の参拝ないし参拝の受入れの差止めを求めた。

1審(大阪地判平16・2・27判時1859号76頁),2審(大阪高判平17・7・26訟月52巻9号2955頁)は違憲確認および差止めにかかる訴えを却下し,損害賠償請求についても棄却した。本件参拝については各地で類似の訴訟が提起されたし,かつて中曽根康弘首相の在任中に靖国懇報告書が議論を呼び首相の参拝に対しても類似の訴訟が提起されたが,最高裁で判決が下されたのは初めてのことである。以下では損害賠償請求に限って検討する。

■ 争点 ■

本件参拝によりXらの法的利益が侵害されたか。

■ 判旨 ■

上告棄却(滝井繁男裁判官の補足意見がある)。
「まず,Xらが侵害されたと主張する権利ないし利益が法律上の保護になじむものであるか否かについて考える。人が神社に参拝する行為自体は,他人の信仰生活等に対して圧迫,干渉を加えるような性質のものではないから,他人が特定の神社に参拝することによって,自己の心情ないし宗教上の感情が害されたとし,不快の念を抱いたとしても,これを被侵害利益として,直ちに損害賠償を求めることはできないと解するのが相当である。Xらの主張する権利ないし利益も,上記のような心情ないし宗教上の感情と異なるものではないというべきである。このことは,内閣総理大臣の地位にある者が靖國神社を参拝した場合においても異なるものではないから,本件参拝によってXらに損害賠償の対象となり得るような法的利益の侵害があったとはいえない。」「したがって,Xらの損害賠償請求は,その余の点について判断するまでもなく理由がないものとして棄却すべきである」。
滝井補足意見

「Xらは,本件参拝は私人の行為ではなく内閣総理大臣によって行われたものであり,そのことによって心の平穏を害され,不快感を抱いた者は,その行為の違法性に照らせば,法的利益が侵害されたものと解すべきだというのである」。確かに,我が国憲法の政教分離規定は,「それがおかれた歴史的沿革に照らして厳格に解されるべき」であるが,「この憲法の規定は国家と宗教とを分離するという制度自体の保障を規定したものであって,直接に国民の権利ないし自由の保障を規定したものではないから,これに反する行為があったことから直ちに国民の権利ないし法的利益が侵害されたものということはできないのである」。
「私は,例えば緊密な生活を共に過ごした人への敬慕の念から,その人の意思を尊重したり,その人の霊をどのように祀るかについて各人の抱く感情などは法的に保護されるべき利益となり得るものであると考える。したがって,何人も公権力が自己の信じる宗教によって静謐な環境の下で特別の関係のある故人の霊を追悼することを妨げたり,その意に反して別の宗旨で故人を追悼することを拒否することができるのであって,それが行われたとすれば,強制を伴うものでなくても法的保護を求め得るものと考える。」「そして,このような宗教的感情は平均人の感受性によって認容を迫られるものではなく,国及びその機関の行為によってそれが侵害されたときには,その被害について損害賠償を請求し得るものと考える。しかしながら,Xらは本訴においてそのような個別的利益を主張しているものではないのである。」

■ 解説 ■

本判決は,引用こそないがおそらく本書73事件(最大判昭63・6・1—自衛官合祀事件)の判旨(ii)を意識して,他人(首相)の宗教的行為による不快の念は法的に保護された利益ではないと述べている。滝井裁判官は,別の宗旨での夫の追悼を拒否する利益を法的に保護された利益と認めつつ,本件につきそれと区別している。

他方で,とはいえ国家の宗教的行為であるならば政教分離原則違反を問うアプローチも可能であろうが,政教分離原則から私益保護を導きえないことは確立した判例(73事件参照)であり,やはりXらの法的利益は肯定されない。この点は法廷意見では明示されていないが,滝井裁判官が補足しているところである。

後者の政教分離原則の問題については,本件には,単なる公務員とは言いがたい地位にある首相の参拝という事実行為が職務行為に該当するか,さらには本件の参拝行為が20条3項に違反するかという争点もある。下級審にはこれらの問題についての判断が注目を浴びた判決もあるが(1つ目につき特に大阪地判平16・5・13判時1876号70頁,2つ目につき福岡地判平16・4・7判時1859号125頁),本判決は棄却という結論を導く最小限度の判断をするにとどめた。

◆ 参考文献 ◆
林知更・セレクト2006年6頁,駒村圭吾・平成18年度重判解16頁。

判例の流れ　　　　　　　　　　　　　　　　　　　　　　　　　　　　　　　　　　●中林暁生●

8 表現の自由(1) 総論

　1　本章では，表現の自由の総論および集会の自由を主として扱う。ここで集会の自由も扱うのは，判例が，集会の自由が表現の自由としての側面も有することを認めてきたことによる。

　2　表現行為の中には，犯罪の煽（せん）動，わいせつな表現，あるいは名誉毀損的表現のように，刑事罰が科されるものがある。ここでは，このうち，犯罪の煽動を扱う（わいせつな表現や名誉毀損的表現は「9 表現の自由(2)わいせつ・性表現」「10 表現の自由(3)名誉・プライバシー」で扱われる）。日本の最高裁が最初に表現の自由規制を扱ったとされるのが，犯罪の煽動に関する75事件（最大判昭24・5・18）である。そもそも政治的言論にはある程度の煽動的な要素があることが少なくないことから，学説では「明白かつ現在の危険」の基準や「ブランデンバーグ原則」を参照することが試みられてきた。しかしながら，最高裁はそのような試みをしていない（76事件〔最大判平2・9・28－渋谷暴動事件〕）。

　営利的言論については，表現の自由の保障範囲に入るのか否か，入るとして保障の程度はどうあるべきか，という点が論じられてきたが，この問題については77事件（最大判昭36・2・15）がある。

　3　最高裁は，1950年に，選挙運動としての戸別訪問の禁止に関する事件で，「憲法21条は絶対無制限の言論の自由を保障しているのではなく，公共の福祉のためにその時，所，方法等につき合理的制限のおのずから存することは，これを容認するものと考うべきである」と判示した（最大判昭25・9・27刑集4巻9号1799頁）。この判示は，その後，様々な判決で参照されてきたが，それらの中には，78事件（最判昭35・3・3），79事件（最大判昭43・12・18－大阪市屋外広告物条例事件），80事件（最判昭62・3・3－大分県屋外広告物条例事件），81事件（最大判昭45・6・17），82事件（最判昭59・12・18）もある。これらは，いずれも，街頭演説，ビラ貼付，ビラ配布に関わるものである。これらの表現行為は，マス・メディアにおいて十分に採り上げてもらえない意見等の持ち主にとって重要な意義を持つ行為である一方，他の利益（公共の安全，町の美観，財産権，管理権等々）と抵触する行為でもある。本章では，管理権と表現の自由との緊張関係が中心問題となったものを別に括り出し，そこで，81事件，82事件のほかに83事件（最判平20・4・11－立川ビラ配布事件），84事件（最判平21・11・30－葛飾ビラ配布事件）も採り上げる。

　4　最近では，公権力が表現活動を規制する場面だけでなく，公権力が私人の表現活動を援助・助成する場面も表現の自由の問題として検討されるようになってきた。ここでは，85事件（最判昭63・12・20－囚われの聴衆事件），86事件（名古屋高金沢支判平12・2・16－天皇コラージュ事件）および87事件（最判平17・7・14－「新しい歴史教科書をつくる会」事件）を，表現の助成の問題として取り扱っているが，このことについては，補足説明が必要であろう。まず，85事件は，一般的にはこれまで人格的利益に関するものとして扱われてきた。民事事件ではあるものの，そこに，公権力による私人の表現活動（商業広告）への援助の要素を見出すことも可能である。86事件は，公立美術館が収蔵する作品を非公開としたことが問題となったものであるが，判決が重点を置いたのは，公立美術館の利用者の利益であった。これら2つの判決に対し，表現の助成というテーマに馴染みやすい判決が87事件であるが，この判決の事例があくまでも公立図書館に関するものであることには注意する必要がある。

　5　集会の自由もまた，マス・メディアには十分に採り上げてもらえない意見等の持ち主にとって，自分たちの見解を伝達する意義を有している。

　88事件（最大判平4・7・1－成田新法事件）は，集会の自由に関する事件であるが，成田空港をめぐる特殊な事例であることに注意する必要がある。

　集会の自由に関する判例を，本章では，大きく，道路における集団示威運動（デモ行進）等の集団行動に関する事例と，公園や市民会館における集会の事例とに分けて概観する。

　道路上での集団行動に対する規制に関する判例は，大きく規制が公安条例によるものと道路交通法によるものとに分けられる。

　公安条例については，最高裁は89事件（最大判昭29・11・24－新潟県公安条例事件）では，禁止の解除を意味する許可制と原則自由を意味する届出制との区別を前提として，ある程度集団行動の自由に配慮した判断枠組みを提示したが，90事件（最大判昭35・7・20－東京都公安条例事件）では，集団行動と「単なる言論，出版等」との違いを重視した（この90事件の枠組みの下での興味深い試みがなされたのが91事件〔東京地決昭42・6・9〕であるが，内閣総理大臣の異議で取り消された）。道路交通法については，同法77条2項を限定的に解そうとした92事件（最判昭57・11・16）が注目される。

　公園や市民会館などでの集会については，皇居前広場でのメーデー集会が問題となった93事件（最大判昭28・12・23－皇居前広場事件）が重要である。そもそも集会の自由は他者の財産を利用して集会する自由までをも含むわけではないことに照らせば，この判決が，公園の使用不許可処分が違憲となりうることを示したことの意義は小さくない。市民会館などの施設に関するものとしては，地方自治法244条の公の施設に係る事例として，94事件（大阪地判昭50・5・28－大阪市公会堂事件），95事件（最判平7・3・7－泉佐野市民会館事件），96事件（最判平8・3・15－上尾市福祉会館事件）が重要である。

75 せん動の処罰と表現の自由

最高裁昭和24年5月18日大法廷判決
(昭和23年(れ)第1308号食糧緊急措置令違反被告事件)
刑集3巻6号839頁

■事案■

帝国議会閉会時における天皇による緊急勅令を定める大日本帝国憲法8条に基づいて1946（昭和21）年2月17日に制定された食糧緊急措置令は，11条で「食糧管理法第3条第1項の規定又は同法第9条の規定に基く命令に依る主要食糧の政府に対する売渡を為さざることを煽動したる者は3年以下の懲役又は1万円以下の罰金に処す」と定めていた。

日本農民組合北海道連合会の常任書記であったY（被告人・上告人・再上告人）は，1946年11月15日に開催された農民大会に出席し，大会参会者とともに供米出荷問題等について討議した際に，「大体供出割当の字句さえ不合理である。俺達百姓が自分で作って取れた米を政府が一方的行為によって価格を決定し，それを供出せよなどとは虫がよい。今までのようなおとなしい気持ではだめだ，百姓は今まで騙されてきたのだから供出の必要も糞もない」，または「今の政府は資本家や財閥にはいかなることをして強権発動をしたことがない。それに反してわれわれ百姓には取締に名を藉りて，あらゆる弾圧をしているではないか。供出米も月割供出にして政府が再生産必需物資をよこさぬかぎり，米は出さぬことに決議しようではないか。今頃陳情とか請願とかいうようではだめだ」との趣旨のことを述べた。Yは，この発言が食糧緊急措置令11条に違反するとされ，起訴された。

2審（旭川地裁判決年月日不明・刑集3巻6号843頁参照）はYを懲役6月に処し，上告審（札幌高裁判決年月日不明・前掲刑集844頁参照）は上告を棄却したので，刑訴応急措置法によりYが最高裁に再上告した。

■争点■

①憲法21条による言論の自由の保障は無制約か。
②食糧緊急措置令11条は憲法21条に違反するか。

■判旨■

再上告棄却。

(i)「新憲法の保障する言論の自由は，旧憲法の下において，日本臣民が『法律の範囲内に於て』有した言論の自由とは異なり，立法によっても妄りに制限されないものであることは言うまでもない。しかしながら国民はまた，新憲法が国民に保障する基本的人権を濫用してはならないのであって，常に公共の福祉のためにこれを利用する責任を負うのである（憲法12条）。それ故，新憲法下における言論の自由といえども，国民の無制約な恣意のままに許されるものではなく，常に公共の福祉によって調整されなければならぬのである。」

(ii)「国民が政府の政策を批判し，その失政を攻撃することは，その方法が公安を害せざる限り，言論その他一切の表現の自由に属するであろう。しかしながら，現今における貧困なる食糧事情の下に国家が国民全体の主要食糧を確保するために制定した食糧管理法所期の目的の遂行を期するために定められたる同法の規定に基く命令による主要食糧の政府に対する売渡に関し，これを為さざることを煽動するが如きは，所論のように，政府の政策を批判し，その失政を攻撃するに止るものではなく，国民として負担する法律上の重要な義務の不履行を慫慂〔しょうよう〕し，公共の福祉を害するものである。されば，かかる所為は，新憲法の保障する言論の自由の限界を逸脱し，社会生活において道義的に責むべきものであるから，これを犯罪として処罰する法規は新憲法第21条の条規に反するものではない。それ故，右の規定が新憲法の施行によって無効に帰したことを主張し，これを適用してYを有罪とした原判決を違法とする論旨は理由がない。」

■解説■

1 本判決は「言論の自由を制約する法令の合憲性にかんする最初のものであるという点において，いわば歴史的な意義を有」しているが（奥平・後掲34頁），争点①についての本判決の判示（判旨(i)）は，「第1に，およそ絶対無制限な表現の自由はありえないという立場が公けに宣明されたという点（多かれ少なかれ自明な点）と，第2に，表現の自由を制約する根拠として，憲法12条という実定法規をひきあいに出し，『公共の福祉』という概念を登場させた点が意義づけられるにすぎない」（奥平・後掲34頁）。

2 本判決は「煽動（せん動）」に関する判例である。本判決は「煽動」を定義していないが，その後の判例は，地方税法の不納せん動につき，「煽動（せん動）」を，同法12条1項（現21 I）に「掲げた所為のいずれかを実行させる目的で文書若しくは図画または言動によって，他人に対し，その行為を実行する決意を生ぜしめるような，または既に生じている決意を助長させるような勢のある刺激を与えること」をいうと解している（最大判昭37・2・21刑集16巻2号107頁）。法律上の義務の違反行為とその慫慂行為とは別個の行為である。そして，後者は「他人の観念・感覚に訴える言論活動そのものなのであって，けっして身体的・行動的な行為なのではな」く，「その意味で，問題は犯罪取締りの国家目的だけを優先させるわけにはゆかない，表現の自由の領域にある」（奥平・後掲36頁）。そもそも，現行法制上の様々な義務の不履行を慫慂する行為すべてが禁止されているわけではなく，また，憲法上禁止されうるわけでもない（奥平・後掲35頁）。本判決が法律上の「重要な義務」の不履行と述べている（判旨(ii)）のは「この点にかんがみてであろう」（奥平・後掲35頁）。

3 表現行為たるせん動への可罰性が通常政策的考慮から与えられること（危険犯），政治的表現にはせん動的要素が含まれることが少なくないことなどから，せん動の処罰は慎重に検討する必要があると考えられている（芦部憲法学Ⅲ 426頁）。この点で当初注目されたのが，ある表現行為が実質的害悪を引き起こす蓋然性の明白性とその害悪発生の時間的切迫性とを問題とする「明白かつ現在の危険」の基準であった（ただし，この基準を用いる場合であっても，それをせん動罪の規定の合憲性判断の基準で用いるのか，それとも特定の表現行為の可罰性判定の基準として用いられるのかという点については意見の一致があるわけではない〔芦部憲法学Ⅲ 426～427頁，430～431頁〔注15〕を参照〕。なお，「ブランデンバーグ原則」については76事件の解説を参照）。下級審の裁判例では，「明白かつ現在の危険」の基準に言及したものもある（釧路地判昭29・9・15判時36号3頁等）。

◆参考文献◆
伊藤正己・続判例百選（ジュリ臨増211の2）8頁，奥平康弘・憲法の判例〔第2版〕33頁，太田裕之・百選Ⅰ〔第5版〕110頁。

76 破防法せん動罪
—— 渋谷暴動事件

最高裁平成2年9月28日第二小法廷判決
(昭和63年(あ)第1292号破壊活動防止法違反被告事件)
刑集44巻6号463頁,判時1370号42頁

■ 事 案 ■

Y(中核派全学連の中央執行委員会委員長—被告人・控訴人・上告人)は,1971(昭和46)年10月21日に催された集会において,「すべての諸君,本集会に結集したすべての諸君が自らの攻撃性をいかんなく発揮し,自ら武装し,機動隊をせん滅せよ。これが本集会の一切の結論だろうと思います。結集したすべての諸君,直ちに国会に向かって機動隊,私服をせん滅して猛進撃しようではないか」等と演説し,また,11月10日に催された集会において,「もはや結論は,14日渋谷に総結集し,そしてそこで機動隊を徹底的にせん滅して大暴動を実現すること,この一点以外に何ものもないと思います」,「武器を調達し,そこで自らを武装し,徹底的に機動隊をせん滅しようではないか」,「我が全学連は,そして中核派は,一切の攻撃を粉砕して必ずや14日渋谷に登場し,渋谷の機動隊員を撃滅し,一切の建物を焼き尽くして渋谷大暴動を必ず実現するということをはっきりと決意表明したいと思います」などと演説した。

Yは,10月の演説については,政治上の施策に反対する目的のもと,凶器を携え多衆共同して警察官に対し暴行を加えてその職務の執行を妨害する罪のせん動を行ったとして,11月の演説については,政治上の施策に反対する目的のもと,現住建造物等放火罪(刑108),非現住建造物等放火罪(刑109①),殺人罪(刑199),騒擾罪(刑106)および凶器を携え多衆共同して警察官に対し暴行を加えてその職務の執行を妨害する罪のせん動を行ったとして,破壊活動防止法(以下「破防法」という)39条・40条違反で起訴された。

1審(東京地判昭60・10・16刑月17巻10号953頁)はYを有罪にした(懲役3年,執行猶予5年)。Yが控訴。2審(東京高判昭63・10・12判時1308号157頁)は控訴を棄却した。Yが上告。

■ 争 点 ■

①表現活動を処罰している破防法39条および40条のせん動罪の規定は憲法21条1項に違反するか。
②破防法39条および40条のせん動の概念は不明確で憲法31条に違反するか。

■ 判 旨 ■

上告棄却。
(i)「破壊活動防止法39条及び40条のせん動は,政治目的をもって,各条所定の犯罪を実行させる目的をもって,文書若しくは図画又は言動により,人に対し,その犯罪行為を実行する決意を生ぜしめ又は既に生じている決意を助長させるような勢のある刺激を与える行為をすることであるから(同法4条2項参照),表現活動としての性質を有している。しかしながら,表現活動といえども,絶対無制限に許容されるものではなく,公共の福祉に反し,表現の自由の限界を逸脱するときには,制限を受けるのはやむを得ないものであるところ,右のようなせん動は,公共の安全を脅かす現住建造物等放火罪,騒擾罪等の重大犯罪をひき起こす可能性のある社会的に危険な行為であるから,公共の福祉に反し,表現の自由の保護を受けるに値しないものとして,制限を受けるのはやむを得ないものというべきであり,右のようなせん動を処罰することが憲法21条1項に違反するものでないことは,当裁判所大法廷の判例……の趣旨に徴し明らかであ」る。
(ii)「破壊活動防止法39条及び40条のせん動の概念は,同法4条2項の定義規定により明らかであって,その犯罪構成要件が……あいまいであり,漠然としているものとはいい難い」。

■ 解 説 ■

1 本判決は,争点①につき,本書75事件(最大判昭24・5・18)等に依拠しつつ,破防法39条および40条のせん動罪の規定は憲法21条1項に違反しないと判断している。学説では,せん動に関して,「明白かつ現在の危険」の基準または「ブランデンバーグ原則」を用いることが模索されてきた。「ブランデンバーグ原則」とは,合衆国最高裁が1969年のブランデンバーグ判決において,州が暴力の行使または法律違反の唱道を禁止できる場合を「そのような唱道がさし迫った違法行為をせん動すること,もしくは生じさせることに向けられており,かつ,そのような行為をせん動する,もしくは生じさせる蓋然性がある場合」に限定したことをいう。この原則を「明白かつ現在の危険」の基準の一変種と理解する見解(芦部憲法学Ⅲ 419頁)がある一方,この原則を,一定の範疇に属する表現は絶対的に保護されなければならないという発想に立つ範疇化の法理の例と捉えた上で(佐藤憲法論262頁),せん動の「問題は,基本的には……範疇化の法理によって把握すべきで,かつ,具体的適用にあたっては『明白かつ現在の危険』の法理によるべきものと解される」とする見解(佐藤憲法論263頁)もある(木下・後掲②49頁参照)。

2 破防法40条のせん動罪が問題となった沖縄デー破防法事件の控訴審判決(東京高判昭62・3・16高刑集40巻1号11頁)は,「ブランデンバーグ原則」の核心は「憲法上禁止できる唱道の範囲を『さし迫った違法行為のせん動』であって,少なくとも『せん動』の効果発生の『可能性のある(be likely to)もの』に限定した点にあると解することができる」とした上で,この原則は「彼我の国情の差を超え,わが国における表現犯罪の解釈に当たってもきわめて示唆的なものがあるといってよい」と述べ,その上で,破防法40条のせん動については「もし,表現行為がなされた当時の具体的事情のもとで,一般的ないし定型的に見て公共の安全を害する抽象的危険(具体的危険までに至らないその前段階の危険)を感じさせるような場合には,その行為は公共の福祉に反する性質のものということができ,優に可罰性をもち得ると考えられる」と述べて注目された(この判決の「ブランデンバーグ原則」理解の問題点等については,長谷部・後掲24頁を参照)。沖縄デー破防法事件の上告審判決は,本判決と同日,同じ第二小法廷で言い渡されているが(最判平2・9・28集刑255号261頁),判示内容は本判決と同じであり,「その説示内容からみて,沖縄デー破防法事件の控訴審判決のような解釈を是認したものではなかろう」とされる(吉本・後掲156頁)。

3 本判決は,争点②について,破防法39条および40条にいう「せん動」は明確であり憲法31条に違反しないと判断したが,その際に本判決が徳島市公安条例事件最高裁判決(177・342事件〔最大判昭50・9・10〕)の基準に言及していないことも含めて,その判断については問題点が指摘されている(右崎・後掲23頁,曽根・後掲59~60頁,木下・後掲①113頁等)。

◆ 参考文献 ◆
右崎正博・平成2年度重判解22頁,曽根威彦・判評391(判時1388)号56頁,吉本徹也・最判解刑事篇平成2年度132頁,木下智史①・百選Ⅰ〔第5版〕112頁,市川正人=徐勝編著『現代における人権と平和の法的探求』〔2011〕48頁(木下②)。沖縄デー破防法事件控訴審判決につき,長谷部恭男・昭和62年度重判解22頁。

77 営利的広告の制限

最高裁昭和36年2月15日大法廷判決
（昭和29年（あ）第2861号あん摩師はり師きゅう師及び柔道整復師法違反被告事件）
刑集15巻2号347頁，判時250号4頁

■ 事 案 ■

「あん摩師，はり師，きゅう師及び柔道整復師法」（当時。以下「本法」という）は，あん摩業，はり業，きゅう業もしくは柔道整復業またはこれらの施術所について，「施術者である旨並びに施術者の氏名及び住所」，本法「第1条に規定する業務の種類」，「施術所の名称，電話番号及び所在の場所を表示する事項」，「施術日又は施術時間」，「その他厚生大臣が指定する事項」以外の事項について「広告をしてはならない」と定め（7Ⅰ①〜⑤），さらに，広告できる事項について「広告をする場合にも，その内容は，施術者の技能，施術方法又は経歴に関する事項にわたってはならない」と定めていた（7Ⅱ）。

きゅう業を営むY（被告人・控訴人・上告人）は，きゅうの適応症として，神経痛，リュウマチ，血の道，胃腸病等の病名を記載したビラ約7030枚を配付したため起訴された。1審（大津簡判昭28・9・8刑集15巻2号377頁参照）はYを罰金2000円の刑に処し，Yが控訴。2審（大阪高裁）が最高裁に移送（刑訴規247・248）。

■ 争 点 ■

本法7条による広告の制限は憲法21条1項に違反するか。

■ 判 旨 ■

上告棄却（垂水克己裁判官，河村大助裁判官各補足意見，斎藤悠輔裁判官，藤田八郎裁判官，奥野健一裁判官〔河村又助裁判官同調〕各少数意見がある）。

「本法があん摩，はり，きゅう等の業務又は施術所に関し前記のような制限を設け，いわゆる適応症の広告をも許さないゆえんのものは，もしこれを無制限に許容するときは，患者を吸引しようとするためややもすれば虚偽誇大に流れ，一般大衆を惑わす虞があり，その結果適時適切な医療を受ける機会を失わせるような結果を招来することをおそれたためであって，このような弊害を未然に防止するため一定事項以外の広告を禁止することは，国民の保健衛生上の見地から，公共の福祉を維持するためやむをえない措置として是認されなければならない。されば同条は憲法21条に違反」しない。

■ 解 説 ■

1 いわゆる営利的言論に関しては，従来，それが表現の自由の保障の範囲に含まれるのか否か，含まれるとしてその保障の程度は非営利的言論（とりわけ政治的言論）と同程度か否か，が論じられてきた。この点，本法7条による広告の制限は憲法21条1項に違反しないと判断した本判決が，広告を表現の自由の保障の範囲に含まれるとした上で，当該制限を合憲と判断したのか，それとも，広告は表現の自由の保障の範囲に含まれないとした上で，当該制限を合憲と判断したのかは明らかではない（芦部憲法学Ⅲ321頁）。この点を自覚的に論じているのが，垂水補足意見と奥野少数意見（反対意見）である。

2 垂水補足意見は，「本法に定めるきゅう師等の業務は一般に有償で行われるのでその限りにおいてその業務のためにする広告は一の経済的活動であり，財産獲得の手段であるから，きゅう局的には憲法上財産権の制限に関連する強い法律的制限を受けることを免れない性質のものであ」り，「無言の実力によって公正な自由競争をするようにするために，法律で，これらの業務を行う者に対しその業務上の広告の内容，方法を適正に制限することは，経済的活動の自由，少くとも職業上の制限としてかなり大幅に憲法上許されるところであり，本法7条にいう広告の制限もかような制限に当る」として，本法7条による広告の制限を経済的自由に対する制限と理解している。

3 これに対し，奥野少数意見は「広告が商業活動の性格を有するからといって同条の表現の自由の保障の外にあるものということができない」と述べて，本法7条による広告の制限を表現の自由に対する制限と理解している。奥野少数意見は，「表現の自由といえども絶対無制限のものではなく，その濫用は許されず，また公共の福祉のため制限を受けることは他の憲法の保障する基本的人権と変ら」ず，「広告がその内容において虚偽，誇大にわたる場合又は形式，方法において公共の福祉に反する場合は禁止，制限を受ける」としつつも，本法7条1項が「虚偽，誇大にわたる広告のみならず適応症に関する真実，正当な広告までも一切禁止している」ことを，本法がきゅう業等につき免許制を採っていることとの関係で問題にし，本法は「きゅう等の施術が何らかの病気の治療に効果のあることを認めて，その業務につき免許制を採用しているのであ」り，「その施術が如何なる病気に効能があるか，真実，正当に世間一般に告知することは当然のことであって，かかる真実，正当な広告まで全面的に禁止しなければならない保健，衛生上その他一般公共の福祉の観点からもその理由を発見することができ」ず，「これは正に不当に表現の自由を制限しているものという外はない」という。さらに，奥野少数意見は，「人命，身体にきゅう等より重大な影響を持つ医薬品についてさえ〔旧〕薬事法34条が虚偽又は誇大な広告のみを禁止しているのと対比して考えても，きゅう等について特に医薬品と区別して正当な広告までも一切禁止しなければならない合理的根拠を発見することができ」ず，また，「既に医業類似行為として病気治療上効果のあることを認めて，その業務を免許しておきながら，その施術を受ける適時適切な医療を受ける機会を失わせるとの理由で，正当な広告までも禁止することは，それ自体矛盾であるという外はない」と述べて，多数意見を批判している。

4 広告への制限が当該業種への参入制限として機能するおそれがあることに着目すると，参入制限に関して154事件（最大判昭50・4・30─薬局距離制限違憲判決）が採用した基準と同程度の基準を，表現の自由にかかわる広告の制限についても採用することは可能なはずである（長谷部205頁）。

5 なお，奥野少数意見は，「一切の適応症の広告が禁止されている法制を前提として，これを甘受して自ら進んで免許を受けた者であるから，今更適応症の広告禁止の違憲を主張することは許されないのではないかという疑問もあるが，かかる憲法の保障する表現の自由の制限を免許の条件とするが如きことは許されざるところである」と述べている。これは，政府は，たとえある給付を完全に留保しておくことが許されるとしても，その給付の受給者が憲法上の権利を放棄することを条件づけて，当該給付を付与することは許されない，とするアメリカの「違憲な条件の法理」と同じ発想に立つものである（尾吹・後掲237頁参照）。

◆ 参考文献 ◆
尾吹善人『学説判例事典1 憲法』[1970]，長岡徹・メディア百選130頁，橋本基弘・百選Ⅰ〔第5版〕122頁。

78 街頭演説の許可制

最高裁昭和35年3月3日第一小法廷判決
（昭和34年（あ）第1540号道路交通取締法違反被告事件）
刑集14巻3号253頁、判時216号9頁

■ 事 案 ■

1958（昭和33）年3月23日午後1時半ごろに、北見市の道路において、あらかじめ所轄警察署長の許可を得ずに、日本共産党北見地区委員会主催の演説会が行われ、Y₁、Y₂およびY₃（被告人・被控訴人・上告人）はそこで各自数十分ずつ演説を行った。聴衆はその間数十名程度のもので、それほど交通の妨害にはならなかった。まもなく、巡査2名が来て、注意を与え、演説会は終了したが、巡査2名がYらに注意を与えたころからやじうま的聴衆が増加し、一時交通の混乱を来したが、巡査1人が交通整理をし、また演説会が終了したことにより、混乱も次第に回復した。

Yらは、道路交通取締法（当時）等により、演説等による人寄せをする場合はあらかじめ警察署長の許可を申請しなければならなかったのに申請をしなかったとして起訴された。

1審（北見簡判昭34・1・28刑集14巻3号279頁参照）は、許可申請の義務があるのは団体の業務執行役員であるとして、Yらを無罪とした。検察側が控訴。2審（札幌高判昭34・7・28高刑集12巻6号671頁）は、Yらを有罪（各科料500円）とした。Yらが上告。

■ 争 点 ■

演説等の人寄せを行う場合に許可申請を義務づけることは憲法21条1項に違反するか。

■ 判 旨 ■

上告棄却。

「憲法21条は表現の自由を所論のいうように無条件に保障したものではなく、公共の福祉の為め必要あるときは、その時、所、方法等につき合理的に制限できるものであることは当裁判所の夙に判例……とするところであって、今これを変更する要を見ない。そして、道路において演説その他の方法により人寄せをすることは、場合によっては道路交通の妨害となり、延いて、道路交通上の危険の発生、その他公共の安全を害するおそれがないでもないから、演説などの方法により人寄せをすることを警察署長の許可にかからしめ、無許可で演説などの為め人寄〔せ〕をしたものを処罰することは公共の福祉の為め必要であり、この程度の制限を規制した所論道路交通取締法、すなわち道路交通取締法26条1項4号、同29条1号、道路交通取締法施行令69条1項、道路交通取締法施行細則（昭和29年12月27日北海道公安委員会規則12号）26条8号及びこれら法規に則ってなされた原判決は憲法21条に抵触するものとは認められない。」

■ 解 説 ■

1　合衆国最高裁の判例で展開してきた「パブリック・フォーラム」論（本書93事件〔最大判昭28・12・23―皇居前広場事件〕解説を参照）において、道路は「伝統的パブリック・フォーラム」に分類され、そこでの表現活動に対する規制の合憲性は厳しく審査される。これに対し、道路における演説による人寄せを、物品販売等による人寄せと同列に扱っている規制が問題となった本件において、本判決が、街頭での演説に特に配慮しているとはいえないであろう。本判決は、戸別訪問の禁止に関する判例（最大判昭25・9・27刑集4巻9号1799頁）等に拠りながら、表現の自由も「公共の福祉の為め必要あるときは、その時、所、方法等につき合理的に制限できる」との一般論で、比較的あっさりと当該規制を合憲と解している。

2　ところで、いわゆる公安条例によるデモ規制が問題となった新潟県公安条例事件（89事件〔最大判昭29・11・24〕）において、最高裁は、「一般的な許可制を定めてこれを事前に抑制することは、憲法の趣旨に反し許されない」としつつ、「特定の場所又は方法につき、合理的かつ明確な基準」の下に許可制を設けることが直ちに違憲となるわけではないと判示していた。本判決は、十分な説明をすることなく、89事件と趣旨を同じくすると述べているが、その趣意は必ずしも明らかではない（永田・後掲133頁）。実際の89事件判決に従った場合、本件規制が「特定の場所又は方法につき、合理的かつ明確な基準」をそなえているか、という点が問題とならざるを得ないであろう（橋本・後掲18頁、奥平・後掲127頁を参照）。

3　本件で問題となった道路交通取締法は1960（昭和35）年の道路交通法制定に伴い廃止された。この道路交通法は、許可制を維持しているものの、同法77条1項4号においてある程度規制対象を限定し、さらに「当該申請に係る行為が現に交通の妨害となるおそれがないと認められるとき」（同77Ⅱ①）や「当該申請に係る行為が現に交通の妨害となるおそれはあるが公益上又は社会の慣習上やむを得ないものであると認められるとき」（同77Ⅱ③）には所轄警察署長は許可をしなければならないと定め、場所、方法の特定性、許可基準の明確性という点において一定の配慮がなされている（伊藤300頁、永田・後掲133頁を参照）。

◆ 参考文献 ◆

橋本公亘・判評27（判時220）号17頁、奥平康弘・百選Ⅰ〔第3版〕126頁、永田秀樹・同〔第5版〕132頁。

79 屋外広告物の規制(1)
——大阪市屋外広告物条例事件

最高裁昭和43年12月18日大法廷判決
(昭和41年(あ)第536号大阪市屋外広告物条例違反被告事件)
刑集22巻13号1549頁、判時540号81頁

■ 事 案 ■

大阪市屋外広告物条例（昭31大阪市条例39、当時。以下「本件条例」という）は、屋外広告物法（昭24法189。条文はいずれも当時）に基づき「美観風致を維持し、及び公衆に対する危害を防止するために、屋外広告物……について、必要な規制を定めること」を目的として制定された(1)。そして本件条例は「橋りょう」、「街路樹及び路傍樹」、「郵便ポスト及び送電塔」、「銅像及び記念碑」に「広告物を表示し、又は広告物を掲出する物件を設置すること」を禁止し（4Ⅱ）、さらに「電柱及びこれに類するもの」、「地下道の上屋」、「高架鉄道の支柱」、「市長の指定する道路及びこれに面する地域又は場所」に「ポスター、はり紙及び立看板を表示し、又は掲出すること」を禁止している（4Ⅲ）。

Y₁およびY₂は、法定の除外事由がないにもかかわらずAおよびBと共謀の上、Y₁およびY₂とAおよびBの2組に分かれ、「45年の危機迫る‼ 国民よ決起せよ‼ 大日本菊水会本部」等と印刷したビラ合計26枚を本件条例によりはり紙等の表示を禁止された物件である大阪市内の13か所の橋柱、電柱および電信柱にのりで貼りつけたため、起訴された。1審（大阪簡裁判決年月日不明）はY₁を罰金8000円に、Y₂を罰金5000円に処した。Y₁およびY₂が控訴したが、2審（大阪高判昭41・2・12刑集22巻13号1557頁参照）は控訴を棄却した。Y₁およびY₂が上告。

■ 争 点 ■

美観風致の維持と公衆に対する危害防止のために屋外広告物を規制する本件条例は合憲か。

■ 判 旨 ■

上告棄却。
「大阪市屋外広告物条例は、屋外広告物法（昭和24年法律第189号）に基づいて制定されたもので、右法律と条例の両者相待って、大阪市における美観風致を維持し、および公衆に対する危害を防止するために、屋外広告物の表示の場所および方法ならびに屋外広告物を掲出する物件の設置および維持について必要な規制をしているのであり、本件印刷物の貼付が所論のように営利と関係のないものであるとしても、右法律および条例の規制の対象とされているものと解すべきところ（屋外広告物法1条、2条、大阪市屋外広告物条例1条）、Yらのした橋柱、電柱、電信柱にビラをはりつけた本件各所為のごときは、都市の美観風致を害するものとして規制の対象とされているものと認めるを相当とする。そして、国民の文化的生活の向上を目途とする憲法の下においては、都市の美観風致を維持することは、公共の福祉を保持する所以であるから、この程度の規制は、公共の福祉のため、表現の自由に対し許された必要且つ合理的な制限と解することができる。従って、所論の各禁止規定を憲法に違反するものということはでき」ない。

■ 解 説 ■

1 本判決は、本件条例が美観風致の維持と公衆に対する危害の防止を目的とするものであり、営利と関係のない広告も規制対象になるという前提に立っている（木梨・後掲480頁参照）。

2 本件条例は「広告物によって表現される意味内容そのものを直接制約しようとするものではなく、表示の場所、方法、広告の媒体の設置維持について規制を加えただけ」のものであるといいうる（木梨・後掲481頁）。

街頭演説、ビラ配布およびビラ貼りは、何人でも利用できる表現手段であるが、そのうちでも「ビラ貼りは、最少限、用紙、筆記具、貼付するための材料およびこれを貼付するに要する労力を用意することによって、長時間にわたり広範囲の公衆の視覚に訴えることができ、労力、時間及び伝達しうる範囲即ち広報効果、の諸点において街頭演説、ビラ配り等に比し優れているといえ」、さらに「その他の表現の手段ないし方法に比しても、少額の費用をもってその目的を達しうることにより、経済的に恵まれていない階層の国民にとってもたやすく利用しうる点において、一見素朴ではあるけれども最も尊重されなければならない重要な大衆伝達の一手段、ひいては表現の自由の一態様であるとい」える（枚方簡判昭43・10・9下刑集10巻10号981頁）。しかしながら、「この程度の」規制は憲法に違反しないと述べるのみの本判決に、その点についての十分な検討を行った形跡はない。

「何等の代替措置を講じないまま……全面的に電柱等に対するビラ等の表示又は掲出を禁止」する条例は違憲であるとした裁判例もある（前掲枚方簡判）。ただし、この点については、所有権・管理権を有する電力会社等と交渉してはり紙・はり札以外の形式の広告物の表示を認めてもらう途、私人の建造物等に所有者と交渉してポスター類の表示を許してもらう途、ビラ配布の途、条例の定める場所に許可を得て広告物等を掲出する途もありうることも考慮に入れるべきであるとされる（芦部憲法学Ⅲ453～454頁）。なお、この点については、本書80事件（最判昭62・3・3—大分県屋外広告物条例事件）での伊藤正己補足意見が参照されるべきである。

3 1973年の改正により、屋外広告物法に「この法律及びこの法律の規定に基づく条例の適用にあたっては、国民の政治活動の自由その他国民の基本的人権を不当に侵害しないように留意しなければならない」との規定が設けられた（15条〔現在は29条〕条文は1973年当時。なお、本件条例23条を参照。この点についても80事件での伊藤正己補足意見を参照）。

◆ 参考文献 ◆
清水睦・百選Ⅰ〔第4版〕126頁、西土彰一郎・同〔第5版〕124頁、木梨節夫・最判解刑事篇昭和43年度474頁。

80 屋外広告物の規制(2)
―― 大分県屋外広告物条例事件

最高裁昭和 62 年 3 月 3 日第三小法廷判決
(昭和 59 年(あ)第 1090 号大分屋外広告物条例違反被告事件)
刑集 41 巻 2 号 15 頁, 判時 1227 号 141 頁

■事案■

屋外広告物法に基づいて制定された大分県屋外広告物条例(昭 39 大分県条例 71。以下「本条例」という)は、広告物を表示し、または広告物を掲出する物件を設置することを禁止 (4 I) している物件として、「街路樹、路傍樹及びその支柱」を挙げている (4 I ③)。

Y (被告人・控訴人・上告人) は、街路樹 2 本の各支柱に、日本共産党の演説会開催の告知宣伝を内容とするプラカード式ポスター各 1 枚を針金でくくりつけたことにより起訴された。1 審 (大分簡判昭 58・6・21 刑集 41 巻 2 号 42 頁参照) は有罪判決を下し、Y が控訴。2 審 (福岡高判昭 59・7・17 前掲刑集 50 頁参照) は控訴を棄却し、Y が上告。

■争点■

「街路樹、路傍樹及びその支柱」への広告物掲出を禁止した大分県屋外広告物条例は合憲か。

■判旨■

上告棄却 (伊藤正己裁判官補足意見がある)。

「大分県屋外広告物条例は、屋外広告物法に基づいて制定されたもので、右法律と相俟って、大分県における美観風致の維持及び公衆に対する危害防止の目的のために、屋外広告物の表示の場所・方法及び屋外広告物を掲出する物件の設置・維持について必要な規制をしているところ、国民の文化的生活の向上を目途とする憲法の下においては、都市の美観風致を維持することは、公共の福祉を保持する所以であり、右の程度の規制は、公共の福祉のため、表現の自由に対し許された必要かつ合理的な制限と解することができるから、……Y の本件所為につき、同条例 33 条 1 号、4 条 1 項 3 号の各規定を適用してこれを処罰しても憲法 21 条 1 項に違反するものでない」。

伊藤補足意見

(i)「本条例の規制の対象となる屋外広告物には、政治的な意見や情報を伝えるビラ、ポスター等が含まれることは明らかであるが、これらのものを公衆の眼にふれやすい場所、物件に掲出することは、極めて容易に意見や情報を他人に伝達する効果をあげうる方法であり、さらに街頭等におけるビラ配布のような方法に比して、永続的に広範囲の人に伝えることのできる点では有効性にまさり、かつそのための費用が低廉であって、とくに経済的に恵まれない者にとって簡便で効果的な表現伝達方法であるといわなければなら」ず、「このことは、商業広告のような営利的な情報の伝達についてもいえることであるが、とくに思想や意見の表示のような表現の自由の核心をなす表現についてそういえる。そして、「このようなビラやポスターを貼付するに適当な場所や物件は、道路、公園等とは性格を異にするものではあるが、私のいうパブリック・フォーラム〔本書 82 事件 (最判昭 59・12・18) における伊藤正己裁判官の〕……補足意見参照〕たる性質を帯びるものともいうことができ」「そうとすれば、とくに思想や意見にかかわる表現の規制となるときには、美観風致の維持という公共の福祉に適合する目的をもつ規制であるというのみで、たやすく合憲であると判断するのは速断にすぎる」。

(ii)「街頭におけるビラの配布や演説その他の広報活動などは、同じ内容を伝える方法として用いられるが、これらは、広告物の掲出とは性質を異にするところがあり一応別としても、公共の掲示場が十分に用意されていたり、禁止される場所や物件が限定され、これ以外に貼付できる対象で公衆への伝達に適するものが広く存在しているときには、本条例の定める規制も違憲とはいえないと思われる」が「本件においてこれらの点は明らかにされるところではな」く、「また、所有者の同意を得て私有の家屋や塀などを掲出場所として利用することは可能である」が「一般的に所有者の同意を得ることの難易は測定しがたいところであるし、表現の自由の保障がとくに社会一般の共感を得ていない思想を表現することの確保に重要な意味をもつことを考えると、このような表現にとって、所有者の同意を得ることは必ずしも容易ではないと考えられるのであり、私有の場所や物件の利用可能なことを過大に評価することはできないと思われる」。

(iii)「本条例は、表現の内容と全くかかわりなしに、美観風致の維持等の目的から屋外広告物の掲出の場所や方法について一般的に規制しているものであ」り、「この場合に……厳格な基準を適用することは必ずしも相当ではない」が、「それぞれの事案の具体的な事情に照らし、広告物の貼付されている場所がどのような性質をもつものであるか、周囲がどのような状況であるか、貼付された広告物の数量・形状や、掲出のしかた等を総合的に考慮し、その地域の美観風致の侵害の程度と掲出された広告物にあらわれた表現のもつ価値とを比較衡量した結果、表現の価値の有する利益が美観風致の維持の利益に優越すると判断されるときに、本条例の定める刑事罰を科することは、適用において違憲となるのを免れないというべきである」。

(iv) 本件の「事実関係の下においては、前述のような考慮を払ったとしても、Y の本件所為の可罰性を認めた原判決の結論は是認できないものではない」。

■解説■

1 本判決は、争点について合憲と判断している。本判決の判断それ自体は、基本的には 79 事件 (最大判昭 43・12・18 ―大阪市屋外広告物条例事件) と同様である。本判決が注目されるのは、伊藤補足意見の存在による。

2 伊藤補足意見は、ビラ等を貼付するのに適当な場所や物件は「パブリック・フォーラム」たる性質を帯びるとする (補足意見(i)。伊藤裁判官のパブリック・フォーラム論については 82 事件の解説参照)。さらに、ビラ貼りを認めることの意義についても丁寧に説明している (補足意見(i)(ii))。

3 伊藤補足意見は、「この条例の適用にあたっては、国民の政治活動の自由その他国民の基本的人権を不当に侵害しないように留意しなければならない」という本条例 36 条 (屋外広告物法 15 条〔現 29 条〕参照) に着目しながら、いわゆる適用違憲の可能性を指摘した上で (補足意見(iii))、本件においては多数意見の結論を支持している (補足意見(iv))。

◆参考文献◆
紙谷雅子・法教 85 号 108 頁、高橋省吾・最判解刑事篇昭和 62 年度 21 頁、大林文敏・百選 I 〔第 4 版〕130 頁、金井光生・同〔第 5 版〕128 頁。

81 電柱へのビラ貼り

最高裁昭和45年6月17日大法廷判決
(昭和42年(あ)第1626号軽犯罪法違反被告事件)
刑集24巻6号280頁, 判時594号30頁

■事案■

Y₁およびY₂(被告人・控訴人・上告人)は,県道上に敷設された電柱に,それぞれの電柱の所有者または管理者の承諾を得ることをせずに,「第10回原水爆禁止世界大会を成功させよう,愛知原水協」などと印刷したビラ(縦54センチメートル,横19.5センチメートルの紙)合計84枚を,糊を使用して裏面が全面的に密着する方法で貼り付けた。これらの行為につき,みだりに他人の家屋等にはり札をした者等を拘留・科料に処することを定めた軽犯罪法1条33号に違反するとして起訴された。

1審(一宮簡判昭41・3・24刑集24巻6号292頁参照)はYらの行為に対して刑法60条,軽犯罪法1条33号前段等を適用して,Yらを各拘留10日に処した。Yらが控訴。2審(名古屋高判昭42・6・6前掲刑集295頁参照)は控訴を棄却し,Yらが上告。

■争点■

①軽犯罪法1条33号前段は憲法21条1項に違反するか。
②軽犯罪法1条33号前段は不明確か。

■判旨■

上告棄却。

(i)「軽犯罪法1条33号前段は,主として他人の家屋その他の工作物に関する財産権,管理権を保護するために,みだりにこれらの物にはり札をする行為を規制の対象としているものと解すべきところ,たとい思想を外部に発表するための手段であっても,その手段が他人の財産権,管理権を不当に害するごときものは,もとより許されないところであるといわなければならない。したがって,この程度の規制は,公共の福祉のため,表現の自由に対し許された必要かつ合理的な制限であって,右法条を憲法21条1項に違反するものということはでき」ない。

(ii) 軽犯罪法1条33号前段「にいう『みだりに』とは,他人の家屋その他の工作物にはり札をするにつき,社会通念上正当な理由があると認められない場合を指称するものと解するのが相当であって」,「その文言があいまいであるとか,犯罪の構成要件が明確でないとは認められない」。

■解説■

1 本件では,電柱に対するビラ貼付が問題となった事件である。屋外広告物法に基づいて制定される屋外広告物条例による規制については,本書79事件(最大判昭43・12・18―大阪市屋外広告物条例事件)があるが,本件は,軽犯罪法1条33号前段による規制の事例である。

2 ビラ貼付行為は,表現の自由の行使として,今日重要な意義を有している(79事件における解説および80事件〔最判昭62・3・3―大分県屋外広告物条例事件〕における伊藤正己裁判官の補足意見を参照)。

3 軽犯罪法1条33号前段の保護法益については,たとえば,高知県屋外広告物取締条例違反と軽犯罪法違反とが問題となった事件で,当該「条例および軽犯罪法1条33号がそれぞれ保護しようとしている地域の美観並びに工作物の管理権および美観を侵害している」と述べた裁判例(高松高判昭44・3・28判時567号95頁)もあるが,「その主たる保護法益はやはり『他人の家屋その他の工作物に関する財産権,管理権』であって,その美観は右の財産権,管理権の内容に含まれるものと解するのが相当であ」り,「本判決が『主として』と判示しているのは,この意味をあらわすものと解せられる」(綿引・後掲90頁)。したがって,79事件での大阪市屋外広告物条例「の保護法益は,都市の美観風致の維持および公衆に対する危害の防止であって,公共的な法益であるのに対し,軽犯罪法1条33号前段の保護法益は,主として個人的な法益である」(綿引・後掲90頁)。

4 軽犯罪法1条33号の場合,問題は,財産権・管理権対表現の自由という構図になる。しかしながら,下級審の裁判例のなかには,工作物所有者の「迷惑」(東京高判昭24・7・29高刑集2巻1号53頁)も保護法益に挙げるものがある(高橋・後掲128頁)。この「迷惑」は,単なる商業広告ビラよりも政治的ビラの方が迷惑である,という議論,さらに,「他人の管理する場所を利用して勝手に自己の政治的意見を公表することは,他人に自己の政治的意見を押しつけることと同様であり,他人の表現の自由を侵害するものである」(呉簡判昭43・2・5判時509号79頁)という議論へと展開しうることになり,そうすると,「個人財産権と表現の自由の調整の問題が,表現の自由相互間の調整の問題にすりかえられてしまうことになる」(以上,高橋・後掲128頁)。

5 本判決は,軽犯罪法1条33号前段の「みだりに」について,「社会通念上正当な理由があると認められない場合」と解しているが,いかなる場合に正当な理由があると認められないかについては明示していない。「社会通念上是認し得る理由」の存否については,「行為者の意識又は意図した行為の動機及び目的と,行為の手段,方法,態様,場所柄及び之によって生じた公益又は私益の侵害度とを比較考量し,これら各般の事項を併せ観察して,それら各個の積極的ないし消極的価値の総合計において,わが民主主義憲法下の法治国として許容できない程度の消極的価値が明らかになった場合において初めて,現下の法社会感情として是認し得ないものがあると謂うべき」とする裁判例(大森簡判昭42・3・31下刑集9巻3号366頁)がある。具体的な利益衡量によることの意義は決して小さくないが,さらに,財産権に対する表現の自由の優越性を認める方向での調整が模索されるべきであろう(高橋・後掲129頁)。

◆参考文献◆
中山研一・判タ252号54頁,綿引紳郎・最判解刑事篇昭和45年度85頁,高橋和之・百選Ⅰ〔第4版〕128頁,市川正人・同〔第5版〕126頁。

82 駅構内でのビラ配布

最高裁昭和59年12月18日第三小法廷判決
（昭和59年(あ)第206号鉄道営業法違反，建造物侵入被告事件）
刑集38巻12号3026頁，判時1142号3頁

■事案■

Y（被告人・控訴人・上告人）らは，京王帝都電鉄株式会社井の頭線吉祥寺駅の構内である同駅南口1階階段付近において，同駅係員の許諾を受けないで乗降客らに対しビラを配布し，携帯拡声器を使用して演説を行い，同駅の管理者からの退去要求を無視して約20分間にわたり同駅構内に滞留したため，鉄道営業法35条（「鉄道係員の許諾を受けずして車内，停車場其の他鉄道地内に於て旅客又は公衆に対し寄付を請ひ，物品の購買を求め，物品を配布し其の他演説勧誘等の所為を為したる者は科料に処す」）違反および刑法130条後段の不退去罪で起訴された。
1審（東京地八王子支判昭57・11・9刑月14巻11・12号819頁）はYらを有罪とし，Yらが控訴。2審（東京高判昭59・1・23刑集38巻12号3044頁参照）は控訴を棄却したため，Yらが上告。

■争点■

Yらを鉄道営業法35条および刑法130条後段の各規定により処罰することは憲法21条1項に違反するか。

■判旨■

上告棄却（伊藤正己裁判官の補足意見がある）。
「憲法21条1項は，表現の自由を絶対無制限に保障したものではなく，公共の福祉のため必要かつ合理的な制限を是認するものであって，たとえ思想を外部に発表するための手段であっても，その手段が他人の財産権，管理権を不当に害するごときものは許されないといわなければならないから」，「〔Yら〕4名の本件各所為につき，鉄道営業法35条及び刑法130条後段の各規定を適用してこれを処罰しても憲法21条1項に違反するものでない」。
伊藤補足意見
(i) 表現の自由「の行使によって，他人の財産権，管理権を不当に害すること〔は〕……許されない」が，「その侵害が不当なものであるかどうかを判断するにあたって，形式的に刑罰法規に該当する行為は直ちに不当な侵害になると解するのは適当ではなく，そこでは，憲法の保障する表現の自由の価値を十分に考慮したうえで，それにもかかわらず表現の自由の行使が不当とされる場合に限って，これを当該刑罰法規によって処罰しても憲法に違反することにならないと解される」。
(ii) 「一般公衆が自由に出入りすることのできる場所においてビラを配布することによって自己の主張や意見を他人に伝達することは，表現の自由の行使のための手段の一つとして決して軽視することのできない意味をもっている。特に，社会における少数者のもつ意見は，マス・メディアなどを通じてそれが受け手に広く知られるのを期待することは必ずしも容易ではなく，ビラを他人に伝える最も簡便で有効な手段の一つが，ビラ配布であるといってよい。」「この手段を規制することが，ある意見にとって社会に伝達される機会を実質上奪う結果になることも少なくない。」
「他方において，一般公衆が自由に出入りすることのできる場所であっても，他人の所有又は管理する区域内でそれを行うときには，その者の利益に基づく制約を受けざるをえないし，またそれ以外の利益（例えば，一般公衆が妨害なくその場所を通行できることや，紙くずなどによってその場所が汚されることを防止すること）との調整も考慮しなければならない。」「ビラ配布に

ついては，その行為が主張や意見の有効な伝達手段であることからくる表現の自由の保障においてそれがもつ価値と，それを規制することによって確保できる他の利益とを具体的状況のもとで較量して，その許容性を判断すべきである。」「そして，この較量にあたっては，配布の場所の状況，規制の方法や態様，配布の態様，その意見の有効な伝達のための他の手段の存否など多くの事情が考慮されることとなろう。」
(iii) 「ある主張や意見を社会に伝達する自由を保障する場合に，その表現の場を確保することが重要な意味をもっている。特に表現の自由の行使が行動を伴うときには表現のための物理的な場所が必要となってくる。この場所が提供されないときには，多くの意見は受け手に伝達することができないといってよい。一般公衆が自由に出入りできる場所は，それぞれその本来の利用目的を備えているが，それは同時に，表現のための場として役立つことが少なくない。道路，公園，広場などは，その例である。これを『パブリック・フォーラム』と呼ぶことができよう。このパブリック・フォーラムが表現の場所として用いられるときには，所有権や，本来の利用目的のための管理権に基づく制約を受けざるをえないとしても，その機能にかんがみ，表現の自由の保障を可能な限り配慮する必要があると考えられる。」「道路のような公共用物と，一般公衆が自由に出入りすることのできる場所とはいえ，私的な所有権，管理権に服するところとは，性質に差異があり，同一に論ずることはできない。しかし，後者にあっても，パブリック・フォーラムたる性質を帯有するときには，表現の自由の保障を無視することができないのであり，その場合には，それぞれの具体的状況に応じて，表現の自由と所有権，管理権とをどのように調整するかを判断すべきこととなり，前述の較量の結果，表現行為を規制することが表現の自由の保障に照らして是認できないとされる場合がありうるのである。」
(iv) 鉄道地（営業35）のうち「例えば駅前広場のごときは，その具体的状況によってはパブリック・フォーラムたる性質を強くもつことがありうる」が，本件においては「Yらの所為が行われたのは，駅舎の一部であり，パブリック・フォーラムたる性質は必ずしも強くなく，むしろ鉄道利用者など一般公衆の通行が支障なく行われるために駅長のもつ管理権が広く認められるべき場所であるといわざるをえ」ない。

■解説■

1 本判決は，本件を表現の自由と私人の財産権・管理権との調整の事例と捉えている（長岡・後掲133頁）。
2 伊藤補足意見は，表現の自由と他人の財産権・管理権との調整に関する基本的な視座を示した上で（補足意見(i)），ビラ配布の意義を踏まえての利益較量を説き（補足意見(ii)），その際に当該場所が「パブリック・フォーラム」か否かを問題にする必要性を指摘している（補足意見(iii)）。彼の「パブリック・フォーラム」論は，それがある場所の「パブリック・フォーラム」性を利益衡量の際の一つの要素とするものであるという点で，「パブリック・フォーラム」という類型と違憲審査基準とが結びついた合衆国最高裁の判例における「パブリック・フォーラム」論（93事件〔最大判昭28・12・23—皇居前広場事件〕の解説5を参照）と区別される（長岡・後掲133頁）。
少数意見ではあるものの，伊藤補足意見が「パブリック・フォーラム」という言葉を用いて，表現の自由の行使のための「場所」という問題を重視したことの意義は小さくない。なお，最高裁は，その後，「パブリック・フォーラム」論の影響が指摘される判決（95事件〔最判平7・3・7—泉佐野市民会館事件〕）を下している。

◆参考文献◆
長岡徹・百選Ⅰ〔第4版〕132頁，平地秀哉・同〔第5版〕130頁。

83 自衛隊宿舎の敷地内でのビラ配布
——立川ビラ配布事件

最高裁平成20年4月11日第二小法廷判決
（平成17年（あ）第2652号住居侵入被告事件）
刑集62巻5号1217頁，判時2033号142頁

■ 事　案 ■

東京都立川市所在の防衛庁（当時）立川宿舎（以下「立川宿舎」という）は，防衛庁の職員およびその家族が居住するための国が設置する宿舎である。南側敷地に1号棟ないし8号棟の集合住宅が建ち，北側敷地に9号棟および10号棟の集合住宅が建っている。国家公務員宿舎法，同法施行令等により，この敷地および5号棟ないし8号棟は陸上自衛隊東立川駐屯地業務隊長の管理，1号棟ないし4号棟は航空自衛隊第1補給処立川支処長の管理となっており，9号棟，10号棟は防衛庁契約本部ないし同庁技術研究本部第3研究所の管理下にある。

この1号棟ないし8号棟の敷地の東側フェンスの各号棟の北側通路に通じる出入口となる各開口部の向かってすぐ左のフェンス部分には，管理者名義で，「関係者以外，地域内に立ち入ること」，「ビラ貼り・配り等の宣伝活動」，「露店（土地の占有）等による物品販売及び押し売り」，「車両の駐車」，「その他，人に迷惑をかける行為」が「宿舎地域内の禁止事項」として記された禁止事項表示板が設置されていた。9号棟および10号棟においても，敷地を囲むフェンスの各開口部の向かってすぐ左ないし右のフェンス部分に，同様の表示板が設置されていた。

Yら3名（被告人・被控訴人・上告人）は，自衛隊のイラク派遣に反対する内容のビラを配布する目的で立川宿舎の敷地内に立ち入り，各室玄関ドアの新聞受けに上記ビラを投かんするなどしたため，刑法130条前段の罪で起訴された。

1審（東京地八王子支判平16・12・16判時1892号150頁）は，本件ビラ配布が政治的表現の自由であったこと，本件での法益侵害が軽微であったこと等から「刑事罰に処するに値する程度の違法性」は認められないとしてYらを無罪にした。検察側が控訴。2審（東京高判平17・12・9判時1949号169頁）は1審判決を破棄し，Yらを有罪とした。Yらが上告。

■ 争　点 ■

Yらの行為について刑法130条前段の罪に問うことは憲法21条1項に違反するか。

■ 判　旨 ■

上告棄却。
(i)「立川宿舎の各号棟の構造及び出入口の状況，その敷地と周辺土地や道路との囲障等の状況，その管理の状況等によれば，各号棟の1階出入口から各室玄関前までの部分は，居住用の建物である宿舎の各号棟の建物の一部であり，宿舎管理者の管理に係るものであるから，居住用の建物の一部として刑法130条にいう『人の看守する邸宅』に当たるものと解され，また，各号棟の敷地のうち建築物が建築されている部分を除く部分は，各号棟の建物に接してその周辺に存在し，かつ，管理者が外部との境界に門扉等の囲障を設置することにより，これが各号棟の建物の付属地として建物利用のために供されるものであることを明示していると認められるから，上記部分は，『人の看守する邸宅』の囲にょう地として，邸宅侵入罪の客体になるものというべきである」。
「そして，刑法130条前段にいう『侵入し』とは，他人の看守する邸宅等に管理権者の意思に反して立ち入ることをいうものであるところ……Yらの立入りがこれらの管理権者の意思に反するものであったことは……事実関係から明らかである。」
「そうすると，Yらの本件立川宿舎の敷地及び各号棟の1階出入口から各室玄関前までへの立入りは，刑法130条前段に該当するものと解すべきである」。なお，本件Yらの立入りの態様，程度，「管理者からその都度被害届が提出されていることなどに照らすと，所論のように法益侵害の程度が極めて軽微なものであったなどということもできない。」
(ii)「確かに，表現の自由は，民主主義社会において特に重要な権利として尊重されなければならず，Yらによるその政治的意見を記載したビラの配布は，表現の自由の行使ということができる。しかしながら，憲法21条1項も，表現の自由を絶対無制限に保障したものではなく，公共の福祉のため必要かつ合理的な制限を是認するものであって，たとえ思想を外部に発表するための手段であっても，その手段が他人の権利を不当に害するようなものは許されないというべきである……。本件では，表現そのものを処罰することの憲法適合性が問われているのではなく，表現の手段すなわちビラの配布のために『人の看守する邸宅』に管理権者の承諾なく立ち入ったことを処罰することの憲法適合性が問われているところ，本件でYらが立ち入った場所は，防衛庁の職員及びその家族が私的生活を営む場所である集合住宅の共用部分及びその敷地であり，自衛隊・防衛庁当局がそのような場所として管理していたもので，一般に人が自由に出入りすることのできる場所ではない。たとえ表現の自由の行使のためとはいっても，このような場所に管理権者の意思に反して立ち入ることは，管理権者の管理権を侵害するのみならず，そこで私的生活を営む者の私生活の平穏を侵害するものといわざるを得ない。したがって，本件Yらの行為をもって刑法130条前段の罪に問うことは，憲法21条1項に違反するものではない。」

■ 解　説 ■

1　本件では，Yらの立ち入った場所が刑法130条の「人の住居」，「人の看守する邸宅」，「人の看守する……建造物」のいずれに該当するかが問題となった。1審判決は「住居」と解したが，本判決は「人の看守する邸宅」および，その囲にょう地と解した（判旨(i)。2審判決も同旨）。その場合，本件では看守性が問題となる（関・後掲187頁）。

2　ビラ配布は，情報技術の発達した今日においてもなお，重要な意義を有している（本書82事件〔最判昭59・12・18〕における伊藤正己裁判官補足意見を参照）。問題は，それがなされる「場所」である（ここで，その「場所」がいわゆる「パブリック・フォーラム」に当たるか否かが意味を持ちうることになる）。本件の場合，その場所が，「防衛庁の職員及びその家族が私的生活を営む場所である集合住宅の共用部分及びその敷地」であった。そのことを前提として，本判決は，「このような場所に管理権者の意思に反して立ち入ることは，管理権者の管理権を侵害するのみならず，そこで私的生活を営む者の私生活の平穏を侵害するものといわざるを得ない」としている。しかしながら，情報の「送り手」，その情報の「受け手」そして「第三者」という関係で本件の「被告人」，「私的生活を営む者」そして「管理者」それぞれの関係を捉えてみると（阪口・後掲11～12頁を参照），本判決がその点を十分に検討した上でのものか否かが問われることになるはずである。

◆ 参考文献 ◆

市川正人・立命館法学311号1頁，川岸令和・法セ643号4頁，阪口正二郎・法教336号8頁，橋本基弘・平成20年度重判解20頁，関哲夫・同重判解186頁，山口裕之・ジュリ1430号76頁。

84 マンションでのビラ配布
―― 葛飾ビラ配布事件

最高裁平成21年11月30日第二小法廷判決
(平成20年(あ)第13号住居侵入被告事件)
刑集63巻9号1765頁, 判時2090号149頁

■事案■

　東京都葛飾区所在のある分譲マンション(以下「本件マンション」という)は, 1階の店舗・事務所部分への出入口と2階以上の住宅部分への出入口とは完全に区分されている。住宅部分への出入口である玄関出入口付近の壁面には警察官立寄所のプレートが, 玄関出入口のドアには「防犯カメラ設置録画中」のステッカーが貼付されていた。この玄関ホール南側には掲示板と集合ポストがあり, 北側には同ホールに隣接する管理人室の窓口がある。掲示板には, A4判大の白地の紙に本件マンションの管理組合(以下「本件管理組合」という)名義で「チラシ・パンフレット等広告の投函は固く禁じます」と記されたはり紙と, B4判大の黄色地の紙に本件管理組合名義で「当マンションの敷地内に立ち入り, パンフレットの投函, 物品販売などを行うことは厳禁です。工事施行, 集金などのために訪問先が特定している業者の方は, 必ず管理人室で『入退館記録簿』に記帳の上, 入館(退館)願います」と記されたはり紙が貼付されていた。これらのはり紙が貼付されている位置は, ビラの配布を目的として玄関ホールに立ち入った者には, よく目立つ位置であった。また, 本件管理組合の業務を担当する組合の理事会は, チラシ, ビラ, パンフレット類の配布のための立入りに関し, 葛飾区の公報に限って集合ポストへの投かんを認める一方, その余については集合ポストへの投かんを含めて禁止する旨決定していた。

　Y(被告人・被控訴人・上告人)は, 2004(平成16)年12月23日午後2時20分ごろ, 日本共産党葛飾区議団だより等(以下「本件ビラ」という)を配布する目的で, 本件マンションに立ち入った。Yは, 住宅部分への出入口である玄関出入口を開けて玄関ホールに入り, 玄関内東側ドアを開け, 1階廊下を経て, エレベーターに乗って7階に上がり, 各住戸のドアポストに, 本件ビラを投かんしながら7階から3階までの各階廊下と外階段を通って3階に至ったところで, 住人Aに声をかけられて, 本件ビラの投かんを中止した。Aが警察に通報し, Yは逮捕され, その後起訴された。

　1審(東京地判平18・8・28刑集63巻9号1846頁参照)はYを無罪にし, 検察側が控訴。2審(東京高判平19・12・11判タ1271号331頁)はYを有罪とした(罰金5万円)。Yが上告。

■争点■

　Yの行為について刑法130条前段の罪に問うことは憲法21条1項に違反するか。

■判旨■

　上告棄却。
　(i)「本件マンションの構造及び管理状況, 玄関ホール内の状況, 上記はり紙の記載内容, 本件立入りの目的などからみて, 本件立入り行為が本件管理組合の意思に反するものであることは明らかであり, Yもこれを認識していたものと認められる。そして, 本件マンションは分譲マンションであり, 本件立入り行為の態様は玄関内東側ドアを開けて7階から3階までの本件マンションの廊下等に立ち入ったというものであることなどに照らすと, 法益侵害の程度が極めて軽微なものであったということはできず, 他に犯罪の成立を阻却すべき事情は認められないから, 本件立入り行為について刑法130条前段の罪が成立するというべきである。」
　(ii)「表現の自由は, 民主主義社会において特に重要な権利として尊重されなければならず, 本件ビラのような政党の政治的意見等を記載したビラの配布は, 表現の自由の行使ということができる。しかしながら, 憲法21条1項も, 表現の自由を絶対無制限に保障したものではなく, 公共の福祉のため必要かつ合理的な制限を是認するものであって, たとえ思想を外部に発表するための手段であっても, その手段が他人の権利を不当に害するようなものは許されないというべきである……。本件では, 表現そのものを処罰することの憲法適合性が問われているのではなく, 表現の手段すなわちビラの配布のために本件管理組合の承諾なく本件マンション内に立ち入ったことを処罰することの憲法適合性が問われているところ, 本件でYが立ち入った場所は, 本件マンションの住人らが私的生活を営む場所である住宅の共用部分であり, その所有者によって構成される本件管理組合がそのような場所として管理していたもので, 一般に人が自由に出入りすることのできる場所ではない。たとえ表現の自由の行使のためとはいっても, そこに本件管理組合の意思に反して立ち入ることは, 本件管理組合の管理権を侵害するのみならず, そこで私的生活を営む者の私生活の平穏を侵害するものといわざるを得ない。したがって, 本件立入り行為をもって刑法130条前段の罪に問うことは, 憲法21条1項に違反するものではない。」

■解説■

　1　本判決は, 基本的には, 本書83事件(最判平20・4・11――立川ビラ配布事件)の枠組みを踏襲している。本判決は, 「刑法130条前段の罪」と述べて本件マンションの共用部分が刑法130条の「住居」, 「邸宅」または「建造物」のいずれに該当するのかを明らかにしていないが, この点は, 邸宅侵入罪の成立を認めた83事件と異なっている。これは, 「貸与に係る集合住宅である公務員宿舎と民間の分譲マンションを同列に論じることができるのか, という問題がある上, いずれに該当するにしても本件マンションの共用部分についてはその管理組合の意思が問題になる点で変わりはないことなどを考慮した結果ではないか」とされる(西野・後掲118頁)。

　2　本件では, 私的空間と公共空間との接点をどこに見出すか, が問題になっている。そして, 郵便受け等にビラを配布することの簡便性・実効性を評価する際には, 民主主義体制の下では, 市民が自己の選好に関わりなく多様な見解等に接することそれ自体に重要な価値があることにも注意する必要がある(川岸・後掲9頁を参照)。この点に配慮するならば, 本判決とは異なり, 各戸のポストを「私的空間と多様な意見からなる公共空間との接点」と捉えることも可能だったはずである(川岸・後掲9頁)。

◆参考文献◆
川岸令和・セレクト2010年-Ⅰ9頁, 毛利透・平成22年度重判解19頁, 西野吾一・ジュリ1433号117頁。

85 車内広告放送
── 囚われの聴衆事件

最高裁昭和63年12月20日第三小法廷判決
(昭和58年(オ)第1022号商業宣伝放送差止等請求事件)
判時1302号94頁, 判タ687号74頁

■事案■

大阪市高速鉄道(いわゆる大阪市営地下鉄)を経営するY(大阪市―被告・被控訴人・被上告人)は,車内放送を自動化する際に,その費用を賄い,さらに収入も得られることから,業務放送と合わせて商業宣伝放送(以下「本件放送」という)をも行うことにした。試験放送の際に乗客に対して行ったアンケート結果を参考にして,Yは,商業宣伝放送の内容を控えめなものにし,1976(昭和51)年4月10日から車内放送の自動化を実施した。本件放送に対するマスコミ等の批判もあったので,1977年1月以降は,広告主をナショナルスポンサーから駅周辺の企業に変更し,内容も生活情報から企業案内に変更した。

大阪市営地下鉄を通勤手段等として利用しているX(原告・控訴人・上告人)は,本件放送が,乗客として走行中の列車内に拘束された状態にあることを利用して,Xに対し,聴取する義務のない本件放送を聴取することを一方的に強制するもので,Xの人格権を著しく侵害すること,乗車駅から降車駅までXを安全快適に輸送すべき運送契約上の債務に反することを主張して,本件放送の差止めと損害賠償を求めて訴えを提起した。

1審(大阪地判昭56・4・22判時1013号77頁)はXの請求を斥け,Xが控訴した。2審(大阪高判昭58・5・31判タ504号105頁)もXの請求を斥けた。2審判決は,まず,「我々は法律の規定をまつまでもなく,日常生活において見たくない物を見ない,聞きたくない音を聞かないといった類の自由を本来有している」が,「右の自由も,我々が個人の各種の自由の衝突の場である社会の一員として生活する以上,絶対不可侵のものではなく,他人の各種の自由と調和する限度においてのみ法的な保護を受けるにすぎない」とした。そして,2審判決は,Yが「その運行する地下鉄の車内において列車の運行や乗客の利用などのために必要な放送のみならず,法令及び社会的に相当と認められる範囲内においてその他の放送をも行なう自由を有」していること,「本件放送は財政窮乏下にあるYが地下鉄の運行の安全確保などのために採用した車内放送自動化の費用を捻出するため実施するに至ったものであり,地下鉄の車内という公共の場で行なわれているとはいえ……商業宣伝放送としては比較的控え目なものであり,昭和52年1月以降のそれは……商業宣伝放送としてはさらに控え目なものである」こと,「本件放送は,一部の限られた乗客に対するものであるが,降車駅案内という乗客にとり必要で有益な放送としての面をも有するのであって,いずれも一般乗客に対しそれ程の嫌悪感を与えるものとは思われない」ことを指摘した上で,本件放送を違法なものと断定することはできないとした(債務不履行については省略)。Xが上告。

■争点■

車内広告放送は乗客の聞きたくないことを聞かない自由を侵害するか。

■判旨■

上告棄却(伊藤正己裁判官の補足意見がある)。
「原審が適法に確定した事実関係のもとにおいて,Yの運行する大阪市営高速鉄道(地下鉄)の列車内における本件商業宣伝放送を違法ということはできず,Yが不法行為及び債務不履行の各責任を負わないとした原審の判断は,正当として是認することができ,その過程に所論の違法はない。」

■解説■

1 争点に関し,本判決は,本件放送はXの人格権を侵害するものではないという2審判決を維持している。

2 伊藤補足意見は,個人は「他者から自己の欲しない刺戟によって心の静穏を乱されない利益を有して」おり──これを広い意味でのプライバシーと呼ぶことができるとした上で──「聞きたくない音を聞かされることは,このような心の静穏を侵害することになる」とする。そして,この利益は「人格的利益として現代社会において重要なものであり,これを包括的な人権としての幸福追求権(憲法13条)に含まれると解することもできないものではないけれども……それは,社会に存在する他の利益との調整が図られなければなら」ないとする。その上で,「本来,プライバシーは公共の場所においてはその保護が希薄とならざるをえず,受忍すべき範囲が広くなることを免れない」とした。そして,「表現の自由が憲法上強い保障を受けるのは,受け手が多くの表現のうちから自由に特定の表現を選んで受けとることができ,また受けとりたくない表現を自己の意思で受けとることを拒むことのできる場を前提としていると考えられる(「思想表現の自由市場」といわれるのがそれである。)」としつつも,Xが「『とらわれの聞き手』であること,さらに,本件地下鉄が地方公営企業であることを考慮にいれるとしても,なおXにとって受忍の範囲をこえたプライバシーの侵害であるということはでき」ないとした。この伊藤補足意見には,「プライバシー」に関する原理と「囚われの聴衆」の利益に関する原理とが併存している(この2つの原理の併存については,蟻川・後掲107～109頁を参照)。

3 本件は,基本的には民事事件である。しかしながら,本件は様々な憲法問題の可能性を秘めている。まず,「公共施設や公物内での商業広告は,公共団体が当該営業活動を公認し,援助していると受け取られてもやむをえない面がある」(尾吹・後掲224頁)ことをどのように考えるかという問題があり,さらに,たとえ地方公営企業といえども,憲法から完全に自由というわけではないという問題もある(尾吹・後掲230頁。この場合,本書19事件〔最判平元・6・20―百里基地訴訟〕判決の射程が問題となりうる〔髙井・後掲51頁参照〕)。また,「政府が国民の聞きたくないと思うメッセージをプロパガンダとして伝達しようとする危険性を考えるなら,……聞きたくない表現を聞かされない自由を基本的人権として問題とする必要」があるであろう(松井・後掲44頁)。そして,この問題が《government speechと『囚われの聴衆』によるその受領》(蟻川・後掲132頁)として構成されると,それは「思想の自由」の問題へとつながっていくことになる(この問題が典型的に生じうるのは,学校や刑事収容施設などにおいてである〔髙橋166頁〕)。

◆参考文献◆
尾吹善人『憲法徒然草』[1983],松井茂記・ひろば42巻6号38頁,赤坂正浩・平成元年度重判解16頁,渋谷秀樹・ジュリ938号40頁,竹中勲・同1037号146頁,樋口陽一編『講座憲法学3』[1994]105頁(蟻川恒正),髙井裕之・百選I〔第5版〕50頁。

86 美術作品の観覧の制限
──天皇コラージュ事件

名古屋高裁金沢支部平成12年2月16日判決
(平成11年(ネ)第17号国家賠償等請求控訴事件)
判時1726号111頁，判タ1056号188頁

■事案■

1986（昭和61）年，富山県立近代美術館は，同美術館主催の展覧会『'86富山の美術』を開催した。この展覧会に，X₁の製作した連作版画のうち10点が展示された。X₁の作品は，当時の天皇（昭和天皇）の肖像と，東西の名画，解剖図，家具，裸婦などを組み合わせて構成されたもので，コラージュという手法が用いられていた。Y₁（富山県）は，X₁から4点（以下「本件作品」という）を購入し，さらに残りの6点については，X₁から寄贈してもらうことになった。展覧会終了後，富山県議会教育警務常任委員会において，この作品に不快感を覚えた議員から，本件作品についての選考意図等についての質問がなされ，翌日の新聞紙上においてこのことが大きく報道された。この報道以降，本件作品の廃棄等を求める団体やその構成員が，同美術館やY₁に対し，様々な抗議活動を行った。同美術館は，本件作品および本件作品を含む図録（以下「本件図録」という）を非公開とし，さらに本件図録を非売品とした。また，寄贈されることになっていた6点をX₁に返却した。

本件作品の鑑賞を希望していたX₂らは，Y₂（富山県教育委員会教育長）に対し，富山県立近代美術館条例7条に基づき，特別観覧許可申請を行ったが，Y₂は申請のすべてを不許可とした。その後，1993（平成5）年に富山県教育委員会は本件作品を売却し，さらに本件図録を焼却した。そこでX₁およびX₂らはY₁に対し損害賠償を求め，Y₂に対しては本件作品の売却および本件図録の焼却の無効確認，本件作品の買戻しおよび本件図録の再発行の義務付けを請求した。

1審（富山地判平10・12・16判時1699号120頁）は，X₂らのY₁に対する損害賠償請求の一部を認容し，それ以外の請求を棄却または却下した。X₁およびX₂らとY₁がそれぞれ控訴。

■争点■

①21条1項は公権力に対し，芸術家が自己の製作した作品を発表するための作為を求める権利も保障しているか。
②特別観覧制度は知る権利の請求権的側面の具体化とみなしうるか。
③本件作品の特別観覧許可申請の不許可および本件図録の閲覧拒否は違法か。

■判旨■

1審判決のY₁敗訴部分を取り消してX₂らのY₁に対する請求を棄却，X₁およびX₂らの控訴を棄却。

(i)「芸術家が作品を製作して発表することについて公権力がこれを妨げることは許されないが，公権力に対し，芸術家が自己の製作した作品を発表するための作為，たとえば，展覧会での展示，美術館による購入等を求める憲法上の権利を有するものではない」。

(ii)「県立美術館についての右の美術品の特別観覧に係る条例等の規定は，美術館の開設趣旨やその規定の仕方，内容に照らしても，……憲法21条が保障する表現の自由あるいはそれを担保するための『知る権利』を具体化する趣旨の規定とまで解することは困難である。」

(iii)「県立美術館の管理運営上の支障を生じる蓋然性が客観的に認められる場合には，管理者において，右の美術品の特別観覧許可申請を不許可とし，あるいは図録の閲覧を拒否しても，公の施設の利用の制限についての地方自治法244条2項の『正当な理由』があるものとして許される（違法性はない）というべきである」。

■解説■

1 本件は，元々は，公立美術館主催の展覧会に出展された作品に対し，県議会議員が批判的な発言を行ったことに端を発した事件である。それゆえ，この事件は政治と公立美術館との関係を考える上で重要な問題を提起したが（奥平・後掲，蟻川・後掲参照），本判決では芸術家と公立美術館との関係（争点①）および市民と公立美術館との関係（争点②・③）が問題になっている。

2 芸術家にとって，自らの作品が公立美術館において展示されることは，多くの市民に自らの作品を鑑賞してもらえる機会が与えられることを意味する。しかしながら，公権力によるそのような表現活動への援助・助成は，憲法21条1項の下で当然に認められるわけではないであろう。1審判決も本判決も，争点①については，公権力に対して，芸術家が自分の作品を発表するための作為（展覧会での展示等）を求める憲法上の権利はないと判断している（判旨(i)）。

3 本件作品が非公開となったため，本作品の鑑賞を希望する市民らは特別観覧制度を利用しようとした。ここで，特別観覧制度の位置づけが問題になる（争点②）。1審判決は，特別観覧制度を，知る権利の請求権的側面の具体化として，情報公開法制と同等の位置づけを与えた（右崎・後掲参照）。これに対し，本判決は，特別観覧制度をそのように解することは困難であると解した（判旨(ii)。中林・後掲参照）。

4 公立美術館は「公の施設」（自治244）に当たる。1審判決は，本件図録の閲覧を「公の施設」の利用と捉えていた。本判決は，特別観覧制度に基づく本件作品の観覧と本件図録の閲覧を共に「公の施設」の利用と捉えた。この場合は「公の施設」を設置している普通地方公共団体は正当な理由なく住民の利用を拒否することは許されないことになる（自治244Ⅱ）。

本件でY₁らは，本件作品の特別観覧および本件図録の閲覧を認めると，本件作品に対する激しい抗議活動による管理運営上の障害が生じるとして，特別観覧および本件図録の閲覧を認めなかった。そのような理由の正当性（争点③）を判断する際の基準が，1審判決と本判決とで異なっている。1審判決は，集会の用に供する「公の施設」の利用が問題となった本書95事件（最判平7・3・7─泉佐野市民会館事件）に類似する基準を用いて，違法と判断していた。これに対し，本判決は，1審判決の採った基準は「『集会の自由』を制約するおそれのある事案については相当であるが，本件のような美術品及びその図録の観覧あるいは閲覧に関する事案については厳格に過ぎて相当でない」として，それよりもゆるやかな基準を採用した（判旨(iii)）。

5 本判決を受けてX₁およびX₂らは上告したが，最高裁は実質的理由を述べることなく上告を棄却した（最決平12・10・27公刊物未登載）。

◆参考文献◆
奥平康弘・法時60巻2号75頁，鈴木秀美・平成12年度重判解14頁，右崎正博・法時73巻2号44頁，岩村正彦ほか編『岩波講座 現代の法1』［1997］193頁（蟻川恒正），植野妙実子・百選Ⅱ〔第5版〕368頁，中林暁生・法教343号22頁。

87 公立図書館司書の図書廃棄
――「新しい歴史教科書をつくる会」事件

最高裁平成17年7月14日第一小法廷判決
（平成16年（受）第930号損害賠償請求事件）
民集59巻6号1569頁，判時1910号94頁

■事案■

Y₁市（船橋市）の設置するA図書館の職員（司書）Y₂は，X（権利能力なき社団である「新しい歴史教科書をつくる会」）やXに賛同する者らおよびその著作に対する否定的評価と反感から，独断で，A図書館の蔵書のうちから，Xらの執筆ないし編集に係る書籍を含む計107冊を，Y₁市の図書館資料の除籍基準に該当しないにもかかわらず，廃棄した。その後，本件廃棄が発覚し，Y₁市教育委員会はY₂に対して懲戒処分を行った。また，廃棄された107冊のうち103冊と，既に入手困難となっていた4冊の同一著者による代替書籍4冊がY₂らの寄付によりA図書館に収蔵された。Xらは，本件廃棄により著作者としての人格的利益等を侵害されたとして，Y₁市とY₂に対し損害賠償を求めて訴えを提起した。

1審（東京地判平15・9・9民集59巻6号1579頁参照），2審（東京高判平16・3・3前掲民集1604頁参照）はともにXらの請求を棄却した。Xらの上告ならびに上告受理申立てに対し，最高裁は，上告については棄却し（最判平17・4・18公刊物未登載），上告受理申立についてはY₁市に対する請求に関する部分につき上告受理の決定を下した（最判平17・4・18公刊物未登載）。

■争点■

公立図書館の司書が閲覧に供されている図書を著作者の思想や信条を理由とするなど不公正な取扱いによって廃棄することは国家賠償法上違法か。

■判旨■

破棄差戻し。
(i) 公立図書館は，地方公共団体が「国民の文化的教養を高め得るような環境を醸成するための施設」として設置した公の施設である。そして，図書館法および「公立図書館の設置及び運営上の望ましい基準」（平13文科省告示132）の下での公立図書館の役割，機能に照らせば，「公立図書館は，住民に対して思想，意見その他の種々の情報を含む図書館資料を提供してその教養を高めること等を目的とする公的な場ということができる。そして，公立図書館の図書館職員は，公立図書館が上記のような役割を果たせるように，独断的な評価や個人的な好みにとらわれることなく，公正に図書館資料を取り扱うべき職務上の義務を負うものというべきであり，閲覧に供されている図書について，独断的な評価や個人的な好みによってこれを廃棄することは，図書館職員としての基本的な職務上の義務に反するものといわなければならない。」
(ii) 「他方，公立図書館が，上記のとおり，住民に図書館資料を提供するための公的な場であるということは，そこで閲覧に供された図書の著作者にとって，その思想，意見等を公衆に伝達する公的な場でもあるということができる。したがって，公立図書館の図書館職員が閲覧に供されている図書を著作者の思想や信条を理由とするなど不公正な取扱いによって廃棄することは，当該著作者が著作物によってその思想，意見等を公衆に伝達する利益を不当に損なうものといわなければならない。

そして，著作者の思想の自由，表現の自由が憲法により保障された基本的人権であることにもかんがみると，公立図書館において，その著作物が閲覧に供されている著作者が有する上記利益は，法的保護に値する人格的利益であると解するのが相当であり，公立図書館の図書館職員である公務員が，図書の廃棄について，基本的な職務上の義務に反し，著作者又は著作物に対する独断的な評価や個人的な好みによって不公正な取扱いをしたときは，当該図書の著作者の上記人格的利益を侵害するものとして国家賠償法上違法となるというべきである。」

■解説■

1 著作者にとって，自らの著作物が公立図書館に収蔵され，閲覧に供されることは，多くの市民に自らの著作物を読んでもらえる機会が与えられることを意味する。したがって，本件事案も，公権力による表現活動への援助・助成に関する事案であるということができる。そのような事案において，本判決は，争点に関し，国家賠償法上の違法性を認めたのである。

2 本判決は，まず，図書館法等の公立図書館にかかわる法律のほかに，文部科学大臣によって告示された「公立図書館の設置及び運営上の望ましい基準」をも用いつつ，公立図書館の位置づけと，公立図書館職員の職務上の義務を明らかにしている（判旨(i)）。

3 1審判決と2審判決はともに，Y₁市にはXらの執筆した著作物を購入する法的義務がないこと，Y₁市が当該著作物を購入したとしても，Y₁市は，Xらとの関係で必ず市民の閲覧に供しなければならない法的義務を負うものではないことを指摘した上で，本件廃棄によって影響を受けるXらの利益は，反射的な事実上の利益にすぎないとしていた。これに対し，本判決は，本件廃棄によって害される，Xらの法的保護に値する人格的利益の存在を認めている（判旨(ii)）。ただしその際に，本判決が実際に閲覧に供された著作物の著作者と公立図書館との関係に焦点を合わせていることに注意する必要がある。この点では，差戻控訴審判決（東京高判平17・11・24判時1915号29頁）が「公立図書館において，その著作物が閲覧に供されることにより，著作者は，その著作物について，合理的な理由なしに不公正な取扱いを受けないという上記の利益を取得する」（圏点・筆者）と述べていたことが注目される。

4 本判決は，本件廃棄が，通常の廃棄とは異なる，著作者の思想や信条を理由とするなどの不公正な取扱いによる廃棄であり，かかる廃棄によって本件人格的利益が害されるとしたのである。したがって，本判決の射程は決して広くないであろう（松並・後掲415～416頁参照）。

5 なお，本件と本書86事件（名古屋高金沢支判平12・2・16―天皇コラージュ事件）とは，事例として似ている面もあるが，両者の違いとしては，本件において著作物の廃棄に至った経緯（司書による不公正な取扱い）と86事件において収蔵作品の観覧拒否およびその売却に至った経緯（美術館の管理運営上の障害）の違い（後掲ジュリ座談会156頁〔長谷部恭男発言〕）のほかに，公立図書館と公立美術館を含む公立博物館の法律等における位置づけの違い（中林・後掲155頁参照）も指摘することができるであろう。

◆参考文献◆
松田浩・法セ612号124頁，山崎友也・セレクト2005年9頁，山本順一・早稲田法学81巻3号55頁，今村哲也・判評572（判時1937）号178頁，中林暁生・百選I〔第5版〕154頁，木藤茂・自治研究83巻12号128頁，松並重雄・最判解民事篇平成17年度(下)394頁，「座談会・国家と文化」ジュリ1405号147頁。

88 工作物使用禁止命令と集会の自由
――成田新法事件

最高裁平成4年7月1日大法廷判決
(昭和61年(行ツ)第11号工作物等使用禁止命令取消等請求事件)
民集46巻5号437頁, 判時1425号45頁

■ 事 案 ■

新東京国際空港(以下「新空港」という)建設に際し, それに反対するX(原告・控訴人・上告人)およびXを支援する過激派等による実力闘争が強力に展開されたことを背景として,「新東京国際空港の安全確保に関する緊急措置法」(いわゆる成田新法。以下「本法」という)が制定された。本法3条1項は「運輸大臣は, 規制区域内に所在する建築物その他の工作物について, その工作物が次の各号に掲げる用に供され, 又は供されるおそれがあると認めるときは, 当該工作物の所有者, 管理者又は占有者に対して, 期限を付して, 当該工作物をその用に供することを禁止することを命ずることができる」と定め, 1号で「多数の暴力主義的破壊活動者の集合の用」を, 2号で「暴力主義的破壊活動等に使用され, 又は使用されるおそれがあると認められる爆発物, 火炎びん等の物の製造又は保管の場所の用」を, 3号で「新東京国際空港又はその周辺における航空機の航行に対する暴力主義的破壊活動者による妨害の用」を掲げている。

Y₁(運輸大臣=被告・被控訴人・被上告人)は, 1979(昭和54)年～1983年と1985年に, Xの所有する工作物(以下「本件工作物」という)について, 本法3条1号または2号の用に供することを禁止することを命じた。Xは, Y₁に対して禁止命令処分の取消しを請求するとともに, Y₂(国=被告・被控訴人・被上告人)に対して国家賠償法に基づく損害賠償を請求して訴えを提起した。

1審(千葉地判昭59・2・3訟月30巻7号1208頁)は使用禁止期間の経過を理由に1979年～1982年の禁止命令処分の取消しを求める請求を却下し, 1983年の禁止命令処分の取消しを求める請求および損害賠償請求を棄却した。Xが控訴。2審(東京高判昭60・10・23民集46巻5号483頁参照)は控訴を棄却した(2審段階で追加された1985年の禁止命令処分の取消しを求める請求も棄却した)。Xが上告(憲法31条・35条違反の争点〔適正手続〕については, 本書179事件〔本件と同一事件〕を参照)。

■ 争 点 ■

本法3条1項1号に基づく工作物使用禁止命令による集会の自由の制限は憲法21条1項に違反するか。

■ 判 旨 ■

上告棄却(園部逸夫・可部恒雄裁判官の各意見がある)。

(i)「現代民主主義社会においては, 集会は, 国民が様々な意見や情報等に接することにより自己の思想や人格を形成, 発展させ, また, 相互に意見や情報等を伝達, 交流する場として必要であり, さらに, 対外的に意見を表明するための有効な手段であるから, 憲法21条1項の保障する集会の自由は, 民主主義社会における重要な基本的人権の一つとして特に尊重されなければならないものである。」

「集会の自由といえどもあらゆる場合に無制限に保障されなければならないものではなく, 公共の福祉による必要かつ合理的な制限を受けることがあるのはいうまでもない。そして, このような自由に対する制限が必要かつ合理的なものとして是認されるかどうかは, 制限が必要とされる程度と, 制限される自由の内容及び性質, これに加えられる具体的制限の態様及び程度等を較量して決めるのが相当である。」

(ii) 本法3条1項1号「に基づく工作物使用禁止命令により当該工作物を多数の暴力主義的破壊活動者の集合の用に供することが禁止される結果, 多数の暴力主義的破壊活動者の集会も禁止されることになり, ここに憲法21条1項との関係が問題となる」。「そこで検討するに, 本法3条1項1号に基づく工作物使用禁止命令により保護される利益は, 新空港若しくは航空保安施設等の設置, 管理の安全の確保並びに新空港及びその周辺における航空機の航行の安全の確保であり, それに伴い新空港を利用する乗客等の生命, 身体の安全の確保も図られるのであって, これらの安全の確保は, 国家的, 社会経済的, 公益的, 人道的見地から極めて強く要請されるところのものである。他方, 右工作物使用禁止命令により制限される利益は, 多数の暴力主義的破壊活動者が当該工作物を集合の用に供する利益にすぎない。しかも, 前記本法制定の経緯に照らせば, 暴力主義的破壊活動等を防止し, 前記新空港の設置, 管理等の安全を確保することには高度かつ緊急の必要性があるというべきであるから, 以上を総合して較量すれば, 規制区域内において暴力主義的破壊活動者による工作物の使用を禁止する措置を採り得るとすることは, 公共の福祉による必要かつ合理的なものであるといわなければならない。」

■ 解 説 ■

1 本法3条1項1号に基づく工作物使用禁止命令(以下「本件命令」という)は, 暴力主義的破壊活動者が本件工作物を集合の用に供することを禁止している。

2 本判決は, 自己実現の価値および自己統治の価値と関連づけながら, 集会の自由の意義を説いた上で, 利益衡量論を採り(判旨(i)), その下で本件命令は憲法21条1項に違反しないと判断している(判旨(ii))。このような判断の仕方には, 集会の自由の意義から批判する見解が有力である(野中・後掲30～31頁等)。確かに, 本判決は, たとえばよど号ハイジャック記事抹消事件(21事件〔最大判昭58・6・22〕)において最高裁が閲読の自由に示した程の配慮を集会の自由に示しているわけではない(千葉・後掲234～235頁, 242～243頁参照)。また, 最高裁は, 後に, 集会の用に供する公の施設の事例(95事件〔最大判平7・3・7―泉佐野市民会館事件〕)において, 本判決よりは厳格な判断枠組みを採用している。そのことと本判決との関係については, 95事件が許可制に関わる事案であったことなど両者の事案の違いと結びつけて理解しておく必要がある(芦部憲法学Ⅲ 498～499頁)。

3 本判決は,「暴力主義的破壊活動者」(本法3Ⅰ①)を定義している本法2条2項の「暴力主義的破壊活動等を行い, 又は行うおそれがあると認められる者」を「暴力主義的破壊活動を現に行っている者又はこれを行う蓋然性の高い者」と限定解釈し,「その工作物が次の各号に掲げる用に供され, 又は供されるおそれがあると認めるとき」(本法3Ⅰ)を「その工作物が次の各号に掲げる用に現に供され, 又は供される蓋然性が高いと認めるとき」と限定解釈している(ただし, 本判決は「集合の用」〔本法3Ⅰ①〕については限定解釈をしていない。永田・後掲122頁)。こうした解釈による文言の明確化に加え,「本法3条所定の制限措置を設けるに至ったのは……過激派集団による新空港襲撃事件が発生し, 新空港の安全確保のためには, 過激派集団の出撃の拠点となっていた団結小屋の使用を禁止することもやむを得ないと判断された結果, 制限措置を設けることには, 高度かつ緊急の必要性があ」ったとすると(千葉・後掲243頁), 本判決が単純な利益衡量論を採ったのは,「制限が必要とされる程度と, 制限される自由の内容及び性質, これに加えられる具体的制限の態様及び程度等については, 法が既に内容を極めて限定して規定していることに加え, その価値の優劣が明らかであっ」たという本件事案の特殊性によると解されることになる(千葉・後掲244頁)。

◆ 参考文献 ◆

野中俊彦・ジュリ1009号27頁, 永田秀樹・法セ455号122頁, 渋谷秀樹・法教148号108頁, 千葉勝美・最判解民事篇平成4年度220頁。

89 条例によるデモ規制(1)
——新潟県公安条例事件

最高裁昭和29年11月24日大法廷判決
(昭和26年(あ)第3188号昭和24年新潟県条例第4号違反被告事件)
刑集8巻11号1866頁、判時39号3頁

■事案■

いわゆる新潟県公安条例(「行列行進,集団示威運動に関する条例」〔昭24新潟県条例4〕。以下「本件条例」という)は、1条1項で「行列行進又は公衆の集団示威運動(徒歩又は車輌で道路、公園その他公衆の自由に交通することができる場所を行進し又は占拠しようとするもの。以下同じ。)は、その地域を管轄する公安委員会の許可を受けないで行ってはならない」と定め、4条1項で「公安委員会は、その行進又は示威運動が、公安を害する虞がないと認める場合は、開始日時の24時間前までに許可を与えなければならない」、同2項で、この許可には公安委員会が「集団の無秩序又は暴力行為に対し公衆を保護するため、必要と認める条件を付することができる」、同4項で、公安委員会が「当該行列行進又は集団示威運動開始日時の24時間前までに条件を付し又は許可を与えない旨の意思表示をしない時は、許可のあったものとして行動することができる」と定めていた。

Y₁とY₂(被告人・控訴人・上告人)は、1949(昭和24)年4月8日午後3時ごろ新潟県高田市にある警察署庁舎正面の空地および同署向かい側道路付近において、4月7日朝行われた密造酒被疑事件一斉検挙により逮捕された被疑者三十数名の即時釈放要求を大衆の威力により貫徹しようとし、高田市公安委員会の許可を受けずに公衆の集団示威運動を行い、本件条例違反で起訴された。

1審(新潟地高田支判昭24・12・6刑集8巻11号1884頁参照)はYらを有罪とした。Yらが控訴したが、2審(東京高判昭25・10・26前掲刑集1885頁参照)は控訴を棄却した。Yらが上告。

■争点■

①集団行動につき一般的な許可制を採ることは合憲か。
②集団行動を事前に抑制しうるのはどのような場合か。
③本件条例は合憲か。

■判旨■

上告棄却(藤田八郎裁判官の少数意見、井上登・岩松三郎裁判官の補足意見がある)。

(i) 「行列行進又は公衆の集団示威運動(以下単にこれらの行動という)は、公共の福祉に反するような不当な目的又は方法によらないかぎり、本来国民の自由とするところであるから、条例においてこれらの行動につき単なる届出制を定めることは格別、そうでなく一般的な許可制を定めてこれを事前に抑制することは、憲法の趣旨に反し許されないと解するを相当とする。しかしこれらの行動といえども公共の秩序を保持し、又は公共の福祉が著しく侵されることを防止するため、特定の場所又は方法につき、合理的かつ明確な基準の下に、予じめ許可を受けしめ、又は届出をなさしめてこのような場合にはこれを禁止することができる旨の規定を条例に設けても、これをもって直ちに憲法の保障する国民の自由を不当に制限するものと解することはできない。けだしかかる条例の規定は、なんらこれらの行動を一般に制限するのでなく、前示の観点から単に特定の場所又は方法について制限する場合があることを認めるに過ぎないのである。さらにまた、これらの行動について公共の安全に対し明らかな差し迫った危険を及ぼすことが予見されるときは、これを許可せず又は禁止することができる旨の規定を設けることも、これをもって直ちに憲法の保障する国民の自由を不当に制限することにはならないと解すべきである。」

(ii) 「本件の新潟県条例(以下単に本件条例という)を考究してみるに、その1条に、これらの行動について公安委員会の許可を受けないで行ってはならないと定めているが、ここにいう『行列行進又は公衆の集団示威運動』は、その解釈として括弧内に『徒歩又は車輛で道路公園その他公衆の自由に交通することができる場所を行進し又は占拠しようとするもの、以下同じ』と記載されているから、本件条例が許可を受けることを要求する行動とは、右の記載する特定の場所又は方法に関するものを指す趣旨であることが認められる」。そして「これらの行動に近似し又は密接な関係があるため、同じ対象とされ易い事項を掲げてこれを除外し、又はこれらが抑制の対象とならないことを厳に注意する規定を置くとともに」、他の条項(4条1項後段・2項・4項)を併せて考えれば、本件「条例がその1条によって許可を受けることを要求する行動は、冒頭に述べた趣旨において特定の場所又は方法に関するものに限ることがうかがわれ、またこれらの行動といえども特段の事由のない限り許可することを原則とする趣旨であることが認められる」。

(iii) 本件条例「4条1項の前段はきわめて抽象的な基準を掲げ、公安委員会の裁量の範囲がいちじるしく広く解されるおそれがあって、いずれも明らかな具体的な表示に改めることが望ましいけれども、条例の趣旨全体を綜合して考察すれば、本件条例は許可の語を用いてはいるが、これらの行動そのものを一般的に許可制によって抑制する趣旨ではなく、上述のように別の観点から特定の場所又は方法についてのみ制限する場合があることを定めたものに過ぎないと解するを相当とする」。

■解説■

1 本判決は、集団行動を一般的な許可制を定めて事前に抑制することは違憲であること、公共の秩序を保持しまたは公共の福祉が著しく侵されることを防止するため、集団行動を特定の場所または方法についてのみ、合理的かつ明確な基準の下に、事前に抑制しても直ちには違憲ではないこと、公共の安全に対し明らかな差し迫った危険を及ぼすことが予見されるときは、集団行動を許可せずまたは禁止しても直ちには違憲ではないこと、の3点を示した(判旨(i))。この一般原則の部分は当時非常に注目された(伊藤・後掲2頁。なお、判旨(i)で述べられている「明白かつ現在の危険」の基準については、本書95事件〔最判平7・3・7—泉佐野市民会館事件〕も参照)。

2 本判決は、本件条例を合憲と判断している。藤田少数意見(反対意見)は、多数意見の要点を、本件条例は特定の場所または方法についてのみ制限するものであると解している点(判旨(ii)(iii))に見出した上で、「およそ問題となるべき行列行進又は公衆の集団示威運動のほとんどすべては徒歩又は車輛で道路公園その他公衆の自由に交通することができる場所を行進し、又は占拠しようとするものである」ので、本件条例「掲示のような場所方法による集団行動のすべてを許可制にかかるとすることは、とりもなおさず、この種〔の〕行動に対する一般的、抽象的な抑制に外ならない」と批判している。藤田少数意見は、さらに、4条1項についても、それは「かかる行動の公安を害するおそれあるや否やの判定は公安委員会の極めて広範な—特に何らの基準の定めもない—自由裁量に委ねられている」と批判している。

3 学説では、一般原則を述べた判旨(i)には好意的であっても、一般原則と結論との関係については批判的なものが少なくない(たとえば橋本・後掲)。

◆参考文献◆

伊藤正己『言論・出版の自由』[1959]、田中二郎ほか「座談会・解しがたい最高裁公安条例合憲判決」ジュリ75号2頁、橋本公亘・百選〔第2版〕22頁。

90 条例によるデモ規制(2)
── 東京都公安条例事件

最高裁昭和35年7月20日大法廷判決
(昭和35年(あ)第112号昭和25年東京都条例第44号集会、集団行進及び集団示威運動に関する条例違反被告事件)
刑集14巻9号1243頁、判時229号6頁

■ 事 案 ■

いわゆる東京都公安条例(「集会、集団行進及び集団示威運動に関する条例」〔昭25東京都条例44〕。以下「本条例」という)は、1条で「道路その他公共の場所で集会若しくは集団行進を行おうとするとき、又は場所のいかんを問わず集団示威運動を行おうとするときは、公安委員会の許可を受けなければならない」と定め、3条で「公安委員会は、前条の規定による申請があったときは、集会、集団行進又は集団示威運動の実施が公共の安寧を保持する上に直接危険を及ぼすと明らかに認められる場合の外は、これを許可しなければならない」と定めている。

Yらは、1958(昭和33)年9〜11月の間の各1日に都内でそれぞれデモを行った。Y_1は、東京都公安委員会が集団行進の許可に際して付した、蛇行進、渦巻行進またはことさらな停滞等交通秩序をみだす行為は絶対に行わないことという条件に違反した集団行進を指導したとして本条例違反で起訴された。Y_2とY_5は共謀の上、東京都公安委員会の許可を受けずになされた集会や集団行進の主催者となり、また、蛇行進を誘導し、もって集団行進の指導をしたとして、本条例違反で起訴された。Y_3は東京都公安委員会の許可を受けずになされた集会や集団行進の主催者となり、蛇行進を誘導するなどし、もって集団行進を指導したとして、Y_4もその集団行進を指導したとして、本条例違反で起訴された(他は略)。

1審(東京地判昭34・8・8裁時286号6頁)は本件条例が違憲であるとして、Yらを無罪とした。検察官が控訴し、2審(東京高等裁判所)は、Y_1〜Y_4に関する部分につき最高裁に移送した(刑訴規248・247参照)。

■ 争 点 ■

①本条例は届出制を採っているか。
②本条例は違憲か。

■ 判 旨 ■

破棄差戻し(藤田八郎裁判官、垂水克己裁判官の各反対意見がある)。

(i)「本条例の規制の対象となっているものは、道路その他公共の場所における集会若しくは集団行進、および場所のいかんにかかわりない集団示威運動(以下『集団行動』という)である。かような集団行動が全くの自由に放任さるべきものであるか、それとも公共の福祉──本件に関しては公共の安寧の保持──のためにこれについて何等かの法的規制をなし得るかどうかがまず問題となる。」

「およそ集団行動は、学生、生徒等の遠足、修学旅行等および、冠婚葬祭等の行事をのぞいては、通常一般大衆に訴えんとする、政治、経済、労働、世界観等に関する何等かの思想、主張、感情等の表現を内包するものである。この点において集団行動には、表現の自由として憲法によって保障さるべき要素が存することはもちろんである。ところでかような集団行動による思想等の表現は、単なる言論、出版等によるものとはことなって、現在する多数人の集合体自体の力、つまり潜在する一種の物理的力によって支持されていることを特徴とする。かような潜在的な力は、あるいは予定された計画に従い、あるいは突発的に内外からの刺激、せん動等によってきわめて容易に動員され得る性質のものである。この場合に平穏静粛な集団であっても、時に昂奮、激昂の渦中に巻きこまれ、甚だしい場合には一瞬にして暴徒と化し、勢いの赴くところ実力によって法と秩序を蹂躙し、集団行動の指揮者はもちろん警察力を以てしても如何ともし得ないような事態に発展する危険が存在すること、群集心理の法則と現実の経験に徴して明らかである。従って地方公共団体が、純粋な意味における表現といえる出版等についての事前規制である検閲が憲法21条2項によって禁止されているにかかわらず、集団行動による表現の自由に関するかぎり、いわゆる『公安条例』を以て、地方的情況その他諸般の事情を十分考慮に入れ、不測の事態に備え、法と秩序を維持するに必要かつ最小限度の措置を事前に講ずることは、けだし止むを得ない次第である。」

(ii)「しからば如何なる程度の措置が必要かつ最小限度のものとして是認できるであろうか。これについては、公安条例の定める集団行動に関して要求される条件が『許可』を得ることまたは『届出』をすることのいずれであるかというような、概念乃至用語のみによって判断すべきでない。またこれが判断にあたっては条例の立法技術上のいくらかの欠陥にも拘泥してはならない。我々はそのためにすべからく条例全体の精神を実質的かつ有機的に考察しなければならない。」

「今本条例を検討するに、集団行動に関しては、公安委員会の許可が要求されている(1条)。しかし公安委員会は集団行動の実施が『公共の安寧を保持する上に直接危険を及ぼすと明らかに認められる場合』の外はこれを許可しなければならない(3条)。すなわち許可が義務づけられており、不許可の場合が厳格に制限されている。従って本条例は規定の文面上では許可制を採用しているが、この許可制はその実質において届出制とことなるところがない。集団行動の条件が許可であれ届出であれ、要はそれによって表現の自由が不当に制限されることにならなければ差支えないのである。もちろん『公共の安寧を保持する上に直接危険を及ぼすと明らかに認められる場合』には、許可が与えられないことになる。しかしこのことは法と秩序の維持について地方公共団体が住民に対し責任を負担することからして止むを得ない次第である。許可または不許可の処分をするについて、かような場合に該当する事情が存するかどうかの認定が公安委員会の裁量に属することは、それが諸般の情況を具体的に検討、考量して判断すべき性質の事項であることから見て当然である。我々は、とくに不許可の処分が不当である場合を想定し、または許否の決定が保留されたまま行動実施予定日が到来した場合の救済手段が定められていないことを理由としてただちに本条例を違憲、無効と認めることはできない。本条例中には、公安委員会が集団行動開始日時の一定時間前までに不許可の意思表示をしない場合に、許可があったものとして行動することができる旨の規定が存在しない。このことからして原判決は、この場合に行動の実施が禁止され、これを強行すれば主催者等は処罰されるものと解釈し、本条例が集団行動を一般的に禁止するものと推論し、以て本条例を違憲と断定する。しかしかような規定の不存在を理由にして本条例の趣旨が、許可制を以て表現の自由を制限す

るに存するもののごとく考え，本条例全体を違憲とする原判決の結論は，本末を顛倒するものであり，決して当を得た判断とはいえない。」

(iii)「いやしくも集団行動を法的に規制する必要があるとするなら，集団行動が行われ得るような場所をある程度包括的にかかげ，またはその行われる場所の如何を問わないものとすることは止むを得ない次第であり，他の条例において見受けられるような，本条例よりも幾分詳細な規準（例えば『道路公園その他公衆の自由に交通することができる場所』というごとき）を示していないからといって，これを以て本条例が違憲，無効である理由とすることはできない。なお集団的示威運動が『場所のいかんを問わず』として一般的に制限されているにしても，かような運動が公衆の利用と全く無関係な場所において行われることは，運動の性質上想像できないところであり，これを論議することは全く実益がない。」

(iv)「要するに本条例の対象とする集団行動，とくに集団示威運動は，本来平穏に，秩序を重んじてなさるべき純粋なる表現の自由の行使の範囲を逸脱し，静ひつを乱し，暴力に発展する危険性のある物理的力を内包しているものであり，従ってこれに関するある程度の法的規制は必要でないとはいえない。国家，社会は表現の自由を最大限度に尊重しなければならないことはもちろんであるが，表現の自由を口実にして集団行動により平和と秩序を破壊するような行動またはさような傾向を帯びた行動を事前に予知し，不慮の事態に備え，適切な措置を講じ得るようにすることはけだし止むを得ないものと認めなければならない。もっとも本条例といえども，その運用の如何によって憲法 21 条の保障する表現の自由の保障を侵す危険を絶対に包蔵しないとはいえない。条例の運用にあたる公安委員会が権限を濫用し，公共の安寧の保持を口実にして，平穏で秩序ある集団行動まで抑圧することのないよう極力戒心すべきこともちろんである。しかし濫用の虞れがあり得るからといって，本条例を違憲とすることは失当である。」

■解説■

1 本判決は，まず，集団行動に表現の自由の側面があることを認めつつも，「群集心理の法則と現実の経験」から，集団行動と「単なる言論，出版等」との区別を行い，集団行動についてある種の事前抑制を講ずることは許されると説く（判旨(i)）。集団行動と「単なる言論，出版等」との区別は，「他人の権利（たとえば道路通行権）と抵触する可能性の大きいこと」に着目することでも可能だったはずだが，本判決がその区別をとらなかったのは，「それでは他の集団行動（たとえば祭のみこしやパレード）と同一視しなければならなくなるからであろうか」（伊藤・後掲 4 頁）。そのかわりに本判決が用いたのが，「平穏静粛な集団であっても，時に昂奮，激昂の渦中に巻きこまれ，甚だしい場合には一瞬にして暴徒と化し……」（判旨(i)）という，いわゆる「集団暴徒化論」である。その際に，本判決が「群集心理の法則」だけでなく「現実の経験」をも挙げている点に，いわゆる60年安保闘争などの当時の時代状況を看取することができるが，それにしても「本判決の集団暴徒化論は，あまりにも集団行動の自由が民主主義社会において持つ意義，果たす役割について，無理解であるといわざるを得ない」（芦部憲法学Ⅲ 514 頁）。

2 この場合重要になるのが，いわゆる「届出制」と「許可制」との違いである。本判決は，「許可」が義務づけられていることを手がかりとして，条例の文言上は「許可制」を採用しているもののその実質においては「届出制」と異ならないと説く（判旨(ii)）。しかしながら，たとい「条例が行政庁に許可の義務を負わせているとしても，それだけでは，行政庁がその義務を履行し，現実に許可がなされるまでは，デモはやはり自由になし得ないことは，行政庁が許可の義務を負わせられていない場合と何等異なるところはな」く，「故にそれは，届出制においては，何等現実に許可がなされるのを俟たず，デモは当然に自由になし得るのとは根本的に相違し，やはり許可制の一種であって，届出制でないことは明かである」（柳瀬・後掲 14 頁）。仮に，「一定時期までに許可又は不許可の処分がなされなかったときは許可の処分があったものとする旨の規定がある場合には，デモは特に許可がなされるのを俟たず，当然に自由になし得るものとなるから，それは実質は届出制と同じものであると言い得る」ことになるが，本条例にはそのような規定もない（柳瀬・後掲 14 頁）。1 審判決は，まさに，そのような規定の不備を理由に，本条例の規制を行動の一般的禁止を前提とした許可制と解していたのである。

3 1 審判決は，集会および集団行進についての「道路その他公共の場所」（1 条）という場所的限定が実質的には限定になっていないと解していたが，本判決はこの問題に対しても寛容である（判旨(iii)）。

4 1 審判決は，本書 89 事件（最大判昭 29・11・24—新潟県公安条例事件）判決の枠組みに従っていたので，その1 審判決を覆した本判決と 89 事件判決との関係が問題となる。この点は，89 事件の読み方によって，評価が異なりうる。89 事件判決は，一般原則を述べた部分（89 事件判旨(i)）とそれの具体的適用の部分（判旨(ii)(iii)）から成る。本判決の判旨(ii)および(iii)を読むと，本判決が 89 事件判決の一般原則を無視していると評価することができ，その点に重点を置けば，本判決は「先例の黙示的変更」（伊藤・後掲 5 頁）を行ったと評価しうることになる。しかしながら，89 事件判決については，同判決の一般原則とその具体的適用との間に矛盾が存在していたと評価することもでき（89 事件解説 3 を参照），その点に重点を置けば，本判決は 89 事件判決に内在していた矛盾を，新たな「集団行動」観（判旨(i)を参照）を前面に出すことで解消しようとした（深瀬・後掲 114 頁）と評価しうることになる（以上，芦部憲法学Ⅲ 514～516 頁）。

5 本判決は，本条例の運用如何によっては表現の自由を侵害する危険がありうるとしている（判旨(iv)）。そして，そのことをうけた下級審の営みがある（植村・後掲 181 頁参照）。その一つに，本条例を合憲と解しつつ，条件付許可処分の運用を検討した上で，当該条件付許可処分を違憲と解した東京地判昭 42・5・10（下刑集 9 巻 5 号 638 頁）がある（ただし，その控訴審判決〔東京高判昭 48・1・16 判時 706 号 103 頁〕は，その手法を批判している）。いわゆる「運用違憲」と評される違憲判断である。「そうした運用一般を許容する法令自体が問題で法令違憲とするのが本筋とはいえるが，判例が固まってしまった後での下級審がとることのできる手法として，なお評価すべきところがある」（佐藤憲法論 660 頁）。また，91 事件（東京地決昭 42・6・9）も，そのような下級審による営みの一つである。

◆ 参考文献 ◆

伊藤正己・ジュリ 208 号 2 頁，柳瀬良幹・同 208 号 13 頁，深瀬忠一・行政百選Ⅰ 112 頁，植村勝慶・百選Ⅰ〔第 5 版〕180 頁，蟻川恒正・法セ 667 号 68 頁。

91 国会周辺のデモ規制

東京地裁昭和42年6月9日決定
(昭和42年(行ク)第24号行政処分執行停止申立事件)
行集18巻5・6号737頁, 判時483号3頁

■ 事　案 ■

X（東京護憲連合の代表委員―申立人）は，同連合に加盟している各団体の所属員を中心として1967（昭和42）年6月10日憲法施行20周年を記念して憲法擁護の趣旨を広く国民各層に訴えることを目的として，杉並区役所前から日比谷公園まで集団示威運動を行うため，6月5日に，いわゆる東京都公安条例（昭25東京都条例44。以下「本件条例」という）1条に基づき，Y（東京都公安委員会―被申立人）に対して，集団示威運動の許可を申請した。

Yは，本件条例3条1項ただし書に基づき，「秩序保持に関する事項」，「危害防止に関する事項」，「交通秩序維持に関する事項」および「進路の変更に関する事項」について条件を付した上で，6月8日付で許可する決定をした。このうち「進路の変更に関する事項」は，赤坂見附より永田町小学校および首相官邸前を経由して特許庁わきに至る間の順路を一部変更するものであった。

Xは，条件付許可処分の取消しを求めて本案訴訟を提起するとともに，その効力の執行停止を申し立てた。

■ 争　点 ■

本件条例に基づきYがなした進路変更条件付許可処分の効力は停止されるべきか。

■ 決定要旨 ■

申立て認容。

(i) 本件条例「3条1項は，『公安委員会は，前条の規定による申請があったときは，集会，集団行進又は集団示威運動の実施が公共の安寧を保持する上に直接危険を及ぼすと明らかに認められる場合の外は，これを許可しなければならない。』とし，また『公共の秩序又は公衆の衛生を保持するためやむを得ない場合の進路，場所又は日時の変更に関する事項』に関し必要な条件をつけることができる旨を規定しているがこれらの規定は憲法が保障し，かつ，民主政治にとってきわめて重要な集団行動による表現の自由を制限するものであるからその運用にあたっては，いやしくも公安委員会がその権限を濫用し，公共の安寧の保持を口実にして，平穏で秩序ある集団行動まで抑圧することのないよう戒心すべきことはいうまでもない。しかるにYは前示のとおりXの本件許可申請を許可するにあたり，進路変更等の条件を付したが，右進路変更の条件を付するについて前記『公共の安寧を保持する上に直接危険を及ぼすと明らかに認められる場合』または『公共の秩序又は公衆の衛生を保持するためやむを得ない場合』であったことを認めるべき資料はみあたらない。それゆえ，本件許可につき，進路変更に関し申立人主張のような条件を付したことはYにおいて前記規定の運用を誤ったもので違法といわざるをえない」。

(ii) 「Yは，Yが本件許可にあたり進路変更の条件を付したのは，その進路にあたり国会等が存在しこれらはいかなる妨害または物理的圧力等をも受けることなく平穏な環境のもとにおいて国政を審議すべき任務を有するから，本件進路変更の条件を付することなく許可した場合には，国政審議権の公正なる行使が阻害されるおそれがあり，公共の福祉に重大な影響を及ぼすおそれがあると主張するが，しかし本件許可申請がなんらの条件も付せられることなく許可されたのであればともかく，前示のような諸条件が付され，なかんずく危害防止および秩序維持に関しきびしい条件が付されていること，本件集団示威行進の主催団体およびその参加予定者数が前示のとおりであること，前記Yの変更にかかる当初の進路が国会の周辺すべての道路ではなく永田町小学校から国会裏側を経て特許庁に至る道路であるにすぎないこと等にかんがみれば，本件集団示威行進がY主張のように国政審議権の公正な行使を阻害する等のものとは断ずることができない。」

■ 解　説 ■

1　本件条例では「公共の秩序又は公衆の衛生を保持するためやむを得ない場合の進路，場所又は日時の変更に関する事項」（3Ⅰただし書⑥）に関し必要な条件をつけることができることになっており（3Ⅰただし書），これに基づき，本件での順路の一部が変更されたのである。そして，それは，国会周辺を進路から外すというものであった。

2　本決定は，申立てを認容したが，行政事件訴訟法27条1項に基づき，内閣総理大臣により異議が述べられ（この点は原田・後掲参照），東京地裁は，本決定を取り消す決定を行った（東京地決昭42・6・10行集18巻5・6号757頁）。一方，本案訴訟のほうは，国家賠償請求訴訟に変更され，1審（東京地判昭44・12・2行集20巻12号1608頁）でX側の請求は一部認容された。2審（東京高判昭51・3・25行集27巻3号375頁）が控訴を棄却し，判決が確定した（1審判決は，本件条件付許可処分は，その条件の部分について本件条例3条1項ただし書6号の「規定の解釈適用を誤り，もしくは同条項により認められる裁量権の範囲を逸脱し，違法であるといわなければならない」とした上で，さらに，「本件条件付許可処分は，単に違法たるにとどまらず，憲法21条の保障する表現の自由を侵害したものとして，違憲，無効であるといわざるを得ない」と述べていたがこの違憲，無効判断の部分は，2審判決で削除されている）。

3　本書90事件判決（最大判昭35・7・20―東京都公安条例事件）は，「条例の運用にあたる公安委員会が権限を濫用し，公共の安寧の保持を口実にして，平穏で秩序ある集団行動まで抑圧することのないよう極力戒心すべきこともちろんである」と述べていたが，本決定は，その延長線上に本件を位置づけようとしたのである（決定要旨(i)）（90事件解説5を参照）。

これに対し，内閣総理大臣の異議は，「本件申立は単なる請願のための集団行進ではなく，集団示威運動である」，とした上で，「およそ本件の如き集団行動は，単なる言論出版等によるものとは異り，現存する多数人の集合体自体の力，つまり潜在する一種の物理的力によって支持されていることを特徴と」し，「しかもかかる潜在的な力は，あるいは予定された計画に従い，あるいは突発的に内外からの刺激，せん動等によって極めて容易に動員されうる性質のものであ」り，「この場合は平穏な集団であっても，時には昂奮激昂の渦中に巻きこまれ，甚だしい場合には一瞬〔に〕して暴徒と化し，勢いの赴くところ実力によって法秩序をじゅうりんし，集団行動の指揮者はもちろん，警察力を以ってしても如何ともし得ないような事態に発展するような危険が存することは，群衆心理の法則と現実の経験に徴して明らかである」と述べていたが，これもまた，90事件判決に依拠している（90事件解説1を参照）。このように，90事件判決は「『両刃のつるぎ』の機能を果たしている」（西岡・後掲187頁）。

4　本案訴訟のほうで，1審判決は，国政審議を保全するための国会周辺のデモ規制は法律によるべきとしたが，2審判決は，国会の立法機能の維持は首都でもある東京都の地方公共の秩序の維持に含まれ，公安条例によって保護すべき対象に含まれるとした。

◆ 参考文献 ◆

原田尚彦・判評104（判時486）号145頁，西岡祝・百選Ⅰ〔第5版〕186頁。

92 道路交通法によるデモ規制

最高裁昭和 57 年 11 月 16 日第三小法廷判決
(昭和 56 年(あ)第 561 号道路交通法違反, 公務執行妨害, 傷害ほか被告事件)
刑集 36 巻 11 号 908 頁, 判時 1061 号 14 頁

■事 案■

全日本学生自治会総連合 (いわゆる全学連) に所属する Y (被告人・控訴人・上告人) らは, 1968 (昭和 43) 年にアメリカ合衆国原子力航空母艦エンタープライズ号を中心とする原子力艦艇の佐世保寄港を実力によって阻止しようと企て, 佐世保市内を事前に許可を得ることなく集団示威行進をし, さらにアメリカ合衆国海軍佐世保基地への Y らの侵入行動を阻止するため警戒警備中の警察官らと衝突をしたため, 兇器準備集合, 道路交通法違反, 公務執行妨害,「日本国とアメリカ合衆国との相互協力及び安全保障条約第 6 条に基づく施設及び区域並びに日本国における合衆国軍隊の地位に関する協定の実施に伴う刑事特別法」違反, 傷害等の罪で起訴された。

1 審 (長崎地佐世保支判昭 52・11・15 刑集 36 巻 11 号 928 頁参照) は Y らを有罪とした。Y らが控訴。2 審 (福岡高判昭 56・2・18 前掲刑集 980 頁参照) は控訴を棄却した。Y らが上告。

■争 点■

①道路交通法 (以下「道交法」という) 77 条 1 項 4 号, 長崎県道交法施行細則 (昭 35 同県公安委員会規 10。ただし, 昭 47 同県公安委員会規 4 による廃止前のもの。以下同じ) 15 条 3 号の各規定は, 道路における集団示威運動の権利を不当に制約するものであるから憲法 21 条に違反するか。
②道交法 77 条 1 項, 119 条 1 項 12 号の 4 後段の各規定は内容が曖昧不明確であるので憲法 21 条に違反するか。

■判 旨■

上告棄却。
(i) 「道交法及び長崎県道交法施行細則の右各規定は,『道路における危険を防止し, その他交通の安全と円滑を図り, 及び道路の交通に起因する障害の防止に資する』という目的 (道交法 1 条参照) のもとに, 道路を使用して集団行進をしようとする者に対しあらかじめ所轄警察署長の許可を受けさせることにしたものであるところ, 同法 77 条 2 項の規定は, 道路使用の許可に関する明確かつ合理的な基準を掲げて道路における集団行進が不許可とされる場合を厳格に制限しており, これによれば, 道路における集団行進に対し同条 1 項の規定による許可が与えられない場合は, 当該集団行進の予想される規模, 態様, コース, 時刻などに照らし, これが行われることにより一般交通の用に供せられるべき道路の機能を著しく害するものと認められ, しかも 3 項の規定に基づき警察署長が条件を付与することによっても, かかる事態の発生を阻止することができないと予測される場合に限られることになるのであって, 右のような場合にあたらない集団行進に対し警察署長が同条 1 項の規定による許可を拒むことは許されないものと解される。しかして, 憲法 21 条は, 表現の自由を無条件に保障したものではなく, 公共の福祉のため必要かつ合理的な制限を是認するものであることは, 当裁判所の確立した判例……であって, 前記のような目的のもとに, 道路における集団行進に対し右の程度の規制をする道交法 77 条 1 項 4 号, 長崎県道交法施行細則 15 条 3 号の各規定が, 表現の自由に対する公共の福祉による必要かつ合理的な制限として憲法上是認されるべきものであることは, これらの判例の趣旨に徴し明らかなところである。所論は, 理由がない。」

(ii) 「道交法 77 条 1 項, 119 条 1 項 12 号〔当時。現 12 号の 4 後段〕の各規定は, その内容があいまい不明確であるから憲法 21 条に違反するとも主張するが, 道交法の右各規定による規制の場所, 対象等は明確であって, その内容が所論のように不明確であるとはいえない」。

■解 説■

1 いわゆる公安条例 (本書 89 事件〔最大判昭 29・11・24—新潟県公安条例事件〕, 90 事件〔最大判昭 35・7・20—東京都公安条例事件〕を参照) を制定していない地方公共団体においては, 集団示威行進等は道路交通法の規制を受けることになり, 本件もそのような事案であった。なお, 公安条例を制定している地方公共団体においては, 公安条例の規制と道交法の規制とが競合することになるが, この点について徳島市公安条例事件判決 (最大判昭 50・9・10〔177・342 事件参照〕) は, 道路交通秩序維持のための行為規制についての両者の規律が併存競合している場合,「道路における集団行進等に対する道路交通秩序維持のための具体的規制が, 道路交通法 77 条及びこれに基づく公安委員会規則と条例の双方において重複して施されている場合においても, 両者の内容に矛盾抵触するところがなく, 条例における重複規制がそれ自体としての特別の意義と効果を有し, かつ, その合理性が肯定される場合には, 道路交通法による規制は, このような条例による規制を否定, 排除する趣旨ではなく, 条例の規制の及ばない範囲においてのみ適用される趣旨のものと解するのが相当であ」るとしている。

2 本判決において重要な点は, 道交法 77 条 2 項が「道路使用の許可に関する明確かつ合理的な基準を掲げて道路における集団行進が不許可とされる場合を厳格に制限して」いると述べた上で, 警察署長が許可を拒みうる場合を限定している点である (判旨(i))。そもそも, 道交法 77 条 2 項については「公安条例と比べて場所・方法の特定性, 許可基準の明確性がみられるし, 運用の仕方により集会の自由の意義に配慮する余地は残されている」という指摘がなされていた (伊藤正己『憲法』〔1982〕289 頁)。そのような指摘をし, また, 本判決にも加わっていた伊藤正己は, その後, 自身の「パブリック・フォーラム」論を展開した際に, 本判決に触れながら「道路における集団行進についての道路交通法による規制について, 警察署長は, 集団行進が行われることにより一般交通の用に供せられるべき道路の機能を著しく害するものと認められ, また, 条件を付することによってもかかる事態の発生を阻止することができないと予測される場合に限って, 許可を拒むことができるとされるのも……道路のもつパブリック・フォーラムたる性質を重視するものと考えられる」と述べたのである (最判昭 59・12・18〔82 事件〕)。

3 Y らは, 法令の明確性の問題と適用違憲の主張も行っていたが, 本判決は前者には応えているものの (判旨(ii)), 後者には触れていない。本判決は, おそらく,「法令の規定が明確である以上, それは適用されるあらゆる場合について明確であり, 従って適用上の明確性を改めて問題とする余地はないと考えているのであろう」(長谷部・後掲 181 頁)。

◆参考文献◆
江橋崇・法学志林 69 巻 3・4 号 81 頁, 木谷明・最判解刑事篇昭和 57 年度 315 頁, 長谷部恭男・百選 I〔第 4 版〕180 頁, 渡辺洋・同〔第 5 版〕184 頁。

93 メーデー集会と公園の使用 ──皇居前広場事件

最高裁昭和28年12月23日大法廷判決
(昭和27年(オ)第1150号皇居外苑使用不許可処分取消等請求事件)
民集7巻13号1561頁

■事案■

皇居外苑(いわゆる皇居前広場)は国有財産法3条2項2号にいう公共福祉用財産に当たり、Y(厚生大臣─被告・控訴人・被上告人)の管理に属していた(いずれも当時)。そして、国民公園管理規則(以下「本件規則」という)の4条(当時)は、「国民公園内において、集会を催し又は示威行進を行おうとする者は、厚生大臣の許可を受けなければならない」と定めていた。皇居前広場では、1946(昭和21)年から1950年までは毎年5月1日に中央メーデーが開かれていたが、1951年には使用不許可処分がなされ、中央メーデーを開催することができなかった。

1951年11月10日、X(日本労働組合総評議会─原告・被控訴人・上告人)は、翌年の中央メーデー開催を目的としてYに対して皇居外苑使用申請を行ったが、Yは1952年3月13日に不許可の処分(以下「本件不許可処分」という)を行った。そこで、Xがこの不許可処分の取消しを求めて提訴した。

1審(東京地判昭27・4・28行集3巻3号634頁)は、「皇居外苑を集会、示威行進のために使用することは、『公共の用に供する』という皇居外苑の本質に牴触せず、また公園の機能を害しない限りは、許さなければなら」ず、「皇居外苑の本質に反し公園本来の機能を害する場合には、皇居外苑を集会、示威行進のために使用することを許さないことができるが、しかし集会、示威行進が高度に公共的のものであり、皇居外苑以外には施行の場所がなく、また皇居外苑で行うことがごく適当である場合には、厚生大臣の拒否は制限を受けるのであ」り、「本件不許可処分は……国民公園管理規則の適用を誤り、ひいては集会等の自由を保障した憲法第21条の規定に違反した違法がある」として、本件不許可処分を取り消した。Y側が控訴。そのまま5月1日を迎え、結局メーデーは明治神宮外苑で開催された。

2審(東京高判昭27・11・15行集3巻11号2366頁)は、Xが皇居外苑の使用許可を申請した1952年5月1日はすでに経過しているのでXの訴えの利益は失われたとして、Xの請求を棄却した。Xが上告。

■争点■

①5月1日の経過によりXの訴えの利益は消滅したか。
②集会のための使用許否は単なる自由裁量か。
③本件不許可処分は適法か。

■判旨■

上告棄却(栗山茂裁判官の意見がある)。

(i)「狭義の形成訴訟の場合においても、形成権発生後の事情の変動により具体的に保護の利益なきに至ることあるべきは多言を要しないところであ」り、また、Yは1952年5月1日における「皇居外苑の使用を許可しなかっただけで、Xに対して将来に亘り使用を禁じたものでないことも明白である」ので、「Xの本訴請求は、同日の経過により判決を求める法律上の利益を喪失したものといわなければならない」。

(ii)「公共福祉用財産は、国民が均しくこれを利用しうるものである点に特色があるけれども、国民がこれを利用しうるのは、当該公共福祉用財産が公共の用に供せられる目的に副い、且つ公共の用に供せられる態様、程度に応じ、その範囲内においてなしうるのであって、これは、皇居外苑の利用についても同様である。また国有財産の管理権は、国有財産法5条により、各省各庁の長に属せしめられており、公共福祉用財産をいかなる態様及び程度において国民に利用せしめるかは右管理権の内容であるが、勿論その利用の許否は、その利用が公共福祉用財産の、公共の用に供せられる目的に副うものである限り、管理権者の単なる自由裁量に属するものではなく、管理権者は、当該公共福祉用財産の種類に応じ、また、その規模、施設を勘案し、その公共福祉用財産としての使命を十分達成せしめるよう適正にその管理権を行使すべきであり、若しその行使を誤り、国民の利用を妨げるにおいては、違法たるを免れないと解さなければならない。これは、皇居外苑の管理についても同様であって……国民公園管理規則には、皇居外苑を使用せしめることの許否につき具体的方針は特に定められていないけれども、国民公園を本来の目的に副うて使用するのでなく利用する同規則3条のような場合は別として、国民が同公園に集合しその広場を利用することは、一応同公園が公共の用に供せられている目的に副う使用の範囲内のことであり、唯本件のようにそれが集会又は示威行進のためにするものである場合に、同公園の管理上の必要から、これを厚生大臣の認可にかからしめたものであるから、その許否は管理権者の単なる自由裁量に委ねられた趣旨と解すべきでなく、管理権者たる厚生大臣は、皇居外苑の公共福祉用財産たる性質に鑑み、また、皇居外苑の規模と施設とを勘案し、その公園としての使命を十分達成せしめるよう考慮を払った上、その許否を決しなければならないのである。」

(iii)「本件厚生大臣の不許可処分についてみるに……Yは、皇居外苑を旧皇室苑地という由緒を持つ外、現在もなお皇居の前庭であるという特殊性を持った公園であるとし、この皇居外苑の特性と公園本来の趣旨に照らしてこれが管理については、速に原状回復をはかり、常に美観を保持し、静穏を保持し、国民一般の散策、休息、観賞及び観光に供し、その休養慰楽、厚生に資し、もってできるだけ広く国民の福祉に寄与することを基本方針としていることが認められ、また、本件不許可処分は、許可申請の趣旨がその申請書によれば昭和27年5月1日メーデーのために、参加人員約50万人の予定で午前9時から午後5時まで二重橋皇外苑の全域を使用することの許可を求めるというにあって、二重橋前の外苑全域の面積の中国民一般の立入を禁止している緑地を除いた残部の人員収容能力は右参加予定員数の約半数に止まるから、若し本件申請を許可すれば、立入禁止区域をも含めた外苑全域に約50万人が長時間充満することとなり、尨大な人数、長い使用時間からいって、当然公園自体が著しい損壊を受けることを予想せねばならず、かくて公園の管理保存に著しい支障を蒙るのみならず、長時間に亘り一般国民の公園としての本来の利用が全く阻害されることになる等を理由としてなされたことが認められる。これらを勘案すると本件不許可処分は、それが管理権を逸脱した不法のものであると認むべき事情のあらわれていない本件においては、厚生大臣は国民公園管理

規則4条の適用につき勘案すべき諸点を十分考慮の上，その公園としての使命を達成せしめようとする立場に立って，不許可処分をしたものであって，決して単なる自由裁量によったものでなく管理権の適正な運用を誤ったものとは認められない。」

「本件不許可処分は，厚生大臣がその管理権の範囲内に属する国民公園の管理上の必要から，本件メーデーのための集会及び示威行進に皇居外苑を使用することを許可しなかったのであって，何ら表現の自由又は団体行動権自体を制限することを目的としたものでないことは明らかである。ただ，厚生大臣が管理権の行使として本件不許可処分をした場合でも，管理権に名を藉り，実質上表現の自由又は団体行動権を制限する目的に出でた場合は勿論，管理権の適正な行使を誤り，ために実質上これらの基本的人権を侵害したと認められうるに至った場合には，違憲の問題が生じうるけれども，本件不許可処分は，既に述べたとおり，管理権の適正な運用を誤ったものとは認められないし，また，管理権に名を藉りて実質上表現の自由又は団体行動権を制限することを目的としたものとも認められないのであって，そうである限り，これによって，たとえ皇居前広場が本件集会及び示威行進に使用することができなくなったとしても，本件不許可処分が憲法21条及び28条違反であるということはでき」ず，本件不許可処分に違法は認められない。

―――― ■ 解　説 ■ ――――

1　争点①について本判決は，1952年5月1日を経過したことにより，Xの訴えの利益が失われたとして上告を棄却した（判旨(i)。本間・後掲を参照）。したがって，判旨(ii)および判旨(iii)はいずれも括弧書きのなかで「なお，念のため」と付して記された傍論である。

2　学説においては，行政庁による国有財産の管理を私人によるその財産の管理と同様のものと捉え，使用許可申請は契約の申込みに当たり，不許可の通知は申込みを承諾しないという事実上の通知にすぎず，行政処分の性質をもっていない，とする見解（兼子・後掲104～105頁）もあったが，本判決は，「本件不許可処分」が「取消訴訟の対象となることについて別段の疑いを挟まなかった」（田中・後掲188頁）。

3　争点②について本判決は，集会のための使用許否は単なる自由裁量ではないとしている（判旨(ii)）。ところで，本件規則には許可基準が定められていない。この点については，「本件規制が管理作用によるものとしても，その形態は事前抑制である以上，事前抑制に関する法理が妥当すると解され」，「具体的かつ明確な基準もなしに公園内における集会を一律一般的に許可にかからしめる本件規則の合憲性には疑問がある」とする見解（佐藤憲法545頁）がある。また，本件規則4条の許可制を，排他的に公物管理権に基づくものとみるのであれば，必ずしも具体的かつ明確な基準を定めなければ違憲の疑いがあるとまでは言う必要はないが，「公園で行われる行事に反対意見をもつ群衆が殺到し，生命・身体ないし財産に対する危害など，人権侵害の発生が高度の蓋然性をもって予見されるとき，それを考慮に容れて拒否を決することもあり得ないではな」く，「もしその可能性をも含めて許可制を設けるとすれば，それは警察作用であるから……一定の基準を定める法規を必要とする」とする見解（芦部憲法学Ⅲ488頁）もある。

4　争点③について本判決は，本件集会を認めると，「公園自体が著しい損壊を受けること」と「一般国民の公園としての本来の利用が全く阻害されること」を理由として本件不許可処分がなされたとした上で，その適法性を認めた（判旨(iii)）。後者の理由は「メーデーが国民的な祭典であることを考えれば，不許可処分の根拠となりにくい」のに対し，前者の理由は「許否を決するにあたり最も重要な考慮要素である」（芦部憲法学Ⅲ489頁）。実際の最高裁の判断の妥当性については，本件不許可処分を違憲とした1審判決の判断と読み比べながら考える必要がある（芦部憲法学Ⅲ489頁）。

5　ところで，「本件不許可処分」に行政処分としての性質を認めなかった前述の論者は「憲法21条の集会や表現の自由の保障は……国家権力の干渉によって侵害されることに対する保障に止まり，国家に対して特別の利益や便宜の供与を要求する根拠となるものではな」く，「公安条例である種の集会を一般的に禁止し，公安委員会の許可によって個別的に解除する場合などの許可申請は……禁止の解除即ち国家的干渉の排除を求める点で，集会の自由に基くといえるが，本件で問題となっている公園の特別使用は……私有地の使用を求める場合と同様に管理者の承諾によって供与される特別の利益に過ぎないから，集会等の自由とは全く無関係なものである」と主張していた（兼子・後掲105頁）。

集会の自由は，マス・メディアを利用できない人々にとっての「表現の自由の一形態」として重要な意義を有しているが（芦部憲法学Ⅲ480～481頁），それを実際に行使するためには，集会のための「場所」が必要になる。しかしながら，集会の自由が「公権力からの自由」（自由権）である以上，集会の自由は他人の財産を利用することまでを権利の内容に当然に含むわけではない。

この問題に関しては，合衆国最高裁の判例で展開した「パブリック・フォーラム」論が知られている。これは，政府の財産を，公園や道路のような伝統的に集会や討論のための場所であった「伝統的パブリック・フォーラム」，公会堂のような政府が表現活動のために公衆の利用に供してきた「指定的パブリック・フォーラム」，そしてそれら以外の「非パブリック・フォーラム」に分け，「パブリック・フォーラム」における表現活動に対する規制の合憲性を厳しく審査しようとするものである（芦部憲法学Ⅲ443～444頁を参照）。本判決は，集会のために「公園」を利用できることの意義を十分に考慮したとはいえないものの（奥平・後掲168～172頁を参照），それでも集会のための使用許否は単なる自由裁量ではないとし（判旨(ii)），さらに，「厚生大臣が管理権の行使として本件不許可処分をした場合でも，管理権に名を藉り，実質上表現の自由又は団体行動権を制限する目的に出でた場合は勿論，管理権の適正な行使を誤り，ために実質上これらの基本的人権を侵害したと認められうるに至った場合には，違憲の問題が生じうる」（判旨(iii)）と述べたことは重要である。

6　ちなみに，本件で皇居前広場においてメーデーを開催できなかったことも原因の一つとなって1952（昭和27）年5月1日に起きたのが，いわゆる「血のメーデー事件」である。

◆ 参考文献 ◆
兼子一・季刊労働法5号103頁，田中二郎・行政百選Ⅰ188頁，本間義信・民訴百選Ⅰ〔新法対応補正版〕144頁，奥平康弘『表現の自由Ⅲ』〔1984〕108頁，大久保規子・行政百選Ⅰ〔第5版〕128頁，齋藤芳浩・百選Ⅰ〔第5版〕176頁．

94 政治的集会と市公会堂の使用
—— 大阪市公会堂事件

大阪地裁昭和50年5月28日判決
(昭和44年(ワ)第4605号損害賠償請求事件)
判タ329号223頁

■事案■

X₁（日本共産党大阪府委員会）は，1969（昭和44）年3月にAが大阪市教職員組合東南支部の役員に立候補した際の挨拶状の表現をめぐり，B（部落解放同盟大阪府連合会）と対立していた。そこで，X₁は，7月21日に大阪市公会堂において政治的集会を行うことを企画した。7月15日に，X₁の選挙対策部副部長であったX₂は，大阪市教育委員会に対して市公会堂の使用許可を申請し，同日使用許可を受けた。

その後，市教育委員会は，「その後判明した事実によると，集会の内容がわが国現下の緊急重要な課題である部落解放に支障を来たすおそれがあると認められる」との理由で，公会堂条例4条2号・2条但書に基づき使用許可を取り消した。そこで，X₁とX₂は，Y（大阪市）に対し，取消処分の違法を理由として国家賠償法に基づく損害賠償請求訴訟を提起した。

■争点■

①集会のための施設と集会の自由との関係はどのようなものか。
②本件における取消処分は違法か。

■判旨■

一部認容，一部棄却。

(i)「集会の自由は，近代民主主義社会存立の基盤をなす最も重要な基本的人権の一として，人権保障の体系の中枢を占めるものであり，とくに政治的集会の自由を承認することにこそ民主政治実現の基礎があり，憲法21条は言論・出版の自由と並んで広くこれを保障している。」

「ところで，集会の自由は基本的人権として最大限に尊重されなければならないとはいっても，それはいかなる場所いかなる方法であるとを問わず無制限に行使できるものではない。集会が公の営造物その他の施設を使用して行なわれる場合には，その施設の設置目的，一般公共の使用関係，集会の規模等との関連において，その施設の管理主体の設定する利用条件に従って，はじめて施設の使用が可能なのであり，集会の自由のゆえに当然に施設利用の利益を享受できるわけでないことはいうまでもない。したがって集会のための施設の使用を拒否された場合には，直接にはそれが使用拒否の要件に適合するかどうかが問題となるのであり，その判断とのかかわりにおいて集会の自由が論じられることになる。」

(ii)「集会の自由は公会堂管理権の運用上最大限に尊重されるべきであり，軽々に集会の内容の当不当を論じて許否を左右することがあってはならない。批判の自由のないところに民主政治は成り立ちえない。部落解放運動は一切の批判を封殺して推し進められるべきではなく，むしろあらゆる批判に耐えうるものであってはじめてそれが真に市民に理解され，世論に支持されうるものとなることに思いを至すべきである。」

Yは「付随的に，本件集会が開かれた場合におこりうる不測の事態を考慮したとも主張するが」，当時市教育委員会が「会場における衝突，混乱などの事態の発生について漠然とした危惧を抱いていたことは窺われるものの，それが何らかの具体的事実を踏まえた根拠のある危惧であったとは，とうてい認められない」。

「してみると，市教委において原告委員会の本件集会の内容が部落解放に支障を来たすおそれがあると認めて，公会堂条例4条2号，2条但書により公会堂使用許可を取消したことは，条例の適用をあやまり，地方自治法244条2項にいう正当な理由なくして公の施設の利用を拒んだものであって，違法な処分であったといわなければならない。」

■解説■

1　本判決は，争点②につき，本件における取消処分は違法な処分であったと判断し（判旨(ii)），その判断は，2審（大阪高判昭53・9・28集民127号159頁を参照），および最高裁（最判昭54・7・5判時945号45頁）においても踏襲された。

2　集会の自由（憲21 I）を，あくまでも公権力からの自由としての「自由権」と理解する限り，本判決のいうとおり，仮に公共施設であっても，「集会の自由のゆえに当然に施設利用の利益を享受できるわけでな」い。そのことを踏まえつつ，本判決は，争点①につき集会のために公共施設を使用することを拒否された場合には，その拒否を判断する過程で，集会の自由についても論じることになる，とした（判旨(i)）。

3　本件の背後には，X₁とBとの対立，さらに，部落解放をめぐる問題が存在していた。本件におけるY側の主張の骨子は，X₁がAの挨拶状を差別文書と認めずにBの暴力のみを一方的に攻撃し，それを集会の主題とすることが，市民の差別感情をあおるものであり，さらに，集会が開催された場合の不測の事態もあわせて考慮した，というものであった。これに対し，本判決は，まず，Aの挨拶状の差別性については「一見きわめて明白とはいいがたく，議論の余地のありうるところ」とし，さらに，X₁が本件集会への参加を呼びかけた機関紙等の論調の中にBを「批判攻撃する部分があっても，それが全く事実無根の中傷にすぎないとの確証がない以上，政治的集会としての正当性を否定することはでき」ないとした。その上で，本判決は，公共施設の管理者が集会の内容を理由として施設の使用許可を判断することを厳に戒め，さらに，集会の開かれた場合の不測の事態を考慮する際も，具体的事実を踏まえた根拠のある危惧でなければならないとしたのである（判旨(ii)）。

◆参考文献◆
本件最高裁判決について，新山一雄・地方自治百選〔第2版〕178頁。

95 空港建設反対集会と市民会館の使用 ——泉佐野市民会館事件

最高裁平成7年3月7日第三小法廷判決
（平成元年（オ）第762号損害賠償請求事件）
民集49巻3号687頁，判時1525号34頁

■ 事 案 ■

市立泉佐野市民会館（以下「本件会館」という）は，南海電鉄泉佐野駅前ターミナルの一角にあり，その付近は，市内最大の繁華街を形成している。

Xら（原告・控訴人・上告人）は，1984（昭和59）年6月3日に本件会館のホールで「関西新空港反対全国総決起集会」（以下「本件集会」という）を開催することを企画し，Y（泉佐野市―被告・被控訴人・被上告人）市長に対し，使用団体名を「全関西実行委員会」として，ホールの使用許可の申請をした（以下「本件申請」という）。本件申請の許否の専決権者であるY総務部長は，本件集会の主催者の実体は，本件申請の直後に連続爆破事件を起こした中核派（全学連反戦青年委員会）であり，そのような組織に本件会館を使用させると，本件集会およびその前後のデモ行進などを通じて不測の事態を生ずることが憂慮され，かつ，その結果，本件会館周辺の住民の平穏な生活が脅かされるおそれ，本件ホールの定員との関係の問題，本件集会に対立団体が介入するなどして，本件会館のみならずその付近一帯が大混乱に陥るおそれがあると考えた。そこで，本件会館の使用を許可してはならない事由を定める市立泉佐野市民会館条例（以下「本件条例」という）7条のうち，「公の秩序をみだすおそれがある場合」（1号）および「その他会館の管理上支障があると認められる場合」（3号）に該当すると判断して，Y市長の名で本件申請を不許可とする旨の処分（以下「本件不許可処分」という）をした。Xらは，本件会館の使用が許可されなかったため，泉佐野市野出町の海浜で本件集会を開催した。そして，Xらは，本件条例および本件不許可処分の違憲・違法を理由として，Yに対し国家賠償法に基づく損害賠償請求訴訟を提起した。

1審（大阪地判昭60・8・14民集49巻3号872頁参照）は請求を棄却したためXらが控訴した。2審（大阪高判平元・1・25前掲民集885頁参照）も控訴を棄却したので，Xらが上告。

■ 争 点 ■

①集会の用に供する公の施設と集会の自由との関係はどうあるべきか。
②本件条例7条1号の「公の秩序をみだすおそれがある場合」という要件は不明確か。
③本件不許可処分は合憲・合法か。

■ 判 旨 ■

上告棄却（園部逸夫裁判官の補足意見がある）。
(i)「地方自治法244条にいう普通地方公共団体の公の施設として，本件会館のように集会の用に供する施設が設けられている場合，住民は，その施設の設置目的に反しない限りその利用を原則的に認められることになるので，管理者が正当な理由なくその利用を拒否するときは，憲法の保障する集会の自由の不当な制限につながるおそれが生ずることになる。したがって，本件条例7条1号及び3号を解釈適用するに当たっては，本件会館の使用を拒否することによって憲法の保障する集会の自由を実質的に否定することにならないかどうかを検討すべきである。」

(ii)「このような観点からすると，集会の用に供される公共施設の管理者は，当該公共施設の種類に応じ，また，その規模，構造，設備等を勘案し，公共施設としての使命を十分達成せしめるよう適正にその管理権を行使すべきであって，これらの点からみて利用を不相当とする事由が認められないにもかかわらずその利用を拒否し得るのは，利用の希望が競合する場合のほかは，施設をその集会のために利用させることによって，他の基本的人権が侵害され，公共の福祉が損なわれる危険がある場合に限られるものというべきであり，このような場合には，その危険を回避し，防止するために，その施設における集会の開催が必要かつ合理的な範囲で制限を受けることがあるといわなければならない。そして，右の制限が必要かつ合理的なものとして肯認されるかどうかは，基本的には，基本的人権としての集会の自由の重要性と，当該集会が開かれることによって侵害されることのある他の基本的人権の内容や侵害の発生の危険性の程度等を較量して決せられるべきものである。本件条例7条による本件会館の使用の規制は，このような較量によって必要かつ合理的なものとして肯認される限りは，集会の自由を不当に侵害するものではなく，また，検閲に当たるものではなく，したがって，憲法21条に違反するものではない。」

「そして，このような較量をするに当たっては，集会の自由の制約は，基本的人権のうち精神的自由を制約するものであるから，経済的自由の制約における以上に厳格な基準の下にされなければならない」。

本件条例7条1号は広義の表現を採っているが，「本件会館における集会の自由を保障することの重要性よりも，本件会館で集会が開かれることによって，人の生命，身体又は財産が侵害され，公共の安全が損なわれる危険を回避し，防止することの必要性が優越する場合をいうものと限定して解すべきであり，その危険性の程度としては……単に危険な事態を生ずる蓋然性があるというだけでは足りず，明らかな差し迫った危険の発生が具体的に予見されることが必要であると解するのが相当である……。そう解する限り，このような規制は，他の基本的人権に対する侵害を回避し，防止するために必要かつ合理的なものとして，憲法21条に違反するものではなく，また，地方自治法244条に違反するものでもないというべきである」。「そして，右事由の存在を肯認することができるのは，そのような事態の発生が許可権者の主観により予測されるだけではなく，客観的な事実に照らして具体的に明らかに予測される場合でなければならないことはいうまでもない」。

(iii)「主催者が集会を平穏に行おうとしているのに，その集会の目的や主催者の思想，信条に反対する他のグループ等がこれを実力で阻止し，妨害しようとして紛争を起こすおそれがあることを理由に公の施設の利用を拒むことは，憲法21条の趣旨に反する」が，「本件不許可処分は，本件集会の目的やその実質上の主催者と目される中核派という団体の性格そのものを理由とするもの

ではなく，また，Yの主観的な判断による蓋然的な危険発生のおそれを理由とするものでもなく，中核派が，本件不許可処分のあった当時，関西新空港の建設に反対して違法な実力行使を繰り返し，対立する他のグループと暴力による抗争を続けてきたという客観的事実からみて，本件集会が本件会館で開かれたならば，本件会館内又はその付近の路上等においてグループ間で暴力の行使を伴う衝突が起こるなどの事態が生じ，その結果，グループの構成員だけでなく，本件会館の職員，通行人，付近住民等の生命，身体又は財産が侵害されるという事態を生ずることが，具体的に明らかに予見されることを理由とするものと認められる」。したがって，本件不許可処分が憲法21条，地方自治法244条に違反するということはできない。

━━━■ 解 説 ■━━━

1 地方自治法244条は，地方公共団体が設置する「公の施設」につき，正当な理由なく住民の利用を拒むことを禁止し（2項），また，住民による利用に際しての不当な差別的取扱いを禁止している（3項）。本判決が，本件会館の使用不許可により集会の自由を実質的に否定することになるかならないかを判断しえたのは，「公の施設」に関する地自法の規定に拠るところが大きい（判旨(i)）。ただし，「公の施設」には本件のような市民会館のほかに公立美術館や公立病院なども含まれるため，例えば，地自法244条2項の禁止に該当するか否かの判断も，問題となる施設ごとに異なるものとならざるをえない。それゆえ，本判決が「集会の用に供する」という限定を付していることに注意する必要がある。

本判決は，集会の用に供する「公の施設」たる本件会館について，本件条例7条による集会の自由の制限の合憲性を審査するに当たっては，一般論としては利益衡量論を採り，そこに「二重の基準」論の趣旨を加味し，具体的には本書89事件（最大判昭29・11・24—新潟県公安条例事件）を参照しながら「明白かつ現在の危険」の基準を採っている（近藤・後掲293頁，芦部憲法学Ⅲ492～493頁。判旨(ii)）。

利益衡量論という枠組みを採ったこと，あるいは他の基本的人権が侵害され，公共の福祉が損なわれる危険「を回避し，防止するために，その施設における集会の開催が必要かつ合理的な範囲で制限を受けることがある」と述べている点などで，本判決の判断基準が実際に集会の自由の保障にとってどのような意義を有するのかは，少なくとも本判決からは明らかではなく（紙谷・後掲218頁），本判決の基準が集会の自由の保障にとってどのような意義をもつかは，その後の裁判例の積み重ねに委ねられることになった（中林・後掲を参照）。

2 本件では，本件条例7条1号の表現が広義な表現をとっていることが問題となった（争点②）。この点について本判決は，いわゆる合憲限定解釈を行った（判旨(iii)。ただし，高橋・後掲46頁〔注21〕を参照）。この点に関しては，園部補足意見が重要である。一般に「社会公共の安全と秩序を維持するために一般統治権に基づき国民に命令・強制する作用全般」を警察といい，公物に係る警察作用を公物警察というが（宇賀・後掲459頁），この公物警察は，「公物の目的を増進したり，目的阻害行為を防止するための作用」（宇賀・後掲453頁）である公物管理と区別されてきた。園部補足意見は，「本件条例は，公物管理条例であって，会館に関する公物管理権の行使について定めるのを本来の目的とするものであるから，公の施設の管理に関連するものであっても，地方公共の秩序の維持及び住民・滞在者の安全の保持のための規制に及ぶ場合は（地方自治法2条3項1号〔当時〕），公物警察権行使のための組織・権限及び手続に関する法令（条例を含む。）に基づく適正な規制によるべきであ」り，この観点からすれば「本件条例7条1号は，『正当な理由』による公の施設利用拒否を規定する地方自治法244条2項の委任の範囲を超える疑いがないとはいえない」が，法廷意見の施した「限定解釈により，本件規定を適用する局面が今後厳重に制限されることになるものと理解した上で，法廷意見の判断に与するものである」とした。

3 本判決は，本件における不許可処分は合憲・合法であると解した。その際に，本判決はいわゆる「敵意ある聴衆の法理」（「反対勢力や集会に対する敵意をもつ観衆の存在によって治安妨害が発生するおそれがあるという場合については，『正当な権利の行使者を法律上弾圧すべきでない』というイギリスの判例上確立した法理」。佐藤憲法論287頁）に触れている（判旨(iii)）。このことと，いわゆる「パブリック・フォーラム」論（93事件〔最大判昭28・12・23—皇居前広場事件〕の解説を参照）の本判決への影響が指摘されていること（近藤・後掲295頁〔注1〕。この点で，駒村・後掲138～139頁を参照）を踏まえるならば，本判決は集会の自由の保障にとって重要な意味を持っている。それゆえに，本件不許可処分が合憲・合法と判断されたことが問題となるが，この点については，通常は，本件事例の特殊性が強調される（例えば関・後掲72頁）。

4 なお，本判決が公の施設に関するものであることに関連して，2つの点に注意する必要がある。まず第1に，本判決はあくまでも「集会の用に供する」公の施設に関するものであるという点である（この点で，86事件〔名古屋高金沢支判平12・2・16—天皇コラージュ事件〕判決が，問題を「公の施設」の利用に関する事例として捉えながら，同事件1審判決よりも基準を緩めたことも，当該施設が公立美術館であったことに関わる）。第2に，本件はあくまでも，公の施設の「使用」に関する事例である，という点である。公立学校の施設と集会の自由との関係が問題となった事件で，最高裁（最判平18・2・7民集60巻2号401頁）は，公の施設の使用事例ではなく行政財産（自治238Ⅳ）の目的外使用事例として取り扱った（小山・後掲196～197頁，亘理・後掲を参照）。すなわち，同判決は「公立学校施設をその設置目的である学校教育の目的に使用する場合には」地自法244条「の規律に服することになるが，これを設置目的外に使用するためには」地自法238条の4第4項（現7項）「に基づく許可が必要である」と述べていたのである。

◆ 参考文献 ◆

紙谷雅子・判評442（判時1543）号215頁，関哲夫・ひろば48巻8号66頁，近藤崇晴・最判解民事篇平成7年度(上)282頁，川岸令和・百選Ⅰ〔第5版〕178頁，亘理格・法教329号40頁，小山剛『「憲法上の権利」の作法〔新版〕』[2011]，高橋和之・曹時61巻12号1頁，宇賀克也『行政法概説Ⅲ〔第2版〕』[2010]，駒村圭吾・ジュリ1405号134頁，辻村みよ子＝長谷部恭男編『憲法理論の再創造』[2011] 77頁（中林暁生）。

96 労組幹部合同葬と福祉会館の使用——上尾市福祉会館事件

最高裁平成8年3月15日第二小法廷判決
（平成5年(オ)第1285号国家賠償請求事件）
民集50巻3号549頁，判時1563号102頁

■事案■

Y（上尾市—被告・控訴人・被上告人）が設置した上尾市福祉会館（以下「本件会館」という）は，1階に大ホール等があり，2階から5階には，結婚式場や会議室などが設けられている。また，1階の大ホールと2階以上の各施設は，出入口が別になっている。上尾市福祉会館設置及び管理条例6条1項によると，会館の管理上支障があると認められるとき（1号），公共の福祉を阻害するおそれがあると認められるとき（2号），その他会館の設置目的に反すると認められるとき（3号）のいずれか1つに該当する場合は，市長は，会館の使用を許可しないものとされている。

X（全日本鉄道労働組合総連合会—原告・被控訴人・上告人）の総務部長Aが帰宅途中に何者かに殺害されたため，Xは，Aを追悼する合同葬（以下「本件合同葬」という）を計画し，Y市長に対し，本件合同葬の会場に使用する目的で本件会館大ホールの使用許可を申請した。本件申請許否の専決権者である本件会館の館長Bは，捜査当局がAの殺害事件をいわゆる内ゲバ事件ではないかとみて捜査を進めている旨報じた新聞記事があることをうけて，Xに反対する者らが本件合同葬を妨害するなどして混乱が生ずることが懸念されることと，本件会館内の結婚式場その他の施設の利用にも支障が生ずることとを理由に，本件合同葬のための本件会館の使用は本件条例6条1項1号に該当すると判断し，本件申請を不許可とする処分（以下「本件不許可処分」という）をした。Xは，本件不許可処分は違法な処分であるとして，国家賠償法1条1項に基づき，Y市に対して国家賠償を請求した。

1審（浦和地判平3・10・11判時1426号115頁）は本件不許可処分を違法と判断したが，2審（東京高判平5・3・30判時1455号97頁）は，本件不許可処分を適法と判断した。Xが上告。

■争点■

本件不許可処分は適法か。

■判旨■

破棄差戻し。
（i）B館長が新聞報道によりAの殺害事件が「いわゆる内ゲバにより引き起こされた可能性が高いと考えることにはやむを得ない面があったとしても，そのこと以上に……Xに反対する者らがこれを妨害するなどして混乱が生ずるおそれがあるとは考え難い状況にあったものといわざるを得」ず，「また，主催者が集会を平穏に行おうとしているのに，その集会の目的や主催者の思想，信条等に反対する者らが，これを実力で阻止し，妨害しようとして紛争を起こすおそれがあることを理由に公の施設の利用を拒むことができるのは，前示のような公の施設の利用関係の性質に照らせば，警察の警備等によってもなお混乱を防止することができないなど特別な事情がある場合に限られるものというべきである。ところが，前記の事実関係によっては，右のような特別な事情があるということはできない。なお，警察の警備等によりその他の施設の利用客に多少の不安が生ずることが会館の管理上支障が生ずるとの事態に当たるものでないこというまでもない」。
（ii）「本件会館には，斎場として利用するための特別の施設は設けられていないものの，結婚式関係の施設のほか，多目的に利用が可能な大小ホールを始めとする各種の施設が設けられている上，1階の大ホールと2階以上にあるその他の施設は出入口を異にしていること，葬儀と結婚式が同日に行われるのでなければ，施設が葬儀の用にも供されることを結婚式等の利用者が嫌悪するとは必ずしも思われないこと（現に，市民葬及び準市民葬が行われたことがある。）をも併せ考えれば，故人を追悼するための集会である本件合同葬については，それを行うために本件会館を使用することがその設置目的に反するとまでいうことはできない」。そして，「本件会館について，結婚式等の祝儀のための利用を葬儀等の不祝儀を含むその他のための利用に優先して認めるといった確固たる運営方針が確立され，そのために，利用予定日の直前まで不祝儀等のための利用の許否を決しないなどの運用がなされていたとのことはうかがえない上，Xらの利用予定日の1箇月余り前である本件不許可処分の時点では，結婚式のための使用申込みはなく，現にその後もなかったというのである」。
（iii）「以上によれば，本件事実関係の下においては，本件不許可処分時において，本件合同葬のための本件会館の使用によって，本件条例6条1項1号に定める『会館の管理上支障がある』との事態が生ずることが，客観的な事実に照らして具体的に明らかに予測されたものということはできないから，本件不許可処分は，本件条例の解釈適用を誤った違法なものというべきである。」

■解説■

1 本判決の事例は，95事件（最判平7・3・7—泉佐野市民会館事件）と同様，集会の用に供する公の施設と集会の自由に関するものである。この点につき，本判決は，95事件判決に明示的に言及しているわけではないが，同様の判示を行っている。また，95事件同様「敵意ある聴衆の法理」にも触れているが（判旨(i)），本判決は，さらに，第三者による妨害等のおそれがある場合に利用を拒否できるのは「警察の警備等によってもなお混乱を防止することができないなど特別な事情がある場合」に限られると述べている（判旨(i)）。これは「及び腰になりがちな自治体関係者に対して，妨害活動への毅然とした対応を要請したものである」（大橋・後掲107頁）。

2 本判決は，結婚式等の本件会館使用に係るY側の主張についても，管理上の支障があると認めなかった（判旨(ii)）。これは，「公の施設の管理上の客観的・具体的な支障を立証する責任を自治体側が負うと判示したとみられ，公の施設の利用が住民等の集会の自由に奉仕すべきものであることに配慮していると評価することができる」（室井・後掲101頁）。

3 本判決は本件不許可処分を違法と判断した（判旨(iii)）。本判決が95事件判決と結論を異にしたのは，「①本件集会の主催者は労働組合である（暴力行使を続けてきた団体ではない），しかも，②集会の内容が葬儀である，それゆえ，③他のグループによる妨害のおそれはない，との事実認定の違いの結果である」（米沢・後掲26頁）ということができる。そこに，95事件判決が例外的な事案に係るものであったことを読みとることができる（大橋・後掲107頁，米沢・後掲26頁参照）。

4 本判決ではあくまでも事後の救済がなされたにすぎないが，下級審の裁判例では，本判決を参照しながら，集会の用に供する公の施設の使用許可を仮に義務づけた（行訴37の5）例（岡山地決平19・10・15判時1994号26頁）や使用許可取消処分の効力の停止を命じた（行訴25Ⅱ）例（仙台高決平19・8・7判タ1256号107頁）がある。

◆参考文献◆
大橋洋一・法教191号106頁，竹中勲・平成8年度重判解18頁，藤井樹也・セレクト1996年14頁，米沢広一・法教247号24頁，室井敬司・地方自治百選〔第3版〕100頁，秋山壽延・最判解民事篇平成8年度(上)202頁。

判例の流れ　●曽我部真裕●

9 表現の自由(2) わいせつ・性表現

1　わいせつな表現の規制は、古くて新しい問題であり、日本国憲法下でも、わいせつ物頒布等罪（刑175）の合憲性という形で早くから争われてきた。その戦後最初のものは、1957（昭和32）年のチャタレイ事件（97事件〔最大判昭32・3・13〕）である。この事件で最高裁は、刑法175条は最小限度の性道徳・性秩序を保護するもので、憲法21条に違反しないことを強い調子で宣言した。また、同判決で最高裁は道徳の守護者をもって自ら任じ、わいせつ性の判断は、規範的社会通念（その中核が「性行為非公然性の原則」）に基づき行われるべき旨を述べ、また、著名な小説『チャタレイ夫人の恋人』のもつ文学的価値はわいせつ性判断には影響しないと述べた。

その後の判例の焦点は、合憲性よりもわいせつ性の判断方法の精緻化に向かう。1969（昭和44）年の『悪徳の栄え』（98事件〔最大判昭44・10・15〕）では、わいせつ性の判断は作品全体との関係で行うという「全体的考察方法」が採用され、1980（昭和55）年の「四畳半襖の下張」事件（99事件〔最判昭55・11・28〕）では、わいせつ性の判断を行う際に考慮すべき要素が示され、ここに至って今日の判例法理がほぼ完成したと言える。

2　以上の事件で問題となったのはいずれも活字媒体（小説）であるが、時代が下るにつれて、わいせつ表現規制の主戦場は、視覚的なメディアに移っていく。1983（昭和58）年のビニール本事件（100事件〔最判昭58・3・8〕）では、写真雑誌のわいせつ性判断についても、99事件で示された判断手法が用いられた。なお、同事件に先立ち、モーテル上映用のビデオのわいせつ性が認められた事件がある（最決昭54・11・19刑集33巻7号754頁―日活ポルノビデオ事件）。90年代半ばに入るとインターネットの普及が進んだが、それとともにわいせつ静止画像を提供するサイトも出現し、最初の摘発例とされるのがベッコアメ事件である（東京地判平8・4・22判時1597号151頁）。その後ブロードバンドの普及に伴って高品質の動画の提供も容易となり、海外に設置されたサーバーから無修正のアダルト動画が国内向けに提供されるようになっている。

3　このように、ここ数十年間で情報環境は大きく変化し、また、人々の性および性表現に対する意識も変わってきた。たとえば、わいせつ性に関する社会通念は大きく緩んだと同時に、青少年保護に対する意識は高まっているように思われ、こうした変化は立法や判例の動きにも反映されているように見える。立法では、1999（平成11）年には児童買春・児童ポルノ処罰法が成立し、また、各地の青少年健全育成条例も段階的に規制が強化されている。判例では、メイプルソープ事件（101事件〔最判平20・2・19〕）で最高裁は、税関検査の合憲性をなお確認したものの、男性器を大写しにした写真をも含むロバート・メイプルソープ写真集のわいせつ性を否定した。最高裁はわずか9年前には同一の写真を含む展覧会カタログのわいせつ性を認めており（最判平11・2・23判時1670号3頁）、101事件ではこの判断の差を対象物の構成等の違いのほか、処分時の違いから正当化していて、最高裁も社会通念の変化の速さを意識しているものと思われる。

4　こうした中で、刑法175条の存在意義が改めて問われている。今日の学説によれば、端的な児童虐待ともいえる児童ポルノの規制や、青少年に悪影響を与える恐れのある性表現物などへの青少年のアクセス規制の合憲性は支持できるとしても、刑法175条の合憲性は疑わしい。しかし、裁判所は今日に至っても97事件で示された合憲論を受け入れている（102事件〔東京高判平17・6・16―「蜜室」事件〕）。

97 わいせつ文書頒布罪と表現の自由——チャタレイ事件

最高裁昭和32年3月13日大法廷判決
(昭和28年(あ)第1713号猥褻文書販売被告事件)
刑集11巻3号997頁，判時105号76頁

■事案■

出版社社長であるY₁は，英国の作家D.H.ロレンスの小説『チャタレイ夫人の恋人』の翻訳を著名な文学者のY₂（伊藤整）に依頼し，これを出版したところ，Yらはわいせつ物頒布販売罪（刑175）で起訴された。上記小説は，第一次大戦で負傷し性的機能を失った英国貴族を夫にもつ女性が，社会的な拘束を振り切り，離婚して森番の男との恋愛を基礎とする新生活に入るまでの過程を描いたもので，当時の英国社会の伝統的な倫理等を批判し，文学的評価の高い作品であったが，同時に大胆な性描写により各国で論議を巻き起こしたものである（なお，今日では「完訳版」が公刊されている〔新潮文庫〕）。

1審（東京地判昭27・1・18高刑集5巻13号2524頁参照）はY₁のみを有罪としたが，2審（東京高判昭27・12・10前掲高刑集2429頁）ではY₂も有罪とされたため，両名が上告。

■争点■

①わいせつ物頒布等罪の合憲性は認められるか。
②「わいせつ」の概念とは何か。
③「わいせつ」文書該当性の判断方法はどのようなものか。

■判旨■

上告棄却（真野毅裁判官の意見，小林俊三裁判官の補足意見がある）。

(i)「猥褻文書は性欲を興奮，刺戟し，人間をしてその動物的存在の面を明瞭に意識させるから，羞恥の感情をいだかしめる。そしてそれは人間の性に関する良心を麻痺させ，理性による制限を度外視し，奔放，無制限に振舞い，性道徳，性秩序を無視することを誘発する危険を包蔵している。もちろん法はすべての道徳や善良の風俗を維持する任務を負わされているものではない。かような任務は教育や宗教の分野に属し，法は単に社会秩序の維持に関し重要な意義をもつ道徳すなわち『最少限度の道徳』だけを自己の中に取り入れ，それが実現を企図するのである。刑法各本条が犯罪として掲げているところのものは要するにかような最少限度の道徳に違反した行為だと認められる種類のものである。……そして刑法175条が猥褻文書の頒布販売を犯罪として禁止しているのも，かような趣旨に出ているのである。」

表現の自由は「極めて重要なものではあるが，しかしやはり公共の福祉によって制限されるものと認めなければならない。そして性的秩序を守り，最少限度の性道徳を維持することが公共の福祉の内容をなすことについて疑問の余地がないのであるから，本件訳書を猥褻文書と認めその出版を公共の福祉に違反するものとなした原判決は正当であ」る。

(ii) 従来の判例によれば，わいせつとは「徒らに性欲を興奮又は刺戟せしめ，且つ普通人の正常な性的羞恥心を害し，善良な性的道義観念に反するものをいう」が，「我々もまたこれらの判例を是認するものである」。

(iii)「まず明瞭にしておかなければならないことは，この判断が法解釈すなわち法的価値判断に関係しており事実認定の問題でないということである。」

「この著作が一般読者に与える興奮，刺戟や読者のいだく羞恥感情の程度といえども，裁判所が判断すべきものである。そして裁判所が右の判断をなす場合の規準は，一般社会において行われている良識すなわち社会通念である。この社会通念は，『個々人の認識の集合又はその平均値でなく，これを超えた集団意識であり，個々人がこれに反する認識をもつことによって否定するものでない』……。かような社会通念が如何なるものであるかの判断は，現制度の下においては裁判官に委ねられているのである。」

「なお性一般に関する社会通念が時と所とによって同一でなく，同一の社会においても変遷がある」。「しかし……，超ゆべからざる限界としていずれの社会においても認められまた一般的に守られている規範が存在することも否定できない。それは前に述べた性行為の非公然性の原則である。……かりに一歩譲って相当多数の国民層の倫理的感覚が麻痺しており，真に猥褻なものを猥褻と認めないとしても，裁判所は良識をそなえた健全な人間の観念である社会通念の規範に従って，社会を道徳的頽廃から守らなければならない。」

「本書が全体として芸術的，思想的作品であり，その故に英文学界において相当の高い評価を受けていることは上述のごとくである。……しかし芸術性と猥褻性とは別異の次元に属する概念であり，両立し得ないものではない。」「高度の芸術性といえども作品の猥褻性を解消するものとは限らない。」「猥褻性の存否は純客観的に，つまり作品自体からして判断されなければならず，作者の主観的意図によって影響さるべきものではない。」

■解説■

1 わいせつ物頒布等罪（刑175）については，まず，その21条適合性（規制根拠の妥当性，その根拠に照らした規制範囲，明確性など）が問題となるが，本判決はこの点に関するリーディング・ケースである。このほか，同罪については，わいせつの定義，その判断方法など多岐にわたる点が問題となるが，これらの論点はいずれも上記憲法論と関連する。

2 争点①について，判旨(i)はわいせつ物頒布等罪の目的は性的秩序および最少限度の性道徳の維持であるとし，それが公共の福祉に合致することを理由に同罪の21条適合性を認めた。本判決が初期判例に特徴的な抽象的な公共の福祉による合憲論をとっている（阪本・後掲119頁参照）点はさておき，性道徳・秩序の維持が正当な規制根拠となるかどうかにつき，学説は否定的であ

る。日本国憲法の下では、どのような道徳観を抱くかは各人の自由であり、道徳の維持は国家の役割には属さないという理由からであるが、裁判所はその後も本判決の立場を維持している（本書102事件〔東京高判平17・6・16―「蜜室」事件〕参照）。

この問題については、表現の自由の範囲ないし限界からの立論と、対抗利益による規制の正当化論からの立論がある。まず、表現の自由の範囲ないし限界の観点からは、わいせつ表現は、表現の自由に関わる価値（自己実現・自己統治）に（ほとんど）寄与しないことから、そもそも表現の自由で保護される「表現」の射程外であるとか、射程内であるとしても保護の程度が低いため、規制可能であるといわれる。今日ではわいせつ表現が表現の自由の射程外であるとする主張は少ないが、わいせつ表現と他の手厚く保護される他の表現とを区別するという観点からは、規制対象たる「わいせつ」を萎縮効果の及ばないよう、明確かつ限定的に定義することが重要となるが、こうした手法は定義づけ衡量と呼ばれる（芦部183頁。100事件〔最判昭58・3・8―ビニール本事件〕も参照）。

他方、規制を正当化しうる対抗利益として学説上挙げられるのは、性犯罪の防止や青少年保護、見たくない人の「見ない自由」の保護などである（萩原・後掲参照）。わいせつ表現の流通と性犯罪の増加との関連は実証されていないので、この理由による規制の正当化は困難である。わいせつ物への接触の青少年の健全育成への悪影響については、科学的な因果関係が実証されているわけではないようであるとはいえ、青少年保護という目的は一応肯定できる。しかし、そのためには青少年によるアクセスを禁じれば足りる。他方、「見ない自由」の保護という論拠も有力に主張されてはいる（浦部教室167頁など）が、あるものを公共の場で見たくないという主張が、一般的に成り立つとは考えられない。この議論が、わいせつ表現に関してのみ「見たくない人の保護」を理由とする規制が許されるという主張だとすれば、わいせつ表現は規制可能であるという実質的な論拠を別に提示する必要があるはずである。

いずれにしてもこれらの規制根拠からは、青少年への販売等禁止やゾーニング等の限定的な規制のみが正当化されることになり、現行刑法のような一般的な規制は過度に広汎であるとして違憲だということになる（長谷部204頁、松井466頁）。なお、近年フェミニズムの立場から新しいポルノグラフィ規制論が唱えられている（紙谷・後掲）。

3　争点②について、判旨(ii)は、わいせつとは「徒らに性欲を興奮又は刺戟せしめ、且つ普通人の正常な性的羞恥心を害し、善良な性的道義観念に反するもの」であるとした。これについては、一般的な定義としてはあまり異論のないところであるが、このいわゆるわいせつ三要件は極めて不明確で、具体的事案の処理の役には立たないし、規制の合憲性を支えるためにも判断方法の明確化が必要となる。実際、後の判例（98事件〔最大判昭44・10・15―「悪徳の栄え」事件〕や99事件〔最判昭55・11・28―「四畳半襖の下張」事件〕）において発展したのは次の争点③に関わるこの点であった。

4　争点③について、判旨(iii)が示したポイントは、(a)わいせつ物該当性の判断は、社会通念に基づいて行われるが、この社会通念は現実のそれではなく規範的なものであり、その判断は裁判官に委ねられること、(b)社会通念は時代や場所によって可変的であるが、「性行為の非公然性の原則」は普遍的なものであること、(c)芸術性とわいせつ性とは次元を異にし、芸術性の高い作品であってもわいせつ文書に該当しうること、といった点である。

このうち、道徳の守護者としての裁判所を強調する(a)については、その後の判決では言及されなくなる。かえって、99事件判決では、「その時代の健全な社会通念に照らして」判断する旨が述べられているが、社会通念が規範的なものであることは維持されている（102事件も参照のこと）。また、(b)についても、下級審への一定の影響はあったが、後の最高裁判決では言及されなくなる（以上につき、浅利・後掲35頁も参照）。そもそも、本判決の真野裁判官の意見が指摘するように、普遍的な性道徳というものが存在するかは疑問である上、性行為を公然と行うことを禁止できるとしても、そこから、性行為を公然と描写することも禁止できるとすることには飛躍がある。

他方、(c)は、その後の事件でも激しく争われた点である。これについては、本判決はわいせつ性と芸術性（または科学性その他当該表現のもつ社会的価値）を異次元のものとする、いわゆる絶対的わいせつ概念を採用したとされ（ただし判旨(iii)に示したように本判決には、高度の芸術性といえども作品の猥褻性を解消するものとは「限らない」という表現もある）、実際、本判決も本件小説が芸術的作品であることを認めている。これに対し、98事件判決以降、芸術性によってわいせつ性が緩和・解消されうることを事実上認める傾向にある。また、100事件の伊藤正己裁判官補足意見では、性的な表現をハード・コア・ポルノと準ハード・コア・ポルノとに区別し、後者については当該表現の持つ社会的価値との利益較量が必要であるという視点も提示されている。

このほか、同判決では、本件では明確ではなかったが、わいせつ文書該当性の判断は個別の箇所ごとに行うのではなく、当該文書全体との関連で判断すべきこと（いわゆる全体的考察方法）が述べられ、さらに99事件判決では、これをさらに発展させてわいせつ文書該当性の判断方法を包括的に判示するに至り、争点③に関わる論点が精緻化されている。

◆ 参考文献 ◆
高見勝利ほか編『日本国憲法解釈の再検討』[2004] 20頁（浅利祐一）、長谷部恭男編著『リーディングズ 現代の憲法』[1995] 115頁（紙谷雅子）、君塚正臣・判例講義Ｉ 104頁、阪本昌成・百選Ｉ〔第4版〕118頁、萩原滋・刑法の争点244頁。

98 わいせつの判断方法(1)――「悪徳の栄え」事件

最高裁昭和44年10月15日大法廷判決
（昭和39年(あ)第305号猥褻文書販売，同所持被告事件）
刑集23巻10号1239頁，判時569号3頁

■ 事案 ■

出版業者であるY₁は，1959（昭和34）年，著名な仏文学者であるY₂（澁澤龍彥）の翻訳により，18世紀フランスの作家マルキ・ド・サドの『悪徳の栄え』の抄訳を上下2巻本として出版したが，その下巻が猥褻文書に当たるとして，Yらは猥褻文書販売および販売目的所持（刑175）として起訴された。検察官によりわいせつだと指摘された箇所は，主人公とさまざまな登場人物との間に乱交，鶏姦，獣姦，口淫，同性愛等が次々と繰り広げられる性的場面であるとともに，こうした性的行為のさ中に，殺人，なぶり殺し，鞭打ち，拷問，火あぶり，集団的殺戮等が情容赦もなく繰り返される残虐な場面である（「サディズム」の語は原著者の名から来ている）。そして，この一場一場の間に，原著者は，登場人物の口を通して，自然の法理とか，政治や宗教についての哲学を語っている。

1審（東京地判昭37・10・16判時318号3頁）は，同書は猥褻文書に該当しないとして無罪としたが，2審（東京高判昭38・11・21高刑集16巻8号573頁）で有罪とされたので，Yらが上告した（なお，現在，上記作品は河出文庫に収められており，容易に読むことができる）。

■ 争点 ■

①わいせつの判断方法は芸術性との関係でいかにあるべきか。
②わいせつの判断方法は個別判断か全体的判断か。

■ 判旨 ■

上告棄却（下村三郎裁判官の補足意見，岩田誠裁判官の意見，および横田正俊〔大隅健一郎裁判官同調〕，奥野健一，田中二郎，色川幸太郎裁判官の各反対意見がある）。

わいせつ性と芸術性の関係について，本書97事件（最大判昭32・3・13―チャタレイ事件）の判断に従う旨を述べ，「文書がもつ芸術性・思想性が，文書の内容である性的描写による性的刺激を減少・緩和させ，刑法が処罰の対象とする程度以下に猥褻性を解消させる場合があることは考えられるが，右のような程度に猥褻性が解消されないかぎり，芸術的・思想的価値のある文書であっても，猥褻の文書としての取扱いを免れることはできない。当裁判所は，文書の芸術性・思想性を強調して，芸術的・思想的価値のある文書は猥褻の文書として処罰対象とすることができないとか，名誉毀損罪に関する法理と同じく，文書のもつ猥褻性によって侵害される法益と芸術的・思想的文書としてもつ公益性とを比較衡量して，猥褻罪の成否を決すべしとするような主張は，採用することができない。」「裁判所は，右法条の趣旨とするところにしたがって，文書の猥褻性の有無を判断する職責をもつが，その芸術的・思想的価値の有無それ自体を判断する職責をもつものではない」。

「文書の個々の章句の部分は，全体としての文書の一部として意味をもつものであるから，その章句の部分の猥褻性の有無は，文書全体との関連において判断されなければならないものである。したがって，特定の章句の部分を取り出し，全体から切り離して，その部分だけについて猥褻性の有無を判断するのは相当でないが，特定の章句の部分について猥褻性の有無が判断されている場合でも，その判断が文書全体との関連においてなされている以上，これを不当とする理由は存在しない。」

■ 解説 ■

1　本件では，97事件とは異なり，関与した13名の裁判官のうち，5名が反対意見を述べているが，これはこの間に世界的に性に対する意識がかなり急速に変化したこととも関係しているのかもしれない（清水・後掲87頁，坂本・後掲515頁）。

2　争点①の芸術性とわいせつ性の関係について，本判決は，両者は別次元のものとする97事件判決を踏襲することを明言しつつも，芸術性・思想性がわいせつ性を解消する場合があることを認めた。この点に矛盾があり，本判決は97事件判決から一歩踏み出し，わいせつ概念の相対性を認めるものではないかとするのが田中反対意見である（本件調査官解説は矛盾ではないとする。坂本・後掲511頁）。しかし，反対意見の多くで主張されているような比較衡量の手法については，本判決は明示的に斥けている。その理由として，文書の芸術的・思想的価値を判断することは裁判所の職責には属さないことを挙げるが，これは一般論としてはありうる考え方である（これはモデル小説によるプライバシー侵害は，文学的昇華によって解消されるという議論とも類似する。104事件〔最判平14・9・24―「石に泳ぐ魚」事件〕参照）。また，文書の価値がもたらす公益とそのわいせつ性がもたらす弊害は，いずれもかなり抽象的なもので，比較衡量が実際に可能であるとは思われない（以上については，浅利・後掲24～26頁も参照）。

3　争点②について本判決は，文書の個々の箇所のわいせつ性の有無は，文書全体との関連において判断するという全体的考察方法をとることを明らかにしたものとされる。しかし，通読しての読後感において性的刺激が残っているかどうかを問題とする本件1審と対比すると，本判決のアプローチは，一応通読した上でだがあくまで問題の部分に焦点を当ててわいせつ性を検討するというものだと評する見解もある（佐々木・後掲115頁）。しかし，このような全体的考察方法の発想は，99事件（最判昭55・11・28―「四畳半襖の下張」事件）においてさらに発展させられることになる点で重要である。

4　なお，色川裁判官の反対意見などにも指摘されているとおり，本件小説が描くような性的場面は，通常人の性欲の刺激を問題とする判例の判断方法によればわいせつとは言えないのではないかという問題もある。本判決はなおわいせつに当たるとしたが，同様の問題は，本件のようなサディズム物のほかにも，児童ポルノの定義（児童買春2Ⅲ）などについても存在する（もちろん，児童ポルノの提供等はそれとして犯罪とされている〔児童買春7〕）。

◆ 参考文献 ◆

高見勝利ほか編『日本国憲法解釈の再検討』[2004] 20頁（浅利祐一），君塚正臣・判例講義Ⅰ 106頁，坂本武志・最判解刑事篇昭和44年度497頁，佐々木弘通・メディア百選114頁，清水英夫・百選Ⅰ〔第2版〕86頁。

21条　9 表現の自由(2)わいせつ・性表現

99 わいせつの判断方法(2)
――「四畳半襖の下張」事件

最高裁昭和55年11月28日第二小法廷判決
（昭和54年(あ)第998号わいせつ文書販売被告事件）
刑集34巻6号433頁，判時982号64頁

■事案■

直木賞作家（受賞作は『火垂るの墓』ほか1編）であるY₁（野坂昭如）は，1972（昭和47）年，当時編集長を務めていた雑誌『面白半分』に永井荷風の作といわれる短編小説『四畳半襖の下張』を掲載した。これは流麗な擬古文体で書かれた春本であり，内容の大部分を性描写が占めている。

Y₁と同誌の出版社社長であるY₂は，わいせつ文書販売罪（刑175）で起訴され，1審（東京地判昭51・4・27判時812号22頁）・2審（東京高判昭54・3・20高刑集32巻1号71頁）とも有罪判決であったため上告。なお，本件小説も，今日ではインターネット上で入手可能である。

■争点■

わいせつの判断方法はいかにあるべきか。

■判旨■

上告棄却。

「文書のわいせつ性の判断にあたっては，当該文書の性に関する露骨で詳細な描写叙述の程度とその手法，右描写叙述の文書全体に占める比重，文書に表現された思想等と右描写叙述との関連性，文書の構成や展開，さらには芸術性・思想性等による性的刺激の緩和の程度，これらの観点から該文書を全体としてみたときに，主として，読者の好色的興味にうったえるものと認められるか否かなどの諸点を検討することが必要であり，これらの事情を総合し，その時代の健全な社会通念に照らして，それが『徒らに性欲を興奮又は刺激せしめ，かつ，普通人の正常な性的羞恥心を害し，善良な性的道義観念に反するもの』〔本書97事件（最大判昭32・3・13――チャタレイ事件）〕……参照）といえるか否かを決すべきである。本件についてこれをみると，本件『四畳半襖の下張』は，男女の性的交渉の情景を扇情的な筆致で露骨，詳細かつ具体的に描写した部分が量的質的に文書の中枢を占めており，その構成や展開，さらには文芸的，思想的価値などを考慮に容れても，主として読者の好色的興味にうったえるものと認められるから，」本件文書は「わいせつの文書」に当たる。

■解説■

1　本判決は，従来の判例を踏まえつつ，98事件（最大判昭44・10・15――「悪徳の栄え」事件）で示された全体的考察方法による判断の際の具体的な考慮要素を述べたもので，現在の判例の到達点というべき判断を示した。他方で，刑法175条の合憲性については，もはや先例を引用するのみで簡単に処理されている。

2　上記の2つの事件に関する最高裁判決の後も，わいせつの判断方法については下級審裁判例では明確化の努力がなされていた（本件2審判決や，「愛のコリーダ」事件に関する東京地判昭54・10・19判時945号15頁など）が，本判決は最高裁として，従来の判例の枠内（本判決が小法廷判決であることに注意）で判断方法の明確化を試みたものである。具体的な考慮要素は判旨に引用したとおりであるが，最も重要なのは最初に挙げられた2つ（当該文書の性に関する露骨で詳細な描写叙述の程度とその手法，当該描写叙述の文書全体に占める比重）であり，この2点の検討を通じて「主として，読者の好色的興味にうったえるものと認められるか否か」の判断が可能となるという（木谷・後掲300頁）。最高裁は結局のところ，主として読者の好色的興味にうったえるものと認められるか否かという要素を判断の決め手としているという指摘もある（奥平・後掲276頁）。

3　これらの考慮要素は，2審判決で文章による性表現のわいせつ性判断に関して示された考慮要素と類似し，その影響がうかがわれる（木谷・後掲300頁）。概ね外形的な要素が中心であり，この点でも芸術性とわいせつ性を正面から比較衡量する手法を否定した98事件判決を踏襲しているといえる。しかし，このような比較衡量は確かに困難であるとはいえ，芸術性を総合判断の単なる一要素とすることは，この点に対する配慮を軽視することにもなる（第1次メイプルソープ写真集事件〔最判平11・2・23判時1670号3頁〕参照）。

他方で，本件小説が大正時代に執筆されたとされる擬古文体の戯作風作品である点は特に考慮されていない。すなわち，わいせつ性判断には想定される読者層や，さらにはその販売方法等の当該文書外に存する事実関係は考慮されないのである（最判昭48・4・12刑集27巻3号351頁――国貞事件も参照。ただし，変化の兆しについて101事件〔最判平20・2・19――メイプルソープ事件〕参照）。

4　次に，本判決はわいせつ性判断の基礎となる社会通念について，社会通念概念の規範的性格を強調し，「超ゆべからざる限界」として「性行為の非公然性の原則」が存在すると断言した97事件判決とは異なり，「その時代の健全な社会通念」といういわば現実的な捉え方をとった（愛敬・後掲117頁，角替・後掲123頁参照）。もっとも，それによってただでさえ不明確な社会通念の内容やその判断方法に関する混迷はなお深まったともいえよう。上記のように，本判決では，列挙された多くの要素を総合考慮するとされただけになおさらである。

結局，本判決による努力にもかかわらず，社会通念に基づく総合衡量という方法では，わいせつ性の判断方法の明確化として十分ではないといわざるを得ない。そこで，学説からは表現の自由とわいせつ文書頒布等罪の保護法益との価値衡量を行いながら，わいせつ概念を厳格に絞り，その内容をできる限り具体化し明確化する「定義づけ衡量」の考え方によるべきであると主張され，その点で100事件（最判昭58・3・8――ビニール本事件）の伊藤正己裁判官補足意見が評価される（芦部憲法学Ⅲ334頁）ことになるが，これで十分か否かにはなお議論の余地があろう（100事件解説参照）。

◆参考文献◆
愛敬浩二・メディア百選116頁，木谷明・最判解刑事篇昭和55年度277頁，君塚正臣・判例講義Ⅰ106頁，角替晃・百選Ⅰ〔第4版〕122頁，奥平康弘『ジャーナリズムと法』〔1997〕

100 わいせつの判断方法(3)
――ビニール本事件

最高裁昭和58年3月8日第三小法廷判決
(昭和54年(あ)第1358号わいせつ図画販売被告事件)
刑集37巻2号15頁, 判時1074号38頁

■事案■

Yは書籍販売会社の代表取締役であるが, 17回にわたり, 男女の性交・性戯の姿態を撮影したわいせつカラー写真を随所に掲載した写真誌12誌を売り渡し, もってわいせつ図画を販売したとして起訴され, 1審(東京地判昭53・6・13刑集37巻2号37頁参照)・2審(東京高判昭54・6・27判タ397号164頁)で有罪判決を受けた。

なお, 本件写真誌はいわゆる「ビニール本(ビニ本)」と呼ばれるものであるが, これは70年代後半から80年代にかけて流行した成人誌の形態であり, 陰部無修正の「裏本」とは異なるが, 他方で一般の成人誌よりは過激な内容であるため, 店頭で内容が見られないようビニール袋で包装されていたことからこのような通称で呼ばれた。

■争点■

わいせつの判断方法はどのようなものか。

■判旨■

上告棄却(伊藤正己裁判官の補足意見がある)。

「本件各写真誌は, ……ハード・コア・ポルノということはできないが, 修正の範囲が狭くかつ不十分で現実の性交等の状況を詳細, 露骨かつ具体的に伝える写真を随所に多数含み, しかも, 物語性や芸術性・思想性など性的刺激を緩和させる要素は全く見当らず, 全体として, もっぱら見る者の好色的興味にうったえるものである」。

伊藤補足意見

萎縮効果を避けるため, 表現の自由の制約については一層強度の明確性が要請されるので, 本書97事件(最大判昭32・3・13—チャタレイ事件)判決の示す定義は, これを是認できるとしてもその判断基準をいっそう具体化して「猥褻」に当たる範囲を明確化する必要がある。

文書図画が「猥褻」概念に該当するかどうかが問題となる場合においては, いわゆるハード・コア・ポルノとそれには当たらないが「猥褻」的要素の強い準ハード・コア・ポルノを区別すべきである。

前者は「性器または性交を具体的に露骨かつ詳細な方法で描写叙述し, その文書図画を全体としてみたときにその支配的効果がもっぱら受け手の好色的興味に感覚的官能的に訴えるものであって, その時代の社会通念によっていやらしいと評価されるもの」である。ハード・コア・ポルノは, 検閲は許されないものの, 事後の制裁については, 21条1項の保護の範囲外にある。

後者は, 「性器または性交の直接の具体的描写ではないが, その描写から容易に性器や性交を連想させ, その支配的効果がもっぱら又は主として好色的興味をそそるものであって, 社会通念に照らして, ハード・コア・ポルノに準ずるいやらしさをもつ文書図画がそれにあたるということができよう」。これについては社会的価値があるものもあり, 表現の自由の保護の範囲外ではない。わいせつの文書・図画に当たるか否かは, 「当該性表現によってもたらされる害悪の程度と右作品の有する社会的価値との利益較量が不可欠」である。

利益衡量の際には, 当該作品が「政治的言論を含んでいたり, 学問的・芸術的価値を有する場合には, 右の利益較量がとくに慎重になされるべきである」。また, わいせつ性の判断の前提となる社会通念は, 必ずしも普遍的なものではなく, 我が国の社会の実態に即して検討する必要があり, しかも社会通念を硬直的なものとして捉えないことが重要である。

本件写真誌は, 準ハード・コア・ポルノであり, 現在の我が国の社会通念を前提とすれば「猥褻の図画」に当たるとした2審の判断は是認できないわけではない。

■解説■

1 本件は, 文書について示された99事件(最判昭55・11・28—「四畳半襖の下張」事件)の判断手法が図画にも妥当することを示した点で意義があるものの, 主として伊藤補足意見によって知られるものである。

同意見は, 従来の判例によるわいせつの定義を踏襲しながら, 表現の自由の保障の観点からその判断方法の精緻化を試みたものである。すなわち, まず, ハード・コア・ポルノと準ハード・コア・ポルノを区別し, 前者は表現の自由の保障範囲外であることを明言する一方で, 後者は保障範囲内であって利益衡量により判断するとしている。次に, 利益衡量に当たっては当該作品の社会的価値を十分考慮するよう求めている。最後に, 97事件でとられた社会通念概念を批判して社会の実態を踏まえた社会通念を前提とすべきであるとする。

2 この伊藤補足意見に対しては, 定義づけ衡量の手法をとるものとして評価する見解もある(99事件解説参照)が, ハード・コア・ポルノはおよそ表現の自由の範囲外であると切り捨ててよいのか, 準ハード・コア・ポルノについては利益衡量を要するというが, ポルノの「害悪」とは何かは不明確であり, 他方, 当該作品が有する社会的価値は受け手が判断すべきであって裁判所による利益衡量は不適当ではないか, 具体的事件における当てはめの仕方によっては必ずしも表現の自由に有利に働かないのではないか(本件伊藤補足意見でも消極的ながら多数意見の結論を是認している)など, 批判(浅利・後掲33頁, 江橋・後掲27頁, 角替・後掲123頁)も少なくない。

なお, 本判決の約半年後の最判昭58・10・27(刑集37巻8号1294頁)における団藤重光裁判官の補足意見には本判決の伊藤補足意見と同種の発想が示されているが, その後の最高裁多数意見においてこれらの発想に基づく判例の精緻化傾向は見られない(根本・後掲119頁)。

◆参考文献◆
高見勝利ほか編『日本国憲法解釈の再検討』[2004]20頁(浅利祐一), 江橋崇・昭和58年度重判解25頁, 角替晃・百選I[第4版]122頁, 根本猛・メディア百選118頁。

101 わいせつの判断方法(4)
——メイプルソープ事件

最高裁平成20年2月19日第三小法廷判決
（平成15年（行ツ）第157号・同年（行ヒ）第164号輸入禁制品該当通知取消等請求事件）
民集62巻2号445頁，判時2002号107頁

■事案■

出版社取締役であるXは，1999（平成11）年9月21日，商用の米国渡航から帰国したが，その際Xが携行していた米国の写真家ロバート・メイプルソープの本件写真集について，Y₁（東京税関成田税関支署長）は，関税定率法21条3項（当時。現在は関税69の11 I⑦）に基づき，本件写真集は「風俗を害すべき書籍，図画」と認められ，同条1項4号（当時）に該当する旨の本件通知処分をした。本件写真集は，Xが取締役を務める上記会社から日本国内で出版され，一般に流通していたもので，Xが出国の際から携行していた。その内容は，メイプルソープの初期から後期までの主要作品を収録し，その写真芸術の全体像を概観するものであったが，その一部に，いずれも男性性器を直接的・具体的に写し，これを画面中央に配する本件各写真が含まれていた。

XはY₁に対し本件処分の取消し，Y₂（国）に対し慰謝料等の支払を求めて訴えを提起した。1審（東京地判平14・1・29時1797号16頁）は本件処分を取り消し，慰謝料等の支払請求も一部認容したが，2審（東京高判平15・3・27民集62巻2号517頁参照）はいずれも棄却したので，Xが上告。

■争点■

①日本国内で出版され流通している書籍に対する税関検査による輸入規制の合憲性は認められるか。
②わいせつの判断方法はどのようなものか。

■判旨■

処分取消請求につき破棄自判，慰謝料等につき上告棄却（堀籠幸男裁判官の反対意見がある）。

「我が国において既に頒布され，販売されているわいせつ表現物を税関検査による輸入規制の対象とすることが憲法21条1項の規定に違反するものではないことも，上記大法廷判決〔本書132事件（最大判昭59・12・12—税関検査事件）〕の趣旨に徴して明らかである。」

「本件各写真は，……いずれも性器そのものを強調し，その描写に重きを置くものとみざるを得ないというべきである。しかしながら，……メイプルソープは，肉体，性，裸体という人間の存在の根元にかかわる事象をテーマとする作品を発表し，写真による現代美術の第一人者として美術評論家から高い評価を得ていたというのであり，本件写真集は，写真芸術ないし現代美術に高い関心を有する者による購読，鑑賞を想定して，上記のような写真芸術家の主要な作品を1冊の本に収録し，その写真芸術の全体像を概観するという芸術的観点から編集し，構成したものである……。また，……本件写真集全体に対して本件各写真の占める比重は相当に低いものと

いうべきであり，しかも，本件各写真は，白黒（モノクローム）の写真であり，性交等の状況を直接的に表現したものでもない。以上のような本件写真集における芸術性など性的刺激を緩和させる要素の存在，本件各写真の本件写真集全体に占める比重，その表現手法等の観点から写真集を全体としてみたときには，本件写真集が主として見る者の好色的興味に訴えるものと認めることは困難といわざるを得」ず，「風俗を害すべき書籍，図画」等に該当しない。

■解説■

1　争点①について，1審判決は，当該表現物が国内で公然と流通している場合，その輸入により健全な性風俗が害されることは原則としてなく，輸入禁制品に該当しないとしていたが，本判決はこうした限定解釈を否定したことになる。いわゆる水際阻止論（132事件判決）と同様，多量の貨物を短期間に検査するためにはそのような調査義務を課すのは適当でないという実務の必要性を考慮した判断かと思われる。

2　争点②については，事案記載のとおり，関税定率法の条文は「風俗を害すべき書籍，図画」は最高裁によりわいせつな書籍・図画の意であるとされている（132事件判決）。それを前提に，本判決は，99事件（最判昭55・11・28—「四畳半襖の下張」事件）および100事件（最判昭58・3・8—ビニール本事件）で示された判断手法を用いて本件写真集のわいせつ性を否定した。しかし，最高裁は，本判決の9年前には本件各写真計20点のうち，5点について同一の作品を収録していたメイプルソープの展覧会カタログのわいせつ性を認め，輸入禁止を適法としていた（最判平11・2・23判時1670号3頁）。この平成11年判決は，(a)芸術性について特に言及することなく，写真が性器描写に重点を置いている点からわいせつ性を認定していること，また，(b)わいせつ性を個々の写真ごとに判断し，当該カタログの一部にわいせつな写真が含まれている場合，カタログ全体をわいせつ物として輸入禁制品となることを示している。同判決との対比で言えば，(a)本件写真集の芸術的意義を強調していること（その際，裁判所自ら芸術性の評価に踏み込む危険を避け，専門家の評価，対象読者などから芸術性を認定した），(b)個々の写真ではなく，写真集全体としてわいせつ性を有するか否かを判断していることに本判決の特徴がある。さらに，出版の意図や想定される読者層をも考慮している点が注目される（君塚・後掲51頁，99事件解説も参照）。

(a)の点について，堀籠反対意見が，平成11年判決を援用しつつ，少なくとも「性器が露骨に，直接的に，具体的に画面の中央に大きく配置されている場合には，その写真がわいせつ物に当たる」として，社会通念の相対性は認めつつも，最低限の基準が存在することを示唆し，97事件（最大判昭32・3・13—チャタレイ事件）を想起させる論法を用いている。

◆参考文献◆

君塚正臣・新聞研究681号50頁，南部篤・判評599（判時2021）号175頁，西土彰一郎・速報判例解説Vol.3・19頁，森英明・ジュリ1374号88頁。

102 漫画のわいせつ性
―――「蜜室」事件

東京高裁平成17年6月16日判決
(平成16年(う)第458号わいせつ図画頒布被告事件)
公刊物未登載，LEX/DB 28135240

■事案■

出版社（株式会社松文館）代表取締役であるYは，同社編集局長Aおよび同社と専属契約している漫画家Bと共謀の上，2002（平成14）年4月に男女の性交，性戯場面等を露骨に描写した漫画本『蜜室』約2万冊を頒布したとして，わいせつ図画頒布罪（刑175）で起訴された。本件漫画本は，コマ数にして全体の約7割が性描写であり，約35パーセントにおいて性器が描写されていた。なお，性器部分には40パーセントの網掛けによる「消し」と呼ばれる修正が施されていた。また，本件漫画本は，青少年健全育成条例上の有害図書に該当するため，中身が見えないようにビニール袋で包み，表紙には「成人コミック」というマークを入れ，多くの書店においては他の書籍と区別して販売されることになっていた。

1審判決（東京地判平16・1・13判時1853号151頁）はYを有罪としたためYが控訴した。

なお，本判決に対して上告がなされたが，棄却されている（最決平19・6・14公刊物未登載）。

■争点■

①わいせつ物頒布等罪の規制目的は合憲か。
②漫画が「わいせつ物」に該当する場合があるか。

■判旨■

破棄自判（懲役1年執行猶予3年とした1審判決を破棄し，罰金150万円を宣告）。

最高裁は，刑法175条の保護法益を，「性的秩序を守り，最少限度の性道徳を維持すること」（本書97事件〔最大判昭32・3・13―チャタレイ事件〕），「性生活に関する秩序及び健全な風俗の維持」（98事件〔最大判昭44・10・15―「悪徳の栄え」事件〕）としている。

「当裁判所も，刑法175条の保護法益については，前記最高裁判所判決と同様に解するものである。同条は，このような法益を保護するために，わいせつな文書等の頒布，販売等に限って処罰の対象としているのであって，もとより，国家が個々の国民に対して特定の価値判断や道徳観念を強制し，その内心の活動を侵害するようなものではなく，思想良心の自由を保障する憲法19条に違反するものでないことは明らかである。したがって，刑法175条に合理的な立法目的として承認される保護法益が存在しないことを理由に，同条が憲法21条に違反して無効であるとの所論は採り得ない。」

「同じように性器や性交場面を表現する場合，写真のような実写表現物による表現と漫画による表現を比べると，一般的には，実写表現物の方が性的刺激の度合いの強いことが多い。しかし，ここで問題となるのは，実写表現物による表現と漫画による表現との間の相対比較ではなく，要するに，本件漫画本について，前記大法廷判決の示したわいせつの定義に従い，前記四畳半襖の下張事件判決の判断基準・方法によって判断した場合，それが刑法175条にいうわいせつ図画に該当するかどうかである。」「本件漫画本においては，性器部分が人体の他の部分に比して誇張され，かつ，細かい線画によって細密に描かれることによって，性器の形態や結合・接触状態の描写がはなはだ生々しいものとなり，読者の情緒や官能に訴え，想像力をかきたてるものとなっている。」「本件漫画本がその作品性，思想性，芸術性により性的刺激の度合いが緩和されているとは認められない。」

■解説■

1　本件は，成人向けコミックのわいせつ性が法廷で本格的に争われた初めてのケースであるといわれ（成人向けコミックは主として各地の青少年健全育成条例により対処されていた。園田・後掲46頁），また，近時の議論を踏まえて久々に刑法175条の合憲性が争われた事件である（臼木・後掲120頁）。

2　争点①について，判例は，判旨にもあるように性的秩序・性道徳の保護であるとしてきたが，97事件において検討したように，憲法学説においては，こうした立場の支持者は少なく，むしろ青少年や，成人であってもわいせつ表現を見たくない者の保護が挙げられている。本件においてYは，こうした議論に依拠して同条の違憲性を主張したが，本判決は従来の判例に従っている。ただ，本判決は1審判決に続き，わいせつ物の規制について広範な社会的合意があることも指摘している。

なお，Yは，事案に示したように区分けして販売されている場合には，刑法175条にいう「頒布」に該当しないという限定解釈を主張したが，本判決はこれを斥けている。たしかに，同条の解釈としては無理があり，合憲限定解釈は難しいかもしれない（今林・後掲40～42頁）。しかしながら，わいせつ物頒布等罪の保護法益につき上記のような近時の見解をとった場合，区分けが有効に行われている限り，合憲限定解釈が困難であるならば法令違憲ないし少なくとも適用違憲という結論に至らざるを得ないだろう。

3　争点②についても，本判決は99事件（最判昭55・11・28―「四畳半襖の下張」事件）以来の判断枠組みに依拠している。実写表現物（写真，動画）に対する漫画の特殊性については，あくまで上記の判例の枠組みの中で考慮するという立場である。

本判決は，わいせつ性の判断の際に用いられる社会通念は規範的なものであるが，社会状況の変化などを考慮することは否定されないとする。しかしながら，インターネット上等で簡単に無修正動画にアクセスできる今日の状況を本判決がどのように考慮したのかは明らかではない。裁判所は自らが依拠する社会通念の内容についてもう少し説明すべきではないだろうか。

これに対して，今日の状況に照らせば，本件漫画のようなものは，青少年保護条例上の有害図書として青少年との接触を規制すれば足り，わいせつ物には該当しないという見解もみられる（園田・後掲49頁）。

◆参考文献◆
今林寛幸・研修716号31頁，臼木豊・メディア百選120頁，園田寿・法時76巻9号44頁，長岡義幸『「わいせつコミック」裁判』[2004]（本件の経緯を追ったもの）。

判例の流れ　　　　　　　　　　　　　　　　●曽我部真裕●

10 表現の自由(3)　名誉・プライバシー

1　本章は，表現の自由と人格権たる名誉権・プライバシー権との調整に関わる諸判例を扱う。「優越的地位」にあるとされる表現の自由と，13条の幸福追求権の一つとして保障される名誉権・プライバシー権の調整は困難な問題であるが，多数の判例により判例法の形成が進んでいる。以下では，名誉毀損の問題かプライバシー侵害の問題かという区別と，事前差止めか事後規制（民事の損害賠償請求等・刑事罰）かという区別に基づき概観する。

2　まず，名誉毀損に対する事後規制の事案では，真実性の証明による免責法理（刑230の2）が刑事のみならず民事にも及ぼされているほか，判例により相当性の法理が認められて定着している（108事件〔最判昭41・6・23—「署名狂やら殺人前科」事件〕，109事件〔最大判昭44・6・25—「夕刊和歌山時事」事件〕）。これらの法理については，事例が多いだけに様々な各論的問題が争われており，110事件（最判昭56・4・16—「月刊ペン」事件），113事件（最判平15・10・16—テレビ朝日ダイオキシン報道事件）がそれに関わる。これらは事実摘示による名誉毀損に関する法理であるが，民事においては意見表明による名誉毀損も不法行為となりうる。これに関する免責法理として発展したのが公正な論評の法理であり，111事件（最判平元・12・21—長崎教師批判ビラ事件）がその基本原則を，112事件（最判平16・7・15—「新・ゴーマニズム宣言」事件）が派生的な問題を扱っている。

3　民事名誉毀損に対する事後規制（事後救済）においては，不法行為一般と同様，慰謝料等の金銭による損害賠償が原則であるが，名誉毀損に関する特則たる民法723条の「名誉を回復するのに適当な処分」として，実務上は謝罪広告が用いられている。これについてはもちろん思想・良心の自由との関係が問題となる（51事件〔最大判昭31・7・4〕）が，119事件（最判平16・7・15—石器捏造報道事件）のように，メディアによる名誉毀損事件において当該メディアに謝罪広告の掲載が命じられる場合には，消極的表現の自由も問題となる。そのほか，放送法4条1項の訂正放送（118事件〔最判平16・11・25—生活ほっとモーニング事件〕）や反論権（117事件〔最判昭62・4・24—「サンケイ新聞」事件〕）も事後救済手段の問題に関連する。

4　他方，プライバシー侵害に対する事後規制の免責判断については，最高裁は比較衡量の手法を採用した（105事件〔最判平6・2・8—ノンフィクション「逆転」事件〕，106事件〔最判平15・3・14—長良川事件〕）。なお，プライバシーについては，名誉と比較してもその範囲が不明確であり，免責法理の適用以前に，そもそもプライバシー侵害に該当するのかという点がしばしば争われる。この点については下級審判決ながら103事件（東京地判昭39・9・28—「宴のあと」事件）がリーディング・ケースであるが，105事件や104事件（最判平14・9・24—「石に泳ぐ魚」事件）でも問題となった。

5　次に，裁判所による事前差止めは，検閲（21 II）には該当しないが，名誉毀損に関する116事件（最大判昭61・6・11—「北方ジャーナル」事件）は，事前抑制は21条に照らし，「厳格かつ明確な要件のもとにおいてのみ許容されうる」として差止めの実体的・手続的要件を定式化した。他方，プライバシー侵害については104事件があるものの，要件の定式化はされていないところ，107事件（東京高決平16・3・31—「週刊文春」事件）など，下級審では試行錯誤が続いている。

6　最後に，インターネット等のサイバースペースにおいても上記の諸法理は同様に適用されるが，特有の情報流通構造があることから，情報流通の媒介者の責任が顕在化する（114事件〔東京高判平13・9・5—ニフティサーブ事件〕）。また，個人による対等な発言の応酬が可能というインターネットの特性との関係で，従来とは異なる名誉毀損の免責法理が妥当するか否かが問題となる（115事件〔最決平22・3・15—平和神軍観察会事件〕）。

103 プライバシー概念の承認
——「宴のあと」事件

東京地裁昭和39年9月28日判決
（昭和36年（ワ）第1882号損害賠償請求事件）
下民集15巻9号2317頁、判時385号12頁

■事案■

本件は、三島由紀夫の小説『宴のあと』（現在、新潮文庫版を読むことができる）の単行本出版について、その主人公のモデルとなったX（元外務大臣有田八郎）がプライバシーの侵害を理由としてYら（著者、発行者および出版元の新潮社）に対して謝罪広告および損害賠償を求めたものである。

本件小説は、元外務大臣である「野口雄賢」が、有名料亭の女将である「福沢かづ」と出会ってから結婚し、そして離婚するまでの過程を、野口が東京都知事選挙に立候補して敗れるまでの出来事を中心にして、寝室での様子をも含む家庭内の模様もまじえて描いたものであるが、この筋書き自体は、Xと有名料亭の女将との関係、そしてXの都知事選立候補の顛末をモデルにしたものであることは、これらの顛末が当時の世論において大変話題となっていただけに、明らかであり、また、本件小説の出版社による宣伝戦略も、モデル小説性を強調するものであった。

■争点■

①プライバシー権は不法行為法上保護されるか。
②プライバシー権侵害の不法行為の成立要件は何か。
③プライバシー権侵害の免責事由は何か。

■判旨■

請求認容（2審継続中にXが死亡後、和解が成立）。

(i)「ここに挙げたような成文法規〔軽犯1㉓、民235 I、刑133〕の存在と前述したように私事をみだりに公開されないという保障が、今日のマスコミュニケーションの発達した社会では個人の尊厳を保ち幸福の追求を保障するうえにおいて必要不可欠なものであるとみられるに至っていることとを合わせ考えるならば、その尊重はもはや単に倫理的に要請されるにとどまらず、不法な侵害に対しては法的救済が与えられるまでに高められた人格的な利益であると考えるのが正当であり、それはいわゆる人格権に包摂されるものではあるけれども、なおこれを一つの権利と呼ぶことを妨げるものではない」。

「いわゆるプライバシー権は私生活をみだりに公開されないという法的保障ないし権利として理解されるから、その侵害に対しては侵害行為の差し止めや精神的苦痛による損害賠償請求権が認められるべきものであり、民法709条はこのような侵害行為もなお不法行為として評価されるべきことを規定しているものと解釈するのが正当である」。

(ii)「プライバシーの侵害に対し法的な救済が与えられるためには、公開された内容が(イ)私生活上の事実または私生活上の事実らしく受け取られるおそれのあるがらであること、(ロ)一般人の感受性を基準にして当該私人の立場に立った場合公開を欲しないであろうと認められることがらであること、換言すれば一般人の感覚を基準として公開されることによって心理的な負担、不安を覚えるであろうと認められることがらであること、(ハ)一般の人々に未だ知られていないことがらであることを必要とし、このような公開によって当該私人が実際に不快、不安の念を覚えたことを必要とするが、公開されたところが当該私人の名誉、信用というような他の法益を侵害するものであることを要しないのは言うまでもない。」（傍点原文）

(iii)「他人の私生活を公開することに法律上正当とみとめられる理由があれば違法性を欠き結局不法行為は成立しない」。「しかし、小説なり映画なりがいかに芸術的価値においてみるべきものがあるとしても、そのことが当然にプライバシー侵害の違法性を阻却するものとは考えられない。」

「公人ないし公職の候補者については、その公的な存在、活動に附随した範囲および公的な存在、活動に対する評価を下すに必要または有益と認められる範囲では、その私生活を報道、論評することも正当とされなければならないことは前述のとおりであるが、それにはこのような公開が許容される目的に照らして自ら一定の合理的な限界があることはもちろんであって無差別、無制限な公開が正当化される理由はない」。本件ではXが公的経歴を有していることを考慮しても受忍限度を超えている。

本件小説の出版についてのXの承諾は認められない。私事の公開の場合には民法723条に基づく謝罪広告は認められない。

■解説■

1 プライバシー権は、アメリカにおいて19世紀末以降発展してきたものである（沿革の概観につき、芦部憲法学Ⅱ368頁以下参照）が、本判決は、下級審判決ながら、プライバシーの権利を日本で初めて承認したとされる著名判決である（ただし、阪本・後掲35頁はこれ以前の例を指摘する。また、同時代的意義について、大村・後掲参照）。第三者の目からの監視を免れる私的な領域を確保することは、個人の自律にとって極めて重要なことであるから、プライバシー権は13条により保障されるものとされている（ただし、本件のような表現行為によるプライバシー侵害事案に関しては、憲法上の保障の有無は直接関係しないことは勿論である）。

2 まず、争点①について判旨(i)は、プライバシーの権利を「私生活をみだりに公開されない権利」であると捉え、古典的なプライバシー権理解に従っている。なお、最高裁（本書105事件〔最判平6・2・8──ノンフィクション「逆転」事件〕など）は、プライバシーを「権利」ではなく「利益」と捉えているが、この違いは救済手段として差止めまで認められるかどうかに関わるともいわれる（竹田・後掲227頁。116事件〔最大判昭61・6・11──「北方ジャーナル」事件〕参照）。そして、本判決では個人の尊厳と幸福追求への言及があり、プライバシー権が13条に根拠を置くものであることが示唆されている点も注目される（ただし、13条前段の個人の尊厳は客観的な原理であって個人の主観的権利を直接導くものではなく、プライバシー権の

根拠は同条後段の幸福追求権に置かれるのが通常である）。

　もっとも，古典的なプライバシー権は，私生活の公開だけでなく，私宅の覗き見など私生活への侵入からの保護をも含むものと考えられてきたが，これについては本判旨には言及はないものの，否定する趣旨ではないと考えられている（阪本・後掲35頁）。このような古典的なプライバシー権は，この種の紛争がしばしば報じられていることからも分かるように，今日でも重要性を失っていないが，他方，情報化社会の進展に伴い，個人に関する情報をコンピュータによって大量に蓄積し，高度に処理することが可能になり，それが個人の自由に対する脅威となる点を考慮して，情報化社会における新しいプライバシー概念が提唱されるようになった。すなわち，「自己に関する情報をコントロールする権利（自己情報コントロール権）」としてのプライバシー権の理解であるが，このような理解については「3 幸福追求権」(2)aの諸事件を参照されたい。

　なお，プライバシー侵害と名誉毀損との関係については明確な整理は確立しておらず，私的事項の摘示によって社会的評価が低下するような場合には，どちらの問題としても取り上げることが可能であるのが裁判例の現状であり，学説も概ね，こうした取扱いを認めている。

　3　次に，争点②について判旨(ii)は，プライバシー侵害の成立要件を述べているが，この判示は一下級審判決によるものでありながら，後の裁判例でも参照されており重要である。(イ)の後半「私生活上の事実らしく受け取られるおそれのあることがらであること」は，本件がモデル小説であることから付加されたものであり，本件においてはむしろこちらが中心的な争点であるが，この後半と前半とを同列に扱うことができるかどうかは一つの理論的問題である（阪本・後掲36頁）。この点について本判決では，一般読者は作家の意図とは異なり，本件小説をモデルとなったXらと重ね合わせながら（Xらの私生活を詮索しながら）読み，創作された事実でも真実だと理解する可能性があり，それがXの心の静穏を害し，精神的苦痛を与えることを理由として述べている。いずれにしても，その後の裁判例は，(イ)の前半と後半を同列に扱うことで一貫している。

　次に，(ロ)で一般人を基準にすることを強調しているのは，過度の主観化により権利の不安定化を招かないようにとの配慮であろう。

　(ハ)については，一見すると問題がないようにも見えるが，個人の容貌など非公知性がないような事柄が保護されるか（104事件〔最判平14・9・24―「石に泳ぐ魚」事件〕），あるいは，一度公知となった事柄が時の経過により再び保護されるか（105事件）という形で問題となっている。

　4　争点③については，まず，名誉毀損の場合とは異なり，プライバシー侵害の場合には真実性の証明によって免責されることはないことを確認しておきたい。真実を述べることにより毀損されるような名誉（社会的評価）は虚名であって保護に値しないとされるのに対し，プライバシーは私生活上の真実を暴露されること自体からの保護が問題になるからである。

　さて，判旨(iii)は，違法性阻却事由について述べているが，まず，モデル小説に関して後にたびたび問題となる芸術性との関係について，本判決は両者を別次元の問題としているが，この点については104事件を参照のこと。

　次に，本判決は公人ないし公職の候補者については「一定の合理的な限界」内でその私生活の報道，論評が許されるとしているが，それ以上の一般的な判断基準は示していない。ここでは，都知事選挙落選（これを機にXは政治生活から引退した）から1年前後が経過して本件小説の公表がなされたという時間的要素（この要素については105事件で正面から争われる）と，公職候補者の適格性を論じる目的ではなく文芸的な創作意欲によって公表がなされたという公表目的が考慮されている。この判旨は，公職候補者の適格性判断のための違法性阻却事由という点にこだわる余り，違法性阻却の範囲が過度に狭いものとなっているといわざるをえない。実際，後に最高裁は105事件において，プライバシーを公表する意義を認めてプライバシー権との具体的な衡量を行うという姿勢を明らかにしている。同事件では，プライバシー侵害の成立要件と違法性阻却事由という本判決のような構造化された判断ではなく，不法行為における相関関係説に基づいた比較衡量の手法が用いられている。

　しかし，このような手法では判断過程が明確でなく，恣意的な判断に陥りがちであるため，表現行為によるプライバシー侵害が違法とされない要件を明確かつ限定的に定めるべきであるという主張も有力である（竹田・後掲199頁など）。具体的には，アメリカの判例を参考にして，公的関心事であれば違法性が阻却されるとする見解（松井・後掲147頁）や，それに加えて表現内容・表現方法が不当なものでないことを要求する見解（竹田・後掲199頁）などがある。ここでの公的関心事とは，あくまでも正当な公的関心事のことであり，標語的にいえば「公衆が知りたがっている事柄」ではなく，「公衆が知るべき事柄」でなければならず，規範的判断が要求される。

　なお，比較衡量を排して公的関心事の基準を用いるとしても，いま述べたように公的関心事という概念が曖昧である上に，どこまでのプライバシー侵害が正当化されるかは当該事案における公的関心事との関連で判断されざるをえないので，両アプローチにはそれほどの違いはないようにも思われる。

　5　プライバシー侵害に対する救済手段について，本判決は，私生活の公開に対して原状回復を観念することは不可能であるとして民法723条に基づく謝罪広告等の請求はできないとしているが，これは通説でもある。また，プライバシー権の性格に関連して，判旨(i)において差止めの可能性も肯定していることにも注目すべきであるが，この点は本件とは直接関係はなく，104事件・116事件で争われることになる。

◆ 参考文献 ◆

大村敦志・法教355号99頁，阪本昌成・基本判例〔第2版〕33頁，竹田稔『プライバシー侵害と民事責任〔増補改訂版〕』〔1998〕，松井茂記『マス・メディア法入門〔第4版〕』〔2008〕，松本昌悦・百選Ⅰ〔第5版〕136頁。

104 プライバシー侵害と表現の自由
──「石に泳ぐ魚」事件

最高裁平成14年9月24日第三小法廷判決
（平成13年（オ）第851号・同年（受）第837号損害賠償等請求事件）
判時1802号60頁，判タ1106号72頁

■ 事 案 ■

『石に泳ぐ魚』（本件小説）は，後の芥川賞作家・柳美里（Y₁）の小説デビュー作として文芸雑誌『新潮』誌上に掲載された。本件小説は，生まれつき顔面に大きな腫瘍を持った若い女性と「私」との関係を1つの軸として構成されているものであるが，この女性の腫瘍について詳細かつ苛烈に描写する場面（プライバシー，名誉感情侵害）を含むほか，この女性の父親には逮捕歴があること（プライバシー侵害）とされており，また，この女性が新興宗教に入信し，連れ戻しに来た「私」に金員を無心する場面（名誉毀損）などが含まれている。

Y₁の友人であり，本件小説に登場する女性と同様の身体的特徴・経歴等を有するXは，本件小説はXをモデルにしたものであるところ，本件小説中の女性とXとの同一性は容易に識別できるため，本件小説中の上記描写等によってXのプライバシー権，名誉権および名誉感情を侵害する不法行為があったとして，Y₁および本件小説の掲載誌を発行する新潮社（Y₂）らに対し，慰謝料の支払，謝罪広告の掲載，および本件小説の単行本の出版等による公表の差止め等を求めて出訴した。

なお，これに先立ち，Xは本件小説の単行本の出版の中止を求める仮処分を申請していたが取り下げている。本案訴訟については，1審（東京地判平11・6・22判時1691号91頁）・2審（東京高判平13・2・15判時1741号68頁）ともに本件小説がXのプライバシー権，名誉権および名誉感情を侵害することを認め，慰謝料の支払および公表差止めを命じた。もっとも，差止めについては，1審判決は仮処分事件におけるYらの陳述によって公表をしないことが合意されたことを根拠としたのに対し，2審判決は合意を否定し，人格権を根拠とした。なお，本判決はY₂らとの関係のものであり，Y₁の上告は同日の別判決において棄却されている。

■ 争 点 ■
①モデル小説による人格権侵害は成立するか。
②外貌はプライバシーに該当するか。
③プライバシー侵害に基づく差止めは可能か。

■ 判 旨 ■
上告棄却。
「原審の確定した事実関係によれば，公共の利益に係わらないXのプライバシーにわたる事項を表現内容に含む本件小説の公表により公的立場にないXの名誉，プライバシー，名誉感情が侵害されたものであって，本件小説の出版等によりXに重大で回復困難な損害を被らせるおそれがあるというべきである。したがって，人格権としての名誉権等に基づくXの各請求を認容した判断に違法はなく，この判断が憲法21条1項に違反するものでないことは，当裁判所の判例〔本書109事件（最大判昭44・6・25－「夕刊和歌山時事」事件），116事件（最大判昭61・6・11－「北方ジャーナル」事件）〕……の趣旨に照らして明らかである。」

■ 解 説 ■

1　本判決は，各種人格権侵害を総合考慮した事例判決であり，争点列挙の点について必ずしも明確な判断を示していない（民集不登載である点に留意されたい）。本件では結局差止めが認められたが，修正を施した「改訂版」が出版されている（新潮文庫所収）。

2　争点①について，103事件（東京地判昭39・9・28－「宴のあと」事件）以来，裁判所はモデル小説による人格権侵害が成立することを認めてきたが，同事件とは異なり，本件小説のモデル（X）は市井の一般人であり，多くの読者はモデルが誰かを識別できず，また，その興味もない。しかし，Xを知る読者がわずかだとしても，本件小説を読んでXを特定でき，さらに作中人物の言動等をXのそれと結び付けることができるのであれば，権利侵害の問題になりうる（106事件〔最判平15・3・14－長良川事件〕も参照）。

また，作品の文学的昇華の度合いによってはモデルが同定できたとしても人格権侵害は存しないという主張については，103事件判決が既に両者は別次元であるとしていたが，その後の諸判決の多くも同様の立場を採る（反対，「名もなき道を」事件（東京地判平7・5・19判時1550号49頁）。これは，裁判所が文学的評価に立ち入るのは適当でないという観点から理解できるだろう。

3　争点②は，顔の腫瘍という外貌は非公知性（103事件判決のいう(ハ)の要件）がないのではないかという問題であるが，本件1審，2審各判決はそのプライバシー該当性を認めた。考え方としては，プライバシー該当性を否定する見解も有力であり，実際，単に知られたくない事実であるという理由で肯定することは際限のない概念の拡張を招くおそれがある。この点，顔面の腫瘍は病気（健康状態がプライバシー事項であることは一般に異論がない）であるとしてプライバシーに含まれるとする立場は，こうした懸念への配慮がみられるが，なお検討を要しよう。

本件小説には他にもプライバシー侵害の箇所があるため，本判決が腫瘍の描写のプライバシー侵害性を認めているのかどうかは明確ではない（曽我部・後掲141頁参照）。

4　争点③について，本判決は結論的に差止めを肯定したが，各種人格権侵害を総合考慮した事例判断であって，その一般的な要件は未だ明らかではないと言うべきだろう。また，本件小説はすでに雑誌に発表されており，一切の公表がなされる前に差止めが求められた事案とは異なる点にも注意が必要だろう（詳しくは107事件〔東京高判平16・3・31－「週刊文春」事件〕で検討する）。

◆ 参考文献 ◆
大石泰彦・平成14年度重判解13頁，曽我部真裕・百選I〔第5版〕140頁，滝澤孝臣・NBL814号88頁，棟居快行・メディア百選150頁。

105 時の経過とプライバシー
──ノンフィクション「逆転」事件

最高裁平成6年2月8日第三小法廷判決
（平成元年(オ)第1649号慰藉料請求事件）
民集48巻2号149頁, 判時1594号56頁

■ 事 案 ■

Xは、1964（昭和39）年、米国統治下にあった沖縄で米兵に対する傷害致死および傷害罪で起訴されたが、当時沖縄に存した陪審裁判を経て傷害罪について実刑判決を受け服役した。仮出獄後、Xはこの前科を秘匿して東京で就職・結婚し、平穏な生活を送っていた。Y（ノンフィクション作家の伊佐千尋）は、上記裁判において陪審員を務めた者であるが、その体験に基づき1976年、新潮社から『逆転』と題するノンフィクション（本件著作）を出版し、賞を受けるなど高い評価を受けた（現在は岩波現代文庫所収）。

Xは、本件著作で実名が使用されていたため前科が公表されてプライバシーが侵害されたとして、Yに対して慰謝料の支払を求める訴訟を提起した。1審（東京地判昭62・11・20判時1258号22頁）・2審（東京高判平元・9・5高民集42巻3号325頁）とも、Xの主張を認めたので、Yが上告した。

■ 争 点 ■

①前科はプライバシーに該当するか。
②プライバシーと表現の自由とはどのように調整すべきか。

■ 判 旨 ■

上告棄却。

「ある者が刑事事件につき被疑者とされ、さらには被告人として公訴を提起されて判決を受け、とりわけ有罪判決を受け、服役したという事実は、その者の名誉あるいは信用に直接にかかわる事項であるから、その者は、みだりに右の前科等にかかわる事実を公表されないことにつき、法的保護に値する利益を有する」。「そして、その者が有罪判決を受けた後あるいは服役を終えた後においては、一市民として社会に復帰することが期待されるのであるから、その者は、前科等にかかわる事実の公表によって、新しく形成している社会生活の平穏を害されその更生を妨げられない利益を有する」。

「もっとも、ある者の前科等にかかわる事実は、他面、それが刑事事件ないし刑事裁判という社会一般の関心あるいは批判の対象となるべき事項にかかわるものである」。「前科等にかかわる事実については、これを公表されない利益が法的保護に値する場合があると同時に、その公表が許されるべき場合もあるのであって、ある者の前科等にかかわる事実を実名を使用して著作物で公表したことが不法行為を構成するか否かは、その者のその後の生活状況のみならず、事件それ自体の歴史的又は社会的な意義、その当事者の重要性、その者の社会的活動及びその影響力について、その著作物の目的、性格等に照らした実名使用の意義及び必要性をも併せて判断すべきもので、その結果、前科等にかかわる事実を公表されない法的利益が優越するとされる場合には、その公表によって被った精神的苦痛の賠償を求めることができる」。

有罪判決から本件著作出版まで12年余が経過し、この間Xは社会復帰に努め、新たな生活環境を形成していた事実からしてXは前科等を公表されない法的保護に値する利益を有しており、またXは公的立場にある人物でもない。他方、本件ではXの実名を使用しなければ本件著作の目的が損なわれることもなく、Yは不法行為責任を免れない。

■ 解 説 ■

1　争点①について、本判決は本書33事件（最判昭56・4・14──前科照会事件）を引用して前科はプライバシー（本判決はこの語を用いていないが、この概念を否定する趣旨ではない〔滝澤・後掲130頁〕）に該当するとした。確かに、前科は「プライバシーのうちでも最も他人に知られたくないものの一つ」（33事件における伊藤正己裁判官の補足意見）ということもできるが、他方、前科は人の刑事裁判に関する履歴でもあって、公的な事柄ではないかとも思われる（田島・後掲139頁など）。プライバシーに含まれるためには、単に「人に知られたくない」というだけでは足りず、あくまで私的事項であることを要するとすれば（103事件〔東京地判昭39・9・28──「宴のあと」事件〕の3要件を参照）、前科のプライバシー該当性は疑わしいということになろう。しかし、本判決は、前科一般につき、本人の名誉・信用に直接関わる事項であることを理由に、33事件同様、プライバシー該当性を認めている（最高裁は個人情報を広くプライバシーに含めている。34事件〔最判平15・9・12──江沢民講演事件〕参照）。

2　さて、本件では、前科一般の問題ではなく、相当以前の前科がプライバシーとして保護されないかが問題である。この点、当初は公的事項であったものが時の経過によって私的事項になることはないとも考えられる（上田・後掲33頁）。しかし、公的事項か私的事項かは初めから固定的に決まっているわけではなく、様々な事情を考慮の上で判断されるのであり、その意味では公的事項だったものが時の経過により私的事項になる（あるいは、両面性をもっていたが、後者が重要になる）こともあるというべきである（大村・後掲131頁）。その意味で、本判決のように前科一般をひとまずプライバシーに含めておくというアプローチは理解できる。そして、その上で本判決は、時の経過により生じる更生の利益を、保護を強化する要素と位置づけているものと思われる。

3　争点②については、本判決は不法行為における相関関係説に基づいてプライバシーと表現の自由とを等価値的に衡量しており（滝澤・後掲127頁）、この手法が後の106事件（最判平15・3・14──長良川事件）にも用いられている（争点②全体については、103事件の解説を、本件に即した調整の在り方の分析につき、山本・後掲を参照）。

◆ 参考文献 ◆

上田健介・判例講義Ⅰ32頁, 大村敦志・法教356号126頁, 滝澤孝臣・最判解民事篇平成6年度105頁, 田島泰彦・百選Ⅰ〔第5版〕138頁, 山本敬三・民商116巻4・5号115頁.

106 少年事件推知報道とプライバシー──長良川事件

最高裁平成15年3月14日第二小法廷判決
(平成12年(受)第1335号損害賠償請求事件)
民集57巻3号229頁、判時1825号63頁

■事案■

Xは、18歳当時に犯したとされる殺人、強盗殺人、死体遺棄等により起訴されていた刑事被告人である（最判平23・3・10集刑303号133頁で死刑確定）。Y（株式会社文藝春秋）は、その発行する『週刊文春』において、「『少年犯』残虐」「法廷メモ独占公開」などという表題の下に、事件の被害者の両親の思いと法廷傍聴記等を中心にした本件記事を掲載したが、その中に、Xについて、「真淵忠良」という実名と類似する仮名を用いて、法廷での様子、犯行態様の一部、経歴や交友関係等を記載した。Xは、本件記事は少年法61条に違反し、名誉毀損、プライバシー侵害に当たるとして損害賠償を求める訴えを提起した。

1審（名古屋地判平11・6・30判時1688号151頁）は、本件記事が少年法61条に違反するとした上で、公共性、公益目的性、真実性に加えて、本人と推知できるような記事を掲載されない利益よりも、明らかに社会的利益の擁護が強く優先されるなどの特段の事情がない限り違法であり、本件記事にはこうした特段の事情はなく違法であるとし、2審（名古屋高判平12・6・29判時1736号35頁）もこれを支持した。Yが上告。

■争点■

①少年法61条の推知可能性はどのように判断すべきか。
②推知報道による不法行為責任はどのように判断すべきか。

■判旨■

破棄差戻し（差戻控訴審〔名古屋高判平16・5・12判時1870号29頁〕で請求棄却。その後、上告も棄却）。

「少年法61条に違反する推知報道かどうかは、その記事等により、不特定多数の一般人がその者を当該事件の本人であると推知することができるかどうかを基準にして判断すべきところ」、本件記事は同条に違反しない。

2審判決が名誉毀損・プライバシー侵害に基づき請求を認容したのか、同判決が少年法61条の保護法益だとする「成長発達権」に基づいているのか判然としないが、訴訟の経過に基づき、本判決では前者のみを考慮する。

「本件記事がXの名誉を毀損し、プライバシーを侵害する内容を含むものとしても、本件記事の掲載によってYに不法行為が成立するか否かは、被侵害利益ごとに違法性阻却事由の有無等を審理し、個別具体的に判断すべきものである」。すなわち、名誉毀損については相当性の法理（本書108事件〔最判昭41・6・23──「署名狂やら殺人前科」事件〕）によるべきである。また、プライバシー侵害については比較衡量（105事件〔最判平6・2・8──ノンフィクション「逆転」事件〕）に基づいて判断すべきであり、具体的には「本件記事が週刊誌に掲載された当時のXの年齢や社会的地位、当該犯罪行為の内容、これらが公表されることによってXのプライバシーに属する情報が伝達される範囲とXが被る具体的被害の程度、本件記事の目的や意義、公表時の社会的状況、本件記事において当該情報を公表する必要性など、その事実を公表されない法的利益とこれを公表する理由に関する諸事情を個別具体的に審理し、これらを比較衡量して判断することが必要である」。

■解説■

1 少年事件の凶悪化傾向が指摘されるに伴い、雑誌等による実名・推知報道が散見されるが、本件はそれによる不法行為責任に関するものである。

2 争点①について、少年法61条は、推知報道を禁止している。同条違反には罰則はないが、報道機関の多くは原則として同条を遵守している（実情につき、山田・後掲322頁以下参照）。こうした状況において、推知可能性の基準を当該少年と面識のある者等においた場合、少年事件報道そのものが困難となるおそれもある。本判決では傍論であるが、こうした点を考慮して、少年と面識等のない不特定多数の一般人を基準とすべき旨を述べた（三村・後掲153頁。批判として渕野・後掲120頁など）。

なお、名誉毀損やプライバシー侵害との関係でも同定可能性が問題となるが、本判決ではこの点に関してはXを知っている特定人が同定可能であれば名誉毀損、プライバシー侵害は成立しうるとする（104事件〔最判平14・9・24──「石に泳ぐ魚」事件〕も参照）。

3 争点②については、推知報道による不法行為責任を認める法律構成として、(a)憲法13条・26条、児童の権利に関する条約などを受けて、少年法61条は推知報道されない権利・利益（「成長発達権」）を保障しているとする立場（本件2審判決、戸波・後掲204頁以下など）、(b)プライバシー侵害の判断の中で少年であることを考慮するという立場（松井・後掲177頁など）、などがある。他方、(c)少年法61条は刑事政策的な規定であって当事者に権利・利益を付与するものではなく、また、プライバシー侵害についても、少年事件だからといって特段の配慮を加える必要はないとする立場もありうる（堺通り魔事件に関する大阪高判平12・2・29判時1710号121頁はこれに近い）。本判決は「成長発達権」について主張がないとして判断せず（ただし、調査官解説は少年法61条に基づく権利主張を積極的に否定する。三村・後掲155頁）、(b)のアプローチをとっている。社会復帰や更生の利益は、成人の場合にも問題となるが、この点は105事件で扱われており、本件と比較検討されたい（上村・後掲149頁も参照）。

◆参考文献◆

上村都・百選Ⅰ〔第5版〕148頁、子どもの人権と少年法に関する特別委員会ほか編『少年事件報道と子どもの成長発達権』〔2002〕204頁（戸波江二）、廣瀬健二・法教277号102頁、渕野貴生・法セ583号120頁、松井茂記『少年事件の実名報道は許されないのか』〔2000〕、三村晶子・最判解民事篇平成15年度(上)143頁、山田健太『法とジャーナリズム〔第2版〕』〔2010〕。

107 プライバシー侵害に基づく事前差止め——「週刊文春」事件

東京高裁平成16年3月31日決定
(平成16年(ラ)第509号仮処分決定認可決定に対する保全抗告事件)
判時1865号12頁,判タ1157号138頁

■事案■

田中真紀子衆院議員・田中直紀参院議員夫妻の長女であるXは,『週刊文春』に自らの離婚を報じる本件記事が掲載される予定であることを知り,元夫とともに同誌の発行元であるY(株式会社文藝春秋)に対して仮処分手続をもって,当該記事の切除または削除をしないままに当該雑誌の販売,無償配布または第三者への引渡しをすることの差止めを求め,東京地裁においてこれが認められた。

Yは,これに対して保全異議の申立てをしたところ,保全異議審たる東京地決平16・3・19(判時1865号18頁参照)は,本書104事件(最判平14・9・24—「石に泳ぐ魚」事件)および116事件(最大判昭61・6・11—「北方ジャーナル」事件)を参酌し,①本件記事が「公共の利害に関する事項に係るものといえないこと」,②本件記事が「専ら公益を図る目的のものでないことが明白であること」,③本件記事によって「被害者が重大にして著しく回復困難な損害を被るおそれがあること」という3つの要件の下で判断を行い,差止めを認めた。

これに対し,Yが抗告した。

■争点■

プライバシー侵害に基づく差止めはどのような場合に認められるか。

■決定要旨■

原決定取消し,仮処分命令申立て却下。

上記東京地裁決定のいう3要件について,名誉権に関するものをプライバシーの権利に直ちに推し及ぼすことができるか疑問がないわけではないが,上記3要件はそれ自体として本件における事前差止めの可否を決める規準として相当でないとはいえないし,当事者間にこの点には異議もなく,本件が,保全事件であって手続的・時間的制約等の下に置かれているものであることからして,上記3要件に依拠するのが相当である。

第1要件について,Xが著名政治家の娘で,後継者になる可能性があるとしても,「その者が,将来,政治活動の世界に入るというのは,単なる憶測による抽象的可能性にすぎ」ず,また,本件記事の内容は離婚という全くの私事であることをも考えると,「公共の利害に関する事項に係るもの」とはいえない。

第2の公益目的「の有無は,公表を決めた者の主観・意図も検討されるべきではあるにしても,公表されたこと自体の内容も問題とされなければなら」ず,本件のように一私人の離婚という専ら私的な内容の記事には公益目的のないことは明白である。

第3要件について,「離婚は,……当事者にとって,喧伝されることを好まない場合が多いとしても,それ自体は,当事者の人格に対する非難など,人格に対する評価に常につながるものではないし,もとより社会制度上是認されている事象であって,日常生活上,人はどうということもなく耳にし,目にする情報の一つにすぎない」。「表現の自由は,民主主義体制の存立と健全な発展のために必要な,憲法上最も尊重されなければならない権利である。出版物の事前差止めは,この表現の自由に対する重大な制約であり,これを認めるには慎重な上にも慎重な対応が要求されるべきである」。以上からすれば,差止めを認めるほどの損害ではなく,③の要件は充たされない。

■解説■

1 近年,裁判所は事前差止めを容易に認める傾向があることが指摘されている(松井茂記『マスメディアの表現の自由』[2005]第1章,第7章など)が,本件における東京地裁の決定はこうした傾向を象徴する事件として社会的に大きな反響を呼んだものである。

2 名誉毀損に基づく差止めについては116事件で判断が示されたが,名誉権と同様,プライバシー権についても人格権として差止めの根拠となりうると理解されている。しかし,プライバシー侵害に基づく差止めの判断基準については104事件でも最高裁は一般的な基準を示していない。

下級審の裁判例では,古典的な「エロス+虐殺」事件(東京高決昭45・4・13判時587号31頁)があるが,116事件判決後は,同判決を踏まえつつ,名誉権とプライバシー権の相違を意識しながら判断を行う裁判例がみられる一方で,104事件2審判決のように,比較衡量によって差止めの可否を判断する例もある(裁判例概観につき,山口・後掲47〜48頁参照)。

3 しかし,このような個別的比較衡量は予測可能性を奪うとして批判が強く,本件でとられたような一定の要件を定立するアプローチは基本的に支持されているように思われる。

もっとも,本件での両決定は同一の基準に依拠しながらも,その適用においては異なる判断に至っていることからも分かるように,この手法も必ずしも予測可能性が高いわけではない。両決定においては第3要件の判断が結論を分けたわけであるが,高裁決定においては,第3要件の検討において表現の自由の重要性と事前抑制の例外性を強調して本件では同要件を満たさないことを理由づけている。

4 いずれにしても,この3要件による判断枠組みでは差止めを認める結論も導かれる点で,表現の自由の観点からはより厳格な基準を要求することも理解できる(最高裁も,116事件で事前抑制に対する謙抑的態度を示している点も確認されたい)。この点,第1要件については,公共の利害に関わる事実といえないことが明らかであることまで要求すべきであり,本件記事に即して言えば,田中真紀子議員の資質に対する批判あるいは同議員の後継者問題に関する記事という観点からこの第1要件は満たさないとする見解がある(松井・後掲100〜101頁。また学説整理として一井・後掲155頁参照)。

◆参考文献◆
一井泰淳・メディア百選154頁,立花隆『「言論の自由」vs.「●●●」』[2004](本件の経緯を追ったもの),松井茂記・法時76巻10号96頁,山口いつ子・判評562(判時1906)号44頁。

108 民事名誉毀損と「相当の理由」——「署名狂やら殺人前科」事件

最高裁昭和41年6月23日第一小法廷判決
（昭和37年（オ）第815号名誉及び信用毀損による損害賠償および慰藉料請求事件）
民集20巻5号1118頁，判時453号29頁

■事 案■

　Y（読売新聞社）は，1955（昭和30）年2月施行の衆議院議員選挙の立候補者であるXについて，選挙終了後，「2月選挙の内幕」と題する記事を読売新聞紙上に掲載し，「署名狂やら殺人前科」との見出しのもと，Xが選挙公報に偽りの学歴および出身地を掲載させた経歴詐称の疑いがあり，警察署がXを追及していること，また，Xは，殺人の前科を有し，1953年の選挙に辛うじて被選挙権を得たばかりであることを報じた。

　Xはこれに対して名誉および信用毀損に基づく損害賠償請求訴訟を提起したが，1審（東京地判昭33・12・24民集20巻5号1125頁参照），2審（東京高判昭37・3・15前掲民集1132頁参照）ともYが勝訴した。Xが上告。

■争 点■

　民事訴訟における名誉の保護と表現の自由との調整のあり方はどのようなものか。

■判 旨■

　上告棄却。
　「民事上の不法行為たる名誉毀損については，その行為が公共の利害に関する事実に係りもっぱら公益を図る目的に出た場合には，摘示された事実が真実であることが証明されたときは，右行為には違法性がなく，不法行為は成立しないものと解するのが相当であり，もし，右事実が真実であることが証明されなくても，その行為者においてその事実を真実と信ずるについて相当の理由があるときには，右行為には故意もしくは過失がなく，結局，不法行為は成立しないものと解するのが相当である（このことは，刑法230条の2の規定の趣旨からも十分窺うことができる。）。」
　「本件について検討するに，……記事の内容は，経歴詐称の点を除き，いずれも真実であり，かつ，経歴詐称の点も，真実ではなかったが，少くとも，Yにおいて，これを真実と信ずるについて相当の理由があったというのであり，右事実の認定および判断は，原判決挙示の証拠関係に照らし，十分これを肯認することができる。」
　「そして，前記の事実関係によると，これらの事実は，Xが前記衆議院議員の立候補者であったことから考えれば，公共の利害に関するものであることは明らかであり，しかも，Yのした行為は，もっぱら公益を図る目的に出たものであるということは，原判決の判文上十分了解することができるから，……名誉棄〔毀〕損たる不法行為が成立しない」。

■解 説■

　1　本書109事件（最大判昭44・6・25——「夕刊和歌山時事」事件）で詳しく見るとおり，名誉毀損については，表現の自由との調整が問題となり，刑法においては戦後追加された230条の2の規定によってこの問題の解決が図られている（が，これが不十分だったことは109事件で見る）。民事については明文規定がなかったところ，本判決により上記刑法規定の趣旨が取り込まれ，さらにはその文言を超え，真実性の証明がない場合にも真実と信ずるについて相当の理由がある場合には免責されるとする相当性の法理が採用されたものである。

　その後，109事件において相当性の法理は刑事名誉毀損についても採用されるが，同事件においては「確実な資料，根拠に照らし相当の理由があるとき」に免責されるとして，本判決と微妙に表現が異なっている。

　この相当性の法理については，109事件の解説で見るとおり批判はあるものの，これを支持するのが多数説であると思われる。

　2　問題は，具体的にどの程度の根拠があれば相当性が認められるかという点である。従来は，捜査当局の公式発表や刑事判決の事実認定に依拠した場合には相当の理由が認められているが，それ以外の類型については，情報提供者の地位，情報の内容・信用性，他の裏付け取材の可能性，事実摘示の必要性（時期，方法）という観点から個別事案に即して判断されている。総じて言えば，かなりの程度の裏付け取材が要求されているといえ，最高裁において相当の理由が認められた例は少ない（松井・後掲119〜125頁参照）。本件でも，真実性の立証がないとされた出身地詐称の点については，警察からの取材に加え，戸籍等の調査を行っている点が指摘されている。

　しかし，強制的な調査権限がなく，また，しばしば時間的制約のある報道機関に過度の取材を求めるのは酷であり，真実性の証明に加えて相当性の法理を導入した意義を損なうおそれがある。また，警察発表に依拠しさえすれば相当の理由ありとするのは，報道機関の警察発表への依存を生む危険がある。

　さらに，近年は裁判例において認定される損害賠償額が高騰してきている（山田・後掲191頁以下参照）点を指摘しておかなければならない（従来のいわゆる「100万円ルール」から「500万円ルール」へ）。無責任で興味本位の報道の弊害に対する意識が高まっていることの反映であるが，上記の懸念をさらに募らせるものでもある。

　3　なお，関連問題として，全国的な取材網をもたない地方紙等が通信社の配信記事に依拠して行った報道について名誉毀損責任が問われた場合に，定評ある通信社から配信された記事であることを理由に相当の理由を認めてよいかという問題がある（松井・後掲129頁参照）が，最判平14・1・29（民集56巻1号185頁）はこれを否定している（なお，最判平23・4・28民集65巻3号1499頁も参照）。この問題は，「配信サービスの抗弁」の問題と呼ばれるが，免責を認めるにしても，相当性の法理の枠内で扱うべきではなく，これとは独立の免責事由とするほうが妥当だと思われる。

◆参考文献◆
松井茂記『マス・メディア法入門〔第4版〕』〔2008〕，長岡徹・争点128頁，山田隆司『名誉毀損』〔2009〕110頁，三島宗彦・マスコミ百選〔第2版〕44頁。

109 刑事名誉毀損と「相当の理由」——「夕刊和歌山時事」事件

最高裁昭和44年6月25日大法廷判決
（昭和41年(あ)第2472号名誉毀損被告事件）
刑集23巻7号975頁、判時559号25頁

■事案■

『夕刊和歌山時事』紙を編集発行するYは、得一郎こと坂口徳一郎が編集発行する『和歌山特だね新聞』の反社会的行為を批判することを意図し、1963（昭和38）年2月18日付同紙に、「吸血鬼坂口得一郎の罪業」と題し、坂口本人または同人の指示のもとに『和歌山特だね新聞』の記者が和歌山市役所土木部の某課長に向かって「出すものを出せば目をつむってやるんだが、チビリくさるのでやったんや」と聞こえよがしの捨てせりふを吐いたうえ、今度は上層の某主幹に向かって「しかし魚心あれば水心ということもある、どうだ、お前にも汚職の疑いがあるが、一つ席を変えて一杯やりながら話をつけるか」と凄んだ旨の記事を掲載、頒布し、もって公然事実を摘示して前記坂口の名誉を毀損したとして1審（和歌山地判昭41・4・16刑集23巻7号984頁参照）および2審（大阪高判昭41・10・7下刑集8巻10号1290頁）で有罪判決を受けた。

Yは、証明可能な程度の資料・根拠をもって事実を真実と確信したから名誉毀損の故意が阻却され犯罪は成立しないと主張したが、2審判決は、従来の最高裁判決に基づきこれを排斥した。Yが上告。

■争点■

①名誉権は憲法上の基本権か。
②名誉権と表現の自由の調整のあり方はどのようなものか。

■判旨■

破棄差戻し。

「刑法230条の2の規定は、人格権としての個人の名誉の保護と、憲法21条による正当な言論の保障との調和をはかったものというべきであり、これら両者間の調和と均衡を考慮するならば、たとい刑法230条の2第1項にいう事実が真実であることの証明がない場合でも、行為者がその事実を真実であると誤信し、その誤信したことについて、確実な資料、根拠に照らし相当の理由があるときは、犯罪の故意がなく、名誉毀損の罪は成立しないものと解するのが相当である。」

■解説■

1　争点①について、名誉権は人格権の一内容として13条によって保障されると考えられているが、本判決も同条への言及こそないものの、「人格権としての個人の名誉」と述べ、表現の自由との調整の必要を認めていることから、同様の理解に立つものと見ることもできる。さらに、最高裁は、本書116事件（最大判昭61・6・11—「北方ジャーナル」事件）で、「人格権としての個人の名誉の保護（憲法13条）」と述べて名誉権と13条との結び付きをより明確にした。

もっとも、刑事名誉毀損においては名誉毀損罪（刑230）が存在するし、民事名誉毀損においては私人間の問題になるのであり、名誉権が憲法上の基本権であるかどうかは重要な問題ではないともいうる。しかし、名誉権の保護は表現の自由と衝突しうるのであって、両者の調整が必要であり、その際に名誉権が憲法に根拠を有していることは重要である（なお、いわゆる私人間効力論におけるこの問題の位置づけについては、参照、宍戸96頁）。

2　争点②について、マスメディアの発達や、さらにはインターネット時代を迎え、名誉毀損が政治家や公務員といった公職にある者に対してのみならず、単なる著名人やさらには市井の一般人に対しても行われるようになった今日では、表現の自由よりもむしろ名誉の保護を重視すべきだという風潮があるようにも見受けられる（108事件〔最判昭41・6・23—「署名狂やら殺人前科」事件〕の解説でふれた民事名誉毀損の慰謝料高騰の傾向もその反映である）。しかし、各国の歴史を見れば、名誉毀損罪が主として統治者に対する批判を弾圧するために用いられてきたことを見落とすわけにはいかない。

そもそも、表現の自由が手厚く保障されるべき根拠の1つは、それが民主政の運営にとって不可欠であるからであり、その観点からは公共性のある問題については、自由な議論が認められなければならない。統治者に対する批判は、公共性のある問題の典型であり、手厚く保障されなければならないが、公共性はこうした事柄に限られるわけではない（110事件〔最判昭56・4・16—「月刊ペン」事件〕参照）。

他方、公共性の認められない事項については、人格権としての名誉権の重要性にも鑑み、両者の「等価値的衡量」が要請される（佐藤憲法452頁）。

3　刑法230条の2の規定は、戦前には存在せず、日本国憲法の制定を受けた刑法改正により1947（昭和22）年に設けられたものであり、それ自体上記のような名誉の保護と表現の自由の保障との調整を図る趣旨に出たものである。

しかし、問題はこれで十分かということである。実際、すでに昭和20年代から下級審では、事実の真実性の証明がない場合においても相当の根拠のある真実性の誤信は故意を阻却する、として処罰を否定したものがいくつもあった（本件1審もこうした見解に立っていた）。これに対して、従来の最高裁判決はこのような見解を否定していたところ、本判決において判例変更がなされたわけである。

従来の最高裁判例の問題点は、表現の自由に対する萎縮効果を十分に考慮しない点にあった。すなわち、報道の例で言えば、諸々の制約の中で可能な限りの取材を行って記事にしても、法廷において真実性の証明が成功するかどうかは分からない（真実性の証明責任はメディア側に

ある)。このような状況では、メディアは相当の自信がある場合でなければ記事にすることを躊躇してしまうかもしれない。このことは、確度が低い情報について伝聞・噂の形で記事にした場合でも、真実性の証明の対象は「その伝聞・噂が存在すること」ではなく「その伝聞・噂の内容たる事実」であるとするのが判例（最決昭43・1・18刑集22巻1号7頁）であることを考えると一層深刻である。

前述のような表現の自由の意義を考慮すると、公共性のある事柄については萎縮効果をできるだけ除去することが望ましい。そこで、本判決は、民事の名誉毀損の場合（108事件）に続き、刑事についてもいわゆる相当性の法理を採用したものである。

それによれば、名誉毀損の構成要件に該当する場合であっても、(1)摘示された事実が公共の利害に関わり、(2)その目的が主として（刑法230条の2には「専ら」とあるが、判例上これは緩やかに解されている）公益を図ることにあり、(3)当該事実が真実であると信ずるについて相当の理由がある場合には、名誉毀損責任が免責されるというものである。これによって、相当な取材に基づいてはいたが結果的には誤報であった場合等に責任を問われる危険性が減少し、萎縮効果の除去に資することになる。なお、刑法理論において相当性の法理をどのように説明するかについては様々な議論がなされているが、これは刑法の教科書類で詳しく取り上げられていることから、ここでは触れない。

実際には、(2)の公益目的性が争点になることは比較的少なく、(1)の事実の公共性、および(3)の相当性（あるいは刑法230条の2の本則である真実性）を満たすかどうかが主として問題となる。(1)についての重要判例として110事件がある。(3)については、108事件の解説でも触れたように、具体的にはどの程度の根拠があれば「相当の理由」があるとされるかが問題となる。事例の多い民事名誉毀損訴訟とは異なり、報道機関による名誉毀損が刑事事件になること自体が稀であることから、刑事事件で「相当の理由」が認められた例はほとんどないようである。

4 表現の自由と名誉権の保護の調整法理としての相当性の法理は、判例の相当性判断の具体的なあり方への評価は別として、法理それ自体は概ね一般に支持されているようであるが、一部の論者はこれでは不十分であるとして、アメリカの判例法理である現実の悪意（actual malice）の法理の導入を主張する（松井・後掲105頁など）。この法理は、名誉毀損につき、被害者が公人ないし公的人物である場合には、事実が虚偽であることを表現者が知っていたか、あるいは虚偽かどうかに注意を全く払わなかった場合にのみ責任を負い、しかも、この点に関する証明責任は、被害者にあるとする法理である。この法理は明らかに表現の自由を手厚く保護するものであり、これにより、公人ないし公的人物に関する表現である限り、表現者が名誉毀損責任を負うおそれは事実上なくなったとされている。なお、116事件の谷口正孝裁判官の意見は、（事後の民刑事責任ではなく）事前差止めの要件として、現実の悪意の法理の採用を主張している。

しかし、アメリカにおいては、日本でも認められる塡補的損害賠償に加えて、懲罰的損害賠償として、例えばメディアの経営に影響を及ぼすような巨額の賠償金の支払命令がなされることがあり、日本とは事情が異なることにも留意が必要である。なお、前述のとおり、近年は日本でも慰謝料額の高騰傾向がみられるが、なお塡補的賠償の枠内のものであり、依然としてアメリカとは事情が異なる。

そこで、相当性の法理を維持しつつも、相当性の立証の程度を軽減するなど、より表現の自由保護的な方向に向かうべきだとの主張もされている（以上につき、松本・後掲96頁、高橋ほか・後掲59頁）。

ただ、こうした方向性を採るべきであるとしても、現実の悪意の法理から学ぶべき点がないではない。すなわち、この法理が公人ないし公的人物に対する名誉毀損責任を限定する理由の1つとして、こうした人物はメディアへのアクセスを有しており、批判に対して容易に反論できるのが通常であるという点がある。相当性の法理では、公共の利害に関するかどうかという事柄の性質によって同法理の適用範囲を画しているが、現実の悪意の法理では公人ないし公的人物という人の性質によっている点に違いがあるが、被害者の反論手段の有無という要素を日本の表現の自由と名誉権との調整の一要素として取り入れる可能性はあろう（110事件解説も参照）。なお、この点はインターネット上における名誉毀損に関してより直接的に問題となるが、これについては115事件（最決平22・3・15―平和神軍観察会事件）を参照されたい。

5 ところで、表現の自由と名誉権の保護との調整のあり方として、相当性法理のような真実性立証の程度の問題に関連して、日本の名誉毀損法が、真実性立証を認める範囲を限定していることが指摘されることがある。すなわち、公共の利害に関わらないか、公益目的のない場合には、真実性や相当性の立証による免責が認められない。逆に言うと、このような場合には、名誉毀損の「被害者」の「虚名」が保護されることになる。しかし、いかに事実の公共性や公益目的性がないからといって、表現の自由を制約して虚名までも保護する必要性はないのではないかという指摘がなされている（松井・後掲105頁）。傾聴すべき見解であるが、その場合、虚名であることの暴露による本人の社会生活上の不利益（これは名誉とは別の法益である）をどこまで保護するかという点との関係で別途表現の自由との調整を模索することが必要だろう。

◆ 参考文献 ◆
上村貞美・百選Ⅰ〔第5版〕142頁、高橋和之ほか編『インターネットと法〔第4版〕』[2010] 54頁（高橋和之）、長岡徹・争点128頁、松井茂記『マス・メディア法入門〔第4版〕』[2008]、松本和彦・判例講義Ⅰ95頁。

110 私人の私生活上の行状と事実の公共性——「月刊ペン」事件

最高裁昭和56年4月16日第一小法廷判決
(昭和55年(あ)第273号名誉毀損被告事件)
刑集35巻3号84頁, 判時1000号25頁

■事案■

Y(『月刊ペン』誌編集局長)は, 諸般の面から宗教法人創価学会を批判するにあたり, 同会会長(当時)池田大作の私的行動をも取りあげ, 1976(昭和51)年3月号の『月刊ペン』誌上に, 「四重五重の大罪犯す創価学会」との見出しのもとに, 「池田大作の金脈もさることながら, とくに女性関係において, 彼がきわめて華やかで, しかも, その雑多な関係が病的であり色情狂的でさえあるという情報が, 有力消息筋から執拗に流れてくるのは, 一体全体, どういうことか」などとする記事を執筆掲載し, また, 同年4月号誌上に, 「極悪の大罪犯す創価学会の実相」との見出しのもとに, 「彼にはれっきとした芸者のめかけT子が赤坂にいる。……そもそも池田好みの女性のタイプというのは, ①やせがたで ②プロポーションがよく ③インテリ風——のタイプだとされている。なるほど, そういわれてみるとお手付き情婦として, 2人とも公明党議員として国会に送りこんだというT子とM子も, こういうタイプの女性である」などとする記事を執筆掲載した。

1審(東京地判昭53・6・29刑集35巻3号97頁参照)・2審(東京高判昭54・12・12東高刑時報30巻12号182頁)は, 池田氏, 上記元国会議員2名および創価学会の名誉を毀損したとして, Yを有罪とした。Yが上告。

■争点■

① 私人の私生活上の行状が「公共の利害に関する事実」に該当することがあるか。
② 「公共の利害に関する事実」該当性の判断方法はどのようなものか。

■判旨■

破棄差戻し。

「私人の私生活上の行状であっても, そのたずさわる社会的活動の性質及びこれを通じて社会に及ぼす影響力の程度などのいかんによっては, その社会的活動に対する批判ないし評価の一資料として, 刑法230条の2第1項にいう『公共の利害に関する事実』にあたる場合がある」。

本件の「記事は, 多数の信徒を擁するわが国有数の宗教団体である創価学会の教義ないしあり方を批判しその誤りを指摘するにあたり, その例証として, 同会の池田大作会長(当時)の女性関係が乱脈をきわめており, 同会長と関係のあった女性2名が同会長によって国会に送り込まれていることなどの事実を摘示したものであることが, 右記事を含むYの『月刊ペン』誌上の論説全体の記載に照らして明白であるところ, 記録によれば, 同会長は, 同会において, その教義を身をもって実践すべき信仰上のほぼ絶対的な指導者であって, 公私を問わずその言動が信徒の精神生活等に重大な影響を与える立場にあったばかりでなく, 右宗教上の地位を背景とした直接・間接の政治的活動等を通じ, 社会一般に対しても少なからぬ影響を及ぼしていたこと……などの事実が明らかである。」

「摘示された池田会長らの前記のような行状は, 刑法230条の2第1項にいう『公共の利害に関する事実』にあたる」。「なお, 右にいう『公共の利害に関する事実』にあたるか否かは, 摘示された事実自体の内容・性質に照らして客観的に判断されるべきものであ」る。

■解説■

1 争点①について, 本書108事件(最判昭41・6・23—「署名狂やら殺人前科」事件), 109事件(最大判昭44・6・25—「夕刊和歌山時事」事件)で見たとおり, 名誉毀損の免責要件は, 摘示にかかる(1)事実の公共性, (2)公益目的, (3)真実性または相当性の証明の3点であるが, 本判決は, (1)要件に関する重要判例であり, 私人の私生活上の行状であっても, この要件を充たしうるとしたものである。その根拠は, 顕著な社会的活動を行っている人物に対する批判・評価のための資料となるということにある。その意味で, 本判決は「人物」に焦点を当てる手法をとっており, アメリカの現実の悪意の法理の適用範囲に関する「公人(public figure)の理論」との一定の類似性が見受けられる(109事件解説4も参照のこと)。

ただ, 日本での事実の公共性要件は, 文言上, 人物の公共性ではなく事実の公共性を対象としているし, アメリカの現実の悪意の法理と日本の免責法理の全体的な違いからも, 事実の公共性要件はアメリカの公人理論よりも範囲が広いことになる。しかし, この判断はあくまでも規範的な判断であり, 読者が現に関心をもっているからという理由から直ちに事実の公共性を認めることはできず, 正当な関心事であることが必要である(これはプライバシー侵害の免責における考慮とも共通する。103事件〔東京地判昭39・9・28—「宴のあと」事件〕解説4も参照)。

2 本件事例に関する判断については, 池田氏が巨大な宗教団体である創価学会における絶対的な存在であって, その有する政治的影響力も巨大であること(以上につき, 木谷・後掲84～85頁を参照)や, 相手方とされた女性も創価学会幹部であり元国会議員でもあったことなどから, 事実の公共性が認められることについて異論の余地は少ないと思われるが, これを超えてどの辺りまでこの要件が認められるのかは必ずしも明らかではなかった。その後の下級審裁判例の動向をみると, 本件のような異論の余地のない場合だけに事実の公共性を認めているわけではなく, 比較的緩やかな判断をしているようにも見受けられる(概観として, 佐伯・後掲41頁, 髙佐・後掲145頁。より詳しくは, 佃・後掲280頁以下参照)。

3 争点②につき, 本判決は, 事実摘示の際の表現方法(侮蔑的であったか否かなど)や事実調査の程度などは免責要件(2)の公益目的に関わるものであり, 事実の公共性判断においてはこれらを考慮すべきではなく, あくまでも事実そのものに即して客観的に行うべきであるとした。

◆参考文献◆
佐伯仁志・メディア百選40頁, 木谷明・最判解刑事篇昭和56年度57頁, 髙佐智美・百選I〔第5版〕144頁, 佃克彦『名誉毀損の法律実務〔第2版〕』〔2008〕.

111 公正な論評の法理
——長崎教師批判ビラ事件

最高裁平成元年 12 月 21 日第一小法廷判決
(昭和 60 年(オ)第 1274 号損害賠償等請求事件)
民集 43 巻 12 号 2252 頁, 判時 1354 号 88 頁

■事案■

本件当時, 長崎市内の公立小学校においては, 通知表の様式および評定記載方法の変更をめぐって対立が生じていたが, 長崎県教職員組合に所属する同市小学校教師 X らは, この変更に反対して, 1980 (昭和 55) 年度第 2 学期の通知表を児童に交付しなかった。

かねてより教育問題等について言論活動をしていた Y は, この出来事を知り, 架空の団体である「長崎県教育正常化父母の会」名義で本件ビラを作成・配布した。本件ビラには, 通知表の交付をめぐる混乱の経過, 通知表の性格, X らが校長会案に反対して各勤務先学校の校長の決裁を得られない状態にあったことなどについて Y の立場からする詳細な記述がされている一方, その本文中において, 「教師としての能力自体を疑われるような『愚かな抵抗』」, 「教育公務員としての当然の責任と義務を忘れ」, 「お粗末教育」, 「有害無能な教職員」等の表現が用いられ, 本文に続く「通知表問題でわかった有害無能な教職員の一覧表」と題する一覧表に X らの実名や住所等の個人情報が記載されていた。

1 審 (長崎地判昭 58・3・28 判時 1121 号 106 頁), 2 審 (福岡高判昭 60・7・17 判タ 567 号 180 頁) とも名誉毀損の成立を認め, 慰謝料および謝罪広告の掲載を命じた。

■争点■

論評による名誉毀損の免責要件はどのようなものか。

■判旨■

破棄自判。

「公共の利害に関する事項について自由に批判, 論評を行うことは, もとより表現の自由の行使として尊重されるべきものであり, その対象が公務員の地位における行動である場合には, 右批判等により当該公務員の社会的評価が低下することがあっても, その目的が専ら公益を図るものであり, かつ, その前提としている事実が主要な点において真実であることの証明があったときは, 人身攻撃に及ぶなど論評としての域を逸脱したものでない限り, 名誉侵害の不法行為の違法性を欠くものというべきである。」

「本件において, 前示のような本件ビラの内容からすれば, 本件配布行為は, ……右行為の当時長崎市内の教育関係者のみならず一般市民の間でも大きな関心事になっていた小学校における通知表の交付をめぐる混乱という公共の利害に関する事項についての批判, 論評を主題とする意見表明というべきである。……本件ビラを全体として考察すると, 主題を離れて X らの人身攻撃に及ぶなど論評としての域を逸脱しているということもできない。……本件配布行為が専ら公益を図る目的に出たものに当たらないということはできず, 更に, 本件ビラの主題が前提としている客観的事実については, その主要な点において真実であることの証明があったものとみて差し支えない」。

本件ビラを見たと思われる者からの X らへのいやがらせ行為の原因となった個人情報公表に関して, 人格的利益 (私生活の平穏等) 侵害として慰謝料請求を認容。

■解説■

1 本件は「公正な論評」の法理を採用したものとして有名である。

刑事名誉毀損は事実の摘示についてしか成立しないが, 民事不法行為としての名誉毀損は意見の論評によっても成立する (この点に反対する見解として松井・後掲 118 頁)。しかし, 免責法理としての真実性の証明や相当性の法理 (本書 108 事件 [最判昭 41・6・23 —「署名狂やら殺人前科」事件], 109 事件 [最大判昭 44・6・25 —「夕刊和歌山時事」事件] 参照) は, 事実摘示による名誉毀損にのみ関わる (意見については真実か虚偽かを語りえないから)。そこで, 表現の自由の観点からは, 論評による名誉毀損の場合の免責法理が必要となるが, 本判決は英米法の「公正な論評の法理」(これについては篠原・後掲 627~628 頁, 長岡・後掲 147 頁参照。他方, 本判決は英米の同法理とは異なるとするものとして阪本・後掲 77 頁など) の示唆を受けてこれに応えたわけである。なお, 117 事件 (最判昭 62・4・24 —「サンケイ新聞」事件) ではすでに, 真実性の証明の枠内で公正な論評の法理を考慮したような判断を行っているが, 本判決によって論評の場合の免責法理が確立したことになる。なお, 事実の摘示と意見・論評の区別については 112 事件 (最判平 16・7・15 —「新・ゴーマニズム宣言」事件) を参照のこと。

2 後の判決 (最判平 9・9・9 民集 51 巻 8 号 3804 頁) で明らかにされた点も含めると, 判例による免責法理は, (1)利害の公共性, (2)目的の公益性, (3)論評の前提となる事実 (必ずしも名誉毀損的でなくてもよい) の摘示について真実性の証明または相当性, (4)論評の相当性である。

3 その上で, 本判決は(4)について問題となったが, 「公正な」論評の法理とは言いながら, 論評としての正当性や合理性は問われないこと (この点は 112 事件で明言された) が表現の自由との関係では重要である。そして, 本件や 112 事件, さらには 117 事件などを見る限り, (4)の要件はかなり緩やかに理解されているようである。

さらに, やはり 112 事件や 117 事件で問題となった点であるが, 当該論評が相手方との論争の一環として行われたものであるような場合には, 相手方の論調との関係も考慮される。

4 なお, 本件ビラが X らの個人情報を掲載した点につき, Y はそれによって第三者からの嫌がらせが生じることを予見していたか予見しなかったことにつき過失ありとされている。この点は名誉毀損判断の(2)要件にも関わるが, 本判決はなお主として公益目的であるとしている ((2)要件につき 109 事件解説参照。山川・後掲 37 頁はこの点を批判する)。

◆参考文献◆

篠原勝美・最判解民事篇平成元年度 619 頁, 渋谷秀樹・メディア百選 70 頁, 阪本昌成・同 76 頁, 長岡徹・百選 I [第 5 版] 146 頁, 松井茂記・民商 103 巻 2 号 108 頁, 山川洋一郎・判評 386 (判時 1373) 号 34 頁。

112 法的な意見の表明と名誉毀損——「新・ゴーマニズム宣言」事件

最高裁平成16年7月15日第一小法廷判決
（平成15年(受)第1793号・第1794号謝罪広告等請求事件）
民集58巻5号1615頁，判時1870号15頁

■事案■

いわゆる従軍慰安婦問題の研究者で，日本政府の責任を認める立場に立つXは，対立する立場をとる漫画家Y₁（小林よしのり）を批判する著書『脱・ゴーマニズム宣言』を出版した。同書は，Y₁の連載漫画「ゴーマニズム宣言」シリーズから57カット（74コマ）を無断で採録し，Y₁の同問題に関する立場を批判するものであった。これに対しY₁は，漫画「新・ゴーマニズム宣言」の雑誌連載の1回（のちに単行本化）において反論を行った。

その中でY₁は，上記のような無断採録を「ドロボー」などと述べるとともに，上記のような無断採録は正当な引用で著作権侵害ではないとする本件著作の「あとがき」に記載されたXの意見を原文のまま紹介し，反論している。また，「この著作権侵害事件に関しては弁護士を立てて断固とした法的措置をとる！」（本件表現）というY₁のセリフが記載されたカットが描かれている。これに対しXは，自らの名誉を毀損するものであるなどとして，Y₁およびこの漫画を出版した出版社であるY₂（小学館）に対し，損害賠償および謝罪文掲載等を求めて訴えを提起した。

1審（東京地判平14・5・28民集58巻5号1648頁参照）は請求を棄却したが，2審（東京高判平15・7・31判時1831号107頁）は，本件表現は事実そのものではないものの，裁判所により公権的・確定的な判断が可能だから，名誉毀損の免責事由との関係では事実を摘示するものとした上，真実性も相当性も認められないとして名誉毀損責任を認めた。これに対してYらが上告。

■争点■
法的な見解の表明は事実摘示か論評か。

■判旨■
破棄自判。

名誉毀損に関する判例法理（相当性の法理，公正な論評の法理）に言及した後，本件事案について次のように述べ，名誉毀損責任の成立を否定した。

「当該表現が証拠等をもってその存否を決することが可能な他人に関する特定の事項を明示的又は黙示的に主張するものと理解されるときは，当該表現は，上記特定の事項についての事実を摘示するものと解するのが相当である（〔最判平9・9・9民集51巻8号3804頁〕……参照）。そして，上記のような証拠等による証明になじまない物事の価値，善悪，優劣についての批評や議論などは，意見ないし論評の表明に属するというべきである。」

「法的な見解の表明は，事実を摘示するものではなく，意見ないし論評の表明の範ちゅうに属するものというべきである。また，……意見ないし論評については，その内容の正当性や合理性を特に問うことなく，人身攻撃に及ぶなど意見ないし論評としての域を逸脱したものでない限り，名誉毀損の不法行為が成立しないものとされているのは，意見ないし論評を表明する自由が民主主義社会に不可欠な表現の自由の根幹を構成するものであることを考慮し，これを手厚く保障する趣旨によるものである」。裁判所が判決等により判断を示すことができる事項であるかどうかは，上記の判別に関係しない。

本件では上記免責要件を充たし，名誉毀損は不成立。

■解説■

1　本件は，公正な論評の法理（本書111事件〔最判平元・12・21—長崎教師批判ビラ事件〕）の適用事例であるが，「著作権法違反である」といった法的な見解は事実の摘示なのか意見・論評なのかという点が争われた。

2　前提として，111事件でみたように，民事名誉毀損の免責法理は，名誉毀損が事実の摘示によるものか，意見・論評によるものかによって異なる。そこで，事実の摘示か意見・論評かを区別する基準が問題となるが，最判平9・9・9は，判旨引用どおりの基準を提示した。ただ，この基準の適用は見た目ほど簡単ではない。同判決も，一見意見表明に見えるような場合でも，修辞上の誇張や比喩などによって間接的に事実摘示を行うものとされる場合があるとする。いずれにしても，この基準によれば，法的な見解の表明は，当然意見・論評に分類されそうであり，実際にこうした判断を行った本判決は当然のことを述べたにすぎないとも思われる。

3　しかし，本件の2審は，法的な見解は通常の意見とは異なり，裁判所によって確定可能であることから，事実と同視できるという立場をとった。本判決はこれを否定したが，その際，意見・論評の自由の意義を高く評価している点も注目される。確かに，法的見解を事実摘示と同視すれば，判決を待たずに他者を批判することが不可能になり，妥当でない。

4　ところで，公正な論評として免責を受けるためには，前提事実の真実性・相当性の立証が必要（111事件解説の(3)要件）だが，何を前提事実とみるかによって立証範囲が広がるおそれがある。例えば，「彼は賄賂を受け取った」という場合，金銭授受の事実だけが前提事実なのか，職務行為関連性等の他の構成要件該当事実も立証する必要があるのだろうか（山口・後掲22頁は前者だが，本件調査官はこの見解を不正確だとする〔中村・後掲506頁〕）。他方，こうした表現は，要するに「怪しげな金銭授受があった」ことの修辞上の誇張であって事実の摘示とみることもできる場合もあり，むしろ立証の負担はこちらの方が小さいだろう。名誉毀損事件において，摘示内容は何かという確定が重要となることがある（113事件〔最判平15・10・16—テレビ朝日ダイオキシン報道事件〕もその例）が，これもその一例と言えよう。

5　なお，論評の相当性（111事件解説の(4)要件）について，本判決では人身攻撃ではないことのほか，Xが自著の中でY₁を激しく批判していること等を指摘している点も注目される。

◆参考文献◆
窪田充見・平成16年度重判解80頁，中村也寸志・最判解民事篇平成16年度(下)490頁，前田陽一・法教294号158頁，山口成樹・判評552（判時1876）号21頁。

113 テレビ報道による名誉毀損
——テレビ朝日ダイオキシン報道事件

最高裁平成15年10月16日第一小法廷判決
（平成14年(受)第846号謝罪広告等請求事件）
民集57巻9号1075頁，判時1845号26頁

■事案■

Xら（埼玉県所沢市内の野菜農家376名。のち上告審段階では29名）であるが，Y（全国朝日放送株式会社〔テレビ朝日〕）の「ニュースステーション」の番組内で，所沢産野菜から高濃度のダイオキシンが検出された旨の報道がされたことにより名誉が毀損され，また野菜価格の暴落等により財産的損害を被ったとして，謝罪広告と損害賠償を求めた。具体的には，番組内では「ほうれん草を中心とする葉っぱ物」から「0.64～3.80pgTEQ」のダイオキシン類が検出されたと報道されたが，元の調査結果によれば，最高値の3.80pgTEQが検出されたのは野菜ではなく煎茶であった。1審（さいたま地判平13・5・15判タ1063号277頁）および2審（東京高判平14・2・20判時1782号45頁）は，他の調査において同程度の濃度が検出された所沢産野菜の例があることなどを理由に，真実性の証明があったとしてXらの請求を斥けた。

■争点■

①テレビ放送による名誉毀損の成否はどのような基準で判断すべきか。
②テレビ放送による名誉毀損での真実性証明の対象はどのように確定すべきか。

■判旨■

破棄差戻し（差戻し後控訴審で和解成立。なお，報道の意義を評価する泉徳治裁判官の補足意見がある）。

「テレビジョン放送をされた報道番組の内容が人の社会的評価を低下させるか否かについても，〔新聞報道等の場合と〕同様に，一般の視聴者の普通の注意と視聴の仕方とを基準として判断すべきである。」

「テレビジョン放送をされた報道番組によって摘示された事実がどのようなものであるかという点についても，一般の視聴者の普通の注意と視聴の仕方とを基準として判断するのが相当である。テレビジョン放送をされる報道番組においては，新聞記事等の場合とは異なり，視聴者は，音声及び映像により次々と提供される情報を瞬時に理解することを余儀なくされるのであり，録画等の特別の方法を講じない限り，提供された情報の意味内容を十分に検討したり，再確認したりすることができないものであることからすると，当該報道番組により摘示された事実がどのようなものであるかという点については，当該報道番組の全体的な構成，これに登場した者の発言の内容や，画面に表示されたフリップやテロップ等の文字情報の内容を重視すべきことはもとより，映像の内容，効果音，ナレーション等の映像及び音声に係る情報の内容並びに放送内容全体から受ける印象等を総合的に考慮して，判断すべきである。」

本件放送の「重要な部分は，ほうれん草を中心とする所沢産の葉物野菜が全般的にダイオキシン類による高濃度の汚染状態にあり，その測定値が1g当たり『0.64～3.80pgTEQ』もの高い水準にあるとの事実であるとみるべきである。」

事案で言及した他の調査結果がある点については，「一般の視聴者は，放送された葉物野菜のダイオキシン類汚染濃度の測定値，とりわけその最高値から強い印象を受け得ることにかんがみると，その採取の具体的な場所も不明確な，しかもわずか1検体の白菜の測定結果が本件摘示事実のダイオキシン類汚染濃度の最高値に比較的近似しているとの上記調査結果をもって，本件摘示事実の重要な部分について，それが真実であることの証明があるということはできない」。

■解説■

1 社会的に注目された本件であるが，原理的な判決というよりは，真実性の証明による名誉毀損責任の免責法理の一適用事例という位置づけである。もっとも，テレビ放送による名誉毀損に関して最高裁が初めて判断した点で意義がある。まず，争点①については，新聞報道等の場合と同様（最判昭31・7・20民集10巻8号1059頁），一般の視聴者の普通の注意と視聴の仕方を基準とすべきだとされたが，これ自体には特に異論はないだろう。

2 争点②について，本件放送で摘示された事実はどのようなものかという点の評価の違いが本判決と2審判決との分かれ目となった。すなわち，2審判決は（煎茶ではなく）野菜のダイオキシン濃度の最高値は3.80pgTEQであった旨の事実が摘示されたものと解し，他の調査結果を援用してその真実性を認めた。これに対し，本判決は所沢産野菜が「全般的に」高濃度に汚染されていることを真実性証明の対象とした上で，2審が重視した他の調査結果では真実性の立証として不十分であるとしたのである。

このように，両判決は具体的な判断においては相違があるが，本件の調査官によれば，両者は，放送で摘示された事実は何かということを確定する基準についてはそれほど異ならない立場であるとする（松並・後掲519頁。紙谷・後掲269頁も同旨）。すなわち，Xらは放送から一般視聴者が受けた印象を基準とすべきだとし，2審はこれを否定していたところ，本判決は，判旨にあるようなテレビ放送の特性を指摘しながらも，文字情報を基本に，映像および音声にかかる情報の内容ならびに放送内容全体から受ける印象等を総合的に考慮すべきであるとしたが，調査官解説はこの立場と2審の立場にはそれほどの相違はないという。

しかし，結果的には本判決は2審と比較して一般視聴者の印象を重視した感は否めない。この点，印象を重視すると立証の対象が不明確になり，報道の自由にとって不利であるとする見解もある（右崎・後掲21頁）。今後も同種事案の処理にあっては，発言・文字情報の内容を重視すべきことという本判決の判示を確認することが重要だろう。

◆参考文献◆

右崎正person・判評549（判時1867）号18頁，紙谷雅子・民商130巻4・5号252頁，松並重雄・最判解民事篇平成15年度498頁，山口いつ子・メディア百選190頁。

114 ネットワークの媒介者の責任
――ニフティサーブ事件

東京高裁平成13年9月5日判決
（平成9年（ネ）第2631号・第2633号・第2668号損害賠償請求・反訴控訴事件，同第5633号附帯控訴事件）
判時1786号80頁，判タ1088号94頁

■事案■

Y1は，Y3が運営するニフティサーブというパソコン通信サービス（インターネットが普及する前によく使われていたコンピュータネットワーク）内の「現代思想フォーラム」の参加者であったが，同じく参加者であったXの異論を許さないような振る舞いに疑問を感じ，Xに対し「あの女は2度の胎児殺し」「嬰児殺害と米国不法滞在を提唱するエセ・フェミニズム女」等の書き込みを多数行うに至った。これに対しXはY1に対し名誉毀損等として本件訴訟を提起するとともに，同フォーラムのシステムオペレーター（シスオペ〔管理者〕）Y2の削除義務違反，Y3の使用者責任に基づく損害賠償請求も求めた。

1審（東京地判平9・5・26判時1610号22頁）は，名誉毀損の成立を認め，また，一部につきY2の削除義務違反およびY3の使用者責任も認めた。

■争点■

①ネットワークの媒介者はどのような場合に削除義務を負うか。
②反論が可能であることは名誉毀損責任の成否を左右するか。

■判旨■

一部控訴棄却・一部変更（確定）。Xが嬰児殺しおよび不法滞在の犯罪を犯したという内容の発言は，名誉毀損にあたる。

シスオペだけが問題発言を削除することができること，ただし，シスオペは他の本業があり，発言を逐一点検することはできないこと，問題発言の対応は，本来は民刑事責任の追及によるべきこと，問題発言は議論の深化・進展に何ら寄与しないこと等を考慮すると，「会員による誹謗中傷等の問題発言については，フォーラムの円滑な運営及び管理というシスオペの契約上託された権限を行使する上で必要であり，標的とされた者がフォーラムにおいて自己を守るための有効な救済手段を有しておらず，会員等からの指摘等に基づき対策を講じても，なお奏功しない等一定の場合，シスオペは，フォーラムの運営及び管理上，運営契約に基づいて当該発言を削除する権限を有するにとどまらず，これを削除すべき条理上の義務を負う」。

本件では，Y2の削除義務違反は認められない。

「フォーラムにおいては，批判や非難の対象となった者が反論することは容易であるが，言葉汚く罵られることに対しては，反論する価値も認め難く，反論が可能であるからといって，罵倒することが言論として許容されることになるものでもない。」

■解説■

1　サイバースペースという新しい表現の場の出現により，表現の自由の問題も新しい様相を呈するようになったが，本件はその初期の代表的な例である。ネットワーク上では，名誉毀損，プライバシー侵害，著作権侵害等の権利侵害的な書き込みは，時間がたっても容易にアクセスでき，また容易に転載されていくために削除等の措置をとる必要性が高い。そこで，発言者と被害者とを媒介する者（今日ではむしろネット上の掲示板管理者やサーバー管理者，プロバイダ等）の責任が注目されるに至った。

2　これについては，媒介者が権利侵害を防止する義務（特に削除義務）の有無あるいはその発生要件の検討が重要となるが，これには法令上の手掛かりはなく，条理上の義務（実質的根拠については橋本・後掲21頁参照）として一定の場合に削除義務が発生することが認められている。問題は，過大な削除義務を課した場合，媒介者はその管理下にある膨大な発言を逐一点検し，その違法性を判断するという困難で，かつ自由な情報流通という観点から望ましくない義務を負うことになる点である。他方で，権利侵害の防止のためには媒介者の措置に待つところが大きく，こうした観点からの適切な水準の削除義務の設定が求められる（基本的な問題の所在につき参照，高橋ほか・後掲71頁以下〔高橋和之〕，松井・後掲219頁以下等）。

3　この点，1審は，他人の名誉を毀損する発言が書き込まれていることを具体的に知ったと認められる場合には，条理上の削除義務があるとした。また，動物病院対2ちゃんねる事件1審判決（東京地判平14・6・26判時1810号78頁）は，「遅くとも本件掲示板において他人の名誉を毀損する発言がなされたことを知り，又は，知り得た場合には，直ちに削除するなどの措置を講ず〔る〕」義務を負うとし，2ちゃんねる側に対し本件1審よりも重い義務を課した。

他方，都立大学事件判決（東京地判平11・9・24判時1707号139頁）では，公立大学のネットワーク内に同大学学生により開設されたウェブサイト上の文書の削除義務は「極めて例外的な場合」に限り生じるとした。以上のとおり，削除義務の程度についての判断は分かれているが，これは事案の違いによるところも大きい。

ところで，上記諸裁判例は，削除義務が生じるには媒介者が名誉毀損的発言をどの程度認識していたことを要するかという観点からの判断であるが，本判決はこの点については言及せず，別な観点からの判断である（橋本・後掲22頁参照）。

4　なお，本判決と相前後して，2001年にはいわゆるプロバイダ責任制限法が制定され，媒介者が削除等をしなかった場合の責任に関わる規定もある（3Ⅰ）。ただ，これは削除等の義務に関するものではなく（総務省電気通信利用環境整備室『プロバイダ責任制限法』[2002] 32頁参照），厳密には同条項で対応されている問題と本件での論点は区別する必要があるが，実務上は同法制定によって権利侵害情報に係るプロバイダ等媒介者の民事責任の問題は一定の解決を見ている（刑事責任については高橋ほか・後掲113頁以下〔山中敬一〕参照）。

5　なお，争点②については115事件（最決平22・3・15――平和神軍観察会事件）を参照のこと。

◆参考文献◆
高橋和之ほか編『インターネットと法〔第4版〕』[2010]（高橋和之），松井茂記『インターネットの憲法学』[2002]，鈴木秀美・判例講義Ⅰ103頁，高橋和之・ジュリ1120号80頁（1審評釈），西土彰一郎・メディア百選224頁，橋本佳幸・判評530（判時1809）号16頁。

115 インターネット上の名誉毀損
―― 平和神軍観察会事件

最高裁平成22年3月15日第一小法廷決定
（平成21年（あ）第360号名誉毀損被告事件）
刑集64巻2号1頁，判時2075号160頁

■事案■

Yは，インターネット上に開設した「平和神軍観察会」と題するホームページにおいて，フランチャイズ方式などでラーメン店を展開するA社（グロービート・ジャパン）はかねてより一部マスコミ等でカルト集団として取り上げられていたB（平和神軍）という団体と一体であり，加盟店からA社へ，同社からBに資金が流れている旨，およびA社は虚偽の内容の求人広告を行っている旨の内容を記載した文章を掲載した。

Yは上記文章掲載につき名誉毀損罪として起訴されたが，1審（東京地判平20・2・29判時2009号151頁）は，事実の公共性，目的の公益性は認めたものの，真実性，相当性は認めなかった（この免責法理については本書108事件〔最判昭41・6・23―「署名狂やら殺人前科」事件〕，109事件〔最大判昭44・6・25―「夕刊和歌山時事」事件〕参照）。

しかし，同判決は，利用者が対等の地位で言論の応酬ができるというインターネットの特質に注目し，また，マスコミや専門家による情報発信とは異なり，個人利用者により発信された情報の信頼性は一般的に低いものと認識されているとして，個人利用者によるインターネット上の名誉毀損罪は，被害者による反論を要求しても不当とはいえないような特段の事情があり，事実の公共性・目的の公益性が認められる場合には，摘示した事実が真実でないことを知りながら発信したか，あるいは，インターネットの個人利用者に対して要求される水準を満たす調査を行わず真実かどうか確かめないで発信したといえるときに限り成立するとして，無罪とした。

これに対し，2審（東京高判平21・1・30判タ1309号91頁）は，インターネットの個人利用者の場合であっても従来どおりの免責要件を適用すべきであるとして1審判決を破棄し，罰金刑を宣告したため，Yが上告。

■争点■

個人によるインターネット上の名誉毀損責任の免責法理はどのようなものか。

■決定要旨■

上告棄却。

「個人利用者がインターネット上に掲載したものであるからといって，おしなべて，閲覧者において信頼性の低い情報として受け取るとは限らないのであって，相当の理由の存否を判断するに際し，これを一律に，個人が他の表現手段を利用した場合と区別して考えるべき根拠はない。そして，インターネット上に載せた情報は，不特定多数のインターネット利用者が瞬時に閲覧可能であり，これによる名誉毀損の被害は時として深刻なものとなり得ること，一度損なわれた名誉の回復は容易ではなく，インターネット上での反論によって十分にその回復が図られる保証があるわけでもないことなどを考慮すると」，インターネットの個人利用者による表現行為の場合においても，他の場合と同様に，相当性の法理を適用すべきであり，より緩やかな要件で同罪の成立を否定すべきものとは解されない。本件の事実関係のもとでは，Yには「相当の理由」は認められず，名誉毀損罪の成立を認めた2審は正当である。

■解説■

1　本件はインターネット上の名誉毀損について最高裁が判断した初の事例であるが，そこではインターネットの特性が名誉毀損の免責法理に及ぼす影響について1審と2審および本判決の立場が分かれた。

2　すなわち，1審は事案記載のような理由で免責要件を緩和したのであるが，これはいわゆる「対抗言論の法理」を踏まえてのものである。この法理は，言論には言論で対抗するのが原則であるという考えに基づき，議論している当事者が対等な言論手段を有しており，かつ，名誉回復のために反論を行うことを要求しても不公平とはいえない場合，名誉毀損的表現に対しては，裁判所に救済を求めるのではなく，言論によって対抗すべきであるとし，インターネットはこうした法理の妥当する場となりうるとする（高橋ほか・後掲64頁以下〔高橋和之〕）。従来もこうした着想に基づく民事裁判例が見られた（114事件〔東京高判平13・9・5―ニフティサーブ事件〕や東京地判平13・8・27判時1778号90頁）。

ただ，1審はネットという場の要素に加えて，マスメディアとネットの個人利用者との相違という表現主体の要素も考慮している点で，対抗言論の法理の枠外の論点も含んでいる。

3　これに対して本判決（および2審）は，決定要旨のとおり，(1)反論による名誉回復可能性や(2)個人利用者の発信情報の信頼性の低さという1審の論拠を正面から否定して，従来の立場を維持した。

4　確かに，上記(1)(2)の論拠にはそれぞれ問題点がある（概観として鈴木・後掲27〜29頁）。しかし，(1)については，対抗言論の法理を，自力救済が可能なことを理由に刑法上の保護を後退させるもの（小玉・後掲28頁）として原理的に否定するのでなければ，本件に適用できるかは別として，この法理が妥当する事案が，おそらくかなり限定的だろうが，ありうることは否定できない。また，(2)については，免責法理の現状（108事件解説2参照）では，個人利用者が免責を得ることは事実上ほとんど不可能となり，本件のようなアマチュアによる公共的な情報発信が著しく妨げられることになる。刑事と民事では違いもありうるが，相当性の法理は本来もっと柔軟なはずであり，個人利用者については定評ある報道に依拠した場合には相当性を認めるという対応も考えられる（宍戸・後掲71頁。これは配信サービスの抗弁〔108事件解説3参照〕に類似するが，報道機関と個人利用者は異なる取扱いも可能だと思われる）。

◆参考文献◆
高橋和之ほか編『インターネットと法〔第4版〕』[2010]（高橋和之），西土彰一郎・平成22年度重判解23頁，丸山雅夫・同重判解210頁，小玉大輔・ひろば63巻7号23頁，宍戸常寿・新聞研究707号68頁，鈴木秀美・ジュリ1411号22頁。

116 名誉毀損に基づく事前差止め ——「北方ジャーナル」事件

最高裁昭和61年6月11日大法廷判決
（昭和56年(オ)第609号損害賠償請求事件）
民集40巻4号872頁、判時1194号3頁

■事 案■

Y₁（五十嵐広三）は、元旭川市長であり、1979（昭和54）年4月施行の北海道知事選挙に立候補を予定していた（結局落選したが、その後衆議院議員となり、建設大臣、内閣官房長官を歴任）。Xは、同年2月発売予定の月刊誌『北方ジャーナル』4月号に、「ある権力主義者の誘惑」と題する本件記事を掲載することとしていた。本件記事は、Y₁に知事の資質がないことを主張するものであるが、Y₁の人物論を述べるに当たり、「嘘と、ハッタリと、カンニングの巧みな」少年であったとか、「五十嵐（中略）のようなゴキブリ共」などという表現でY₁の人格を評し、その私生活につき、「クラブ（中略）のホステスをしていた新しい女（中略）を得るために、罪もない妻を卑劣な手段を用いて離別し、自殺せしめた」などと記し、その行動様式は「常に保身を考え、選挙を意識し、極端な人気とり政策を無計画に進め、市民に奉仕することより、自己宣伝に力を強め、利権漁りが巧みで、特定の業者とゆ着して私腹を肥やし、汚職を蔓延せしめ」「巧みに法網をくぐり逮捕はまぬかれ」ており、知事選立候補は「知事になり権勢をほしいままにするのが目的である」とする内容をもつものであった。

これを知ったY₁は、名誉毀損に基づき、同誌4月号の頒布の禁止等を求める仮処分を札幌地裁に申請し、無審尋で即日認められた。これに対してXは異議申立てを行ったが、この手続においては、最高裁は憲法判断を示さなかった（最判昭56・10・2公刊物未登載〔佐藤幸治・法教15号85頁参照〕）。Xは、異議申立てに並行して、上記仮処分により損害を受けたとして、Y₁・Y₂（Y₁の選挙運動従事者）に対しては民法709条に基づき、Y₃（国）に対しては国家賠償法1条に基づき損害賠償請求訴訟を提起した。1審（札幌地判昭55・7・16民集40巻4号908頁参照）、2審（札幌高判昭56・3・26前掲民集921頁参照）ともX敗訴。Xは、仮処分およびその申請が憲法21条の禁止する検閲と事前抑制に当たり、表現の自由を侵害するとして上告した。

■争 点■

①仮処分による事前差止めは「検閲」（21Ⅱ）に該当するか。
②名誉権に基づく差止請求権は認められるか。
③仮処分による事前差止めを認める要件は何か。

■判 旨■

上告棄却。

(i) 本書132事件（最大判昭59・12・12—税関検査事件）での「検閲」に関する判示を前提とした上で、「一定の記事を掲載した雑誌……の仮処分による事前差止めは、裁判の形式によるとはいえ、口頭弁論ないし債務者の審尋を必要的とせず、立証についても疎明で足りるとされているなど簡略な手続によるものであり、また、いわゆる満足的仮処分として争いのある権利関係を暫定的に規律するものであって、非訟的な要素を有することを否定することはできないが、仮処分による事前差止めは、表現物の内容の網羅的一般的な審査に基づく事前規制が行政機関によりそれ自体を目的として行われる場合とは異なり、個別的な私人間の紛争について、司法裁判所により、当事者の申請に基づき差止請求権等の私法上の被保全権利の存否、保全の必要性の有無を審理判断して発せられるものであって」検閲には当たらない。

(ii) 「実体法上の差止請求権の存否について考えるのに、……名誉を違法に侵害された者は、……人格権としての名誉権に基づき、加害者に対し、現に行われている侵害行為を排除し、又は将来生ずべき侵害を予防するため、侵害行為の差止めを求めることができる」。

「表現行為に対する事前抑制は、新聞、雑誌その他の出版物や放送等の表現物がその自由市場に出る前に抑止してその内容を読者ないし聴視者の側に到達させる途を閉ざし又はその到達を遅らせてその意義を失わせ、公の批判の機会を減少させるものであり、また、事前抑制たることの性質上、予測に基づくものとならざるをえないこと等から事後制裁の場合よりも広汎にわたり易く、濫用の虞があるうえ、実際上の抑止的効果が事後制裁の場合より大きいと考えられるのであって、表現行為に対する事前抑制は、表現の自由を保障し検閲を禁止する憲法21条の趣旨に照らし、厳格かつ明確な要件のもとにおいてのみ許容されうる」。

(iii) 「出版物の頒布等の事前差止めは、このような事前抑制に該当するものであって、とりわけ、その対象が公務員又は公職選挙の候補者に対する評価、批判等の表現行為に関するものである場合には、そのこと自体から、一般にそれが公共の利害に関する事項であるということができ、前示のような憲法21条1項の趣旨……に照らし、その表現が私人の名誉権に優先する社会的価値を含み憲法上特に保護されるべきであることにかんがみると、当該表現行為に対する事前差止めは、原則として許されないものといわなければならない。ただ、右のような場合においても、その表現内容が真実でなく、又はそれが専ら公益を図る目的のものでないことが明白であって、かつ、被害者が重大にして著しく回復困難な損害を被る虞があるときは、当該表現行為はその価値が被害者の名誉に劣後することが明らかであるうえ、有効適切な救済方法としての差止めの必要性も肯定されるから、かかる実体的要件を具備するときに限り、例外的に事前差止めが許される」。

(iv) 「事前差止めを命ずる仮処分命令を発するについては、口頭弁論又は債務者の審尋を行い、表現内容の真実性等の主張立証の機会を与えることを原則とすべきものと解するのが相当である」。ただ、口頭弁論または債務者の審尋を行うまでもなく、債権者の提出した資料によって、上記要件が充足されていると認められるときは、口頭弁論または債務者の審尋を経ないで差止めの仮

処分命令を行うことができ，本件はこの場合に当たる。

■解説■

1 本件は，名誉毀損に基づく事前抑制に関する判断として重要な意義を有するが，まず，争点①の仮処分手続による差止め（旧民訴760〔現在の民保23Ⅱ〕）の「検閲」（21Ⅱ）該当性については，132事件に従い，「検閲」に該当しないとした。その際，判旨(i)で引用したとおり，本件では行政機関ではなく裁判所が主体であるからという理由だけで検閲該当性を否定したのではない点に注意が必要である（132事件解説も参照のこと）。

132事件と同様，本件でも最高裁は，検閲該当性を否定した後，21条1項違反の有無を検討しているが，事前規制そのものではないとされた税関検査とは異なり，本件では出版物の頒布等の事前差止めは事前規制に該当するとされたことから，そして，判旨(ii)に引用したとおり（この判示は熟読したい），事前抑制の弊害を指摘した上で，通説（佐藤憲法論256頁など）のいう事前抑制禁止の原則を最高裁としても承認している。

2 争点②の名誉毀損に基づく実体法上の差止請求権については，人格権としての名誉権は，物権と同様，排他性を有するとして，物権的請求権類似の差止請求権を肯定している。この点は下級審裁判例や学説によって既に認められていたが，最高裁としては本件が初めての判断である（本争点については，参照，山本・後掲11頁）。

3 争点③について，1で述べたとおり，本判決は事前抑制禁止の原則を承認し，差止めは「厳格かつ明確な要件のもとにおいてのみ許容されうる」とした。そこで，差止めを認めるためにはどのような要件が必要かが問題となるが，これは実体的要件と手続的要件とに分けて論じられる。

まず，実体的要件については，従来の裁判例，学説上，(1)高度の違法性説，(2)個別的比較衡量説，(3)類型的比較衡量説，(4)現実の悪意説，(5)特別要件設定説などがあった（宍戸・後掲149頁参照）。

この点，判旨(iii)は，公共の利害に関する名誉毀損的表現については，(a₁)その表現内容が真実でないことが明白であり，または，(a₂)それが専ら公益を図る目的でないことが明白であり，かつ，(b)被害者が重大にして著しく回復困難な損害を被るおそれがある場合には差止めが認められるとしているから，公共の利害に関する表現類型について表現の自由よりも名誉権が優位する要件を設定しており，このため，(3)の類型的比較衡量説を採ったものと理解されている（ただし，本判決の伊藤正己裁判官補足意見はこれを否定する）。

この要件は，民刑事の名誉毀損の免責要件（刑230条の2，108事件〔最判昭41・6・23―「署名狂やら殺人前科」事件〕，109事件〔最大判昭44・6・25―「夕刊和歌山時事」事件〕）を参考にしたものであることは明らかである。そして，事前抑制の危険性に鑑み，明白性や損害の重大性・回復不可能性を要求することにより，「厳格かつ明確な要件」とし，事前抑制の危険性に対処しようとしている。

しかしながら，本判決の設定した要件が「厳格かつ明確な要件」となり得ているかについては批判がある。特に，(a₂)の要件については批判が強い。その理由は，まず，刑法230条の2第3項によれば，公職の候補者に対する批判については公益目的が擬制されているはずであるということ（ただし，本件ではY₁は立候補予定者であり，候補者そのものではない）や，公衆の知る権利の観点からは，表現者の主観は無関係ではないかということである（野坂・後掲179～180頁）。ただ，これらは名誉毀損表現の差止めの要件論だけでなく，民刑事責任の免責要件論でも問題となる。他方，差止めの場合には事後に表現者の民刑事責任を問う場合とは異なり，表現者の主観を考慮する必要はないという理由も指摘される（高橋・後掲105頁）が，これは，名誉毀損の民刑事責任の免責要件を差止めの要件の基礎に転用することの是非を問題とするものである。ただ，本件では主として摘示事実の虚偽性ではなく「ことさらに下品で侮辱的な言辞による人身攻撃」が問題視された事例である。これは本来公正な論評の法理との関連で位置づけられるべきであるが，本判決の要件は事実摘示型名誉毀損の免責法理をベースにしているだけに，上記のような人身攻撃は(a₂)の公益目的要件で受け止める必要があった（110事件〔最判昭56・4・16―「月刊ペン」事件〕参照）ことは確かである。

また，(a₁)の要件については，民刑事責任の免責要件における相当性の理論がどのようにとりこまれるのかが明らかでない点が問題となる。真実でないことが明らかな場合には相当性もないことも多いことは確かだろうが，この点に関する学説の評価は分かれている（高橋・後掲105頁，芦部憲法学Ⅲ375頁）。

(b)の要件について，本判決は選挙を2か月後に控えていることと本件雑誌の発行部数の大きさを理由に充足するとしたが，これにも批判がある（宍戸・後掲149頁）。

4 手続的要件について，判旨(iv)は，㈠口頭弁論ないし債務者の審尋が原則として必要であるとしたこと，㈡立証の程度についても単なる疎明では足りないとしたことにおいて，通常の仮処分命令手続よりも手厚い配慮がなされている（なお，㈠の点は1989年の民事保全法の制定に伴い，明文化されている〔23Ⅳ〕）。とはいえ，本判決は例外も認めており，かつ，本件はこの例外に当たるとしていて，この点は批判されている（野坂・後掲183頁）。相手方の言い分を聞くことは，裁判の公正の基本的な要請であるから，例外は厳格に解すべきである。実務上もこの審尋の要請はかなり遵守されているようである。

5 本判決は公共の利害に関する名誉毀損表現の差止めの要件を示したものであり，公共の利害に関しない場合や，プライバシー侵害に基づく差止めについては射程外である（後者については，104事件〔最判平14・9・24―「石に泳ぐ魚」事件〕，107事件〔東京高決平16・3・31―「週刊文春」事件〕参照）。

◆参考文献◆

池端忠司・百選Ⅰ〔第5版〕150頁，宍戸常寿・メディア百選148頁，高橋和之・基本判例〔第2版〕103頁，野坂泰司『憲法基本判例を読み直す』〔2011〕167頁，山本敬三・民法百選Ⅰ〔第6版〕10頁。

117 反論文の掲載と21条
——「サンケイ新聞」事件

最高裁昭和62年4月24日第二小法廷判決
(昭和55年(オ)第1188号反論文掲載請求事件)
民集41巻3号490頁, 判時1261号74頁

■ 事　案 ■

Y（産業経済新聞社）は，1973（昭和48）年12月2日付の『サンケイ新聞』（現題号は『産経新聞』）にA（自由民主党）を広告主とする「前略日本共産党殿　はっきりさせて下さい」という見出しの意見広告（本件広告）を掲載した。本件広告は，X（日本共産党）の党綱領と，Xが当時提案していた「民主連合政府綱領」とが矛盾していると批判するもので，「多くの国民は不安の目で見ています」という小見出しや，矛盾を強調する効果を有する歪んだ福笑いのイラストが含まれていた。

Xは，これに対してYに反論のための意見広告の無料掲載を求めたが拒絶され，さらに仮処分申請も却下されたため，(1)憲法21条，(2)人格権と条理，(3)民法723条（名誉毀損に対する名誉回復処分）に基づき反論文の無料掲載を求める本案訴訟を提起したが，1審（東京地判昭52・7・13判時857号30頁），2審（東京高判昭55・9・30判時981号43頁）はいずれも請求を棄却した。

■ 争　点 ■

① 21条は私人間に適用されるか。
② 成文法なくして反論権は認められるか。

■ 判　旨 ■

上告棄却。

(i) 21条等の自由権的基本権の保障規定は，私人間に適用ないし類推適用されるものではなく，「私人間において，当事者の一方が情報の収集，管理，処理につき強い影響力をもつ日刊新聞紙を全国的に発行・発売する者である場合でも，憲法21条の規定から直接に，所論のような反論文掲載の請求権が他方の当事者に生ずるものでないことは明らか」である。

(ii) 「いわゆる反論権の制度は，記事により自己の名誉を傷つけられあるいはそのプライバシーに属する事項等について誤った報道をされたとする者にとっては，機を失せず，同じ新聞紙上に自己の反論文の掲載を受けることができ，これによって原記事に対する自己の主張を読者に訴える途が開かれることになるのであって，かかる制度により名誉あるいはプライバシーの保護に資するものがあることも否定し難いところである。しかしながら，この制度が認められるときは，新聞を発行・販売する者にとっては，原記事が正しく，反論文は誤りであると確信している場合でも，あるいは反論文の内容がその編集方針によれば掲載すべきでないものであっても，その掲載を強制されることになり，また，そのために本来ならば他に利用できたはずの紙面を割かなければならなくなる等の負担を強いられるのであって，これらの負担が，批判的記事，ことに公的事項に関する批判的記事の掲載をちゅうちょさせ，憲法の保障する表現の自由を間接的に侵す危険につながるおそれも多分に存するのである。このように，反論権の制度は，民主主義社会において極めて重要な意味をもつ新聞等の表現の自由……に対し重大な影響を及ぼすものであって，……具体的な成文法がないのに，反論権を認めるに等しいX主張のような反論文掲載請求権をたやすく認めることはできない」。

■ 解　説 ■

1　いわゆる反論権には，広狭2つの意義がある。狭義の反論権は，名誉毀損の成立を前提とし，その救済手段として当該メディアに対して反論文の掲載を請求する権利である。他方，広義の反論権は，メディアの報道が名誉毀損等の違法性を有しなくても，その対象になった者が当該メディアに対し反論文の掲載を求める権利である。日本では，前者は民法723条の解釈により可能という見解がある（本判決の立場は明らかでない）。他方，後者を認める法律は日本には存在しない（なお，放送については訂正放送制度〔放送9 I〕がある〔本書118事件（最判平16・11・25—生活ほっとモーニング事件）参照〕），仏独を始めとする欧州諸国等では広義の反論権を認める法律が存在する（韓・後掲参照）。アメリカや日本では，特に1960〜70年代にマス・メディアの独占的地位に対して個人の表現の自由を実質的に保障するためにマス・メディアへの「アクセス権」が唱えられ，広義の反論権はこのアクセス権の一環と位置づけられている（堀部・後掲，浦部・後掲171頁参照）。

本件では，広狭双方の反論権が問題となったが，狭義の反論権については，前提となる名誉毀損が成立しないとして否定された。広義の反論権については，これを認める法律が存在しない中で，憲法あるいは人格権・条理によりこれが認められるかという点が問題となった。

2　争点①について，21条の私人間適用により反論権が認められると主張されたが，最高裁は憲法の私人間効力に関する従来の判例に従い，これを斥けた。そもそも，この主張を認めるためには，21条の私人間適用を認めた上，表現の自由を相手方に表現の場を提供する作為請求権を含むものとして構成する必要があり，ハードルは非常に高いといえる（参照，樋口・後掲127頁以下）。

3　争点②について本判決は，判旨(ii)において，広義の反論権のメリット・デメリットを的確に要約した上で，法律なくしてこれを認めることはできない旨を述べている。他方，これを認める法律が制定された場合の合憲性の問題については，本判決は述べていないと見るのが一応正当であろう（平田・後掲295頁）。学説は，本判決の指摘するデメリットを重視して，こうした法律が制定されれば違憲であるとする説が多数である（浦部・後掲170頁，山本・後掲147頁。例外として，右崎・後掲98頁）。

◆ 参考文献 ◆

右崎正博・法時60巻3号96頁，浦部法穂・百選 I 〔第5版〕170頁，平田浩・最判解民事篇昭和62年度285頁，山本敬三・メディア百選146頁，韓永學『報道被害と反論権』[2005]，堀部政男『アクセス権』[1977]，樋口陽一『司法の積極性と消極性』[1978]。

118 訂正放送制度と訂正放送請求権——生活ほっとモーニング事件

最高裁平成16年11月25日第一小法廷判決
（平成13年(オ)第1513号・同年(受)第1508号訂正放送等請求事件）
民集58巻8号2326頁，判時1880号40頁

■事案■

Y（日本放送協会）は，総合テレビの番組「生活ほっとモーニング」内において，中高年の離婚に関する特集を放送したが，そこにXの元夫Aが出演し（氏名や勤務先は伏せられていたが，顔はぼかしをかけずに放送された），理由の分からないままXに突然離婚を切り出され，やむなく離婚したが，離婚後4年を経過した本件放送当時でもまだその理由が分からない旨述べた。これに対しXは，本件放送は事実でなく，Xの名誉およびプライバシーを侵害するとして，Yに対し，慰謝料の支払，謝罪放送（民723）および放送法4条1項（当時。現行法では9 I）による訂正放送の実施を求めて訴えを提起した。

1審（東京地判平10・11・19民集58巻8号2345頁参照）は名誉毀損等の成立を否定して請求を棄却したが，2審（東京高判平13・7・18判時1761号55頁）は慰謝料請求を一部認め，訂正放送請求も認めたので，Yが上告。

■争点■

放送法4条1項（現9 I）は被害者の訂正放送請求権を認めるものか。

■判旨■

訂正放送を命じた部分について破棄自判（控訴棄却）。

「憲法21条が規定する表現の自由の保障の下において，〔放送〕法1条は，『放送が国民に最大限に普及されて，その効用をもたらすことを保障すること』（1号），『放送の不偏不党，真実及び自律を保障することによって，放送による表現の自由を確保すること』（2号），『放送に携わる者の職責を明らかにすることによって，放送が健全な民主主義の発達に資するようにすること』（3号）という3つの原則に従って，放送を公共の福祉に適合するように規律し，その健全な発達を図ることを法の目的とすると規定して」いる。「法3条は，上記の表現の自由及び放送の自律性の保障の理念を具体化し，『放送番組は，法律に定める権限に基く場合でなければ，何人からも干渉され，又は規律されることがない』として，放送番組編集の自由を規定している。……法4条1項も，これらの規定を受けたものであって，上記の放送の自律性の保障の理念を踏まえた上で，上記の真実性の保障の理念を具体化するための規定であると解される。そして，このことに加え，法4条1項自体をみても，放送をした事項が真実でないことが放送事業者に判明したときに訂正放送等を行うことを義務付けているだけであって，訂正放送等に関する裁判所の関与を規定していないこと，同項所定の義務違反について罰則が定められていること等を併せ考えると，同項は，……放送事業者に対し，自律的に訂正放送等を行うことを国民全体に対する公法上の義務として定めたものであって，被害者に対して訂正放送等を求める私法上の請求権を付与する趣旨の規定ではない」。

■解説■

1　放送法4条1項（現9 I）は，「放送事業者が真実でない事項の放送をしたという理由によって，その放送により権利の侵害を受けた本人又はその直接関係人から，放送のあった日から3箇月以内に請求があったときは，放送事業者は，遅滞なくその放送をした事項が真実でないかどうかを調査して，その真実でないことが判明したときは，判明した日から2日以内に，その放送をした放送設備と同等の放送設備により，相当の方法で，訂正又は取消しの放送をしなければならない」と定め，違反に対しては罰金刑が課される（放送56 I〔現186 I〕）。

この規定の解釈については，単に放送事業者の公法上の義務を定めるにすぎないものか，あるいは被害者に私法上の訂正放送請求権まで認めるものかが問題となる（前者が多数説であるが，学説状況については長谷部・後掲①197頁，中村・後掲740頁参照）が，本判決はこの点に関する初めての最高裁判決であり，最高裁は主として放送法の体系的解釈と4条1項の文言解釈に基づいて，多数説と同様，前者の立場をとった。

2　本件においては直接争われていないが，上記いずれの解釈によっても，放送事業者に所定の要件を満たす場合の訂正放送が義務づけられることになるところ，憲法論的にはその合憲性が問題となりうる。現行法上，訂正放送義務は，新聞等活字メディアには課されていない（民法723条の「名誉を回復するのに適当な処分」として訂正が命じられることはありうるが，これは放送も同様である）。これに限らず，現行法上，放送事業者のみに特別の義務が課される場合がある（免許制度や番組編集準則〔放送4〕が代表例）が，これは伝統的に，放送用の電波が稀少であること，および放送には特別の社会的影響力があることという2つの根拠に基づいて正当化されてきた。しかし，多チャンネル化やメディアの融合が進む今日の状況の中で，こうした論拠の正当性は再検討されている（宍戸・後掲120頁）。

他方，こうした特別の義務の中でも，訂正放送を義務づける場合の特殊性は，放送事業者の意思に反する特定の内容を放送する積極的な義務を課す点にある。こうした「強制された言論」は，表現内容に基づく制約の中でも強い措置であり，21条との関係についてはより慎重な検討が求められ，特に必要最小限の手段であるかどうか疑問であるとされる（長谷部・後掲②17頁〔2審について〕）。なお，117事件（最判昭62・4・24——「サンケイ新聞」事件）で問題となった反論権も類似の論点であるが，これは，反論者の名義で反論がなされる点で，「強制された言論」との関係では，論点が異なるともいえる。

◆参考文献◆

右崎正博・判評561（判時1903）号22頁，中村也寸志・最判解民事篇平成16年度(下)731頁，長谷部恭男①・メディア百選196頁，長谷部②・平成13年度重判解16頁，福島力洋・平成16年度重判解22頁，宍戸常寿・争点120頁。

119 メディアへの謝罪広告掲載命令——石器捏造報道事件

最高裁平成16年7月15日第一小法廷判決
(平成16年(オ)第911号謝罪広告等請求事件)
公刊物未登載, LEX/DB28092064

■ 事 案 ■

Y₁（株式会社文藝春秋）は，2001（平成13）年，『週刊文春』誌上において，3回にわたり，『『第二の神の手』が大分『聖嶽人』周辺にいる!?」などと見出しをつけた記事を掲載し，1961（昭和36）年に発掘調査された大分県の聖嶽洞穴遺跡から発掘された石器について，他の場所で発掘されたものをあたかも同遺跡から発掘されたかのように捏造したのではないかとの疑惑を報道した。なお，本件報道の背景には，その前年，「神の手」を持つといわれ，高い発掘実績のあるとされていた考古学研究者が手がけた発掘のほとんどが捏造であることが判明し，考古学の信頼性について社会の関心が高まっていたことがある。本件記事掲載後，同発掘調査の責任者であった大学教授が自殺し，その遺族であるXらは，本件記事は同教授が捏造に関与したとの印象を与え，同教授の名誉を毀損したとして，Y₁，Y₂（『週刊文春』編集長），Y₃（取材に当たった同誌記者）に対して慰謝料等および謝罪広告の掲載を求めた。

1審（大分地判平15・5・15判時1826号103頁），2審（福岡高判平16・2・23判タ1149号224頁）とも名誉毀損の成立を認め，慰謝料等（2審判決では合計920万円）および謝罪広告の掲載を認めた。

■ 争 点 ■

①謝罪広告掲載命令は法人の思想・良心の自由を侵害するか。
②謝罪広告掲載命令は消極的表現の自由を侵害するか。

■ 判 旨 ■

上告棄却。
「所論は，憲法19条，21条違反をいうが，謝罪広告を掲載することを命ずる判決は，その広告の内容が単に事態の真相を告白し陳謝の意を表明するにとどまる程度のものである場合には，憲法19条に違反しないことは当裁判所の判例とするところであり〔本書51事件（最大判昭31・7・4—謝罪広告事件)〕……，また，上記の程度の謝罪広告を命ずる判決が憲法21条に違反しないことは，上記大法廷判決の趣旨に徴して明らかである」。
「原判決が掲載を命じた謝罪広告は，単に事態の真相を告白し陳謝の意を表明するにとどまる程度のものであることが明らかである」。

■ 解 説 ■

1　本件は，名誉毀損に対する救済としての謝罪広告掲載命令（民723参照。全般的説明として，佃・後掲227～247頁参照）が問題となったという点では51事件と共通であるが，(1)本件では被告がメディア，しかも法人であり，自らの媒体への謝罪広告掲載命令が問題となったこと，(2)本件では19条とともに21条が問題となったこと，という点で区別される。

2　争点①について，被告が自然人であった51事件とは異なり，本件では被告は法人である。そこで，そもそも法人には思想・良心の自由は保障されないのではないかという疑問が生じる（佐藤憲法論219頁，芦部憲法学Ⅱ169頁など）。しかし，本判決はこの点について，51事件を引用するのみであり，自然人と法人との区別を行っていないようである（なお参照，最判平2・3・6判時1357号144頁）。そうだとすれば，問題状況は51事件と同様ということになり，その検討は同事件に譲る。ただし，執行方法について，被告がメディアである場合，当該メディアへの掲載命令については代替執行は考えにくく，間接強制によらざるをえないことになるが，この執行方法については51事件判決にも留保が付されていたことを付言しておきたい（この点の検討として，滝澤・後掲参照）。

3　争点②について，仮に法人には思想・良心の自由が保障されないと考えるとしても，報道機関に表現の自由が保障されることは言うまでもないから，謝罪広告掲載命令は，望まない事柄を述べることを強制するものとして，反論文の掲載（117事件〔最判昭62・4・24—「サンケイ新聞」事件〕），訂正放送（118事件〔最判平16・11・25—生活ほっとモーニング事件〕）の場合と同様，消極的表現の自由の侵害の問題が生じる（ただし，反論文掲載の場合，反論者の名義での反論であり，問題状況が異なると見ることもできる）。

この点につき，本判決は実質的理由を示さずに合憲性を認めたが，本来，特定の内容の文章の掲載を命じることは，内容規制であって厳格な基準でその合憲性を判断すべきであるし，内容規制の中でも，本人の意思とは無関係に，しかもあたかも本人の意思によるかのように特定の内容の表現行為を強制する，いわゆる「強制された言論」は，表現の自由に対する最も強度の強い侵害である（長谷部・後掲17頁）。

もっとも，違法な表現を前提としない広義の反論権（117事件解説参照）とは異なり，名誉毀損に対する救済手段としての謝罪広告命令については，厳格な基準によるとしてもその合憲性が認められると主張することも不可能ではない。これに対し，より緩やかな救済手段として，訂正文や判決要旨の掲載命令があるとして厳格な基準を満たさないとする見解（本件のYらもこの点を主張した）もあるが，この点は謝罪広告と訂正文等の性質の違いをどう捉えるか（それぞれ別個のものであり代替不能と見るかどうか）によることになる（池端・後掲145頁参照）。

また，本件では謝罪文の文面や掲載条件が判決で特定されていたが，この点を特定せず，被告（メディア）に委ねる方法（東京地判平7・3・14判時1552号90頁）もあり，より緩やかな手段として考慮に値する。

◆ 参考文献 ◆

池端忠司・メディア百選144頁，滝澤孝臣・NBL 811号99頁，佃克彦『名誉毀損の法律実務〔第2版〕』[2008]，長谷部恭男・平成13年度重判解16頁。

判例の流れ

●曽我部真裕●

11 表現の自由(4) 知る権利 検閲・事前抑制 通信の秘密

本章では，21条に関する相対的に独立したいくつかの主題に関わる判例を扱う。

1　知る権利は多義的な概念で，様々な側面を持つが，ここで関係するのは消極的情報収集権と積極的情報収集権であり，学説上はいずれも21条の表現の自由の一環として保障されると理解されている。消極的情報収集権に関わる判例の中心は，マス・メディアの取材の自由に関するものであって，学説はこれを表現の自由の一環として保障されるとするが，博多駅事件決定（121事件〔最大決昭44・11・26〕）は，取材の自由は表現の自由そのものではなく，「憲法21条の精神に照らし，十分尊重に値いする」として，一段低い扱いをする。

さて，取材の自由には，まず，取材行為そのものが制約されない自由が含まれることはもちろんである。これに関しては，官庁等の管理する領域における取材の自由に関わる一連の事案がある。この類型に属するのは，「北海タイムス」事件（120事件〔最大決昭33・2・17〕），未決拘禁者との接見制限事件（125事件〔東京高判平7・8・10〕），また，外務省秘密電文漏洩事件（124事件〔最決昭53・5・31〕）も取材行為そのものの制約の例である。なお，マス・メディアの取材の自由ではないが，レペタ事件（128事件〔最大判平元・3・8〕）も消極的情報収集権に関わるものである。

他方，将来の取材を困難にするような制約からの自由も取材の自由の内容となる。これに関しては，放送局が保有する取材フィルム・ビデオの押収に関わる事件がある（121事件，日本テレビ事件〔122事件（最決平元・1・30）〕，TBSビデオテープ押収事件〔123事件（最決平2・7・9）〕）。また，取材源の証言拒否については126事件（最決平18・10・3―取材源秘匿事件）が，民事訴訟における証言拒絶権を原則として認めた。

なお，取材対象者の期待どおりに報道をしなければならないとすると表現の自由に対する重大な制約となるが，NHK期待権事件（127事件〔最判平20・6・12〕）は，極めて例外的な場合にのみ取材対象者の期待権を保護するにとどめている。

2　知る権利のもう1つの側面は，積極的情報収集権，すなわち情報公開請求権である。学説は，21条で抽象的権利として保障されており，具体化には立法を要するが，21条により立法裁量は枠づけられるとする。しかし，大阪府知事交際費公開請求事件（129事件〔最判平6・1・27〕）では，情報公開制度に関する立法裁量は大きいものとされている。関連して，130事件（最判平13・12・18―レセプト開示請求事件）は，情報公開制度と個人情報保護制度との関係が問題となり，131事件（最決平2・2・16）では刑事確定訴訟記録の閲覧請求の制限が問題となった。

3　次に，21条2項は検閲を禁止しているが，その意義および効果については議論がある。税関検査事件（132事件〔最大判昭59・12・12〕）では，検閲概念を提示し，検閲禁止は絶対的であるとされた。最高裁はこの概念に照らして税関検査だけではなく，青少年保護のための有害図書規制（133事件〔最判平元・9・19―岐阜県青少年保護育成条例事件〕）や教科書検定（134事件〔最判平5・3・16―第1次家永訴訟上告審〕）も検閲には該当しないとしている。

さて，狭い検閲概念をとり，絶対禁止であるとすると，検閲には当たらない事前抑制の規制類型が生じることになるが，このような事前規制も21条1項の表現の自由によって原則として禁止されることになる。「10 表現の自由(3)名誉・プライバシー」で扱った「北方ジャーナル」事件（116事件〔最大判昭61・6・11〕）では，裁判所による出版差止めについて厳格な基準で判断されたが，上述の諸事件については，それぞれ特殊性があることからこうした基準は用いられていない。

4　通信の秘密（21Ⅱ）については，135事件（最決平11・12・16）で問題となったような電話の盗聴が伝統的に典型的な通信の秘密侵害の類型であったが，インターネットの普及に伴い，通信の秘密が問題となる事例は多様化している。

120 取材の自由と法廷における写真撮影——「北海タイムス」事件

最高裁昭和33年2月17日大法廷決定
（昭和29年（秩ち）第1号法廷等の秩序維持に関する法律による制裁事件に対する抗告棄却決定に対する特別抗告事件）
刑集12巻2号253頁，判時145号6頁

■事案■

北海タイムス釧路支社報道部写真班員Yが，釧路地方裁判所で行われた強盗殺人被告事件の公判取材において，事前に書記官から写真の撮影は公判開始前に限る旨の裁判所の許可を告知されていたにもかかわらず，裁判官が入廷し右被告事件の公判が開始され，人定質問のため被告人が証言台に立つや記者席を離れ，裁判長の制止を無視して裁判官席の設けられてある壇上で被告人の写真1枚を撮影した。そこで裁判所は，法廷等の秩序維持に関する法律2条1項前段に該当するとして，Yに過料を科す決定を行った（釧路地判昭28・12・10刑集12巻2号266頁参照）。

Yはこの決定の事実誤認等を理由に抗告したが，札幌高裁はこれを棄却した（札幌高決昭29・2・15高刑集7巻1号77頁）ので，Yが特別抗告を行った。

■争点■

①取材の自由は表現の自由に含まれるか。
②法廷写真撮影に関する刑訴規則215条は21条に違反するか。

■決定要旨■

特別抗告棄却。

「およそ，新聞が真実を報道することは，憲法21条の認める表現の自由に属し，またそのための取材活動も認められなければならないことはいうまでもない。」

「しかし，憲法が国民に保障する自由であっても，国民はこれを濫用してはならず，常に公共の福祉のためにこれを利用する責任を負うのであるから（憲法12条），その自由も無制限であるということはできない。そして，憲法が裁判の対審及び判決を公開法廷で行うことを規定しているのは，手続を一般に公開してその審判が公正に行われることを保障する趣旨にほかならないのであるから，たとい公判廷の状況を一般に報道するための取材活動であっても，その活動が公判廷における審判の秩序を乱し被告人その他訴訟関係人の正当な利益を不当に害するがごときものは，もとより許されないところであるといわなければならない。ところで，公判廷における写真の撮影等は，その行われる時，場所等のいかんによっては，前記のような好ましくない結果を生ずる恐れがあるので，刑事訴訟規則215条は写真撮影の許可等を裁判所の裁量に委ね，その許可に従わないかぎりこれらの行為をすることができないことを明らかにしたのであって，右規則は憲法に違反するものではない。」

■解説■

1 法廷での写真撮影，録音および放送は裁判所の許可を要するとされている（刑訴規215，民訴規77。なお裁判所傍聴規則も参照）が，その運用は時代により異なっている（その概要について，堀部・後掲8頁，山口・後掲158頁）。本件当時は，写真撮影が厳しく制限され始めた時代に当たるとされている。なお，現在は，日本新聞協会の「法廷内カメラ取材の標準的な運用基準」（同協会ウェブサイトを参照）に基づいて運用されている。

2 争点①に関して，判例・学説による取材の自由の位置づけについては本書121事件（最大判昭44・11・26—博多駅事件）の解説を参照されたい。ここでは，取材の自由が憲法上の保障を受けるか否か，本決定では曖昧であること，かつての有力説は本決定を支持していたこと（宮沢II 363頁）を確認しておく。

3 争点②については，本件では刑訴規則215条そのものの違憲性は主張されていなかったが，最高裁はこの点に踏み込み，取材の自由と公正な裁判の要請との衡量は行うことなく全面的な許可制を合憲とした。これは，上記のとおり取材の自由の位置づけが曖昧であった点のほか，そもそも，当時は抽象的な公共の福祉論に基づく違憲審査手法が主流であったことにもよる（78事件〔最判昭35・3・3—街頭演説〕等参照）。

しかし，取材の自由も21条で保障されるという今日の学説，あるいは尊重されるという判例を前提とすると，法廷における写真撮影の可否という問題は，取材の自由（21）と，訴訟当事者の公正な裁判を受ける権利（32）や法廷秩序の維持の要請などとの対立の問題であり，両者の衡量が要請される。実際，後の121事件，128事件（最大判平元・3・8—レペタ事件）などでは，最高裁もある程度具体的な衡量を行っている。

ただ，裁判の公開原則（82）があるとはいえ，法廷取材の前提となる法廷傍聴が個人の権利とまでいえるかどうかには争いがある（128事件解説参照）。傍聴の権利が認められるとしても，法廷においては公正な裁判や法廷の秩序維持の要請があることから，法廷取材の態様については法廷警察権（裁71，刑訴288 II）の行使による制約を受けざるを得ない。そして，本決定はこうした権限の行使について広範な裁量を認めた。128事件も一般論としては同様であるが，結論としてはメモ採取の禁止が裁量権を逸脱することを認めている。しかし，メモ採取と比較して写真撮影は訴訟関係者への負担が格段に重いと考えられ，同列には論じられないだろう。

他方で，128事件は個人のメモ採取と報道機関の取材とでは憲法上の評価が異なる（後者の方が重要）としたと見る余地もあり，そうであるならばこの点は法廷カメラ取材に有利な要素となろう。

いずれにしても，以上のような考慮から，全面禁止に近い運用を含め，刑訴規則215条は過剰な規制であり，公正な裁判等の要請に照らして個別に撮影の許否を判断すべきという見解が有力となっている（山口・後掲159頁参照）。

◆参考文献◆

右崎正博・法時74巻1号23頁，堀部政男・メディア百選8頁，山口和秀・百選I〔第5版〕158頁。

121 取材フィルム提出命令と取材の自由——博多駅事件

最高裁昭和44年11月26日大法廷決定
（昭和44年（し）第68号取材フィルム提出命令に対する抗告棄却決定に対する特別抗告事件）
刑集23巻11号1490頁，判時574号11頁

■事案■

本件は，学生運動における過剰警備から生じた刑事事件を背景とする。すなわち，1968（昭和43）年1月，米原子力空母エンタープライズ佐世保寄港阻止闘争に参加する途中，博多駅で下車した三派系全学連学生に対し，機動隊はこれらの学生を駅構内から排除する措置をとったが，その際一部学生が公務執行妨害罪（刑95）で逮捕された。これに対し，学生側は，機動隊員から暴行等を受けたとして，特別公務員暴行陵虐罪（刑195）等で福岡地検に告発したが，不起訴処分とされたので福岡地裁に対し，裁判所指定の弁護士が検察官に代わって公判を維持する手続である付審判請求（刑訴262）を行った。

この付審判請求事件を審理した福岡地裁は，Xら（NHKおよび地元民放テレビ局3社）に対し，事件当日のニュースフィルムの任意提出を求めたが拒否されたため，刑訴法99条2項に基づき当該フィルム全部の提出を命じた（福岡地審昭44・8・28刑集23巻11号1513頁参照）。

これに対しXらは，報道の自由の侵害や，提出の必要性が低いことを主張して福岡高裁に抗告を申し立てたが棄却された（福岡高決昭44・9・20高刑集22巻4号616頁）ので，最高裁に特別抗告の申立をしたのが本件である（なお，本決定を受けたその後の経緯については，山口・後掲163頁を参照）。

■争点■

①報道・取材の自由は表現の自由に含まれるか。
②取材の自由と公正な裁判原則との調整はどうあるべきか。
③報道機関の憲法上の地位はどのようなものか。

■決定要旨■

抗告棄却。

「報道機関の報道は，民主主義社会において，国民が国政に関与するにつき，重要な判断の資料を提供し，国民の『知る権利』に奉仕するものである。したがって，思想の表明の自由とならんで，事実の報道の自由は，表現の自由を規定した憲法21条の保障のもとにあることはいうまでもない。また，このような報道機関の報道が正しい内容をもつためには，報道の自由とともに，報道のための取材の自由も，憲法21条の精神に照らし，十分尊重に値いする」。

「取材の自由といっても，もとより何らの制約を受けないものではなく，たとえば公正な裁判の実現というような憲法上の要請があるときは，ある程度の制約を受けることのあることも否定することができない。」

「このような公正な刑事裁判の実現を保障するために，報道機関の取材活動によって得られたものが，証拠として必要と認められるような場合には，取材の自由がある程度の制約を蒙ることとなってもやむを得ないところというべきである。しかしながら，このような場合においても，一面において，審判の対象とされている犯罪の性質，態様，軽重および取材したものの証拠としての価値，ひいては，公正な刑事裁判を実現するにあたっての必要性の有無を考慮するとともに，他面において取材したものを証拠として提出させられることによって報道機関の取材の自由が妨げられる程度およびこれが報道の自由に及ぼす影響の度合その他諸般の事情を比較衡量して決せられるべきであり，これを刑事裁判の証拠として使用することがやむを得ないと認められる場合においても，それによって受ける報道機関の不利益が必要な限度をこえないように配慮されなければならない。」

本件「の審理は，現在において，被疑者および被害者の特定すら困難な状態であって，……現場を中立的な立場から撮影した報道機関の本件フィルムが証拠上きわめて重要な価値を有し，被疑者らの罪責の有無を判定するうえに，ほとんど必須のものと認められる状況にある。他方，……報道機関が蒙る不利益は，報道の自由そのものではなく，将来の取材の自由が妨げられるおそれがあるというにとどまるものと解される」。「この程度の不利益は，……忍受されなければならない程度のものというべきである。また，本件提出命令を発した福岡地方裁判所は，……報道機関のフィルム使用に支障をきたさないよう配慮すべき旨を表明している」。以上の諸点その他各般の事情をあわせ考慮するときは，提出命令はやむを得ない。

■解説■

1　争点①のうち，まず報道の自由の位置づけに関しては，かつてのドイツでの議論の影響を受けて思想の表明の自由と事実の報道の自由とを区別し，憲法の表現の自由が前者のみならず後者を含むかどうかには若干の議論があったところ，本判決は明確に肯定説を採った。この点について，今日では異論はないところである。

他方，取材の自由に関する最高裁の判断には変遷が見られる。すなわち，刑事事件における記者の証言拒絶に関する石井記者事件（最大判昭27・8・6刑集6巻8号974頁）では，表現の自由の保障とは「いいたいことはいわせなければならない」ことであり，「未だいいたいことの内容も定まらず，これからその内容を作り出すための取材」と対比されている。また，本書120事件（最大決昭33・2・17——「北海タイムス」事件）では，真実の報道のための「取材活動も認められなければならない」とはされたが，表現の自由の一環として保障されるとしたものかどうかは曖昧であり，また，制約が簡単に認められている。

この点，本決定においては，取材の自由は「憲法21条の精神に照らし，十分尊重に値いする」とされたが，これは，取材の自由が端的に憲法によって保障されているわけではないが，表現の自由の保障を全うさせるため，一定の場合に取材の自由も憲法的に保護しなければならない，という趣旨だとされる（佐藤憲法論251～252

頁)。もっとも，上記のような表現は，保障の程度は報道の自由と比べて低いものであることを示唆している(船田・後掲421頁)が，同様な論法の別の例として，法廷での筆記行為の自由がある(128事件〔最大判平元・3・8—レペタ事件〕)。ただし，取材の自由は「十分尊重に値する」とされたのに対し，筆記行為の自由は「尊重に値する」とされたに留まる(その含意について，蟻川・後掲35頁以下参照)。他方，最高裁は，在監者の新聞閲読の自由(21事件〔最大判昭58・6・22—よど号ハイジャック記事抹消事件〕)や，情報を摂取する自由(128事件)を憲法21条の「派生原理」として承認しており，こうした「派生原理アプローチ」と本件のような「尊重アプローチ」は区別される必要がある(プロセス208頁〔駒村圭吾〕参照)。

他方，学説上，取材の自由は表現の自由に含まれないという見解もかつてはみられた(宮沢II 355頁)が，表現の自由は，情報収集・情報提供(伝播)・情報受領の全過程を包摂するという理解が今日では一般的であり(佐藤憲法論250頁)，取材は情報収集として表現の自由に含まれることになる。

2 争点②について，上記のように，ともかくも取材の自由が憲法上一定の保護を受けると明言されたことで，これが他の憲法原理と衝突する場合，両者の衡量が求められることになる。本件では公正な裁判原理が対立利益となるが，その内容，憲法上の根拠については議論がありうる(上口・後掲64頁以下参照)。衡量のあり方としては，いずれかを優越的地位に置き，やむを得ない場合を除き優越的地位にあるほうを優位させるという方法もありうる(鈴木茂嗣・後掲19頁参照。なお，これを明文化して，取材した素材の押収拒絶権を原則として認める立法例も外国にはある)。本決定では，そのような前提をとらず，個別具体的な事情を衡量するという立場をとった。これは，最高裁の当時までの判断に多くみられた「公共の福祉」による抽象的な制約の正当化論を脱却するものであり，この点については一般に高く評価されている(山口・後掲163頁など)。

他方，具体的な衡量の内容については，本決定が，本件提出命令の必要性を支持する事情については丹念に考慮しているのに対し，他方の報道機関の蒙る不利益を「将来の取材の自由が妨げられるおそれ」にとどまるとして軽視している点が学説に批判されている(山口・後掲163頁など)。本件で問題となる報道機関の不利益は，取材の自由が直接に妨げられるというものではなく，将来の取材に支障が生じる恐れがあるというものである。すなわち，取材の結果が報道以外の目的，特に法的責任の追及に流用されるようなことがあれば，取材対象が取材を受けることを躊躇するおそれがあり，ひいては取材の自由が害されるという点にあり，この点では取材源秘匿のための証言拒絶の問題(126事件〔最決平18・10・3—取材源秘匿事件〕)と同じ構造である。ただし，取材源秘匿の事案では身元を秘匿したい情報提供者との信頼関係に基づいて情報提供を受けることがあるのに対し，本件では衆人環視のもと，街頭で展開した出来事を撮影したものである。

ともあれ，本決定ではこのような将来における取材の自由への支障が軽視されている，さらに一般的には総合的な比較衡量という手法は恣意に流れやすいというのが上記学説の批判である(プロセス210頁以下〔駒村圭吾〕参照)が，最近の126事件では将来の取材活動への支障が考慮された結果証言拒絶が認められており，最高裁がこの点におよそ理解を欠くというわけではないと思われる。実際，本件では，本件フィルムの証拠としての必要性が極めて高かった(「ほとんど必須」)という点が決め手とされたと見ることもできた(ただし，抗告理由では，他の証拠を入手する努力が不十分との主張がある〔鈴木茂嗣・後掲19頁も参照〕)。しかし，後の類似事件(122事件〔最決平元・1・30—日本テレビ事件〕，123事件〔最決平2・7・9—TBSビデオテープ押収事件〕)では，衡量の具体的なあり方が押収を容認する方向に傾いていてそのような判例理解は困難となっており，上記のような学説の懸念も根拠がないものではない。この点で，将来の取材報道活動に対する「委縮効果」や報道機関の独立性・中立性への影響に関する考察を深める必要があるということができよう(山口・後掲163頁)。

3 争点③について，本決定の立論は，報道機関による報道は国民の「知る権利」に奉仕するものとして，民主主義社会にとって重要であるという認識から出発している。本決定は最高裁の多数意見が「知る権利」に言及した最初の例であるが，それはともかく，こうした立論は，いわゆるマス・メディアの特権論を想起させる。この特権論によれば，マス・メディアの自由は個人の表現の自由とは異なるものであり，マス・メディア企業やそれに属する記者はその活動について一般の個人には認められないような特権と責務とを有するとされる(特権論については，論点探求158頁〔鈴木秀美〕，プロセス210頁以下〔駒村圭吾〕を参照)。

最高裁は，124事件(最決昭53・5・31—外務省秘密電文漏洩事件)で，報道の自由は表現の自由の中でも「特に重要」であるとし，また，128事件では，本決定を引用して記者クラブに属する報道機関記者のみに法廷でのメモ採取を許可することは14条に反しないとされ，さらに126事件でも本決定が引用されて記者の証言拒絶が認められている。

4 本件の後，122事件や123事件では，捜査目的でのテレビ局の取材テープの押収が，本件と類似する比較衡量の手法により認められた。もっとも，取材テープ押収に伴う憲法問題を回避するため，放送された番組を録画して証拠として用いる事案が実際には多数である(最近の例として，和歌山カレー毒物混入事件に関する大阪高判平17・6・28判タ1192号186頁など)。

◆ 参考文献 ◆

蟻川恒正・法時69巻6号35頁，上口裕・法時61巻13号63頁，鈴木茂嗣・マスコミ百選〔第2版〕18頁，船田三雄・最判解刑事篇昭和44年度414頁，山口いつ子・百選I〔第5版〕162頁。

122 検察の取材テープ押収と取材の自由——日本テレビ事件

最高裁平成元年1月30日第二小法廷決定
（昭和63年(し)第116号検察事務官がした押収処分に対する準抗告棄却決定に対する特別抗告事件）
刑集43巻1号19頁、判時1300号3頁

■事案■

楢崎弥之助衆議院議員は、当時（1988〔昭和63〕年）、政界を揺るがしていた汚職事件であるリクルート事件に関する国政調査に関与していたが、リクルートコスモス社の社長室長Aは、これに手心を加えてもらいたいという趣旨で、同議員に対し複数回にわたって現金供与の申込みをしたとして、贈賄の疑いで立件された。

X（日本テレビ放送網株式会社）は、議員宿舎での同議員とAとの接触の模様を2度にわたりビデオテープに撮影していた。実は、上記立件は同議員の告発に基づくものであり、同議員は、証拠保全等の目的で事前にXに対して情報提供および取材依頼を行っており、上記告発の際も証拠として本件テープを挙げていたという特殊事情がある。そこで、検察事務官は、そのテープの差押処分を行ったが、これに対してXは準抗告申立てを行った。

1審決定（東京地決昭63・11・30判時1293号45頁）がこれを棄却したので、Xが特別抗告を行ったのが本件である。

■争点■

取材の自由と「適正迅速な捜査」との調整はどのようになされるべきか。

■決定要旨■

抗告棄却（島谷六郎裁判官の反対意見がある）。

本書121事件（最大決昭44・11・26—博多駅事件）を引用した上で、「国家の基本的要請である公正な刑事裁判を実現するためには、適正迅速な捜査が不可欠の前提であり、報道の自由ないし取材の自由に対する制約の許否に関しては両者の間に本質的な差異がないことは多言を要しない……。同決定の趣旨に徴し、取材の自由が適正迅速な捜査のためにある程度の制約を受けることのあることも、またやむを得ない……。そして、この場合においても、差押の可否を決するに当たっては、捜査の対象である犯罪の性質、内容、軽重等及び差し押えるべき取材結果の証拠としての価値、ひいては適正迅速な捜査を遂げるための必要性と、取材結果を証拠として押収されることによって報道機関の報道の自由が妨げられる程度及び将来の取材の自由が受ける影響その他諸般の事情を比較衡量すべきである」。

本件では、Aは現金提供の趣旨を争っており、他方楢崎議員の記憶の細部が曖昧であること、Aは本件テープに自己の主張を裏付ける内容が含まれると主張していることから、本件テープは「証拠上極めて重要な価値を有し、事件の全容を解明し犯罪の成否を判断する上で、ほとんど不可欠のものであった」。他方、Xの受ける不利益は、本件テープがマザーテープ（撮影された映像そのものであって、これを編集して放送用テープが作成される）であるとしても、差押当時にはすでに編集を終えており放送には支障がなく、将来の取材上の不利益がありうるにとどまる。また、事案に示したような特殊事情などを考慮すると、本件差押処分はやむを得ない。

■解説■

1 本件は、121事件と同様、刑事手続における取材資料の押収処分と取材の自由との調整が問題となったものであるが、121事件は付審判請求手続での裁判所による提出命令の事案であったのに対し、本件は捜査段階での検察事務官による差押処分の事案である。したがって、取材の自由の対立利益も、121事件では公正な刑事裁判であったのに対し、本件では適正迅速な捜査であるところ、本決定は後者を前者の不可欠の前提であるとして特に区別せず同様の枠組みで判断しているが、批判の強いところである（三井＝山川・後掲73頁など）。

それはともかく、比較衡量による判断がひとまず妥当である（個別的比較衡量の問題性については、121事件の解説を参照）としても、衡量のあり方は異なると考えることもできる。また、刑訴法上も、提出命令に対しては執行前に不服申立ての機会がある（刑訴420・433）のに対して、捜査機関の差押えについては通常、事後に限られる（刑訴430）。こうした違いから、捜査機関による差押えの事案では取材の自由をより重視すべきであるという批判がある（津村・後掲180頁参照）。

2 他方、本決定の具体的な事案判断に関しても異論がありうる（島谷反対意見はこの点に関わる）。まず、多数意見は、本件テープは「事件の全容を解明」するために「ほとんど不可欠のものであった」とするが、121事件決定は「被疑者らの罪責の有無を判定する」ために「ほとんど必須」のものとしていたことと比較すると、何のために不可欠ないし必須であるかについて121事件と本件では違いがみられ、本件では緩和傾向がみられる（後述の特殊事情を加味したためだろう）。総合的な利益衡量の欠陥を補い衡量過程に指針を与えるために不可欠性・必須性の要件に期待する向きもあったところであるが、こうした方向での判例の発展は見込めなくなったわけである。

また、多数意見は、Xの被るのは将来の不利益にすぎないとしているが、これについて121事件決定に対しても同様の批判があったところである。

さらに、本件では取材源が本件テープの証拠利用をむしろ求めているという事情があり、この点をどう考慮するか問題となるが、このような場合にはテープの証拠利用を認めても将来の取材活動の妨げとはならないということができるかもしれない（多数意見はこうした発想であろう）。なお、別な角度から考えると、本件では単に証拠利用につき取材源の同意があったにとどまらず、報道機関はむしろ取材源に利用されていわば捜査の代行を行った形であって、それを許容することは報道機関に対する一般の信頼を損ね、ひいては将来の取材活動の妨げとなる可能性があるが、こうした事情はむしろ押収を認める方向の要素としても位置づけられるかもしれない（TBSビデオテープ押収事件〔最決平2・7・9—123事件〕の奥野久之裁判官反対意見参照）。

◆参考文献◆

上口裕・法時61巻13号63頁・62巻1号88頁、紙谷雅子・メディア百選16頁、津村政孝・平成元年度重判解179頁、三井誠＝山川洋一郎・法時61巻7号70頁。

123 警察の取材テープ押収と取材の自由——TBSビデオテープ押収事件

最高裁平成2年7月9日第二小法廷決定
（平成2年（し）第74号司法警察職員がした押収処分に対する準抗告棄却決定に対する特別抗告事件）
刑集44巻5号421頁，判時1357号34頁

■事案■

X（株式会社東京放送〔TBS〕）は，1990（平成2）年3月20日放送のテレビ・バラエティ番組内の「潜入ヤクザ24時」というドキュメンタリーにおいて，暴力団組長の被疑者Aが貸金の債務者に対し，組事務所内で長時間にわたって暴行・脅迫を加える場面を放送した。これを端緒として，Aに対する暴力行為等処罰に関する法律違反および傷害被疑事件の捜査が開始された。その一環として，司法警察職員により上記場面を撮影した未編集の本件ビデオテープ29巻が令状に基づき差し押さえられたが，そのうち25巻はまもなく還付された。

Xは取材の自由の侵害等を理由に準抗告を東京地裁に申し立てたが，還付分については申立ての利益を欠くとされ，それ以外の分については，差押えは適法であるとされ棄却された（東京地決平2・6・13判時1348号16頁）ので，Xが特別抗告申立てをした。

■争点■

取材の自由と「迅速適正な捜査」との調整はどのようになされるべきか。

■決定要旨■

抗告棄却（奥野久之裁判官の反対意見がある）。

本書121事件（最大決昭44・11・26—博多駅事件）および122事件（最決平元・1・30—日本テレビ事件）を引用した上で，後者の枠組みに依拠して比較衡量を行った。

「本件差押は，……軽視することのできない悪質な傷害，暴力行為等処罰に関する法律違反被疑事件の捜査として行われたものである。しかも，本件差押は，被疑者，共犯者の供述が不十分で，関係者の供述も一致せず，傷害事件の重要な部分を確定し難かったため，真相を明らかにする必要上，……本件ビデオテープ……を差し押さえたものであり，右ビデオテープは，事案の全容を解明して犯罪の成否を判断する上で重要な証拠価値を持つものであったと認められる。他方，本件ビデオテープは，すべていわゆるマザーテープであるが，Xにおいて，差押当時既に放映のための編集を終了し，編集に係るものの放映を済ませていたのであって，本件差押によりXの受ける不利益は，本件ビデオテープの放映が不可能となって報道の機会が奪われるというものではなかった。また，本件の撮影は，暴力団組長を始め組員の協力を得て行われたものであって，右取材協力者は，本件ビデオテープが放映されることを了承していたのであるから，報道機関たるXが右取材協力者のためその身元を秘匿するなど擁護しなければならない利益は，ほとんど存在しない。さらに本件は，撮影開始後複数の組員により暴行が繰り返し行われていることを現認しながら，その撮影を続けたものであって，犯罪者の協力により犯行現場を撮影収録したものといえるが，そのような取材を報道のための取材の自由の一態様として保護しなければならない必要性は疑わしいといわざるを得ない。そうすると，本件差押により，Xを始め報道機関において，将来本件と同様の方法により取材をすることが仮に困難になるとしても，その不利益はさして考慮に値しない。」

よって，Xの不利益は受忍すべきものである。

■解説■

1 本件は，122事件決定と同様，捜査機関による取材結果の差押えと取材の自由との調整のあり方が問題となったもので，同事件および121事件についてすでに検討した原理的諸問題が依然残されているが，ここでは衡量のあり方に注目して検討する。

本件は，122事件とは異なり，検察事務官ではなく司法警察職員による差押えであったが，最高裁は上記決定の判断枠組みにそのまま依拠し，また，具体的な衡量において押収主体の相違は特に考慮されていない。

2 本件での衡量過程においてまず注目すべきことは，121事件や122事件で言及されてきた証拠としての不可欠性ないし必須性への言及がなく，単に本件ビデオテープが「重要な証拠価値を持つ」にすぎなかったにもかかわらず押収の適法性を認めた点である。これは，後述のように本件の取材手法の要保護性が著しく低いとされたこととの相関関係でなされた判断であり，上記両事件の判断手法を一般的に緩和したものではないとされる（山田・後掲130頁，プロセス203頁〔駒村圭吾〕）が，衡量過程をますます指針のないアド・ホックなものにしたということができよう。

上記のとおり，本件では「犯罪者の協力により犯行現場を撮影収録した」という取材手法が非難され，押収の適法性を支える形になっている。取材の自由に関する事案において，取材方法の適法性や相当性が評価される例は他にも存在する（124事件〔最決昭53・5・31—外務省秘密電文漏洩事件〕，126事件〔最決平18・10・3—取材源秘匿事件〕など）。しかし，一般論として，取材手法に関して常に適法性ないし相当性を厳密に要求すべきものとはいえない点には注意を要する（例えば，隠し撮りや身分を偽っての潜入取材が認められるべき場合がある）。本件でも，公衆が通常知り得ない闇社会の実態を報道することには意義が認められ，そのために本件のような取材方法も必要であったという評価も可能だろう（福島・後掲93頁参照）。

3 なお，121事件で提出命令の対象となったのはニュース放映用に編集済みのフィルムであったのに対し，122事件および本件で押収されたのは編集前のマザーテープであった。ただ，いずれの事件でもこのマザーテープをもとに放送用テープが編集され放送も実施されていたことから押収が認められたのであった。この点について，(1)編集・放送前にマザーテープを押収したとすれば，取材の自由ではなく報道の自由の事前抑制に該当すること，(2)編集・放送済みの場合でも，マザーテープの押収は将来の報道の自由を制約することになること，に留意すべきである。

◆参考文献◆
阪本昌成・法教123号90頁，立山紘毅・百選Ⅰ〔第5版〕164頁，福島力洋・判例講義Ⅰ93頁，山田利夫・最判解刑事篇平成2年度119頁。

124 国家秘密と取材の自由
―― 外務省秘密電文漏洩事件

最高裁昭和53年5月31日第一小法廷決定
（昭和51年（あ）第1581号国家公務員法違反被告事件）
刑集32巻3号457頁，判時887号17頁

■ 事 案 ■

Y（西山太吉・毎日新聞政治部記者）は，日米間で沖縄返還をめぐる外交交渉が進んでいた1971（昭和46）年5月から6月にかけて，外務省の女性事務官（秘書）A（当時40歳）とホテルで不倫関係を持った後，上記交渉関係の秘密電文を提供するよう依頼し，沖縄返還に伴い米国から日本に支払われるべき軍用地復元補償金の財源を日本政府が肩代わりするという密約に関わる電信文案等をAから入手して記事を執筆掲載し，大きな反響を呼んだ。

情報源であるAは記事では伏せられていたが，Yは社会党の横路孝弘衆議院議員にそのコピーを渡し，同議員が国会においてそれをもとに政府を追及したことを契機に情報源が発覚し，Aは秘密漏示罪（国公100 I，109⑫）で有罪判決を受けた（1審で確定）。

Yも秘密漏示のそそのかし罪（国公111）で起訴され，1審（東京地判昭49・1・31判時732号12頁）は無罪としたが，2審（東京高判昭51・7・20高刑集29巻3号429頁）では有罪とされたので，Yが上告。

■ 争 点 ■

秘密漏示のそそのかし罪と取材の自由との調整はどうあるべきか。

■ 決定要旨 ■

最高裁は，本件上告は上告理由に当たらないとして上告を棄却したが，職権で以下の判断を示した。

「取材の自由もまた，憲法21条の精神に照らし，十分尊重に値する……〔本書121事件（最大決昭44・11・26―博多駅事件）〕」。「そして，報道機関の国政に関する取材行為は，国家秘密の探知という点で公務員の守秘義務と対立拮抗するものであり，時としては誘導・唆誘的性質を伴うものであるから，報道機関が取材の目的で公務員に対し秘密を漏示するようにそそのかしたからといって，そのことだけで，直ちに当該行為の違法性が推定されるものと解するのは相当ではなく，報道機関が公務員に対し根気強く執拗に説得ないし要請を続けることは，それが真に報道の目的からでたものであり，その手段・方法が法秩序全体の精神に照らし相当なものとして社会観念上是認されるものである限りは，実質的に違法性を欠き正当な業務行為というべきである。しかしながら，……取材の手段・方法が贈賄，脅迫，強要等の一般の刑罰法令に触れる行為を伴う場合は勿論，その手段・方法が一般の刑罰法令に触れないものであっても，取材対象者の個人としての人格の尊厳を著しく蹂躙する等法秩序全体の精神に照らし社会観念上是認することのできない態様のものである場合にも，正当な取材活動の範囲を逸脱し違法性を帯びる」。本件では，Yは当初から秘密文書を入手する意図でAと関係を持ち，目的を達するやAを顧みなくなったもので，Aの個人としての人格の尊厳を著しく蹂躙したもので是認できない。

■ 解 説 ■

1　本件は，当初は重要政治課題に関する国家秘密と知る権利の対立という観点から社会の注目を集めていたが，起訴状でYとAとの関係が明らかにされ，ワイドショー的な興味に一気に移行した点でも特異な事件である。法的には争点に掲げた点のほか，前提として国家秘密の意義が問題となり，最高裁は先例を踏まえていわゆる実質秘説を採ることを明らかにした（齊藤愛・後掲167頁，下井・後掲166頁参照）。

2　一般に，報道に当たって公務員が極めて重要な取材源であることはいうまでもないが，公務員は国家公務員法上守秘義務を負っており，取材のために必要となる諸々の働きかけがそそのかし罪に該当するとなれば取材の自由が大きく制約されることは明らかである。そこで，そそのかし罪違憲説をとるのでなければ解釈による両者の調整が必要となるが，考え方は分かれている（諸説については斎藤文男・後掲163頁も参照）。この点，本決定は，報道目的で，かつ，その手段方法に社会的相当性がある場合には正当業務行為として違法性を欠くとしたが，注目されるのは，報道機関の取材活動が形式上「そそのかし」に該当したとしてもその違法性は推定されないとした点にある。その結果，判旨からも分かるとおり，正当な取材として（例外的に）違法性が阻却されるかどうかではなく，正当な取材の範囲を超えて違法になるか否かという問題の立て方をすることになり，その限りでは取材の自由に配慮したともいいうる（堀籠・後掲170～171頁参照）。

3　本決定は121事件などとは異なり，正当な取材活動か否かの判断に際して取材の手段・方法の相当性を考慮するのみで，利益衡量を行わなかった点が注目される。取材の手段方法の相当性を考慮することは一般論としては妥当だとしても，一般の刑罰法令に触れれば直ちに正当な取材の範囲を超えるなどという形式的な判断に流れないことが望まれる（例えば，取材過程での私有地への軽微な立入りなど）。

なお本件では，男女関係が介在した点が考慮されているが，不倫関係をとがめているわけでないことは明らかであり，「法と倫理の混同」という批判は当たらない。もっとも，社会観念上是認できるかという要素を導入した点で基準が不明確化したという批判はあり得るが，正当な取材活動の限界はいずれにしても明確に画することはできず個別に判断するほかないように思われる。

4　本件に関するものを含む一連の密約問題については，すでに米国側の文書が公開されていたほか，2010年に外務省の有識者委員会による調査が行われた。また，本件Yらは，最近になって本件密約に係る文書の情報公開請求訴訟を提起し，東京地判平22・4・9（判時2076号19頁）は文書の開示を命じたが，2審ではYらの逆転敗訴となった（東京高判平23・9・29判時2142号3頁）。

◆ 参考文献 ◆

齊藤愛・百選I〔第5版〕166頁，斎藤文男・同〔第4版〕162頁，堀籠幸男・最判解刑事篇昭和53年度129頁，下井康史・行政法の争点166頁。

125 未決拘禁者との接見制限と取材の自由

東京高裁平成7年8月10日判決
（平成4年（行コ）第54号接見不許可処分取消，損害賠償請求控訴事件）
訟月42巻7号1783頁，判時1546号3頁

■事　案■

X₁（月刊誌『創』編集者・対馬滋）は，身代金拐取・殺人等により高裁で死刑判決を受けて上告中であった拘置所在監者X₂（木村修治）に対し，それぞれ「安否確認」「取材」「訴訟打合せ」を目的として，3度にわたり接見を申し出たが，拘置所長Y₁は，第2回目は取材目的であることを理由として，第1回目と3回目はY₁が求めた，面接内容を公表しない旨の誓約書の提出をX₁が拒んだために，いずれも不許可とした。なお，本件の背景には，X₁は以前にも他の被告人と面会し，上記のような誓約を無視してこの者に関する名誉毀損的な記事を掲載したという事情があった。

Xらは，Y₁に対して第2回の不許可処分の取消しを求めるとともに，本件各不許可処分により精神的苦痛を受けたとして，Y₂（国）に対して慰謝料を求めた。1審（東京地判平4・4・17判時1416号62頁）は，本件不許可処分につき訴えの利益が消滅したとして却下し，慰謝料請求については過失なしとして棄却したため控訴（ただし処分取消請求は取下げ）。

■争　点■

監獄における取材の自由はどの程度まで認められるか。

■判　旨■

控訴棄却（その後上告されたが棄却〔最判平10・10・27公刊物未登載〕）。

従来の判例（本書23事件〔最大判昭45・9・16―被拘禁者の喫煙禁止〕，21事件〔最大判昭58・6・22―よど号ハイジャック記事抹消事件〕，最判平3・7・9民集45巻6号1049頁）に依拠して，拘置所長は，逃亡又は罪証隠滅の恐れがある場合，および監獄内の規律および秩序の維持上放置できない程度の障害が生ずる相当の蓋然性が認められる場合には合理的な接見制限ができること，その適法性の判断にあたり，拘置所長の裁量的判断が尊重されるべきことを判示し，本件各処分は適法であるとした。

X₁の取材の自由，X₂の表現の自由の侵害であるとの主張に，「報道関係者の報道のための取材の自由は憲法21条の趣旨に照らして十分に尊重されるべきものであり，個々の国民が取材報道を目的とするメディアと接触を持つ自由についても，それが憲法21条の規定によって権利として保障されているものとまではいえないにしても相応の配慮が払われて然るべきものと解される。しかし，右のような取材の自由等は，何らの制約も受けないというものではなく，本件におけるような，本来一般人が自由に立ち入ることを許されていない施設である拘置所に在監中の被勾留者に報道関係者が直接面会して取材を行う自由や被勾留者が報道関係者と直接面会して接触を持つ自由といったものまでが，憲法21条の趣旨に照らして保障されているものとすることは困難である」。

■解　説■

1　（旧）監獄法45条1項は，在監者に接見することを請う者があるときにこれを許可するものとしていたが，実際には様々な理由で接見が制限されている。未決拘禁者の自由制限一般については，21事件に譲り，ここではジャーナリストの接見による取材の自由の観点に絞って検討したい。

2　本件においては，閉鎖的な領域へのアクセスが問題となっており，こうした領域においては，取材の自由は，(1)自由権というよりは請求権的な性格を帯びること，また，(2)このような取材では特に報道機関（あるいは職業ジャーナリスト）だけが念頭に置かれがちで，メディアの特権論が特に問題になること，という特殊性がある。

3　(1)について，既にみたように，判例（121事件〔最大決昭44・11・26―博多駅事件〕）は取材の自由も十分尊重に値するとしているが，本判決は，接見とは国家がアクセスを提供する行為であると理解し，他方，取材の自由はあくまで自由権であり，取材のために拘置所へのアクセスを請求する権利は含まれないとしたものと解される（請求権的構成）。こうした理解からは，接見不許可は取材の自由の制約に当たらないこととなり，残るのは監獄法の接見関係規定に照らした不許可処分の適法性の問題ということとなり，その判断中で取材の自由をどの程度考慮すべきかが争われる。

他方，学説は一般に，このような事案においても自由権的構成をとる。すなわち，接見の不許可はアクセスというサービス提供の許否ではなく，自由の制限であるという構成である。そして，どのような事由があれば制限可能なのかを議論する（紙谷・後掲169頁，佐々木・後掲13頁）。未決拘禁者は無罪推定を受けることから，21事件判決がいうように，拘禁目的達成のためのものを除いて自由の制限をうけないと考えるのであれば，一般社会におけると同様取材の自由が原則として妥当するということになり，こうした自由権的構成も十分可能だろう。

4　(2)については，仮に請求権的構成を取り，報道機関または職業ジャーナリストのみに取材の権利を認めるとなると，特権論そのものということになるが，拘置所における取扱いとしては取材目的の場合には一律に接見を不許可とする運用があるともいわれ（本判決は否定），そうだとすれば実際には逆に報道機関は差別されていることになる（紙谷・後掲169頁）。

5　なお，2005（平成17）年およびその翌年の法改正により，監獄法は廃止され，在監者の処遇は，「刑事収容施設及び被収容者等の処遇に関する法律」に規定されている（ジュリ1319号の「特集」など参照）。

6　X₂は本件1審係属中に最高裁で死刑が確定したが，その後，著書（『本当の自分を生きたい』〔1995〕）出版打合せなどのための編集者との接見が不許可とされたことをめぐり編集者らが訴訟を提起したがやはり敗訴した（東京地判平12・1・28訟月47巻7号1793頁）。なお，1995（平成7）年に死刑執行。

◆参考文献◆
紙谷雅子・百選Ⅰ〔第5版〕168頁，佐々木雅寿・平成4年度重判解12頁，中島徹・メディア百選24頁。

126 取材源に係る証言拒絶と公正な裁判——取材源秘匿事件

最高裁平成18年10月3日第三小法廷決定
（平成18年(許)第19号証拠調べ共助事件における証人の証言拒絶についての決定に対する抗告棄却決定に対する許可抗告事件）
民集60巻8号2647頁，判時1954号34頁

■事案■

Xらは，米国法人とその日本法人などである。日本放送協会（NHK）は，Xらが巨額の所得隠しを行い，国税庁が追徴課税をしたことなどを報じた（以下「本件報道」という）が，これは米国内においても報道された。こうした報道に対してXらは，合衆国の国税当局の職員が，日米同時税務調査の過程で，日本の国税庁の税務官に対し情報を漏示した結果，本件報道などがなされてXらが損害を被ったとして，合衆国を相手どり，米国において本件基本事件の訴えを提起した。本件基本事件は開示（ディスカバリー）の手続中であるところ，米国裁判所は，今後の事実審理（トライアル。田中英夫『英米法総論(下)』[1980] 456頁以下など参照）のために必要であるとして，国際司法共助により，日本の裁判所に対し，本件報道に係る取材を行ったNHK記者の証人尋問実施を嘱託した。

上記嘱託に基づき証人尋問が実施されたが，記者は本件報道の取材源の特定に関して，「職業の秘密」（民訴197Ⅰ③）に当たるとして証言を拒絶した。1審（新潟地決平17・10・11判タ1205号118頁）および2審（東京高決平18・3・17判時1939号23頁）とも，これには理由があるとしたので，Xらは許可抗告の申立てをした。

■争点■

民事訴訟において記者は取材源に係る証言拒絶ができるか。その可否はどのように判断するか。

■決定要旨■

抗告棄却。
「職業の秘密」とは「その事項が公開されると，当該職業に深刻な影響を与え以後その遂行が困難になるもの」（最決平12・3・10民集54巻3号1073頁）であり，報道関係者の取材源はこれに当たるとした。その中で，さらに保護に値し，証言拒絶が認められるような秘密かどうかは，秘密の公表から生ずる不利益と，証言の拒絶により犠牲になる真実発見および裁判の公正との比較衡量により決せられる。そして，「取材の自由も，憲法21条の精神に照らし，十分尊重に値いする」（本書121事件〔最大決昭44・11・26—博多駅事件〕）から，比較衡量に当たっては次の点に留意を要する。

「取材源の秘密は，取材の自由を確保するために必要なものとして，重要な社会的価値を有するというべきである。そうすると，当該報道が公共の利益に関するものであって，その取材の手段，方法が一般の刑罰法令に触れるとか，取材源となった者が取材源の秘密の開示を承諾しているなどの事情がなく，しかも，当該民事事件が社会的意義や影響のある重大な民事事件であるため，当該取材源の秘密の社会的価値を考慮してもなお公正な裁判を実現すべき必要性が高く，そのために当該証言を得ることが必要不可欠であるといった事情が認められない場合には，当該取材源の秘密は保護に値すると解すべきであり，証人は，原則として，当該取材源に係る証言を拒絶することができると解するのが相当である。」

本件では上記事情はなく，証言拒絶は正当である。

■解説■

1 本決定は，取材源の秘匿のための民事訴訟における記者の証言拒絶の問題について最高裁が初めて実体判断を行ったものである。刑事訴訟については，これを否定した古い判例（最大判昭27・8・6刑集6巻8号974頁）があるが，そこでの取材の自由の位置づけは121事件決定で変更されている。また，民事訴訟については，証言拒絶を認めた島田記者事件高裁決定（札幌高決昭54・8・31下民集30巻5～8号403頁）があるが，最高裁は実体判断をしていない（最決昭55・3・6判時956号32頁）。

2 取材源の証言拒絶を認めるべき根拠として，従来，取材源利益説（取材源の利益の保護のためとする），報道者利益説（記者と取材源との信頼関係の維持を通じた記者の職業的利益の保護），公共的利益説（情報の自由な流通に対する公衆の利益〔「知る権利」〕の保護）といった諸説があり，憲法学説上は最後の公共的利益説が有力であったところ，本決定もそれを前提とするものであるとされる（戸田・後掲1015頁）。

3 民事訴訟法上この問題は，同法197条1項3号の「職業の秘密」に該当するかどうかという形で論じられてきたが，少なくとも一定の場合にこれを肯定することについては学説上一致がある（なお，刑事訴訟法には上記民事訴訟法規定に相当する定めはなく，証言拒絶の認められる場合は条文上は限定的であり，上記昭和27年最高裁判決も明文がないことを理由の1つとしている）。

4 問題は，どのような場合に証言拒絶が認められるかということであり，結局，公正な裁判原理との利益衡量が必要となる。この点，取材源秘匿が認められなければ取材が困難となり，取材の自由が妨げられることになるから，取材時における予測可能性が重要であるが，本決定は取材後の事情を考慮するものとしている。しかし，本決定は他方で，裸の比較衡量ではなく，公共の利益に関する報道については証言拒絶が認められるのが原則であり，特段の事情がなければ例外が認められないという形で取材の自由を重視した判断枠組みを示している。

5 こうして，取材源秘匿が民事訴訟においては法的にも認められることとなったが，これはジャーナリズムの倫理の基本でもあるとされる。ただし，これは取材源を保護する必要がある場合の話であって，通常は記事の信頼性を読者が判断できるようにするために取材源を明示するのが原則であり，この点に誤解のないようにする必要がある（山田隆司・法セ667号50頁参照）。

◆ 参考文献 ◆
池田公博『報道の自由と刑事手続』[2008]，駒村圭吾・判評585（判時1978）号25頁，曽我部真裕・平成18年度重判解20頁，戸田久・最判解民事篇平成18年度(下)1006頁，長谷部恭男・ジュリ1329号2頁。

127 取材対象者の「期待権」と番組改編——NHK 期待権事件

最高裁平成 20 年 6 月 12 日第一小法廷判決
（平成 19 年（受）第 808～813 号損害賠償請求上告，同附帯上告事件）
民集 62 巻 6 号 1656 頁，判時 2021 号 3 頁

■事案■

Y₁（日本放送協会〔NHK〕）は，X（「戦争と女性への暴力」日本ネットワーク）が中心となって開催した，いわゆる従軍慰安婦問題に関する天皇および日本政府の責任を追及する民衆法廷「日本軍性奴隷制を裁く女性国際戦犯法廷」（以下「本件法廷」という）を取り上げたテレビ番組を放送した。Xは，取材担当者の当初の説明から，本件番組は本件法廷をつぶさに紹介するドキュメンタリーとなるものと期待して取材に協力したところ，本件番組の編集の過程において，本件法廷に批判的な与党政治家の意向を忖度した Y₁ の幹部が異例の介入をした結果，本件法廷に批判的な識者の意見が挿入されたり，本件法廷の重要部分が削除されたりし，本件番組はXの期待に反するものとなった。

そこでXは，こうした期待，信頼（以下「期待権」という）の侵害，および編集方針の変更の説明義務違反による不法行為責任の成立等を主張して Y₁ およびその委託を受けた Y₂，再委託を受け実際に取材にあたった Y₃ に対して損害賠償を求める訴えを提起した。

1 審（東京地判平 16・3・24 判時 1902 号 71 頁）は Y₃ についてのみ期待権侵害を認めたが，2 審（東京高判平 19・1・29 判夕 1258 号 242 頁）は期待権侵害，説明義務違反を Y らすべてについて認めたため，Y らから上告，Xから附帯上告。

■争点■

①取材対象者の放送番組に対する「期待権」は法的保護の対象となるか。
②編集方針を変更した場合，放送事業者に説明義務はあるか。

■判旨■

破棄自判，附帯上告棄却（横尾和子裁判官の意見がある）。

放送法上，番組編集は放送事業者の自律的判断に委ねられていること，そして，番組編集にあたっては放送事業者内部で様々な観点から検討され，当初企画段階とは異なるものになったり，放送されない場合もあることは国民一般に認識されており，したがって，取材対象者の期待権は原則として法的保護の対象とならない。

「もっとも，取材対象者は，取材担当者から取材の目的，趣旨等に関する説明を受けて，その自由な判断で取材に応ずるかどうかの意思決定をするものであるから，取材対象者が抱いた上記のような期待，信頼がどのような場合でもおよそ法的保護の対象とはなり得ないということもできない。すなわち，当該取材に応ずることにより必然的に取材対象者に格段の負担が生ずる場合において，取材担当者が，そのことを認識した上で，取材対象者に対し，取材で得た素材について，必ず一定の内容，方法により番組中で取り上げる旨説明し，その説明が客観的に見ても取材対象者に取材に応ずるという意思決定をさせる原因となるようなものであったときは，取材対象者が同人に対する取材で得られた素材が上記一定の内容，方法で当該番組において取り上げられるものと期待し，信頼したことが法律上保護される利益となり得るものというべきである。そして，そのような場合に，結果として放送された番組の内容が取材担当者の説明と異なるものとなった場合には，当該番組の種類，性質やその後の事情の変化等の諸般の事情により，当該番組において上記素材が上記説明のとおりに取り上げられなかったこともやむを得ないといえるようなときは別として，取材対象者の上記期待，信頼を不当に損なうものとして，放送事業者や制作業者に不法行為責任が認められる余地があるものというべきである。」

本件は上記の場合にあたらず，そうである以上説明義務も原則として成立しない。

■解説■

1　本件は，「NHK と政治」という問題関心から社会の注目を集めた事件であるが，法的論点としては取材対象者と番組制作者・放送事業者との関係が問題となった。

2　争点①については，取材対象者が番組内容に対して抱く期待，信頼（いわゆる期待権）を広く認めることは，放送事業者が取材対象者の期待どおりの番組を放送することを強いられることになり，表現の自由の観点から問題である。そこで，原則としてこのような期待権は成立しないことには異論はない。問題は，どのような場合に例外が認められるかということであるが，本判決は，番組編集の自由や番組編集過程の実情とそれに対する国民一般の認識を理由に，極めて例外的な場合に限定している。

実際，期待権を広く認めることは，上記のように放送事業者に単なる不作為ではなく，作為を求めることになるので慎重に考えるべきだと言われる（小山・後掲 15 頁，宍戸・後掲 8 頁。なお，本書 117 事件〔最判昭 62・4・24 ——「サンケイ新聞」事件〕・118 事件〔最判平 16・11・25——生活ほっとモーニング事件〕も参照）。

他方で，報道のための取材の自由が認められる（121 事件〔最大決昭 44・11・26 ——博多駅事件〕）としても，取材対象者が取材に応じるか否かは自由であり（松井・後掲 216 頁。なお参照，奥平・後掲 67 頁），それを確保するためにもう少し広く期待権を認めるべきだとの見解もあり，こうした観点からは本判決よりは緩やかに期待権成立を認める 2 審が支持されている（右崎・後掲 23 頁，村田・後掲 118 頁など）。

3　争点②については，同じく番組編集の自由と取材対象者の自己決定権との調整の問題であるが，説明義務を広く認めるとやはり番組内容への介入を許す恐れがあるので，慎重に判断する必要があろう。

◆参考文献◆

右崎正博・判評 605（判時 2039）号 19 頁，加藤正男・ジュリ 1372 号 170 頁，小山剛・受験新報 674 号 14 頁，宍戸常寿・法教 321 号 6 頁，村田尚紀・関西大学法学論集 58 巻 6 号 103 頁，松井茂記『マス・メディア法入門〔第 4 版〕』［2008］，奥平康弘『ジャーナリズムと法』［1997］。

128 法廷でのメモ行為の自由
── レペタ事件

最高裁平成元年3月8日大法廷判決
(昭和63年(オ)第436号メモ採取不許可国家賠償請求事件)
民集43巻2号89頁, 判時1299号41頁

■事 案■

米国弁護士であるX(ローレンス・レペタ)は, 日本法研究の一環として所得税法違反に係るある刑事事件の公判を傍聴していた。右事件を担当する裁判長は, 傍聴人がメモを取ることを予め一般的に禁止していたので, Xはその許可を求めたが, 認められなかった。なお, 本件裁判長は, 司法記者クラブ所属の報道機関の記者に対してはメモを許可していた(これは本判決以前には一般的な取扱いであった)。

Xは, この不許可措置が14条・21条・82条等に違反するとして, 国家賠償法1条1項に基づく損害賠償を求めたが, 1審(東京地判昭62・2・12判時1222号28頁)・2審(東京高判昭62・12・25判時1262号30頁)ともこの請求を認めなかったため上告。

■争 点■

①傍聴の自由は憲法上どのように位置づけられるか。
②メモ採取の自由は憲法上どのように位置づけられるか。
③報道機関の法廷取材の自由は憲法上どのように位置づけられるか。

■判 旨■

上告棄却(四ツ谷巌裁判官の意見がある)。

「〔82条1項〕の趣旨は, 裁判を一般に公開して裁判が公正に行われることを制度として保障し, ひいては裁判に対する国民の信頼を確保しようとすることにある」のであり, 各人に傍聴やメモ採取の権利を認めるものではない。

「各人が自由にさまざまな意見, 知識, 情報に接し, これを摂取する機会をもつことは, その者が個人として自己の思想及び人格を形成, 発展させ, 社会生活の中にこれを反映させていく上において欠くことのできないものであり, 民主主義社会における思想及び情報の自由な伝達, 交流の確保という基本的原理を真に実効あるものたらしめるためにも必要であって, このような情報等に接し, これを摂取する自由は, ……〔21条1項〕の趣旨, 目的から, いわばその派生原理として当然に導かれるところである(〔本書21事件(最大判昭58・6・22──よど号ハイジャック記事抹消事件)〕……参照)。」

「筆記行為は, ……さまざまな意見, 知識, 情報に接し, これを摂取することを補助するものとしてなされる限り, 筆記行為の自由は, 憲法21条1項の規定の精神に照らして尊重されるべきである」。

「裁判の公開が制度として保障されていることに伴い, 傍聴人は法廷における裁判を見聞することができるのであるから, 傍聴人が法廷においてメモを取ることは, ……尊重に値し, 故なく妨げられてはならない」。

しかし, 筆記行為の自由は表現の自由そのものではないから, 「その制限又は禁止には, 表現の自由に制約を加える場合に一般に必要とされる厳格な基準が要求されるものではない」。

法廷においては適正・迅速な裁判の実現が重要で, 公正・円滑な訴訟運営は傍聴人のメモ採取に比してはるかに優越的な利益であり, いささかでも公正・円滑な訴訟運営を妨げる場合には, メモ採取行為が制限又は禁止されるべきことは当然である。ただし, 通常はこのような場合は考えにくいので, 一律禁止は合理性を欠く。

14条1項の規定は合理的な区別を認めるものであり(329事件〔最大判昭60・3・27──サラリーマン税金訴訟〕), また, 報道機関の取材の自由は, 21条の精神に照らし十分尊重に値する(121事件〔最大決昭44・11・26──博多駅事件〕)のだから, 記者クラブ所属記者にのみメモ採取を認めても不合理ではない。

本件措置は合理性を欠くが, 国家賠償法上違法ではない。

■解 説■

1 本件は, 120事件(最大決昭33・2・17──「北海タイムス」事件)と同様, 法廷での情報収集行為が問題となった事案である。

2 争点①について, 82条1項は裁判の公開という客観法原則を定めており, 傍聴の自由を保障するものではない(換言すれば, 傍聴の自由は反射的利益にすぎない)とされたが, 多数説も, 82条だけでは傍聴の自由は導出されないという点では同様である。しかし, 21条で抽象的に保障された(積極的)情報収集権が82条で具体化されているとしたり(佐藤憲法論277頁), 両規定の「掛け合わせ」によって市民の裁判過程への参加・見聞の権利が認められるとする(奥平・後掲265頁)などとして, 結論的に傍聴の権利を認める説が有力である。

3 争点②について, 最高裁は傍聴の権利を否定しながらも, 法廷におけるメモ採取については21条1項の精神に照らして尊重されるとする(121事件での取材の自由と同様の論法だが, 若干の表現上の違いがある〔同事件解説参照〕)。反射的利益とはいえ事実として傍聴が認められるのだから, その枠内ではその補助行為としてのメモ採取の自由も尊重されるべきであるということだろう。

しかし, 本判決は, 公正・円滑な訴訟運営との利益衡量においてメモ採取の自由ははるかに劣後するとした。この点, 学説は批判的である(芦部憲法学Ⅲ264頁)。さらに, 裁判公開原則, すなわち傍聴制度は公正な裁判の実現を趣旨とするから, メモ採取は公正円滑な訴訟運営と対立するばかりではないという指摘もある(毛利・後掲152頁, 浜田・後掲161頁)。

ただ, 本件の具体的な判断をみると, 上述の一般論とは裏腹に, メモ禁止の適法性をかなり厳しく審査していることが分かる。こうした一般論は, 訴訟関係者にとってより負担の重かったり, 新奇であったりする手段が問題となる際に機能してくるのだろう。今後, 情報通信手段を使った文字や映像による生中継なども問題となってくるかもしれない。

4 争点③については, 121事件解説参照。

◆ 参考文献 ◆
奥平康弘『なぜ「表現の自由」か』[1988], 佐々木雅寿・判例講義Ⅱ279頁, 浜田純一・百選Ⅰ〔第5版〕160頁, 毛利透・法協108巻3号146頁, 門口正人・最解民事篇平成元年度43頁, L.Repetaほか『MEMOがとれない』[1991](本件の経緯を追ったもの)。

129 情報公開と知る権利
——大阪府知事交際費公開請求事件

最高裁平成6年1月27日第一小法廷判決
（平成3年(行ツ)第18号行政処分取消請求事件）
民集48巻1号53頁，判時1487号32頁

■事案■

大阪府の住民であるXらは，大阪府公文書公開等条例（以下「本件条例」という）に基づいて，Y（大阪府知事）に対し，知事交際費に関する文書の公開を請求したところ，Yは，そのうち一部を公開したが，債権者（懇談会等で利用した飲食店等）の請求書・領収書，歳出額現金出納簿および支出証明書（以下「本件文書」）については，本件条例の定める不開示事由のうち，事業者の営業上の利益（本件条例8条1号），府の企画調整等の事務（同条4号）および府の交渉等の事務（同条5号）への支障，並びにプライバシー侵害のおそれ（9条1号）に該当するとして非公開とした。

1審（大阪地判平元・3・14判時1309号3頁）は，本件文書は上記不開示事由のいずれにも該当しないとして非公開決定を取り消し，2審（大阪高判平2・10・31行集41巻10号1765頁）もこれを支持した。

■争点■

情報公開制度と知る権利はどのような関係にあるか。

■判旨■

破棄差戻し。

「本件文書のうち交際の相手方が識別され得るものは，相手方の氏名等が外部に公表，披露されることがもともと予定されているものなど，相手方の氏名等を公表することによって前記のようなおそれがあるとは認められないようなものを除き，懇談に係る文書については本件条例8条4号又は5号により，その余の慶弔等に係る文書については同条5号により，公開しないことができる文書に該当する」。

「交際に関する情報は，その交際の性質，内容等からして交際内容等が一般に公表，披露されることがもともと予定されているものを除いては，同号〔9条1号〕に該当する」。

■解説■

1 本判決は情報公開をめぐる最初の最高裁判決であるが，大阪府条例の文言に即した判断であり，先例的価値はそれほど高くない（戸松・後掲26〜27頁参照）。そこで，ここでは，情報公開制度に関する諸問題のうち，憲法と関連の深いものについてやや一般的に検討することとする。

2 情報公開制度は，国および自治体の機関が保有する文書を，一般市民の請求に応じて開示する制度であり，80年代前半以降，多くの自治体で条例が制定され（現在ではほぼすべての自治体が条例制定済み），1999年には行政機関情報公開法，2001年には独立行政法人情報公開法も制定された。

情報公開制度の基本的な構造は，まず，一般的な開示請求権を規定した後，個別的に不開示事由を定めるものであり，不開示事由は，情報公開法（5条）の例で言えば，個人情報，法人等情報，防衛・外交等情報，犯罪捜査等情報，意思形成過程情報，その他一定の行政運営情報といったものである（本件事案も参照）。不開示決定に関しては不服申立および取消訴訟の提起が可能であり，不服申立ての過程には第三者からなる諮問委員会が関与する（情報公開制度については，田島・後掲およびそこに掲記の文献を参照）。

3 憲法に関わる論点としては，争点として掲げた情報公開請求権の性質に関わる問題がある。すなわち，同請求権は情報公開法・条例により創設されたものか，それとも21条の「知る権利」を具体化したものかという問題である。学説上，同条は抽象的権利として情報公開請求権を保障しており，情報公開法・条例はこれを具体化するものであるという理解が有力である。このような理解の実益は，情報公開立法における立法裁量を21条の観点から限定すること，制定後の立法の解釈指針となること，立法によりいったん具体化された情報公開請求権の制約を統制することなどである（長谷部・後掲145頁参照）。

本件条例は，前文で「知る権利」への言及がなされている。他方，情報公開法の目的規定（1条）では「国民主権の理念にのっとり」という文言で憲法との関係が示されているが，一部で主張された「知る権利」への言及は見送られた（ただし，こうした言及に向けた法改正の動きはある）。もっとも，この点は制定後の規定の解釈を左右するものではないという見解もある（阪本・後掲28頁〔なお，同32頁注(11)も参照〕）。

本判決は，特に情報公開請求権の性質に言及することなく，条例の文言に即して解釈を行っている。これは，調査官解説によれば，通説も知る権利それ自体は抽象的権利にすぎないとしており，これによれば，情報公開請求権を付与するか否か，いかなる限度でどのような要件の下で付与するかについては立法政策の問題であり，具体的な情報公開請求権の内容，範囲等は，各条例の定めるところによるという考え方に基づく（千葉・後掲64頁）。しかし，上述のように，通説としての抽象的権利説が知る権利が抽象的権利であるとするのは，立法による具体化が必要であるとしても，立法裁量の統制や解釈指針として機能するということを強調するためである。抽象的権利説といっても通説と判例とではその内容にかなり距離があることが分かる。

本件1審判決は，本件大阪府条例は21条等に基づく「知る権利」の尊重と15条の参政権の実質的確保を理念とすることに照らし，不開示事由を厳格に解すべき旨判断し，不開示決定をすべて取り消したもので，「知る権利」が解釈指針（の1つ）として機能している。法令を解釈するにつき，その理念，趣旨，目的を考慮することは当然であり，「知る権利」への言及がある場合，それを考慮することは本判決も一般論としては否定する趣旨ではない（千葉・後掲65〜66頁）が，実際には考慮の度合いはあまり高くないといえる。

◆参考文献◆
阪本昌成・ジュリ1093号26頁，田島泰彦・争点132頁，千葉勝美・最判解民事篇平成6年度54頁，戸松秀典・メディア百選26頁，長谷部恭男『憲法学のフロンティア』[1999]。

130 自己情報の本人開示請求
── レセプト開示請求事件

最高裁平成13年12月18日第三小法廷判決
(平成9年(行ツ)第21号公文書非公開決定取消請求事件)
民集55巻7号1603頁,判時1775号23頁

■事案■

Xら夫婦は,1993(平成5)年9月7日,兵庫県の情報公開条例(なお,本件条例は1999年に全面改正された)に基づき,X₁(妻)の分娩に関する診療報酬明細書(いわゆるレセプト)の公開を請求した。なお,当時,同県では個人情報保護条例は未制定であった(1996年に制定)。

ところが,Y(兵庫県知事)は,本件文書は,「個人の思想,宗教,健康状態,病歴,住所,家族関係,資格,学歴,職歴,所属団体,所得,資産等に関する情報(事業を営む個人の当該事業に関する情報を除く。)であって,特定の個人が識別され得るもののうち,通常他人に知られたくないと認められるもの」という本件条例8条1号の不開示事由に該当するとして,不開示処分を行ったので,Xらはその取消しを求めて本件訴訟を提起した。

1審(神戸地判平7・11・27行集46巻10・11号1033頁)は請求棄却であったが,2審(大阪高判平8・9・27行集47巻9号957頁)では認容されたので,Yが上告。

■争点■

情報公開制度を利用した自己の個人情報開示請求は可能か。

■判旨■

上告棄却。

情報公開制度と個人情報保護制度の「2つの制度は,本来,異なる目的を有するものであって,公文書を公開ないし開示する相手方の範囲も異なり,請求を拒否すべき場合について配慮すべき事情も異なる」ので,情報公開制度の下で,「そこに記録されている情報が自己の個人情報であることを理由に,公文書の開示を特別に受けることができるものではない」。

もっとも,情報公開制度のみ存在する場合には,Xらが公文書の開示を求めるにはこの制度を利用するほかなく,また,両制度は別個の制度であるが,むしろ公の情報を開示するための相互補完的な制度であることからすると,「個人情報保護制度が採用されていない状況の下において,情報公開制度に基づいてされた自己の個人情報の開示請求については,そのような請求を許さない趣旨の規定が置かれている場合等は格別,当該個人の上記権利利益を害さないことが請求自体において明らかなときは,個人に関する情報であることを理由に請求を拒否することはできないと解するのが,条例の合理的な解釈というべきである」。

■解説■

1 個人情報保護条例が存在していれば,本件のような請求は,同条例に基づいて行うことになるはずであるが,本件時点での兵庫県においては,同条例は未制定であったため,情報公開条例に基づいて自己情報の本人開示を請求したところ,事案にあるように不開示とされたのであった。

2 一般論としては,情報公開制度は,本書129事件(最判平6・1・27―大阪府知事交際費公開請求事件)で検討したように,国民主権の理念にのっとり,政府の説明責任を全うさせるとともに,公正で民主的な行政の推進を目的とする制度であり(行政情報公開1),何人からも情報公開請求を行うことができ,請求者の属性によって取扱いを区別しないのが建前となる。そして,やはり129事件で検討したように,同制度においては,一般的な公開原則を定めると同時に,対抗利益の保護のために不開示事由が列挙されており,その中で,個人情報ないしプライバシー保護のための不開示が認められている。

他方,個人情報保護制度は,13条で保障されるプライバシー権の自己情報コントロール権説的な理解に基づき,他者(政府機関や民間企業等)が保有する個人情報へのアクセスを認めるものである。

要するに,本件判旨にもあるとおり,一般論的には,両者は目的を異にする別個の制度である。

3 このような理解を徹底すれば,たとえ請求者自身の個人情報であっても,情報公開条例にそれを認める明文規定のない限り,情報公開制度に基づいてこのような情報の開示請求を行うことは認められないことになる(実際,情報公開制度では本人確認手続の規定がないなど,このような開示請求は本来想定されていない)。本件1審判決はこのような立場に立った(学説としては,松本・後掲175頁以下)。また,国の情報公開法制定の時点では,行政機関を対象とする個人情報保護法は不備であったが,情報公開法制定過程の議論では同法に基づく自己情報の本人請求は認めない趣旨が表明されていた(行政改革委員会事務局(監修)『情報公開法制』[1997] 48〜49頁)。

他方で,情報公開制度における個人情報の不開示規定は,当該個人の権利利益の保護を目的とするものであるから,本人からの請求の場合にはこうした保護の要請が存在しないから本人開示を拒否する理由はないとする理解も成り立ち,本件2審判決はこうした立場を明確にしている。

それぞれ明確な立場をとった本件下級審判決に対し,本判決の立場は曖昧であり,情報公開制度は存在するが個人情報保護条例が未制定という過渡的な状況に応じた便宜的な判断のようにも見える(2審判決は個人情報保護条例制定の有無にかかわらず本人開示を認めるという立場であり,本判決の立場とは異なる)。

この点,憲法の観点からは,「大事なことは自己情報開示請求権をきちんと何らかの制度に位置づけること」であり,「情報公開制度の手続を借用することで,自己情報開示請求権を具体化できるのなら,少々いびつな手続になろうと,その方が憲法の要請に応えられるのではないか」(松本・後掲175頁)という理解もなされている。

◆参考文献◆
中川丈久・地方自治百選〔第3版〕38頁,福井章代・最判解民事篇平成13年度〔下〕872頁,松井茂記・民商126巻6号169頁,松本和彦・百選Ⅰ〔第5版〕174頁。

131 裁判公開と刑事確定訴訟記録の閲覧

最高裁平成 2 年 2 月 16 日第三小法廷決定
（平成元年（し）第 147 号検察官のした保管記録閲覧不許可処分に対する準抗告棄却決定に対する特別抗告事件）
判時 1340 号 145 頁，判タ 726 号 144 頁

■ 事 案 ■

X（フリージャーナリストの江川紹子）は，警察署留置場における女性被拘禁者の処遇およびその実態とそれに対する世論の反応等の取材の一環として，刑事確定訴訟記録法（以下「記録法」）に基づき，留置管理係の警察官であった者 A を被告人とする特別公務員陵虐被告事件（法令により拘禁されていた女性 2 名に対し，警察署留置場内において数回にわたり陵虐の行為をしたというもの）の保管記録全部について閲覧請求を行った。これに対し，保管検察官は同法 4 条 2 項 3 号ないし 5 号に該当するとしてこれを不許可としたため，X は準抗告を申し立てたが棄却された（静岡地沼津支決平元・12・7 判時 1334 号 239 頁）。そこで X は，本件特別抗告を申し立てた。

■ 争 点 ■

記録法 4 条 2 項は憲法 21 条・82 条に適合するか。

■ 決定要旨 ■

抗告棄却。
「本件抗告の趣意のうち，刑事確定訴訟記録法 4 条 2 項が憲法 21 条，82 条に違反しないとした原決定は憲法の解釈を誤っているという点は，憲法の右の各規定が刑事確定訴訟記録の閲覧を権利として要求できることまでを認めたものでないことは，当裁判所大法廷判例〔本書 120 事件（最大決昭 33・2・17—「北海タイムス」事件），128 事件（最大判平元・3・8—レペタ事件）〕……の趣旨に徴して明らかであるから，所論は理由がなく，……刑訴法 433 条の抗告理由に当たらない。」

■ 解 説 ■

1　刑訴法 53 条の規定を受けて，記録法 4 条は，検察官の保管する確定刑事事件の訴訟記録の閲覧請求権を何人に対しても認めている（なお，訴訟に関する書類および押収物については情報公開法および個人情報保護法の適用はない〔刑訴 53 の 2〕。また，民事訴訟記録については，民訴 91・92 参照）。

しかし，同法には閲覧制限事由も定められており，本件では記録法 4 条 2 項 3 号（公の秩序または善良の風俗を害するおそれ）・4 号（犯人の改善および更生を著しく妨げるおそれ）・5 号（関係人の名誉または生活の平穏を著しく害するおそれ）を理由に保管検察官は閲覧不許可処分を行った。

2　本件では，記録法 4 条 2 項に定める閲覧制限事由が，憲法 21 条・82 条に反しないかどうかが問題となった。

本決定は法廷での写真撮影に関する 120 事件，同じく法廷でのメモ採取に関する 128 事件を引用して判断している。これらの先例は本件とは事案を異にし，適切な引用かどうか疑問も残るが，いずれにしても，82 条は裁判の公開を制度として保障したものて，傍聴の権利，ましてや記録閲覧請求権を認める趣旨ではなく，また，表現の自由からも閲覧請求権を導き出すことはできないことを示すものである。

この点，学説においては，82 条解釈について，①同条の射程が記録の公開にまで及ぶかどうか，②82 条は個人に権利を付与するものかどうか，という点で争いがある。①については，消極説が通説であるが，積極説もある（松井・後掲 67 頁，松井 239 頁，484 頁）。②についても，82 条解釈自体としては消極説が通説である。しかし，今日では，128 事件で検討したように，21 条との組み合わせで具体的権利性を認め，刑訴法および記録法の上記規定は，82 条 1 項の趣旨を受けて，21 条で抽象的に保障された積極的な情報収集権を具体化するものとの理解が有力である（佐藤憲法 540 頁。学説の概観として，日野田・後掲 425 頁参照）。

3　このように，記録法が定める閲覧請求権が憲法 21 条の積極的情報収集権の具体化であるとすれば，情報公開制度に関する 129 事件（最判平 6・1・27—大阪府知事交際費公開請求事件）で検討したのと同様に，その制限事由が過度に広すぎるのではないかという問題（佐藤憲法 541 頁）が生じる。

記録法の定める閲覧制限事由には，事務処理上の支障がある場合（4 I 但書）と，記録の内容が閲覧に適さない場合（4 II）とがあるが，いずれについても広すぎるという批判がある。特に，4 条 2 項 3 号は「公の秩序又は善良の風俗」を害する場合の閲覧制限を定めるが，疑問であるとの指摘がある（松井・後掲 69 頁）。

他方，確かに，刑事事件の訴訟記録は，センシティブな情報を多く含むプライバシー情報の塊とも言うべきもので，全体として，訴訟記録へのアクセスは一般的な情報公開制度の場合と比べて限定的にならざるを得ない面があろう。

4　ただ，記録法は，4 条 2 項の閲覧制限事由に該当する場合であっても，正当な理由がある者については閲覧を認めなければならないとし（4 II 但書），請求者の属性で区別をしない一般の情報公開制度とは異なる行き方をとる。当該事件に関連する保険請求や民事事件のために閲覧する場合が正当な理由が認められる通常の場合であるが，21 条の観点からは，本件のように報道目的で閲覧請求をする者にも正当な理由が認められるかどうかが重要であり，それにより上記のような閲覧制限事由の広さを一定程度補うことになる（松井・後掲 69 頁）。本件でもこの点が争われ，1 審は，報道目的の場合にはおよそ正当な理由がないとはせず，比較衡量を用いたが，結論的には正当理由を認めなかった。

5　なお，上述のような問題のほかにも，記録法には，確定訴訟記録の保管者が裁判所ではなく検察官であることや，閲覧のみで謄写が認められないこと，情報公開法と比較した場合の手続の不備など，様々な問題点を指摘できる（中村ほか・後掲 183 頁以下は改正案を提示する）。

◆ 参考文献 ◆

石川才顕・判評 380（判時 1355）号 76 頁，中村泰次ほか『刑事裁判と知る権利』[1994]，日野田浩行・百選 II〔第 5 版〕424 頁，松井茂記・ジュリ臨増『情報公開・個人情報保護』[1994] 66 頁。

132 「検閲」の意義——税関検査事件

最高裁昭和59年12月12日大法廷判決
（昭和57年(行ツ)第156号輸入禁制品該当通知処分等取消請求事件）
民集38巻12号1308頁、判時1139号12頁

■事 案■

X（書籍輸入業者）は、8ミリ映画フィルム、雑誌、書籍等（以下「本件物件」という）を海外業者に注文し、これらを郵便で輸入しようとしたところ、Y1（函館税関札幌税関支署長）は、本件物件は、男女の性交行為や性器等を描写したもので、関税定率法21条1項3号（当時。現在は関税69の11 I ⑦）に定める輸入禁制品（「風俗を害すべき書籍、図画、彫刻物その他の物品」）に該当する旨の通知をXに対して行った。これに対してXは、Y2（函館税関長）に対して異議申立てをしたが棄却されたため、XはYらに対して上記通知の取消し等を求めて訴えを提起した。

1審（札幌地判昭55・3・25判時961号29頁）は税関検査を憲法21条2項にいう「検閲」に該当し違憲であるとして処分を取り消したが、2審（札幌高判昭57・7・19行集33巻7号1571頁）はこの判決を取り消して請求を棄却したため、Xが上告。

■争 点■

①「検閲」とは何か。また検閲禁止の効果とはどのようなものか。
②税関検査制度は「検閲」に当たるか。
（憲法訴訟上の論点については本書308事件〔本件と同一事件〕を参照）

■判 旨■

上告棄却（大橋進裁判官ほか3名の補足意見、藤崎萬里裁判官の意見および伊藤正己裁判官ほか3名の反対意見がある）。

(i) 憲法が表現の自由の一般規定をおきながら、さらに21条2項前段で検閲を禁止したのは、諸外国や戦前の日本において検閲により表現の自由が著しく制限された歴史的経験に基づいて、検閲の絶対的禁止を宣言した趣旨と解される。

このような沿革に鑑みると、「『検閲』とは、行政権が主体となって、思想内容等の表現物を対象とし、その全部又は一部の発表の禁止を目的として、対象とされる一定の表現物につき網羅的一般的に、発表前にその内容を審査した上、不適当と認めるものの発表を禁止することを、その特質として備えるものを指す」。

税関検査は、事前抑制たる側面を有するが、国外においては発表済みのものであること、税関検査は思想内容等それ自体を網羅的に審査し規制することを目的とするものではないこと等「の諸点を総合して考察すると、……『検閲』に当たらない」。

(ii) 「猥褻文書の頒布等は公共の福祉に反するものであり、これを処罰の対象とすることが表現の自由に関する憲法21条1項の規定に違反するものでない」。「猥褻表現物がみだりに国外から流入することを阻止することは、公共の福祉に合致するものであり、……税関検査による猥褻表現物の輸入規制は、憲法21条1項の規定に反するものではない」。

現行刑法上、猥褻物の単なる所持は処罰されていないから、所持目的の輸入は「これを規制の対象から除外すべき筋合いであるけれども、いかなる目的で輸入されるかはたやすく識別され難いばかりでなく、流入した猥褻表現物を頒布、販売の過程に置くことが容易であることは見易い道理であるから、猥褻表現物の流入、伝播によりわが国内における健全な性的風俗が害されることを実効的に防止するには、……その流入を一般的に、いわば水際で阻止することもやむを得ない」。

■解 説■

1 争点①について、本判決は、21条2項の「検閲」の意義および禁止の効果を明らかにしたものであるが、この2つの問題は関連しており、「検閲」の意義を裁判所が主体になる場合も含むなど広義に理解する場合（芦部190頁）には、検閲の禁止は相対的なものと解する必要があり（116事件〔最大判昭61・6・11—「北方ジャーナル」事件〕のような事例も検閲に該当しうることになる）、他方、行政権が主体のものに限定する狭義説は、絶対的禁止と親和的である。

2 本判決判旨(i)は、検閲を狭く定義し、絶対的禁止であるとした点で、後者の立場をとる。もっとも、本判決による検閲の定義は、対象が思想内容等に限られる上、発表の禁止が目的であること、また、網羅的一般的な審査であることを要する点で、極めて狭い定義となっており、現実にこれに該当するような制度は想起困難であるとも批判される（詳細な批判として奥平・後掲第2章参照）。

なお、厳密には、本判決は検閲の「定義」ではなく、「特質」を述べたもので、具体的事例における検閲該当性については、諸要素をなお総合考慮して判断する必要があるという立場である（新村・後掲489頁）。

3 これに対して学説は、狭義説に立った場合でも、対象を思想内容に限らず、また、発表の禁止のみならず、知る権利を考慮して受領の禁止の場合も検閲概念に含めるなど、本判決ほど限定的でない（佐藤憲法論256頁）。一般に、狭義説は検閲を絶対的禁止とするが、これは、規制対象となる表現の内容のいかんを問わず、検閲という規制方式を禁止する趣旨であり、ここには対抗利益との衡量という視点が入る余地はないとするものである（阪本・後掲152頁参照）。

4 争点②について、狭義説に立った場合、「検閲」には該当しない事前抑制が存在することになる。この場合、絶対的禁止ではないが、表現の自由の制約としてその合憲性の審査が必要である（21条1項の問題となる）。しかも、事前抑制であるから審査はより厳格になるはずである（116事件判決参照）。しかし、本判決判旨(ii)では、性的風俗の維持は公共の福祉に合致するとした上で、わいせつ物の単純所持は刑法上不可罰であるにもかかわらず、この目的での輸入も禁止されることをいわゆる水際阻止論に基づいてその合憲性を認めており、必ずしも厳格な審査を行っていない。

◆参考文献◆
大沢秀介・メディア百選124頁、奥平康弘『なぜ「表現の自由」か』[1988]、阪本昌成・百選Ｉ〔第5版〕152頁、新村正人・最判解民事篇昭和59年度469頁。

133 有害図書規制と表現の自由 ――岐阜県青少年保護育成条例事件

最高裁平成元年9月19日第三小法廷判決
(昭和62年(あ)第1462号岐阜県青少年保護育成条例違反被告事件)
刑集43巻8号785頁、判時1327号9頁

■事案■

岐阜県青少年保護育成条例は、長野県を除く全都道府県で制定されている同種条例の一つである。知事が審議会の意見聴取を経て、著しく性的感情を刺激しまたは著しく残忍性を助長するため、青少年の健全育成を阻害するおそれがある図書を有害図書として個別に指定すると、その図書の青少年への販売等が禁止され、また、自販機への収納が禁止される(違反には罰則がある)。また、上記個別指定に代え、「特に卑わいな姿態若しくは性行為を被写体とした写真又はこれらの写真を掲載する紙面が編集紙面の過半を占める」と認められる刊行物については、事前に包括的に有害図書として指定することができ、包括指定と呼ばれる(基準の詳細は施行規則および告示により規定)。

Yは、自販機による図書販売会社の代表取締役であるが、包括指定を受けた有害図書を自販機に収納したとして起訴され、1審(岐阜簡判昭62・6・5刑集43巻8号815頁参照)、2審(名古屋高判昭62・11・25前掲刑集819頁参照)とも有罪判決(罰金刑)を受けたため、本条例による有害図書指定は憲法21条等に違反するとして上告。

■争点■

①有害図書規制は青少年・成人の知る自由に反するか。
②同規制と検閲禁止、事前抑制禁止との関係はどのようなものか。

■判旨■

上告棄却(伊藤正己裁判官の補足意見がある)。

「本条例の定めるような有害図書が一般に思慮分別の未熟な青少年の性に関する価値観に悪い影響を及ぼし、性的な逸脱行為や残虐な行為を容認する風潮の助長につながるものであって、青少年の健全な育成に有害であることは、既に社会共通の認識になっているといってよい。さらに、自動販売機による有害図書の販売は、売手と対面しないため心理的に購入が容易であること、昼夜を問わず購入ができること、収納された有害図書が街頭にさらされているため購入意欲を刺激し易いことなどの点において、書店等における販売よりもその弊害が一段と大きいといわざるをえない。しかも、自動販売機業者において、前記審議会の意見聴取を経て有害図書としての指定がされるまでの間に当該図書の販売を済ませることが可能であり、このような脱法的行為に有効に対処するためには、……〔包括指定方式〕も必要性があり、かつ、合理的であるというべきである。そうすると、有害図書の自動販売機への収納の禁止は、青少年に対する関係において、憲法21条1項に違反しないことはもとより、成人に対する関係においても、有害図書の流通を幾分制約することにはなるものの、青少年の健全な育成を阻害する有害環境を浄化するための規制に伴う必要やむをえない制約であるから、憲法21条1項に違反するものではない。」

■解説■

1 青少年保護のためのメディア規制の機運は、既に昭和30年代に最初の高まりを見せたが、その後、新しいメディアが登場するなどのたびに新しい規制の動きがおこり、その都度論議を呼んでいるところである(安部・後掲239頁以下参照)。本判決は最高裁が初めて青少年保護育成条例の合憲性を判断したものであり、憲法論を比較的詳細に展開した伊藤補足意見が付されている。

2 争点①について、知る自由(本書128事件〔最大判平元・3・8―レペタ事件〕参照)との関係での自販機収納規制の合憲性については、受領者が青少年の場合と成人の場合とで区別を要する。まず、本条例は健全育成の観点から青少年の知る自由を制約しているが、多数意見は有害図書への接触が青少年の健全育成を阻害することについて「社会共通の認識」であるとするに留まっており、より強固な立法事実的基礎を要求する学説(高見・後掲115頁、芹沢・後掲85頁など)の批判を受けている。この点、伊藤補足意見は、青少年の知る自由の保障程度は成人よりも低く、成人に対する規制とは異なって厳格な審査基準は不要であり、青少年非行などの害悪を生ずる相当の蓋然性があれば足りるとし、本件はこれを満たすという。なお、同補足意見は、他の論点についても青少年保護という目的により審査基準の緩和が一般に正当化されるという論法をとっているが、議論のあるところである(横田・後掲94頁など)。

他方、成人の知る自由の制約については、多数意見は簡潔だが、付随的規制という位置づけであり、その背景には20事件(最大判昭49・11・6―猿払事件上告審)があろう(原田・後掲310頁)。この点伊藤補足意見は、付随的な制約であって、かつ成人には自販機以外の方法で有害図書を入手する可能性が残されている場合には成人の知る自由に対する制約もやむを得ないとする。

3 争点②について、多数意見は132事件(最大判昭59・12・12―税関検査事件)における検閲の定義を援用して検閲に当たらないとする。また、自販機収納規制は出版後の規制であるから、116事件(最大判昭61・6・11―「北方ジャーナル」事件)にいう事前抑制にも当たらない(原田・後掲312頁)。この点伊藤補足意見はやや曖昧であるが、自販機収納規制の事前抑制「的」性格を認めつつ、有害図書も他の方法で販売可能であること、有害図書指定基準が明確であること、規制目的が青少年保護であることから違憲ではないとする。

◆参考文献◆
安部哲夫『新版 青少年保護法』[2009]、君塚正臣・判例講義 I 108頁、芹沢斉・法教114号84頁、高見勝利・百選I〔第5版〕114頁、原田國男・最判解刑事篇平成元年度288頁、横田耕一・ジュリ947号89頁。

134 教科書検定の検閲該当性
——第1次家永訴訟上告審

最高裁平成5年3月16日第三小法廷判決
(昭和61年(オ)第1428号損害賠償請求事件)
民集47巻5号3483頁，判時1456号62頁

■事案■

X（家永三郎・東京教育大学教授）は，1952（昭和27）年以降，高等学校日本史用教科書『新日本史』を執筆し，検定済教科書として発行してきた。しかし，本件教科書は1962年の検定において不合格処分を受けた。翌63年には，条件付合格処分を受けたので，修正のうえ1964年度から教科書として発行された。

Xは，上述の不合格処分および条件付合格処分は違憲・違法であるとして，Y（国）に対し，慰謝料等の支払を求めて国家賠償請求訴訟を提起した。1審（東京地判昭49・7・16判時751号47頁）は，検定制度を合憲としたが，検定意見の一部は違法として請求を一部認容し，2審（東京高判昭61・3・19判時1188号1頁）は請求を全部棄却した。Xが上告。

■争点■

①教科書検定は検閲に該当するか。
②教科書検定は表現の自由に反するか。

■判旨■

上告棄却。

(i)「不合格とされた図書は，……教科書としての発行の道が閉ざされることになるが，右制約は，普通教育の場において使用義務が課せられている教科書という特殊な形態に限定されるのであって，不合格図書をそのまま一般図書として発行し，教師，児童，生徒を含む国民一般にこれを発表すること，すなわち思想の自由市場に登場させることは，何ら妨げられるところはない」。現にXも本件教科書とほぼ同一の書籍を一般図書として出版している（『検定不合格日本史』〔三一書房，1974〕など）。

検閲の特質について，本書132事件（最大判昭59・12・12—税関検査事件）を引用し，「本件検定は，……一般図書としての発行を何ら妨げるものではなく，発表禁止目的や発表前の審査などの特質がないから，検閲に当たらず，憲法21条2項前段の規定に違反するものではない」。

(ii)「憲法21条1項にいう表現の自由といえども無制限に保障されるものではなく，公共の福祉による合理的で必要やむを得ない限度の制限を受けることがあり，その制限が右のような限度のものとして容認されるかどうかは，制限が必要とされる程度と，制限される自由の内容及び性質，これに加えられる具体的制限の態様及び程度等を較量して決せられるべきものである。」

「これを本件検定についてみるのに，(1) 前記のとおり，普通教育の場においては，教育の中立・公正，一定水準の確保等の要請があり，これを実現するためには，これらの観点に照らして不適切と認められる図書の教科書としての発行，使用等を禁止する必要があること……，(2) その制限も，右の観点からして不適切と認められる内容を含む図書のみを，教科書という特殊な形態において発行を禁ずるものにすぎないことなどを考慮すると，本件検定による表現の自由の制限は，合理的で必要やむを得ない限度のものというべきであ」る。

116事件（最大判昭61・6・11—「北方ジャーナル」事件）の事案とは異なり，「本件は思想の自由市場への登場自体を禁ずるものではないから，右判例の妥当する事案ではない」。また，本件検定の審査基準は不明確とはいえない。

■解説■

1 3次にわたる家永訴訟は，提訴からすべての事件が終結するまで32年に及ぶ巨大な事件であり（永井・後掲22頁参照），争点も多岐にわたるが，ここでは，表現の自由に関連する論点を扱う（23条，26条関係の論点は145事件〔本件と同一事件〕を参照）。

2 争点①について，判旨(i)は132事件の検閲概念に依拠した上で，教科書検定は教科書としての発行が認められるかどうかを審査するにすぎず，一般図書としての出版には関知しないことを理由に，検定の検閲該当性を否定した。学説においては，検閲概念をめぐる対立（132事件を参照）とも関連して様々な主張があるが，本判決の立場を基本的に支持する見解もある（佐藤憲法520～521頁，君塚・後掲83頁）一方で，教科書執筆者にとって重要なのは，教科書として出版することであり，その途を閉ざす教科書検定は検閲であるという見解もある（浦部・後掲16頁，松井455頁）。後者の見解は，ある表現内容をどのような手段・媒体で発表するか選択する自由は表現の自由の一部であることを前提にするものであり，この点は一般論的には異論はない。しかし，問題は，発表を新聞紙上で行うかウェブサイト上で行うかという選択と，一般図書として出版するか教科書として発行するかという選択が同次元に属するかどうかという点の評価にある。本判決は一般図書としての出版等を思想の自由市場への登場であると位置づけ，教育という特殊な場（教科書使用が義務づけられ，とりわけ義務教育課程の児童・生徒は「囚われの聴衆」となる）への教科書としての発行はそれとは異なることを重視している（滝澤・後掲415頁参照）。

3 争点②は，特に事前抑制禁止原則の関係から問題となるが，上記のとおり，教科書検定は思想の自由市場への登場を妨げるものではないから，116事件判決の厳格な基準は妥当せず，比較衡量によって審査するのが適当だとされた（判旨(ii)）。本判決による思想の自由市場との関連の有無という論法は，247事件（最判昭56・7・21）の伊藤正己裁判官補足意見に通じるものがあるようである。また，これを突き詰めれば，教科書執筆者の自由は表現の自由そのものではなく，教師の教育の自由に関する職務行為説とパラレルであるという理解にもつながる（蟻川・後掲も参照）。

◆参考文献◆
樋口陽一ほか編『講座憲法学3』〔1994〕105頁（蟻川恒正），浦部法穂・ジュリ863号10頁，君塚正臣・判例講義Ⅰ81頁，滝澤泉・最判解民事篇平成5年度388頁，永井憲一・法教349号22頁。

135 電話傍受と通信の秘密

最高裁平成11年12月16日第三小法廷決定
(平成9年(あ)第636号覚せい剤取締法違反，詐欺，同未遂被告事件)
刑集53巻9号1327頁，判時1701号163頁

■事 案■

本件は，暴力団による組織的・継続的な覚せい剤の密売事件の捜査のため，警察官が電話傍受を検証として行うことを許可する旨の検証許可状を請求したという事案に係るものである。令状請求を受けた簡裁の裁判官は，検証すべき場所および物を「日本電信電話株式会社旭川支店113サービス担当試験室及び同支店保守管理にかかる同室内の機器」，検証すべき内容を「（（〔覚せい剤販売のために使用されている〕2台の電話）に発着信される通話内容及び同室内の機器の状況（ただし，覚せい剤取引に関する通話内容に限定する）」，検証の期間を「平成6年7月22日から同月23日までの間（ただし，各日とも午後5時00分から午後11時00分までの間に限る）」，検証の方法を「地方公務員2名を立ち会わせて通話内容を分配器のスピーカーで拡声して聴取するとともに録音する。その際，対象外と思料される通話内容については，スピーカーの音声遮断及び録音中止のため，立会人をして直ちに分配器の電源スイッチを切断させる」と記載した検証許可状を発付した。

警察官は，この検証許可状に基づき電話傍受を実施し，Yはこれにより得られた証拠に基づいて1審（旭川地判平7・6・12判時1564号147頁），2審（札幌高判平9・5・15判時1636号153頁）で有罪とされた（両判決とも電話傍受の適法性を承認）。

■争 点■

電話傍受は通信の秘密(21Ⅱ)を侵害し違憲か。

■決定要旨■

上告棄却（元原利文裁判官の反対意見がある）。

「電話傍受は，通信の秘密を侵害し，ひいては，個人のプライバシーを侵害する強制処分であるが，一定の要件の下では，捜査の手段として憲法上全く許されないものではないと解すべき」である。「そして，重大な犯罪に係る被疑事件について，被疑者が罪を犯したと疑うに足りる十分な理由があり，かつ，当該電話により被疑事実に関連する通話の行われる蓋然性があるとともに，電話傍受以外の方法によってはその罪に関する重要かつ必要な証拠を得ることが著しく困難であるなどの事情が存する場合において，電話傍受により侵害される利益の内容，程度を慎重に考慮した上で，なお電話傍受を行うことが犯罪の捜査上真にやむを得ないと認められるときには，法律の定める手続に従ってこれを行うことも憲法上許される」。

「本件当時，……電話傍受を直接の目的とした令状は存していなかったけれども，……前記の一定の要件を満たす場合に，対象の特定に資する適切な記載がある検証許可状により電話傍受を実施することは，本件当時においても法律上許されていたものと解する」。

■解 説■

1 本決定は，平成11年に通信傍受法が制定される前の段階において，刑訴法の検証手続に基づいて電話傍受による捜査の合憲性・適法性を認めたものである。

2 ここで問題となる電話傍受は，電話回線上に装置を設置して行うもの（ワイヤータッピング）を指し，室内等に盗聴装置を設置して行うもの（バギング）とは区別される。また，いずれの通信当事者の承諾もないことが前提となる。このような電話傍受が憲法上認められるか否かについては，35条説，31条説，21条2項説が対立するとされている（芦部憲法学Ⅲ550頁以下，市川・後掲185頁）が，これらは対立の次元を異にするので，単純に並列すべきではない。21条2項は通信の秘密の実体的保護に関わるのに対し，31条，35条は手続的保護に関するものであるからである。電話傍受が認められるためには，この両面から合憲性が検討されなければならない（市川・後掲189頁。同書がいうように，手続的保護の根拠としては，35条よりも31条が妥当かと思われる）。

3 本決定の憲法論は，通信の秘密およびプライバシー権との関係を問題にしている。通信の秘密(21Ⅱ)は，表現の自由と関連しつつも，むしろ「内的コミュニケーション過程」（佐藤憲法論321頁）に関わるものであり，むしろプライバシーの権利の一環としての性格を有し，その保護は通信内容のみならず，通信の存在自体に関する事項（発信者・受信者，通信日時等）にも及ぶ（現代的問題を含め，通信の秘密全般については，鈴木・後掲136頁を参照）。

4 もちろん，通信の秘密といえども無制約ではなく，捜査目的での電話傍受も一概に否定することはできない（もっとも，違憲説も有力である）。しかし，電話での通信については，その秘密が守られることに対して一般に高い期待があること，他方，傍受対象通話の特定が困難なことや，当事者に秘密で行われ，濫用の恐れが高いことから，憲法上可能であるとしても，厳格な実体的・手続的要件を充たすことを要する。

この点，本決定は決定要旨に示したような要件の下での電話傍受は憲法上可能であるとしたが，これは通常の捜索・差押えが許される要件に比してかなり厳格であり，実体的要件に関しては上記の点に一定の考慮がされている。他方，本決定は，憲法上の手続的要求（立会人の要請，被処分者への事後的告知など）については十分な配慮を行っていないという指摘がある（指宿・後掲221頁。なお，元原反対意見も参照）。

5 通信傍受法においては，本決定よりも厳格な要件が定められているが，それでも憲法の観点からの問題点が指摘されている（市川・後掲191頁以下，鈴木・後掲137頁）。なお，同法の合憲性に関する裁判例として，東京地判平13・8・31（判時1787号112頁）がある。

◆参考文献◆
池田修＝飯田喜信・最判解刑事篇平成11年度220頁，市川正人『ケースメソッド憲法〔第2版〕』〔2009〕182頁，指宿信・メディア百選220頁，鈴木秀美・争点136頁。

判例の流れ

●小島慎司●

12 学問の自由と教育を受ける権利

　1　学問の自由のリーディングケースは136事件（最大判昭38・5・22—ポポロ事件）である。標準的な問いの定式は，外部（特に警察権）の介入が大学での学問の自由や自治に反して違法となるかというものである。警察権ほど外的ではないが，かつての国立大学にとっての設置者である国との関係（138事件〔東京地判昭48・5・1—九大・井上事件〕），私立大学にとっての経営者である法人との関係（139事件〔仙台地判平11・12・22〕）は，外部との関係と評価することができる。このとき，大学の自治と構成員の利益（学問の自由など）は連続的であり，協働して介入に対抗する。なお，このとき判例は学生には23条の直接の保護を及ぼしていない。

　これに対して，大学とその構成員との関係の場合は事情が異なる。学問の自由は，法律の留保を排除し，あるいは，司法審査の限界を説く主張を支えることがありうるし（部分社会の法理の一端），そこまで至らなくとも，大学の裁量を要求する主張によって表現されることも考えられる（3の普通教育の場合を参照）。判例に乏しいが，大学と学生（司法審査の限界についての288事件〔最判昭52・3・15—富山大学事件〕，法律の留保との関係では15事件（最判昭49・7・19—昭和女子大事件）の「包括的機能」を説くくだりを参照），教授会と教員との関係で前者が自治の理念を体現しうるときにはそれと構成員の利益（学問の自由を含む）との緊張を考えることになろう。

　2　他方で，教育権能・教育を受ける権利のリーディングケースは142事件（最大判昭51・5・21—旭川学テ事件）である。その枠組みは，子どもの学習権という意味での教育を受ける権利を出発点に置き，国，教師，親から見れば第三者であるその子どもの利益のためにそれぞれが教育（内容決定）権能を分配されるというものである。したがって，26条の要請は，国と教師の二面関係を前提にして教師の個人的利益の侵害を可能な限り抑制すべしという定式ではなく，国がどこまで規制することが第三者の利益に適うかという定式で表現されることになる。

　この定式によれば，国は，立法しなければしないほどよいというわけではなくなり，子どもの利益のために特定の立法が義務づけられる可能性もある。国会，内閣には授業料や教科書費を不徴収とする立法を行う義務があるのではないか（140事件〔最大判昭39・2・26〕，143事件〔大阪地判昭55・5・14—私学訴訟〕）という争点は，文脈的にはここに位置づけられる。

　3　こうした教育権能はそれを有する者の判断に裁量が認められることによって表現される。そのことを明確に示しているのが145事件（最判平5・3・16—第1次家永訴訟上告審）の判旨(ⅲ)である（同事件の解説2を参照）。もっとも，同事件については文部大臣の裁量的な判断の過程を教師の教育権能との関係で審査すべきではないかが問われたが，近時は，子ども自身や親も教育内容の決定に関与しえ，その分だけ教師の裁量（教育権能）が縮減する可能性が争われている（146事件〔神戸地判平4・3・13〕，147事件〔札幌高判平6・5・24〕）。私立学校については，親の教育権能の侵害を不法行為として争った例もあるが，そこでは親の教育権能は学校選択の自由にとどめられた（148事件〔最判平21・12・10〕）。

136 警察官の立入りと学問の自由と自治(1)——ポポロ事件

最高裁昭和38年5月22日大法廷判決
(昭和31年(あ)第2973号暴力行為等処罰ニ関スル法律違反被告事件)
刑集17巻4号370頁, 判時335号5頁

■事案■

1審(東京地判昭29・5・11判時26号3頁), 2審(東京高判昭31・5・8高刑集9巻5号425頁)の認定によれば, 昭和27年2月20日, 本富士警察署警備係員Aらは私服で, 東京大学の教室での同大学公認のポポロ劇団による演劇(反植民地闘争デーの一環として行われ松川事件に取材したもの)の発表会の模様を監視していた。一幕が終わった際, Aが学生の視線を感じ退出しようと教室後方に来たところ, 同大学経済学部4年生Y(被告人・被控訴人・被上告人)に見つかり, 舞台前に連行され, 警察手帳の呈示を求められた。その際, Yにオーバーの襟を強く引かれた(胃の辺を突いた, オーバーのボタンをもぎ取ったとの認定はない)。別の巡査も校内で捕らえられて舞台前に連行され, Aとともに背広のポケットから警察手帳を奪い取られた際, ポケットのボタン穴に結び付けてあった手帳の黒紐が引きちぎられた(この行為者がYとの認定はない)。

1審, 2審は, 暴力行為等処罰に関する法律1条の罪の成否につき, 同署が少なくとも昭和25年7月末から継続していた, 特定の犯罪捜査のためではない警備(内偵)活動(学生, 教職員の身許, 思想, 関係の調査等)は学問の自由に対する憲法上の要請に反しており, それにもかかわらず本件立入りに限り合法と考える理由はなく, したがって, 本件でのAらの被害よりも確保された自由権上の利益が大きいとしてYの行為の違法性を阻却し(2審は超法規的違法性阻却事由であることを強調), 無罪。検察官が上告。

■争点■

松川事件に取材して作られた演劇の, 大学内での発表会に対する警察官の立入りは23条に反するか。

■判旨■

破棄差戻し(入江俊郎・奥野健一・山田作之助・斎藤朔郎裁判官, 垂水克己裁判官, 石坂修一裁判官の各補足意見, 横田正俊裁判官の意見がある)。

憲法23条の「学問の自由は, 学問的研究の自由とその研究結果の発表の自由とを含むものであって, 同条が学問の自由はこれを保障すると規定したのは, 一面において, 広くすべての国民に対してそれらの自由を保障するとともに, 他面において, 大学が学術の中心として深く真理を探究することを本質とすることにかんがみて, 特に大学におけるそれらの自由を保障することを趣旨としたものである。教育ないし教授の自由は, 学問の自由と密接な関係を有するけれども, 必ずしもこれに含まれるものではない。しかし, 大学については, 憲法の右の趣旨と, これに沿って〔当時の〕学校教育法52条が『大学は, 学術の中心として, 広く知識を授けるとともに, 深く専門の学芸を教授研究』することを目的とするとしていることとに基づいて, 大学において教授その他の研究者がその専門の研究の結果を教授する自由は, これを保障されると解するのを相当とする。すなわち, 教授その他の研究者は, その研究の結果を大学の講義または演習において教授する自由を保障されるのである。そして, 以上の自由は, すべて公共の福祉による制限を免れるものではないが, 大学における自由は, 右のような大学の本質に基づいて, 一般の場合よりもある程度で広く認められると解される。」

「大学における学問の自由を保障するために, 伝統的に大学の自治が認められている。この自治は, とくに大学の教授その他の研究者の人事に関して認められ, 大学の学長, 教授その他の研究者が大学の自主的判断に基づいて選任される。また, 大学の施設と学生の管理についてもある程度で認められ, これらについてある程度で大学に自主的な秩序維持の権能が認められている。」

「このように, 大学の学問の自由と自治は, 大学が学術の中心として深く真理を探求し, 専門の学芸を教授研究することを本質とすることに基づくから, 直接には教授その他の研究者の研究, その結果の発表, 研究結果の教授の自由とこれらを保障するための自治とを意味すると解される。大学の施設と学生は, これらの自由と自治の効果として, 施設が大学当局によって自治的に管理され, 学生も学問の自由と施設の利用を認められるのである。もとより, 憲法23条の学問の自由は, 学生も一般の国民と同じように享有する。しかし, 大学の学生としてそれ以上に学問の自由を享有し, また大学当局の自治的管理による施設を利用できるのは, 大学の本質に基づ

き，大学の教授その他の研究者の有する特別な学問の自由と自治の効果としてである。」

「大学における学生の集会も，右の範囲において自由と自治を認められるものであって，大学の公認した学内団体であるとか，大学の許可した学内集会であるとかいうことのみによって，特別な自由と自治を享有するものではない。学生の集会が真に学問的な研究またはその結果の発表のためのものでなく，実社会の政治的社会的活動に当る行為をする場合には，大学の有する特別の学問の自由と自治は享有しないといわなければならない。また，その集会が学生のみのものでなく，とくに一般の公衆の入場を許す場合には，むしろ公開の集会と見なされるべきであり，すくなくともこれに準じるものというべきである。」

「本件の東大劇団ポポロ演劇発表会は，原審の認定するところによれば，いわゆる反植民地闘争デーの一環として行なわれ，演劇の内容もいわゆる松川事件に取材し，開演に先き立って右事件の資金カンパが行なわれ，さらにいわゆる渋谷事件の報告もなされた。これらはすべて実社会の政治的社会的活動に当る行為にほかならないのであって，本件集会はそれによってもはや真に学問的な研究と発表のためのものでなくなるといわなければならない。また，ひとしく原審の認定するところによれば，右発表会の会場には，東京大学の学生および教職員以外の外来者が入場券を買って入場していたのであって，本件警察官も入場券を買って自由に入場したのである。これによって見れば，一般の公衆が自由に入場券を買って入場することを許されたものと判断されるのであって，本件の集会は決して特定の学生のみの集会とはいえず，むしろ公開の集会と見なさるべきであり，すくなくともこれに準じるものというべきである。そうして見れば，本件集会は，真に学問的な研究と発表のためのものでなく，実社会の政治的社会的活動であり，かつ公開の集会またはこれに準じるものであって，大学の学問の自由と自治は，これを享有しないといわなければならない。したがって，本件の集会に警察官が立ち入ったことは，大学の学問の自由と自治を犯すものではない。」

「これによって見れば，大学自治の原則上本件警察官の立入行為を違法とした第1審判決およびこれを是認した原判決は，憲法23条の学問の自由に関する規定の解釈を誤り，引いて大学の自治の限界について解釈と適用を誤った違法があるのであって，この点に関して論旨は理由があり，その他の点について判断するまでもなく，原判決および第1審判決は破棄を免れない。」

■ 解 説 ■

1 本判決は本件立入りが23条に違反するかを検討した。立入りが合憲ならば，違憲を前提に法益衡量を行いYの行為の違法性を阻却した2審判決が誤りとなるというわけである（なお，入江ら，石坂各補足意見は違法性阻却に侵害の急迫性や相当性を要求する）。

立入りを合憲と判断した1つの根拠は，ポポロ劇団の上演が内容と学外への公開性両面において「実社会の政治的社会的活動」とされたことである。本判決は，23条が，大学の教授その他の研究者の学問の自由（研究，結果発表，教授の自由）と自治（人事，施設・学生管理についての自主的判断）の特別な保護を要請し，学生であるYらもその「効果」として特別な保護を受けることを認めるが，それらは「学問的な」活動である場合に限られる。実社会の政治的社会的活動を妨げても23条には違反しないというのである。

この点，2審判決は実社会の活動と学問的活動の区別の難しさを指摘しておりそこに本判決との違いを見いだす理解もあるが，2審判決の力点は必ずしもそこにはない。2審判決と本判決との大きな違いはむしろ，2審判決が本件立入りを以前からの警備活動の一環と見たのに対して本判決が本件立入りを単独で捉えた点にある（入江ら補足意見は単なる警備活動としての立入りならば違法と明言する）。学説からの批判にもここを衝くものがある。

2 次の本書137事件（名古屋高判昭45・8・25─愛知大学事件）でも，被告人らの行為の違法性阻却を論じる上で憲法問題が生じている。すなわち，同判決は，立入りが違憲ならば正当防衛の1要件（不正な侵害）が充足することを前提に，その違憲性につき，大学の許諾了解の可能性がない場合に違憲とする判断基準を示した。この判断基準は，一見したところ，本判決と異なるように見える。しかし，大学の許諾了解を期待しえない場合の典型を警備活動に置くので実質的には違いはないとも思われる。

◆ 参考文献 ◆

平野龍一・判評59（判時337）号54頁，高柳信一『学問の自由』[1983] 269頁以下．

137 警察官の立入りと学問の自由と自治(2)——愛知大学事件

名古屋高裁昭和45年8月25日判決
(昭和37年(う)第34号暴力行為等処罰ニ関スル法律違反，不法逮捕，強制，公務執行妨害，犯人蔵匿各被告事件)
刑月2巻8号789頁，判時609号7頁

■事案■

本判決の認定事実は次のとおりである。愛知大学では，昭和27年2月の本書136事件（最大判昭38・5・22＝ポポロ事件）等と同じころ，大学構内の職員住宅に住む同大学教授方にスパイが潜入したとの風評が流布し，一部の教職員と学生の間では警察官等の情報収集活動に警戒心が強まっていた。同大学の学生Yら（被告人・控訴人＝被控訴人）は，スパイが同教授方から学外に出奔との情報に基づいて各所で見張りをしていたところ，制服制帽で大学構内に立ち入っていた豊橋警察署勤務の巡査Aらに遭遇した。Yらは，スパイとは別人であると思料したが，大学構内への立入りに不審を抱き，互いに意思を相通じ，Aらの両腕をつかみ胸倉をとる，あるいは，「お前は何処の馬の骨だ」などと述べて身体を縄等で縛り上げる等の暴行を加え，謝罪文等を作成させた。

1審（名古屋地判昭36・8・14下刑集3巻7・8号750頁）は公務執行妨害罪，逮捕罪，強要罪の成立を認めた上で刑を免除。Yらも検察官も控訴。控訴は多岐にわたるが，Yらからの控訴趣意の中に，Aらの立入りの目的を挙動不審者の追跡のためと認定したのは事実誤認であるという論旨があった。これについて本判決はその認定の証拠に信憑力なしとして立入り後の行動の職務性を否定した（公務執行妨害罪不成立）。そして，公訴事実につき主に以下のように述べて誤想の過剰防衛として責任を問うべきとし（当時の）暴力行為等処罰ニ関スル法律1条1項違反の罪，逮捕罪，強要罪で有罪としたが，情状を考慮し刑を免除（刑36Ⅱ，刑訴334）。最決昭48・4・26（判時703号107頁）は，上告を憲法違反を理由とするものと認めず簡単に棄却した。

■争点■

①目的不明の警察官の大学構内立入りは学問の自由・大学の自治に反して違法か。
②学生が大学の自治の担い手でなくとも上記立入りを排除しようとすることは防衛行為といえるか。

■判旨■

一部破棄自判（刑免除），一部控訴棄却。

(i) 所論は，Yらの行為が「大学自治に対する侵害排除の目的に出でた正当防衛」であるという。「大学の自治」は「自由にして創造的な研究専念の雰囲気と，これにふさわしい学園的環境と条件を保持すること」を要請し，「外部よりの干渉」を「排除しようとする」。

「では，如何なる警察権の学内立入りが右の意味での干渉となるか」。警察権は，「学問の自由大学自治の対立者」であるが，「同時に」「公共の秩序と福祉に奉仕すべき」ものであり，また「学問の自由，大学の自治」も「窮極的には，公共の福祉の合理的制約のもとにある」ので「両者は相互に両立すべき」である。そして「現行犯その他通常の犯罪捜査のための警察権の行使」を大学が拒む根拠はない。ただし，「学内立入りの必要性の有無はこれを警察側の一方的（主観的）認定に委ねられる」べきではなく，「裁判官の発する令状による場合は別として，一応大学側の許諾または了解のもとに行うことを原則とすべきである」。しかし，「許諾なき立入り」が「すべて違法とは限ら」ず，「学問の自由，大学の自治にとって，警察権の行使が干渉と認められるのは，それが，当初より大学当局側の許諾了解を予想し得ない場合，特に警備情報活動としての学内立入りの如き場合ということになる」。

「さて，本件両巡査の大学構内立入りはどうか」。両巡査の学内立入りが「検察官主張の如く，いわゆる不審者の逃げるのを追って職務質問のため同大学北門より立ち入ったとすべき証拠は十分でない」が，逆に「弁護人主張の如く構内職員住宅に潜入中のスパイを護衛する目的であったとすべき立証もな」い。結局立入りの目的は「全くこれを明らかにすることができず，また立入りの場所，態様なども明らかでない」ので，その立入りが「大学当局の許諾了解を予想し得ないもの」か判断し得ない。したがって，「右立入りをもって，学問研究の自由，大学の自治に対する急迫不正の侵害ありとなし得ない」。

(ii) Yらは，Aらを「潜入中のスパイの護衛か，またはこれと何らかの連絡のため立ち入ったスパイの一味の者と思い込み，急迫不正の侵害ありと誤信し」て前認定の所為に出た。愛知大学の学生である「Yらとしては，事実上同大学における学問の自由，大学の自治の消長に利害関係と重大な関心を有することは当然であって，Yらの右所為は，誤想による防衛行為としてではあるが，自己または他人の権利を防衛するため已むことを得ざるに出たものと認められ，防衛行為として成立する」（「防衛行為の主体と自治の担い手とが必ずしも一致する必要はないから」，学生にとって「大学の自治が自己の権利か他人の権利かの問題」，さかのぼれば，「学生自体大学自治を主張する固有の権能を有する」か「或いは大学の教授その他の研究者のそれの反射的効果の帰属にすぎない」かの問題に「さしあたってここで深く立ち入る要を認めない」）。したがって，その防衛行為が相当性をもつ限りで故意を阻却する。

そこで，その防衛行為の手段方法の相当性について考察すると，Yらの所為中，A_1の両腕をつかみ，あるいは胸倉をとらえ，連行した点や「この野郎」などと申し向けた点，A_2を連行しようと同巡査の両腕をかかえた点を除く行為は，明らかに防衛行為の程度を超えており，もはや相当といえず，Yらは，それらの所為全体が過剰行為として，その責任を免れない。

■解説■

136事件の解説2を参照。

◆参考文献◆
山崎友也・百選Ⅰ〔第5版〕190頁，136事件についてのものだが杉原泰雄・教育百選〔第3版〕14頁。

138 国立大学の人事の自律性
──九大・井上事件

東京地裁昭和48年5月1日判決
(昭和44年(ワ)第7406号名誉回復請求事件)
訟月19巻8号32頁

■事案■

九州大学法学部教授のX（井上正治）は、学部長会議の推薦に基づき大学評議会により学長事務取扱に選考された。しかし、1969（昭和44）年3月22日に九大からの人事異動上申書を受けた文部大臣は、新たに別の教授を任命すべき申出がなされる5月21日までの間、Xを任命しなかった。Xは、これを23条と大学の学長、教員および部局長の任用について「大学管理機関の申出に基いて、任命権者が行う」と定める教育公務員特例法10条に違反する不作為であり、こうした態度が新聞紙上で公表されることで名誉が毀損されたとして、Y（国）に対して謝罪文の官報への掲載と慰謝料の支払を求めた。

当時の九大では、大学構内への米軍機墜落事故などを機に基地撤去運動が起こっており、上申書提出に先立ち、TBSの報道番組や「サンデー毎日」での「私の敵は警察です」「われわれは教育の中立、大学の中立というワクにしばられているが、そのワクを踏み越えても、自分の見解をはっきりさせなければならない」等のXの発言が報道されていた。上申書提出前後に文部大臣が学長あてに同報道について事実の有無や大学の見解の調査・報告を求めたのに対して、当時の学長事務取扱は「回答すべき筋合いのものではない」と回答していた。

■争点■

①文部大臣は、大学管理機関からの申出のあった者を学長あるいは学長事務取扱に任命しなければならないか。
②本件について不当に長期にわたって学長事務取扱の発令を放置したといえるか。

■判旨■

請求棄却（確定）。

(i) 大学の自治は「根幹である大学の教官そのほかの研究者の人事が大学の自主的決定に委ねられるべきことを要請し、かくて、大学の学長、教授そのほかの研究者は、大学の自主的判断に基づいて選任されるものとする人事の自治が、慣習法的に確立されるに至ったことは、明らかなところである」(本書136事件〔最大判昭38・5・22―ポポロ事件〕も同旨)。したがって、教特法10条にいう「大学管理機関の申出に基いて」とは、任命権者は大学管理機関からの申出に「覊束されて、申出のあった者……を任命すべく、そこに選択の余地、拒否の権能はなく、他面、申出がなければ、右の人事を行ない得ないものの」と解するのが相当である。もっとも「任命権者たる文部大臣あるいは地方公共団体の長」は、「申出が明らかに違法無効」の場合、「例えば、申出が明白に法定の手続に違背しているとき、あるいは申出のあった者が公務員としての欠格条項にあたるようなとき」は差戻しや申出拒否をしうるが、しからざる限り「相当の期間内に申出のあった者を学長、教員および部局長として任命」する義務を負う。

「国立大学の学長事務取扱として発令する行為は、任命権者である文部大臣が任命権の対象である学長が欠け、またはこれに事故のあるときに、臨時かつ応急にその代理者を指定する行為（指定代理）にほかならず」、右の指定は「ひっきょう任命の性質」を有する。というのも、「一時的にせよ学長と同一の権限を有する学長事務取扱の発令を、いわゆる特別権力関係において任命権者がその包括的支配権に基づいて発する職務命令とみる」のは大学における人事の自律性になじまないからである。

してみれば、学長事務取扱の発令には「学長等の任用に関する教特法10条の規定が類推適用される」。本件において文部大臣は、Xに関する「上申書の受理後、相当の期間内にXを九州大学学長事務取扱として発令しなければならな」かったといえる。

(ii) 同様の事例を勘考すると、学長事務取扱の発令に至るまでに通常必要とされる期間は最長でも30日であるが、(1)学長事務取扱の発令を職務命令とする文部省の見解も「全く根拠を欠いた独善の論」ではないこと、(2)「Xのテレビ番組あるいは週刊誌上における発言は前叙のとおりの態様を有し」、右発言は、学問上の活動ではなく「いわば社会的活動としての色彩を帯びたものといってよく（純粋に学問上の意見、研究結果の発表であれば、上記の如き照会は、もちろん学問の自由を侵すものとして許されない。)」、とりわけ、「当時の大学をめぐる異常な情勢」から学長事務取扱が「警察に対し出動要請の衝に当たらねばならぬ事態の発生もおのずから予想され」たので、文部大臣が「学外において徒らなる紛議、誤解あるいは摩擦の加わることをあらかじめ避けるために」九大またはXからの釈明回答を欲したことは「行政上の措置として、また政治的配慮として是認でき」ること、(3)「本件上申は、その機縁において当時の大学紛争の深刻さを示すとともに、その応急性の点においても、学長が欠け、または事故があるときに、当初なされる学長事務取扱発令の申出とは若干の相違のあることを否定し難」いことを認めざるを得ないので、Xへの発令の不作為は「合理的な期間を超えた違法なもの」とはいえない。

■解説■

争点①は、学長事務取扱の発令がそもそも大学管理機関からの申出を前提としない一方的な職務命令ではないかにかかわる。判旨(i)は、大学の人事の自治論を踏まえて教特法10条を解釈し、文部大臣には申出のあった者を学長および学長事務取扱に任命する義務があるという。すると、任命の不作為が違法となりうる。不作為違法確認（行訴3Ｖ参照）の場合と同じく国賠で申請に対する不作為の違法をいうのにも相当の期間の徒過が要求される。争点②はそれにかかわる。

◆ 参考文献 ◆
磯部力・昭和48年度重判解12頁、宇賀克也『国家補償法』[1997] 178頁以下。

139 私立大学における学校法人，教授会，教員の関係

仙台地裁平成11年12月22日判決
（平成2年（ワ）第476号損害賠償等請求事件）
判時1727号158頁，判タ1067号185頁

■事 案■

私立大学である東北福祉大学の教授，助教授であったXらは，同大学を経営する学校法人Y₁にかかわる独断でのスポーツ特待生制度の運用や裏口座の存在等の問題について，法人や教授会執行部に対して批判的な活動（経営陣の告発，日本学生野球協会等への上申書提出等）を行っていたところ，教授会への出席停止処分等を受けた。この処分は，教授会決議を経た後，学長かつY₁の理事であり同時に教授会議長でもあったY₂から通知された。その後も，教授会は処分継続の決議を毎年行っている。そのため，XらはY₁およびY₂らその理事，総務部長であった者らに対して，教授会の出席権の行使の妨害排除と慰謝料の支払等を求めた。

本件にはほかにも争点があるが，以下では，出席停止処分についての本案前の問題に絞って紹介，検討する。この点について，Yらは，出席停止処分はY₁による懲戒処分ではなく教授会の意思表示であり，Xらの権利を侵害せず，また教授会は大学の自治と学問の自由を担う機関なのだから原則として司法権が容喙すべきではないと主張した。

■争 点■

①大学の教授会への出席権は教員の義務であると同時に権利といえるか。
②教授会への出席停止処分の可否について司法審査は可能か。

■判 旨■

請求一部認容，一部却下，一部棄却。

（i）「本件大学の学則等が，大学に関する重要な事項について，教授会に実質的な決定権や関与権を与えていることは，教授会が，大学の自治を支えるための中核的な存在であることを認めるとともに，その構成員に対しては，学長の召集に応ずべき義務を定めているとみることができる。」「そして，このような教授会の重要性に鑑みれば，その構成員たる教員にとっては，むしろ積極的に教授会に出席し，議案の審議に参加すべきことが求められているとともに，このようにして大学の運営等に参加すべきことは，その地位に伴う必要不可欠のものであるということができる。それ故，右教員にとって，教授会に出席し，議案の審議に参加すべきことは，単に事実上の利益や反射的利益というに止まるものではなく，権利として理解すべきが相当である。」

Yらは，本件出席停止処分は教授会の措置でありY₁の処分ではないと主張する。

しかし，「Y₁の就業規則……57条においては，『懲戒は，譴責，減給，昇給停止，出勤停止及び懲戒解雇の5種とする。』と規定し，56条は，『教職員は本条より第61条までの規定による場合の外懲戒を受けることはない。』『懲戒は学長これを審査の上行う。』と規定されていること」，本件大学の「学則……11条には，教授会は，『(4)教員人事に関すること，(5)その他大学に関する重要事項』を審議するとされていること」から，教授会は，「Y₁の執行機関ではなく，審議機関としての性質を有するもの」であり，「例え，本件処分の実質的な決定権限が教授会にあるということができるとしても，その処分の主体は，あくまでY₁であるというべきである」。

そして，上記のように，教授会に出席することは教員の権利であるので，「Y₁が，Xらに対し，これらを停止させることは，その権利を侵害する不利益処分というほかなく，その実質は，右就業規則にいう懲戒に相当する」。

（ii）さらに，「懲戒処分を行うかどうか，懲戒処分を行うときに，いかなる処分を選ぶかについては，当該組織の事情に通暁した懲戒権者の広範な裁量に委ねられているが，右の裁量は恣意にわたることをえないものであることももとより当然であって，処分が社会観念上著しく妥当性を欠き，裁量権を濫用した場合は，違法であり，このことは，公私立を問わず，学校の教員に対して行われる懲戒処分についての司法審査においても，異なるところはないものというべきである（〔最判昭52・12・20民集31巻7号1101頁，最判昭59・12・18労判443号23頁〕……参照）」。したがって，Xらの請求一般が司法審査の対象とならないとするYらの主張は失当である。

■解 説■

本件は大学内部の問題にかかわるが，大学の自治と構成員の利益（学問の自由）が対立したという問題ではないことに注意を要する。すなわち，Yらの主張は処分権者を教授会として構成員との対立を見て取るものであるが，判旨(i)は，処分権者を法人と考え，それと構成員との対立という構図を前提としている。そこでは，教授会が大学の自治の支えとみなされ教員の権利を基礎づけており，大学（教授会）の自治と教員の利益はなお連続的に把握されている。そのためか，争点②についても大学の自治固有の事情は考慮されていない。

◆参考文献◆
井口文男・平成12年度重判解6頁。

140 教科書費国庫負担請求の可否

最高裁昭和39年2月26日大法廷判決
(昭和38年(オ)第361号義務教育費負担請求事件)
民集18巻2号343頁, 判時363号9頁

■事　案■

小学校1年生の親権者であるXは, 義務教育に要する教科書代金を保護者が負担するのは不当であるとして, Y(国)に同代金5836円の支払等を求めた。

1審（東京地判昭36・11・22行集12巻11号2318頁）は26条2項後段につき「国に対し, 義務教育を無償とすべき前述の責務を課したのであるが, その法的性格は, 国に対し, 財政負担能力などの関係において, 右責務を具体的に実現すべき国政上の任務を規定したにとどま」るとしてXの請求を棄却。2審（東京高判昭37・12・19行集13巻12号2354頁）は, 授業料の不徴収は直接に憲法が定めているがその他の費用は立法によりその負担を定めると述べ, Xの控訴を棄却。Xが上告。

■争　点■

26条2項後段は, 公立学校における義務教育用教科書の代金を国が負担することを要請するか。

■判　旨■

上告棄却。

「憲法26条は, すべての国民に対して教育を受ける機会均等の権利を保障すると共に子女の保護者に対し子女をして最少限度の普通教育を受けさせる義務教育の制度と義務教育の無償制度を定めている。しかし, 普通教育の義務制ということが, 必然的にそのための子女就学に要する一切の費用を無償としなければならないものと速断することは許されない。けだし, 憲法がかように保護者に子女を就学せしむべき義務を課しているのは, 単に普通教育が民主国家の存立, 繁栄のため必要であるという国家的要請だけによるものではなくして, それがまた子女の人格の完成に必要欠くべからざるものであるということから, 親の本来有している子女を教育すべき責務を完うせしめんとする趣旨に出たものでもあるから, 義務教育に要する一切の費用は, 当然に国がこれを負担しなければならないものとはいえないからである。」

「憲法26条2項後段の『義務教育は, これを無償とする。』という意義は, 国が義務教育を提供するにつき有償としないこと, 換言すれば, 子女の保護者に対しその子女に普通教育を受けさせるにつき, その対価を徴収しないことを定めたものであり, 教育提供に対する対価とは授業料を意味するものと認められるから, 同条項の無償とは授業料不徴収の意味と解するのが相当である。そして, かく解することは, 従来一般に国または公共団体の設置にかかる学校における義務教育には月謝を無料として来た沿革にも合致するものである。また, 教育基本法4条2項〔当時。現5Ⅳ〕および学校教育法6条但書において, 義務教育については授業料はこれを徴収しない旨規定している所以も, 右の憲法の趣旨を確認したものであると解することができる。それ故, 憲法の義務教育は無償とするとの規定は, 授業料のほかに, 教科書, 学用品その他教育に必要な一切の費用まで無償としなければならないことを定めたものと解することはできない。」

「もとより, 憲法はすべての国民に対しその保護する子女をして普通教育を受けさせることを義務として強制しているのであるから, 国が保護者の教科書等の費用の負担についても, これをできるだけ軽減するよう配慮, 努力することは望ましいところであるが, それは, 国の財政等の事情を考慮して立法政策の問題として解決すべき事柄であって, 憲法の前記法条の規定するところではないというべきである。」

■解　説■

教科書的には本判決は, 26条2項後段にいう「無償」の範囲について, プログラム規定説（1審）や就学必需費無償説を斥け授業料無償説に立ったとされる。しかし, 加えて注目すべき点が2つある。

第1に, この解釈により憲法第7章とは別の角度から国会, 内閣の財政決定権に一定の制約がなされたことである。第2に, 同条2項前段で採用された義務教育制が授業料も含むその費用の不徴収と必ずしも結びつくわけではないとされたことである。教育の責務は一次的には親が負うことがその理由であり, こうした理解は教育権の所在について本書142事件（最大判昭51・5・21―旭川学テ事件）で示された考え方と平仄が合う。

◆ 参考文献 ◆

渡部吉隆・最判解民事篇昭和39年度37頁。

141 教科書検定制度と検定の合憲性
——第2次家永訴訟1審

東京地裁昭和45年7月17日判決
(昭和42年(行ウ)第85号検定処分取消請求事件)
行集21巻7号別冊1頁，判時604号29頁

■ 事 案 ■

X（家永三郎・東京教育大学教授）は5訂版『新日本史』を改訂し，三省堂が34か所の改訂申請を行った。教科用図書検定審議会答申を受けてY（文部大臣）は1967（昭和42）年3月29日6か所（例，各編の扉のさし絵に付された説明文の「歴史を支える人々」という見出し）を不合格とした。6か所は5訂版の検定時に修正指示を受けてXが修正した記述を復活させた箇所であり，改訂による記述の悪化が本件不合格処分の理由とされた。そこで，Xはこれら改訂箇所についての同各処分の取消しを求めた（以下では31条にかかる説示は省略）。

2審（東京高判昭50・12・20判時800号19頁）は結論において本判決を維持。学習指導要領改訂のため上告審（最判昭57・4・8民集36巻4号594頁）は事件を差し戻し，差戻控訴審（東京高判平元・6・27高民集42巻2号97頁）は訴えの利益が事後消滅したと見た。

■ 争 点 ■

①教科書検定制度は，(イ)憲法上の教育の自由を侵害し，(ロ)憲法21条および23条，(ハ)教育基本法10条（平18法120による改正前のもの。現16条にほぼ相当，以下同じ）に違反するか。
②本件検定は憲法21条および教育基本法10条に違反するか。

■ 判 旨 ■

請求認容。
(i)(a)「子どもの教育を受ける権利に対応して子どもを教育する責務をになうものは親を中心として国民全体である」。国家はもっぱらその遂行を「助成する」責任を負い，その権能は「教育を育成するための諸条件」の整備であり「教育内容に介入すること」ではない。教師の教育の自由は「教師という職業に付随した自由であって，その専門性，科学性から要請されるものであるから，自然的な自由とはその性質を異に」し「国民の教育の責務に由来」する。「教育的配慮をなすこと自体が一の学問的実践であ」るので，下級教育機関での教育の自由も23条によって保障されている。しかし，Xの利益は「児童，生徒の教育を受ける権利または教師の教育の自由とは直接の関係がない」ものなので，Xが「検定制度が……教育を受ける権利または教育の自由を侵害し，違憲，違法であることを理由として，本件各検定不合格処分の取消しを求めることは許されない」（行訴10Ⅰ）。

(b) 憲法23条の学問の自由のうち「学問的見解の発表の自由」は，憲法21条により保障される。「教科書の内容は学問的成果に基づいた真理を包含するものであることが要請される」ので，教科書執筆，出版の自由も同様である。

憲法21条2項の「検閲」とは「公権力によって外に発表されるべき思想の内容を予め審査し，不適当と認めるときは，その発表を禁止するいわゆる事前審査」を意味し，一切禁止されている。ところで，教科書検定は「申請に係る図書が教科書として適切であるか否かを客観的基準に照らして審査し，それがその基準に合致しているかどうかを公の権威をもって認定する行為」なので「確認行為」であるが，〔当時の〕学教法21条は検定を経ない教科書の使用を禁止し，実際上，教科書としての発行も禁止しているので，教科書検定は「実質的には事前の許可たる性格」を持つ。Yの主張と同趣旨の，「教科書検定は，一般の図書が本来は有しない，教科書としての資格を新たに付与するものであって，いわばこれにより一種の特権を与えるものであるから，いわゆる特許行為に属すると解する見解」は，教科書の著作，発行も憲法21条が保障しているので妥当でない。しかし，申請教科書の「審査が思想内容に及ぶものでない限り，教科書検定は検閲に該当しない」。

また，教科書検定の趣旨は「児童，生徒の心身の発達段階に応じ，必要かつ適切な教育を施し，教育の機会均等と教育水準の維持向上を図る」ことなので，その限度における教科書執筆，出版の自由の制約は「公共の福祉の見地からする必要かつ合理的な制限」であり，憲法21条1項に反しない。

(c) 現行の検定基準は教育基本法10条に違背するが，教育基本法は「教育諸法規の基本法たる性格をも」つものの法的効力は優越しないから，学校教育法に基づく教科書検定制度が教育基本法10条に違反するとはいえない。

(ii) 本件処分が違憲・違法であるとの主張について。
「『新日本史』中の各編の扉のさし絵に付された説明文の『歴史をささえる人々』という見出し」について，Yの主張は，「たとえば，第3編の扉の農民が封建社会をささえるという趣旨の説明文については，封建社会における武士等の立場，役割をどうとらえているのかあいまいであり，また第4編の扉の労働者が資本主義社会において基本的な役割を演ずるという趣旨の説明文については，資本主義経済においては労働者のみが基本的な役割を演ずるものであるかのように理解されるなど，生徒を誤り導く恐れがあ」り，それゆえ，高等学校学習指導要領にいう日本史の目標，教科用図書検定基準の「内容の選択(3)」に照らして不適切というものである。

しかし，上記の各箇所は，「歴史の見方」「教育的配慮」に係り，「多数の名もない民衆の力が総合されて歴史が築き上げられ」たとの趣旨での記述と認められるので，Yの主張はXの「著者としての歴史の見方，歴史教育のあり方を否定するもの」である。ゆえに，本件検定不合格処分は「教科書に盛られた執筆者の思想（学問研究の成果）内容を事前審査するもの」であるから，憲法21条2項の禁止する検閲に該当し，「教科書の誤記，誤植その他の著者の学問的見解にかかわらない客観的に明白な誤りとはいえない記述内容の当否に介入するもの」であるから，教育基本法10条に違反する（その他の改訂箇所についての説示は省略）。

■ 解 説 ■

本判決では適用違憲の手法が用いられたとされることがある。判旨(i)で検定制度（法令）自体は合憲としながら，(ii)で本件処分が違憲であると述べたからである。もっとも，合憲限定解釈＋違法と考える見方もある。

◆ 参考文献 ◆
芦部信喜・昭和45年度重判解15頁，高橋和之『憲法判断の方法』[1995] 223頁。

142 全国一斉学力調査の適法性——旭川学テ事件

最高裁昭和 51 年 5 月 21 日大法廷判決
(昭和 43 年(あ)第 1614 号建造物侵入, 暴力行為等処罰に関する法律違反被告事件)
刑集 30 巻 5 号 615 頁, 判時 814 号 33 頁

■事案■

旭川市教育委員会は 1961（昭和 36）年 10 月 23 日, 市立中学校長に対し, 文部省（当時。以下同じ）が企画・要求した「全国中学校一せい学力調査」の実施を命じ, 旭川市 A 中学校では同月 26 日に実施された。このとき Y ら（「説得隊員」）が, A 中学校長らを説得して実施を阻止しようと決意して, 実施中の教室を見回っていた校長に対し共同して暴行し, 脅迫を加えてその公務の執行を妨害した。本件には別の公訴事実もあるが, 以下ではこの公務執行妨害罪の成否に絞る。1 審（旭川地判昭 41・5・25 判時 453 号 16 頁）, 2 審（札幌高判昭 43・6・26 判時 524 号 24 頁）は同罪の成立を否定。検察官が上告。

公務執行妨害罪の成立には公務の適法性が要求されるので, 市教育委員会が校長に命じた学力調査の実施の適法性を検討する必要がある。本判決は, 地方教育行政の組織及び運営に関する法律 54 条 2 項を根拠として文部大臣（当時。以下同じ）等が地方教育委員会に対して調査実施を要求する権限を有するとはいえないが, 同法 23 条 17 号で調査権限がある市町村教育委員会が自発的に要求に従った場合,「手続上」違法ではないとする。しかし, 調査実施が「文部大臣の要求に応じてされたという事実」が「実質上」適法かは「別個の観点から論定されるべき」として, 争点について判示した（教育の地方自治の原則との関係の説示は省略）。

■争点■

本件学力調査が当時の教育法制（特に教育基本法 10 条〔平 18 法 120 による改正前のもの。現 16 条にほぼ相当, 以下同じ〕）に違反するか。

■判旨■

一部破棄自判, 一部上告棄却。

(i)「本件学力調査は文部大臣において企画, 立案し, その要求に応じて実施された」ので「右調査実施行為の実質上の適法性」は「右の全体としての調査との関連において」判断されるべきである。

(ii) 26 条の背後には,「国民各自が, 一個の人間として, また, 一市民として, 成長, 発達し, 自己の人格を完成, 実現するために必要な学習をする固有の権利を有すること, 特に, みずから学習することのできない子どもは, その学習要求を充足するための教育を自己に施すことを大人一般に対して要求する権利を有するとの観念」が存在する。「換言すれば, 子どもの教育は, 教育を施す者の支配的権能ではなく, 何よりもまず, 子どもの学習をする権利に対応し, その充足をはかりうる立場にある者の責務に属するものとしてとらえられている」。しかし, 同条は, 教育の内容が「国の一般的な政治的意思決定手続によって決定されるべきか, それともこのような政治的意思の支配, 介入から全く自由な社会的, 文化的領域内の問題として決定, 処理されるべきか」を「直接一義的に決定して」いない。

次に, 確かに, 23 条の保障する学問の自由は,「単に学問研究の自由ばかりでなく, その結果を教授する自由をも含」み, 普通教育においても,「教師が公権力によって特定の意見のみを教授することを強制されないという意味」で, また,「子どもの教育が教師と子どもとの間の直接の人格的接触を通じ, その個性に応じて行われなければならないという本質的要請に照らし, 教授の具体的内容及び方法につきある程度自由な裁量が認められなければならないという意味」で,「一定の範囲における教授の自由」が保障される。しかし, 児童生徒に「教授内容を批判する能力」がなく「教師が児童生徒に対して強い影響力, 支配力を有する」ことを考え, また,「子どもの側に学校や教師を選択する余地が乏しく, 教育の機会均等をはかる上からも全国的に一定の水準を確保すべき強い要請があること等」を思うと, 普通教育における教師には完全な教授の自由は認められない。

思うに,「子どもの教育は, 前述のように, 専ら子どもの利益のために行われるべきもの」であり, 本来的には教育に利害と関心を持つ関係者らが「その目的の下に一致協力して行うべき」だが「何が子どもの利益であ」るかについては意見の対立が生じうる。憲法はこの対立を「一義的に解決す」る基準を「明示的に示して」おらず,「関係者らのそれぞれの主張のよって立つ憲法上の根拠に照らして各主張の妥当すべき範囲を画するのが, 最も合理的」である。

この観点に立つと, まず「親」は「子どもに対する自然的関係により」「子どもの教育に対する一定の支配権」を有するが, この教育の自由は「主として家庭教育等学校外における教育や学校選択の自由にあらわれる」。また「私学教育における自由や前述した教師の教授の自由」も「一定の範囲において」肯定されうる。しかし,「それ以外の領域においては」, 国は「国政の一部として広く適切な教育政策を樹立, 実施すべく, また, しうる者として, 憲法上は, あるいは子ども自身の利益の擁護のため, あるいは子どもの成長に対する社会公共の利益と関心にこたえるため, 必要かつ相当と認められる範囲において, 教育内容についてもこれを決定する権能を有する」。もとより,「政党政治の下で多数決原理によってされる国政上の意思決定」は,「本来人間の内面的価値に関する文化的な営みとして, 党派的な政治的観念や利害によって支配されるべきでない教育」に介入することは「できるだけ抑制的である」べきである。「殊に個人の基本的自由を認め, その人格の独立を国政上尊重すべきものとしている憲法の下においては, 子どもが自由かつ独立の人格として成長することを妨げるような国家的介入, 例えば, 誤った知識や一方的な観念を子どもに植えつけるような内容の教育を施すことを強制するようなことは, 憲法 26 条, 13 条の規定上からも許されない」。しかし, これらのことから「教育内容に対する国の正当な理由に基づく合理的な決定権能」は否定されない。

(iii) 次に,「上記のような理解を背景として, 教基法 10 条の規定をいかに解釈すべきか」。

第 1 に, 教育基本法 10 条 1 項が「不当な支配」として排斥しているのは, 教育が「国民の信託にこたえて」「自主的に行われることをゆがめる」ものであり, その主体は問うていない。また,「他の教育関係法律は教基

法の規定及び同法の趣旨，目的に反しないように解釈されなければならない」ので，同項は「法令に基づく教育行政機関の行為にも適用がある」。

第2に，「さきにも述べたように」，憲法上，国は教育政策の実施権能を有し，国会は「教育の内容及び方法についても」「必要かつ合理的な規制を施」しうるのみならず「そのような規制を施すことが要請される場合もありうる」ので，「国会が教基法においてこのような権限の行使を自己限定したものと解すべき根拠はない」。したがって，「許容される目的のために必要かつ合理的と認められる」介入は「たとえ教育の内容及び方法に関するものであっても」教育基本法10条により禁止されない。

当時の学習指導要領については「おおむね，中学校において地域差，学校差を超えて全国的に共通なものとして教授されることが必要な最小限度の基準と考えても必ずしも不合理とはいえない事項が，その根幹をなしていると認められる」。その中には，「ある程度細目にわたり，かつ，詳細に過ぎ，また，必ずしも法的拘束力をもって地方公共団体を制約し，又は教師を強制するのに適切でな」いものが含まれているが，当該要領の下での「教師による創造的かつ弾力的な教育の余地や，地方ごとの特殊性を反映した個別化の余地が十分に残されており，全体としてはなお全国的な大綱的基準としての性格をもつものと認められるし，また，その内容においても，教師に対し一方的な一定の理論ないしは観念を生徒に教え込むことを強制するような点は全く含まれていない」。同要領は，「全体としてみた場合」，「必要かつ合理的な基準の設定として是認することができる」。

(iv) 本件学力調査は教育基本法10条1項にいう教育に対する「不当な支配」として同規定に違反するか。ここでは「さきに述べたとおり」，(1)「その調査目的において文部大臣の所掌とされている事項と合理的関連性を有するか」，(2)「右の目的のために本件のような調査を行う必要性を肯定することができるか」，(3)「本件の調査方法に教育に対する不当な支配とみられる要素はないか」等を検討する。

(1)について。実施要綱に掲げられている4つの目的のうち，文部省，教育委員会において(イ)「教育課程に関する諸施策の樹立及び学習指導の改善に役立たせる資料とすること」，(ハ)「学習の改善に役立つ教育条件を整備する資料とすること」，(ニ)の「育英，特殊教育施設などの拡充強化に役立てる等今後の教育施策を行うための資料とすること等」は，文部大臣の権限と合理的関連性を有する。また，(ロ)中学校において「本件学力調査の結果により，自校の学習の到達度を全国的な水準との比較においてみることにより，その長短を知り，生徒の学習の指導とその向上に役立たせる資料とする」という目的は，「中学校における教育実施上の目的に資するためのものである点において，調査目的として正当性を有するかどうか問題である」が，全体から見れば「単に副次的な意義をもつものでしかないと認めるのが相当であるのみならず，調査結果を教育活動上利用すべきことを強制するものではな」いので調査全体の目的は違法不当ではない。

次に文部省が中学校学習指導要領によって試験問題を作成して全国の中学校で一斉に試験を行う等の「方法」に関する(2)，(3)については慎重な検討を要する。

(2)について。「全国の中学校における生徒の学力の程度がどの程度のものであり，そこにどのような不足ないしは欠陥があるかを知ることは，上記の(イ)，(ハ)，(ニ)に掲げる諸施策のための資料として必要かつ有用である」。また，「このような学力調査の方法としては，結局試験によってその結果をみるよりほかにはない」。それゆえ「必要性の点において欠けるところはない」。

問題となるのは(3)についてである。まず，「試験という方法」が「個々の生徒の成績評価を目的とする」「教育活動そのもの」ではない。もっとも，「試験という形態をとる以上」個々の生徒の成績評価に利用される可能性はあり，「現に本件学力調査においても，試験の結果を生徒指導要録に記録させることとしている点からみれば，両者の間における一定の結びつきの存在を否定」しえないが，これは「せっかく実施した試験の結果を生徒に対する学習指導にも利用させようとする指導，助言的性格のものにすぎない」。また，試験実施により各中学校における授業計画が変更を余儀なくされるとしても，「年間の授業計画全体に与える影響」は小さい。

次に，本件学力調査は学習指導要領の遵守状況についての調査結果を教師の勤務評定にも反映させるものではなく，同要領は「調査のための試験問題作成上の基準」にすぎない。もっとも，クラス，学校等の間で「試験成績の比較」が行われることで「成績競争の風潮を生み，教育上必ずしも好ましくない状況をもたらし，また，教師の真に自由で創造的な教育活動を畏縮させるおそれが絶無であるとはいえず，教育政策上はたして適当な措置であるかどうかについては問題があり」うる。しかし，本件学力調査においては「試験問題の程度」を「平易なもの」とし「調査結果は公表しないこととされ」ている。また，「教育関係者，父母，その他社会一般の良識を前提とする限り」学習指導要領に従った教育を行う風潮が生じる危険性が「現実化し，教育の自由が阻害されることとなる可能性がそれほど強いとは考えられない」。これらを考慮すると「不当な支配」には当たらない。

■ 解 説 ■

当時の教育基本法10条は「教育は，不当な支配に服することなく，国民全体に対し直接に責任を負って行われるべきものである。2 教育行政は，この自覚のもとに，教育の目的を遂行するに必要な諸条件の整備確立を目標として行われなければならない」と定めていた。教科書的には判旨(ii)が知られる（内容については本書145事件〔最判平5・3・16—第1次家永訴訟上告審〕の解説を参照）が，判旨の中心は学力調査がこの10条違反かを論じる(iii)(iv)にあり，憲法論はその考慮要素である点に注意。「許容される目的」のために「必要かつ合理的」介入を許容する憲法論が，それぞれ(iv)の(1)目的の合法性・正当性，手段の(2)必要性と(3)正当性（不当な支配でないという意味での）に対応している。このうち深い審査が行われたのは，(1)(3)である。最高裁は深い必要性の審査によって自らの判断を事前に方向づけることを避けたものと思われる。

◆ 参考文献 ◆

今井功①・最判解刑事篇昭和51年度166頁，兼子仁・ジュリ618号27頁，今井功②・教育百選〔第3版〕18頁，長谷部恭男編『人権の射程』〔2010〕48頁（小島慎司）。

143 教育条件整備に関する国会・内閣の裁量——私学訴訟

大阪地裁昭和55年5月14日判決
(昭和50年(ワ)第3939号・同51年(ワ)第5134号私立高校生超過学費返還請求事件)
判時972号79頁，判タ416号46頁

■事案■

本件は，私立高校生の親であるXら（原告）がY（国一被告）に対して公立高校の学費との差額の支払を求めた事案である。その原因は，高校進学率が9割を超える状況にある以上，Yが進学希望者全員を収容するだけの公立高校を設置するための法制，予算措置を講じる義務等があるにもかかわらずこれを怠ったため，私立学校に子女を通わせざるをえずXらに公立学校の学費との差額の損害が発生したこと（国賠1Ⅰ）に求められた。

なお，Xらの控訴を受けた2審（大阪高判昭59・11・29判タ541号132頁）は，本判決を概ね引用して控訴を棄却した。

■争点■

①26条により国は，教育を受ける権利が現実に保障されるように教育条件を整備する法的義務を負うか。
②国会や内閣は教育条件の整備のためにいかなる施策を講じるべきかについて広い裁量を有するか。
③本件について国会や内閣は上記の裁量を濫用したといえるか。

■判旨■

請求棄却。

(i)「単に学習の自由が保障されただけでは，国民とりわけ経済的弱者の教育を受ける権利が現実には充足されないことが認識されるに至り，教育を受ける権利は国家に対し積極的に教育諸条件の整備を要求する社会的基本権に高められ，これに対応し，Yは，国民の教育を受ける権利が経済的条件等によって阻害されることなく，現実に保障されるように，教育に関する諸施設を設置し，奨学金制度を創設，拡充する等教育諸条件を整備する義務を負うに至った」（憲法26条，〔当時の〕教基法3条・10条2項・11条）。

「国会を構成する国会議員は，全体として，その有する法律制定権，予算議決権を適正に行使することによって国民の教育を受ける権利が現実に保障されるよう教育諸条件を整備する義務を負うことは明らかである（〔当時の〕教基法11条）」し，「内閣を構成する国務大臣もまた，全体として，その有する法律案提出権，予算案提出権を適正に行使することによって国民の教育を受ける権利が現実に保障されるよう教育条件を整備する義務を負う」。

(ii)「国会，内閣は憲法の認める範囲内でのみ裁量権を有する」が「高校教育にかかる教育諸条件の整備を図るためにいかなる種類，内容の施策を講じるべきかについて，国会，内閣の裁量権の範囲が極めて広いことは認めざるをえない」。というのも，「憲法26条は，無償制の義務教育制度の設置はこれを明確に義務づけているけれども（2項），義務制とされない段階における教育条件の整備の内容については明確に規定して」いないし，教育を受ける権利を「実現するためには莫大な額の予算を必要と」し「国会や内閣の政治的，専門的裁量が不可避であ」り，また，「ごく少数の者の自由的基本権が問題となる場合とは異なり，高校教育の充実を求める国民は，その意思を選挙，請願等の手段を通じて政策決定の場に大きく反映させることが可能であ」り，さらに，国民の生死にかかわる生活保護ほど緊急性，重要性があるとはいえないからである。

(iii) Xらは，「現在の高校教育は普通教育の実態を有するから，高校教育における学費はあらゆる所得階層の生活を圧迫しないようできるかぎり低廉でなければならない」という。たしかに，「高校教育に対する社会的要求が著しく増大しているにもかかわらず現行の私立高校の入学金，授業料が甚だ高額であることが認められる」が，「高校教育にかかる教育諸条件の整備について，国会，内閣の有する裁量権の範囲が極めて広いことに鑑みると」，国会，内閣が，現に行われている施策以上に立法措置，予算措置等を講じていないことに右裁量権の踰越，濫用があるとは認められない。

すなわち，Xらは，「高校進学希望者全員を収容するだけの公立高校を設置すべき」というが，公立高校の設置・維持には「多額の予算を必要とし，さらには既存の私立高校の存廃問題も絡」み，「高校進学希望者全員を収容するに足る公立高校を設置するか否かを決定するためには，高校教育の実態，高校教育に対する社会的要求等のほかにYや地方公共団体の財政状況，他の福祉政策等との間における予算の配分割合その他広汎な範囲にわたる諸要素について，政治的専門的見地からの判断が必要である」。「私立高校の超過学費額に相当する給与制の奨学金支給制度を設けるべき」というXらの主張についても同様である。以上を鑑みて，26条に違反する不作為とはいえない。

■解説■

本判決は，1項か2項かは明確ではないが26条から国の教育条件整備義務を法的義務として導いている。この点，教科書費不徴収に対しては26条2項の法的要請は及ばないとした本書140事件（最大判昭39・2・26）よりも踏み込んだといえる。もっとも，26条の要請の具体的内容が明らかではなく，しかも，国会，内閣の裁量を広く認めているので，裁判所の介入の余地は小さい。

◆参考文献◆
竹中勲・法セ313号104頁．

144 学習指導要領等に違反した教諭の懲戒——伝習館高校事件

最高裁平成2年1月18日第一小法廷判決
(昭和59年(行ツ)第46号行政処分取消請求事件)
民集44巻1号1頁, 判時1337号7頁

■ 事 案 ■

福岡県立伝習館高校の教員であった X_1（原告・被控訴人・被上告人）は, 教科書を外れた内容（唯物史観, 階級闘争にかかわる）を含む日本史・地理の授業を行ってその内容にかかわる問題を考査に出題し, 同 X_2（原告・被控訴人・被上告人）はほとんど教科書を用いないで逸脱した内容の政治経済の授業を行う等をした。Y（福岡県教育委員会——被告・控訴人・上告人）は, これらの行為が, いたずらに応用問題に偏り教科の目標を逸脱することを禁じる当時の高等学校学習指導要領第1章第2節第6款あるいは教科書使用義務を定める当時の学校教育法51条・21条等に違反するので, 地方公務員法32条（法令遵守義務）違反に当たるという理由で, 同法29条1項により懲戒免職とした（2人にはこれ以外にも処分事由があるほか, 別に1審で請求が棄却された原告がおり, 別件で控訴, 上告し, 本判決と同日に最判が下された）。

Xらはこの処分の取消しを求め, 1審（福岡地判昭53・7・28判時900号3頁), 2審（福岡高判昭58・12・24行集34巻12号2242頁）は請求認容。Yが上告。

■ 争 点 ■

高校で学校教育法や学習指導要領に明白かつ継続的に違反して教育した教諭を懲戒免職とする裁量判断は適切か。

■ 判 旨 ■

破棄自判。

「地方公務員につき地公法所定の懲戒事由がある場合に, 懲戒処分を行うかどうか, 懲戒処分を行うときにいかなる処分を選ぶかは, 平素から庁内の事情に通暁し, 職員の指揮監督の衝に当たる懲戒権者の裁量に任されているものというべきである。すなわち, 懲戒権者は, 懲戒事由に該当すると認められる行為の原因, 動機, 性質, 態様, 結果, 影響等のほか, 当該公務員の右行為の前後における態度, 懲戒処分等の処分歴, 選択する処分が他の公務員及び社会に与える影響等, 諸般の事情を総合的に考慮して, 懲戒処分をすべきかどうか, また, 懲戒処分をする場合にいかなる処分を選択すべきかを, その裁量的判断によって決定することができるものと解すべきである。したがって, 裁判所が右の処分の適否を審査するに当たっては, 懲戒権者と同一の立場に立って懲戒処分をすべきであったかどうか又はいかなる処分を選択すべきであったかについて判断し, その結果と懲戒処分とを比較してその軽重を論ずべきものではなく, 懲戒権者の裁量権の行使に基づく処分が社会観念上著しく妥当を欠き, 裁量権の範囲を逸脱しこれを濫用したと認められる場合に限り, 違法であると判断すべきものである（〔最判昭52・12・20民集31巻7号1101頁〕……参照)。」

「思うに, 高等学校の教育は, 高等普通教育及び専門教育を施すことを目的とするものではあるが, 中学校の教育の基礎の上に立って, 所定の修業年限の間にその目的を達成しなければならず（〔当時の〕学校教育法41条, 46条参照), また, 高等学校においても, 教師が依然生徒に対し相当な影響力, 支配力を有しており, 生徒の側には, いまだ教師の教育内容を批判する十分な能力は備わっておらず, 教師を選択する余地も大きくないのである。これらの点からして, 国が, 教育の一定水準を維持しつつ, 高等学校教育の目的達成に資するために, 高等学校教育の内容及び方法について遵守すべき基準を定立する必要があり, 特に法規によってそのような基準が定立されている事柄については, 教育の具体的内容及び方法につき高等学校の教師に認められるべき裁量にもおのずから制約が存するのである。」

2審の確定した事実関係によれば, Xらの各行為は,「高等学校における教育活動の中で枢要な部分を占める日常の教科の授業, 考査ないし生徒の成績評価に関して行われたものであるところ, 教育の具体的内容及び方法につき高等学校の教師に認められるべき裁量を前提としてもなお, 明らかにその範囲を逸脱して, 日常の教育のあり方を律する学校教育法の規定や学習指導要領の定め等に明白に違反する」。しかも,「各教科書使用義務違反の点は, いずれも年間を通じて継続的に行われたものであって, 特に X_2 の教科書不使用は, 所定の教科書は内容が自分の考えと違うとの立場から使用しなかったものであること, X_1 の日本史の考査の出題及び授業, 地理Bの考査の出題の点は, その内容自体からみて, 当該各科目の目標及び内容からの逸脱が著しいとみられるものであること等をも考慮するときは, Xらの右各行為の法規違反の程度は決して軽いものではない」。さらに, 当時の伝習館高校の校内秩序が極端に乱れた状態にあり, Xらの特異な教育活動がそれを助長するおそれがあったこと等も考慮すると, Yの「本件各懲戒免職処分を, 社会観念上著しく妥当を欠くものとまではいい難く, その裁量権の範囲を逸脱したものと判断することはできない」。

■ 解 説 ■

引用された最判昭52・12・20（神戸税関事件）は判断代置でない裁量審査の枠組みを公務員の懲戒について採用した判決として知られる。同じ枠組みで深い審査もなしうることに注意（本判決の審査も必ずしも浅くない。本書65事件〔最判平8・3・8——剣道受講拒否事件〕も参照)。本判決は, それを教育公務員についても当てはめた。その審査の過程では, 国による中学校教育の「基準」設定についての142事件（最大判昭51・5・21——旭川学テ事件）判旨(iii)が高校にも当てはまることを考慮要素としている（判旨第2段落)。ここでは, 学習指導要領が法規範である——「法規性」があるともいわれる——との理解が前提とされている（同日の別件判決〔235事件——岩教組学テ事件〕はこの点を明示)。

◆ 参考文献 ◆
岩渕正紀・最判解民事篇平成2年度1頁, 山下淳・平成2年度重判解38頁。

145 教科書検定の合憲性
──第1次家永訴訟上告審

最高裁平成5年3月16日第三小法廷判決
（昭和61年（オ）第1428号損害賠償請求事件）
民集47巻5号3483頁，判時1456号62頁

■事案■

本書134事件（本件と同一事件）を参照。

■争点■

①本件検定が憲法26条，教育基本法10条（当時。現16条にほぼ相当，以下同じ）に反するか。
②本件検定が憲法23条に反するか。
③本件検定に文部大臣の裁量権の濫用はないか。

■判旨■

上告棄却。

(i) 「憲法上，親は家庭教育等において子女に対する教育の自由を有し，教師は，高等学校以下の普通教育の場においても，授業等の具体的内容及び方法においてある程度の裁量が認められるという意味において，一定の範囲における教育の自由が認められ，私学教育の自由も限られた範囲において認められるが，それ以外の領域においては，国は，子ども自身の利益の擁護のため，又は子どもの成長に対する社会公共の利益と関心にこたえるため，必要かつ相当と認められる範囲において，子どもに対する教育内容を決定する権能を有する。もっとも，教育内容への国家的介入はできるだけ抑制的であることが要請され，殊に，子どもが自由かつ独立の人格として成長することを妨げるような介入，例えば，誤った知識や一方的な観念を子どもに植え付けるような内容の教育を施すことを強制することは許されない。また，教育行政機関が法令に基づき教育の内容及び方法に関して許容される目的のために必要かつ合理的と認められる規制を施すことは，必ずしも教育基本法10条の禁止するところではない」(142事件〔最大判昭51・5・21──旭川学テ事件〕参照)。

当時の検定基準によれば，審査は，「教育基本法に定める教育の目的及び方針等並びに学校教育法に定める当該学校の目的と一致していること，学習指導要領に定める当該教科の目標と一致していること，政治や宗教について立場が公正であることの3項目」（「絶対条件」）と，「取扱内容（取扱内容は学習指導要領に定められた当該科目等の内容によっているか），正確性（誤りや不正確なところはないか，一面的な見解だけを取り上げている部分はないか），内容の選択（学習指導要領の示す教科及び科目等の目標の達成に適切なものが選ばれているか），内容の程度等（その学年の児童・生徒の心身の発達段階に適応しているか等），組織・配列・分量（組織・配列・分量は学習指導を有効に進め得るように適切に考慮されているか）等の10項目」（「必要条件」）を基準として行われる。したがって，審査は，「単なる誤記，誤植等の形式的なものにとどまらず，記述の実質的な内容，すなわち教育内容に及ぶ」。

「しかし，普通教育の場においては，児童，生徒の側にはいまだ授業の内容を批判する十分な能力は備わっていないこと，学校，教師を選択する余地も乏しく教育の機会均等を図る必要があることなどから，教育内容が正確かつ中立・公正で，地域，学校のいかんにかかわらず全国的に一定の水準であることが要請されるのであって，このことは，もとより程度の差はあるが，基本的には高等学校の場合においても小学校，中学校の場合と異ならないのである。また，このような児童，生徒に対する教育の内容が，その心身の発達段階に応じたものでなければならないことも明らかである。そして，本件検定が，右の各要請を実現するために行われるものであることは，その内容から明らかであり，その審査基準である旧検定基準も，右目的のための必要かつ合理的な範囲を超えているものとはいえず，子どもが自由かつ独立の人格として成長することを妨げるような内容を含むものでもない。また，右のような検定を経た教科書を使用することが，教師の授業等における前記のような裁量の余地を奪うものでもない。」

「なお，所論は，教育の自由の一環として国民の教科書執筆の自由をいうが，憲法26条がこれを規定する趣旨ではないことは前記のとおりであ」る。

したがって，「本件検定は，憲法26条，教育基本法10条の規定に違反」しないことは，「前記大法廷判決の趣旨に徴して明らかである」。論旨は採用することができない。

(ii) 「教科書は，教科課程の構成に応じて組織排列された教科の主たる教材として，普通教育の場において使用される児童，生徒用の図書であって」，「学術研究の結果の発表を目的とするものではなく，本件検定は，申請図書に記述された研究結果が，たとい執筆者が正当と信ずるものであったとしても，いまだ学界において支持を得ていなかったり，あるいは当該学校，当該教科，当該科目，当該学年の児童，生徒の教育として取り上げるにふさわしい内容と認められないときなど旧検定基準の各条件に違反する場合に，教科書の形態における研究結果の発表を制限するにすぎない。このような本件検定が学問の自由を保障した憲法23条の規定に違反しないことは，当裁判所の判例〔136事件（最大判昭38・5・22──ポポロ事件），98事件（最大判昭44・10・15──「悪徳の栄え」事件）〕……の趣旨に徴して明らかである」。論旨は採用することができない。

(iii) 「本件検定の審査基準等を直接定めた法律はないが，文部大臣の検定権限は，前記……の憲法上の要請にこたえ，教育基本法，学校教育法の趣旨に合致するように行使されなければならないところ，前記のとおり，検定の具体的内容等を定めた旧検定規則，旧検定基準は右の要請及び各法条の趣旨を具現したものであるから，右

検定権限は，これらの検定関係法規の趣旨にそって行使されるべきである。そして，これらによる本件検定の審査，判断は，申請図書について，内容が学問的に正確であるか，中立・公正であるか，教科の目標等を達成する上で適切であるか，児童，生徒の心身の発達段階に適応しているか，などの様々な観点から多角的に行われるもので，学術的，教育的な専門技術的判断であるから，事柄の性質上，文部大臣の合理的な裁量に委ねられるものというべきである。したがって，合否の判定，条件付合格の条件の付与等についての教科用図書検定調査審議会の判断の過程（検定意見の付与を含む）に，原稿の記述内容又は欠陥の指摘の根拠となるべき検定当時の学説状況，教育状況についての認識や，旧検定基準に違反するとの評価等に看過し難い過誤があって，文部大臣の判断がこれに依拠してされたと認められる場合には，右判断は，裁量権の範囲を逸脱したものとして，国家賠償法上違法となると解するのが相当である。」

「なお，検定意見は，原稿の個々の記述に対して旧検定基準の各必要条件ごとに具体的理由を付して欠陥を指摘するものであるから，各検定意見ごとに，その根拠となるべき学説状況や教育状況等も異なるものである。例えば，正確性に関する検定意見は，申請図書の記述の学問的な正確性を問題とするものであって，検定当時の学界における客観的な学説状況を根拠とすべきものであるが，検定意見には，その実質において，(1) 原稿記述が誤りであるとして他説による記述を求めるものや，(2) 原稿記述が一面的，断定的であるとして両説併記等を求めるものなどがある。そして，検定意見に看過し難い過誤があるか否かについては，右(1)の場合は，検定意見の根拠となる学説が通説，定説として学界に広く受け入れられており，原稿記述が誤りと評価し得るかなどの観点から，右(2)の場合は，学界においていまだ定説とされる学説がなく，原稿記述が一面的であると評価し得るかなどの観点から，判断すべきである。また，内容の選択や内容の程度等に関する検定意見は，原稿記述の学問的な正確性ではなく，教育的な相当性を問題とするものであって，取り上げた内容が学習指導要領に規定する教科の目標等や児童，生徒の心身の発達段階等に照らして不適切であると評価し得るかなどの観点から判断すべきものである。」

原審の「裁量権の範囲の逸脱の審査基準」は「結局のところ，以上と同旨」であり，また，「各検定意見」に関する「原審の事実認定」の下では，原審の判断は，「右各検定意見に看過し難い過誤があったとはいえないとする趣旨のものとして，結論において是認し得ないものではない（右各検定意見の中には，その内容が細部にわたり過ぎるものが若干含まれているが，いまだ，旧検定基準に違反するとの評価において看過し難い過誤があるというには当たらない）」。「したがって，文部大臣の本件各検定処分に所論の裁量権の範囲の逸脱の違法があったとはいえず，これと同旨の原審の判断は相当である。」

■ 解 説 ■

1　教育権（教育権能，教育の自由）の所在についてかつて国家の教育権説と国民の教育権説（141事件〔東京地判昭45・7・17─第2次家永訴訟1審〕の判旨(i)がこれに近い）が対立し，142事件がこれを止揚したことは教科書で学ぶところであろう。〈判例の流れ〉で述べたように，その意義は，教育権を親や教師のための権利ではなく，子どもという第三者のための権能と理解することにより，子どもの利益にかなうかという視点の下で国，親，教師などの間で教育権をいわば適正に分配したところにある。本判決もこの判例の流れを受けるものである。

141事件の判旨(i)(a)は教科書執筆者が教師の教育の自由を主張しえない（正確には，その自由の侵害をもって教科書執筆者との関係で検定制度を違法とはいえない）としたが，この理解は本判決では採られていない。こうして判旨(i)は，26条に適合するように解された教育基本法10条への違反の有無を論じているが，142事件のいう「許容される目的のために必要かつ合理的」な規制かを細かく審査するのではなく，目的の正当性の論証に力点を置いている。

2　判旨(iii)は，検定を行う文部大臣の裁量を認めつつ，その判断過程を審査している。第3次訴訟上告審（最判平9・8・29民集51巻7号2921頁）では，本判決と同じ憲法論と裁量審査の枠組みを示した上で原審に加えて新たに2か所の検定意見の違法を認定していることからもわかるように，この審査は決して浅くはない。しかし，判旨(i)(ii)などの憲法論がこの裁量審査に影響したわけではない。(iii)の冒頭が示しているとおり，憲法論の影響は検定基準の違憲性の問題で尽きており，その検定基準が選択の余地なしに検定結果を覊束しない場合において文部大臣の判断過程を審査するにあたっては，教師の教育の自由や教科書執筆者の表現の自由が憲法上の要請の結果として重みづけられて衡量されるべきものと考えられることはなかった。この点では，65事件（最判平8・3・8─剣道受講拒否事件）とは異なり（同事件の解説と「6 信教の自由」の〈判例の流れ〉も参照），批判的に参照されることも多い。

このように本判決は，教育権能をその者（文部大臣）の判断の裁量性によって表現しており，他の者（教師）の教育権能の重要性をその裁量的判断の過程を審査する上で考慮する道を開きえた点でも重要である。146事件（神戸地判平4・3・13）以下の判決は，それと同型の検討を，文部大臣─教師の関係においてではなく校長（教師）─子ども・親の関係において行うものと考えることができる。

◆ 参考文献 ◆
瀧澤泉・最判解民事篇平成5年度388頁，兼子仁＝下村哲夫＝樋口陽一・ジュリ1026号8頁。

146 普通高校入学不許可の当否と教育を受ける権利

神戸地裁平成4年3月13日判決
(平成3年(行ウ)第20号入学不許可処分取消等請求事件)
行集43巻3号309頁、判時1414号26頁

■事案■

X（原告）は、尼崎市立尼崎高校を受検したところ、学力評定および学力検査の合計点において合格点に達していたが、進行性の筋ジストロフィー症に罹患していて全課程を無事に履修する見込みがないと判定されて入学不許可の処分を受けた。そこで、Y₁（校長―被告）に対して同処分の取消しを、Y₂（尼崎市―被告）に対して慰謝料の支払を求めた。

■争点■

筋ジストロフィー疾患を有する者の普通高校への入学を不許可とした裁量判断は適切か。

■判旨■

請求一部認容、一部棄却（入学不許可処分を取り消し、慰謝料100万円の支払を命ずる。確定）。

「高等学校の入学に関する事項は、監督庁である文部大臣が定めるもの〔当時の〕学校教育法49条、106条）とされているが、法令上は、その入学の方法について、調査書その他必要な書類、選抜のための学力検査の成績等を資料として行う入学者の選抜に基づいて学校長が許可する（学校教育法施行規則59条1項〔当時。現90Ⅰ〕）との定めがあるだけである」。これを受けた昭和59年7月20日付けの文部省初中等局通知では、「入学者選抜は、右資料に基づき、各高等学校、学科等の特色に配慮しつつ、その教育を受けるに足りる能力・適性等を判定して行うとしているが、入学選抜の方法や許可の基準については、なんら具体的に定めていない。したがって、高等学校への入学について、その許否処分自体はもちろん、どのような入学選抜方法をとるかについても……高等学校における教育目的実現のための教育的見地からする学校長の裁量的判断に任されているものと解することができる。」

しかし、入学許否の処分の判断が「憲法その他の法令から導き出される諸原則に反するような場合には、その処分が違法となることがある」。また、県教委が「入学選抜の準則」として定めた「選抜要綱」自体は選抜手続に関する「内部的準則」にすぎず同要綱に反した入学許否処分も直ちに「違法となるものではない」が、「右要綱に定められた手続を著しく逸脱したような場合は、裁量権の逸脱又は濫用としてその処分が違法となると解せられる。さらに、処分が事実の誤認に基づいていたり、その内容が社会通念に照らして著しく不合理であったりするような場合にも、裁量権の逸脱又は濫用としてその処分が違法となる。」

Yらは「高等学校の全課程を履修する見通しがある」ことを合否判定の基準として掲げており、そのことは不当ではない。Y₁は、調査書中学習の評定の記録以外の部分（「判定資料B」と呼ばれ、ここに「身体の記録」も含まれる）および診断書などの記載、本件高校の校医の意見その他諸般の事情から、Xの疾患の特性、障害の程度、学校の受入れ態勢等を教育的見地から総合判断して、この履修可能性がないと認定し、この認定に基づいて本件処分をした。Xの身体的状況を考慮した履修可能性は「一定の評価をしたうえで初めて認定できる評価的な事実」であり、「その評価には、教育的な専門知識が必要で、かつ、将来の予測を含んでいる点で、Y₁の教育的観点からする専門的、技術的裁量の余地がある」。「しかし、この事実は、教育的効果の有無や教育環境・条件の優劣などの純粋に教育的な評価が必要な事実とは異なり、身体的状況という日常的な経験的要素も強く、また、医学的見地からする評価も重要な要素を占める事実である」ので、「本件認定が、事実に基づかない場合はもちろん、前提事実を評価する際して教育的裁量の側面だけを重視して日常経験的、医学的な側面を軽視するなどその評価過程に著しい不合理があるような場合にも、事実誤認があるということができる」。Xが母親、学校、教職員、生徒の協力を得て無事中学の課程を修了したこと、本件高校でも過去に筋ジストロフィーの生徒を受け入れて無事卒業させた実績があること、専門医が尼崎高校を想定して「就学可能と考えます」との診断書を書いたこと等を総合すれば、Xが本件高校の全課程を履修することは十分可能である。

なお、Yらは、Xには養護学校が望ましいから本件高校への入学拒否は正当であると解せられる主張をいう。憲法26条、教育基本法3条1項（当時。現4Ⅰ）が能力に応じた教育を受ける権利を保障しているからといって「障害を有する児童、生徒を全て普通学校で教育すべきである」とはいえないが、本件については「たとえ施設、設備の面で、Xにとって養護学校が望ましかったとしても、少なくとも、普通高等学校に入学できる学力を有し、かつ、普通高等学校において教育を受けることを望んでいるXについて、普通高等学校への入学の途が閉ざされることは許されるものではない」。健常者と同様に、「障害者がその能力の全面的発達を追求すること」も「憲法その他の法令によって認められる当然の権利」だからである。

本件処分は、全課程の履修可能性の判断に際し「その前提とした事実又は評価において重大な誤りをしたことに基づく処分」であって、Y₁の権限の行使には裁量権の逸脱、濫用があったと認めるのが相当である。

■解説■

本件は在学関係内部（本書65事件〔最判平8・3・8―剣道受講拒否事件〕）ではなくそこに入る場面にかかわるが、同様に教育的観点から処分権者の裁量が肯定され、他方で、裁判所の審査も可能とされた。本判決は、特に判断を支えた事実の性質に注目しその誤認を導き、判断過程の審査を行った。また、判旨第4段落は26条から実質的には学習者自身の教育内容決定権を導いており、それが裁量審査を浅くしない機能を果たした。結果的には、この決定権によって、裁量によって表された校長（教師）の教育内容決定権が制約された。

◆参考文献◆
大橋洋一・判評404（判時1427）号15頁。

147 特殊学級入級処分の当否と教育を受ける権利

札幌高裁平成6年5月24日判決
（平成5年（行コ）第6号入級措置処分取消等請求控訴事件）
判時1519号67頁、判タ854号102頁

■事案■

Y（留萌市立留萌中学校長―被告・被控訴人）は、脊髄性四肢まひにより胸部から下の肢体不自由者であったX（原告・控訴人）を当時にいう特殊学級に属させた。そこでXは同処分の取消しを求めた（これ以外にXは、市教委の特殊学級設置の取消し〔処分性なしで訴え却下〕と、慰謝料の支払〔請求一部認容〕を求めたが省略）。

この請求について1審（旭川地判平5・10・26判時1490号49頁）は次のように述べて処分の違法性を否定した。第1に、本件入級処分が26条により発生するXやその両親の選択権を侵害したかについて、一方で、本書142事件（最大判昭51・5・21―旭川学テ事件）を引用して26条1項の「教育を受ける権利」は子どもの「学習する権利」を中心として考えなければならないとしつつ、「教育内容を、当該子ども自らが決定する権能」まではないとし、他方で、再度同判決を参照しつつ、公教育における教育内容の決定権能は親にもないとした。

第2に、（当時の）学校教育法28条3項・40条は「校務をつかさどり、所属職員を監督する」ことを中学校の校長の権限とするところ、「市町村の教育委員会の就学校指定により当該学校に入学することが決定した生徒を、どの学級に入級させるかの決定は、校務に関する事項と解されるから、かかる決定は、学教法28条3項を根拠として、校長の権限に属するものと解するのが相当である」という。

第3に、そう解釈された学校教育法が憲法26条に違反しないかについて、「教育の専門家たる校長が、教育的見地から、科学的、医学的等の見地からの判断をも斟酌の上で決定する限り、制度として合理性があ」り、「子どもやその親の意向は、必ずしも校長の判断に勝るとはいえない」として国の立法裁量の逸脱・濫用はないとした。

本判決はこの原判決を引用しつつ、付加的に次のように述べた。

■争点■

子どもや親の意向に反して校長が特殊学級への入級処分を行うことは違法か。

■判旨■

控訴棄却（確定）。

「肢体不自由者に対する中学校普通教育において、当該不自由者を普通学級に入級させるか、あるいは特殊学級に入級させるかは、終局的には校務をつかさどる中学校長の責任において判断決定されるべきもので、本人ないしはその両親の意思によって決定されるべきものということはできない。」

「勿論、国民の子女に対する普通教育は、前記（原判決引用）のとおり、国及び地方公共団体がこれを遂行する最終責任を負担し、国は国政の一部として、適切な教育を実施すべきものであるが、しかし、このことは、決して普通教育の衝にあたるものが子ども本人やその両親の意向を一方的に排斥し、自らの判断のみによってこれを専断することを許容するものではない。けだし、教育権の所在に関するいわゆる教育権論争は別としても、当該子どもが教育の主体であり、能力に応じた教育を受ける権利を有しており、また、両親はその自然的関係により親権に基づき子女を教育する立場にあり、実定法上も普通教育を受け、あるいは受けさせることは国民としての義務でもあり、それ故にこそ、教育のあり方について、親は教師、国、地方公共団体等とともにそれぞれの役割を持ち、正当な役割にしたがって、教育の内容方法に関与することができる地位にあると解すべく、普通教育の過程の中でこの役割が生かされるよう期待し、その考えの実現に向けて努力することに対しては、行政においてもそれに相応しい誠実な対応がなされてしかるべきだからである」。

しかし「原判決説示のとおり、普通学級間あるいは普通学級と特殊学級間の振り分け入級処分に関して、子ども本人あるいはその両親の意思がそれを決定する要件であるとする実定法上の根拠はなく、また、教育理念の点からしても、それが絶対の要件であるとしなければ前項説示のような考えと矛盾するというものでもない。実際問題としても、入級処分のあり方については、当該子どもに対する教育的配慮が最優先されるべきものとしても、学級編制及び入級処分は当該学校における教育設備、教諭や介護員等の要員の問題を抜きにして決定することはできず、この点を無視して、仮に、子どもや両親の意思のみに基づいて決定された場合には、ときにかなりの混乱を教育の現場にもたらし、他の子どもの教育にも影響することは容易に予測できるところである。そのことから、現行法秩序のもとにおいては、これについては校務をつかさどる校長に一定の枠内において権限を与え、その専門的経験知識に立脚した客観的視野のもとに、当該子どもにとって、また学級運営上より適切な方向としての結論をだすことを期待しているものと解される」。

ゆえに「本件において、Xや両親が普通学級で教育を受けたい、あるいは受けさせたいとの強い意思を引き続き持って、これを希望してきたことは、前記（原判決引用）のように理解できないものではないが、留萌地方就学指導委員会の専門的検討判断を踏まえ、Xの障害の程度のほかに、同人の小学校並びに留萌中における1、2年生の間における授業の状況などを含めた諸般の事情を勘案のうえなされたYの入級処分をして違法であるとすることはできない」。

■解説■

子どもや親の教育内容決定権の違法な侵害を論じるにしても、学校教育法の法令違反の主張は筋が悪く、むしろ校長の判断の裁量審査に憲法の要請を織り込む方法もありうる。本判決による付加はそれを示すものと思われる。子どもや親の決定権への評価は異なるが、この方法自体は146事件（神戸地判平4・3・13）で採られたものに近い。

◆参考文献◆
成川洋司・判タ882号320頁。

148 入学後の教育内容の変更と親の教育の自由

最高裁平成21年12月10日第一小法廷判決
(平成20年(受)第284号教育債務履行等請求事件)
民集63巻10号2463頁,判時2071号45頁

■事 案■

Y(学校法人—被告・被控訴人・上告人)の運営するA中学・高校は,偏差値を30台から70台に上げるなどめざましい進学実績を達成した注目校であった。B校長在任中の教育の特色は,講師が論語に基づく道徳の講話をして生徒に速記させて感想文を書かせるなどの論語に依拠した道徳授業にあり,A校は生徒の募集にあたりこれらの内容を説明して積極的に宣伝していた。ところが,2004(平成16)年7月15日,YはBを解任し,A校は論語に依拠した道徳教育を廃止した。この解任をめぐっては保護者との間でも紛争が生じた。7月当時A校に在籍していた生徒の親であるXら(原告・控訴人・被上告人)は,教育内容の変更により精神的苦痛を被ったとして慰謝料等を請求した。

1審(東京地判平18・9・26判時1952号105頁)は,この請求を棄却。2審(東京高判平19・10・31判時2009号90頁)は,Yが十分な説明もなく教育内容を事後的に変更したことは,Xらの信頼を裏切り,26条に由来するXらの学校選択の自由を実質的に侵害するものであるとして,判決を変更。Yが上告。

■争 点■

①特色ある教育を行っていた私立学校での教育内容等の事後的変更は親の教育の自由を侵害するか。
②上記変更は,親の期待,信頼を違法に損なうものといえるか。

■判 旨■

破棄自判。

(i)「親は,子の将来に対して最も深い関心を持ち,かつ,配慮をすべき立場にある者として,子の教育に対する一定の支配権,すなわち子の教育の自由を有すると認められ,このような親の教育の自由は,主として家庭教育等学校外における教育や学校選択の自由にあらわれるものと考えられる(〔本書142事件(最大判昭51・5・21—旭川学テ事件)〕……参照)。そして,親の学校選択の自由については,その性質上,特定の学校の選択を強要されたり,これを妨害されたりするなど,学校を選択する際にその侵害が問題となり得るものであって,親が子を入学させる学校を選択する際に考慮した当該学校の教育内容や指導方法(以下,両者を併せて『教育内容等』という。)が子の入学後に変更されたとしても,学校が教育内容等の変更を予定しながら,生徒募集の際にそのことを秘して従来どおりの教育を行う旨説明,宣伝したなどの特段の事情がない限り,親の学校選択の自由が侵害されたものということはできない。本件において,上記特段の事情についての主張立証はなく,Yが,生徒募集の際に説明,宣伝した教育内容等をXらの子の入学後に変更し,その結果学内に混乱が生じたからといって,Xらの学校選択の自由が侵害されたものとは認められない。」

(ii) もっとも,生徒募集の際の説明,宣伝どおりの教育が子に施されることへの「期待,信頼」は,「子に対しいかなる教育を受けさせるかは親にとって重大な関心事であることや上記期待,信頼の形成が学校側の行為に直接起因すること」を考えると,「およそ法律上保護される利益に当たらない」とはいえない。他方,上記期待,信頼は「明確な実体を有」しないので,「特定の親」が「自己の抱いていた期待,信頼が損なわれたと感じた」ことから直ちに不法行為が構成されるとはいえない。また,教育内容等の決定は,教育理念,生徒の実情,物的設備・施設の設置状況等の各学校固有の事情のほか,「全体としての教育的効果や特定の教育内容等の実施の可能性,相当性,必要性等を総合考慮して行われる」ので,上記決定は,「諸法令や学習指導要領の下において,教育専門家であり当該学校の事情にも精通する学校設置者や教師の裁量にゆだねられるべきもの」である。教育内容等の変更についても同様である。したがって,その変更が不法行為を構成するのは,「当該学校において生徒が受ける教育全体の中での当該教育内容等の位置付け,当該変更の程度,当該変更の必要性,合理性等の事情に照らし,当該変更が,学校設置者や教師に上記のような裁量が認められることを考慮してもなお,社会通念上是認することができないものと認められる場合に限られる」。

本件についてみると,一般的に「道徳教育が他の教科とは異なる格別の重要性を持つとはいえない」し,また,Bの解任後も「学習指導要領に沿った道徳教育は引き続き行われており」教育理念,教育内容等の水準の大きな低下はない。そうすると,本件での変更は,「道徳教育について論語に依拠した独特の手法でこれを行うことを廃止したにとどまり,これが本件各学校の教育内容等の中核,根幹を変更するものとまではいえ」ず,しかもBの解任後の「同教育を従前同様に継続することの支障となる事態」の下で「新校長の方針に従い,同教育が廃止され,……〔今後の〕道徳教育の方針等について説明されて」おり,学校設置者や教師の裁量を考慮すると上記廃止の「必要性,合理性」は否定されない。「以上の諸事情に照らすと,Yが,本件各学校の生徒募集の際,本件道徳授業等の内容を具体的に説明し,そこで行われていた論語に依拠した道徳教育の教育的効果を強調し,積極的にこれを宣伝していたという事情を考慮しても,Yが同教育を廃止したことは,社会通念上是認することができないものであるとまではいえず,これが,Xらの期待,信頼を損なう違法なものとして不法行為を構成するとは認められない」。

■解 説■

判旨(i)は2審と異なり,憲法上の親の教育の自由を主に学校選択の自由に限り,特定の教育内容等への親の期待や信頼をそれとは区別した。判旨(ii)は,そう区別することにより「明確な実体を有」しないとされた後者の利益を違法に侵害したかについて,学校設置者や教師の裁量の逸脱,濫用の有無を論じる形で審査するものである。

◆参考文献◆
新井誠・東北学院法学69号45頁。

判例の流れ　　　　　　　　　　　　　　　　　　●尾形　健●
13 職業選択の自由・居住移転の自由

　1　職業の自由（22Ⅰ）保障の意義は，154事件〔最大判昭50・4・30―薬局距離制限違憲判決〕の判示に尽くされているが，それによれば，「職業」とは，「人が自己の生計を維持するためにする継続的活動」であり，「分業社会においては，これを通じて社会の存続と発展に寄与する社会的機能分担の活動たる性質を有し，各人が自己の持つ個性を全うすべき場として，個人の人格的価値とも不可分の関連を有するものである」。こうして，職業の自由の保障とは，「職業の開始，継続，廃止において自由である」のみならず，「選択した職業の遂行自体，すなわちその職業活動の内容，態様においても，原則として自由であることが要請される」。本章では，これらをふまえ，便宜上，(1)職業の自由とその規制をめぐる事案と，(2)職業遂行の自由とその規制（ここでは157事件〔最大判昭35・1・27〕・158事件〔最判平2・2・6―西陣ネクタイ事件〕を扱う）とに大別して配置している。また，(3)居住・移転の自由（海外渡航の自由〔22Ⅱ〕）についても，本章に配置した（161事件〔最大判昭33・9・10―帆足計事件〕）。

　2　判例では当初，職業の自由に対する規制について，問題となる規制措置の立法事実を摘示し，そこで想定された社会的弊害等の除去・防止等が「公共の福祉」に適合的であるか否かを判断する傾向がみられた（149事件〔最大判昭25・6・21―職業安定法事件〕，150事件〔最大判昭30・1・26―福岡公衆浴場事件〕，152事件〔最大判昭38・12・4―白タク営業事件〕）。しかしながら，警察許可的な色彩を帯びた規制が問題とされることが多かったこれまでの事案とは異なり，過当競争の防止という専ら経済的理由による規制が問題とされた153事件〔最大判昭47・11・22―小売市場事件〕において，最高裁は，それまでとは全く異なる憲法判断アプローチを示し，それは，154事件において結実する。すなわち，その性質上社会的相互関連性が大きい「職業」は，規制の要請が強く，またその種類・性質・内容等も多種多様であることから，規制の社会的理由・目的も「積極的」なものから「消極的」なものまで「千差万別」であり，規制態様等も各種各様である。このため，規制措置の合憲性判断は，「これを一律に論ずることができず，具体的な規制措置について，規制の目的，必要性，内容，これによって制限される職業の自由の性質，内容及び制限の程度を検討し，これらを比較考量したうえで慎重に決定されなければならない」。この衡量をするのは第一次的には立法府であるが，裁判所は，規制目的が公共の福祉に合致するものであることを前提に，規制措置の具体的内容およびその必要性と合理性について，「事の性質」をふまえつつ，立法府の合理的裁量の範囲を審査する，というのである。

　3　学説は153・154事件に触発され，また，違憲審査基準論も背景に，「規制目的二分論」を理論化し（154事件の解説参照），これを経済的自由制約立法一般の法理にまで拡張しようとした。しかしこうした「判例解釈」に，最高裁自身，再考を迫り続けている（151事件〔最判平元・1・20―大阪公衆浴場事件〕，155事件〔最判平4・12・15〕，156事件〔最判平5・6・25〕，159事件〔最判平12・2・8―司法書士法事件〕，160事件〔最判平17・4・26―農災法事件〕）。近時の学説でも，154事件の判断枠組みに「比例原則」を見出し，判例の内在的理解を企図するものが有力に説かれ（154事件の解説参照），判例・学説ともに，なお動態的な議論状況を呈している。職業の自由については，最高裁による積極的な判例法理が形成され，判断枠組みを展開してきた分野であるといわれるが，本章を通じて，活況を呈する議論状況の一端を体感してほしい。

149 有料職業紹介事業の禁止・制限——職業安定法事件

最高裁昭和25年6月21日大法廷判決
(昭和24年新(れ)第7号職業安定法違反被告事件)
刑集4巻6号1049頁

■事案■

Y（被告人・上告人）は、有料で職業紹介事業を行った者として、所定の事由のほかは何人も有料の職業紹介事業を行ってはならないとする職業安定法32条（当時）違反のかどで同法64条1号（同）により懲役8年に処する旨の判決を受けた（福島地若松支判昭24・2・25公刊物未登載）。

Yは、同法32条が違憲であるなどとして控訴したが、2審（仙台高判昭24・5・10刑事裁判資料55号601頁）は次のように述べ、その主張を斥けた。すなわち、同法の目的は、憲法が定める個人の基本的人権尊重の趣旨に則り、個人の自由意思を尊重しつつ、その有する能力に適当な職業に就く機会を与えてその職業の安定を図るとともに、国家にとって重要な工業・産業に必要な労働力の充足を図り、もって経済の興隆に寄与することにあり、この目的達成方法の一つとして、政府機関が職業紹介事業を行うととともに、同法32条において一般人が有料または営利目的で職業紹介事業を行うことを原則として禁止するものであるが、「現在の我が国としては前記職業安定法の目的とする個人の職業安定と産業界における労働力の充足とは極めて緊要な事項であるのに、在来の職業事情乃至労働事情の実際に鑑みるときは、もし、有料又は営利的職業紹介事業の自由な経営を認めるならば、右2つの事項の実現に相当な妨げとなる虞のあることは論を俟たない所である」。

このためYは、同法32条が憲法13条・22条に反するとして上告した。

■争点■

有料職業紹介事業を一般的に禁止または制限する職業安定法の規定は、憲法22条に反しないか。

■判旨■

上告棄却。

「憲法13条及22条には共に『公共の福祉に反しない限り』という枠があるのである。原審が論旨摘録のように判示して職業安定法32条は現今わが国情の下において公共の福祉のため必要のものであり、憲法の右各条に反するものでないとしたのは相当である。職業安定法は戦時中の統制法規とは異り所論のように産業上の労働力充足のためにその需要供給の調整を図ることだけを目的とするものではない。各人にその能力に応じて妥当な条件の下に適当な職業に就く機会を与え、職業の安定を図ることを大きな目的とするものである。在来の自由有料職業紹介においては営利の目的のため、条件等の如何に拘わらず、ともかくも契約を成立せしめて報酬を得るため、更に進んでは多額の報酬を支払う能力を有する資本家に奉仕するため、労働者の能力、利害、妥当な労働条件の獲得、維持等を顧みることなく、労働者に不利益な契約を成立せしめた事例多く、これに基因する弊害も甚しかったことは顕著な事実である。職業安定法は公の福祉のためこれ等弊害を除去し、各人にその能力に応じ適当な職業を与え以て職業の安定を図らんとするもので、その目的のために従来弊害の多かった有料職業紹介を禁じ公の機関によって無料にそして公正に職業を紹介をすることにしたのであり、決して憲法の各条項に違反するものではない。」

■解説■

1　わが国の職業紹介事業は、古く徳川時代から民間営利事業として発生したが、明治20年代の紡績業を中心とする資本主義の急速な発展が労働需要を飛躍的に生み出し、その過程で、労働者と企業の結合を媒介する在来の営利職業紹介業が強く求められた。ところが、そこでは、労働能力を無視した斡旋や不当な労働条件の押しつけ、中間搾取を伴った人身売買的労働供給等の著しい弊害が生じたため、これを除去すべく、その営業の規制等の必要が生じ、公的職業紹介制度が登場した。その後、第一次大戦後の失業対策等として国が職業紹介事業に積極的に関与するようになるが、第二次大戦後、現行憲法下で職業安定法が制定された（昭和22年）。

本判決は、以上のような、わが国職業紹介事業が営利目的のため、労働者に極めて不利益な契約を成立させたという過去の実態を認識し、職業安定法による有料職業紹介事業の全面的禁止が公共の福祉に適うことを説き、実態的・経験的な判断によって理由づける点が特徴的であるとされる（以上、保木本・後掲）。それは、いわば立法事実論的判断の先駆とも評しうる。

2　本判決の理由づけについては、職業安定制度の性格をめぐる評価もかかわる。その目的については、①これが職業選択の自由・勤労の自由の保護という自由権的観点から把握する立場と、②その理念を憲法27条に求め、国が労働の機会確保のために必要な措置をとるべきことを説く見地から把握する立場がありうる（安屋・後掲252頁）。①は、営利職業紹介事業の弊害除去という視点と接続しうるが、②は、より積極的な施策展開を認め、例えば同法が営利事業のみならず、無料職業紹介事業についても厳格な制限を置く点（現行33条1項）などを説明する論拠となりうる（保木本・後掲）。こうした議論は、後の目的二分論を予感させる。

◆参考文献◆
保木本一郎・百選〔新版〕62頁、安屋和人・労働百選〔新版〕252頁。

22条　13 職業選択の自由・居住移転の自由　(1) 職業の自由とその規制

150　公衆浴場の適正配置規制(1)
──福岡公衆浴場事件

最高裁昭和30年1月26日大法廷判決
(昭和28年(あ)第4782号公衆浴場法違反被告事件)
刑集9巻1号89頁

■事　案■

Y（被告人・上告人）は，公衆浴場法（昭25法187による改正後のもの）2条等に定める福岡県知事の許可を受けないで，1952（昭和27）年1月から3月までの間，肩書住所に自ら設置した浴場において，大人1人金8円小人1人金5円の料金で入浴させ，計2万4633円を徴収し，もって公衆浴場を経営したかどで逮捕・起訴された。Yは，公衆浴場法およびそれに基づく福岡県条例第54号3条（既存の公衆浴場から市部にあっては250メートル以上，郡部にあっては300メートル以上の距離を保つことを規定する）が憲法22条の職業選択の自由に反するとして争った。

1審（福岡地吉井支判昭28・6・1刑集9巻1号104頁参照）・2審（福岡高判昭28・9・29高刑判特26号36頁）ともにYの主張を斥けたため，Yが上告した。

■争　点■

公衆浴場法による適正配置規制は，憲法22条1項に反しないか。

■判　旨■

上告棄却。

「公衆浴場は，多数の国民の日常生活に必要欠くべからざる，多分に公共性を伴う厚生施設である。そして，若しその設立を業者の自由に委せて，何等その偏在及び濫立を防止する等その配置の適正を保つために必要な措置が講ぜられないときは，その偏在により，多数の国民が日常容易に公衆浴場を利用しようとする場合に不便を来たすおそれなきを保し難く，また，その濫立により，浴場経営に無用の競争を生じその経営を経済的に不合理ならしめ，ひいて浴場の衛生設備の低下等好ましからざる影響を来たすおそれなきを保し難い。このようなことは，上記公衆浴場の性質に鑑み，国民保健及び環境衛生の上から，出来る限り防止することが望ましいことであり，従って，公衆浴場の設置場所が配置の適正を欠き，その偏在乃至濫立を来たすに至るがごときことは，公共の福祉に反するものであって，この理由により公衆浴場の経営の許可を与えないことができる旨の規定を設けることは，憲法22条に違反するものとは認められない。」

■解　説■

1　公衆浴場法の距離制限規定（適正配置規制）には，次のような経緯があった。同法は成立当初（昭23法139），適正配置規制は有しなかったところ，公衆浴場業者はこれを要望し，条例・規則によって創設させようとした。しかし，条例・規則によるこの種の制限は同法および地方自治法上もなしえないとの意見が法務府法制意見局より示されたため（法務総裁意見年報2巻354頁），業者は法改正を求めた。ところが法制意見局は，この種の立法についても憲法22条違反のおそれがあるとして内閣提出法案とすることに難色を示したため，結局，議員提案によって本件距離制限規定がなされ，それが成立した（昭25法187）（YAM・後掲29頁，小嶋・後掲参照）。

2　当初，本判決については，批判的な見解が有力であった。すなわち学説は，公衆浴場法の距離制限規定の目的を消極的な警察規制と捉え，憲法が自由主義・自由競争を基調とすることを強調し，距離制限はこの目的を達成するための必要最小限度を超えるものと批判した（議論状況につき，山下・後掲194頁参照。また園部・後掲100頁参照）。また，立法事実論の観点から，本判決で示された立法事実の認定が，改正提案理由説明をほとんどそのまま引用した点について，「立法事実の本質的論点について目を掩ったもの」とも評された（芦部理論162頁）。しかし，その後本判決は同種事件で踏襲され（例えば最判昭35・2・11刑集14巻2号119頁），また，本判決をふまえ，第三者に対する公衆浴場営業許可処分について既存業者による無効確認を求める訴えの利益が肯定され（最判昭37・1・19民集16巻1号57頁），他の公衆衛生関連立法にも距離制限を求める声が生じ，昭和38年の薬事法改正による距離制限規定創設等へと至った（覚道・後掲84頁）。

3　もっとも，本判決には，その問題点を指摘しつつも，結論において正当とする少数説もあった。この立場は，公衆浴場が国民衛生の確保上不可欠のもので，必要ならば地方公共団体みずからこれを設置すべきものであるといったように，公衆浴場業が完全な私的利潤追求事業とは異なる点を出発点とする。そして，公衆浴場業は，料金が低廉なことも公衆衛生上不可欠で，このため料金決定に関する許可制を必要とする点でも公共的な業種であること，しかも付近住民しか利用しないという点で企業の弾力性に乏しいこと，その一方で施設の衛生水準は強く要求され，建設費が巨額であるにもかかわらず，他業への転用可能性がないことといった，公衆浴場業の特殊性を考慮する見地から，距離制限がこのような経営確保のために不可欠であるならば，事業の公共性と企業の特殊事情を厳格な要件として，規制の合理性を認めることは不可能ではない，と説くのである（小嶋・後掲56頁）。この立場は，後の公衆浴場をめぐる社会経済状況の変化や，小売市場事件（本書153事件〔最大判昭47・11・22〕）・薬局距離制限違憲判決（154事件〔最大判昭50・4・30〕）等の判例理論の展開などをへて，次第に注目されることとなる。

◆参考文献◆

YAM・時の法令162号28頁，小嶋和司・百選（ジュリ臨増276の2）55頁，山下健次・百選I〔第4版〕194頁，園部逸夫・論叢68巻4号95頁，覚道豊治・憲法の判例〔第2版〕80頁，寺尾正二・最判解刑事篇昭和30年度25頁，藤井俊夫・百選I〔第5版〕198頁。

151 公衆浴場の適正配置規制(2)
── 大阪公衆浴場事件

最高裁平成元年1月20日第二小法廷判決
（昭和61年(あ)第1140号公衆浴場法違反被告事件）
刑集43巻1号1頁、判時1302号159頁

■事 案■

Yら（被告人・上告申立人）は、大阪市長の許可を受けないで、1984（昭和59）年4月2日ごろから同月19日までの間、大阪市南区に設置した浴場において、大人1人220円、中人1人110円、小人1人50円の料金で、多数の一般公衆を入浴させ、もって業として公衆浴場を経営したかどで、公衆浴場法8条1号・2条1項違反で起訴された。弁護人は、Yが普通公衆浴場の営業許可申請をしたところ、大阪市長は、同法2条2項および大阪府条例により、設置場所が配置の適正を欠くとして不許可処分としたが、これら各法条は憲法22条1項に反して違憲無効であり、違法な不許可処分を前提とする本件所為が何ら犯罪構成要件に該当せず罪とならないなどと主張したが、1審（大阪簡判昭60・11・25刑集43巻1号12頁参照）は、福岡公衆浴場事件（本書150事件〔最大判昭30・1・26〕）等を引用しつつ、その主張を斥け、2審（大阪高判昭61・8・28前掲刑集14頁参照）は、小売市場事件（153事件〔最大判47・11・22〕）・薬局距離制限違憲判決（154事件〔最大判50・4・30〕）を引用して、本件規制が社会経済政策上の積極的な目的のための規制であって公共の福祉に合致するとして、その主張を斥けた。このためYらが上告した。

■争 点■

公衆浴場法による適正配置規制は、本件事案当時において憲法22条1項に反しないか。

■判 旨■

上告棄却。
「上告趣意は、公衆浴場法2条2項による公衆浴場の適正配置規制及び同条3項に基づく大阪府公衆浴場法施行条例2条の距離制限は憲法22条1項に違反し無効であると主張するが、その理由のないことは、当裁判所大法廷判例〔150事件〕……に徴し明らかである。」
「すなわち、公衆浴場法に公衆浴場の適正配置規制の規定が追加されたのは昭和25年法律第187号の同法改正法によるのであるが、公衆浴場が住民の日常生活において欠くことのできない公共的施設であり、これに依存している住民の需要に応えるため、その維持、確保を図る必要のあることは、立法当時も今日も変わりはない。むしろ、公衆浴場の経営が困難な状況にある今日においては、一層その重要性が増している。そうすると、公衆浴場業者が経営の困難から廃業や転業をすることを防止し、健全で安定した経営を行えるように種々の立法上の手段をとり、国民の保健福祉を維持することは、まさに公共の福祉に適合するところであり、右の適正配置規制及び距離制限も、その手段として十分の必要性と合理性を有していると認められる。もともと、このような積極的、社会経済政策的な規制目的に出た立法については、立法府のとった手段がその裁量権を逸脱し、著しく不合理であることの明白な場合に限り、これを違憲とすべきであるところ（〔153事件〕……参照）、右の適正配置規制及び距離制限がその場合に当たらないことは、多言を要しない。」

■解 説■

1　150事件当時、学説の大勢は本件距離制限規定を違憲としていたが、合憲とする説も有力であった（150事件解説参照）。しかし150事件以降、153事件・154事件各判決が出され、その枠組みでの本件規制の帰すうも改めて問題となった。154事件との関係では、それと同断に論じえない問題点も含まれることなどから、154事件判決の態度は、本件規制について白紙であるとの指摘もあったが（富澤・後掲199頁、212頁）、一方、153事件・154事件両判決以降、学説は次第に、国民の日常生活上の公共性確保の見地から、その経営を保護育成するという積極的・社会経済的規制の必要性に規制理由を求めるなど、議論状況に変化がみられた（佐藤・後掲395頁、山下・後掲194〜195頁参照）。

2　一方、公衆浴場法による距離制限規定は、立法事実論の見地からも検討される（なお戸波・後掲参照）。すなわち、公衆浴場は、昭和40年代以降、自家風呂の普及に伴い減少する一方、大都市圏では学生や一部愛好家などに需要が相対的に高く、公衆浴場が日常生活に不可欠な公共施設である実態はなお存在する。こうして、過当競争にかかる弊害除去よりも、むしろ公衆浴場確保のための積極的措置の必要性が顕著となるなど、公衆浴場をめぐる状況は大きく変化した（原田・後掲8〜9頁。「公衆浴場の確保のための特別措置に関する法律」〔昭56法68〕参照）。本判決はこうした状況をふまえ、本件規制について、公衆浴場の特許企業的性格を前提に、合憲性を確認したものといえる（原田・後掲10頁）。なお、本判決では規制が積極目的規制であるとされたが、Yが受けた不許可処分取消請求にかかる第三小法廷判決では、150事件当時に示された有力説（小嶋・後掲55頁）に依拠し、しかし153事件には言及せず合憲とした（最判平元・3・7判時1308号111頁）。両判決の相違は、本件規制が消極・積極規制いずれによることの評価にもかかわり（常本・後掲、木下・後掲32頁参照）、目的二分論をめぐる理解にとっても興味深い論点を提供している。

◆ 参考文献 ◆

富澤達・最判解民事篇昭和50年度199頁、佐藤功『ポケット注釈憲法(上)〔新版〕』〔1983〕、山下健次・百選Ⅰ〔第4版〕194頁、小嶋和司・百選（ジュリ臨増276の2）55頁、原田國男・最判解刑事篇平成元年度1頁、木下智史・平成元年度重判解31頁、常本照樹・セレクト1989年13頁、戸波江二・法教106号74頁、藤井俊夫・百選Ⅰ〔第5版〕198頁。

152 タクシー事業の免許制
―― 白タク営業事件

最高裁昭和38年12月4日大法廷判決
(昭和35年(あ)第2854号道路運送法違反被告事件)
刑集17巻12号2434頁、判時355号33頁

■ 事 案 ■

Y(被告人・上告人)は、法定の除外事由がなくかつ運輸大臣(当時)の許可を受けないで、1960(昭和35)年4月、東京都内の道路において、その使用する自家用自動車に訴外Aを運賃を収受する目的の下に乗車させ、もって有償にて自動車を運送の用に供したとされ、所定の事由のほか、自家用自動車を有償で運送の用に供することを禁ずる道路運送法101条1項(当時〔現78〕)等に反するとして起訴された。

1審(東京北簡判昭35・6・22刑集17巻12号2440頁参照)がYを罰金1万円に処し、2審(東京高判昭35・11・14東高刑時報11巻12号325頁)は、同法101条1項が憲法22条1項に反するとのYの主張に対し、同法101条1項の規定は、公共の福祉の立場から職業選択の自由に一定の規制を課し、道路運送事業の適正な運営・公正な競争の確保および道路運送に関する秩序確立(同法1)のために定められたものであるとしてこれを斥けたため、Yが上告した。

■ 争 点 ■

道路運送法による自家用自動車有償運送供用規制は憲法22条1項に反しないか。

■ 判 旨 ■

上告棄却。

「憲法22条1項にいわゆる職業選択の自由は無制限に認められるものではなく、公共の福祉の要請がある限りその自由の制限されることは、同条項の明示するところである。道路運送法は道路運送事業の適正な運営及び公正な競争を確保するとともに、道路運送に関する秩序を確立することにより道路運送の総合的な発達を図り、もって公共の福祉を増進することを目的とするものである。そして同法が自動車運送事業の経営を各人の自由になしうるところとしないで免許制をとり、一定の免許基準の下にこれを免許することにしているのは、わが国の交通及び道路運送の実情に照らしてみて、同法の目的とするところに副うものと認められる。」

「自家用自動車の有償運送行為は無免許営業に発展する危険性の多いものであるから、これを放任するときは無免許営業に対する取締の実効を期し難く、免許制度は崩れ去るおそれがある。それ故に同法101条1項が自家用自動車を有償運送の用に供することを禁止しているのもまた公共の福祉の確保のために必要な制限と解される。されば同条項は憲法22条1項に違反するものなく、これを合憲と解した原判決は相当であって、論旨は理由がない。」

■ 解 説 ■

1 本件は、直接には自家用自動車を有償で運送の用に供することの禁止が争われた事案であるが、本判決は、これに次のような論理で応えている。まず、①タクシー営業を含む自動車運送事業の免許制につき、わが国の交通・道路運送の実情に照らし、これが公共の福祉に合致するとの判断を示し、これを前提に、②自家用車の有償運送行為は無免許営業に発展するおそれがあり、免許制度の崩壊を導くことから、道路運送法101条は公共の福祉のための必要な制限である、というのである(市川・後掲180頁)。①が前提とされる点で、本判決は事業の免許制にかかる合憲性を述べたものと解され(安念・後掲202頁参照)、最高裁もそのように位置づけている(最判昭39・12・22判時397号57頁参照)。

2 もっとも、①・②については議論の余地がある。まず①については、自動車運送事業は戦前から許可制・免許(特許)制等で規制されてきたところ、免許制が競争業者の制限や既存業者の利益保護として機能しているとの批判があったが、本判決はこれらの点に実質的判断を示さず、この種の批判に十分答えていない(市川・後掲180頁、金沢・後掲65頁、奥平・後掲21頁)。また、②については、道路運送法101条1項は、無免許営業のみならず、1回きりの有償運送をも処罰する趣旨も含むが、「無免許営業に発展する危険性」が高いことを理由に後者への規制を正当化することが妥当であるかは疑わしい(所・後掲111頁の指摘を参照)。さらに、いわゆる規制目的二分論を前提とすると(本書154事件〔最大判昭50・4・30―薬局距離制限違憲判決〕の解説参照)、本件免許制は、道路運送法等から弊害防止の意図は見出し難く、社会経済政策として保護すべき経済的劣位者も見出し難い点で、消極・積極目的規制のいずれにも適合せず、二分論から合憲性を説明するのは困難である(安念・後掲203頁)。

3 タクシー事業の規制は、2000(平成12)年、これまでの需給調整条項が削除され、免許制から許可制に移行するなど、規制改革がなされた(平12法86)。これらがタクシー事業の競争激化をもたらし、運転手の労働環境の悪化等も指摘される。学説では、こうした状況をふまえ、基本権保障が国家にタクシー運転手等の安全・生存保護を義務づけるものと解しうるか、といった検討もなされている(亘理・後掲38頁参照)。

◆ 参考文献 ◆

安念潤司・百選Ⅰ〔第5版〕202頁、市川郁雄・最判解刑事篇昭和38年度178頁、奥平康弘・続判例展望(別冊ジュリ39)17頁、金沢良雄・百選〔新版〕64頁、所一彦・警察研究38巻9号109頁、亘理格・法教335号38頁。

153 社会経済政策による営業規制——小売市場事件

最高裁昭和47年11月22日大法廷判決
(昭和45年(あ)第23号小売商業調整特別措置法違反被告事件)
刑集26巻9号586頁，判時687号23頁

■事案■

Y₁（被告人・上告申立人）は市場経営等を業とする法人であり，Y₂（被告人）はY₁の代表者としてその業務全般を統轄するものであったが，Y₂は，小売商業調整特別措置法（以下「措置法」という）所定の大阪府知事の許可を受けないで，東大阪市内において鉄骨モルタル塗平家建1棟を建設し，小売市場とするために野菜商・生鮮魚介類商を含む49店舗を小売商人に貸し付けたため，同法違反で起訴された。Y₂らは，同法3条1項（同法所定の指定地域内での小売市場開設を都道府県知事の許可によるものとする）等と，同法に基づく大阪府小売市場許可基準内規（既存の小売市場から700メートル以上離れていることを許可基準の一つとする）が憲法22条1項等に反するとして争ったが，1審（東大阪簡判昭43・9・30刑集26巻9号603頁参照）・2審（大阪高判昭44・11・28前掲刑集610頁参照）はこれらの各規定等を合憲としたため，Yらが上告した。

■争点■

社会経済政策実施の一手段としてなされる職業の自由規制措置の合憲性は，どのように考えるべきか。

■判旨■

上告棄却。
(i)「おもうに，右条項〔憲22Ⅰ〕に基づく個人の経済活動に対する法的規制は，個人の自由な経済活動からもたらされる諸々の弊害が社会公共の安全と秩序の維持の見地から看過することができないような場合に，消極的に，かような弊害を除去ないし緩和するために必要かつ合理的な規制である限りにおいて許されるべきことはいうまでもない。のみならず，……憲法は，全体として，福祉国家的理想のもとに，社会経済の均衡のとれた調和的発展を企図しており，その見地から，すべての国民にいわゆる生存権を保障し，その一環として，国民の勤労権を保障する等，経済的劣位に立つ者に対する適切な保護政策を要請していることは明らかである」。これらを総合すると，「憲法は，国の責務として積極的な社会経済政策の実施を予定しているものということができ，個人の経済活動の自由に関する限り，個人の精神的自由等に関する場合と異なって，右社会経済政策の実施の一手段として，これに一定の合理的規制措置を講ずることは，もともと，憲法が予定し，かつ，許容するところと解するのが相当であ」る。
(ii)「ところで，社会経済の分野において，法的規制措置を講ずる必要があるかどうか，その必要があるとしても，どのような対象について，どのような手段・態様の規制措置が適切妥当であるかは，主として立法政策の問題として，立法府の裁量的判断にまつほかない。……したがって，右に述べたような個人の経済活動に対する法的規制措置については，立法府の政策的技術的な裁量に委ねるほかはなく，裁判所は，立法府の右裁量的判断を尊重するのを建前とし，ただ，立法府がその裁量権を逸脱し，当該法的規制措置が著しく不合理であることの明白である場合に限って，これを違憲として，その効力を否定することができるものと解するのが相当である。」
「本法所定の小売市場の許可規制は，国が社会経済の調和的発展を企図するという観点から中小企業保護政策の一方策としてとった措置ということができ，その目的において，一応の合理性を認めることができないわけではなく，また，その規制の手段・態様においても，それが著しく不合理であることが明白であるとは認められない。」

■解説■

1　措置法は，高度経済成長期に国の中小企業保護政策の所産として成立したものであり，同法上の小売市場の許可規制は，経済的基盤の弱い小売商の環境整備のため，小売市場の乱設による過当競争が生じ，その結果小売商の経営が不安定となるのを防止するための規制措置といわれる。特に本件規制は，立法過程（衆議院審議）で許可基準として過当競争を制限する条項が追加され，競争制限効果が強まったとされ，本件規制は，過当競争の防止という全く経済的理由による許可規制であり，これは，これまで最高裁判例で問題とされた警察許可的な事業規制とは類型を異にし，この点で，本判決は新たな憲法判断のアプローチを示したものとされている（田崎・後掲294～295頁）。

2　学説では一般に，本件は，社会経済分野における法的規制措置については第一次的に立法府の裁量に委ねられ，これが著しく不合理であることが明白な場合に限って違憲とするという，「明白の原則」を採用したものと解されている（中村・後掲205頁）。本件は，それまで判例で示された合憲性判断手法が警察取締的規制には妥当するとしても，規制根拠を流動的な経済事情におき，経済政策と密接な関係を持つ本件規制の場合はそれが直ちに妥当せず，従来の判断方法とは全く異なる観点から合憲性判断をしたものであるとされる。また，本件判旨はそこにいう積極的事業規制に関し，本件の基準により審査することを明言したにすぎず，この点にも注意が必要である（田崎・後掲296頁・298頁）。最高裁は，以後，社会経済政策に関連するとみられる職業の自由規制立法について，本判決を引用し，合憲としている（本書155事件〔最判平4・12・15〕・156事件〔最判平5・6・25〕・160事件〔最判平17・4・26——農災法事件〕等）。もっとも，本判決が前提とする「福祉国家的理想」といった観念には，原理的な批判も有力である（松本・後掲参照）。

◆参考文献◆
田崎文夫・最判解刑事篇昭和47年度283頁，中村睦男・百選Ⅱ〔第5版〕204頁，松本哲治・民商113巻4・5号736頁，6号840頁。

154 薬事法による適正配置規制
——薬局距離制限違憲判決

最高裁昭和50年4月30日大法廷判決
(昭和43年(行ツ)第120号行政処分取消請求事件)
民集29巻4号572頁, 判時777号8頁

■ 事案 ■

X(原告・被控訴人・上告人)は, 化粧品・婦人雑貨の販売業, スーパーマーケットの経営, 医薬品の販売業等を営業目的とする株式会社であるが, 1963(昭和38)年6月, Y(広島県知事――被告・控訴人・被上告人)に対し, 医薬品の一般販売業の許可申請をした。ところがYは, Xの許可申請につき, これが薬事法(当時。以下同じ)6条2項(薬局設置の適正配置を許可条件とする規定)および広島県の「薬局等の配置の基準を定める条例」(以下「本件条例」という)3条(既存業者からおおむね100メートルの距離が保たれて設置されるよう, 距離制限を求める規定)に反するとして不許可処分をした。そこでXは, 薬事法6条2項と本件条例が憲法22条に反するとして不許可処分の取消しを求めて訴えを起こした。

1審(広島地判昭42・4・17行集18巻4号501頁)は憲法判断には立ち入らずに不許可処分を取り消したが, 2審(広島高判昭43・7・30行集19巻7号1346頁)は, 適正配置規制を講じなければ, 薬局の偏在・濫立により, 調剤確保や医薬品の適正供給が難しくなることや, 過当競争による経営の不安定化ひいては低品質の医薬品の調剤配給等, 好ましくない影響をきたすおそれがあるといった弊害があることを指摘し, 憲法22条に反しないとしたため, Xは上告した。

■ 争点 ■

薬事法による薬局の適正配置規制は憲法22条1項に反しないか。

■ 判旨 ■

破棄自判。

(i)「憲法22条1項は, 何人も, 公共の福祉に反しないかぎり, 職業選択の自由を有すると規定している。職業は, 人が自己の生計を維持するためにする継続的活動であるとともに, 分業社会においては, これを通じて社会の存続と発展に寄与する社会的機能分担の活動たる性質を有し, 各人が自己のもつ個性を全うすべき場として, 個人の人格的価値とも不可分の関連を有するものである。……そして, このような職業の性格と意義に照らすときは, 職業は, ひとりその選択, すなわち職業の開始, 継続, 廃止において自由であるばかりでなく, 選択した職業の遂行自体, すなわちその職業活動の内容, 態様においても, 原則として自由であることが要請されるのであり, したがって, 右規定は, 狭義における職業選択の自由のみならず, 職業活動の自由の保障をも包含しているものと解すべきである。」

(ii)「もっとも, 職業は, 前述のように, 本質的に社会的な, しかも主として経済的な活動であって, その性質上, 社会的相互関連性が大きいものであるから, 職業の自由は, それ以外の憲法の保障する自由, 殊にいわゆる精神的自由に比較して, 公権力による規制の要請がつよく, 憲法22条1項が『公共の福祉に反しない限り』という留保のもとに職業選択の自由を認めたのも, 特にこの点を強調する趣旨に出たものと考えられる。このように, 職業は, それ自身のうちになんらかの制約の必要性が内在する社会的活動であるが, その種類, 性質, 内容, 社会的意義及び影響がきわめて多種多様であるため, その規制を要求する社会的理由ないし目的も, 国民経済の円満な発展や社会公共の便宜の促進, 経済的弱者の保護等の社会政策及び経済政策上の積極的なものから, 社会生活における安全の保障や秩序の維持等の消極的なものに至るまで千差万別で, その重要性も区々にわたるのである。……それ故, これらの規制措置が憲法22条1項にいう公共の福祉のために要求されるものとして是認されるかどうかは, これを一律に論ずることができず, 具体的な規制措置について, 規制の目的, 必要性, 内容, これによって制限される職業の自由の性質, 内容及び制限の程度を検討し, これらを比較考量したうえで慎重に決定されなければならない。この場合, 右のような検討と考量をするのは, 第一次的には立法府の権限と責務であり, 裁判所としては, 規制の目的が公共の福祉に合致するものと認められる以上, そのための規制措置の具体的内容及びその必要性と合理性については, 立法府の判断がその合理的裁量の範囲にとどまるかぎり, 立法政策上の問題としてその判断を尊重すべきものである。しかし, 右の合理的裁量の範囲については, 事の性質上おのずから広狭がありうるのであって, 裁判所は, 具体的な規制の目的, 対象, 方法等の性質と内容に照らして, これを決すべきものといわなければならない。」

(iii)「一般に許可制は, 単なる職業活動の内容及び態様に対する規制を超えて, 狭義における職業の選択の自由そのものに制約を課するもので, 職業の自由に対する強力な制限であるから, その合憲性を肯定しうるためには, 原則として, 重要な公共の利益のために必要かつ合理的な措置であることを要し, また, それが社会政策ないしは経済政策上の積極的な目的のための措置ではなく, 自由な職業活動が社会公共に対してもたらす弊害を防止するための消極的, 警察的措置である場合には, 許可制に比べて職業の自由に対するよりゆるやかな制限である職業活動の内容及び態様に対する規制によっては右

の目的を十分に達成することができないと認められることを要するもの，というべきである。」

(iv) 適正配置規制は，「主として国民の生命及び健康に対する危険の防止という消極的，警察的目的のための規制措置であり」，そこで想定される薬局等の過当競争・経営不安定化の防止も，あくまでも不良医薬品の供給防止手段にすぎず，薬局等の経営保護といった社会政策的・経済政策的目的は意図するところではない（この点で，本書153事件〔最大判昭47・11・22—小売市場事件〕における規制とは趣きを異にし，同判決で示された法理は必ずしも本件の場合に適切ではない）。適正配置規制の目的が上記のものであるとすると，「それらの目的は，いずれも公共の福祉に合致するものであり，かつ，それ自体としては重要な公共の利益ということができる」。問題は，適正配置規制がこれらの目的について，必要性と合理性の存在を認めることができるかどうかである。

(v) 「薬局等の設置場所の地域的制限の必要性と合理性を裏づける理由としてYの指摘する薬局等の偏在—競争激化——部薬局等の経営の不安定—不良医薬品の供給の危険又は医薬品乱用の助長の弊害という事由は，いずれもいまだそれによって右の必要性と合理性を肯定するに足りず，また，これらの事由を総合しても右の結論を動かすものではない。」「本件適正配置規制は，右の目的〔無薬局地域等の解消促進目的〕と前記……で論じた国民の保健上の危険防止の目的との，2つの目的のための手段としての措置であることを考慮に入れるとしても，全体としてその必要性と合理性を肯定しうるにはなお遠いものであり，この点に関する立法府の判断は，その合理的裁量の範囲を超えるものであるといわなければならない。」

■解説■

1 医薬品小売業界では，1950年代，大阪市の一部の現金問屋と付近小売業者の廉売合戦に端を発した医薬品の乱廉売やスーパー形式等による販売形態の医薬品販売業への進出等，大きな混乱がもたらされた。こうした事態を受け，不良医薬品流通等，保健衛生上の弊害を予想した厚生省薬務局長（当時）の指示により，これらの混乱や弊害を防ぐべく，数都府県で距離制限指導内規が作成され，薬局の新規開設につき行政指導が行われたが，相当の効果をあげたものの，しだいにそれも困難となった。そこで薬局の適正配置を法律で定めるべきことが要望され，1963（昭和38）年，本件適正配置規制にかかる改正法案が提出され，同年これが可決・成立した（昭38法135。以上につき富澤・後掲204～205頁参照）。本件は，こうした経緯を背景とする。

2 本判決の意義としては，一般に次の点が指摘される。まず，153事件（小売市場判決）とともに，職業選択の自由の規制に関する合憲性審査基準を定式化したもの

であり，153事件判決においては，社会経済政策等の積極規制については，当該規制措置が著しく不合理であることの明白である場合に限り違憲となる（明白の原則）が，本判決は，消極規制についてこれが合憲となるためには，(1)重要な公共の利益のために必要かつ合理的な措置であり，(2)他のより制限的でない規制手段では立法目的を達成しえないことが必要であるとして，厳格な合理性の基準を用いたもの，と解するのである（規制目的二分論。米沢・後掲202～203頁，芦部218～219頁等）。もっとも，規制目的のみで判断せず，規制の態様（いかなる行為がどのように規制されるか）をも考慮すべきことも指摘される（芦部220頁）。

3 一方，近時，本判決の内在的理解も有力に説かれている。すなわち，本判決は，(1)判旨(i)で職業が「個人の人格的価値」と不可分であることを宣明し，人格権こそ第一級の人権とみなしているが，(2)職業は「社会的相互関連性」も有するため，この点で内在的制約に服する（判旨(ii)）。しかし(3)職業は千差万別であり規制手段も多種多様となるから，個別事情による内在的制約については立法府の裁量に委ねざるをえず（判旨(ii)），その裁量を，立法目的達成手段としての合理性・必要性を両面から審査する判断方法が採用される。そこでは，①当該立法によって得られる利益と失われる利益の均衡，②規制手段が立法目的との間で合理的関連性があるか，③目的達成のために当該手段が本当に必要か，といった点で審査される（比例原則）。しかし，(4)職業「選択」への事前抑制的な許可制は人格的価値への侵害程度が甚だしく，競争制限的な規制の場合はとくに違憲の疑いが極めて強くなり，これを一律に適用すると，各種許認可行政が軒並み違憲となりかねない。そこで，こうしたバイアスを緩和すべく導入されたのが，目的二分論である，というのである（石川・後掲①・②。プロセス308～313頁〔石川健治〕，同265頁・269頁〔小山剛〕参照）。目的二分論については，学説からかねてより批判があるが，近時の最高裁判例も，職業の自由が問題となる事案で，目的類型に格別言及しない傾向がみられる（155事件〔最判平4・12・15〕・156事件〔最判平5・6・25〕等）。さらに，職業の自由等への規制については，規制目的よりも，当該規制の立法事実の確実な把握の可能性によって左右されるとも指摘される（芦部古稀(下)206頁〔園部逸夫〕）。本判決はこうして，憲法判断の枠組みについて，現在もなお，多くの示唆と問いかけを発している。

◆参考文献◆
芦部信喜『憲法訴訟の現代的展開』[1981]第VII論文，石川健治①・百選I〔第5版〕206頁，石川②・争点148頁，石川③・法教332号58頁，富澤達・最判解民事篇昭和50年度199頁，米沢広一・百選I〔第4版〕202頁。

155 酒類販売の免許制

最高裁平成 4 年 12 月 15 日第三小法廷判決
(昭和 63 年 (行ツ) 第 56 号酒類販売業免許拒否処分取消請求事件)
民集 46 巻 9 号 2829 頁、判時 1464 号 3 頁

■事案■

X (原告・被控訴人・上告人) は、酒類ならびに原料酒精の売買等を目的とする株式会社であり、1974 (昭和 49) 年 7 月、Y (東京上野税務署長—被告・控訴人・被上告人) に対し、酒税法 9 条 1 項の規定に基づき酒類販売業免許の申請をしたところ、Y は、昭和 51 年 11 月、X に対し、本件申請が、免許申請者の経営の基礎が薄弱であると認められる場合に免許を与えないことができるとする酒税法 10 条 10 号に該当するとして、免許の拒否処分をした。X は、本件申請が同法同号に該当しないとして拒否処分の取消しを求め、訴えを起こした。

1 審 (東京地判昭 54・4・12 税務訴訟資料 105 号 46 頁) は、同法同号の事由は存しないとして本件処分を違法とした。Y は控訴したが、X は、2 審 (東京高判昭 62・11・26 判時 1295 号 30 頁) において、酒類販売業免許制およびその要件を定める酒税法 9 条 1 項・10 条各号が憲法 22 条 1 項に反する点も主張した。2 審は X の主張をいずれも排斥し、X の請求を棄却したため、X が上告した。

■争点■

酒税法が採用する酒類販売免許制とその免許基準は、憲法 22 条 1 項に反しないか。

■判旨■

上告棄却 (1 名の補足意見および 1 名の反対意見がある)。

職業の自由に対する規制措置については、規制の目的、必要性、内容、これによって制限される職業の自由の性質、内容および制限の程度を検討し、これらを比較考量した上で慎重に決定されなければならない。そして、その司法審査にあたっては、「規制の目的が公共の福祉に合致するものと認められる以上、そのための規制措置の具体的内容及び必要性と合理性については、立法府の判断がその合理的裁量の範囲にとどまる限り、立法政策上の問題としてこれを尊重すべきであるが、右合理的裁量の範囲については、事の性質上おのずから広狭があり得る。ところで、一般に許可制は、単なる職業活動の内容及び態様に対する規制を超えて、狭義における職業選択の自由そのものに制約を課するもので、職業の自由に対する強力な制限であるから、その合憲性を肯定し得るためには、原則として、重要な公共の利益のために必要かつ合理的な措置であることを要するものというべきである ([本書 154 事件 (最大判昭 50・4・30—薬局距離制限違憲判決)] ……参照)」。また、「租税は、今日では、国家の財政需要を充足するという本来の機能に加え、所得の再分配、資源の適正配分、景気の調整等の諸機能をも有しており、国民の租税負担を定めるについて、財政・経済・社会政策等の国政全般からの総合的な政策判断を必要とするばかりでなく、課税要件等を定めるについて、極めて専門技術的な判断を必要とすることも明らかである。したがって、租税法の定立については、国家財政、社会経済、国民所得、国民生活等の実態についての正確な資料を基礎とする立法府の政策的、技術的な判断にゆだねるほかはなく、裁判所は、基本的にはその裁量的判断を尊重せざるを得ない……([329 事件 (最大判昭 60・3・27—サラリーマン税金訴訟)] ……参照)」。「以上のことからすると、租税の適正かつ確実な賦課徴収を図るという国家の財政目的のための職業の許可制による規制については、その必要性と合理性についての立法府の判断が、右の政策的、技術的な裁量の範囲を逸脱するもので、著しく不合理なものでない限り、これを憲法 22 条 1 項の規定に違反するものということはできない。」

「酒税が、沿革的に見て、国税全体に占める割合が高く、これを確実に徴収する必要性が高い税目であるとともに、酒類の販売代金に占める割合も高率であったことにかんがみると、酒税法が……酒税の適正かつ確実な賦課徴収を図るという国家の財政目的のために、このような制度を採用したことは、当初は、その必要性と合理性があったというべきであり、酒税の納税義務者とされた酒類製造者のため、酒類の販売代金の回収を確実にさせることによって消費者への酒税の負担の円滑な転嫁を実現する目的で、これを阻害するおそれのある酒類販売業者を免許制によって酒類の流通過程から排除することとしたのも、酒税の適正かつ確実な賦課徴収を図るという重要な公共の利益のために採られた合理的な措置であったということができる」。その後の社会状況・租税法体系の変化等により、免許制度の必要性・合理性には議論の余地があるとしても、「酒税の賦課徴収に関する仕組みがいまだ合理性を失うに至っているとはいえないと考えられることに加えて、酒税は、本来、消費者にその負担が転嫁されるべき性質の税目であること、酒類の販売業免許制度によって規制されるのが、そもそも、致酔性を有する嗜好品である性質上、販売秩序維持等の観点からもその販売について何らかの規制が行われてもやむを得ないと考えられる商品である酒類の販売の自由にとどまることをも考慮すると、……立法府の判断が、前記のような政策的、技術的な裁量の範囲を逸脱するもので、著しく不合理であるとまでは断定し難い」。

また、酒税法 10 条 10 号は、「酒類製造者において酒類販売代金の回収に困難を来すおそれがあると考えられ

る最も典型的な場合を規定したものということができ」,「同号の規定が不明確で行政庁のし意的判断を許すようなものであるとも認め難い」。

園部逸夫裁判官補足意見

「私は, 酒類販売業の許可制について, 大蔵省の管轄の下に財政目的の見地からこれを維持するには, 酒税の国税としての重要性が極めて高いこと及び酒税の確実な徴収の方法として酒類販売業の許可制が必要かつ合理的な規制であることが前提とされなければならないと考える (私は, 財政目的による規制は, いわゆる警察的・消極的規制ともその性格を異にする面があり, また, いわゆる社会政策・経済政策的な積極的規制とも異なると考える。一般論として, 経済的規制に対する司法審査の範囲は, 規制の目的よりもそれぞれの規制を支える立法事実の確実な把握の可能性によって左右されることが多いと思っている。)」

坂上壽夫裁判官反対意見

酒税法上の酒類販売業免許制導入から「その後40年近くを経過し, 酒税の国税全体に占める割合が相対的に低下するに至ったという事情があり, 社会経済状態にも大きな変動があった本件処分時において……, このような制度をなお維持すべき必要性と合理性が存したといえるであろうか」。

■ 解 説 ■

1 酒類販売業免許制をめぐっては, これまで様々な議論があった。学説では, これを合憲とする立場もみられたが (作間忠雄・ジュリ809号43頁), 違憲とみる立場も有力であった (山内一夫・曹時31巻6号1頁・8頁, 今村成和・判評316〔判時1148〕号185頁・187頁等)。一方, 本判決以前に下級審裁判例も多く出され, そのすべては本件免許制を合憲としたが, これを積極目的規制に類するとしたものがある一方 (青森地判昭58・6・28行集34巻6号1084頁, 東京地判昭59・7・19行集35巻7号969頁, 東京高判昭62・1・22行集38巻1号1頁等), 積極・消極目的のいずれか一に帰すことは相当でないとするか (本件2審), あるいは積極目的規制の合憲性判断基準と同断でないとして比較衡量をするもの (横浜地判昭63・3・9判タ672号139頁等) など, その判断姿勢は区々であった (裁判例につき綿引・後掲577頁参照)。

こうした状況にあって, 本判決は, 最高裁として初めて酒類販売業免許制の合憲性を支持し, これ以降, 類似の事案の先例とされている (最判平10・3・24刑集52巻2号150頁, 最判平10・3・26判時1639号36頁, 最判平10・7・16判時1652号52頁, 最判平14・6・4判時1788号160頁)。

2 本判決が, 163事件 (最大判昭62・4・22—森林法事件) と同様に, 学説に問いかけたのは, 学説が支持し, 判例理解のコンセプトとされた, 規制目的二分論の妥当性であった。学説では, 本判決後, 規制目的と審査基準のさらなる分析を試みるものもあるが (平松毅・ジュリ1078号57頁・1079号118頁), しかし本判決は, こうした規制目的から審査基準を構築しようとする姿勢とは一線を画そうとしている (以下につき, 綿引・後掲580頁以下。前田・後掲211頁も参照)。

すなわち, 本判決はまず, 本件免許制のような財政目的による規制措置について, 立法裁量の幅をめぐる議論をせずに, その立法目的から審査基準を決することは相当でない, との認識を前提とし, 次に, 判決引用中の154事件は, 重要な公共の利益のために必要かつ合理的な措置であるとする立法府の判断が裁量の範囲を超えているかどうかを審査し, その際, 立法事実の合理的根拠の存否を検討した上で, 当該事案では裁量逸脱があったと判断したもの, とみる。こうして, 職業の自由規制措置の合憲性審査を決するのは, 規制目的を単純に二分する思考法よりも, 当該立法がどこまで立法事実に踏み込んだ司法判断がなされるべき分野に属するか (立法事実の把握可能性), という点が重視される (園部補足意見, 園部・後掲参照)。本件では, 審査対象となっている立法作用の性質上, その立法裁量の幅をどう見るかという観点から審査基準について検討し, 329事件を引用し, 判旨のような判断枠組みが示された, というのである。

3 立法事実の把握可能性を重視するアプローチは, 以後, 職業の自由をはじめとする経済的自由にかかる最高裁判例の基礎をなすもののようである (例えば杉原則彦・最判解民事篇平成14年度(上)184頁・193～194頁参照)。もっとも, そもそも審査基準は立法事実をめぐる立証責任配分の基準でもあって, 立法事実が把握しえないときは立証責任に応じて合憲・違憲が決せられるところ, 立法事実の把握可能性に応じて審査基準を変化させるのは, 先取りした結論に合わせて基準を変えることとなる, との批判がある (長谷部・後掲1425頁)。また, 本件規制が, 本来的に立法事実の把握が困難な領域にあるものとすると, その後の社会状況の変化により立法事実が顕著に合理性を欠く場合でない限り (坂上反対意見も参照), その本来的な把握不能性が解消されることはないとも考えられる。最高裁は, より最近の事案で, 当該事案の時点以降の酒類販売業免許制をめぐる批判的議論 (規制緩和論からの大幅な運用緩和の主張等) にも言及しつつ, 免許制の合憲性を支持した (前掲最判平14・6・4)。

◆ 参考文献 ◆

芝池義一ほか編『租税行政と権利保護』[1995] 357頁 (佐藤幸治), 芦部古稀(下)187頁 (園部逸夫), 長谷部恭男・法協111巻9号1417頁, 前田徹生・百選Ⅰ〔第5版〕210頁, 松本哲治・平成10年度重判解16頁, 米沢広一・ジュリ1023号29頁, 綿引万里子・最判解民事篇平成4年度569頁。

156 たばこ小売販売の免許制

最高裁平成5年6月25日第二小法廷判決
(平成3年(行ツ)第148号製造たばこ小売販売業の許可等請求事件)
訟月40巻5号1089頁,判時1475号59頁

■事案■

X(原告・控訴人・上告人)は,身体障害者手帳の交付を受けた第1種身体障害者(当時)であるが,1986(昭和61)年7月,Y(近畿財務局長―被告・被控訴人・被上告人)に対し,たばこ事業法22条1項等に基づき,予定営業所をXの肩書住所地とする製造たばこ小売販売業者の許可申請をした。Yは,同年10月,Xの予定営業所所在地が,最寄りの小売販売業者の営業所との距離が25メートルから300メートルまでの範囲で大蔵大臣(当時)が定める距離に達しない場合に該当するとして,「営業所の位置が製造たばこの小売販売を業として行うのに不適当である場合として大蔵省令(当時)で定める場合であるとき」は不許可としうる同法23条3号および同法施行規則20条2号等に定めるところにより,不許可処分とした。Xはたばこ事業法等による小売販売許可制およびその距離基準等が憲法22条1項に反するなどとして拒否処分の取消しを求めた。

1審(大阪地判平2・1・26訟月37巻11号2092頁参照)はその請求を棄却したため,Xは控訴した。2審(大阪高判平3・4・16前掲訟月2087頁)もこれを斥けたため,Xは上告した。

■争点■

たばこ事業法の製造たばこ小売販売免許制と,その許可基準である距離基準は,憲法22条1項に反しないか。

■判旨■

上告棄却。

「たばこ事業法22条は,たばこ専売法(昭和59年法律第68号により廃止)の下において指定を受けた製造たばこの小売人には零細経営者が多いことや身体障害者福祉法等の趣旨に従って身体障害者等についてはその指定に際して特別の配慮が加えられてきたことなどにかんがみ,たばこ専売制度の廃止に伴う激変を回避することによって,たばこ事業法附則10条1項に基づき製造たばこの小売販売業を行うことの許可を受けた者とみなされる右小売人の保護を図るため,当分の間に限り,製造たばこの小売販売業について許可制を採用することとしたものであり,右許可制の採用は,公共の福祉に適合する目的のために必要かつ合理的な範囲にとどまる措置ということができる。そして,同法23条3号,同法施行規則20条2号及びこれを受けた大蔵大臣依命通達……による製造たばこの小売販売業に対する適正配置規制は,右目的のために必要かつ合理的な範囲にとどまるものであって,これが著しく不合理であることが明白であるとは認め難い。したがって,製造たばこの小売販売業に対する右規制が,憲法22条1項に違反するということはできない。以上は,〔本書153事件(最大判昭47・11・22―小売市場事件)〕……の趣旨に徴して明らかである。」

■解説■

1 そもそも,わが国のたばこ事業にはいくつかの変遷があった。当初明治政府は,たばこ税則によりたばこ販売等を課税対象としたが,軍費調達等の要請から,葉たばこ専売制導入を経て,製造段階も含む専売制へと移行した(1904年)。第二次大戦後には政府直営から公社経営専売へと至り(1949年),たばこ事業は日本専売公社による財政専売とされた。しかし1984年,たばこ輸入自由化および専売公社を特殊会社に改組することを柱とする専売改革関連法案が成立し,以後,たばこ専売制は廃止され,今日に至っている(以上畠山・後掲5頁・8~12頁)。

2 たばこ専売制当時,その小売業は,日本専売公社が指定する小売人のみが行う小売人指定制度であった。その22条等違反が争われた事案で,最高裁は,専売制が,「国の財政上の重要な収入を図ることを主たる目的とするものであるが,同時に,国民一般の日常生活において広く需要せられるたばこ等は,僻陬の地たると都会地たるとを問わず,同一の品質のものはこれを同一の価格により販売し,公衆のすべてに均等に利用し得る機会を与え,安んじてこれを比較的簡便に購入し得ることとし,もって一般国民の日常生活における必要に応ずることをも目的としているもの」であるとして,その合憲性を支持した(最大判昭39・7・15刑集18巻6号386頁。また最判昭62・2・6訟月34巻2号413頁も参照)。

専売制廃止により,この販売制限は解除されたが,既存小売人の零細経営状況や身体障害者福祉法等により開業に際し社会政策の配慮があった実情等をふまえ,激変回避の見地から,当分の間,小売販売業には許可制を採用することとされた。さらに,既存小売人は販売許可を受けたものとみなし,許可基準は,従前同様,距離基準・売上高基準などの小売人指定基準が基本的に維持され,身体障害者等の開業申請についても許可に際し配慮を加えることとされた(畠山・後掲15~16頁)。

3 学説は,本判決が153事件を引用し,本件規制をいわば積極目的規制とした点で,「二分論アプローチの系譜」と位置づけるものがある(中谷・後掲972頁)。しかし最高裁は,以上の立法経緯を考慮した結果,本件規制を,相当の立法裁量が認められるべき分野に属する社会経済政策の典型とみたもの,と評することもでき(判時1475号59~60頁解説参照。こうした判断姿勢につき,杉原則彦・最判解民事篇平成14年度(上)193~194頁参照),一見した印象とは異なり,必ずしも規制目的に拘泥していない可能性もある。

◆参考文献◆

小林武・法教164号102頁,中谷実・民商111巻6号968頁,内田義厚・判タ882号318頁,畠山考智・時の法令1241号5頁。

157 医業類似行為の禁止

最高裁昭和35年1月27日大法廷判決
(昭和29年(あ)第2990号あん摩師はり師きゆう師及び柔道整復師法違反被告事件)
刑集14巻1号33頁、判時212号4頁

■ 事 案 ■

Y (被告人・上告人) は法定の除外事由がないのにかかわらず、1951 (昭和26) 年9月1日から同月4日までの間前後4回にわたり肩書住居等において複数名に対しHS式無熱高周波療法 (以下、「本件療法」という) と称する療法を1回100円の料金を徴して施し、もって医業類似行為を業としたものとして、「あん摩師、はり師、きゆう師及び柔道整復師法」12条違反のかどで起訴された (以下、同法を「法」という。現在は「あん摩マッサージ指圧師、はり師、きゆう師等に関する法律」および柔道整復師法)。

弁護人は、本件療法が憲法22条により保障される自由な職業であり、かつこの療法は全然無害で何ら公共の福祉に反しないから、Yの行為は処罰の対象とならない旨主張したが、1審 (平簡判昭28・4・16刑集14巻1号41頁参照) はこれを斥け、Yを罰金1000円 (執行猶予3年) に処した。2審 (仙台高判昭29・6・29高刑集特36号85頁) もこれを斥けたため、Yは、自らが業とした本件療法が法にいう医業類似行為として同法の適用を受け禁止されるものであるならば、法は憲法22条に反する無効な法律であって、かかる法律によりYを処罰することはできない、などとして上告した (なお本件は破棄差戻し後、本件療法の有害性を認定しYの控訴を棄却し〔仙台高判昭38・7・22判時345号12頁〕、最高裁も上告を棄却した〔最決昭39・5・7刑集18巻4号144頁〕)。

■ 争 点 ■

「あん摩師、はり師、きゆう師及び柔道整復師法」にいう医業類似行為の禁止の趣旨とは何か。

■ 判 旨 ■

破棄差戻し (田中耕太郎・下飯坂潤夫裁判官と、石坂修一裁判官の反対意見がある)。

「あん摩師、はり師、きゆう師及び柔道整復師法12条が何人も同法1条に掲げるものを除く外、医業類似行為を業としてはならないと規定し、同条に違反した者を同14条が処罰するのは、これらの医業類似行為を業とすることが公共の福祉に反するものと認めたが故にほかならない。ところで、医業類似行為を業とすることが公共の福祉に反するのは、かかる業務行為が人の健康に害を及ぼす虞があるからである。それ故前記法律が医業類似行為を業とすることを禁止処罰するのも人の健康に害を及ぼす虞のある業務行為に限局する趣旨と解しなければならないのであって、このような禁止処罰は公共の福祉上必要であるから前記法律12条、14条は憲法22条に反するものではない。しかるに、原審弁護人の本件HS式無熱高周波療法はいささかも人体に危害を与えず、また保健衛生上なんら悪影響がないのであるから、これが施行を業とするのは少しも公共の福祉に反せず従って憲法22条によって保障された職業選択の自由に属するとの控訴趣意に対し、原判決はYの業とした本件HS式無熱高周波療法が人の健康に害を及ぼす虞があるか否かの点についてはなんら判示するところがなく、……右法律の解釈を誤った違法があるか理由不備の違法があ」る。

石坂反対意見

法が、医業類似行為を資格なくして業として行うことを禁止しているのは、これを自由に放置すると、人の健康、公共衛生に有効無害であるとの保障もなく、正常なる医療を受ける機会を失わせるおそれがあり、正常なる医療行為の普及徹底ならびに公共衛生の改善向上のため望ましくないので、わが国の保健衛生状態の改善向上をはかるとともに、国民各々に正常なる医療を享受する機会を広く与える目的に出たものと解するのが相当である。

■ 解 説 ■

1 およそ法律が私人のある行為を禁止しようとする場合、立法者は、その行為を野放しにすると何らかの弊害が生じるという事実を認識し、その弊害への対処手段として規制を具体化する (時國・後掲152頁)。この点について、多数意見は、法によって医業類似行為が制限禁止されるのは当該行為自体が人の健康に害を及ぼすおそれのある場合に限定され、いわば医業類似行為に人の健康に有害なものと無害なものとを認め、後者は合憲的に規制できないという前提に立つが、反対意見は、当該行為自体の有害無害よりも、これを放任した場合の副次的効果を重視し、一律禁止を正当化する (田原・後掲21頁、時國・後掲153頁参照)。

2 両者の相違は、規制目的の理解にもかかわる (以下、工藤・後掲201頁参照)。すなわち、ここには、(1)人の生命・健康への危害防止をするにとどまるのか、さらに(2)正常な医療行為を適切に受ける機会を逸しないようにすることまで含むのか、という意図が考えられるところ、まず多数意見と反対意見は、(1)について、その有害性を個別に認定すべきか、あるいは個別の有害性の存否よりもその放任による弊害に着目し、これを一律に禁止すべきかという点で認識を異にする。さらに石坂反対意見は(1)・(2)双方の目的をも認定する点で、多数意見とは大きく異なる。最高裁判例の趨勢に照らすと、経済的自由の制約の場面では、放任すれば弊害が発生するおそれがある程度の蓋然性をもつ場合、当該行為を一律に禁止することは許される余地もあろう。この点で、本判決は「例外的な判例」とも評される (時國・後掲153頁)。

◆ 参考文献 ◆

田原義衛・最判解刑事篇昭和35年度15頁、園部逸夫・論叢68巻4号95頁、時國康夫・百選Ⅰ〔第2版〕152頁、工藤達朗・同〔第5版〕200頁。

158 生糸の輸入制限と職業活動の自由——西陣ネクタイ事件

最高裁平成2年2月6日第三小法廷判決
(昭和62年(オ)第168号損害賠償請求事件)
訟月36巻12号2242頁

■事案■

国会は、昭和51年法律第15号により、繭糸価格安定法に新たな条項を設け、外国産生糸の輸入を、原則として日本蚕糸事業団(昭和56年以降は蚕糸砂糖類価格安定事業団、平成8年より農畜産業振興事業団に統合された。以下、「事業団」という)等でなければしてはならないとする生糸の輸入一元措置と、同措置に基づいて輸入された外国産生糸の売渡しについて、売渡方法・価格を規制する生糸価格安定制度を採用した(同法12条の13の2・12条の13の3〔当時〕)。

X(原告・控訴人・上告人)らは、京都の西陣織工業組合に加入し、生糸を原料として絹ネクタイ生地を生産する織物業者であるが、上記各制度が採用されたため、自由に外国産生糸を輸入したり、生糸を国際糸価と同水準の価格で購入する途が閉ざされ、国際糸価の約2倍の国内価格で生糸を購入せざるを得なくなるなどの事態が生じ、本件立法が国内の蚕糸業を保護するために、自由主義経済体制のもとで本来なら繁栄し得たXら製造業者の営業活動の自由や自由権としての生存権を奪うもので、22条1項・25条1項・29条1項等に反するとして、Y(国——被告・被控訴人・被上告人)に対して国家賠償法1条1項に基づき損害賠償請求をした。

1審(京都地判昭59・6・29判タ530号265頁)は、本件立法が国会の裁量権の逸脱等にはあたらないなどとして請求を棄却した。2審(大阪高判昭61・11・25判タ634号186頁)は、本書314事件(最判昭60・11・21——在宅投票制度廃止事件)を引用し、本件立法が一見極めて明白に憲法違反とはいえないなどとして控訴を棄却したため、Xらが上告した。

■争点■

繭糸価格安定法による生糸輸入一元制度等は、22条1項等に反しないか。

■判旨■

上告棄却。

「国会議員の立法行為は、立法の内容が憲法の一義的な文言に違反しているにもかかわらずあえて当該立法を行うというように、容易に想定し難いような例外的な場合でない限り、国家賠償法1条1項の適用上、違法の評価を受けるものでないことは、当裁判所の判例とするところであり〔314事件〕……、また、積極的な社会経済政策の実施の一手段として、個人の経済活動に対し一定の合理的規制措置を講ずることは、憲法が予定し、か

つ、許容するところであるから、裁判所は、立法府がその裁量権を逸脱し、当該規制措置が著しく不合理であることの明白な場合に限って、これを違憲としてその効力を否定することができるというのが、当裁判所の判例とするところである〔153事件(最大判昭47・11・22—小売市場事件)〕……」。本件立法は、「原則として、当分の間、当時の日本蚕糸事業団等でなければ生糸を輸入することができないとするいわゆる生糸の一元輸入措置の実施、及び所定の輸入生糸を同事業団が売り渡す際の売渡方法、売渡価格等の規制について規定しており、営業の自由に対し制限を加えるものではあるが、以上の判例の趣旨に照らしてみれば、右各法条の立法行為が国家賠償法1条1項の適用上例外的に違法の評価を受けるものではないとした原審の判断は、正当として是認することができる」。

■解説■

1 わが国は、生糸価格安定策を戦前より講じてきたところ、昭和26年に繭糸価格安定法を制定し、生糸の売買操作によりその市場価格の安定を通じ、養蚕業者を保護してきた。しかし昭和40年代後半から中国等による外国産生糸の輸入増大により、その手法では限界が生じたため、繭糸価格安定法施行令を一部改正し、期間を定め生糸一元輸入措置を講じた。しかし状況は好転しなかったことから、昭和51年に同法を改正し、生糸一元輸入制度および生糸価格安定措置制度が導入された(藤部富美男・訟月31巻2号207〜208頁)。本件では、本件立法の違憲性のほか、「関税及び貿易に関する一般協定(GATT)」違反も主張された(阿部・後掲39頁、松下・後掲77頁以下など参照)。

2 本件で問題となる営業権(営業の自由)の内実について、本件1審判決は、「何人も、原則として、自由な市場で形成された価格で、各自の欲する場所から、その欲する量の原料を購入して生産活動を営むことができる自由」が22条1項の保障範囲に包含されるものと説いた(なお阿部・後掲36頁、大石・後掲209頁参照)。そして1審判決は、153事件に依拠しつつ、本件立法の経緯等を詳細に検討し、本件立法を合憲とした。学説では、本件立法が、Xら加工業者の営業活動の自由を奪う一方、生じる不利益への方策を充分に講じない点で、その営業の自由・財産権を侵害すると指摘するものがある(阿部・後掲37頁)。特定の国内産業を保護するに際し、しばしば生産者と加工業者との間で利害対立が生じることがあるが(文脈は異なるが、1930年代にアメリカで農業調整法をめぐって同種の問題が生じた)、本件は、複雑多様な利害調整とその合理性をどの国家機関が判断すべきか、という問題についても、興味深い論点を提供している。

◆参考文献◆
阿部泰隆・ジュリ735号34頁、松下満雄・ジュリ956号76頁、大石眞・百選Ⅰ〔第5版〕208頁。

159 資格制における業務独占——司法書士法事件

最高裁平成12年2月8日第三小法廷判決
（平成9年（あ）第613号司法書士法違反被告事件）
刑集54巻2号1頁，判時1706号173頁

■事案■

Y（被告人・上告申立人）は，司法書士会に入会する司法書士ではなく，かつ法定の除外事由がないのに，業として，平成2年11月から同5年までの間，福島地方法務局郡山市支局ほか3か所において，訴外Aらの嘱託を受け，同人らの代理人として，有限会社変更登記等17件の登記申請手続を行い，もって司法書士の業務を行った者として，他の法律で定める場合を除き司法書士以外の者が司法書士の業務を行うことを禁止する司法書士法19条1項（現73 I）違反のかどで逮捕・起訴された。

Yは，同法19条1項およびその罰則規定である25条1項（現78 I）は憲法22条1項等に反し，また，登記申請代理行為は行政書士の職務権限に属する行為（または正当な業務に付随する行為）であって上記禁止規定に該当しないなどと主張したが，1審（福島地郡山支判平8・4・25判タ910号68頁）・2審（仙台高判平9・5・23高刑集50巻2号109頁）ともその主張を排斥したため，Yが上告した。

■争点■

司法書士等以外の者が登記申請手続を代理する業務を禁ずる司法書士法の規定は，憲法22条1項に反しないか。

■判旨■

上告棄却。

司法書士法の当該規定は，「登記制度が国民の権利義務等社会生活上の利益に重大な影響を及ぼすものであることなどにかんがみ，法律に別段の定めがある場合を除き，司法書士及び公共嘱託登記司法書士協会以外の者が，他人の嘱託を受けて，登記に関する手続について代理する業務及び登記申請書類を作成する業務を行うことを禁止し，これに違反した者を処罰することにしたものであって，右規制が公共の福祉に合致した合理的なもので憲法22条1項に違反するものでないことは，当裁判所の判例〔最大判昭34・7・8刑集13巻7号1132頁，本書154事件（最大判昭50・4・30—薬局距離制限違憲判決）〕……の趣旨に徴し明らかである。所論は理由がない」。

「なお，行政書士が代理人として登記申請手続をすることは，行政書士の正当な業務に付随する行為に当たらないから，行政書士であるYが業として登記申請手続について代理した本件各行為が司法書士法19条1項に違反するとした原判断は，正当である。」

■解説■

1　本判決は，非司法書士が司法書士の業務を行うことを制限する規定が合憲とされた初めての最高裁判例である。司法書士等いわゆる「士業」は，その業務が有資格者にのみ限定されるが（司書73 I，行書19 I等。弁護士業務については非弁護士が報酬を得る目的で行う法律事務が禁止される。弁護72），最近では，規制緩和の傾向や利用者の便宜などから，隣接業務をめぐる各資格間での職務分担のあり方が問われている（小野・後掲参照）。なお司法書士については，司法制度改革等の要請により，一定の要件を備えた司法書士は，簡易裁判所の民事訴訟手続における代理業務等（簡裁訴訟代理関係業務）が行えるようになった（司書3 I ⑥・⑦）。

2　本判決は，非歯科医師が行う歯科医業行為等を禁ずる歯科医師法17条等が憲法22条1項に反しないとされた昭和34年大法廷判決と154事件を引用し，上記引用のとおり，本件規制が「公共の福祉に合致した合理的なもの」であるとした。本件のような資格制については目的二分論を採用しなかったとも評しうる一方（この点につき小泉，倉田・後掲参照），上記引用判例から本件規制が消極目的規制と位置づけたものとみて，規制手段としての本件禁止規定の合理性を検討するアプローチもあった（村木，井上・後掲参照）。本判決自身は，本件規制が，国民の権利義務等社会生活上の利益に重大な影響を及ぼし，その手続が技術的・専門的で，登記業務を適正円滑に行い，登記制度に対する国民の信頼を高めるため，登記申請業務を適切な知識・能力を有する者に集中したものであって，この点で消極的・警察的目的の規制とした上で，しかし本件規制は専ら資格制度によるものであるから，その合憲性判断基準は，職業の許可制よりも緩やかであることが許されるもの，としたようである（福崎・後掲7～8頁）。

3　しかしながら，こうした二分論に依拠する判断枠組みの理解は，近時，判例自身二分論に固執しない姿勢をみせつつある点と整合し難いようにも思われる。また，一般的禁止を解除し自由を回復させる許可制に比べ，職業それ自体が国家による創設をまつ資格制は，たしかに立法裁量が不可避的に伴うとしても，本件規制の対象は，資格制においてその遂行が認められる業務のあり方をめぐる事項であるから，資格付与それ自体で肯認される立法裁量の要請とは異なる考慮もあり得よう。むしろ本判決は，154事件で示された比較衡量的枠組み（あるいは「比例原則」）を職業自由制約の一般的判断枠組みと位置づけた上で，相異なる資格制において隣接するかにみえる業務であっても，その立法趣旨と社会的影響の観点等から規制することが許され，かつその正当化が比較的容易であるものとして昭和34年大法廷判決を参照したもの，と読む余地もあるように思われる。

◆参考文献◆

井上亜紀・平成12年度重判解16頁，小野秀誠・NBL 611号13頁・612号35頁，倉田原志・法セ549号105頁，小泉良幸・セレクト2000年10頁，村木保久・判評506（判時1737）号213頁，福崎伸一郎・最判解刑事篇平成12年度1頁，藤井俊夫・法教242号152頁。

160 農業共済組合の当然加入制 ── 農災法事件

最高裁平成 17 年 4 月 26 日第三小法廷判決
(平成 16 年(行ツ)第 178 号差押処分無効確認請求事件)
裁時 1387 号 3 頁，判時 1898 号 54 頁

■事 案■

X（原告・控訴人・上告人）は，Y（A 地区農業共済組合──被告・被控訴人・被上告人）の区域内で水稲耕作の業務を営む者であり，Y の組合員資格を有し，Y との間に農作物共済関係が成立しているところ，平成 9 年〜11 年産の水稲にかかる農作物共済掛金等を支払わなかった。Y は，X が支払うべき共済掛金等にかかる滞納処分として，農業災害補償法（平 11 法 69 による改正前のもの。以下「農災法」という）に従い，X の金融機関に対する預金払戻請求権を差し押さえた。X は，農災法の農作物共済への当然加入制は，結社の自由，職業の自由，財産権などを侵害するとして，本件滞納処分の取消しまたは無効確認を求めて訴えを起こした。1 審・2 審（札幌地判平 15・3・28 および札幌高判平 16・3・18。いずれも公刊物未登載）ともその主張を斥けたため，X が上告した。

■争 点■

農災法に定める農業共済組合への当然加入制は憲法 22 条 1 項に反しないか。

■判 旨■

上告棄却。

当然加入制の趣旨は，「国民の主食である米の生産を確保するとともに，水稲等の耕作をする自作農の経営を保護することを目的とし，この目的を実現するため，農家の相互扶助の精神を基礎として，災害による損失を相互に分散するという保険類似の手法を採用することとし，被災する可能性のある農家をなるべく多く加入させて危険の有効な分散を図るとともに，危険の高い者のみが加入するという事態を防止するため，原則として全国の米作農家を加入させたところにあると解される」。法制定時（昭和 22 年），農業経営の安定が要請されていたところ，「当然加入制は，もとより職業の遂行それ自体を禁止するものではなく，職業活動に付随して，その規模等に応じて一定の負担を課するという態様の規制であること，組合員が支払うべき共済掛金については，国庫がその一部を負担し，災害が発生した場合に支払われる共済金との均衡を欠くことのないように設計されていること，甚大な災害が生じた場合でも政府による再保険等により共済金の支払が確保されていることに照らすと，主食である米の生産者についての当然加入制は，米の安定供給と米作農家の経営の保護という重要な公共の利益に資するもの」であり，その必要性と合理性はあった。

その後，米の生産調整実施や食糧管理法の廃止（平成 7 年）などの状況変化があったが，本件当時においても，「米は依然として我が国の主食としての役割を果たし，……その生産過程は自然条件に左右されやすく，時には冷害等により広範囲にわたって甚大な被害が生じ，国民への供給不足を来すことがあり得ることには変わりがないこと，また，食糧管理法に代わり制定された主要食糧の需給及び価格の安定に関する法律……は，……災害補償につき個々の生産者の自助にゆだねるべき状態に至っていたということはできないことを勘案すれば，米の生産者についての当然加入制はその必要性と合理性を失うに至っていたとまではいえない」。

「上記の当然加入制の採用は，公共の福祉に合致する目的のために必要かつ合理的な範囲にとどまる措置ということができ，立法府の政策的，技術的な裁量の範囲を逸脱するもので著しく不合理であることが明白であるとは認め難い。したがって，上記の当然加入制を定める法〔農災法〕の規定は，職業の自由を侵害するものとして憲法 22 条 1 項に違反するということはできない。」

「以上は，当裁判所大法廷判決〔最大判昭 33・2・12 民集 12 巻 2 号 190 頁および本書 153 事件（最大判昭 47・11・22 ──小売市場事件）〕……の趣旨に徴して明らかである。」

■解 説■

1　農災法は，農業者が不慮の事故により受ける損失を補塡し農業経営の安定を図ることなどを目的として，農業共済組合等の行う共済事業等からなる農業災害補償を行うものとしている。農業共済組合の区域内に居住する一定の水稲等耕作者は当該組合の組合員とされ，資格喪失・死亡等の事由のほかは脱退を認められず，組合員は，共済掛金支払義務を負うこととされている。本件で問題とされたのはこの当然加入制であった。

2　学説では，本件を職業の自由制約の事案とみるべきではないとして，権利の保障範囲の次元で疑問視するものがある（小山・後掲 22 頁）。が，本判決もいうように，本件当然加入制が X の職業遂行に一定の負担を課すことは事実であるから，いちおう 22 条 1 項の問題と解されよう（榎・後掲 131 頁参照）。ただしその負担は，農業という職業それ自体の遂行を不可能にするものとも解されず，その侵害の態様は軽微なものとみることができる（村山・後掲）。

3　本判決は，目的二分論に端的に依拠することなく，農災法制定時およびその後の社会状況の変化にかかる立法事実をふまえつつ，当然加入制の趣旨・内容，そして職業の自由への侵害態様（職業活動に付随する規制）などから，153 事件判決等の先例をふまえ（判決引用中の昭和 33 年判決は国民健康保険の強制加入制に関わる），立法府の判断を尊重すべき領域のものとみて，合憲判断をしたものとみることができる。それは，二分論に直截に依拠しない近時の判例傾向とも整合的である（以上，内田・後掲 273 頁）。学説も，もはや目的二分論を当然の前提としないようである（榎・後掲 133〜134 頁参照）。

◆参考文献◆
内田義厚・判タ 1215 号 272 頁，榎透・自治研究 83 巻 8 号 127 頁，小山剛・平成 17 年度重判解 21 頁，村山健太郎・セレクト 2005 年 11 頁。

161 旅券発給拒否と海外渡航の自由——帆足計事件

最高裁昭和33年9月10日大法廷判決
（昭和29年(オ)第898号損害賠償並びに慰藉料請求事件）
民集12巻13号1969頁，判時162号6頁

■事案■

X（帆足計—原告・控訴人・上告人）らは，1952（昭和27）年4月にソヴィエト連邦（当時）の首都モスコー市で開催される国際経済会議への出席招請状を受領したことから，同年2月，東京都知事を経て外務大臣に対し，渡航目的を国際経済会議出席のためなどとする一般旅券の発給申請をした。ところが，Y（外務大臣）は，同年3月，Xらの旅券発給申請につき，旅券法19条1項4号の趣旨（追って同13条1項5号の趣旨をもその理由とするとされた。規定はいずれも当時）に鑑み旅券発給を行わない決定の通知をし，旅券発給を拒否した。Xらは，出入国管理令（当時）が海外旅行に旅券の所持を必要としている関係上，憲法22条で保障される海外渡航の自由を剥奪するものであるから，旅券発給拒否は公共の福祉に対する明白かつ現在の危険が存する場合のみに限られるべきであるなどと主張して，国に対し損害賠償を請求して訴えを起こした。

1審（東京地判昭28・7・15下民集4巻7号1000頁）・2審（東京高判昭29・9・15下民集5巻9号1517頁）いずれもその請求を斥けたため，Xは上告した。

■争点■

旅券法13条1項5号（現13 I ⑦）による旅券発給拒否は憲法22条2項等に反しないか。

■判旨■

上告棄却（田中耕太郎・下飯坂潤夫裁判官の補足意見がある）。

「憲法22条2項の『外国に移住する自由』には外国へ一時旅行する自由を含むものと解すべきであるが，外国旅行の自由といえども無制限のままに許されるものではなく，公共の福祉のために合理的な制限に服するものと解すべきである。そして旅券発給を拒否することができる場合として，旅券法13条1項5号が，『著しく且つ直接に日本国の利益又は公安を害する行為を行う虞があると認めるに足りる相当の理由がある者』と規定したのは，外国旅行の自由に対し，公共の福祉のために合理的な制限を定めたものとみることができ，所論のごとく右規定が漠然たる基準を示す無効のものであるということはできない。」

旅券法13条1項5号について，「日本国の利益又は公安を害する行為を将来行う虞れある場合においても，なおかつその自由を制限する必要のある場合のありうることは明らかであるから，同条をことさら所論のごとく『明白かつ現在の危険がある』場合に限ると解すべき理由はない」。「そして，原判決の認定した事実関係，とくに占領治下我国の当面する国際情勢の下においては，X等がモスコー国際経済会議に参加することは，著しくかつ直接に日本国の利益又は公安を害する虞があるものと判断して，旅券の発給を拒否した外務大臣の処分は，これを違法ということはできない旨判示した原判決の判断は当裁判所においてもこれを肯認することができる。」

■解説■

1 国民が出国する際，有効な旅券を所持し，入国審査官から出国の確認を受ける必要があるが（入管60 I），旅券法13条1項5号（現13 I ⑦）は，外務大臣は，著しく且つ直接に日本国の利益又は公安を害する行為を行う虞があると認めるに足りる相当の理由がある者に旅券発給を拒否することができるとする。本判決は，この規定の合憲性が争われたものである。

2 海外渡航の自由の位置づけについては，①本判決のように，憲法22条2項の「外国に移住する自由」に含める立場，②同条項が永久もしくはかなりの期間永続して日本国の主権から離脱する自由を規定するものとみて，一時的移動にすぎない海外旅行はこれに含まれず，22条1項にいう「移転」に含める立場（後掲昭和44年判決の色川幸太郎裁判官補足意見，後掲昭和60年判決の伊藤正己裁判官補足意見等），③22条1項の「移住」にも含み難いとして，海外旅行の自由が一般的自由または幸福追求権の一部とみる立場（本件田中・下飯坂補足意見，尾吹・後掲221～222頁，初宿・後掲135～137頁，330～331頁）などがあった。いずれの立場でも，権利の性格等に応じて制約の可否が決せられるが，「移動の自由」とは，経済的・精神的自由，そして人身の自由としての複合的側面を持つ点には注意を要する（伊藤・後掲206頁以下参照）。

3 旅券法の本件規定をめぐって，(a)合憲説，(b)同規定にいう日本国の利益・公安を害する行為を原則として犯罪行為（内乱罪等の重大な違反行為）と解し，かつ「著しく直接に」とは害悪発生が明白かつ顕著であることを要するなどと解する条件付合憲説，(c)文面上違憲説，(d)適用違憲説などに分かれる（芦部憲法学Ⅲ581～585頁参照）。最高裁は，以後，外務大臣の裁量も無審査ではないことを示唆し（最判昭44・7・11民集23巻8号1470頁），外国旅行の自由が憲法上保障されたものであることを前提に，拒否処分にかかる理由付記の具体的記載を求めるなど（最判昭60・1・22民集39巻1号1頁），裁量統制は志向するものの，本件規定の合憲性は維持している。しかし，本件が占領管理体制下の事案という「特殊な事情」も考慮された点をふまえるなら（井口・後掲239頁），本判決の先例的意義については，今日再検討の余地もあろう（尾吹・後掲224頁，大石・後掲382頁）。

◆参考文献◆

『日本国憲法体系第7巻』（宮沢俊義先生還暦記念）[1965] 193頁（伊藤正己），池田政章・憲法の判例〔第2版〕85頁，井口牧郎・最判解民事篇昭和33年度230頁，尾吹善人『解説憲法基本判例』[1986] 219頁，初宿正典『憲法2〔第3版〕』[2010]，河原畯一郎・判例百選〔第2版〕（別冊ジュリ2）26頁，山内敏弘・基本判例105頁，日笠完治・百選Ⅰ〔第5版〕236頁，大石眞『日本憲法史〔第2版〕』[2005]。

判例の流れ

●山本龍彦●

14 財産権

1 財産権ほど，歴史とイデオロギーに彩色された「権利」は他に類を見ないのではないか。その混沌は，憲法29条の条文構造に，存分に現れている。例えば29条1項は，「近代」の自然権思想を想起させる，「侵してはならない」という強い表現によって財産権保障を謳い上げるのに，それに続く2項は，「現代」の社会国家思想を受けて「財産権の内容は，……法律でこれを定める」と書き，その実定性と流動性を強調している。この，「近代」と「現代」とのアクロバティックな並置は，29条解釈の困難性を，必然的あるいは宿命的に惹起するようにも思われる。そして，実際，この条文は，多くの憲法学者を苦しめてきた（いる）。

2 しかし，近年の最高裁は，学界での喧騒をよそに，比較的安定した憲法29条解釈を提供し始めているように思える。例えば1項・2項の関係について，初期の最高裁には，1項は2項によって法律上内容形成された「財産権」を保障しているにすぎないとして，立法府の内容形成権限を最大限認める考え（法律上の権利保障説）なども存在したが（166事件〔最大判昭28・12・23—戦後農地改革(1)〕栗山補足意見参照），163事件（最大判昭62・4・22—森林法事件）において，1項が①「私有財産制度」と②「国民の個々の財産権」を共に保障し，2項の立法権限を憲法上拘束することが明言されるに至った（権利・制度両面保障説）。また，このような立法者拘束性によって切り拓かれる違憲「立法」審査の方法についても，近年の最高裁は，いわゆる規制目的二分論を排して，164事件（最大判平14・2・13—証券取引法事件）が明確なかたちで提示した「比較考量」をデフォルトとする態度を固めつつある（かかる「比較考量」の実体は，立法裁量を前提とした合理性の審査に近いとも指摘される）。

164事件を引用して29条の論点を処理した判決に，農地法の農地転用等の許可制を問題にした最判平14・4・5（刑集56巻4号95頁），消費者契約解除に伴う損害賠償額等を制限する消費者契約法の規定を問題にした最判平18・11・27（判時1958号61頁）などがある（いずれも合憲）。もちろん，「事の性質」によっては，審査基準ないし審査密度が上下することは十分考えられる。しかし，165事件（最大判昭53・7・12—国有農地売払特措法事件）を批判する文脈で，多くの学説が（1項が上記②を保障していることを前提に）比較的厳格な審査を要求してきた「事後法による財産権の内容変更」についても，近年の最高裁は164事件を引用し，前記諸判決と同様の「比較考量」によって合憲判断を下している（遡及適用を予定した証取法の損失補塡禁止規定に関する最判平15・4・18民集57巻4号366頁参照）。その意味で，現在の判例動向に従う限り，164事件の圧倒的とも言える存在感が薄められ，財産権「規制」立法に対し厳格な審査が行われるのは，「単独所有」（一物一権主義）を制限する立法が問題となるような，ごく僅かな場面（163事件）に限定されるように思われる（この点，区分所有法における「区分所有権」の共同行使性が争われた最判平21・4・23判時2045号116頁でも，164事件が引用されたことが注目される）。

3 このように安定性を帯びつつある財産権判例であるが，理論的に磐石というわけではない。2項の存在により，上記①の核心や，②（既得の財産権）を侵害しない「内容形成的」立法については，そもそもなぜ憲法上の統制を受けうるのかが問題となるところ，とりわけ164事件以降の最高裁判決は，かかる根本問題に正面から応えることなく，簡単に164事件の比較考量論を引いて，立法の合憲性を審査しているからである（この点で，163事件は愚直であり誠実であった）。そこでは，憲法上の財産権保障を客観的な法制度保障と捉え，敢えて「権利－制限」的（防御権的）構成を拒否しているのか（客観法的アプローチ），法律に先立つ，あるいは法律上のそれから昇格した「憲法上の財産権」を想定し，「権利－制限」的構成を暗黙の前提としているのか（主観的権利アプローチ），判然としない。判例の安定性は，なお表層にとどまる（もっとも，最高裁は，憲法上の財産権保障の意義をめぐる深遠かつ難解な論争を避けるために，敢えて164事件をデフォルトとするミニマリズム的なアプローチを採用しているのかもしれない。とすれば，それはそれで一つの「立場」である）。

4 29条3項は，「正当な補償」によって財産権の剥奪を憲法上正当化しようとするものであり，「財産権」ではなく「財産価値」を保障する規定である（「財産権」それ自体の保障ないし保全は，基本的に上記②の領分である）。もっとも，剥奪が真に「公共のために」なされるのかを疑うことで，3項違反を主張し，結果的に財産権それ自体を保全することも不可能ではない（問題の所在につき，167事件〔最判昭29・1・22—戦後農地改革(2)〕参照）。「公共のために用ひられる」ことが認められる以上，「正当な補償」要求に頭を切り替えざるを得ないが，その場合でも，補償の要否の基準（169事件〔最大判昭43・11・27—河川附近地制限令事件〕，170事件〔東京地判昭59・5・18〕，戦争損害との関連で171事件〔最大判昭43・11・27〕），「正当な補償」の内容（166事件，167事件），補償の時期（172事件〔最判平15・11・27—「象のオリ」訴訟〕）などが問題となる（29条3項に基づく直接補償請求の可否については，169事件，170事件参照）。なお，3項は，財産権を剥奪するに等しい「公用制限」にも適用される（169事件ほか）。

162 条例による財産権の制限
——奈良県ため池条例事件

最高裁昭和38年6月26日大法廷判決
（昭和36年（あ）第2623号ため池の保全に関する条例違反被告事件）
刑集17巻5号521頁，判時340号5頁

■ 事 案 ■

県内に1万3000を超える灌がい用貯水池（ため池）を有していた奈良県は，県下および他府県下で，ため池の決壊等による災害が複数発生していたことを受けて，1954（昭和29）年に，「ため池の保全に関する条例」を制定した。本条例は，「ため池の破損，決かい等に因る災害を未然に防止するため，ため池の管理に関し必要な事項を定めることを目的」（1）とし，4条で，「ため池の余水はきの溢流水の流去に障害となる行為」（①），「ため池の堤とうに竹木若しくは農作物を植え，又は建物その他の工作物……を設置する行為」（②），「前各号に掲げるものの外，ため池の破損又は決かいの原因となる行為」（③）を禁止するとともに，違反者を3万円以下の罰金に処するものとした（9）。Yら（3名の農夫）は，近隣農民の総有に属していた「唐古池」なるため池の堤とうで，父祖の代から茶や大豆等の農作物を栽培していた。本条例施行後，近隣農民の多くは唐古池堤とうでの耕作を中止したが，Yらは耕作を続けたため，本条例4条2号違反で起訴された。

Yらは，本条例は既存の権利者の権利を無償で剥奪するもので，憲法29条1項および3項に反するなどと主張したが，1審（葛城簡判昭35・10・4刑集17巻5号572頁参照）はそれを斥け，Yらの有罪を認めた（3000円から1万2000円の罰金刑）。これに対し2審（大阪高判昭36・7・13判時276号33頁）は，(1)憲法29条2項は，「私有財産権の内容に規制を加えるには，それが公共のためとはいえ，法律によらなければならないこと」を明定しているのであるから，「条例」によって「私有地である池堤地に対する個人の権利に規制を加えること」はできない，(2)29条3項により，県が個人の権利に属するため池堤地を灌がい等の公共の用に供せしめるには，土地改良法等の手続に基づき損失補償をなす必要があるが，本件ではこれをなした形跡がないなどとして，Yらの無罪を言い渡したため，検察官が上告した。

■ 争 点 ■

①条例により，ため池の堤とうを使用する財産上の権利を制限することができるか。
②堤とうにおける耕作禁止（消極目的）に損失補償は必要か。

■ 判 旨 ■

破棄差戻し（入江俊郎，垂水克巳，奥野健一裁判官による各補足意見，河村大助，山田作之助，横田正俊裁判官の各少数意見がある）。

(i) 本条例4条2号は，「ため池の堤とうの使用に関し制限を加えているから，ため池の堤とうを使用する財産上の権利を有する者に対しては，その使用を殆んど全面的に禁止することとなり，同条項は，結局右財産上の権利に著しい制限を加える。「しかし，その制限の内容たるや，立法者が科学的根拠に基づき，ため池の破損，決かいを招く原因となるものと判断した，ため池の堤とうに竹木若しくは農作物を植え，または建物その他の工作物……を設置する行為を禁止することであり，そし

て，このような禁止規定の設けられた所以のものは，本条例1条にも示されているとおり，ため池の破損，決かい等による災害を未然に防止するにあると認められることは，すでに説示したとおりであって，本条例4条2号の禁止規定は，堤とうを使用する財産上の権利を有する者であると否とを問わず，何人に対しても適用される。ただ，ため池の堤とうを使用する財産上の権利を有する者は，本条例1条の示す目的のため，その財産権の行使を殆んど全面的に禁止されることになるが，それは災害を未然に防止するという社会生活上の已むを得ない必要から来ることであって，ため池の堤とうを使用する財産上の権利を有する者は何人も，公共の福祉のため，当然これを受忍しなければならない責務を負う」。「すなわち，ため池の破損，決かいの原因となるため池の堤とうの使用行為は，憲法でも，民法でも適法な財産権の行使として保障されていないものであって，憲法，民法の保障する財産権の行使の埒外にあるものというべく，従って，これらの行為を条例をもって禁止，処罰しても憲法および法律に牴触またはこれを逸脱するものとはいえないし，また右条項に規定するような事項を，既に規定していると認むべき法令は存在していないのであるから，これを条例で定めたからといって，違憲または違法の点は認められない。」「なお，事柄によっては，特定または若干の地方公共団体の特殊な事情により，国において法律で一律に定めることが困難または不適当なことがあり，その地方公共団体ごとに，その条例で定めることが，容易且つ適切なことがある。本件のような，ため池の保全の問題は，まさにこの場合に該当するというべきである」。

(ii) 「本条例は，災害を防止し公共の福祉を保持するためのものであり，その4条2号は，ため池の堤とうを使用する財産上の権利の行使を著しく制限するものではあるが，結局それは，災害を防止し公共の福祉を保持する上に社会生活上已むを得ないものであり，そのような制約は，ため池の堤とうを使用し得る財産権を有する者が当然受忍しなければならない責務というべきものであって，憲法29条3項の損失補償はこれを必要としない」。

入江補足意見

「財産権の内容とは，それぞれの財産権がいかなる性質のものであるか，権利者がいかなる範囲，程度においてその財産に対する支配権を有するか等，それぞれの財産権自体に内在する一般的内容をいうものであって，同条項〔憲法29条2項〕は，財産権自体の内容をいかに定めるかを問題としている」。「それ故，財産権自体の内容をいかに定めるかということではなく，人の権利，自由の享有をいかに規制するかを定めた規定は，その規定の法的効果により，財産上の権利の行使が制限されるに至ることがあっても，それは，憲法29条2項の問題ではない」。「例えば，人の権利，自由の享有を自由に放任することによって発生する事態……を公共の福祉のために防止しまたは除去することを定めた規定は，その適用を受ける者が，これにより財産上の権利の行使を制限されることとなっても，それは財産権自体の内容を定めるものではなく，既に内容を定められた財産権につき，これを行使しその内容を実現する面において，制限を受けるものというべきだからである」。本条例4条2号は，憲法29条2項にいう財産権の内容を定める規定と解すべきではない。

横田少数意見

本条例4条2号に掲げる禁止は，「その対象たる堤とうが私人の管理する一切のものにも及び，その行為が財産権の行使として行なわれる一切の場合をも含み，堤と

うの面積の広狭いかんを問わず，しかもその禁止の内容が土地に対する使用，収益の権能の大部分を剥奪するに等しいものである点，ならびに堤とうを構成する土地は本来他の目的のために使用すべきではないと解すべき根拠のないこと等にかんがみ，財産権に内在する制限の範囲に止まるものとはとうてい解し難い」。この規定の制定は，「客観的にこれを観察すれば，いささか慎重を欠き，その内容において明らかに行き過ぎであると認められる」。もし，「竹木，農作物の植栽又は工作物の設置についてとくに規定を設ける必要があるのであれば，これに伴い，取締のための具体的基準を定め，又は，たとえば，届出制を併せ採用し，届出のあった行為がため池の破損，決かいの原因となると認められるときは，知事においてこれを差止めうることとするとともに，知事のこの処分に対しては不服申立の途を開くなどの立法措置を講じ，国民のささやかな営みをも不当に妨げることのないよう細心の配慮がなされるべきであった」。「右のごとき格別の工夫を伴わない前記2号の規定は，……憲法29条2項及び94条に違反する無効のものと断ぜざるをえない」。

■解　説■

1　本判決は，憲法29条2項が「財産権の内容は，……法律でこれを定める」と規定しているにもかかわらず，地方公共団体は「条例」によって財産権を制限できるか，という論点にかかわる重要判例として知られる。しかし，判旨(i)から明らかなように，本判決は，結果としてため池堤とうの使用を制限する本条例の合憲性を認めたものの，正面からこの論点に答えていない。本判決は，「ため池の破損，決かいの原因となるため池の堤とうの使用行為」が，そもそも「憲法，民法の保障する財産権の行使の埒外」にあることから，当該行為の規制は財産権の制限に当たらず，したがって条例によっても当然にこれをなしうると判断したからである。

確かに，判旨(i)「なお」以下で，地域事情に照らした財産権制限の必要性に触れていること，本判決の前年に出された本書344事件（最大判昭37・5・30）で，既に条例の準法律性が指摘されていたことなどから，本判決を，条例による財産権制限を一般に肯定する現在の通説（条例の自治立法たる性格を前提に，「とくに地方的な特殊な事情の下で定められる条例については，それによる財産権の規制を否定することは妥当ではない」と説く。芦部229頁）に「近い」とみる見解（岩間・後掲135頁）もあるが，本判決は，憲法上保護された財産権を条例によって制限できるか，という核心的論点を巧妙かつ狡猾に回避しているのであり，果たしてこうした位置づけが可能かはなお検討の余地がある。むしろこのような論点に正面から向き合ったのは，本判決に付された各個別意見であった。なかでも入江補足意見は，財産権の「内容」と「行使」とを区別し，後者を29条2項の問題から切り離す当時の有力学説（高辻・後掲3頁以下）を支持したものとして検討に値するが，「内容」「行使」区別の困難性（佐藤憲法567頁）からか，多数意見によって採用されることはなかった。

2　本判決において真に注目されるのは，先に触れたように，財産権の「保護範囲」について詳細な議論が展開された点にあろう。すなわち本判決は，「ため池の堤とうを使用する財産上の権利」を一般的に認めつつ，災害の未然防止という観点から，「ため池の破損，決かいの原因となるため池の堤とうの使用行為〔農作物の栽培〕」を憲法上の保護範囲の外に追い出したわけである。通常，権利の「内在的制約」と呼ばれるものであっても，それは，〈権利－制限〉の正当化段階（目的審査や狭義の比例性審査）で考慮されるが（あるいは審査基準論の問題に還元されるが），内在的制約については，まさに「内在的」な制約であるがゆえに，本来は権利の保護範囲の画定段階で（権利のかたちを決定づけるものとして）考慮されるべきとする見解もある（工藤・後掲78頁以下）。

本判決は，まさにこのような厳格な保護範囲論を採用したものといえよう。しかし，同アプローチを前提にしても，「父祖の代」から続いてきた土地使用を，「公衆に多大の危害を及ぼすべき権利濫用行為」（奥野補足意見）として保護範囲から外すことができるのか，問題となる（山田少数意見）。また，より根本的に，財産権関連事案において，そもそもこのようなアプローチを用いることができるのかも問われる。その法律（制度）依存性ゆえに，憲法上の財産権なるものの保護範囲を画定すること，それを前提にある財産権関連立法を権利「制限」的なものと捉えることは容易ではないように思われるからである。となると，保護範囲論で決着をつけるのではなく，164事件（最大判平14・2・13―証券取引法事件）のような（保護範囲論と制限論をスキップした）「比較考量論」を採用することも考えられる。もっとも，「比較考量論」を用いた場合でも，(ｱ)本条例の目的（消極目的であること），対象となる財産的利益（堤とうでの耕作利益）の既得性，当該利益への侵害度などに照らして，立法の必要性・合理性を厳密に審査するアプローチ（横田少数意見参照），(ｲ)「総有」の前近代的性格（単独所有からの逸脱）に照らして緩やかに審査するアプローチ（163事件〔最大判昭62・4・22―森林法事件〕参照）の双方がありうる（(ｱ)審査と遡及「適用」との関係については，165事件〔最大判昭53・7・12―国有農地売払特措法事件〕参照）。

3　本判決は，本件の土地使用制限が災害防止を目的とする警察制限（消極目的）であることを理由に，「憲法29条3項の損失補償はこれを必要としない」としたが（判旨(ii)），今日的見解（169事件〔最大判昭43・11・27―河川附近地制限令事件〕参照）および学説の多くは，規制目的一本で補償の要否を決する立場を採用しておらず，侵害対象の一般性・特定性（形式的要件）と侵害の強度（実質的要件）を総合的に考慮して判断すべきであるとか，実質的要件のみで判断すべきであるなどと考えている（詳細は169事件解説参照）。本件において実質的要件を考慮した場合，ため池堤とうでの耕作は，水田の涵養を目的とするため池の「目的外利用」に当たるから，耕作禁止はため池の「本来の効用」を侵害するものとはいえず，補償は不要であると解する余地がある一方で，本件耕作が長年にわたり適法に行われてきたことを踏まえれば，その耕作を一律全面的に禁止する本件規制は，既得の財産的利益に対する強度の侵害に当たり，補償は必要であると解する見解も成り立ちうる。後者が有力である（今村・後掲36頁，北村・後掲53頁等）。ただし具体的な要否判定に際しては，対象者が耕作に当たりどの程度の労力と資本を投入してきたか（169事件），本件耕作がどの程度対象者の「生存」と関連していたか（レクリエーションとしての耕作か，生計を立てるための耕作か）などを慎重に検討する必要があろう。29条3項に基づく直接補償請求については，169事件解説で詳しく検討する。

◆参考文献◆
今村成和『損失補償制度の研究』〔1968〕，大橋洋一・行政百選Ⅱ〔第5版〕510頁，北村和生・地方自治百選〔第3版〕52頁，工藤達朗『憲法学研究』〔2009〕，岩間昭道・基本判例〔第2版〕133頁，高辻正己・自治研究38巻4号3頁，田中二郎『行政法(上)〔新版〕』〔1958〕214頁以下，野呂充・行政法の争点〔第3版〕96頁。

163 共有林の分割制限と財産権の保障——森林法事件

最高裁昭和62年4月22日大法廷判決
（昭和59年（オ）第805号共有物分割等請求事件）
民集41巻3号408頁，判時1227号21頁

■事案■

森林法186条（昭62法48による削除前）は，「森林の共有者は，民法……第256条第1項（共有物の分割請求）の規定にかかわらず，その共有に係る森林の分割を請求することができない。ただし，各共有者の持分の価額に従いその過半数をもって分割の請求をすることを妨げない」と規定していた（同趣旨の規定は，旧森林法全面改正〔明40法43〕の際に加えられ，現行森林法〔昭26法249〕に受け継がれた）。

Xとその兄Yは，1947（昭和22）年に，父から森林（合計68筆）を2分の1ずつ生前贈与され，これを共有していたが，1965年にYがXに無断で森林の一部の立木を伐採・売却したことが発端となり，本件森林をめぐり激しく対立するようになった。Xは本件森林の分割を望んだが，持分価額2分の1以下の共有者の分割請求権を否定する森林法186条がその障壁となったため，森林法186条は憲法29条に違反して無効であるなどと主張し，本件森林の現物分割等を求めて出訴した。

1審（静岡地判昭53・10・31民集41巻3号444頁参照），2審（東京高判昭59・4・25前掲民集469頁参照）ともに森林法186条の合憲性を認め，分割請求につきXの請求を棄却したため，Xが上告した。

■争点■

①憲法29条の1項と2項はどのような関係にあるか。
②財産権規制の性格と，財産権規制に対する違憲審査のあり方はどのようなものか。
③共有森林に関する分割請求権の制限は，憲法上の財産権の制限といえるか。
④森林法186条は憲法29条2項に違反するか。

■判旨■

破棄差戻し（2つの補足意見，1つの意見，1つの反対意見がある）。

(i)「憲法29条は，1項において『……』と規定し，2項において『……』と規定し，私有財産制度を保障しているのみでなく，社会的経済的活動の基礎をなす国民の個々の財産権につきこれを基本的人権として保障するとともに，社会全体の利益を考慮して財産権に対し制約を加える必要性が増大するに至ったため，立法府は公共の福祉に適合する限り財産権について規制を加えることができる，としているのである。」

(ii)「財産権は，それ自体に内在する制約があるほか，右のとおり立法府が社会全体の利益を図るために加える規制により制約を受けるものであるが，この規制は，財産権の種類，性質等が多種多様であり，また，財産権に対し規制を要求する社会的理由ないし目的も，社会公共の便宜の促進，経済的弱者の保護等の社会政策及び経済政策上の積極的なものから，社会生活における安全の保障や秩序の維持等の消極的なものに至るまで多岐にわたるため，種々様々でありうる。」「したがって，財産権に対して加えられる規制が憲法29条2項にいう公共の福祉に適合するものとして是認されるべきものであるかどうかは，規制の目的，必要性，内容，その規制によって制限される財産権の種類，性質及び制限の程度等を比較考量して決すべきものであるが，裁判所としては，立法府がした右比較考量に基づく判断を尊重すべきものであるから，立法の規制目的が前示のような社会的理由ないし目的に出たとはいえないものとして公共の福祉に合致しないことが明らかであるか，又は規制目的が公共の福祉に合致するものであっても規制手段が右目的を達成するための手段として必要性若しくは合理性に欠けていることが明らかであって，そのため立法府の判断が合理的裁量の範囲を超えるものとなる場合に限り，当該規制立法が憲法29条2項に違背するものとして，その効力を否定することができるものと解するのが相当である」（最大判昭50・4・30〔本書154事件——薬局距離制限違憲判決〕参照）。

(iii) 共有の場合，「単独所有の場合に比し，物の利用又は改善等において十分配慮されない状態におかれることがあり，また，共有者間に共有物の管理，変更等をめぐって，意見の対立，紛争が生じやすく，いったんかかる意見の対立，紛争が生じたときは，共有物の管理，変更等に障害を来し，物の経済的価値が十分に実現されなくなるという事態となるので」，民法256条は，「かかる弊害を除去し，共有者に目的物を自由に支配させ，その経済的効用を十分に発揮させるため，……共有者に共有物の分割請求権を保障している」。「このように，共有物分割請求権は，各共有者に近代市民社会における原則的所有形態である単独所有への移行を可能ならしめ，右のような公益的目的をも果たすものとして発展した権利であり，共有の本質的属性として，持分権の処分の自由とともに，民法において認められるに至ったものである。」「したがって，当該共有物がその性質上分割することのできないものでない限り，分割請求権を共有者に否定することは，憲法上，財産権の制限に該当し，かかる制限を設ける立法は，憲法29条2項にいう公共の福祉に適合することを要する」。

(iv)(1)〔森林法186条の立法目的〕「森林の細分化を防止することによって森林経営の安定を図り，ひいては森林の保続培養と森林の生産力の増進を図り，もって国民経済の発展に資することにあると解すべきである。」「同法186条の立法目的は，以上のように解される限り，公共の福祉に合致しないことが明らかであるとはいえない。」

(2)〔森林法186条の合理性・必要性〕(a)「森林が共有となることによって，当然に，その共有者間に森林経営のための目的的団体が形成されることになるわけではなく，また，共有者が当該森林の経営につき相互に協力すべき権利義務を負うに至るものではないから，森林が共有であることと森林の共同経営とは直接関連するものとはいえない。したがって，共有森林の共有者間の権利義務についての規制は，森林経営の安定を直接的目的とする前示の森林法186条の立法目的と関連性が全くないとはいえないまでも，合理的関連性があるとはいえない」。民法256条1項は，共有者間において意見対立や紛争が生じた場合にもたらされる当該森林の荒廃という事態を「解決するために設けられた規定である……が，森林法186条が……民法の右規定の適用を排除した結果は，右のような事態の永続化を招くだけであって，当該森林の経営の安定化に資することにはならず，森林法186条の立法目的と同条が共有森林につき持分価額2分の1以下の共有者に分割請求権を否定したこととの間に合理的関連性のないことは，これを見ても明らかである。

(b)(イ)「森林法は森林の分割を絶対的に禁止しているわけではなく，わが国の森林面積の大半を占める単独所有に係る森林の所有者が，これを細分化し，分割後の各

森林を第三者に譲渡することは許容されている」し、「共有森林についても、共有者の協議による現物分割及び持分価額が過半数の共有者……の分割請求権に基づく分割並びに民法907条に基づく遺産分割は許容されているのであり、許されていないのは、持分価額2分の1以下の共有者の同法256条1項に基づく分割請求のみである」。「持分価額2分の1以下の共有者からの……分割請求の場合に限って、他の場合に比し、当該森林の細分化を防止することによって森林経営の安定を図らなければならない社会的必要性が強く存すると認めるべき根拠は、これを見出だすことができないにもかかわらず、森林法186条が分割を許さないとする森林の範囲及び期間のいずれについても限定を設けていないため、同条所定の分割の禁止は、必要な限度を超える極めて厳格なものとなっているといわざるをえない。」「まず、……当該共有森林を分割した場合に、分割後の各森林面積が必要最小限度の面積を下回るか否かを問うことなく、一律に現物分割を認めないとすることは、同条の立法目的を達成する規制手段として合理性に欠け、必要な限度を超える」。「また、当該森林の伐採期あるいは計画植林の完了時期等を何ら考慮することなく無期限に分割請求を禁止することも、同条の立法目的の点からは必要な限度を超えた不必要な規制というべきである。」(ロ)「更に、……現物分割においても、当該共有物の性質等又は共有状態に応じた合理的な分割をすることが可能であるから、共有森林につき現物分割をしても直ちにその細分化を来すものとはいえない」。「したがって、森林法186条が共有森林につき持分価額2分の1以下の共有者に一律に分割請求権を否定しているのは、同条の立法目的を達成するについて必要な限度を超えた不必要な規制というべきである。」

「以上のとおり、森林法186条〔本文〕……は、森林法186条の立法目的との関係において、合理性と必要性のいずれをも肯定することのできないことが明らかであって、この点に関する立法府の判断は、その合理的裁量の範囲を超えるものであるといわなければならない。」

■解説■

1　本判決は、(A)森林法186条本文（以下、「本件規定」と呼ぶ）による分割請求権（民256 I）の否定を「憲法上、財産権の制限」に当たるとした上で、(B)かかる「制限」の必要性・合理性について「厳格に立法事実の検証をするという審査方法」（柴田・後掲248頁）を採用し、(C)5番目の法令違憲判決をもたらした点において注目される。

2　本判決以前は、財産権規制立法についても、職業の自由（憲22 I）規制にかかわる153事件（最大判昭47・11・22—小売市場事件）、154事件が確立した（と目された）「規制目的二分論」が妥当するものと理解されていた。しかし本判決は、二分論を意識してはいるものの、それをストレートに適用しておらず、財産権規制立法に対する違憲審査のあり方をめぐって様々な議論を喚起した。判旨(iv)(1)によれば「積極目的規制」とみなされる本件規定は、二分論によれば最も緩やかな審査である「明白の原則」の適用を受けるはずであるが、上記(B)のように、本判決は「厳格な合理性の基準」とも同視される比較的厳格な審査を行っているからである（合理性につき判旨(iv)(2)(a)、必要性につき同(b)参照）。本件規定は「消極目的規制の要素が強い」ために（そこでは「山地災害防止」などが想定されるのであろう）審査基準が厳格化したのであり、二分論それ自体は放棄されていないとみる見解（芦部227頁、野中ほかI 465頁〔高見勝利〕等）なども提示されたが、近年は、後に164事件（最大判平14・2・13—証券取引法事件）が登場したこともあって、少なくとも財産権規制立法については二分論を相対化させ、一般的な「比較考量」ないし「比例原則」を基軸化したとみる見解が有力化している（佐藤・後掲17頁等）。

しかし、このように審査方法を一般化すると、本判決がなぜ審査基準を厳格化させたのかが改めて問われることになる。この点、(イ)日本国憲法は、明治民法が「法制度」として選択した一物一権主義（単独所有）を追認、保障したものと捉えた上で、「共同所有」性を有する本件規定は、かかる法制度の本質を揺るがしかねないものであるがゆえに、「事の性質上」基準が厳格化されたとみる見解（「法制度保障論」。石川・後掲284頁以下）、(ロ)「単独所有」を憲法の想定する所有形態の「ベースライン」であるとし（それは法律家共同体の共通了解によって構成される）、本件規定がそこからの離脱を図るものであるがゆえに、基準が厳格化されたとみる見解（「ベースライン論」。長谷部・後掲135頁、長谷部177頁）、(ハ)立法府は財産権の内容を積極的に形成する広汎な権限を有するが、それはあくまで「自律的・自己責任的生活」の形成を目的としたものであるとした上で、分割請求を許さない本件規定は、内容形成の目的である自律的・自己責任的生活をかえって阻害しうるものであるがゆえに、基準が厳格化されたとみる見解（「内容形成論」。小山・後掲153頁）などが提示されている。

3　今日の通説的見解を前提にすると、29条2項が立法府に認めた財産権の内容形成権限は、(α)私有財産制度の保障または(β)個人が現に有する具体的な財産上の権利の保障という観点から拘束を受けるにとどまる。しかし本件規定は、(α)の核心も、(β)の既得利益も侵害しておらず（Xは森林法によって既に分割請求が制限された財産権を取得したにすぎない）、そもそもなぜそれが司法による憲法的統制の対象となるのかが問題となる。

本判決は、上記(A)のように、民法上の分割請求権の否定が憲法上の財産権の制限に当たるとして（判旨(iii)）、法律の内容審査に歩を進めたのであるが、ある特定の民法上の権利が憲法レベルの保障を受けるとする論理展開は何らの説明もなく受容できるものではない（安念・後掲137頁以下）。上述の(イ)から(ハ)は、この「説明」を提供するものでもある（例えば(ロ)では、民法上の分割請求権が単独所有という憲法上のベースラインと一致するからこそ、それに憲法上特別な重みが付与されることになる。そして、かかるベースラインから離脱する本件規定は、憲法上のベースラインに沿った立法を要求する国民の「主観的権利」を「制限」するものとみなされうる。長谷部・後掲135頁）。もっとも、本判決が、上記(β)について、通説とは異なり、「社会的経済的活動の基礎をなす国民の個々の財産権」と表現していたことからすると（判旨(i)）、本判決は、私法上の権利の中でも「社会的経済的活動の基礎をなす」にまで至ったものを「憲法上の財産権」として承認し（この点で(ロ)と一定の共通性を有する）、本件規定をもってその「制限」と捉えた可能性も否定できない。その意味で判旨(i)は、判例固有の財産権論（主観的権利アプローチ）を展開する出発点となりうるものであった（ただし164事件は本判決の判旨(i)相当部分を丸々省略している。その含意については、164事件解説参照）。

◆参考文献◆
プロセス291頁（石川健治）、小山剛『「憲法上の権利」の作法〔新版〕』［2011］、長谷部恭男『憲法の理性』［2006］、同編著『リーディングズ現代の憲法』［1995］137頁（安念潤司）、佐藤幸治・法セ392号14頁、柴田保幸・最判解民事篇昭和62年度198頁、巻美矢紀・百選 I〔第5版〕212頁、棟居快行・同〔第4版〕208頁。

164 短期売買利益の提供要求と財産権保障——証券取引法事件

最高裁平成14年2月13日大法廷判決
（平成12年(オ)第1965号・同年(受)第1703号短期売買利益返還請求事件）
民集56巻2号331頁、判時1777号36頁

■事 案■

証券取引法164条1項（当時。現金商164 I）は、「上場会社等の役員又は主要株主がその職務又は地位により取得した秘密を不当に利用することを防止するため、その者が当該上場会社等の特定有価証券等について、自己の計算においてそれに係る買付け等をした後6月以内に売付け等をし、又は売付け等をした後6月以内に買付け等をして利益を得た場合においては、当該上場会社等は、その利益を上場会社等に提供すべきことを請求することができる」と規定している（以下、「本件規定」と呼ぶ。なお同条8項〔現金商164 VIII〕は、主要株主等の行う買付け等の態様その他の事情を勘案して内閣府令で定める場合には本件規定を適用しない旨定めている）。

東証2部上場のX社の主要株主（発行済株式総数の100分の10以上を保有）であるY社は、自己の計算において、1999（平成11）年中に数回にわたりX社発行の株式の買付けをし、それぞれ6か月以内にその売付けをし、合計2018万3691円の短期売買利益を得た。そこでXは、Yに対し、本件規定に基づき、上記利益をXに提供すべきことを請求した。これに対しYは、本件規定は憲法29条1項が保障する経済活動の自由としての株式売却の自由を制約するものであるから、その解釈適用に際しては、役員・主要株主がその職務または地位により取得した秘密を利用してインサイダー取引を行うことを規制し、もって一般投資家の利益を保護するという立法趣旨に照らし、合理的に必要な限度での解釈適用が図られるべきであるところ、上記株式の売付けの相手方とY社の代表者および株主が同一であり、上記秘密の不当利用または一般投資家の損害の発生という事実のない本件売付けについてまで本件規定を適用し、短期売買利益の提供請求を認めることは憲法29条1項に違反すると主張した。1審（東京地判平12・5・24民集56巻2号340頁参照）、2審（東京高判平12・9・28前掲民集346頁参照）ともYの主張を斥け、Xの請求を認容したために、Yが上告。

■争 点■

①財産権規制はどのような性格をもつか。また財産権規制に対する違憲審査はどのようにあるべきか。
②短期売買利益の提供を求める証券取引法164条1項は、憲法29条に違反するか。

■判 旨■

上告棄却。

(i)「財産権は、それ自体に内在する制約がある外、その性質上社会全体の利益を図るために立法府によって加えられる規制により制約を受けるものである。財産権の種類、性質等は多種多様であり、また、財産権に対する規制を必要とする社会的理由ないし目的も、社会公共の便宜の促進、経済的弱者の保護等の社会政策及び経済政策に基づくものから、社会生活における安全の保障や秩序の維持等を図るものまで多岐にわたるため、財産権に対する規制は、種々の態様のものがあり得る。このことからすれば、財産権に対する規制が憲法29条2項にいう公共の福祉に適合するものとして是認されるべきものであるかどうかは、規制の目的、必要性、内容、その規制によって制限される財産権の種類、性質及び制限の程度等を比較考量して判断すべきものである。」

(ii)(ア)〔本件規定の目的〕「上場会社等の役員又は主要株主が一般投資家の知り得ない内部情報を不当に利用して当該上場会社等の特定有価証券等の売買取引をすることは、証券取引市場における公平性、公正性を著しく害し、一般投資家の利益と証券取引市場に対する信頼を損なうものであるから、これを防止する必要がある」。本件規定は、「上場会社等の役員又は主要株主がその職務又は地位により取得した秘密を不当に利用することを防止することによって、一般投資家が不利益を受けることのないようにし、国民経済上重要な役割を果たしている証券取引市場の公平性、公正性を維持するとともに、これに対する一般投資家の信頼を確保するという経済政策に基づく目的を達成するためのものと解することができるところ、このような目的が正当性を有し、公共の福祉に適合するものであることは明らかである」。

(イ)〔規制の内容等〕 本件規定は、「外形的にみて上記秘密の不当利用のおそれのある取引による利益につき、個々の具体的な取引における秘密の不当利用や一般投資家の損害発生という事実の有無を問うことなく、その提供請求ができることとして、秘密を不当に利用する取引への誘因を排除しようとするものである。上記事実の有無を同項〔本件規定〕適用の積極要件又は消極要件とするとすれば、その立証や認定が実際上極めて困難であることから、同項の定める請求権の迅速かつ確実な行使を妨げ、結局その目的を損なう結果となり兼ねない。また、同項〔本件規定〕は、同条8項に基づく内閣府令で定める場合又は類型的にみて取引の態様自体から秘密を不当に利用することが認められない場合には適用されないと解すべき……であるし、上場会社等の役員又は主要株主が行う当該上場会社等の特定有価証券等の売買取引を禁止するものではなく、その役員又は主要株主に対し、一定期間内に行われた取引から得た利益の提供請求を認めることによって当該利益の保持を制限するにすぎず、それ以上の財産上の不利益を課するものではない。これらの事情を考慮すると、そのような規制手段を採ることは、前記のような立法目的達成のための手段として必要性又は合理性に欠けるものであるとはいえない」。

(ウ) 以上のとおり、「〔証券取引〕法164条1項は証券取引市場の公平性、公正性を維持するとともにこれに対する一般投資家の信頼を確保するという目的による規制を定めるものであるところ、その規制目的は正当であり、規制手段が必要性又は合理性に欠けることが明らかであるとはいえないのであるから、同項は、公共の福祉に適合する制限を定めたものであって、憲法29条に違反するものではない」。

■解 説■

1 Y主張のように、本件規定が「憲法29条1項が保障する経済活動の自由としての株式売却の自由を制約するものである」とすれば（ただし本判決はこの点に言及していない。本解説3参照）、財産権「制約」・「規制」立法に対する違憲審査基準の設定をめぐるお馴染みの論点が、まずは立ち現れる。周知のとおり、かつては財産権規制立法についても「規制目的二分論」（本書154事件〔最大判昭50・4・30—薬局距離制限違憲判決〕参照）が適用されると説かれたが、163事件（最大判昭62・4・22—森林法事件）がこの支配的見解を大いに動揺させ、財産権領域における（さらには経済的自由領域全体における）二分

論の行方に実務界および学界の関心が集まっていた。学説の中には、本判決判旨(ii)(ア)が、本件規制の目的を「経済政策に基づく」ものと捉えた点に着目し、本判決は二分論を踏襲し、「経済政策上のいわゆる積極目的の規制立法に関する判断を示したもの」と評する見解もあるが（野中ほかⅠ466頁〔高見勝利〕）、判旨(i)が、163事件判旨(ii)部分をほぼそのまま繰り返しつつも（ただし明示的引用はない）、「『積極的』『消極的』という文言〔を〕注意深く削り取」っていることから、最高裁として、少なくとも財産権領域においては二分論を単純に適用しないとする立場を明確にしたとみる見解が有力である（松本・後掲①215頁等）。かかる理解によれば、本判決は、163事件さらには154事件にルーツを持つ「比較考量」（判旨(i)判ア第3文参照）を、財産権規制立法に対する違憲審査のデフォルトとして設定した「先例」的判決として位置づけられることになる（松本・後掲②103頁）。実際、本判決後に出された財産権関連判例は、ことごとく本判決を、しかも本判決のみを引用し、「比較考量」によって立法の合憲性を判断している（例えば、農地法の農地転用等の許可制を争った最判平14・4・5刑集56巻4号95頁、消費者契約解除に伴う損害賠償額等を制限する消費者契約法の規定を争った最判平18・11・27判時1958号61頁、区分所有法における「区分所有権」の共同行使性を争った最判平21・4・23判時2045号116頁などがある）。上記のような位置づけが妥当であろう。

2　ここで言う「比較考量」の実体とはいかなるものか。判旨(i)が指摘する財産権規制の特性や、財産権それ自体の法律依存性（29Ⅱ）などを考慮すれば、基本的には、立法裁量を前提とした緩やかな審査（裁量統制）を意味するとみてよいであろう（ただし大石・後掲138～139頁は、本判決では「比較考量するのは第一次的には立法府であると述べる部分〔154事件参照〕が消失している」ことを踏まえ、本判決は立法裁量論を否定し、判断代置型審査を導入したものとみる。かかる判例解釈への批判として、松本・後掲②105頁）。仮にこの「比較考量」を、立法目的の正当性と、その達成手段として採択された規制手段の「必要性」・「合理性」を審査する「比例原則」と同視するにしても、原則として「その審査密度は浅いものにとどまる」ように思われる（宍戸156頁）。もっとも、いま「基本的に」とか「原則として」と述べたように、「事の性質」によっては、かかる審査基準ないし密度が厳格化することがありうる（プロセス311頁以下〔石川健治〕）。例えば、問題となる立法が、(1)「単独所有」のような法制度の本質ないしベースラインから乖離している場合（163事件解説参照）、(2)「自律的・自己責任的生活」ないし人格的発展の基盤を侵害するような場合（人格アプローチについて、巻・後掲38頁参照）、(3)信頼保護原則や法的安定性を侵害するような場合（これは規制対象となる財産権の性質、とりわけその「既得性」にかかわる。165事件〔最大判昭53・7・12―国有農地売払特措法事件〕参照）などが、厳格化をもたらす状況ないし要素として考えられる（もちろん、(1)～(3)にとどまらない）。本件規定には、このような諸要素が認められないために、原則どおり、「相当の立法裁量が認められ」（杉原・後掲194頁）、規制手段の必要性・合理性について緩やかな審査が行われたものと思われる（判旨(ii)(イ)。松本・後掲①215頁は、緩やかな審査が行われた背景として、さらに本件規定の「専門技術性」を挙げる）。

3　本件規定は、アメリカの証券取引所法（1934年）16条(b)項を模範に、1948年の証券取引法制定（改正）時に設けられたものであるから、本件のYは、本件規定の存在を知って、すなわち短期売買利益の提供を請求されうることを知って、X社発行株式を売買したものと解される。したがって、本件規定はYの既得利益を侵害するものでも、また私有財産制度の核心を侵害するものとも言えないため、現在の通説的見解（芦部225頁）を前提にすれば、そもそも本件規定が「憲法上の財産権」を「制限」・「制約」していると言えるのか、なぜ司法による憲法的統制を受けるのかが問題となる。この点、163事件は、(a)憲法29条は「私有財産制度を保障しているのみでなく、社会的経済的活動の基礎をなす国民の個々の財産権につきこれを基本的人権として保障する」と明言した上で、(b)近代市民社会の原則的所有形態である単独所有、あるいはそれへの移行を可能ならしめる分割請求権に憲法上の地位を与え、そこからの逸脱・乖離を「憲法上〔の〕財産権の制限」として構成した（(a)・(b)を整合的に理解するならば、「社会的経済的活動の基礎をなす」までに至った民法上の分割請求権が、「憲法上の財産権」として承認されたのであろう）。163事件は、こうして、何とか憲法上の財産権保障を自由権の保障として理解し、財産権関連立法に対する審査を防御権的に構成したものと思われる。他方、本判決では、163事件の上記(a)・(b)に相当する部分が丸ごと抜け落ち、財産権規制の一般論を述べた後に（判旨(i)）いきなり法律の内容審査に入る（判旨(ii)）、という流れになっている。両者を媒介する部分が存在しないのである。これはおそらく、Yが主張するような「株式売却の自由」が、「単独所有」のような歴史性や中立性（ベースライン的地位）を有するわけではなく、「社会的経済的活動の基礎をなす」憲法ランクの権利とまでは言い切れない、という思いがあったからであろう。しかし、そうなると、つまり本件規定が「憲法上の財産権」を「制限」するものであると言えないとすると、なぜそれが司法による憲法的統制を受けるのか、という先の問題が再演されることになる。その一つの回答は、最高裁は、本判決において、憲法上の財産権保障を、主観的権利保障としてではなく、客観的な法制度保障（立法府に対して適切な制度形成を義務づけるもの。小山・後掲156頁）として捉えた、というものであろう。本判決後の財産権関連判例は、いずれも、「権利‐制限」論を欠く本判決のような簡略な流れをとっており、その含意に関する詳細な分析が求められるように思われる。

4　なお、本件においてYは、本件規定の立法趣旨を踏まえて、内部情報の不当利用または一般投資家の損害発生といった事実のない本件売付けにまで本件規定が「適用」されることを憲法上問題にした（事案参照）。これに対し本判決は、本件規定は、証券取引法164条8項の場合および「類型的」除外例に該当しない限り、「当該取引においてその者が秘密を不当に利用したか否か、その取引によって一般投資家の利益が現実に損なわれたか否かを問うことなく、当該上場会社等はその利益を提供すべきことを当該役員又は主要株主に対して請求することができるものとした規定である」とし、本件のような売付けもその適用対象として当然に予定しているとして、「法令そのもの」の合憲性審査に及んだ（これに対応して、判旨(ii)(ウ)では文面上の〔合憲〕判断がなされている）。

◆参考文献◆
大石和彦・慶應法学13号127頁、小山剛『「憲法上の権利」の作法〔新版〕』[2011]、巻美矢紀・ジュリ1356号33頁、杉原則彦・最判解民事篇平成14年度184頁、松本哲治①・百選Ⅰ〔第5版〕214頁、松本②・ジュリ1400号103頁。

165 事後法による財産権の内容変更
── 国有農地売払特措法事件

最高裁昭和 53 年 7 月 12 日大法廷判決
(昭和 48 年(行ツ)第 24 号国有財産買受申込拒否処分取消請求事件)
民集 32 巻 5 号 946 頁, 判時 895 号 29 頁

■ 事 案 ■

旧農地法は, 80 条 1 項で, 農林大臣 (当時) は, その管理する土地について, 「政令で定めるところにより, 自作農の創設又は土地の農業上の利用の増進の目的に供しないことを相当と認めたとき」は, これを売り払うことができるとし, 2 項で, この土地等が買収農地である場合には, 大臣は「買収の対価」相当額で旧所有者に売り払わなければならない, としていた。これにより, 旧所有者は, 極めて低廉な価格 (坪当たり平均 2 円 60 銭) で買収農地の売払いを受けることができた。農地改革による買収農地の旧所有者である X は, 1968 (昭和 43) 年 1 月に, 旧農地法 80 条を根拠に売払いの申込みを行ったが, 農林大臣により拒否されたため, 拒否処分の取消しと売払義務の確認とを出訴した。
1 審 (名古屋地判昭 46・1・29 民集 32 巻 5 号 974 頁参照) は X の訴えを斥けた。その後, 売払農地認定の対象を制限していた旧農地法施行令 16 条を, 同法 1 項の委任の範囲を超え, 無効であるとした最大判昭 46・1・20 (民集 25 巻 1 号 1 頁) が, 低廉な価格で売払いを受ける旧所有者の範囲を拡大させ, 世論の批判を喚起したこともあって, 売払対価を「時価の 7 割」に引き上げる法改正がなされた (国有農地の売払いに関する特別措置法, 同法施行令。1971 〔昭和 46〕年 4 月 26 日公布, 同年 5 月 25 日施行。以下,「本件法改正」と呼ぶ。なお同法附則 2 項は, 同改正はその施行の日以後に「売払いを受けた」土地等について適用する旨を規定)。
そこで X は, 2 審において訴えを変更し, Y (国) に対して,「買収の対価」相当額での売払いを請求した。2 審 (名古屋高判昭 47・11・30 高民集 25 巻 4 号 414 頁) は, 本件土地が自作農の創設等の目的に供しないと認められる以上, Y は X の申込みに応じて, 本件土地を X に売払うべきであるが, 売払い対価については, X が本件法改正施行日以前に売払いを受けていないことを理由に,「時価の 7 割」でなければならないとした。そこで X は上告し, 本件法改正は旧農地法 80 条 2 項に基づいて有していた既得権たる「買収対価に相当する価額で売払いを受ける権利」を侵害し, 憲法 29 条に違反し無効であるなどと主張した。

■ 争 点 ■

①事後法による財産権の内容変更に対する違憲審査はどのようにあるべきか。
②本件法改正による価額変更は, 憲法 29 条に違反するか (一般的合理性)。
③本件法改正の本件 X への適用は, 憲法 29 条に違反するか (遡及適用)。

■ 判 旨 ■

上告棄却 (岸上康夫裁判官の補足意見, 髙辻正己, 環昌一, 藤崎萬里裁判官の各意見がある)。
(i) 「憲法 29 条 1 項は,『……』と規定しているが, 同条 2 項は,『……』と規定している。したがって, 法律でいったん定められた財産権の内容を事後の法律で変更しても, それが公共の福祉に適合するようにされたものである限り, これをもって違憲の立法ということができないことは明らかである。そして, 右の変更が公共の福祉に適合するようにされたものであるかどうかは, いったん定められた法律に基づく財産権の性質, その内容を変更する程度, 及びこれを変更することによって保護される公益の性質などを総合的に勘案し, その変更が当該財産権に対する合理的な制約として容認されるべきものであるかどうかによって, 判断すべきである。」
(ii)(1) 「改正前の農地法 80 条によれば, 国が買収によって取得し農林大臣が管理する農地について, 自作農の創設等の目的に供しないことを相当とする事実が生じた場合には, 当該農地の旧所有者は国に対して同条 2 項後段に定める買収の対価相当額をもってその農地の売払いを求める権利を取得するものと解するのが相当である」(前掲大判昭 46・1・20 参照)。しかし, 本件法改正は,「売払いの対価を, 買収の対価相当額から当該土地の時価の 7 割に相当する額に変更した」。「そこで, 以下, 右のような売払いの対価の変更が権利の性質等前述した観点からみて旧所有者の売払いを求める権利に対する合理的な制約として容認されるべきものであるかどうかについて, 判断する。」
(2) 「本件農地の買収について適用された自作農創設特別措置法 (以下『自創法』という。) は, 主として自作農を創設することにより, 農業生産力の発展と農村における前近代的な地主的農地所有関係の解消を図ることを目的とするものである……から, 自創法によっていったん国に買収された農地が, その後の事情の変化により, 自作農の創設等の目的に供しないことを相当とするようになったとしても, その買収が本来すべきでなかったものになるわけではなく, また, 右買収農地が正当な補償の下に国の所有となったものである以上, 当然にこれを旧所有者に返還しなければならないこととなるものでないことも明らかである。しかし, もともと, 自創法に基づく農地の買収は前記のように自作農の創設による農業生産力の発展等を目的としてされるものであるから, 買収農地が自作農の創設等の目的に供しないことを相当とする事実が生じたときは旧所有者に買収農地を回復する権利を与えることが立法政策上当を得たものであるとして, その趣旨で農地法 80 条の買収農地売払制度が設けられたものと解される (前掲大法廷判決参照)。」「買収農地売払制度が右のようなものである以上, その対価〔買収農地売払い対価〕は, 当然に買収の対価に相当する額でなければならないものではなく, その額をいかに定めるかは, 右に述べた農地買収制度及び買収農地売払制度の趣旨・目的のほか, これらの制度の基礎をなす社会・経済全般の事情等を考慮して決定されるべき立法政策上の問題であって, ……改正前の農地法 80 条 2 項後段が売払いの対価を買収の対価相当額と定めたのは, 農地買収制度の施行後さほど時を経ず, また, 地価もさほど騰貴していなかった当時の情勢にかんがみ妥当であるとされたからにすぎない。」
(3) 「農地法施行後における社会的・経済的事情の変化は当初の予想をはるかに超えるものがあり, 特に地価の騰貴, なかんずく都市及びその周辺におけるそれが著しいことは公知の事実である。このような事態が生じたのちに, 買収の対価相当額で売払いを求める旧所有者の権利をそのまま認めておくとすれば, 一般の土地取引の場合に比較してあまりにも均衡を失し, 社会経済秩序に好ましくない影響を及ぼすものであることは明らかであり, しかも国有財産は適正な対価で処分されるべきものである……から, 現に地価が著しく騰貴したのちにおいて売払いの対価を買収の対価相当額のままとすることは極めて不合理であり適正を欠く」。「のみならず, 右のような事情の変化が生じたのちにおいてもなお, 買収の対

価相当額での売払いを認めておくことは，その騰貴による利益のすべてを旧所有者に収得させる結果をきたし，一般国民の納得を得がたい不合理なものとなったというべきである。他方，改正前の農地法80条による旧所有者の権利になんらの配慮を払わないことも，また，妥当とはいえない。特別措置法〔等〕……が売払いの対価を時価そのものではなくその7割相当額に変更したことは，前記の社会経済秩序の保持及び国有財産の処分の適正という公益上の要請と旧所有者の前述の権利との調和を図ったものであり旧所有者の権利に対する合理的な制約として容認されるべき性質のものであって，公共の福祉に適合する」。

(iii)「同法の施行前において既に自作農の創設等の目的に供しないことを相当とする事実の生じていた農地について国に対し売払いを求める旨の申込みをしていた旧所有者は，特別措置法施行の結果，時価の7割相当額の対価でなければ売払いを受けることができなくなり，その限度で買収の対価相当額で売払いを受けうる権利が害されることになることは，否定することができない。しかしながら，右の権利は当該農地について既に成立した売買契約に基づく権利ではなくて，その契約が成立するためには更に国の売払いの意思表示又はこれに代わる裁判を必要とするような権利なのであり，その権利が害されるといっても，それは売払いを求める権利自体が剥奪されるようなものではなく，権利の内容である売払いの対価が旧所有者の不利益に変更されるにとどまるものであって，前述のとおり右変更が公共の福祉に適合するものと認められる以上，右の程度に権利が害されることは憲法上当然容認されるものといわなければならない。」

■解説■

1 本件は，戦後農地改革という「例外」的事象の後処理に関連したものであるが，「事後法による財産権の内容変更」と呼ばれる憲法29条に関する一般的論点を含んでおり，いまなお注意深く読まれるべき重要判決の一つである。

2 財産権の「内容変更」とは，法律Aが明確かつ具体的に形成した財産権aが，事後に，法律Bによって財産権bへと明示的に変更（縮減）されることを意味する。これは，憲法29条2項のいう立法府による「（広義の）内容形成」の1パターンといえるが，本書163事件（最大判昭62・4・22―森林法事件）で森林法186条が提起したような問題とは一応区別される。ここでは，森林法186条以前に，森林共有の分割請求権aを明確かつ具体的に認める法律Aが存在したわけではないから（民法上の分割請求権は一般的なもので，森林共有の分割請求権aを明確かつ具体的に認めたものではない），分割請求権aに対する一般的信頼が形成されていたとはいえず，森林法186条が，こうした一般的信頼を裏切ったり，この信頼を基礎に形成された経済秩序の安定を害したということはできない。これに対し，内容変更立法は，法律Aが明確かつ具体的に形成した財産権aに対する一般的信頼を害し，経済秩序に対して一定の混乱を与えうる。したがって，その立法裁量は「（狭義の）内容形成」立法の場合と同様に解してよいのか，あるいは，信頼保護原則や法的安定性という観点から，その立法裁量は縮減され，当該立法に対する違憲審査も一般的な「比較考量」（164事件〔最大判平14・2・13―証券取引法事件〕）より厳格化されるべきではないのか，といった問題が提起される（「変更」的要素は，審査基準・密度を厳格化する「事の性質」の一つとしても理解されうる）。この点，本判決は，憲法29条2項から「公共の福祉」に適合する限り内容変更立法も許されるとした上で，「公共の福祉」との適合性は，「いったん定められた法律に基づく財産権の性質，その内容を変更する程度，及びこれを変更することによって保護される公益の性質などを総合的に勘案し，その変更が当該財産権に対する合理的な制約として容認されるべきものであるかどうかによって，判断すべき」とした（判旨(i)）。内容変更立法の特質を踏まえた総合衡量的基準を示し（審査基準を厳格化させたとは言えないまでも），信頼保護原則や法的安定性をかかる「総合衡量」の中で斟酌すべきと解したものといえよう。判旨(ii)は，これを受けて，(2)本件権利の「立法政策」的・恩恵的性格，(3)社会経済秩序の保持及び国有財産処分の適正という公益上の要請，それに対する変更の程度・範囲の相対的な小ささ（7割相当額への変更）から，本件内容変更の合憲性を導いている。

3 本判決の高辻意見は，「①法律に定められている権利の内容を変更することと，②その変更をした法律を既に国との間に設定されている……個別の法律関係に適用し，よって旧所有者の財産的利益を害することとは，本来，その性質を異にする」と述べ，本件表題の論点を，①2で述べた財産権の内容変更にかかわる問題（一般的合理性）と，②その内容変更を，具体的な既得利益を有する者（本件であればX）に遡及適用することにかかわる問題とに区別した。こうした「区別論」からすると，また憲法29条1項が「個人の現に有する具体的な財産上の権利」を保障するものと一般に理解されることからすると（芦部225頁），遡及適用の必要性・合理性は，①の場合より強く審査されるべきなのかもしれない（戸波・後掲②293頁）。この点，本判決は，判旨(iii)において，④Xへの遡及適用に強い関心を向けたが，⑨権利侵害の弱さ（「売払いを求める権利自体が剥奪されるようなものではな」い）を前提に，Ⓐ内容変更の正当化事由をそのまま遡及適用の正当化にスライドさせ，「憲法上当然容認される」と述べた。権利侵害の強さ（→⑨）によって審査方法（→Ⓐ）が変わりうるとすれば，ここではさしあたり上記「区別論」との共通点（→④）に注目しておくべきであろう。なお，その必要性・合理性から，遡及適用の合憲性が許容されるとしても，適用対象者に「特別の犠牲」が生じていれば，憲法29条3項の損失補償がなされうる（「比例性」によって判断される遡及適用の可否と，「特別の犠牲」によって判断される補償の要否とは，本来別問題である）。もっとも，本判決の高辻意見や環意見のように，「売払いを求める権利」が恩恵的・政策的なもので，かつ農林大臣の「認定」によって初めて発生するものであるとすれば，かかる「認定」を未だ受けていない本件Xはそもそも既得利益を手にしていないことになり，遡及適用や補償の問題それ自体が消失する（福井・後掲358頁等参照）。

4 証券取引法の損失補填禁止規定が，同規定導入前の私法上有効な契約（損失保証契約）に基づく履行請求に遡及適用されるか否かを問題とした損失填補事件（最判平15・4・18民集57巻4号366頁）は，本判決判旨(i)の基準ではなく，164事件の「比較考量」基準を使い，上述の「区別論」も採らなかった（合憲）。「比較考量」という一般的枠組みの中で，内容形成立法や遡及適用の「性質」が考慮されるということなのであろう（が，実際のところ，「目的と手段の合理的関連性や目的達成のための手段の必要性を精査した跡はうかがえない」との指摘がある。矢島・後掲10頁）。

◆参考文献◆

小泉良幸・百選Ⅰ〔第5版〕220頁，宍戸達徳・最判解民事篇昭和53年度321頁，戸波江二①・百選Ⅰ〔第3版〕200頁，戸波②『憲法』[1998]，福井英夫・行政百選Ⅱ〔第4版〕358頁，矢島基美・セレクト2003年10頁。

166 戦後農地改革と29条3項(1)
――「正当な補償」の意味

最高裁昭和28年12月23日大法廷判決
(昭和25年(オ)第98号農地買収に対する不服申立事件)
民集7巻13号1523頁, 判時18号3頁

■ 事 案 ■

　戦後農地改革を規律していた自作農創設特別措置法(以下,「自創法」と呼ぶ)は, その6条3項において, 田の最高買収価格を地租法による賃借価格の40倍と定めていた。Xは, 1947(昭和22)年に, 自創法6条3項所定の最高価格で農地を買収されたが, この価格は憲法29条3項にいう「正当な補償」に当たらないとして, 買収対価の増額変更を求めて出訴した。その理由は以下のとおりである。(1)自創法6条3項が定める買収対価の上記算定価格は, 反当りの玄米実収入量を2石として自作農の純収益金を算出し, これを国債利回りにより逆算して得られた自作収益価格(自作農が有する反当り経済価値)が賃貸価格の約40倍に該当する, ということを根拠にしているが, この計算の基礎となった米価は, 政府が法令により任意に定めた価格(低廉な公定価格)である。しかし, このように, 公定価格に基づいて算出された価格は, 憲法が求める正当な補償額とはいえない。正当な補償として要求される価格は, 経済界において取引上認められる本質的経済価値をいうからである。(2)自創法所定の買収価格は, 価格算出後の経済事情の激変を考慮に入れることを予定していないため, 「田1反の買収対価が鮭3尾の代価にも及ばないというが如き奇怪なる結果となり, その対価は買収当時の経済事情よりすれば, 二束三文殆ど名目上のものたるに止まり実質上は無償にて取上げられると異なる所なき事態」となっている。(3)したがって, 自創法所定の対価は, 買収対価算出の一応の標準を示したにとどまり, 具体的場合には, この対価が公正妥当か否かを判断したうえで憲法の保障する正当な補償額を算出すべきである。
　1審(山形地判昭24・5・6民集7巻13号1548頁参照), 2審(仙台高判昭24・10・14前掲民集1556頁参照)とも, 請求を棄却したため, Xが上告した。

■ 争 点 ■

①憲法29条3項にいう「正当な補償」とはどのような意味か。
②自創法6条3項の農地買収対価は, 「正当な補償」といえるか。

■ 判 旨 ■

　上告棄却(1つの補足意見, 2つの意見, 1つの反対意見がある)。

　(i)「憲法29条3項にいうところの財産権を公共の用に供する場合の正当な補償とは, その当時の経済状態において成立することを考えられる価格に基き, 合理的に算出された相当な額をいうのであって, 必ずしも常にかかる価格と完全に一致することを要するものでないと解するを相当とする。けだし財産権の内容は, 公共の福祉に適合するように法律で定められるのを本質とするから(憲法29条2項), 公共の福祉を増進し又は維持するため必要ある場合は, 財産権の使用収益又は処分の権利にある制限を受けることがあり, また財産権の価格についても特定の制限を受けることがあって, その自由な取引による価格の成立を認められないこともあるからである。」

　(ii)(ア)〔法の目的〕　自創法6条3項が「対価の採算方法を地主採算価格によらず自作収益価格によったことは, 農地を耕作地として維持し, 耕作者の地位の安定と農業生産力の維持増進を図ろうとする, 農地調整法(以下農調法という)よりいわゆる第2次農地改革において制定された自創法……に及ぶ一貫した国策に基く法の目的からいって当然である」。そして, 買収対価算出の基礎とされた米価は, 「いわゆる公定価格(食糧管理法3条2項4条2項)であるが, このように米価を特定することは国民食糧の確保と国民経済の安定を図るためやむを得ない法律上の措置であり, その金額も当時において相当であったと認めなければならないから, 農地の買収対価を算出するにあたり, まずこの米価によったことは正当であって, 所論のように憲法の規定する正当な補償なりや否やを解決するについての標準とはならないということはできない」。また, 「対価算出の項目と数字は, いずれも客観的且つ平均的標準に立つのであって, わが国の全土にわたり自作農を急速且つ広汎に創設する自創法の目的を達するため自創法3条の要件を具備する農地を買収し, これによって大多数の耕作者に自作農としての地位を確立しようとするのであるから, 各農地のそれぞれについて, 常に変化する経済事情の下に自由な取引によってのみ成立し得べき価格を標準とすることは許されない」。したがって, 自創法が, 買収対価を, 「6条3項の額の範囲内においてこれを定めることとしたのは正当である」。

　(イ)〔報償金〕　農地所有者に対しては, 「前記買収対価の外に, ……その農地の面積に応じ特定の基準……による報償金が交付される(自創法13条3項4項)」。「このように, 前記買収対価の外に, 地主としての収益に基き合理的に算出された報償金をも交付されるのであるから, 買収農地の所有者に対する補償が不当であるという理由を認めることはできない。」

　(ウ)〔農地および農地所有権の性質〕「およそ農地のごとくその数量が自然的に制約され, 生産によって供給を増加することの困難なものは, 価格の成立についても一般商品と異なるところがあり, 収益から考えられる価格も, 土地の面積は本来限定されているから, 生産に自から限度があるばかりでなく一般物価が高くなっても生産費がこれと共に高くなれば, 収益は必ずしもこれに伴うものでなく, 従って収益に基く価格は物価と平行するとはいえない」。「また農地の性質上主として需要に依存する価格が考えられるが, 価格が国家の施策によって特定されるに至るときは, かかる価格も自由な取引によって成立することはほとんど不能となり, 単にその公定又は統制価格が, 当時の経済状態における収益との関係において著しい不合理があるかどうかの問題を残すに過ぎないと見なければならない。」「そこでわが国における農地制度の国策の進展を見るに, すでに昭和13年4月農調法を制定し, 農地の所有者及び耕作者の地位の安定と農業生産力の維持増進を図り, もって農地を調整し(1条), 併せて自作農創設維持(4条6条7条)を達成することに着手し」, その後も「この方向に進む施策は, ……次第に強化の一途をたど」ったのであるから, 「自創法の定める農地買収計画のごとき強度の改革は, ……わが国策の軌道の上に考えられないことではなかったのであって, 他のある制度のように連合国の指令によらなければその実現を全く考えられなかったものとは類を異にす

る」。「このように農地は自創法成立までに，すでに自由処分を制限され，耕作以外の目的に変更することを制限され，……農地の価格そのものも特定の基準に統制されていたのであるから，地主の農地所有権の内容は使用収益又は処分の権利を著しく制限され，ついに法律によってその価格を統制されるに及んでほとんど市場価格を生ずる余地なきに至ったのである。そしてかかる農地所有権の性質の変化は，自作農創設を目的とする一貫した国策に伴う法律上の措置であって，いいかえれば憲法29条2項にいう公共の福祉に適合するように法律によって定められた農地所有権の内容であると見なければならない。」

㈡〔公定・統制価格〕 自創法制定以後における諸物価の値上がりとの関係についていうと，もともと「公定又は統制価格は，公共の福祉のために定められるのであるから，必ずしも常に当時の経済状態における収益に適合する価格と完全に一致するとはいえ，まして自由な市場取引において成立することを考えられる価格と一致することを要するものではない。従って対価基準が買収当時における自由な取引によって生ずる他の物価と比べてこれに正確に適合しないからといって適正な補償でないということはできない」。

㈥「以上に述べた理由により自創法6条3項の買収対価は憲法29条3項の正当な補償にあたる」。

■ 解 説 ■

1 本判決の意義は，一般に，(1)最高裁が，29条3項にいう「正当な補償」の意味について初めて解釈を示したこと（判旨(i)），(2)同解釈に基づき，自創法所定の買収対価を「正当な補償」に当たるとし（判旨(ii)），農地改革の合憲性を認めたこと，(3)その後の農地改革関連訴訟の諸判決（最大判昭29・11・10民集8巻11号2034頁，未墾地買収対価に関する最大判昭30・10・26民集9巻11号1690頁等）に決定的な影響を与えたことにあるとされている（原・後掲105頁）。

2 周知のように，学説上，29条3項にいう「正当な補償」の意味をめぐって，当該財産の有する客観的な市場価格を100パーセント補償すべきとする「完全補償説」と，諸般の事情を考慮して合理的に算出された相当額を補償すべき（であり，時に市場価格を下回ってもよい）とする「相当補償説」とが対立してきた（中谷・後掲156～157頁等参照）。こうした対立軸を前提にすれば，本判決は「相当補償説」の側に立ったものといえる（判旨(i)参照）。そして，やはりこのような分類に従えば，本判決以降，最高裁は一貫して「相当補償説」の立場をとってきたということになる（本書168事件〔最判平14・6・11〕参照。最判昭48・10・18民集27巻9号1210頁は，「完全補償説」の立場を示したが，これは29条3項の解釈としてではなく，あくまで土地収用法の解釈として展開されたものである）。しかし，そもそも「相当補償説／完全補償説」という用語法ないし分類法それ自体がミスリーディングであって，最高裁は「こうした枠組みで問題を捉えていない」ように思われる（プロセス328頁〔工藤達朗〕）。単純に考えても，「完全」と「相当」は，相互に排他的な言葉ではない。例えば，諸般の事情を慎重に考慮して導き出された「相当」な補償が，憲法の要求する「完全」な補償ではない，ということには必ずしもならない。もちろん，「完全補償説」のいう「完全」は，憲法上「完璧（perfect）」という意味ではなく，市場価格との完全な「一致（correspondence）」を意味しているのであろう。しかし，そうなると，「完全補償説」は，その印象とは逆に，憲法上「不完全（imperfect）」な補償を要求する可能性も出てくる。例えば，同説の下では，一般市場の経済的価値とは直接関連しない生活権補償などが，憲法上要求される「正当な補償」から外れる可能性がある（ただし柳瀬・後掲①72頁。なお，生活権補償を憲法上の要請とみない見解も有力である。橋本・後掲183頁，岐阜地判昭55・2・25判時966号22頁参照）。他方で，「完全補償説」（という名の市場価格一致説）においては，行政財産の使用許可（公物使用権）の撤回等に対する権利対価補償（宇賀・後掲419頁以下参照）についても，一般市場価格と一致した補償が要請されることになり，憲法上過剰とも言える補償を導く可能性もある（こうみると，市場価格と一致しない補償が，むしろ憲法上「完全〔perfect〕」な補償となる場合もありうる）。

3 以上みてきたところによれば，「正当な補償」の解釈をめぐる実質的対立は，「相当／完全」ではなく，「相当（≒完全）／市場価格」にあったといえるのではないか。そして，実際に最高裁が前提にしてきた枠組みはこのようなものであり，本判決の判旨(i)も，単に「市場価格一致説」を否定したにすぎず，実質的意味における「完全」補償を否定するものではなかったように思われる。もっとも，損失補償が，財産権保障だけでなく，平等原則をも根拠にしていることに鑑みれば（柳瀬・後掲②9頁），(a)収用・制限の目的，(b)収用・制限の対象となる財産の性質等からみて不合理であると認められない限り，市場価格と一致した補償が求められると解するべきであろう（中谷・後掲157頁，向井・後掲225頁）。学説の中には，(a)に着目して，「既存の財産法秩序の枠内における個別的侵害行為」のような通常の収用類型については市場価格補償が要請されるが，「既存の財産法秩序を構成する或種の財産権に対する社会的評価が変化したことに基づき，その権利関係の変革を目的として行われる侵害行為」については市場価格を下回る補償も許されるとするもの（今村・後掲74頁），(b)に着目して，生活財たる（したがって社会性の弱い）「小さな財産」の収用・制限には市場価格補償が要請されるが，他人の支配を伴うような社会性の強い「大きな財産」の場合には市場を下回る補償で足りるとするもの（高原・後掲11頁）などがある。こうした学説からは一定の距離があるが，本判決もまた，㈠自創法に基づく農地買収の目的，㈡農地所有権の性質に関する検討を通じて，農地改革に伴う農地買収に対し市場価格を下回る補償を行うことを例外的に許容したものと思われる。㈠については，「自作農を急速且つ広汎に創設」し，「これによって大多数の耕作者に自作農としての地位を確立しようとする」農地買収の目的を強調する判旨(ii)㈦，その「改革」的性格を指摘する(ii)㈥，㈡については，「地主の農地所有権」の制限的性格とその歴史性を強調する(ii)㈥を参照されたい（なお，判旨(ii)㈣は，「報奨金」という補完的・調整的の制度を正当化事由の一つに挙げている。こうした補完的制度が果たす役割については，168事件解説参照）。

◆ 参考文献 ◆

今村成和『損失補償制度の研究』[1968]，岩間昭道・百選Ⅰ〔第4版〕218頁，宇賀克也『国家補償法』[1997]，内野正幸・行政百選Ⅱ〔第5版〕504頁，高原賢治『財産権と損失補償』[1978]，中谷実・争点156頁，橋本公亘・行政法の争点〔新版〕183頁，原龍之介・百選〔第3版〕104頁，向井久了・百選Ⅰ〔第5版〕224頁，柳瀬良幹①『人権の歴史』[1949]，柳瀬②・自治研究25巻7号9頁，結城光太郎・公法研究11号84頁，米沢広一・基本判例〔第2版〕125頁。

167 戦後農地改革と29条3項(2)
── 「公共のために用ひる」の意味

最高裁昭和29年1月22日第二小法廷判決
(昭和27年(オ)第679号宅地買収計画取消請求事件)
民集8巻1号225頁

■ 事　案 ■

戦後農地改革を規律していた自作農創設特別措置法（以下，「自創法」と呼ぶ。本書166事件〔最大判昭28・12・23〕も参照）は，その15条1項2号で，農地付帯施設（農業用施設，水の使用に関する権利，建物等）の買収に関して規定し，買収農地につき自作農となる者が，「賃借権，使用貸借による権利若しくは地上権を有する宅地又は賃借権を有する建物」の買収（以下，「宅地買収」と呼ぶ）を政府に申請し，市町村農地委員会が当該申請を相当と認めたときは，政府は当該宅地を買収するものとしていた。

1948（昭和23）年，Y（村農業委員会）が，訴外Aほか3名の申請に基づき，自創法15条により本件宅地の買収計画を立てたところ，本件宅地所有者であるXが，同法15条による宅地買収は農地に付属している宅地を（農地に）併せて買収することが農業経営上必要とされる場合に限られるが，本件宅地は農地との間に直接の農業経営上の結びつきがなく（農地と宅地は20間〔約36.4メートル〕ないし8丁〔約872メートル〕余り離れていた），本件買収は自創法に反し違法であるなどとして，買収計画の取消しを求めて出訴した。

1審（和歌山地判昭24・9・12行月23号16頁）は取消しを認めたが，2審（大阪高判昭27・5・20行集3巻4号714頁）は，自創法15条1項2号の買収宅地として認められるには，買収農地につき自作農となる者が当該農地の経営上必要であれば足り，Xが主張するように宅地が当該農地に付随し主として当該農地の用に供されることまでは要求されないとし，Xの請求を棄却した。そこでXが，本件宅地はAほか3名の耕作者がそれぞれ住家を設けその敷地等に使用しているものであり，Yが本件宅地を買収してもAほか3名に売り渡すほかなく，結局買収の目的は特定個人4名の耕作者の利益を図ることに存するから，公共性がなく，収用・制限が「公共のために」なされることを求める憲法29条3項に違反するなどと主張して上告した。

■ 争　点 ■

最終的に私人の用に供されることになる自創法上の宅地買収は，憲法29条3項の求める「公共のため」の収用といえるか。

■ 判　旨 ■

上告棄却。

「自創法による農地改革は，同法1条に，この法律の目的として掲げたところによって明らかなごとく，耕作者の地位を安定し，その労働の成果を公正に享受させるため自作農を急速且つ広汎に創設し，又，土地の農業上の利用を増進し，以て農業生産力の発展と農村における民主的傾向の促進を図るという公共の福祉の為の必要に基いたものであるから，自創法により買収された農地，宅地，建物等が買収申請人である特定の者に売渡されるとしても，それは農地改革を目的とする公共の福祉の為の必要に基いて制定された自創法の運用による当然の結果に外ならないのであるから，この事象のみを捉えて本件買収の公共性を否定する論旨は自創法の目的を正解しないに出た独自の見解であって採用できない。」

■ 解　説 ■

1　29条3項は，「私有財産は，正当な補償の下に，これを公共のために用ひることができる」と定めており，収用・制限（以下，単に「収用」と呼ぶ）が「公共のために」なされることを求めている。ここでは，目的の「公共」性が，収用の要件とされているのである。本件では，特定私人（耕作者4名）が受益者となる自創法上の宅地買収（いわゆる「私用」収用）が，この公共性要件を満たすものとして憲法上許容されるかが問題とされたところ，本判決は，買収農地や宅地が特定私人に売り渡されるとしても，「それは農地改革を目的とする公共の福祉の為の必要に基いて制定された自創法の運用による当然の結果に外ならない」から，「この事象のみを捉えて本件買収の公共性を否定する」ことはできないとし，収用全体の目的が公共性を有することを前提に，上述のような「私用」収用を認めた（これは，166事件の井上登・岩松三郎裁判官意見が，憲法29条3項にいう「公共のために用ひる」を，鉄道敷設等の公共事業の用に直接供する場合に厳しく限定したのに対して，ここでいう「公共の用というのは公共の利益をも含む意味であって何も必しも物理的に公共の使用のためでなければならないと解すべきではな」く，また「収用した結果具体的の場合に特定の個人が受益者となっても政府による収用の全体の目的が公共の用のためであればよい」と述べた栗山茂裁判官意見の見解を採用したものといわれる）。

2　このように，本判決は「私用」収用を認めた先例として引かれることが多い。しかし，その先例的地位は不動のものではない。例えば，農地改革の特殊性を強調して，近代的所有権に関する本判決の先例的地位を全面的に否定する考えもありうる（この見解においては，本件で収用対象となった「地主の権利は前近代的なものでそもそも29条1項の保障の範囲外」のものと把握される。今関・後掲222頁）。また，先例的価値を認める場合でも，本件で収用対象となったのは非生存的財産であるから，その射程は生存財産に対する「私的」収用には及ばないとする考えもありうる（今関・後掲223頁。渡辺・後掲27頁も参照）。さらに，本判決は，自作農創設という（当時の時代状況からみて）公共性の明らかな「私用」収用を認めたにとどまるから，目的の公共性それ自体が疑われる収用については別途慎重な検討を要するとの考えもありうる（例えば，個人への分譲を最終的な目的とする宅地開発のための収用は可能か，などの問題がある。遠藤・後掲264頁等）。このような本判決の再検討，より一般に，「公共のために用ひる」の外延を確定する作業は，近年，「公共性が拡散し，『公共性』の名のもとに，いわゆる生存権的財産権が侵害され，民間デベロッパー（大企業）の利益が保障される状況が住宅地の造成や工業団地の建設等において顕著に見られる」とすれば，今後より重要性を増すように思われる（今関・後掲223頁。棟居＝宇賀・後掲205頁，プロセス330頁〔工藤達朗〕も同旨）。補償の正当性以前に，収用の公共性を問うという姿勢が求められよう。

◆ 参考文献 ◆

今関源成・百選Ⅰ〔第5版〕222頁，遠藤博也・行政法の争点〔新版〕264頁，宇賀克也ほか編『対話で学ぶ行政法』[2003] 197頁（棟居快行＝宇賀克也），渡辺洋三＝稲本洋之助編『現代土地法の研究(上)』[1982]（渡辺洋三）。

168 土地収用法71条と憲法29条3項の「正当な補償」

最高裁平成14年6月11日第三小法廷判決
（平成10年（行ツ）第158号土地収用補償金請求事件）
民集56巻5号958頁，判時1792号47頁

■**事案**■

土地収用法（以下，「法」と呼ぶ）旧71条は，収用に対する損失補償の額について，「収用委員会の収用又は裁決の時の価格によって算定」しなければならないと定めていたが，経済社会の変動，地価の異常な高騰に対する対策としてなされた1967（昭和42）年の改正により，「近傍類地の取引価格等を考慮して算定した事業の認定の告示の時における相当な価格に，権利取得裁決の時までの物価の変動に応ずる修正率を乗じて」算出するものとされた（以下，「現71条」と呼ぶ。このような算定方式は「価格固定制」とも呼ばれる）。

Y（起業者）の変電所新設事業において法に基づき土地等を収用されたXらは，事業認定から権利取得裁決までの間（本件では1968年4月25日～1969年3月31日）の地価上昇率がこの修正率を上回る場合には（本件では地価上昇率が約20パーセントであったのに対し，修正率が1.0193パーセントであった），権利取得裁決時に近傍類地を取得するのに十分な補償が受けられないとし，法133条により損失補償額の変更およびその支払を求めた。

1審（大阪地判昭62・4・30民集56巻5号970頁参照），2審（大阪高判平10・2・20前掲民集1000頁参照）ともXの請求を棄却したため，Xが，地価の変動（上昇）が反映されない現71条に基づく補償は「正当な補償」とはいえず，憲法29条3項に反すると主張し，上告した。

■**争点**■

①憲法29条3項の「正当な補償」とはどのような意味か。
②損失補償額の算定につき事業認定告示時を基準とする土地収用法71条（価格固定制）は，憲法29条3項に違反するか。

■**判旨**■

一部上告棄却，一部訴え却下。

(i)「憲法29条3項にいう『正当な補償』とは，その当時の経済状態において成立すると考えられる価格に基づき合理的に算出された相当な額をいうのであって，必ずしも常に上記の価格と完全に一致することを要するものではないことは，当裁判所の判例〔本書166事件（最大判昭28・12・23）〕……とするところである。土地収用法71条の規定が憲法29条3項に違反するかどうかも，この判例の趣旨に従って判断すべきものである。」

(ii)(ア) 法71条は，「事業の認定の告示の時における相当な価格を近傍類地の取引価格等を考慮して算定した上で，権利取得裁決の時までの物価の変動に応ずる修正率を乗じて，権利取得裁決の時における補償金の額を決定することとしている」が，「事業認定の告示の時から権利取得裁決の時までには，近傍類地の取引価格に変動が生ずることがあり，その変動率は必ずしも上記の修正率と一致するとはいえない。しかしながら，上記の近傍類地の取引価格の変動は，一般的に当該事業による影響を受けたものであると考えられるところ，事業により近傍類地に付加されることとなった価値と同等の価値を収用地の所有者等が当然に享受し得る理由はないし，事業の影響により生ずる収用地そのものの価値の変動は，起業者に帰属し，又は起業者が負担すべきものである。また，土地が収用されることが最終的に決定されるのは権利取得裁決によるのであるが，事業認定が告示されることにより，当該土地については，任意買収に応じない限り，起業者の申立てにより権利取得裁決がされて収用されることが確定するのであり，その後は，これが一般の取引の対象となることはないから，その取引価格が一般の土地と同様に変動するものとはいえない。そして，任意買収においては，近傍類地の取引価格等を考慮して算定した事業認定の告示の時における相当な価格を基準として契約が締結されることが予定されているということができる。」

(イ)「なお，土地収用法は，事業認定の告示があった後は，権利取得裁決がされる前であっても，土地所有者等が起業者に対し補償金の支払を請求することができ，請求を受けた起業者は原則として2月以内に補償金の見積額を支払わなければならないものとしている（同法46条の2，46条の4）から，この制度を利用することにより，所有者が近傍において被収用地と見合う代替地を取得することは可能である。」

(ウ)「これらのことにかんがみれば，土地収用法71条が補償金の額について前記のように規定したことには，十分な合理性があり，これにより，被収用者は，収用の前後を通じて被収用者の有する財産価値を等しくさせるような補償を受けられるものというべきである。」
「以上のとおりであるから，土地収用法71条の規定は憲法29条3項に違反するものではない。」

■解説■

1 本件と同じく土地収用法に基づく収用への補償が問題とされた最判昭48・10・18（民集27巻9号1210頁。以下，「昭和48年判決」と呼ぶ）で，最高裁は，「土地収用法における損失の補償は，特定の公益上必要な事業のために土地が収用される場合，その収用によって当該土地の所有者等が被る特別な犠牲の回復をはかることを目的とするものであるから，完全な補償，すなわち，収用の前後を通じて被収用者の財産価値を等しくならしめるような補償をなすべきであり，金銭をもって補償する場合には，被収用者が近傍において被収用地と同等の代替地等を取得することをうるに足りる金額の補償を要する」と述べた。同判決により，最高裁は，166事件が採用した「相当補償説」から，「完全補償説」へとその立場を変えたとの評価もなされた（両説の内容については，166事件解説参照）。ところが本判決は，この昭和48年判決を飛び越え，再び166事件の「相当補償」の一節を引いたため（判旨(i)参照），最高裁が29条3項の「正当な補償」の解釈についていかなる立場に立つのかが改めて問われることになった。

2 しかし，そもそも昭和48年判決は，その冒頭でわざわざ「土地収用法における損失の補償は……」と述べているように，あくまで実定法律上の補償の解釈を述べたにとどまり，憲法解釈のレベルでは，すなわち「正当な補償」の解釈としては，最高裁は一貫して「相当補償説」を採ってきたように思われる（この点で，「十分な配慮を払うことなく」昭和48年判決を引き，「完全補償」を述べた最判平9・1・28民集51巻1号147頁がイレギュラーなものであった。青野・後掲115頁）。このように考えれば，法の算定方式が裁決時基準から価格固定制へと改正・変更された以上，本判決において昭和48年判決のように「完全補償」（市場価格補償）が明言されなかったことは，ある意味で当然であるといえる（完全補償ないし市場価格補償は，あくまで改正前の土地収用法上の要請であり，旧71条の定める算定方式を前提にしたものであったと解されるからである）。

3 とはいえ，最高裁のとる「相当補償説」は，市場価格との不一致を簡単に認めるものではない。166事件解説で指摘したように，ここでいう「相当補償説」は，憲法上「常に」市場価格と一致した補償が求められるとする考え（ある種の取引価格原理主義）を否定しただけであり，憲法上「合理的」で「相当」な（実質的意味において「完全」な）補償を否定するものではないからである。したがって，「相当補償説」を前提にしても，市場価格補償を「原則」と考え，そこからの離脱ないし逸脱に一定の正当化を要求することは可能であるし，またそうすべきである（「完全補償原則説」と同旨。ただしこの用語法はミスリーディングであろう。実質的意味における「完全」を目指すことに原則も例外もないからである）。この点，166事件は，市場価格補償からの離脱・逸脱を，(1)収用・制限の目的（自作農創設という戦後農地改革が背負った「例外的」な目的）と，(2)対象となる財産の性格（地主の農地所有権の制限的性格）から正当化したものといえる。

これに対し，本判決は，判旨(ii)(ｱ)において，開発により起業地に生じる付加的利益が，収用による公共投資によって初めて生ずるもので，本来的には事業主体に帰属すべきものであること，事業認定を経た起業地は一般取引対象としての性格を失うこと（起業地の制限的性格）を強調しており，上記(2)にウェイトを置いた正当化を図っている（なお，収用事業は，いわゆる嫌忌施設等の建設を目的とする場合など，逆に地価を下落させることもある。そうなると，開発により生ずる付加的利益を被収用者に帰属させること，あるいは付加的利益を算入するために裁決時を基準に補償額を算定することは，被収用者にとってかえって不利益となりうる）。しかし，かかる論証が，その逸脱を十分に正当化しているかどうかについては議論の余地もある。現71条の算定方式では，「近傍類地の開発利益は吸収されないままなので代替地の取得に困難が生じうるし，また一般的な地価の上昇分が不完全にしか補償されない」ためである（林・後掲26頁）。しかし，それでも最高裁が現71条による補償を合憲としたのは，改正法が，市場価格とのズレを補完・調整する制度として，補償金の支払請求制度を設け（法46条の2），被収用者が事業認定告示時に前倒しして市場価格と同一の補償を受けることを可能にしているからであろう（判旨(ii)(ｲ)参照。この点を指摘するものとして，林・後掲26頁，プロセス327頁〔工藤達朗〕）。つまり，本判決が本件「逸脱」を正当化するに当たり最も重要なポイントとしたのは，このような補完・調整制度の存在と，それによる「原則」への接近可能性であったように思われる（今後の判例動向を注意深く見守る必要があるが，以上のように考えると，最高裁は，市場価格補償原則からの逸脱を正当化するに当たり，(a)収用・制限の目的，(b)対象財産の性質，(c)補完・調整制度の存在等を総合衡量しているようにも思われる）。

◆ **参考文献** ◆

青野洋士・最判解民事篇平成14年度465頁，林知更・セレクト2002年26頁，小高剛・法教266号146頁，矢島基美・百選Ⅰ〔第5版〕226頁。

169 29条3項に基づく直接補償請求——河川附近地制限令事件

最高裁昭和43年11月27日大法廷判決
(昭和37年(あ)第2922号河川附近地制限令違反被告事件)
刑集22巻12号1402頁,判時538号12頁

■事案■

河川附近地制限令は,旧河川法47条の委任を受け,「河川の公利を増進し,又は公害を除去若は軽減する必要のため」,河川区域外の一定範囲の地域を「河川附近地」として規制しようとするもので,その4条2号は,「河川附近の土地の堀鑿其の他土地の形状の変更」には「都道府県知事の許可を受くべし」とし,10条は,同条の違反について罰則を定めていた(なお,本令適用の前提として知事による「河川附近地」の指定を必要とした。河川法施行規程3条)。砂利採取販売業者であるY(被告人)は,1957(昭和32)年より,仙台市内を流れる名取川の堤外民有地を賃借し,労務者を雇い入れるなどして砂利採取を行っていたが,1959年12月11日,同地域が宮城県知事により「河川附近地」に指定されたため,本令4条2号により,砂利の採取に知事の許可を要することとなった。Yは,知事に許可を申請したが拒否されたため,無許可で砂利採取業を続行していたところ,本令10条に基づき起訴された。

Yは,本令4条2号は,特定人に対し特別に財産上の犠牲を強いるもので,本来正当な補償を要するにもかかわらず,一切の補償規定を欠いており,憲法29条3項に違反して無効である旨主張したが,1審(仙台簡判昭37・8・31刑集22巻12号1411頁参照),2審(仙台高判昭37・11・30前掲刑集1416頁参照)共にかかる主張を斥け,Yに罰金刑を科したために,Yが上告した。

■争点■

損失補償が憲法上要求されるにもかかわらず補償規定を欠く法律は無効か(29条3項を直接の根拠に損失補償を請求することは可能か)。

■判旨■

上告棄却。

(i)「河川附近地制限令4条2号の定める制限は,河川管理上支障のある事態の発生を事前に防止するため,単に所定の行為をしようとする場合には知事の許可を受けることが必要である旨を定めているにすぎず,この種の制限は,公共の福祉のためにする一般的な制限であり,原則的には,何人もこれを受忍すべきものである。このように,同令4条2号の定め自体としては,特定の人に対し,特別に財産上の犠牲を強いるものとはいえないから,右の程度の制限を課するには損失補償を要件とするものではなく,したがって,補償に関する規定のない同令4条2号の規定が所論のように憲法29条3項に違反し無効であるとはいえない」。

(ii)「もっとも,……Yは,名取川の堤外民有地の各所有者に対し賃借料を支払い,労務者を雇い入れ,従来から同所の砂利を採取してきたところ,昭和34年12月11日宮城県告示第643号により,右地域が河川附近地に指定されたため,河川附近地制限令により,知事の許可を受けることなくしては砂利を採取することができなくなり,従来,賃借料を支払い,労務者を雇い入れ,相当の資本を投入して営んできた事業が営み得なくなるために相当の損失を被る筋合であるというのである。そうだとすれば,その財産上の犠牲は,公共のために必要な制限によるものとはいえ,単に一般的に当然に受忍すべきものとされる制限の範囲をこえ特別の犠牲を課したものとみる余地が全くないわけではなく,憲法29条3項の趣旨に照らし,さらに河川附近地制限令1条ないし3条および5条による規制について同令7条の定めるところにより損失補償をすべきものとしていることとの均衡からいって,本件Yの被った現実の損失については,その補償を請求することができるものと解する余地がある。したがって,仮にYに損失があったとしても補償することを要しないとした原判決の説示は妥当とはいえない。しかし,同令4条2号による制限について同条に損失補償に関する規定がないからといって,同条があらゆる場合について一切の損失補償を全く否定する趣旨とまでは解されず,本件Yも,その損失を具体的に主張立証して,別途,直接憲法29条3項を根拠にして,補償請求をする余地が全くないわけではないから,単に一般的な場合について,当然に受忍すべきものとされる制限を定めた同令4条2号およびこの制限違反について罰則を定めた同令10条の各規定を直ちに違憲無効の規定と解すべきではない。」

■解説■

1 憲法上損失補償が必要であるにもかかわらず,補償規定のない法令の効力をめぐって,あるいは,その場合の29条3項の意義ないし効果をめぐって,従来,(1)立法指針説(プログラム規定説),(2)違憲無効説,(3)請求権発生説が対立していた。(1)は,29条3項は立法上の指針にすぎないから,補償を認める法律がない以上,補償請求はできないと解する説である。(2)は,補償規定を収用的立法の効力要件とし,憲法上補償が必要であるにもかかわらず補償規定を欠く法律を無効と解する説である。(3)は,29条3項から直接に損失補償請求権が生じるとし,補償規定を欠く法令も無効にはならないと解する説である(ここでは,補償規定は収用的立法の効力要件とならない)。明治憲法と異なり,明文の損失補償規定をもつ現行憲法下では,その法的拘束力を否定し,補償の要否を完全に立法政策の問題とする(1)は急速にその支持を失い,実際の論争は(2)と(3)の間で起きてきたと言ってよいであろう。こうした議論状況の中で,本件Yが主張したのは(2)であった。Yは,(2)に依拠して,本件で刑罰の根拠となっている本令4条2号・10条を,補償規定を欠くがゆえに無効(したがって無罪)と主張したのである。これに対し本判決は,「同令4条2号による制限について同条に損失補償に関する規定がないからといって,同条があらゆる場合について一切の損失補償を全く否定する趣旨とまでは解されず,本件Yも,その損失を具体的に主張立証して,別途,直接憲法29条3項を根拠にして,補償請求をする余地が全くないわけではないから」,4条2号・10条を「直ちに違憲無効の規定と解すべきではない」と述べ,2審の結論(有罪)を支持した。かくして本判決は,最高裁が(3)(請求権発生説)に

立つことを明確に示した判決として，広く知られるようになるのである（個別意見のレベルでは，既に最大判昭35・10・10民集14巻12号2441頁の入江俊郎，奥野健一両裁判官の反対意見，本書162事件〔最大判昭38・6・26—奈良県ため池条例事件〕の入江裁判官の補足意見が(3)説の考えを提示していた）。

2　本判決後，学界においても(3)が通説化した。確かに(3)は，上記見解の中で補償請求の権利性を最も強く認めるもので（これを「言葉どおりの意味における具体的権利説」と呼ぶことも許されよう），救済の機会を拡張する効果を期待できる上，補償規定を欠く法令を直ちに無効としないことで，社会生活上必要な規制を残存させうるという利点を有する。こう見ると，バランスのとれた見解として通説化したことも理解できる。しかし近年は，機能的・権限配分的観点や法治主義的観点から，(2)が再評価されつつある（例えば，棟居・後掲199頁。なお，ドイツ基本法14条3項は，「公用収用は，補償の方法と程度を規律する法律によって，または法律の根拠によって，または法律の根拠に基づいてのみ行うことが許される」と規定する）。例えば前者について，(3)では，裁判所が補償を要すると判断した場合には「立法者の意図にかかわらず，国は常に財政上の支出を義務付けられる」のに対し，(2)では，補償を欠く法令が無効とされる結果，損失補償を行ってでも制限を続けるか，制限自体を断念するかを，立法者が改めて選択できることになる。そうなると，立法者を尊重する(2)の方が，「立法者と裁判所の憲法上の権限配分」により適合的であるとも考えられるのである（プロセス334頁〔工藤達朗〕。塩野・後掲360頁等も参照）。また，具体的な補償額の決定に極めて高度の政策的・専門的判断が要求されるとすれば，これを裁判所が直接決定しなければならない(3)より，法律によって予めその基準や決定プロセス（収用委員会等の関与のあり方など）を規定しておくことを求める(2)の方が合理的決定を導きやすいともいえる（ただしこの問題は「正当な補償」の内容に関する論点と密接にかかわる。166事件〔最大判昭28・12・23—戦後農地改革(1)〕，168事件〔最判平14・6・11〕参照）。なお，(2)は，補償規定を欠く収用的立法を無効とし，「収用」（制限）それ自体を否定するので，権利救済の点で常に(3)に劣るわけでもない。

3　以上のように，(2)に一定の利点があるとしても，この立場は本判決以降の判例の流れと鋭く対立するように見える（本判決を引用し，補償規定を欠く法令の違憲性を否定したものとして，風致地区内建築等規制条例に基づく採石行為の不許可処分に関する最判昭50・3・13判時771号37頁，史跡名勝天然記念物の現状変更制限に基づく原状回復命令に関する最判昭50・4・11判時777号35頁）。しかし，判旨を精読すると，本判決は，(2)を考慮したかたちで(3)を捉える中間的アプローチを完全には排除していないようにも思われる。本判決は，ある法令上の制限によって原則的・一般的に補償が想定されるケースと，例外的・個別的にしか想定されないケースとに分け，後者の場合に（のみ），当該法令における補償規定の欠如を憲法上許容しているようにも読めるからである（別言すれば，判旨(ii)のように例外的に補償を必要とする場面があるとしても，それはあくまで「例外」であるから，かかる場面を想定して当該法令に補償規定を予め組み込んでおくことまでは絶対的に要求されない

という趣旨のように読める）。そうすると，原則的・一般的に想定されるケースで補償が必要と解されるにもかかわらず補償規定を欠いている法令は，本判決を前提にしても違憲と解しうる余地がある（さらに判旨(ii)は，法令が「あらゆる場合について一切の損失補償を全く否定」している場合に，これを違憲無効とする可能性を排除していない）。なお，(3)をベースにして考えると，補償規定を有する法令と29条3項との競合関係が問題となる。すなわち，補償規定を有する法令が存在している場合に，それに頼らず，あるいはそれとともに，直接憲法に基づいて補償請求を行うことは可能か，という問題である（戸波・後掲①74頁等）。かつて最高裁は，中央卸売市場内の（飲食店営業を目的とする）土地使用許可の撤回に関する事件で，自治体の行政財産の使用許可撤回については国有財産法の補償規定を類推適用して補償要否を判断すべきとし，「直接憲法29条3項にもとづいて論ずるまでもない」としていたが（最判昭49・2・5民集28巻1号1頁），市営と畜場の廃止に関する最近の事件（最判平22・2・23判時2076号40頁）では，国有財産法の補償規定とは別に，「財産上の犠牲が一般的に当然受忍すべきものとされる制限の範囲を超え，特別の犠牲を課したものである場合には，憲法29条3項を根拠にしてその補償請求をする余地がないではない」と述べている。ただ，この場合には，法令上の補償規定に基づく補償要否判断と直接憲法に基づく要否判断とがどのように変わるのかがさらに問題となろう。

4　本判決は，判旨(ii)で，Yが被る本件損失について補償の可能性を認めた。これは，ため池堤とうの使用制限に補償を要しないとした162事件の結論と対照的である。両者の相違を説明する理屈として，さしあたり以下の3つが考えられる。(a)162事件の制限が災害防止という消極目的を有しているのに対して，本件の制限は消極目的に加えて「河川の公利〔の〕増進」（事案参照）や砂利採取の乱掘規制という積極目的も有している。(b)162事件では，ため池の破壊等の原因となる堤とう使用行為がそもそも「憲法，民法の保障する財産権の行使の埒外」にあるとされたのに対して，本件の砂利採取行為は「必ずしも河川に有害な行為といえ」ず，一応財産権保障の範囲内にある（桑田・後掲411頁，プロセス334～335頁〔工藤達朗〕）。(c)本件Yは，「賃借料を支払い，労務者を雇い入れ，相当の資本を投入して」事業を営んできた者であり，本件の制限によって「相当の損失を被る」。しかし，これらの相違が両事案を実質的に区別（distinguish）しうるのかは疑問である（(a)については，規制目的は補償要否を決する絶対的な基準にはならない，(b)については，古くから適法に行われてきたため池堤とうの使用と本件砂利採取との間に本質的な相違はない，(c)については，162事件の耕作にも一定の資本が投入されてきたはずであり，両者の行為に本質的な相違はない，とする批判が可能である）。

◆ 参考文献 ◆

内野正幸・街づくり・国づくり百選232頁，桑田連平・最判解刑事篇昭和43年度404頁，塩野宏『行政法Ⅱ〔第5版〕』[2010]，田村理・百選Ⅰ〔第5版〕228頁，戸波江二①・法セ467号73頁，西村宏一ほか編『国家補償法大系4』[1987] 266頁（戸波②），野村武司・行政百選Ⅱ〔第5版〕512頁，棟居快行『憲法学再論』[2001]。

170 予防接種事故と補償請求

東京地裁昭和59年5月18日判決
(昭和47年(ワ)第3270号・同48年(ワ)第4793号・第10666号・同49年(ワ)第10261号・同50年(ワ)第7997号・同56年(ワ)第15308号損害賠償請求事件)
訟月30巻11号2011頁, 判時1118号28頁

■ 事案 ■

1952 (昭和27) 年から1974年 (昭和49) 年の間に, 予防接種法に基づき国が実施し, あるいは国の行政指導により地方公共団体が勧奨したインフルエンザ・種痘等の予防接種を受けた結果, 被害児らがその副作用で死亡ないし後遺障害を残すに至った。被害児62名とその両親らは, 国に対して, 国家賠償法1条1項に基づく損害賠償または直接憲法29条3項に基づく損失補償等を請求した。本判決は, 被害児2名については接種担当医師の過量接種等の過失を認定し, 国家賠償責任を認めたが, それ以外の被害児についてはこれを否定した。そこで問題となるのは, これら被害児につき憲法上の損失補償が認められるか, である。以下の判旨は, 同論点にかかわる部分を抜粋したものである。

■ 争点 ■

予防接種事故による健康被害 (副作用による死亡や後遺症) について, 直接29条3項に基づく補償請求をなしうるか。

■ 判旨 ■

一部請求認容。
(i)「いわゆる強制接種は, 予防接種法第1条に規定するように, 伝染の虞がある疾病の発生及びまん延を予防するために実施し, よって, 公衆衛生の向上と増進を図るという公益目的の実現を企図しており, それは, 集団防衛, 社会防衛のためになされるものであり, いわゆる予防接種は, 一般的には安全といえるが, 極く稀にではあるが不可避的に死亡その他重篤な副反応を生ずることがあることが統計的に明らかにされている。しかし, それにもかかわらず公共の福祉を優先させ, たとえ個人の意思に反してでも一定の場合には, これを受けることを強制し, 予防接種を義務づけているのである。また, いわゆる勧奨接種についても, ……被接種者としては, 勧奨とはいいながら, 接種を受ける, 受けないについての選択の自由はなく, 国の方針で実施される予防接種として受けとめ, 国民としては, 国の施策に従うことが当然の義務であるとのいわば心理的社会的に強制された状況の下で, しかもその実施手続・実態には, いわゆる強制接種となんら変ることのない状況の下で接種を受けているのである。そうだとすると, 右の状況下において, 各被害児らは, 被告国が, 国全体の防疫行政の一環として予防接種を実行し, それを更に地方公共団体に実施させ, 右公共団体の勧奨によって実行された予防接種により, 接種を受けた者として, 全く予測できない, しかしながら予防接種には不可避的に発生する副反応により, 死亡その他重篤な身体障害を招来し, その結果, 全く通常では考えられない特別の犠牲を強いられたのである。このようにして, 一般社会を伝染病から集団的に防衛するためになされた予防接種により, その生命, 身体について特別の犠牲を強いられた各被害児及びその両親に対し, 右犠牲による損失を, これら個人の者のみの負担に帰せしめてしまうことは, 生命・自由・幸福追求権を規定する憲法13条, 法の下の平等と差別の禁止を規定する同14条1項, 更には, 国民の生存権を保障する旨を規定する同25条のそれらの法の精神に反するということができ, そのような事態を等閑視することは到底許されるものではなく, かかる損失は, 本件各被害児らの特別犠牲によって, 一方では利益を受けている国民全体, 即ちそれを代表する被告国が負担すべきものと解するのが相当である。そのことは, 価値の根元を個人に見出し, 個人の尊厳を価値の原点とし, 国民すべての自由・生命・幸福追求を大切にしようとする憲法の基本原理に合致するというべきである。」

(ii)「更に, 憲法29条3項は……公共のためにする財産権の制限が社会生活上一般に受忍すべきものとされる限度を超え, 特定の個人に対し, 特別の財産上の犠牲を強いるものである場合には, これについて損失補償を認めた規定がなくても, 直接憲法29条3項を根拠として補償請求をすることができないわけではないと解される ([本書169事件 (最大判昭43・11・27—河川附近地制限令事件)]……参照)。」「そして, 右憲法13条後段, 25条1項の規定の趣旨に照らせば, 財産上特別の犠牲が課せられた場合と生命, 身体に対し特別の犠牲が課せられた場合とで, 後者の方を不利に扱うことが許されるとする合理的理由は全くない。」「従って, 生命, 身体に対して特別の犠牲が課せられた場合においても, 右憲法29条3項を類推適用し, かかる犠牲を強いられた者は, 直接憲法29条3項に基づき, 被告国に対し正当な補償を請求することができると解するのが相当である。」

(iii)「そして, 憲法29条3項の類推適用により, 本件各事故により損失を蒙った各被害児及びその両親が, 被告国に対し, 損失の正当な補償を請求できると解する以上, 救済制度が法制化されていても, かかる救済制度による補償額が正当な補償額に達しない限り, その差額についてなお補償請求をなしうるのは当然のことである」。「損失補償における正当な補償額の算定は通常の事件の損害額の算定と同様の方法による」。

■ 解説 ■

1 予防接種は, 副作用が生じるメカニズムが複雑で, 接種者が注意を尽くしても, 稀にとはいえ不可避的に重篤な副作用を生じるものとされている。集団予防接種は, こうしたリスクがありながらも, あるいはそれを知りながらも, 社会を伝染病の発生・まん延から防衛するため, 対象者全体に接種を「強制」するものである (宇賀・後掲94頁)。したがって, 仮にこれを自己決定権あるいは身体の自由に対する必要かつ合理的な制約として合憲と解するにしても (合憲性それ自体の問題を論ずるものに, 竹中・後掲1頁, 松井・後掲227頁以下), それによって重篤な被害を受けた者に何らかの救済を与える必要が出てくる。この点, まずは国家賠償による救済が考えられるが, 上述した予防接種の特殊性 (リスクの不可避性) から, 過失責任主義の通常の枠組みの下では接種者の過失を問い得ないケースもある。こうした問題を踏まえ, 立法上の救済措置もとられたが (1976年予防接種法改正による予防接種健康救済制度), 給付額が低く, 救済として依然不満の残るものであった (成田・後掲449頁以下参照)。

こうした状況の中, 本判決は, 予防接種被害を, 上述のような「公益目的の実現」のために生じた「特別の犠牲」と位置づけ (判旨(i)), 29条3項を「類推適用」し

て（判旨(ii)），同被害に対する憲法上の損失補償を認めた点で，大いに注目されるものとなった（判旨(iii)は立法上の救済制度が既に存在する場合でも，それによる補償額が「正当な補償額に達しない限り，その差額についてなお補償請求をなしうる」としている）。

2 予防接種被害について29条3項を根拠とする損失補償を認めるかについては，一般に，(1)これを認める肯定説と，(2)これを認めない否定説とが対立している。本判決は，もちろん(1)の立場に立つものであるが，その論理構成には一定の注意が必要である。まず本判決は，「特別の犠牲」を認めて国の補償義務を導出した部分と（以下，「A部分」と呼ぶ），29条3項を「類推適用」して被害児に具体的な補償請求権を認めた部分（以下，「B部分」と呼ぶ）に分けられる。そして，このような区別を前提に本判決を眺めると，A部分には29条3項が一切援用されていないことに気づく。そこで援用されているのは，13条であり，14条であり，25条なのである（さらに「個人の尊厳」や「憲法の基本原理」も挙げられている。判旨(i)参照）。本判決は，29条3項からではなく，こうした憲法条文から国の補償義務を導き出しているのである（また本判決は，判旨引用外で，「各被害児……の蒙った特別犠牲に対し，その余の一般国民は，予防接種の結果，幸にして，各被害児らのような不幸な結果を招来することなく，また各予防接種によって伝染の虞がある疾病の発生及びまん延を予防され，よって，……公衆衛生の向上及び増進による社会的利益を享受している」とも述べており，国の補償義務を導くに当たって公平原理も強く意識している）。

こうしてみると，29条3項は，被害児に具体的補償請求権を与えるために引っ張り出されたにすぎず（実体的根拠は，他の憲法条項ないし憲法原理によって既に与えられているのであるから），「同条項はいわば解釈技術上のよりどころとして用いられたもの」ということができる（プロセス331頁〔工藤達朗〕）。もっとも，それが「解釈技術上のよりどころ」であるとしても，それにどこまで「よりかかるか」について，本判決のいう(a)類推適用説と，(b)勿論解釈説（大阪地判昭62・9・30判時1255号45頁等）との間に争いがみられた。前者(a)は，財産的犠牲に対して生命・身体への犠牲を「不利に扱う……合理的理由は全くない」との理由によって（判旨(ii)），すなわち，財産的犠牲と生命・身体への犠牲の類似性・共通性を根拠に29条を「類推適用」するため，補償しさえすれば財産を収用・制限できるとする29条の趣旨を，生命・身体領域においてもそのまま受け入れてしまう可能性がある。他方，後者(b)は，財産の収用・制限に補償が行われるのなら，本来侵してはならない生命・身体への侵害に補償がなされるのは当然で，29条3項の勿論解釈をとるべきであるとし，「財産／生命・身体」の差異や優劣を強調する（棟居・後掲273頁，辻村269頁）。無論その狙いは，29条の規範的意味を生命・身体領域においてそのまま受け入れないという点にあるが，先述したとおり，(a)においても，A部分とB部分とを分け，補償の実体的根拠を29条3項以外の場所から引き出しているため，(a)を採用するからといって，直ちに補償を前提とした生命・身体「収用」が可能になるわけではないであろう。その意味で，「両説が本質的に対立しているのか疑問」である（中山・後掲231頁）。また，(2)（否定説）の中には，生命・身体「収用」に対する違和感から，29条3項を根拠にした損失補償を否定し，もっぱら13条にその根拠を求めるものがある（佐藤憲法445頁・573頁，

高橋141頁等）。しかし，(1)も，補償の実体的根拠として13条を重視し，あくまで「解釈技術上」29条3項を援用するにすぎないから，ここでも両説の違いは相対的なものにとどまる可能性がある（A部分では共通しているのである）。13条説が独自性を発揮できるか否かは，13条のみを根拠に，あるいは29条3項に一切頼らずに具体的な補償請求権を導き出すことができるかにかかっているといえよう。

3 本判決以降，地裁レベルでは(1)により予防接種被害に損失補償を認める立場が「主流」となったが（小幡・後掲449頁），本件2審（東京高判平4・12・18高民集45巻3号212頁）は，「生命身体はいかに補償を伴ってもこれを公共のために用いることはできないものであるから，許すべからざる生命身体に対する侵害が生じたことによる補償は，本来，憲法29条3項とは全く無関係のものである」と述べ，(1)を正面から否定し，さらに「憲法13条，14条1項，25条等から，……補償請求権が実体法上の権利として生ずるとする考え方も……採用することができない」とした。しかし，この2審が，被害児の救済に否定的であったというわけではない。被害児の「禁忌者」該当の「推定」を打ち出して過失認定を容易化し，損害賠償による救済ルールを大きく広げた最判平3・4・19（民集45巻4号367頁―小樽種痘禍訴訟最高裁判決）に従い，被害児全員を禁忌該当者と推定した上で，厚生大臣が「禁忌該当者に予防接種を実施させないための充分な措置をとることを怠った過失」（いわゆる制度的過失）を認定し，国家賠償責任を肯定したからである（そこでは，厚生大臣は予診に十分時間が割けるよう対象人数を調整し，接種と予診の医師を分離するなどの体制を作るべきであったのにこれを怠った，などとされた）。

本件2審後，これと同様の論理によって国の過失を認定した高裁判決が連続して出されたこともあり（福岡高判平5・8・10判時1471号31頁，大阪高判平6・3・16判時1500号15頁），一般に，「予防接種事故の救済は，裁判実務上では，損害賠償（国家賠償）の理論によることがほぼ固まった」と指摘されている（西埜・後掲116頁，常本・後掲225頁，矢島基美・争点155頁等）。「事故が起きたら補償」というのではなく，「過失」概念を拡張することによって，事故を未然に防ぐための積極的な制度作り（リスク・コントロール）を求めるという方向性それ自体は高く評価できるが，「悪魔の籤」とも呼ばれる予防接種の性格を踏まえれば，どれだけ万全を期しても事故は起こり得るのであり，2で述べた憲法上の損失補償をめぐる議論を積み重ねておく必要はなお存在しているといえよう（なお，1994年に義務接種制が廃止され，現在では法律上義務づけられた予防接種はなくなった。しかし，「勧奨」または「任意」接種に「強制」的契機が残存する以上，問題が完全に消え去ったわけではない。むしろそこには，国家による「勧奨」と「自己決定」の関係という新たな問題が登場してきているといえる）。

◆ 参考文献 ◆
宇賀克也・行政法の争点〔第3版〕94頁，小幡純子・行政百選Ⅱ〔第5版〕448頁，竹中勲・同志社法学60巻5号1頁，常本照樹・百選Ⅰ〔第4版〕224頁，中山茂樹・同〔第5版〕230頁，西埜章・医療過誤百選〔第2版〕116頁，松井茂記『LAW IN CONTEXT 憲法』〔2010〕，『公法の基本問題』（田上穣治先生喜寿記念）〔1984〕449頁（成田頼明），棟居快行『人権論の新構成〔新装版〕』〔2008〕。

171 在外財産の喪失と29条3項

最高裁昭和43年11月27日大法廷判決
(昭和40年(オ)第417号補償金請求事件)
民集22巻12号2808頁，判時538号6頁

■事　案■

Xらは，日本共立語学校の教師として，1928（昭和3）年から1943（昭和18）年までカナダに居住していたが，第二次大戦中にカナダ政府より敵産管理措置を受け，所有していた約438万円（邦算換算）を接収された。終戦後に締結されたサンフランシスコ平和条約は，その14条(a)項2(I)において，各連合国は「条約の最初の効力発生の時にその管轄の下にある」日本国民等の財産（以下，「在外財産」と呼ぶ）を「処分する権利を有する」旨規定していたため，カナダ政府が上記財産の処分権を取得し，Xらによる財産の返還請求が不可能となった。そこでXらは，Y（国）による上記平和条約の承認は，Yが連合国に対して負う損害賠償義務を履行するために，日本国民の在外財産を犠牲に供したことを意味し，いわゆる「公用収用」に当たるとして，憲法29条3項に基づきその補償を求めた。

1審（東京地判昭38・2・25判時329号7頁），2審（東京高判昭40・1・30高民集18巻1号56頁）ともXらの請求を棄却したため，Xらが上告。

■争　点■

平和条約締結に基づく在外財産の喪失について，憲法29条3項に基づく損失補償請求をなしうるか。

■判　旨■

上告棄却。

(i)(ｱ)「わが国は，いわゆる平和条約の締結によって，……その主権の回復を図ることになったのであるが，同条約は，当時未だ連合軍総司令部の完全な支配下にあって，わが国の主権が回復されるかどうかが正に同条約の成否にかかっていたという特殊異例の状態のもとに締結されたものであり，同条約の内容についても，日本国政府は，連合国政府と実質的に対等の立場において自由に折衝し，連合国政府の要求をむげに拒否することができるような立場にはなかったのみならず，右のような敗戦国の立場上，平和条約の締結にあたって，やむを得ない場合には憲法の枠外で問題の解決を図ることも避けがたいところであった。「在外資産の賠償への充当ということも，このような経緯で締結された平和条約の一条項に基づくものにほかならない」。

(ｲ)「ところで，戦争中から戦後占領時代にかけての国の存亡にかかわる非常事態にあっては，国民のすべてが，多かれ少なかれ，その生命・身体・財産の犠牲を堪え忍ぶべく余儀なくされていたのであって，これらの犠牲は，いずれも，戦争犠牲または戦争損害として，国民のひとしく受忍しなければならなかったところであり，右の在外資産の賠償への充当による損害のごときも，一種の戦争損害として，これに対する補償は，憲法の全く予想しないところというべきである。」

(ii)(ｱ) 平和条約14条(a)項2(I)は，各連合国は日本国民の在外財産を処分する権利を有する旨規定しているが，その趣旨は，「戦争中から戦後にかけて敵産として接収管理されてきた国民の所有に属する在外資産を右規定に基づいて当該国が処分し得べきものとするにあって，さきに述べた平和条約締結の経緯からいって，わが国が自主的な公権力の行使に基づいて，日本国民の所有に属する在外資産を戦争賠償に充当する処分をしたものということはできず，この場合，わが国は，日本国民の右資産が当該外国において不利益な取扱いを受けないようにするために有するいわゆる異議権ないし外交保護権を行使しないことを約せしめられたにすぎない」。「平和条約は，もとより，日本国政府の責任において締結したものではあるが，同条約中の右条項のごときは，上述の経緯に基づき不可避的に承認せざるを得なかったところであって，その結果としてXらが被った在外資産の喪失による損害も，敗戦という事実に基づいて生じた一種の戦争損害とみるほかはない」。

(ｲ)「これを要するに，このような戦争損害は，他の種々の戦争損害と同様，多かれ少なかれ，国民のひとしく堪え忍ばなければならないやむを得ない犠牲なのであって，その補償のごときは，……憲法29条3項の全く予想しないところで，同条項の適用の余地のない問題といわなければならない。したがって，これら在外資産の喪失による損害に対し，国が，政策的に何らかの配慮をするかどうかは別問題として，憲法29条3項を適用してその補償を求める所論主張は，その前提を欠くに帰するものである」る。

■解　説■

1 本件は，平和条約の締結により，戦時中連合国に接収された在外財産の返還をなし得なくなったXらが，連合国に対する国の戦争損害賠償義務を履行するため，国民の在外財産の処分権を連合国に与えるような同条約を国が「承認」したことが，29条3項のいう「公用収用」に当たるとし，国に対してその補償を求めた事案である。2審は，(1)(a)これが「公用収用」に当たること，(b)補償を要すること（「自国民の有する在外資産が賠償に充当されることを承認し，その限度で賠償義務を免れた以上，それは日本国即ち日本国民全体の負担すべき賠償義務を特定の在外資産所有者の犠牲において解決したものと見るほかはない」）を認めたものの，(2)Xらは法律がない限り補償請求をなし得ないとし（具体的請求権の否定），結論的にXらの請求を棄却した。

2 これに対し，本判決は，そもそも(1)部分が肯定できないとして，Xらの請求を全面的に否定した。その理由は二重構造をなしている。基本的には，(敗戦国としての)平等条約締結の不可避性から，上述のような「承認」は，国が公共のために自主的あるいは積極的意思をもって私有財産を収用するといった公用収用とは全く次元が異なるし，(a)の該当性を否定している（判旨(i)(ｱ)および(ii)(ｱ)参照）のであるが，補足的に，これによって一定の損害が生ずるとしても，それは「戦争損害」の一種であって，Xらだけが特別にそれを負担する性格のものではなく，「国民のひとしく堪え忍ばなければならない」負担ないし犠牲であるとし，いわゆる「特別の犠牲」の欠如という観点から，(b)の該当性をも否定しているのである（判旨(i)(ｲ)および(ii)(ｲ)参照）。

3 最高裁は，いわゆる戦争損害に対する戦後補償問題について，29条3項による補償を一貫して否定している（例えば，最判平9・3・13民集51巻3号1233頁は，本判決とほぼ同様の論理により，またこれを明示的に引用して，シベリア抑留者強制労働に関する補償を否定した）。

◆参考文献◆
武田真一郎・行政百選II〔第5版〕516頁，宮原均・百選I〔第5版〕232頁。

172 改正駐留軍用地特措法と憲法29条3項——「象のオリ」訴訟

最高裁平成15年11月27日第一小法廷判決
（平成15年(オ)第129号・同年(受)第141号工作物収去土地明渡等請求事件）
民集57巻10号1665頁、判時1844号29頁

■事案■

Y（国）は、Xらの所有する土地を、賃借し、または駐留軍用地特措法14条に基づく使用裁決に基づき、駐留軍用地として使用してきた。那覇防衛施設局長は、これらの土地の使用期間満了が近づいたため、Xらとの間で賃貸借契約の締結に向けて交渉してきたが、Xらが応じなかったため、内閣総理大臣の使用認定を受け（特措法5）、沖縄県収用委員会に対し使用裁決等の申立てをした（特措法14）。しかし、X1所有の土地については賃貸借期間末日までに使用裁決手続が完了せず（詳細は本書274事件〔最大判平8・8・28—沖縄代理署名訴訟〕参照）、Yは当該土地を無権限で占有することになり、X2からX8所有の土地についても使用期間末日以前に手続が完了することが見込まれない状況となった。そこでYは、特措法を改正し、総理大臣の使用認定を受けたもののいまだ収用委員会による使用裁決手続の完了していない土地についても、損失補償のための担保を提供したうえで暫定使用できることとした（15）、経過措置により（附則II。以下、これらを「本件規定」と呼ぶ）。X1は、Yに対し、無権限占有期間の違法占有に係る損害賠償を請求し、Xら全員が、本件規定が憲法29条・31条などに違反することを理由に、暫定使用についての損害賠償を請求した。

1審（那覇地判平13・11・30公刊物未登載）、2審（福岡高那覇支判平14・10・31判時1819号51頁）とも憲法上の争点については合憲と判断したため、Xらが上告。

■争点■

①改正特措法に基づく私有地の暫定使用は、憲法29条3項にいう「公共のために用ひる」に当たるか（Xらは、「公共のために用ひる」に当たるといえるためには、収用委員会等の中立公正な機関によって、当該土地等を駐留軍の用に供することが適正かつ合理的であることについて事前に判断された場合、または暫定使用につき緊急性がある場合に限られると主張）。
②暫定使用に伴う損失の補償は、憲法29条3項にいう「正当な補償」に当たるか。
③本件規定は、暫定使用の権原の発生につき、土地所有者等に対して事前の告知等を与えておらず、収用委員会の判断が保障されていない点で、憲法31条に違反するか。

■判旨■

上告棄却。

(i)(ア) 我が国が、駐留軍用地として適正かつ合理的である土地（特措法3）を、「強制的に使用し、又は収用することは、条約上の義務（日米安全保障条約6、日米地位協定2 I参照）を履行するために必要であり、かつ、その合理性も認められるのであって、私有財産を公共のために用いることにほかならない」（274事件参照）。「そして、駐留軍の用に供するため所有者若しくは関係人との合意又は特措法の規定により使用されている土地等で、これを引き続き駐留軍の用に供することが適正かつ合理的であるとの要件（特措法3条）に該当すると内閣総理大臣が認定したものにつき、防衛施設局長がその使用期間の末日以前に特措法14条の規定により適用される土地収用法39条1項、47条の2第3項の規定による裁決の申請及び明渡裁決の申立てをしたが、当該使用期間の末日以前に必要な権利を取得するための手続が完了しない場合において、その手続の完了に必要な期間に限って、引き続きこれを使用することができるものとすることも、上記の条約上の義務を履行するために必要であり、かつ、その合理性も認められるのであって、私有財産を公共のために用いることに該当する」。

(イ)「当該土地等を駐留軍の用に供することが適正かつ合理的であるか否かの判断……は、我が国の安全と極東における国際の平和及び安全の維持にかかわる国際情勢、駐留軍による当該土地等の必要性の有無、程度、当該土地等を駐留軍の用に供することによってその所有者や周辺地域の住民などにもたらされる負担や被害の程度、代替すべき土地等の提供の可能性等諸般の事情を総合考慮してされるべき政治的、外交的判断を要するだけでなく、駐留軍基地にかかわる専門技術的な判断を要するものであることから、その判断は、特措法5条の規定により、内閣総理大臣の政策的、技術的な裁量にゆだねられているものというべきである（〔274事件〕……参照）。したがって、上記の点について収用委員会等の他の機関による事前の判断を経ることを要し、これを経るか又は緊急性が存しなければ憲法29条3項にいう『公共のために用ひる』の要件に該当しない旨の論旨は、……採用することができない。」

(ii)「憲法29条3項は、補償の時期については何ら規定していないのであるから、補償が私人の財産の供与に先立ち又はこれと同時に履行されるべきことを保障するものではないと解すべきである」（最大判昭24・7・13刑集3巻8号1286頁参照）。「そして、……関係規定が定める暫定使用及びこれに伴う損失の補償は、その補償の時期、内容等の面で何ら不合理な点はないから、憲法29条3項に違反しないものというべきである。」

(iii) 179事件（最大判平4・7・1—成田新法事件）が行政手続と憲法31条との関係について示した「法理は、行政処分による権利利益の制限の場合に限られるものではなく、広く行政手続における憲法31条の保障に関するものであって、その趣旨は、上記暫定使用の権原の発生を定めた上記各規定と憲法31条の保障との関係においても、妥当する」。このような見解に立って、上記暫定使用についてみると、上記暫定使用は、(a)「従前からの使用の継続を認めるにすぎないものであること」、(b)「前記の条約上の義務の不履行という事態に陥ることを回避するために必要な措置として定められたものであること」、(c)内閣総理大臣の使用認定の手続の中で、土地の所有者等に当該土地等を引き続き駐留軍の用に供することについての意見を述べる機会が与えられていること（特措法4 I）が明らかである。よって、「上記暫定使用の権原の発生を定めた上記各規定が憲法31条の法意に反するということはできない。」

■解説■

判旨(i)(ア)は、「条約上の義務」を強調する274事件の理由づけをそのまま本件にスライドさせ、本件暫定使用の「公共性」を肯定している（ただし171事件〔最大判昭43・11・27〕参照）。判旨(i)(イ)は、少なくとも本件のような政策的・専門技術的判断が必要とされる（駐留軍用地のための）暫定使用については、収用委員会等の事前判断を要しないとしている（ただし、その射程は一般的な土地収用等には及ばないであろう）。判旨(ii)は、補償金支払時期に関するリーディング・ケースを引いたうえ、本件規定には、事前の担保提供義務等が定められているから、憲法上不合理な点はないと述べている。判旨(iii)は、179事件の「法理」を「広く行政手続」にまで拡張させた点で注目されるが、その具体的適用に当たっては、私権保障に比べ、条約義務の履行や軍事的公共性といった「公益」をあまりに重視しているのではないかとの批判もある。

◆参考文献◆
釜田泰介・判評547（判時1861）号164頁、中島茂樹・平成15年度重判解20頁、中村也寸志・ジュリ1268号205頁、渡辺康行・セレクト2004年8月号。

判例の流れ

●小島慎司●

15 適正手続

1　31条は，刑事手続の法定の要請を中核とするが，さらに刑事手続の適正の要請をも併せ持つことも，判例上，認められている。175事件〔最大判昭37・11・28―第三者所有物没収(3)〕，176事件〔最大判昭42・7・5―量刑における余罪〕は，31条からこれらの要請を導いた。その具体的な内容は，不利益を被る者に対する告知，弁解，防御の機会の付与である。これらに加えて，刑罰（刑事実体）の法定や適正の要請を含める議論も有力である。判例上も，31条から刑罰法規の明確性の原則や罪刑均衡の原則が導かれており（177事件〔最大判昭50・9・10―徳島市公安条例事件〕，178事件〔最大判昭60・10・23―福岡県青少年保護育成条例事件。特に伊藤正己裁判官反対意見〕。132事件〔最大判昭59・12・12―税関検査事件〕，310事件〔最判平19・9・18―広島市暴走族追放条例事件〕とも比較せよ），これらの原則は，通常は刑罰の法定や適正の要請の一つと位置づけられている（ただし，明確性の原則を刑事手続の適正の要請の一部と理解する有力説もある）。刑法学でも一般的には，これらの原則は罪刑法定主義のコロラリーに数えられて31条から導かれている（もっとも，罪刑均衡の原則をより特定的な36条に求める有力説があり，憲法学でも同様の見解がある）。

2　上記の明確性の原則は，解釈の成果として得られたルールが明確であることを要請する。これとは別に，成果自体が明確であるとしてもその成果に至る解釈を一般人に期待しうるかという問題もありうる（132事件も参照）。177事件の高辻正己裁判官意見，178事件の伊藤反対意見，谷口正孝裁判官反対意見は後者の問題についても法廷意見に対抗している。裏からいえば，これらは合憲限定解釈の限界の問題でもある。この点，178事件の法廷意見に従えば，実質的には，解釈の成果さえ明確ならば合憲限定解釈が容易に許されるように思われるが（309事件の解説〔福岡県青少年保護育成条例・178事件と同一事件〕も参照），そうだとすると234事件〔最大判昭48・4・25―全農林警職法事件〕(i)(エ)における態度とは矛盾するように思われる。

3　もう1つの問題として，以上のような31条の要請が行政手続にも及ぶのかというものがある。特に手続の適正の要請（告知，弁解，防御の機会の付与）について判例は一般的に31条が準用されると述べることを避けているが（179事件〔最大判平4・7・1―成田新法事件〕。これ以前に175事件や209事件〔最大決昭41・12・27―非訟事件手続による過料の裁判〕，実質的にはほとんどの例で準用が否定されていない（134・145事件〔最判平5・3・16―第1次家永訴訟上告審〕，274事件〔最大判平8・8・28―沖縄代理署名訴訟〕，172事件〔最判平15・11・27―「象のオリ」訴訟〕など）。仮に準用を認めるとすると，告知等の機会を与えないことを正当化する理由の有無で答えを出すということになる。なお，告知等の機会の付与以外にも行政手続の適正の要請の具体化方法は多様でありうるが（たとえば理由付記，基準設定など），それと31条との関係は明らかでない。

この点に関連するのが32条と82条から導かれる審尋，対審，その公開を求める請求権の問題である。判例の立場は，行政処分やそれと同じく形成的性格を有する非訟事件においては，以上のように告知，弁解，防御の機会の付与は必要であるが，審尋を受ける機会（211事件〔最決平20・5・8〕），公開の対審（209事件，210事件〔最大決平10・12・1―寺西判事補事件〕）の保障は必要ではないというものである（非訟事件の範囲とその問題点について詳しくは「17 国務請求権」を参照）。

4　31条にかかわる諸判決には，いわゆる「第三者の主張適格」の争点が問題になったものが多い。この争点は，175事件判決に至る有名な諸判決のように没収という特殊な仕組みがかかわる場合において問われただけでなく，明確性の原則や罪刑均衡の原則（過度広汎性の法理）にかかわる判決でも問題となることに注意。これらの原則の問題は理論的に第三者の主張適格の問題と関係するからである。たとえば，177事件では被告人が行った蛇行進が規制されるべき典型的行為であることは，法廷意見でも高辻意見でも前提とされていた。それでもなお法廷意見が一般的に規定の明確性を論じたかに見える（団藤重光裁判官補足意見は表現活動について明確性の原則が国民に行動の自由を保障すること〔行為規範としての明確性の原則〕の重要性に注目して文面審査を正当化する）のに対し，高辻意見は原則として被告人への適用につき明確性を判断するだけで十分と説いている。高辻意見に近い考え方に立つ判例も存在している（たとえば185事件〔最大判昭47・11・22―川崎民商事件〕の31条にかかわる説示）。

173 第三者所有物没収にかかわる諸問題(1)

最高裁昭和32年11月27日大法廷判決
(昭和26年(あ)第1897号関税法違反被告事件)
刑集11巻12号3132頁、判時134号34頁

■ 事 案 ■

Yらは、当時外国とみなされていた北緯30度以南の沖縄からあるいは沖縄へ他人所有の貨物を、免許を受けずに輸入あるいは輸出した。当時の関税法は76条1項でこうした密輸を図った者あるいは行った者に3年以下の懲役又は3万円以下の罰金の刑罰を科していたが、83条1項でその付加刑として「犯人の所有又は占有に係るもの」の没収を定めていた。

1審(横浜地判昭25・1・29刑集11巻12号3144頁参照)は主刑と共に付加刑としての物件の没収を科し、2審(東京高判昭26・4・11前掲刑集3146頁参照)は控訴棄却。Yらが上告。

■ 争 点 ■

①没収は、所有権を剥奪する効果を有するか。
②(a)第三者の所有物の没収の裁判が違憲であることは適法な上告理由に当たるか。また、(b)裁判所は被告人に直接に関係しない違憲の主張に理由があるかを判断しうるか。
(本書174・175事件の争点参照)
③第三者の所有物の没収は29条に違反するか。

■ 判 旨 ■

破棄差戻し(斎藤悠輔裁判官の反対意見がある)。
所論は「原審で主張判断を経ない事項であるから上告適法の理由とならない」が、「職権により調査する」。犯行当時の関税法83条1項の「文理のみからすれば、犯人以外の第三者の所有に属する同条所定の貨物又は船舶でも、それが犯人の占有に係るものであれば、右所有者たる第三者の善意・悪意に関係なく、すべて無条件に没収すべき旨を定めたもののごとく解せられないことはない。しかし所有者たる第三者が同条所定の犯罪の行われることにつき、あらかじめこれを知らなかった場合即ち善意であった場合においても、なお同条項の規定により第三者の所有に属する貨物又は船舶を没収するがごときは、犯人以外の第三者の所有物についてなされる没収の趣旨及び目的に照らし、その必要の限度を逸脱するものであり、ひいては憲法29条違反たるを免れないものといわなければならない。即ち上記関税法の条項は、同条所定の貨物又は船舶が犯人以外の第三者の所有に属し、犯人は単にこれを占有しているに過ぎない場合には、右所有者たる第三者において、貨物について同条所定の犯罪行為が行われること又は船舶が同条所定の犯罪行為の用に供せられることをあらかじめ知っており、その犯罪が行われた時から引きつづき右貨物又は船舶を所有していた場合に限り、右貨物又は船舶につき没収のなされることを規定したものと解すべきであって、このように解することが犯人以外の第三者の所有物についてなされる没収の趣旨及び目的に適合する所以であり、また、かく解すれば、右条項は何ら憲法29条に違反するところはない」。

しかるに、「本件記録に徴すれば、右船舶第三飛龍丸は、第三者たる桜水産株式会社の所有に属することがうかがわれるのであるが、原判決の是認した第1審判決は、右船舶の所有者たる桜水産株式会社において、右船舶が本件犯罪行為の用に供せられることをあらかじめ知っていたか否かの知情の点については、何らこれを明確にしていないのである。してみれば右船舶第三飛龍丸を没収する旨言渡した本件第1審判決及びこれを是認した原判決は、前記関税法83条1項の解釈を誤った違法があるか、又は右船舶没収の前提要件たる知情の事実を確定しない審理不尽の違法があるものであって、原判決及び第1審判決は、この点において、これを破棄しなければ著しく正義に反するものといわなければならない」。

■ 解 説 ■

1 争点については続く2判決と対比するために潜在的なものも表に出している。このうち争点①については、斎藤反対意見(没収=犯人に対する使用禁止処分説)と対比すれば法廷意見は肯定説に立つと思われる。175事件(最大判昭37・11・28—第三者所有物没収(3))がこれを明示した。

2 争点②について、本判決はためらいなく肯定説に立ったが、174事件(最大判昭35・10・19—第三者所有物没収(2))は僅差で否定説に与した。これに入江俊郎反対意見(小谷勝重裁判官らが同調)、奥野健一反対意見が対抗し、175事件での再逆転につながっている。いくつか説明を付したい。

第1に、争点②は、(a)上告の適法要件(上告の利益の有無)と(b)当事者に関係ない違法事由の処理という2つに分解される。では、174事件は(a)(b)いずれについての否定説か。入江反対意見(174事件判旨参照)がいうように明確でないが、(a)ならばこれには同意見の(ii)が対抗する(奥野、河村大助反対意見も同旨。下飯坂潤夫補足意見は第三者への既判力がないので損害賠償を求められることはないとこうした批判に対抗)。他方、主文(上告棄却)から推して(b)の否定というならば同意見の(iii)が対抗する。175事件ではこの入江意見の結論が法廷意見となった。このとき、所有者の利益を侵害する没収が被告人の利益それ自体をも侵害したことをもって被告人との関係で違法であると考えていると同判決を読むのは、不可能ではないが難しいであろう。同判決は、所有者の利益を侵害する没収が違法であれば、被告人固有の利益との関係で違法かにはそれほど拘泥せずに没収が違法といえると考えたと思われる。

3 争点③については、本判決は昭和29年改正後の関税法をおそらくは意識して、犯罪について第三者が悪意の場合に没収を限れば29条に違反しないとの限定解釈を示した(174事件の河村大助裁判官反対意見は解釈の限界を超えるとする)。31条の問題には踏み込まず、問題は続く諸判決に委ねられた(175事件解説を参照)。

◆ 参考文献 ◆
青柳文雄・最判解刑事篇昭和32年度609頁。

174 第三者所有物没収にかかわる諸問題(2)

最高裁昭和35年10月19日大法廷判決
(昭和28年(あ)第3026号関税法違反被告事件)
刑集14巻12号1574頁，判時240号9頁

■事 案■

Yらは、沖縄に向けて他人所有の貨物を、免許を受けずに輸出した。法令については本書173事件（最大判昭32・11・27─第三者所有物没収(1)）参照。
1審（鹿児島地判昭27・4・3刑集14巻12号1605頁参照）は主刑とともに付加刑としての貨物と機帆船の没収も科し、2審（福岡高宮崎支判昭28・5・20前掲刑集1607頁参照）は控訴棄却。Yらが上告。
なお、同日に類似事件にも判決が下された（最大判昭35・10・19前掲刑集1611頁）。

■争 点■
①第三者の所有物の没収の裁判が違憲であることは適法な上告理由に当たるか。
②裁判所は被告人に直接に関係しない違憲の主張に理由があるかを判断しうるか。
（173・175事件の争点参照）

■判 旨■

上告棄却（入江俊郎、小谷勝重、島保、河村又介、池田克、河村大助、奥野健一裁判官の各反対意見、垂水克己裁判官、下飯坂潤夫、高木常七裁判官の各補足意見がある）。
「所論は原判決が旧関税法（明治32年法律61号）83条1項に基づき犯人以外の者の所有物件を没収したのは憲法31条に違反するというのであって、要するに訴訟外の第三者の所有権を対象として、違憲を主張しているのである。」
「しかし、訴訟において、他人の権利に容喙干渉し、これが救済を求めるが如きは、本来許されない筋合のものと解するを相当とするが故に、本件没収の如き事項についても、他人の所有権を対象として基本的人権の侵害がありとし、憲法上無効である旨論議抗争することは許されないものと解すべきである。されば、本件没収について所論違憲のかどありとする論旨は結局理由なく、採用のかぎりではない。」

入江裁判官反対意見
(i) 裁判の効果は、「第三者没収に関する限度において右物件および船舶の所有権者たる第三者に及び、右所有権は国家に帰属せしめられることとなる」。（「事柄の性質上、その必要のある場合」に、「法律の定めるところにより、裁判の効果を当該訴訟の当事者以外の第三者に及ぼさしめること」は不可能ではなく、第三者没収についてはこれが当てはまる。）
(ii) 「没収は、主刑を科せらるべき犯罪行為が存在する場合、その犯罪行為と関連ある物は、一定の範囲および条件の下に何人に対してもその所有権を認めないこととする趣旨において主刑に付加して、被告人に対し言渡される」。結局、「被告人に対する裁判である点においては、その没収が当該被告人の所有物に対するものであると、第三者の所有物に対するものであるとによって区別はない。」「しからば、被告人が第三者没収を言渡した裁判に違憲、違法ありと考えた場合には、自己に対する裁判に不服ありとしてこれを上訴によって争いうる」。また、「所有権に及ぼす効果」に着目すれば「第三者没収は主刑を科せられる被告人には直接には影響はない」が、「被告人は没収に係る物の占有権を剥奪され」るので「被告人の財産権は当然影響をうけ」、また「第三者から、賠償請求等の求償権の行使を受ける危険に曝される」点からいっても「被告人の財産上の権利、利益に影響ありとして、上訴をなしうる」。
(iii) 多数説が「主刑を言渡された被告人には元来上訴権がない」というのか「上訴権はあるが不服とする理由が被告人自身の権利、利益に関係なく、専ら第三者の所有権の侵害につき論議抗争するものであるから、そのような上訴は許されない」というのか明らかでないが、前者ならばその不当性は上述のとおりであり、後者であっても多数説に従えない。
「上訴権を行使するのは裁判が上訴権者の権利、利益を侵害しているからこれが救済を求めるものである」が「その裁判を違憲、違法なりとするところの理由は、その裁判がなされるにつき準拠すべきすべての憲法、法律、命令の規定の解釈、運用の適否に及び」うる。その理由が「被告人自身に直接には関係のない点に関するもの」であっても「違憲、違法とする理由があり、その結果その裁判が違憲、違法となる」ならば、「被告人は、その点のみを理由として上訴をなしうべき」である。多数説の趣旨が「被告人が上訴によって本件第三者没収を違憲、違法なりと攻撃する場合は、専ら被告人自身の権利、利益に関する事項の違憲、違法を理由としなければ許されない」ならば、「上訴権の行使とその不服の理由となる事項とを混同した議論」であり到底賛成しえない。
(iv) 第三者には、「当該訴訟手続において、何らかの方法により、予め告知、聴聞の機会を与え、弁解、防禦をなすことを得せしめること」が「憲法31条の最小限の要請」である。しかるに、現行法制下では「刑法19条2項の第三者没収においても、関税法その他特別法の第三者没収においても」こうした機会は与えられていない。しかし、「制度上、そのような法律の規定を欠いたからといって」、旧関税法83条の規定またはそれに基づいて第三者没収を言い渡した裁判が違憲であるとは思わない。問題は「その裁判のやり方如何」であり、「もしその裁判が第三者没収を言渡すに当り、審理の手続面において、上述したような憲法31条の要請に適合する何らかの事前の告知、聴聞の機会を第三者に与えておら」なければ「右裁判は憲法31条に違反するものたるを免れない」こととなる。しからば、現行法制下で「右の要請は実際上いかなる方法によって満たしうるか」といえば、それは「右第三者を証人として法廷に召喚し、証人調の段階においてこれに第三者没収の趣旨を告知し、意見を開陳し、弁解、防禦を試みうる機会を事前に与えることによって可能となる」と考える。しかるに本件では船主Aは何ら上述の要請を充たしうる取調べをうけていないので、原判決は31条に違反する。

■解 説■

173事件の解説を参照。

◆参考文献◆
竜岡資久・ジュリ215号68頁，同・最判解刑事篇昭和35年度379頁，谷口正孝・判評34（判時247）号4頁，芦部理論55頁，次の判決（175事件）についても野坂泰司・法教297号65頁。

175 第三者所有物没収にかかわる諸問題(3)

最高裁昭和37年11月28日大法廷判決
（昭和30年(あ)第2961号関税法違反未遂被告事件）
刑集16巻11号1593頁，判時319号6頁

■事案■

Yらは，韓国に向けて他人所有の貨物を，免許を受けずに輸出しようとしたが，時化に遭いその目的を遂げなかった。当時の関税法は111条1項でこうした密輸を図った者あるいは行った者に3年以下の懲役又は30万円以下の罰金の刑罰を科していたが，118条1項でその付加刑として，「犯罪が行われることをあらかじめ知らない」第三者が所有している場合を除いて「犯罪に係る貨物，その犯罪行為の用に供した船舶若しくは航空機」の没収を定めていた。本書173事件（最大判昭32・11・27―第三者所有物没収(1)）参照。

1審（福岡地小倉支判昭30・4・25刑集16巻11号1629頁参照）は主刑も付加刑としての貨物と機帆船の没収も科し，2審（福岡高判昭30・9・21前掲刑集1630頁参照）は控訴棄却。Yらが上告。

なお，同日には昭和29年改正以前の関税法にかかわる事件についての判決（最大判昭37・11・28前掲刑集1577頁）も下された。

■争点■

①被告人に対する刑事裁判で第三者の所有物を没収することは31条・29条に違反するか。
②(a)第三者の所有物の没収の裁判が違憲であることは適法な上告理由に当たるか。(b)裁判所は被告人に直接に関係しない違憲の主張に理由があるかを判断しうるか。
（173・174事件の争点参照）

■判旨■

破棄自判（入江俊郎，垂水克己，奥野健一裁判官の各補足意見，藤田八郎，下飯坂潤夫，高木常七，石坂修一，山田作之助裁判官の少数または反対意見がある）。

(i)「関税法118条1項の規定による没収は，同項所定の犯罪に関係ある船舶，貨物等で同項但書に該当しないものにつき，被告人の所有に属すると否とを問わず，その所有権を剥奪して国庫に帰属せしめる処分であって，被告人以外の第三者が所有者である場合においても，被告人に対する付加刑としての没収の言渡により，当該第三者の所有権剥奪の効果を生ずる趣旨であると解するのが相当である。」

「しかし，第三者の所有物を没収する場合において，その没収に関して当該所有者に対し，何ら告知，弁解，防禦の機会を与えることなく，その所有権を奪うことは，著しく不合理であって，憲法の容認しないところであるといわなければならない。けだし，憲法29条1項は，財産権は，これを侵してはならないと規定し，また同31条は，何人も，法律の定める手続によらなければ，その生命若しくは自由を奪われ，又はその他の刑罰を科せられないと規定しているが，前記第三者の所有物の没収は，被告人に対する付加刑として言い渡され，その刑事処分の効果が第三者に及ぶものであるから，所有物を没収せられる第三者についても，告知，弁護〔解〕，防禦の機会を与えることが必要であって，これなくして第三者の所有物を没収することは，適正な法律手続によらないで，財産権を侵害する制裁を科するに外ならないからである。そして，このことは，右第三者に，事後においていかなる権利救済の方法が認められるかということとは，別個の問題である。然るに，関税法118条1項は，同項所定の犯罪に関係ある船舶，貨物等が被告人以外の第三者の所有に属する場合においてもこれを没収する旨規定しながら，その所有者たる第三者に対し，告知，弁解，防禦の機会を与えるべきことを定めておらず，また刑訴法その他の法令においても，何らかかる手続に関する規定を設けていないのである。従って，前記関税法118条1項によって第三者の所有物を没収することは，憲法31条，29条に違反するものと断ぜざるをえない。」

(ii)「そして，かかる没収の言渡を受けた被告人は，たとえ第三者の所有物に関する場合であっても，被告人に対する付加刑である以上，没収の裁判の違憲を理由として上告をなしうることは，当然である。のみならず，被告人としても没収に係る物の占有権を剥奪され，またはこれが使用，収益をなしえない状態におかれ，更には所有権を剥奪された第三者から賠償請求権等を行使される危険に曝される等，利害関係を有することが明らかであるから，上告によりこれが救済を求めることができるものと解すべきである。これと矛盾する〔174事件（最大判昭35・10・19―第三者所有物没収(2)），昭29年(あ)第3655号最大判同日判決〕……は，これを変更するを相当と認める。」

「本件につきこれを見るに，没収に係る貨物がY以外の第三者の所有に係るものであることは，原審の確定するところであるから，前述の理由により本件貨物の没収の言渡は違憲であって，この点に関する論旨は，結局理由あるに帰し，原判決および第1審判決は，この点において破棄を免れない。」

入江補足意見

174事件の反対意見においては，「第三者没収に関する憲法31条の適用については，同条の最小限度の要請としては，右第三者を証人として法廷に召喚し，証人調の段階においてこれに第三者没収の趣旨を告知し，意見を開陳し，弁解，防禦を試みる機会を与えることをもって足りると解する旨を主張したのであるが，今回右の見解を改めることとし，本判決の多数意見に賛同すること

とした。蓋し、現行刑事訴訟法の上で証人調の手続には一定の限界があり、証人として尋問するということが、直ちに防禦の機会を与えたことになるとはいい得ず、また、現行訴訟手続の上で、所有者たる第三者の悪意を認定するにつき、第三者たる所有者を証人として尋問せねばならぬという証拠調上の制約もなく、更に、被告人が自己の所有物につき没収の刑を受ける場合にあっては、刑事訴訟法により当然被告人として告知、審問を受け、防禦権行使の機会が与えられるのに反し、第三者がその所有物を没収される場合には、これにそのような機会を与えることが制度上保障されていないということは、被告人と第三者との間に取扱上不利益な差別があるといわざるを得ない等の事情を考えると（これらの諸点は、前記判例において河村大助裁判官、奥野健一裁判官の少数意見中に指摘されていた。）、本件第三者の所有物の没収は、被告人に対する付加刑として言渡され、その刑事処分の効果が第三者に及ぶものであり、右第三者に対する関係においても、刑事処分に準じて取扱うことを妥当とすべく、被告人に対する場合に準じて、第三者を訴訟手続に参加せしめ、これに告知、弁解、防禦の機会を与えるべきであり、単に第三者を証人として尋問し、その機会にこれに告知、弁解、防禦をなさしめる程度では、未だ憲法31条にいう適正な法律手続によるものとはいい得ないと解するのが正当であると考えるに至ったからである。」

下飯坂反対意見

「憲法81条の下で裁判所に付与されている違憲審査権は司法権の範囲内で行使すべきであり、司法権が発動するためには具体的に争訟事件が提起されていることが必要である。裁判所は具体的に争訟事件が提起されていないのに将来を予想して憲法及びその他の法律命令等の解釈に対し存在する疑義論争に関し抽象的な判断を下す如き権限を行い得るものでない……〔303事件（最大判昭27・10・8―警察予備隊訴訟）〕……参照。）」。ところで、「具体的争訟事件の中において、自己に付き適用されない又は自己に合憲に適用される法令等を、他人に適用される場合」のうち、「違憲審査の対象となる法令等により当事者が現実の具体的不利益を蒙っていない場合」に「その違憲性についての争点に判断を加えることは、将来を予想して疑義論争に抽象的判断を下すことに外ならず、司法権行使の範囲を逸脱するものである。このことは、憲法81条の下で裁判所に付与されている違憲審査権の行使として許されるものではない」。本件についてこれを見るに、「犯罪貨物の没収の裁判確定により、被告人としては没収に係る物の占有権を剥奪され、または、これが使用収益をなし得ない状態におかれ、更には所有権を剥奪された第三者から賠償請求権等を行使される危険に曝される等利害関係を有することが明らかであることを理由として、多数意見は没収の裁判の違憲を被告人は抗争することができると判示している」。しかし、「没収物の所有者たる第三者が賠償請求権を行使するかどうかは未定の問題であ」り、「被告人は本件没収の裁判により現実的には何ら具体的不利益を蒙っているわけではない」。「悪意の第三者の所有物の没収は憲法29条に反するものではない」と判示した173事件を参照して考えると、「没収に係る貨物を密輸出せんとした犯罪者であり、悪意者」である被告人が「その物の占有権を奪われ、またはこれを使用収益し得ない状態におかれ」ても29条には違反しないし、また「被告人に対しては告知、弁解、防禦の機会が与えられている」から、「右没収の裁判確定により被告人が自らの憲法上の権利を現に侵害されているわけのものではない」。「したがって、被告人は本件没収の裁判によりいずれの面からみても現実の具体的不利益を蒙っているものではないから、現実の具体的不利益を蒙っていない被告人の申立に基づき没収の裁判の違憲性の争点に判断を加えた多数意見は、将来を予想して疑義論争に抽象的判断を下したものに外ならず、憲法81条の下で裁判所に付与されている違憲審査権の行使の範囲を逸脱したものであると論結せざるを得ない」。されば、「上告理由は不適法」であり、「本件はこれを理由として棄却さるべき」である。

■解説■

1 174事件では否定説に立った争点②の特に上訴の利益について同判決での入江反対意見が受け入れられ、肯定説が再逆転を果たした。この点については320事件（本件と同一事件）も参照。

2 判旨(i)は、所有者に告知、弁解、防禦の機会を与えることが31条の要請であるとする。したがって、本判決は少なくとも、31条が刑事手続の法定のみならず適正を要請すると考え、その意味を告知等の機会の付与に求めていると思われる。ただ、告知等の機会の付与の具体的内容と憲法判断の方法については注意を要する。

まず具体的内容については、174事件の個別意見を執筆した裁判官の間でも証人としての召喚で十分（入江）か、被告人と同等の機会の付与か（河村大助、奥野）で対立があり、本判決では入江裁判官が改説したものの法廷意見の立場は明確でない。また憲法判断の方法についても、174事件では河村、奥野裁判官が法令違憲を主張したのに対し、本判決の法廷意見は没収の違憲をいう（これを通常の適用（上）違憲でないとする指摘もある）。

本判決後、最高裁は判決書の正本を「参考」として国会に送付するにとどめたが（「裁判が、法律が憲法に適合しないと判断したものであるときは、その裁判書の正本を〔内閣だけでなく〕国会にも送付する」と定める最高裁判所裁判事務処理規則14条後段参照）、国会は「刑事事件における第三者所有物の没収手続に関する応急措置法」（昭38法138）により手当てを行った。

◆ 参考文献 ◆
脇田忠・最判解刑事篇昭和37年度223頁、清宮四郎ほか・ジュリ268号10頁、伊藤正己・法時35巻2号36頁。

176 量刑における余罪の考慮

最高裁昭和42年7月5日大法廷判決
（昭和40年（あ）第2611号窃盗被告事件）
刑集21巻6号748頁，判時485号15頁

■事 案■

京橋郵便局集配課に勤務していたYは，昭和39年11月21日に同局長保管にかかる現金・郵便切手在中の普通郵便物29通を窃取した。判旨のとおり，1審（東京地判昭40・3・30刑集21巻6号756頁参照）は，起訴されていない犯罪事実（「余罪」）を量刑に当たって考慮して懲役1年2か月に処し，2審（東京高判昭40・10・19前掲刑集762頁参照）もそれを考慮したが，善解して懲役10か月とするにとどめた。Yが上告。

■争 点■

起訴されていない犯罪事実を量刑の資料として考慮することは31条に違反するか。

■判 旨■

上告棄却。
「刑事裁判において，起訴された犯罪事実のほかに，起訴されていない犯罪事実をいわゆる余罪として認定し，実質上これを処罰する趣旨で量刑の資料に考慮し，これがため被告人を重く処罰することが，不告不理の原則に反し，憲法31条に違反するのみならず，自白に補強証拠を必要とする憲法38条3項の制約を免れることとなるおそれがあって，許されないことは，すでに当裁判所の判例［最大判昭41・7・13刑集20巻6号609頁］……とするところである。（もっとも，刑事裁判における量刑は，被告人の性格，経歴および犯罪の動機，目的，方法等すべての事情を考慮して，裁判所が法定刑の範囲内において，適当に決定すべきものであるから，その量刑のための一情状として，いわゆる余罪をも考慮することは，必ずしも禁ぜられるところでないと解すべきことも，前記判例の示すところである。）」

1審判決は，郵政監察官および検察官に対するYの供述によれば，『『……Yは本件と同様宿直勤務の機会を利用して既に昭和37年5月ごろから130回ぐらいに約3000通の郵便物を窃取し，そのうち現金の封入してあったものが約1400通でその金額は合計約66万円に，郵便切手の封入してあったものが約1000通でその金額は合計約23万円に達しているというのである……』』とし，『『これによれば，Yの犯行は，その期間，回数，被害数額等のいずれの点よりしても，この種の犯行としては他に余り例を見ない程度のものであったことは否定できないことであり，事件の性質上量刑にあたって，この事実を考慮に入れない訳にはいかない。』』と断定しているのであって，この判示は，本件公訴事実のほかに，起訴されていない犯罪事実をいわゆる余罪として認定し，これをも実質上処罰する趣旨のもとに，Yに重い刑を科したものと認めざるを得ない。したがって，第1審判決は，前示のとおり，憲法31条に違反するのみでなく，右余罪の事実中には，被告人の郵政監察官および検察官に対する自供のみによって認定したものもあることは記録上明らかであるから，その実質において自己に不利益な唯一の証拠が本人の自白であるのにこれに刑罰を科したこととなり，同38条3項にも違反するものといわざるを得ない。」

そうすると原判決がこの点を理由として1審判決を破棄せず，「右判示を目して，たんに本件起訴にかかる『Yの本件犯行が1回きりの偶発的なものかあるいは反覆性のある計画的なものかどうか等に関する本件犯行の罪質ないし性格を判別する資料として利用する』趣旨に出たにすぎないものと解すべきであるとして，『証拠の裏づけのないため訴追することができない不確実な事実を量刑上の資料とした違法がある』旨のY側の主張を斥けた」ことは，38条3項に違反する判断をしたことに帰着する。

しかし，原判決は，「結論においては，第1審判決の量刑は重きに失するとして，これを破棄し，改めてYを懲役10月に処しているのであって，その際，余罪を犯罪事実として認定しこれを処罰する趣旨をも含めて量刑したものでないことは，原判文上明らかであるから，右憲法違反は，刑訴法410条1項但書にいう判決に影響を及ぼさないことが明らかな場合にあたり，原判決を破棄する理由とはならない」。

■解 説■

引用された昭和41年判決の法理は，「起訴された犯罪事実のほかに」認定・考慮したか公訴事実内で情状を認定する資料として考慮するかで区別するというものである（当てはめについては法廷意見と意見で異なった）。同判決も本判決も，余罪を公訴事実のほかに認定・考慮するならば，「不告不理の原則」と31条等に反するという。ゆえに，上告理由となりうることになる。ただ，本判決が31条の要請を何と見たかについては議論の余地がある。第1に，内容的には，不告不理の原則（検察官処分権主義またはそれを込めた意味での当事者主義）とは別の，被告人保護の要請に当たると考えられる。これに対して不告不理の原則も含める理解もあるが，刑訴法学上も当事者追行主義と適正手続の区別が説かれることがあり妥当ではなかろう。その上で第2に，昭和41年判決の文言（「法律で定める手続によらずして刑罰を科」さない）だけを見れば判決の考える要請は手続の法定であると見えるのに対し，手続の適正（告知等の機会の付与）の意味を込める説もあるが，いずれにせよ本書175事件（最大判昭37・11・28―第三者所有物没収(3)）の31条論の範囲内に収まる。

当てはめについていえば，本判決は，1審判決が余罪の窃盗の回数や窃取した金額を具体的に判示した上で刑を量定していることを指摘して，公訴事実のほかに余罪を認定・考慮したとみなした。これは，昭和41年判決の法廷意見が，原判決がそれらを具体的に判示していないと指摘して反対の結論に至ったことと整合している。

◆参考文献◆
木梨節夫・最判解刑事篇昭和41年度165頁（昭和41年判決の解説），中野次雄・ひろば20巻9号21頁。

177 31条から導かれる明確性の原則——徳島市公安条例事件

最高裁昭和50年9月10日大法廷判決
(昭和48年(あ)第910号集団行進及び集団示威運動に関する徳島市条例違反,道路交通法違反被告事件)
刑集29巻8号489頁,判時787号24頁

■ 事案 ■

Y(被告人)は,徳島市内において反戦運動の一環として学生300名とともに集団示威行進に参加し,その先頭集団が蛇行進を行うに際し,自らも蛇行進をしたり,笛を吹き両手を振ることで参加者に刺激を与え,交通秩序の維持に反する行為を行うようにせん動した。徳島市公安条例(集団行進及び集団示威運動に関する条例)3条3号は,届出制を前提として集団行進や集団示威運動の実施を行おうとする者は「交通秩序を維持すること」を守らねばならないと規定し,同5条はその条件に違反した集団行進や集団示威運動の「主催者,指導者又は煽動者」を「1年以下の懲役若しくは禁錮又は5万円以下の罰金」に処していた。Yは,上記のうちせん動行為がこれらに該当するなどとして起訴された。この罪については1審(徳島地判昭47・4・20判タ278号287頁)はYを無罪とし,2審(高松高判昭48・2・19刑集29巻8号570頁参照)も検察官の控訴を棄却。検察官が上告。

なお,公訴事実には道路交通法違反にかかわるものもあり,そのため同法と上記の条例との関係が問われたが,この点については本書342事件(本件と同一事件)を参照。

■ 争点 ■

①本条例3条3号は明確性を欠き,憲法31条に違反しないか。
②明らかに同号に反する行為である蛇行進を行ったYについて①を判断する必要があるか。

■ 判旨 ■

破棄自判(小川信雄・坂本吉勝裁判官の補足意見,岸盛一,団藤重光裁判官の各補足意見,高辻正己裁判官の意見がある)。

徳島市公安条例3条3号の「交通秩序を維持すること」という規定は「その文言だけからすれば」「いかなる作為,不作為を命じているのかその義務内容が具体的に明らかにされて」おらず「立法措置として著しく妥当を欠く」。刑罰法規があいまい不明確ゆえに31条違反とされるのは,「その規定が通常の判断能力を有する一般人に対して,禁止される行為とそうでない行為とを識別するための基準を示すところがな」いので「国民に対して刑罰の対象となる行為をあらかじめ告知する機能を果たさず」,運用が適用機関の「主観的判断にゆだねられて恣意に流れる」からである。しかし,法規にはその性質上必ずしも常に絶対的な識別の基準を要求することはできない。ゆえに,「通常の判断能力を有する一般人の理解において,具体的場合に当該行為がその適用を受けるものかどうかの判断を可能ならしめるような基準が読みとれるかどうか」により決定すべきである。

本条例3条3号は,「届出制を採用し,集団行進等の形態が交通秩序に不可避的にもたらす障害が生じても,なおこれを……許容している」と考えられるので,「当該集団行進等に不可避的に随伴するもの」を禁止していないことは明らかである。ゆえに本条例3条がその3号に「交通秩序を維持すること」を掲げるのは,「道路における集団行進等が一般的に秩序正しく平穏に行われる場合にこれに随伴する交通秩序阻害の程度を超えた,殊更な交通秩序の阻害をもたらすような行為を避止すべきこと」を命じるものと解される。「そして,通常の判断能力を有する一般人が,具体的場合において,自己がしようとする行為が右事項による禁止に触れるものであるかどうかを判断するにあたっては,その行為が秩序正しく平穏に行われる集団行進等に伴う交通秩序の阻害を生ずるにとどまるものか,あるいは殊更な交通秩序の阻害をもたらすようなものであるかを考えることにより,通常その判断にさほどの困難を感じることはないはずであり,例えば各地における道路上の集団行進等に際して往々みられるだ行進,うず巻行進,すわり込み,道路一杯を占拠するいわゆるフランスデモ等の行為が,秩序正しく平穏な集団行進等に随伴する交通秩序阻害の程度を超えて,殊更な交通秩序の阻害をもたらすような行為にあたるものと容易に想到することができる」。したがって,本条例3条3号は31条に違反しない。

高辻意見

「規定の文言だけではなく,その規定と法規全体との関係,当該法規の立法の目的,規定の対象の性質と実態等」を考慮した多数意見の解釈は,「一個の解釈としては間然するところがない」が,「通常の判断能力を有する一般人である行為者が,行為の当時において,理解する」ことはできない。たとえそれができるとしても,「その解釈の成果が,果たして,『禁止される行為とそうでない行為との識別を可能ならしめる基準』を示すにつき欠けるところがないといえる」か。多数意見の示す蛇行進等のような「典型的な行為」ではないが「粛然とした形態にとどまらない」ものについて当てはまるか,「通常その判断にさほどの困難を感じることはない」とはいいきれない。

しかし私は結論には同調する。本件の「だ行進」が「交通秩序侵害行為の典型的なものとして」本条例3条3号により禁止されていることには「通常の判断能力を有する者の常識において」疑問の余地がない。それゆえ本件の適用はYの31条により保障される権利を侵害しない。「元来,裁判所による法令の合憲違憲の判断は,司法権の行使に付随してされるものであって,裁判における具体的事実に対する当該法令の適用に関して必要とされる範囲においてすれば足りるとともに,また,その限度にとどめるのが相当であると考えられ,本件において,殊更,その具体的事実に対する適用関係を超えて,他の事案についての適用関係一般にわたり,前記規定の罰則としての明確性の有無を論じて,その判断に及ぶべき理由はない」。もっとも,「刑罰法規の対象とされる行為が思想の表現又はこれと不可分な表現手段の利用自体

に係るものであって、規制の存在すること自体が、本来自由であるべきそれらを思いとどまらせ、又はその自由の取返しのつかない喪失をもたらすようなものである場合」は配慮を加える合理性がある。しかし、本件の規制の対象は「表現手段としての集団行進等をすることそれ自体ではなく、集団行進等がされる場合のその態様に関するもの」なので「本件の場合は、右に述べたような特段の配慮を加えるべき場合には当たらない」。

岸補足意見
表現活動に対する「法令による規制」が憲法21条に違反するかを判断する上では、「その目的が、表現そのものを抑制することにあるのか、それとも当該表現に伴う行動を抑制することにあるのかを一応区別して考察する必要がある」。もとより「この区別は、表現活動を表現そのものと行動を伴う表現とに截然と二分して憲法上の保障に差等を設けようとするものではな」く、「規制の目的を重視し、表現そのものがもたらす弊害の防止に規制の重点があるのか、もしくは表現に伴う行動がもたらす弊害の防止が重点であるのか」を区別するものである。

「規制の目的が表現そのものを抑制することにある場合には、それはまさに、国又は地方公共団体にとって好ましくない表現と然らざるものとの選別を許容することとなり、いわば検閲を認めるにひとしく、多くの場合……違憲の判断をうける」。そのため、当裁判所の判例は、例えば、「重要な法的義務の不履行」の「煽動」(本書75事件〔最大判昭24・5・18〕など)、「猥褻文書」の「頒布」(97事件〔最大判昭32・3・13―チャタレイ事件〕、98事件〔最大判昭44・10・15―「悪徳の栄え」事件〕)、「名誉」の「毀損」(最判昭33・4・10刑集12巻5号830頁、なお51事件〔最大判昭31・7・4―謝罪広告命令〕)を処罰する規定につき、「利益較量の手法」によるのではなく、表現活動「それ自体憲法上の保障をうけるに値しないことを根拠として」合憲としてきた。

ところが、「規制の目的が表現を伴う行動を抑制することにあるときは右と事情を異にする」。当裁判所の従来からの判例が、この類型の規制について、「適正な利益較量の手法により」、79事件(最大判昭43・12・18―大阪市屋外広告物条例事件)、81事件(最大判昭45・6・17―電柱へのビラ貼り)、20事件(最大判昭49・11・6―猿払事件上告審)などを合憲と判断したことには、「このような考慮がめぐらされたものと解される」。また、「その行動を伴うことが、当該表現活動にとって唯一又は極めて重要な意義をもつ場合」には、「行動それ自体が思想、意見の伝達と評価され、表現そのものと同様に憲法上の保障に値することもありうる」が、そのようなときでも「規制の真の目的」が「行動自体のもたらす実質的な弊害を防止することにある限りは、これを直ちに違憲であるということはできない」。

本件に当てはめるに、「もし表現そのものが国又は地方公共団体にとって好ましくないものとしてこれを規制しようとするのであれば、違憲であるといわざるをえない」。しかし、「本件の徳島市条例がそのような規制を目的とするものではなく、行動のもたらす弊害の防止を目的とするものであることは明白である」。また、「蛇行進、うず巻行進、すわり込み、道路一杯を占拠して行進するいわゆるフランスデモ等の殊更な道路交通秩序の阻害をもたらす虞のある表現活動が表現の自由の名に値するものであるかは別論としても、上述のような見地からすれば、その規制は合憲であるとすることには異論はない」。

団藤補足意見
「罪刑法定主義が犯罪構成要件の明確性を要請するのは、一方、裁判規範としての面において、刑罰権の恣意的な発動を避止することを趣旨とするとともに、他方、行為規範としての面において、可罰的行為と不可罰的行為との限界を明示することによって国民に行動の自由を保障することを目的とする。後者の見地における行動の自由の保障は、表現の自由に関しては、とくに重要であって、もし、可罰的行為と不可罰的行為との限界が不明確であるために、国民が本来表現の自由に属する行動さえをも遠慮するような事態がおこれば、それは国民一般の表現の自由に対する重大な侵害だといわなければならない。これは不明確な構成要件が国民一般の表現の自由に対して有するところの萎縮的ないし抑止的作用の問題である。もちろん、本件についてかような問題に立ち入ることが、司法権行使のありかたとして許されるかどうかについては、疑問がないわけではない。けだし、一般国民(徳島市の住民および滞在者一般)が本条例の規定によって表現の自由の関係で萎縮的ないし抑止的影響を受けていたかどうか、また、現に受けているかどうかは、本件の審理の対象外とされるべきではないかとも考えられるからである。しかし、このような考え方は、裁判所が国民一般の表現の自由を保障する機能を大きく制限する結果をもたらす。わたくしは、これは、とうてい憲法の趣旨とするところではないと考えるのである。」

「かようにして、わたくしは、本条例3条、5条の構成要件の明確性の問題を検討するにあたっては、それが表現の自由との関連において国民一般に対して有するかも知れないところの萎縮的・抑止的作用をもとくに考慮に入れたつもりである。」「そうして、わたくしは、多数意見もまた、同じ見地に立つものと理解している。」

━━━━━■ 解 説 ■━━━━━
本判決は31条の要請として刑罰法規の明確性の原則を正面から認めた(詳しくは「15 適正手続」〈判例の流れ〉を参照)。団藤補足意見、それに同調する小川・坂本補足意見はこれと21条との関係を意識していたが、132・308事件(最大判昭59・12・12―税関検査事件)は明確に21条からも同様の要請を導いた。

◆ 参考文献 ◆
小田健司・最判解刑事篇昭和50年度156頁、三井誠・刑法百選Ⅰ〔第2版〕14頁、村山健太郎・百選Ⅰ〔第5版〕182頁、178事件(最大判昭60・10・23―福岡県青少年保護育成条例事件)についても前田雅英『現代社会と実質的犯罪論』[1992] 51頁。

178 明確性の原則と罪刑均衡の原則
―― 福岡県青少年保護育成条例事件

最高裁昭和60年10月23日大法廷判決
(昭和57年(あ)第621号福岡県青少年保護育成条例違反被告事件)
刑集39巻6号413頁, 判時1170号3頁

■事案■

Y(当時26歳)は少女A(当時16歳)とホテルで性交した。1審(小倉簡判昭56・12・14刑集39巻6号461頁参照)はその行為が福岡県青少年保護育成条例16条1項・10条1項に該当するとして罰金5万円を科し, 2審(福岡高判昭57・3・29前掲刑集462頁参照)は控訴を棄却。2審は, Yが初対面のAをドライブに誘い, 自動車の中でいきなり性交をしたのを手始めに, 本件以前に少なくとも15回以上も性交を重ね, 会うときには性交に終始し結婚の話はしなかった等の事実を認定した。Yは本件条例が憲法13条・14条・31条・94条等に違反することも主張して上告。

■争点■

本件条例10条1項にいう「淫行」の意味は何か, そう解することは憲法31条に違反しないか。

■判旨■

上告棄却(牧圭次, 長島敦裁判官の各補足意見, 伊藤正己, 谷口正孝, 島谷六郎裁判官の各反対意見がある)。

本条例は「青少年の健全な育成を図るため青少年を保護することを目的として定められ(1条1項), 他の法令により成年者と同一の能力を有する者を除き, 小学校就学の始期から満18歳に達するまでの者を青少年と定義した(3条1項)上で,『何人も青少年に対し, 淫行又はわいせつの行為をしてはならない。』(10条1項)と規定し, その違反者に対しては2年以下の懲役又は10万円以下の罰金を科し(16条1項)」ている。これらを総合すると10条1項, 16条1項の規定(以下「本件各規定」)の趣旨は, 青少年が「精神的に未だ十分に安定していないため, 性行為等によって精神的な痛手を受け易」い等の事情にかんがみ,「青少年を対象としてなされる性行為等のうち, その育成を阻害するおそれのあるものとして社会通念上非難を受けるべき性質のものを禁止」したものであり, 本件各規定の趣旨や文理等に徴すると,「10条1項の規定にいう『淫行』とは, 広く青少年に対する性行為一般をいうものと解すべきでなく, 青少年を誘惑し, 威迫し, 欺罔し又は困惑させる等その心身の未成熟に乗じた不当な手段により行う性交又は性交類似行為のほか, 青少年を単に自己の性的欲望を満足させるための対象として扱っているとしか認められないような性交又は性交類似行為をいうものと解するのが相当である。けだし, 右の『淫行』を広く青少年に対する性行為一般を指すものと解するときは,『淫らな』性行為を指す『淫行』の用語自体の意義に添わないばかりでなく, 例えば婚約中の青少年又はこれに準ずる真摯な交際関係にある青少年との間で行われる性行為等, 社会通念上およそ処罰の対象として考え難いものをも含むこととなって, その解釈は広きに失することが明らかであり, また, 前記『淫行』を目して単に反倫理的あるいは不純な性行為と解するのでは, 犯罪の構成要件として不明確であるとの批判を免れないのであって, 前記規定の文理から合理的に導き出され得る解釈の範囲内で, 前叙のように限定して解するのを相当とする。このような解釈は通常の判断能力を有する一般人の理解にも適うものであり,『淫行』の意義を右のように解釈するときは, 同規定につき処罰の範囲が不当に広過ぎるとも不明確であるともいえないから, 本件各規定が憲法31条の規定に違反するものとはいえ」ない。

原審認定の事実関係に基づくと, 本件はYが「Aを単に自己の性的欲望を満足させるための対象として扱っているとしか認められないような性行為をした場合に該当する」ので, 原判断は正当である。

また,「地方公共団体が青少年に対する淫行につき規制上各別に条例を制定する結果その取扱いに差異を生ずることがあっても憲法14条の規定に違反するものでない」(本書341事件―最大判昭33・10・15)。

伊藤反対意見

都道府県の条例の地域差をもって直ちに14条違反ではないが「青少年に対する性行為という, それ自体地域的特色を有しない, いわば国全体に共通する事項」につき地域により刑罰が著しく異なることは「一国の法制度としてはなはだ望ましくない」。また13歳未満の婦女への姦淫を完全な合意があっても強姦罪等とする刑法177条・178条の年齢の上限を法律でなく条例で18歳に引き上げることは保護法益の違いを考慮に入れても「看過し難い」。ゆえに「淫行」の意義についての私の理解は,「多数意見のいう『青少年を誘惑し……不当な手段により行う性交又は性交類似行為』」に相当する。多数意見がこれに「青少年を単に……認められないような性交又は性交類似行為」をも付加するのは,「明確性の点で問題があるのみでなく, 以上に述べた国法との関係からいっても, 処罰範囲の限定として適切なものとはいえない」。

問題となるのは, この限定が「本条例10条1項の解釈として可能であるか」である。177事件(最大判昭50・9・10―徳島市公安条例事件)と132事件(最大判昭59・12・12―税関検査事件)の判断基準は表現の自由にかかわるが, 刑罰法規の明確性についても同様に当てはまる。「多数意見の示すような限定解釈は一般人の理解として『淫行』という文言から読みとれるかどうかきわめて疑問であって, もはや解釈の限界を超えたものと思われるのであるが, 私の見解では, 淫行処罰規定による処罰の範囲は, 憲法の趣旨をうけて更に限定されざるをえず,『誘惑し, 威迫し, 欺罔し又は困惑させる等』の不当な手段により青少年との性交又は性交類似行為がなされた場合に限られると解するのである。しかし, このような解釈は,『淫行』という文言の語義からいっても無理を伴うもので, 通常の判断能力を有する一般人の理解の及びえないものであり,『淫行』の意義の解釈の域を逸脱したものといわざるをえない」。本条例10条1項は憲法31条に違反する。

■解説■

「15 適正手続」〈判例の流れ〉, 133事件(最判平元・9・19―岐阜県青少年保護育成条例事件)とその伊藤正己裁判官補足意見を参照。合憲限定解釈の限界の問題についてはさらに309事件(本件と同一事件)も参照。

◆参考文献◆
矢島基美・上智法学論集29巻1号243頁, 宍戸常寿・地方自治百選〔第3版〕56頁, 駒村圭吾・百選Ⅱ〔第5版〕253頁。

179 行政手続に対する31条の適用・準用——成田新法事件

最高裁平成4年7月1日大法廷判決
(昭和61年(行ツ)第11号工作物等使用禁止命令取消等請求事件)
民集46巻5号437頁, 判時1425号45頁

■事 案■

本件事案については本書88事件（本件と同一事件）を参照。

なお,「新東京国際空港の安全確保に関する緊急措置法」3条1項は, 工作物が「多数の暴力主義的破壊活動者の集合の用」「暴力主義的破壊活動等に使用され, 又は使用されるおそれがあると認められる爆発物, 火炎びん等の物の製造又は保管の場所の用」「新東京国際空港又はその周辺における航空機の航行に対する暴力主義的破壊活動者による妨害の用」に供せられ, 又は供せられるおそれがあると認めるときに運輸大臣（当時）が供用禁止を命じうると定め, そして同条3項はこの命令をした場合に運輸大臣が職員に立ち入り, 質問を行わせうることを定めていた。憲法21条違反の争点（集会の自由）については88事件を参照。

■争 点■

①本法3条1項は憲法31条に違反するか。
②本法3条1項・3項は憲法35条に違反するか。

■判 旨■

一部上告棄却, 一部破棄自判（園部逸夫, 可部恒雄裁判官の各意見がある）。

(i)「憲法31条の定める法定手続の保障は, 直接には刑事手続に関するものであるが, 行政手続については, それが刑事手続ではないとの理由のみで, そのすべてが当然に同条による保障の枠外にあると判断することは相当ではない。」

「しかしながら, 同条による保障が及ぶと解すべき場合であっても, 一般に, 行政手続は, 刑事手続とその性質においておのずから差異があり, また, 行政目的に応じて多種多様であるから, 行政処分の相手方に事前の告知, 弁解, 防御の機会を与えるかどうかは, 行政処分により制限を受ける権利利益の内容, 性質, 制限の程度, 行政処分により達成しようとする公益の内容, 程度, 緊急性等を総合較量して決定されるべきものであって, 常に必ずそのような機会を与えることを必要とするものではないと解するのが相当である。」

「本法3条1項に基づく工作物使用禁止命令により制限される権利利益の内容, 性質は, ……当該工作物の3態様における使用であり, 右命令により達成しようとする公益の内容, 程度, 緊急性等は……新空港の設置, 管理等の安全という国家的, 社会経済的, 公益的, 人道的見地からその確保が極めて強く要請されているものであって, 高度かつ緊急の必要性を有するものであることなどを総合較量すれば, 右命令をするに当たり, その相手方に対し事前に告知, 弁解, 防御の機会を与える旨の規定がなくても, 本法3条1項は憲法31条の法意に反す

るものということはできない。」

(ii) 185事件（最大判昭47・11・22—川崎民商事件）を参照して考えると,「本法3条3項は, 運輸大臣は, 同条1項の禁止命令をした場合において必要があると認めるときは, その職員をして当該工作物に立ち入らせ, 又は関係者に質問させることができる旨を規定し, その際に裁判官の令状を要する旨を規定していない」が, 右立入り等は, 使用禁止命令（同条1項）に係る工作物について命令の履行確保のために「必要な限度においてのみ認められ」,「立入りの必要性は高い」こと,「職員の身分証明書の携帯及び提示が要求されている」こと（同条4項）,「刑事責任追及のための資料収集に直接結び付くものではない」こと（同条5項）,「強制の程度, 態様が直接的物理的なものではない」こと〔罰則を定める〕9条2項）を「総合判断」すれば, 本法3条1項・3項は, 憲法35条に反しない。

■解 説■

1 すでに付加刑（175事件〔最大判昭37・11・28—第三者所有物没収⑶〕）, 過料（209事件〔最大決昭41・12・27〕）の例があったが, 本件では通常の不利益な行政処分を下す場合にも何らかの意味で31条から適正手続の要請が及ぶことが否定されなかった。さらに, それにもかかわらず相手方Yに「事前の告知, 弁解, 防御の機会を与える」必要はないことについても法廷意見と園部, 可部各意見の間で違いはない。

違いがあるのは次の3点である。第1に, 適正手続の要請が「行政手続に関する法の一般原則」によるか（園部意見）, 31条の適用（可部意見）・準用（法廷意見）によるか。

第2に, 各意見は少なくとも不利益処分手続や所有権の制約に原則として告知等の機会が必要であるというが, 法廷意見はそこまで断言しない。もっとも, 本件と同じく後の判決もかなり特殊な事案でも31条の準用を仮定的に行っている（134・145事件〔最判平5・3・16—第1次家永訴訟上告審〕, 274事件〔最大判平8・8・28—沖縄代理署名訴訟〕, 172事件〔最判平15・11・27—「象のオリ」訴訟〕など）。

第3に, 要請が及ぶことを認めた上で告知等の機会付与を要しないとするかを, 比較衡量論で判断する（法廷意見, 園部意見）か, しない（可部意見）か。後者は, 私人の所有権への重大な制限については消防法29条（消火, 延焼の防止等のため, 物, 土地の所有権を制限）を「最たるもの」とする「限られた例外」のみを認めるという判断基準を設ける。

本判決で裁判官たちがその法案を意識していた行政手続法が翌平成5年に成立したことは教科書に書かれているとおりである。

2 判旨(ii)については185事件の解説4を参照。同判決と異なり手続の行政的性格も35条論の理由付けに用いた。判旨は強制の直接性を否定する。これは, 工作物の封鎖（直接強制）・除去（直接強制ないし即時強制）を定める本法3条6項・8項とは可分という趣旨であろうか。

◆参考文献◆
千葉勝美・最判解民事篇平成4年度220頁。

判例の流れ　　　●宍戸常寿●

16 刑事手続上の権利

　1　日本国憲法は，適正手続を保障する31条を受けて，33条から39条までを刑事手続上の権利の保障に充てている。これは，明治憲法下での捜査官憲による過酷な制限の経験を踏まえて，人身の自由を保障しようとするものだと理解されている。事の性格上，これらの規定については，日本国憲法施行直後から，多くの判例が蓄積されてきた。

　2　刑事手続を念頭に条文に沿ってみれば，まず(1)身体の拘束に対する保障（33）については，緊急逮捕の合憲性に関する180事件（最大判昭30・12・14）や別件逮捕の合憲性に関する181事件（最決昭52・8・9―狭山事件），法廷等の秩序維持に関する法律の合憲性に関する183事件（最大決昭33・10・15）が重要であるが，同条の趣旨に関連して人身保護請求事件に関する182事件（最大決昭29・4・26）も取り上げた。(2)不法な捜索・押収からの自由（35）については，強制採尿の適法性に関する187事件（最決昭55・10・23）を取り上げた。(1)(2)はともに，令状主義（なお，令状記載の特定性について，最大決昭33・7・29刑集12巻12号2776頁参照）の原則と例外が問題になっているが，令状主義の趣旨を没却するような違法に対する救済手法についても触れる（186事件〔最判昭53・9・7〕）。

　次に(3)拷問および残虐な刑罰の禁止（36）については死刑の合憲性に関する188事件（最大判昭23・3・12）を取り上げた。

　(4)公平な裁判所で迅速な裁判を受ける権利（37Ⅰ）については，「公平な裁判所」の意義（189事件〔最大判昭23・5・5〕）を確認した上で，著しい裁判遅延に対する救済方法を示した高田事件判決（190事件〔最大判昭47・12・20〕）を検討する。(5)証人審問権（37Ⅱ）については，191事件（最大判昭23・7・19）を扱う中で，刑訴法上の伝聞法則との関係にも触れることにしたい。(6)弁護人依頼権（34・37Ⅲ）については，国選弁護に関する192事件（最判昭54・7・24）および接見交通に関する193事件（最大判平11・3・24）がいずれも基本判例といえる。

　(7)自白の強要からの自由については，38条1項にいう「自己に不利益な」「供述」の意味それぞれを，194事件（最大判昭32・2・20）・195事件（最判平9・1・30）から分析する。補強法則（38Ⅲ）に関する200事件（最大判昭23・7・29）の中で，自白法則（38Ⅱ）についても触れることにしたい。

　(8)二重の危険の禁止については，検察官による不利益上訴に関する201事件（最大判昭25・9・27）を通じて，39条前段後半と後段の関係について扱う。二重処罰の禁止に関する202事件（最大判昭33・4・30）も重要である。

　3　本章には，「刑事手続に関する憲法上の諸規定が行政手続にも適用されるか」という論点に関する一群の判例が含まれている。川崎民商事件判決（185事件〔最大判昭47・11・22〕）は，31条に関する成田新法事件判決（179事件〔最大判平4・7・1〕）と並んで，この論点に関する最も重要な判例である。同判決では，35条・38条の行政手続への適用が共に問題となったが，35条については184事件（最大判昭30・4・27）を参照。

　これに対して38条については，行政目的での報告等の義務づけの合憲性が問題となるが，198事件（最判昭59・3・27）が185事件判決に忠実な議論をしているほか，判例理論が一貫していないので，各々の異同に注意したいところである（196事件〔最判昭29・7・16〕，197事件〔最大判昭37・5・2〕，199事件〔最判平16・4・13―医事法事件〕）。

　4　この章はとりわけ「15 適正手続」や「17 国務請求権」と密接に関連しているため，一体のものとして学習を進めてほしい。また，ここで扱う多くの判例や論点は，刑事訴訟法の分野でより詳しく扱われているものが多い。適宜，刑事訴訟法の教科書や判例集を繙きながら，学習することを勧める。

180 緊急逮捕の合憲性

最高裁昭和30年12月14日大法廷判決
（昭和26年（あ）第3953号森林法違反公務執行妨害傷害被告事件）
刑集9巻13号2760頁，判時67号7頁

■事案■

Y（被告人・控訴人・上告人）は，A所有の棕櫚（しゅろ）の皮を2回にわたって窃取したという森林法83条（当時。法定刑は3年以下の懲役または1000円以下の罰金）違反の容疑で，任意出頭を求められた。しかしYは，自宅を訪れた司法巡査B・Cに対して，病気を理由に応じず，奥から大声で「行けないから行けぬ」と叫んだ。Bは証拠隠滅・逃亡のおそれがあると思い，「任意出頭してくれなければ緊急逮捕する」と告げたが，Yは出てきて，「逮捕するならしてみよ」と言って木の枝でB・Cに殴りかかり，結局Yは逮捕された。その後，裁判官は同日中に，逮捕状を発付している。

1審（徳島地脇町支判昭24・6・23刑集9巻13号2768頁参照）は，Yに懲役10か月の有罪判決を言い渡した。Yは控訴して，刑訴法210条は憲法33条に反すると主張したが，2審（高松高判昭26・7・30高刑集4巻9号1104頁）は，緊急逮捕は「全体として逮捕状に基くもの」であって「逮捕状による逮捕」と考えられるとして，刑訴法210条の合憲性を認めて控訴を棄却した。Yが上告。

■争点■

刑訴法210条は，憲法33条に反するか。

■判旨■

上告棄却（斎藤悠輔裁判官，小谷勝重・池田克裁判官の補足意見がある）。

「刑訴210条は，死刑又は無期若しくは長期3年以上の懲役若しくは禁錮にあたる罪を犯したことを疑うに足る充分な理由がある場合で，且つ急速を要し，裁判官の逮捕状を求めることができないときは，その理由を告げて被疑者を逮捕することができるとし，そしてこの場合捜査官憲は直ちに裁判官の逮捕状を求める手続を為し，若し逮捕状が発せられないときは直ちに被疑者を釈放すべきことを定めている。かような厳格な制約の下に，罪状の重い一定の犯罪のみについて，緊急已むを得ない場合に限り，逮捕後直ちに裁判官の審査を受けて逮捕状の発行を求めることを条件とし，被疑者の逮捕を認めることは，憲法33条規定の趣旨に反するものではない」。

■解説■

1　憲法33条は，「何人も，現行犯として逮捕される場合を除いては，権限を有する司法官憲が発し，且つ理由となっている犯罪を明示する令状によらなければ，逮捕されない」と定め，令状主義の原則を明らかにするとともに，その例外として現行犯逮捕を挙げている。これに対して刑訴法は，通常逮捕（199）・現行犯逮捕（213）に加えて，(1)犯罪の重大性，(2)嫌疑の充分性，(3)緊急の必要性，(4)後に裁判官の逮捕状の発付を求める，といった要件で，被疑者の逮捕を認めている（210）。この緊急逮捕については，違憲説も主張されていたが，本判決は，この憲法上の疑義を払拭したものという意義を有する。

2　しかし本判決は，裁判官の間で意見が収斂しなかったためか（寺尾・後掲は，大法廷で熱心に議論が重ねられたことを示唆する），刑訴法210条の文言を繰り返したのみで，合憲の論拠を全く明らかにしていない。まず，刑訴法分野で有力に支持されている見解は，緊急逮捕も全体としてみれば「逮捕状による逮捕」といえるというものであり，これは本件2審の採る立場でもあった。しかしこの見解では，逮捕の時点では令状が存在しないこと，さらには令状が発付されなかった場合の逮捕の合憲性について，十分な説明が困難である。

次に斎藤補足意見は，合衆国憲法修正4条を援用し，「合理的な捜索，逮捕，押収等」は令状主義の例外として認められるとした上で，憲法33条のいう「現行犯」には準現行犯（212 II）や緊急逮捕も含まれる，と説く（本書184事件〔最大判昭30・4・27〕の栗山茂補足意見も同旨）。この見解によると，確かに後に令状が発付されなかった逮捕も合憲だといえるが，逆に事後に令状を取ること自体が憲法上の要請ではなくなってしまう（小嶋255頁）。しかも，準現行犯ですら犯罪の完遂との時間的接着性が要求されることからすれば，緊急逮捕まで含めてしまうのは，「現行犯」の語義からあまりに乖離しているのではないか。

第3に小谷・池田補足意見は，全体としてみれば「逮捕状による逮捕」に当たるという第1の説明に重ねて，33条自身が現行犯逮捕を容認していることから，緊急の必要があり捜査権力の恣意が働かない場合には，令状主義の例外も認められると解する。そして，緊急逮捕も「客観的妥当性のある充分な理由の存する場合」であり，現行犯に準ずる「明白な根拠をもち，裁判官の判断を待たないでも過誤を生ずるおそれがない」から合憲である，と説く。

3　憲法学説としては，33条は現行犯逮捕以外の例外を文理上認めていない，と説く違憲説も有力であるが（杉原・後掲等），現在の多数説は合憲説を採るに至っている。そもそも憲法制定時の日本政府は，33条の「司法官憲」には検察官も含まれると捉えていたが，後になって「検察官による令状発付は許されない」という総司令部側の解釈を受け入れたため，同条の文理は「非現実的といってもよいほど厳しすぎる」（野中ほかI 400頁〔高橋和之〕）ことになってしまった。合憲説の背後には，そうした経緯を踏まえれば，33条を緩やかに解釈せざるを得ないというバランス感覚が控えている。最終的には，小谷・池田補足意見の立場が受け容れられている，といえよう。もっとも，厳格な運用が求められることはもとより，緊急逮捕が認められる犯罪の範囲を現行法よりも限定すべきだ，という指摘もある（佐藤憲法593頁）。

◆参考文献◆
上田健介・百選II〔第5版〕258頁，公文孝佳・別冊判タ『警察基本判例・実務200』〔2010〕226頁，杉原泰雄・百選II〔第4版〕254頁，寺尾正二・最判解刑事篇昭和30年度398頁．

31条・33条・34条　　16 刑事手続上の権利　(1) 身体の拘束に対する保障

181 別件逮捕・勾留
―― 狭山事件

最高裁昭和52年8月9日第二小法廷決定
（昭和49年(あ)第2470号強盗強姦、強盗殺人、死体遺棄、恐喝未遂、窃盗、森林窃盗、傷害、暴行、横領被告事件）
刑集31巻5号821頁、判時864号22頁

■事　案■

1963（昭和38）年5月1日、埼玉県狭山市で当時16歳の女子高生Aが行方不明になり、身代金を要求する脅迫文がAの家族の元に届けられた。同4日朝、被害者は強姦され殺害された状態で土中から発見された。警察は、遺留品や脅迫文の文字・内容から、被差別部落出身者であるY（被告人・控訴人・上告人）が犯人であると考えて捜査を進めた。Yは同23日恐喝未遂や窃盗等の容疑で逮捕され、22日間身柄を拘束され取調べを受けたが（第1次逮捕・勾留）、恐喝未遂や強姦・殺人について容疑を否認した。そこでYが6月17日に保釈されると、警察は直ちに強盗強姦・強姦殺人等の容疑でYを逮捕し、7月9日まで22日間身柄を拘束し（第2次逮捕・勾留）、Aを殺害して埋めた等の自白を得た。

当初Yは公訴事実を全て認めていたが、1審（浦和地判昭39・3・11下刑集6巻3・4号206頁）が死刑判決を言い渡すと控訴し、自白は捜査官の誘導・強制による虚偽のものであると主張した。2審（東京高判昭49・10・31高刑集27巻5号474頁）がYに無期懲役を言い渡したので、Yは別件逮捕・勾留によって収集された証拠に証拠能力を認めることは、31条・33条・34条等に違反する等と主張して、上告した。

■争　点■
違法な別件逮捕・勾留となるのはどのような場合か。

■決定要旨■

上告棄却。

(i)「第1次逮捕・勾留は、その基礎となった被疑事実について逮捕・勾留の理由と必要性があったことは明らかである。そして、『別件』中の恐喝未遂と『本件』とは社会的事実として一連の密接な関連があり、『別件』の捜査として事件当時のYの行動状況についてYを取調べることは、他面においては『本件』の捜査ともなるのであるから、第1次逮捕・勾留中に『別件』のみならず『本件』についてもYを取調べているとしても、それは、専ら『本件』のためにする取調というべきではなく、『別件』について当然しなければならない取調をしたものにほかならない。それ故、第1次逮捕・勾留は、専ら、いまだ証拠の揃っていない『本件』についてYを取調べる目的で、証拠の揃っている『別件』の逮捕・勾留に名を借り、その身柄の拘束を利用して、『本件』について逮捕・勾留して取調べるのと同様な効果を得ることをねらいとしたものである、とすることはできない。」

(ii)「第1次逮捕・勾留当時『本件』について逮捕・勾留するだけの証拠が揃っておらず、その後に発見、収集した証拠を併せて事実を解明することによって、初めて『本件』について逮捕・勾留の理由と必要性を明らかにして、第2次逮捕・勾留を請求することができるに至ったものと認められるのであるから、『別件』と『本件』とについて同時に逮捕・勾留して捜査することができるのに、専ら、逮捕・勾留の期間の制限を免れるため罪名を小出しにして逮捕・勾留を繰り返す意図のもとに、各別に請求したものとすることはできない。」

(iii)「『『別件』についての第1次逮捕・勾留中の捜査が、専ら『本件』の被疑事実に利用されたものでないことはすでに述べたとおりであるから、第2次逮捕・勾留が第1次逮捕・勾留の被疑事実と実質的に同一の被疑事実について再逮捕・再勾留をしたものではないことは明らかである。」

■解　説■

1　別件逮捕・勾留とは、本来の捜査対象である重大な犯罪（本件）について身柄拘束できるだけの証拠が揃っていない段階で、証拠の揃っている軽微な犯罪（別件）で身柄を拘束して、本件について取調べを行う、という捜査手法のことを指す。こうした別件逮捕・勾留は、本件捜査のために別件の令状を流用するもので、令状主義（33・34）を潜脱するものではないか（金沢地七尾支判昭44・6・3判時563号14頁参照）。

2　要旨(i)はまず、別件を基準として第1次逮捕・勾留の適法性を判断する立場を示している。もっともその後で、別件逮捕・勾留中の取調べが「専ら『本件』のためにする取調」かどうかを問題にする点では、本件基準説に立つともいえる。要旨(ii)は、もともと本件で身柄拘束できるだけの証拠が既に揃っている場合について「罪名を小出しにして逮捕・勾留を繰り返す」ような場合が違法となる可能性を、一応認めたものである。また要旨(iii)は、本件のために第1次逮捕・勾留がなされた場合には、第2次逮捕・勾留および取調べが許されないことを前提にしたものといえる。

3　このように本決定は、別件逮捕・勾留が違法となる可能性を前提にしつつも、本事案がそれに当たらないことを認めただけであって、いかなる場合が別件逮捕・勾留として違法になるかの判断基準を積極的に示したものではない。その意味で本決定の意義は限られたものであり、多くの問題点が下級審に委ねられることとなった。本決定の要旨(i)を前提に考えれば、別件について証拠が揃っている以上、第1次逮捕・勾留がなされること自体はやむを得ないであろう。第1次身柄拘束中の取調べを見て、それが専ら本件のためと評価できる場合には、その取調べは違法と判断されることになる。そして、その取調べを利用して得られた証拠を違法として排除するというかたちで、令状主義の趣旨の実現を図るべきだろう（川出・後掲、野中ほかI 401頁〔高橋和之〕。大阪高判昭59・4・19高刑集37巻1号98頁、東京地決平12・11・13判タ1067号283頁等も参照）。

◆ 参考文献 ◆

池田公博・別冊判タ『警察基本判例・実務200』[2010] 235頁、上野裕久・百選I〔第2版〕202頁、川出敏裕『別件逮捕・勾留の研究』[1998]、後藤昌次郎＝小林直樹ほか・法時50巻1号120頁、新矢悦二・最判解刑事篇昭和52年度253頁。

182 人身保護法による救済請求

最高裁昭和29年4月26日大法廷決定
（昭和28年（ク）第55号人身保護法による釈放請求事件）
民集8巻4号848頁

■事案■

Aらは，極東国際軍事裁判所等により有罪とされ，連合国最高司令官により巣鴨プリズンに拘禁されていた者であるが，日本国との平和条約11条および「平和条約第11条による刑の執行及び赦免等に関する法律」（昭27法103）により，残刑の執行のためB（巣鴨刑務所長―相手方）に引き渡され，拘束され続けていた。

X（請求者・抗告人）は，平和条約11条が憲法違反であることを理由に，人身保護法に基づいてAらの釈放を東京高裁に請求したところ，1審（東京高決昭28・2・28民集8巻4号858頁参照）は，本件拘束は「法律上正当な手続によらないで，身体の自由を拘束されている」（人保2）に当たらないとして，請求を棄却した。Xは，平和条約11条および昭和27年法103号が憲法に違反することを理由に，最高裁に抗告した。

■争点■

人身保護法による救済請求はいかなる要件のもとで認められるか。

■決定要旨■

抗告棄却（真野毅，藤田八郎裁判官の各少数意見がある）。

「人身保護法により救済を請求することができるのは，法律上正当な手続によらないで身体の自由を拘束されている者で（人身保護法2条），その拘束又は拘束に関する裁判若しくは処分が権限なしにされ又は法令の定める方式若しくは手続に著しく違反していることが顕著である場合に限りこれをすることができるのである（人身保護規則4条本文）。このように請求の理由を，権限，方式，手続の違反が，著しく，且つ顕著である場合に限定したのは，人身保護法が，基本的人権を保障する憲法の精神に従い，国民をして現に不当に奪はれている人身の自由を，迅速，且つ容易に回復せしめることを目的として制定された特別な救済方法であるからである（人身保護法1条，同規則4条但書参照）。」

「Aは……〔平和〕条約並びに法律〔昭27法103〕の定めるところに従い右法律6条に規定する刑の執行を為すべき巣鴨刑務所長として，その職権により拘束しているのであるから，Aの本件拘束を目して人身保護規則4条の拘束が権限なしにされ又は法令の定める方式若しくは手続に著しく違反していることが顕著であるとはいえない。」

■解説■

1　憲法34条後段は，「又，何人も，正当な理由がなければ，拘禁されず，要求があれば，その理由は，直ちに本人及びその弁護人の出席する公開の法廷で示されなければならない」と規定する。この規定を受けて，刑訴法は勾留理由開示の制度を設けている（82以下）。しかし学説は，この制度が理由の開示を定めるだけで，理由を争う機会を保障したり不当な勾留に対する釈放を命じたりするものでない点，さらに勾留以外の不当な拘禁にはこの制度は及ばない点で，不十分であると指摘してきた。そして，憲法34条後段は，英米法のHabeas Corpusを背景とした規定であると捉えた上で，人身保護法を同条後段に由来する制度であると解している（佐藤憲法論339頁等）。本決定は，この人身保護手続の役割を，最高裁自身の定めた人身保護規則4条の解釈によって限定したものである。

2　人身保護規則4条は，人身保護請求をなし得る場合を，「拘束又は拘束に関する裁判若しくは処分がその権限なしにされ又は法令の定める方式若しくは手続に著しく違反していることが顕著である場合」（違法の顕著性）で，しかも「他に救済の目的を達するのに適当な方法があるときは，その方法によって相当の期間内に救済の目的が達せられないことが明白で」ある場合（手続の補充性）に限っている。本件で問題になったのは，このうち前者の違法の顕著性のほうであったが，最高裁は，人身保護法が人身の自由を回復するための「特別な救済方法」であるという制度の本質から，このような限定を正当化した。その上で，平和条約11条および昭和27年法103号の合憲性に関する疑義は違法の顕著性の要件を満たすものではないとして，合憲性の疑義には立ち入らずに請求を棄却した。これに対して少数意見は，憲法の最高法規性（真野）または最高裁の役割（藤田）から，平和条約・昭和27年法103号の合憲性を審査すべきであると主張した上で，結論としては多数意見と同じ抗告棄却を導いている。

3　最高裁はその後も，不法入国のため入国者収容所長に拘束された者に対する人身保護の請求に対しても，本決定を引用しながら，出入国管理令や拘束手続等の違法性を判断せず，ただ違法が顕著とはいえないとして，請求を棄却している（最大判昭30・9・28民集9巻10号1453頁）。同判決の藤田八郎・池田克裁判官少数意見は，法律が最高裁規則に優越することを前提に，規則4条が法2条の要件を加重していることを問題視し，規則4条は，請求に理由があるかどうかではなく，請求の適法要件にすぎないと解することで，規則4条を緩やかに解釈すべきと説いていることが，注目される。

4　本決定に見られる最高裁の消極的姿勢の結果，人身保護手続は，国家権力による拘束よりも，子の引渡し等の私人による身柄拘束に対する手段として利用されてきた（最判昭24・1・18民集3巻1号10頁）。別居中の夫婦間の子の監護権をめぐる紛争については，むしろ家裁の保全手続（家審15の3）が活用されるべきだという指摘もある（最判平5・10・19民集47巻8号5099頁における可部恒雄裁判官補足意見参照）。

◆参考文献◆
大場茂行・最判解民事篇昭和29年度64頁，斉藤小百合・百選Ⅱ〔第5版〕260頁，田中英夫・百選（ジュリ臨増276の2）83頁，樋口範雄・百選Ⅱ〔第4版〕256頁，堀部政男・同Ⅰ〔第2版〕204頁。

183 法廷等の秩序維持のための監置

最高裁昭和33年10月15日大法廷決定
（昭和28年（秩ち）第1号法廷等の秩序維持に関する法律による制裁事件）
刑集12巻14号3291頁，判時165号5頁

■事案■

Y₁・Y₂（被告人・抗告人・特別抗告人）ら26名は，監禁等被告事件の被告人であったが，1953（昭和28）年11月30日の午前，大阪地裁での公判中に，裁判長の制止をきかず，腕を組んで合唱したり勝手に発言したりした。特にY₁は「裁判長黙否権かどうした返事せ，返事をおい」と，またY₂は「売国奴とはお前の事だ」と，裁判長を罵倒した。そこで裁判所は，法廷等の秩序維持に関する法律（以下，法秩法）3条2項に基づきY₁・Y₂を拘束し，同日の午後に制裁手続を開き，補佐人（弁護人）の陳述を聞いた後，法秩法2条を適用して両名を監置5日に処する旨を決定した（大阪地決昭28・11・30刑集12巻14号3298頁参照）。

Y₁・Y₂は，法秩法は憲法に違反すると主張して抗告したが，2審（大阪高決昭28・12・19前掲刑集3299頁参照）は，法秩法の制裁は秩序罰の類型に属し，令状発付等は必要でない等として抗告を棄却した。そこでY₁・Y₂は，法秩法2条に基づく監置決定および拘束処分は憲法32条・33条・34条・37条に違反すると主張して，最高裁に特別抗告した。

■争点■

①法秩法による裁判所の権限は，いかなる性格のものか。
②法秩法の規定は，憲法33条等に違反するか。

■決定要旨■

特別抗告棄却（奥野健一裁判官の補足意見がある）。

(i)「この法〔法秩法〕によって裁判所に属する権限は，直接憲法の精神，つまり司法の使命とその正常，適正な運営の必要に由来するものである。それはいわば司法の自己保存，正当防衛のために司法に内在する権限，司法の概念から当然に演繹される権限と認めることができる。従ってそれを厳格適正に行使することは，裁判官の権限たると同時に，その職務上の義務に属するのである。」「この権限は上述のごとく直接憲法の精神に基礎を有するものであり，そのいずれかの法条に根拠をおくものではない。それは法廷等の秩序を維持し，裁判の威信を保持し，以て民主社会における法の権威を確保することが，最も重要な公共の福祉の要請の一つであることに由来するものである。」

(ii)「本法による制裁は従来の刑事的行政的処罰のいずれの範疇にも属しないところの，本法によって設定された特殊の処罰である。そして本法は，裁判所または裁判官の面前その他直接に知ることができる場所における言動つまり現行犯的行為に対し裁判所または裁判官自体によって適用されるものである。従ってこの場合は令状の発付，勾留理由の開示，訴追，弁護人依頼権等刑事裁判に関し憲法の要求する諸手続の範囲外にあるのみならず，またつねに証拠調を要求されていることもないのである。かような手続による処罰は事実や法律の問題が簡単明瞭であるためであり，これによって被処罰者に関し憲法の保障する人権が侵害されるおそれがない。なお損われた裁判の威信の回復は迅速になされなければ十分実効を挙げ得ないから，かような手続は迅速性の要求にも適うものである。」「以上の理由からして，本法2条による監置決定が憲法32条，33条，34条，37条に違反するものとするYの主張はこれを採用することができない。また本法3条2項による行為者の拘束も，監置のため必要な保全処置であり，憲法のこれらの法条に違反するものではない。」

■解説■

1　法廷闘争が激化していた1952（昭和27）年に制定された法秩法によれば，裁判所は，法廷での審判等に際して，その面前等で職務の執行を妨害したり，裁判の威信を著しく害した者を，20日以下の監置等に処することができる（2Ⅰ）。さらに裁判所は，監置決定を行う前段階として，職務の執行を妨害した者らを直ちに拘束できる（3Ⅱ）。この法秩法には，(1)無令状での拘束は憲法33条に反する，(2)法廷の秩序を乱された裁判所自身が，検察官の起訴もなく制裁を決定するのは，「公平な裁判所」（憲37Ⅰ）とはいえない，(3)非公開で証拠調べが行われる保障もない等，憲法37条1項・2項にも反する，等の疑義が指摘されている。本決定は，こうした疑問をすべて斥けて，法秩法の合憲性を宣言したものである。

2　要旨(i)は，法秩法上の制裁権は「司法に内在する権限」として，憲法と同レベルにあると説く。こうした位置づけは，法秩法上の権限を「刑事裁判に関し憲法の要求する諸手続の範囲外」に置く，要旨(ii)の伏線となる。しかし，本法が英米法の裁判所侮辱（contempt of court）に由来することは確かだとしても，本法上の権限はあくまで立法が司法に与えたものにすぎず，英米の裁判所が有する「固有権」とは同一視できない（森井・後掲参照）。この点，奥野補足意見は，法秩法にも憲法上の要請が及ぶと解した上で，「多少の合理的な例外手続」として許容される，と説いている。要旨(ii)も，法秩法の合憲性を基礎づける事情を諸々挙げているが，その説示は十分説得的なものとはいえない（小野・後掲等）。

3　要旨(ii)によれば，法秩法上の制裁は「特殊の処罰」である。後の判例は，監置処分が憲法31条の「刑罰」にも当たらないという趣旨で，本決定を引用している（最決昭35・9・21刑集14巻11号1498頁）。もっとも最決昭60・11・12（判時1202号142頁）の伊藤正己裁判官補足意見が，法秩法にも憲法31条以下の保障が及び，運用次第では違憲の余地があると主張した点が注目される（なお，注解Ⅱ278頁〔佐藤幸治〕は，監置処分に加え拘束処分も「刑罰」に当たる，とする）。

◆参考文献◆
足立勝義・最判解刑事篇昭和33年度731頁，小野善康・百選Ⅱ〔第5版〕282頁，堀江慎司・判例講義Ⅱ167頁，森井暲・百選Ⅰ〔第2版〕250頁。

184 行政調査権と住居の不可侵

最高裁昭和30年4月27日大法廷判決
（昭和24年（れ）第1143号酒税法違反幇助被告事件）
刑集9巻5号924頁，判時50号4頁

■事 案■

Y（被告人）は，Aが法定の除外事由なくして政府の免許を受けずに焼酎等を製造したのに際して，Aに場所を斡旋・貸与し留守番をする等して幇助したとして，酒税法60条等（当時）違反の罪に問われた。

国税犯則取締法（以下，法）は，「収税官吏は犯則事件を調査する為必要あるときは……裁判官の許可を得て臨検，捜索又は差押を為すことを得」（2Ⅰ）とする一方，「間接国税に関し現に犯則を行ひ又は現に犯則を行ひ終りたる際に発覚したる事件に付其の証憑を集取する為必要にして且急速を要し前条第1項又は第2項の許可を得ること能はさるときは其の犯則の現場に於て収税官吏は同条第1項の処分を為すことを得」（3Ⅰ）とも規定している。

1審（和歌山地判昭23・12・21刑集9巻5号944頁参照），2審（大阪高判昭24・2・16前掲刑集946頁参照）は，収税官吏である大蔵事務官がAの密造現場で法3条1項に基づき行った捜索・差押えの顛末を記載した書面を証拠として，Yを有罪としたので，Yは法3条1項が憲法35条に違反すると主張して，上告した。

■争 点■

①35条にいう「第33条の場合」とは，現実の逮捕であることを要するか。
②35条は犯則事件調査手続に及ぶか。

■判 旨■

上告棄却（斎藤悠輔・小林俊三裁判官の補足意見，入江俊郎裁判官の意見，栗山茂裁判官の補足意見，藤田八郎裁判官の少数意見がある）。

「憲法35条は同法33条の場合を除外して住居，書類及び所持品につき侵入，捜索及び押収を受けることのない権利を保障している。この法意は同法33条による不逮捕の保障の存しない場合においては捜索押収等を受けることのない権利も亦保障されないことを明らかにしたものなのである。然るに右33条は現行犯の場合にあっては同条所定の令状なくして逮捕されてもいわゆる不逮捕の保障には係りなきことを規定しているのであるから，同35条の保障も亦現行犯の場合には及ばないものといわざるを得ない。それ故少くとも現行犯の場合に関する限り，法律が司法官憲によらずまた司法官憲の発した令状によらずその犯行の現場において捜索，押収等をなし得べきことを規定したからとて，立法政策上の当否の問題に過ぎないのであり，憲法35条違反の問題を生ずる余地は存しない」。

■解 説■

1 本判決の判決理由それ自体は，争点①に関わるものである。35条は捜索・押収について令状主義の原則を定めるとともに，その例外として「第33条の場合」を挙げる。多数説は，この「第33条の場合」を，令状逮捕であれ現行犯逮捕であれ逮捕する場合を意味すると解している（野中ほかⅠ406頁〔高橋和之〕）。なお判例によれば，「第33条の場合」には緊急逮捕の場合も含まれる（ただし時間的接着性が必要であると解される。最大判昭36・6・7刑集15巻6号915頁，刑訴法220条参照）。

これに対して本判決は，現行犯は，現実の逮捕がない場合であっても「第33条の場合」に当たり，令状によらない捜索・押収が認められるとした。その理由について，栗山補足意見は，実質上逮捕できる場合には犯人のいる場所で捜索・差押えができると解しても，犯人にとっては逮捕に伴う捜索・差押えよりも不利益ではない，と論ずる。入江意見はそれに対して，35条は，「既に最も重大且つ基本的な人身の自由を拘束する逮捕が合憲的に行われる以上，その逮捕に伴い，これに関連して必要な範囲内において」の捜索・押収について，令状主義の限界を定めたものとして，限定的に解すべきだ，と主張する（藤田少数意見も同調）。

2 争点②は，行政手続に憲法の手続的保障が及ぶか，という論点の一局面に当たる。本判決では，35条の保障が行政手続にも及ぶか，犯則調査が行政手続かの2点について，裁判官の間の対立が見られた。(1)斎藤・小林補足意見および入江意見は，35条の保障は刑事手続にしか及ばず，犯則調査手続は「財務行政上の手続」であるとする（結論は合憲）。(2)藤田少数意見は，35条は刑事手続に関する規定だが，犯則調査手続は「多分に刑事手続たる性格を有する処分である」ために35条が適用されるとする（結論は違憲）。(3)栗山補足意見は，35条は行政目的の作用にも及ぶとともに，犯則調査は「実質上は刑事手続に外ならない」とする（先述のとおり「第33条の場合」には逮捕は不要とするため，結論は合憲）。これに対して多数意見は，自らの立場を明らかにしなかった。

3 本件で問題になった犯則調査は，確かに国税の賦課徴収を目的とする手続ではあるが，捜査手続に類似し（法2），告発により刑事手続に移行し（法17），収集された証拠が刑事手続での証拠となることが予定されている点で（法18），多種多様な行政手続の中でも特に刑事手続に近い性格のものといえる。そのため犯則調査に対して，憲法35条の適用を説く学説が有力である（野中ほかⅠ409頁〔高橋〕）。

本判決後の最高裁は，犯則調査における収税官吏の差押処分に対する準抗告（刑訴430）の準用を否定する際に，犯則調査手続は「一種の行政手続であって，刑事手続（司法手続）ではない」としたが（最大決昭44・12・3刑集23巻12号1525頁），本書198事件（最判昭59・3・27）では，川崎民商事件（185事件〔最大判昭47・11・22〕）の示した基準を適用して，刑事手続との密着性を理由に，犯則調査に憲法38条の適用があるとしている。本判決における裁判官の意見でいえば，(1)から(2)(3)のほうへ，犯則調査の捉え方が移っていると評価できよう。

◆参考文献◆
新井誠・百選Ⅱ〔第5版〕262頁，高橋幹男・最判解刑事篇昭和30年度127頁，外間寛・憲法の判例〔第3版〕120頁，水野忠恒・行政百選Ⅰ〔第5版〕212頁。

185 行政手続と令状主義・黙秘権——川崎民商事件

最高裁昭和47年11月22日大法廷判決
(昭和44年(あ)第734号所得税法違反被告事件)
刑集26巻9号554頁、判時684号17頁

■事案■

　所得税法（昭40法33による改正前のもの。以下、法）63条は、収税官吏が、所得税に関する調査について必要があるときは、納税義務者等に質問し、またはその者の事業に関する帳簿書類その他の物件を検査することができることを定め（現行法の234Ⅰ参照）、法70条は、63条の規定による検査を拒み、妨げまたは忌避した者（70⑩）・質問に対して答弁をなさない者（70⑫）を、1年以下の懲役または20万円以下の罰金に処すると規定していた（現行法の242⑨参照。罰金の最高額は50万円に引き上げられている）。

　食肉販売業を営むY（被告人・控訴人＝被控訴人・上告人）は、川崎民主商工会に属していた。国税庁が民商会員に対する所得調査の徹底を指示したことを受けて、川崎税務署の収税官吏Aが所得税確定申告調査のため法63条に基づき質問や帳簿書類の検査をYに求めたところ、Yは、事前通知がなければ調査に応じられない等と大声を上げるなどしてこれを拒否したため、法70条10号違反の罪で起訴され、1審（横浜地判昭41・3・25刑集26巻9号571頁参照）、2審（東京高判昭43・8・23前掲刑集574頁参照）ともYを有罪とした。Yは法63条、70条10号・12号の規定が憲法31条、35条、38条1項に違反する等として、上告した。

■争点■

①法70条10号、63条は、不明確性のゆえに憲法31条に反するか。
②法70条10号、63条は、裁判所の令状無しで強制的な立入検査を認めるもので、憲法35条に反するか。
③法70条10号・12号、63条は、刑事訴追を受けるおそれのある事項についての供述を要するもので、憲法38条1項に反するか。

■判旨■

　上告棄却（全員一致）。
　(i)「第1、2審判決判示の本件事実関係は、Yが所管川崎税務署長に提出した昭和37年分所得税確定申告書について、同税務署が検討した結果、その内容に過少申告の疑いが認められたことから、その調査のため、Aにおいて、Yに対し、売上帳、仕入帳等の呈示を求めたというものであり、Aの職務上の地位および行為が旧所得税法63条所定の各要件を具備するものであることは明らかであるから、旧所得税法70条10号の刑罰規定の内容をなす同法63条の規定は、それが本件に適用される場合に、その内容になんら不明確な点は存しない。」
　(ii)「たしかに、旧所得税法70条10号の規定する検査拒否に対する罰則は、同法63条所定の収税官吏による当該帳簿等の検査の受忍をその相手方に対して強制す

る作用を伴なうものであるが、同法63条所定の収税官吏の検査は、もっぱら、所得税の公平確実な賦課徴収のために必要な資料を収集することを目的とする手続であって、その性質上、刑事責任の追及を目的とする手続ではない。

　また、右検査の結果過少申告の事実が明らかとなり、ひいて所得税逋脱の事実の発覚にもつながるという可能性が考えられないわけではないが、そうであるからといって、右検査が、実質上、刑事責任追及のための資料の取得収集に直接結びつく作用を一般的に有するものと認めるべきことにはならない。けだし、この場合の検査の範囲は、前記の目的のため必要な所得税に関する事項にかぎられており、また、その検査は、同条各号に列挙されているように、所得税の賦課徴収手続上一定の関係にある者につき、その者の事業に関する帳簿その他の物件のみを対象としているのであって、所得税の逋脱その他の刑事責任の嫌疑を基準に右の範囲が定められているのではないからである。

　さらに、この場合の強制の態様は、収税官吏の検査を正当な理由がなく拒む者に対し、同法70条所定の刑罰を加えることによって、間接的心理的に右検査の受忍を強制しようとするものであり、かつ、右の刑罰が行政上の義務違反に対する制裁として必ずしも軽微なものとはいえないにしても、その作用する強制の度合いは、それが検査の相手方の自由な意思をいちじるしく拘束して、実質上、直接的物理的な強制と同視すべき程度にまで達しているものとは、いまだ認めがたいところである。国家財政の基本となる徴税権の適正な運用を確保し、所得税の公平確実な賦課徴収を図るという公益上の目的を実現するために収税官吏による実効性のある検査制度が欠くべからざるものであることは、何人も否定しがたいものであるところ、その目的、必要性にかんがみれば、右の程度の強制は、実効性確保の手段として、あながち不均衡、不合理なものとはいえないのである。

　憲法35条1項の規定は、本来、主として刑事責任追及の手続における強制について、それが司法権による事前の抑制の下におかれるべきことを保障した趣旨であるが、当該手続が刑事責任追及を目的とするものでないとの理由のみで、その手続における一切の強制が当然に右規定による保障の枠外にあると判断することは相当ではない。しかしながら、前に述べた諸点を総合して判断すれば、旧所得税法70条10号、63条に規定する検査は、あらかじめ裁判官の発する令状によることをその一般的要件としないからといって、これを憲法35条の法意に反するものとすることはでき〔ない〕」。

　(iii)「〔法〕70条10号、63条に規定する検査が、もっぱら所得税の公平確実な賦課徴収を目的とする手続であって、刑事責任の追及を目的とする手続ではなく、また、そのための資料の取得収集に直接結びつく作用を一般的に有するものでもないこと、および、このような検査制度に公益上の必要性と合理性の存することは、前示のとおりであり、これらの点については、同法70条12号、63条に規定する質問も同様であると解すべきである。そして、憲法38条1項の法意が、何人も自己の刑事上の責任を問われるおそれのある事項について供述を強要されないことを保障したものであると解すべきこと

は，当裁判所大法廷の判例〔本書194事件〔最大判昭32・2・20〕〕……とするところであるが，右規定による保障は，純然たる刑事手続においてばかりではなく，それ以外の手続においても，実質上，刑事責任追及のための資料の取得収集に直接結びつく作用を一般的に有する手続には，ひとしく及ぶものと解するのを相当とする。しかし，旧所得税法70条10号，12号，63条の検査，質問の性質が上述のようなものである以上，右各規定そのものが憲法38条1項にいう『自己に不利益な供述』を強要するものとすることはでき〔ない〕」。

■ 解 説 ■

1 184事件（最大判昭30・4・27）の最高裁は，憲法35条は刑事手続にしか適用されないのか，それとも行政手続にも適用があるのか，明確な態度を示していなかった。これに対して判旨(ii)は，35条が本来は刑事手続を念頭に置くものだが，「当該手続が刑事責任追及を目的とするものでないとの理由のみで，その手続における一切の強制が当然に右規定による保障の枠外にあると判断することは相当ではない」として，行政手続にも何らかの意味で35条の保障が及びうること——換言すれば，行政手続の中で，裁判官の令状無しで捜索・押収を行うことが「憲法35条の法意に反する」ことがあること——を，宣言した。この判旨は一般論としては評価されているものの，次の2つの問題点を残している。

第1に，それでは実際に違憲と判断されるのはどのような場合か。判旨(ii)は総合判断の枠組みを示しているが，実際の考慮要素は，(1)法63条の検査は税の公平確実な賦課徴収を目的としており「その性質上，刑事責任の追及を目的とする手続」でない，(2)検査は「実質上，刑事責任追及のための資料の取得収集に直接結びつく作用を一般的に有するもの」でない，(3)法70条の強制の態様は，相手方の自由な意思を拘束する「直接的物理的な強制」と同程度ではなく，間接的・心理的なものにとどまる，(4)税の公平確実な賦課徴収という目的および検査制度の必要性からみて，本件程度の強制は実効性確保の手段として不均衡・不合理ではない，の4点である。(3)(4)は比例原則の発想を持ち込んだものであるが，行政調査に対する制裁としては最も重い部類に属するはずの本法手続が，本判決のいうとおり35条の適用外だとすると，そもそも35条の適用対象となる検査制度はあり得ないのではないか，とする批判が有力である（佐藤憲法論327頁）。

第2に，本判決は総合考慮の結果として「憲法35条の法意」に反しないと結論づけたが，それは，35条が行政手続にも適用される場合には令状主義の要請は刑事手続と同程度の厳しさであることを前提に，本件手続には35条の適用がない，ということなのであろうか。それとも35条は本件にも適用されているが，刑事手続でないために令状主義の要請が相対化されており，本件ではその緩和された要請に反していない，と考えたのであろうか。本判決の論理は不分明である（松井茂記・後掲161頁）。

2 争点③は，行政目的達成のために罰則付きで記帳・報告・答弁義務を課すことが憲法38条1項に反しないかという，これも有名な論点の一局面に当たるものである（196事件〔最判昭29・7・16〕〜199事件〔最判平16・4・13〕参照）。判旨(iii)は，まず38条1項の保障が「純然たる刑事手続」だけでなく「実質上，刑事責任追及のための資料の取得収集に直接結びつく作用を一般的に有する手続」にも及ぶことを明らかにした。その上で最高裁は，本件の質問・検査手続の性格（(1)〜(4)）を改めて強調した上で，本法の規定それ自体は「自己に不利益な供述」の強要に当たらない，としている。学説では，(4)に関して行政目的達成のために申告等を義務づけることが必要不可欠であることを求める説（佐藤憲法論347頁）や，本判決のいうとおり法の規定それ自体が合憲だとしても，行政調査に藉口した犯罪捜査のような事案については適用上違憲の可能性は残るという指摘（野坂・後掲106頁。なお現行の所得税法234条2項は，質問・検査権限が「犯罪捜査のために認められたものと解してはならない」ことを強調する），さらには判例の基準では実際に35条が適用される場合はほとんどなく，答弁等の義務づけから得られた証拠は答弁者の刑事責任追及のためには使用できないと解すべきである，という批判がある（野中ほかI 412頁以下〔高橋和之〕）。

3 争点①は刑罰法規の明確性（177事件〔最大判昭50・9・10——徳島市公安条例事件〕・178事件〔最大判昭60・10・23——福岡県青少年保護育成条例事件〕参照）に関わるが，判旨(i)は法70条10号の規定それ自体が明確かどうかには回答せず，本件に適用される限り不明確ではないとして，31条違反の主張を斥けた。これは，規定の明確性の判断は適用上判断によることを原則とし，文面上違憲は例外的な場合に限られるとする立場（長谷部197頁。さらに棟居・後掲参照）を採ったもののように見える。その意味で，本判決は，徳島市公安条例事件の高辻正己裁判官意見（177事件の判旨参照）を先取りしたものといえる（「15 適正手続」〈判例の流れ〉も参照）。

4 判旨(ii)(iii)のいずれについても，本判決は高い先例価値を誇っている。成田新法事件（179事件〔最大判平4・7・1〕）の争点の一つは，運輸省職員が裁判官の令状無しで工作物に立ち入り・質問できる旨の規定が35条に反しないかどうかであったが，最高裁は判旨(ii)を参照した上で，(a)立入りの目的・必要性，(b)「刑事責任追及のための資料収集に直接結び付くものであるかどうか」，(c)強制の程度・態様が直接的か等の総合判断の枠組みで，規定が「憲法35条の法意」に反しないと判断している。同判決の最大の争点は，31条の保障が行政手続に及ぶかどうかにあったが，その説示にも判旨(ii)の影響は色濃く滲み出ている。他方，198事件（最判昭59・3・27）は，犯則調査手続が判旨(iii)にいう「実質上，刑事責任追及のための資料の取得収集に直接結びつく作用を一般的に有する手続」に当たり，38条1項の保障が及ぶと判断している。

◆ 参考文献 ◆

石川健治・租税百選〔第4版〕208頁，柴田孝夫・最判解刑事篇昭和47年度218頁，高橋靖・行政百選I〔第5版〕214頁，野坂泰司『憲法基本判例を読み直す』[2011] 303頁，松井茂記・基本判例〔第2版〕160頁，松井幸夫・百選II〔第5版〕264頁，棟居快行・法セ増刊『憲法訴訟』[1983] 84頁，プロセス363頁（矢島基美）

186 所持品検査と違法収集証拠の証拠能力

最高裁昭和53年9月7日第一小法廷判決
(昭和51年(あ)第865号覚せい剤取締法違反, 有印公文書偽造, 同行使, 道路交通法違反被告事件)
刑集32巻6号1672頁, 判時901号15頁

■事案■

1974(昭和49)年10月30日午前零時35分ごろ, パトカーで警ら中のA巡査らは, 遊び人風の男らと話していたY(被告人)の自動車を停車させ職務質問を行ったところ, Yの態度や顔色などから覚せい剤中毒の疑いを感じたので, Yを降車させ所持品の提示を求めたがYは拒否した。応援の警官が到着した後に, Yはポケットから目薬とちり紙を取り出してAに渡したが, Aが他のポケットを触らせてもらうと告げ, Yの衣類のポケットを外から触ったところ, 上衣のポケットに何か堅い物が入っていたので, Aは, 不服らしい態度を示したYのポケットに手を入れて, ちり紙の包みとケース入りの注射針を取り出した。Aが包みを開けると「ビニール袋入り覚せい剤ようの粉末」(本件証拠物)が入っており, その場で検査したところ覚せい剤であることが判明したので, AはYを覚せい剤不法所持で現行犯逮捕し, 本件証拠物を差し押さえた。

1審(大阪地判昭50・10・3刑集32巻6号1760頁参照)は, 本件証拠物は違法収集証拠であり証拠能力はないとして, Yを無罪とした。2審(大阪高判昭51・4・27判時823号106頁)も, 本件証拠物の収集には, 憲法35条・刑訴法218条1項の令状主義に違反する極めて重大な違法があるとして, 1審を支持した。検察官が上告。

■争点■

①本件所持品検査は違法か。
②違法収集証拠の証拠能力は, どのような場合に否定されるか。

■判旨■

破棄差戻し(全員一致)。

(i)「警職法2条1項に基づく職務質問に附随して行う所持品検査は, 任意手段として許容されるものであるから, 所持人の承諾を得てその限度でこれを行うのが原則であるが, 職務質問ないし所持品検査の目的, 性格及びその作用等にかんがみると, 所持人の承諾のない限り所持品検査は一切許容されないと解するのは相当でなく, 捜索に至らない程度の行為は, 強制にわたらない限り, たとえ所持人の承諾がなくても, 所持品検査の必要性, 緊急性, これによって侵害される個人の法益と保護されるべき公共の利益との権衡などを考慮し, 具体的状況のもとで相当と認められる限度において許容される場合がある」。

Aの行為は, 必要性・緊急性は認められるが相当な行為とはいえず, 違法である。

(ii)「刑訴法は,『刑事事件につき, 公共の福祉の維持と個人の基本的人権の保障とを全うしつつ, 事案の真相を明らかにし, 刑罰法令を適正且つ迅速に適用実現することを目的とする。』(同法1条)ものであるから, 違法に収集された証拠物の証拠能力に関しても, かかる見地からの検討を要する」。「証拠物は押収手続が違法であっても, 物それ自体の性質・形状に変異をきたすことはなく, その存在・形状に関する価値に変りのないことなど証拠物の証拠としての性格にかんがみると, その押収手続に違法があるとして直ちにその証拠能力を否定することは, 事案の真相の究明に資するゆえんではなく, 相当でない」。「他面において, 事案の真相の究明も, 個人の基本的人権の保障を全うしつつ, 適正な手続のもとでされなければならないものであり, ことに憲法35条が, 憲法33条の場合及び令状による場合を除き, 住居の不可侵, 捜索及び押収を受けることのない権利を保障し, これを受けて刑訴法が捜索及び押収等につき厳格な規定を設けていること, また, 憲法31条が法の適正な手続を保障していること等にかんがみると, 証拠物の押収等の手続に憲法35条及びこれを受けた刑訴法218条1項等の所期する令状主義の精神を没却するような重大な違法があり, これを証拠として許容することが, 将来における違法な捜査の抑制の見地からして相当でないと認められる場合においては, その証拠能力は否定されるものと解すべきである。」

Aの行為は「所持品検査として許容される限度をわずかに超えて行われたに過ぎ」ず, Aに「令状主義に関する諸規定を潜脱しようとの意図」はなく, 本件手続の「違法は必ずしも重大であるとはいえない」し, 「Yの罪証に供することが, 違法な捜査の抑制の見地に立ってみても相当でないとは認めがたい」から, 本件証拠物の証拠能力を肯定すべきである。

■解説■

1　38条2項は任意性のない自白の証拠能力を否定しているが, それ以外の違法に収集された証拠の証拠能力については, 本判決のいうとおり「憲法及び刑訴法になんらの規定もおかれていない」。本判決は, 「刑訴法の解釈」ではあるが, 違法収集証拠の排除の可能性を最高裁が初めて認めたものである。

2　判旨(i)は, 所持品検査は警察法2条を根拠とするものでなく, 職務質問(警職2I)に付随するものと捉えている。この立場を採用した米子銀行強盗事件判決(最判昭53・6・20刑集32巻4号670頁)は, 憲法35条にも触れながら, 比例原則によって所持品検査の適法性を判断している。本判決は同判決の枠組みに則って, Aの行為を違法と判断した。

3　次に判旨(ii)は, 憲法上の適正手続の要請に触れながら, 違法収集証拠の排除基準として, いわゆる相対的排除説を採用し, 本件におけるAの行為の違法の軽微性を指摘して証拠能力を肯定した。本判決の基準に従って違法収集証拠の証拠能力を認めた裁判例は多いが, 最高裁は最近, 逮捕手続の違法性をごまかそうとして虚偽の証言をする等の警察官の態度を総合的に考慮して, 初めて違法収集証拠の排除を認めた(最判平15・2・14刑集57巻2号121頁)。

◆参考文献◆
岡次郎・最判解刑事篇昭和53年度386頁, 曽和俊文・行政百選I[第5版]220頁, 椎橋隆幸・刑訴百選[第9版]196頁。平成15年判決については, 朝山芳史・最判解刑事篇平成15年度21頁, 和田雅樹・刑訴百選[第9版]200頁。

187 強制採尿に必要な令状

最高裁昭和55年10月23日第一小法廷決定
(昭和54年(あ)第429号覚せい剤取締法違反被告事件)
刑集34巻5号300頁，判時980号17頁

■事案■

1977（昭和52）年6月28日午前10時ごろ，愛知県K警察署の警察官Aらは，Y（被告人・控訴人・上告人）を覚せい剤の譲渡しの被疑事実で逮捕した。Aは，Yの両腕にある静脈注射痕らしきものやYの言語・態度などから覚せい剤自己使用の嫌疑を抱き，尿の任意提出を求めたが，Yが拒絶し続けたため，同署は翌29日午後4時ごろ，強制採尿のための身体検査令状および鑑定処分許可状の発付を得た。鑑定受託者である医師Bは，Yに自然排尿の機会を与えたのち，午後7時ごろ警察署内の医務室のベッドで，数人の警察官に身体を押さえつけられたYの尿道にカテーテル（外径4.5ミリメートルのゴム管）を挿入して，約10分間で約100ccの尿を採取した。Yは直前まで抵抗したが，開始後はあきらめてさして抵抗しなかった。同署は，Bから提出された尿を領置し，県警本部犯罪科学研究所に対し鑑定の嘱託手続をとった。

1審（名古屋地一宮支判昭53・5・1刑集34巻5号311頁参照）は科研の鑑定書を証拠として，Yを覚せい剤自己使用の罪で有罪とした。2審（名古屋高判昭54・2・14判時939号128頁）は，(1)強制採尿は被疑者の供述を求めるものではなく38条1項に反しない，(2)強制採尿は「被疑者の人格の尊厳を著しく害し」違法である，(3)本件採尿には令状主義の精神を没却するような重大な違法はなく，鑑定書の証拠能力を肯定すべきである（本書186事件〔最判昭53・9・7〕参照）として，Yの控訴を棄却した。Yが31条違反等を主張して上告。

■争点■

①強制採尿は許されるか。
②強制採尿にはいかなる種類の令状が必要か。

■決定要旨■

上告棄却（全員一致）。

(i)「尿を任意に提出しない被疑者に対し，強制力を用いてその身体から尿を採取することは，身体に対する侵入行為であるとともに屈辱感等の精神的打撃を与える行為であるが，右採尿につき通常用いられるカテーテルを尿道に挿入して尿を採取する方法は，被採取者に対しある程度の肉体的不快感ないし抵抗感を与えるとはいえ，医師等これに習熟した技能者によって適切に行われる限り，身体上ないし健康上格別の障害をもたらす危険性は比較的乏しく，仮に障害を起こすことがあっても軽微なものにすぎないと考えられるし，また，右強制採尿が被疑者に与える屈辱感等の精神的打撃は，検証の方法としての身体検査においても同程度の場合がありうるのであるから，被疑者に対する右のような方法による強制採尿が捜査手続上の強制処分として絶対に許されないとすべき理由はなく，被疑事件の重大性，嫌疑の存在，当該証拠の重要性とその取得の必要性，適当な代替手段の不存在等の事情に照らし，犯罪の捜査上真にやむをえないと認められる場合には，最終的手段として，適切な法律上の手続を経てこれを行うことも許されてしかるべきであり，ただ，その実施にあたっては，被疑者の身体の安全とその人格の保護のため十分な配慮が施されるべきものと解するのが相当である。」

(ii)「体内に存在する尿を犯罪の証拠物として強制的に採取する行為は捜索・差押の性質を有するものとみるべきであるから，捜査機関がこれを実施するには捜索差押令状を必要とすると解すべきである。ただし，右行為は人権の侵害にわたるおそれがある点では，一般の捜索・差押と異なり，検証の方法としての身体検査と共通の性質を有しているので，身体検査令状に関する刑訴法218条5項が右捜索差押令状に準用されるべきであって，令状の記載要件として，強制採尿は医師をして医学的に相当と認められる方法により行わせなければならない旨の条件の記載が不可欠であると解さなければならない。」

本件強制採尿は，令状の種類および形式の点で問題があるが，実質的な要請は十分充たされており，適法である。

■解説■

1 証拠の収集方法について，刑事訴訟法は，捜索・差押え（218）のほかに，被疑者・第三者の取調べ（198・223），証人尋問（226），鑑定等の嘱託（168），公務所等に対する照会（197Ⅱ），検証（218Ⅰ．身体検査〔同Ⅳ〕を含む），領置（221），通信傍受（222の2．135事件〔最決平11・12・16〕参照）について定めている。これに対して強制採尿は，覚せい剤自己使用事犯における決定的な立証方法ではあるが，専門的な知識経験のある者に行わせるべき処分である点で検証の限界を超え，他方で鑑定処分として行う場合には直接強制ができない（225条4項は172条を準用していない）。本決定は，こうした強制採尿の適法性や必要な令状の種類といった問題点を，実務上解決したものである。

2 要旨(i)は，比例原則の遵守と「身体の安全とその人格の保護」の配慮を条件に，強制採尿の適法性を認めた。しかし本決定が，強制採尿が「人の屈辱感をともなう体内侵入」であり「人格の尊厳にかかわる問題」を孕む（佐藤憲法論180頁），「人格権の強度な侵害を伴う」（野中ほかⅠ408頁〔高橋和之〕）点を十分考慮しているかは，疑問視する見解が強い（注解Ⅱ324頁以下〔佐藤幸治〕）。

3 争点②に関しては，従来の実務では，身体検査令状（刑訴218Ⅰ）と鑑定処分許可状（同225Ⅰ・168Ⅰ）の両方が必要とされていた（併用説）。これに対し要旨(ii)は，強制採尿を「体内に存在する尿を犯罪の証拠物として強制的に採取する行為」と見ると同時に，「人権の侵害にわたるおそれがある点」で，特殊な条件を記載した捜索差押令状を要求した。学説上は，体内中の尿は捜索差押えの対象となる「物」ではなく，生体の一部であるとして，従来の実務を支持する見解も有力である（井上・後掲②）。

◆参考文献◆

稲田輝明・最判解刑事篇昭和55年度166頁，井上正仁①・昭和55年度重判解215頁，川﨑英明・刑訴百選〔第9版〕66頁。さらに，井上②『強制捜査と任意捜査』[2006] 44頁以下も参照。

188 死刑と残虐な刑罰

最高裁昭和23年3月12日大法廷判決
(昭和22年(れ)第119号尊属殺殺人死体遺棄被告事件)
刑集2巻3号191頁

■事　案■

Y(被告人・控訴人・上告人)は、1946(昭和21)年9月、同居していた母と妹を殺害した上、その死体を遺棄したとして、尊属殺、殺人および死体遺棄の罪で起訴され、2審(広島高裁判決年月日不明・刑集2巻3号199頁参照)において死刑を言い渡された。Yは、死刑は36条に違反する等として上告した。

■争　点■

死刑制度は13条・31条・36条に違反するか。

■判　旨■

上告棄却(島保・藤田八郎・岩松三郎・河村又介裁判官の意見、井上登裁判官の意見がある)。

「生命は尊貴である。一人の生命は、全地球よりも重い。死刑は、まさにあらゆる刑罰のうちで最も冷厳な刑罰であり、またまことにやむを得ざるに出ずる窮極の刑罰である。それは言うまでもなく、尊厳な人間存在の根元である生命そのものを永遠に奪い去るものだからである。現代国家は一般に統治権の作用として刑罰権を行使するにあたり、刑罰の種類として死刑を認めるかどうか、いかなる罪質に対して死刑を科するか、またいかなる方法手続をもって死刑を執行するかを法定している。そして、刑事裁判においては、具体的事件に対して被告人に死刑を科するか他の刑罰を科するかを審判する。かくてなされた死刑の判決は法定の方法手続に従って現実に執行せられることとなる。これら一連の関係において、死刑制度は常に、国家刑事政策の面と人道上の面との双方から深き批判と考慮が払われている。」

「憲法第13条においては、すべて国民は個人として尊重せられ、生命に対する国民の権利については、立法その他の国政の上で最大の尊重を必要とする旨を規定している。しかし、同時に同条においては、公共の福祉という基本的原則に反する場合には、生命に対する国民の権利といえども立法上制限乃至剥奪されることを当然予想しているものといわねばならぬ。そしてさらに、憲法第31条によれば、国民個人の生命の尊貴といえども、法律の定める適正の手続によって、これを奪う刑罰を科せられることが、明かに定められている。すなわち憲法は現代多数の文化国家におけると同様に、刑罰として死刑の存置を想定し、これを是認したものと解すべきである。言葉をかえれば、死刑の威嚇力によって一般予防をなし、死刑の執行によって特殊な社会悪の根元を絶ち、これをもって社会を防衛せんとしたものであり、また個体に対する人道観の上に全体に対する人道観を優位せしめ、結局社会公共の福祉のために死刑制度の存続の必要性を承認したものと解せられるのである。弁護人は、憲法第36条が残虐な刑罰を絶対に禁ずる旨を定めているのを根拠として、刑法死刑の規定は憲法違反だと主張するのである。しかし死刑は、冒頭にも述べたようにまさに窮極の刑罰であり、また冷厳な刑罰ではあるが、刑罰としての死刑そのものが、一般に直ちに同条にいわゆる残虐な刑罰に該当するとは考えられない。ただ死刑といえども、他の刑罰の場合におけると同様に、その執行の方法等がその時代と環境とにおいて人道上の見地から一般に残虐性を有するものと認められる場合には、勿論これを残虐な刑罰といわねばならぬから、将来若し死刑について火あぶり、はりつけ、さらし首、釜ゆでの刑のごとき残虐な執行方法を定める法律が制定されたとするならば、その法律こそは、まさに憲法第36条に違反するものというべきである。」

■解　説■

1　36条は「公務員による拷問及び残虐な刑罰は、絶対にこれを禁ずる」と規定する。死刑が「残虐な刑罰」に当たらないとした本判決は、死刑の合憲性を認める確立した判例法理の出発点となっている。

2　本判決は死刑を究極の刑罰としながら、(1)公共の福祉に反する場合には生命に対する権利も制限を受けるから13条に反しない、(2)31条は死刑制度の存在を予定している、そして(3)残虐な執行方法を別として、刑罰としての死刑そのものは36条に反しない、とした。島裁判官らの意見は、(2)に関して、31条が死刑の存在を予定しているのは憲法制定当時の国民感情を反映したものにすぎず、国民感情の変化によって死刑が「残虐な刑罰」となることも考えられる、と述べている。

3　その後の最高裁は、「残虐な刑罰」とは「不必要な精神的、肉体的苦痛を内容とする人道上残酷と認められる刑罰」であり、被告人から見て過重の刑であっても36条に反しないとした(最大判昭23・6・30刑集2巻7号777頁)。もっとも、極端に均衡を失する刑罰については(14条・31条ではなく)36条の問題と解すべきだとの見方もある(尊属殺事件〔本書43事件(最大判昭48・4・4)〕の田中二郎裁判官意見。野中ほかⅠ 419頁〔高橋和之〕参照)。死刑の運用については、現在用いられている絞首刑も「残虐な刑罰」ではない(最大判昭30・4・6刑集9巻4号663頁)。

現段階では、死刑違憲論は少数説にとどまっている。他方、本判決の井上意見は「国民全体の感情が死刑を忍び得ないと云う様な時が来れば……裁判官が死刑を選択しないであろう」との展望を示したが、1989年には死刑廃止条約が採択される等、国際人権の視点から死刑制度への批判も高まっている。最大判平5・9・21(集刑262号421頁)の大野正男裁判官補足意見は、死刑廃止の国際動向と国民意識の乖離を指摘しながら、当時の時点で合憲の結論を維持している。裁判員制度の実施(2009年)により、死刑制度に関する国民的議論が一層求められる状況にあるといえよう。

◆参考文献◆
押久保倫夫・百選Ⅱ〔第5版〕266頁。学説については、浅利祐一・争点166頁、遠藤比呂通『市民と憲法訴訟』[2007] 209頁。

189 「公平な裁判所」の意義

最高裁昭和23年5月5日大法廷判決
（昭和22年（れ）第171号公文書偽造，公文書偽造収賄各被告事件）
刑集2巻5号447頁

■ 事 案 ■

神奈川県食糧営団の販売所で米穀の配給事務を担当していたY（被告人・控訴人・上告人・再上告人）は，1946（昭和21）年2月，顔見知りのAに「預金の払戻を受ける為金融機関に提示する必要があるからこれに米穀の配給があったように記入して貰い度い」と頼まれ，藤沢市発行名義の準世帯米穀購入通帳6通に，配給の事実がないにもかかわらず，虚偽の記載をしたとして，公務員による虚偽公文書作成の罪（刑156）で起訴された。

1審（横浜地裁判決年月日不明）で有罪とされたYは，米穀購入通帳はBの偽造したものであり，それを真正の通帳と誤信したYは無罪である旨を唯一の申立理由として控訴したが，2審（東京控訴院判決年月日不明・刑集2巻5号462頁参照）は，この点に全く触れずに有罪の結論を維持し，さらに上告審としての東京高裁（判決年月日不明）は，2審判決は通帳が偽造されたものであることを無視したものではない，として上告を棄却した。Yは，2審判決および上告審判決が公平を欠いたもので37条1項に反するとして，刑訴応急措置法により最高裁に再上告した。

■ 争 点 ■

37条1項の「公平な裁判所」の裁判とは，いかなる裁判を指すか。

■ 判 旨 ■

上告棄却（全員一致）。

「論旨では本件裁判が憲法第37条違反の裁判だというけれども同条の『公平なる裁判所の裁判』というのは構成其他において偏頗の虞なき裁判所の裁判という意味である，かかる裁判所の裁判である以上個々の事件において法律の誤解又は事実の誤認等により偶被告人に不利益な裁判がなされてもそれが一々同条に触れる違憲の裁判になるというものではない，されば本件判決裁判所が構成其他において偏頗の虞ある裁判所であったことが主張……立証せられない限り仮令原判決に所論の様な法律の誤解，事実の誤認又は記録調査の不充分……等があったと仮定しても同条違反の裁判とはいえない，そして既に説示した様に原審が故意に被告人に対し不公正不利益な裁判をしたものと認むべき資料は全然なく其他記録を精査しても違憲の措置は見当らない」。

■ 解 説 ■

1　37条1項は，「すべて刑事事件においては，被告人は，公平な裁判所の迅速な公開裁判を受ける権利を有する」と規定する。本判決は，憲法が保障する「公平な裁判所の……裁判」とは，「公平な裁判」ではなく，「公平な裁判所」の裁判であることを明らかにしたものである。なお，最大判昭23・6・30（刑集2巻7号773頁）は，本判決を引用しながら，「憲法第37条第1項にいう『公平な裁判所の裁判』とは組織構成等において不公平の虞なき裁判所の裁判という意味である」と述べたが，本判決と異なる趣旨をいうものではないと解されている（香川・後掲）。

2　37条1項が，「個々の事件につきその内容実質が具体的に公正妥当なる裁判を指すのではない」（最大判昭23・5・26刑集2巻5号511頁）ことは，おおむね学説も承認している。もっとも，公平の要請は組織・構成だけでなく，訴訟手続にもある程度及ぶ，と解する見解が有力である（注解II 344頁〔佐藤幸治〕，渋谷230頁等）。

組織・構成の公平を担保するための制度として，司法権の独立（76III）のほか，裁判官について除斥（刑訴20）・忌避（同21）・回避（刑訴規13）の制度が設けられている。裁判長の訴訟指揮権や法廷警察権など，裁判手続内における審理の方法，態度等は，それ自体としては忌避事由にはならない（最決昭48・10・8刑集27巻9号1415頁）。

裁判手続の公平を担保する制度としては，起訴状一本主義（刑訴256VI）をはじめとする予断排除の原則と，当事者主義的手続（同296）が挙げられる。もっとも，起訴状一本主義を欠いたら直ちに憲法違反だとか，当事者主義が少しでも制限されたら公平な裁判所の要請に反するとまではいえない（野中ほかI 421頁〔高橋和之〕）。略式手続（刑訴461）は起訴状一本主義の例外であり，公判前整理手続（同316の2）も予断排除の原則に反しないと解されている。また最高裁は，東大事件（法文3号館第2グループ）で，裁判官が，地裁の裁判官会議が設置し公正な事務分配のために必要な事前の調査を行う裁定合議委員会の委員となって，あらかじめ担当する事件に関する知識を得たとしても，「司法行政事務がほかならぬ裁判官会議の議によって行われることとされている法制のもとでは，裁判官において事務分配その他の司法行政の運営上必要な関係資料を入手すべきことは当然予想されているのであるから，それによって，係属中の事件につきその審判にあたる裁判官がたまたまなんらかの知識を得ることとなっても，なんら事件に関していわゆる予断を抱いたこととなるものではな〔い〕」とした上で，この点に関する37条1項違反の主張は実質法令違反の主張にすぎないとして斥けている（最決昭49・7・18判時747号45頁）。

◆ 参考文献 ◆

香川達夫・百選（ジュリ臨増276の2）100頁。昭和48年決定については宮城啓子・刑訴百選〔第8版〕114頁，昭和49年決定については杉原泰雄＝野中俊彦編著『新判例マニュアル憲法II』〔2000〕188頁（日笠完治）参照。さらに亀井源太郎『刑事立法と刑事法学』〔2010〕39頁以下。

190 迅速な裁判の保障——高田事件

最高裁昭和47年12月20日大法廷判決
（昭和45年（あ）第1700号住居侵入等被告事件）
刑集26巻10号631頁，判時687号18頁

■ 事 案 ■

Y（被告人・被控訴人・上告人）ら31名は，1952（昭和27）年6月に愛知県瑞穂警察署高田巡査派出所に対して石塊等を投げつけた等として，住居侵入の罪等で起訴された。しかし被告人中20名が，同年7月に名古屋市で起きた大須事件（戦後の三大騒乱事件の一つとされる）でも起訴された関係で，同事件が結審するまでの15年余り，高田事件の審理は検察官の立証段階のまま中断されていた。

そこで公判が再開された1969（昭和44）年6月に，Yが迅速な裁判を受ける権利（37Ⅰ）の侵害を理由に公訴棄却または免訴による審理の打切りを申立てたところ，1審（名古屋地判昭44・9・18判時570号18頁）は，公訴時効の完成（刑訴337④）に準じて免訴の判決を下した。

検察官が控訴したところ，2審（名古屋高判昭45・7・16判時602号45頁）は，迅速な裁判を受ける権利の侵害を認めつつも，補充立法がない以上裁判所としてはYらを救済しようがないとして，1審判決を破棄し差戻しを言い渡した。Yらは，2審判決は憲法の法規範性を否定したものである等と主張して，上告した。

■ 争 点 ■

①憲法37条1項の趣旨は何か。
②本件における審理の遅延は37条1項の保障に反する事態に当たるか。

■ 判 旨 ■

原判決破棄，検察官の控訴棄却（天野武一裁判官の反対意見がある）。

(i)「憲法37条1項の保障する迅速な裁判をうける権利は，憲法の保障する基本的な人権の一つであり，右条項は，単に迅速な裁判を一般的に保障するために必要な立法上および司法行政上の措置をとるべきことを要請するにとどまらず，さらに個々の刑事事件について，現実に右の保障に明らかに反し，審理の著しい遅延の結果，迅速な裁判をうける被告人の権利が害せられたと認められる異常な事態が生じた場合には，これに対処すべき具体的規定がなくても，もはや当該被告人に対する手続の続行を許さず，その審理を打ち切るという非常救済手段がとられるべきことをも認めている趣旨の規定である」。

「『迅速な裁判』とは，具体的な事件ごとに諸々の条件との関連において決定されるべき相対的な観念であるから，憲法の右保障条項の趣旨を十分に活かすためには，具体的な補充立法の措置を講じて問題の解決をはかることが望ましいのであるが，かかる立法措置を欠く場合においても，あらゆる点からみて明らかに右保障条項に反すると認められる異常な事態が生じたときに，単に，これに対処すべき補充立法の措置がないことを理由として，救済の途がないとするがごときは，右保障条項の趣旨を全うするゆえんではない」。

「審理の著しい遅延の結果，迅速な裁判の保障条項によって憲法がまもろうとしている被告人の諸利益が著しく害せられると認められる異常な事態が生ずるに至った場合には，さらに審理をすすめても真実の発見ははなはだしく困難で，もはや公正な裁判を期待することはできず，いたずらに被告人らの個人的および社会的不利益を増大させる結果となるばかりであって，これ以上実体的審理を進めることは適当でないから，その手続をこの段階において打ち切るという非常の救済手段を用いることが憲法上要請されるものと解すべきである。」

(ii)「具体的刑事事件における審理の遅延が右の保障条項に反する事態に至っているか否かは，遅延の期間のみによって一律に判断されるべきではなく，遅延の原因と理由などを勘案して，それ〔の〕遅延がやむをえないものと認められないかどうか，これにより右の保障条項がまもろうとしている諸利益がどの程度実際に害せられているかなど諸般の情況を総合的に判断して決せられなければならない」。

本件は，「Yらが迅速な裁判をうける権利を自ら放棄したとは認めがた」く，「迅速な裁判の保障条項によってまもられるべき被告人の諸利益が実質的に侵害され」ているから，「昭和44年第1審裁判所が公判手続を更新した段階においてすでに，憲法37条1項の迅速な裁判の保障条項に明らかに違反した異常な事態に立ち至っていた」。したがって本件は，「Yらに対して審理を打ち切るという非常救済手段を用いることが是認されるべき場合にあたる」。「迅速な裁判の保障条項に反する事態が生じた場合において，その審理を打ち切る方法については現行法上よるべき具体的な明文の規定はないのであるが，……本件においては，これ以上実体的審理を進めることは適当でないから，判決で免訴の言渡をするのが相当である。」

■ 解 説 ■

1 本判決は，刑訴法上の規定がないにもかかわらず，憲法37条1項を法創造的に解釈して，著しい訴訟遅延の場合に免訴判決を下したものである。天野反対意見も，審理遅延の原因等を調べるための差戻しを主張するにすぎず，多数意見の解釈それ自体に反対したわけではない。

2 迅速な裁判が求められ，訴訟遅延が許されない理由は，本判決が挙げるとおり，(1)被告人が不安定な地位のまま不利益を受ける，(2)証言・証拠の散逸により被告人の防禦権が害される，(3)真相解明・刑罰の適正・迅速な適用という刑事司法の理念に反することにある。もっとも従来の最高裁は，迅速な裁判に反する場合でも救済を拒否していたが（最大判昭23・12・22刑集2巻14号1853頁），判旨(i)が37条1項を直接の根拠に非常救済手段を採ったことは，「救済法」の観点から高く評価されている（佐藤憲法論590頁）。もっともその後の判例は，判旨(ii)の要件を厳格に解釈して，救済を認めていない（大須事件に関する最決昭53・9・4刑集32巻6号1077頁等）。なお，2003（平成15）年には司法制度改革の一環としていわゆる裁判迅速化法が制定され，審理の促進が図られている。

◆ 参考文献 ◆
田中開・刑訴百選〔第9版〕130頁，安藤高行・百選Ⅱ〔第5版〕268頁，時國康夫・最判解刑事篇昭和47年度255頁，中村英・基本判例〔第2版〕168頁，野中俊彦・基本判例154頁。

191 被告人の証人審問権

最高裁昭和23年7月19日大法廷判決
(昭和23年(れ)第167号食糧管理法違反被告事件)
刑集2巻8号952頁

■ 事 案 ■

Y₁（被告人）は、精米20俵をY₂に売却し、Y₂はAにその一部を売り渡したとして、それぞれ食糧管理法違反の罪で起訴された。Y₁は、Y₁・Y₂の2審（仙台地裁判決年月日不明）での自白を唯一の証拠として処罰されるのは違法である、Y₂はZを証人として取り調べることなくZの始末書を証拠として採用したのは違法であると主張したが、仙台高裁（判決年月日不明・刑集2巻8号972頁参照）が上告を棄却したため、Yらは最高裁に再上告した。

■ 争 点 ■

①共同被告人の供述を、被告人の自白の補強証拠として用いることができるか。
②37条2項の趣旨はどのようなものか。

■ 判 旨 ■

上告棄却（栗山茂裁判官、斎藤悠輔裁判官の各意見がある）。

(i)「相被告人は、時に被告人と利害関係を異にし自己の利益を本位として供述する傾向があり、又相被告人は宣誓の上偽証の責任をもって供述する立場にいながら、被告人の自白がないのに相被告人の供述のみを唯一の証拠として断罪することは、大いに考えなければならない問題であるが、それはさておき被告人の自白が存する場合に補強証拠として相被告人の供述を用いることは、差支ないものと言わねばならぬ。ましてや本件においては、Zの始末書と題する書面中の記載という有力な補強証拠が他に存在しているのであるから、憲法第38条第3項違反の問題は生じないのである。」

(ii)「刑訴応急措置法第12条は、証人その他の者の供述を録取した書類又はこれに代わるべき書類を証拠とするには、被告人の請求があったときは、その供述者又は作成者を公判期日において訊問する機会を被告人に与えることを必要とし、憲法第37条に基き被告人は、公費で自己のために強制手続によりかかる証人の訊問を請求することができるし、又証人に対して充分に審問する機会を与えられることができ不当に訊問権の行使を制限されることがない訳である。しかし裁判所は、被告人側からかかる証人の訊問請求がない場合においても、義務として現実に訊問の機会を被告人に与えなければ、これらの書類を証拠とすることができないものと解すべき理由はどこにも存在しない。憲法の諸規定は、将来の刑事訴訟の手続が一層直接主義に徹せんとする契機を充分に包蔵しているが、それがどの程度に具体的に現実化されてゆくかは、社会の実情に即して適当に規制せらるべき立法政策の問題である。今直ちに憲法第37条を根拠として、論旨のごとく第三者の供述を証拠とするにはその者を公判において証人として訊問すべきものであり、公判廷外における聴取書又は供述に代る書面をもって証人に代えることは絶対に許されないと断定し去るは、早計に過ぎるものであって到底賛同することができない。」

■ 解 説 ■

1　37条2項は「刑事被告人は、すべての証人に対して審問する機会を充分に与へられ、又、公費で自己のために強制的手続により証人を求める権利を有する」と定めて、証人審問権と証人喚問権を保障している。本判決の意義は、とりわけ判旨(ii)が、被告人に不利な公判廷外の供述を公判廷での反対尋問を経ずに証拠として採用することが違憲ではない、としたことにある。

2　判旨(ii)は、37条2項を、大陸法の直接審理主義（公判廷外の供述は判決裁判所の証人尋問を経ずして証拠にならないという考え方）の前進と捉えるものの（栗山意見はこの点を強調する）、その現実化は立法政策の問題である、とした。そして、被告人が要求した証人全員を現実に喚問しなくても証人喚問権に反しないことを前提に（最大判昭23・6・23刑集2巻7号734頁）、被告人に請求権を保障したことで既に証人喚問権は実現されており、証人審問権は現実に出廷した証人に対する訊問の機会を保障するにすぎない、と考えた（松尾・後掲105頁）。要するに、本判決は37条2項を全体として「被告人に証人を求めかつその証人を尋問する権利を保障したもの」（光藤・後掲229頁）と解したのである（斎藤意見は端的に、37条2項は被告人に受益権を保障したにすぎない、とする）。

3　これに対して学説は、37条2項が合衆国憲法修正6条に由来するという沿革を重視して、同条項の前段は現に出廷した証人だけでなく、被告人に不利益な供述者に対する反対尋問権を保障する、と解している。刑訴法320条1項は、反対尋問を経ていない供述の証拠能力を原則として否定しているが、この伝聞法則が憲法の証人審問権の保障に由来することも、現在では広く承認されている。もっとも最大判昭24・5・18（刑集3巻6号789頁）は、判旨(ii)と同旨を述べた上で、刑訴応急措置法12条の下で反対尋問を経ない検事聴取書の証拠能力を認めても憲法37条2項に反しないとした。その後の判例は、昭和24年判決を引用しながら、刑訴法の定める伝聞法則の例外すべてについて合憲性を認めている（最大決昭25・10・4刑集4巻10号1866頁、最大判昭27・4・9刑集6巻4号584頁、最判昭30・11・29刑集9巻12号2524頁、最判昭32・1・29刑集11巻1号337頁、最判昭35・9・8刑集14巻11号1437頁）。学説も、証拠としての必要性と特に信用すべき状況を条件に、反対尋問を経ない供述の証拠能力を例外的に認める立場を採るが、特に検察官面前調書（刑訴321 I ②）については違憲の疑いが指摘されている（佐藤憲法601頁、野中ほかI 417頁〔高橋和之〕）。

なお証人審問権に関する最近の事例としては、本書277事件（最判平17・4・14）がある。また判旨(i)については、200事件（最大判昭23・7・29）の解説を参照。

◆ 参考文献 ◆
松尾浩也・百選（ジュリ臨増276の2）104頁、光藤景皎・百選I〔第2版〕228頁。

192 弁護人依頼権(1)
――国選弁護

最高裁昭和54年7月24日第三小法廷判決
（昭和51年(あ)第798号兇器準備集合，威力業務妨害，公務執行妨害被告事件）
刑集33巻5号416頁，判時931号3頁

■事案■

Y（被告人）ら約240名は，1969（昭和44）年4月28日の「沖縄闘争デー」に際して，千数百名の学生らと意思を通じ，凶器を準備して集合し，列車の輸送業務を妨害し，警察官の職務の執行を妨害したとして起訴された。Yらは統一審理方式を主張したが，東京地裁はグループ別審理方式を採用し，Yら10名は「Aグループ」として，他の10名の「Bグループ」とともに，同地裁刑事第6部に配点された。

1審公判直前の1970年3月，両グループの私選弁護人が全員辞任し，Yらは公判当日に国選弁護人の選任を請求した。1審は同4月，両グループに各3名の国選弁護人を選任したが，1971年5月，6名の国選弁護人全員が辞意を表明した。裁判所が事情聴取を行ったところ，統一公判の実現を要求するYらが，弁護人が弁護のため必要であるとして行った要求に一切応じなかったり，弁護団に対して暴言を吐いたり暴行を行ったりしたため，弁護人はYらが誠実に弁護を受ける意思がないものとして辞意を表明したという経緯が判明した。そこで1審は同6月に弁護人全員を解任したが，Yらが国選弁護人の再選任請求を行ったため，1審は上の経緯について弁明を求め，以後こうした行為をしないことの確約を求めたが，Yらがこれを拒否した。そこで1審は国選弁護人の請求権を放棄したものとして，再選任請求を却下し（東京地決昭46・6・10判時630号50頁），その後も3回にわたる再選任請求を却下した上で，3名に有罪判決を下した（東京地判昭46・9・28判時651号111頁）。

2審（東京高判昭51・2・27高刑集29巻1号42頁）も，Yらが弁護人選任権を自ら放棄している，また再選任請求は権利の濫用と認めるべきだとして，Yらの控訴を棄却したので，Yらが37条3項違反を主張して上告した。

■争点■

裁判所が，被告人による国選弁護人の選任を拒否することは，37条3項に反しないか。

■判旨■

上告棄却。

「Yらは国選弁護人を通じて権利擁護のため正当な防禦活動を行う意思がないことを自らの行動によって表明したものと評価すべきであり，そのため裁判所は，国選弁護人を解任せざるを得なかったものであり，しかも，Yらは，その後も一体となって右のような状況を維持存続させたものであるというべきであるから，Yらの本件各国選弁護人の再選任請求は，誠実な権利の行使とはほど遠いものというべきであり，このような場合には，形式的な国選弁護人選任請求があっても，裁判所としてはこれに応じる義務を負わないものと，解するのが相当である。

ところで，訴訟法上の権利は誠実にこれを行使し濫用してはならないものであることは刑事訴訟規則1条2項の明定するところであり，被告人がその権利を濫用するときは，それが憲法に規定されている権利を行使する形をとるものであっても，その効力を認めないことができるものであることは，当裁判所の判例の趣旨とするところであるから（〔本書51事件（最大判昭31・7・4），最判昭33・4・10刑集12巻5号830頁，最大決昭25・4・7刑集4巻4号512頁，194事件（最大判昭32・2・20），最大判昭24・11・30刑集3巻11号1857頁，最決昭44・6・11刑集23巻7号941頁〕……参照），第1審がYらの国選弁護人の再選任請求を却下したのは相当である。このように解釈しても，Yが改めて誠実に国選弁護人の選任を請求すれば裁判所はその選任をすることになるのであり，なんらYの国選弁護人選任請求権の正当な行使を実質的に制限するものではない。したがって，第1審の右措置が憲法37条3項に違反するものでないことは右判例の趣旨に照らして明らかである。」

■解説■

1 37条3項は「刑事被告人は，いかなる場合にも，資格を有する弁護人を依頼することができる。被告人が自らこれを依頼することができないときは，国でこれを附する」と規定する。この規定を受けて刑訴法は弁護人選任権(30)，国選弁護人請求権(36)について定めている。本判決は，憲法37条3項は「いかなる場合にも」国が弁護人を付することを求めるものではなく，国選弁護人の再選任の請求を却下しても違憲ではないとしたものである。本判決はその理由づけとして，1審・2審が採用した権利放棄の論理ではなく，51事件（謝罪広告事件）等を引用して，権利濫用の構成を採ったことが注目される（高木・後掲237頁）。

2 37条3項前段について，本判決の引用する昭和24年判決は，「裁判所，検察官等は被告人がこの権利を行使する機会を与え，その行使を妨げなければいい」として，「被告人に告げる義務を裁判所に負わせているものではない」とする。また昭和44年決定は「氏名を記載することができない合理的な理由もないのに，被告人の署名のない弁護人選任届によってした弁護人の選任は，無効なものと解」しても，37条3項に反しないとしている（批判的見解として，野中ほかⅠ426頁〔高橋和之〕）。

3 なお37条3項後段に関しては，判例は，強制弁護の場合を除いて，「国が積極的に被告人のために弁護人を選任する必要はな」く，「被告人が貧困その他の事由で弁護人を依頼できないときでも国に対して弁護人の選任を請求する者に対して弁護人を附すれば足る」として，刑訴法36条を合憲としている（最大判昭24・11・2刑集3巻11号1737頁，最大判昭28・4・1刑集7巻4号713頁）。

◆参考文献◆

高木俊夫・最判解刑事篇昭和54年度201頁，久岡康成・刑訴百選〔第8版〕120頁，杉原泰雄＝野中俊彦編著『新判例マニュアル憲法Ⅱ』〔2000〕198頁（日笠完治），山野一美・百選Ⅰ〔第2版〕234頁。

193 弁護人依頼権(2)
——接見交通

最高裁平成11年3月24日大法廷判決
（平成5年(オ)第1189号損害賠償請求事件）
民集53巻3号514頁，判時1680号72頁

■ 事 案 ■

X₁（原告・控訴人＝被控訴人・上告人）は，1987（昭和62）年12月4日に恐喝未遂の疑いで逮捕され，留置所に勾留されたAによって選任された弁護士として，同9日以降，留置副主任官である警察官および捜査担当の検察官に対し，Aとの接見を再三申し入れた。しかし担当検察官が接見指定書の受領・持参を要求したため，X₁は2度にわたり準抗告を申し立て，準抗告を認容し検察官の処分を取り消す旨の裁判所の決定を得た。にもかかわらず担当検察官は弁護士に来庁させて接見指定書を渡すという方針を変えず，X₁は接見指定書を受領した上で，13日にAと接見した。X₁および17日に弁護人に加わったX₂（原告・控訴人＝被控訴人・上告人）は，その後も接見指定書を受領した上で，17日，19日，23日にAと接見した。

Xらは，違法に接見を妨害されたとして，国と福島県に対し国家賠償を求め，1審（福島地郡山支判平2・10・4判時1370号108頁）は検察官の措置の一部の違法を認めて国に損害賠償を命じた。原告・被告がともに控訴したところ，2審（仙台高判平5・4・14判時1463号70頁）は検察官の措置に違法はなかったとして国の敗訴部分を取り消した。Xらが上告したところ，事件は第三小法廷に係属したが，刑訴法39条3項本文の合憲性に関する部分は大法廷で審理をすることになった（それ以外の部分については，最判平12・2・22判時1721号70頁が上告を棄却している）。

■ 争 点 ■

刑訴法39条3項本文の規定は，憲法34条前段・37条3項・38条1項に反するか。

■ 判 旨 ■

論旨理由なし（全員一致）。

(i) 憲法34条前段の保障する「弁護人に依頼する権利は，身体の拘束を受けている被疑者が，拘束の原因となっている嫌疑を晴らしたり，人身の自由を回復するための手段を講じたりするなど自己の自由と権利を守るため弁護人から援助を受けられるようにすることを目的とするものである。したがって，右規定は，単に被疑者が弁護人を選任することを官憲が妨害してはならないというにとどまるものではなく，被疑者に対し，弁護人を選任した上で，弁護人に相談し，その助言を受けるなど弁護人から援助を受ける機会を持つことを実質的に保障しているものと解すべきである。

刑訴法39条1項が……被疑者と弁護人等との接見交通権を規定しているのは，憲法34条の右の趣旨にのっとり，身体の拘束を受けている被疑者が弁護人等と相談し，その助言を受けるなど弁護人等から援助を受ける機会を確保する目的で設けられたものであり，その意味で，刑訴法の右規定は，憲法の保障に由来するものであるということができる（〔最判昭53・7・10民集32巻5号820頁，最判平3・5・10民集45巻5号919頁，最判平3・5・31集民163号47頁〕……参照）。」

「もっとも，憲法は，刑罰権の発動ないし刑罰権発動のための捜査権の行使が国家の権能であることを当然の前提とするものであるから，被疑者と弁護人等との接見交通権が憲法の保障に由来するからといって，これが刑罰権ないし捜査権に絶対的に優先するような性質のものということはできない。そして，捜査権を行使するためには，身体を拘束して被疑者を取り調べる必要が生ずることもあるが，憲法はこのような取調べを否定するものではないから，接見交通権の行使と捜査権の行使との間に合理的な調整を図らなければならない。憲法34条は，身体の拘束を受けている被疑者に対して弁護人から援助を受ける機会を持つことを保障するという趣旨が実質的に損なわれない限りにおいて，法律に右の調整の規定を設けることを否定するものではないというべきである。」

刑訴法39条3項の規定は，「刑訴法において身体の拘束を受けている被疑者を取り調べることが認められていること（198条1項），被疑者の身体の拘束については刑訴法上最大でも23日間……という厳格な時間的制約があること（203条から205条まで，208条，208条の2参照）などにかんがみ，被疑者の取調べ等の捜査の必要と接見交通権の行使との調整を図る趣旨で置かれたものである」。刑訴法39条3項ただし書は「捜査機関のする右の接見等の日時等の指定は飽くまで必要やむを得ない例外的措置であって，被疑者が防御の準備をする権利を不当に制限することは許されない旨を明らかにしている。」

「このような刑訴法39条の立法趣旨，内容に照らすと，捜査機関は，弁護人等から被疑者との接見等の申出があったときは，原則としていつでも接見等の機会を与えなければならないのであり，同条3項本文にいう『捜査のため必要があるとき』とは，右接見等を認めると取調べの中断等により捜査に顕著な支障が生ずる場合に限られ，右要件が具備され，接見等の日時等の指定をする場合には，捜査機関は，弁護人等と協議してできる限り速やかな接見等のための日時等を指定し，被疑者が弁護人等と防御の準備をすることができるような措置を採らなければならないものと解すべきである。そして，弁護人等から接見等の申出を受けた時に，捜査機関が現に被疑者を取調べ中である場合や実況見分，検証等に立ち会わせている場合，また，間近い時に右取調べ等をする確実な予定があって，弁護人等の申出に沿った接見等を認めたのでは，右取調べ等が予定どおり開始できなくなるおそれがある場合などは，原則として右にいう取調べの中断等により捜査に顕著な支障が生ずる場合に当たると解すべきである（前掲〔最判昭53・7・10，最判平3・5・10，最判平3・5・31〕……参照）。」

「以上のとおり，刑訴法は，身体の拘束を受けている被疑者を取り調べることを認めているが，被疑者の身体の拘束を最大でも23日間……に制限しているのであり，被疑者の取調べ等の捜査の必要と接見交通権の行使との調整を図る必要があるところ，(1) 刑訴法39条3

項本文の予定している接見等の制限は、弁護人等からされた接見等の申出を全面的に拒むことを許すものではなく、単に接見等の日時を弁護人等の申出とは別の日時とするか、接見等の時間を申出より短縮させることができるものにすぎず、同項が接見交通権を制約する程度は低いというべきである。また、前記のとおり、(2) 捜査機関において接見等の指定ができるのは、弁護人等から接見等の申出を受けた時に現に捜査機関において被疑者を取調べ中である場合などのように、接見等を認めると取調べの中断等により捜査に顕著な支障が生ずる場合に限られ、しかも、(3) 右要件を具備する場合には、捜査機関は、弁護人等と協議してできる限り速やかな接見等のための日時等を指定し、被疑者が弁護人等と防御の準備をすることができるような措置を採らなければならないのである。このような点からみれば、刑訴法39条3項本文の規定は、憲法34条前段の弁護人依頼権の保障の趣旨を実質的に損なうものではないというべきである。

なお、刑訴法39条3項本文が被疑者側と対立する関係にある捜査機関に接見等の指定の権限を付与している点も、刑訴法430条1項及び2項が、捜査機関のした39条3項の処分に不服がある者は、裁判所にその処分の取消し又は変更を請求することができる旨を定め、捜査機関のする接見等の制限に対し、簡易迅速な司法審査の道を開いていることを考慮すると、そのことによって39条3項本文が違憲であるということはできない。」

(ii)「憲法37条3項は『刑事被告人』という言葉を用いていること、同条1項及び2項は公訴提起後の被告人の権利について定めていることが明らかであり、憲法37条は全体として公訴提起後の被告人の権利について規定していると解されることなどからみて、同条3項も公訴提起後の被告人に関する規定であって、これが公訴提起前の被疑者についても適用されるものと解する余地はない。」

(iii)「憲法38条1項の不利益供述の強要の禁止を実効的に保障するためどのような措置が採られるべきかは、基本的には捜査の実状等を踏まえた上での立法政策の問題に帰するものというべきであり、憲法38条1項の不利益供述の強要の禁止の定めから身体の拘束を受けている被疑者と弁護人等との接見交通権の保障が当然に導き出されるとはいえない。」

■解 説■

1 刑訴法39条3項本文は、捜査機関が「捜査のため必要があるとき」について、公訴提起前に限り、接見の「日時、場所及び時間」を指定できるとしている。この規定は従来、捜査機関側によって、具体的指定書のない限り接見を許さないという「一般的指定制度」で運用されたため、自由な接見交通権が原則、捜査のための接見指定は例外という本来の関係が逆転しているのではないかと批判された。本件事案もそうした運用がなされていた時期のものである。本判決は、同規定の合憲性を初めて承認した判例としての意義を有する。

2 判旨(i)は冒頭で、「何人も、……直ちに弁護人に依頼する権利を与へられなければ、抑留又は拘禁されない」と定める憲法34条前段は、「弁護人から援助を受ける機会を持つことを実質的に保障している」とした上で、身体の拘束を受けている被疑者・被告人の弁護人との接見交通権を認めた刑訴法39条1項は「憲法の保障に由来する」と述べる。この理解は既に判旨引用の昭和53年判決で示されたものであるが、接見交通権が憲法34条の当然の帰結であるというよりも、被疑者の「弁護人から援助を受ける機会」の実質的保障に接見交通権が資することを述べたものと解される（なお判旨(iii)は、接見交通権は憲法38条1項の当然の帰結ではないとする）。

3 判旨(i)は続いて、憲法が捜査権の行使を当然の前提とすると述べて、接見交通権の行使と捜査権の行使との間の「合理的な調整」を図る必要があり、そのための規定も「弁護人から援助を受ける機会」の保障という趣旨を実質的に損なわない限り憲法34条に反しない、との判断枠組みを示す。そして最高裁は刑訴法39条3項本文は憲法34条の趣旨を実質的に損なわないとの結論を導いているわけだが、その際に注目されるのは、従来の接見指定の適法性に関する判例法理を引用しながら、接見指定の要件を厳格に絞り込んでいる点である（田中＝成瀬・後掲78頁）。本判決で引用された諸判決は、接見指定の例外性を強調し、「捜査のため必要があるとき」とは「取調べの中断等により捜査に顕著な支障が生ずる場合」に限られ（準限定説）、その場合にも捜査機関側は速やかに接見日時等を指定すべきとしている（なお本判決に先立ち、裁判例の傾向を踏まえて一般的指定制度が廃止される等、接見指定の運用は改善されている。井上・後掲41頁以下）。そうした自由な接見交通権の原則に立ち戻った解釈を前提に、刑訴法39条3項が憲法34条に反しないとされているのである。捜査機関側の判断に対する「簡易迅速な司法審査」の途が開かれていることが合憲論の一つの柱とされていることにも、留意する必要がある。

4 判旨(ii)は、憲法37条3項の弁護人依頼権は被告人にのみ保障されるとしたものである。したがって同条項後段の国選弁護人請求権もまた被疑者には及ばないことになる。もっとも2004年の法改正により、一定の対象事件について、被疑者の国選弁護が認められるようになっている（刑訴37の2）。

5 なお弁護人と被勾留者の信書の授受を、刑事施設の長が監獄法50条、同法施行規則130条（当時。「刑事収容施設及び被収容者等の処遇に関する法律」の施行に伴い廃止）に基づき検閲することの適法性が争われた訴訟で、ともに本判決を引用しながら、多数意見は憲法34条違反はないと判断したのに対して、梶谷玄・滝井繁男両裁判官の反対意見は信書の授受が「憲法34条に由来する接見交通権の目的を達する上で極めて重要な手段」であることを強調したことが、注目される（最判平15・9・5判時1850号61頁）。本判決後の運用については、初回接見に関する最判平12・6・13（民集54巻5号1635頁）、面会接見に関する最判平17・4・19（民集59巻3号563頁）が重要である。

◆ 参考文献 ◆

大坪丘・最判解民事篇平成11年度(上)250頁、田中開＝成瀬剛・刑訴百選〔第9版〕76頁、松尾浩也・平成11年度重判解185頁。最判平3・5・10に関して井上正仁・刑訴百選〔第6版〕40頁。中村英・争点168頁も参照。

194 自己に不利益な供述の拒否

最高裁昭和32年2月20日大法廷判決
（昭和27年（あ）第838号威力業務妨害，公務執行妨害，傷害被告事件）
刑集11巻2号802頁，判時103号9頁

■事案■

Yら（被告人・控訴人・上告人）は，1950（昭和25）年10月，私鉄会社の人員整理に反対して労働組合の人員整理承諾の撤回等の交渉の応援に駅構内に来集していたが，取材に来ていた新聞記者および警戒に当たっていた警察署員に暴行を加え，傷害を負わせたとして逮捕された。Yらは起訴前および起訴後に氏名を明らかにせず，監房番号の自署，拇印等により自己を表示し，弁護人が署名押印した弁護人選任届を提出していた。1審裁判所は，このような弁護人選任届は不適法として却下した上でYらのために国選弁護人を選任し，Yの第1回公判期日は国選弁護人立会いの下で開廷された。そこでYらはそれぞれの氏名を裁判所に開示して私選弁護人の選任届出を提出した。

1審（千葉地判昭26・6・13刑集11巻2号814頁参照）がYを有罪としたところ，Yらは氏名を黙秘した弁護人選任届を不適法却下したのは38条1項に反すると主張して控訴したが，2審（東京高判昭26・12・11前掲刑集818頁参照）も控訴を棄却したので，Yらが38条1項違反および弁護人依頼権（37Ⅲ）の侵害を主張して，上告した。

■争点■

①氏名を黙秘した弁護人選任届を却下して国選弁護人を付し，その立会いの下で公判期日が開廷されたことは，37条3項に反するか。
②氏名を黙秘した弁護人選任届を却下することは，38条1項に反するか。

■判旨■

上告棄却（全員一致）。

(i)「Yを除くその余の被告人等については，いずれも第1審第1回公判期日以降その私選弁護人立会いの下に審理が行われているのであり，またYについても第1回公判期日は国選弁護人立会いの下に開廷され若干の審理がなされ弁論の続行となったのであるが，第2回公判期日以降はその私選弁護人立会いの下に証拠調をはじめその他すべての弁論が行われているのであり，しかも，所論弁護人選任届却下決定に対して被告人の一部からなされた特別抗告も取下げられ，この点については爾後別段の異議もなく訴訟は進行され第1審の手続を了えたのであって，被告人等においてその弁護権の行使を妨げられたとは認められない。それ故憲法37条3項違反の所論は採るを得ない。〔最大判昭24・11・30刑集3巻11号1857頁〕……以下参照）。」

(ii)「いわゆる黙秘権を規定した憲法38条1項の法文では，単に『何人も自己に不利益な供述を強要されない。』とあるに過ぎないけれど，その法意は，何人も自己が刑事上の責任を問われる虞ある事項について供述を強要されないことを保障したものと解すべきであることは，この制度発達の沿革に徴して明らかである。されば，氏名のごときは，原則としてここにいわゆる不利益な事項に該当するものではない。そして，本件では，論旨主張にかかる事実関係によってもただその氏名を黙秘してなされた弁護人選任届が却下せられたためその選任の必要上その氏名を開示するに至ったというに止まり，その開示が強要されたものであることを認むべき証拠は記録上存在しない。（〔最大判昭24・2・9刑集3巻2号146頁〕……以下参照）。」

■解説■

1　38条1項は「何人も，自己に不利益な供述を強要されない」と定める。本判決は，争点②に関して，自己負罪拒否特権の趣旨・範囲に関する重要な判例としての意義を有する（争点①については本書192事件〔最判昭54・7・24―国選弁護〕の解説を参照）。

2　刑訴法30条1項は「被告人又は被疑者は，何時でも弁護人を選任することができる」と定めるが，刑訴規則17条・18条は，弁護人選任届に被疑者・被告人と弁護人の「連署」を要求している。このため被疑者・被告人の氏名の表示は弁護人選任届の形式的要件と解されるが，本判決は(1)氏名は原則として「自己に不利益な」供述に該当しない，(2)弁護人選任届の却下は氏名の開示の「強要」に当たらないとの理由づけで，本件でもこの解釈を維持した。ところで，本判決が引用する最大判昭24・2・9は，公判廷で自己負罪拒否特権の告知を欠くことが憲法38条1項に違反するかが争われた事例だが，最高裁は同条項の趣旨を「威力その他特別の手段を用いて，供述する意思のない被告人に供述を余儀なくすることを禁ずる」ことに求めて，違憲の主張を斥けている（198事件〔最大判昭59・3・27〕の解説も参照）。本判決は，(2)について最大判昭24・2・9に依拠したものと思われる。

3　本判決の先例としての意義は，(1)およびその前提となる，38条1項が「何人も自己が刑事上の責任を問われる虞ある事項について供述を強要されないことを保障したもの」という理解を明らかにした点に求められる（通説もこの理解を支持する）。この理解からすれば，自己負罪拒否特権の保障範囲は，刑訴法311条1項（「被告人は，終始沈黙し，又は個々の質問に対し，供述を拒むことができる」）の保障する黙秘権よりは狭いものと考えられ，住所等にも自己負罪拒否特権の保障は原則として及ばないと解されている。

4　もっとも，(1)が慎重に「原則として」との留保を付していることから，「氏名が判明することにより，その者が犯人として特定されることになるような場合には，本条の保障が及ぶ」と解することもできる。その場合には，氏名等の記載がないことを理由に弁護人選任届を無効とすることは許されない，とする学説も有力である（野中ほかⅠ411頁以下〔高橋和之〕）。

◆参考文献◆
青柳文雄・最判解刑事篇昭和32年度116頁，井戸田侃・刑訴百選〔第3版〕20頁，小田中聰樹・百選Ⅰ〔第2版〕236頁，光藤景皎・百選（ジュリ臨増276の2）109頁。

195 道路交通法における呼気検査

最高裁平成9年1月30日第一小法廷判決
(平成8年(あ)第600号道路交通法違反被告事件)
刑集51巻1号335頁、判時1592号142頁

■事案■

道路交通法67条2項(当時。現在は3項)は、「車両等に乗車し、又は乗車しようとしている者が第65条第1項の規定に違反して車両等を運転するおそれがあると認められるときは、警察官は、次項の規定による措置に関し、その者が身体に保有しているアルコールの程度について調査するため、政令で定めるところにより、その者の呼気の検査をすることができる」と定める。Y(被告人・控訴人・上告人)は同条項の定める呼気検査を拒否した罪で、同法120条1項11号(当時は5万円以下の罰金。現在は118条の2により、3月以下の懲役または50万円以下の罰金に法定刑が引き上げられている)の罪で起訴された。

1審(大阪地堺支判平7・12・15刑集51巻1号338頁参照)、2審(大阪高判平8・5・7前掲刑集340頁参照)はともにYを有罪としたので、Yは呼気検査の拒否を処罰することは憲法38条1項に反するとして上告した。

■争点■

呼気検査の拒否を処罰することは、38条1項に反するか。

■判旨■

上告棄却(全員一致)。

「憲法38条1項は、刑事上責任を問われるおそれのある事項について供述を強要されないことを保障したものと解すべきところ、右検査は、酒気を帯びて車両等を運転することの防止を目的として運転者らから呼気を採取してアルコール保有の程度を調査するものであって、その供述を得ようとするものではないから、右検査を拒んだ者を処罰する右道路交通法の規定は、憲法38条1項に違反するものではない。このことは、当裁判所の判例〔最大判昭32・2・20─本書194事件、最大判昭47・11・22─185事件(川崎民商事件)〕……の趣旨に徴して明らかである。」

■解説■

1 本判決は、(1)呼気検査の目的が「酒気を帯びて車両等を運転することの防止」であること、(2)「運転者らから呼気を採取してアルコール保有の程度を調査するものであって、その供述を得ようとするものではない」ことの2点を挙げて、呼気検査が38条1項に反しないとした。このうち(1)は、川崎民商事件判決(185事件)を踏まえて、呼気検査は「実質上、刑事責任追及のための資料の取得収集に直接結びつく作用を一般的に有する」手続に当たらず、したがって「刑事上責任を問われるおそれのある事項」に当たらないとしたものであろう(196〔最判昭29・7・16〕～199事件〔最判平16・4・13─医事法事件〕も参照)。もっとも、呼気検査が「実質的には酒気帯び運転罪の捜査としての機能をも営む」点は否定しがたいところであり(三好・後掲47頁)、合憲の結論を導く理由として真の決め手になったのは、(2)であると思われる。

2 194事件での争点は、氏名が「自己に不利益な」供述に当たるかどうかであり、そもそも弁護人選任届への氏名の表示が「供述」に当たるかどうかではなかった。これに対して本判決の(2)は、呼気検査はそもそも「供述を得ようとするものではない」という。

一般に、「供述」とは口頭で事実を述べることであり、指紋採取や写真撮影、身体検査は38条1項の保障範囲外の問題と考えられる。もっとも麻酔分析(amytal analysis)は、麻酔により意思に反して供述を得るものであるから、自己負罪拒否特権を侵害し許されないという点には、見解の一致が見られる。これに対してポリグラフ(うそ発見器)については、多数説は非供述証拠であるとするが、質問に対する被検者の生理的変化をその応答と合わせて供述的に解釈して証拠に利用するものだとして、38条1項との関係が問題になりうるとの見解も主張されている(注解II 363頁〔佐藤幸治〕)。この点、最決昭43・2・8(刑集22巻2号55頁)は、傍論中の判断として、ポリグラフの検査結果の証拠能力を肯定するには「慎重な考慮を要する」としていたが、本条項との関係については言及していなかった。これに対して(2)は、正面から呼気検査が38条1項にいう「供述」に当たらないとの判断を示したものであり、本判決の先例としての意義も特にこの点に求められる。

3 本判決の結論は学説にもおおむね支持されている。また、本判決が触れていない論点であるが、呼気検査は間接強制にすぎず、無令状の捜索押収を禁止する35条にも反しないとの指摘も見られる(中村・後掲、中野目・後掲参照)。

◆参考文献◆

小泉良幸・平成9年度重判解18頁、長沼範良・ジュリ1141号186頁、中野目善則・刑訴百選〔第8版〕70頁、中村英・法教203号102頁、三好幹夫・最判解刑事篇平成9年度42頁。最決昭43・2・8の評釈として、小早川義則・刑訴百選〔第8版〕150頁参照。

196 麻薬取扱者の記帳義務

最高裁昭和29年7月16日第二小法廷判決
(昭和27年(あ)第6363号麻薬取締法違反被告事件)
刑集8巻7号1151頁,判タ42号30頁

■ 事 案 ■

Y(被告人・被控訴人・被上告人)はA病院の薬剤長であり,1948(昭和23)年9月から1950年11月まで麻薬管理者の免許を有する法定の麻薬取扱者であったが,(1)病院長Bと共謀して入手した麻薬阿片アルカロイド注射液約3000管を適法に報告せず隠匿し,医師C等に施用させた,(2)施用の際に交付した麻薬阿片アルカロイド注射液2700管の品名,数量,交付年月日を所定の帳簿に記入しなかった。このためYは(1)については旧麻薬取締法43条等の違反の罪で,(2)については旧麻薬取締法14条(麻薬取扱者に,使用した一切の麻薬の品名,数量,取扱年月日等を帳簿に記載する義務を負わせる規定〔現行の麻薬及び向精神薬取締法37条以下を参照〕。違反者は旧法59条1号により1年以下の懲役または1万円以下の罰金に処せられる〔現行法では70条11号を参照〕)の違反の罪で,起訴された。

1審(新潟地判昭26・10・24刑集8巻7号1164頁参照),2審(東京高判昭27・5・30東高刑時報2巻7号183頁)はともに,(1)についてはYを有罪としたが,(2)については未報告の麻薬を不正に使用したという事実の記入をYに期待するのは不可能であるとして無罪判決を下したので,検察官が上告。

■ 争 点 ■

麻薬取扱者に麻薬の品名,数量,取扱年月日等を帳簿に記入することを義務づけることは,38条1項に反するか。

■ 判 旨 ■

破棄差戻し(全員一致)。

「旧麻薬取締法14条1項が,麻薬取扱者に対しその取り扱った麻薬の品名及び数量,取扱年月日等を所定の帳簿に記入することを命ずる理由は,麻薬取扱者による麻薬処理の実状を明確にしようとするにあるのであるから,いやしくも麻薬取扱者として麻薬を取扱った以上は,たとえその麻薬が正規の手続を経ていないものであっても,右帳簿記入の義務を免れないものと解するのが相当である。」「麻薬取扱者たることを自ら申請して免許された者は,そのことによって当然麻薬取締法規による厳重な監査を受け,その命ずる一切の制限または義務に服することを受諾しているものというべきである。されば,麻薬取扱者として麻薬を処理した以上,たとえその麻薬が取締法規に触れるものであっても,これを記帳せしめられることを避けることはできないのみならず,取締上の要請からいっても,かかる場合記帳の義務がないと解すべき理由は認められない。また麻薬取扱者はかかる場合,別に麻薬処理の点につき取締法規違反により処罰されるからといって,その記帳義務違反の罪の成立を認める妨げとなるものではないことはいうまでもない。」

■ 解 説 ■

1 行政取締法規が,様々な行政上の目的のために,一定の場合に記帳・報告ないし答弁の義務を課し,それを罰則によって強制することがある。そして,これらの義務履行としてなされた記載等は,一定の犯罪について捜査の端緒となる場合も考えられる。こうした義務づけは,義務の名宛人に対して,「自己が刑事上の責任を問われる虞ある事項について供述を強要」(最大判昭32・2・20—本書194事件)するものであり,38条1項に反するのではないか。この論点について,最高裁はたびたび異なる理由づけで合憲の判断を示しているが(185事件〔最大判昭47・11・22—川崎民商事件〕および197〔最大判昭37・5・2〕〜199事件〔最判平16・4・13—医事法事件〕),本判決はそのうち最も初期のものとして知られている。

2 もっとも本判決は,期待可能性の欠如を理由とした無罪判決に対する検察官からの上告に答えたもので,38条1項違反の主張を正面から検討したわけではない(城・後掲200頁参照)。ただし,特権を受けることと引換えに記帳義務を受諾したものという本判決の説示は,同条項の母法とされるアメリカ合衆国憲法修正5条に関して説かれる,自己負罪拒否特権の事前放棄の論理に相当するものがあり,本判決以外では199事件もこれに接近した論理を展開している(三並・後掲272頁参照)。学説上は,「権利の包括的放棄」の擬制という論理構成には批判が強いが,麻薬の取締りに限っては,行政目的の重要性から必要な限りで,権利放棄という考え方を支持する見解も説かれている(松本・後掲241頁,野中ほかⅠ413頁〔高橋和之〕)。

3 後に最高裁は,人の心身に危険な害悪を生ずるおそれがあるという麻薬の性能から必要な取締手続であることを強調し,本件で問題になった旧麻薬取締法14条1項・59条の規定「そのものは,憲法38条1項の保障とは関係がな〔い〕」として,合憲判決を下した(最大判昭31・7・18刑集10巻7号1173頁)。この論理は,行政手続にも38条1項の保障が及びうるとした185事件によって,既に実質的に修正されたものと見ることができる。もっとも,昭和31年判決は規定それ自体の合憲性を説いたにとどまり,帳簿の記載を刑事責任追及のための証拠とする場合には,規定の適用が38条1項に反すると解する余地があることは,調査官解説も認めるとおりである(岩田・後掲262頁以下参照)。

◆ 参考文献 ◆

城富次・最判解刑事篇昭和29年度198頁,藤木英雄・百選(ジュリ臨増276の2)114頁,松本時夫・百選Ⅰ〔第2版〕240頁,三並敏克・百選Ⅱ〔第5版〕272頁。昭和31年判決については,岩田誠・最判解刑事篇昭和31年度260頁参照。

197 交通事故の報告義務

最高裁昭和37年5月2日大法廷判決
（昭和35年（あ）第636号重過失致死道路交通取締法違反被告事件）
刑集16巻5号495頁、判時302号4頁

■事案■

Y（被告人・控訴人・上告人）は、1958（昭和33）年10月、無免許・飲酒運転の上、Aの運転する自転車に自車を追突させてAを死亡させた。さらに道路交通取締法（以下、法）24条1項（当時）の定めるとおりAを救護することも、法施行令67条2項の定めるとおり事故の内容を警察官に報告して指示を受けることもなかったため、重過失致死罪および法28条1号（法24条1項に違反した者を3か月以下の懲役、5000円以下の罰金または科料に処する旨の規定〔当時〕）違反の罪で起訴された。

1審（東京地判昭34・3・24判時181号5頁）はいずれについてもYを有罪としたため、Yは控訴して法施行令67条2項は憲法38条1項に反すると主張したが、2審（東京高判昭35・2・10判時216号31頁）は同条項を合憲限定解釈した上で控訴を棄却した。Yが上告したところ、事件は第三小法廷に係属したが、憲法論に関する部分は大法廷で審理されることになった。

■争点■

交通事故を起こした者に対して、事故の報告を義務づけることは、憲法38条1項に反するか。

■判旨■

論旨理由なし（奥野健一、山田作之助裁判官の各補足意見がある）。

(i)「道路交通取締法（以下法と略称する）は、道路における危険防止及びその他交通の安全を図ることを目的とするものであり、法24条1項は、その目的を達成するため、車馬又は軌道車の交通に因り人の殺傷等、事故の発生した場合において右交通機関の操縦者又は乗務員その他の従業者の講ずべき必要な措置に関する事項を命令の定めるところに委任し、その委任に基づき、同法施行令（以下令と略称する）67条は、これ等操縦者、乗務員その他の従業者に対し、その1項において、右の場合直ちに被害者の救護又は道路における危険防止その他交通の安全を図るため、必要な措置を講じ、警察官が現場にいるときは、その指示を受くべきことを命じ、その2項において、前項の措置を終った際警察官が現場にいないときは、直ちに事故の内容及び前項の規定により講じた措置を当該事故の発生地を管轄する警察署の警察官に報告し、かつその後の行動につき警察官の指示を受くべきことを命じているものであり、要するに、交通事故発生の場合において、右操縦者、乗務員その他の従業者の講ずべき応急措置を定めているに過ぎない。法の目的に鑑みるときは、令同条は、警察署をして、速に、交通事故の発生を知り、被害者の救護、交通秩序の回復につき適切な措置を執らしめ、以って道路における危険とこれによる被害の増大とを防止し、交通の安全を図る等のため必要かつ合理的な規定として是認せられねばならない。」

(ii)「同条2項掲記の『事故の内容』とは、その発生した日時、場所、死傷者の数及び負傷の程度並に物の損壊及びその程度等、交通事故の態様に関する事項を指すものと解すべきである。したがって、右操縦者、乗務員その他の従業者は、警察官が交通事故に対する前叙の処理をなすにつき必要な限度においてのみ、右報告義務を負担するのであって、それ以上、所論の如くに、刑事責任を問われる虞のある事故の原因その他の事項までも右報告義務ある事項中に含まれるものとは、解せられない。」

(iii)「いわゆる黙秘権を規定した憲法38条1項の法意は、何人も自己が刑事上の責任を問われる虞ある事項について供述を強要されないことを保障したものと解すべきことは、既に当裁判所の判例〔最大判昭32・2・20―本書194事件〕……とするところである。したがって、令67条2項により前叙の報告を命ずることは、憲法38条1項にいう自己に不利益な供述の強要に当らない。」

■解説■

1　本件における論点もまた、自己が刑事上の責任を追及されるおそれのある報告を義務づけることが自己負罪拒否特権を侵害しないかどうかである。しかし本判決は、最判昭29・7・16（196事件）のような権利放棄の論理を採用しなかった。かわりに、法施行令67条の趣旨（判旨(i)）を前提に、判旨(ii)で「事故の内容」を「交通事故の態様に関する事項」に限定的に解釈した上で、判旨(iii)で刑事責任を問われるおそれのある事項が報告義務の対象に含まれていないとして、合憲の結論を導いたのである。

2　多数意見に対して、奥野補足意見（山田補足意見も同調）は、法施行令67条2項は限定解釈にもかかわらず「事実上犯罪発覚の端緒を与える」もので、不利益供述の強要に当たると批判する。その上で、道路交通の安全の保持等の「公共の福祉の要請」から自己負罪拒否特権の制限が正当化されると説いた。現在の学説では、この補足意見を支持した上で、運転者の協力義務（藤木・後掲113頁）や警察官による規制の有効性（田宮・後掲142頁）によって論理を補強した合憲論が有力である（大石・後掲参照）。

3　1960（昭和35）年の法改正は、本判決に先立ち、報告義務の内容を「当該交通事故が発生した日時及び場所、当該交通事故における死傷者の数及び負傷者の負傷の程度並びに損壊した物及びその損壊の程度、当該交通事故に係る車両等の積載物並びに当該交通事故について講じた措置」に限定した（道交72 I。罰則は119 I ⑩）。最高裁は、本判決を引用して、現行法が憲法38条1項に違反しないとの立場を採っている（最判昭45・7・28刑集24巻7号569頁、最判昭50・1・21刑集29号1号1頁等）。

◆参考文献◆

大石眞・基本判例〔第2版〕164頁、大津浩・百選Ⅱ〔第5版〕270頁、田原義衛・最判解刑事篇昭和37年度124頁、田宮裕・憲法の判例〔第3版〕137頁、藤木英雄・百選（ジュリ臨増276の2）111頁。

198 犯則嫌疑者に対する質問調査手続

最高裁昭和59年3月27日第三小法廷判決
(昭和58年(あ)第180号所得税法違反被告事件)
刑集38巻5号2037頁, 判時1117号8頁

■事 案■

国税犯則取締法(以下, 法)は, 収税官吏が国税犯則事件の調査のため必要があるときは犯則嫌疑者等に質問したり, 物件を検査したりすることができる旨を規定している(1Ⅰ)。

Y(被告人・控訴人・上告人)は, 小豆等の商品先物取引で得た所得を, 架空名義を用いた取引委託等によって秘匿した上, 所得税額が約700万円である旨の虚偽の確定申告書を税務署長に提出し, 所得税2億1700万円を免れたとして, 所得税法238条1項(昭56法54による改正前)違反の罪で起訴された。1審(神戸地判昭56・10・12刑集38巻5号2050頁参照), 2審(大阪高判昭57・12・16判時1094号150頁)はともにYを有罪としたため, Yは, 法1条1項の定める質問に先だって供述拒否権を告知されなかったため, Yの収税官吏に対する質問顛末書(法10)は, 憲法38条1項に反する違法収集証拠である等と主張して, 上告した。

■争 点■

①憲法38条1項は, 法1条1項の定める質問調査の手続に及ぶか。
②憲法38条1項は, 供述拒否権の事前告知を義務づけているか。

■判 旨■

上告棄却(横井大三裁判官の意見がある)。

(i) 法の定める「調査手続は, 国税の公平確実な賦課徴収という行政目的を実現するためのものであり, その性質は, 一種の行政手続であって, 刑事手続ではないと解されるが〔最大決昭44・12・3刑集23巻12号1525頁〕……, その手続自体が捜査手続と類似し, これと共通するところがあるばかりでなく, 右調査の対象となる犯則事件は, 間接国税以外の国税については同法12条の2又は同法17条各所定の告発により被疑事件となって刑事手続に移行し, 告発前の右調査手続において得られた質問顛末書等の資料も, 右被疑事件についての捜査及び訴追の証拠資料として利用されることが予定されているのである。このような諸点にかんがみると, 右調査手続は, 実質的には租税犯の捜査としての機能を営むものであって, 租税犯捜査の特殊性, 技術性等から専門的知識経験を有する収税官吏に認められた特別の捜査手続としての性質を帯有するものと認められる。したがって, 国税犯則取締法上の質問調査の手続は, 犯則嫌疑者については, 自己の刑事上の責任を問われるおそれのある事項についても供述を求めることになるもので,『実質上刑事責任追及のための資料の取得収集に直接結びつく作用を一般的に有する』ものというべきであって, 前記昭和47年等の当審大法廷判例〔本書185事件(最大判昭47・11・22―川崎民商事件)〕及びその趣旨に照らし, 憲法38条1項の規定による供述拒否権の保障が及ぶものと解するのが相当である。」

(ii) 「憲法38条1項は供述拒否権の告知を義務づけるものではなく, 右規定による保障の及ぶ手続について供述拒否権の告知を要するものとすべきかどうかは, その手続の趣旨・目的等により決められるべき立法政策の問題と解されるところから, 国税犯則取締法に供述拒否権告知の規定を欠き, 収税官吏が犯則嫌疑者に対し同法1条の規定に基づく質問をするにあたりあらかじめ右の告知をしなかったからといって, その質問手続が憲法38条1項に違反することとなるものでないことは, 当裁判所の判例〔最大判昭23・7・14刑集2巻8号846頁, 最大判昭24・2・9刑集3巻2号146頁〕……の趣旨に徴して明らかであるから(〔最判昭39・8・20集刑152号499頁, 最判昭48・12・20集刑190号989頁, 最判昭58・3・31集刑230号697頁〕……参照), 憲法38条1項の解釈の誤りをいう所論は理由がない。」

■解 説■

1　従来の最高裁は, 犯則調査手続で供述拒否権が事前告知されなかったことの合憲性が争われた事件(判旨(ii)が引用する昭和39・48・58年の各判決)で, もっぱら争点②に関して, 憲法38条1項は供述拒否権の事前告知を義務づけていないことだけを述べてきた。本判決も結論的には先例に従っているが, 争点②に論理的に先行する争点①に関して, 185事件の基準を用い, 犯則調査手続に38条1項の保障が及ぶことを明らかにした。

2　35条の適用が問題になった184事件の最高裁判決(最大判昭30・4・27)は, 犯則調査手続の性格を明らかにしなかったが, 判旨(i)が引用する昭和44年の大法廷決定は, 犯則調査手続は「一種の行政手続」ではあるが「犯則事件の調査手続と被疑事件の捜査手続とはたがいに関連するところがある」ことを, 正面から肯定するに至った。判旨(i)はこの立場を進めて, 犯則調査手続には「特別の捜査手続としての性質」もあることを理由に, 「実質上刑事責任追及のための資料の取得収集に直接結びつく作用を一般的に有する」として, 38条1項の保障が及ぶとした。

なお横井意見は, 185事件および判旨(i)のように, 「刑事手続に準ずる」とか「刑事手続との直結性」とかにかかわらず, 広く行政手続について「自己が刑事責任を問われることとなるような供述」の拒否が38条1項によって保障される, と主張する。

3　争点②については, 供述拒否権の事前告知は38条1項の保障外であるとするのが確立した判例である(判旨(ii)の引用する昭和23・24年判決の事案は法廷での告知に関するもの。捜査段階での黙秘権告知については最判昭25・11・21刑集4巻11号2359頁等)。もっとも, 取調べの期間中に一度も黙秘権告知がなされなかった事案で, 供述の任意性を否定した裁判例がある(浦和地判平3・3・25判タ760号261頁)。

◆参考文献◆

岸秀光・租税百選〔第4版〕247頁, 龍岡資晃・最判解刑事篇昭和59年度231頁, 中村英・百選Ⅱ〔第5版〕274頁。さらに, 金子宏編『租税法の発展』〔2010〕161頁以下(吉村政穂)参照。

199 死体検案における異状届出義務——医事法事件

最高裁平成16年4月13日第三小法廷判決
(平成15年(あ)第1560号医師法違反, 虚偽有印公文書作成, 同行使被告事件)
刑集58巻4号247頁, 判時1861号140頁

■事案■

1999(平成11)年2月, 都立H病院に入院していた患者Aは, 看護師Bの点滴の取り違いによって急死した。病院長であったY(被告人・控訴人・上告人)は, 医師CによるAの死体の検案により異状を認めたにもかかわらず24時間以内に警察署への届出を行わなかったとして, 医師法(以下, 法)21条違反の罪(法33の2①)で起訴された。

1審(東京地判平13・8・30判時1771号156頁), 2審(東京高判平15・5・19判タ1153号99頁)はともにYを有罪としたので, Yは医師法21条が憲法38条1項に反するとして上告した。

■争点■

医師に異状死の届出義務を課すことは, 38条1項に反するか。

■判旨■

上告棄却(全員一致)。

(i)「医師法21条にいう死体の『検案』とは, 医師が死因等を判定するために死体の外表を検査することをいい, 当該死体が自己の診療していた患者のものであるか否かを問わないと解するのが相当であ〔る〕」。

(ii)「本件届出義務は, 警察官が犯罪捜査の端緒を得ることを容易にするほか, 場合によっては, 警察官が緊急に被害の拡大防止措置を講ずるなどして社会防衛を図ることを可能にするという役割をも担った行政手続上の義務と解される。そして, 異状死体は, 人の死亡を伴う重い犯罪にかかわる可能性があるものであるから, 上記のいずれの役割においても本件届出義務の公益上の必要性は高いというべきである。他方, 憲法38条1項の法意は, 何人も自己が刑事上の責任を問われるおそれのある事項について供述を強要されないことを保障したものと解されるところ〔〔最大判昭32・2・20—本書194事件〕……参照), 本件届出義務は, 医師が, 死体を検案して死因等に異状があると認めたときは, そのことを警察署に届け出るものであって, これにより, 届出人と死体とのかかわり等, 犯罪行為を構成する事項の供述までも強制されるものではない。また, 医師免許は, 人の生命を直接左右する診療行為を行う資格を付与するとともに, それに伴う社会的責務を課するものである。このような本件届出義務の性質, 内容・程度及び医師という資格の特質と, 本件届出義務に関する前記のような公益上の高度の必要性に照らすと, 医師が, 同義務の履行により, 捜査機関に対し自己の犯罪が発覚する端緒を与えることにもなり得るなどの点で, 一定の不利益を負う可能性があっても, それは, 医師免許に付随する合理的根拠のある負担として許容されるものというべきである。

以上によれば, 死体を検案して異状を認めた医師は, 自己がその死因等につき診療行為における業務上過失致死等の罪責を問われるおそれがある場合にも, 本件届出義務を負うとすることは, 憲法38条1項に違反するものではないと解するのが相当である。このように解すべきことは, 当裁判所大法廷の判例〔最大判昭31・7・18刑集10巻7号1173頁, 最大判昭31・12・26刑集10巻12号1769頁, 最大判昭37・5・2—197事件, 最大判昭47・11・22(185事件—川崎民商事件)〕……の趣旨に徴して明らかである。」

■解説■

1 法21条は, 医師が「死体……を検案して異状があると認めたとき」に24時間以内に警察署に対し届出をするよう義務づけている。この規定の理解には変遷があり, 近時は判旨(i)が述べるとおり, 診療中の患者が医療事故で死亡した疑いがある場合も届出の対象と解されるようになっている(川出・後掲6頁以下)。そうだとすると, この規定はまさしく自己の刑事責任追及につながる事項の届出を義務づけるものとして, 196事件(最判昭29・7・16)等と同じ違憲の疑いが生じることになる。この問題に対して, 従来の先例を綜合しつつ(芦澤・後掲の判例の分析も参照), 合憲の結論を下したのが判旨(ii)である。

2 判旨(ii)は, (1)法21条の届出義務の性質は行政上のものであると説く。もっとも同条の手続は従来から司法警察的な性格が強いと解されてきたし, 本判決自身も「犯罪捜査の端緒」を与えるものであることを認めざるを得ない。次に最高裁は194事件判決を引用し, (2)届出義務の内容には「犯罪行為を構成する事項」は含まれないとする。これは197事件判決を援用するものだが, 同判決の論理には既に有力な批判があり(197事件の解説参照), しかも本件のような医療過誤事例では届出内容と自己の刑事責任は密接に関連している。そこでさらに(3)医師という資格の性質が挙げられており, これは本判決が麻薬取扱者の記帳義務に関する最大判昭31・7・18(刑集10巻7号1173頁。196事件の解説参照)を引用することとも平仄が合う。そして最後に(4)届出義務の高度の公益上の必要性が強調された上で, 自己負罪拒否特権の制限が「医師免許に付随する合理的根拠のある負担」として正当化されている。

3 このように判旨(ii)は, この論点に関する従来の合憲論の諸要素を巧みにつなぎ合わせたものであり, 逆にその分だけ批判にさらされやすいといえよう。本判決以前から既に有力な違憲論が説かれていたほか(佐伯・後掲), 本判決の後にも, 185事件判決やその後の判例の流れを踏まえて(185事件の解説参照), 医療過誤事例に法21条を適用することは適用違憲の疑いがある, と指摘されている(川出・後掲11頁)。

◆参考文献◆
芦澤政治・最判解刑事篇平成16年度190頁, 小川佳樹・平成16年度重判解187頁, 川出敏裕・法教290号4頁, 髙山佳奈子・医事百選8頁。佐伯仁志・ジュリ1249号77頁以下も参照。

200 公判廷における自白と「本人の自白」

最高裁昭和23年7月29日大法廷判決
(昭和23年(れ)第168号食糧管理法違反被告事件)
刑集2巻9号1012頁

■事案■

農業を営むY(被告人・控訴人・上告人・再上告人)は、1946(昭和21)年から翌年にかけて、法定の除外事由がないのに営利の目的で粳玄米等を統制額を超過した代金で売り渡す等したとして、食糧管理法ならびに物価統制令違反の罪で起訴され、2審(山形地裁判決年月日不明)はYの公判廷での供述を唯一の証拠としてYを有罪とした。Yは憲法38条3項違反を理由に上告したが、上告審(仙台高裁判決年月日不明・刑集2巻9号1037頁参照)は上告を棄却したので、Yは最高裁に再上告した。

■争点■

38条3項にいう「本人の自白」は、公判廷における自白を含むか。

■判旨■

再上告棄却(斎藤悠輔裁判官の補足意見、塚崎直義・澤田竹治郎・井上登・栗山茂・小谷勝重裁判官の各少数意見がある)。

(i) 38条3項の「趣旨は、一般に自白が往々にして、強制、拷問、脅迫その他不当な干渉による恐怖と不安の下に、本人の真意と自由意思に反してなされる場合のあることを考慮した結果、被告人に不利益な証拠が本人の自白である場合には、他に適当なこれを裏書する補強証拠を必要とするものとし、若し自白が被告人に不利益な唯一の証拠である場合には、有罪の認定を受けることはないとしたものである。それは、罪ある者が時に処罰を免れることがあっても、罪なき者が時に処罰を受けるよりは、社会福祉のためによいという根本思想に基くものである。かくて真に罪なき者が処罰せられる危険を排除し、自白偏重と自白強要の弊を防止し、基本的人権の保護を期せんとしたものである」。

(ii) 「公判廷における被告人の自白は、身体の拘束をうけず、又強制、拷問、脅迫その他不当な干渉を受けることなく、自由の状態において供述されるものである。しかも、憲法第38条第1項によれば、『何人も自己に不利益な供述を強要されない』ことになっている。それ故、公判廷において被告人は、自己の真意に反してまで軽々しく自白し、真実にあらざる自己に不利益な供述をするようなことはないと見るのが相当であろう。又新憲法の下においては、被告人はいつでも弁護士を附し得られる建前になっているから、若し被告人が虚偽の自白をしたと認められる場合には、その弁護士は直ちに再訊問の方法によってこれを訂正せしめることもできるであろう。なお、公判廷の自白は、裁判所の直接審理に基くものである。従って、裁判所の面前でなされる自白は、被告人の発言、挙動、顔色、態度並びにこれらの変化等からも、その真実に合するか、否か、又、自発的な任意のものであるか、否かは、多くの場合において裁判所が他の証拠を待つまでもなく、自ら判断し得るものと言わなければならない。又、公判廷外の自白は、それ自身既に完結している自白であって、果していかなる状態において、いかなる事情の下に、いかなる動機から、いかにして供述が形成されたかの経路は全く不明であるが、公判廷の自白は、裁判所の面前で親しくつぎつぎに供述が展開されて行くものであるから、現行法の下では裁判所はその心証が得られるまで種々の面と観点から被告人を根掘り葉掘り十分訊問することもできるのである。そして、若し裁判所が心証を得なければ自白は固より証拠価値がなく、裁判所が心証を得たときに初めて自白は証拠として役立つのである。」

(iii) 「従って、公判廷における被告人の自白が、裁判所の自由心証によって真実に合するものと認められる場合には、公判廷外における被告人の自白とは異り、更に他の補強証拠を要せずして犯罪事実の認定ができると解するのが相当である。すなわち、前記法条のいわゆる『本人の自白』には、公判廷における被告人の自白を含まないと解釈するを相当とする。」

■解説■

1 38条3項の定める補強法則は、38条2項の自白法則によって排除されず証拠能力を有する自白であっても、補強証拠なしでは有罪となし得ないとするもので、自由心証主義の例外とされている。これに対して日本国憲法施行直後には、公判廷における被告人の自白だけを唯一の証拠として被告人を有罪としてよいかが、しばしば争われた。最高裁は早くから公判廷における被告人の自白は38条3項にいう「本人の自白」に当たらないとの立場を採ってきたが(最判昭22・11・29刑集1巻40頁等)、本判決はこの立場を確立させたものである(判旨(iii))。

2 判旨(i)が38条3項の趣旨として——同条2項の趣旨も混在しているが——、誤判の防止および拷問等の自白偏重の弊害の抑制を挙げた点は、一般に支持されている。判旨(ii)は、公判廷における被告人の自白に補強証拠を要しない理由として、大別して(1)公判廷では被告人が虚偽の不利益供述をしない保障がある、(2)公判廷での自白は裁判所の直接審理の下でなされる、の2点を挙げている。もっともこうした説明に対しては、経験的事実に反する(塚崎、小谷)、英米法の有罪答弁と日本法での自白とは同一視できない(井上、栗山)等、少数意見が縷々反論を展開している。

3 本判決直前に制定された刑訴法319条2項は、「公判廷における自白であると否とを問わず」補強証拠を要すると定めているが、その後も最高裁は憲法解釈としては本判決の立場を維持している(最判昭42・12・21刑集21巻10号1476頁等)。

◆参考文献◆
大塚仁・百選(ジュリ臨増276の2)120頁、竹内正・百選Ⅰ〔第2版〕244頁、田宮裕・刑訴百選〔第3版〕198頁、古野豊秋・百選Ⅱ〔第5版〕276頁。

201 検察官の上訴と二重の危険

最高裁昭和25年9月27日大法廷判決
（昭和24年新（れ）第22号昭和22年勅令第1号違反並びに衆議院議員選挙法違反被告事件）
刑集4巻9号1805頁

■事案■

1審・2審ともに公刊物未登載のため事案の詳細は不明であるが，上告趣意によると，Y（被告人・控訴人・上告人）は，衆議院議員総選挙の選挙運動期間中に，棄権防止の運動を行って訪問した数人に対して候補者Aへの投票を勧誘する等した行為が，衆議院議員選挙法違反および公職に関する就職禁止退官退職等に関する勅令（昭22勅1）に違反するとして起訴され，1審（富山地裁魚津支部判決年月日不明）はYを罰金刑とする有罪判決を下したところ，検察官が更に重い刑を求めて控訴し，2審（名古屋高裁金沢支部判決年月日不明）はYを禁錮3か月とした。そこでYは，検察官の上訴は39条に違反するとして上告した。

■争点■

検察官が被告人に不利益な上訴を行うことは，39条に反するか。

■判旨■

上告棄却（長谷川太一郎，澤田竹治郎・斎藤悠輔裁判官の各補足意見，藤田八郎裁判官の少数意見，栗山茂裁判官の意見がある）。

「元来一事不再理の原則は，何人も同じ犯行について，2度以上罪の有無に関する裁判を受ける危険に曝さるべきものではないという，根本思想に基くことは言うをまたぬ。そして，その危険とは，同一の事件においては，訴訟手続の開始から終末に至るまでの1つの継続的状態と見るを相当とする。されば，1審の手続も控訴審の手続もまた，上告審のそれも同じ事件においては，継続せる1つの危険の各部分たるにすぎないのである。従って同じ事件においては，いかなる段階においても唯一の危険があるのみであって，そこには二重危険（ダブル，ジェパーディ）ないし二度危険（トワイス，ジェパーディ）というものは存在しない。それ故に，下級審における無罪又は有罪判決に対し，検察官が上訴をなし有罪又はより重き刑の判決を求めることは，被告人を二重の危険に曝すものでもなく，従ってまた憲法39条に違反して重ねて刑事上の責任を問うものでもないと言わなければならぬ。」

■解説■

1 39条は，「何人も，実行の時に適法であった行為又は既に無罪とされた行為については，刑事上の責任を問はれない。又，同一の犯罪について，重ねて刑事上の責任を問はれない」と規定する。このうち前段前半の「何人も，実行の時に適法であった行為……については，刑事上の責任を問はれない」は，遡及処罰の禁止を定めたものである。これに対して，前段後半は「何人も，……既に無罪とされた行為については，刑事上の責任を問はれない」，後段は「同一の犯罪について，重ねて刑事上の責任を問はれない」と定めている。本判決は，検察官が被告人に不利益な上訴を行うことは（刑訴351 I参照），憲法39条前段後半にも後段にも反しないことを明らかにしたものである。

2 もっとも，39条前段後半は大陸法的な一事不再理の原則（刑訴337①参照）を，後段は英米法的な二重の危険の禁止の原則を想起させるため，両者の関係を統一的に理解することは困難である。そのため学説では，(1)両者はともに一事不再理を定めたと解する説，(2)両者はともに二重の危険を定めたと解する説，(3)前段後半は一事不再理を，後段は二重処罰の禁止を定めたと解する説が説かれている（澤田・斎藤補足意見は，39条は一事不再理とも二重の危険とも無縁である，と主張する）。一事不再理原則から考える限り，本件で争われた被告人にとって不利益な検察官の上訴は，そもそも憲法上の問題が生じない（長谷川補足意見参照）。逆に，Yの主張するように，二重の危険の立場に英米法的に徹底すれば，1審から上告審まで1つの危険が継続しているという最高裁の立場は不当であり，不利益上訴は許されないことになる。これに対して本判決は，継続的危険の考え方を採ったものではあるが，裁判制度に内在する要請とされてきた一事不再理原則を，被告人の権利保護を目的とする二重の危険の禁止の観点から捉え直した点は，学説からも評価されている（田宮・後掲127頁，注解II 383頁〔佐藤幸治〕）。

3 なお，最大判昭40・4・28（刑集19巻3号240頁。本書215事件の解説参照）は，少年法19条1項の審判不開始決定に一事不再理効を認めていないが，これを批判する際に本判決を二重の危険の立場を採ったものとして引用した山田作之助裁判官の反対意見が注目される。

また，2009年より実施されている裁判員制度において，検察官からの上告が許されるかどうかについては，裁判員の参加する1審と職業裁判官だけで審理する控訴審・上告審とに危険の継続があると評価できるかどうかが，問題となろう。

◆ 参考文献 ◆

坂口裕英・百選I〔第2版〕248頁，清野幾久子・同II〔第5版〕278頁，瀧川春雄・刑訴百選〔第3版〕216頁，田宮裕・百選（ジュリ臨増276の2）126頁。

202 刑罰と追徴税の併科

最高裁昭和33年4月30日大法廷判決
(昭和29年(オ)第236号法人税額更正決定取消等請求事件)
民集12巻6号938頁, 判時148号20頁

■ 事 案 ■

X社(原告・控訴人・上告人)は, 1949(昭和24)年3月, 所轄税務署長Y1(被告・被控訴人・被上告人)に対し昭和23年度分の所得額・法人税額を申告し納税を行った。Y1は所得額を更正するとともに不足税額に対応する追徴税を課す旨の決定を行い, 通知を受けたXは同年8月, 不足法人税・延滞加算税とともに追徴税470万7500円を納付した。他方, Xおよび同社総務部長Aは逋脱犯として起訴され, 同年9月, 罰金3000万円の有罪判決が確定した。そこでXは, Y1に対し追徴税を含む更正決定の取消しを, Y2(国=被告・被控訴人・被上告人)に対し納付済み税額の還付を求める訴訟を提起し, 逋脱犯処罰に加えて追徴税を課すことは39条後段に反すると主張した。

1審(大阪地判昭27・4・26行集3巻3号552頁)も2審(大阪高判昭28・12・21行集4巻12号3090頁)ともにXの主張を斥けたため, Xが上告。

■ 争 点 ■

39条後段は, 刑罰と行政制裁の併科を禁止するか。

■ 判 旨 ■

上告棄却(下飯坂潤夫裁判官の補足意見がある)。

「法人税法(昭和22年法律28号。昭和25年3月31日法律72号による改正前のもの。以下単に法という)43条の追徴税は, 申告納税の実を挙げるために, 本来の租税に附加して租税の形式により賦課せられるものであって, これを課することが申告納税を怠ったものに対し制裁的意義を有することは否定し得ないところであるが, 詐欺その他不正の行為により法人税を免れた場合に, その違反行為者および法人に科せられる同法48条1項および51条の罰金とは, その性質を異にするものと解すべきである。すなわち, 法48条1項の逋脱犯に対する刑罰が『詐欺その他不正の行為により云々』の文字からも窺われるように, 脱税者の不正行為の反社会性ないし反道徳性に着目し, これに対する制裁として科せられるものであるに反し, 法43条の追徴税は, 単に過少申告・不申告による納税義務違反の事実があれば, 同条所定の已むを得ない事由のない限り, その違反の法人に対し課せられるものであり, これによって, 過少申告・不申告による納税義務違反の発生を防止し, 以って納税の実を挙げんとする趣旨に出でた行政上の措置であると解すべきである。法が追徴税を行政機関の行政手続により租税の形式により課すべきものとしたことは追徴税を課せらるべき納税義務違反者の行為を犯罪とし, これに対する刑罰として, これを課する趣旨でないこと明らかである。追徴税のかような性質にかんがみれば, 憲法39条の規定は刑罰たる罰金と追徴税とを併科することを禁止する趣旨を含むものでないと解するのが相当であるから所論違憲の主張は採用し得ない。」

■ 解 説 ■

1 39条後段は,「同一の犯罪について, 重ねて刑事上の責任を問はれない」と定めるが, この規定は従来から, 手続的な二重起訴の禁止とともに実体上の二重処罰の禁止を要請すると解されてきた。そうだとすると, 刑罰と行政制裁の併科は, 二重処罰の禁止に反するのではないか。本判決はこの論点について基本的考えを示したリーディング・ケースであり, 現在でもしばしば引用される重要判例である(後掲の平成10年判決等)。

2 本判決では, 法人税法の逋脱犯(現在では159条参照)と追徴税(現在では国税通則法68条の定める重加算税に相当)の二重併科が争われた。二重処罰の禁止に反しないという結論を導くためには, 詐欺的手法による脱税行為を罰する逋脱犯規定が当然に刑罰である以上, 追徴税が形式はもちろん実質的にも刑罰に当たらないことを説明するのが自然の筋道である。果たして本判決は, 追徴税の制裁的意義を認めつつも, (1)義務違反行為に対して課せられるものであること, (2)納税確保を目的とした行政上の措置であること, (3)行政機関の行政手続により租税の形式によることを理由に, 追徴税は「刑罰」でないとした(下飯坂補足意見は「税金そのもの」とする)。その背後には「行為の反社会性ないし反道徳性に着目し, これに対する制裁として科せられるもの」であるという刑罰本質論が控えている。

3 もっとも現行の重加算税の要件には義務違反だけでなく事実の隠ぺい・仮装が加えられており, (1)の理由は当てはまらないが(川出・後掲参照), 最高裁は本判決を引用して刑罰と重加算税の併科も39条後段に反しない, とした(最判昭36・7・6刑集15巻7号1054頁, 最判昭45・9・11刑集24巻10号1333頁)。公務執行妨害罪による処罰と法廷等の秩序維持のための監置決定の併科(最判昭34・4・9刑集13巻4号442頁。監置の性格については本書183事件〔最大決昭33・10・15〕参照)も, 過料と罰金・勾留の併科(最判昭39・6・5刑集18巻5号189頁)も, 本判決が引用された上で, 合憲とされている。

4 カルテル行為に対して刑事罰・不当利得返還請求に加えて課徴金納付を命ずる三者併科(独禁7の2 I)についても, 本判決は合憲の結論を導く先例とされている(最判平10・10・13判時1662号83頁)。従来の合憲説は, 課徴金の本質を不当利得の剥奪であると説明していたが, 平成10年判決はそうした説明をしておらず, さらに最判平17・9・13(民集59巻7号1950頁)は, 課徴金額が不当利得の額と一致する必要はないとしたことに, 注意を要する。

5 近時の刑事法学では, 39条後段の趣旨は二重訴追の禁止にとどまり, 刑罰と行政制裁の併科は39条違反ではなく, 全体としての罪刑均衡・比例原則違反が問題になるにすぎないとする説(佐伯・後掲)が有力化し, 憲法学でも支持を集めつつある(野中ほか I 433頁〔高橋和之〕)。

◆ 参考文献 ◆

川出敏裕・行政百選 I〔第5版〕234頁, 嶋崎健太郎・百選 II〔第5版〕280頁, 白石健三・最判解民事篇昭和33年度97頁。平成10年判決につき, 岩橋健定・行政百選 I〔第5版〕236頁。また佐伯仁志『制裁論』[2009]73頁以下参照。

判例の流れ　　　　　　　　　　　　　　　　●宍戸常寿●

17 国務請求権

　1　国務請求権は「人権を確保するための基本権」と呼ばれるが，それが憲法上の権利として認められたのは，作為請求権という点で同じ性格をもつ社会権と比べると，かなり早い。日本国憲法は，請願権（16），国家賠償請求権（17），裁判を受ける権利（32），刑事補償請求権（40）を規定しているが，重要判例が多いのは裁判を受ける権利である。

　2　裁判を受ける権利の内容としては，(1)訴権，(2)法律上正当な管轄権を持つ裁判官の裁判を受ける権利，(3)上訴権，(4)適正な手続の裁判を受ける権利，(5)実効的救済を求める権利等が考えられる。

　(1)については，出訴期間の遡及的短縮も許されるとした206事件（最大判昭24・5・18）があるが，戦後の農地改革に関わる特殊ケースであり，判例法理として一般化してはならない。(2)に関し，管轄違いは憲法違反の問題を生じないとした203事件（最大判昭24・3・23）と並んで，学説の強い批判がある。

　(3)については，審級制度は原則として立法政策の問題であるとする判例（最大判昭23・3・10刑集2巻3号175頁）があり，204事件（最判平13・2・13）もこれに従う。最近，即決裁判制度に関する205事件（最判平21・7・14）が，一般の事件と異なる上訴制限が合憲であるためには「合理的な理由」が必要である，という判例法理の「読替え」を行った点が注目される。

　(4)は，民事訴訟法の分野でも議論が多い「訴訟と非訟」の論点に関するものである。判例は207事件（最大決昭35・7・6―強制調停事件）を出発点に，訴訟と非訟を峻別し，32条の「裁判」とは「純然たる訴訟事件」の裁判を指しており非訟事件の裁判を含まない，という法理を形成してきた。もっとも，非訟事件の裁判の後に権利義務それ自体を通常訴訟で争うことを認める208事件（最大決昭40・6・30―家事審判事件）以降の流れに対して，非訟手続の中での異議申立てによって事件の処理を終結させても違憲ではないとする209事件（最大決昭41・12・27），210事件（最大決平10・12・1―寺西判事補事件）といったもう一つの系譜も存在することに注意が必要である。これらの事件で争われた裁判の「適正」とは対審・公開の保障（82）であったが，最近ではそれ以外の内容として，審尋請求権（審問請求権）が問題になりつつある（211事件〔最決平20・5・8〕）。

　(5)については，行政事件訴訟とりわけ抗告訴訟の訴訟要件と裁判を受ける権利の関係について，有機的理解を深めるべきだろう。ここでは，処分性について「青写真」判決を変更した最近の判例が，「実効的な権利救済」の観点を重視したことに，注意を喚起したい（212事件〔最大判平20・9・10〕。282事件〔最判昭28・11・17―教育勅語事件〕等も参照）。その他，出訴期間の制限については206事件，原告適格については長沼事件（272事件〔札幌地判昭48・9・7〕・273事件〔札幌高判昭51・8・5〕および上告審〔最判昭57・9・9民集36巻9号1679頁〕）や284事件（最判平13・7・13―ASWOC事件）等を，狭義の訴えの利益については93事件（最大判昭28・12・23―皇居前広場事件）等を，改めて一体的に読み返してもらいたい。

　3　国家賠償請求権については，213事件（最大判平14・9・11―郵便法事件）を取り上げた。行政法の教科書等で，国家賠償法の理解を深めて欲しい。損失補償請求権との関係について170事件（東京地判昭59・5・18），東京高判平4・12・18（高民集45巻3号212頁），憲法訴訟としての国家賠償請求訴訟については314事件（最判昭60・11・21―在宅投票制度廃止事件）～316事件（最大判平17・9・14―在外邦人選挙権事件）を参照。刑事補償請求権については，40条にいう「抑留又は拘禁」および「無罪の裁判」の意義に関する判例を取り上げた（214事件〔最大決昭31・12・24〕・215事件〔最決平3・3・29〕）。「16 刑事手続上の権利」と併せて学習することを勧めたい。

　4　請願権が裁判上問題になることは稀であるが，216事件（東京地判平14・5・21）が興味深い事案と判旨を提供しており，学習の便宜を考えて本書に収めた。

203 裁判所において裁判を受ける権利

最高裁昭和24年3月23日大法廷判決
(昭和23年(れ)第512号町村長選挙罰則違反被告事件)
刑集3巻3号352頁

■事 案■

Y（被告人）等に対する町村長選挙罰則違反被告事件の公判請求書は，1947（昭和22）年5月2日に福知山区裁判所において受理されたものとして扱われた。このため，同月3日に裁判所法が施行されたにもかかわらず，本件公訴は，裁判所法施行法2条，裁判所法施行令3条により，京都地裁福知山支部が受理したものとみなされ，1審は同支部において1人の裁判官が，2審は京都地裁の合議体が，それぞれ判決を下し，さらに刑訴応急措置法により大阪高裁が上告審として上告を棄却した。

これに対してYは，何者かが，裁判所法施行後の5月5日に京都地裁福知山支部において受理した本件を，福知山区裁判所において受理したものとするために，公判請求書に押捺された受付印の日付を5月2日に訂正したのであって，2審は本来は裁判所法施行後の事件として大阪高裁となるべきところ，憲法で保障された正当な裁判所で裁判を受ける権利を奪われたと主張して，刑訴応急措置法に基づき最高裁へ再上告した。

■争 点■

32条は，法律上管轄権を有する裁判所において裁判を受ける権利を保障しているか。

■判 旨■

再上告棄却（長谷川太一郎，澤田竹治郎，栗山茂裁判官の各反対意見がある）。

「同〔32〕条の趣旨は凡て国民は憲法又は法律に定められた裁判所においてのみ裁判を受ける権利を有し，裁判所以外の機関によって裁判をされることはないことを保障したものであって，訴訟法で定める管轄権を有する具体的裁判所において裁判を受ける権利を保障したものではない。従って仮りに所論の如く，本件公判請求書は昭和22年5月2日に福知山区裁判所において受理したものではなくて，同年同月5日京都地方裁判所福知山支部が受理したものであるとしても，その違法はただ管轄違の裁判所のなした第2審判決を原審が是認したという刑事訴訟法上の違背があるということに帰着するだけであって，そのために原判決を目して憲法違反のものであるとはいい得ない。」

■解 説■

1　明治憲法24条が「日本臣民は法律に定めたる裁判官の裁判を受くるの権を奪はるることなし」としていたのに対して，日本国憲法32条は「何人も，裁判所において裁判を受ける権利を奪はれない」と規定している。この裁判を受ける権利の保障が，(1)民事事件・行政事件においては裁判請求権または訴権が保障されること（裁判拒絶の禁止），(2)刑事事件においては裁判所の裁判によらなければ刑罰を科せられないこと（裁判なくして刑罰なし）を意味することについては，争いがない。学説上は，このほかに(3)適正な裁判手続を受ける権利，(4)実効的な権利救済を受ける権利等を意味するという理解が有力となり，これらの内容が問題となる裁判例も増えている。

2　これに対して本件では，32条が法律上管轄権を有する具体的な裁判所において裁判を受ける権利を保障しているかどうかが争われた。本判決の各反対意見は，32条にいう「裁判所」とは「憲法又は法律の定めにより権限を有する裁判所」（長谷川反対意見）のことであるとして，上告を認めるべきであるとしたが，多数意見はこれを否定した。本判決の説示は，直後の最判昭25・6・22（刑集4巻6号1056頁）でも引用されるだけでなく，最近の最判平3・4・19（本書304事件）でも引用されており，現在でも判例として機能している。

3　学説上も，当初は本判決と同じ立場を採って「管轄違の裁判は，法律違反になるが，憲法のこの規定の違反にはならない」（宮沢Ⅱ447頁）とするものが多かった。これに対して現在では，明治憲法24条の沿革を踏まえて，当該事件に対して法律上正当な管轄権をもつ裁判所で裁判を受ける権利が保障されているとする，本判決の各反対意見と同様の立場を支持する見解が有力である（芦部249頁，伊藤403頁）。もっとも，管轄違背であれば直ちに32条違反となるのではなく，それが恣意に基づくものである場合に，法律の定める裁判官の裁判が奪われたと解する見解も説かれている（竹下・後掲等）。

◆ 参考文献 ◆

菊井維大・百選（ジュリ臨増276の2）136頁，竹下守夫・百選Ⅱ〔第4版〕278頁，杉原泰雄＝野中俊彦編著『新判例マニュアル憲法Ⅰ』[2000] 238頁（中富公一）。学説状況について，片山智彦『裁判を受ける権利と司法制度』[2007] 41頁以下。

204 上告理由の制限と裁判を受ける権利

最高裁平成13年2月13日第三小法廷判決
（平成12年（行ツ）第302号規約変更認可処分取消等請求事件）
判時1745号94頁，判タ1058号96頁

■ 事 案 ■

「地縁による団体」（自治260条の2Ⅰ）として認可を受けていた町内会が規約変更決議をし，市長Yはこれを認可した。町内会の会員Xは，変更決議のうち会員の資格停止処分条項について公序良俗違反を主張して，規約変更認可処分のうちこの条項部分について取消しを請求した。1審（名古屋地判平12・2・23公刊物未登載）・2審（名古屋高判平12・7・12公刊物未登載）ともXの主張を斥けたため，Xは最高裁に上告した。その際にXは，判決に影響を及ぼすことが明らかな法令の違反があることを理由として最高裁に上告をすることを許容しない民訴法312条・318条は，憲法32条に違反する旨を主張した。

■ 争 点 ■

民訴法312条・318条は憲法32条に違反するか。

■ 判 旨 ■

上告棄却。
「いかなる事由を理由に上告をすることを許容するかは審級制度の問題であって，憲法が81条の規定するところを除いてはこれをすべて立法の便宜に定めるところにゆだねていると解すべきことは，当裁判所の判例とするところである〔最大判昭23・3・10刑集2巻3号175頁，最大決昭24・7・22集民2号467頁，最大判昭29・10・13民集8巻10号1846頁〕……。その趣旨に徴すると，所論の民訴法の規定が憲法32条に違反するものでないことは明らかである。」

■ 解 説 ■

1　旧民訴法394条は「上告は判決に憲法の解釈の誤あること其の他憲法の違背あること又は判決に影響を及ぼすこと明なる法令の違背あることを理由とするときに限り之を為すことを得」と規定していた。これに対して1996（平成8）年改正後の現行民訴法は，最高裁の負担を軽減するため，上告理由を「判決に憲法の解釈の誤りがあることその他憲法の違反があること」（312Ⅰ）に限る一方，新たに上告受理制度を採用した（318Ⅰ）。本件で問題になっている法令違背の主張については，旧民訴法では最高裁への上告が許されていたのに対して，現行法ではまず当事者が上告受理を申立てし，次に最高裁が「法令の解釈に関する重要な事項を含む」事件と判断して初めて，上告が受理されることになった。本判決は，この上告理由の制限と上告受理制度の合憲性を明らかにしたものである。

2　本判決の引用する，量刑不当を上告理由から外した刑訴応急措置法13条2項の規定を合憲とした最大判昭23・3・10以来，判例は一貫して，審級制度の問題は原則として立法裁量に委ねられるとする立場を堅持している（片山・後掲223頁以下参照）。この立場からは，上訴制度が憲法違反となるのは憲法違反を理由とした最高裁への上告を認めないといった極端な場合に限られることになろう。

3　従来の学説はこうした判例の立場を受け入れていたが，1996年民訴法改正を機に，憲法学においても審級制度を純然たる立法政策の問題とはせず，裁判を受ける権利の側から吟味しようとする傾向が強まっている（笹田・後掲①参照）。もっとも新しい学説の傾向においても，最高裁の法令解釈統一機能を重視するという観点から，「最高裁の事件負担を軽減し，憲法問題や重要な法律問題の審理の充実を図ること」は，「裁判を受ける権利を制限するきわめて重要な目的に当たる」として，本判決の結論は支持されている（片山・後掲261頁）。確かに本判決は表向きは形式論を述べているにすぎないが，その背後にはやはり，司法制度が適切に機能することが憲法上要請されることを踏まえて，上告においては当事者の救済よりも最高裁の負担軽減により法令解釈の統一を優先することも許されるという実質論がある，と想定すべきであろう。

4　なお，同じく1996年改正によって導入された許可抗告制度（民訴337）や，少額訴訟手続における不服申立ての制限（同380Ⅰ）についても，最高裁は本判決と同様の簡潔な理由づけによって，違憲の主張を斥けている（最判平10・7・13判時1651号54頁，最判平12・3・17判時1708号119頁）。

◆ 参考文献 ◆

片山智彦『裁判を受ける権利と司法制度』〔2007〕260頁以下，西村枝美・百選Ⅱ〔第5版〕290頁，山元一・平成13年度重判解20頁。関連して，笹田栄司①・金沢法学39巻1号157頁以下。最判平10・7・13について，佐々木雅寿・平成10年度重判解8頁，最判平12・3・17について，プロセス581頁（笹田②）。

205 即決裁判の合憲性

最高裁平成21年7月14日第三小法廷判決
（平成20年(あ)第1575号業務上横領被告事件）
刑集63巻6号623頁，判時2063号152頁

■事案■

自衛隊に勤務していたY（被告人）は，パソコン1台を横領したとして，業務上横領の罪で公訴提起された。Yと弁護人Aは即決裁判手続によることに同意し，1審（千葉地木更津支判平20・3・12刑集63巻6号636頁参照）は，Yに懲役1年・執行猶予3年の有罪判決を言い渡した。これに対してYは，Aと異なるBを弁護人に選任した上で，本件は事実の錯誤により故意が阻却される等の複雑な事案であって，即決裁判手続の要件である「事案が明白であ〔る〕」（刑訴350の2Ⅰ）に当たらない等と主張して控訴したが，2審（東京高判平20・7・10判タ1292号315頁）は控訴を棄却した。

Yは，(1)事実誤認を理由とする控訴を制限する刑訴法403条の2第1項は憲法32条に違反する，(2)即決裁判手続は安易な虚偽の自白を誘発するおそれがあり憲法38条2項に違反する，等と主張して上告した。

■争点■

①刑訴法403条の2第1項は，憲法32条に反するか。
②即決裁判手続の制度は，虚偽の自白を誘発し，憲法38条2項に反するか。

■判旨■

上告棄却（田原睦夫裁判官の補足意見がある）。

(i)「審級制度については，憲法81条に規定するところを除いては，憲法はこれを法律の定めるところにゆだねており，事件の類型によって一般の事件と異なる上訴制限を定めても，それが合理的な理由に基づくものであれば憲法32条に違反するものではないとするのが当裁判所の判例とするところである（〔最大判昭23・3・10刑集2巻3号175頁，最大判昭29・10・13民集8巻10号1846頁。なお，最判昭59・2・24刑集38巻4号1287頁，最決平2・10・17刑集44巻7号543頁〕……参照）」。即決裁判手続は「争いがなく明白かつ軽微であると認められた事件について，簡略な手続によって証拠調べを行い，原則として即日判決を言い渡すものとするなど，簡易かつ迅速に公判の審理及び裁判を行うことにより，手続の合理化，効率化を図るものである」が，事実誤認を理由とする上訴を可能とするならば，上訴に備えて必要以上に証拠調べがなされ，手続の趣旨が損なわれるおそれがある。即決裁判手続の審判には被告人の有罪の陳述（刑訴350の8）と同手続によることについての被告人・弁護人の同意が必要であり（350の2Ⅱ・Ⅳ等），この陳述・同意は判決言渡しまで撤回可能である（350の11Ⅰ）から，「即決裁判手続によることは，被告人の自由意思による選択に基づくものである」。被告人には同意について弁護人の助言を得る機会が保障され（350の3等），判決では懲役・禁錮の実刑を科すことができない（350の14）。「刑訴法403条の2第1項は，上記のような即決裁判手続の制度を実効あらしめるため，被告人に対する手続保障と科刑の制限を前提に，同手続による判決において示された罪となるべき事実の誤認を理由とする控訴の申立てを制限しているものと解されるから，同規定については，相応の合理的な理由があるというべきである。」

(ii)「被告人に対する手続保障の内容に照らすと，即決裁判手続の制度自体が……自白を誘発するものとはいえない」。

■解説■

1　簡易公判手続（刑訴291の2）の利用が活発でなかったことにも鑑みて，2004（平成16）年刑訴法改正により，即決裁判制度が導入された。その概要は判旨(i)が説明するとおりであるが，本判決はこの制度の合憲性を明らかにしたものである。

2　最大判昭23・3・10を起点とする一連の判例は，上訴を制限する規定等について，審級制度は原則として立法政策の問題であるという形式論だけで，合憲判断を繰り返してきた（本書204事件〔最判平13・2・13〕参照）。これに対して判旨(i)の前半は，一般の事件とは異なる上訴制限を定めることが憲法32条に反しないために「合理的な理由に基づく」ことを要求している。本判決が引用する最判昭59・2・24は，独禁法違反の刑事事件に関して2審制を定めた規定（独禁85③〔当時〕）が合憲であることを述べる際に，従来の判例も「立法機関の恣意を許すとする趣旨ではなく，ある種の事件につき他と異なる特別の審級制度を定めるには，それなりに合理的な理由の必要とされることを当然の前提としている」としており，最決平2・10・17も再審請求に関する刑訴応急措置法18条の規定について同様の判例解釈を付言していた。しかし，この2つの説示は憲法14条1項の観点から述べられたものであるのに対し，判旨(i)は憲法32条について「合理的な理由」を明示的に要求している。これは学説の主張にも沿う理解であり（片山・後掲230頁参照），今後は判例の定式が判旨(i)に置き換えられた上で，制度の合理性について具体的に検討されるべきであろう。

3　判旨(i)の後半は，即決裁判制度の合理性を規定に則して説明したもので，手続保障に十分配慮した設計であることからすれば，判旨(ii)と合わせて妥当な説示であろう。もっとも本件では，田原補足意見が指摘するようにYとAの意思疎通を欠いたまま，即決裁判手続が用いられた可能性がある。弁護人による助言を得る機会の保障が手続の公正を担保する不可欠の要素であることからすれば，適用違憲がありえた事案との評価もある（渡邊・後掲）。

◆参考文献◆

松原光宏・セレクト2009年Ⅰ-9頁，宮城啓子・刑訴百選〔第9版〕132頁，渡邊賢・平成21年度重判解22頁。関連して，片山智彦『裁判を受ける権利と司法制度』〔2007〕221頁以下。

206 出訴期間の短縮と裁判を受ける権利

最高裁昭和24年5月18日大法廷判決
（昭和23年（オ）第137号農地委員会の裁決取消請求事件）
民集3巻6号199頁

■事案■

広島県江田島村農地委員会は1947（昭和22）年8月，自創法（自作農創設特別措置法）に基づき，Xの所有する農地の買収計画をたてた。Xは買収計画につき異議を申し立てたが同委員会がこれを却下したので，Xはさらに Y（広島県農地委員会）に訴願の申立てを行ったが，Yは却下決定を取り消さない旨の裁決を行い，この裁決書は同年12月3日ごろ，Xに送達された。Xは1948年5月，裁決の取消しを求めて訴えたが，1審（広島地裁判決年月日不明・民集3巻6号205頁参照）・2審（広島高裁判決年月日不明・前掲民集206頁参照）はともに，1947年12月26日に公布・施行された改正自創法47条の2の規定および同法附則7条の規定の定める出訴期間を徒過したものとして（この規定によると，Xの出訴が許されたのは1948年1月26日までということになる），Xの訴えを却下した。Xは，裁決時の民訴応急措置法の定めていたとおり裁決の通知を受けてから6か月以内は出訴できるとの既得権を憲法32条により有している等として上告した。

■争点■

①出訴期間の遡及的短縮は32条に反するか。
②出訴期間の制限は32条に反するか。

■判旨■

上告棄却。

(i)「刑罰法規については憲法第39条によって事後法の制定は禁止されているけれども，民事法規については憲法は法律がその効果を遡及せしめることを禁じてはいないのである。従〔っ〕て民事訴訟上の救済方法の如き公共の福祉が要請する限り従前の例によらず遡及して之を変更することができると解すべきである。出訴期間も民事訴訟上の救済方法に関するものであるから，新法を以て遡及して短縮しうるものと解すべきであって，改正前の法律による出訴期間が既得権として当事者の権利となるものではない。」

(ii)「そして新法を以て遡及して出訴期間を短縮することができる以上は，その期間が著しく不合理で実質上裁判の拒否と認められるような場合でない限り憲法第32条に違反するということはできない。」「昭和21年12月自作農創設特別措置法制定当時は，行政処分について訴訟を提起することはできなかったのであったが，日本国憲法施行後は一般的に行政処分について訴訟を提起しうることとなって，その出訴期間は民訴応急措置法第8条により6ケ月と定められたのである。然るに自作農創設特別措置法による農地買収の如き問題はなるべく早く解決せしめることが公共の福祉に適合するものであるから，昭和22年12月26日前記特別措置法の改正施行と共に，新に第47条の2が加えられて出訴期間を1ケ月に短縮したのである。しかし同改正法施行前に行は〔わ〕れた処分について同条をそのまま適用すると出訴する機会を与えられない者もありうるので，（即ち実質上裁判を拒否されることになる。）経過的規定として附則第7条によって同改正法施行前にその処分のあったことを知った者にあっては，同法施行の日から1ケ月以内に出訴しうることとしたのである。これ等の立法の経過と規定の内容とを前段説明したところと併せ考えると，前記改正法第47条の2及び同法附則第7条は何れも憲法第32条に違反したということはできない」。

■解説■

1 判旨(ii)は，出訴期間の制限が許されるかどうかについて，「実質上裁判の拒否と認められるような場合」かどうかという基準を示した。しかし，1947年改正の自創法が出訴期間として定めた1か月はあまりにも短く，それ自体として裁判を受ける権利を侵害していないか疑問が残るが，最判昭26・11・30（民集5巻12号759頁）は合憲と判断している。

2 本件をより個性的な事案としているのは，民事遡及法が認められるかという争点①である。判旨(i)は，憲法39条前段で刑事について事後法が禁止されるが，民事について遡及法は禁止されないことを明らかにした（事後法による財産権の内容変更については，本書165事件〔最大判昭53・7・12—国有農地売払特措法事件〕参照）。法改正により既得の権利を侵害する場合には，旧法の適用により一定の者を保護する旨の経過措置を置くことで，既得権を有する者の保護を図ることが多い。本件でも，自創法附則7条の経過措置がなければ「実質上裁判の拒否と認められる」とされた場合が，さらに多数生じたように思われる。これに対してXには，新法による出訴期間の遡及的変更が及んでいる。変更後の出訴期間が1か月と非常に短いこととも考え合わせれば，裁判を受ける権利の侵害は重大なものといえよう。判旨(ii)では，農地改革をめぐる紛争の迅速な解決が「公共の福祉に適合する」とされているが，これはあくまでGHQ占領下の農地改革という特殊な状況によるものであり（166事件〔最大判昭28・12・23—「正当な補償」の意味〕参照），本判決の判旨を安易に一般化してはならないと解される（戸波・後掲）。

◆参考文献◆
神長勲・行政百選Ⅱ〔第4版〕422頁，坂本茂樹・百選Ⅱ〔第3版〕274頁，戸波江二・法セ増刊『憲法訴訟』〔1983〕29頁，杉原泰雄＝野中俊彦編著『新判例マニュアル憲法Ⅰ』〔2000〕244頁（中富公一）。

207 調停に代わる裁判と裁判を受ける権利──強制調停事件

最高裁昭和35年7月6日大法廷決定
（昭和26年（ク）第109号調停に代わる裁判に対する抗告申立棄却決定に対する特別抗告事件）
民集14巻9号1657頁，判時228号5頁

■事案■

Xらは，本件家屋を賃貸していたY（抗告人）に明渡しを請求し，YはX側に占有回収の訴えを提起した。東京地裁は両事件を借地借家調停法・戦時民事特別法による調停に付したものの不調に終わったため，Yが本件家屋を明け渡すという内容の調停に代わる裁判〔甲〕をした（東京地決昭23・4・28民集14巻9号1696頁参照）。Yの抗告に対して，2審は決定を一部変更した上で抗告を棄却し〔乙〕（東京地決昭25・9・6前掲民集1704頁参照），東京高裁もYの再抗告を棄却した〔丙〕（東京高決昭26・6・5前掲民集1717頁参照）。Yは，家屋明渡しの訴え等は32条・82条に基づく裁判であり，調停に代わる裁判〔甲〕を認めた決定〔乙〕を是認する決定〔丙〕は違憲であると主張して，最高裁に特別抗告した。

■争点■

①32条・82条の趣旨はどのようなものか。
②純然たる訴訟事件について，調停に代わる裁判をなしうるか。

■決定要旨■

決定丙破棄，決定乙・甲の取消し，東京地裁へ差戻し（5名の補足意見，3名の意見，6名の反対意見がある）。

(i)「憲法は一方において，基本的人権として裁判請求権を認め，何人も裁判所に対し裁判を請求して司法権による権利，利益の救済を求めることができることとすると共に，他方において，純然たる訴訟事件の裁判については……公開の原則の下における対審及び判決によるべき旨を定めた」。「性質上純然たる訴訟事件につき，当事者の意思いかんに拘わらず終局的に，事実を確定し当事者の主張する権利義務の存否を確定するような裁判が，憲法所定の例外の場合を除き，公開の法廷における対審及び判決によってなされない」ことは，82条に違反し32条の趣旨を没却する。

(ii)「金銭債務臨時調停法7条の調停に代わる裁判は，これに対し即時抗告の途が認められていたにせよ，その裁判が確定した上は，確定判決と同一の効力をもつこととなるのであって，結局当事者の意思いかんに拘わらず終局的になされる裁判」である。「憲法82条，32条の法意に照らし，右金銭債務臨時調停法7条の法意を考えてみるに，同条の調停に代わる裁判は，単に既存の債務関係について，利息，期限等を形成的に変更することに関するもの，即ち性質上非訟事件に関するものに限られ，純然たる訴訟事件につき，事実を確定し当事者の主張する権利義務の存否を確定する裁判のごときは，これに包含されていない」と解すべきである。「本件訴に対し，東京地方裁判所及び東京高等裁判所は，いずれも金銭債務臨時調停法7条による調停に代わる裁判をすることを正当としているのであって，右各裁判所の判断は……憲法82条，32条に照らし，違憲たるを免れない」。

■解説■

1　金銭債務臨時調停法7条1項は，調停不調の場合に裁判所が「利息，期限其の他債務関係の変更を命ずる裁判を為すことを得」と定めていたが，この裁判は非公開・非対審・決定でなされ，借地借家調停にも準用されていた。本決定は純然たる訴訟事件について強制調停をすることは違憲であると判断したもので，32条・82条に関する一連の判例の出発点として，重要な先例とされている。

2　最大決昭31・10・31（民集10巻10号1355頁）は，本決定と同じく借地借家調停について，強制調停は32条に違反しないと述べていた。本件でも斎藤悠輔反対意見（田中耕太郎，高橋潔裁判官同調）は，32条は裁判所による裁判を受ける権利を保障したにすぎず，「裁判手続上の制限を規定したものではない」と主張した。この公開非公開政策説からは，訴訟事件について強制調停を行うことも許される。これに対して要旨(i)は，82条にいう「裁判」とは「性質上純然たる訴訟事件」について終局的に権利義務の存否を確定するものであり，32条の「裁判」は82条の「裁判」と同義であると考えた上で，32条は「純然たる訴訟事件」について公開・対審・判決を求める権利を保障する，と解した（訴訟事件公開説）。

3　しかしこの憲法解釈から，争点②について直ちに違憲の結論が導かれるわけではない。まず要旨(ii)は，調停に代わる裁判に対する抗告の途が残されているから違憲でない，という昭和31年決定の論理を否定した。

次に，調停に代わる決定に対する別訴の途が閉ざされているかが争点となった。一方には当事者は別訴で「公開の対審判決を受け得る権利を有する」から，強制調停は違憲ではないとする島保・石坂修一，垂水克己反対意見が，他方には調停に代わる裁判は既判力を有し終局的な裁判であるから違憲であるとする藤田八郎・入江俊郎・高木常七補足意見が対立した。これに対して要旨(ii)は，「確定判決と同一の効力」という及び腰の表現ながら，後者寄りの立場を採った。

第3に，違憲の対象をどこまで広げるか。要旨(ii)は金銭債務臨時調停法7条1項を純然たる訴訟事件に適用する限りで違憲と判断したため，同項のうち債務条件の変更に関しては調停に代わる裁判も許されるとする立場を採った（奥野健一補足意見参照）。これに対して，同項の規定は債務関係全般に及ぶ，あるいは利息債権も訴訟の対象であると考えれば，同条項は全部違憲となる（小谷勝重意見。池田克，河村大助意見も同旨）。

4　このように，本決定の多数意見は，様々な見解の交錯の上に辛うじて成立しており，この段階では，訴訟・非訟峻別論が判例法理として確立したものとは言えない。

◆参考文献◆
新正幸・基本判例〔第2版〕152頁，プロセス572頁（笹田栄司），三淵乾太郎・最判解民事篇昭和35年度253頁，宮井清暘・百選Ⅱ〔第5版〕284頁。

208 夫婦同居審判と裁判を受ける権利——家事審判事件

最高裁昭和40年6月30日大法廷決定
（昭和36年(ク)第419号夫婦同居審判に対する抗告棄却決定に対する特別抗告事件）
民集19巻4号1089頁, 判時413号3頁

■事案■

X（妻―相手方）はY（夫―抗告人）と不仲になり実家に帰ったが、後にXは自己の非を認めて夫婦同居の審判を申立てた。1審（福岡家審昭36・9・5民集19巻4号1111頁参照）は同居を命ずる審判をし、2審（福岡高決昭36・9・30前掲民集1113頁参照）もYの抗告を棄却した。Yは、訴訟事件である夫婦同居請求を公開の法廷における対審・判決によらずに処理できるとした家事審判法の規定および本件審判は憲法32条・82条に違反すると主張して、最高裁に特別抗告した。

■争点■

夫婦同居に関する処分の審判についての規定（家審9Ⅰ乙類①）は、憲法32条・82条に反するか。

■決定要旨■

抗告棄却（3名の補足意見、7名の意見がある）。

(i)「憲法82条は『裁判の対審及び判決は、公開法廷でこれを行ふ』旨規定する。そして如何なる事項を公開の法廷における対審及び判決によって裁判すべきかについて、憲法は何ら規定を設けていない。しかし、法律上の実体的権利義務自体につき争があり、これを確定するには、公開の法廷における対審及び判決によるべきものと解する。けだし、法律上の実体的権利義務自体を確定することが固有の司法権の主たる作用であり、かかる争訟を非訟事件手続または審判事件手続により、決定の形式を以て裁判することは、前記憲法の規定を回避することになり、立法を以てしても許されざるところであると解すべきであるからである。」

(ii)「家事審判法9条1項乙類は、夫婦の同居その他夫婦間の協力扶助に関する事件を婚姻費用の分担、財産分与、扶養、遺産分割等の事件と共に、審判事項として審判手続により審判の形式を以て裁判すべき旨規定している。その趣旨とするところは、夫婦同居の義務その他前記の親族法、相続法上の権利義務は、多分に倫理的、道義的な要素を含む身分関係のものであるから、一般訴訟事件の如く当事者の対立抗争の形式による弁論主義によることを避け、先ず当事者の協議により解決せしめるため調停を試み、調停不成立の場合に審判手続に移し、非公開にて審理を進め、職権を以て事実の探知及び必要な証拠調を行わしめるなど、訴訟事件に比し簡易迅速に処理せしめることとし、更に決定の一種である審判の形式により裁判せしめることが、かかる身分関係の事件の処理としてふさわしいと考えたものであると解する。」

(iii)「しかし、前記同居義務等は多分に倫理的、道義的な要素を含むとはいえ、法律上の実体的権利義務であることは否定できないところであるから、かかる権利義務自体を終局的に確定するには公開の法廷における対審及び判決によって為すべきものと解せられる」。

(iv)「従って前記の審判は夫婦同居の義務等の実体的権利義務自体を確定する趣旨のものではなく、これら実体的権利義務の存することを前提として、例えば夫婦の同居についていえば、その同居の時期、場所、態様等について具体的内容を定める処分であり、また必要に応じてこれに基づき給付を命ずる処分であると解するのが相当である。」

(v)「けだし、民法は同居の時期、場所、態様について一定の基準を規定していないのであるから、家庭裁判所が後見的立場から、合目的の見地に立って、裁量権を行使してその具体的内容を形成することが必要であり、かかる裁判こそは、本質的に非訟事件の裁判であって、公開の法廷における対審及び判決によって為すことを要しないものであるからである。」

(vi)「審判確定後は、審判の形成的効力については争いえないところであるが、その前提たる同居義務等自体については公開の法廷における対審及び判決を求める途が閉ざされているわけではない。従って、同法の審判に関する規定は何ら憲法82条、32条に牴触するものとはいい難」い。

■解説■

1　家審法9条1項は家事審判事項について定めていたが、甲類が非紛争的事件であるのに対して、乙類には本件の夫婦同居等（民752）に関する処分の審判（家審9Ⅰ乙類①〔家事事件手続法では、別表第2の1の項〕）のように、「争訟的非訟事件」が含まれる。本決定は、家事審判を非公開・非対審・決定の手続で行うことは違憲でないとする結論を述べるとともに（全員一致）、民事事件の非訟的処理の限界について本書207事件（最大決昭35・7・6―強制調停事件。ただし多数意見は引用せず）の判旨をさらに推し進め、訴訟・非訟峻別論を明らかにした判例として、重要な意義を有する。

2　まず、夫婦同居審判は性質上訴訟事件か非訟事件か。訴訟事件だとすれば、207事件決定による限り、家審法の規定は違憲となろう。これに対し山田作之助意見は、夫婦同居審判も権利義務の存否を確定するが、「夫

婦間の微妙なる関係」に関わること等を理由に，非公開としても違憲でないとしているが，これはプライバシー等を理由に訴訟の審理を非公開としても82条に反しないとする立場（最決平21・1・15民集63巻1号46頁参照）を先取りしたものといえよう。これに対し残りの裁判官は，夫婦同居審判が性質上非訟事件であると考える。

3　多数意見は，207事件決定の延長線上で，権利義務の存否の確定は「固有の司法権の主たる作用」であるから，憲法上公開・対審・判決が要求されると述べる一方（要旨(i)），家事審判手続に則して後見的立場・合目的的見地・裁量性といった特徴を挙げて（要旨(ii)），非訟手続には公開・対審・判決が要求されない，としている（要旨(v)）。このように本決定は，訴訟と非訟の性質の違いを明らかにするとともに，32条・82条から，訴訟手続には厳格な拘束を導き，非訟事件には何らの拘束も存しない，というデジタル型の訴訟・非訟峻別論を明らかにした。

4　この峻別論から派生する帰結として，裁判所は非訟手続で権利義務の存否を確定できない。そこで多数意見は，この同居の時期・場所等の形成とは独立に，夫婦の「同居義務」を実体的権利義務として観念する（要旨(iii)）。その結果，夫婦同居審判は，同居義務の存在を前提に，その義務の内容を形成する審判であることになる（要旨(iv)）。したがって，同居義務の存在それ自体については，常に通常訴訟が許されねばならず，しかもそうであるから夫婦同居審判を非公開・非対審・決定で行っても違憲ではない（要旨(vi)），というのが多数意見の論理である。横田喜三郎ほか補足意見は，207事件決定を援用しながら，権利義務の存否の確定は訴訟手続によるべきであり，非訟事件手続で審判することは憲法に違反する，と説明する。

この論理を批判したのが，6人の裁判官の意見であった。まず松田二郎意見（草鹿浅之介同調）は，そもそも婚姻関係それ自体が性質上非訟事件であり，訴訟で確定されるべき実体的権利義務としての夫婦同居義務という観念（要旨(iii)参照）そのものを認めない。これに対して田中二郎意見（他の3裁判官同調）は，夫婦同居義務自体という観念の余地を認めはするが，それは離婚・婚姻無効等の場合に限られており，夫婦関係の存在を前提とする限りは同居義務自体に関する紛争と同居の場所・時期等に関する紛争は分離不可能である，と主張する。したがって，これら6裁判官は，要旨(vi)のように通常訴訟を提起できるという条件なしで，家審法の規定の合憲性を認めるべきであり，逆に通常訴訟により審判を覆しうるとすれば，家庭裁判所制度の意義が損なわれると批判する点で，共通している。

5　本決定と同日の大法廷決定（民集19巻4号1114頁）は，婚姻費用分担に関する処分の審判（家審9 I 乙類③）という，本件よりもさらに争訟性の強い手続に関する事案であるが，多数意見は本決定と同様の論旨により家審法の規定が32条・82条に反しないとしている。意見の対立構図も，本決定とほぼ同様であるが，立法論として訴訟手続によるか（横田（喜）ほか補足意見），非訟事件であるが公開・対審を導入すべき（田中意見）と指摘されている点に，注意が必要である（211事件〔最決平20・5・8〕参照）。なお，遺産分割審判（家審9 I 乙類⑩）の合憲性については，本決定とほぼ同じ合議体の構成（石坂修一裁判官が退官，下村三郎裁判官が任官）でありながら，山田作之助裁判官が独り気を吐いた意見を述べるほか，残りの裁判官は少数意見を述べず，後に通常訴訟を提起できることを認める点で一致している（最大決昭41・3・2民集20巻3号360頁）。

6　本決定が打ち出した訴訟・非訟峻別論は，以後の判例を方向づける法理となったが（笹田・後掲237頁以下），その成立と同時に，通常訴訟による紛争の蒸し返しが可能になることの問題点も最高裁内部で批判されていたことはこれまで見たとおりである。学説上も，多数意見を批判して田中意見が支持されるとともに（我妻・後掲318頁），非訟事件について，公開・対審にかかわらず，実質的に公正な手続的配慮の要請を考えるべきである，という柔軟な立場が説かれるようになった（三ケ月・後掲199頁）。その結果，32条にいう「裁判」とは，訴訟事件の裁判を原則としつつ，「国民が紛争の解決のために裁判所で当該事件にふさわしい適正な手続の保障の下で受ける非訟事件に関する裁判をも含む」という立場（芦部250頁）が説かれる。これは，公開非公開政策説と訴訟事件公開説の対立（207事件解説参照）との関係で，折衷説と呼ばれる立場であるが，現在の憲法学界では有力に支持されている。

◆参考文献◆

宇都宮純一・百選II〔第5版〕286頁，高橋宏志・家族百選〔第7版〕14頁，宮田信夫・最判解民事篇昭和40年度201頁。同日の決定（民集19巻4号1114頁）について三ケ月章・続民訴百選194頁，高津環・最判解民事篇昭和40年度207頁。両決定について我妻栄・法協83巻2号303頁。さらに，笹田栄司『司法の変容と憲法』[2008] 235頁以下，渋谷秀樹・争点170頁参照。

209 過料の裁判と裁判を受ける権利

最高裁昭和41年12月27日大法廷決定
(昭和37年(ク)第64号過料決定に対する抗告棄却決定に対する特別抗告事件)
民集20巻10号2279頁、判時469号14頁

■事案■

財団法人の理事Xら(抗告人)が、法定の期間内に新たに就任した理事を登記することを怠ったため、1審(京都地決昭36・4・19民集20巻10号2318頁参照)は民法46条2項・84条1号(当時)、非訟事件手続法207(現162)条によって、Xらを各200円の過料に処した。Xらは、非訟事件手続法207条が公開・対審による裁判の途を閉ざし憲法82条に違反するとして即時抗告したが、2審(大阪高決昭37・1・23高民集15巻2号93頁)が抗告を棄却したので、Xらは最高裁へ特別抗告した。

■争点■

①過料の裁判を非公開・非対審で行うことは32条・82条に反しないか。
②過料の裁判は適正な手続ではなく31条に反しないか。
③過料の裁判の不服申立ての手続は32条・82条に反しないか。

■決定要旨■

抗告棄却(田中二郎・岩田誠裁判官の補足意見、入江俊郎裁判官の反対意見がある)。

(i)「民事上の秩序罰としての過料を科する作用は、国家のいわゆる後見的民事監督の作用であり、その実質においては、一種の行政処分としての性質を有するものであるから、必ずしも裁判所がこれを科することを憲法上の要件とするものではな〔い〕……。従って、法律上、裁判所がこれを科することにしている場合でも、過料を科する作用は、もともと純然たる訴訟事件としての性質の認められる刑事制裁を科する作用とは異なるのであるから、憲法82条、32条の定めるところにより、公開の法廷における対審及び判決によって行なわれなければならないものではない。」

(ii)「現行法は、過料を科する作用がこれを科せられるべき者の意思に反して財産上の不利益を課するものであることにかんがみ、公正中立の立場で、慎重にこれを決せしめるため、別段の規定のないかぎり、過料は非訟事件手続法の定めるところにより裁判所がこれを科することとし……違法・不当に過料に処せられることがないよう十分配慮しているのであるから、非訟事件手続法による過料の裁判は、もとより法律の定める適正な手続による裁判ということができ、それが憲法31条に違反するものでないことは明らかである。」

(iii) 非訟事件手続法の「手続により過料を科せられた者の不服申立の手続について、これを同法の定める即時抗告の手続によらしめることにしているのは、これまた、きわめて当然であり、殊に、非訟事件の裁判については、非訟事件手続法の定めるところにより、公正な不服申立の手続が保障されていることにかんがみ、公開・対審の原則を認めなかったからといって、憲法82条、32条に違反するものとすべき理由はない」。

■解説■

1 本件も、非訟事件の手続の合憲性が争われた点では、本書207事件(最大決昭35・7・6—強制調停事件)・208事件(最大決昭40・6・30—家事審判事件)と同じであるが、これらは民事紛争に関わるものだった。これに対し本決定は、民事上の秩序罰としての過料の裁判が32条・82条に反しないという結論を初めて示し、しかも訴訟・非訟峻別論を維持しながら208事件とは異なる論理を採った点で、注目される。

2 要旨(i)は秩序罰としての過料を非公開・非対審の手続で科しても32条・82条に違反しないとしたが、これは従来からの訴訟・非訟峻別論を前提にした上で、秩序罰としての過料を科する作用は「純然たる訴訟事件」の裁判とは異なるという立場を前提にしている(佐藤・後掲120頁以下参照)。要旨(ii)は、非訟事件手続法が原則として当事者に陳述の機会を付与すること、裁判に理由を付さねばならず即時抗告が認められること(現162・164)等を理由に、過料の裁判は憲法31条に反しないと説く。非訟事件の裁判が一種の行政処分であり、しかも一定の手続保障が求められるという方向は、仮の地位を定める仮処分に関する116事件(最大判昭61・6・11—「北方ジャーナル」事件)でも論点となっている。

3 争点③では、行政庁による処分であれば抗告訴訟を提起して公開・対審の手続で争いうるのに対して、処分者が裁判所の場合には不服申立てで手続が完結してしまうのは不合理ではないかが問題である。したがって、非訟事件の裁判を非公開・非対審で行っても通常訴訟の途が開かれているから許される、という208事件決定の論理を採るのは難しい。本決定が先例を一切引用していないのは、このためもあろう。結局のところ要旨(iii)は、過料の裁判を非公開・非対審で行っても許される以上(要旨(i))、その即時抗告を非公開・非対審で行うのも当然である、と開き直った。この点を批判する入江反対意見は、過料の決定と決定に対する不服申立ての性質を区別し、後者は「純然たる訴訟事件」であり32条・82条が適用されると主張して、違憲論を展開した。これに対して田中ほか補足意見は、過料の裁判と不服申立てを一体と捉えた上で、「公開・対審の原則を保障した憲法の趣旨に反しないだけの合理的根拠があるかどうか、また、それに代る裁判の公正を保障するための手続的保障が与えられているかどうか」が問題であると主張して、合憲論を補った。

4 この補足意見は、従来の判例や本決定の多数意見に比べて、非訟事件についても事案の性質に応じた適正な手続を求めるという点で、現在の有力説に近づいたものと評価できる。もっとも本件の過料の裁判の合憲性については、反対意見を支持する声が強い(新堂・後掲、時本・後掲)。

◆参考文献◆
新堂幸司・百選Ⅱ〔第3版〕272頁、時本義昭・同〔第5版〕288頁、中野次雄・最判解民事篇昭和41年度576頁。関連して、笹田栄司『司法の変容と憲法』〔2008〕241頁以下、佐藤功『憲法解釈の諸問題(1)』〔1953〕。

210 裁判官の分限裁判と裁判を受ける権利——寺西判事補事件

最高裁平成10年12月1日大法廷決定
(平成10年(分ク)第1号裁判官分限事件の決定に対する即時抗告事件)
民集52巻9号1761頁, 判時1663号66頁

■事 案■

判事補Y(抗告人)の言動に対し, X(仙台地裁)は裁判所法52条1号・49条違反を理由に, 裁判官分限法6条に基づき分限の申立てをした。Yは審問期日の公開を求めたが, 1審(仙台高決平10・7・24民集52巻9号1810頁参照)は裁判官の分限事件手続規則7条が準用する非訟事件手続法13条を適用して審問を非公開とした上で, 戒告の裁判をした。Yは最高裁に即時抗告したが, その中で1審の手続が32条・82条に違反する等と主張した。本項目が扱う以外の争点, それに関する事案・要旨等は本書280事件(本件と同一事件)を参照。

■争 点■

分限事件の審問を公開しないことは32条・82条に反するか。

■決定要旨■

抗告棄却(本争点については尾崎行信裁判官の反対意見があり, 河合伸一・遠藤光男・元原利文裁判官が同調)。

82条1項にいう「裁判」とは「現行法が裁判所の権限に属するものとしている事件について裁判所が裁判という形式をもってする判断作用ないし法律行為のすべてを指すのではなく, そのうちの固有の意味における司法権の作用に属するもの, すなわち, 裁判所が当事者の意思いかんにかかわらず終局的に事実を確定し当事者の主張する実体的権利義務の存否を確定することを目的とする純然たる訴訟事件についての裁判のみを指すものと解すべきである(〔最大決昭45・6・24民集24巻6号610頁〕……等)」。

「裁判官に対する懲戒は, 裁判所が裁判という形式をもってすることとされているが, 一般の公務員に対する懲戒と同様, その実質においては裁判官に対する行政処分の性質を有するものである。したがって, 裁判官に懲戒を課する作用は, 固有の意味における司法権の作用ではなく, 懲戒の裁判は, 純然たる訴訟事件についての裁判には当たらないことが明らかである。また, その手続の構造をみても, 法及び規則の規定中には, 監督権を行う裁判所の申立てにより手続を開始し, 申立裁判所を代表する裁判官に審問への立会権を認め, 申立裁判所にも裁判に対する即時抗告権を認めるなど, 当事者対立構造を思わせる定めもみられるけれども, 申立てを受けた裁判所は, 申立裁判所に懲戒事由の主張立証をさせ, その主張の当否を判断するのではなく, 右申立てを端緒として, 職権で事実を探知し, 必要な証拠調べを行って(規則7条, 非訟事件手続法11条), 当該裁判官に対する処分を自ら行うのである……から, 分限事件は, 訴訟とは全く構造を異にするというほかはない。したがって, 分限事件については憲法82条1項の適用はないものというべきである(〔209事件—最大決昭41・12・27〕……参照)」。

「分限事件については, 一般の非訟事件はもとより抗告訴訟との比較においても適正さに十分に配慮した特別の立法的手当がされているのであり, これに更に公開審理が保障された訴訟の形式による不服申立ての機会が与えられていなくても, 手続保障に欠けるということはできない。」

■解 説■

1 本決定は裁判官の積極的政治運動の禁止の事例として有名であるが, 裁判官の分限裁判と32条・82条の関係についても判示している。裁判官の分限裁判は懲戒処分の性質を有しているため,「純然たる訴訟事件についての裁判」に当たらず, 公開・対審が要求されないというのは, 本決定が引用する209事件と, 全く同じ論理である。つまり, 通常訴訟を別に提起できるから非訟事件の裁判による32条違反はない, とした208事件(最大決昭40・6・30—家事審判事件)の論理は用いられていない。

2 そうすると, 公開・対審の手続で争う機会が奪われたまま懲戒処分が確定することは32条に違反するのではないか, という209事件決定と同じ疑問が生じる。しかも本件ではこの209事件決定と比べると, 憲法上の疑義はより深刻である。というのは, 懲戒処分に対して抗告訴訟を提起して公開・対審の手続を受けることができる一般公務員に比べて, 裁判官は憲法上の身分保障(78~80)があるにもかかわらず, かかる手続保障を欠く, といった不合理が生じるからである。

3 本決定の多数意見は, 分限裁判の手続が高裁特別部や最高裁大法廷で行われること等を「特別の立法的手当」として挙げて, 公開審理による不服申立ての機会が無くても憲法違反ではない, と結論する。これに対して尾崎反対意見は,「公開法廷において, 直接主義, 口頭主義の原則の下に審理を尽くすことこそが, 単に被処分者の基本的人権を保障するだけでなく, 裁判所の公正・中立を社会に公示し, その信頼性を確保することとなる」と批判する。裁判官の積極的政治運動の自由の制限の目的を「裁判官の独立及び中立・公正を確保し, 裁判に対する国民の信頼を維持する」ことに求めた本決定の多数意見が, 自らの手続に対する公正・中立の確保の要請に十分応えたといえるかどうかは, 疑問が残る(佐々木・後掲参照)。

◆参考文献◆
大橋寛明・最判解民事篇平成10年度937頁, 佐々木高雄・平成10年度重判解6頁。渡辺康行・事例研究221頁以下も参照。

211 非訟事件と審問請求権

最高裁平成 20 年 5 月 8 日第三小法廷決定
(平成 19 年 (ク) 第 1128 号婚姻費用分担審判に対する抗告審の変更決定に対する特別抗告事件)
家月 60 巻 8 号 51 頁, 判時 2011 号 116 頁

■ 事案 ■

X (妻―相手方) は 2006 (平成 18) 年 5 月, Y (夫―抗告人) と別居し, 同年 10 月に家庭裁判所に夫婦関係調整の調停と婚姻費用分担の調停を申し立てた。2007 年 5 月, 各調停は不成立となり, 後者の調停は審判に移行し, 1 審 (横浜家小田原支審平 19・8・9 LEX/DB28141234) は Y の負担すべき婚姻費用額は 1 か月 12 万円とするのが相当であるとする審判をした。X が即時抗告したところ, 2 審 (東京高決平 19・10・11 LEX/DB28141235) は Y の負担すべき婚姻費用額を 1 か月 16 万円に変更する決定をしたが, その際に Y に対して X の抗告を知らせず, 抗告状および抗告理由書の写しを送達しなかった。Y は, 抗告を知らされなければ抗告の相手方が抗告審に参加できず, また, 抗告理由書の副本が送達されないのであれば反論する機会を奪われることになるとして, 最高裁に特別抗告を申し立てた。

■ 争点 ■

家事審判の抗告審が, 相手方に反論の機会を与えず不利益な判断をしたことは, 32 条に反するか。

■ 決定要旨 ■

抗告棄却 (田原睦夫裁判官の補足意見, 那須弘平裁判官の反対意見がある)。

「憲法 32 条所定の裁判を受ける権利が性質上固有の司法作用の対象となるべき純然たる訴訟事件につき裁判所の判断を求めることができる権利をいうものであることは, 当裁判所の判例の趣旨とするところである〔本書 207 事件 (最大決昭 35・7・6―強制調停事件), 最大決昭 40・6・30 民集 19 巻 4 号 1114 頁〕……参照)。したがって, 上記判例の趣旨に照らせば, 本質的に非訟事件である婚姻費用の分担に関する処分の審判に対する抗告審において手続にかかわる機会を失う不利益は, 同条所定の『裁判を受ける権利』とは直接の関係がないというべきであるから, 原審が, Y……に対し抗告状及び抗告理由書の副本を送達せず, 反論の機会を与えることなく不利益な判断をしたことが同条所定の『裁判を受ける権利』を侵害したものであるということはできず, 本件抗告理由のうち憲法 32 条違反の主張には理由がない。」

■ 解説 ■

1 207 事件以降, 裁判を受ける権利についての判例の展開を検討してきたが, その要点を整理しておこう。(1) 32 条の「裁判」を 82 条の「裁判」と同視する, (2) 本裁判を受ける権利は「性質上純然たる訴訟事件」について公開・対審・判決を要求する, (3)「非訟事件の手続および裁判に関する法律の規定について, 憲法 32 条違反の問題は生じない」(最大決昭 45・12・16 民集 24 巻 13 号 2099 頁), というものである。しかし, 判例の採用する訴訟・非訟峻別論は, 種々の困難を抱える。例えば, 家事審判法上の乙類審判事件 (とりわけ本件の婚姻費用分担の審判) のような「争訟的非訟事件」の処理については, 昭和 40 年の 2 つの大法廷決定 (208 事件および要旨引用のもの) のように, 審判の後に権利義務自体の存否について通常訴訟を認め, 紛争の蒸し返しを許容しなければならない。逆に後の通常訴訟が排除され, 非訟手続の中で不服申立てを処理する仕組みの場合には, 209 事件 (最大決昭 41・12・27)・210 事件 (最大決平 10・12・1―寺西判事補事件) で見たとおり, 手続保障が十分とはいえない点が, 問題となってきた。本件は, 専ら裁判の公開 (82) との関係で公開・対審が問題とされてきた家事審判について, 抗告審における相手方に対する手続保障という, 従来とは異なる問題点が取り上げられた事例として注目される。

2 本決定の多数意見は, 訴訟・非訟峻別論を固守した上で, 非訟事件には 32 条の保障が及ばないと, 特別抗告を一蹴した。これに対し那須反対意見は, 抗告により不利益な変更を受ける当事者が抗告状等の送付を受ける等, 反論の機会を与えられる利益は「審問請求権 (当事者が裁判所に対して自己の見解を表明し, かつ, 聴取される機会を与えられることを要求することができる権利) の核心部分を成すものであり, 純然たる訴訟事件でない非訟事件についても憲法 32 条による『裁判を受ける権利』の保障の対象になる場合がある」と主張する。この反対意見が, 訴訟・非訟峻別論を批判して判例変更を求めるとともに, 非訟事件における適正手続の保障の具体的内容として, 審問 (審尋) 請求権の保障を挙げたことは, 学説の動向にも対応したものとして注目される (片山・後掲参照)。那須裁判官は, 最決平 21・12・1 (家月 62 巻 3 号 47 頁) でも, 同様の事案について許可抗告による救済を主張している。

◆ 参考文献 ◆

垣内秀介・平成 20 年度重判解 155 頁, 宍戸常寿・セレクト 2008 年 11 頁, 山田文・速報判例解説 Vol.3・153 頁。関連して, 片山智彦『裁判を受ける権利と司法制度』[2007] 51 頁以下・141 頁以下, 笹田栄司・争点 268 頁も参照。

212 抗告訴訟における処分性と裁判を受ける権利

最高裁平成20年9月10日大法廷判決
（平成17年(行ヒ)第397号行政処分取消請求事件）
民集62巻8号2029頁，判時2020号21頁

■ 事 案 ■

Y（浜松市）は，遠州鉄道鉄道線の連続立体交差事業の一環として上島駅の周辺土地区画整理事業（以下，本件事業）を計画し，土地区画整理法52条1項（当時）に基づきA（静岡県知事）から本件事業の事業計画（以下，本件計画）において定める設計の概要について認可を受け，本件計画の決定・公告を行った。本件事業の施行地区内に土地を所有するXらは，Yの本件計画の決定の取消訴訟を提起した。1審（静岡地判平17・4・14民集62巻8号2061頁参照）・2審（東京高判平17・9・28前掲民集2087頁参照）はともに本件計画の決定について処分性を否定し訴えを却下したので，Xらが上告受理申立てをした。

■ 争 点 ■

土地区画整理事業の事業計画決定は，取消訴訟の対象となる「行政庁の処分その他公権力の行使に当たる行為」（行訴3Ⅱ）に当たるか。

■ 判 旨 ■

2審判決破棄・1審判決取消し，同部分につき1審へ差戻し（藤田宙靖，泉德治，今井功，近藤崇晴裁判官の各補足意見，涌井紀夫裁判官の意見がある）。

土地区画整理事業が決定されると，その施行により「施行地区内の宅地所有者等の権利にいかなる影響が及ぶかについて，一定の限度で具体的に予測することが可能にな」り，特段の事情のない限り計画に従って事業が進められ「換地処分が当然に行われる」。「建築行為等の制限〔区画整理76条1項・4項，140条〕は……具体的な事業の施行の障害となるおそれのある事態が生ずることを防ぐために法的強制力を伴って設けられている」。

「施行地区内の宅地所有者等は，事業計画の決定がされることによって，前記のような規制を伴う土地区画整理事業の手続に従って換地処分を受けるべき地位に立たされるものということができ，その意味で，その法的地位に直接的な影響が生ずるものというべきであり，事業計画の決定に伴う法的効果が一般的，抽象的なものにすぎないということはできない」。「換地処分等の取消訴訟において」宅地所有者等による事業計画の違法の主張が認められたとしても「事情判決〔行訴31Ⅰ〕……がされる可能性が相当程度あるのであり，換地処分等がされた段階でこれを対象として取消訴訟を提起することができるとしても，宅地所有者等の被る権利侵害に対する救済が十分に果たされるとはいい難い。そうすると，事業計画の適否が争われる場合，実効的な権利救済を図るためには，事業計画の決定がされた段階で，これを対象とした取消訴訟の提起を認めることに合理性がある」。「市町村の施行に係る土地区画整理事業の事業計画の決定は，施行地区内の宅地所有者等の法的地位に変動をもたらすものであって，抗告訴訟の対象とするに足りる法的効果を有するものということができ，実効的な権利救済を図るという観点から見ても，これを対象とした抗告訴訟の提起を認めるのが合理的である」。

■ 解 説 ■

1 土地区画整理事業の事業計画の決定（区画整理52Ⅰ）の処分性を否定した最大判昭41・2・23（民集20巻2号271頁）は，長く判例として機能してきた。本判決は，行政法学説の批判に応える形で，この「青写真判決」を変更したものであるが，正面から憲法論を述べたわけではないにせよ，裁判を受ける権利の意義を理解する上で重要な判例と見ることができる（中川・後掲29頁以下は，司法権論への含意を検討している）。

2 昭和41年判決は，(1)土地区画整理事業計画は一連の手続の一環として基礎的な事項を一般的・抽象的に決定するにすぎない，(2)建築行為等の制限は法律が公告に付与した付随的効果にとどまる，(3)一連の手続でなされる行政作用のどの段階で訴えの提起を認めるかは立法政策の問題であり，換地処分等に対する訴えにより権利侵害に対する救済は達成できる，としていた。この(3)について，多数意見は「一連の手続のあらゆる段階で訴えの提起を認めなければ，裁判を受ける権利を奪うことになるものとはいえない」，事業計画の決定・公告段階での訴えは「抗告訴訟を中心とするわが国の行政訴訟制度のもとにおいては，争訟の成熟性ないし具体的事件性を欠く」と述べており，司法権（76）や裁判を受ける権利（32）についての限定的な理解を前提としていた。逆に，換地処分まで出訴権を制限するのは不当である（奥野健一裁判官ほか反対意見），訴えの利益の制限は32条の裁判請求権を不当に制約しない合理的根拠が必要である（入江俊郎裁判官反対意見）といった反論が既に見られたことにも，注意すべきであろう。

3 これに対して本判決が判例変更を行ったのは，(1)について所有者らを「換地処分を受けるべき地位」に立たせるという直接的・具体的な法的効果を有すると解したことに加えて，(3)について「実効的な権利救済」の観点を重視したことにある（(2)に関する本判決の不明確さについては，涌井意見参照）。本判決は，関連する立法の手当てが不備な状態で「必要最小限度の実効的な司法的救済の道を，（立法を待たずとも）判例上開く」（藤田補足意見）という創造的手法を採ったが，それは実効的権利救済が裁判を受ける権利の要請するところであり，それに比重を置いて処分性の有無（より一般的には紛争の成熟性）を判断したものと評価できよう（野中・後掲235頁参照）。

◆ 参考文献 ◆

中川丈久・法教341号20頁，人見剛・平成20年度重判解52頁，増田稔・ジュリ1373号65頁，山本隆司・法教339号57頁・340号73頁。なお，プロセス596頁以下（内野正幸），笹田栄司『司法の変容と憲法』[2008] 118頁以下，野中俊彦『憲法訴訟の原理と技術』[1995] 232頁以下も参照。

213 国家賠償責任の免除・制限の合憲性——郵便法事件

最高裁平成14年9月11日大法廷判決
(平成11年(オ)第1767号損害賠償請求事件)
民集56巻7号1439頁, 判時1801号28頁

■事案■

郵便法(平14法121による改正前。以下,「法」)は, 郵政事業庁長官は「郵便物が次の各号のいずれかに該当する場合に限り, その損害を賠償する」として,「書留とした郵便物の全部又は一部を亡失し, 又はき損したとき」等と列挙し(68 I), その場合の賠償金額を一定またはそれ以下の額と定め(68 II), 賠償請求権者を「当該郵便物の差出人又はその承諾を得た受取人」としていた(73)。

Xは, Aに対して有する債権について弁済を求めるため, AがB銀行(C支店扱い)に対して有する預金債権, AがDに対して有する給与債権について債権差押命令の申立てを行い, 神戸地裁尼崎支部は1998(平成10)年4月10日, 債権差押命令を行った。その正本は特別送達の方法によりDには同14日, Bには15日に送達されたが, Aは14日にB銀行C支店から預金を引き出していた。Xは, 本件送達をC支店において行うべきところ, 郵便業務従事者が誤ってC支店の私書箱に郵便物を投函したため, 送達が遅滞し差押債権の券面額相当の損害を被ったとして, 国に対して賠償を請求した。

1審(神戸地尼崎支判平11・3・11民集56巻7号1472頁参照)はXの請求を棄却し, 2審(大阪高判平11・9・3前掲民集1478頁参照)もXの控訴を棄却した。Xは, 法68条・73条は憲法17条に違反する, 法68条・73条のうち郵便業務従事者の故意・重過失による場合にも国の責任を否定している部分は憲法17条に違反する, と主張して上告した。

■争点■

①国家賠償責任を免除・制限する法律の合憲性は, いかに判断すべきか。
②書留郵便物についての不法行為責任の免除・制限は, 17条に反するか。
③特別送達郵便物についての不法行為責任の免除・制限は, 17条に反するか。

■判旨■

破棄差戻し(滝井繁男裁判官の補足意見, 福田博・深澤武久裁判官, 横尾和子裁判官, 上田豊三裁判官の各意見がある)。

(i)「憲法17条は……その保障する国又は公共団体に対し損害賠償を求める権利については, 法律による具体化を予定している。これは……国又は公共団体が公務員の行為による不法行為責任を負うことを原則とした上, 公務員のどのような行為によりいかなる要件で損害賠償責任を負うかを立法府の政策判断にゆだねたものであって, 立法府に無制限の裁量権を付与するといった法律に対する白紙委任を認めているものではない。そして, 公務員の不法行為による国又は公共団体の損害賠償責任を免除し, 又は制限する法律の規定が同条に適合するものとして是認されるものであるかどうかは, 当該行為の態様, これによって侵害される法的利益の種類及び侵害の程度, 免責又は責任制限の範囲及び程度等に応じ, 当該規定の目的の正当性並びにその目的達成の手段として免責又は責任制限を認めることの合理性及び必要性を総合的に考慮して判断すべきである。」

(ii)「限られた人員と費用の制約の中で日々大量の郵便物をなるべく安い料金で, あまねく, 公平に処理しなければならないという郵便事業の特質は, 書留郵便物についても異なるものではないから, 法1条に定める目的を達成するため, 郵便業務従事者の軽過失による不法行為に基づき損害が生じたにとどまる場合には, 法68条, 73条に基づき国の損害賠償責任を免除し, 又は制限することは, やむを得ないものであり, 憲法17条に違反するものではない」。

「書留郵便物について, 郵便業務従事者の故意又は重大な過失による不法行為に基づき損害が生ずるようなことは, 通常の職務規範に従って業務執行がされている限り, ごく例外的な場合にとどまるはずであって, このような事態は, 書留の制度に対する信頼を著しく損なうものといわなければならない。そうすると, このような例外的な場合にまで国の損害賠償責任を免除し, 又は制限しなければ法1条に定める目的を達成することができないとは到底考えられず, 郵便業務従事者の故意又は重大な過失による不法行為についてまで免責又は責任制限を認める規定に合理性があるとは認め難い。」

「なお, 運送事業等の遂行に関連して, 一定の政策目的を達成するために, 事業者の損害賠償責任を軽減している法令は, 商法, 国際海上物品運送法, 鉄道営業法, 船舶の所有者等の責任の制限に関する法律, 油濁損害賠償保障法など相当数存在する。これらの法令は, いずれも, 事業者側に故意又は重大な過失ないしこれに準ずる主観的要件が存在する場合には, 責任制限の規定が適用されないとしているが, このような法令の定めによって事業の遂行に支障が生じているという事実が指摘されているわけではない。このことからみても, 書留郵便物について, 郵便業務従事者の故意又は重大な過失によって損害が生じた場合に, 被害者の犠牲において事業者を保護し, その責任を免除し, 又は制限しなければ法1条の目的を達成できないとする理由は, 見いだし難い」。

(iii)「特別送達は……訴訟法上の送達の実施方法であり(民訴法99条), 国民の権利を実現する手続の進行に不可欠なものであるから, 特別送達郵便物については, 適正な手順に従い確実に受送達者に送達されることが特に強く要請される。そして, 特別送達郵便物は, 書留郵便物全体のうちのごく一部にとどまることがうかがわれる上に, 書留料金に加えた特別の料金が必要とされている。また, 裁判関係の書類についていえば, ……その適正かつ確実な送達に直接の利害関係を有する訴訟当事者等は自らかかわることのできる他の送付の手段を全く有していないという特殊性がある。さらに, 特別送達の対象となる書類については, 裁判所書記官(同法100

条），執行官（同法99条1項），廷吏（裁判所法63条3項）等が送達を実施することもあるが，その際に過誤が生じ，関係者に損害が生じた場合，それが送達を実施した公務員の軽過失によって生じたものであっても，被害者は，国に対し，国家賠償法1条1項に基づく損害賠償を請求し得ることになる。」

「これら特別送達郵便物の特殊性に照らすと，法68条，73条に規定する免責又は責任制限を設けることの根拠である法1条に定める目的自体は前記のとおり正当であるが，特別送達郵便物については，郵便業務従事者の軽過失による不法行為から生じた損害の賠償責任を肯定したからといって，直ちに，その目的の達成が害されるということはできず，上記各条に規定する免責又は責任制限に合理性，必要性があるということは困難であり，そのような免責又は責任制限の規定を設けたことは，憲法17条が立法府に付与した裁量の範囲を逸脱したものである」。

結論として，法68条・73条の「規定のうち，特別送達郵便物について，郵便業務従事者の故意又は過失による不法行為に基づき損害が生じた場合に，国の損害賠償責任を免除し，又は制限している部分は違憲無効である」。

■ 解 説 ■

1 17条は「何人も，公務員の不法行為により，損害を受けたときは，法律の定めるところにより，国又は公共団体に，その賠償を求めることができる」と定める。この規定の法的性格について，抽象的権利を保障したという理解が学説上は有力化していたものの（注解Ⅰ358頁〔浦部法穂〕，野中ほかⅠ525頁〔野中俊彦〕），解釈論が具体的に展開されることはなかった。その背景には，17条が公務員の不法行為および損害という抽象的要件を挙げるのみで詳細を法律に委ねていること，そして国家賠償法が制定された結果，同法の解釈問題として議論すれば実務上は十分であったという事情がある。国家賠償請求訴訟はしばしば著名な憲法判例の母体となるにもかかわらず，17条それ自体に関する判例としては，本判決が唯一のものである（違憲判決としての特色については，本書319事件〔本件と同一事件〕参照）。

2 まず，当時の郵便法の規定が，どのように国の責任を免除・制限していたのかを，具体的に確認しておこう。第1に，損害賠償請求権の要件が郵便物の亡失き損に限られているため，本件の遅配による損害には国の責任が否定される（法68Ⅰ）。第2に，損害賠償責任の内容は無過失責任であり，Xの損害額と比べれば僅かな額に限定されている（同Ⅱ）。第3に，そもそもXは本件の送達郵便物の差出人（国）でも受取人（A）でもないため，損害賠償請求権者として認められていない（法73）。

3 この郵便法の責任免除・制限規定が憲法17条に違反するかについては，異なる下級審の裁判例があったものの，これまで真剣に検討されてこなかった。それは郵便法が国家賠償法に対する特別法の関係にあると考えられたからである。それに対して，判旨(i)は特色ある憲法論を展開している。最高裁はまず，17条は「法律による具体化」を想定しているとして，暗黙裡に国家賠償法を一般的な具体化法として捉え，同法の過失責任主義を「ベースライン」（長谷部297頁）として設定する。そして郵便法がそのベースラインからどれだけ乖離しているか，それが立法裁量の行使として許されるかという形で，問題を構成する。このような思考プロセスを経て初めて，立法目的の正当性と手段の合理性・必要性の審査という，いまやお馴染みとなった比例原則による立法裁量の統制の枠組みで，郵便法の規定の合憲性を検討できるようになった。なお，福田・深澤意見が，「立法裁量」の語を用いることに反対するのに対して，滝井補足意見は，公権力の責任は私人の不法行為責任と異ならないことを原則に，例外的に責任の制限・免除を認めたのが17条の趣旨と解する立場から，本判決を説明している。

4 多数意見は，ユニバーサル・サービスの確保という立法目的に正当性を認めるが，目的達成手段としての責任の免除・制限規定については，郵便物の類型ごとに，その合理性ないし必要性を分析している（尾島・後掲615頁以下参照）。その際，本件で直接の問題となった特別送達郵便物（争点③）だけでなく，より一般的に書留郵便物（争点②）についても，その免責等の合憲性を判断対象とした点は，注目に値する。結果として，郵便法固有の論理（石川・後掲②参照）が維持されたのは，一般郵便物の取扱いだけであった。これに対して，書留郵便物一般については，故意・重過失から生じた責任の免除・制限について，立法目的は正当であるが手段の合理性を欠く，と判断された（判旨(ii)。横尾裁判官は反対）。さらに判旨(iii)は，送達郵便物について，軽過失から生じた責任の免除・制限についても，目的達成手段の合理性・必要性を欠くと判断している（上田裁判官は反対）。

その判断の決め手となったのは，一般的な法制度からの乖離が比例的といえるかどうかという観点であったと解される。判旨(ii)は他の運送事業について故意・重過失による場合の運送人の責任の免除・限定が認められていないこと（商581・739，国際海運13の2等）とのバランスを重視したものであり，判旨(iii)は執行官等による交付送達の事例では公務員の軽過失の場合でも国が責任を負うこととの不均衡を，強調している。このように本判決は，比例原則による立法裁量の統制という判断枠組みと，特別法に対する一般法の優位という判断内容の両面において，163事件（最大判昭62・4・22─森林法事件）との共通点が多い（石川・後掲①参照）。

5 なお本判決の直後の2002年12月，国会は本判決の趣旨に従い，郵便法を改正した（橘・後掲参照）。

◆ 参考文献 ◆

プロセス314頁（石川健治①），石川②・論座2007年6月号67頁，市川正人・法教269号53頁，井上典之・平成14年度重判解19頁，宇賀克也・判評537（判時1831）号170頁，尾島明・最判解民事篇平成14年度598頁，宍戸常寿・百選Ⅱ〔第5版〕292頁，野坂泰司『憲法基本判例を読み直す』〔2011〕1頁，棟居快行・行政百選Ⅱ〔第5版〕498頁。法改正について，橘佳紀・法令解説資料総覧254号31頁。

214 不起訴事実に基づく抑留・拘禁と刑事補償

最高裁昭和31年12月24日大法廷決定
(昭和30年(し)第15号刑事補償請求棄却の決定に対する抗告棄却決定に対する特別抗告事件)
刑集10巻12号1692頁, 判時99号25頁

■事案■

X(抗告人)は, 1953(昭和28)年2月5日, 覚せい剤取締法違反容疑のA事実で逮捕・勾留され, 同26日まで勾留された上, 釈放されたが, A事実については不起訴となった。しかしXは, A事実に基づく逮捕・勾留中に取り調べられた別の同法違反容疑のB事実と, その後に発覚した同法違反容疑のC事実について起訴され, 金沢簡裁はBについて無罪, Cについて有罪の判決を下した(確定)。Xは, 不起訴となったAについての勾留中に, Bについて取調べを受けたが, Bについて無罪判決があったのだから, 2月5日以降釈放に至るまでの身柄の拘束に対する補償を受ける権利があるとして, 補償を請求した。

1審(金沢簡決昭29・12・27刑集10巻12号1697頁参照)は裁判所の裁量により補償すべきか否かを決すべきであるとした上で(刑事補償3②参照), 請求を棄却した。Xは即時抗告を行ったが, 2審(名古屋高金沢支決昭30・3・7前掲刑集1698頁参照)は, 不起訴処分となった被疑事実の抑留・拘禁に対する補償請求はなしえない, として抗告を棄却した。Xは, このような解釈は40条に違反すると主張して, 最高裁に特別抗告した。

■争点■

① 40条にいう「無罪の裁判」には, 不起訴処分となった場合を含むか。
② 40条にいう「抑留又は拘禁」は, 無罪となった事実に基づく抑留または拘禁に限られるか。

■決定要旨■

原決定取消し, 差戻し。

(i) 「憲法40条は『……抑留又は拘禁された後, 無罪の裁判を受けたとき……』と規定しているから, 抑留または拘禁された被疑事実が不起訴となった場合は同条の補償の問題を生じないことは明らかである。」

(ii) 「或る被疑事実により逮捕または勾留中, その逮捕状または勾留状に記載されていない他の被疑事実につき取り調べ, 前者の事実は不起訴となったが, 後者の事実につき公訴が提起され後無罪の裁判を受けた場合において, その無罪となった事実についての取調が, 右不起訴となった事実に対する逮捕勾留を利用してなされたものと認められる場合においては, これを実質的に考察するときは, 各事実につき各別に逮捕勾留して取り調べた場合と何ら区別すべき理由がないものといわなければならない。」「憲法40条にいう『抑留又は拘禁』中には, 無罪となった公訴事実に基く抑留または拘禁はもとより, たとえ不起訴となった事実に基く抑留または拘禁であっても, そのうちに実質上は, 無罪となった事実についての抑留または拘禁であると認められるものがあるときは, その部分の抑留及び拘禁もまたこれを包含するものと解するを相当とする。そして刑事補償法は右憲法の規定に基き, 補償に関する細則並びに手続を定めた法律であって, その第1条の『未決の抑留又は拘禁』とは, 右憲法40条の『抑留又は拘禁』と全く同一意義のものと解すべきものである。」

■解説■

1 40条は「何人も, 抑留又は拘禁された後, 無罪の裁判を受けたときは, 法律の定めるところにより, 国にその補償を求めることができる」と規定する。争点①は, 「無罪の裁判」とは, 形式的な無罪判決に限られるのか, 免訴や公訴棄却の場合も含むのか, さらに未決釈放ではあるが実質的に「無罪の裁判」を受けたときに等しいといえる場合も含むのかという問題である。判旨(i)は, 刑事訴訟法上の無罪の裁判が確定した場合に限定する立場を採り, その結果, 本件ではA事実については不起訴処分のため, 補償が認められないことになる。こうした形式的解釈を批判する学説も有力であり(注解Ⅱ390頁〔佐藤幸治〕, 渋谷444頁等), 次の本書215事件(最決平3・3・29)でも争点となっている。なお, 刑事補償法25条は, 無罪の裁判を受ける充分な事由のある免訴・公訴棄却の裁判の場合にも, 補償請求権を認めている。

2 争点②は「抑留又は拘禁」の意義に関するものだが, 2審はこれを狭く, 無罪となった事実に基づく抑留・拘禁であると解した。この解釈によれば, 仮にXがB事実に基づいて抑留・拘禁されたのであれば補償が認められたが, 現実にはA事実に基づく抑留・拘禁であったために, 補償が認められないことになる。これに対して, 判旨(ii)は実質的な関連性を重視して, Xに対する補償を認めた。勾留についての事件単位の原則からは問題があるが, 別件逮捕や余罪の取調べが許容されていることからすれば, 判旨(ii)は40条の背後にある衡平の原則に適合した解釈といえる(伊藤407頁)。

◆参考文献◆

三井明・最判解刑事篇昭和31年度416頁, 山本悦夫・百選Ⅱ〔第5版〕294頁。

215 少年審判手続における不処分決定と刑事補償

最高裁平成 3 年 3 月 29 日第三小法廷決定
(平成元年(し)第 123 号刑事補償及び費用補償請求棄却決定に対する即時抗告棄却決定に対する特別抗告事件)
刑集 45 巻 3 号 158 頁, 判時 1382 号 12 頁

■事　案■

　少年 X (抗告人) は, 1989 (平成元) 年 2 月 15 日, 業務上過失傷害・道交法違反の容疑で緊急逮捕され, 翌日, 観護措置により少年鑑別所に収容されたが, 審判や証人取調べの後, 同 21 日に観護措置を取り消されて鑑別所を出所した。京都家裁は同 28 日, 非行事実なしを理由とする不処分決定 (少 23 Ⅱ) を行った。X は 7 日間の身柄拘束に対する刑事補償, 裁判に要した費用補償を請求したところ, 1 審 (京都家決平元・6・30 刑集 45 巻 3 号 164 頁参照) は不処分決定は刑事補償法にいう「無罪の裁判」および刑訴法にいう「無罪の判決」と同視できないことを理由に, 請求を棄却した。X は即時抗告したが, 2 審 (大阪高決平元・9・22 前掲刑集 166 頁参照) も抗告を棄却したので, X は 40 条・14 条違反を主張して, 最高裁に特別抗告した。

■争　点■

　40 条にいう「無罪の裁判」に, 非行事実なしを理由とする不処分決定は含まれるか。

■決定要旨■

　抗告棄却 (坂上壽夫裁判官の補足意見, 園部逸夫裁判官の意見がある)。
　「刑事補償法 1 条 1 項にいう『無罪の裁判』とは, 同項及び関係の諸規定から明らかなとおり, 刑訴法上の手続における無罪の確定裁判をいうところ, 不処分決定は, 刑訴法上の手続とは性質を異にする少年審判の手続における決定である上, 右決定を経た事件について, 刑事訴追をし, 又は家庭裁判所の審判に付することを妨げる効力を有しないから, 非行事実が認められないことを理由とするものであっても, 刑事補償法 1 条 1 項にいう『無罪の裁判』には当たらないと解すべきであり, このように解しても憲法 40 条及び 14 条に違反しないことは, 当裁判所大法廷の判例〔本書 214 事件 (最大決昭 31・12・24), 最大判昭 40・4・28 刑集 19 巻 3 号 240 頁〕……の趣旨に徴して明らかである」。「また, 不処分決定は, 非行事実が認められないことを理由とするものであっても, 刑訴法 188 条の 2 第 1 項にいう『無罪の判決』に当たらないと解すべきであり, このように解しても憲法 40 条及び 14 条に違反しないことは, 前示のとおりである。」

■解　説■

　1　本決定は 214 事件の判例を引用し, 40 条にいう「無罪の裁判」とは刑訴法上の無罪判決に限られる, という立場を維持している。そうすると本件での問題は, 少年法上の不処分決定が刑訴法上の無罪判決と同等のものといえるかどうかである。この点, 最大判昭 40・4・28 は, 少年審判手続は刑事手続とは目的や手続が異なることから,「審判不開始の決定が事案の罪とならないことを理由とするものであっても, これを刑事訴訟における無罪の判決と同視すべきではな〔い〕」と述べて, 少年審判における不処分決定に一事不再理効を認めていなかった。本決定はこの昭和 40 年判決を引用して, 非行事実なしを理由とする不処分決定もまた刑訴法上の無罪の裁判には当たらないとした。もっとも, 昭和 40 年判決の事案は, 道交法の報告義務が憲法 38 条に違反すると解したために, 家裁が審判不開始の決定をしたというものであった (この論点については 197 事件〔最大判昭 37・5・2〕参照)。これに対して本決定の事案は, 家裁が審判手続を経て誤認逮捕であるという心証を形成した事案である。この事案の違いに着目すれば, 本決定の要旨は説得力を欠く, との批判も有力である (石川・後掲)。
　坂上補足意見は, 本件のような場合には「刑事補償に準じた扱いをすることが, 憲法 40 条の精神に通ずる」という立法論を述べている。また園部意見は, 40 条の補償の趣旨について, 形式上の無罪判決だけでなく,「公権力による国民の自由の拘束が根拠のないものであったことが明らかとなり, 実質上無罪の確定裁判を受けたときと同様に解される場合」にも国に補償を求めることができるとする立場から, 補償制度の立法を求めた。
　2　本判決, 特に少数意見を踏まえ, 1992 年に制定された「少年の保護事件に係る補償に関する法律」(少年補償法) は, 補償請求権を認める構成を採らず, 家庭裁判所が非訟手続によって補償の要否・内容を決定するという仕組みを採用した。なお, 最高裁平 13・12・7 (刑集 55 巻 7 号 823 頁) は, 少年補償法が補償決定に対して上訴を認めず, 原裁判所に対して再度の考案を求めうるのみとしていることも, 憲法 32 条・14 条に違反しないとしている。

◆ 参考文献 ◆

石川健治・セレクト 1991 年 17 頁, 森田明・百選Ⅱ〔第 5 版〕296 頁, 吉本徹也・最判解刑事篇平成 3 年度 88 頁。昭和 40 年判決について前田昌弘・少年百選 142 頁, 平成 13 年決定について宍戸常寿・セレクト 2002 年 4 頁参照。

216 請願権の意義

東京地裁平成14年5月21日判決
(平成13年(行ウ)第303号処分取消等請求事件)
判時1791号53頁

■ 事 案 ■

Xは2001(平成13)年7月，Y(台東区長)に請願書を送付した。区職員は請願書の氏名が「大統領」と記載されていたため，Xに対し4度，戸籍上の氏名の記載に訂正するよう補正を求めたがXが応じなかった。そこでYは同年10月，請願書を不受理処分とした上で，区民からの問い合わせと同様に取り扱った。Xは，請願法2条の「氏名」には通称も含まれるから本件処分は違法であるとして，処分取消しの訴え等を東京地裁に提起した。

■ 争 点 ■

①本件訴えの利益はYの取扱いにより消滅しているか。
②請願法2条にいう「氏名」は，戸籍上の氏名でなければならないか。

■ 判 旨 ■

一部請求認容。

(i)「Xの請願の目的が直接的にはYの有する情報の獲得にあるとしても，本件請願が『請願』として受理されること自体に参政権的な意義があると思われるのであって，Yが，本件請願書に対し，『請願』として誠実な処理を義務付けられること自体により，Yの回答を求められた当該公務の運用及び区民等への情報提供事務等に将来的に何らかの波及的効果を及ぼす可能性があることも否定できないところである。そして，〔請願〕法が，憲法の規定を受けて，請願の受理及び誠実な処理を義務付けている趣旨は，まさにこのような点にあると解されるから，本件請願書も『請願』として受理されること自体に積極的な意義があるものと解するのが相当である。」

(ii)「請願権(憲法16条)は，基本的人権の一つとして最大限の尊重を要するものであるから，これを受けて規定された〔請願〕法2条は，請願権の実質的保障の見地から，請願を広く認めるとともに，請願として受理されるために必要な最低限の方式を明らかにする趣旨であると解するのが相当である。そうすると，法2条は，請願の方式として『請願者の氏名(法人の場合はその名称)を記載し(中略)なければならない。』と規定するものの，これは，請願者が誰であるかを明らかにすることにより，請願に対する誠実な処理を可能にすることにあると解されるから，他人と識別可能な程度の名称が付されている限り，通称であっても『氏名』として認められるというべきであり，これを戸籍上の氏名でなければならないと解するのは相当でない。」「請願書の提出を受けた官公署は，記載された請願者の名称が戸籍上の氏名ではないと疑われる場合においては，当該名称が，通称として記載されている可能性を考慮し，その可能性があると認められる場合には，請願者に対し，記載された通称が請願者を他人と識別し得る程度の通称であることを証する書面の提出を求める等，当該通称名の記載が『氏名』の記載として有効となるよう補正を促す義務があると解すべきである。」

■ 解 説 ■

1　16条は「何人も，損害の救済，公務員の罷免，法律，命令又は規則の制定，廃止又は改正その他の事項に関し，平穏に請願する権利を有し，何人も，かかる請願をしたためにいかなる差別待遇も受けない」と規定している。議会政治の発達と言論の自由の保障により，請願権の意義は相対的に低下しており(芦部248頁)，関連する裁判例もきわめて少数である。その中で本判決は，請願権の憲法上の権利としての意義に遡って請願法を解釈した点で，注目に値する。

2　16条を受けて制定された請願法は，請願の手続として，請願者の氏名と住所を記載した文書を，所管の官公署に提出すること(2・3)，官公署が同法に適合した請願を受理し誠実に処理すべきことを定めている(5)。本判決は，こうした請願法の仕組みに加え，請願権が基本的人権の一つであることから，請願権の参政権的意義に言及し(判旨(i))，同法2条にいう氏名とは戸籍上の氏名である必要はなく通称でも足りると解した上で，請願書の提出を受けた官公署に，通称名の記載について請願者に対して補正を促す義務がある(判旨(ii))という結論を導いた。

3　なお本件の2審である東京高判平14・10・31(判時1810号52頁)は，請願権の意義を特段論じることなく，「法令上文書作成者の氏名の記載が要件とされている場合において，戸籍上の氏名……以外の通称のみの記載によって上記要件を満たしていると認め得る場合があるとしても，そのように認められ得る通称は，少なくとも，戸籍上の氏名と同程度にその使用者を特定・識別するものとして社会的に定着しているものであることを要する」として，Yの控訴を認容して本判決を破棄している。

◆ 参考文献 ◆

判時1791号53頁の本件コメント，吉田栄司・争点172頁以下。

判例の流れ ●尾形 健●

18 社会権(1) 生存権

1　生存権保障を謳う25条は，日本国憲法における社会権の総則的規定とされている。その直接の淵源となったのは，1946（昭和21）年2月13日に連合国軍最高司令官総司令部（GHQ／SCAP）より手交されたマッカーサー草案であるが，衆議院帝国憲法改正案委員会において，日本社会党の議員から，政府案に対し，「すべて国民は健康にして最小限度の文化的水準の生活を営む権利を有する」，との案が出され，若干の修正を経て，最終的に現行憲法25条1項となった。こうして，太平洋戦争終了直後，未曽有の窮極的生活状況下にあったわが国は，国民の「文化的な」生活保障への企図と理想を同条項に託しつつ，国家再生の礎を築こうとしていく。

2　学説では，戦後初期に，25条の請求権的側面には法的効果がないことが指摘されたが，217事件（最大判昭23・9・29—食糧管理法違反事件）は，25条にいう権利は「社会的立法及び社会的施設の創造拡充」によって具体的権利となることを明らかにし，戦後しばらくはプログラム規定説的理解が支配的であった。こうした議論状況に大きな画期をもたらしたのは，218事件（東京地判昭35・10・19—朝日訴訟1審）であり，これを契機に，学説は25条について積極的に論じるようになる。が，その上告審である219事件（最大判昭42・5・24—朝日訴訟上告審）は，25条の法意を傍論において述べ，生活保護基準設定にかかる広い行政裁量を肯定した。ただし，訴訟承継の可否や25条理解について個別意見が付されるなど，なお議論の余地があり得ることも示唆していた。

3　その後，25条1項・2項の趣旨に相違を見出そうとするもの（220事件〔大阪高判昭50・11・10—堀木訴訟2審〕）や，平等原則（14）違反を宣明したもの（223事件〔東京地判昭43・7・15—牧野訴訟〕）など，25条解釈は多様な展開を見せる。しかし，221事件（最大判昭57・7・7—堀木訴訟上告審）は，25条をめぐる広汎な立法裁量論を展開し，その趣旨は，これ以降の25条をめぐる裁判例において広く踏襲される（222事件〔最判平18・3・28〕，225事件〔最判平19・9・28—学生無年金障害者訴訟(2)上告審判決〕）。外国人をめぐる生存権保障もその例外ではなく（228事件〔最判平元・3・2—塩見訴訟〕，229事件〔最判平13・9・25〕），221事件判決は，25条解釈に大きな影響を及ぼし続けている。

4　しかし，近時の裁判例には，厳格な姿勢で政治部門の裁量統制を試みるものも登場している。224事件（東京地判平16・3・24—学生無年金障害者訴訟(1)1審判決）は，立法事実を仔細に検討し，問題とされた社会保障立法を14条違反とした。行政裁量についても，226事件（最判平16・3・16）は，直接憲法論を展開しないものの，保護変更処分の違法性を判示した。また，227事件（東京地判平20・6・26—生活保護老齢加算廃止違憲訴訟）は，厚生労働大臣の保護基準設定について，判断過程統制の手法により審査する点が注目される。

5　本章は，以上の判例展開を，(1)憲法25条の法意，(2)生存権保障と平等，(3)生存権保障と行政裁量統制のあり方，(4)外国人と生存権保障，といった項目で再構成している。以上を通じ，一見議論が停滞しているかに見えるこの領域は，裁判例による解釈展開と学説によるその応答という，両者の動態的関係を示唆するものである点にも留意してほしい。

217 生存権の性格
── 食糧管理法違反事件

最高裁昭和23年9月29日大法廷判決
(昭和23年(れ)第205号食糧管理法違反被告事件)
刑集2巻10号1235頁

■ 事 案 ■

Y（被告人・上告人）は，法定の除外事由がないのに，1948（昭和23）年1月13日，岡山県勝田郡方面で買い受けた粳精米14キログラムおよび粳玄米2.5キログラムを，自宅に持ち帰るため同所から同部落内で検挙されるまで自分でもって輸送したものとして，食糧管理法違反により逮捕・起訴された。Yは，本件行為は憲法に認められた生活権の保障によるものとして罪にならないと主張したが，1審（岡山地津山支判昭23・1・24刑集2巻10号1255頁参照）は，「憲法25条はすべて国民が平等に最低限度の生活を保証する為には主食の譲渡並移動を制限するのは国民全体の為当然の措置であるから食糧管理法は毫も憲法に違反しない」として，その主張を排斥し，Yを懲役4月等に処した。

Yは飛躍上告したが，上告趣意書において，「国民が此の不足食糧を購入し之を運搬することは所謂生活権の行使であると信じます従って之を違法なりとする食糧管理法令の規定は憲法違反であって」，1審が懲役4月等に処する判決をなしたのは，「憲法の保障する生活権の否認であり憲法違反である無効の法令を適用した裁判であって犯罪とならぬものと信じます」，などと主張した。

■ 争 点 ■
25条はいかなる法的意味を持つ規定であるか。

■ 判 旨 ■
上告棄却（4名の裁判官の意見がある）。

「憲法第25条第2項において，『国は，すべての生活部面について，社会福祉，社会保障及び公衆衛生の向上及び増進に努めなければならない』と規定しているのは，前述の社会生活の推移に伴う積極主義の政治である社会的施設の拡充増強に努力すべきことを国家の任務の一つとし宣言したものである。そして，同条第1項は，同様に積極主義の政治として，すべての国民が健康で文化的な最低限度の生活を営み得るよう国政を運営すべきことを国家の責務として宣言したものである。それは，主として社会的立法の制定及びその実施によるべきであるが，かかる生活水準の確保向上もまた国家の任務の一つとせられたのである。すなわち，国家は，国民一般に対して概括的にかかる責務を負担しこれを国政上の任務としたのであるけれども，個々の国民に対して具体的，現実的にかかる義務を有するのではない。言い換えれば，この規定により直接に個々の国民は，国家に対して具体的，現実的にかかる権利を有するものではない。社会的立法及び社会的施設の創造拡充に従って，始めて個々の国民の具体的，現実的の生活権は設定充実せられてゆくのである。されば，Yが，右憲法の規定から直接に現実的な生活権が保障せられ，不足食糧の購入運搬は生活権の行使であるから，これを違法なりとする食糧管理法の規定は憲法違反であると論ずるのは，同条の誤解に基く論旨であって採用することを得ない」。食糧管理法は，国民食糧の確保および国民経済の安定を図るため，食糧を管理しその需給および価格の調整ならびに配給の統制を行うことを目的とし，この目的を達成するに必要な手段，方法，機構および組織を定めた法律であり，「昭和17年戦時中，戦争の故に主要食糧の不足を来したために制定せられたものではあるが，戦後の今日と雖も主食の不足は戦後事情の故になお依然として継続しているから，同法存続の必要は未だ消滅したものと言うことはできない。この点から言うと，同法は，国民全般の福祉のため，能う限りその生活条件を安定せしめるための法律であって，まさに憲法第25条の趣旨に適合する立法であると言わなければならない。されば，同法を捉えて違憲無効であるとする論旨は，この点においても誤りであることが明らかである」。

栗山茂裁判官意見
「食糧の管理，物価の統制，独占の禁止というような個人の経済活動を制限する法規は，憲法第29条第2項，憲法第31条等によって支配されるもので，社会立法による保護助成を目的とする憲法第25条によって支配さるべきものではないのである」。憲法第25条は「本事案には直接関係がないものであるから，論旨は食糧政策に対する攻撃であって，的なきに矢を放つもので上告適法の理由とはならないものである」。

■ 解 説 ■

1 本判決は，最高裁が初めて25条の法的意味を積極的に示した判決として知られている（小嶋・後掲8頁）。憲法制定当初，25条等の「生存権的基本権」については，伝統的な国民の基本権カテゴリーのいずれかに属させようとする考え方と，新たなものとして理解する考え方とがあったところ（森・後掲150頁），その法的性質については，25条等が伝統的な基本権とは異質の権利であることが，早くから有力に説かれた。つまり，25条等が国家に課す責務を等閑に付し，必要な立法等をしないときは，「国民は直接にこれを要求する方法はないといふの他はあるまい」，とされ（国家学会編『新憲法の研究』〔1947〕87頁〔我妻栄〕），本条は国民の具体的権利を宣言したものではない，「プログラム的意義のもの」であるとされた（註解(上)487～489頁）。本判決は，こうした当時の学説の考えに近接したものとなっている。

2 もっともYは，食糧管理法が自身の生活権を侵害する旨主張したのであって，事案処理としては，25条が自由権的効果を持つか否かを判断すれば足り，それ以上に25条の法意を積極的に論ずる必要がなかったことが指摘されている（上記栗山意見のほか，井上登裁判官意見。小嶋・後掲9頁）。しかし本判決の理解は，その後，最高裁の25条解釈の底流に息づいて，今日に至っている（本書221事件〔最大判昭57・7・7─堀木訴訟上告審〕参照）。

◆ 参考文献 ◆
石川吉右衛門・判例研究（東京大学判例研究会）2巻6号149頁，小嶋和司・判例百選〔第2版〕（別冊ジュリ2）8頁，覚道豊治ほか『総合判例研究叢書 憲法(1)』〔1960（再版）〕147頁以下（森順次）。

218 生活保護法(1)
——朝日訴訟1審

東京地裁昭和35年10月19日判決
(昭和32年(行)第63号生活保護法による保護に関する不服の申立に対する裁決取消請求事件)
行集11巻10号2921頁、判時241号2頁

■ 事 案 ■

X（原告）は、十数年前から肺結核のため国立岡山療養所に入所し、単身・無収入のため、生活保護法に基づく医療扶助と生活扶助を受けていた。1956（昭和31）年7月、津山市社会福祉事務所長は、35年間離れていたXの実兄に対し、毎月金1500円の仕送りを命じたので、Xは同人から昭和31年8月以降同額の仕送りを受けることとなったが、同所長は、昭和31年7月、同年8月1日以降、Xの生活扶助を廃止し、かつ、仕送り金1500円から、日用品費としてXの消費に充てられるべき月額600円を控除した残額の900円を、Xの医療費の一部自己負担額としてXに負担させ、これを差し引いた残りについて医療扶助を行う旨の保護変更決定を行った。

Xは、本件保護変更決定を不服として、岡山県知事に対し、仕送りから日用品費として少なくとも月額1000円を控除すべきことを要求し、不服申立てをしたが、同知事はこれを却下する決定をし、Y（厚生大臣〔当時〕——被告）に対しても不服申立てをしたところ、Yは却下する旨の裁決をした。

Xは、福祉事務所長が本件保護変更決定において、Xの日用品費の控除を月600円としたのは、生活保護法8条1項に基づき決定された、入院入所3か月以上の要保護患者にかかる生活扶助による日用品費として最高月額600円とする保護の基準に従ったものであるが、この保護基準は、Xらの生活の最低限度を著しく下回り、同法8条2項・3条・5条に違反するものであって違法である、などとして、Yによる不服申立却下の裁決の取消し等を求めて提訴した。

■ 争 点 ■

生活保護法の保護基準と憲法25条の法意は、どのように考えるべきか。

■ 判 旨 ■

請求認容。

「憲法第25条第1項は国に対しすべて国民が健康で文化的な最低限度の生活を営むことができるように積極的な施策を講ずべき責務を課して国民の生存権を保障し、同条第2項は同条第1項の責務を遂行するために国がとるべき施策を列記したものである。〔最大判昭23・9・29（本書217事件——食糧管理法違反事件）〕……参照〕もし国にしてこれら条項の規定するところに従いとるべき施策をとらないときはもとより、その施策として定め又は行うすべての法律命令又は処分にしてこの憲法の条規の意味するところを正しく実現するものでないときは、ひとしく本条の要請をみたさないものとの批判を免れないのみならず、もし国がこの生存権の実現に努力すべき責務に違反して生存権の実現に障害となるような行為をするときはかかる行為は無効と解しなければならない。」

生活保護法3条にいう「健康で文化的な生活水準」は憲法25条1項に由来するが、「それが人間としての生活の最低限度という一線を有する以上理論的には特定の国における特定の時点においては一応客観的に決定すべきものであり、またしうるものである」。同法8条1項は、最低限度の生活水準認定を第一次的には政府の責任にゆだねているが、「しかしそれはあくまで前記憲法から由来する右法第3条第8条第2項に規定せられるところを逸脱することを得ないものであり、その意味においてはいわゆる羈束行為というべきものである」。その適法性の判断について、「注意すべきことの1は、現実の国内における最低所得層……等いわゆるボーダー・ラインに位する人々が現実に維持している生活水準をもって直ちに生活保護法の保障する『健康で文化的な生活水準』に当ると解してはならないということである。……その2はその時々の国の予算の配分によって左右さるべきものではないということである。……最低限度の水準は決して予算の有無によって決定されるものではなく、むしろこれを指導支配すべきものである。……そしてその3は『健康で文化的な生活水準』は国民の何人にも全的に保障されねばならないものとして観念しなければならないことである」。

「もしYの設定した一般的基準そのものがその適用の対象である大多数の要保護者に対し生活保護法第8条第2項にいう最低限度の生活の需要を満たすに十分な程度……の保護の保障に欠けるようなものであるならば右基準は同項、同法第2条、第3条等の規定に違反しひいて憲法第25条の理念をみたさないものであって無効といわなければならない。」「本件保護基準は要保護患者につきさきに述べたような趣旨においての『健康で文化的な生活水準』を維持することができる程度のものとはいいがたいものとせざるを得ない。それがいくらでなければならないかはここで決定することは必要でなく、また相当でもない。しかし右のような生活水準を維持するに足りないという限度で、それは生活保護法第8条第2項、第3条に違反するものといわざるをえない。」

■ 解 説 ■

1 本件は、原告の名を冠して「朝日訴訟」と呼ばれ、社会的にも大きな注目を集めた。それまで、憲法25条の法的権利性についてはプログラム規定説的理解が支配的であったが（217事件解説参照）、本件は、議論状況を大きく変化させたものである。

2 本判決は、25条の法意を明らかにしつつ、保護基準設定行為につき、憲法に由来する生活保護法の趣旨を逸脱しえない点で「羈束行為」であるとした。そして、最低生活の具体的内容について積極的判断は控えるものの、基準費目等の考慮事項を検討し、本件当時の基準が、社会通念上最低生活水準の維持に欠けると判断している（杉村・後掲105～106頁）。本判決以降、学説は、25条の法的意義を積極的に論じるようになる（例えば池田・後掲参照）。

◆ 参考文献 ◆

池田政章・立教法学3号30頁・7号25頁、菊池勇夫・判評34（判時247）号1頁、清水睦・法学新報68巻1号65頁、杉村敏正・論叢69巻2号99頁。

219 生活保護法(2)
――朝日訴訟上告審

最高裁昭和42年5月24日大法廷判決
(昭和39年(行ツ)第14号生活保護法による保護に関する不服の申立に対する裁決取消請求事件)
民集21巻5号1043頁, 判時481号9頁

■ 事 案 ■

本書218事件(東京地判昭35・10・19――本件1審)の事案参照。

1審で敗訴したY(厚生大臣〔当時〕)が控訴したところ, 2審(東京高判昭38・11・4行集14巻11号1963頁)は, 1審判決を取り消しX(原告・被控訴人)の請求を棄却したため, Xが上告した。Xは昭和38年11月20日上告申立てをしたが, 昭和39年2月14日死亡したため, 相続人A・B夫妻の両名が訴訟承継を求めた。

■ 争 点 ■

①生活保護法上の被保護者が死亡した場合, 生活保護処分に関する裁決取消訴訟は承継されるか。
②生活保護法の保護基準と憲法25条の法意は, どのように考えるべきか。

■ 判 旨 ■

訴訟終了(1つの補足意見, 3つの反対意見がある)。

(i)「おもうに, 生活保護法の規定に基づき要保護者または被保護者が国から生活保護を受けるのは, 単なる国の恩恵ないし社会政策の実施に伴う反射的利益ではなく, 法的権利であって, 保護受給権とも称すべきものと解すべきである。しかし, この権利は, 被保護者自身の最低限度の生活を維持するために当該個人に与えられた一身専属の権利であって, 他にこれを譲渡し得ないし(59条参照), 相続の対象ともなり得ないというべきである。また, 被保護者の生存中の扶助ですでに遅滞にあるものの給付を求める権利についても, 医療扶助の場合はもちろんのこと, 金銭給付を内容とする生活扶助の場合でも, それは当該被保護者の最低限度の生活の需要を満たすことを目的とするものであって, 法の予定する目的以外に流用することを許さないものであるから, 当該被保護者の死亡によって当然消滅し, 相続の対象となり得ない, と解するのが相当である。また, 所論不当利得返還請求権は, 保護受給権を前提としてはじめて成立するものであり, その保護受給権が右に述べたように一身専属の権利である以上, 相続の対象となり得ないと解するのが相当である。」「されば, 本件訴訟は, Xの死亡と同時に終了し, 同人の相続人A, 同Bの両名においてこれを承継し得る余地はないもの, といわなければならない。」

(ii)「(なお, 念のために, 本件生活扶助基準の適否に関する当裁判所の意見を付加する。……憲法25条1項は, ……すべての国民が健康で文化的な最低限度の生活を営み得るように国政を運営すべきことを国の責務として宣言したにとどまり, 直接個々の国民に対して具体的権利を賦与したものではない〔217事件(最大判昭23・9・29――食糧管理法違反事件)〕……参照)。具体的権利としては, 憲法の規定の趣旨を実現するために制定された生活保護法によって, はじめて与えられているというべきである。……右の権利は, 厚生大臣が最低限度の生活水準を維持するにたりると認めて設定した保護基準による保護を受け得ることにあると解すべきである。もとより, 厚生大臣の定める保護基準は, 〔生活保護〕法8条2項所定の事項を遵守したものであることを要し, 結局には憲法の定める健康で文化的な最低限度の生活を維持するにたりるものでなければならない。しかし, 健康で文化的な最低限度の生活なるものは, 抽象的な相対的概念であり, その具体的内容は, 文化の発達, 国民経済の進展に伴って向上するのはもとより, 多数の不確定的要素を綜合考量してはじめて決定できるものである。したがって, 何が健康で文化的な最低限度の生活であるかの認定判断は, いちおう, 厚生大臣の合目的的な裁量に委されており, その判断は, 当不当の問題として政府の政治責任が問われることはあっても, 直ちに違法の問題を生ずることはない。ただ, 現実の生活条件を無視して著しく低い基準を設定する等憲法および生活保護法の趣旨・目的に反し, 法律によって与えられた裁量権の限界をこえた場合または裁量権を濫用した場合には, 違法な行為として司法審査の対象となることをまぬかれない。」「原判決の確定した事実関係の下においては, 本件生活扶助基準が入院入所患者の最低限度の日用品費を支弁するにたりるとした厚生大臣の認定判断は, 与えられた裁量権の限界をこえまたは裁量権を濫用した違法があるものとはとうてい断定することができない。)」

奥野健一裁判官補足意見

保護受給権等は一身専属の権利であって, 本件訴訟の承継は否定される。本件訴訟における本案の問題についてあえて私の考え方を述べておく。「憲法は, 右〔25条1項〕の権利を, 時の政府の施政方針によって左右されることのない客観的な最低限度の生活水準なるものを想定して, 国に前記責務を賦課したものとみるのが妥当であると思う。……厚生大臣の保護基準設定行為は, 客観的に存在する最低限度の生活水準の内容を合理的に探求してこれを金額に具現する法の執行行為であって, その判断を誤れば違法となって裁判所の審査に服すべきこととなる」。しかし, 「適正に設定された保護基準の内容が, その後の情勢の変化により生活の実態を正確に反映しないことになったとしても, 基準の改訂に要する相当

の期間内であれば，当該時点における基準と生活の実態との乖離が憲法及び生活保護法の趣旨・目的を著しく逸脱するほどのものではないと認められる限り，……まだもって違法と断ずることは許されないといわざるを得ない」。「本件生活扶助基準で定められた月額600円なる金額は低きに失するきらいはあるが，まだもって違法とは認められないとした原審の判断は，前段説示の理由により，これを首肯し得ないわけではない。」

田中二郎裁判官反対意見

本件では，津山市社会福祉事務所長の本件保護変更決定によって，「生活扶助月額600円の支給は打ち切られ，新たに医療扶助についても一部自己負担金として月額900円の支払義務が課せられるに至った……。従って，若し，本件裁決が取り消されることになれば，国は，生活扶助月額600円の支払を不当に免れ，また，医療費の一部自己負担金とされた月額900円を限度として，そのうち右厚生大臣の定めた生活扶助基準金額と適正な生活扶助基準金額との差額に相当する部分を法律上の原因なくして不当に利得したこととなる。……これをXの側からいえば，同人は，右の限度で不当利得返還請求権を有するものといわなければならないのである」。この権利は，「元来，Xの自由に使用処分し得た金銭の返還請求権ともいうべきものであって，このような権利についてまで，その譲渡性や相続性を否定すべき合理的根拠は見出しがたい……。そして，若し，右のような意味での不当利得返還請求権が認められるべきものとすれば，この請求権を行使するためには，本件で取消訴訟の対象になっている裁決の取消がされることを当然の前提条件とするのであって，右の権利を相続したA・Bの両名は，本件裁決の取消によって回復すべき法律上の利益を有するものと解するのが相当である」。本案の内容について判断すると，「私は，結局，本件上告は棄却を免れないと考える」。「健康で文化的な最低限度の生活といっても，それは，元来，確定的・不変的な概念ではなく，抽象的な相対的概念であって，その具体的な内容は，文化の発達，国民経済の進展に伴って絶えず向上発展すべきものであり，多数の不確定的要素を総合考量してはじめて決定し得るのであって，ある特定の時点における内容も算数的正確さをもって適正に把握し決定するということは到底期待できない性質のものである。従って，客観的・一義的に確定し得べき最低生活水準の存在を前提し，これを維持するに足りる権利を保障するというようなことは，憲法自体としてももともと予定するところではないというべきであるから，生活保護法が右のような水準を維持するに足りる適確な内容の権利を与えなかったからといって，直ちに憲法違反となるわけではないと，私は考える。」「かような見地からいえば，何

が健康で文化的な最低限度の生活であるかの認定判断は，いちおう，法の定める範囲内において，厚生大臣の合目的的かつ専門技術的な裁量に委ねられているとみるべきであって，その判断の誤りは，当不当の問題として，政府の政治責任の問題が生ずることはあっても，直ちに違憲・違法の問題が生ずることのないのが通例である。ただ，現実の生活条件を無視して著しく低い基準を設定するなど，憲法及び生活保護法の趣旨・目的に違背し，法律によって与えられた裁量権の限界を蹂越し又は裁量権を濫用したような場合にはじめて違法な措置として司法審査の対象となることがあるにすぎないと解すべきである。」

■解　説■

1 本判決では，本案前の問題として，本件訴訟の承継の可否が争われた。本判決は判旨(i)のようにこれを否定するが，田中反対意見（松田二郎・岩田誠裁判官反対意見〔草鹿浅之介裁判官同調〕もこの点につき同旨）のように不当利得返還請求権を根拠に肯定する立場や，訴訟費用の裁判のために承継されるとする考え（今村成和・判評68〔判時368〕号43頁），公的扶助請求権を一種の金銭債権とみて相続性を認める立場（原田・後掲31〜32頁）など，承継を肯定する途が追究されていたことには留意すべきである。

2 本判決はさらに，判旨(ii)のように本案について判示した。生活保護基準設定行為については，(1)憲法は客観的な最低生活水準を想定しており，基準設定行為は，この客観的内容を具現する法の執行行為であって，これが覊束行為として司法審査に服するとみる考えと，(2)憲法は，政府が認めた最低限度の生活水準の保護を受給し得るとして保障したにとどまり，基準設定は法規内容を補充する法定立行為であって，その設定にかかる裁量を広く認めつつ，憲法・生活保護法の趣旨等に反する裁量逸脱・濫用の場合のみ司法審査が及ぶとする考えがある（渡部②・後掲51頁）。本判決は(2)に，奥野反対意見は(1)に接近するが，いずれにせよ，本判決は，限定的ではあるが，司法審査の余地を認める点で，憲法25条を「プログラム規定」と解しているわけではない（杉村・後掲281頁，葛西・後掲299頁）。本判決が残した裁量統制問題は，時を経て，近時の訴訟で再現される（227事件〔東京地判平20・6・26─生活保護老齢加算廃止違憲訴訟〕）。

◆ 参考文献 ◆

芦部理論399頁，上田勝美・百選Ⅱ〔第4版〕290頁，奥平康弘・判評104（判時486）号140頁，葛西まゆこ・百選Ⅱ〔第5版〕298頁，杉村敏正・同〔第2版〕280頁，渡部吉隆①・最判解民事篇昭和42年度244頁，原田尚彦・ジュリ374号30頁，渡部②・同46頁，ジュリ374号・法時39巻8号の各本件特集。

220 公的年金と児童扶養手当の併給禁止(1)——堀木訴訟2審

大阪高裁昭和50年11月10日判決
（昭和47年（行コ）第32号・同48年（行コ）第3号行政処分取消等請求控訴事件）
行集26巻10・11号1268頁，判時795号3頁

■事案■

X（原告・被控訴人＝附帯控訴人）は，国民年金法（当時）別表記載の1種1級に該当する視力障害者として障害福祉年金を受給していたが，1948（昭和23）年3月に夫と離婚して以来，次男を養育していたので，児童扶養手当法（以下「手当法」という）4条1項1号の要件を具備するものとして，昭和45年2月，Y（兵庫県知事＝被告・控訴人＝附帯被控訴人）に対し，受給資格認定の請求をした。Yは同年3月，請求を却下する旨の処分をし（以下「本件処分」という），Xは同年5月にYに対し異議申立てをしたが，Yは棄却する旨の裁決をした。その理由は，Xが障害福祉年金を受給しており，「公的年金給付を受けることができるとき」は，支給しないとする手当法の当時の規定（併給調整規定〔以下「本件規定」という〕。4Ⅲ③）に該当したためである。そこでXは，本件規定は，憲法13条・14条1項，25条2項に反するなどとして，本件処分の取消し等を求める訴えを起こした。

1審（神戸地判昭47・9・20行集23巻8・9号711頁）は，障害福祉年金を受給する父，健常者たる母，児童との3人世帯に対しては同年金と手当が支給されるが，障害福祉年金受給者たる母と児童のみの2人世帯には手当が支給されない，などとして，障害福祉年金受給者たる父（男性）と性別により差別し，健常者たる母（女性）と社会的身分に類する地位により差別するものとして，本件規定は憲法14条1項に反するとして本件処分を取り消した。Yが控訴し，Xも附帯控訴した。

■争点■

児童扶養手当法における，同法条の手当と公的年金との併給を調整する規定は，憲法25条等に反しないか。

■判旨■

1審判決のうち，本件処分取消しの部分を取消し・Xの請求および附帯控訴棄却。

憲法25条「第2項により国の行う施策は，個々的に取りあげてみた場合には，国民の生活水準の相対的な向上に寄与するものであれば足り，……要は，すべての施策を一体としてみた場合に，健康で文化的な最低限度の生活が保障される仕組みになっていれば，憲法第25条の要請は満たされているというべきである」。「本条第2項の趣旨が以上のようなものであるとすると，同項に基づいて国が行う個々の社会保障施策については，各々どのような目的を付し，どのような役割機能を分担させるかは立法政策の問題として，立法府の裁量に委ねられているものと解することができる。」「そうして，国が右のような努力を続けることによって，国民の生活水準が相対的に向上すれば，国民の最低限度に満たない生活から脱却する者が多くなるが，それでもなお最低限度の生活を維持し得ない者もあることは否定することはできないので，この落ちこぼれた者に対し，国は更に本条第1項の『健康で文化的な最低生活の保障』という絶対的基準の確保を直接の目的とした施策をなすべき責務があるのである。すなわち，本条第2項は国の事前の積極的防貧施策をなすべき努力義務のあることを，同第1項は第2項の防貧施策の実施にも拘らず，なお落ちこぼれた者に対し，国は事後的，補足的且つ個別的な救貧施策をなすべき責務のあることを各宣言したものであると解することができる。」

障害福祉年金・児童扶養手当等は，憲法25条2項に基づく防貧施策であり，25条1項の保障とは直接関係せず，同条項違反の問題は生じない。また，「憲法第25条第2項には同第1項のような……絶対的基準はなく，而も国は『生活水準の向上につき，財政との関連において，できる限りの努力』をすればよいのだから，国が同条同項に基づき，具体的にどのような内容の法律を定立し，どのような施策をし，これにどのような性格を与えるか，……は，いずれも立法政策の問題であ」る。このような事項は，「政治上その当不当の批判を受けることあるは格別原則として，違憲問題を生じる余地がない。只例外として立法府の判断が恣意的なものであって，国民の生活水準を後退させることが明らかなような施策をし，裁量権の行使を著しく誤り裁量権の範囲を逸脱したような場合であれば，憲法第25条第2項に反することが明白となり，司法審査に服することとなる」。「立法府が障害福祉年金と児童扶養手当との併給を禁止したことが，右のような点に立法府が考慮を払わず，恣意によるなどして裁量権の行使を著しく誤り，またはその濫用の結果に出たものとは認め難いから，右併給を禁止した本件併給禁止条項は憲法第25条第2項に違反するものとはいえない。」

■解説■

1　本判決は，25条1項が救貧施策を，2項が防貧施策をなす国の責務を宣言したものとする独特の25条1項・2項二分論を展開し，手当法を2項の広い立法裁量に委ねた。しかし，通説的見解は，25条1項は生存権保障の目的・理念を，2項はその実現に努力すべき国の責務を定めたものとして，25条を一体的に解し，本判決の二分論を批判した（佐藤・後掲19頁）。

2　ただし，本判決以前，25条1項が「緊急的生存権」を，2項がこれを上回る「生活権」を保障すると解し，25条の規律に質的相違を見出そうとするものがあった（籾井・後掲86〜88頁）。本判決を契機に，1項に「最低限度の生活」保障と「より快適な生活の保障」が含まれ，前者により厳格な審査基準を採用しようとする見解も説かれた（中村・後掲14頁）。なお1審判決後，国会は，障害福祉年金等との併給を認める改正をしている（昭48法93。現在では老齢福祉年金と併給〔手当法4Ⅲ②〕）。

◆参考文献◆
大須賀明・法時48巻2号81頁，佐藤功・社会保障百選18頁，戸松秀典・百選Ⅱ228頁，中村睦男・法時48巻5号8頁，籾井常喜『社会保障法』[1972]。

221 公的年金と児童扶養手当の併給禁止(2)——堀木訴訟上告審

最高裁昭和57年7月7日大法廷判決
(昭和51年(行ツ)第30号行政処分取消等請求事件)
民集36巻7号1235頁,判時1051号29頁

■事案■

本書220事件(大阪高判昭50・11・10—本件2審)の事案参照。敗訴したX(原告・被控訴人＝附帯控訴人)が上告した。

■争点■

児童扶養手当法における,同法上の手当と公的年金との併給を調整する規定は,憲法25条等に反しないか。

■判旨■

上告棄却。

(i) 25条1項は「いわゆる福祉国家の理念に基づき,すべての国民が健康で文化的な最低限度の生活を営みうるよう国政を運営すべきことを国の責務として宣言したものであること」,また,同条2項は,「同じく福祉国家の理念に基づき,社会的立法及び社会的施設の創造拡充に努力すべきことを国の責務として宣言したものであること,そして,同条1項は,国が個々の国民に対して具体的・現実的に右のような義務を有することを規定したものではなく,同条2項によって国の責務であるとされている社会的立法及び社会的施設の創造拡充により個々の国民の具体的・現実的な生活権が設定充実されてゆくものであると解すべきことは,すでに当裁判所の判例とするところである〔最大判昭23・9・29 (217事件—食糧管理法違反事件)〕」。

(ii)「このように,憲法25条の規定は,国権の作用に対し,一定の目的を設定しその実現のための積極的な発動を期待するという性質のものである。しかも,右規定にいう『健康で文化的な最低限度の生活』なるものは,きわめて抽象的・相対的な概念であって,その具体的内容は,その時々における文化の発達の程度,経済的・社会的条件,一般的な国民生活の状況等との相関関係において判断決定されるべきものであるとともに,右規定を現実の立法として具体化するに当たっては,国の財政事情を無視することができず,また,多方面にわたる複雑多様な,しかも高度の専門技術的な考察とそれに基づいた政策的判断を必要とするものである。したがって,憲法25条の規定の趣旨にこたえて具体的にどのような立法措置を講ずるかの選択決定は,立法府の広い裁量にゆだねられており,それが著しく合理性を欠き明らかに裁量の逸脱・濫用と見ざるをえないような場合を除き,裁判所が審査判断するのに適しない事柄であるといわなければならない。」

(iii)「そこで,本件において問題とされている併給調整条項の設定について考えるのに,Xがすでに受給している国民年金法上の障害福祉年金といい,また,Xがその受給資格について認定の請求をした児童扶養手当といい,いずれも憲法25条の規定の趣旨を実現する目的をもって設定された社会保障法上の制度であり,それぞれ所定の事由に該当する者に対して年金又は手当という形で一定額の金員を支給することをその内容とするものである。ところで,児童扶養手当がいわゆる児童手当の制度を理念とし将来における右理念の実現の期待のもとに,いわばその萌芽として創設されたものであることは,立法の経過に照らし,一概に否定することのできないところではある」が,国民年金法の諸規定に示された障害福祉年金,母子福祉年金および児童扶養手当の各制度の趣旨・目的および支給要件の定めを通覧し,かつ,国民年金法,同法施行令および児童扶養手当法各所定の支給金額および支給方法を比較対照した結果等をも参酌して判断すると,「児童扶養手当は,もともと国民年金法……所定の母子福祉年金を補完する制度として設けられたものと見るのを相当とするのであり,児童の養育者に対する養育に伴う支出についての保障であることが明らかな児童手当法所定の児童手当とはその性格を異にし,受給者に対する所得保障である点において,前記母子福祉年金ひいては国民年金法所定の国民年金(公的年金)一般,したがってその一種である障害福祉年金と基本的に同一の性格を有するもの,と見るのがむしろ自然である。そして,一般に,社会保障法制上,同一人に同一の性格を有する2以上の公的年金が支給されることとなるべき,いわゆる複数事故において,そのそれぞれの事故それ自体としては支給原因である稼得能力の喪失又は低下をもたらすものであっても,事故が2以上重なったからといって稼得能力の喪失又は低下の程度が必ずしも事故の数に比例して増加するといえないことは明らかである。このような場合について,社会保障給付の全般的公平を図るため公的年金相互間における併給調整を行うかどうかは,さきに述べたところにより,立法府の裁量の範囲に属する事柄と見るべきである。また,この種の立法における給付額の決定も,立法政策上の裁量事項であり,それが低額であるからといって当然に憲法25条違反に結びつくものということはできない」。「以上の次第であるから,本件併給調整条項が憲法25条に違反して無効であるとするXの主張を排斥した原判決は,結局において正当というべきである。(なお,児童扶養手当法は,その後の改正により右障害福祉年金と老齢福祉年金の2種類の福祉年金について児童扶養手当との併給を認めるに至ったが,これは前記立法政策上の

裁量の範囲における改定措置と見るべきであり，このことによって前記判断が左右されるわけのものではない。）」

(iv)「次に，本件併給調整条項がXのような地位にある者に対してその受給する障害福祉年金と児童扶養手当との併給を禁じたことが憲法14条及び13条に違反するかどうかについて見るのに，憲法25条の規定の要請にこたえて制定された法令において，受給者の範囲，支給要件，支給金額等につきなんら合理的理由のない不当な差別的取扱をしたり，あるいは個人の尊厳を毀損するような内容の定めを設けているときは，別に所論指摘の憲法14条及び13条違反の問題を生じうることは否定しえないところである。しかしながら，本件併給調整条項の適用により，Xのように障害福祉年金を受けることができる地位にある者とそのような地位にない者との間に児童扶養手当の受給に関して差別を生ずることになるとしても，さきに説示したところに加えて原判決の指摘した諸点，とりわけ身体障害者，母子に対する諸施策及び生活保護制度の存在などに照らして総合的に判断すると，右差別がなんら合理的理由のない不当なものであるとはいえないとした原審の判断は，正当として是認することができる。また，本件併給調整条項が児童の個人としての尊厳を害し，憲法13条に違反する恣意的かつ不合理な立法であるといえないことも，上来説示したところに徴して明らかであるから，この点に関するXの主張も理由がない。」

――― ■解　説■ ―――

1 本判決は，朝日訴訟上告審判決（219事件〔最大判昭42・5・24〕）と並んで，25条関係訴訟の画期をなしたものである。ここでは，(1)25条を全体として把握し，国権の作用に対する綱領的性格を有するものと解し（判旨(i)），(2)立法府の措置について広い裁量を認め，(3)その措置は，著しく合理性を欠き明らかに裁量の逸脱・濫用と見ざるをえないような場合には司法審査に服すること（以上判旨(ii)），が明らかにされた（園部・後掲546頁）。

2 25条の法的性格については，⑺本条は，将来の政治や立法に対する基本的方向を指示したプログラム的意義のものであるとするプログラム規定説，⑷本条を直接の根拠に具体的請求権は導出されないが，具体化立法等が存する場合には具体的権利となると解する抽象的権利説，⑸本条は，その権利の主体・内容等において合理的・客観的に確定可能で明確な規範内容をもっており，立法権にその作為命令の内容を実現する立法を行うことを憲法上義務づけており，立法権の不作為が同条違反であることの確認が可能であるなどとして，具体的な法的権利性を論証する具体的権利説，があった。しかし本件2審（220事件）を契機に，25条の規範内容に質的相違

があることや（220事件解説参照），また，本判決が，25条が裁判規範として機能しうることを明らかにしたことなどから，学説は，25条が裁判規範としての効力を有することを前提にして，立法裁量等につき，いかなる訴訟類型で，いかなる違憲審査基準を適用するか，へと関心を移していく（中村・後掲7頁，注解Ⅱ152～154頁〔中村睦男〕）。最近では，生存権の具体的権利性の論証（棟居・後掲），その規範性の強化や司法審査のあり方を論ずる試みが続いている（葛西・後掲第8章，尾形・後掲②など参照）。

3 本判決は，社会保障立法について，25条とは別に，14条1項・13条違反の問題が生じうる余地を認める（判旨(iv)）。本件では，障害福祉年金を受給するXのような地位にある者と，そのような地位にない者との間で差別が生じるかどうかが問題とされた（園部・後掲545頁）。学説では，14条1項との関係で，「厳格な合理性」基準など，厳格度を増した審査基準を適用すべきことが主張されたが（芦部・後掲99～100頁，戸松・後掲②111～113頁），本件では，併給調整規定による区別の合理性が争点となり，児童扶養手当の性格を，(a)母子福祉年金ひいては公的年金一般と同質とみれば合理性が肯定される一方，(b)児童手当等の社会手当一般と同質とみれば否定される可能性があった（園部・後掲534頁）。本判決は(a)に与したが（判旨(iii)），仔細にみれば，本件での問題は障害福祉年金との併給であって，児童扶養手当が母子福祉年金の補完であることをもって，障害福祉年金をも併給調整の対象とするのは，やや過剰包摂の感がある（遠藤・後掲7頁，尾形・後掲①301頁）。また，保険事故の重複発生により，稼得能力の低下は比例的には加重されないにしても（判旨(iii)），何らかの加重はありうるのであって，制度の現実としても，本件での各給付は極めて低額で，単独での貧困解消にはほど遠かった（園部・後掲543頁，555～556頁）。以上のように，本件併給調整規定の合理性には疑いの余地があったわけであるが，本判決はその合理性判断をあげて広い立法裁量に委ねた。以後その姿勢は，この領域に広く影響を及ぼし続けている（遠藤・後掲7頁）。

◆ **参考文献** ◆

芦部信喜・法教24号95頁，遠藤美奈・社会保障百選〔第4版〕6頁，大須賀明・法セ332号8頁，尾形健①・百選Ⅱ〔第5版〕300頁，尾形②『福祉国家と憲法構造』［2011］第4章，葛西まゆこ『生存権の規範的意義』［2011］，園部逸夫・最判解民事篇昭和57年度503頁，戸松秀典①・百選Ⅱ〔第4版〕294頁，戸松②『立法裁量論』［1993］第2部，中村睦男・社会保障百選〔第3版〕6頁，藤井俊夫・昭和57年度重判解29頁，長谷部恭男編著『リーディングズ現代の憲法』［1995］155頁（棟居快行），ジュリ773号・法時54巻7号の各本件特集。

222 介護保険料の徴収と25条・14条1項

最高裁平成18年3月28日第三小法廷判決
(平成16年(オ)第1365号損害賠償請求事件)
裁時1409号3頁、判時1930号80頁

■事 案■

介護保険の保険者であるY(旭川市―被告・被控訴人・被上告人)は、2002(平成14)年7月、旭川市介護保険条例に基づき、介護保険法上の第1号被保険者(市町村の区域内に住所を有する65歳以上の者。介保9①)であるX(原告・控訴人・上告人)に対し、平成14年度の介護保険料を2万8000円とする賦課処分を行い、平成14年4月から平成15年2月に給付されるXの老齢基礎年金から、特別徴収の方法により徴収した。特別徴収とは、年金保険者が支払う老齢退職年金給付等から保険料を源泉徴収し、それを市町村に納入する方法によって徴収するものである(介保131・135)。

Xは、上記賦課処分および徴収が憲法14条・25条等に反するとして、Yおよび国に対し、国家賠償法に基づく損害賠償を求める訴えを起こした。1審(旭川地判平15・12・2公刊物未登載)および2審(札幌高判平16・5・27公刊物未登載)のいずれもその請求を斥けたため、Xが上告した。

■争 点■

介護保険法による介護保険料徴収の仕組みは、憲法14条・25条等に反しないか。

■判 旨■

上告棄却。

(i) 介護保険法129条3項・同法施行令38条によれば、「その保険料率を被保険者本人及び世帯の負担能力に応じて5段階に区分するとともに、……いわゆる境界層該当者(本来適用されるべき段階の保険料を負担すれば生活保護法6条2項に規定する要保護者となるが、より負担の低い段階の保険料の負担であれば同法2条に規定する保護を必要としない状態となる者)に対する負担軽減規定を設けている」。旭川市介護保険条例もこれに従っており、「また、介護保険法142条は、市町村は、条例で定めるところにより、特別の理由がある者に対し、保険料を減免し、又はその徴収を猶予することができる旨を規定し、これを受けて、本件条例12条1項、13条1項は、第1号被保険者等が災害等により著しい損害を受けるなどした場合における保険料の徴収猶予及び減免を規定している」。「そして、生活保護受給者については、生活扶助として介護保険の保険料の実費が加算して支給され〔生活保護11Ⅰ①・12等〕……、介護扶助として所定のサービスを受けることができるものとされている〔生活保護11Ⅰ⑤・(平17法77による改正前の)15の2等〕」。

「以上のとおり、低所得者に対して配慮した規定が置かれているのであり、また、介護保険制度が国民の共同連帯の理念に基づき設けられたものであること(介護保険法1条)にかんがみると、本件条例が、介護保険の第1号被保険者のうち、生活保護法6条2項に規定する要保護者で地方税法……により市町村民税が非課税とされる者について、一律に保険料を賦課しないものとする旨の規定又は保険料を全額免除する旨の規定を設けていないとしても、それが著しく合理性を欠くということはできないし、また、経済的弱者について合理的な理由のない差別をしたものということはできない」。以上は、最大判昭39・5・27(本書42事件)、最大判昭57・7・7(221事件―堀木訴訟上告審)の趣旨に徴して明らかである。

(ii) 介護保険法上の「特別徴収の対象となるのは、国民年金法による老齢基礎年金等の老齢退職年金給付であって(介護保険法131条)、その年額が18万円以上のものである(同法134条1項1号、介護保険法施行令41条)。老齢基礎年金等の公的年金制度は、老後の所得保障の柱としてその日常生活の基礎的な部分を補うことを主な目的とするところ、介護保険の第1号被保険者の保険料は、高齢期の要介護リスクに備えるために高齢者に課されるものであり、その日常生活の基礎的な経費に相当するということができる。そして、一定額を下回る老齢退職年金給付を特別徴収の対象としていないことを踏まえれば、老齢退職年金給付から上記保険料を特別徴収することが、上記公的年金制度の趣旨を没却するものということはできない。また、特別徴収の対象は、公租公課禁止規定(国民年金法25条)の趣旨に配慮して、同法による老齢基礎年金及びこれに相当する年金とされている」。「したがって、上記の特別徴収の制度は、著しく合理性を欠くということはできないし、経済的弱者を合理的な理由なく差別したものではないから、憲法14条、25条に違反しない。」

■解 説■

1 本件では、(1)低所得高齢者への介護保険料賦課および(2)保険料徴収方法(特別徴収制)が争われた(このほか介護保険料率について憲法84条違反も主張されたが、328事件〔最大判平18・3・1〕を引用しつつ斥けられている。Xは平成12・13年度の介護保険料賦課も争っていた〔札幌高判平14・11・28賃金と社会保障1336号55頁〕)。本判決は、(1)につき、介護保険制度の低所得者層への配慮と「国民の共同連帯」の理念などに依拠し、221事件等を引用して合憲性を肯定する。介護保険制度の配慮規定は低所得者の生活保護受給を前提としており、これを受給しない低所得者への対策は想定されていないが(関・後掲174頁)、本判決はこうした仕組みも著しく不合理でないとしたことになる。

2 本判決は、(2)につき、遊興飲食税・所得税の特別徴収・源泉徴収制を合憲とした先例(最大判昭37・2・21刑集16巻2号107頁、最大判昭37・2・28前掲刑集212頁)等を引用し、合憲性を支持した。徴収対象とされる年金額とこれが高齢期の生活経費であることを前提に、特別徴収が年金制度の趣旨を没却しないとする判旨については、先例との整合性への疑問(葛西・後掲64頁)や、そもそもこの徴収法がパターナリスティックである点への懸念(岩本・後掲23頁)が示されている。

◆ 参考文献 ◆

岩本一郎・平成18年度重判解22頁、葛西まゆこ・賃金と社会保障1430号58頁、早瀬勝明・セレクト2006年12頁、関ふ佐子・判評578(判時1956)号172頁。

223 老齢福祉年金と夫婦受給制限——牧野訴訟

東京地裁昭和43年7月15日判決
(昭和42年(行ウ)第28号国民年金支給停止処分取消等請求事件)
行集19巻7号1196頁, 判時523号21頁

■事案■

X₁(原告)は1966(昭和40)年1月18日に70歳に達したので, 国民年金法(当時)に基づき老齢福祉年金の受給資格を取得し, 北海道知事は受給権の裁定をし, 同年2月から老齢福祉年金の支給を受ける権利を有することとなった。ところが北海道知事は, X₁に配偶者X₂があり, X₂がすでに昭和38年3月から老齢福祉年金の支給を受けていることを理由にして, 上記裁定と同時に, 国民年金法の夫婦受給制限規定(70歳以上の高齢者が夫婦者であって, 夫婦ともに老齢福祉年金の支給を受ける場合には, それぞれ3000円の支給を停止することを定めるもの)に基づき, X₁に対し, 老齢福祉年金額1万5600円(昭和42年1月以降は1万8000円)から3000円に相当する部分の支給停止を決定した(X₂に対しても同様の支給停止決定がなされた)。

X₁は, 夫婦受給制限規定は, 夫婦者である老齢者を不当に単身老齢者と差別し, かつ, 夫婦者である老齢者を個人として尊重しないものであって, 憲法13条・14条に違反し無効であり, これに基づく支給停止決定も無効であるとして, Y(国—被告)に対し, 昭和40年2月から同42年4月までの老齢福祉年金支給停止額6750円の支払を求め, 訴えを提起した。

■争点■

老齢福祉年金について, 夫婦が受給者である場合には受給制限をする国民年金法の規定は, 憲法14条1項に反しないか。

■判旨■

請求認容。

14条1項は, 「国民に対し絶対的な平等を保障したものではなく, 事柄の性質に即応して差別すべき合理的理由があると認められないのに差別することを禁止するものである(〔本書42事件〕(最大判昭39・5・27)……参照)。そして, 老齢福祉年金における夫婦受給制限の規定は, 夫婦がともに老齢福祉年金の支給を受ける場合には, 老齢者が夫婦者であるという理由で, 単身老齢者に比べ, それぞれ金3000円の支給を停止する旨を規定するものであって, 老齢者が夫婦者であるという社会的身分により経済関係における施策のうえで, 差別的取扱いをするものであるといいうる。したがって, かかる差別的取扱いが事柄の性質に即応して合理的理由があることが認められない限り, 右の夫婦受給制限の規定は上記憲法の条項に違反し, 無効であるといわなければならない」。

「現行の老齢福祉年金は, 経済的制度として, しかも所得による支給制限にふれない範囲の老齢者に対し農村4級地区における最低生活費のおよそ半額〔当初月額1000円, 昭和42年月額1500円〕……を支給しようとするものであって, 〔国民年金〕法1条が掲げる憲法25条2項の理念からみれば極めて不十分であるとはいえ, そのこと自体は, ……わが国の社会情勢と先進国諸国に比し必ずしも潤沢とはいえない国家財政の事情とにかんがみ, やむをえないというべきであろうが, しかし, だからといって, 国家予算の都合から, 老齢福祉年金の受給対象者が夫婦者であるか単身者であるかによってその支給額を差別することまでも許されるというべきではない」。Yは, 夫婦が健在であれば, その共同生活に由来する共通部分について費用の節約がなされうることは公知の事実であり, 生活費の一部に充当されるべき老齢福祉年金についても同様であるから, 年金額にこれを加味するのは合理的である旨を主張するが, 「しかし, 他面, 老齢者夫婦が共同生活する場合における生活費が単身である場合のそれに比し, はるかに嵩むことは経験則上だれもが知るところであって, 老齢者を抱えた低所得者階層の扶養義務者の生活を圧迫し, 夫婦者の老齢者が単身の老齢者より一層みじめな生活を送っていることは前示のとおりであるから, かような老齢者の生活の実態にかんがみると, 夫婦者の老齢者の場合に理論のうえで生活の共通部分について費用の節約が可能であるといいうるからといって, 支給額が上記のような最低生活費……のほとんど半額にすぎず, 前記老齢福祉年金制度の理想からすれば余りにも低額である現段階において, 夫婦者の老齢者を単身の老齢者と差別し, 夫婦者の老齢者に支給される老齢福祉年金のうち, さらに金3000円(月額250円)の支給を停止するがごときは, 国家財政の都合から, あえて老齢者の生活実態に目を蔽うものであるとのそしりを免れないというべく, 到底, 差別すべき合理的理由があるものとは認められない」。

■解説■

1 原告の名を冠して「牧野訴訟」と呼ばれる本件は, 社会保障訴訟において14条違反の主張が容れられた最初の判決であり(本件は本人訴訟である点も注目された。大須賀・後掲15頁), 社会保障給付の併給調整規定を争う訴訟が提起される契機となった(神戸地判昭47・9・20行集23巻8・9号711頁〔堀木訴訟(220・221事件)の1審〕, 大阪高判昭51・12・17行集27巻11・12号1836頁〔松本訴訟〕, 東京高判昭56・4・22行集32巻4号593頁〔宮訴訟〕, 最判昭57・12・17裁判集民29巻6号1074頁〔岡田訴訟〕, 最判昭57・12・17前掲裁判集民1121頁〔森井訴訟〕等)。その後本件で問題とされた夫婦受給制限規定は廃止された(昭44法86)。

2 本判決は, 待命処分判決(42事件)を引用しつつ, 老齢福祉年金の公的扶助的性格や高齢者の生活実態の状況等を重視し, 本件規定による区別の合理性を否定した。立法事実を違憲性判断の決め手とする手法はのちの裁判例でも継承されるが(東京地判平16・3・24〔224事件—学生無年金障害者訴訟(1)1審判決〕等), 堀木訴訟上告審(221事件〔最大判昭57・7・7〕)以降, 14条違反の主張についても広汎な立法裁量が是認され続けている(前掲, 岡田・森井訴訟)。

◆参考文献◆
大須賀明・社会保障百選14頁, 久保田穣・百選Ⅱ〔第4版〕292頁, 竹中康之・社会保障百選〔第2版〕90頁, 西原道雄・ジュリ416号72頁。

224 学生無年金障害者訴訟(1)──1審判決

東京地裁平成16年3月24日判決
(平成13年(行ウ)第183号・第190〜192号各障害基礎年金不支給決定取消等請求事件)
判時1852号3頁、判タ1148号94頁

■事案■

国民年金法(以下「国年法」)は、昭和34年制定時から平成元年の改正まで、学生等は強制適用対象外とされていた(任意加入制度のみ可能)。また、初診日(疾病等について初めて医師等の診療を受けた日)において被保険者であった者等が一定の障害状態にあるときは、保険料拠出等を条件に障害年金(障害基礎年金)が支給されるが、初診日において20歳未満であった者についても、一定の障害状態にあるときは障害福祉年金(障害基礎年金)が支給され、国民年金未加入の20歳前の障害者についても年金が支給された。このため、平成元年改正以前に国民年金未加入の20歳以上の学生等が障害を負った場合、障害年金等が支給されなかった。

Xら(原告)は、1981(昭和56)〜1986(昭和61)年の間、いずれも大学在学中の20歳以上の時点で事故等により障害を負ったため、東京都知事等に対し障害基礎年金裁定請求をしたが、Xらが国民年金未加入であり受給資格要件を満たさないとして不支給処分がなされた。Xらは審査請求・再審査請求をしたが棄却されたため、(1) Y (社会保険庁長官=被告。機関委任事務廃止により、都道府県知事による年金裁定事務が同長官に移行)に対し、国年法が学生を強制適用の対象とせず、または障害福祉年金・障害基礎年金の支給対象としなかったことが、憲法14条・25条等に反するなどとして、本件不支給処分の取消しと、(2)国に対し、適切な立法措置をすることを怠ったとして、国家賠償請求を求めた。裁判所は、原告のうち1名を20歳前の障害基礎年金支給要件に該当するとして不支給処分を取り消したほかは(1)を棄却し、(2)について一部認容した。

■争点■

学生等を強制適用の対象とせず、または障害福祉年金・障害基礎年金の支給対象としなかった国民年金法の規定は、憲法14条・25条に反しないか。

■判旨■

一部請求認容・一部請求棄却。
(i) 制定当時の国年法(昭和34年法)について、学生を強制適用対象外・障害福祉年金支給外とした理由には疑問があるが、「Xらの指摘する不利益の程度と立法の前提とされた社会通念の内容からすると、……任意加入に伴う保険料免除制度がなかったことも含めて、憲法に違反するものとはいえない」。
(ii) 昭和60年の改正(昭和60年法)については、昭和34年法制定当時でも、障害福祉年金の受給につき20歳前障害者と20歳以後の障害学生との間に差異を設けることには疑問があったところであり、その後の状況変化を考慮すると、昭和60年法制定時においては、この点について何らの立法の手当をしないまま放置しておくことは憲法14条に違反する状態となっていたものと認められる。「すなわち、昭和34年法制定当時、既に上記の疑問がありながらも、それが憲法違反とまではいえないとの判断に至ったのは、……学生が受ける不利益の程度と立法の前提とされた社会通念の内容を重視した結果である」。しかし、昭和60年法では、障害年金に代わり障害基礎年金が支給され、障害福祉年金受給者は増額された障害基礎年金を受給することとなり、「20歳前に障害を受けた者については、給付の額が大幅に増加したのみならず、被保険者資格がないにもかかわらず、制度の根幹をなす障害基礎年金の給付を受けられることとなったのであり、20歳以後に障害を受けた学生との取扱いの差異は、量的に著しく拡大するとともに質的にも異なったものとなったと評価すべきである」。

「その上、文部省〔当時〕の平成12年度学生基本調査報告書によると、大学への進学率は、昭和34年には8.1パーセントであったところ、……昭和60年には26.5パーセントと昭和34年の3倍を超えていたことが認められ、国民の意識においても、昭和50年ころまでには大学への進学はそれほど特殊なことではなく、……それとともに昭和34年法が前提とした社会通念ももはや存在しなくなったと認めることができる。」

「これらのことからすると、昭和60年の法改正時点においては、……昭和34年法の合憲性を辛くも支えていた事情はいずれも消滅しており、その不合理性のみが露呈するに至ったと認められ、これを是正すべき立法措置を講ずることなく放置することは、憲法14条に違反する状態が生じていたと評価すべきであるし、昭和60年法が従来障害福祉年金を受給していた者につき障害基礎年金を支給することとしながら、同法制定以前に20歳に達してから在学中に障害を受けたいわゆる学生無年金者に何らの措置を講じないことも、両者間に憲法14条に違反する状態をもたらしたものと評価すべきである。」

■解説■

1 年金制度未加入者が障害を負った場合、結果として障害年金等を受給しえない障害者(無年金障害者)となる(川崎・後掲16頁)。学生無年金障害者については各地で訴訟が提起された(憲法14条違反とした新潟地判平16・10・28賃金と社会保障1382号46頁、広島地判平17・3・3判タ1187号165頁参照)。本判決後、無年金障害者等に特別障害給付金を支給する立法措置が講じられた(「特定障害者に対する特別障害給付金の支給に関する法律」〔平16法166〕。川崎・後掲参照)。

2 本判決は、憲法25条にかかる主張は立法裁量論を前提に排斥しつつ、立法事実を綿密に検討し、制度の不合理性のみが昭和60年法に至り「露呈」したと断じて憲法14条違反を導いた。立法事実の変容を違憲判断の決め手とする手法は最高裁判例でもみられるものである(最大判平20・6・4〔本書48・311事件—非嫡出子国籍法差別違憲判決〕)。また、当時の先例(在宅投票制度廃止事件〔最判昭60・11・21—314事件〕)に格別言及せずに国賠請求も認容する点も注目される。

◆参考文献◆

川崎浩史・時の法令1735号16頁、愛敬浩二・法セ597号16頁、内野正幸・百選Ⅱ〔第5版〕304頁、工藤達朗・セレクト2004年5頁、村田尚紀・平成16年度重判解24頁、村山健太郎・自治研究82巻10号140頁、「小特集・学生無年金障害者問題」法時77巻8号69頁。

225 学生無年金障害者訴訟(2)——上告審判決

最高裁平成19年9月28日第二小法廷判決
(平成17年(行ツ)第246号障害基礎年金不支給決定取消等請求事件)
民集61巻6号2345頁、訟月55巻1号29頁

■事案■

本書224事件(東京地判平16・3・24—本件1審)の事案参照。

1審判決に対し、Xら(原告・控訴人＝被控訴人。1審で不支給処分取消請求が認容された原告は除く)および国(被告・被控訴人＝控訴人)はそれぞれ敗訴部分に対して控訴した。Xらは各不支給処分の取消しと、国に対し立法不作為の違法による損害賠償の増額を求め、国は、立法不作為の違法はなく1審判決は取り消されるべきであると主張した。2審(東京高判平17・3・25判時1899号46頁)は、Xらの各請求を排斥したため、Xらが上告した。

■争点■

学生等を強制適用の対象とせず、または障害福祉年金・障害基礎年金の支給対象としなかった国民年金法の規定は、憲法14条・25条に反しないか。

■判旨■

上告棄却。

(i)「平成元年改正前の法〔国民年金法。以下同じ〕の下においては、20歳以上の学生は、国民年金に任意加入して保険料を納付していない限り、傷病により障害の状態にあることとなっても、初診日において国民年金の被保険者でないため障害基礎年金等の支給を受けることができない。また、保険料負担能力のない20歳以上60歳未満の者のうち20歳以上の学生とそれ以外の者との間には、上記の国民年金への加入に関する取扱いの区別及びこれに伴う保険料免除規定の適用に関する区別……によって、障害基礎年金等の受給に関し差異が生じていたことになる。」

(ii)「国民年金制度は、憲法25条の趣旨を実現するために設けられた社会保障上の制度であるところ、同条の趣旨にこたえて具体的にどのような立法措置を講じるかの選択決定は、立法府の広い裁量にゆだねられており、それが著しく合理性を欠き明らかに裁量の逸脱、濫用とみざるを得ないような場合を除き、裁判所が審査判断するのに適しない事柄であるといわなければならない。もっとも、同条の趣旨にこたえて制定された法令において受給権者の範囲、支給要件等につき何ら合理的理由のない不当な差別的取扱いをするときは別に憲法14条違反の問題を生じ得ることは否定し得ないところである〔堀木訴訟上告審(最大判昭57・7・7—221事件)を引用〕」。

「平成元年改正前の法が、20歳以上の学生の保険料負担能力、国民年金に加入する必要性ないし実益の程度、加入に伴い学生及び学生の属する世帯の世帯主等が負うこととなる経済的な負担等を考慮し、保険方式を基本とする国民年金制度の趣旨を踏まえて、20歳以上の学生を国民年金の強制加入被保険者として一律に保険料納付義務を課すのではなく、任意加入を認めて国民年金に加入するかどうかを20歳以上の学生の意思にゆだねることとした措置は、著しく合理性を欠くということはできず、加入等に関する区別が何ら合理的理由のない不当な差別的取扱いであるということもできない。」

(iii)「無拠出制の年金給付の実現は、国民年金事業の財政及び国の財政事情に左右されるところが大きいこと等にかんがみると、立法府は、保険方式を基本とする国民年金制度において補完的に無拠出制の年金を設けるかどうか、その受給権者の範囲、支給要件等をどうするかの決定について、拠出制の年金の場合に比べて更に広範な裁量を有しているというべきである。また、20歳前障害者は、傷病により障害の状態にあることとなり稼得能力、保険料負担能力が失われ又は著しく低下する前は、20歳未満であったため任意加入も含めおよそ国民年金の被保険者となることのできない地位にあったのに対し、初診日において20歳以上の学生である者は、傷病により障害の状態にあることとなる前に任意加入によって国民年金の被保険者となる機会を付与されていたものである。これに加えて、前記のとおり、障害者基本法、生活保護法等による諸施策が講じられていること等をも勘案すると、平成元年改正前の法の下において、傷病により障害の状態にあることとなったが初診日において20歳以上の学生であり国民年金に任意加入していなかったために障害基礎年金等を受給することができない者に対し、無拠出制の年金を支給する旨の規定を設けるなどの所論の措置を講じるかどうかは、立法府の裁量の範囲に属する事柄というべきであって、そのような立法措置を講じなかったことが、著しく合理性を欠くということはできない。また、無拠出制の年金の受給に関し上記のような20歳以上の学生と20歳前障害者との間に差異が生じるとしても、両者の取扱いの区別が、何ら合理的理由のない不当な差別的取扱いであるということもできない。」

■解説■

1 本判決は、国民年金の強制加入被保険者範囲や保険料免除による区別等の憲法14条・25条適合性について、最高裁が判断したものとなった(武田①・後掲116頁、同②・後掲643頁)。第三小法廷でも同旨判決が出されている(最判平19・10・9裁時1445号4頁)。

2 本判決は、221事件(堀木訴訟上告審)の広汎な立法裁量論を前提に、強制適用除外規定は合理性を「著しく」欠くものではなく(判旨(ii))、無拠出制年金支給の可否には「更に広範な裁量」を肯認する(判旨(iii))。立法事実を仔細に検討した1審に対し、最高裁では、むしろ、立法経緯は諸問題の漸進的解決を図ったもので、それは「極めて合理的な手法」であったとの認識もみられる(前掲最判平19・10・9の田原睦夫裁判官補足意見)。14条の法理が25条のそれに収斂される構造をもつ221事件の論理は、本件にも深い影を落としている(工藤・後掲、西土・後掲22頁)。

◆参考文献◆

北村和生・速報判例解説Vol.2・57頁、加藤智章・社会保障百選〔第4版〕18頁、君塚正臣・平成19年度重解22頁、工藤達朗・セレクト2007年4頁、武田美和子①・曹時62巻10号103頁、武田②・最判解民事篇平成19年度620頁、多田一路・法セ638号121頁、西土彰一郎・速報判例解説Vol.2・19頁。

226 生活保護受給者の学資保険の満期返戻金

最高裁平成16年3月16日第三小法廷判決
（平成11年（行ツ）第38号保護変更決定処分取消，損害賠償請求事件）
民集58巻3号647頁，判時1854号25頁

■事 案■

Aは，生活保護法に基づく保護の申請をしたところ，Y（福岡市東福祉事務所長—被告・被控訴人・上告人）が，1975（昭和50）年9月，申請日にさかのぼって保護開始の決定をしたため，平成2年6月分では合計18万円余を支給した。Aには，長女X_1・次女X_2（原告・控訴人・被上告人）等の子があり，昭和51年6月，X_1を被保険者とする郵政省（当時）の18歳満期学資保険に加入した。Aは同保険から貸付けを受ける一方，その返済をしていたが，平成2年6月，本件学資保険の満期保険金のうち，貸付けの弁済金等を控除した残金44万9807円を受領した。これに対しYは，同年同月，生活保護法4条1項・（平11法160による改正前の）8条1項に基づき，本件返戻金のうち44万5807円を収入認定し，同年7月分から同12月分までの保護受給額を月額9万5175円等に減額する旨の本件変更処分をした。

Aは，本件変更処分を不服とし再審査請求・再審査請求をしたがいずれも棄却されたため，AおよびX_1・X_2は，(1)平成3年12月，Yに対し本件変更処分の取消しを求める訴えを提起し，(2)同4年3月，福岡市と国に対し国家賠償法に基づく損害賠償請求を提起した（Aは1審係属中の平成5年1月に死亡した）。

1審（福岡地判平7・3・14訟月42巻7号1664頁）は，(1)につき，Aの死亡により同人にかかる訴訟は終了し，X_1・X_2に固有の原告適格はないなどとして訴えを斥け，(2)の請求を棄却した。2審（福岡高判平10・10・9判時1690号42頁）は，(1)につきXらの原告適格を肯定し，本件変更処分を取り消した（(2)については請求を棄却した）。このためYが上告した。

■争 点■

生活保護法による保護を受ける者がした貯蓄等は，同法4条1項にいう「資産」または8条1項にいう「金銭又は物品」に該当すると解すべきか。

■判 旨■

上告棄却。

「生活保護法による保護は，生活に困窮する者が，その利用し得る資産，能力その他あらゆるものを，その最低限度の生活の維持のために活用することを要件とし，その者の金銭又は物品で満たすことのできない不足分を補う程度において行われるものであり，最低限度の生活の需要を満たすのに十分であって，かつ，これを超えないものでなければならない」。「そうすると，保護金品又は被保護者の金銭若しくは物品を貯蓄等に充てることは本来同法の予定するところではないというべきである」。

しかし，「給付される保護金品並びに被保護者の金銭及び物品（以下『保護金品等』という。）を要保護者の需要に完全に合致させることは，事柄の性質上困難であり，同法は，世帯主等に当該世帯の家計の合理的な運営をゆだねているものと解するのが相当である。そうすると，被保護者が保護金品等によって生活していく中で，支出の節約の努力……等によって貯蓄等に回すことの可能な金員が生ずることも考えられないではなく，同法も，保護金品等を一定の期間内に使い切ることまでは要求していないものというべきである」。

「このように考えると，生活保護法の趣旨目的にかなった目的と態様で保護金品等を原資としてされた貯蓄等は，収入認定の対象とすべき資産には当たらないというべきである」。生活保護法上，高等学校修学に要する費用は保護対象外であるが，「近時においては，ほとんどの者が高等学校に進学する状況であり，高等学校に進学することが自立のために有用であるとも考えられるところであって，生活保護の実務においても，……世帯内修学を認める運用がされるようになってきているというのであるから，被保護世帯において，最低限度の生活を維持しつつ，子弟の高等学校修学のための費用を蓄える努力をすることは，同法の趣旨目的に反するものではないというべきである」。Aが本件学資保険に加入し，給付金等を原資として保険料を支払っていたことは，生活保護法の趣旨目的にかなったものであり，「本件返戻金は，それが同法の趣旨目的に反する使われ方をしたなどの事情がうかがわれない本件においては，同法4条1項にいう資産等又は同法8条1項にいう金銭等には当たらず，収入認定すべき資産に当たらないというべきである。したがって，本件返戻金の一部について収入認定をし，保護の額を減じた本件処分は，同法の解釈適用を誤ったものというべきである」。

■解 説■

1 生活保護は，保護基準による要保護者の需要を基に，その者の金銭等で不足する分を補う程度で行い，その「資産」等の活用を要件とする（生活保護8Ⅰ・4Ⅰ）。保護の要否・程度は，当該世帯の最低生活費と認定された収入との対比で決まる（杉原・後掲203頁）。認定すべき収入については争いがあったが（秋田地判平5・4・23行集44巻4・5号325頁等），本判決は，保護金品等を原資としてされた貯蓄等は，収入認定の対象となる資産に該当しない旨，最高裁として初めて判示した（堀・後掲172頁）。なお現在，高等学校就学にかかる費用は生業扶助の一部として支給される扱いとされた（笠木・後掲143頁）。

2 本判決は，「資産」該当性について行政裁量にかかる枠組みによらず，裁判所が行いうる法解釈問題として処理する（須藤・後掲149頁。笠木・後掲142～143頁も参照）。また，法の趣旨・目的から逸脱しない限り保護金品の一部を貯蓄に回しうると解することにつき，「被保護者の自己決定権を尊重する」配慮がうかがえる（杉原・後掲207頁）。本件は憲法論を展開しないが，以上の点において，行政裁量統制の事例として注目される。

◆ 参考文献 ◆

笠木映里・ジュリ1290号139頁，杉原則彦・最判解民事篇平成16年度(上)196頁，須藤陽子・法教289号148頁，近田正晴・判タ臨増1184号262頁，西原博史・法教316号112頁，堀勝洋・社会保障百選〔第4版〕172頁．

227 生活保護老齢加算廃止違憲訴訟

東京地裁平成20年6月26日判決
（平成19年(行ウ)第75号・第94～102号・第104～
105号生活保護変更決定取消請求事件）
判時2014号48頁, 判夕1293号86頁

■ 事 案 ■

　生活保護法は, 厚生労働大臣の定める基準により行われるが, そのうち生活扶助（生活保護11Ⅰ①・12）には, ①基準生活費と②加算とがあり, ②は, ①で配慮されない個別的な特別需要を補塡する目的で設けられ, その一つに, 70歳以上の高齢者等である生活保護受給者の特別需要に加算する老齢加算がある。平成12年以降, 政府内で生活保護制度見直しの必要性が指摘されていたが, 2003（平成15）年8月, 社会保障審議会の福祉部会内に設置された「生活保護制度の在り方に関する専門委員会」は, 平成15年12月,「中間取りまとめ」において, 老齢加算は廃止の方向で見直すべき旨提言した。厚生労働大臣はこれを受け, 平成16・17年度の保護基準改定から老齢加算を順次減額し, 平成18年度改定をもって廃止した。

　X（原告）らは, 平成18年3月以前においていずれも70歳以上であって, 生活扶助につき基準生活費のほか老齢加算が付加された者であるが, 上記老齢加算廃止により老齢加算相当額が減額されることとなり, 住所地を所管する各福祉事務所長から, 保護費減額の保護変更決定を受けた（生活保護25Ⅱ）。このためXらは, これら各決定が生活保護法56条, 憲法25条等に反するとして, Yら（東京都足立区ほか─被告）に取消しを求め訴えを提起した。

■ 争 点 ■

　生活保護法による保護基準の改定により, これまで行われてきた老齢加算を廃止することは憲法25条等に反しないか。

■ 判 旨 ■

　請求棄却。
　(i) 厚生労働大臣が保護基準を定立するに当たっては, 厚生労働大臣の合目的的な裁量にゆだねられているものと解される。「そうすると, 保護基準の改定に関しては, 厚生労働大臣が, 現実の生活条件を無視して著しく低い基準を設定するなど, 憲法及び生活保護法の趣旨・目的に反し, 法によって与えられた裁量権の範囲を逸脱し, 又は裁量権を濫用した場合に, それが違法と判断されるものというべきである」。
　(ii)〔生活保護基準変更への生活保護法56条適用の可否〕(1)「法〔生活保護法。以下同じ〕の要求水準である『健康で文化的な最低限度の生活』は, ……極めて抽象的・相対的な概念であることにかんがみれば, 保護基準を不利益に変更することにより, 現実の生活条件を無視して著しく低い基準を設定するなど, 憲法25条及び法の各規定の趣旨・目的に反することになる危険を常に内包しているといえる。法56条の規定は, そうした事態を回避するための担保として機能することが予定されているとみるべきであって, 保護基準の変更との関係においても, 変更の具体的内容のみならず, その変更の要否や内容について検討を加えた過程や経過措置を含めた実施に至る過程をも総合して, その不利益変更に『正当な理由』があったかどうかが判断されるべきであり」,「以上の限度で, 法56条の規定は, 保護基準の変更についても適用があるというべきである」。

　(2) 他方,「保障すべき生活水準として, 抽象的・相対的な概念を規定するにとどめ, 保護基準の定立についての専門的技術的な考察及び政策的判断を尊重することを前提に, 厚生労働大臣の裁量を認めることとした法の趣旨を踏まえて, 法56条との関係を考えるならば, 厚生労働大臣における裁量権の範囲の逸脱又は濫用の有無を判断する上で, 法56条にいう『正当な理由』の存否を基礎付ける事情が, そのまま重要な考慮要素になり得ると解するのが相当である。換言すると, 変更の内容・程度のみならず, 変更の検討及び実施の過程を含めて吟味することにより, 法56条の趣旨を十分に斟酌する必要があるというべきである」。

　「以上によれば, 本件における判断の基本的枠組みは, 保護基準の変更に関する適法性につき,〔上記(i)および(ii)(1)部分〕……の考え方に従いつつ, 厚生労働大臣の裁量権行使に逸脱又は濫用があるか否かの判断に集約されることになる」。これらの基本的枠組みに従い,「Xら主張のいずれの点を取り上げて検討してみても, 本件各決定の前提となる保護基準の改定が『正当な理由』を欠き, 厚生労働大臣がその裁量権の範囲を逸脱し, 又は濫用したことを基礎付けるまでの事情は認め難いといわざるを得ない」。

■ 解 説 ■

　1　老齢加算廃止をめぐっては各地で訴えが提起され（尾形・後掲②33頁等参照。同じく争われた母子加算廃止は政権交代後に復活し訴えが取り下げられた）, 本判決はその先駆となった。本件の2審でもXらの主張は排斥されたが（東京高判平22・5・27判時2085号43頁）, 福岡訴訟の2審は本件基準改定の裁量権逸脱・濫用を指摘し, これを違法とした（福岡高判平22・6・14判時2085号76頁）。

　2　学説では, 既存制度の縮減には政治部門の裁量の余地は限定され, 比較的厳格な司法審査に服するとの考えがあり, 本判決もその関連で論じられる（制度後退禁止原則。棟居・後掲23頁, 葛西・後掲）。しかしより注目されるのは, 裁判所が, 本件一連の訴訟において判断過程統制の手法により審査する点である。この手法は, 裁量処分の存在を前提に行政庁の判断過程の合理性を審査するものであり, 行政裁判例実務において一般化しているといわれるが（南博方＝高橋滋編『条解行政事件訴訟法〔第3版〕』[2006] 515頁〔橋本博之〕）, 本判決も朝日訴訟上告審（最大判昭42・5・24─本書219事件）によりつつ（判旨(i)）, 加算廃止にかかる過程の合理性を検討しており（判旨(ii)）, 生存権訴訟におけるこの手法の展開として重要な意義があろう（尾形健『福祉国家と憲法構造』[2011] 158頁）。

◆ 参考文献 ◆

太田匡彦・平成22年度重判解53頁, 尾形健①・同重判解27頁, 尾形②・速報判例解説Vol.8・31頁, 葛西まゆこ・セレクト2008年9頁, 豊島明子・速報判例解説Vol.5・69頁, 西土彰一郎・同Vol.4・17頁, 棟居快行・平成20年度重判解22頁。

228 障害福祉年金の国籍要件——塩見訴訟

最高裁平成元年3月2日第一小法廷判決
（昭和60年（行ツ）第92号国民年金裁定却下処分取消請求事件）
訟月35巻9号1754頁，判時1363号68頁

■事案■

　年金制度は，一定の加入・保険料納付期間を受給要件とするが，国民年金制度は，①受給資格期間を満たさなくともこれに該当するものとみなして支給する補完的な福祉年金と，②法施行日の1959（昭和34）年11月1日にすでに給付事故が発生した者等について経過的な福祉年金を支給していた。国民年金法（昭56法86による改正前のもの。以下「国年法」）81条1項は，昭和14年11月1日以前に生まれた者が，昭和34年11月1日以前になおった傷病により，昭和34年11月1日において同法別表に定める1級に該当する程度の廃疾（障害。以下同じ）状態にあるときは，①の補完的障害福祉年金の支給要件を定める国年法56条1項本文の規定にかかわらず，その者に，②の経過的障害福祉年金を支給する旨定めていたが，56条1項ただし書は廃疾認定日において日本国民でない者には支給しない旨定めていた。

　X（原告・控訴人・上告人）は，昭和9年6月大阪市で大韓民国籍として出生したが，幼少のとき罹患したはしかによって失明し，国年法の施行日であった昭和34年11月1日当時，同法別表1級に該当する程度の廃疾の状態にあったところ，その後日本人の夫と婚姻し，昭和45年12月，帰化によって日本国籍を取得した。Xは，上記②の経過的障害福祉年金の受給資格者であるとして，受給権の裁定請求をしたが，Y（大阪府知事—被告・被控訴人・被上告人）は昭和47年8月，これを却下する処分をした。その理由は，Xは昭和34年11月1日において日本国民ではなかったから，国年法81条1項の障害福祉年金の受給権を有しないというものであった。Xは，同法56条1項ただし書は憲法13条，14条1項，25条等に反し無効であるなどとして，却下処分の取消しを求め訴えを提起した。1審（大阪地判昭55・10・29行集31巻10号2274頁）・2審（大阪高判昭59・12・19行集35巻12号2220頁）とも訴えを斥けたため，Xが上告した。

■争点■

　国民年金法の障害福祉年金支給に国籍要件を定めること，および同法施行後の日本国籍取得者に対し同年金を支給しないことは，憲法25条等に反しないか。

■判旨■

　上告棄却。

　（i）「国民年金制度は，憲法25条2項の規定の趣旨を実現するため，老齢，障害又は死亡によって国民生活の安定が損なわれることを国民の共同連帯によって防止することを目的とし，保険方式により被保険者の拠出した保険料を基として年金給付を行うことを基本として創設されたものであるが，制度発足当時において既に老齢又は一定程度の障害の状態にある者，あるいは保険料必要期間納付することができない見込みの者等，保険原則によるときは給付を受けられない者についても同制度の保障する利益を享受させることとし，経過的又は補完的な制度として，無拠出制の福祉年金を設けている。法〔国民年金法。以下同じ〕81条1項の障害福祉年金も，制度発足時の経過的な救済措置の一環として設けられた全額国庫負担の無拠出制の年金であって，立法府は，その支給対象者の決定について，もともと広範な裁量権を有しているものというべきである。加うるに，社会保障上の施策において在留外国人をどのように処遇するかについては，国は，特別の条約の存しない限り，当該外国人の属する国との外交関係，変動する国際情勢，国内の政治・経済・社会的諸事情等に照らしながら，その政治的判断によりこれを決定することができるのであり，その限られた財源の下で福祉的給付を行うに当たり，自国民を在留外国人より優先的に扱うことも，許されるべきことと解される。したがって，法81条1項の障害福祉年金の支給対象者から在留外国人を除外することは，立法府の裁量の範囲に属する事柄と見るべきである。」

　（ii）「昭和34年11月1日より後に帰化により日本国籍を取得した者に対し……，右の者が昭和34年11月1日に遡り日本国民であったものとして扱うとか，あるいは国籍条項を削除した昭和56年法律第86号による国民年金法の改正の効果を遡及させるというような特別の救済措置を講ずるかどうかは，もとより立法府の裁量事項に属することである。」「そうすると，国籍条項及び昭和34年11月1日より後に帰化によって日本国籍を取得した者に対し法81条1項の障害福祉年金の支給をしないことは，憲法25条の規定に違反するものではない〔最大判昭57・7・7—堀木訴訟上告審（本書221事件），最大判昭53・10・4—マクリーン事件（2事件）〕。」

■解説■

　1　本判決は，国年法の国籍要件を合憲とした初の最高裁判決である（木下・後掲9頁）。外国人への社会権保障については消極的な立場（宮沢II 242頁）もあったが，今日では肯定的な立場が支配的である（芦部94頁等）。しかし本判決は，生存権にかかる立法裁量論と外国人の処遇にかかる政治的判断（判旨(i)）という，「二重の意味」で立法裁量を肯定した（中村・後掲11頁）。また，国際人権規約（A規約）違反の主張について，同規約9条は，締約国が社会保障実現に向けた政治的責任を負うことを宣明し，個人に即時的な具体的権利を付与したものでないとしている（判旨では省略）。

　2　難民の地位に関する条約等への加入に伴う法整備により，国年法等の国籍要件は撤廃されたが，過去の法関係については従前の例によることとされた（昭56法86附則5）。Xは本改正後の障害福祉年金不支給の合憲性も争ったが排斥された（最判平13・3・13訟月48巻8号1961頁）。

◆参考文献◆

岩間昭道・法教106号76頁，大藤紀子・百選I〔第5版〕16頁，木下秀雄・社会保障百選〔第4版〕8頁，小林武・法セ436号119頁，齋藤靖夫・セレクト1989年14頁，中村睦男・社会保障百選〔第2版〕10頁。

229 不法残留者の生存権

最高裁平成13年9月25日第三小法廷判決
(平成9年(行ツ)第176号生活保護申請却下処分取消請求事件)
訟月49巻4号1273頁, 判時1768号47頁

■事 案■

X（原告・控訴人・上告人）は中華人民共和国の国籍を有する外国人であるが, 1988 (昭和63) 年8月, 出入国管理及び難民認定法（平元法79による改正前のもの）にかかる在留資格をもって本邦に入国した。Xは一時帰国し, 平成2年2月, 本邦に再入国したが, 平成2年8月に在留期間が満了した後も在留期間更新申請等をしないまま本邦に在留していたところ, 平成6年4月, 東京都中野区内の路上で自動軽二輪車にはねられ, 頭蓋骨骨折, 顔面骨骨折, 下顎骨骨折および骨盤骨折の傷害を負ってA大学付属病院に入院し, 同年6月退院した。

平成6年8月, Xは, Y（中野区福祉事務所長―被告・被控訴人・被上告人）に対し, Xの傷病に関する診断書の写し等現況を証する関係書類とともに生活保護にかかる保護申請書を提出したが, Yは, Xがいわゆる不法滞在の外国人であることを理由に, 同年同月, 本件保護申請を却下した（以下「本件処分」という）。Xは, 東京都知事に対し, 本件処分にかかる審査請求をしたが, 東京都知事は, 平成7年2月, Xには不服申立て適格がないことを理由に審査請求の却下をする旨の裁決をした。Xは, 本件処分が憲法25条・14条, 世界人権宣言と経済的, 社会的及び文化的権利に関する国際規約（A規約）に反するなどとして, 本件処分の取消しを求めて訴えを起こした。

1審（東京地判平8・5・29行集47巻4・5号421頁）および2審（東京高判平9・4・24行集48巻4号272頁）はいずれもその請求を棄却したため, Xが上告した。

■争 点■

生活保護法がいわゆる不法残留者を保護の対象としないとすることは, 25条等に反しないか。

■判 旨■

上告棄却。

(i)「生活保護法が不法残留者を保護の対象とするものではないことは, その規定及び趣旨に照らし明らかというべきである。そして, 憲法25条については, 同条1項は国が個々の国民に対して具体的, 現実的に義務を有することを規定したものではなく, 同条2項によって国の責務であるとされている社会的立法及び社会的施設の創造拡充により個々の国民の具体的, 現実的な生活権が設定充実されていくものであって, 同条の趣旨にこたえて具体的にどのような立法措置を講ずるかの選択決定は立法府の広い裁量にゆだねられていると解すべきところ, 不法残留者を保護の対象に含めるかどうかが立法府の裁量の範囲に属することは明らかというべきである。不法残留者が緊急に治療を要する場合についても, この理が当てはまるのであって, 立法府は, 医師法19条1項の規定があること等を考慮して生活保護法上の保護の対象とするかどうかの判断をすることができるものというべきである。したがって, 同法が不法残留者を保護の対象としていないことは, 憲法25条に違反しないと解するのが相当である。また, 生活保護法が不法残留者を保護の対象としないことは何ら合理的理由のない不当な差別的取扱いには当たらないから, 憲法14条1項に違反しないというべきである〔最大判昭57・7・7―堀木訴訟上告審（本書221事件）, 最大判昭53・10・4―マクリーン事件（2事件）, 最大判昭39・11・18刑集18巻9号579頁, 最大判昭39・5・27（42事件）〕」。

(ii)「所論の経済的, 社会的及び文化的権利に関する国際規約……並びに市民的及び政治的権利に関する国際規約……の各規定並びに国際連合第3回総会の世界人権宣言が, 生活保護法に基づく保護の対象に不法残留者が含まれると解すべき根拠とならないとした原審の判断は, 是認することができる。また, 前示したところによれば, 不法残留者を保護の対象としていない生活保護法の規定が所論の上記各国際規約の各規定に違反すると解することはできない。」

■解 説■

1 本件では外国人の生存権保障が争われたが, 不法在留者にかかる事案であり, かつ, 緊急の医療扶助を求める権利が問題とされた点で, 塩見訴訟（最判平元・3・2―228事件）と異なる（早坂・後掲137～138頁）。旧生活保護法1条（昭21法17）が「生活の保護を必要とする状態にある者の生活」の保護を目的としたのとは異なり, 現行法は「すべての国民」に対する保護を行うことを定める（生活保護1）。行政運用では, この規定により外国人は適用対象とならないが, 生活に困窮する者に対しては, 一般国民への生活保護実施に準じ, 必要と認める保護を行うこととされた（昭29・5・8社発382号厚生省社会局長通知）。旧厚生省は1990年10月, 生活保護指導監督職員ブロック会議等において, 生活保護の対象となる外国人を, 出入国管理及び難民認定法別表第2に掲げる定住的な外国人（永住者等）に限定する旨指示したとされる（堀勝洋・季刊社会保障研究32巻3号340・347頁）。

2 本件1審は, 憲法25条が外国人に対し生存権保障を原理的に排除するものと解すべきでないと述べたが（ただし広い立法裁量を支持する）, 外国人の生存権保障については, その法的地位・態様等に応じて検討する立場が有力であり（芦部憲法学Ⅱ136～138頁等。柴田・後掲96頁, 関根・後掲11頁）, 本件については合憲解釈による生活保護の適用も示唆された（近田・後掲263頁）。Xのような不法残留者については消極的な立場もあるが（堀・前掲347頁等）, 緊急医療の場合には立法裁量がゼロに収縮するとみて, 国籍による保障対象の議論と区別する見解もある（棟居・後掲86頁）。憲法14条違反については, 精神的自由に準じた厳格な合理性基準の適用も指摘される（早坂・後掲138頁）。

◆ 参考文献 ◆

柴田洋二郎・法学66巻6号92頁, 関根由紀・社会保障百選〔第4版〕10頁, 近田正晴・判タ臨増1125号262頁, 成嶋隆・法教260号128頁, 早坂禧子・法令解説資料総覧238号137頁, 棟居快行・法セ476号82頁。

判例の流れ　　　　　　　　　　　　　　　　　●小島慎司●

19 社会権(2) 労働基本権

　1　以下の判決群は、主に国家の刑罰権との関係で労働基本権の限界を論じた判決と、少数派の組合員との関係で労組の統制権の限界を論じた判決に分かれる。

　第1のグループの諸判決の特徴は比較衡量論の継承と変容にある。労働基本権の規制による利益と不利益を比べるという広義での比較衡量論は、231事件（最大判昭40・7・14―和教組事件）で明確に打ち出されて他の判決に継承された。しかし、同判決に見られた立法裁量の尊重の説示は232事件（最大判昭41・10・26―全逓東京中郵事件）で除かれ、代わりに制約の必要最小限度性審査が加わった。それを継承した一連の判例を、国家公務員についての234事件（最大判昭48・4・25―全農林警職法事件）を皮切りに、地方公務員についての235事件（最大判昭51・5・21―岩教組学テ事件）、現業公務員についての236事件（最大判昭52・5・4―全逓名古屋中郵事件）が変更していったこと、それに対して学説が批判的であることは教科書的な知識であろう。

　しかし、こうした変更が枠組み自体の変化ではないことには注意を要する。形式的には、広義の比較衡量論はもちろん、232事件の必要最小限度性審査も継承されており、有名な234事件(i)(ア)、(イ)のくだりもこうした枠組みを共有した上での議論である。変化したのは判断の実質、つまり、衡量する利益をいかなる程度具体的に理解するかや、制約の必要最小限度性をいかなる程度具体的に審査するかである。

　この点、確かに、後の236事件は、公務員の争議権を28条の「当然」の保護範囲から外すものと234事件(i)(ア)を要約して同判決に新しさを見出している。また、同じ理解に立って、学説上は同判決を初期の判例（230事件〔最大判昭25・11・15―山田鋼業事件〕の解説参照）への逆戻りとする批判も強い。しかし、234事件の新しさは、規制による利益を抽象的に大きく見積もって規制の限定解釈を避けたことにあると考えるべきであろう。

　こうした比較衡量論の継承と変容という特徴は、労働基本権にかかわる判例に限らず、同時代の20事件（最大判昭49・11・6―猿払事件上告審）の「利益の均衡」審査にも見られる（同判決の調査官解説を参照）。

　2　これに関連して、法令そのものの合憲性を前提とした場合でも、具体的な適用行為（処罰や懲戒）を対象にして適用違憲（適用上判断）の可能性を検討する途もありうる（237事件〔最判平12・3・17―人勧スト事件〕）。

　3　第2のグループの諸判決の特徴は、労組の統制権を審査するに当たり、当該統制行為が労組の目的に含まれるか、労組の目的に含まれたとしても許されない場合に当たらないかという2段階の枠組みを採用した点にある。

　この審査枠組みは238事件（最大判昭43・12・4―三井美唄炭鉱事件）で採用された。同判決の争点①、②は第1段階にかかわる。まず、統制権の行使は労使間の労働者の地位向上という労組の本来の「目的」からは外れた活動であるが、本判決はこれが28条の保護を受けるという（団結権説）。次いで、本来の目的に即して政治活動を行う能力も労組に肯定する。実質的には、「現実の政治・経済・社会機構」という1つの"秩序"を前提として付随的な政治活動も労組の目的に含まれると述べたのである。他方、第2段階の争点③については、比較衡量論を用いて検討し、たとえ以上の目的を達成するためでも上記説得を超えた要求、処分は立候補の自由の重要性を考慮すると許されないとする。こうした2段階の審査枠組みは239事件（最判昭50・11・28―国労広島地本事件）にも受け継がれ、同判決を介して労組以外の団体と構成員の思想の自由にかかわる一連の諸判決に大きな影響を与えた（「5 思想・良心の自由」の〈判例の流れ〉参照）。

230 生産管理の正当性——山田鋼業事件

最高裁昭和25年11月15日大法廷判決
(昭和23年(れ)第1049号窃盗被告事件)
刑集4巻11号2257頁

■事案■

A社では，業務縮小による整理を理由として従業員の解雇を通告したことをきっかけとして，労働組合がストライキを開始し，さらには，生産管理に入った。すなわち，組合員がA社の工場や設備資材を占有し，A社の経営担当者の指揮命令を排除し，自ら生産活動や賃金の支払を行ったのである。組合員Xらは，運転資金を得るために，会社所有の鉄板を搬出して売却したため，業務上横領の罪に問われた。

1審（大阪地判昭22・11・22刑事裁判資料10号108頁）は，生産管理を適法な争議行為とし本件行為は争議権の濫用にも当たらないとして，無罪。これに対して2審（大阪高判昭23・5・29刑集4巻11号2305頁参照）は，生産サボタージュの場合と異なり生産管理は使用者の自由な意思を剥奪することから，正当な争議行為とはいえないとして，窃盗罪の成立を認めた。Xらが上告。

■争点■

生産管理は正当な争議行為であり，刑事責任が免責されるか。

■判旨■

上告棄却。

「論旨は，憲法が労働者の争議権を認めたことを論拠として，従来の市民法的個人法的観点を揚棄すべきことを説き，かような立場から労働者が争議によって使用者たる資本家の意思を抑圧してその要求を貫徹することは不当でもなく違法でもないと主張する。しかし憲法は勤労者に対して団結，団体交渉権その他の団体行動権を保障すると共に，すべての国民に対して平等権，自由権，財産権等の基本的人権を保障しているのであって，是等諸々の基本的人権が労働者の争議権の無制限な行使の前に悉く排除されることを認めているのでもなく，後者が前者に対して絶対的優位を有することを認めているのでもない。寧ろこれ等諸々の一般的基本的人権と労働者の権利との調和をこそ期待しているのであって，この調和を破らないことが，即ち争議権の正当性の限界である。その調和点を何処に求めるべきかは，法律制度の精神を全般的に考察して決すべきである。固より使用者側の自由権や財産権と雖も絶対無制限ではなく，労働者の団体行動権等のためある程度の制限を受けるのは当然であるが，原判決の判示する程度に，使用者側の自由意思を抑圧し，財産に対する支配を阻止することは許さるべきでないと認められる。それは労働者側の争議権を偏重して，使用者側の権利を不当に侵害し，法が求める調和を破るものだからである。論旨は理由がない。」

「論旨は，生産管理が同盟罷業と性質を異にするものでないということを理由として，生産管理も同盟罷業と同様に違法性を阻却される争議行為であると主張する。しかしわが国現行の法律秩序は私有財産制度を基幹として成り立っており，企業の利益と損失とは資本家に帰する。従って企業の経営，生産行程の指揮命令は，資本家又はその代理人たる経営担当者の権限に属する。労働者が所論のように企業者と並んで企業の担当者であるとしても，その故に当然に労働者が企業の使用収益権を有するのでもなく，経営権に対する権限を有するのでもない。従って労働者側が企業者側の私有財産の基幹を揺がすような争議手段は許されない。なるほど同盟罷業も財産権の侵害を生ずるけれども，それは労働力の給付が債務不履行となるに過ぎない。然るに本件のようないわゆる生産管理に於ては，企業経営の権能を権利者の意思を排除して非権利者が行うのである。それ故に同盟罷業も生産管理も財産権の侵害である点において同様であるからとて，その相違点を無視するわけにはゆかない。前者において違法性が阻却されるからとて，後者においてもそうだという理由はない。よって論旨は採用することができない。」

■解説■

1 憲法28条，労組法1条2項が適用されて刑事免責を受ける団体行動についての一般的な説示は最大判昭24・5・18（刑集3巻6号772頁）に見られた。本判決は，争議の手段（態様）についてそれを検討し，生産手段を私有する使用者の支配を排除する生産管理は正当でないとしたものと位置づけられる。もっとも，争議の目的，手段と段階的に論じているわけではない。敢えていえば争議権の内在的制約を前提としているとはいえようが，具体的な審査枠組みは明確でない。

2 これに対して，次の本書231事件（最大判昭40・7・14—和教組事件）は，労働基本権一般について，その制限の可否を(1)規制による利益と不利益の衡量によって審査する枠組みを採った。本判決はともかく，231事件の引用する政令201号にかかる弘前機関区事件判決（最大判昭28・4・8刑集7巻4号775頁）や三鷹事件（最大判昭30・6・22刑集9巻8号1189頁）が衡量の余地も示さず公共の福祉のための制限をやむをえないと述べていたことからは変化したのである。もっとも，直後に(2)立法裁量の尊重が原則であると続け，実質的には浅い濫用審査に限るかに見える。(1)は広義の比較衡量論に相当し，その必要性は広く肯定されているが，学説上は審査基準を伴わないと同判決のように(2)と結合しがちであると批判される。

◆ 参考文献 ◆
香川達夫・続刑法百選46頁，二本柳高信・百選II〔第5版〕314頁。

231 いわゆる「逆締め付け」の合憲性——和教組事件

最高裁昭和40年7月14日大法廷判決
(昭和36年(オ)第1138号専従休暇不承認処分取消請求事件)
民集19巻5号1198頁, 判時414号8頁

■事案■

当時の地方公務員法52条5項は「職員は、地方公共団体から給与を受けながら、職員団体のためその事務を行い、又は活動してはならない」と定めていたが、この反対解釈として無給の専従休暇を認めうると考えられており、和歌山市等の専従条例2条も、「任命権者(……県費負担教職員〔地方教育行政の組織及び運営に関する法律37条〕……にあっては〔市〕教育委員会……)は職員に対し、その申出により、公務に支障のない限り、その代表者又は役員として登録された職員団体の業務にもっぱら従事する為の休暇……を与えることができる」などと定めていた。Xらは、和歌山市等の公立中学校の職員であり、かつ、和歌山県公立学校教職員組合（和教組）の役員となったので、Y（市教育委員会）に専従休暇承認の申請を行ったところ、拒否された。本件は、XらがYに対してこの拒否処分の取消しを求めた訴訟である。

Yの処分の主な理由は、和教組が非職員6名も構成員とし違法な職員団体であったことにある。当時、地方公務員法52条1項は地方公務員による職員団体の結成、加入を認めていたが、レッド・パージによって公務員の地位を追われた労働運動のリーダーは職員団体に残るべきではないという見解があったのである。こうして1審（和歌山地判昭34・9・26行集10巻9号1856頁）、2審（大阪高判昭36・7・10行集12巻7号1522頁）は、非職員を含んではならないという趣旨（「逆締め付け」と呼ばれる）に地方公務員法の規定を解しうるかを論じ、そういう文脈で以下の争点も扱った。請求認容。Yが上告。

ただ、本判決では、以下の争点は上記の文脈とは無関係に生じている。すなわち、Yの主張に応じる形で、専従休暇の取得は、28条の団結権に内在する固有の権利でないものの、逆締め付けの代わりに認められたものなのだから司法審査の対象となるとされた。そこで、地方公務員法52条1項から逆締め付けを導き出す必要が生じ、それに関連して以下の争点に触れたのである。さらにいえばそもそも、本判決は専従期間満了による訴えの利益の消滅を理由として2審、1審判決を破棄、取り消し、Xらの請求を棄却した（訴え却下が素直か）ため、判旨は傍論でもある。

■争点■

非職員が地方公務員の職員団体の構成員になれないと解された地方公務員法52条1項は憲法28条に違反するか。

■判旨■

破棄自判。

以上のように解された地方公務員法52条1項と「憲法28条との関係について付言すれば、憲法28条の保障する勤労者の団結権等は、立法その他の国政の上で最大の尊重を必要とし、みだりに制限することを許さないものであるが、絶対無制限のものではなく、公共の福祉のために制限を受けるのはやむを得ないこと、当裁判所の屡次の判決の示すところである（〔最大判昭28・4・8刑集7巻4号775頁、本書230事件（最大判昭25・11・15——山田鋼業事件）〕……等参照）。そして、右の制限の程度は、勤労者の団結権等を尊重すべき必要と公共の福祉を確保する必要とを比較考量し、両者が適正な均衡を保つことを目的として決定されるべきであるが、このような目的の下に立法がなされる場合において、具体的に制限の程度を決定することは立法府の裁量権に属するものというべく、その制限の程度がいちじるしく右の適正な均衡を破り、明らかに不合理であって、立法府がその裁量権の範囲を逸脱したと認められるものでないかぎり、その判断は、合憲、適法なものと解するのが相当である。」

「ところで、地方公務員法が職員の給与、勤務時間その他の勤務条件について、その根本基準を定め（24条参照）、地方公共団体の人事委員会による給与等の勧告に関する制度を設け（25条3項、26条、47条参照）、さらに、前叙のごとく、職員は団体協約の締結はできないとはいえ、職員団体を通じて勤務条件等につき当局と交渉をすることができるものとし（55条1項参照）、職員団体の事務の処理のため一定の職員に対して専従休暇を許すようにしていること等によって、職員の労働基本権を一応保護していることにかんがみ、また、地方公務員は全体の奉仕者として公共の利益のために勤務し（憲法15条2項参照）、且つ、職務の遂行にあたっては全力を挙げてこれに専念し、当該地方公共団体の職務にのみ従事しなければならない義務を負っており（地方公務員法35条参照）、このような責務を有する職員の秩序は、公共の利益のためとくに確保されなければならないということにかんがみれば、立法府が従前の官公庁労働組合の実状等諸般の事情からみて職員団体の自主性または民主性の実体のそこなわれることを懸念し、前叙のごとく、非職員の職員団体への参加を認めないとして、職員の団結権をこの限度において制限したのは、前記の適正均衡をいちじるしく破り、明らかに不合理であって、その与えられた裁量権の範囲を逸脱したものとは認められない。それ故、地方公務員法52条1項（および本件専従条例各2条）を前段説示のごとく解することは、憲法28条に違反するものということはできない。」

■解説■

230事件の解説を参照。

◆ 参考文献 ◆

渡部吉隆・最判解民事篇昭和40年度232頁, 芦部理論383頁。

232 現業公務員の争議行為禁止の合憲性(1)——全逓東京中郵事件

最高裁昭和41年10月26日大法廷判決
(昭和39年(あ)第296号郵便法違反教唆被告事件)
刑集20巻8号901頁、判時460号10頁

■事案■

公共企業体等労働関係法（当時。以下、「公労法」という）。現在、「特定独立行政法人等の労働関係に関する法律」）17条1項は、「職員及びその組合は、同盟罷業、怠業、その他業務の正常な運営を阻害する一切の行為をすることができない。又職員は、このような禁止された行為を共謀し、そそのかし、若しくはあおってはならない」と定めていた。また、郵便法79条1項は「郵便の業務に従事する者がことさらに郵便の取扱をせず、又はこれを遅延させたときは、これを1年以下の懲役又は2万円以下の罰金に処する」と規定していた。全逓信労働組合の役員であったXらは、春闘を有利に展開するため、東京中央郵便局の従業員Aらに「勤務時間内喰い込み職場大会」に参加するように説得して職場を離脱させた。

1審（東京地判昭37・5・30判時303号14頁）は、Aらの行為につき労働組合法（以下、「労組法」という）1条2項の適用により郵便法79条1項違反の違法性が阻却されるとし、Xらにもその教唆の罪の成立を否定した。2審（東京高判昭38・11・27判時363号48頁）は公労法17条1項により労組法1条2項の適用が排されるとして、1審判決を破棄した。Xらが上告。

■争点■

①公労法17条1項は憲法28条に違反するか。
②公労法17条1項の違反者に対して郵便法79条1項の罰則が適用されるか。

■判旨■

破棄差戻し（松田二郎、岩田誠裁判官の各補足意見、奥野健一・草鹿浅之介・石田和外裁判官と五鬼上堅磐裁判官の各反対意見がある）。

「労働基本権は、たんに私企業の労働者だけについて保障されるのではなく、公共企業体の職員はもとよりのこと、国家公務員や地方公務員も、憲法28条にいう勤労者にほかならない以上、原則的には、その保障を受けるべき」だが「公務員またはこれに準ずる者については、後に述べるように、その担当する職務の内容に応じて、私企業における労働者と異なる制約を内包しているにとどまると解すべきである」。

勤労者の労働基本権は、「もとより、何らの制約も許されない絶対的なものではないのであって、国民生活全体の利益の保障という見地からの制約を当然の内在的制約として内包しているものと解しなければならない。しかし、具体的にどのような制約が合憲とされるかについては、諸般の条件、ことに左の諸点を考慮に入れ、慎重に決定する必要がある」。「(1) 労働基本権の制限は、労働基本権を尊重確保する必要と国民生活全体の利益を維持増進する必要とを比較衡量して、両者が適正な均衡を保つことを目途として決定すべきであるが、労働基本権が勤労者の生存権に直結し、それを保障するための重要な手段である点を考慮すれば、その制限は、合理性の認められる必要最小限度のものにとどめなければならない。(2) 労働基本権の制限は、勤労者の提供する職務または業務の性質が公共性の強いものであり、したがってその職務または業務の停廃が国民生活全体の利益を害し、国民生活に重大な障害をもたらすおそれのあるものについて、これを避けるために必要やむを得ない場合について考慮されるべきである。(3) 労働基本権の制限違反に伴う法律効果、すなわち、違反者に対して課せられる不利益については、必要な限度をこえないように、十分な配慮がなされなければならない。とくに、勤労者の争議行為等に対して刑事制裁を科することは、必要やむを得ない場合に限られるべきであり、同盟罷業、怠業のような単純な不作為を刑罰の対象とするについては、特別に慎重でなければならない。けだし、現行法上、契約上の債務の単なる不履行は、債務不履行の問題として、これに契約の解除、損害賠償責任等の民事的法律効果が伴うにとどまり、刑事上の問題としてこれに刑罰が科せられないのが原則である。このことは、人権尊重の近代的思想からも、刑事制裁は反社会性の強いもののみを対象とすべきであるとの刑事政策の理想からも、当然のことにほかならない。それは債務が雇傭契約ないし労働契約上のものである場合でも異なるところがなく、労務者がたんに労務を供給せず（罷業）もしくは不完全にしか供給しない（怠業）ことがあっても、それだけでは、一般的にいって、刑事制裁をもってこれに臨むべき筋合ではない。(4) 職務または業務の性質上からして、労働基本権を制限することがやむを得ない場合には、これに見合う代償措置が講ぜられなければならない。」

以上は、法律制定の際ばかりでなく法律の解釈適用に際しても十分に考慮されなければならない。

(i)「関係法令の制定改廃の経過に徴すると、公労法適用の職員については、公共企業体の職員であると、いわゆる五現業の職員であるとを問わず、憲法の保障する労働基本権を尊重し、これに対する制限は必要やむを得ない最小限度にとどめるべきであるとの見地から、争議行為禁止違反に対する制裁をしだいに緩和し、刑事制裁は、正当性の限界をこえないかぎり、これを科さない趣旨であると解するのが相当である。」

公労法17条1項が憲法28条および18条に違反しないことは、すでに当裁判所の判例とするところであり、今日でも変更の必要を認めない。その理由は次のとおりである。

「憲法28条の保障する労働基本権は、さきに述べた

ように，何らの制約も許されない絶対的なものではなく，国民生活全体の利益の保障という見地からの制約を当然に内包しているものと解すべきである。いわゆる五現業および三公社の職員の行なう業務は，多かれ少なかれ，また，直接と間接との相違はあっても，等しく国民生活全体の利益と密接な関連を有するものであり，その業務の停廃が国民生活全体の利益を害し，国民生活に重大な障害をもたらすおそれがあることは疑いをいれない。他の業務はさておき，本件の郵便業務についていえば，その業務が独占的なものであり，かつ，国民生活全体との関連性がきわめて強いから，業務の停廃は国民生活に重大な障害をもたらすおそれがあるなど，社会公共に及ぼす影響がきわめて大きいことは多言を要しない。それ故に，その業務に従事する郵政職員に対してその争議行為を禁止する規定を設け，その禁止に違反した者に対して不利益を課することにしても，その不利益が前に述べた基準に照らして必要な限度をこえない合理的なものであるかぎり，これを違憲無効ということはできない。」

この観点からみるに，公労法17条1項の定める争議行為の禁止の違反に対する制裁は，解雇（18条），損害賠償（3条による労組法8条の除外）であり，「争議行為禁止違反が違法であるというのは，これらの民事責任を免れないとの意味においてである。そうして，このような意味で争議行為を禁止することについてさえも，その代償として，右の職員については，公共企業体等との紛争に関して，公共企業体等労働委員会によるあっせん，調停および仲裁の制度を設け，ことに，公益委員をもって構成される仲裁委員会のした仲裁裁定は，労働協約と同一の効力を有し，当事者双方を拘束するとしている。そうしてみれば，公労法17条1項に違反した者に対して，右のような民事責任を伴う争議行為の禁止をすることは，憲法28条，18条に違反するものでないこと疑いをいれない」。

(ii) 次に刑事制裁についてみるに，「争議行為禁止の違反に対する制裁はしだいに緩和される方向をとり，現行の公労法は特別の罰則を設けていない。このことは，公労法そのものとしては，争議行為禁止の違反について，刑事制裁はこれを科さない趣旨であると解するのが相当である。公労法3条で，刑事免責に関する労組法1条2項の適用を排除することなく，これを争議行為にも適用することとしているのは，この趣旨を裏づけるものということができる。そのことは，憲法28条の保障する労働基本権尊重の根本精神にのっとり，争議行為の禁止違反に対する効果または制裁は必要最小限度にとどめるべきであるとの見地から，違法な争議行為に関しては，民事責任を負わせるだけで足り，刑事制裁をもって臨むべきではないとの基本的態度を示したものと解することができる」。

「このように見てくると，公労法3条が労組法1条2項の適用があるものとしているのは，争議行為が労組法1条1項の目的を達成するためのものであり，かつ，たんなる罷業または怠業等の不作為が存在するにとどまり，暴力の行使その他の不当性を伴わない場合には，刑事制裁の対象とはならないと解するのが相当である。それと同時に，争議行為が刑事制裁の対象とならないのは，右の限度においてであって，もし争議行為が労組法1条1項の目的のためでなくして政治的目的のために行なわれたような場合であるとか，暴力を伴う場合であるとか，社会通念に照らして不当に長期に及ぶときのように国民生活に重大な障害をもたらす場合には，憲法28条に保障された争議行為としての正当性の限界をこえるもので，刑事制裁を免れないといわなければならない。これと異なり，公共企業体等の職員のする争議行為について労組法1条2項の適用を否定し，争議行為について正当性の限界のいかんを論ずる余地がないとした当裁判所の判例〔最判昭38・3・15刑集17巻2号23頁〕……は，これを変更すべきものと認める。」

ところで，郵便法の関係について見るに，その79条1項は「争議行為にも適用があるものと解するほかはない。ただ，争議行為が労組法1条1項の目的のためであり，暴力の行使その他の不当性を伴わないときは，前に述べたように，正当な争議行為として刑事制裁を科せられないものであり，労組法1条2項が明らかにしているとおり，郵便法の罰則は適用されないこととなる」。

1審判決はAらが郵便法79条1項前段の構成要件に該当すると認定した。原判決は右事実があるとすれば争議行為の限界を論ずる余地なく労組法1条2項の適用はないという。しかし，「さきに述べた憲法28条および公労法17条1項の合理的解釈に従い，労組法1条2項を適用して，はたして同条項にいう正当なものであるかいなかを具体的事実関係に照らして認定判断し，郵便法79条1項の罪責の有無を判断しなければならない」。「原判決の右判断は，法令の解釈適用を誤ったもので，その違法は判決に影響を及ぼすこと明らかであり，これを破棄しなければいちじるしく正義に反する」。

■解説■

〈判例の流れ〉を参照。争点②については，公労法17条違反の行為は民事責任を発生させるが，労組法1条2項が適用されて刑事法上の違法性は阻却されるとしている（判旨に引用されている昭和38年判決に参加した奥野，草鹿裁判官らは違法性一元論からこれに反対）。民事制裁へ限定するこの解釈が判旨(i)の合憲論の前提となっている。この限定は本書236事件（最大判昭52・5・4―全逓名古屋中郵事件）の判旨(ii)で斥けられたが，これを違法一元論と見るか（同判決の団藤重光裁判官の反対意見）は評価が分かれる。

◆ 参考文献 ◆

中野次雄・最判解刑事篇昭和41年度233頁。233事件以下の判例についても安念潤司・法教214号52頁。

233 地方公務員の争議行為禁止等の合憲性(1)——東京都教組事件

最高裁昭和44年4月2日大法廷判決
（昭和41年(あ)第401号地方公務員法違反被告事件）
刑集23巻5号305頁，判時550号21頁

■事案■

地方公務員法（以下，「地公法」という）は，37条1項で職員の争議行為を禁止しつつそれを処罰する規定を置いていないが，同項は，職員の争議行為のあおり等をすることも禁止しており，61条4号がその処罰を定めている。

東京都教職員組合の役員であるYらは，都教育委員会による勤務評定の実施に反対する目的で，組合員である教職員をして校長の許可なくして同盟罷業を行わしめるため，指令の配布，趣旨の伝達等を行った。1審（東京地判昭37・4・18判時304号4頁）は，61条4号が処罰の対象としているものは争議行為に通常随伴して行われる煽動行為よりも違法性が強いものに限られるとして，無罪。2審（東京高判昭40・11・16高刑集18巻7号742頁）はこの限定解釈を採らず，控訴認容。Yらが上告。

なお，争点①②について本判決が採用した合憲限定解釈の持つ意味については本書307事件（本件と同一事件）を参照。

■争点■

①地公法37条・61条4号は憲法28条に違反するか。
②37条が禁止している争議行為とは何か。またそのあおり行為を行った者について61条4号の定める罰則を適用しうるか。
③Yらの本件行為に61条4号が適用しうるか。

■判旨■

破棄自判（松田二郎裁判官の補足意見，入江俊郎，岩田誠裁判官の各意見，奥野健一・草鹿浅之介・石田和外・下村三郎・松本正雄裁判官の反対意見がある）。

(i) 「公務員の職務の性質・内容は，きわめて多種多様であり」，「公務員の職務の性質・内容を具体的に検討しその間に存する差異を顧みることなく，いちがいに，その公共性を理由として，これを一律に規制しようとする態度には，問題がないわけではない」。公務員の労働基本権の制約の可否については，「憲法の根本趣旨に照らし，慎重に決定する必要があ」り，考慮要素は232事件（最大判昭41・10・26——全逓東京中郵事件）で説示したとおりである。地公法37条および61条4号の合憲性は，「違反者に対して課せられる不利益」が「必要な限度をこえないように十分な配慮」をし，とくに，「勤労者の争議行為に対して刑事制裁を科することは，必要やむをえない場合に限られるべきであるとする点に十分な考慮を払いながら」判断されるべきである。

地公法37条・61条4号の規定が，「文字どおりに，すべての地方公務員の一切の争議行為を禁止し，これらの争議行為の遂行を共謀し，そそのかし，あおる等の行為（以下，あおり行為等という。）をすべて処罰する趣旨と解すべきものとすれば」，「必要やむをえない限度をこえて争議行為を禁止し，かつ，必要最小限度にとどめなければならないとの要請を無視し，その限度をこえて刑罰の対象としているもの」であり，違憲である。しかし，「規定の表現にかかわらず」，「禁止されるべき争議行為の種類や態様」，「処罰の対象とされるべきあおり行為等の態様や範囲」について「おのずから合理的な限界の存すること」を承認しうるので，「規定の表現のみをみて，直ちにこれを違憲無効の規定であるとする」ことはできない。

(ii) 先に述べたとおり，地方公務員の職務の「公共性の程度は強弱さまざまで，その争議行為が常に直ちに公務の停廃をきたし，ひいて国民生活全体の利益を害するとはいえない」し，争議行為の態様を考慮して，「争議行為を禁止することによって保護しようとする法益と，労働基本権を尊重し保障することによって実現しようとする法益との比較較量により」争議行為に該当するかを判断せねばならない。そして，該当しても違法性が弱い場合には，実質的に該当性を否定することもありうる。また，違法な争議行為と解されても「直ちに刑事罰をもってのぞむ」べきではない。かえって，同法37条2項を考慮すれば懲戒責任や民事責任を負わせることは「もとよりありうべきところ」であるが「刑事制裁を科することは，同法の認めないところ」である。

ところで，地公法61条4号はあおり行為等をした者を処罰するとしているが，それは，「争議行為自体が違法性の強いものであること」を前提とすると解すべきである。また，争議行為と同じく違法なあおり行為等にもその態様に応じて「その違法性の程度には強弱さまざまのものがありうる」ので，「争議行為に通常随伴して行なわれる行為」は処罰の対象とされるべきではない。「争議行為の一環としての行為」を「すべて安易に処罰すべきもの」とするのは「争議行為者不処罰の建前をとる前示地公法の原則に矛盾する」からである。

(iii) 「本件の一せい休暇闘争」の違法性は「否定することができない」が，「都教組の執行委員長その他幹部たる組合員の地位において右指令の配布または趣旨伝達等の行為をした」というYらの行為は，「本件争議行為の一環として行なわれた」「組合員のする争議行為に通常随伴する行為にあた」り，「懲戒処分をし，また民事上の責任を追及するのはともかくとして」，「刑事罰をもってのぞむ違法性を欠くものといわざるをえない」。原判決は破棄しなければ著しく正義に反する。

■解説■

本判決は232事件を受け継ぎ，争点②につき地公法の限定解釈を行った。ただ，公共企業体等労働関係法（当時）と異なり地公法61条4号はあおり行為等を処罰しているため，違法性の強い争議行為について，しかも，争議行為に通常随伴しないようなあおり行為に限って処罰するという技巧的な限定解釈（「二重の絞り」）を行った（奥野裁判官の反対意見は反対。入江，岩田各意見は異なる限定解釈を示す）。その結果，争点③についてYらの本件行為は無罪とされたのである。なお，本判決と同日に大法廷は，裁判所職員の争議行為のあおりへの処罰の可否が問われた全司法仙台事件（刑集23巻5号685頁）についても当時の国公法98条5項，110条1項7号に同様の限定解釈を施した。

◆参考文献◆
船田三雄・最判解刑事篇昭和44年度54頁。

234 国家公務員の争議行為禁止等の合憲性——全農林警職法事件

最高裁昭和48年4月25日大法廷判決
（昭和43年（あ）第2780号国家公務員法違反被告事件）
刑集27巻4号547頁、判時699号22頁

■事 案■

本書233事件（最大判昭44・4・2―東京都教組事件）の地方公務員法と同じく当時の国家公務員法（以下、「国公法」という）は、98条5項（現98Ⅱ）で職員の争議行為を禁止しつつそれを処罰する規定を置いていなかったが、同項は、職員の争議行為のあおり等をすることも禁止しており、110条1項17号がこれを処罰していた。

全農林労組の役員Yらは、警職法改正に反対する統一行動の一環として、各県本部あてに同盟罷業の指令を発し、ピケットを張って農林省職員を入庁させず職場大会に参加するように慫慂した。1審（東京地判昭38・4・19判時338号8頁）は、110条1項17号を限定解釈してYらを無罪としたが、2審（東京高判昭43・9・30高刑集21巻5号365頁）は限定解釈を不要として有罪とした。Yらが上告。

■争 点■

①国公法98条5項・110条1項17号は憲法28条に違反するか。このとき、98条5項が禁止する争議行為の意味、そのあおり行為を行った者に対する110条1項17号の罰則適用の可否をいかに解すべきか。
②Yらの本件行為に110条1項17号が適用しうるか。
③いわゆる「政治スト」は憲法28条によって保障された争議行為に含まれるか。

■判 旨■

上告棄却（石田和外・村上朝一・藤林益三・岡原昌男・下田武三・岸盛一・天野武一裁判官の補足意見〔岸・天野裁判官については追加補足意見も〕、岩田誠裁判官と田中二郎・大隅健一郎・関根小郷・小川信雄・坂本吉勝裁判官の各意見、色川幸太郎裁判官の反対意見がある）。

公務員は「勤労者として、自己の労務を提供することにより生活の資を得ているものである点」で「一般の勤労者と異な」らず、「憲法28条の労働基本権の保障は公務員に対しても及ぶ」。ただ、この労働基本権は、「勤労者の経済的地位の向上のための手段として認められたものであって、それ自体が目的とされる絶対的なものではないから、おのずから勤労者を含めた国民全体の共同利益の見地からする制約を免れない」。

（i）(ア) 公務員は、「国民の信託に基づいて国政を担当する政府により任命される」が、「憲法15条の示すとおり、実質的には、その使用者は国民全体であ」る。このことによる「公務員の地位の特殊性と職務の公共性にかんがみるときは、これを根拠として公務員の労働基本権に対し必要やむをえない限度の制限を加えることは、十分合理的な理由がある」。けだし、「公務の円滑な運営のためには、その担当する職務内容の別なく、それぞれの職場においてその職責を果すことが必要不可欠であ」り、公務員の争議行為は、「その地位の特殊性および職務の公共性と相容れ」ず、「多かれ少なかれ公務の停廃をもたらし、その停廃は勤労者を含めた国民全体の共同利益に重大な影響を及ぼすか、またはその虞があるからである」。

次に「公務員の勤務条件の決定」については「私企業における勤労者と異なる」。すなわち私企業においては、「労働者側の利潤の分配要求の自由も当然に是認せられ、団体を結成して使用者と対等の立場において団体交渉をなし、賃金その他の労働条件を集団的に決定して協約を結び、もし交渉が妥結しないときは同盟罷業等を行なって解決を図るという憲法28条の保障する労働基本権の行使が何らの制約なく許される」。これに反し、公務員の場合は、その給与の財源は「主として税収によって賄われ」、「その勤務条件はすべて政治的、財政的、社会的その他諸般の合理的な配慮により」「民主国家のルールに従い」「立法府において論議のうえ」決定され、「同盟罷業等争議行為の圧力による強制を容認する余地は」ない（憲73④、国公63Ⅰ参照）。公務員による「使用者としての政府」に対する争議行為は「的はずれであ」る。この制約下で公務員の争議行為が行われるならば、「民主的に行なわれるべき公務員の勤務条件決定の手続過程を歪曲することともな」り、「議会制民主主義（憲法41条、83条等参照）に背馳し、国会の議決権を侵す虞れすらなしとしない」。

さらに、私企業においては「一般に使用者にはいわゆる作業所閉鎖（ロックアウト）をもって争議行為に対抗する手段があ」り、また、労働者の過大な要求が「企業そのものの存立を危殆ならしめ」「労働者自身の失業を招」きかねないから「労働者の要求はおのずからその面よりの制約を免れ」ず、公務員の争議行為と異なる。また、私企業においては、「その提供する製品または役務に対する需給につき、市場からの圧力を受けざるをえな

い関係上，争議行為に対しても，いわゆる市場の抑制力が働く」が，「公務員の場合には，そのような市場の機能が作用する余地がない」。

(イ) しかし労働基本権の保障と国民全体の共同利益の擁護との間の均衡は「憲法の趣意である」ので，労働基本権の制限には「これに代わる相応の措置」を要する。わが法制上，公務員は，「法定の勤務条件を享受し」，かつ，一般に，「その勤務条件の維持改善を図ることを目的として職員団体を結成する」こと等の自由を有し，さらに，当局は「交渉の申入れを受けた場合には，これに応ずべき地位に立つ」とされている。国公法98条5項は争議行為等を禁止し，かかる違法な行為をあおること等を禁止しており，それに違反した職員は国に対して任命または雇用上の権利を主張できないが，「しかし，その中でも，単にかかる争議行為に参加したにすぎない職員については罰則はなく，争議行為の遂行を共謀し，そそのかし，もしくはあおり，またはこれらの行為を企てた者についてだけ罰則が設けられているのにとどまる」（110Ⅰ⑰）。以上のことから，「法は，国民全体の共同利益を維持増進することとの均衡を考慮しつつ，その労働基本権を尊重し，これに対する制約，とくに罰則を設けることを，最少限度にとどめようとしている態度をとっている」（232事件〔最大判昭41・10・26――全逓東京中郵事件〕参照）。

法は，これらの争議行為等に対する制約の代償措置として「身分，任免，服務，給与その他に関する勤務条件についての周到詳密な規定を設け，さらに中央人事行政機関として準司法機関的性格をもつ人事院を設けている」。ことに「人事院は，公務員の給与，勤務時間その他の勤務条件について，いわゆる情勢適応の原則により，国会および内閣に対し勧告または報告を義務づけられている」。そして，公務員は，「勤務条件に関し，人事院に対しいわゆる行政措置要求を」することもできる。

以上のことから国公法98条5項は「勤労者をも含めた国民全体の共同利益の見地からするやむをえない制約というべきであって」憲法28条に違反しない。

(ウ) 公務員の争議行為の禁止は合憲なので「この禁止を侵す違法な争議行為をあおる等の行為をする者は，違法な争議行為に対する原動力を与える者として，単なる争議参加者にくらべて社会的責任が重いのであり」，「その者に対しとくに処罰の必要性を認めて罰則を設けることは，十分に合理性がある」。したがって，国公法110条1項17号は憲法28条等に違反しない。

(エ) 「国公法98条5項，110条1項17号の解釈に関して」，公務員の争議行為等禁止は合憲であり争議行為をあおる等の行為への罰則にも合理性があるから，「公務員の行なう争議行為のうち，同法によって違法とされるものとそうでないものとの区別を認め，さらに違法とされる争議行為にも違法性の強いものと弱いものとの区別を立て，あおり行為等の罪として刑事制裁を科されるのはそのうち違法性の強い争議行為に対するものに限る」等の解釈は「とうてい是認することができない」。けだし，そのように解すると「いうところの違法性の強弱の区別が元来はなはだ曖昧であるから刑事制裁を科しうる場合と科しえない場合との限界がすこぶる明確性を欠くこととな」り，「かえって犯罪構成要件の保障的機能を失わせることとなり，その明確性を要請する憲法31条に違反する疑いすら存するものといわなければならない」からである。いわゆる全司法仙台事件についての当裁判所の判決（最大判昭44・4・2刑集23巻5号685頁）は，「本判決において判示したところに抵触する限度で，変更を免れない」。

(ⅱ) そうであるとすれば，原判決がYらの行為に国公法98条5項・110条1項17号を適用したことは正当である。

(ⅲ) 「なお，私企業の労働者たると，公務員を含むその他の勤労者たるとを問わず，使用者に対する経済的地位の向上の要請とは直接関係があるとはいえない警職法の改正に対する反対のような政治的目的のために争議行為を行なうがごときは，もともと憲法28条の保障とは無関係なものというべきである。」

■解　説■

〈判例の流れ〉を参照。判旨(ⅰ)(イ)に対して岸，天野裁判官が展開したいわゆる代償措置画餅論については237事件（最判平12・3・17――人勧スト事件）を参照。また，(ⅰ)(エ)と(ⅱ)の，合憲限定解釈の限界については，「15 適正手続」の〈判例の流れ〉も参照。(ⅲ)は，政治的目的での争議行為が28条によって正当行為とされないことを示し，232事件の判旨(ⅱ)にも同趣旨の説示が見られた。岩田裁判官と5裁判官の各意見は，この判旨だけで結論は導かれ，判例変更の必要なしとする（判例変更の要否の問題については323事件〔本件と同一事件〕を参照）。

◆ 参考文献 ◆

向井哲次郎・最判解刑事篇昭和48年度305頁，石川吉右衛門ほか・ジュリ536号16頁，芦部信喜『現代人権論』〔1974〕315頁，野坂泰司・法教325号120頁。

235 地方公務員の争議行為禁止等の合憲性(2)——岩教組学テ事件

最高裁昭和51年5月21日大法廷判決
(昭和44年(あ)第1275号地方公務員法違反, 道路交通法違反被告事件)
民集30巻5号1178頁, 判時814号73頁

■事案■

岩手県教員組合の役員Yらは, 全国中学校一斉学力調査の実施を阻止するため, 各支部長あてに同盟罷業の指令を発し, 組合員にその指令の趣旨の実行方を慫慂した (法令については本書233事件〔最大判昭44・4・2—東京都教組事件〕を参照)。1審 (盛岡地判昭41・7・22判時462号4頁) は, この事実に地方公務員法 (以下,「地公法」という) 37条1項・61条4号等を適用して有罪としたが, 2審 (仙台高判昭44・2・19判時548号39頁) は同法61条4号には争議行為に通常随伴する行為は含まれないとの限定解釈を行い無罪とした。検察官が上告。以下では上記地公法上の罪に限って検討する。

■争点■

①地公法37条1項・61条4号は憲法28条に違反するか。このとき, 地公法37条1項が禁止している争議行為の意味, またそのあおり行為を行った者に対する同法61条4号の罰則適用の可否をいかに解すべきか。
②Yらの本件行為に地公法61条4号が適用しうるか。

■判旨■

破棄自判 (岸盛一・天野武一裁判官の補足意見, 坂本吉勝裁判官の意見, 団藤重光裁判官の補足意見および反対意見がある)。

(i) 234事件 (最大判昭48・4・25—全農林警職法事件) における法理は,「非現業地方公務員の労働基本権, 特に争議権の制限についても妥当」し, これによると「地公法37条1項, 61条4号の各規定は, あえて原判決のいうような限定解釈を施さなくてもその合憲性を肯定することができる」。

まず, 地公法37条1項の合憲性について。国家公務員の場合である234事件の判旨(i)(ア)は地方公務員にも当てはまる。(イ)についても地公法上,「地方公務員にもまた国家公務員の場合とほぼ同様な勤務条件に関する利益を保障する定めがされている」ほか,「人事院制度に対応するものとして, これと類似の性格をもち, かつ, これと同様の, 又はこれに近い職務権限を有する人事委員会又は公平委員会の制度 (同法7条ないし12条) が設けられている」。もっとも,「人事委員会又は公平委員会, 特に後者は, その構成及び職務権限上, 公務員の勤務条件に関する利益の保護のための機構として, 必ずしも常に人事院の場合ほど効果的な機能を実際に発揮しうるものと認められるかどうかにつき問題がないではない」が,「なお中立的な第三者的立場から公務員の勤務条件に関する利益を保障するための機構としての基本的構造をもち, かつ, 必要な職務権限を与えられている」点で人事院制度と本質的に異なるところはない。したがって, 地公法37条1項は憲法28条に違反しない。

地公法61条4号の罰則の合憲性についても281事件がそのまま妥当する。同号の規定の解釈につき,「争議行為に違法性の強いものと弱いものとを区別して, 前者のみが同条同号にいう争議行為にあたるものとし, 更にまた, 右争議行為の遂行を共謀し, そのかし, 又はあおる等の行為についても, いわゆる争議行為に通常随伴する行為は単なる争議参加行為と同じく可罰性を有しないものとして右規定の適用外に置かれるべきであると解しなければならない理由はな」い。233事件は変更すべきである。

(ii) 本件「学力調査及びその一環としてされた市町村教委等の職務命令が適法であることは,〔142事件 (最大判昭51・5・21—旭川学テ事件)〕……の示すところであるから」, Yらがその実行方を慫慂した行為は「校長や教員らによる地公法37条1項の禁止する同盟罷業又はその他の争議行為の遂行にあたるものといわなければならない。この点につき, 原判決は, 右行為が争議行為にあたることを肯定しながらも, その目的が単なる政治的目的にすぎないものとはいえず, その手段, 態様も, 職場放棄というよりはむしろ教師本来の職務である平常授業を行い, ただ本件学力調査のためのテストを実施しないという消極的な不作為にとどまるものであるとして, そのかし, あおり行為が違法性を有しないものと認めるべき理由の一つとしているが, それが地公法37条1項の禁止する争議行為である以上, そのそのかし, あおり行為が違法性を欠くものとすることができないことはさきに述べたとおりである。のみならず, 前記争議行為は, その目的が文部大臣の文教政策に対する反対という政治的性格のものであり, また, 市町村教委の管理運営に関する事項に属する学力調査の実施に対する反対の主張の貫徹をはかるためのものである点において, あるいはまた, その手段, 態様が, 市町村教委の管理意思を排除して, テスト実施場所である教室を占拠し, テスト対象者である生徒を掌握して, テストの実施を事実上不可能ならしめるという積極的な妨害を行うものである点において, それ自体としても, 正当な争議権の行使として憲法上保障される限りではなく, たとえ右行動が主観的にはYらをはじめとする組合員の教育をまもるという信念から発したものであるとしても, その故に原判決のいうようにYらの行為が法的に正当化されるものではない。この点に関する原判決の上記見解は, 不当というほかはない」。そして, 前期認定事実によれば, Yらの行為は「あおり」行為ないし「そのかし」行為に該当する。2審判決は破棄を免れない。

■解説■

〈判例の流れ〉を参照。なお, 2審判決が本件ストを単なる政治目的ではないとしているのは教員が文教政策に反対するものだからである。

◆参考文献◆
反町宏・最判解刑事篇昭和51年度244頁, 中村睦男・昭和51年度重判解26頁。

236 現業公務員の争議行為禁止の合憲性(2)——全逓名古屋中郵事件

最高裁昭和52年5月4日大法廷判決
（昭和44年（あ）第2571号郵便法違反幇助，建造物侵入，公務執行妨害被告事件）
刑集31巻3号182頁，判時848号21頁

■ 事案 ■

全逓（全逓信労働組合）の役員であったYらは，春闘を有利に展開するため，勤務時間内くい込み2時間の職場大会への参加を決意していた名古屋中央郵便局の従業員に対して参加するように申し向け職場を放棄させた（法令は本書232事件〔最大判昭41・10・26―全逓東京中郵事件〕参照）。公訴事実はほかにもあるが以上の事実に絞っていえば，1審（名古屋地判昭39・2・20刑集31巻3号517頁参照）はYに郵便物不取扱い（郵便79Ⅰ）の罪の幇助の成立を認めたが，2審（名古屋高判昭44・10・29前掲刑集528頁参照）は232事件に従って正当な争議行為として不取扱いの罪の違法性を阻却してYらにもその幇助の罪の成立を否定した。検察官が上告。

■ 争点 ■

①公共企業体等労働関係法（当時。以下，「公労法」という）17条1項は憲法28条に違反するか。
②公労法17条1項の違反者に対して郵便法79条1項の罰則が適用されるか。
③Yらを同項の罪で処罰すべきか。

■ 判旨 ■

一部上告棄却，一部破棄自判（両罪の成立肯定。高辻正己裁判官の補足意見，下田武三裁判官の意見，団藤重光，環昌一裁判官の各反対意見がある）。

(i) 公労法17条1項の規定が憲法28条に違反しないことは「当裁判所の確定した判例であ」るが，その理由は次のとおりである。

(ア) 「国家公務員の身分を有しない三公社の職員も，その身分を有する五現業の職員も」「自己の労務を提供することにより生活の資を得ている」から共に憲法28条の「勤労者」にあたる。しかしここで，「非現業の国家公務員」についての234事件（最大判昭48・4・25―全農林警職法事件）に留意しなければならない。同判決を「要するに」，非現業の国家公務員の勤務条件は，憲法上「国会において法律，予算の形で決定すべき」であり，私企業の労働者のように「団体交渉権の保障はなく」，「争議権もまた，憲法上，当然に保障されているものとはいえない」。この理は「五現業及び三公社の職員」にも「基本的に妥当する」。それは，五現業，三公社の職員はそれぞれ「国家公務員」，「国の全額出資によって設立，運営される公法人のために勤務する者」であり，勤務条件の決定は非現業の国家公務員と同じだからである。現行の法制度では，労働協約締結権を含む団体交渉権が付与されているが，それは「憲法28条の当然の要請」ではなく「国会が，憲法28条の趣旨をできる限り尊重しようとする立法上の配慮から，財政民主主義の原則に基づき，その議決により，財政に関する一定事項の決定権を使用者としての政府又は三公社に委任したもの」である。

(イ) さらに，234事件の判旨(i)(ア)の第3点は五現業及び三公社の職員にもあてはまる。これらの事業は「経済的活動を伴う」が「国の公共的な政策を遂行するものであり」労使関係に「いわゆる市場の抑制力」がないからである。

(ウ) 加えて，234事件の判旨(i)(ア)の第1点について，身分および職務の性質，内容が非現業の国家公務員と異なるが，「実質的に国民全体に対し労務を提供する義務を負う」点では相違がない。

したがって，国会が「国民全体の共同利益を擁護する見地から」，「必要やむをえないものとして，これらの職員の争議行為を全面的に禁止し」ても不当な措置とはいえない。

(エ) また，234事件の判旨(i)(イ)も五現業及び三公社の職員にも妥当する。現行法上，これらの職員は，「身分の保障を受け，その給与については生計費並びに一般国家公務員及び民間事業の従事者の給与その他の条件を考慮して定めなければならない」とされる。そして，特に公労法は，当局と職員との間の紛争につき公平な公共企業体等労働委員会を設け，同法35条ただし書は同法16条とあいまって「予算上又は資金上不可能な支出を内容とする裁定についてはその最終的な決定を国会に委ね」ている。これは「団体交渉権を付与しながら争議権を否定する場合の代償措置として，よく整備されたもの」である。

以上の理由により，公労法17条1項は憲法28条に違反しない。

(ii) 刑事法上の違法性が阻却されるかについて，公労法17条1項の合憲性，禁止へのこの行為の違反のみを根拠として「直ちに違法性の阻却を否定する」のは相当でなく，さらに「広く憲法及び法律の趣旨にかえりみて，解釈上，違法性の阻却を肯定する余地があるかどうかを考察したうえで」結論を下す必要がある。

(ア) 公労法17条1項が合憲である以上，「民事法又は刑事法」が「正当性を有しない争議行為」に「一定の不利益を課」しても憲法28条に抵触しない。かりに，争議行為に対し「刑罰を科することが許されず，労組法1条2項による違法性阻却を認めるほかない」とすれば，「民事責任を問うことも原則として許されないはずであ」り，そのような理解は，公労法17条1項を合憲としたところにそぐわない。また，232事件の判旨第2段落(3)は「刑事法上の違法性の存否ないし程度を考える場合に考慮すべきことを一般的に説」いたにすぎず，「具体的な刑罰の合憲性と行為の違法性」は「それぞれの罰則と行為に即して」検討せねばならない。

(イ) さらに，公労法3条1項が明文で除外していないため公労法17条1項違反の争議行為にも労組法1条2項を適用可とする考えがあるが，公労法3条1項の趣旨は，公労法に定めのない団体交渉について労組法1条2項の適用を肯定するものの，公労法17条1項が禁止する以上争議行為には労組法1条2項を適用しないというものと解される。

以上の理由により，232事件は変更を免れない。

(ウ) しかし，国公法の罰則が政令第201号の厳しい態度を緩和したことと比較するなどした結果，公労法17条1項違反の争議行為が他の法規の罰則の構成要件を充たすことがあっても，単純参加者については処罰せず，「国公法の罰則に該当するような指導的行為」に出た者のみを処罰する趣旨と解するのが相当である。

(iii) 本件従業員の行為は郵便法79条1項に該当し，かつ，これを幇助したYらの行為は国公法の罰則における「あおり」に該当する指導的行為であるから，処罰を免れない。2審判決は破棄を免れない。

■ 解説 ■

〈判例の流れ〉，232事件の解説を参照。判旨(ii)(ウ)の単純参加者の処罰阻却（下田裁判官は郵便制度の特殊性を主張して反対）には強引に処罰範囲を削る構成との批判も強い。

◆ 参考文献 ◆

香城敏麿・最判解刑事篇昭和52年度93頁，平野龍一『犯罪論の諸問題(上)』〔1981〕48頁，渡邊賢・百選Ⅱ〔第5版〕322頁。

237 争議行為をあおった公務員の懲戒の合憲性——人勧スト事件

最高裁平成12年3月17日第二小法廷判決
（平成7年(行ツ)第132号懲戒処分取消請求事件）
訟月47巻12号3713頁，判時1710号168頁

■事案■

全農林労働組合の役員Xらは，昭和57年度の公務員の給与引上げ等を内容とする人事院勧告を凍結した政府の決定に反対する目的で行われた大規模な同盟罷業に当初から参画してオルグ活動を行い，指導的役割を果たした。Xらは，争議行為を共謀し，そそのかし，あおったとして停職6か月ないし3か月の懲戒処分を受けたため，その取消しを求めた。

本件各審は本書234事件（最大判昭48・4・25—全農林警職法事件）を引いて国公法98条2項を合憲とした。以下では，①適用違憲，②懲戒権濫用にかかわる争点を検討する。1審（東京地判平元・10・31行集40巻10号1600頁），2審（東京高判平7・2・28労民集46巻1号638頁）はいずれについてもXの主張を否定。Xらが上告。

■争点■

①公務員の争議行為禁止の代償措置が本来の機能を果たしていない場合に争議行為のあおり等を行った公務員を懲戒することは，28条に違反しないか。
②同懲戒処分は懲戒権を濫用したものではないか。

■判旨■

上告棄却（河合伸一・福田博裁判官の補足意見がある）。

(i)「所論の点に関する原審の事実認定は，原判決挙示の証拠関係に照らして首肯するに足り，右事実関係の下においては，本件ストライキの当時，国家公務員の労働基本権の制約に対する代償措置がその本来の機能を果たしていなかったということができないことは，原判示のとおりであるから，右代償措置が本来の機能を果たしていなかったことを前提とする所論違憲の主張は，その前提を欠く。論旨は採用することができない。」

(ii)「所論の点に関する原審の事実認定は，原判決挙示の証拠関係に照らして首肯するに足り，右事実関係の下においては，Xらに対する本件各懲戒処分が著しく妥当性を欠くものとはいえず，懲戒権者の裁量権の範囲を逸脱したものとはいえないとした原審の判断は，正当として是認することができる。原判決に所論の違法はない。論旨は，原審の専権に属する証拠の取捨判断，事実の認定を非難するか，又は右と異なる見解に立って原判決を論難するものにすぎず，採用することができない。」

■解説■

234事件の岸盛一・天野武一裁判官の追加補足意見は，「その代償措置が迅速公平にその本来の機能をはたさず実際上画餅にひとしいとみられる事態が生じた場合には，公務員がこの制度の正常な運用を要求して相当と認められる範囲を逸脱しない手段態様で争議行為にでたとしても，それは，憲法上保障された争議行為であるというべきであるから，そのような争議行為をしたことだけの理由からは，いかなる制裁，不利益をうける筋合いのものではなく」，仮に処罰すれば28条に違反すると述べていた。その後，両裁判官は235事件（最大判昭51・5・21—岩教組学テ事件）でも同じ意見を述べ，こうした意見を支持する裁判官も少なくなかった（同判決の団藤重光裁判官，236事件〔最大判昭52・5・4—全逓名古屋中郵事件〕の高辻正己裁判官）。これを受けてその後の裁判では争点①のような適用違憲の主張が行われてきたが，代償措置が完全に実施されなかった時期でも最高裁は代償措置が本来の機能を果たしているという原判決の認定を是認してこの主張を排斥してきた（最判昭63・1・21判時1284号137頁など）。

本判決も同じである。すなわち，2審は，昭和44年度までと異なり45年度から55年度まで人事院勧告が完全に実施されており，57年度の凍結は「未曾有の危機的な財政事情」を背景としたものでやむをえないと認定し，本判決がその認定を首肯したのである。河合・福田補足意見は，争点②でも代償措置の機能喪失が重要な考慮要素となることを述べている。もっとも，両裁判官も勧告の完全凍結は「極めて異例な事態」だが完全な機能喪失でないとしている。結論に異論はありうるが，原判決は争点①②とも立法や行政の判断過程にかなり立ち入って審査しており，それを受けた本判決も適用違憲の余地を否定していないことが注目される（ただし争点①②は互いに独立ではないと考える余地がある。65事件〔最判平8・3・8—剣道受講拒否事件〕参照）。

◆参考文献◆
大久保史郎・平成12年度重判解18頁。

238 労組の統制権と組合員の立候補の自由 ―― 三井美唄炭鉱事件

最高裁昭和43年12月4日大法廷判決
(昭和38年(あ)第974号公職選挙法違反被告事件)
刑集22巻13号1425頁, 判時537号18頁

■事案■

三井美唄炭鉱労働組合は, 美唄市議会議員選挙に際して労働者の利益代表を多数当選させるため組合の統一候補を決めて選挙運動を進めていた。しかし, 組合員Aは労組統一候補選に敗れたにもかかわらず独自の立場で立候補しようとした。役員Xらは票が割れることを防ぐためAに立候補を断念するよう説得したが, Aが応じなかった。そこでXらが, Aに対して「どうしても立つなら除名ということもありうるだろう」と述べ, あるいはAの組合員としての権利を1年間停止する旨の処分を掲示する(以下ではこれらの事実に関する判断に絞り紹介する)などして, Aを威迫したため, 選挙の自由妨害罪(公選225③)に問われた。1審(札幌地岩見沢支判昭36・9・25刑集22巻13号1453頁参照)は有罪, 2審(札幌高判昭38・3・26高刑集16巻4号299頁)は組合内部で統一候補の決定手続が踏まれたことなどを重視し, 威迫の事実には違法性を欠くとして無罪。検察官が上告。

■争点■

①労働組合の統制権は団結権を保障する28条によって保護されているか。
②労働組合が地方議会議員の選挙にあたり統一候補を決定し, それ以外の組合員に立候補を思いとどまるように勧告, 説得することは28条によって保護されているか。
③②の要求に従わないことを理由として処分することは28条によって保護されているか。

■判旨■

破棄差戻し。

(i) 憲法28条も労組法も, 「直接には, 労働者対使用者の関係を規制することを目的としたもの」である。ただ, 28条の団結権に基づき労組を結成した場合, その労組が「正当な団体行動を行なうにあたり」, 労組の「統一と一体化」を図るためには, 組合員の行動にも「合理的な範囲において」「規制を加えることが許されなければならない」(以下, 組合の統制権)。およそ「組織的団体」においては「その構成員に対し, その目的に即して合理的な範囲内での統制権を有するのが通例である」が, 労組の統制権は「一般の組織的団体のそれと異なり, 労働組合の団結権を確保するために必要であり, かつ, 合理的な範囲内においては, 労働者の団結権保障の一環として, 憲法28条の精神に由来する」といえる。この意味で, 28条の「団結権保障の効果」として労組は「その目的を達成するために必要であり, かつ, 合理的な範囲において, その組合員に対する統制権を有する」と解される。

(ii) 労組の結成を憲法および労組法が保障する目的は「社会的・経済的弱者である個々の労働者をして, その強者である使用者との交渉において, 対等の立場に立たせることにより, 労働者の地位を向上させること」であるが, 「現実の政治・経済・社会機構のもとにおいて, 労働者がその経済的地位の向上を図るにあたっては, 単に対使用者との交渉においてのみこれを求めても, 十分にはその目的を達成することができず, 労働組合が右の目的をより十分に達成するための手段として, その目的達成に必要な政治活動や社会活動を行なうことを妨げられるものではない」。

ゆえに地方議会議員選挙で労組が, 「その組合員の居住地域の生活環境の改善その他生活向上を図るうえに役立たしめるため, その利益代表を議会に送り込むための選挙活動をすること, そして, その一方策として, いわゆる統一候補を決定し, 組合を挙げてその選挙運動を推進すること」は許され, また, 「統一候補以外の組合員であえて立候補しようとするものに対し, 組合の所期の目的を達成するため, 立候補を思いとどまるよう勧告または説得すること」も「単に勧告または説得にとどまるかぎり」禁じられない。しかしこのことから直ちに「組合の勧告または説得に応じないで個人的に立候補した組合員」に「何らかの処分をすることができるか」は「別個の問題」である。「この問題に応えるためには, まず, 立候補の自由の意義を考え, さらに, 労働組合の組合員に対する統制権と立候補の自由との関係を検討する必要がある」。

(iii) 「憲法15条1項」は「立候補の自由については, 特に明記するところはない」。しかし, 選挙が「自由かつ公正に行なわれるべき」ことは「民主主義の基盤をなす選挙制度の目的を達成するための基本的要請」である。「もし, 被選挙権を有し, 選挙に立候補しようとする者がその立候補について不当に制約を受けるようなことがあれば, そのことは, ひいては, 選挙人の自由な意思の表明を阻害することとなり, 自由かつ公正な選挙の本旨に反することとならざるを得ない」。ゆえに, 「立候補の自由は, 選挙権の自由な行使と表裏の関係にあり」, 憲法15条1項は立候補の自由について「直接には規定していないが, これもまた, 同条同項の保障する重要な基本的人権の一つと解すべきである」。

「労働組合が行使し得べき組合員に対する統制権には, 当然, 一定の限界が存する」。殊に, 立候補の自由は, 「憲法15条1項の趣旨に照らし」て保障される「重要な権利」であるから, 「これに対する制約は, 特に慎重でなければならず, 組合の団結を維持するための統制権の行使に基づく制約であっても, その必要性と立候補の自由の重要性とを比較衡量して, その許否を決すべきであり, その際, 政治活動に対する組合の統制権のもつ前叙のごとき性格と立候補の自由の重要性とを十分考慮する必要がある」。

本件のような事案で「統一候補以外の組合員で立候補しようとする者に対し, 組合が所期の目的を達成するために, 立候補を思いとどまるよう, 勧告または説得をすることは, 組合としても, 当然なし得る」が, 「当該組合員に対し, 勧告または, 説得の域を超え, 立候補を取りやめることを要求し, これに従わないことを理由に当該組合員を統制違反者として処分するがごときは, 組合の統制権の限界を超えるものとして, 違法といわなければならない」。原判決は破棄を免れない。

■解説■

〈判例の流れ〉を参照。

◆参考文献◆
海老原震一・最判解刑事篇昭和43年度484頁, 鬼塚賢太郎・統刑法百選104頁。

239 労組の活動範囲と組合員の政治的自由──国労広島地本事件

最高裁昭和50年11月28日第三小法廷判決
(昭和48年(オ)第499号組合費請求事件)
民集29巻10号1698頁，判時798号3頁

■事案■

詳しい事案，判旨については同一事件である本書56事件を参照のこと。ここでは，国鉄労組Xが，組合出身の立候補者の選挙運動の応援のため所属政党に寄付する資金（選挙運動高揚資金）を臨時組合費として支払うよう組合員Yに対して求めた点に絞って検討する。

■争点■

①選挙運動高揚資金の提供は，労組の目的の範囲内の行為か。
②仮に目的の範囲内の行為だとして，この資金の提供に対して組合員はその基礎をなす組合費を納付する義務（「協力義務」）を負うか。

■判旨■

一部上告棄却，一部破棄自判（天野武一，高辻正己裁判官の各反対意見がある）。

(i)「労働組合は，労働者の労働条件の維持改善その他経済的地位の向上を図ることを主たる目的とする団体であって，組合員はかかる目的のための活動に参加する者としてこれに加入するのであるから，その協力義務も当然に右目的達成のために必要な団体活動の範囲に限られる」。しかし，労組の活動は「社会の変化とそのなかにおける労働組合の意義や機能の変化に伴って流動発展するものであり，今日においては，その活動の範囲が本来の経済的活動の域を超えて政治的活動，社会的活動，文化的活動など広く組合員の生活利益の擁護と向上に直接間接に関係する事項にも及」び，「そこにそれだけの社会的必然性を有する」ので，これらの活動を「直ちに労働組合の目的の範囲外」あるいは「労働組合が本来行うことのできない行為」とはできない。

しかし，そのことから「労働組合がその目的の範囲内においてするすべての活動につき当然かつ一様に組合員に対して統制力を及ぼし，組合員の協力を強制することができる」とは速断しえない。労組の活動の拡大は「組合員としてもある程度まではこれを予想して組合に加入する」のであるから，「組合からの脱退の自由が確保されている限り，たとえ個々の場合に組合の決定した活動に反対の組合員であっても，原則的にはこれに対する協力義務を免れない」が，労組の活動の多様化につれて，「組合による統制の範囲も拡大し，組合員が一個の市民又は人間として有する自由や権利と矛盾衝突する場合が増大し，しかも今日の社会的条件のもとでは，組合に加入していることが労働者にとって重要な利益で，組合脱退の自由も事実上大きな制約を受けていることを考えると，労働組合の活動として許されたものであるというだけで，そのことから直ちにこれに対する組合員の協力義務を無条件で肯定することは，相当でない」。それゆえ，「格別の立法上の規制」がなくとも「問題とされている具体的な組合活動の内容・性質，これについて組合員に求められる協力の内容・程度・態様等を比較考量し，多数決原理に基づく組合活動の実効性と組合員個人の基本的利益の調和という観点から，組合の統制力とその反面としての組合員の協力義務の範囲に合理的な限定を加える」必要がある。

(ii) 既述のことから，労組が「政治的活動をし，あるいは，そのための費用を組合基金のうちから支出すること」は許されるが，「組合員の協力義務をどこまで認めうるか」は「更に別個に考慮することを要する」。すなわち，一般的にいえば，「政治的活動は一定の政治的思想，見解，判断等に結びついて行われるものであ」るので，「もともと団体構成員の多数決に従って政治的行動をすることを予定して結成された政治団体とは異なる労働組合としては，その多数決による政治的活動に対してこれと異なる政治的思想，見解，判断等をもつ個々の組合員の協力を義務づけることは，原則として許されない」。かかる義務づけは，「組合員の個人としての政治的自由，特に自己の意に反して一定の政治的態度や行動をとることを強制されない自由を侵害する」からである。しかし，「一定の行動が政治的活動であると同時に経済的活動としての性質をもつことは稀ではない」ので，「労働組合の活動がいささかでも政治的性質を帯びるものであれば，常にこれに対する組合員の協力を強制することができないと解すること」は妥当でない。とはいえ，たとえば「いわゆる安保反対闘争のような活動は，究極的にはなんらかの意味において労働者の生活利益の維持向上と無縁ではないとしても，直接的には国の安全や外交等の国民的関心事に関する政策上の問題を対象とする活動であ」るので，それについて協力を強制することは認められない。

(iii)「政党や選挙による議員の活動」は，「労働者の生活利益とは関係のない広範な領域にも及ぶ」から「選挙においてどの政党又はどの候補者を支持するかは，投票の自由と表裏をなすものとして，組合員各人が市民としての個人的な政治的思想，見解，判断ないしは感情等に基づいて自主的に決定すべき」である。したがって，「労働組合が組織として支持政党又はいわゆる統一候補を決定し，その選挙運動を推進すること自体は自由であるが（238事件〔最大判昭43・12・4―三井美唄炭鉱事件〕……参照），組合員に対してこれへの協力を強制することは許され」ず，政治意識高揚資金の負担についても同様に解すべきである。

■解説■

〈判例の流れ〉解説を参照。

◆ 参考文献 ◆
特になし。

240 労組脱退を制限する合意の効力 ── 東芝事件

最高裁平成 19 年 2 月 2 日第二小法廷判決
(平成 16 年 (受) 第 1787 号組合員たる地位の不存在確認等請求事件)
民集 61 巻 1 号 86 頁, 判時 1988 号 145 頁

■事案■

Y₂ (株式会社東芝) に雇用され A 工場で従業していた X は, A 工場の従業員で構成されるいわゆる企業別組合 Y₁ に加入していた。しかし, 割増賃金の運用等について Y₁ の対応に不満があり, 総評全国一般労働組合 B 地方連合に加入し, Y₁ に脱退届を送付した。その後, Y₂ が B 地方連合との団体交渉に応じなかったため生じた紛争を解決するために Y₂, X および B 地方連合が和解を結ぶに当たり, 3 当事者の間で X が Y₁ に所属し続けることを X に義務づけることを内容とする付随合意が成立した。しかし X はその後, 工場の配置転換等をめぐる不満について Y₁ から十分な対応を受けられなかったとして, Y₁ に脱退の意思表示をした。

本件は, X が, Y₁ に対しては, 組合員としての地位を有しないことの確認, チェック・オフ (賃金からの組合費の控除) により納入された組合費に相当する不当利得の返還等を, Y₂ に対してはチェック・オフを経ない金額の賃金を支払う義務があることの確認を求めた事案である。この請求を 1 審 (横浜地川崎支判平 15・7・8 労判 879 号 13 頁) は認容, 2 審 (東京高判平 16・7・15 判時 1865 号 155 頁) は棄却。X が上告。

■争点■

労組からの脱退の自由を行使しないことを義務づける当事者間の合意は公序良俗に反するか。

■判旨■

破棄自判。

「一般に, 労働組合の組合員は, 脱退の自由, すなわち, その意思により組合員としての地位を離れる自由を有するものと解される (〔最判昭 50・11・28 民集 29 巻 10 号 1634 頁, 最判平元・12・21 集民 158 号 659 頁〕……参照)。そうすると, 前記事実関係によれば, 本件付随合意は, 上記の脱退の自由を制限し, X が Y₁ から脱退する権利をおよそ行使しないことを, Y₂ に対して約したものであることとなる。」

「本件付随合意は, X と Y₂ との間で成立したものであるから, その効力は, 原則として, X と合意の相手方である Y₂ との間において発生するものであり, X が本件付随合意に違反して Y₁ から脱退する権利を行使しても, Y₂ との間で債務不履行の責任等の問題を生ずるにとどまる。前記事実関係の下においては, 合意の相手方でない Y₁ との間でもそのような問題を生ずると解すべき特別の根拠となる事由は認められない。」

「また, 労働組合は, 組合員に対する統制権の保持を法律上認められ, 組合員はこれに服し, 組合の決定した活動に加わり, 組合費を納付するなどの義務を免れない立場に置かれるものであるが, それは, 組合からの脱退の自由を前提として初めて容認されることである。そうすると, 本件付随合意のうち, Y₁ から脱退する権利をおよそ行使しないことを X に義務付けて, 脱退の効力そのものを生じさせないとする部分は, 脱退の自由という重要な権利を奪い, 組合の統制への永続的な服従を強いるものであるから, 公序良俗に反し, 無効であるというべきである。」

「以上のとおりであるから, いずれにしても, 本件付随合意に違反することを理由に, 本件脱退がその効力を生じないということはできない。」

「そして, 前記事実関係の下においては, Y₁ の主張するその余の理由により本件脱退が無効であるとすることはできず, また, Y₂ の主張するその余の理由により, X がチェック・オフの中止を求めることは許されないとすることもできない。」

■解説■

引用された昭和 50 年判決でも同日判決の本書 239 事件 (国労広島地本事件) でも組合員に労組への協力義務が生じるのは脱退の自由があるからであるとされてきた。本判決は, その脱退の自由の保障が私人間で公序を構成し, それに反する合意は公序良俗違反として無効というのである。

判旨第 2 段落は, 仮に付随合意が有効でも, 債務不履行責任を負った上で付随合意を破る自由が否定されることはないし, 債務不履行責任も当事者ではない Y₁ との間では生じないと述べるくだりである。ただ, 本件では付随合意が無効とされた以上, 傍論である。

◆ 参考文献 ◆

長屋文裕・ジュリ 1353 号 127 頁。

判例の流れ　●曽我部真裕●

20 参政権(1) 選挙権・選挙運動規制

　1　本章では、選挙権・被選挙権に関する判例や、選挙運動・政治活動の規制に関する判例を取り扱う。

　2　まず、選挙権・被選挙権については、周知のように、その性格について、国民主権論争とも関連して、二元説（通説）と権利説との間で、学説上激しい議論があった（241事件〔最大判昭30・2・9〕解説参照）。しかし、最高裁はこうした論点については特に触れるところなく事件を処理している。確かに、選挙権の抽象的な性格論よりも、選挙制度構築について一定の立法裁量は不可避であることを認めつつ、選挙権が15条1項・3項で保障された民主政において重要な権利であることに照らしてどの程度の厳格度でその制約の合憲性を判断すべきかという議論の方が実践的には重要となる。

　この点、憲法は成年者による普通選挙を保障している（15Ⅲ・44）ので、成年年齢の設定（国際水準である18歳成年の主張が根強くある。なお、憲改附則3も参照）については一定程度の立法裁量が認められるものの、成年者であれば選挙権が法律上付与されるのが憲法上の要請であり、成年者に選挙権を否定する法律の規定は選挙権の制限に当たることになるが、公職選挙法（以下「公選法」）はこうした制限を設けている（公選11・252）。このうち、選挙犯罪により有罪とされたことによる選挙権・被選挙権の5年間の停止（公選252）について、241事件は、選挙の公正を理由に簡単に合憲としている。

　他方、選挙権は認められているがその行使が困難ないし不可能であるという場合もある。従来、身体の障害により投票所に赴いて投票することが困難である者について投票を可能とする措置がとられていないことの違憲性が争われてきた。下級審判決の中には、選挙権の保障はその行使の保障も含むとして、こうした措置がないことの違憲性を厳格に審査する例が以前よりあった（在宅投票制度廃止事件〔札幌地小樽支判昭49・12・9判時762号8頁（314事件―最判昭60・11・21の1審）〕、ALS患者選挙権訴訟〔東京地判平14・11・28判タ1114号93頁〕）。そして、最近の242事件（最大判平17・9・14―在外邦人選挙権事件）は、最高裁としてこうした選挙権保障の理解をし、厳格な審査を行ったものである。ただし、その後の243事件（最判平18・7・13）は、法廷意見では憲法判断を避けている。

　ところで、15条4項は、投票の秘密を保障している。これはもちろん投票の自由を公私の圧力から保障するためであるが、当選や選挙の効力が争われた場合や、選挙犯罪の捜査において投票用紙を調査する場合に、投票済み投票用紙を調査することが許されるかどうかが問題となる。この点、前者の場合について、たとえ無資格者の投票であっても投票用紙の調査が許されないことは戦前からの判例であり、最高裁もこれを踏襲する（最判昭23・6・1民集2巻7号125頁、最判昭25・11・9民集4巻11号523頁）。他方、後者すなわち選挙犯罪の捜査における投票用紙の調査の可否について一般的に述べた判例はないが、244事件（最判平9・3・28）は、事案に即した判断として、投票の秘密の侵害はないとした。

　3　被選挙権に関しては、選挙権同様、その性質や憲法上の根拠（選挙権とは異なり、被選挙権については明文がない）が議論されてきた。根拠条文については学説には諸説がある（241事件解説参照）が、最高裁は、立候補の自由は15条1項で保障されるとする（238事件〔最大判昭43・12・4―三井美唄炭鉱事件〕）。しかし、公選法は、被選挙権についても年齢制限や欠格事由を定めている（公選10・11・11の2・252）が、上記のとおり、241事件は、選挙犯罪を犯したことによる選挙権・被選挙権の停止を合憲とした。

　これらは本人に帰属する事由による被選挙権の制限であるが、議論の余地がより大きいのはいわゆる連座制である。一般に連座制とは、候補者（や立候補予定者）と一定の関係にある者が、買収罪等の罪を犯し刑に処せられた場合に、たとえ候補者等が当該行為に関わっていなくても、候補者等本人に、当選無効や一定期間の立候補禁止等の不利益を及ぼす制度であって、他者の行為について候補者等本人が

判例プラクティス憲法　　317

不利益を受ける点が特徴的である。

日本で連座制が導入されたのは，1925（大正14）年の衆議院議員選挙法（いわゆる普通選挙法）においてである。同法により男子普通選挙が実現したが，同時に選挙運動の規制も厳格化し（後述の戸別訪問もこの時に禁止された），連座制導入もその一環である。戦後制定された公選法にも連座制が規定されたが，これについては合憲判決がある（最大判昭37・3・14民集16巻3号537頁〔245事件解説参照〕）。

その後，連座制は，政治改革の一環として1994（平成6）年11月の公選法改正によって大幅に強化された（いわゆる拡大連座制〔新連座制〕。公選251の2・251の3）。245事件（最判平9・3・13）は，この拡大連座制の合憲性が争われた事案である。

これらの被選挙権の制約の合憲性について，最高裁は選挙の公正の重要性を強調し，必ずしも厳格な基準で判断していないが，学説の中にはその基本権たる性質に鑑み，より厳格な基準を用いるべきであるとするものもある（245事件解説参照）。

4　次に，選挙運動や政治活動に対する規制についてである。これらの活動の自由は表現の自由（21）に含まれると考えられる。周知のように，二重の基準論の有力な根拠の1つとして，表現の自由は民主政の運営を支える基礎的な基本権であるというものがあるが，議会制民主主義において議員の選挙は，民主政の運営における重要な契機であり，上記のような議論からは，選挙運動や政治活動の自由はもっとも手厚く保障されなければならないということになりそうである。

しかし，公選法は，政治活動や選挙運動（実務上「特定の選挙について，特定の候補者の当選を目的として，投票を得又は得させるために直接又は間接に必要かつ有利な行為」と定義される）について事細かな制限を行い（公選法13章），刑事罰も設けている（同法16章）。公選法が「べからず法」と俗称されるゆえんである。

最高裁は選挙の公正を重視し，こうした種々の広汎な規制を合憲としている。主なものを見てみると，まず，公選法は，選挙運動の期間（候補者届出の日から投票前日まで）以前の選挙運動を禁止している（公選129・239Ⅰ①）が，このいわゆる事前運動の禁止は合憲とされている（最大判昭44・4・23刑集23巻4号235頁）。

また，選挙運動のために使用する文書図画の頒布・掲示についても詳細な規律がなされており（公選142・143・243Ⅰ③④），その脱法行為も禁止される（公選146・243Ⅰ⑤）が，これらも合憲とされている（最大判昭30・3・30刑集9巻3号635頁など）。

さらに，選挙運動のために有権者の自宅等の戸別訪問を行うことも禁止されている（公選138・239Ⅰ③）。247事件（最判昭56・7・21）はこの問題を扱っているが，この判決はほぼ同時期に出た第二小法廷の判決（最判昭56・6・15刑集35巻4号205頁）とあわせて読まれるべきである。

選挙運動の主体について，未成年者は自ら選挙運動を行うことができない（公選137の2Ⅰ・239Ⅰ①）。この点についての最高裁判例はないが，未成年者には選挙権がないとはいえ，過度の制約だとして学説には批判があり，下級審にも疑問を呈するものがある（大阪高判平4・6・26高刑集45巻2号43頁〔ただし結論は合憲〕）。

以上は選挙運動に対する規制であったが，選挙に関する新聞等による報道・評論についても規制が行われている（公選148・235の2②）。これについて246事件（最判昭54・12・20—「政経タイムス」事件）は，禁止される「報道又は評論」について限定解釈を施している。

また，1994（平成6）年の衆議院議員選挙制度の小選挙区比例代表並立制への改革においては，政党本位の選挙ということが理念として掲げられた。その帰結の1つとして，小選挙区選挙においては候補者のほか候補者届出政党にも選挙運動が認められることとされた（公選141Ⅱ・142Ⅱ・149Ⅰ・161Ⅰ等）。しかし，候補者届出政党とは，国会議員を5名以上有するものおよび直近の国政選挙での得票率2パーセント以上のものであり（公選86Ⅰ），これを充たす政党に所属しない候補者は選挙運動上不利に扱われることになる。特に，小選挙区選挙については候補者届出政党のみに政見放送を認めている（公選150Ⅰ）ことから，候補者届出政党に所属する候補者とそうでない者との間には大きな不平等が生じる。最高裁は，これを単なる程度の違いを超える差異であるとしながらも，選挙制度の設計における国会の広い立法裁量を理由として，憲法14条に反しないとした（252事件—最大判平11・11・10）。

最後に，249事件（最判平2・4・17—雑民党事件）は，NHKが政見放送において，品位を欠くとして候補者の発言を一部削除して放送したことが，政見放送をそのまま放送する義務（公選150Ⅰ）に反し不法行為を構成するかが争われた。

241 選挙権・被選挙権の性格と公選法252条

最高裁昭和30年2月9日大法廷判決
(昭和29年(あ)第439号公職選挙法違反被告事件)
刑集9巻2号217頁、判時45号20頁

■事案■

Yら7名は、1952（昭和27）年施行の衆議院議員総選挙に際し、立候補者Aを当選させる目的で票の取りまとめを互いに依頼・承諾し、また、その報酬および運動資金として現金を供与・収受したとして、公選法221条1項の買収罪に当たるとして起訴された。
1審（長野地松本支判昭28・6・1刑集9巻2号232頁参照）、2審（東京高判昭28・11・28前掲刑集236頁参照）は有罪判決であった。
ところで、買収罪等の選挙犯罪で有罪とされた場合、選挙権・被選挙権が一定期間停止される（公選252）。そこでYら6名は、公選法252条1項および3項（昭和37年改正前のもの）は平等原則（憲14・44）および参政権侵害であるとして上告した。

■争点■

選挙権・被選挙権の性格はどのようなものか。

■判旨■

上告棄却（井上登・真野毅・岩松三郎裁判官の意見および斎藤悠輔・入江俊郎裁判官の意見がある）。
「国民主権を宣言する憲法の下において、公職の選挙権が国民の最も重要な基本的権利の一であることは所論のとおりであるが、それだけに選挙の公正はあくまでも厳粛に保持されなければならないのであって、一旦この公正を阻害し、選挙に関与せしめることが不適当とみとめられるものは、しばらく、被選挙権、選挙権の行使から遠ざけて選挙の公正を確保すると共に、本人の反省を促すことは相当であるからこれを以て不当に国民の参政権を奪うものというべきではない。」

斎藤・入江意見
「選挙権については、国民主権につながる重大な基本権であるといえようが、被選挙権は、権利ではなく、権利能力であり、国民全体の奉仕者である公務員となり得べき資格である。そして、同法44条本文は、……両議院の議員の選挙権、被選挙権については、わが憲法上他の諸外国と異り、すべて法律の規定するところに委ねている。されば、両権は、わが憲法上法律を以てしても侵されない普遍、永久且つ固有の人権であるとすることはできない。むしろ、わが憲法上法律は、選挙権、被選挙権並びにその欠格条件等につき憲法14条、15条3項、44条但書の制限に反しない限り、時宜に応じ自由且つ合理的に規定し得べきものと解さなければならない。」

■解説■

1　本判決自体は争点に掲げた論点に明確な判断を示したものではない（毛利・後掲211頁）が、この論点は学説上激しく争われた点であり、本判決は、「議論の入り口における検討材料を提供した」（岡田・後掲331頁）とされる。

2　まず、選挙権の性格については諸説がある（日野田・後掲182頁、辻村349頁以下）が、今日の日本において有力なのは、国政への参加を国民に保障する権利であると同時に、選挙人としての地位に基づいて公務員の選挙に関与する公務でもあるとする二元説（通説。芦部253頁、佐藤憲法論381～382頁）と、前者のみの性格をもつとする権利説（辻村・後掲および辻村349頁以下）である。この論点は従来、国民主権論におけるナシオン主権論（公務説あるいは二元説と結びつく）とプープル主権論（権利説と結びつく）との対立との関連で語られてきていたが、今日ではこれとは異なる国民主権論・民主主義論に基づき権利説を主張する有力説もある（松井408頁）。
この問題については、まず、15条1項等で選挙権を権利として保障している以上、選挙権が基本権であることは明らかである。他方、国民が有権者団（佐藤憲法論396頁以下）あるいは公民団（大石I 81頁以下）という国家機関を構成し、選挙という権限を集合的に行使するという国法学的な捉え方からみれば、有権者団の一部をなす各有権者の選挙権は権限（公務）としての性格を有することになるが、これは主として国家作用全体を法学的に説明する必要から出てきたもので、ここから選挙権について具体的な解釈論的な帰結を引き出すようなものではないというべきだろう。
実際、選挙権の性格論の実益は、本件のような公民権停止事由・欠格事由の範囲、義務投票制の可否、投票価値の平等などの具体的な論点について権利説と二元説とで結論が異なるところにある（権利説をとると立法裁量は限定される）とされていたところ、今日では選挙権性格論から直ちにこうした論点における帰結は引き出せず、その意味では性格論の意義は小さいとする見解も有力である（高橋273頁。ただし辻村352頁）が、その背景には上記のような思考があるものと考えられる。

3　結局、具体的論点についてどう考えるかは、立法による選挙制度の構築を前提とせざるを得ないという選挙権の性質を前提としつつ、どの程度の立法裁量を認めるべきかによることになる。なお、この点および最高裁の選挙権の捉え方については、本書242事件（最大判平17・9・14—在外邦人選挙権事件）を参照のこと。

4　次に、被選挙権については、選挙権と異なり憲法に明文がない。そもそも、伝統的には、被選挙権は選挙されうる資格ないし地位のことであって権利ではないとする見解（清宮I 142頁。斎藤・入江意見もこの立場）が有力であった。しかし、今日では、被選挙権の内容を立候補の自由とする見解が有力であり、その上で根拠条文について議論されている。この点、選挙権と表裏一体であるとして15条1項に根拠を求める立場（辻村354頁、松井408頁。238事件〔最大判昭43・12・4—三井美唄炭鉱事件〕もこの旨判示する）や、幸福追求権（13）に含まれるとする立場（佐藤憲法論195頁）などがある。また、実体的権利ではなく、政治的差別の禁止（14 I・44）の一内容とする見解（高橋277頁参照）も見られる。

◆参考文献◆
岡田信弘・百選II〔第5版〕330頁、辻村みよ子・基本判例〔第2版〕172頁、日野田浩行・争点182頁、毛利透・判例講義II 211頁。

242 在外日本国民の選挙権
――在外邦人選挙権事件

最高裁平成17年9月14日大法廷判決
（平成13年（行ツ）第82号・第83号，同年（行ヒ）第76号・第77号在外日本人選挙権剥奪違法確認等請求事件）
民集59巻7号2087頁，判時1908号36頁

■事案■

在外国民であるXらは，国内の市町村の区域内に住所を有さず選挙人名簿に登録されていなかったことから（後述の本件改正前の公選42Ⅰ・Ⅱ），1996（平成8）年に実施された衆議院議員総選挙（以下「本件選挙」）で投票をすることができなかった。このため，Xらは国を被告として，それが違憲違法であることの確認および慰謝料の支払を求めて訴えを提起した。

その後，1998年の公選法改正（以下「本件改正」）によっていわゆる在外選挙制度が設けられ，在外選挙人名簿に登録された者は投票できることとなった（改正後の公選42Ⅰ）が，本件改正後の公選法附則8項により，当分の間その対象は，衆参の比例代表選挙のみに限定され，衆院小選挙区選挙および参院選挙区選挙については，在外国民は投票できないとされた。

Xらの請求は，(1)同人らが在外国民であることを理由に選挙権行使の機会を保障しないことは，憲法15条1項等に違反するとして，(ア)主位的に，(a)本件改正前の公選法が違憲違法であることの確認，(b)本件改正後の公選法が，衆院小選挙区選挙および参院選挙区選挙について選挙権行使を認めていない点で違憲違法であるとの確認，(イ)予備的に，Xらが衆院小選挙区選挙および参院選挙区選挙について選挙権を行使する権利を有することの確認，(2)国会が，在外国民が選挙権を行使できるように公選法を改正することを怠った立法不作為に基づく国家賠償請求，であった。

1審（東京地判平11・10・28判時1705号50頁），2審（東京高判平12・11・8判タ1088号133頁）とも，(1)の確認請求をいずれも「法律上の争訟」（裁3Ⅰ）に当たらないなどとして不適法で却下すべきものであるとし，(2)の国家賠償請求も棄却した。

■争点■

①選挙権の保障は投票機会の保障まで含むか。
②選挙権の制約はどのような違憲審査基準で審査すべきか。
（訴訟上の問題については316事件〔本件と同一事件〕を参照。）

■判旨■

一部破棄自判，一部上告棄却（福田博裁判官の補足意見，横尾和子・上田豊三裁判官，泉徳治裁判官の各反対意見がある）。

(i)「国民の代表者である議員を選挙によって選定する国民の権利は，国民の国政への参加の機会を保障する基本的権利として，議会制民主主義の根幹を成すものであり，民主国家においては，一定の年齢に達した国民のすべてに平等に与えられるべきものである。」

憲法前文，1条，15条1項，3項，44条但書に照らすと「憲法は，国民主権の原理に基づき，両議院の議員の選挙において投票をすることによって国の政治に参加することができる権利を国民に対して固有の権利として保障しており，その趣旨を確たるものとするため，国民に対して投票をする機会を平等に保障している」。

以上からすれば，「自ら選挙の公正を害する行為をした者等の選挙権について一定の制限をすることは別として，国民の選挙権又はその行使を制限することは原則として許されず，……そのような制限をすることがやむを得ないと認められる事由がなければならないというべきである。そして，そのような制限をすることなしには選挙の公正を確保しつつ選挙権の行使を認めることが事実上不能ないし著しく困難であると認められる場合でない限り，上記のやむを得ない事由があるとはいえ」ない。「また，このことは，国が国民の選挙権の行使を可能にするための所要の措置を執らないという不作為によって国民が選挙権を行使することができない場合についても，同様である。」

(ii) 在外国民は投票が一切できなかった本件改正前の公職選挙法の憲法適合性について，「これは，在外国民が実際に投票をすることを可能にするためには，我が国の在外公館の人的，物的態勢を整えるなどの所要の措置を執る必要があったが，その実現には克服しなければならない障害が少なくなかったためである」。

ところで，内閣は1984（昭和59）年に衆参両院議員の選挙全般について在外選挙を認めるための公選法改正案を国会に提出したが，これは審議未了廃案となり，その後，1996年の本件選挙まで法改正はない。「世界各地に散在する多数の在外国民に選挙権の行使を認めるに当たり，公正な選挙の実施や候補者に関する情報の適切な伝達等に関して解決されるべき問題があったとしても，既に昭和59年の時点で，選挙の執行について責任を負う内閣がその解決が可能であることを前提に上記の法律案を国会に提出していることを考慮すると，同法律案が廃案となった後，国会が，10年以上の長きにわたって在外選挙制度を何ら創設しないまま放置し，本件選挙において在外国民が投票をすることを認めなかったことについては，やむを得ない事由があったとは到底いうことができない」。本件改正前の公選法は違憲。

(iii) 本件改正後の公職選挙法の憲法適合性について，本件改正後も選挙区選挙については在外国民の投票が認められなかったが，候補者個人に関する情報の周知の困難性等からして，こうした限定は理由がなかったとまでは言えない。しかし，その後在外選挙が繰り返し実施されていること，地球規模での通信手段の発達，さらに，2000年の公選法改正により参議院については比例代表選挙においても候補者名個人を自書する方式となり，在外選挙もこの方式で行われたことなどからすれば，「遅くとも，本判決言渡し後に初めて行われる衆議院議員の総選挙又は参議院議員の通常選挙の時点においては，衆議院小選挙区選出議員の選挙及び参議院選挙区選出議員の選挙について在外国民に投票をすることを認めないことについて，やむを得ない事由があるということはでき」ない。

20 参政権(1)選挙権・選挙運動規制 (1) 選挙権　15条

■解　説■

1　本判決は、公法上の当事者訴訟としての確認訴訟の適法性を積極的に認めたことや、立法行為に関する国賠請求の要件を実質的に緩和して請求を認容したこと、部分違憲の手法を用いたことなどで、憲法訴訟の可能性を広げた点で注目されている（これらの点については316事件〔本件と同一事件〕参照）が、選挙権の制約に関する実体憲法上の論点についても重要な判断を行っている。

2　争点①について、自由権とは異なり、選挙権は法律による制度形成を前提とする権利である。憲法は「成年者による普通選挙」を保障しているから、成年者であれば選挙権を有するというのが憲法上の要請であり、国会にはそこまでの立法義務があることは明らかである（ただし、成年年齢を何歳にするかについては一定の立法裁量が認められる）。したがって、241事件〔最大判昭30・2・9〕でみたような選挙犯罪による選挙権の停止（公選252）や、欠格事由（公選11）の定めは、憲法上認められている選挙権を制約するものとして正当化が要請されることになる。

他方で、法的には選挙権が認められているが、何らかの法的あるいは事実上の障害によりその行使ができない場合に選挙権行使ができるような立法措置をとることまでが憲法上の要請か否かは明らかではない。

この点、本判決（判旨(i)）は、憲法は、選挙権保障の「趣旨を確たるものとするため、国民に対して投票をする機会を平等に保障している」として、選挙権の保障は選挙権行使の機会の積極的な保障までも含むものとしている。

本件は、成年に達した在外国民には国内居住の国民と同様、選挙権が法律上も保障されている（公選9Ⅰ）が、選挙人名簿制度が不備なために投票ができないとされていることが選挙権行使の機会の保障に反するとされた。これ以外にも、国内に居住している選挙人が、心身の障害のために投票所に赴いて投票をすることができない場合（314事件〔最判昭60・11・21―在宅投票制度廃止事件〕、東京地判平14・11・28判タ1114号93頁〔ALS患者選挙権訴訟〕、243事件〔最判平18・7・13〕）なども選挙権行使の機会の保障に関わる。

3　争点②については、本判決は、選挙権行使を可能にするための措置をとらなかった立法不作為について、「そのような制限をすることなしには選挙の公正を確保しつつ選挙権の行使を認めることが事実上不能ないし著しく困難であると認められる」ような「やむを得ない事由」が必要であると判断し、かなり厳格な基準を用いている。このような厳格な基準を用いた理由として、(A)選挙権が国民主権（前文、1）に由来する国民固有の（15Ⅰ）重要な権利だという点、(B)選挙権が「立法措置を不可欠とする」権利であるという点が指摘されている（赤坂・後掲11頁）。

下級審においては、選挙権行使が事実上妨げられている場合について、厳格な基準で判断するものもあった（札幌地小樽支判昭49・12・9判時762号8頁〔314事件の1審〕、前掲東京地判平14・11・28）が、本件では最高裁がこのような判断をしたものとして重要である。ただし、上記引用を見れば明らかなように、「選挙の公正を確保しつつ」という留保が付いている点に注意が必要である。本章で扱った諸判決からも明らかなとおり、従来の最高裁判例においては、選挙の公正の要請はかなり強いものとして理解されていることから、こうした留保の理解の仕方いかんでは、選挙権の制約の合憲性は認められやすくなるかもしれない。

もっとも、本判決の具体的な判断部分（判旨(ii)(iii)）では、在外選挙で選挙の公正を確保することの困難さはあまり考慮されておらず、選挙の公正の要請は後景に退いており、むしろ横尾・上田反対意見でこの点が強調され、立法裁量承認の必要性が述べられている。

4　また、同じく最高裁の従来の判例からすると、本判決でこのような厳格な基準を用いたことには違和感が指摘されている。すなわち、最高裁は従来、選挙制度の設計について広い立法裁量を認めてきた。特に、投票価値の平等問題については、最高裁は広い立法裁量を認めている（250事件〔最大判昭51・4・14〕など）。こうした判例との区別が問題となる。1つの説明は、投票価値の平等問題においては、選挙権やその行使自体が妨げられているわけではないのに対し、本件ではそもそも投票ができないという点で権利侵害が大きいということがありうる。しかし、こうした区別が可能かどうかには疑問もある（毛利・後掲213頁）。なお、横尾・上田反対意見は、本件のような事案においても立法裁量が認められるべきだとしている。

第2の説明としては、投票価値の平等は平等原則（14）の問題であって（判例によれば）緩やかな基準が適用されるのに対し、本件は選挙権という実体的権利の問題であり、そして上述（3冒頭）のような理由で厳格な審査が要請されるというものである（杉原・後掲629頁、664頁注18）が、これも、平等原則の場合緩やかな基準を適用するという前提自体の妥当性が問われるだろう。この点、近年の最高裁は、投票価値の平等問題についても立法裁量を限定する方向にあることがうかがわれ、その意味では本判決と同様の方向にあるとも言いうる。

なお、本判決の後には、精神的原因による投票困難者の選挙権行使の機会確保の事案について、最高裁第一小法廷は実体的な憲法判断を回避した（243事件）。

5　最後に、上記「やむを得ない事由」基準の具体的な適用について、ここで本判決は、在外選挙を実施することの客観的な困難性を検証するのではなく（その結果、本判決の具体的判断については問題点が指摘される〔毛利・後掲213頁、内野・後掲80頁など〕）、内閣による法案提出とその廃案、その後の国会の不作為といった政府や国会の主観的な事情を考慮している（これは近年の投票価値の平等に関する判決にも見られる）が、この判断構造は、1つには立法不作為であるということが関係するかと思われるが、必ずしも明確ではないところである。

◆参考文献◆

赤坂正浩・判評572（判時1937）号9頁、内野正幸・法時78巻2号78頁、杉原則彦・最判解民事篇平成17年度（下）603頁、野坂泰司『憲法基本判例を読み直す』[2011] 257頁、毛利透・判例講義Ⅱ 212頁。

243 精神的原因による投票困難者の選挙権

最高裁平成18年7月13日第一小法廷判決
（平成17年（オ）第22号・同年（受）第29号損害賠償請求事件）
訟月53巻5号1622頁，判時1946号41頁

■事案■

Xは，精神発達遅滞および不安神経症のため，外出先で他人の姿を見ると身体が硬直し身動きが困難になるなどの症状があり，2000（平成12）年初めごろ以降，完全に家庭内に引きこもるようになった。

公職選挙法は，選挙当日に自ら投票所に赴いて投票を行うことを原則としている（同法44 I）が，所定の身体障害により投票所まで行くことのできない場合には，その例外として郵便投票制度が設けられている（同法49 II）。しかし，精神障害の場合には，郵便投票が認められていないため，Xは，政治に関心を持ちながらも，2000年に行われた3件の国政および地方選挙において投票を棄権せざるを得なかった。そこで，Xは，精神的原因による投票困難者に対して選挙権行使の機会を確保するための立法措置をとらなかった立法不作為などが違憲であり，国家賠償法1条1項の適用上も違法であるとしてY（国）に対し慰謝料等の支払を請求した。

1審（大阪地判平15・2・10判時1821号49頁）および2審（大阪高判平16・9・16公刊物未登載）は，本書314事件（最判昭60・11・21―在宅投票制度廃止事件）の枠組みに従い請求を棄却した。Xが上告。

■争点■

精神的原因による投票困難者に郵便投票を認めない立法不作為は違法ではないか。

■判旨■

上告棄却（泉徳治裁判官の補足意見がある）。

(i) 316事件（242事件と同一事件。最大判平17・9・14―在外邦人選挙権事件）の判旨(iv)の一般論部分を繰り返した上で，「国には，国民が選挙権を行使することができない場合，そのような制限をすることなしには選挙の公正の確保に留意しつつ選挙権の行使を認めることが事実上不可能ないし著しく困難であると認められるときでない限り，国民の選挙権の行使を可能にするための所要の措置を執るべき責務があるというべきである（〔242・316事件〕……参照）。このことは，国民が精神的原因によって投票所において選挙権を行使することができない場合についても当てはまる」。

(ii) 「しかし，精神的原因による投票困難者については，その精神的原因が多種多様であり，しかもその状態は必ずしも固定的ではないし，療育手帳に記載されている総合判定も，身体障害者手帳に記載されている障害の程度や介護保険の被保険者証に記載されている要介護状態区分等とは異なり，投票所に行くことの困難さの程度と直ちに結び付くものではない。したがって，精神的原因による投票困難者は，身体に障害がある者のように，既存の公的な制度によって投票所に行くことの困難性に結び付くような判定を受けているものではないのである」。

(iii) 「しかも，前記事実関係等によれば，身体に障害がある者の選挙権の行使については長期にわたって国会で議論が続けられてきたが，精神的原因による投票困難者の選挙権の行使については，本件各選挙までにおいて，国会ではほとんど議論されたことはなく，……少なくとも本件各選挙以前に，精神的原因による投票困難者に係る投票制度の拡充が国会で立法課題として取り上げられる契機があったとは認められない。」

(iv) 「以上によれば，……本件立法不作為は，国家賠償法1条1項の適用上，違法の評価を受けるものではない」。

■解説■

1　本件は，選挙権行使の機会確保に関する立法裁量を制約する判断を示した242・316事件の1年足らず後に下された，類似の論点に関する判決である。しかし，結論は異なるものであり，242・316事件判決の射程を考える際に有益である。

2　立法不作為の違憲国賠訴訟においては，実体的な合憲性の判断と国賠違法の判断が切り離されることから，判決中で憲法判断が行われないことがある。242・316事件では違法性の判断に憲法判断を先行させた点が注目されたが，本判決では違法性の判断のみがなされた。これに対して泉補足意見は，合憲性の問題を考察し，違憲状態だとする。

3　242・316事件判決で再定式化された立法不作為の国賠違法の要件（316事件判旨(iv)）は，選挙権制限に関しては，①憲法上保障されている権利行使の機会を確保するために必要な立法措置の必要不可欠性，②その明白性，③国会が正当な理由なく長期にわたり立法を怠ること，である。

本件では，判旨(iii)が上記の②ないし③に関わるものであることは推測可能であるが，判旨(ii)の位置づけは必ずしも明らかではない。判旨(ii)は，精神的原因による投票困難者は多種多様であり，かつ，その状態は固定的ではなく，制度上も精神的原因による投票困難者の判定制度が存在しないことを述べている。一般に在宅投票では投票所での投票に比して不正のおそれが高いことからすると，実体的な選挙権制約の合憲性の判断基準である判旨(i)を前提とすれば，精神障害については認定が容易でなく選挙の公正の確保が可能かどうか不明な点で，立法が必要不可欠であったとまではいえないというのが判旨(ii)の趣旨であり，そうだとすれば①に関する判示と見ることもできよう。

ただ，本件のXが投票困難な状態であったことは確かであることから，判旨(ii)は本件の事案とは異なる次元を問題とする議論のようにも思われ，むしろ個別的な判断の必要性を述べる泉補足意見の方が事案には適するとも言える。しかし，立法不作為が争われる場合の立法とはあくまでも一般性が前提であり，個別判断にはなじまないとしたのが多数意見だと思われる。

◆参考文献◆
青井未帆・法教363号120頁，同・セレクト2006年3頁，畑尻剛・平成18年度重判解8頁，棟居快行・国際人権19号160頁。

244 選挙犯罪捜査での投票用紙差押えと投票の秘密

最高裁平成9年3月28日第二小法廷判決
（平成4年（オ）第2148号損害賠償請求事件）
訟月44巻5号647頁，判時1602号71頁

■事　案■

中核派に近い政治的立場をとるAは，1986（昭和61）年に施行された大阪府泉佐野市議会議員選挙において，関西空港建設反対の主張を掲げて立候補し，当選した。この選挙の際，Aを当選させる目的で，中核派の構成員と目される者が集団で，同市に居住していないのに転入届を出し，その一部は実際に上記選挙において投票を行った。これについて警察は，詐偽投票罪（公選237Ⅱ）の嫌疑を抱き，Aの氏名を記載した投票済み投票用紙全部を差し押さえ，被疑者らの指紋と照合を行った。

Xらは，本件選挙において投票した者であるが，どの候補者に投票したかは明らかにしておらず，また，この事件の被疑者とされていたわけではなく，上記の指紋照合の対象にもなっていなかったが，本件押え等は投票の秘密（15Ⅳ）に違反し，法的利益を侵害されたとして国家賠償法に基づく損害賠償請求を行った。1審（大阪地判平3・5・28判時1397号61頁），2審（大阪高判平4・9・11訟月39巻6号1009頁）は請求棄却。Xらが上告。

■争　点■

犯罪捜査目的での投票用紙の差押えは投票の秘密の侵害に当たるか。

■判　旨■

上告棄却（福田博裁判官の補足意見がある）。

「右事実関係によれば，本件差押え等の一連の捜査によりXらの投票内容が外部に知られたとの事実はうかがえないのみならず，本件差押え等の一連の捜査は詐偽投票罪の被疑者らが投票をした事実を裏付けるためにされたものであって，Xらの投票内容を探索する目的でされたものではなく，また，押収した投票用紙の指紋との照合に使用された指紋にはXらの指紋は含まれておらず，Xらの投票内容が外部に知られるおそれもなかったのであるから，本件差押え等の一連の捜査がXらの投票の秘密を侵害したとも，これを侵害する現実的，具体的な危険を生じさせたともいうことはできない。したがって，Xらは，投票の秘密に係る自己の法的利益を侵害されたということはできない。」

福田補足意見

「無資格者の投票については公権力により投票内容の探索が自由にできると解した場合，選挙において必要とされる自由な雰囲気が圧迫され，また，正当な選挙人の投票の秘密まで危険にさらす事態が引き起こされる可能性があるから」，無資格者の投票についても秘密が保障される。

投票の秘密も無制約ではないが，投票の秘密は代表民主制を直接支えるものであるのに対し，選挙犯罪の捜査は間接的に代表民主制を支えるにすぎないから，「投票の秘密の保持の要請の方が選挙犯罪の捜査の要請より一般的には優越した価値を有する」。「選挙犯罪の捜査において投票の秘密を侵害するような捜査方法を採ることが許されるのは極めて例外的な場合に限られるというべきであって，当該選挙犯罪が選挙の公正を実質的に損なう重大なものである場合において，投票の秘密を侵害するような捜査方法を採らなければ当該犯罪の立証が不可能ないし著しく困難であるという高度な捜査の必要性があり，かつ，投票の秘密を侵害する程度の最も少ない捜査方法が採られるときに限って，これが許される」。

■解　説■

1　投票の秘密（秘密選挙）の保障は，自由な投票を確保するために不可欠なものとして，普通選挙，平等選挙，直接選挙，自由選挙の諸原則と並んで，現代選挙法の「公理」（新井誠・争点186頁参照）として承認されており，日本国憲法も明文で保障している（15Ⅳ）。これは客観法的な規範であるだけでなく，選挙人は秘密投票に対する権利を有するとされる（光信・後掲20頁）。

2　ただ，いかなる場合に秘密投票に対する権利が侵害されたと言えるかについては検討の余地がある。本件の多数意見は，Xらの投票の秘密の侵害はないとした。それはまず，Xらの投票内容が「外部」に知られておらず，そのおそれもないということである。しかし，「外部」には知られていなくても捜査機関には知られるおそれがあったのであり，この点で投票の秘密の侵害またはそのおそれがあったと見ることもできる（西鳥羽・後掲26頁。また，毛利・後掲229頁も参照）。

また，本判決は，投票用紙を差し押さえただけでは投票内容は明らかにならず，指紋との照合がなされて初めてそれが判明するのであるから，投票の秘密の侵害は指紋との照合対象者との関係でのみ生じるという考え方をも示唆する。この場合，指紋照合対象者は選挙犯罪の被疑者なのであって，投票の秘密に対する権利はないのではないかという点が問題となる。

3　しかし，この点については不正投票者であっても投票の秘密は保護されるとするのが通説である（石田・後掲362頁）。ただ，その理由として，不正投票者にも端的に投票の秘密が保障されるとする立場と，正規の投票者に対する萎縮効果を避けるために不正投票者の投票の秘密も手段的に保障するとする立場がありえ（参照，西鳥羽・後掲24頁），本件福田補足意見は後者の立場のようにも見える。

4　とはいえ，投票の秘密も無限界とは限らない。この点で問題となる主たる場面は，当選や選挙の効力が争われた場合や，本件のように選挙犯罪の捜査において投票用紙を調査する場合である。後者については，最高裁の立場は明らかでなかった。本件でも多数意見はこの問題に触れていないが，福田補足意見はこの点について説得的な議論を展開しており，学説にも支持されている。

5　他方，前者について最高裁は，当選や選挙の効力が争われた場合に投票用紙を調査することは許されないとする（最判昭23・6・1民集2巻7号125頁。判例・学説につき石田・後掲参照）。

◆参考文献◆
石田榮仁郎・百選Ⅱ〔第5版〕362頁，西鳥羽和明・判評468（判時1621）号22頁，光信一宏・平成9年度重判解20頁，毛利透・判例講義Ⅱ229頁。

15条　20 参政権(1)選挙権・選挙運動規制　(2)被選挙権

245　公選法による拡大連座制

最高裁平成9年3月13日第一小法廷判決
(平成8年(行ツ)第193号当選無効及び立候補禁止請求事件)
民集51巻3号1453頁, 判時1605号16頁

■事　案■

Yは, 青森県議会議員選挙に立候補して当選した者である。Yを支持するAは, 自らが代表取締役を務める地元の有力プレハブ会社を挙げて選挙運動を行う中で, 同社幹部らとともに宴席を設けて下請業者らに対してYのため投票および投票取りまとめを依頼したとして, 買収及び利害誘導罪 (公選221 I ①) により懲役刑に処せられた。これを受けて, 検察官Xは, Aは拡大連座制にいう「組織的選挙運動管理者等」(公選251の3 I) に該当するとして, Yの当選無効および立候補禁止を請求する訴え (公選211 I) を提起した。
Yは連座制適用の要件に該当しないとの主張のほか, 立候補の自由等を侵害し違憲であるとの主張を行ったが, 1審 (仙台高判平8・7・8高民集49巻2号38頁) はXの請求を認容した。

■争　点■

拡大連座制は立候補の自由の不当な侵害ではないか。

■判　旨■

上告棄却。
「公職選挙法 (以下「法」という。)251条の3第1項は, ……従来の連座制ではその効果が乏しく選挙犯罪を十分抑制することができなかったという我が国における選挙の実態にかんがみ, 公明かつ適正な公職選挙を実現するため, 公職の候補者等に組織的選挙運動管理者等が選挙犯罪を犯すことを防止するための選挙浄化の義務を課し, 公職の候補者等がこれを防止するための注意を尽くさず選挙浄化の努力を怠ったときは, 当該候補者等個人を制裁し, 選挙の公明, 適正を回復するという趣旨で設けられたものと解するのが相当である。法251条の3の規定は, このように, 民主主義の根幹をなす公職選挙の公明, 適正を厳粛に保持するという極めて重要な法益を実現するために定められたものであって, その立法目的は合理的である。また, 右規定は, 組織的選挙運動管理者等が買収等の悪質な選挙犯罪を犯し禁錮以上の刑に処せられたときに限って連座の効果を生じさせることとして, 連座制の適用範囲に相応の限定を加え, 立候補禁止の期間及びその対象となる選挙の範囲も前記のとおり限定し, さらに, 選挙犯罪がいわゆるおとり行為又は寝返り行為によってされた場合には免責することとしているほか, 当該候補者等が選挙犯罪行為の発生を防止するため相当の注意を尽くすことにより連座を免れることのできるみちも新たに設けているのである。そうすると, このような規制は, これを全体としてみれば, 前記立法目的を達成するための手段として必要かつ合理的なものというべきである。」

■解　説■

1　連座制 (その意義については本章〈判例の流れ〉参照) には長い歴史があるが, 政治改革の一環として1994 (平成6) 年11月の公選法改正によって大幅に強化され (拡大連座制〔新連座制〕。連座制の歴史の概観につき参照, 野中俊彦・法教194号2頁), 本件ではその合憲性が問題となった。

2　拡大連座制の特徴は, (1)従来のような候補者等の傍らで選挙運動全体あるいは重要部分で中心となる立場の者 (総括主宰者や出納責任者等〔公選251の2 I 参照〕) のみならず, 支援組織 (会社, 労組ほか各種団体など) での選挙運動を取り仕切る「組織的選挙運動管理者等」(同251の3 I) による選挙犯罪にも連座制が適用されること (「組織ぐるみ選挙」対策), (2)連座制適用の効果として当選無効に加えて, 5年間の立候補禁止も規定されたこと, が挙げられる。

3　連座制の合憲性についてはすでに判例がある (最大判昭37・3・14民集16巻3号530頁など。菅野, 宇都宮, 本・後掲各文献参照) が, 上記のような拡大連座制の特徴に照らし, 従来とは異なる憲法論を展開する必要がある。従来は, 選挙運動の中心となる者が選挙犯罪を行ったことにより, 選挙運動全体が不公正なものと想定され, それに基づく不公正な選挙結果を除去する (したがってその効果は当選無効) という正当化論であった。拡大連座制の究極の目的も選挙の公正の確保であることは不変であるが, 必ずしも選挙運動全体の中心となる者でなくても連座制が発動され, 効果も当選無効に加えて立候補禁止であるため, 従来の議論はそのままでは妥当しない。そこで, 本判決のように, 候補者等が負う選挙浄化の義務違反に対する制裁 (したがって, 立候補禁止もありうる〔本書241事件 (最大判昭30・2・9) も参照〕) であるという根拠が持ち出されることになる。

4　そうだとしても, (a)立候補の自由が基本権として保障される (238事件〔最大判昭43・12・4—三井美唄炭鉱事件〕) ことに照らして5年間の立候補禁止は過剰な制約ではないか, (b)選挙浄化の義務が候補者等にとって過大なものになっていないかといった点がさらに問題となる。本判決は, 全体としてみれば必要かつ合理的なものであるとし, 支持する見解もある (山元・後掲6頁, 辻村357頁) が, より厳格な基準を用いるべきであるとして批判的な見解 (宇都宮・後掲113頁, 本・後掲27頁, 毛利・後掲231頁) もある。
(a)については, 厳格な基準を用いるにしても, 連座制適用の前提となる選挙犯罪の有罪確定を待つうちに議員任期が満了に近づき, 当選無効という制裁はしばしば意味を失うこと, 5年間の立候補禁止であれば, 概ね次々回の選挙には出馬できることといった点をどう評価するかが問題となる。この点, 上記の批判的な見解でも, 端的に違憲を説くものはない。
また, (b)の観点からは, 251条の3所定の要件の限定解釈が主張される (小針・後掲365頁, 毛利・後掲231頁)。しかし, 判旨には引用していないが, 本判決はこれを否定した。

◆参考文献◆
宇都宮純一・法教205号112頁, 小針司・百選II〔第5版〕364頁, 菅野博之・最判解民事篇平成9年度(上)456頁, 毛利透・判例講義II 230頁, 本秀紀・平成9年度重判解26頁, 山元一・セレクト1997年6頁。

246 選挙における報道・評論の規制——「政経タイムス」事件

最高裁昭和54年12月20日第一小法廷判決
（昭和53年（あ）第846号公職選挙法違反被告事件）
刑集33巻7号1074頁，判時952号17頁

■事案■

Yは，『政経タイムス』紙の編集・発行・経営者であり，1975（昭和50）年の埼玉県議会議員選挙に際し，選挙区内の候補者の得票数の予想や批判を同紙号外に掲載し，大手日刊紙の折込みによって頒布したところ，同紙は毎月3回以上の有償頒布という公選法148条3項1号イの要件を満たさないのに選挙に関する報道・評論を行ったとして起訴された（公選235の2②）。

Yは公選法148条3項1号イの違憲性を主張したが，1審（秩父簡判昭51・4・7刑集33巻7号1095頁参照），2審（東京高判昭53・3・22東高刑時報29巻3号52頁）ともこの主張を斥け有罪とした。

■争点■

公選法148条3項1号イ・235条の2第2号の規定は合憲か。

■判旨■

上告棄却。

「公職選挙法……148条3項は，いわゆる選挙目当ての新聞紙・雑誌が選挙の公正を害し特定の候補者と結びつく弊害を除去するためやむをえず設けられた規定であって……，公正な選挙を確保するために脱法行為を防止する趣旨のものである」。

「右のような立法の趣旨・目的からすると，同項に関する罰則規定である同法235条の2第2号のいう選挙に関する『報道又は評論』とは，当該選挙に関する一切の報道・評論を指すのではなく，特定の候補者の得票について有利又は不利に働くおそれがある報道・評論をいうものと解するのが相当である。さらに，右規定の構成要件に形式的に該当する場合であっても，もしその新聞紙・雑誌が真に公正な報道・評論を掲載したものであれば，その行為の違法性が阻却されるものと解すべきである（刑法35条）。」

「右のように解する以上，公職選挙法148条3項1号イの『新聞紙にあっては毎月3回以上』の部分が憲法21条，14条に違反しないことは」明らかである。

■解説■

1　選挙運動における文書・図画の頒布等については厳格な規制が行われており（公選142以下），いわゆるネット選挙運動が禁止されているのもこうした規制の結果である。他方，選挙運動期間中も，新聞・雑誌が選挙に関する報道・評論を行う自由は当然保障されなければならない。公選法148条1項はこの点を確認しているのであるが，しかし，同条3項はこうした報道・評論を行うことのできる新聞・雑誌を限定しており，これに該当しない新聞・雑誌が選挙運動期間中および選挙当日に当該選挙に関する報道・評論を行った場合には刑事罰が課される（公選235の2②③）。

この点について，元々の公選法には，虚偽の事項を記載する等によって選挙の公正を害した場合の罰則（旧148 I 但書，現235の2①に相当）しかなかったが，これでは不十分であるとして，1952年の改正によって外形的に選挙目当ての新聞・雑誌であると疑われるものを定めて事前規制をすることとされた経緯がある。

2　このような規制は，公選法の文書・図画頒布等の規制の脱法行為を防止するために設けられたものであり，文書・図画の頒布等の規制自体が憲法21条違反であるとすれば，本件のような規制も正当化されないということになる。そうでないとしても本件規制は，一定の要件を満たさない新聞・雑誌は選挙運動期間中，およそ選挙に関する報道・評論ができないということであるから，過剰規制ではないかが問題となる。

3　この点について，古い学説は選挙の公正という目的に照らせば問題はないとするものがあったが，憲法訴訟論の発達に伴い，違憲論が有力化した。例えば芦部信喜は，公選法148条3項の立法目的は，事後処罰などの「より制限的でない」規制手段でも達成できると考えられるので，違憲の疑いが濃いとする（芦部・後掲119頁）。標準的な憲法訴訟論からはもっともな見解である。ただ，上記のとおり，本件規制は，選挙の公正を実際に害した場合に処罰するという規制は，立証が困難であることなどにより，実効性が十分でなかったとされたことに鑑み導入されたものであり（田中・後掲427頁），そうだとすれば，事後処罰はLRAたり得ないということになる。結局，この問題は，現行規制やそれを合憲とする最高裁が想定する選挙の公正と表現の自由との調整点を妥当とするか否か（過度に選挙の公正に偏っていないかどうか）の評価に関わることになろう（これは本件規制に限らず選挙運動規制全体に言えることである）。

4　本判決は，本件規制の違憲論には与していないとはいえ，同規定を限定解釈することによって表現の自由に対する配慮を示しているが，まず，これは合憲限定解釈ではなく，同規定の趣旨・目的に照らした限定解釈であるとされている（田中・後掲430頁）。

次に，限定解釈の内容は，(1)禁止される「報道又は評論」を限定したこと，(2)「真に公正な報道・評論」については違法性が阻却されうること，である。(1)については，このように限定しないと，例えば選挙の日時，場所または投票手続などについての記事も禁止されることになってしまう。(2)は，本件規制が選挙目当ての新聞・雑誌だと疑われるものを外形的に定めているところ，実際にはそうではないものもあることを考慮して免責を定めたものである。しかし，このような広く規制の網をかけておいて個別的に免責するというやり方は萎縮効果との関係で問題がある（上脇・後掲357頁〔同頁に紹介の『みんなの滋賀新聞』の事例も参照〕。なお田中・後掲433頁は反対）。また，「真に公正な報道・評論」として違法性阻却される範囲は限定的なものとされており，本件のような記事はこれに該当しないとされる（田中・後掲432頁）。

◆参考文献◆
芦部信喜『演習憲法〔新版〕』〔1988〕，上脇博之・百選Ⅱ〔第5版〕356頁，木下智史・メディア百選180頁，田中清・最判解刑事篇昭和54年度419頁，野中俊彦・昭和54年度重判解22頁，毛利透・判例講義Ⅱ225頁。

247 戸別訪問の禁止

最高裁昭和56年7月21日第三小法廷判決
（昭和55年(あ)第1472号公職選挙法違反被告事件）
刑集35巻5号568頁、判時1014号49頁

■事案■

Yは1974（昭和49）年6月16日施行の立川市議会議員選挙に立候補することを決意し、まだその届出のない同月2日、3日に同選挙の選挙人の自宅等を戸別訪問して自己に投票するよう依頼したため、事前運動（公選129・239Ⅰ①）および戸別訪問（公選138Ⅰ・239Ⅰ③）の各禁止に違反したとして起訴された。
1審（東京地八王子支判昭54・6・8刑集35巻5号629頁参照）、2審（東京高判昭55・7・18判時1003号135頁）とも有罪判決（罰金刑）であった。Yが上告。

■争点■

戸別訪問を禁止する公選法138条1項・239条1項3号は合憲か。

■判旨■

上告棄却（伊藤正己裁判官の補足意見がある）。
「上告趣意のうち、公職選挙法129条、239条1号、138条、239条3号の各規定の違憲をいう点については、右各規定が憲法前文、15条、21条、14条に違反しないことは、当裁判所の判例〔最大判昭44・4・23刑集23巻4号235頁〕……の趣旨に徴し明らかであるから、所論は理由がな」い（最判昭56・6・15刑集35巻4号205頁参照）。

伊藤補足意見
「これまで戸別訪問の禁止を合憲とする根拠とされてきたものは、それぞれに一応の理由があり、これを総体的にとらえるとき、この禁止が合理性を欠くものではないといえるかもしれないが、それだけでは、なお合憲とする判断の根拠として説得力に富むものではない。戸別訪問は選挙という政治的な表現の自由が最も強く求められるところで、その伝達の手段としてすぐれた価値をもつものであり、これを禁止することによって失われる利益は、議会制民主主義のもとでみのがすことができない。そうして、もし以上に挙げたような理由のみでもって戸別訪問の禁止が憲法上許容されるとすると、その考え方は広く適用され、憲法21条による表現の自由の保障をいちじるしく弱めることになると思われる。」

禁止を正当化する従来の「諸理由は戸別訪問の禁止が合憲であることの論拠として補足的、附随的なものであり、むしろ他の点に重要な理由があると考える。選挙運動においては各候補者のもつ政治的意見が選挙人に対して自由に提示されなければならないのではあるが、それは、あらゆる言論が必要最少限度の制約のもとに自由に競いあう場ではなく、各候補者は選挙の公正を確保するために定められたルールに従って運動するものと考えるべきである。法の定めたルールを各候補者が守ることによって公正な選挙が行われるのであり、そこでは合理的なルールの設けられることが予定されている。このルールの内容をどのようなものとするかについては立法政策に委ねられている範囲が広く、それに対しては必要最少限度の制約のみが許容されるという合憲のための厳格な基準は適用されないと考える。憲法47条は、国会議員の選挙に関する事項は法律で定めることとしているが、これは、選挙運動のルールについて国会の立法の裁量の余地の〔が〕広いという趣旨を含んでいる。国会は、選挙区の定め方、投票の方法、わが国における選挙の実態など諸般の事情を考慮して選挙運動のルールを定めうるのであり、これが合理的とは考えられないような特段の事情のない限り、国会の定めるルールは各候補者の守るべきものとして尊重されなければならない。この立場にたつと、戸別訪問には前記のような諸弊害を伴うことをもって表現の自由の制限を合憲とするために必要とされる厳格な基準に合致するとはいえないとしても、それらは、戸別訪問が合理的な理由に基づいて禁止されていることを示すものといえる。したがって、その禁止が立法の裁量権の範囲を逸脱し憲法に違反すると判断すべきものとは考えられない。」

■解説■

1　選挙運動としての戸別訪問の禁止は、1925（大正14）年の普通選挙法以来のものである。同法は、男子普通選挙制を導入すると同時に、選挙運動について厳しい規制を加えたのであるが、戸別訪問全面禁止はその一環であった（大石・後掲70頁・77頁参照）。

最高裁は、日本国憲法施行後も維持されたこの禁止を、いち早く合憲と判断した（最大判昭25・9・27刑集4巻9号1799頁）が、当時はいわゆる抽象的な「公共の福祉」論により簡単に合憲判断がなされていた時代であり（本書75事件〔最大判昭24・5・18〕参照）、上記判決も簡単に合憲判断を行っている。

その後、学説や判例の発展（概観につき、吉田・後掲348頁参照）に伴い、下級審では相当程度の厳格な審査に基づいた違憲判決の例が散見されるようになり、本判決前年には、高裁レベルで初めて違憲判決がなされるに至っていた（広島高松江支判昭55・4・28判時964号134頁〔これは後述の最高裁第二小法廷判決の2審である〕）。最高裁は、本判決およびほぼ同時期に出され、本判決でも参照されている最判昭56・6・15（刑集35巻4号205頁。以下、第二小法廷判決という）によってこうした動きに応答し、改めて合憲判断を行ったものである。

2　本判決は、法廷意見そのものではなく、伊藤補足意見によって知られるものであるから、まずは第二小法廷判決を見てみよう。この判決は、その7年ほど前に出され、表現の自由に関する最高裁の合憲性審査手法についての重要判例である猿払事件判決（20事件—最大判昭49・11・6）に依拠したもので、規制目的の正当性、規制の目的と手段との合理的関連性、規制により得られる利益と失われる利益の衡量という3つの点を審査している。

すなわち、第二小法廷判決によれば、戸別訪問の禁止は、意見表明そのものの制約を目的とするものではなく、意見表明の手段方法のもたらす弊害（買収等の温床になるおそれ、選挙人の生活の平穏侵害のおそれ、候補者の負担過重のおそれ、情実による投票のおそれ）を防止し、選挙の

自由と公正を確保することが目的であるところ，この目的は正当であって，上記の諸弊害を「総体としてみるときには」戸別訪問一律禁止との間に合理的関連性が認められるとした。さらに，利益衡量についても，ここで問題となる意見表明の自由の制約は戸別訪問という手段方法の禁止に伴う間接的・付随的なものであるにすぎない一方で，禁止により得られる利益は，戸別訪問という手段方法のもたらす弊害を防止することによる選挙の自由と公正の確保であるから，「得られる利益は失われる利益に比してはるかに大きい」として戸別訪問一律禁止を合憲とした。

3 この第二小法廷判決に対しては，学説はおおむね批判的である。その批判は，基本的には猿払事件判決に向けられたものと同様である（したがって，20事件解説も参照のこと）。

すなわち，(1)戸別訪問禁止は間接的・付随的制約であるとされているが，最高裁による直接的制約と間接的・付随的制約の区別は，前者が過度に狭く不当であり，これは直接的な内容規制と見るべきであるとされる（毛利・後掲228頁，長谷部・後掲②48頁，宍戸39頁，187頁参照）。

また，(2)規制の目的と手段との合理的関連性について，表現の自由の直接的な内容規制であるからより高度の関連性を求めるべきであるが，合理的関連性でよいとするにしても，もう少し具体的に関連性を審査すべきであるとされる。実際，第二小法廷判決は，戸別訪問の諸弊害を「総体としてみるときには」，規制目的との合理的関連性が認められるとし，個別的な検討を回避している。

しかし，列挙されている諸弊害は，本判決の伊藤補足意見（判旨では省略した部分）が指摘するように，全面禁止を正当化するための十分な理由たり得ない。すなわち，戸別訪問が買収の温床になるとは限らないし，選挙人の迷惑も訪問時間の規制等により防止可能であり，候補者の負担過重も金銭的な点では法定費用の上限規制で対処可能である。なお，この点について，戸別訪問はボランティアに支えられた選挙運動が可能な大衆的基盤のある政党の候補者にとってはむしろ，伝統的な選挙運動の手段の中では比較的安価なものでありうる点に注意が必要である。最後に，戸別訪問だけが殊更に情実投票に結び付くわけではない。

さらに，(3)利益衡量も「最高裁は最初から勝負の分かっている2つの異質な法益を持ち出して，恥ずかしげもなく『利益衡量』して」おり，戸別訪問という簡易な手段の意義も考えると「最低限，戸別訪問の禁止がもたらす弊害と，それがもたらす利益との間で具体的な衡量が行われる必要があった」（毛利・後掲228頁）。

4 第二小法廷判決に含まれるこのような問題点を踏まえつつ，新たな視点から最高裁の合憲判断を擁護したのが本判決の伊藤補足意見である。

伊藤補足意見の特徴は，学説と同様，表現の自由に対してはより厳しい審査が要求されるという前提をとりつつ（したがって前述のように第二小法廷判決の挙げる諸弊害では規制を正当化し得ないとする）も，選挙運動においては表現の自由は妥当せず，立法裁量が認められるため，戸別訪問の全面禁止も合憲であるとする点である（同裁判官は他の選挙運動規制についても同様の論理で正当化する〔最判昭57・3・23刑集36巻3号339頁〕）。

すなわち，選挙運動はあらゆる言論が必要最小限度の制約のもとに自由に競い合う思想の自由市場的な場ではなく，あたかも野球では打者は三塁ではなく一塁に向かって走塁しなければならず，サッカーでは手を用いてはならないというのと同様に，一定のルールのもとで競い合うゲームの場なのであるという位置づけである。したがって，なぜサッカーでは手を使ってはいけないのかを問うことが無意味であるのと同様に，戸別訪問がなぜ禁止されるのかを問うことはナンセンスであるということになる。

確かに，国家による規制には，とりあえず一定のルールが決まっていることが大事であって，その根拠を厳密に問うことが無意味であるというものもある。歩行者は原則として道路の右側を通行するものとされている（道交10 I）例が典型例であり，この例においてはなぜ左側ではなく右側なのかと問うても無意味であり，交通秩序の維持のためには，とりあえず決まっていること，人々がそれに従うことが重要であるとされる（こうした問題は「調整問題」と言われる〔長谷部8頁〕。伊藤補足意見の見解は，選挙運動規制の問題は調整問題であるとするものである〔長谷部・後掲①361頁〕）。

今の例からもわかるように，国家による規制の一般論としては，伊藤補足意見のような論理が認められる場合がある。しかし問題は，選挙運動規制の問題が調整問題なのだろうかということである。これについては，「公職選挙法上の選挙が，国または地方公共団体が費用を負担する公営選挙としての要素を色濃く残していることは，こうした分析視角の妥当性を側面から支持する」（長谷部・後掲①361頁）と言われ，また，表現の自由一般についても，国家の財政支援を受ける表現活動についてこうした論理が妥当する可能性も指摘される（長谷部・同上）。

しかし他方で，「選挙運動規制については，すでに憲法自体が規制のない自由な活動をベースラインとして想定しており，それからの乖離となる規制については，やはり厳格な審査基準が妥当するのではないか」（長谷部・同上）との指摘もあり，学説上はこちらが多数であると思われる（後掲各文献を参照）。

実際，伊藤裁判官の援用する憲法47条は「選挙に関する事項」を法律で定めることを求めるが，この規定は，こうした事項を行政立法で定めることはできないという要請を含むほか，選挙制度は立法による一定の制度形成が必要であるため，立法裁量が認められる事項もあることも確かであるが，47条自体から，選挙運動規制を含めた「選挙に関する事項」全般にわたって広い立法裁量が認められるという帰結を引き出すことはできないだろう。

◆ 参考文献 ◆

大石眞『憲法秩序への展望』[2008]，奥平康弘『なぜ「表現の自由」か』[1988] 153頁，長谷部恭男①・百選Ⅱ〔第5版〕360頁，長谷部②『Interactive 憲法』[2006] 134頁，毛利透・判例講義Ⅱ 227頁，吉田善明・百選Ⅱ〔第4版〕348頁。

14条・43条　20 参政権(1)選挙権・選挙運動規制　(3) 選挙活動の制限

248 候補者届出政党所属の有無による選挙運動の差別

最高裁平成11年11月10日大法廷判決
(平成11年(行ツ)第35号選挙無効請求事件)
民集53巻8号1704頁，判時1696号46頁

■ 事 案 ■

「政策本位，政党本位」の選挙制度をめざして1994（平成6）年に導入された衆議院の小選挙区比例代表並立制に基づく初めての総選挙が1996年10月に行われたが，この選挙制度は違憲であるとして，Xらを始めとする多くの選挙人が多数の選挙無効訴訟を提起した。

最高裁はこれらの事件について同時に判決を言い渡したが，本判決は本書252事件（最大判平11・11・10—1人別枠方式），254事件（最大判平11・11・10—重複立候補）とともに，その一つである。この3件の判決により上記選挙制度に関する憲法上の多くの論点について判断が示され，本判決では小選挙区制そのものや投票価値の不平等の合憲性についても判断されたが（後者については252事件参照），ここでは争点掲記の論点に限定して検討する。

■ 争 点 ■

衆議院小選挙区選挙において候補者届出政党にも選挙運動を認めることは合憲か。

■ 判 旨 ■

上告棄却（本争点については河合伸一ほか4名の裁判官の反対意見がある）。

「選挙制度の仕組みの具体的決定は，国会の広い裁量にゆだねられている」。

公選法86条，141条2項，142条2項，149条1項，150条1項，161条1項等によれば「小選挙区選挙においては，候補者のほかに候補者届出政党にも選挙運動を認めることとされているのであるが，政党その他の政治団体にも選挙運動を認めること自体は，選挙制度を政策本位，政党本位のものとするという国会が正当に考慮し得る政策的目的ないし理由によるもの……であって，十分合理性を是認し得る」。もっとも，公選法86条1項1号，2号が候補者届出政党となりうる政党等を一定の実績を有するものに限定しているが，このような要件は「国民の政治的意思を集約するための組織を有し，継続的に相当な活動を行い，国民の支持を受けていると認められる政党等が，小選挙区選挙において政策を掲げて争うにふさわしいものであるとの認識の下に，政策本位，政党本位の選挙制度をより実効あらしめるため」のものであり，こうした立法政策は国会の裁量権の範囲内である。

候補者届出政党にも選挙運動を認めた結果，これに所属する候補者とそうではない候補者との間に選挙運動の上で差異が生じるが，それが一般的に合理性を有するとは到底考えられない程度となる場合に，初めて国会の裁量の範囲を逸脱する。

「自動車，拡声機，文書図画等を用いた選挙運動や新聞広告，演説会等についてみられる選挙運動上の差異は，候補者届出政党にも選挙運動を認めたことに伴って不可避的に生ずるということができる程度のものであり，……国会の裁量の範囲を超え，憲法に違反するとは認め難い」。もっとも，小選挙区選挙においては候補者届出政党だけが政見放送を行える（公選150Ⅰ）点は，「政見放送という手段に限ってみれば，候補者届出政党に所属する候補者とこれに所属しない候補者との間に単なる程度の違いを超える差異を設ける結果となる」。政見放送の影響の大きさからすると，このような大きな差異を設ける十分な合理的理由があるか否か疑問の余地もあるが，政見放送は選挙運動の一部を成すにすぎず，その余の選挙運動については候補者届出政党に所属しない候補者も十分に行うことができることからすれば，選挙運動におけるこうした差異は国会の裁量の範囲内であって憲法14条1項に反しない。

■ 解 説 ■

1　ここで扱う論点は，本判決以降も繰り返し問題となったが，投票価値の不平等（一人別枠方式）を違憲とした③253事件（最大判平23・3・23）も含め，すべて本判決同様の合憲判断である（①最判平13・12・18民集55巻7号1647頁，②最大判平19・6・13民集61巻4号1617頁。ただし，①判決以外では反対意見がある）。

2　現行公選法の下では，候補者届出政党は，所属の特定の候補者の当選のためにも選挙運動を行うことができ，候補者届出政党の候補者は，そうでない候補者よりも選挙運動について有利となること（具体的には増田・後掲493〜495頁参照）から，平等（14Ⅰ）との関係が問題となり，本判決もこうした角度から審査を行った。

他方で，「選挙の公平・公正」（上記②判決藤田宙靖裁判官意見），選挙人の知る権利（②判決泉德治裁判官反対意見），選挙権（②判決泉反対意見，②③判決田原睦夫裁判官反対意見）の観点から検討する見解もある。

3　選挙運動の規律の合憲性が問題となったという意味では本件に類似する247事件（最判昭56・7・21）は，緩やかながらも立法目的・手段の関連性や利益均衡の審査を行ったが，本判決は，むしろ従来は投票価値の平等関係の判決で強調されてきた選挙制度形成における広汎な立法裁量論に依拠している（毛利・後掲4頁は，本判決は247事件の伊藤正己裁判官補足意見流の立法裁量論を採用したとする）。その結果，政見放送における取扱いの差異の合理性については疑問の余地を認めつつも，なお合憲と判断することとなった。

これに対して，選挙運動における差別は民主政の過程の保全に関わることから，厳格な審査を主張するのが学説の多数であり，最高裁の個別意見でもこうした見解がある（②判決泉反対意見など）。この観点からは，政党本位・政策本位の選挙制度を構築する目的の重要性を認めるとしても，過去の選挙実績のみを基準に（岩間・後掲125頁参照），一部の既成政党だけを選挙運動において優遇する合理性は疑わしい。なお，本件での既成政党優遇の問題と，小選挙区制では既成政党が有利になる傾向があるということとは区別できると思われる。

◆ 参考文献 ◆

岩間昭道・自治研究75巻6号119頁，木下和朗・平成19年度重判解10頁，辻村みよ子・ジュリ1176号58頁，増田稔・最判解民事篇平成19年度467頁，毛利透・セレクト1999年4頁。

249 政見放送での差別用語使用部分の削除——雑民党事件

最高裁平成2年4月17日第三小法廷判決
(昭和61年(オ)第800号損害賠償請求事件)
民集44巻3号547頁, 判時1357号62頁

■事 案■

自らも同性愛者であり, マイノリティの権利擁護の活動家として知られるX₁(東郷健)は, 1983(昭和58)年の参議院議員選挙に際して, Y₁(日本放送協会〔NHK〕)の設備を用いて, 自らが代表を務める政治団体X₂(雑民党)の政見の録画を行った。この中でX₁は「めかんち, ちんばの切符なんか, だれも買うかいな」という発言を行った(ただし, これはX₁がコンサートを開いた際にこのように言われた, という文脈である)ところ, Y₁はこれが差別用語であるとして, 自治省(現, 総務省)行政局選挙部長に照会のうえ, 当該部分の音声を削除して政見放送を行った。

Xらは, 本件削除について, 政見をそのまま放送する義務(公選150 I 後段)に違反し, Xらの権利を侵害したとして, Y₁およびY₂(国)に損害賠償を請求した。1審(東京地判昭60・4・16判時1171号94頁)は, Y₁に対する請求を一部認容したが, 2審(東京高判昭61・3・25高民集39巻1号1頁)は緊急避難的措置として違法性を欠くとした。なお, 1審・2審とも, Y₂に対する請求は棄却した。Xらが上告。

■争 点■

①政見放送における削除は公選法150条1項違反か。
②政見放送における削除が表現の自由侵害として不法行為となるか。

■判 旨■

上告棄却(園部逸夫裁判官の補足意見がある)。

「本件削除部分は, 多くの視聴者が注目するテレビジョン放送において, その使用が社会的に許容されないことが広く認識されていた身体障害者に対する卑俗かつ侮蔑的な表現であるいわゆる差別用語を使用した点で, 他人の名誉を傷つけ善良な風俗を害する等政見放送としての品位を損なう言動を禁止した公職選挙法150条の2の規定に違反するものである。そして, 右規定は, テレビジョン放送による政見放送が直接かつ即時に全国の視聴者に到達して強い影響力を有していることにかんがみ, そのような言動が放送されることによる弊害を防止する目的で政見放送の品位を損なう言動を禁止したものであるから, 右規定に違反する言動がそのまま放送される利益は, 法的に保護された利益とはいえず, したがって, 右言動がそのまま放送されなかったとしても, 不法行為法上, 法的利益の侵害があったとはいえない」。

検閲(憲21 II)該当性について, 本書132事件(最大判昭59・12・12——税関検査事件)を前提として, 「Y₁は, 行政機関ではなく, 自治省行政局選挙部長に対しその見解を照会したとはいえ, 自らの判断で本件削除部分の音声を削除してテレビジョン放送をしたのであるから」検閲には該当しない。

■解 説■

1 放送局は, 政見放送を「そのまま放送しなければならない」(公選150 I 後段)が, 本件では削除が行われ, その不法行為責任が争われた。これについては, 政見放送を行う放送局は表現の媒介者という位置づけとなり, インターネットにおけるプロバイダ等の立場と類似した立場に置かれることになって, そこでの議論(114事件〔東京高判平13・9・5——ニフティサーブ事件〕解説参照)が応用可能である点に注意したい(ただし後記のように具体的結論は異なりうる)。

2 争点①について, 「そのまま放送」義務に一定の例外を認める見解もある(学説につき, 藤野・後掲359頁など参照)。しかし, 本規定は政見放送の民主政における重要性に照らし, あえて「そのまま放送」する義務を負わせたのだから, 例外はないと解するのが素直ではないか(伊藤正己編『放送制度(1)』[1976]103頁〔伊藤正己〕。園部補足意見もこうした立場だと思われる)。そして, これに対応して, この民刑事法上の効果は, 違法な内容の政見放送をそのまま放送した場合でも, 放送局の民刑事責任は免責されるというものだと解される。

すなわち, この場合には放送局は電話会社と同様, コモンキャリア的な地位に立つとみることができる(齊藤・後掲203頁, 浜田・後掲155頁)。したがって, 政見放送において例えば自己の名誉が毀損されたとする者は, 当該放送を行った放送局ではなく, 政見放送を行った者に対して法的責任を追及すべきである。インターネットにおいては発言者の匿名性等の問題があってプロバイダの責任を認める必要があったが, 政見放送においてはこのような事情はなく, こうした処理で被害者救済に欠けるところはないだろう。

ただ, 放送内容がもはや「政見」とは言えないような場合にも上記の考え方を貫けるかという問題は残る(園部補足意見は「政見である限りにおいて」削除・修正は上記規定違反だとする)。

3 争点②について, 政見放送に削除・修正を加えた場合, 2での検討によれば公選法150条1項違反になることになるが, それによって候補者に対する不法行為が成立するかどうかは別論である。不法行為の成否に関しては, 候補者の側に政見放送がそのまま放送される法的利益が認められるかが問題となる。

1審はこれを認めたが, 本判決は公選法150条の2に違反する品位を欠いた発言で, 削除しても法的利益の侵害がないとし, この問題には直接答えなかった。学説上は肯定説が目立つ(齊藤・後掲203頁など参照)。

なお, 本件発言が公選法150条の2違反だという本判決の判断については, 事案に示したような本件発言の文脈からして広すぎる解釈である(毛利・後掲226頁)。この場合, 上述のとおり, 削除しなくても放送局に法的責任は生じないが, 視聴者からの苦情を恐れて安易に削除を行う誘因が生じ, 「そのまま放送」義務が空洞化するおそれがある。

◆参考文献◆

大竹たかし・最判解民事篇平成2年度160頁, 齊藤愛・メディア百選202頁, 浜田純一・法教121号154頁, 藤野美都子・百選II〔第5版〕358頁, 毛利透・判例講義II 226頁。

判例の流れ
●淺野博宣●

21 参政権(2) 選挙制度と議員定数不均衡

1 定数不均衡について、最高裁は、その初期から、公選法204条の選挙訴訟において争点とすることを否定せず、また、「議員数を選挙人の人口数に比例して、各選挙区に配分することは、法の下に平等の憲法の原則からいって望ましい」と述べていた（最大判昭39・2・5民集18巻2号270頁）。最高裁はこのように憲法の理想を理解しながら、しかし、初期には自らその理想を実現しようとはしなかった。なぜか。その理由は様々に考えられるが、一つには、前掲最大判昭39・2・5の斎藤朔郎意見、最判昭41・5・31（集民83号623頁）の田中二郎補足意見が指摘したような、投票価値平等の実現は国会の役割であるという考え方があったと考えられる。

2 このような状況からの大きな転換となったのが、250事件（最大判昭51・4・14）の違憲判決である。しかし、そこで採用された判断枠組みは非常に慎重なものであり、見ようによっては、いじらしいとでも評すべきほどの、国会への配慮にあふれている。

出口から逆に見ていくと、まず、憲法違反を認めても選挙を無効とはしないこととし（事情判決）、判決の直接的な効果を自ら封印して、裁判所のメッセージを受けた国会が自主的に解決することを期待するという態度を採った。250事件判決の理由付けを読む限り、選挙無効訴訟で違憲の議席配分が認められても常に事情判決となるというような書きぶりである。

次に、まず違憲状態を判定し、それから合理的期間の経過を認定できて初めて違憲判決を行うという構成を採った。この点は、違憲判断の主観化の例としても挙げられる。また、最高裁が自らの役割を象徴的なメッセージの伝達に限定したことと併せ考えるならば、合理的期間論は、裁判所のメッセージに強弱を付けることを可能にし、さらにいえば、いわば緩急差を付けることによって違憲判決を実際以上に大きく見せかける効果もあったように思われる。

そして、違憲状態を判定するにあたっては、その前提として、選挙制度の仕組みに関する国会の裁量を認めた。国会は選挙制度を決定するにあたって、投票価値平等を唯一絶対の基準として考える必要はなく、他の政策的目的・理由を考慮することができ、裁判所が違憲状態と認定するのは、合理的裁量の限界を超えたと判断したときに限られる。合理的裁量の限界が、中選挙区制の下での衆議院選挙に関しては、最大較差3倍を目安として判断されてきたということは、裁判所が明言したことはないものの、よく知られているところであるが、その判断基準も、251事件（最大判昭58・11・7）が昭和50年公選法改正について投票価値不平等は「一応解消された」と評価したことによるところが大きく、つまり、国会が自主的に設定した基準が元になっていると考えられる。参議院についても、同様のことがいえる（256事件〔最大判平8・9・11〕参照）。

3 250事件は衆議院議員選挙に関する事案であったが、その判断枠組みは、参議院議員選挙についても（255事件〔最大判昭58・4・27〕）、地方議会選挙についても（259事件〔最判昭59・5・17〕）、準用され、その後の判例を長く支配した。しかし、現在まで明示的な判例変更はないものの、257事件（最大判平16・1・14）を境として、それ以前と同様の意味ではもはや通用しなくなっていると見るべきであろう。それまでの多数意見の理由付けは、257事件判決では過半数の支持を失い、補足意見へと転落した。従来の多数意見を過半数割れへと追い込んだ257事件判決補足意見2が異議を唱えたのは、多数意見が国会の裁量としていた点に関してである。補足意見2も国会の裁量を認めるが、単なる不作為を裁量権の行使として認めることはできないとする。また、結論に至るまでの裁量権行使の態様の適正性についても審査しようとする。最高裁は、参議院の定数不均衡に関して、257事件判決以降は再び過半数の多数意見の理由付けを形成できているが、国会が投票価値平等のためにどのような努力をしたかという点を考慮していることが注目される。

4 定数訴訟の多くは、人口変動という状況変化に対して国会が公選法を改正しなかったという国会の不作為が主な問題となった事案であったが、参議院の定数配分方式（各都道府県への2以上の偶数議席の配分）、平成6年以降の衆議院の1人別枠方式は、国会が明示的に投票価値平等に修正を加えた例である（252事件〔最大判平11・11・10〕など参照）。近時の判例は国会が定めた選挙制度の仕組み自体の評価に踏み込んでいて、258事件（最大判平21・9・30）が、参議院選挙について「現行の選挙制度の仕組み自体の見直しが必要となることは否定できない」とし、253事件（最大判平23・3・23）が、1人別枠方式は平成21年選挙時点においては「憲法の投票価値の平等の要求に反する状態に至っていた」としている。

250 衆議院中選挙区制(1)
——1対4.99の較差

最高裁昭和51年4月14日大法廷判決
(昭和49年(行ツ)第75号選挙無効請求事件)
民集30巻3号223頁，判時808号24頁

■事案■

千葉県第1区の選挙人Xは，衆議院議員選挙の区割りと議員定数を定める公選法別表第1は憲法に違反して無効であり，したがって，それに依拠して行われた第33回衆議院議員総選挙（1972〔昭和47〕年12月10日投票）は無効であると主張して，公選法204条に基づき千葉県選挙管理委員会を被告として東京高裁に訴えを提起した。

公選法制定時（昭和25年）の別表第1は旧衆議院議員選挙法（昭和22年改正）の区割りを変更せず引き継いだものであった。すなわち，昭和21年4月の人口調査に基づいて，人口15万人につき1人の議員という割合で配分し，かつ，各選挙区の議員定数が3〜5人になるように，都道府県を複数の選挙区に分割したものであった。選挙区間の議員1人あたりの人口数の較差は公選法制定時で最大1.51倍であった。

この較差はその後の人口異動によって大きくなっていった。しかし，較差是正のための公選法改正は昭和39年に定数を19増やして較差を最大2.19に縮小したものだけであった。本件選挙時点では，議員1人あたりの選挙人数の較差は最大4.99倍になっていた。Xの千葉1区と最小の兵庫5区との間では4.81倍であった。

1審（東京高判昭49・4・30行集25巻4号356頁）は請求棄却。Xが上告。

なお，本件選挙が依拠した別表第1は本判決時点では改正されていた（昭50法63）。ただし，本件選挙によって選出された衆議院はまだ解散されていない（本判決後，任期満了による総選挙が昭和51年12月5日に行われた）。

■争点■

定数不均衡は憲法違反か。どのように争うか。憲法違反の定数不均衡に対して裁判所はどのような救済を与えるべきか。（本書321事件〔本件と同一事件〕も参照）

■判旨■

破棄自判（請求棄却）。「ただし，昭和47年12月10日に行われた衆議院議員選挙の千葉県第1区における選挙は，違法である。」（岡原昌男ら5裁判官の反対意見，岸盛一裁判官の反対意見，天野武一裁判官の反対意見がある。）

(i) 選挙権の平等と選挙制度

民主政治の歴史的発展を通じて一貫して追求されてきたものは，「およそ選挙における投票という国民の国政参加の最も基本的な場面においては，国民は原則として完全に同等視されるべく，各自の身体的，精神的又は社会的条件に基づく属性の相違はすべて捨象されるべきであるとする理念であるが，このような平等原理の徹底した適用としての選挙権の平等は，単に選挙人資格に対する制限の撤廃による選挙権の拡大を要求するにとどまらず，更に進んで，選挙権の内容の平等，換言すれば，各選挙人の投票の価値，すなわち各投票が選挙の結果に及ぼす影響力においても平等であることを要求せざるをえないものである。」

「しかしながら，右の投票価値の平等は，各投票が選挙の結果に及ぼす影響力が数字的に完全に同一であることまでも要求するものと考えることはできない。けだし，投票価値は，選挙制度の仕組みと密接に関連し，その仕組みのいかんにより，結果的に右のような投票の影響力に何程かの差異を生ずることがあるのを免れないからである。」

代表民主制の下における選挙制度は，論理的に要請される一定不変の形態が存在するわけのものではない。わが憲法もまた，両議院の議員の各選挙制度の仕組みの具体的決定を原則として国会の裁量にゆだねているのである（43 II，47）。「それ故，憲法は，前記投票価値の平等についても，これをそれらの選挙制度の決定について国会が考慮すべき唯一絶対の基準としているわけではなく，国会は，衆議院及び参議院それぞれについて他にしんしゃくすることのできる事項をも考慮して，公正かつ効果的な代表という目標を実現するために適切な選挙制度を具体的に決定することができるのであり，投票価値の平等は，さきに例示した選挙制度のように明らかにこれに反するもの，その他憲法上正当な理由となりえないことが明らかな人種，信条，性別等による差別を除いては，原則として，国会が正当に考慮することのできる他の政策的目的ないしは理由との関連において調和的に実現されるべきものと解されなければならない。」

「もっとも，このことは，平等選挙権の一要素としての投票価値の平等が，単に国会の裁量権の行使の際における考慮事項の一つであるにとどまり，憲法上の要求としての意義と価値を有しないことを意味するものではない。投票価値の平等は，常にその絶対的な形における実現を必要とするものではないけれども，国会がその裁量によって決定した具体的な選挙制度において現実に投票価値に不平等の結果が生じている場合には，それは，国会が正当に考慮することのできる重要な政策的目的ないしは理由に基づく結果として合理的に是認することができるものでなければならないと解されるのであり，その限りにおいて大きな意義と効果を有するのである。」

(ii) 本件議員定数配分規定の合憲性

中選挙区単記投票制の採用については，それが「憲法上国会の裁量権の範囲に属することは，異論のないところである」。

衆議院議員選挙の区割りと定数配分については，「選挙人数又は人口数……と配分議員定数との比率の平等が最も重要かつ基本的な基準とされるべきことは当然であるとしても，それ以外に，実際上考慮され，かつ，考慮されてしかるべき要素は，少なくない」。

「具体的に決定された選挙区割と議員定数の配分の下における選挙人の投票価値の不平等が，国会において通常考慮しうる諸般の要素をしんしゃくしてもなお，一般的に合理性を有するものとはとうてい考えられない程度に達しているときは，もはや国会の合理的裁量の限界を超えているものと推定されるべきものであり，このような不平等を正当化すべき特段の理由が示されない限り，憲法違反と判断するほかはないというべきである。」

「本件衆議院議員選挙当時においては，各選挙区の議員1人あたりの選挙人数と全国平均のそれとの偏差は，下限において47.30パーセント，上限において162.87パーセントとなり，その開きは，約5対1の割合に達していた，というのである。……憲法の選挙権の平等の要求に反する程度になっていたものといわなければならない。

しかしながら，「人口の異動は不断に生じ，したがって選挙区における人口数と議員定数との比率も絶えず変動するのに対し，選挙区割と議員定数の配分を頻繁に変更することは，必ずしも実際的ではなく，また，相当でもないことを考えると，右事情によって具体的な比率の偏差が選挙権の平等の要求に反する程度となったとしても，これによって直ちに当該議員定数配分規定を憲法違反とすべきものではなく，人口の変動の状態をも考慮して合理的期間内における是正が憲法上要求されていると考えられるのにそれが行われない場合に始めて憲法違反と断ぜられるべきものと解するのが，相当である」。本件では，合理的期間内における是正がされなかったものと認めざるをえない。

「そして，選挙区割及び議員定数の配分は，議員総数と関連させながら，前述のような複雑，微妙な考慮の下で決定されるのであって，一旦このようにして決定されたものは，一定の議員総数の各選挙区への配分として，相互に有機的に関連し，一の部分における変動は他の部分にも波動的に影響を及ぼすべき性質を有するものと認められ，その意味において不可分の一体をなすと考えられるから，右配分規定は，単に憲法に違反する不平等を招来している部分のみでなく，全体として違憲の瑕疵を帯びるものと解すべきである。」

(iii) 本件選挙の効力

行訴法31条1項前段の規定には，一般的な法の基本原則に基づくものとして理解すべき要素も含まれていると考えられる。公選法219条は行訴法31条の準用を排除しているが，公選法204条の選挙の効力に関する訴訟においても，法の基本原則の適用により，「選挙を無効とすることによる不当な結果を回避する裁判をする余地もありうるものと解するのが，相当である」。

本件で選挙を無効とする判決をしても，「これによって直ちに違憲状態が是正されるわけではなく，かえって憲法の所期するところに必ずしも適合しない結果を生ずる」。「本件選挙は憲法に違反する議員定数配分規定に基づいて行われた点において違法である旨を判示するにとどめ，選挙自体はこれを無効としないこととするのが，相当であり，そしてまた，このような場合においては，選挙を無効とする旨の判決を求める請求を棄却するとともに，当該選挙が違法である旨を主文で宣言するのが，相当である。」

■ 解 説 ■

1 本判決は，いわゆる議員定数訴訟における最高裁の最初の違憲判決である。本判決以前の最高裁は，公選法別表2（参議院）に関する事案においてであるが，合憲判断を行ってきた（最大判昭39・2・5民集18巻2号270頁，最判昭41・5・31集民83号623頁，最判昭49・4・25判時737号3頁）。本件が違憲判断となったのは，何が変わったのだろうか。

まず注目すべきは，本判決が，各選挙区における選挙人数（または人口数）と議員定数との比率の平等が憲法14条・15条によって保障されることを率直に認めたことである。

ただ，最高裁は，以前の判決でも，「議員数を選挙人の人口数に比例して，各選挙区に配分することは，法の下に平等の憲法の原則からいって望ましい」（前掲昭39・2・5判決）とは述べていた。また，各選挙区への議員数の配分を含め選挙に関する事項は国会の裁量的権限であると判断したが，将来の不平等の程度によっては立法政策の範囲を超えると判断する可能性を否定してはいなかった。

また，本判決は，投票価値の平等が憲法上の要求であるとしたが，それを「唯一絶対の基準」であると考えることは否定する。すなわち，憲法上の要求と実際の不平等とを直接に照らし合わせて憲法判断を行っているわけではない。国会が定める「選挙制度の仕組み」によっては不平等が生じうることを認め，制度の決定については，「他にしんしゃくすることのできる事項」があるとした。このような考え方は，これまでも最高裁が合憲判断の根拠としてきたところであり，本判決はそれを継承している。

このように「憲法上の要求」と位置づけられたことの意義はそれほど明らかではない。もちろん最高裁が投票価値の平等を「憲法上の要求」と明確に位置づけたことは重く，最高裁自身もそれが「大きな意義と効果」をもつと強調している。しかし，この点を認めることによって，どのように裁判所の審査のあり方が具体的に変わるのかに注意する必要がある。

審査のあり方について，判決は，「国会がその裁量によって決定した具体的選挙制度において現実に投票価値に不平等の結果が生じている場合には，それは，国会が正当に考慮することのできる重要な政策的目的ないしは理由に基づく結果として合理的に是認することができるものでなければならない」と述べている。これは重要な説示であるが，しかし，本判決では，「事の性質上」，裁判所の判断は「特に慎重であることを要し，限られた資料に基づき，限られた観点からたやすくその決定の適否を判断すべきものでないことは，いうまでもない」とされ，不平等がどのような重要な目的・理由に基づくのかという点の審査は行われない（そもそも，本件の較差は，単に放置されていただけで，何らの「政策的目的」や「理由」に基づくものではないという批判も十分にありえよう）。結局，不平等がどの程度かという点のみが審査され，最大選挙区と最小選挙区の全国平均からの偏差および相互の較差が示されて，違憲判断が導かれている。

しかし，較差だけが問題なら，参議院の最大1対5.08の較差における選挙について最高裁は合憲と判断しており（前掲昭49・4・25判決），本判決は衆参の違いについて特に説明しているわけではない。本判決は非常に重要な判決であるが，その違憲判断の理由づけは弱いといわざるをえないだろう。

2 多数意見と反対意見が対立した主要な点は，定数不均衡を公選法204条の訴訟において争うことができるのかという点と，憲法違反と判断した場合の選挙の効力をどのように解するかという点である。

公選法204条の訴訟は，選挙管理委員会を被告とし，「選挙の規定に違反することがあるとき」に選挙を無効とするものであり（同205），また，裁判所が選挙を無効と判断した場合は40日以内の再選挙が予定されていることから（同109，旧34〔現33の2Ⅰ〕），選挙法規に違反して選挙が行われた場合に選挙管理委員会に対して選挙法規に従った適法な再選挙を義務づけるための訴訟と解することが可能である。このような解釈に立ち，定数訴訟は選挙の規定が憲法に違反すると主張するものであり，その是正には国会による法改正を必要とするのだから，204条の訴訟として予定されているものではないという議論も有力であった。本判決の天野反対意見はこのような立場を採り，訴えを不適法として却下すべきと主張する。しかし，多数意見は，現行法上この訴訟が選挙の適否を争うことのできる唯一の訴訟であり，「およそ国民の基本的権利を侵害する国権行為に対しては，できるだけその是正，救済の途が開かれるべきであるという憲法上の要請」を考慮して，そのような解釈を不当とした。

選挙の効力に関して，多数意見は，いわゆる事情判決法理を採用する。多数意見によれば，憲法違反の法律等が無効であるという原則（憲98Ⅰ）は，当然そのようになるということではなく，「憲法に違反する結果を防止し，又はこれを是正する」という究極目的のための手段であるからとする。このような目的論的解釈によって，無効にすることがそのような目的に反する場合には無効にすべきではないという帰結が導かれている。公選法219条は行訴法31条（事情判決）を排除していたが，多数意見は行訴法31条には「法の基本原則」が含まれているとして，その原則を適用している。無効にすると目的に反する理由の一つは，多数意見は別表の不可分論を取っているからである。なお，多数意見は違憲判断を行うに際しても，最大選挙区と最小選挙区を検討しているだけで，訴えられた選挙区（本件では千葉1区）についての言及はない。これに対して，岡原ら5裁判官の反対意見は，可分論に立ち，目的に反する結果が生じうることを否定する。合憲性の検討も，訴えられた選挙区の投票価値が平均値からどれだけ遠ざかっているかという点について行うべきと主張している。

◆ 参考文献 ◆

芦部信喜・ジュリ617号36頁，樋口陽一・判タ337号2頁，山元一・百選Ⅱ〔第5版〕336頁。

251 衆議院中選挙区制(2)
—— 1 対 3.94 の較差

最高裁昭和 58 年 11 月 7 日大法廷判決
(昭和 56 年(行ツ)第 57 号選挙無効請求事件)
民集 37 巻 9 号 1243 頁，判時 1096 号 19 頁

■ 事 案 ■

公選法別表 1 は 1975（昭和 50）年に改正され，最大 4.83 に及んでいた較差（人口比。昭和 45 年 10 月の国勢調査に基づく）を，20 議席の単純増により，最大 2.92 に縮小させていた。

最大判昭 51・4・14 違憲判決（本書 250・321 事件）はこの改正の前の公選法別表第 1 に関する判断であり，判決時点での現行法に関しては明示的な判断は示されていなかった。判決後，改正別表に基づく総選挙について同型の訴訟が提起されたが，昭和 51 年と 54 年の総選挙については衆議院が解散されるまでに最高裁の判断は示されず，訴えの利益が喪失したとされていた。本件は，昭和 55 年 6 月 22 日実施の第 36 回衆議院議員総選挙について東京 3 区の選挙人 X が提起した訴訟である。本件選挙時点での最大較差は，3.94（選挙人数比）であった。なお，昭和 51 年 12 月 5 日選挙時点では 3.49（選挙人数比），昭和 54 年 10 月 7 日選挙時点では 3.87（選挙人数比）であった。

1 審（東京高判昭 55・12・23 行集 31 巻 12 号 2619 頁）は，選挙の違法を主文で宣言した上で請求棄却（事情判決）。Y（東京都選挙管理委員会）が上告。

■ 争 点 ■

①定数不均衡が憲法の要求に反する程度であることをどのように判断するか。
②合理的期間をどのように判断するか。

■ 判 旨 ■

破棄自判（原判決変更。X の請求棄却）（宮﨑梧一裁判官の補足意見，団藤重光，中村治朗，横井大三，谷口正孝，木戸口久治，安岡滿彥，藤﨑萬里裁判官の各反対意見がある）。

本件選挙当時の較差（3.94）は，「国会において通常考慮しうる諸般の要素をしんしゃくしてもなお，一般的に合理性を有するものとは考えられない程度に達していたというべきであり」，「これを正当化する特別の理由」もない。

「昭和 50 年改正法による改正後の議員定数配分規定の下においては，前記のとおり，直近の同 45 年 10 月実施の国勢調査に基づく選挙区間における議員 1 人当たりの人口の較差が最大 1 対 4.83 から 1 対 2.92 に縮小することとなったのであり，右改正の目的が専ら較差の是正を図ることにあったことからすれば，右改正後の較差に示される選挙人の投票の価値の不平等は，前述の観点からみて，国会の合理的裁量の限界を超えるものと推定すべき程度に達しているものとはいえず，他にこれを合理的でないと判定するに足る事情を見出すこともできない上，国会は，直近に行われた国勢調査の結果によって更正するのを例とする旨の公職選挙法別表第 1 の末尾の規定に従って，直近に行われた前記国勢調査の結果に基づいて右改正を行ったものであることが明らかであ ることに照らすと，前記大法廷判決によって違憲と判断された右改正前の議員定数配分規定の下における投票価値の不平等状態は，右改正によって一応解消されたものと評価することができる。」

投票価値の不平等状態は，漸次的な人口の異動によって本件選挙時を基準としてある程度以前において憲法の選挙権の平等の要求に反する程度に達したと推認される。

「選挙区間における議員 1 人当たりの選挙人数又は人口の較差が憲法の選挙権の平等の要求に反する程度に達したかどうかの判定は，前記のとおり，国会の裁量権の行使が合理性を有するかどうかという極めて困難な点にかかるものであるため，右の程度に達したとされる場合であっても，国会が速やかに適切な対応をすることは必ずしも期待し難いこと，人口の異動は絶えず生ずるものである上，人口の異動の結果，右較差が拡大する場合も縮小する場合もありうるのに対し，議員定数配分規定を頻繁に改正することは，政治における安定の要請から考えて，実際的でも相当でもないこと，本件選挙当時，選挙区間における議員 1 人当たりの選挙人数の較差の最大値が前記大法廷判決の事案におけるそれを下回っていること，などを総合して考察すると，本件において，選挙区間における議員 1 人当たりの選挙人数の較差が憲法の選挙権の平等の要求に反する程度に達した時から本件選挙までの間に，その是正のための改正がされなかったことにより，憲法上要求される合理的期間内における是正がされなかったものと断定することは困難であるといわざるをえない。」

■ 解 説 ■

1　250 事件の違憲判決は昭和 50 年改正前の別表第 1 に対する判断であったため，最高裁が 50 年改正後の別表をどのように評価するのかは明らかでなかった。250 事件判決から改正後別表に関しても違憲の含意を読み取ろうとする学説もあった（樋口陽一・判タ 337 号 2 頁，高橋和之・法学志林 74 巻 4 号 79 頁）。しかし，本件の多数意見は，改正により違憲性は解消したと判断した。ただし，本判決に関与した裁判官のうち 250 事件判決（しかも多数意見）にも関与した唯一の裁判官（団藤重光）は多数意見のこの判断を否定している。

他方で，多数意見は選挙時点での 3.94 という較差について憲法の要求に反する程度と判断した。ただ，改正時点と選挙時点とで判断が異なった理由は詳しく説明されておらず，このことは定数不均衡について専ら最大較差のみに関心を向けさせる原因となったように思われる。

2　本判決は，選挙時点の不平等を憲法の要求に反する程度としながら，なお合理的期間内であるとして，いわゆる違憲状態判決を下した。なお，本件判決から 1 か月も経たないうちに——公選法の改正がなされないまま——衆議院は解散され（昭和 58 年 11 月 28 日），最高裁はその総選挙（12 月 18 日）については「合理的期間内の是正が行われなかった」として違憲判断を下している（322 事件〔最大判昭 60・7・17〕）。

◆ 参考文献 ◆

「特集・衆議院議員定数大法廷判決」ジュリ 806 号 6 頁，江見弘武・最判解民事篇昭和 58 年度 484 頁。

252 衆議院小選挙区制(1)
── 1人別枠方式①

最高裁平成11年11月10日大法廷判決
(平成11年(行ツ)第7号選挙無効請求事件)
民集53巻8号1441頁, 判時1696号46頁

■事 案■

1994 (平成6) 年の公選法改正によって衆議院議員選挙に小選挙区比例代表並立制が導入された。小選挙区選挙の区割りについては, 内閣府に設置される衆議院議員選挙区画定審議会 (以下, 「区画審」) が区割り案を勧告することとなった (衆議院議員選挙区画定審議会設置法。以下, 「設置法」)。設置法3条は区割り案を作成する基準を定め, 1項で, (1)選挙区間の人口較差が2倍以上とならないことを基本とし, 行政区画, 地勢, 交通等の事情を総合的に考慮して合理的に行われなければならないこと, 2項で, (2)区割りに先立ち, まず各都道府県に議員の定数1を配分した上で, 残る定数を人口に比例して各都道府県に配分すること (いわゆる1人別枠方式) という趣旨を定めていた。実際に, 区画審はこの基準に基づいて区割り案を作成し, 国会は区割り案どおりに公選法別表1を制定した。

結果, 平成2年の国勢調査に基づく計算によれば, 最大較差は2.137倍 (2倍を超える選挙区が28選挙区) であった。平成7年の国勢調査によれば, 最大較差2.309倍 (同60選挙区) であった。

本件は, 設置法3条2項は議員を地域の代表と捉えるものであって憲法43条に違反し, また, 結果として定められた区割りは投票価値の平等に反しているから無効である等を理由として, これに依拠して施行された平成8年10月20日衆議院議員総選挙のうち東京都第8区における小選挙区選挙は無効であると主張して, Xらが東京都選挙管理委員会を相手どり提起した選挙無効訴訟である。

1審 (東京高判平10・10・9判時1681号62頁) は請求棄却。そこでXらが上告した。

■争 点■

1人別枠方式は合憲か。

■判 旨■

上告棄却 (河合伸一ら4裁判官の反対意見, 福田博裁判官の反対意見がある)。

憲法は, 両議院の議員の各選挙制度の仕組みの具体的決定を原則として国会の広い裁量にゆだねている。国会が具体的に定めたところが憲法上の要請に反するため国会の上記のような広い裁量権を考慮してもなおその限界を超えており, これを是認することができない場合に, 初めて憲法に違反することになる。

憲法は, 投票価値の平等を要求していると解されるが, 選挙制度の仕組みを決定する唯一, 絶対の基準となるものではない。それゆえ, 国会が具体的に定めたところがその裁量権の行使として合理性を是認し得るものである限り, それによって投票価値の平等が損なわれることになっても, やむを得ないと解すべきである (最大判昭51・4・14〔本書250・321事件〕などを引用)。

設置法3条2項は, 「人口の少ない県に居住する国民の意見をも十分に国政に反映させることができるようにすることを目的とするものであると解される」。しかしながら, 同条は, 他方で, 「投票価値の平等にも十分な配慮をしていると認められる」。選挙区割りを決定するに当たっては, 「議員1人当たりの選挙人数又は人口ができる限り平等に保たれることが, 最も重要かつ基本的な基準であるが, 国会はそれ以外の諸般の要素をも考慮することができるのであって, 都道府県は選挙区割りをするに際して無視することができない基礎的な要素の一つであり, 人口密度や地理的状況等のほか, 人口の都市集中化及びこれに伴う人口流出地域の過疎化の現象等にどのような配慮をし, 選挙区割りや議員定数の配分にこれらをどのように反映させるかという点も, 国会において考慮することができる要素というべきである」。そうすると, 国会の裁量の範囲を逸脱していない。

また, 「人口の少ない県に完全な人口比例による場合より多めに定数が配分されることとなったからといって, これによって選出された議員が全国民の代表者であるという性格と矛盾抵触することになるということはできない」。

そして, 定められた結果の較差が示す選挙区間における投票価値の不平等は, 一般に合理性を有するとは考えられない程度に達しているとまではいうことができない。

■解 説■

1 本件での争点は, 1人別枠方式を採用したことの合憲性である。本件の特徴は以下の点にある。(a)従来の定数訴訟では, 主として, 人口異動により生じた定数不均衡を国会が是正しないという不作為が争われていたのに対して, 本件で争われているのは, 国会が意図的に都道府県単位で人口と不均衡に定数を配分したことである。(b)従来でも別表1の改正が争点となった場合は国会の作為が争われていたといえるが, その場合も, なぜそのような不均衡であるのかについての積極的な根拠を国会が説明してきたわけではなかったのに対して, 本件では国会が不均衡の根拠を明示している。

本件判決が選挙時の較差を論じていないのも, (a)のためである。

また, もし制定時に憲法違反と判断されれば, 合理的期間論は働かないはずである。250・321事件判決によれば, 合理的期間論は, 「制定当時憲法に適合していた法律が, その後における〔漸次的な〕事情の変化により, その合憲性の要件を欠くに至ったとき」の問題である。

2 多数意見は1人別枠方式の目的を過疎地対策として理解している。河合ら4裁判官の反対意見は, 過疎地対策を目的として投票価値不平等をもたらすことを批判すると同時に (①通信等手段の発達, ②居住地差別, ③全国民の代表, ④衆参選挙の憲法上の違い), 過疎地対策としての1人別枠方式の実効性という点でも批判を加えている (最大剰余方式の定数配分と比較して, 人口少数県に定数1が必ず付加されるわけではない)。

◆参考文献◆
野中俊彦・民商122巻6号863頁, 大橋寛明・最判解民事篇平成11年度720頁。

253 衆議院小選挙区制(2)
―― 1人別枠方式②

最高裁平成23年3月23日大法廷判決
（平成22年(行ツ)第207号選挙無効請求事件）
民集65巻2号755頁，判時2108号3頁

■ 事 案 ■

本件は，衆議院小選挙区選挙の選挙区割りに関する公選法等の規定は憲法に違反し無効であるとして，2009（平成21）年8月30日施行の衆議院議員総選挙（以下「本件選挙」という）のうち東京都第2区等における選挙は無効であると主張して，Xらが東京都選挙管理委員会を相手どり，提起した選挙無効訴訟である。

平成6年公選法改正の後の別表第1の改正は，平成12年の国勢調査に基づいて平成14年に行われた。都道府県単位では5増5減の改正であり，結果，改正後の選挙区間の人口の最大較差は2.064倍（2倍以上の選挙区が9選挙区）になった。本件選挙時点での選挙区間の選挙人数の最大較差は2.304倍（同45選挙区）であった。

なお，平成11年判決（252事件〔最大判平11・11・10〕）ののち本件選挙までの間に，平成12年6月25日選挙に関して最判平13・12・18（民集55巻7号1647頁）（選挙時点での選挙人数の最大較差2.471倍），平成17年9月11日選挙に関して最大判平19・6・13（民集61巻4号1617頁）（同2.171倍）があり，最高裁多数意見は252事件判決を引用して1人別枠方式の合憲性を確認し，また，投票価値の不平等が違憲状態にあることを否定していた。

なお，本件では候補者届出政党の選挙活動の合憲性も重要な争点であったが，ここでは割愛する。

1審（東京高判平22・2・24判自342号30頁）は請求を棄却したが，1人別枠方式の合理性を認めず，いわゆる違憲状態判決を行った。そこでXらが上告した。なお，本件1審を含め本件選挙については下級審段階で9つの同種訴訟の判決があったが，うち完全な合憲判断は2件のみであった。本件以外の8件についても，本件と同日に同様の判決が下された。

■ 争 点 ■

1人別枠方式の合憲性は認められるか。

■ 判 旨 ■

上告棄却（竹内行夫裁判官，須藤正彦裁判官の各補足意見，古田佑紀裁判官の意見，田原睦夫裁判官，宮川光治裁判官の各反対意見がある）。

憲法は，両議院の議員の各選挙制度の仕組みについて国会に広範な裁量を認めている。

憲法は，投票価値の平等を要求しているものと解されるが，それは選挙制度の仕組みを決定する絶対の基準ではない。

憲法は，衆議院議員の選挙につき全国を多数の選挙区に分けて実施する制度が採用される場合には，定数配分及び選挙区割りを決定するについて，議員1人当たりの選挙人数又は人口ができる限り平等に保たれることを最も重要かつ基本的な基準とすることを求めているというべきであるが，それ以外の要素も合理性を有する限り国会において考慮することを許容しているものといえる。

以上は，昭和51年判決（250・321事件〔最大判昭51・4・14〕）等の趣旨とするところであって，これを変更する必要は認められない。

1人別枠方式については，「相対的に人口の少ない県に定数を多めに配分し，人口の少ない県に居住する国民の意思をも十分に国政に反映させることができるようにすることを目的とする旨の説明がされている。しかし，この選挙制度によって選出される議員は，いずれの地域の選挙区から選出されたかを問わず，全国民を代表して国政に関与することが要請されているのであり，相対的に人口の少ない地域に対する配慮はそのような活動の中で全国的な視野から法律の制定等に当たって考慮されるべき事柄であって，地域性に係る問題のために，殊更にある地域（都道府県）の選挙人と他の地域（都道府県）の選挙人との間に投票価値の不平等を生じさせるだけの合理性があるとはいい難い」。しかも，本件選挙時には，1人別枠方式が選挙区間の投票価値の較差を生じさせる主要な要因となっていたことは明らかである。1人別枠方式の意義については，新しい選挙制度を導入するに当たり，「国政における安定性，連続性の確保を図る必要があると考えられたこと，何よりもこの点への配慮なくしては選挙制度の改革の実現自体が困難であったと認められる状況の下で採られた方策であるということにあるものと解される」。

「そうであるとすれば，1人別枠方式は，おのずからその合理性に時間的な限界があるものというべきであり，新しい選挙制度が定着し，安定した運用がされるようになった段階においては，その合理性は失われるものというほかはない」。前掲最大判平19・6・13は，平成17年9月11日に実施された総選挙に関するものであり，同日の時点においては，なお1人別枠方式を維持し続けることにある程度の合理性があったということができるので，これを憲法の投票価値の平等の要求に反するに至っているとはいえないとした同判決の判断は，首肯することができる。これに対し，「本件選挙時においては，本件選挙制度導入後の最初の総選挙が平成8年に実施されてから既に10年以上を経過しており，その間に，区画審設置法所定の手続に従い，同12年の国勢調査の結果を踏まえて同14年の選挙区の改定が行われ，更に同17年の国勢調査の結果を踏まえて見直しの検討がされたが選挙区の改定を行わないこととされており，既に上記改定後の選挙区の下で2回の総選挙が実施されていたなどの事情があったものである。これらの事情に鑑みると，本件選挙制度は定着し，安定した運用がされるようになっていたと評価することができるのであって，もはや1人別枠方式の上記のような合理性は失われていたものというべきである」。加えて，1人別枠方式が選挙区間の投票価値の較差を生じさせる主要な要因となっていたのであって，その不合理性が投票価値の較差としても現れてきていたものということができる。そうすると，本件区割基準のうち1人別枠方式に係る部分は，遅くとも本件選挙時においては，それ自体，憲法の投票価値の平等の要求に反する状態に至っていたものといわなければならない。そして，本件選挙区割りもまた，本件選挙時において，憲法の投票価値の平等の要求に反する状態に至っていたものというべきである。

しかしながら，前掲最大判平19・6・13において，平成17年の総選挙の時点において「憲法の投票価値の平等の要求に反するに至っていない旨の判断が示されていたことなどを考慮すると，本件選挙までの間に本件区割基準中の1人別枠方式の廃止及びこれを前提とする本件区割規定の是正がされなかったことをもって，憲法上

要求される合理的期間内に是正がされなかったものということはできない」。

本件区割基準規定及び本件区割規定が憲法14条1項等の憲法の規定に違反するものということはできない。

「衆議院は、その権能、議員の任期及び解散制度の存在等に鑑み、常に的確に国民の意思を反映するものであることが求められており、選挙における投票価値の平等についてもより厳格な要請があるものといわなければならない。したがって、事柄の性質上必要とされる是正のための合理的期間内に、できるだけ速やかに本件区割基準中の1人別枠方式を廃止し、区画審設置法3条1項の趣旨に沿って本件区割規定を改正するなど、投票価値の平等の要請にかなう立法的措置を講ずる必要があるところである。」

―――――■ 解 説 ■―――――

1　1人別枠方式の立法目的について、252事件判決は「人口の少ない県に居住する国民の意見をも十分に国政に反映させることができるようにすること」、すなわち過疎地への配慮という捉え方をしていた。これに対して、本判決は、このように捉えられた立法目的の合理性を否定する。そして、立法目的を新制度導入に伴う激変緩和として捉え直している。このような捉え直しは新たな憲法解釈に基づくものであり、大きな判例変更が行われた。

過疎地配慮という立法目的については、252事件判決の河合伸一ら4裁判官の補足意見が指摘していたように、目的それ自体が不合理であるという批判と、その目的を前提としても1人別枠という手段は不適合であるという批判と、2つの批判が存在した。本判決は前者の批判を採用している。

過疎地配慮という目的自体が不合理である理由として、本判決は、議員が全国民の代表であること（43）を挙げている。従来の判決では、全国民の代表であるということから、選挙人の指図による拘束がないということが導かれていただけであった。参院における各都道府県への2議席配分も、衆議院の1人別枠方式も、そのような意味での全国民の代表という性格と矛盾しないとして合憲判断が導かれていた（昭和58年判決〔251事件（最大判昭58・11・7）〕、252事件判決）。本判決では、従来よりも強い意味が引き出されているといえよう。

2　本判決は、立法目的を激変緩和と捉え直すことによって、立法当初からの違憲性を否定すると同時に、その合憲性に時間的限界を課した。これにより、252事件判決から前掲平成19年判決までの一連の合憲判断を変更せずに、本件選挙時点での違憲状態判断を行うことが可能となった。

制定時には合憲であったものが時間の経過によってその合理性を喪失したという点では、250・321事件判決や近時の国籍法違憲判決（48・311事件〔最大判平20・6・4〕）などと同様である。しかし、本判決は激変緩和が立法目的であったというのであるから、外部事情の変化による合理性が喪失したということではなく、そもそもの合理性が一時的なものであったという趣旨に解すべきであろう（ただし、古田意見は事情の変化がないという批判を行っている）。

このように解すると、本判決がいう違憲理由からすれば250・321事件判決の合理的期間論（「制定当時憲法に適合していた法律が、その後における〔漸次的な〕事情の変化により、その合憲性の要件を欠くに至った」場合）が働く理由はなかったように思われる。本判決は平成19年に合憲判断を下したからという理由が挙げられているが、それだけで合理的期間の猶予を与えるのは、単に最高裁版の激変緩和措置であり、急な憲法解釈の変更の場合は常に違憲状態判決に止めるということになるのではないかと思われる。

3　本判決は、1人別枠方式が本件選挙時点では違憲状態であったと判断し、そこから、それに基づいて定められた区割りも違憲状態であったという結論を導いている。しかし、本件選挙時点での最大較差は2.304であり、中選挙区制の下での最高裁判例の趨勢からすれば区割りそれ自体は違憲状態と判断されなかったであろう水準である。

この点に関しては、最高裁が許容範囲を狭めたと理解するなど他の理解も可能であろうが、参議院選挙に関する最高裁判例の傾向を考慮すれば、参議院に関する最大判平16・1・14（257事件）補足意見2が提示したような考え方に沿って理解しておくことが有意義であるだろう。すなわち、同補足意見の言い回しを使えば、最高裁は、国会が「考慮すべきでない事項を考慮」し、「結論に至るまでの裁量権行使の態様」が適正でなかったと評価したために、区割りを憲法違反であると判断したと解すべきであると思われる。

同様の理解が、本件多数意見が激変緩和という立法目的であれば一時的であれ合理性があると判断した理由についても、可能である。多数意見は、1人別枠方式がなければ「選挙制度の改革の実現自体が困難であった」というが、このことが1人別枠方式を支える合理的な根拠となるためには、平成6年公選法改正についてそれを望ましいものとする評価が前提として必要となると思われる。しかし、もしその趣旨を、「政策本位、政党本位」の選挙を実現するために中選挙区制を廃し小選挙区比例代表並立制に改めたことを、最高裁は投票価値平等を犠牲にしてでも実現すべきものと評価したと解するならば、そのような理解は、選挙制度には「一定不変の形態が存在するわけではない」としてきた最高裁の立場と調和しづらいものがあるのではないだろうか。

そこで、「選挙制度の改革」とは、投票価値の平等を実現するための改革として理解すべきであると思われる（なお、本件調査官解説・後掲ジュリ1428号56・60頁。また、竹内補足意見も参照）。すなわち、激変緩和という目的が合理的であるとは、何か他の改革目的を実現するために投票価値平等を犠牲にすることを最高裁が了承したということではなく、再び257事件判決補足意見2の言い回しを用いれば、最高裁は、国会に対して、「様々な要素を考慮に入れて時宜に適した判断」を行うこと、特に、憲法の要請である投票価値平等に十分に配慮することを求めていて、平成6年の時点では、国会が投票価値平等をより実現するために1人別枠方式を含む改正を行ったことを最高裁は合理的であると判断したと解すべきではないだろうか。他方、本件選挙時点で合理性が失われたというのは、最高裁は国会に不断の努力を求めており、改正後の最初の選挙から10年以上を経過しても1人別枠方式を維持することを、最高裁は国会が「無為の裡に漫然と」現状に居座っていると評価したと理解できるのではないだろうか。

◆ 参考文献 ◆

新井誠・法時83巻7号1頁、宍戸常寿・世界818号20頁、「特集・衆議院議員定数訴訟最高裁大法廷判決」ジュリ1428号56頁。

254 衆議院小選挙区制(3)
── 重複立候補

最高裁平成11年11月10日大法廷判決
（平成11年(行ツ)第8号選挙無効請求事件）
民集53巻8号1577頁，判時1696号58頁

■ 事　案 ■

　1994（平成6）年の公選法改正は，衆議院議員選挙について，中選挙区制を廃し，新たに小選挙区比例代表並立制を導入した。本件は，平成8年10月20日施行の衆議院議員選挙のうち東京都選挙区における比例代表選挙は無効であると主張して，Xらが中央選挙管理会を相手どり提起した選挙無効訴訟である。主な争点は，以下の点である。
　(1)公選法は1つの選挙において1人の候補者が複数の選挙区で同時に立候補することを禁止してきたところ（87。重複立候補の禁止），新制度ではその例外が設けられ，小選挙区の候補者が同時に行われる比例代表選挙の名簿に登載されることを認めた（86の2Ⅳ）。しかし，一の選挙で落選した者が議員となることを認めるのは，「選挙」されたとはいえない議員を認めることになるのではないか。
　(2)公選法は，比例代表選挙に名簿を届け出た政党その他の政治団体（86の2Ⅰ①～③。名簿届出政党という）すべてに対して名簿に小選挙区候補者を登載することを認めているわけではなく，名簿届出政党のうち1号または2号の要件を満たす政党その他の政治団体（小選挙区候補者の届出が定められている〔86Ⅰ〕。候補者届出政党という）に限って認めている（86の2Ⅳ）。
　名簿届出政党が名簿に登載できる候補者の人数は，当該比例選挙区の議員定数以内でなければならないが，重複立候補者はこの制限から免れている（86の2Ⅴ）。そして，名簿登載者数は選挙運動の規模制限と連動していることがあるから（141Ⅲ，144Ⅰ②など），重複立候補させた候補者届出政党はそれだけ余計に比例代表選挙の運動ができることとなる。
　このような重複立候補ができる者とできない者との間，また，候補者届出政党とそれ以外の政治団体との間での差別的取扱いは憲法に違反するのではないか。
　(3)政党が作成した名簿による比例代表制は直接選挙とはいえないのではないか。さらに，重複立候補については，名簿上は同一順位とすることが認められていて（86の2Ⅵ），小選挙区で当選できなかった同一順位者の間では小選挙区における惜敗率によって当選者が決められる（95の2Ⅲ）が，これでは投票の時点で候補者名簿の順位が確定しないのであるから，直接選挙といえないのではないか。
　1審（東京高判平10・10・9判時1681号82頁）は請求棄却。そこでXらが上告した。

■ 争　点 ■

①重複立候補制の合憲性，候補者届出政党の利益取扱いの合憲性は認められるか。
②直接選挙の意義とは何か。

■ 判　旨 ■

　上告棄却。
　憲法は，「両議院の議員の各選挙制度の仕組みの具体的決定を原則として国会の広い裁量にゆだねている」。国会が具体的に定めたところが「憲法上の要請に反するため国会の右のような広い裁量権を考慮してもなおその限界を超えており，これを是認することができない場合に，初めて……憲法に違反することになる」（最大判昭51・4・14〔本書250・321事件〕など）。
　(i)「同時に行われる2つの選挙に同一の候補者が重複して立候補することを認めるか否かは」，選挙制度の仕組みの一つとして，「国会が裁量により決定することができる事項である」。「重複立候補制を採用したこと自体が憲法前文，43条1項，14条1項，15条3項，44条に違反するとはいえない」。
　(ii)「被選挙権又は立候補の自由が選挙権の自由な行使と表裏の関係にある重要な基本的人権であることにかんがみれば，合理的な理由なく立候補の自由を制限することは，憲法の要請に反するといわなければならない」。しかしながら，候補者届出政党の要件は，「国民の政治的意思を集約するための組織を有し，継続的に相当な活動を行い，国民の支持を受けていると認められる政党等が，小選挙区選挙において政策を掲げて争うにふさわしいものであるとの認識の下に，第8次選挙制度審議会の答申にあるとおり，選挙制度を政策本位，政党本位のものとするために設けられたものと解される」のであり，相応の合理性が認められる。
　「選挙運動をいかなる者にいかなる態様で認めるかは，選挙制度の仕組みの一部を成すものとして，国会がその裁量により決定することができるものというべきである。一般に名簿登載者の数が多くなるほど選挙運動の必要性が増大するという面があることは否定することができないところであり，重複立候補者の数を名簿登載者の数の制限の計算上除外することにも合理性が認められる」から，選挙運動上の差異を生ずることは合理的理由に基づくものである。
　(iii)「政党等にあらかじめ候補者の氏名及び当選人となるべき順位を定めた名簿を届け出させた上，選挙人が政党等を選択して投票し，各政党等の得票数の多寡に応じて当該名簿の順位に従って当選人を決定する方式は，投票の結果すなわち選挙人の総意により当選人が決定される点において，選挙人が候補者個人を直接選択して投票する方式と異なるところはない」。同一順位の重複立候補者の間では当選人となるべき順位が小選挙区選挙の結果を待たないと確定しないことになるが，「結局のところ当選人となるべき順位は投票の結果によって決定されるのである」から，直接選挙に当たらないということはできない。

■ 解　説 ■

　1　最高裁は，「選挙制度の仕組み」について国会に広い裁量を認めた。これが本判決の合憲判断の支えとなっている。これは投票価値平等との関係で最高裁が説いてきたところであったが，本判決ではその文脈を超えてより一般的に提示されている。
　もしこの一般的な命題を認めるとしても，何が「選挙制度の仕組み」に該当するかは議論になりうる。判決は，選挙運動までその一部として認めてしまっている。
　2　判決は，被選挙権の制限を，「政策本位，政党本位」の選挙の実現という目的から合理化している。しかし，政策本位が政党本位と必ず一致するわけではなく，さらに言うまでもなく既成政党本位とは異なる。その意味で，候補者届出政党の要件の検討が必要である。
　3　比例代表制と直接選挙原則との関係について，参議院非拘束名簿式比例代表制については，最大判平16・1・14（民集58巻1号1頁）がある（特に，候補者への投票が政党への投票として評価される点が問題になっている）。

◆ 参考文献 ◆

只野雅人・百選Ⅱ〔第5版〕344頁，辻村みよ子・ジュリ1176号58頁。

255 参議院議員定数不均衡(1)
——1対5.26の較差

最高裁昭和58年4月27日大法廷判決
(昭和54年(行ツ)第65号選挙無効請求事件)
民集37巻3号345頁, 判時1077号30頁

■事案■

本件は、参議院議員地方選出議員の定数配分を定めた公選法別表第2が憲法の保障する投票価値の平等に違反し、それゆえ1977(昭和52)年7月10日に実施された参議院議員通常選挙は無効であるとして、公選法204条に基づき大阪府の選挙人Xらが提起した定数訴訟である。

公選法の別表第2は参議院議員選挙法(昭22法11)の定数配分をそのまま維持して制定された。旧法は参議院議員を地方選出議員と全国選出議員とに分け、前者の選挙については各都道府県を1選挙区として行うこととしていたが、定数配分は、まず各都道府県に2人を割り振り、その上で議員定数が選挙区人口に比例するように偶数の定数を追加配分するという方法で行われていた(結果、最大較差は2.62)。

しかし、人口の異動により投票価値の不平等は拡大し、本件選挙当時には最大較差は5.26(選挙人数比)であり、いわゆる逆転現象も生じていた。しかし、公選法別表第2は、沖縄の本土復帰に伴い昭和46年に同県に定数2が追加されたほかには、改正されたことはなかった。

Xらは、公選法別表第2は人口に関係なく各都道府県に2人ずつ配分した点で当初から憲法に違反し、また、本件選挙当時の不平等は憲法に違反すると主張した。

1審(大阪高判昭54・2・28行集30巻2号308頁)は請求棄却。そこで、Xらが上告した。

■争点■

①参議院議員選挙の定数配分方法は憲法に違反するか。
②人口の異動による不平等は憲法に違反するか。

■判旨■

上告棄却(伊藤正己〔宮崎梧一が同調〕、大橋進裁判官の各補足意見、横井大三、谷口正孝裁判官の各意見、団藤重光、藤﨑萬里裁判官の各反対意見がある)。

憲法は投票価値の平等を要求しているが、しかし、憲法は選挙制度の仕組みの決定を「国会の極めて広い裁量」に委ねており、国会が「その裁量権の行使として合理性を是認しうるものである限り、それによって右の投票価値の平等が損なわれることとなっても、やむをえないものと解すべきである」。以上は、昭和51年判決(本書250・321事件〔最大判昭51・4・14〕)の趣旨とするところである。

公選法が定めた参議院議員選挙の仕組みの趣旨・目的は、結局、憲法が定める二院制、両院の差違から、「衆議院議員とはその選出方法を異ならせることによってその代表の実質的内容ないし機能に独特の要素を持たせようとする意図」の下に、全国選出議員については、「事実上ある程度職能代表的な色彩が反映されること」を図り、また、地方選出議員については、都道府県を構成する「住民の意思を集約的に反映させるという意義ないし機能を加味しようとした」ものであると解することができる。

そうであるとすれば、参議院選挙制度の仕組みは、「国民各自、各層の利害や意見を公正かつ効果的に国会に代表させるための方法として合理性を欠くものとはいえず」、国会の裁量的権限の合理的な行使の範囲を逸脱するものであるとは断じえない。憲法43条1項にいう議員の国民代表的性格とは、「厳格な人口比例主義を唯一、絶対の基準とすべきことまで要求するものとは解されないし、前記のような形で参議院地方選出議員の仕組みについて事実上都道府県代表的な意義ないし機能を有する要素を加味したからといって、これによって選出された議員が全国民の代表であるという性格と矛盾抵触することになるものということもできない」。

選挙の仕組みが合理的である以上、その結果として投票の価値の平等がそれだけ損なわれることとなったとしても、憲法14条1項等の規定に違反しない。すなわち、「右のような選挙制度の仕組みの下では、投票価値の平等の要求は、人口比例主義を基本とする選挙制度の場合と比較して一定の譲歩、後退を免れない」。

人口の異動をいつどのような形で選挙区割、議員定数の配分その他の選挙制度の仕組みに反映させるべきかなどの決定は、国会の裁量に委ねられている。「人口の異動が当該選挙制度の仕組みの下において投票価値の平等の有すべき重要性に照らして到底看過することができないと認められる程度の投票価値の著しい不平等状態を生じさせ、かつ、それが相当期間継続して、このような不平等状態を是正するなんらの措置を講じないことが、前記のような複雑かつ高度に政策的な考慮と判断の上に立って行使されるべき国会の裁量的権限に係るものであることを考慮しても、その許される限界を超えると判断される場合に、初めて議員定数の配分の定めが憲法に違反するに至るものと解するのが相当である」。

半数改選制を採用し、また、参議院については解散を認めないなど憲法の定める二院制の本旨にかんがみると、「参議院地方選出議員については、選挙区割や議員定数の配分をより長期にわたって固定し、国民の利害や意見を安定的に国会に反映させる機能をそれに持たせることとするのも、立法政策として許容される」。加えて、公職選挙法が採用した選挙制度の仕組みに従うと、「較差の是正を図るにもおのずから限度がある」。人口比例主義を基本とする選挙制度の場合と同一に論じ難い。本件選挙当時の較差、逆転現象の発生だけでは、「許容限度を超えて違憲の問題が生ずる程度の著しい不平等状態が生じていたとするには足らない」。

■解説■

昭和51年判決は衆議院選挙に関する事案であり、その判示が参議院についてどのような意味をもつのかは明示していなかった。本判決は、この点につき、同様の手順を踏んで合憲性審査を行うことを明らかにした。すなわち、まず①選挙制度の仕組みの合理性審査を行い、それを前提に、②「到底看過することができないと認められる程度の投票価値の著しい不平等状態」(51年判決では「憲法上の選挙権の平等の要求に反する程度」)、③相当期間の継続(51年判決では「合理的期間」)を判定するという手順で行われる。

①について、参議院の選挙制度は、まず各都道府県に人口に関係なく定数2を配分していたという点で、当初は人口に比例して定数を配分していた衆議院の制度とは大きく異なる。本判決はそれでも制度の合理性を肯定し、憲法43条1項(全国民の代表)との関係でも問題はないとした(この点につき、樋口陽一・ジュリ859号12頁)。

そして、①で制度の合理性が肯定されると、②に関してはその後の較差を判定が行われる。衆議院の場合は「選挙人数又は人口数……と配分議員定数との比率の平等が最も重要かつ基本的な基準とされるべき」(51年判決)であるが、参議院地方選出の場合は「投票価値の平等の要求は、人口比例主義を基本とする選挙制度の場合と比較して一定の譲歩、後退を免れない」。こうして、本件の最大較差(5.26)は51年判決が違憲と判断したそれ(4.99)よりも大きかったが、本判決は違憲状態にあることを否定した。

◆参考文献◆
芦部信喜・法教34号6頁、辻村みよ子・百選Ⅱ〔第3版〕326頁。

256 参議院議員定数不均衡(2)
―― 1対6.59の較差

最高裁平成8年9月11日大法廷判決
（平成6年(行ツ)第59号選挙無効請求事件）
民集50巻8号2283頁, 判時1582号3頁

■事案■

本件は，1992（平成4）年7月26日に施行された参議院議員（選挙区選出）選挙に関する定数訴訟である。

参議院の選挙区選出議員（地方選出議員）選挙における投票価値の不平等は昭和58年の合憲判決（255事件〔最大判昭58・4・27〕）以降も拡大するばかりであったが，その後も本件選挙まで別表第2は改正されなかった（なお，昭和57年の公選法改正でいわゆる全国区制は廃止され，代わりに比例代表制が導入された。それに伴い地方選出議員は選挙区選出議員と名称が変更されたが，実質に変わりはない）。これに対して，最高裁は，昭和55年6月22日選挙（最大較差〔選挙人比〕5.37），昭和58年6月26日選挙（同5.56），昭和61年7月6日選挙（同5.85）について，その都度，合憲判断を繰り返していた（最判昭61・3・27判時1195号66頁，最判昭62・9・24判時1273号35頁，最判昭63・10・21判時1321号123頁）。本件選挙時点では最大較差6.59であった。そこで，大阪府選挙区の選挙人Xらは，本件定数配分規定が憲法に違反し本件選挙が無効であるとして，公選法204条に基づきY（大阪府選挙管理委員会）を被告とする無効請求訴訟を提起した。

なお，本件の争いの対象である別表第2は，本件選挙後の平成6年に選挙区間の格差是正を目的として8増8減（4選挙区で各2名増員，北海道選挙区で4名減員，2選挙区で各2名減員）の改正が行われた。結果，最大較差（人口比）は6.48から4.81に縮小し，逆転現象も消滅していた。

1審（大阪高判平5・12・16判時1501号83頁）は請求棄却（事情判決）。X・Y双方から上告がなされたが，Yを上告人とするものが本件である。

■争点■

①参議院議員選挙において，定数不均衡の違憲状態はどのように判断するか。
②相当期間をどのように判断するか。

■判旨■

破棄自判（原判決変更。Xらの請求を棄却）（園部逸夫裁判官の意見，大野正男ら6裁判官の反対意見〔うち，尾崎行信裁判官，遠藤光男裁判官，福田博裁判官にはそれぞれ追加反対意見がある〕）。

「本件選挙当時の右較差〔最大較差6.59〕が示す選挙区間における投票価値の不平等は，極めて大きなものといわざるを得ない」。また，参議院議員選挙制度の仕組みに従うと較差の是正に技術的な限界があるが，本件選挙後に4.99に是正されている。

そうすると，本件選挙当時の投票価値の不平等は，「参議院（選挙区選出）議員の選挙制度の仕組み，是正の技術的限界，参議院議員のうち比例代表選出議員の選挙については各選挙人の投票価値に何らの差異もないこと等を考慮しても，右仕組みの下においてもなお投票価値の平等の有すべき重要性に照らして，もはや到底看過することができないと認められる程度に達していたものというほかはなく，これを正当化すべき特別の理由も見出せない以上，本件選挙当時，違憲の問題が生ずる程度の著しい不平等状態が生じていたものと評価せざるを得ない」。

ところで，「参議院（選挙区選出）議員については，議員定数の配分をより長期にわたって固定し，国民の利害や意見を安定的に国会に反映させる機能をそれに持たせることとすることも，立法政策として合理性を有するものと解される」。公職選挙法には，右のような立法政策の表れをみることができる。そして，投票価値の不平等が「到底看過することができないと認められる程度に達したかどうかの判定」は，「国会の裁量的権限の限界に関わる困難なものであり，かつ，右の程度に達したと解される場合においても，どのような形で改正するかについて，なお種々の政策的又は技術的な考慮要素を背景とした議論を経ることが必要となる」。「また，昭和63年10月には，前記1対5.85の較差について……第二小法廷の〔合憲〕判断が示されて」いた。

以上の事情を総合して考察すると，「到底看過することができないと認められる程度に達した時から本件選挙までの間に国会が本件定数配分規定を是正する措置を講じなかったことをもって，その立法裁量権の限界を超えるものと断定することは困難である」。

■解説■

参議院の選挙区選出議員選挙制度について合憲判断を繰り返してきた最高裁が，初めて違憲状態であると判断した判決である。しかし，本事案で以前と異なり不平等が「極めて大きなものといわざるを得ない」と判断されたのはなぜであるのか，全く説明されていない。

そもそも，最高裁が独自の判断基準を何であれもっていて，それに基づいて「極めて大きい」と判断したということを疑ってかかることもできる。本判決は，最高裁が，拡大する不平等に痺れを来し，遂に重い腰を上げたということではない。重い腰を先に上げたのは国会であって，判決前に較差是正を行っている（平成6年改正）。最高裁は，本判決後の最大判平10・9・2（民集52巻6号1373頁）で，その平成6年改正後の不平等は「到底看過することができないと認められる程度に達しているとはいえ」ないとして，違憲状態を脱したことを認めている。つまり，冷ややかな見方をすれば，国会の自主対応を最高裁は憲法の名で追認しただけで，せいぜい憲法レベルに格上げすることによって「今後とも同じ程度には頑張って下さいね」というメッセージを発したにすぎないとも考えられる。なお，類似の事情は衆議院についても認められ，最高裁は，昭和50年の公選法改正後に51年判決（250・321事件〔最大判昭51・4・14〕）で旧法について違憲判断を下し，58年判決（251事件〔最大判昭58・11・7〕）で50年改正によって不平等は「一応解消された」と評価した。最高裁の判断基準は衆議院について最大較差3倍，参議院について同6倍と推測され，また，その数字には根拠はないとも批判されるが，そもそも最高裁は独自の判断基準をもっていなかったというほうがむしろ正確であるように思われる。

◆ 参考文献 ◆
川神裕・最判解民事篇平成8年度677頁，安西文雄・法教196号26頁，井上典之・判評459（判時1594）号184頁，辻村みよ子・百選Ⅱ〔第5版〕340頁。

257 参議院議員定数不均衡(3)
―― 1対5.06の較差

最高裁平成16年1月14日大法廷判決
(平成15年(行ツ)第24号選挙無効請求事件)
民集58巻1号56頁, 判時1849号9頁

■ 事 案 ■

本件は, 2001 (平成13) 年7月29日施行の参議院議員 (選挙区選出) 選挙に関する定数訴訟である。
平成12年の公選法改正によって, 比例代表制の名簿が非拘束式に改められるとともに, 全体で定数10の削減が行われた。地方選出議員は6議席が削減され, 定数4の都道府県のうち人口の少ない3選挙区で2人ずつ削減された。改正後の最大較差は改正前と変わらず4.79であったが, いわゆる逆転現象は消滅した。本件選挙時の最大較差は5.06であった。東京都選挙区の選挙人であるXらは, Y (東京都選挙管理委員会) を相手どり, 同選挙区の定数配分が憲法14条1項等に違反するとして, これに基づいて行われた同選挙区選挙の無効を主張した。
なお, 平成6年の衆議院選挙制度改正に伴い, 参議院の選挙区選出議員の定数配分の定めは別表第3に移っている。
1審 (東京高判平14・10・30判時1810号47頁) は請求棄却。これに対しXらは, 最高裁に上告した。

■ 争 点 ■

昭和58年判決 (255事件 〔最大判昭58・4・27〕) の思考枠組みはなお維持するべきか。

■ 判 旨 ■

上告棄却 (15人の裁判官のうち, 9名の裁判官が上告棄却を支持しこれが多数意見となったが, その理由については全裁判官の半数以上の一致が得られなかった。多数意見は, 大きく, 従来の多数意見を維持する補足意見1 〔町田顕長官ら5裁判官〕とそれと理由を異にする補足意見2 〔亀山継夫ら4裁判官〕に分かれた 〔さらに, それぞれに追加補足意見がある〕。他方, 反対意見は事情判決を主張した 〔反対意見を構成する6裁判官それぞれが追加反対意見を執筆している〕)。
補足意見2
私たちは, 本件定数配分規定を違憲と判断するについてはなお消極的な立場に立つものであるが, その理由には, 当審の先例における多数意見のそれとは異なるものがある。
「従来の多数意見が, 立法府に要請される複雑高度な政策的考慮と判断を理由に, とりわけその単なる不作為についても, 結果的に極めて広範な立法裁量の余地を是認してきたことについては, 賛成することができず, そのような思考枠組みに従うことはできない。」
「何よりもまず, 立法府は, 選挙制度の在り方について法律によって定めることを憲法上義務付けられているのであり (憲法47条), ここでの裁量権は, 専らこの義務を果たすための手段として与えられているものであることを明確に認識する必要がある。すなわち, 立法府に裁量権があるといっても, そこには, 『何もしない』という選択をする道はない。」
立法府が裁量権を行使して導いた判断内容自体が政策上最適のものであったか否かは, 司法権の判断の及ぶ限りではないことは, いうまでもない。「しかしながら, 結論に至るまでの裁量権行使の態様が, 果たして適正なものであったかどうか, 例えば, 様々の要素を考慮に入れて時宜に適した判断をしなければならないのに, いたずらに旧弊に従った判断を機械的に繰り返しているといったことはないか, 当然考慮に入れるべき事項を考慮に入れず, 又は考慮すべきでない事項を考慮し, 又はさほど重要視すべきではない事項に過大の比重を置いた判断がなされてはいないか, といった問題は, 立法府が憲法によって課せられた裁量権行使の義務を適切に果たしているか否かを問うものとして, 法的問題の領域に属し, 司法的判断になじむ事項として, 違憲審査の対象となり得るし, また, なされるべきものである」。
参議院選挙制度が創設された出発点における政策判断は, それなりに合理的な事項についてそれなりに合理的な配慮をした結果として評価することができよう。しかし, その後の事情の変化に「全く配慮することなく, ただ無為の裡に放置されて来た, といった状況が認められるとしたならば, そこに立法府にゆだねられた裁量権の適正な行使があったとはいえないものといわなければなるまい」。
また, 「様々の要考慮事項の中で, 特に重きを置くべきものとそうでないもの, とりわけ, それぞれの事項の憲法上の位置付けの相違等を十分に考慮に入れた政策判断がなされて来たかどうか, ということも, 違憲審査の対象となり得よう」。投票価値の平等のように, 憲法上直接に保障されていると考えられる事項を重視しなければならない。
加えて, 重視されるべき投票価値の平等が大きく損なわれている状況の下では, 現行制度のあり方を変更しなければならなくなることは自明のことである。
上記のような前提に立って考えるとき, 立法府はその裁量権限を適正に行使して来たものとは評価し得ず, 現行の定数配分は合憲とはいえないのではないかとの疑いが強い。
もっとも, 平成12年改正が, 不平等是正に向けての一歩であることは疑いない。私たちは, 今回の改正の結果をもって違憲と判断することには, なお, 躊躇を感じざるを得ない。
しかし, 今回の改正もまた, 問題の根本的解決を目指した作業の中でのぎりぎりの判断に基づくものであったとは, 到底評価することができない。したがって, 「例えば, 仮に次回選挙においてもなお, 無為の裡に漫然と現在の状況が維持されたままであったとしたならば, 立法府の義務に適った裁量権の行使がなされなかったものとして, 違憲判断がなさるべき余地は, 十分に存在するものといわなければならない」。

■ 解 説 ■

従来の多数意見が5人の裁判官の支持しか得られなくなったという点で, 本件はまさに画期的な判決である。
補足意見2が従来の多数意見と異なる点は, ①従来の多数意見が, 制度創設後の人口異動により不均衡になった定数配分を, 制度創設時の定数配分と区別せずに, 公正かつ効果的な代表を実現するために国会が決定したものであると好意的に取り扱ってきたのに対して, 補足意見2は制度創設後の不作為を「『何もしない』という選択をする道はない」と切って捨てたこと, ②立法裁量について判断過程に関する司法審査を行う意思表明をしたこと, ③立法裁量において, 投票価値の平等を, 他の考慮要素と比べて, より重視しなければならないという考えを明示したこと, ④立法府が選挙制度それ自体を変更する義務がある可能性に言及したことである。

◆参考文献◆
寺島壽一・平成16年度重判解13頁, 今関源成・ジュリ1272号88頁, 福井章代・最判解民事篇平成16年度19頁, 林知更・百選Ⅱ〔第5版〕346頁, 常本照樹・民商131巻1号112頁。

258 参議院議員定数不均衡(4)
——1対4.86の較差

最高裁平成21年9月30日大法廷判決
（平成20年（行ツ）第209号選挙無効請求事件）
民集63巻7号1520頁，判時2053号18頁

■事　案■

本件は，2007（平成19）年7月29日施行の参議院議員（選挙区選出）選挙に関する定数訴訟である。

平成16年判決（257事件〔最大判平16・1・14〕）を受けて，参議院では「参議院議員選挙の定数格差問題に関する協議会」が設けられた。しかし，平成16年7月11日施行の参議院議員選挙までに公選法を改正することはできなかった（なお，平成16年選挙時の最大較差は5.13）。平成16年選挙後，平成18年に，最大較差を5倍未満にすることを目安として，2区で2名ずつ増員し2区で2名ずつ減員する公選法改正が行われた。その結果，最大較差は4.84（人口比。平成17年10月の国勢調査に基づく）に縮小した。本件選挙時点での最大較差は4.86であった。東京都選挙区の選挙人であるXらは，Y（東京都選挙管理委員会）を相手どり，本件選挙は憲法14条1項に違反して無効であると主張して訴えを提起した。

なお，平成16年選挙に関しては，最高裁は平成18年10月4日に判決を下し（民集60巻8号2696頁），平成18年改正をも考慮して，平成16年選挙までの間に定数配分規定を改正しなかったことは国会の立法裁量権を超えていないと判示した。

1審（東京高判平20・3・27民集63巻7号1686頁参照）は請求棄却。そこで，Xらが上告した。

■争　点■

平成16年判決後の国会の対応（平成18年公選法改正など）をどのように評価するか。

■判　旨■

上告棄却（藤田宙靖裁判官，竹内行夫裁判官〔古田佑紀裁判官が同調〕，金築誠志裁判官の各補足意見，中川了滋裁判官，那須弘平裁判官，田原睦夫裁判官，近藤崇晴裁判官，宮川光治裁判官の各反対意見がある）。

当裁判所では，平成16年判決以降，参議院議員定数配分規定の合憲性について，「実質的にはより厳格な評価」がされてきているところである。

参議院では，「平成16年大法廷判決中の指摘を受け，当面の是正措置を講ずる必要があるとともに，その後も定数較差の継続的な検証調査を進めていく必要があると認識された。本件改正は，こうした認識の下に行われたものであり，その結果，平成17年10月実施の国勢調査結果による人口に基づく選挙区間における議員1人当たりの人口の最大較差は，1対4.84に縮小することとなった。また，本件選挙は，本件改正の約1年2か月後に本件定数配分規定の下で施行された初めての参議院議員通常選挙であり，本件選挙当時の選挙区間における議員1人当たりの選挙人数の最大較差は1対4.86であったところ，この較差は，本件改正前の参議院議員定数配分規定の下で施行された前回選挙当時の上記最大較差1対5.13に比べて縮小したものとなっていた。本件選挙の後には，参議院改革協議会が設置され，同協議会の下に選挙制度に係る専門委員会が設置されるなど，定数較差の問題について今後も検討が行われることとされている。そして，現行の選挙制度の仕組みを大きく変更するには，後に述べるように相応の時間を要することは否定できないところであって，本件選挙までにそのような見直しを行うことは極めて困難であったといわざるを得ない」。

「以上のような事情を考慮すれば，本件選挙までの間に本件定数配分規定を更に改正しなかったことが国会の裁量権の限界を超えたものということはでき」ない。

しかしながら，本件改正の結果によっても残ることとなった上記のような較差は，選挙区間における選挙人の投票価値の較差の縮小を図ることがなお求められる状況にあるといわざるを得ない。現行の選挙制度の仕組みを維持する限り最大較差の大幅な縮小を図ることは困難であり，その仕組み自体の見直しが必要である。見直しを行うについては，「参議院の在り方をも踏まえた高度に政治的な判断が必要であり，事柄の性質上課題も多く，その検討に相応の時間を要することは認めざるを得ないが」，「国会において，速やかに，投票価値の平等の重要性を十分に踏まえて，適切な検討が行われることが望まれる」。

■解　説■

1　平成16年判決（257事件）において分裂した多数意見は，平成18年判決では，選挙後の公選法改正にまで言及し，また，国会に「不断の努力」が求められることを念押しして，16年判決の補足意見2に配慮し，他方，補足意見1も否定しないことで，理由づけの一致を一応回復していた。それに対して，本判決は，16年判決以降は「実質的にはより厳格な評価」がされてきたとした上で，「上記の見地に立って」合憲性の検討を行うとしている。これは，本判決多数意見が16年判決の補足意見2の延長上にあることを表明したものと見ることができよう。16年判決補足意見2が遂に多数を制したのである。

2　本判決は違憲判断には至っていないが，その理由づけは注目すべきものがある。合憲判断の理由は，つまるところ，「現行の選挙制度の仕組み」を変更するために要する「相応の時間」（昭和58年判決〔255事件（最大判昭58・4・27）〕以来の「相当期間」との異同に注意）がなかったというところにあると解すべきであろう。多数意見が挙げている考慮事情は，国会が「不断の努力」（18年判決）をしてきたかという点の検討にあると思われ，要するに，頑張ったが時間が足りなかったのか，「何もしない」（16年判決補足意見2）で時間を浪費したのかという判断をしているように思われる。また，参議院の「選挙制度の仕組み」の下では較差の是正には限度があるということを，不平等を許容する理由として用いるという論理——16年判決補足意見1まで多数意見が採用していた——は，18年判決以降は多数意見から消えている。本判決では，逆に，それは較差是正のために「選挙制度の仕組み」を見直すべき理由となっている。つまり，本判決は違憲判断こそしていないが，実質的には，国会に対して「現行の選挙制度の見直し」を義務づけたように思われる。

◆参考文献◆
鎌野真敬・ジュリ1395号4頁，井上典之・ジュリ1395号34頁，毛利透・民商142巻4・5号58頁，上田健介・平成21年度重判解8頁，只野雅人・判評616（判時2072）号8頁。

259 地方議会における議員定数不均衡

最高裁昭和59年5月17日第一小法廷判決
(昭和58年(行ツ)第115号東京都議会議員選挙無効請求事件)
民集38巻7号721頁, 判時1119号20頁

■事案■

東京都江戸川区に住む選挙人Xは, 1981 (昭和56) 年7月5日施行の東京都議会議員選挙は憲法14条・15条等, 公選法15条7項(当時。現8項。以下同じ)等に違反する定数配分を定めた東京都条例に基づいて行われたものであり無効であると主張して, 公選法202条に基づき東京都選挙管理委員会に対して異議を申し出たが却下されたので, 公選法203条に基づいて, 却下決定を取り消すことと本件選挙の江戸川選挙区における選挙を無効とすることを求めて訴訟を提起した。

公選法は都道府県議会選挙は郡市を選挙区として行うこととしつつ (15 I), 人口が少ない場合の合区を定め (同II・III), 地方公共団体の選挙一般について人口比例によって議員定数を配分することを定めている (同VII〔現VIII〕)。東京都議会では, 公選法の規定に基づき, 昭和22年に人口に比例して定数を定めた条例を制定し, その後も人口の変動に合わせて改正を行っていた。

しかし, いわゆるドーナツ化現象などによって人口が大きく変動するようになると, 公選法が改正され, 昭和37年には, 都について266条2項の特則が, 島部選挙区について271条2項の特則が定められた。昭和41年には, 271条2項が現行のように一般化されている (特例選挙区と呼ばれる)。さらに, 昭和44年には, 15条7項にただし書が追加され, 「特別の事情」がある場合に「地域間の均衡」を考慮することが認められた。

都議会は, 昭和30年代後半から議員定数の変更をあまり行わなくなり, とりわけ特別区については本件選挙までの間に昭和48年に1増2減の改正を行っただけであった。昭和48年改正は45年の国勢調査に基づくものであり, 改正後の議員1人当たりの人口の較差は, 全選挙区 (島部選挙区を除く。以下同じ) で最大5.47倍, 特別区を区域とする選挙区間で最大3.56倍であり, いわゆる逆転現象も生じていた。本件選挙当時は, 全選挙区間で最大7.45倍, 特別区間で最大5.15倍であった。

1審 (東京高判昭58・7・25高民集36巻2号91頁) は, 請求棄却 (事情判決)。

■争点■

地方議会選挙における投票価値の不平等はどのように判断されるべきか。

■判旨■

上告棄却 (藤﨑萬里裁判官の反対意見がある)。

公選法15条7項 (当時) の規定から, 「地方公共団体の議会は, 定数配分規定を定めるに当たり, 同項ただし書の規定を適用し, 人口比例により算出される数に地域間の均衡を考慮した修正を加えて選挙区別の定数を決定する裁量権を有することが明らかである (なお, 同法266条2項は, 都の議会の議員の定数配分に関する特例を定めたものであるが, 同法15条7項ただし書の規定が存しなかった当時に設けられた規定であって, 同ただし書の規定以上に広範な裁量権を都の議会に付与するものではない。)」。そして, 「定数配分規定が公選法15条7項の規定に適合するかどうかについては, 地方公共団体の議会の具体的に定めるところがその裁量権の合理的な行使として是認されるかどうかによって決するほかはない」。

しかしながら, 地方公共団体の議会の議員の選挙に関し, 「その選挙権の内容, すなわち投票価値においても平等に取り扱われるべきであることは, 憲法の要求するところである」 (本書250・321事件〔最大判昭51・4・14〕)。そして, 公選法15条7項は, 憲法の右要請を受け, 「各選挙人の投票価値が平等であるべきことを強く要求している」。したがって, 投票価値の不平等が, 「地方公共団体の議会において地域間の均衡を図るため通常考慮し得る諸般の要素をしんしゃくしてもなお一般的に合理性を有するものとは考えられない程度に達しているときは, 右のような不平等は, もはや地方公共団体の議会の合理的裁量の限界を超えているものと推定され, これを正当化すべき特別の理由が示されない限り, 公選法15

条7項違反と判断されざるを得ないものというべきである」。

もっとも，制定又は改正後の人口の変動によって較差が拡大し，公選法15条7項の選挙権の平等の要求に反する程度に至った場合には，「人口の変動の状態をも考慮して合理的期間内における是正が同項の規定上要求されているにもかかわらずそれが行われないときに，初めて当該定数配分規定が同項の規定に違反するものと断定すべきである」。

選挙区間における本件選挙当時の較差は，「公選法15条7項の選挙権の平等の要求に反する程度に至っていたものというべきである」。

また，較差は「遅くとも昭和45年10月実施の国勢調査の結果が判明した時点において既に公選法15条7項の選挙権の平等の要求に反する程度に至っていた」ものというべく，「同項の規定上要求される合理的期間内における是正をしなかったもの」であり，本件配分規定は，本件選挙当時，同項の規定に違反するものであつたと断定せざるを得ない。

■解説■

1 本判決は，地方議会選挙における投票価値の不平等についても，国政選挙の場合とパラレルに，(1)公選法203条の訴訟の中で定数不均衡を争うことができること，(2)裁判所は，①一般的に合理性を有するものとは考えられない程度に達していたか，②議会が合理的期間内における是正をしなかったかの点について審査すること，(3)裁判所が条例を違法であると判断すれば事情判決を行うことを明らかにした。

2 公選法266条2項は分かりづらい規定であるが，特別区間の定数配分における人口比例を緩和する趣旨で制定されたといわれている。多数意見は，これについて15条7項ただし書以上の意味を否定した。

3 なお，本件事案とは異なるが，公選法271条2項に基づき条例で設けられた特例選挙区については，実質的には，裁判所は投票価値不平等の審査を緩和している。

すなわち，特例選挙区が設置された場合，裁判所は，その設置の合理性審査を先行して行うのであるが，それは都道府県議会の設置判断が「裁量権の合理的な行使として是認されるかどうか」という審査であり，「原則」は「裁量権の合理的な行使として是認され，その設置には合理性があると解すべきである」とされている。合理性が否定される例外的な場合としては，15条1項ないし3項から，当該選挙区の人口が議員1人当たりの人口の半数を「著しく下回る場合」が導かれているにすぎない（最判平元・12・18民集43巻12号2139頁）。しかも，実際は，議員1人当たりの人口の0.3116倍の人口しかない特例選挙区の設置であっても「許されない程度にまでは至っていない」とした判例がある（最判平5・10・22民集47巻8号5147頁）。

裁判所は，特例選挙区設置の合理性を審査したあと，形式的には，特例選挙区を含めて投票価値の平等を審査しているが，実際には通常より緩和された審査になっている。特例選挙区がない場合については改正後の最大較差3.09倍を違憲状態の解消として不十分であるとした例があるのに対して（最判平3・4・23民集45巻4号554頁），特例選挙区が設置されている場合は，特例選挙区を含めた選挙区の最大較差が5.02倍であっても，特例選挙区を除いた最大較差が2.89倍の場合は，違憲状態を否定した例がある（前掲最判平5・10・22）。

4 公選法は人口比例の定数配分を定めているが（現15Ⅷ），強制合区は選挙区の人口が議員1人当たりの人口の半数未満となった場合だけであり（同Ⅱ），そこには限界があった。しかも，上記のように，昭和37年以降この原則には例外が付加されている。本判決は地方議会選挙においても投票価値の平等が憲法の要求であるとし，その要請に基づいて公選法15条7項（現Ⅷ）が定められたという理解を示しているが，その後の判例は，公選法の仕組みの憲法的合理性を正面から問わずに，条例の公選法適合性を審査していると評価するべきであろう。

◆参考文献◆

加藤一彦・百選Ⅱ〔第5版〕342頁。

判例の流れ

●宍戸常寿●

22 天皇・国会・内閣

1 本章では、天皇（憲法第1章）・国会（憲法第4章）・内閣（憲法第5章）に関する裁判例を扱う。わが国の違憲審査制は付随的審査制と理解されており、憲法上の機関訴訟が認められておらず（303事件〔最大判昭27・10・8—警察予備隊訴訟〕の解説参照）、さらには統治行為論（312事件〔最大判昭34・12・16—砂川事件上告審〕・313事件〔最大判昭35・6・8—苫米地事件〕参照）も障壁となって、これらの条章はそもそも裁判で争われることが少なく、裁判所が憲法解釈を示すことも稀である。その分、政治部門の実務、とりわけ内閣法制局の憲法解釈が「有権解釈」として、現実には通用力をもっている。本章については、教科書等の関連する記述を併読することを強く勧める。

2 ポツダム宣言の受諾（1945〔昭和20〕年）から日本国憲法の施行（1947年）の間に、天皇の地位は「統治権の総攬者」（明憲4）から「日本国および日本国民統合の象徴」（憲1）へと大きく変動した。この変動期の事例として興味深いのが不敬罪規定の効力をめぐる260事件（最大判昭23・5・26）である。天皇の地位の変動が正しい法的帰結を導いているかどうかは、天皇に民事裁判権が及ばないとした261事件（最判平元・11・20）だけでなく、衆議院解散権の根拠に関する国事行為の理解（266事件〔東京高判昭29・9・22—「抜き打ち」解散事件〕）でも問題になる。なお天皇コラージュ事件（86事件〔名古屋高金沢支判平12・2・16〕）も参照。

3 国会議員の不逮捕特権（50）・免責特権（51）については、議員個人の特権の側面とともに、議院の活動を他の権力から守るという権力分立や議会制民主主義の保障の観点も、解釈上は大きな役割を果たしている。議院が国会議員の逮捕許諾に期限を付することができるか（262事件〔東京地決昭29・3・6〕）、国会議員の刑事訴追には議院の告発が必要か（263事件〔東京地判昭37・1・22—第1次国会乱闘事件〕）が争われたのはそのためである。また、国会議員の発言と国家賠償責任の関係（264事件〔最判平9・9・9〕）については、在宅投票制度廃止事件（314事件〔最判昭60・11・21〕）等の違憲国賠訴訟との関連に注意してもらいたい。

議院の権能については、議院の自律（58）に関する問題は司法権に関する章（286事件〔最大判昭37・3・7—警察法改正無効事件〕・287事件〔東京高判平9・6・18—国民投票法事件〕）に譲り、ここでは国政調査権（62）を取り上げる。浦和充子事件（1949年）での参議院法務委員会と最高裁の対立を通じて、「国権の最高機関」（41）とは政治的美称であり、国政調査権は国会・議院の本来的権能を補助する権能として理解することが、一般的となった。こうした理解を踏まえ、司法権・検察権との関係での国政調査権の限界が、二重煙突事件（東京地判昭31・7・23判時86号3頁）および日商岩井事件（265事件〔東京地判昭55・7・24〕）では議論されている。なお、国政調査権には、証人尋問・記録提出要求は認められているが、住居侵入・押収等、その他の強制力を有する手段は許されないとした裁判例もある（札幌高判昭30・8・23高刑集8巻6号845頁）。

4 内閣の衆議院解散権（正確には、解散の実質的決定権）については、313事件で最高裁が統治行為論を展開したが、その下級審では、解散権の根拠と手続が議論された（266事件）。衆参同日選挙のための解散権行使が許されるかについても、一定の判断を示した裁判例が注目される（267事件〔名古屋高判昭62・3・25—衆参同日選挙事件〕）。

内閣は行政権の統括者としての地位を有するが（65）、内閣が行政権をすべて直接に行使することは不可能であり、実際には行政各部が行政権を行使する。ここで鍵となるのが内閣から行政各部に対する指揮監督権（72、内6）であり、これによって内閣が行政権の行使について国会に対し——最終的には国民に対し——責任を負うという責任政治のしくみが貫徹されるのである。その指揮監督権がほとんど及ばないのが、独立行政委員会であり、裁判では特に人事院が登場することが多い。268事件（福井地判昭27・9・6）のほか、公務員の政治的行為・労働基本権の制限に関する事例（20事件〔最大判昭49・11・6—猿払事件上告審〕、232事件〔最大判昭41・10・26—全逓東京中郵事件〕～237事件〔最判平12・3・17—人勧スト事件〕、350事件〔最判昭33・5・1〕）も参照のこと。また、内閣を代表して指揮監督権を行使するのは内閣総理大臣であるが、その内容や行使のあり方については、269事件（最大判平7・2・22—ロッキード事件丸紅ルート）における最高裁判事間の対立が興味深い。

260 天皇と不敬罪

最高裁昭和23年5月26日大法廷判決
(昭和22年(れ)第73号不敬被告事件)
刑集2巻6号529頁

■ 事 案 ■

　1945（昭和20）年8月14日，日本政府はポツダム宣言を受諾し，降伏時より天皇および日本国政府の統治権は連合国最高司令官に従属することになった。連合国最高司令官総司令部（GHQ）が同年10月4日，「政治的民事的宗教的自由に対する制限撤廃の覚書」（自由指令）を発したことを受けて，日本政府は治安維持法等を廃止したが，不敬罪（刑74）については廃止の手続を採らなかった。Y（被告人・控訴人・上告人）は，1946年5月19日，「詔書　ヒロヒト曰く　国体はゴジされたぞ　朕はタラフク食ってるぞ　ナンジ人民飢えて死ね　ギョメイギョジ」と記したプラカードを掲げて，皇居前での集会に参加したとして，不敬罪で起訴された。
　1審（東京刑事地判昭21・11・2刑集2巻6号603頁参照）は，ポツダム宣言受諾により天皇の地位は変更されたとして，不敬罪ではなく名誉毀損罪を適用してYを有罪とした。同年11月3日，日本国憲法の公布とともに大赦令（昭21勅511）が発布され，同日以前に不敬罪を犯した者は赦免されることとなった。2審（東京高判昭22・6・28前掲刑集607頁参照）は，Yの行為が不敬罪に当たるとした上で，大赦令により免訴の判決を下した。Yは本件当時，不敬罪は既に無効であったと主張して，無罪判決を求めて上告した。なお1947年10月26日，不敬罪の規定を削除する刑法改正が行われている（昭22法124）。

■ 争 点 ■

①免訴判決にはどのような効力があるか。
②不敬罪が廃止・失効されたのはいつの時点か。

■ 判 旨 ■

　上告棄却（井上登の補足意見，眞野毅，栗山茂，霜山精一・澤田竹治郎，庄野理一裁判官の各意見，斎藤悠輔裁判官の見解がある）。
　(i)「恩赦は，ある政治上又は，社会政策上の必要から司法権行使の作用又は効果を，行政権で制限するものであって」，「どの判決の効力に変更を加え，又は，どの公訴について，その訴追を阻止するかは，専ら，行政作用の定むるところに従うべきである」が，恩赦令（大元勅23）の規定により「本件のごとく公訴繋属中の事件に対しては，大赦令施行の時以後，公訴権消滅の効果を生ずる」。
　(ii)「裁判所が公訴につき，実体的審理をして，刑罰権の存否及び範囲を確定する権能をもつのは，検事の当該事件に対する具体的公訴権が発生し，かつ，存続することを要件とするのであって，公訴権が消滅した場合，裁判所は，その事件につき，実体上の審理をすすめ……ることはできなくなる」。本件で裁判所は「Xに対し，免訴の判決をするのみであ」り，Xも「無罪の判決を求めることは許されない」。
　(iii)「原審が大赦令の施行にもかかわらず実体上の審理をなし，その判決理由においてXに対し有罪の判定を下したことは……大赦の趣旨を誤解したものであって，違法たるを免れ」ないが，「主文において，Xに対して，免訴の判決を言渡したのは結局において正しい」。
　斎藤見解
　不敬罪の保護法益は「名誉及び名誉感情を包含したもの」であり，また日本国憲法が施行されても，不敬罪は憲法14条に違反していなかった。
　霜山・澤田意見
　不敬罪の規定の「保護法益は天皇の地位である」が，本件行為当時に「天皇の地位が全面的に否定せられ」ておらず，「不敬罪の保護法益も亦全面的に消滅したものということはできない」。また自由指令によって「直ちに不敬罪の規定が廃止せられ又はその効力が停止されたものと解することはできない。」
　庄野意見
　「旧憲法における天皇の地位は最高独立そのものであるところに特殊の尊厳があり，またこれを刑法上特別に保護する必要があった」が，ポツダム宣言の受諾の瞬間に不敬罪の保護法益は消滅したから，本件行為当時に不敬罪は実質的に廃止されており，2審判決を破棄してYを無罪とすべきである。

■ 解 説 ■

　1　判旨(i)(ii)は，争点①について免訴判決を形式裁判であると考え，免訴判決に対して無罪を求めて上訴することはできないとして，争点②に立ち入らなかった。この点，眞野，栗山両意見は，判旨(iii)とは逆に，公訴権消滅にもかかわらず有罪を認定した2審判決を破棄し，自判により免訴を言い渡すべきだと主張する。また斎藤裁判官は，大赦を理由とする免訴判決は実質的判決であり，無罪判決を求める上訴を認めるべきだとする。
　2　争点②について，(1)霜山・澤田意見は，不敬罪の保護法益を旧憲法下における天皇の地位に求めた上で，ポツダム宣言の受諾や自由指令後も，同規定は有効であったとする。(2)庄野意見は保護法益については同様の解釈に立ちながら，ポツダム宣言受諾による天皇の地位変更によって，不敬罪は実質的に廃止されていたとする点で，本件1審と共通する。これに対して(3)斎藤見解は，不敬罪と名誉毀損罪の保護法益は同じであるとして，刑法改正時まで不敬罪は存続していたと見ている。
　3　本件と関連する裁判として横浜事件がある。ポツダム宣言受諾後に治安維持法違反で有罪判決を受けた被告人等が，繰り返し再審を請求していたのに対し，横浜地判平15・4・15（判時1820号45頁）は，ポツダム宣言受諾により治安維持法1条・10条が実質的に失効したと認めたが，東京高判平17・3・10（判タ1179号137頁）はこの理由を否定し，自白が拷問等によることを理由として，再審開始を決定した。再審公判である横浜地判平18・2・9（刑集62巻3号236頁参照）は，本判決を援用して実体判断に入らないまま免訴の判決を下し，最判平20・3・14（前掲刑集185頁）も，無罪判決を求めた上告を斥けている。

◆ 参考文献 ◆
一圓一億・百選（ジュリ臨増276の2）173頁，深瀬忠一・憲法の判例〔第2版〕168頁，星野安三郎・百選Ⅱ〔第2版〕338頁，横坂健治・同〔第5版〕366頁。

261 天皇と民事裁判権

最高裁平成元年11月20日第二小法廷判決
（平成元年（行ツ）第126号住民訴訟による損害賠償請求事件）
民集43巻10号1160頁，判時1338号104頁

■ 事　案 ■

A（千葉県知事）は，1988（昭和63）年9月23日から1989年1月6日まで，B（昭和天皇）の病気の快癒を願う県民記帳所を設置し，県の公費を支出した。千葉県民であるX（原告・控訴人・上告人）は，当該公費支出は違法であり，Bが記帳所設置に要した費用相当額を不当に利得し，それをBの崩御によりY（今上天皇—被告・被控訴人・被上告人）が相続したとして，地方自治法242条の2第1項4号（平成14年改正前のもの）により千葉県に代位して，Yに対し不当利得返還を請求した。

1審（千葉地決平元・3・6公刊物未登載）は，法は天皇が民事裁判の当事者となることを予定していないものであるとの理由により，本件訴状を却下した。Xが抗告したところ，2審（東京高決平元・4・4判時1307号112頁）は，本件は訴状却下の事由に当たらないとして訴状却下命令を取り消した。差戻し後1審（千葉地判平元・5・24民集43巻10号1166頁参照）は，「日本国憲法において天皇は日本国民の総意に基づき日本国及び日本国民の統合の象徴とされ，内閣の助言と承認に基づいて国事行為を行うものとされている。かかる天皇の象徴という特殊な地位に鑑み，公人としての天皇に係わる行為については，内閣が直接に又は宮内庁を通じて間接に補佐することになり，その行為に対する責任もまた内閣が負うことになるので，天皇に対しては民事裁判権がないと解すべきである」と述べた上で，「天皇が記帳所において国民から病気平癒の見舞いの記帳を受けるということは，天皇の象徴たる地位に由来する公的なものであり，したがって天皇の右地位を離れた純粋に私的なものであるとみることはできない」として，本件訴えを不適法却下した。

差戻し後2審（東京高判平元・7・19前掲民集1167頁参照）は，「日本国の民事裁判権は，国際慣例や国際法上の原則により例外が認められている，外国国家及び治外法権者を除き，本来わが国にいるすべての人に及ぶべきものである。しかしながら，天皇は，日本国憲法において，主権者である日本国民の総意に基づく，日本国の象徴であり日本国民統合の象徴という地位にあるとされているから，主権者である一般の国民とは異なる法的地位にあると解せられる。もとより，天皇といえども日本国籍を有する自然人の一人であって，日常生活において，私法上の行為をなすことがあり，その効力は民法その他の実体私法の定めるところに従うことになるが，このことから直ちに，天皇も民事裁判権に服すると解することはできない。仮に，天皇に対しても民事裁判権が及ぶとするなら，民事及び行政の訴訟において，天皇といえども，被告適格を有し，また証人となる義務を負担することになるが，このようなことは，日本国の象徴であり日本国民統合の象徴であるという，天皇の憲法上の地位とは全くそぐわないものである」と述べ，さらに「このように解することが，天皇は刑事訴訟において訴追されることはないし，また，公職選挙法上選挙権及び被選挙権を有しないと，一般に理解されていることと，整合するものというべきである」として，控訴を棄却した。Xが上告。

■ 争　点 ■

天皇に民事裁判権は及ぶか。

■ 判　旨 ■

上告棄却。
「天皇は日本国の象徴であり日本国民統合の象徴であることにかんがみ，天皇には民事裁判権が及ばないものと解するのが相当である。したがって，訴状において天皇を被告とする訴えについては，その訴状を却下すべきものであるが，本件訴えを不適法として却下した第1審判決を維持した原判決は，これを違法として破棄するまでもない。」

■ 解　説 ■

1　かつて下級審では，天皇不適格確認訴訟において，天皇に民事裁判権が及ばないとした例があったが（東京地命昭26・2・19公刊物未登載等。岩渕・後掲402頁参照），本判決は天皇に民事裁判権が及ばないとした，初めての最高裁判決である。皇后については，東京高決昭51・9・28（東高民時報27巻9号217頁）が，皇后と日本赤十字社間の名誉総裁奉戴関係の不存在確認を求める訴えについて，民事裁判権を認めた例がある。

2　天皇には刑事裁判権が及ばないと解されているが，それは皇室典範21条および国事行為の臨時代行に関する法律6条が，摂政および臨時代行の委任を受けた皇族について，在任ないし委任の間は訴追されないと定めていることから，天皇が訴追されないことが立法政策上の前提であると解されるからである。これに対して本判決は，天皇が「象徴」であることから，憲法解釈として民事裁判権が及ばないとの結論を採っている。

3　明治憲法下では天皇は「統治権の総攬者」であり「神聖不可侵」とされていたが（3・4），天皇の民事責任・民事裁判権を認めることと天皇の地位は矛盾しないと解されてきた。また，天皇に民事裁判権が及ばないのは，皇室財産令2条という実定法上のしくみによるものとされていた（日比野・後掲15頁）。そのことと比較すると，本判決は，天皇について，明治憲法における天皇の地位よりも強い法的効果を，「象徴」という規定から導いたものといえる。このため，学説は本判決に批判的である。本判決が天皇の民事責任それ自体は否定していないことからすると，天皇に民事裁判権が及ぶ旨の法律や，宮内庁長官を天皇に代わる訴訟の当事者とする旨の法律を制定することまでは排除していないものと捉える見解もある（長谷部・後掲15頁）。

◆ 参考文献 ◆

岩渕正紀・最判解民事篇平成元年度397頁，佐々木髙雄・法教116号100頁，佐々木弘通・法協110巻2号275頁，長谷部恭男・民訴百選Ⅰ〔新法対応補正版〕14頁，日比野勤・平成元年度重判解14頁，水島朝穂・百選Ⅱ〔第5版〕370頁。

262 国会議員の期限付逮捕許諾

東京地裁昭和29年3月6日決定
（勾留裁判に対する準抗告申立事件）
裁時154号1頁，判時22号3頁

■ 事 案 ■

検察官Aは，国会開会中の1954（昭和29）年2月16日，衆議院議員X（申立人）に対し，贈賄の被疑事実があるとして東京簡裁に逮捕状を請求した。同裁判所裁判官Bは同日内閣に逮捕許諾の要求書を提出し，内閣はこれを衆議院に付議したところ，衆議院は同月23日の本会議でXを3月3日まで逮捕することを許諾するとの議決をし，内閣はこれをBに通知した。そこでBは2月24日Xに逮捕状を発し該逮捕状は即日執行された。その後同月26日，検察官Cの請求により東京地裁裁判官DはXに対して勾留状を発したが，この勾留状には3月3日までとの期限は付されていなかった。勾留状は即日執行されXは3月7日まで東京拘置所に拘禁された。その間にXは，期限付許諾があった以上，裁判官は3月3日までの期限を付した勾留状を発すべきであるにもかかわらず，期限を付さずになした本件勾留の裁判は不法であると主張して，取消しを求めた。

■ 争 点 ■

①議院の逮捕許諾はどのような法的性格をもつか。
②議院は期限付の逮捕許諾をすることができるか。

■ 決定要旨 ■

申立て棄却（確定）。

(i)　憲法50条および国会法33条の趣旨は「国の立法機関である国会の使命の重大である点を考慮して，現に国会の審議に当っている議院の職務を尊重し，議員に犯罪の嫌疑がある場合においても苟も犯罪捜査権或は司法権の行使を誤り又はこれを濫用して国会議員の職務の遂行を不当に阻止妨害することのないよう，院外における現行犯罪等逮捕の適法性及び必要性の明確な場合を除いて各議院自らに所属議員に対する逮捕の適法性及び必要性を判断する権能を与えたものと解しなければならない。逮捕が適法にしてその必要性の明白な場合においても尚国会議員なるの故をもって適正なる犯罪捜査権或は司法権行使を制限し得るものではない。このことは院外における現行犯罪の場合には議院の許諾なくして逮捕し得るものとしていることによって明瞭である」。

(ii)　「議院の逮捕許諾権は議員に対する逮捕の適法性及び必要性を判断して不当不必要な逮捕を拒否し得る権能であるから，議員に対しては一般の犯罪被疑者を逮捕する場合よりも特に国政審議の重要性の考慮からより高度の必要性を要求することもあり得るから，このような場合には尚これを不必要な逮捕として許諾を拒否することも肯認し得るけれども，苟も右の観点において適法にして且必要な逮捕と認める限り無条件にこれを許諾しなければならない。随って議員の逮捕を許諾する限り右逮捕の正当性を承認するものであって逮捕を許諾しながらその期間を制限するが如きは逮捕許諾権の本質を無視した不法な措置と謂はなければならない。正当な逮捕であることを承認する場合においても尚国会審議の重要性に鑑みて逮捕期間の制限を容認し得るならば，院外における現行犯罪の場合においても尚同様の理由によってその逮捕を拒否し又はこれに制限を加へてもよい訳であるが法律はこれを認めないのである。以上の理由により逮捕を許諾しながらその逮捕の期間を制限することは違法である。」「申立人は議院は議員の逮捕を許諾するも将又これを拒否するもその裁量に基く専権であるから，これを許諾する場合に逮捕の期間を制限することは部分的許諾として当然なし得られ有効であると主張するのであるが，逮捕許諾権はそのように恣意的に行使し得るものではない。」「議院の逮捕許諾権は憲法及び法律に定める手続によって逮捕することを許諾するか否かを決定する権能であって憲法及び法律に定める逮捕以外の方法により逮捕を許諾し又はこれを要求する権能ではない。本件Xの逮捕許諾においてその逮捕期間を制限した点は逮捕許諾権の本質を誤り刑事訴訟法を無視した法的措置を要求するものであって無効である。」

■ 解 説 ■

1　憲法50条は「両議院の議員は，法律の定める場合を除いては，国会の会期中逮捕されず，会期前に逮捕された議員は，その議院の要求があれば，会期中これを釈放しなければならない」と定め，これを受けて国会法33条は「各議院の議員は，院外における現行犯罪の場合を除いては，会期中その院の許諾がなければ逮捕されない」と規定する。本件は議院の逮捕許諾の法的性格および期限付逮捕許諾の可否が争われた珍しい事案である。

2　議院に所属議員の逮捕の許諾権が認められる理由には，(1)行政権による不当な逮捕を防ぎ，議員の身体的自由を保障する，(2)議院の審議権を確保する，の2つが考えられる。これに関連して，逮捕許諾の基準については，(1)からは議院は逮捕権が濫用されているかどうかを判断することになるのに対して，(2)に力点を置けば，許諾するかどうかは，当該議員が議院の審議に必要かどうかによるべきであって，逮捕の必要性とは関わりないことになる。判旨(i)は逮捕許諾の趣旨として(1)(2)の双方を挙げており，判旨(ii)は許諾の基準についても逮捕の必要性を基準としながらも，その中で議院が「国政審議の重要性」を考慮することを認めている。

3　期限付逮捕許諾については，(1)を重視する学説がこれを否定するのに対して，(2)を重視する学説はこれを肯定するという傾向にあるが，必ずしも精確に対応するわけではない（赤坂・後掲385頁）。本判決は(2)の趣旨も認めながら，「国政審議の重要性」を逮捕の必要性の中で考慮すべきとする立場であるから，逮捕を必要と認める以上は，期限を付けることはできないとの立場を採るが，反対説も有力である（野中ほかⅡ99頁〔高見勝利〕等）。

◆ 参考文献 ◆
赤坂幸一・百選Ⅱ〔第5版〕384頁，大須賀明・同〔第4版〕372頁，黒田覚・百選（ジュリ臨増276の2）178頁。「座談会・期限付逮捕許諾は是か非か」ジュリ54号13頁以下も参照。

263 国会議員の免責特権(1)
―― 第1次国会乱闘事件

東京地裁昭和37年1月22日判決
(昭和30年(刑わ)第3143号公務執行妨害傷害被告事件)
判時297号7頁

■ 事 案 ■

第22回国会会期末日である1955(昭和30)年7月30日午後11時18分より、参議院議長応接室において同院議院運営委員会が再開された。参議院議員Y₁(被告人)は同委員として出席し、同議員Y₂・Y₃(被告人)は委員会を傍聴していたが、Y₁・Y₂は職務中の同委員長Aに全治約3か月等の傷害を負わせたとして、またY₃は衛視Bに全治1週間の傷害を負わせたとして、いずれも公務執行妨害及び傷害の罪で起訴された。

Y₁～Y₃側は、参議院の規律および秩序に関する事犯である本件に行政庁たる検察庁が介入することは、国権の最高機関性(41)や議院自律権(58Ⅱ)に反する、議院内部の議員の行動に対する起訴には国会に先議権があり、裁判所は議院の告発をまってはじめて審理をなしうる等と主張して、公訴棄却を求めた。

■ 争 点 ■

①本件起訴は41条に反し許されないか。
②議院の懲罰権は国家刑罰権に代替するものか。
③免責特権の趣旨・目的とは何か。
④免責特権の及ぶ範囲はどこまでか。
⑤議員の職務付随行為の起訴には、議院の告発を要するか。

■ 判 旨 ■

無罪(確定)。

(i)「『国会の最高機関性』という意味を弁護人の説くような意味で国会が他の2機関(内閣と裁判所)に対して法的に絶対的優位にあるものと解することは正当ではないというべく」、「Yらが国会議員である以上国会に監督される検察庁がYらを訴追することは許されないとする結論を憲法第41条から導くことは失当である」。

(ii)「議員の当該行為が免責特権の範囲内に属するや否やの先議権を国会に付与することは国会の自律権を重んずる立場からすれば望ましいことには違いなかろうが、わが現行憲法の規定上これを肯認して解釈するに足る根拠がない。……従って特定の行為が免責特権の範囲に属するか否かの審議権は国会になく、懲罰権の行使を以て刑罰権に代替することの許されないことは当然のところである。」

(iii)「民主主義にとっては社会の健全な発達をもたらすために言論の自由を確保することが必要不可欠の要件である。……直接国家意思の形成に当たる議員の議会における発言は一般国民に比してより一層の自由が確保されなければならない。国会では行政、司法等に対する徹底的な批判が行なわれなければならず、そのため往々にして個人の名誉、社会の治安を害することがありうるのであり、通常の場合には尊重さるべき個人、社会等の反対利益も譲歩を余儀なくされざるを得ないのであって、もしこれにかかずらっているときは言論を萎縮させ、また場合によってはこれを抑圧することになりかねないのである。本条において議員の院内の言論について院外における責任免除の特権を認めたのはこのような政策的考慮から処分を免除し、発言の自由を保障し、もって国会の機能を遺憾なく発揮せしめることを企図したものである。」

(iv)「特権の対象たる行為は同条に列挙された演説、討論または表決等の本来の行為そのものに限定せらるべきものではなく、議員の国会における意見の表明とみられる行為にまで拡大されるべき」であり、「議員の職務執行に附随した行為にもこれが及ぶという考えも一概にこれを排斥すること〔は〕できない」。

(v)「議員の院内活動について議院の告発を起訴条件とするときは職務行為に無関係な犯罪行為……についても検察庁はこれを起訴し得ないこととなり、場合によっては多数派の考え方次第で普通の犯罪が隠蔽されるおそれを生ずる」。また「議員の議事活動に附随して発生した犯罪について職務行為の範囲内外を審理決定する権限は現行法上国会に与えられていない」。

■ 解 説 ■

1 本件は、国会議員が議事運営に関して行った暴行行為が刑事裁判の対象とされたという珍しい事案に関するものである。被告人側が公訴棄却を主張したのに対し、裁判所は様々な学説・文献を引用して逐一その主張を斥けながら、Y₁・Y₂については犯罪の証明が十分でなく、Y₃については公務執行妨害罪の証明が十分でなく、暴行罪の実質的違法性を欠き可罰性がないため、いずれも無罪とした。

2 判旨(i)は国権の最高機関性を政治的美称と捉える立場を採って41条を理由とした公訴棄却の主張を斥け、判旨(ii)は議院の懲罰と刑罰の本質的相違を強調する中で、免責特権に関する議院の先議権を否定している。判旨(iii)は免責特権の趣旨について、議員個人の特権というよりも、「国会の機能」発揮のための政策的考慮という側面を強調している。その上で判旨(iv)は免責特権の対象を「議員の国会における意見の表明とみられる行為」さらに職務付随行為にも及びうるとしている。判旨(v)は、2つの理由から、議員の職務付随行為について議院の告発を不要としている。

3 第2次国会乱闘事件(1956年)の1審(東京地判昭41・1・21下刑集8巻1号44頁)、2審(東京高判昭44・12・17高刑集22巻6号924頁)も、免責特権の範囲を本判決と同様に「演説、討論又は表決」(51)に限らず、職務に密接に関連する範囲で認める。これらの裁判例の立場はおおむね学説に支持されている(佐藤憲法論471頁等)。また、私語・野次や暴力行為等が免責特権で保護されないことにも、広く一致が見られる(野中ほかⅡ100頁〔高見勝利〕)。

◆ 参考文献 ◆

清田雄治・百選Ⅱ〔第5版〕386頁、黒田覚・百選(ジュリ臨増276の2)180頁、鈴木重武・百選Ⅱ〔第2版〕350頁、松澤浩一・同〔第3版〕364頁。第2次国会乱闘事件の鑑定意見を集めた「裁判権と国会の自律権」ジュリ204号48頁以下、新井誠『議員特権と議会制』〔2008〕も参照。

264 国会議員の免責特権(2)
——国会議員の発言と国家賠償責任

最高裁平成9年9月9日第三小法廷判決
(平成6年(オ)第1287号損害賠償請求事件)
民集51巻8号3850頁, 判時1631号57頁

■ 事　案 ■

当時衆議院議員であったY_1(被告・被控訴人・被上告人)は, 1985(昭和60)年11月21日に開かれた第103回国会衆議院社会労働委員会において, 同委員会の委員として質疑を行った際に, 札幌市のA山病院の問題を取り上げ, 院長Bが女性患者に対して破廉恥な行為をした, Bは通常の精神状態ではない等と発言した。その翌日, Bは自殺した。Bの妻であったX(原告・控訴人・上告人)は, Y_1とY_2(国—被告・被控訴人・被上告人)に対して, 損害賠償を求めた。

1審(札幌地判平5・7・16判時1484号115頁)は, Y_1の発言が免責特権の対象となるとしても訴えは不適法ではない, 51条は免責特権を絶対的に保障したものであり, 仮に制限的に解釈するとしても, Y_1はその内容が虚偽であることを知りながら発言した等とはいえないとして, Y_1に対する請求を棄却し, さらにY_1に職務上の法的義務違反はないとして, Y_2に対する請求も棄却した。2審(札幌高判平6・3・15民集51巻8号3881頁参照)もおおむね同様の理由でXの控訴を棄却したため, Xが上告した。

■ 争　点 ■

①国会内で発言した国会議員(Y_1)に対する訴えは51条により棄却されるか。
②国会議員の発言を理由に国家賠償責任が認められるのは, どのような場合か。

■ 判　旨 ■

上告棄却。

(i)「仮に本件発言がY_1の故意又は過失による違法な行為であるとしても, Y_2が賠償責任を負うことがあるのは格別, 公務員であるY_1個人は, Xに対してその責任を負わない」から,「本件発言が憲法51条に規定する『演説, 討論又は表決』に該当するかどうかを論ずるまでもなく, XのY_1に対する本訴請求は理由がない」。

(ii)「国会議員の立法行為そのものは, 立法の内容が憲法の一義的な文言に違反しているにもかかわらず国会があえて当該立法行為を行うというごとき, 容易に想定し難いような例外的な場合でない限り, 国家賠償法上の違法の評価は受けないというべきであるが〔最判昭60・11・21(本書314事件—在宅投票制度廃止事件)〕……, この理は, 独り立法行為のみならず……多数決原理により統一的な国家意思を形成する行為一般に妥当する」。これに対して国会議員の質疑等は「国家意思の形成に向けられた行為」であり,「個別の国民の権利等に直接かかわることも起こり得る」ために,「質疑等の場面において は, 国会議員が個別の国民の権利に対応した関係での法的義務を負うこともあり得ないではない」。しかし「質疑等は, 多数決原理による統一的な国家意思の形成に密接に関連し, これに影響を及ぼすべきものであり, 国民の間に存する多元的な意見及び諸々の利益を反映させるべく, あらゆる面から質疑等を尽くすことも国会議員の職務ないし使命に属するものであるから, 質疑等においてどのような問題を取り上げ, どのような形でこれを行うかは, 国会議員の政治的判断を含む広範な裁量にゆだねられて」おり,「質疑等によって結果的に個別の国民の権利等が侵害されることになったとしても, 直ちに当該国会議員がその職務上の法的義務に違背したとはいえない」。憲法51条が国会議員の発言等について法的責任を免除していることも「一面では国会議員の職務行為についての広い裁量の必要性を裏付けている」。

(iii)「国会議員が国会で行った質疑等において, 個別の国民の名誉や信用を低下させる発言があったとしても, これによって当然に国家賠償法1条1項の規定にいう違法な行為があったものとして国の損害賠償責任が生ずるものではなく, 右責任が肯定されるためには, 当該国会議員が, その職務とはかかわりなく違法又は不当な目的をもって事実を摘示し, あるいは, 虚偽であることを知りながらあえてその事実を摘示するなど, 国会議員がその付与された権限の趣旨に明らかに背いてこれを行使したものと認め得るような特別の事情があることを必要とする」。

■ 解　説 ■

1　争点①については, 国会議員(Y_1)への請求が棄却される理由として, 1審・2審は免責特権を挙げたのに対して, 判旨(i)は公務員の個人責任を否定する国賠法理のみを挙げた。本件を契機に, 免責特権の保障は絶対的なものか(安藤・後掲参照), 相対的保障であり議員個人の責任が生じる余地はあるのではないか(佐藤・後掲参照)が論じられていただけに, 本判決が51条に触れなかったことを批判する見解もある。

2　争点②については, 既に違憲国賠訴訟(314事件の解説参照)の文脈でも, 51条は議員個人の責任を免除するにとどまり, 国の責任は免除されないと解されてきた。しかし代位責任の建前からすれば, 国家賠償責任の肯定は, 議員の当該発言の違法・有責性を裁判所が認定することを意味するから, 51条の趣旨からは, 議員の活動に事実上の支障を生じさせないよう慎重な配慮が求められる。これに対して判旨(ii)は, 314事件判決の示した多元的民主政観から, 質疑等にも広汎な政治的裁量が認められると論じており, 51条はあくまで論証の補強剤としてしか働いていないことに注意が必要である。判旨(iii)が示した基準は「現実の悪意の法理」に似たものとなっており, 実際には国会議員の発言が国賠法上違法と認められるのは, きわめて例外的な場合に限られることになろう。

◆ 参考文献 ◆

安藤高行・平成9年度重判解24頁, 大橋弘・最判解民事篇平成9年度1180頁, 宍戸常寿・法協116巻4号681頁, 原田一明・百選Ⅱ〔第5版〕388頁。2審評釈である佐藤幸治・ジュリ1052号79頁, 毛利透・平成6年度重判解22頁も参照。

265 国政調査権の範囲
―― 日商岩井事件

東京地裁昭和55年7月24日判決
(昭和54年(特わ)第996号・第1214号,同年(わ)第968号・第1200号外国為替及び外国貿易管理法違反,有印私文書偽造,同行使,業務上横領,議院における証人の宣誓及び証言等に関する法律違反各被告事件)
刑月12巻7号538頁,判時982号3頁

■事案■

航空機疑惑に絡む不正事件の捜査の過程で,民間航空機および軍用機の売込工作のため,日本側代理店だった日商岩井が元防衛庁長官Aに5億円を贈ったこと等が明らかになった。元日商岩井副社長Y(被告人)ほかは,(1)外為法違反,(2)私文書偽造および同行使,(3)議院証言法(昭63法89による改正前)違反,(4)業務上横領で起訴された。このうち(3)は,Yが1979(昭和54)年3月19日と同月31日,参議院予算委員会で,証人として法律により宣誓のうえ証言するに際し,それぞれ自己の認識に反する陳述をしたというものである。

■争点■

①国政調査権の及ぶ範囲はどこまでか。
②国政調査権の,検察権との関係での限界はどこにあるか。
③国政調査権の,自己負罪拒否特権との関係での限界はどこにあるか。

■判旨■

有罪(確定)。
(i)「国政調査権は議院等に与えられた補助的権能と解するのが一般であって,予算委における国政調査の範囲は,他に特別の議案の付託を受けない限り,本来の所管事項である予算審議に限定さるべきことは,所論指摘のとおりである。」「如何なる事項が当該議案の審議上必要,有益であるかについては,議案の審議を付託されている議院等の自主的判断にまつのが相当であり,議案の審議に責を負わない司法機関としては,議院等の判断に重大かつ明白な過誤を発見しない限り,独自の価値判断に基づく異論をさしはさむことは慎しむのが相当である。」
(ii)「国政調査権の行使が,三権分立の見地から司法権独立の原則を侵害するおそれがあるものとして特別の配慮を要請されている裁判所の審理との並行調査の場合とは異り,行政作用に属する検察権の行使との並行調査は,原則的に許容されているものと解するのが一般であり,例外的に国政調査権行使の自制が要請されているのは,それがひいては司法権の独立ないし刑事司法の公正に触れる危険性があると認められる場合(たとえば……(イ)起訴,不起訴についての検察権の行使に政治的圧力を加えることが目的と考えられるような調査,(ロ)起訴事件に直接関連する捜査及び公訴追行の内容を対象とする調査,(ハ)捜査の続行に重大な支障を来たすような方法をもって行われる調査等がこれに該ると説く見解が有力である。)に限定される。」
(iii)「およそ公開の場において個人の犯罪容疑を摘発,追究することを唯一の目的として国政調査権を行使することが行過ぎであることは異論のないところであろうが,他の適法な目的で行われる国政調査がたまたま証人等の訴追,処罰を招来するような事項に及び得ることは,国政調査の性質上むしろ当然のこととして予定され,それ故にこそ議院証言法第4条の規定が置かれているのである。所論の如く,およそ証人の訴追,処罰を招くおそれのある事項に関しては,議院等において証言を求めることは一切許されない……と言うのでは,同条の存在理由を説明できないこととなる。」「理由のない供述拒否権の行使によって国政調査の実効が阻害されることを防止するためには,証言拒否の事由のあることを示し(刑事訴訟規則第122条)又はその理由を疏明(民事訴訟法第282条〔現198条〕)すべきものとすることは蓋し止むを得ないところであり,かかる規定を設けたからといって直ちに憲法第38条第1項所定の自己負罪禁止の保障を侵害するものとは言い得ない」。「疏明を要するのは,証言拒絶の理由の存すること,すなわち,自己が訴追,処罰を受けるおそれのあること(無実の者であっても,その『おそれ』がないとは言えない。)で足りるのであるから,弁護人の極論するように,疏明が直ちに自己の犯罪の自認に結び付く結果を生ずるものとは言い得ない。」

■解説■

1 国政調査権の性格については,浦和充子事件(〈判例の流れ〉参照)で参議院法務委員会の採った独立権能説と,最高裁の採った補助的権能説の対立があり,学説では後者が通説とされてきた。判旨(i)も同じ立場を採る。もっとも,国政調査権が補助的権能だとしても,各議院の本来的権限に応じて,国政調査権の及ぶ範囲も実際には広汎である。判旨(i)は国政調査の内容について原則として各議院の自主的判断に委ねるとするが,「重大かつ明白な過誤」のある場合には裁判所によって違法となりうる余地を残している点には留意すべきである。

2 議院が,司法権・検察権と並行して国政調査権を行使することは,司法権の独立等を脅かすおそれがあり,一般的な行政権に対する調査とは異なる考慮が必要になる。二重煙突事件(東京地判昭31・7・23判時86号3頁)では,事件担当の検察官が捜査機関の見解を表明した報告書を提出したり証言したりすることも,直ちに裁判官に予断を抱かせるものではなく,裁判の公平を害しないとされた。判旨(ii)は,学説の主張に従い,目的・対象・方法の3点から,検察権との関係での国政調査権の限界を挙げている。

3 国政調査権も人権を侵害することは許されないが,判旨(iii)は,自己が刑事訴追を受けるおそれがある場合に理由を疎明する(現在は事由を示す)ことで証言拒絶を認めることから,38条1項に反しないとする。同条項の解釈については194事件〔最大判昭32・2・20〕～199事件〔最判平16・4・13―医事法事件〕参照。

◆ 参考文献 ◆
赤坂幸一・判例講義Ⅱ237頁,孝忠延夫・百選Ⅱ〔第5版〕390頁。二重煙突事件判決については清田雄治・百選Ⅱ〔第3版〕366頁を参照。また芦部信喜『憲法と議会政』[1971]第Ⅰ論文,木下和朗・争点202頁,高見勝利『芦部憲法学を読む』[2004]159頁も参照。

266 解散権行使の根拠と手続
──「抜き打ち」解散事件

東京高裁昭和29年9月22日判決
（昭和28年（ネ）第2010号衆議院議員資格確認等請求控訴事件）
行集5巻9号2181頁，判時35号8頁

■事案■

1952（昭和27）年8月22日，第3次吉田内閣は定例閣議において衆議院解散の結論に達した。同月25日，吉田茂首相は天皇にその旨を上奏し，同月26日，7条により衆議院を解散する旨の詔書案を持ち回り閣議で作成した（もっとも当日には4，5名の署名を得られただけで，残りの閣僚は28日に署名した）。同日，詔書案は天皇の裁可署名を受け，翌27日に宮内庁で御璽を受けた。翌28日詔書の伝達の臨時閣議で，全閣僚が異議なく解散を可決し，同日，衆議院は解散された。当時衆議院議員であったX（苫米地義三─原告・被控訴人）は，この「抜き打ち解散」は違憲無効であると主張して，任期満了までの1953年1月分までの歳費28万5000円の支払をY（国─被告・控訴人）に求めた。

1審（東京地判昭28・10・19行集4巻10号2540頁）は，(1)解散権の所在について，「国会が国権の最高機関であり，衆議院が国会の中においても参議院に優越する地位にあるものであることを思へば，純理論的には……衆議院を解散し得るものは，主権を有する総体としての国民」しかないとして，7条の趣旨は日本国および日本国民統合の象徴である天皇に「純理論的には総体としての国民のみが有し得る筈の衆議院解散の権限を形式上帰属せしめ，天皇をして後述の如く政治上の責任を負ふ内閣の助言と承認の下にこれを行使せしむとするにある」と解し，(2)解散権行使の要件について，「憲法第69条の場合に限り解散できるものとする右見解は根拠がな」く，「現行憲法が如何なる場合に解散を為し得るかの要件について何等の規定も設けて居ないのは如何なる事態の下に解散を為すべきやの判断を全く政治的裁量に委ねたものであると解すべきであり，その解散が妥当であったか否かの如きは固より裁判所の判断の対象となるものではない。従って衆議院で内閣の不信任決議案の可決も信任決議案の否決もないのに本件解散が行はれたからと言って本件解散が憲法に違反するものとは言へない」と述べる一方，(3)天皇の国事行為には内閣の助言と承認の2つが必要であるとして，本件では内閣の助言がなかったことを理由に解散を違憲無効とし，Xの請求を認容した。Yが控訴。

■争点■

①本件解散の有効性に司法審査は及ぶか。
②解散権の所在はどこか。解散権行使の要件は何か。
③天皇の国事行為には内閣の助言と承認の2つが必要か。

■判旨■

原判決取消し，Xの請求棄却（Xが上告したが，最高裁は統治行為論により上告を棄却した。本書313事件〔最大判昭35・6・8〕参照）。

(i)「裁判所は，行政処分の違法又は公法上の法律関係に関する争を判断する限りにおいて，行政権に対し法保障の為め，これを制約する権限を有し，又違憲法律の審査をする限りにおいて，立法権に対し，法保障の為め，これを制約する権限を有するものである。」

(ii)「解散権の所在並に解散権行使の要件についての当裁判所の法律上の見解」は，1審判決のとおりである。

(iii)「本件解散については，天皇の解散の詔書発布前たる昭和27年8月22日内閣に於て，天皇に対し助言する旨の閣議決定が行われ（尤も〔詔書案〕……が完備したのは……同月28日ではあるが，右は既に成立した同月22日の閣議決定を再確認し，持廻り閣議の方法により，書類の形式を整備したに留まるものと認める），……天皇に対する吉田総理大臣の上奏並に……書類の呈上となり，これによって，内閣より天皇に対する助言がなされ，天皇は右助言により解散の詔書を発布し，内閣はその後これを承認したものであると解するを相当とする。」「本件衆議院の解散については，X主張の如き無効の原因は存在せず，有効である」。

■解説■

1　判旨(i)は統治行為論を排斥し，衆議院の解散にも司法審査は及ぶとしたが，この点は最高裁で覆されている。以下では，争点②③について検討する。

2　争点②について，判旨(ii)は1審判決と同じ立場を採る。衆議院解散の実質的決定権については，7条から内閣に実質的決定権を認める説，議院内閣制から内閣に実質的決定権を認める説，衆議院による自律解散も認める説等が説かれた。本件1審(1)はいわゆる7条説を採るものと解される。また解散権の限界について，本件1審(2)は69条所定の場合しか解散はできないとする説を斥けて，内閣に広汎な裁量を認めており，実質的には砂川事件判決（312事件〔最大判昭34・12・16〕）の採るタイプの統治行為論に近いものといえよう。この問題は267事件（名古屋高判昭62・3・25─衆参同日選挙事件）も参照。

3　争点③については，本件1審(3)は持ち回り閣議について「一部閣僚の賛成のみでは適法な閣議決定があった」とはいえないから，助言がなされなかったと結論づけた。これに対して本判決の判旨(iii)は8月22日の閣議で既に助言が存在したと認定している。両者とも，内閣の助言と承認が共に必要であることを前提にしている。これに対して学説では，事前の助言が要求されるのは天皇の発意を禁ずる趣旨であるとして，「助言と承認」という1つの行為があれば足り，助言と承認が別個に必要ではないとする説が有力である（芦部48頁）。本件については，首相が内閣の正式な決定がなく助言を行っても，最終的に内閣の追認があったことで瑕疵が治癒されたと見ることもできよう（野中ほかI 121頁〔高橋和之〕）。

◆ 参考文献 ◆
杉原泰雄・憲法の判例〔第3版〕201頁，鈴木法日児・百選II〔第5版〕392頁，丸山健・同〔第2版〕356頁，吉田栄司・基本判例〔第2版〕186頁。上田健介・争点242頁も参照。

267 解散権行使の限界——衆参同日選挙事件

名古屋高裁昭和62年3月25日判決
(昭和61年(行ケ)第1号選挙無効請求事件)
行集38巻2・3号275頁, 判時1234号38頁

■事案■

中曽根内閣は1986（昭和61）年6月2日，衆議院を解散し，同年7月6日，衆議院議員総選挙が参議院議員選挙と同日に実施された。愛知県の有権者であるX（原告）は，公選法204条に基づき，Y（愛知県選挙管理委員会＝被告）に対して，衆議院議員総選挙のうちXらの選挙区における選挙を無効とする訴えを提起した。Xは，衆参同日選挙は民意の正当な反映を崩壊させ，選挙権を侵害するから統治行為論を適用すべきでない，また同日選を禁止していない公選法あるいは同日選を回避しなかった同法の運用は違憲であると主張し，Yは衆議院の解散および総選挙の期日の決定には司法審査は及ばないと主張した。

■争点■

①同日選実施のための解散は，解散権の限界を超えて憲法に反するか。
②衆議院の総選挙の期日の決定に司法審査は及ぶか。

■判旨■

請求棄却（最判昭62・11・24公刊物未登載はXの上告を棄却し，確定）。

(i)「衆議院の解散が，極めて政治性の高い国家統治の基本に関する行為……であって，かかる行為について，その法律上の有効無効を審査することは，司法裁判所の権限の外にあるものと解すべきである。すなわち，わが憲法の三権分立の制度の下においても，司法権の行使についておのずからある限度の制約は免れないのであって，あらゆる国家行為が無制限に司法審査の対象となるものと即断すべきではなく，直接国家統治の基本に関する高度に政治性のある国家行為（統治行為，政治問題）の如きは，たとえそれが法律上の争訟となり，これに対する有効無効の判断が法律上可能である場合であっても，かかる国家行為は裁判所の審査権の外にあり，その判断は主権者たる国民に対して政治責任を負う政府，国会等の判断に任され，最終的には国民の政治判断に委ねられているものと解するのが相当である（〔本書313事件（最大判昭35・6・8—苫米地事件）〕……参照）。」

「衆参両院の同日選挙によって，選挙活動や政党間の政策論争が輻輳，激化し，或いは情報が多量化するであろうことは，見易いところとしても，そのため選挙民が身近かな衆議院議員の選出に注意を注ぐ結果となり，参議院議員にどのような人物がふさわしいかについて注意を注がないことになったり（その逆も存在しうるという），情報過多，殊に衆院選に関する情報過剰の波の中に選挙民が埋没し，参議選は存在感を失って了って，選挙民は適任者選択の困難に陥る，とのXら主張のような情況の発生，招来を認めるに足る具体的，客観的かつ明白な根拠は見出し難い。」

(ii)「総選挙の期日の決定は，高度の政治判断事項である解散行為と密接に関連し，これに随伴するものであるとともに，当該時期における国政の運営，政治日程などとの不可分の配慮を欠きえない政治的判断事項といわねばならないが，さりとて，衆議院の解散権の行使のように，直接国家政治の基本に関する極めて高度な政治性ある行為とまではなし難いと解されるのであって，これをもって司法審査の対象外のものとしなければならないものではないというべきである。また，裁量権はその踰越・濫用の問題において司法権の対象になりうるものというべく，内閣の自由裁量権に属するからといって，それだけで司法審査の対象となしえないものということはできない。」「選挙期日の決定については憲法47条に『選挙区，投票の方法その他両議院の議員の選挙に関する事項は，法律でこれを定める』と規定されており，選挙に関する平等，守秘，自由等の基本理念（同法15条1，3，4項，44条但書参照）を侵すこととなるものでない限り，これを立法府において自由に定めうると解されること，同日選が民意を反映せず憲法の趣旨に反したものであるといい難い……ことに鑑みると，結局公選法に同日選禁止規定を設けるか否かは立法政策の問題に帰するものというべく，従って，同規定を欠く現行公選法が違憲である，或いは，同日選を回避しない公選法の運用が違憲である，となし難いことは明らかである」。

■解説■

1　内閣が専ら政権を維持するための解散権の濫用は許されず，解散権の行使が許されるのは，衆議院で内閣の重要案件が否決された場合，政界再編等により内閣の性格が変わった場合等に限られるとされてきた（芦部325頁）。もっともこの「限界」は憲法習律として論じられてきたものであり，限界を超えた解散を裁判所が無効と判断できるかどうかは別問題であろう。判旨(i)は苫米地事件判決（313事件）の統治行為論を用いる前提として，同日選には有権者の選択を困難にするような事情はなく，解散権行使の限界に当たらないとする。

2　判旨(ii)は，総選挙の期日決定は統治行為ではなく国会または内閣の裁量に属するとした。もっとも公選法を改正し同日選を禁止したり，選挙期日を法定することが内閣の解散権を違憲に侵害するものかどうかについて，本判決の立場は明らかではない。

3　本件総選挙で自民党が300議席を獲得する大勝を収めたように，従来は衆参同日選挙は与党に著しく有利なものとして，批判されてきた。しかし最近では，衆参両院の「ねじれ」現象への対応策として，同日選の実施を憲法習律として確立させるべきだとの主張も見られる（長谷部・後掲参照）。なお参議院での法案否決を理由とした衆議院解散（2005年の「郵政解散」）については，学界の評価が分かれる（野中ほかⅡ212頁〔高橋和之〕参照）。

◆参考文献◆

糠塚康江・百選Ⅱ〔第5版〕394頁，森英樹・法セ402号114頁。「特集・衆参同日選挙の法的問題」ジュリ868号10頁以下，長谷部恭男『続・Interactive憲法』〔2011〕202頁も参照。

268 内閣の行政権と独立行政委員会

福井地裁昭和27年9月6日判決
(昭和26年(行)第1号解職意思表示無効確認請求事件)
行集3巻9号1823頁

■ 事 案 ■

X（原告）は，1949（昭和24）年3月に建設省近畿地方建設局敦賀工事事務所の技術補助員に採用され，翌年1月に技術見習員となり，同年7月に全建設省労働組合の中央副執行委員長に選ばれた後は専ら同組合の事務に従事していた。同事務所長Y（被告）は同年11月にXを免職処分（本件処分）に付したが，その際に人事院規則8-7（非常勤職員の任用。現在は廃止）を適用して，処分理由の説明書を交付しなかった。Xは本件処分の取消しと，国公法の人事院に関する規定および人事院規則8-7の無効確認を求めて，出訴した。

■ 争 点 ■

人事院制度は憲法65条，66条3項，73条4号に反するか。

■ 判 旨 ■

無効確認の請求は却下，その余の請求は棄却。

(i) 憲法自身が三権分立の例外を設けるとともに，憲法65条が41条や76条と異なり「単に行政権は，内閣に属すると規定して，立法権や司法権の場合のように限定的な定め方をしていないことに徴すれば，行政権については憲法自身の規定によらなくても法律の定めるところにより内閣以外の機関にこれを行わせることを憲法が認容しているものと解せられ，今日のような国家行政の複雑さに鑑みるときは，斯く解することが正当である。しかしながら内閣以外の独立の行政機関の存在を，憲法が認容しているとはいいながら，それは飽く迄例外的なもので，或行政を内閣以外の国家機関に委ねることが憲法の根本原則に反せず，且つ国家目的から考えて必要とする場合にのみ許されることはいう迄もない。而して公務員法が人事院を設置し，之に国家公務員に対する行政を委ねた所以のものは，国家公務員が全体の奉仕者であって一部の奉仕者でなく，国家公務員が国民の一部に対し奉仕するようになった場合，国家がその存立を危くすることは各国歴史上明かなことであること，吾が国においては議院内閣制を採用している結果，内閣は，当然政党の影響を受けること，これ等のことから，国家公務員が政党の影響を受けて一部の奉仕者となることを極力避ける為には，内閣と国家公務員との間に独立の国家機関である人事院を設け国家公務員に対する或種の行政を担当させるべきであるというところに存在すると考える。人事院設置の所以が右に在ることは明白であるから，その設置はよく憲法の根本原則である民主主義に適合し又国家目的から考えて必要であると謂うべく，従って人事院を目して憲法第65条に違反した国家機関であると解することはできない」。

(ii) 「憲法第66条第3項は，内閣は行政権の行使について，国会に対し連帯して責任を負う旨定めて居るが，同条により内閣が，国会に対し連帯責任を負うのは内閣の職権に属する一切の行為についてであって，その内閣の職権は内閣法第1条に定めるところのものである。而して同条に定める憲法第73条所定の職権の中，同条第4号の官吏に関する事務とは，後に述べるように官吏を任命する権限をいうものと解するので，その他の官吏に関する事務を人事院に管掌させ，之については内閣が国会に対して連帯責任を負わないものとしても憲法第66条に違反することとはならない」。

(iii) 「若し憲法第73条第4号が，官吏に関する一切の事務は内閣の掌理に属するということを定めたものならば，人事院が内閣より独立した存在であることは，同条に違背するものである。然しながら同条同号の規定は，一方では官吏の任免権が天皇から内閣に移ったことを示すと同時に，他方ではその権限を行う基準を定めるものが，従来勅令であったのが，今後は法律でなければならないことを示したものと解するのが，大日本帝国憲法所定の天皇の任官大権と比較して考えて見て，正当であると思われる。従ってこの任免権の発動の基準を設け，或はそれを補助する作用を内閣以外の国家機関に管掌させても同条の違反とならないものというべく，公務員法第3条によって与えられた人事院の権限事項はすべて任免権の発動の基準を設け或はそれを補助する作用に外ならないので，人事院は憲法第73条に違反する国家機関ではないとすべきである。」

(iv) 「規則8-7は，憲法に直接の根拠を有していなくても，公務員法による適法な委任命令であるので，之を無効とする理由がない。」

■ 解 説 ■

1 独立行政委員会は，内閣の指揮監督権（本書269事件〔最大判平7・2・22―ロッキード事件丸紅ルート〕参照）がほとんど及ばないため，行政権との関係では，行政の統括者としての内閣の地位（65）および内閣の対国会責任（66Ⅲ）に反しないかが争われてきた。特に人事院は，官吏に関する事務が内閣の職務であり（73④），その独立性が人事院勧告制度（234事件〔最大判昭48・4・25―全農林警職法事件〕・237事件〔最判平12・3・17―人勧スト事件〕等参照）や公務員の身分保障にとって「扇の要」であるがゆえに，激しい違憲論に曝されてきた。本判決は，その人事院制度の合憲性を正面から論じたものとして，言及されることが多い。

2 判旨(i)は，憲法65条が41条・76条と異なり，すべての行政権を内閣に属させるように規定していないという文理上の理由とともに，特に人事行政について公務員が全体の奉仕者であること（15Ⅱ），議院内閣制のしくみを挙げて，内閣から独立した人事行政機関が必要であることを実質的に根拠づけている。判旨(ii)(iii)についても，現在の学説が説くところとおおむね一致するものと評価できる。

3 判旨(iv)は法律による人事院規則への委任の限界に関するものだが，この争点については350事件（最判昭33・5・1）を参照。

◆ 参考文献 ◆

石村修・百選Ⅱ〔第5版〕396頁，稲田陽一・同〔第2版〕358頁，高田篤・判例講義Ⅱ250頁，廣田健次・百選Ⅱ〔第4版〕384頁．駒村圭吾・争点228頁，高見勝利『芦部憲法学を読む』〔2004〕201頁も参照．

269 内閣総理大臣の職務権限
── ロッキード事件丸紅ルート

最高裁平成7年2月22日大法廷判決
（昭和62年（あ）第1351号外国為替及び外国貿易管理法違反，贈賄，議院における証人の宣誓及び証言等に関する法律違反被告事件）
刑集49巻2号1頁，判時1527号3頁

■事案■

総合商社丸紅の社長Y₁（被告人・控訴人・上告人）は1972（昭和47）年8月，ロッキード社社長A（当時）の意向を受けて，内閣総理大臣（当時）であったY₂（田中角栄元首相—被告人・控訴人・上告人。1・2審で有罪判決を受けて上告中の1993〔平成5〕年に死亡したため，公訴棄却）に，ロッキード社製の旅客機L1011型機の購入を全日空に勧奨するように依頼し，成功報酬として現金5億円の供与を約束してその承諾を得，全日空の同機購入の決定後に金銭を授受したとして，贈賄罪（刑198〔平3法31による改正前の規定〕）等で起訴された。なお本件捜査において，東京地裁はAらに対する証人尋問を米司法当局に嘱託したが，米連邦地裁の裁定を受けて，検事総長はAらに公訴を提起しないことを確約する旨，最高裁は検事総長の確約が将来にわたりわが国の検察官によって遵守される旨を宣明したことによって，Aらの嘱託証人尋問調書が我が国に送付された。

1審（東京地判昭58・10・12刑月15巻10号521頁），2審（東京高判昭62・7・29高刑集40巻2号77頁）はともに本件嘱託証人尋問調書の証拠能力を肯定するとともに，内閣総理大臣の指揮監督権限は「閣議にかけて決定した方針に基」づく必要があるが（内6），この閣議決定は一般的・基本的なもので足りる等として，Y₂の職務権限を認め，Y₁・Y₂に実刑の有罪判決を下した。このためY₁が上告。

■争点■

①刑事免責を付与して獲得された供述は証拠能力を有するか。
②運輸大臣（当時）は民間航空会社に対し特定機種の選定購入を勧奨する職務権限を有するか。
③内閣総理大臣は運輸大臣に対し前記勧奨を行うよう働きかける職務権限を有するか。

■判旨■

上告棄却（以下の各補足意見・意見がある）。

(i)「我が国の憲法が，その刑事手続等に関する諸規定に照らし，このような〔刑事免責〕制度の導入を否定しているものとまでは解されない」。しかし「我が国の刑訴法は，刑事免責の制度を採用しておらず，刑事免責を付与して獲得された供述を事実認定の証拠とすることを許容していないものと解すべきである以上，本件嘱託証人尋問調書については，その証拠能力を否定すべきものと解するのが相当である」。

(ii)「一般に，行政機関は，その任務ないし所掌事務の範囲内において，一定の行政目的を実現するため，特定の者に一定の作為又は不作為を求める指導，勧告，助言等をすることができ，このような行政指導は公務員の職務権限に基づく職務行為である」。「運輸大臣の職務権限からすれば，航空会社が新機種の航空機を就航させようとする場合，運輸大臣に右認可権限を付与した航空法の趣旨にかんがみ，特定機種を就航させることが前記認可基準に照らし適当であると認められるなど，必要な行政目的があるときには，運輸大臣は，行政指導として，民間航空会社に対し特定機種の選定購入を勧奨することも許されるものと解される。したがって，特定機種の選定購入の勧奨は，一般的には，運輸大臣の航空運輸行政に関する行政指導として，その職務権限に属する」。

(iii)「内閣総理大臣は，憲法上，行政権を行使する内閣の首長として（66条），国務大臣の任免権（68条），内閣を代表して行政各部を指揮監督する職務権限（72条）を有するなど，内閣を統率し，行政各部を統轄調整する地位にあるものである。そして，内閣法は，閣議は内閣総理大臣が主宰するものと定め（4条），内閣総理大臣は，閣議にかけて決定した方針に基づいて行政各部を指揮監督し（6条），行政各部の処分又は命令を中止させることができるものとしている（8条）。このように，内閣総理大臣が行政各部に対し指揮監督権を行使するためには，閣議にかけて決定した方針が存在することを要するが，閣議にかけて決定した方針が存在しない場合においても，内閣総理大臣の右のような地位及び権限に照らすと，流動的で多様な行政需要に遅滞なく対応するため，内閣総理大臣は，少なくとも，内閣の明示の意思に反しない限り，行政各部に対し，随時，その所掌事務について一定の方向で処理するよう指導，助言等の指示を与える権限を有するものと解するのが相当である。したがって，内閣総理大臣の運輸大臣に対する前記働き掛けは，一般的には，内閣総理大臣の指示として，その職務権限に属する」。

園部逸夫・大野正男・千種秀夫・河合伸一裁判官の補足意見
「内閣総理大臣の指揮監督権限は，本来憲法72条に基づくものであって，閣議決定によって発生するものではない。右指揮監督権限の行使に強制的な法的効果を伴わせるためには，内閣法6条により，閣議にかけて決定した方針の存在を必要とするが，右方針決定を欠く場合であっても，それは，内閣法6条による指揮監督権限の行使ができないというにとどまり，そのことによって内閣総理大臣の憲法上の指揮監督権限のすべてが失われるものではなく，多数意見のいわゆる『指示を与える権限』は，何らの影響を受けずに存続する」。

可部恒雄・大西勝也・小野幹雄裁判官の補足意見
「内閣総理大臣の行政各部に対する指揮監督権限の行使は，『閣議にかけて決定した方針に基づいて』しなければならないが，その場合に必要とされる閣議決定は，指揮監督権限の行使の対象となる事項につき，逐一，個別的，具体的に決定されていることを要せず，一般的，基本的な大枠が決定されていれば足り，内閣総理大臣は，その大枠の方針を逸脱しない限り，右権限を行使することができる」。

尾崎行信裁判官の補足意見
「内閣法6条は，指揮監督権限の行使方法を定めたにすぎず，権限そのものの範囲を消長させるものではな

い。この権限は，憲法に由来するのであって，閣議決定がある場合に初めて発生するものではない」。内閣総理大臣は「当初から内閣法6条に定める手続に従ってこれ〔指揮監督権限〕を行使し，権力的に強制するのではなく，それに先立つ代替的先行措置あるいは前置手続として，指導，要望，勧告等，これを『指示権（能）』というかどうかはともかく，これらによって内閣総理大臣の所期する方針を主任大臣に伝達し，任意の履行を求めるのが通例と認められる。そして，この指導等は，内閣総理大臣の指揮監督権限の行使の一態様であるが，内閣法6条に基づく場合とは異なり，強制力を有しない」。「指導等は，右権限の強制的行使に至る道程として採られる先行的措置であり，この権限の内容の一部をなすものとみるべきで，憲法72条に定める指揮監督権限に包摂され，内閣総理大臣の職務権限に属する」。

草場良八・中島敏次郎・三好達・高橋久子裁判官の意見

「内閣総理大臣は，憲法72条に基づいて，主任大臣を指揮監督する権限（内閣法6条）を有するとともに，これと並んで，主任大臣に対し指示を与えるという権能を有している。すなわち，内閣総理大臣は，行政権を行使する内閣の首長として，内閣を統率し，内閣を代表して行政各部を統轄調整する地位にあるものであり，閣議にかけて決定した方針に基づいて行政各部を指揮監督する職務権限を有するほか，国務大臣の任免権（憲法68条）や行政各部の処分の中止権（憲法72条，内閣法8条）を有している。憲法上このような地位にある内閣総理大臣は，内閣の方針を決定し，閣内の意思の統一を図り，流動的で多様な行政需要に対応して，具体的な施策を遅滞なく実施に移すため，内閣の明示の意思に反しない限り，主任大臣に対し，その所掌事務につき指導，勧告，助言等の働き掛けをする，すなわち指示を与える権能を有する」。「内閣総理大臣が主任大臣に指示を与えることができるのは，当該主任大臣の職務権限内の行為についてのみに限られるが，その指示に係る主任大臣の行為が当該主任大臣の職務と密接な関係にある行為である場合には，……内閣総理大臣の地位に照らせば，その指示は，当該主任大臣に対し内閣総理大臣がその職務権限の範囲内で行う指示と大きく異なるところはなく，それと同等の事実上の影響力を与えることは見やすいところであるから，これを内閣総理大臣の職務と密接な関係にある行為と評価することができる。」

■解説■

1 本件は日本政治を揺るがしたロッキード事件について，内閣総理大臣の職務権限を肯定し，「首相の犯罪」を実質的に認定したものである。最高裁として72条について解釈を示しており，行政法・刑法・刑訴法の分野でも重要な判例とされている。判旨(i)が，憲法上，刑事免責制度の導入も許されると述べた点も注目される（詳細は多田・後掲等）。

2 本件で賄賂罪が成立するためには，Y₂の職務権限が必要である。それを認めるには，(1) Y₂が直接全日空に特定機種の購入を働きかける職務権限を有するか，(2) 運輸大臣（当時）が全日空に特定機種の購入を働きかける職務権限を有することを前提として，Y₂がそのような働きかけを行うよう運輸大臣に対して働きかける職務権限を有するか，いずれかの構成が考えられる。1・2審がともに，(2)について Y₂の職務権限を肯定し，(1)について職務権限は否定したものの職務密接関連行為に当たるとしたのに対して，本判決は(1)には立ち入らなかった。

3 前記のとおり，(2)の構成では運輸大臣の職務権限が前提となるが，それを認めたのが判旨(ii)である。これに対して草場ほか意見は，運輸大臣の職務権限を限定的に解釈した上で，特定機種購入の働きかけは運輸大臣の職務密接関連行為に当たるとする。行政法上の「職務」には公権力行使の要件としての明確性が必要であるが，賄賂罪における「職務」概念は，公務員の職務の公正とこれに対する社会一般の信頼を害する行為を処罰するために，実質的に捉える必要があると解されており，そのため学説上も判旨(ii)が支持されている。

4 争点③については，本判決の審理に関与した12裁判官の立場が4つに分かれた。それらを最大公約数的にまとめた判旨(iii)は，「指示を与える権限」を首相の憲法および内閣法上の地位・権限から導いているが，その指示権と憲法上の指揮監督権の関係は明確ではない。

まず可部ほか補足意見は，本件1・2審と同様，首相の行政各部に対する指揮監督権（72）の行使には一般的・基本的な閣議で決定された方針が必要であるとした上で，本件では1970（昭和45）年の閣議了解「航空企業の運営体制について」（航空業界で「航空憲法」と呼ばれた）等を根拠に，Y₂に指揮監督権ありとした。これに対して草場ほか意見は，この閣議了解は航空機選定に触れておらず指揮監督権の根拠にならないとする反面，指揮監督権とは区別された指示権が，首相の憲法上の地位から導かれるとする。他方，園部ほか補足意見と尾崎補足意見は，首相の指揮監督権は72条に由来し閣議決定を要しない，として，可部ほか補足意見と草場ほか意見の対立の前提そのものを否定する。そして指示権は指揮監督権とは別物ではなく，前者は後者に包含されており，ただ指揮監督に法的強制力を与えるためには閣議決定を要する（園部ほか補足意見），あるいは首相の指示は閣議決定に基づく強制的指揮の前段階である（尾崎補足意見）と解している。

5 首相のリーダーシップを尊重するならば，判旨(iii)を文字どおりに捉えて積極的に評価すべきであろう。もっとも本判決で明確な多数意見が形成されなかったことに加え，判旨(iii)はあくまで賄賂罪の職務権限に関する説示であることからすれば，憲法・行政法上は，閣議決定を離れて首相に広汎な「指示権」が認められていると解することはできない，という評価も有力である（吉田・後掲）。

◆ 参考文献 ◆

京藤哲久・刑法百選Ⅱ〔第6版〕226頁，「特集・ロッキード事件最高裁大法廷判決」ジュリ1069号4頁，高田篤・判例講義Ⅱ252頁，高橋明男・行政百選Ⅰ〔第5版〕46頁，多田辰也・刑訴百選〔第9版〕150頁，龍岡資晃＝小川正持＝青柳勤・最判解刑事篇平成7年度1頁，「特集・ロッキード事件最高裁判決」法教177号7頁，吉田栄司・百選Ⅱ〔第5版〕398頁。塩野宏『行政法Ⅲ〔第3版〕』[2006] 54頁以下も参照。

判例の流れ

● 宍戸常寿 ●

23 戦争放棄

1　憲法前文の定める平和主義と，9条の戦争放棄・戦力不保持は，日本国憲法の最大の特徴の一つである。そして，自衛隊や日米安保条約の合憲性が，憲法の下で最も激しく争われた政治的争点であり，憲法問題でもあったことは，周知のとおりである。

この戦争放棄に関する裁判所の態度は，おおむね司法の自己抑制により，積極的な憲法判断を避けてきたものと評価できる。まず，自衛隊の前身である警察予備隊の違憲判断が直接最高裁に求められた事件で，最高裁は付随的審査制のしくみを理由に，訴えを却下した（303事件〔最大判昭27・10・8〕）。次に，自衛隊の合憲性が争われた恵庭事件で，札幌地裁はかなり無理のある自衛隊法の限定解釈によって，憲法判断を回避している（306事件〔札幌地判昭42・3・29〕）。

2　これに対して旧日米安保条約の合憲性が争われた砂川事件では，違憲判決を下した1審判決（270事件〔東京地判昭34・3・30〕）に対して，最高裁は統治行為論を採用しつつも，「一見極めて明白に違憲無効であるかどうか」について審査し，条約が「憲法の趣旨に適合」することを確認している（271事件〔最大判昭34・12・16〕）。なお全司法仙台事件最高裁判決（最大判昭44・4・2刑集23巻5号685頁）は，この砂川事件最高裁判決を先例として引用しながら，簡潔な説示で新日米安保条約（1960年改定）の合憲性を承認しており，この立場は沖縄代理署名訴訟にも受け継がれている（274事件〔最大判平8・8・28〕）。

砂川事件最高裁判決の統治行為論の立場は，自衛隊の合憲性に関する下級審判決でも援用されており（273事件〔札幌高判昭51・8・5―長沼事件2審〕，東京高判昭61・4・9判時1192号1頁―厚木基地公害訴訟2審判決等），自衛隊を違憲と判断した272事件（札幌地判昭48・9・7―長沼事件1審）は例外にとどまる。このほかにも次の例を見れば，国家行為が9条に違反するかどうかを裁判で争うことが難しいことが分かるだろう。(1)自衛隊基地の用地買収をめぐる百里基地訴訟で最高裁は，私法上の契約に9条は直接適用されないとして，自衛隊の合憲性をめぐる議論を回避している。（19事件〔最判平元・6・20〕）。(2)自衛隊機の離着陸の差止めについても，最高裁は第1次厚木基地公害訴訟で，大阪空港訴訟（41事件〔最大判昭56・12・16〕）を先例として引用しながら，不適法としている（最判平5・2・25民集47巻2号643頁。なお損害賠償については認容）。(3)平和的生存権や納税者基本権の侵害を理由として，湾岸戦争時の90億ドルの支出やカンボジアへのPKO派遣に対して国家賠償を求めることにも，裁判所はそもそも権利侵害を認めていない（大阪地判平8・3・27判時1577号104頁，大阪地判平8・5・20判時1592号113頁）。

3　このように「平和問題の法理」とでも呼ぶべき司法の謙抑的解釈の反面で，9条の有権解釈者の役割を担ってきたのが，内閣法制局である。その論理は，自衛隊を「自衛力」として合憲とする一方で，自衛隊の規模・活動範囲等を「自衛のための必要最小限度」に抑制してきた，ともいえる。しかし湾岸戦争以降，PKO協力法（1992年），周辺事態法（1999年），「9.11」以後のテロ対策特別措置法（2001年。2008年に新法成立），有事法制の整備（2003年・2004年）等，自衛隊の活動範囲が広げられる中，従来の政府見解との整合性を維持することがだんだん厳しくなってきている。自衛隊のイラク派遣が政府見解を採ったとしても9条に違反すると指摘した275事件（名古屋高判平20・4・17―イラク特措法差止訴訟）は，こうした状況を示すものと見ることもできる。

270 米国駐留軍と9条
―― 砂川事件1審

東京地裁昭和34年3月30日判決
(昭和32年(特わ)第367号・第368号日本国とアメリカ合衆国との間の安全保障条約第3条に基く行政協定に伴う刑事特別法違反被告事件)
下刑集1巻3号776頁、判時180号2頁

■ 事 案 ■

国は1957（昭和32）年7月8日、米空軍の使用する東京都北多摩郡砂川町（現在は東京都立川市）にある立川飛行場の拡張工事のため、「日本国とアメリカ合衆国との間の安全保障条約第3条に基く行政協定の実施に伴う土地等の使用等に関する特別措置法」および土地収用法に基づき、飛行場内の民有地の測量を開始した。この測量に反対する住民等1000名以上は、飛行場の外に集合して反対運動を行い、飛行場の北側の柵を破壊した。Yら7名（被告人）は、他の300名程度の参加者とともに、立川飛行場内に数メートル立ち入ったとして、「日本国とアメリカ合衆国との間の安全保障条約第3条に基く行政協定に伴う刑事特別法」（以下、刑事特別法）2条違反を理由に、逮捕・起訴された。

刑事特別法2条は、駐留米軍の使用する立入禁止施設・区域に正当な理由なく立ち入る行為を処罰する規定であり、軽犯罪法1条32号の特別法である。ただし、軽犯罪法違反は拘留または科料に処せられるにとどまるが、刑事特別法2条は1年以下の懲役または2000円以下の罰金を科し得るとしている。裁判では、このように軽犯罪法よりも法定刑を加重する刑事特別法2条が憲法31条に違反するかどうかの前提として、刑事特別法が米軍の施設・区域内の平穏に関する法益を、一般国民の同様の法益よりも手厚く保護することが憲法上許されるか、が争われた。

■ 争 点 ■

① 9条2項前段にいう「戦力」の意義とは何か。
② 日米安保条約に基づく米軍の駐留は、9条に違反するか。

■ 判 旨 ■

Yらは無罪。

(i) 9条は「自衛権を否定するものではないが、侵略的戦争は勿論のこと、自衛のための戦力を用いる戦争及び自衛のための戦力の保持をも許さないとするもの」である。

(ii) 「わが国に駐留する合衆国軍隊はただ単にわが国に加えられる武力攻撃に対する防禦若しくは内乱等の鎮圧の援助にのみ使用されるものではなく、合衆国が極東における国際の平和と安全の維持のために事態が武力攻撃に発展する場合であるとして、戦略上必要と判断した際にも当然日本区域外にその軍隊を出動し得るのであって、その際にはわが国が提供した国内の施設、区域は勿論この合衆国軍隊の軍事行動のために使用されるわけであり、わが国が自国と直接関係のない武力紛争の渦中に巻き込まれ、戦争の惨禍がわが国に及ぶ虞は必ずしも絶無ではな〔い〕」。

(iii) 「外部からの武力攻撃が為された場合」に「合衆国がわが国の要請に応じ、既にわが国防衛のため国内に駐留する軍隊を直ちに使用する現実的可能性は頗る大きい」。「このような実質を有する合衆国軍隊がわが国内に駐留するのは……わが国政府の要請と、合衆国政府の承諾という意思の合致があったからであって、従って合衆国軍隊の駐留は一面わが国政府の行為によるものということを妨げない。蓋し合衆国軍隊の駐留は、わが国の要請とそれに対する施設、区域の提供、費用の分担その他の協力があって始めて可能となるものであるからである。かようなことを実質的に考察するとき、わが国が外部からの武力攻撃に対する自衛に使用する目的で合衆国軍隊の駐留を許容していることは、指揮権の有無、合衆国軍隊の出動義務の有無に拘らず、日本国憲法第9条第2項前段によって禁止されている陸海空軍その他の戦力の保持に該当するものといわざるを得ず、結局わが国内に駐留する合衆国軍隊は憲法上その存在を許すべからざるものといわざるを得ない」。

■ 解 説 ■

1　日米安全保障体制は、日本がサンフランシスコ平和条約（1951年）によって独立を回復して以来、わが国の外交・防衛の基軸となってきた一方で、憲法の平和主義との抵触も長らく論議されてきた。本判決は、裁判長であった伊達秋雄の名前にちなんで「伊達判決」とも呼ばれるが、1960年に改定される以前の旧安保条約の合憲性を否定した唯一の判決であり、まさに日本の憲法裁判史上特筆すべきものといえる。

判旨(i)は、争点①に関して、憲法前文を引用しながら、国際連合による集団的安全保障によって日本の安全と生存を維持するのが「憲法の理念」であることを強調した上で、9条は侵略戦争だけでなく自衛戦争も放棄している、また自衛のための戦力も保持できないとした。通説的見解（芦部56頁以下参照）も、本判決と同じ立場を採用している。

判旨(iii)は、争点②に関して、日本に対する武力攻撃に対する自衛の目的で駐留を認めていることを根拠に、駐留米軍が憲法によって保持を禁止された「戦力」に当たると判断したものであり、本判決の判決理由に当たる。

2　なお、日米安保条約6条は、米軍の駐留や施設使用の目的として、日本国の安全と並んで、「極東における国際の平和及び安全の維持」への寄与も挙げている。本判決の後の歴史が示すとおり、米軍の日本駐留がアメリカの極東・アジア戦略の要であったが、そのような駐留米軍の活動がかえって日本への武力攻撃を招くのではないか、という日米安保違憲論の危惧に、判旨(ii)は傍論ながら応えたものである。

◆ 参考文献 ◆

本書271事件の参考文献を参照。

271 駐留軍・9条にいう「戦力」の意義——砂川事件上告審

最高裁昭和34年12月16日大法廷判決
（昭和34年（あ）第710号日本国とアメリカ合衆国との間の安全保障条約第3条に基く行政協定に伴う刑事特別法違反被告事件）
刑集13巻13号3225頁、判時208号10頁

■事案■

Xらを無罪とした1審判決（本書270事件〔東京地判昭34・3・30〕参照）に対し、検察側は跳躍上告（刑訴規254）を行った。本判決の憲法上の争点には、下で取り上げたほかにも、条約に対する違憲審査や統治行為論が含まれるが、それらについては本書312事件（本件と同一事件）を参照。

■争点■

①9条2項前段にいう「戦力」の意義とは何か。
②日米安保条約に基づく米軍の駐留は、9条・98条2項・憲法前文の趣旨に反するか。

■判旨■

破棄差戻し（7名の補足意見、3名の意見がある）。

(i) 憲法9条によって「わが国が主権国として持つ固有の自衛権は何ら否定されたものではなく、わが憲法の平和主義は決して無防備、無抵抗を定めたものではない」。「わが国が、自国の平和と安全を維持しその存立を全うするために必要な自衛のための措置をとりうることは、国家固有の権能の行使として当然のことといわなければならない。」「憲法9条は、わが国がその平和と安全を維持するために他国に安全保障を求めることを、何ら禁ずるものではない」。

憲法9条2項が戦力不保持を規定したのは、「わが国がいわゆる戦力を保持し、自らその主体となってこれに指揮権、管理権を行使することにより、同条1項において永久に放棄することを定めたいわゆる侵略戦争を引き起こすがごときことのないようにするためであると解するを相当とする。従って同条2項がいわゆる自衛のための戦力の保持をも禁じたものであるか否かは別として、同条項がその保持を禁止した戦力とは、わが国がその主体となってこれに指揮権、管理権を行使し得る戦力をいうものであり、結局わが国自体の戦力を指し、外国の軍隊は、たとえそれがわが国に駐留するとしても、ここにいう戦力には該当しないと解すべきである」。

(ii) 「駐留軍隊は外国軍隊であって、わが国自体の戦力でないことはもちろん、これに対する指揮権、管理権は、すべてアメリカ合衆国に存し、わが国がその主体となってあだかも自国の軍隊に対すると同様の指揮権、管理権を有するものでない」。また米軍駐留の「目的は、専らわが国およびわが国を含めた極東の平和と安全を維持し、再び戦争の惨禍が起らないようにすることに存し、わが国がその駐留を許容したのは、わが国の防衛力の不足を、平和を愛好する諸国民の公正と信義に信頼して補なおうとしたものに外ならない」。「かようなアメリカ合衆国軍隊の駐留は、憲法9条、98条2項および前文の趣旨に適合こそすれ、これらの条章に反して違憲無効であることが一見極めて明白であるとは、到底認められない。」

■解説■

1 本判決は、駐留米軍の合憲性を15人の裁判官全員の一致で承認したもので、その後のわが国の防衛・外交のあり方にも影響を与えた、政治的に最も重要な最高裁判決の一つであるといえる。

判旨(i)は、1審判決とは逆に、憲法が保持を禁止する「戦力」といえるためには、わが国の指揮権・管理権が及ぶことが必要であり、外国の軍隊は「戦力」に当たらない、とした。この点は、駐留米軍は、「条約により、日本の意志にもとづいて駐留している」ものである以上、憲法上の問題が残るとする批判も有力である（清宮 I 118頁。学説の概要については芦部憲法学 I 292頁以下参照）。この問題への解答は、本判決が指摘するとおり、9条がわが国の安全の確保に関して、国際連合による集団的安全保障を「最低線」（1審判決）とするのか、それ以外の個別的安全保障も許容しているとするのか（田中耕太郎裁判官の補足意見）、いずれの考え方を採るかに左右されるものであろう。

判旨(ii)は、判旨(i)を前提に、米軍が9条にいう「戦力」に当たらず、米軍の駐留が憲法に違反しないことを述べたものである。ただし本判決は、「一見極めて明白に違憲無効である」かどうかに司法審査の範囲を限定しながら、「憲法9条、98条2項および前文の趣旨に適合こそすれ」という言い回しで、米軍の駐留により積極的なお墨付きを与えている。この傍論は、翌1960年の日米安保条約の改定を控えて、最高裁として日米安保体制の合憲性を宣言することにねらいがあった、とされている（最近、アメリカの公文書から、田中耕太郎最高裁長官が、本判決の前に、駐日アメリカ大使と密談していたことが明らかとなっている）。

2 なお、河村大助裁判官は補足意見の中で、1審判決で論じられていた、日米安保条約によって日本が戦争に巻き込まれるおそれがあるという点について、これは「極東情勢乃至世界情勢の評価認識」次第であるとして、政治部門の裁量判断に明白な違憲はないとしている。また奥野健一・高橋潔裁判官の意見は、駐留米軍は「戦力」でないだけでなく、9条2項・憲法前文の趣旨にも反しないことを付け加えている。

◆参考文献◆

森英樹・百選II〔第5版〕372頁、岡田信弘・基本判例〔第2版〕176頁、ジュリ臨増『砂川事件上告審判決特集』[1960]。長谷部恭男『憲法のimagination』[2010] 91頁も参照。

272 戦力・平和的生存権の意義
——長沼事件1審

札幌地裁昭和48年9月7日判決
(昭和44年(行ウ)第16号・第23号・第24号保安林指定の解除処分取消請求事件)
行集27巻8号1385頁, 判時712号24頁

■ **事　案** ■

防衛庁は, 第3次防衛力整備計画に基づき, 北海道夕張郡長沼町に航空自衛隊の地対空ミサイル(ナイキ)基地を設置するため, 国有林の一部について, 保安林指定の解除をY(農林大臣—被告)に申請し, Yは1969(昭和44)年7月, 森林法26条2項に基づき保安林指定解除処分(以下, 本件処分)を行った。地域住民であるXら(原告)は, 本件処分の取消しを求める訴えを起こした。

裁判では, 地域住民に取消しの訴えを提起する「法律上の利益」(行訴9)があるか, また自衛隊基地建設は, 森林法26条2項が解除の要件として定める「公益上の理由により必要が生じたとき」に該当するかという論点を通じて, 憲法上の争点が争われた。

■ **争　点** ■

①平和的生存権は法律上の利益を基礎づけるか。
②憲法前文はどのように解釈するか。
③憲法9条にいう「戦力」とは何か。
④自衛隊は, 憲法が保持を禁止する「戦力」に当たるか。

■ **判　旨** ■

本件処分の取消し(認容)。

(i) 森林法の規定は「地域住民の『平和のうちに生存する権利』(憲法前文)すなわち平和的生存権を保護しようとして」おり, 「もしYのなんらかの森林法上の処分によりその地域住民の右にいう平和的生存権が侵害され, また侵害される危険がある限り, その地域住民にはその処分の瑕疵を争う法律上の利益がある」。

(ii) 「憲法の基本原理の一つである平和主義は, たんに……受動的に, やむをえず戦争を放棄し, 軍備を保持しないことにした, という消極的なものではなく, むしろ, その前文にもあるごとく……積極的なものである。」

憲法前文第2項は, 「平和的生存権が, 全世界の国民に共通する基本的人権そのものであることを宣言するものである。そしてそれは, たんに国家が, その政策として平和主義を掲げた結果, 国民が平和のうちに生存しうるといった消極的な反射的利益を意味するものではなく, むしろ, 積極的に, わが国の国民のみならず, 世界各国の国民にひとしく平和的生存権を確保するために, 国家みずからが, 平和主義を国家基本原理の一つとして掲げ, そしてまた, 平和主義をとること以外に, 全世界の諸国民の平和的生存権を確保する道はない, とする根本思想に由来するもの」である。平和的生存権は「憲法第3章の各条項によって, 個別的な基本的人権の形で具体化され, 規定されている」。

(iii) 憲法9条2項にいう「陸海空軍」は, 「外敵に対する実力的な戦闘行動を目的とする人的, 物的手段としての組織体」であり, 「その他の戦力」は, 「陸海空軍以外の軍隊か, または, 軍という名称をもたなくとも, これに準じ, または, これに匹敵する実力をもち, 必要ある場合には, 戦争目的に転化できる人的, 物的手段としての組織体をいう」。「『戦力』という概念は, それが, 自衛または制裁戦争を目的とするものであるか, あるいは, その他の不正または侵略戦争を目的とするものであるかにかかわらず, ……その客観的性質によってきめられなければならない」。「自衛権を保有し, これを行使することは, ただちに軍事力による自衛に直結しなければならないものではない」。外交交渉, 警察力, 群民蜂起等, 「自衛権の行使方法が数多くあり, そして, 国家がその基本方針としてなにを選択するかは, まったく主権者の決定に委ねられているものであって, このなかにあって日本国民は……憲法において全世界に先駆けていっさいの軍事力を放棄して, 永久平和主義を国の基本方針として定立したのである」。

(iv) 「自衛隊の編成, 規模, 装備, 能力からすると, 自衛隊は明らかに……軍隊であり, それゆえに陸, 海, 空各自衛隊は, 憲法第9条第2項によってその保持を禁ぜられている『陸海空軍』という『戦力』に該当する」。「各自衛隊の組織, 編成, 装備, 行動などを規定している防衛庁設置法……, 自衛隊法……その他これに関連する法規は, いずれも同様に, 憲法の右条項に違反し, 憲法第98条によりその効力を有しえない」。

■ **解　説** ■

1　本判決は, 一連の自衛隊裁判の中でも, 統治行為論の適用を斥け, 平和的生存権の裁判規範性を認めるとともに, 自衛隊が9条に違反すると判断したことで有名である。

学説の多数は憲法前文の裁判規範性を認めるのに消極的であるが(学説の大要は芦部憲法学Ⅰ 206頁以下参照), 絶対平和主義の立場からはとりわけ平和的生存権の意義を述べた判旨(ii)が高く評価されている(浦田・後掲参照)。判旨(iii)に先立って, 9条の1項は侵略戦争のみを放棄し, 2項によって自衛戦争も放棄されたという多数説の立場を採用する点, 判旨(iii)で「戦力」と区別された「自衛力」の保持が許されるとする政府見解を批判する点からすれば, 本判決は, 学説における自衛隊違憲論の論理を, いわば模範的に明らかにしたものと評し得よう。

2　なお, 本件審理中の1969年9月, 平賀健太・札幌地裁所長が, 本件を担当していた福島重雄裁判長に, 訴えの却下を勧めたメモを送ったことが発覚し, さらに福島裁判長が青年法律家協会の一員であったことが問題視される等の「平賀書簡事件」が起きている(福島ほか編・後掲参照)。

◆ **参考文献** ◆

浦田一郎・百選Ⅱ〔第2版〕344頁, 佐々木髙雄・同〔第5版〕376頁, 「特集・長沼違憲判決」ジュリ549号, 「特集・自衛隊違憲判決」法時45巻14号, 福島重雄ほか編『長沼事件 平賀書簡35年目の証言』[2009]。

273 自衛隊と統治行為——長沼事件2審

札幌高裁昭和51年8月5日判決
（昭和48年(行コ)第2号保安林解除処分取消請求控訴事件）
行集27巻8号1175頁，判時821号21頁

■事案■

自衛隊を違憲として保安林解除処分の取消しを認めた1審判決（本書272事件〔札幌地判昭48・9・7〕）に対して，Y（農林大臣—被告・控訴人）から控訴したのが本件である。本判決は，堰堤等の洪水防止施設により生命・身体の安全が害されるおそれが消滅したとして，Xら（地域住民—原告・被控訴人）らの訴えの利益を否定したが，これに加えて平和的生存権・自衛隊の合憲性についても立ち入って議論した。

■争点■

①平和的生存権は法律上の利益を基礎づけるか。
②高度の政治性を有する国家行為に対して司法審査はどのようにあるべきか。
③自衛隊は，憲法が保持を禁止する「戦力」に当たるか。

■判旨■

取消し，訴え却下（被控訴人上告）。

(i)「憲法前文は，その形式上憲法典の一部であって，その内容は主権の所在，政体の形態並びに国政の運用に関する平和主義，自由主義，人権尊重主義等を定めているのであるから，法的性質を有する」。前文第2項・第3項における「理念としての平和の内容については，これを具体的かつ特定的に規定しているわけではなく」，第4項でも「平和は崇高な理念ないし目的としての概念にとどまるものであることが明らかであって，前文中に定める『平和のうちに生存する権利』も裁判規範として，なんら現実的，個別的内容をもつものとして具体化されているものではないというほかない」。

(ii)「司法判断は，法令を大前提とし，一定の対象事項を小前提としてその適合性の判断をなすものであるが，統治行為が司法審査権の範囲外にあるという場合，一般的には小前提たる対象事項がいわゆる統治事項に当るものとして考えられていると解されるのであって，大前提たる法規解釈の問題としてとらえられているのではない。しかし，小前提に適用さるべき大前提たる憲法その他の法令の解釈行為についても，なお右と同様の問題が考慮されなければならないはずである。」「憲法第81条は，……統治行為の属性を有する国家行為については原則として司法審査権の範囲外にあるが，……大前提，小前提ともに一義的なものと評価され得て一見極めて明白に違憲，違法と認められる場合には，裁判所はこの旨の判断をなし得るものであることを制度として認める規定であると解するのが相当である。」

(iii) 自衛隊の設置等は「正に統治事項に関する行為であって，一見極めて明白に違憲，違法と認められるものでない限り，司法審査の対象ではない」。

憲法9条2項が自衛のための戦力の保持を禁止しているかについては積極説・消極説があるが，憲法がいずれの見解に立脚しているかは明瞭ではなく，いずれの論旨もそれなりに一応の合理性を有するから，「自衛のための戦力の保持に関する憲法第9条第2項前段は，一義的に明確な規定と解することができないものといわなければならない」。

自衛隊は「設定された目的の限りではもっぱら自衛のためであることが明らかである」。自衛隊法が予定する，あるいは現実の「自衛隊の組織，編成，装備が，侵略戦争のためのものであるか否かは，掲げられた右目的だけから判断すべきものではなく，客観的にわが国の戦争遂行能力が他の諸国との対比において明らかに侵略に足る程度に至っているものであるか否かによって判断すべきである」が，戦争遂行能力の比較は各種の要素を「広く，高度の専門技術的見地から相関的に検討評価しなければならないものであり，右評価は現状において客観的，一義的に確定しているものとはいえないから，一見極めて明白に侵略的なものであるとはいい得ないといわなければならない」。

■解説■

1　本件にとって決定的な争点となったのは，既に述べたとおり訴えの利益であり，判旨(i)は判決理由の一部を構成しているが，これに対して判旨(ii)(iii)は傍論にすぎない（本判決自身が結論に「付加する」ものであることを認めている）。

2　判旨(i)は，平和的生存権の裁判規範性を否定したもので，その説くところは多数説の立場とも一致する，といえよう（272事件）。仮に平和的生存権の権利性が認められるならば，治水工事によってXらの訴えの利益は消滅し尽くしておらず，本案について裁判所の判断が必要になったことに注意する必要がある。

本判決は，砂川事件最高裁判決（271事件〔最大判昭34・12・16〕参照）を引用した後に続けて，判旨(ii)で独自の統治行為論を展開している。それは，小前提（本件でいえば自衛隊の存在）だけではなく，大前提（本件でいえば9条）の解釈行為についても，そこに高度の政治性があれば，その内容が一義的に明確でない限り，司法権の限界を認める，というものである。しかし，憲法の解釈に政治性が伴うことは当然であり，また憲法の内容が一義的に明確であることは稀であるから，本判決の統治行為論に対しては学説から強い批判がある（例えば，奥平康弘・後掲法時45頁以下参照）。この独特の統治行為論を9条と自衛隊の存在に対して適用した判旨(iii)についても，学説は批判的である。

3　なお，本件の上告審である最判昭57・9・9（民集36巻9号1679頁）は，Xらの訴えの利益の消滅を理由に上告を棄却し，平和的生存権，統治行為，自衛隊の合憲性等の憲法上の争点には触れなかった。

◆参考文献◆
山内敏弘・百選Ⅱ〔第5版〕378頁，浦田賢治・基本判例〔第2版〕181頁，「特集・長沼訴訟控訴審判決」法時48巻11号。

274 駐留軍用地特措法の適用
——沖縄代理署名訴訟

最高裁平成8年8月28日大法廷判決
(平成8年(行ツ)第90号地方自治法151条の2第3項の規定に基づく職務執行命令裁判請求事件)
民集50巻7号1952頁、判時1577号26頁

■ 事 案 ■

　国は，沖縄県内の民有地を，その使用権原を取得した上で，基地用地として米軍に提供していた。1995（平成7）年，使用期間の満了が近づきながら土地所有者との合意による権原取得が見込めない土地について，国は駐留軍用地特措法に基づき権原を取得することにしたが，所有者が土地・物権調書に署名等をせず，また当該土地所在地の市町村長も代理署名等を拒否した。そこでX（内閣総理大臣―原告・被上告人）は，Y（沖縄県知事―被告・上告人）に対し，調書に対する署名等代行事務（これは当時，機関委任事務であった）を行うよう求めたが，Yはこれを拒否した。そこでXは地方自治法151条の2（1999年の削除以前）の第1項に基づき，代行事務の執行を勧告し，さらに同条2項に基づき執行を命じたが，Yは期限までに執行しなかったので，Xは同条3項に基づき職務執行を命じる裁判を求めて訴えを提起した。

　これに対して1審（福岡高那覇支判平8・3・25判時1563号26頁）は，Yに本件署名等の代行事務の執行を命じた。Yは，(1)駐留軍の用に供するために土地等を強制的に使用することは平和的生存権を侵害し29条3項に違反する，(2)駐留軍基地の大半が沖縄県に集中する現状で，住民投票による同意を得ることなく駐留軍用地特措法を適用することは憲法に違反する等と主張して，上告した。

■ 争 点 ■

①駐留軍用地特措法が，憲法に違反するか。
②駐留軍用地特措法の沖縄県への適用が，憲法に違反するか。

■ 判 旨 ■

　上告棄却（園部逸夫裁判官の補足意見，大野正男裁判官ほか6名の補足意見がある）。

　(i)　日米安保条約，日米地位協定によれば，我が国は「日米両国間の協定によって合意された施設及び区域を駐留軍の用に供する条約上の義務を負う」。我が国は締結した条約を誠実に遵守すべきであり（98Ⅱ），義務履行のため必要な土地等を所有者との合意に基づき取得できない場合に，駐留軍の用に供することが適正かつ合理的である土地を強制的に使用することは「条約上の義務を履行するために必要であり，かつ，その合理性も認められるのであって，私有財産を公共のために用いることにほかならない」。「国が条約に基づく国家としての義務を履行するために必要かつ合理的な行為を行うことが憲法前文，9条，13条に違反するというのであれば，それは当該条約自体の違憲をいうに等しいことになるが，日米安全保障条約及び日米地位協定が違憲無効であることが一見極めて明白でない以上，裁判所としては，これが合憲であることを前提として駐留軍用地特措法の憲法適合性についての審査をすべきである」（最大判昭34・12・16―砂川事件上告審〔本書271事件〕参照）。「駐留軍用地特措法は，憲法前文，9条，13条，29条3項に違反するものということはできない。」

　(ii)　駐留軍用地特措法による土地等の使用認定にあたっては，「我が国の安全と極東における国際の平和と安全の維持にかかわる国際情勢，駐留軍による当該土地等の必要性の有無，程度，当該土地等を駐留軍の用に供することによってその所有者や周辺地域の住民などにもたらされる負担や被害の程度，代替すべき土地等の提供の可能性等諸般の事情を総合考慮してなされるべき政治的，外交的判断を要するだけでなく，駐留軍基地にかかわる専門技術的な判断を要することも明らかであるから，その判断は，Xの政策的，技術的な裁量にゆだねられているものというべきである」。「沖縄県における駐留軍基地の実情及びそれによって生じているとされる種々の問題を考慮しても，同県内の土地を駐留軍の用に供することがすべて不適切で不合理であることが明白であって，Xの適法な裁量判断の下に同県内の土地に駐留軍用地特措法を適用することがすべて許されないとまでいうことはできないから，同法の同県内での適用が憲法前文，9条，13条，14条，29条3項，92条に違反するというに帰する論旨は採用することができない」。また，駐留軍用地特措法は沖縄県にのみ適用される特別法ではないから，95条にも反しない。

■ 解 説 ■

　1　本件は，1995年9月に起きた米兵による少女暴行事件をきっかけに沖縄で反米軍基地運動が盛り上がったことを背景として，Yが代理署名を拒否したことの適法性が争われたものである。最高裁は，職務執行命令訴訟では，裁判所は職務執行命令の適法性を客観的に審理判断すべきものとした上で（交告・後掲。なお最判昭35・6・17民集14巻8号1420頁参照），上の争点①・②に立ち入って検討している。

　2　判旨(i)は，条約上の義務履行を強調し，また271事件を引用して日米安保条約の合憲性を前提とした上で，駐留米軍の用地に供することも，29条3項にいう「公共のために用ひる」に当たるとしている（なお，東京地判昭61・3・17行集37巻3号294頁〔自然公園法事件〕・最判平17・11・1判時1928号25頁〔都市計画法事件〕参照）。

　3　判旨(ii)は，沖縄県への駐留軍用地特措法の適用に際して，内閣総理大臣の政策的・技術的裁量を強調している。これに対し大野裁判官等の補足意見は，国土の1パーセントに満たない沖縄県に，駐留米軍基地の約4分の3が集中するという現状を深刻に受けとめながらも，「外交上，行政上考慮すべき多元的な問題」の検討が必要であり「裁判所が一義的に判断するのに適切な事項ではな」い旨を付言している。

　4　なお，1999年の地方分権改革により機関委任事務制度が廃止されたことに伴い職務執行命令訴訟制度も消滅し，本件の署名等代行事務は，国の事務とされた。

◆ 参考文献 ◆

大久保史郎・百選Ⅱ〔第5版〕382頁，交告尚史・地方自治百選〔第3版〕202頁，阪本昌成・平成8年度重判解6頁，綿引万里子・最判解民事篇平成8年度(下)581頁。

275 自衛隊のイラク派遣
——イラク特措法差止訴訟

名古屋高裁平成20年4月17日判決
（平成18年（ネ）第499号自衛隊のイラク派兵差止等請求控訴事件）
判時2056号74頁，判タ1313号137頁

■**事　案**■

国（被告・被控訴人）は，2003（平成15）年にイラク人道復興支援特措法を制定し，2004年より航空自衛隊と陸上自衛隊をイラクおよびその周辺地域に派遣した。Xら（原告・控訴人）は，本件派遣によって平和的生存権等が侵害されたとして，国に対して，派遣の違憲確認（(1)），派遣の差止め（(2)）および国家賠償法に基づく損害賠償（(3)）を求めた。1審（名古屋地判平18・4・14 LEX/DB 28111181）は，差止めおよび違憲確認の訴えを不適法とし，国家賠償請求を棄却したので，Xが控訴した。

■**争　点**■

①自衛隊のイラク派遣は，9条に違反するか。
②平和的生存権の具体的権利性とはどのようなものか。

■**判　旨**■

控訴棄却（確定）。

(i)「現在のイラクにおいては，多国籍軍と，その実質に即して国に準ずる組織と認められる武装勢力との間で一国国内の治安問題にとどまらない武力を用いた争いが行われており，国際的な武力紛争が行われているものということができる。とりわけ，首都バグダッドは，……まさに国際的な武力紛争の一環として行われる人を殺傷し又は物を破壊する行為が現に行われている地域というべきであって，イラク特措法にいう『戦闘地域』に該当する」。「航空自衛隊の空輸活動のうち，少なくとも多国籍軍の武装兵員をバグダッドへ空輸するもの」は，平成9年2月13日衆議院予算委員会における内閣法制局長官答弁に照らし，「他国による武力行使と一体化した行動であって，自らも武力の行使を行ったと評価を受けざるを得ない行動であるということができる」。「現在イラクにおいて行われている航空自衛隊の空輸活動は，政府と同じ憲法解釈に立ち，イラク特措法を合憲とした場合であっても，武力行使を禁止したイラク特措法2条2項，活動地域を非戦闘地域に限定した同条3項に違反し，かつ，憲法9条1項に違反する活動を含んでいる」。

(ii)「平和的生存権は，現代において憲法の保障する基本的人権が平和の基盤なしには存立し得ないことからして，全ての基本的人権の基礎にあってその享有を可能ならしめる基底的権利であるということができ，単に憲法の基本的精神や理念を表明したに留まるものではない。法規範性を有するというべき憲法前文が上記のとおり『平和のうちに生存する権利』を明言している上に，憲法9条が国の行為の側から客観的制度として戦争放棄や戦力不保持を規定し，さらに，人格権を規定する憲法13条をはじめ，憲法第3章が個別的な基本的人権を規定していることからすれば，平和的生存権は，憲法上の法的な権利として認められるべきである。そして，この平和的生存権は，局面に応じて自由権的，社会権的又は参政権的な態様をもって表れる複合的な権利ということができ，裁判所に対してその保護・救済を求め法的強制措置の発動を請求し得るという意味における具体的権利性が肯定される場合があるということができる。」

■**解　説**■

1　本判決は，(1)の訴えについては抽象的な違法確認であって訴えの利益を欠く，(2)については私法上の請求であるとすれば不適法であり（本書41事件〔最大判昭56・12・16―大阪空港公害訴訟上告審〕参照），抗告訴訟としてもXらの平和的生存権は侵害されていないため原告適格を欠き不適法，(3)についてもやはり被侵害利益を欠くため請求棄却，という結論を下した。にもかかわらず，本判決は傍論中の判断として，自衛隊のイラク派遣が9条に違反することを詳細に述べており，事実上はXらを勝訴させたに等しい。しかも勝訴した国は，最高裁の合憲判断を得るために上告することができない。このように，下級裁判所が傍論で違憲判断を示し，しかも原告側を敗訴させて国からの上告の途を閉ざすことの当否は，首相靖國参拝訴訟（325事件〔大阪高判平17・9・30〕参照）にも共通する，憲法訴訟上の論点である。

2　さて，これまでの自衛隊裁判では，自衛隊が9条によって保持を禁止された「戦力」に当たるかどうかが争われてきた。これに対して判旨(i)は，自衛隊を「自衛のための必要最小限度の実力」として合憲とする内閣法制局の解釈をひとまず前提にした上で，自衛隊のイラク派遣が，従来の9条1項に対する政府見解に反することを述べた点に，最大の特徴がある。ここで問題となったのは，周辺事態法の審議に際して示された，「他国による武力の行使への参加に至らない協力（輸送，補給，医療等）については，当該他国による武力の行使と一体となるようなものは自らも武力の行使を行ったとの評価を受けるもので憲法上許されないが，一体とならないものは許される」というものである。本判決はこの「武力行使一体化」論を逆手にとって，自衛隊が戦闘の行われているバグダッド近辺へ多国籍軍の兵員を輸送する行為は憲法9条1項の定める「武力の行使」の放棄に違反すると判断したのである。

3　判旨(ii)は，平和的生存権について，長沼事件1審判決（272事件〔札幌地判昭48・9・7〕）と同様に具体的権利性を肯定したものである。長沼事件2審判決（273事件〔札幌高判昭51・8・5〕）のような否定説を意識して，具体的権利性を主張する肯定説に依拠して論理を補強した点が注目される。

4　本判決の後，2009年8月1日にイラク人道復興支援特措法は失効し，自衛隊はイラクから撤収している。

◆**参考文献**◆

小林武・国際人権19号168頁，渋谷秀樹・平成20年度重判解9頁，中島徹・セレクト2008年12頁。

判例の流れ　　　　　　　　　　　　　　　　　　　　●宍戸常寿●

24 裁判所⑴ 裁判所と裁判官

　1　本章は，裁判所の組織・司法権の独立・裁判の公開に関する裁判例を検討する。その他の裁判所に関する裁判例のうち，司法権（76Ⅰ）については「25 裁判所⑵司法権」が，違憲審査権（81）については「26 裁判所⑶憲法訴訟」が扱うことになる。

　2　裁判所の組織に関する裁判例のうち，審級制度の問題については203（最大判昭24・3・23）～205事件（最大平21・7・14）で既に扱ったので，ここでは特別裁判所の禁止（76Ⅱ前段）に関する276事件（最大判昭31・5・30）だけを取り上げた。行政審判（76Ⅱ後段参照）については，行政法分野での学習のほか，公正取引委員会の認定した事実が実質的証拠（独禁80）を欠くと判断した東京高判昭59・2・17（行集35巻2号144頁）等が参考になろう。

　3　司法権の独立の核心である裁判官の職権行使の独立については，参与判事補制度に関する278事件（最決昭54・6・13）および「裁判官の良心」に関して著名な279事件（最大判昭23・11・17）を取り上げた。なお東京高判平22・4・22（高刑集63巻1号1頁）は，裁判員制度において職業裁判官が裁判員を含む合議体の制約を受けることは76条3項に反しないとした。最大判平23・11・16（刑集65巻8号1285頁）も，裁判員制度は76条3項に違反しないとした。また裁判例ではないが，浦和事件（1949年），吹田黙祷事件（1953年），平賀書簡事件（1969年。272事件〔札幌地判昭48・9・7─長沼事件1審〕参照）等の意義は，よく学習しておいてほしい。

　4　裁判所の規則制定権（77）については，最大昭30・4・22（刑集9巻5号911頁）が規則の所管事項および法律との効力関係について扱っているほか，参与判事補規則に関する278事件や人身保護規則に関する182事件（最大決昭29・4・26）でも争点として登場しているので，検討されたい。

　5　裁判官の身分保障（78）に関しては，弾劾裁判による罷免と分限裁判による懲戒が問題となりうる。裁判官の弾劾については，これまで7件の訴追を数えており，うち5件の罷免決定がなされている。このうち裁判官弾劾裁判所平13・11・28判決（官報3253号11頁）は，在任中に有罪判決を受けることで欠格事由に該当した裁判官は当然に失官するものではなく，その罷免には弾劾裁判を要するとの立場を採っており，注目される。他方で分限裁判については，裁判官の積極的政治運動が問題となった280事件（最大決平10・12・1─寺西事補事件。210事件〔同一事件〕も参照）を取り上げたが，この決定については行政公務員の政治的行為の制限が争われた20事件（最大判昭49・11・6─猿払事件上告審）とよく比較して検討する必要がある。その他，裁判官が犯罪の嫌疑を受けた妻を支援・擁護した行為を懲戒事由に当たるとした最大決平13・3・30（判時1760号68頁）も，司法部の独立のあり方を考える上で，興味深い一例である。

　6　最高裁判所裁判官の国民審査（79）については，最高裁が自ら281事件（最大判昭27・2・20）でリコール制との理解を示したものの，投票方法の改善を求める学説が有力であり，そもそも制度の意義を疑問視する傾向もある。最近では，一票の較差（「21 参政権⑵選挙制度と議員定数不均衡」参照）に関連してこの制度を積極的に活用しようとする試みも見られ，国民審査制さらには最高裁裁判官の任命のあり方は，今後再検討されるべきであろう。

　7　下級裁判所裁判官の任命等（80）については，本書では収録しなかったが，再任拒否に関する宮本判事補事件（1971年）および任官拒否の適法性に関する大阪高判平15・10・10（判タ1159号158頁）等を参照するとよい。

　8　裁判の公開（82）については，277事件（最判平17・4・14）のほかにも，「17 国務請求権」でも取り上げたように（207〔最大決昭35・7・6─強制調停事件〕～209事件〔最大決昭41・12・27〕），関連する裁判例が多い。判例は，裁判の公開の趣旨が裁判の公正にあることを，繰り返し確認している（120〔最大決昭33・2・17─「北海タイムス」事件］，128事件〔最大判平元・3・8─レペタ事件〕）。刑事確定訴訟記録の閲覧（131事件〔最決平2・2・16〕）や記者クラブ所属記者への判決要旨の交付（東京高判平13・6・28訟月49巻3号779頁）等も，裁判の公開に関連する事件といえる。情報公開訴訟におけるインカメラ審理は長年の課題であったが，最決平21・1・15（民集63巻1号46頁）の泉徳治裁判官補足意見は，同審理制度の導入が82条に反しないことを明言しており，政府が2011年に国会に提出した情報公開法改正法案でも，「弁論期日外証拠調べ」の導入が目指されているところである。

276 特別裁判所の禁止と家庭裁判所

最高裁昭和31年5月30日大法廷判決
(昭和27年(あ)第5316号児童福祉法違反被告事件)
刑集10巻5号756頁, 判タ60号57頁

■事案■

少年法37条1項（平20法71による改正前）は,「次に掲げる成人の事件については, 公訴は, 家庭裁判所にこれを提起しなければならない」として, 第4号に「児童福祉法第60条の罪及び第30条第1項に関する第62条第2項の罪」を掲げていた。

軽飲食店を経営するY（被告人・控訴人・上告人）は, 1951（昭和26）年8月から9月にかけて, 家出中の女子2名（15歳と14歳）を住み込ませて「児童に淫行をさせる行為」をしたとして, 起訴された（児福34Ⅰ⑥・60Ⅰ）。

1審（名古屋家判昭27・5・1刑集10巻5号759頁参照）はYを懲役3か月に処し, 2審（名古屋高判昭27・8・25公刊物未登載）も控訴を棄却したので, Yは, 家庭裁判所は「特別裁判所」（76Ⅱ）に当たり, 少年法37条1項4号は憲法に違反するとして上告した。

■争点■

家庭裁判所は憲法76条2項にいう「特別裁判所」に当たるか。

■判旨■

上告棄却（全員一致）。

「すべて司法権は最高裁判所及び法律の定めるところにより設置する下級裁判所に属するところであり, 家庭裁判所はこの一般的に司法権を行う通常裁判所の系列に属する下級裁判所として裁判所法により設置されたものに外ならない。尤も裁判所法31条の3によれば, 家庭裁判所は, 家庭に関する事件の審判及び調停並びに保護事件の審判の外, 少年法37条1項に掲げる罪に係る訴訟の第1審の裁判を所管する旨明記するに止まり, そしてその少年法37条1項では同条項所定の成人の刑事事件についての公訴は家庭裁判所にこれを提起しなければならない旨規定されているけれど, それはただ単に第1審の通常裁判所相互間においてその事物管轄として所管事務の分配を定めたに過ぎないものであることは, 裁判所法における下級裁判所に関する規定, 殊にその種類を定めた2条, 及びその事物管轄を定めた16条, 17条, 24条, 25条, 31条の3, 33条, 34条等の規定に徴して明らかである。現に家庭裁判所は同裁判所で成立した調停等に対する請求異議の訴訟についても, 家事審判法21条, 15条, 民訴560条, 545条に基づ〔づ〕き第1審の受訴裁判所として専属の管轄権あるものと解されているのであって, この事は家庭裁判所がもともと司法裁判権を行うべき第1審の通常裁判所として設置されたものであることに由来するのである。」

■解説■

1　本判決は「特別裁判所」の意義に関する判例である。大日本帝国憲法60条は「特別裁判所ノ管轄ニ属スベキモノハ別ニ法律ヲ以テ之ヲ定ム」と定め, 実際にも軍法会議等が存在していた。これに対して法の支配を基本原理とする日本国憲法は, 司法権をすべて通常の司法裁判所に行使させることを意図して, 76条2項前段で「特別裁判所は, これを設置することができない」と定めたものとされている。しかし実際には, 最高裁判所, 高等裁判所, 地方裁判所のほかに, 家庭裁判所や簡易裁判所, さらに東京高裁の「特別の支部」としての知的財産高等裁判所が設置されている。これらの裁判所は「特別裁判所」に当たらないのであろうか。

2　本判決は, 家庭裁判所が「一般的に司法権を行う通常裁判所の系列に属する下級裁判所として裁判所法により設置された」ことを理由に, 憲法上禁止される「特別裁判所」に当たらないとする。換言すれば,「特別裁判所」とは通常裁判所の系列に属しない裁判所であり, 通常の裁判所への上訴が認められない場合やその裁判所の裁判官が通常の裁判官と同じ身分を有しない場合が, これに該当するとされている。また本判決は, 少年法37条1項の規定は事物管轄を定めたにすぎないことを強調している。

学説も本判決と同様, 憲法上禁止される「特別裁判所」とは正確には「例外裁判所」(Ausnahmegericht) であって,「特別の人間または事件について裁判するために, 通常裁判所の系列から独立して設けられる裁判機関」（芦部337頁）を指すと解している。

3　なお少年の福祉を害する「成人の事件」を家庭裁判所の管轄とする少年法37条の規定については様々な立法論があったところ（松尾・後掲5頁）, 2008（平成20）年改正によって削除されている。

◆参考文献◆
久保田穣・百選Ⅱ〔第5版〕400頁, 高田義文・最判解刑事篇昭和31年度145頁, 松尾浩也・少年百選4頁, 矢口俊昭・百選Ⅱ〔第4版〕388頁。

277 ビデオリンク方式と被告人の証人尋問権

最高裁平成17年4月14日第一小法廷判決
（平成16年（あ）第1618号傷害，強姦被告事件）
刑集59巻3号259頁，判時1904号150頁

■事案■

Y（被告人・控訴人・上告人）は，2002（平成14）年5月，友人宅を訪れた際にその妻Aに全治7日間の傷害を負わせた上，強いて姦淫したとして，傷害および強姦の罪で起訴された。

1審（名古屋地一宮支判平16・2・25刑集59巻3号267頁参照）はビデオリンク方式および遮へい措置によってAの証人尋問を行った上，Yを懲役4年10か月の刑に処した。Yは手続が審判の公開を定める刑訴法377条3号に反する等と主張して控訴したが，2審（名古屋高判平16・6・29前掲刑集278頁参照）が控訴を棄却したので，刑訴法157条の3，157条の4は憲法82条1項，37条1項および37条2項前段に反するとして上告した。

■争点■

①刑訴法157条の3，157条の4は裁判の公開を定めた憲法82条1項，37条1項に反するか。
②刑訴法157条の3，157条の4は被告人の証人審問権を保障する憲法37条2項前段に反するか。

■判旨■

上告棄却（全員一致）。

(i)「刑訴法157条の3は，証人尋問の際に，証人が被告人から見られていることによって圧迫を受け精神の平穏が著しく害される場合があることから，その負担を軽減するために，そのようなおそれがあって相当と認められるときには，裁判所が，被告人と証人との間で，一方から又は相互に相手の状態を認識することができないようにするための措置を採り，同様に，傍聴人と証人との間でも，相互に相手の状態を認識することができないようにするための措置を採ることができる（以下，これらの措置を『遮へい措置』という。）とするものである。また，同法157条の4は，いわゆる性犯罪の被害者等の証人尋問について，裁判官及び訴訟関係人の在席する場所において証言を求められることによって証人が受ける精神的圧迫を回避するために，同一構内の別の場所に証人を在席させ，映像と音声の送受信により相手の状態を相互に認識しながら通話することができる方法によって尋問することができる（以下，このような方法を『ビデオリンク方式』という。）とするものである。」

(ii)「証人尋問が公判期日において行われる場合，傍聴人と証人との間で遮へい措置が採られ，あるいはビデオリンク方式によることとされ，さらには，ビデオリンク方式によった上で傍聴人と証人との間で遮へい措置が採られても，審理が公開されていることに変わりはないから，これらの規定は，憲法82条1項，37条1項に違反するものではない。」

(iii)「証人尋問の際，被告人から証人の状態を認識できなくする遮へい措置が採られた場合，被告人は，証人の姿を見ることはできないけれども，供述を聞くことはでき，自ら尋問することもでき，さらに，この措置は，弁護人が出頭している場合に限り採ることができるのであって，弁護人による証人の供述態度等の観察は妨げられないのであるから，前記のとおりの制度の趣旨にかんがみ，被告人の証人審問権は侵害されていないというべきである。ビデオリンク方式によることとされた場合には，被告人は，映像と音声の送受信を通じてであれ，証人の姿を見ながら供述を聞き，自ら尋問することができるのであるから，被告人の証人審問権は侵害されていないというべきである。さらには，ビデオリンク方式によった上で被告人から証人の状態を認識できなくする遮へい措置が採られても，映像と音声の送受信を通じてであれ，被告人は，証人の供述を聞くことはでき，自ら尋問することもでき，弁護人による証人の供述態度等の観察は妨げられないのであるから，やはり被告人の証人審問権は侵害されていないというべきことは同様である。したがって，刑訴法157条の3，157条の4は，憲法37条2項前段に違反するものでもない。」

■解説■

1　本判決は，2000（平成12）年の刑訴法改正により導入された，証人尋問の際の遮へい措置およびビデオリンク方式（その制度趣旨は判旨(i)参照）の合憲性を認めたものである。

2　争点①の裁判の公開の趣旨について，「北海タイムス」事件（最大決昭33・2・17―本書120事件）は，「手続を一般に公開してその審判が公正に行われることを保障する趣旨にほかならない」と述べ，さらにレペタ事件判決（最大判平元・3・8―128事件）は，「裁判を一般に公開して裁判が公正に行われることを制度として保障し，ひいては裁判に対する国民の信頼を確保しようとすることにある」と述べていた。本判決は判旨(ii)の結論を導く際に，120事件判決を引用しているが，とりわけ傍聴人と証人の間の遮へい措置（これは裁判官の事実認定・心証形成のプロセスを一定程度傍聴人の監視から外すことを意味する）について，簡単に「審理が公開されていることに変わりはない」といえるかどうかは疑問の余地がある。もし判旨(ii)を文字どおり受け止めるならば，性犯罪等に限らず広く裁判一般の証人尋問について遮へい措置を採っても裁判の公開に反しないことになろう。むしろ遮へい措置は裁判の公開を一定程度制限するが，判旨(i)が述べる事情から正当化される，と解すべきように思われる。

3　判旨(iii)は，争点②についても，遮へい措置は被告人の証人審問権をそもそも侵害していないとの立場を採るが，やはり判旨(ii)と同様の疑問が残る。なお証人審問権については191事件（最大判昭23・7・19）も参照。

◆参考文献◆
稲田隆司・刑訴百選〔第9版〕152頁，宇都宮純一・平成17年度重判解23頁，西村枝美・セレクト2005年12月頁，松原光宏・百選Ⅱ〔第5版〕426頁，山口裕之・最判解刑事篇平成17年度89頁。

278 参与判事補制度

最高裁昭和54年6月13日第二小法廷決定
(昭和50年(あ)第1802号傷害被告事件)
刑集33巻4号348頁, 判時929号134頁

■事 案■

Y（被告人・控訴人・上告人）は被害者に対し路上で暴行を加え傷害を負わせる等した傷害罪の共同正犯として起訴され，1審（東京地判昭49・12・10刑集33巻4号359頁参照）はYを懲役1年2か月の刑に処した。Yは控訴し，1審の審理に未特例判事補（後述）が立ち会ったことは二人合議制による審理であって裁判所法26条に違反し，また憲法32条・76条・37条に違反する等と主張したが，2審（東京高判昭50・7・7高刑集28巻3号268頁）は「参与判事補を審理に立ち会わせても，受訴裁判所の構成，ことにそれが一人制の裁判所であることにはなんら変りがない」として控訴を棄却したので，上告した。

■争 点■

参与判事補制度は32条，76条，37条，77条，31条に反するか。

■決定要旨■

上告棄却（全員一致）。

「地方裁判所における審理に判事補の参与を認める規則（以下単に『参与規則』という。）は，裁判所法26条1項の規定により1人の裁判官で事件を取り扱う場合において，当該事件を取り扱う裁判官が判事（特例判事補を含む。以下同じ。）であるときに，判事補（特例判事補を除く。以下同じ。）を参与させ，その判事補（以下『参与判事補』という。）をして当該事件の審理に立ち会わせたり，事件について意見を述べさせるなどして，将来よき裁判の担い手となるように判事補を指導養成することを目的とするものであるところ，参与判事補は，評決権をもつものでないことはもちろん，訴訟指揮権や発問権を有するものでもなく，その意見は判事に対し法律上も事実上もなんら拘束力を有するものでないし，また，参与判事補には除斥，忌避及び回避の規定の適用もないうえ，参与判事補の交替は弁論・公判手続の更新とつながるものではないから，参与判事補は，形式的にも実質的にも裁判体の構成員となるものではなく，したがって，参与規則はいかなる意味においても二人合議制（所論のいう制限された二人合議制を含む。以下同じ。）を採用したものではない。」

「そうすると，参与規則が二人合議制を採用したものであることを前提とする憲法32条違反の主張はその前提を欠く。また，参与規則が二人合議制を採用したものでなく，参与判事補の意見は，前示のように判事補養成の一方法として述べさせるものである以上，そのことによって偏頗・不公平のおそれのある組織や構成をもつ裁判所による裁判がなされるものでないことは明らかであるから，憲法37条，76条違反の主張もその前提を欠く。さらに，参与規則は，二人合議制を採用したものでなく，なんら被告人の重要な利害や刑事訴訟の基本構造に関する事項を規定しているものでないことが明らかであるから，憲法77条，31条違反の主張もその前提を欠く。」

■解 説■

1　裁判所法26条は地方裁判所について一人制（単独体）の審理を原則とし（1項），例外的に3人による合議体審理を定めている（2項）。他方，「判事補は，他の法律に特別の定のある場合を除いて，1人で裁判をすることができない」と定められているが（27 I），「判事補の職権の特例等に関する法律」（昭23法146）により，判事補等の職務を5年以上経験した者で最高裁判所の指名した者（特例判事補）はこの制限を受けないこととされた。しかし，それでもなお1審裁判官の負担加重および審理の長期化の傾向は深刻であったため，二人合議制案が検討される等してきた。1972（昭和47）年2月，最高裁は特例判事補として指名されていない判事補（未特例判事補）を一人制審理に「関与」させる「一人制審理の特例に関する規則要綱（案）」を一般規則制定諮問委員会に諮問したが，実質的な二人合議制であるとの批判を受けたため，未特例判事補の発問権を削除する等した上で，同年9月に「地方裁判所における審理に判事補の参与を認める規則」（昭47最高裁規8，以下本件規則）を制定した（堀籠・後掲153頁以下参照）。この参与判事補制度の目的は本決定要旨のいうとおり未特例判事補の指導育成に置かれていたものの，青年法律家協会に対する司法部内外の攻撃（「司法の危機」）とそれへの反発が高まっていた折でもあり，日弁連が1974（昭和49）年に反対決議を行う等，本制度には強い批判があった。

2　本決定はまず制度のしくみから，参与判事補は裁判体の構成員ではなく二人合議制ではないとして，そこから①裁判所の裁判を受ける権利（32）を侵害しない（本書203事件〔最大判昭24・3・23〕も参照），さらに②裁判官の独立（76 III）・公平な裁判（37 I）を侵すものでもないとの結論を導いている。確かに，参与判事補が構成裁判官に対して意見を述べたからといって②が損なわれるとはいえないであろう（井口・後掲403頁参照）。

3　また本決定は，裁判所規則の所管事項に関連して，本件規則が「被告人の重要な利害や刑事訴訟の基本構造に関する事項」を定めるものではないとしている。規則の所管事項および法律との効力関係については最判昭30・4・22（刑集9巻5号911頁）参照。

4　民事事件に関する最判昭54・7・20（判時943号59頁）も，本決定を引用しながら本件規則の合憲性を認めている。もっとも参与判事補制度はその後，あまり利用されていないといわれている。

◆参考文献◆

井口文男・百選II〔第5版〕402頁，大谷正義・同〔第3版〕382頁，堀籠幸男・最判解刑事篇昭和54年度148頁。さらに最高裁事務総局「『地方裁判所における審理に判事補の参与を認める規則』の解説」自由と正義23巻12号34頁も参照。

279 裁判官の良心

最高裁昭和23年11月17日大法廷判決
（昭和22年（れ）第337号有毒飲食物等取締令違反被告事件）
刑集2巻12号1565頁

■ 事　案 ■

Y（被告人・控訴人・上告人・再上告人）は、1946（昭和21）年6月、香川県三本松港碇泊中の船舶内においてメタノールを含むアルコール8升を飲料用に所持していたとして、有毒飲食物等取締令（昭21勅52）違反により、2審（高松地裁昭21・12・24刑集2巻12号1585頁参照）で懲役4年の有罪判決を受けたため、大審院に上告したところ、裁判所法施行令1条により東京高裁に管轄が移り、同裁判所も上告を棄却した（東京高裁判決年月日不明・前掲刑集1587頁参照）。Yは「第2審の肩を持ち過ぎたのであり、公平でなかったわけであり、且良心に従って裁判をしなかったのであるから上告審はこの点に於て憲法第76条の違反もある」等として、刑訴応急措置法17条により最高裁に再上告した。

■ 争　点 ■

裁判官の「良心」（76Ⅲ）の意義は何か。

■ 判　旨 ■

再上告棄却（栗山茂、斎藤悠輔・澤田竹治郎裁判官の各意見がある）。

「論者は、Yがその犯意を否定するに足る事実を公判廷で供述したのを第2審が採用しなかったことを原上告審に対して強調したのにもかかわらず、原上告審が右主張を無視したのは第2審の肩を持ちすぎたものであって、憲法第37条第1項の公平な裁判所ということができないし又憲法第76条第3項にいう良心に従って裁判をしたということができぬと云うのである。しかし憲法第37条第1項の公平な裁判所の裁判というのは、構成その他において偏頗の虞のない裁判所の裁判という意味であり、又憲法第76条第3項の裁判官が良心に従うというのは、裁判官が有形無形の外部の圧迫乃至誘惑に屈しないで自己内心の良識と道徳感に従うの意味である。されば原上告審が、証拠の取捨選択は事実審の専権に属するものとして第2審の事実認定を是認したのは当然であって強いて公平を欠き且良心に従わないで裁判をしたと論難することはできない。」

■ 解　説 ■

1　76条3項は「すべて裁判官は、その良心に従ひ独立してその職権を行ひ、この憲法及び法律にのみ拘束される」と定める。本判決は同規定の意義を明らかにした初めての最高裁判決として知られる。なお37条1項に関する論点については、（本判決の引用するところではないが）本書189事件（最大判昭23・5・5）を参照。

2　裁判官の「良心」の意義については、19条にいう良心と同じで個々の裁判官の主観的な良心か（主観的良心説）、それとも裁判官としての良心ないし裁判官として持つべき良心か（客観的良心説）の対立があるが、本判決の説示がいずれに立つものかは明らかではない。「自己内心の良識と道徳感に従う」という点を重く見れば主観的良心説に親和的だが、「裁判官が……自己内心の良識と道徳観」は「裁判官としての……自己内心の良識と道徳観」のことだと解するならば、客観的良心説として理解可能だからである（南野・後掲405頁参照）。「有形無形の外部の圧迫乃至誘惑に屈しない」という部分からは、裁判官の職権行使の独立を反面から述べたものと読むことも可能であろう。

3　76条3項は、本件再上告がそうであるように、単なる下級審の事実認定を攻撃するために援用されることがあるが、判例は本判決を引用し正当な上告理由であることを否定してきた（97事件〔最大判昭32・3・13―チャタレイ事件〕、最判昭32・9・6刑集11巻9号2155頁、最判昭35・12・8刑集14巻13号1818頁等）。他方、最大判昭23・12・15（刑集2巻13号1783頁）は、本判決を引用せず、有毒飲食物等取締令の法定刑が裁判官に「良心に反する裁判」を強いており76条3項に反するかどうかについて、「凡て裁判官は法（有効）の範囲内において、自ら是なりと信ずる処に従って裁判をすれば、それで憲法のいう良心に従った裁判といえる」としている。これに対して控訴審に職権調査義務を課していない刑訴392条2項の合憲性が争われた前掲最判昭35・12・8は、97事件を引用し、したがって本判決の定式に依拠した上で、合憲の結論を導いている。

◆ 参考文献 ◆

新正幸・百選Ⅱ〔第4版〕392頁、川北洋太郎・百選〔第3版〕228頁、斎藤秀夫・百選（ジュリ臨増276の2）197頁、南野森・百選Ⅱ〔第5版〕404頁。蟻川恒正・法の支配157号42頁も参照。

280 裁判官の積極的政治運動
―― 寺西判事補事件

最高裁平成10年12月1日大法廷決定
（平成10年（分ク）第1号裁判官分限事件の決定に対する即時抗告事件）
民集52巻9号1761頁，判時1663号66頁

■事案■

仙台地裁判事補Y（被申立人・抗告人）は，1998（平成10）年3月，組織的犯罪対策法案に反対する市民集会にパネリストとして参加を依頼され承諾したところ，仙台地裁所長Aから「積極的に政治運動をすること」（裁52①）に当たるおそれがあるとの警告を受けたため，同年4月の集会に参加し，パネルディスカッションの直前に一般参加者席から身分を明らかにした上で，所長から懲戒処分もあり得るとの警告を受けたためパネリストとしての参加を取りやめ，自分は仮に法案に反対の立場で発言しても積極的政治運動に当たるとは考えないがパネリストとしての発言は辞退する旨を発言した。

AがYの分限裁判を申し立てたところ，1審（仙台高決平10・7・24民集52巻9号1810頁参照）は裁判所法49条所定の職務上の義務違反を理由にYを戒告処分に付したので，Yが即時抗告した。手続上の争点については本書210事件（本件と同一事件）参照。

■争点■

裁判官の積極的政治運動とは何か，またそれを禁止することは合憲か。

■決定要旨■

抗告棄却（園部逸夫，尾崎行信，河合伸一，遠藤光男，元原利文裁判官の各反対意見がある）。

(i)「『積極的に政治運動をすること』とは，組織的，計画的又は継続的な政治上の活動を能動的に行う行為であって，裁判官の独立及び中立・公正を害するおそれがあるものが，これに該当すると解され，具体的行為の該当性を判断するに当たっては，その行為の内容，その行為の行われるに至った経緯，行われた場所等の客観的な事情のほか，その行為をした裁判官の意図等の主観的な事情をも総合的に考慮して決するのが相当である。」

(ii) 裁判官に対する積極的政治運動の禁止は「必然的に裁判官の表現の自由を一定範囲で制約することにはなるが，右制約が合理的で必要やむを得ない限度にとどまるものである限り，憲法の許容するところであ」り，「右の禁止の目的が正当であって，その目的と禁止との間に合理的関連性があり，禁止により得られる利益と失われる利益との均衡を失するものでないなら，憲法21条1項に違反しない」。「右の禁止の目的は……裁判官の独立及び中立・公正を確保し，裁判に対する国民の信頼を維持するとともに，三権分立主義の下における司法と立法，行政とのあるべき関係を規律することにあり，この立法目的は，もとより正当である。また，裁判官が積極的に政治運動をすることは……裁判官の独立及び中立・公正を害し，裁判に対する国民の信頼を損なうおそれが大きいから，積極的に政治運動をすることを禁止することと右の禁止目的との間に合理的な関連性があることは明らかである。さらに，裁判官が積極的に政治運動をすることを，これに内包される意見表明そのものの制約をねらいとしてではなく，その行動のもたらす弊害の防止をねらいとして禁止するときは，同時にそれにより意見表明の自由が制約されることにはなるが，それは単に行動の禁止に伴う限度での間接的，付随的な制約にすぎず，かつ，積極的に政治運動をすること以外の行為により意見を表明する自由までをも制約するものではない。他面，禁止により得られる利益は，裁判官の独立及び中立・公正を確保し，裁判に対する国民の信頼を維持するなどというものであるから，得られる利益は失われる利益に比して更に重要なものというべきであり，その禁止は利益の均衡を失するものではない。そして，『積極的に政治運動をすること』という文言が文面上不明確であるともいえないことは……明らかである。」

(iii)「裁判官が，一国民として法律の制定に反対の意見を持ち，その意見を裁判官の独立及び中立・公正を疑わしめない場において表明することまでも禁止されるものではな」く，「審議会の委員等として立法作業に関与し，賛成・反対の意見を述べる行為」等は禁止されないが，「特定の法案を廃案に追い込むことを目的とする団体の党派的運動を積極的に支援するような行動」は「これらとは質の異なる行為である」。

■解説■

1　裁判官の積極的政治運動の禁止が21条に反しないとした要旨(ii)は，猿払事件上告審判決（最大判昭49・11・6―20事件）と同じ論理を用いているが，この点は20事件の解説を参照。むしろ本決定の特徴は，要旨(i)(iii)のような「積極的政治運動」の捉え方と，それを導く裁判官像にある。すなわち多数意見は「独立して中立・公正な立場に立ってその職務を行〔う〕」だけでなく，「外見上も中立・公正を害さないように自律，自制すべきこと」を裁判官に要請する。しかし外見上の中立・公正の判断は，結局のところ人事権者たる最高裁の恣意に委ねられていないだろうか。多数意見はまた，裁判官の政治運動が「立法権や行政権に対する不当な干渉，侵害にもつながることになる」点で，行政公務員の政治的行為よりも強く禁止されるべきだとするが，そこで「不当な干渉，侵害」として懸念されているのは，時の政治的多数派と司法部の協調を乱すことであることが，要旨(iii)から透けて見えるのではなかろうか。

2　学説では，積極的政治運動は懲戒事由にならないとする園部反対意見や，多数意見よりも自律的な裁判官像を前提に，懲戒処分には謙抑的であるべき（河合），積極的政治運動は行政公務員の「政治的行為」よりも限定して解すべき（遠藤），Yの本件言動は積極的政治運動に当たらない（元原）とした各反対意見を支持する見解が有力である。

◆参考文献◆
大橋寛明・最判解民事篇平成10年度937頁，奥平康弘・判評488（判時1682）号16頁，佐々木髙雄・平成10年度重判解6頁，「特集・裁判官と政治的表現の自由」ジュリ1150号10頁，西原博史・法教227号98頁，本秀紀・百選Ⅱ〔第5版〕406頁．

281 最高裁判所裁判官の国民審査

最高裁昭和 27 年 2 月 20 日大法廷判決
(昭和 24 年 (オ) 第 332 号最高裁判所裁判官国民審査の効力に関する異議事件)
民集 6 巻 2 号 122 頁

■事 案■

1949（昭和 24）年 1 月の衆議院議員総選挙時に初めて行われた最高裁判所裁判官国民審査において投票を行ったX（原告・上告人）は，Y（最高裁判所裁判官国民審査管理委員会委員長—被告・被上告人）に対して，最高裁判所裁判官国民審査法（以下，法）36 条に基づく審査無効の訴えを提起したが，1 審（東京高裁昭 24・12・5 高民集 2 巻 3 号 325 頁）はこれを棄却した。そこでXは(1)国民の公務員の任命権の行使である国民審査を解職投票制度と解した 1 審判決は，憲法 79 条 2 項の解釈を誤っている，(2)法は，罷免の可否が分からないため何の記入もせず投票したものに対して罷免を可としない法律上の効果を付している等の理由で憲法 21 条・19 条に反する等として，上告した。

■争 点■

① 79 条 2 項はどのような趣旨か。
② 印のない白票を「罷免を可としない投票」として扱うことは 21 条・19 条・79 条に反するか。

■判 旨■

上告棄却（全員一致）。

(i)「最高裁判所裁判官任命に関する国民審査の制度はその実質において所謂解職の制度と見ることが出来る。それ故本来ならば罷免を可とする投票が有権者の総数の過半数に達した場合に罷免されるものとしてもよかったのである。それを憲法は投票数の過半数とした処が他の解職の制度と異るけれどもそのため解職の制度でないものとする趣旨と解することは出来ない。只罷免を可とする投票数との比較の標準を投票の総数に採っただけのことであって，根本の性質はどこ迄も解職の制度である。このことは憲法第 79 条 3 項の規定にあらわれている。同条第 2 項の字句だけを見ると一見そうでない様にも見えるけれども，これを第 3 項の字句と照し合せて見ると，国民が罷免すべきか否かを決定する趣旨であって，所論の様に任命そのものを完成させるか否かを審査するものでないこと明瞭である。この趣旨は 1 回審査投票をした後更に 10 年を経て再び審査をすることに見ても明であろう。」

(ii)「最高裁判所裁判官国民審査法（以下単に法と書く）は右の趣旨に従って出来たものであって，憲法の趣旨に合し，少しも違憲の処はない。かくの如く解職の制度であるから，積極的に罷免を可とするものと，そうでないものとの 2 つに分かれるのであって，前者が後者より多数であるか否かを知らんとするものである。」「罷免する方がいいか悪いかわからない者は，積極的に『罷免を可とするもの』に属しないこと勿論だから，そういう者の投票は前記後者の方に入るのが当然である。それ故法が連記投票にして，特に罷免すべきものと思う裁判官にだけ×印をつけ，それ以外の裁判官については何も記さずに投票させ，×印のないものを『罷免を可としない投票』（……以下仮りに白票と名づける）の数に算えたのは前記の趣旨に従ったものであり，憲法の規定する国民審査制度の趣旨に合するものである。罷免する方がいいか悪いかわからない者は，積極的に『罷免を可とする』という意思を持たないこと勿論だから，かかる者の投票に対し『罷免を可とするものではない』との効果を発生せしめることは，何等意思に反する効果を発生せしめるものではない。解職制度の精神からいえば寧ろ意思に合する効果を生ぜしめるものといって差支ない」から「思想の自由や良心の自由を制限するものでない」。

「裁判官は内閣が全責任を以て適当の人物を選任して，指名又は任命すべきものであるが，若し内閣が不適当な人物を選任した場合には，国民がその審査権によって罷免をするのである。この場合においても，飽く迄罷免であって選任行為自体に関係するものではない。」「何等かの理由で罷免をしようと思う者が罷免の投票をするので，特に右の様な理由を持たない者は総て（罷免した方がいいか悪いかわからない者でも）内閣が全責任を以てする選定に信頼して前記白票を投ずればいいのであり，又そうすべきものなのである。（若しそうでなく，わからない者が総て棄権する様なことになると，極く少数の者の偏見或は個人的憎悪等による罷免投票によって適当な裁判官が罷免されるに至る虞があり，国家最高機関の一である最高裁判所が極めて少数者の意思によって容易に破壊される危険が多分に存するのである），これが国民審査制度の本質である。」「法が連記の制度を採ったため，2〔．〕3 名の裁判官だけに×印の投票をしようと思う者が，他の裁判官については当然白票を投ずるの止むなきに至ったとしても，それは寧ろ前に書いた様な国民審査の制度の精神に合し，憲法の趣旨に適するものである。」

■解 説■

1 判旨(i)は，最高裁判所裁判官の国民審査の性格について，Xが主張する任命完成説を斥け，リコール制であるとの理解を示した。学説上も同旨に立つ見解も多いが，それに加えて，任命後第 1 回の国民審査がなされる裁判官に対して，内閣の任命を国民が確認するという意味を付け加える見解も有力である（芦部 340 頁）。

2 判旨(ii)は，国民審査がリコール制であるとの理解から，投票方法について，積極的に「罷免を可とする」投票以外の投票は「罷免を可とするものではない」と扱うことは制度の趣旨に合致し合憲である，との結論を導いている。しかしこの点は論理の飛躍の憾みがあり，個々の裁判官の審査に対して棄権の自由を認めるような制度が望ましいとの批判がある（高見・後掲 192 頁以下等参照）。しかし最判昭 38・9・5（判時 347 号 8 頁）は，特定の裁判官について「棄権」とする記入は無効としている。

◆参考文献◆
芹沢斉・百選Ⅱ〔第 4 版〕396 頁，高見勝利・基本判例〔第 2 版〕190 頁，中谷実・百選Ⅱ〔第 5 版〕408 頁。

判例の流れ

●山本龍彦●

25 裁判所(2) 司法権

　1　一般に，憲法76条1項が裁判所に付与する司法権は，「具体的な争訟について，法を適用し，宣言することによって，これを裁定する国家の作用」（清宮四郎『憲法Ⅰ〔第3版〕』[1979] 335頁）とされ，この定義の中核をなす「具体的な争訟」は，裁判所法3条のいう「法律上の争訟」と同じ意味であるとされる。そして，この「法律上の争訟」は，判例・通説によれば，(1)当事者間の具体的な権利義務ないし法律関係の存否に関する紛争であって，かつ，(2)それが法令の適用により終局的に解決することのできるものをいう（297事件〔最判昭56・4・7―「板まんだら」事件〕）とされるから，結局，裁判所は，この2要件を満たさない限り，自らの権限を行使できないということになる。(1)要件（「狭義の事件性」要件とも呼ばれる）ないし(2)要件（「終局的解決可能性」要件とも呼ばれる）を欠くものは，司法権の「範囲」を超えるものとして，審査したくともで̇き̇な̇い̇ (can not) のである（司法権の内在的制約。講学上は，これを司法権の「範囲」の問題として扱ってきた）。

　2　(1)要件および(2)要件を具備しているが（288事件〔最判昭52・3・15―富山大学事件〕は，これを「法律上の争訟」と区別し，「法律上の係争」と呼ぶ），事柄の性質上，裁判所として審査す̇べ̇き̇で̇な̇い̇ (should not) 場合も存在する（司法権の外在的制約。講学上は，これを司法権の「限界」の問題として扱ってきた）。これは，1でみたような司法権行使の本来的不能事案とは異なるため，必要に応じて（一般市民法秩序と直接の関係を有する場合など），裁判所が限定的な手続審査に踏み切ることもある（291事件〔最判昭63・12・20―共産党袴田事件〕）。また，「一見極めて明白に違憲無効」であると認められる場合に，裁判所が司法審査を行うこともありうる（312事件〔最大判昭34・12・16―砂川事件上告審〕）。このような場合（統治行為論），さらに自由裁量行為が問題となるような場合（221事件〔最大判昭57・7・7―堀木訴訟上告審〕など）には，明白な憲法違反があるか否か，裁量の著しい逸脱・濫用があるか否かを，裁判所は常に審査しているとも解され，1で述べた司法権の「範囲」事案（内在的制約）とは異なり，問題とされる機関の判断を受容した本案判決が出されることが多い（「自律的判断受容型」とも呼ばれる）。上述のように，「限界」事案では，裁判所は問題とされる機関の判断をまったく審査していないわけではないので，裁判所として当該機関の判断を受容しやすい。他方で，297事件のように(2)要件が欠如している場合には，訴え自体が却下される。「判断放棄型」とも呼ばれる）。ただし，(2)要件を欠くとされる事案のなかには，実際には，「できない」（内在的制約）事案に分類すべきか「すべきでない」（外在的制約）事案に分類すべきか判別が困難な場合もあり（例えば，298事件〔最判平元・9・8―蓮華寺事件〕），注意を要する。

　3　本章では，まず，司法権の内在的制約にかかわる事案を扱い（(1)要件に関するものとして，282事件〔最判昭28・11・17―教育勅語事件〕，283事件〔最判昭29・2・11―村議会予算議決無効確認事件〕，284事件〔最判平13・7・13―ASWOC事件〕，(2)要件に関するものとして，285事件〔最判昭41・2・8―技術士国家試験事件〕，294事件〔東京高判平20・4・23―日本産科婦人科学会警告事件〕），次に，外在的制約にかかわる事案を扱う。本章では，このグループを，「すべきでない」との結論を導く「事柄の性質」に応じて，さらに4つに細分化した。すなわち，(a)自律権に属する事項（286事件〔最大判昭37・3・7―警察法改正無効事件〕，287事件〔東京高判平9・6・18―国民投票法事件〕），(b)自由裁量行為（本章では取り上げない），(c)統治行為（「26 裁判所(3)憲法訴訟」の312事件，313事件〔最大判昭35・6・8―苫米地事件〕を参照），(d)部分社会論（288事件，289事件〔最大決昭28・1・16―米内山事件〕，290事件〔最大判昭35・10・19〕，291事件，292事件〔東京高判平6・11・29―日本新党繰上当選事件1審〕，293事件〔最判平7・5・25―同事件上告審〕）である。その後，宗教団体の内部問題にかかわる事案をまとめておく（内在的制約に関する事案として，295事件〔最判昭55・1・11―種徳寺事件〕，297事件，298事件，299事件〔最判平5・9・7―日蓮正宗管長事件〕，外在的制約に関する事案として，296事件〔最判昭55・4・10―本門寺事件〕）。最後に内閣総理大臣の異議（300事件〔東京地判昭44・9・26〕）についても取り上げる。

282 司法権と「法律上の争訟」(1) ── 教育勅語事件

最高裁昭和28年11月17日第三小法廷判決
(昭和27年(オ)第303号憲法違背是正請求上告事件)
行集4巻11号2760頁

■ 事 案 ■

1890（明治23）年に天皇の聖旨として発布された教育勅語は，忠孝を中心とする「国体ノ精華」「皇運扶翼」「遺訓遺風」の遵守などを内容とするもので，臣民の道徳の大綱，教育の根本方針とされていた。第二次大戦後，個人の尊厳を基本理念とする新憲法や教育基本法との関係で，その地位や扱いが問題とされていたところ（教育勅語の内容は全面的に新憲法の精神に矛盾しないとする見解や，国務大臣の副署がない教育勅語は，憲法前文・98条1項によって効力を否定されるべき「詔勅」に当たらないとする見解もあり，議論が続いていた），1948年6月19日，衆議院および参議院は，教育勅語が憲法に違反し失効していることを確認する旨の決議をした。

Xは，この決議は新憲法に抵触しない勅語を無効とする憲法違反の決議であり，これによって基本的人権を侵害され，精神上の苦痛を被っただけでなく，教育勅語の伝導に支障をきたし著しい有形無形の損害を受けたとし，国会を被告として，教育勅語が憲法に違背するものでないことの確認および両議院の勅語失効決議の取消決議，天皇に対する陳謝決議をなすべきことを求めて出訴した。

1審（東京地判昭24・12・21公刊物未登載），2審（東京高判昭27・3・31行集3巻2号427頁）とも，この訴えを，裁判所の権限に属しない事項について裁判を求める不適法な訴えとして斥けたため，Xが上告した。

■ 争 点 ■

①司法権と「法律上の争訟」（裁3）との関係，「法律上の争訟」の意味とはいかなるものか。
②教育勅語は憲法に違背する詔勅に当たらないことの確認を求める訴えは適法か。

■ 判 旨 ■

上告棄却。

(i)「わが国現行の裁判制度は，特定の者の具体的な法律関係につき紛争の存する場合においてのみ裁判所にその判断を求めることができる趣旨であることは当裁判所大法廷のすでに判示するところである（〔本書303事件（最大判昭27・10・8―警察予備隊訴訟）〕……）。すなわちわが国の裁判所は，日本国憲法に特別の定のある場合を除いて一切の法律上の争訟を裁判する権限を有するものであるが（裁判所法3条），その法律上の争訟とは，当事者間の具体的な権利義務ないし法律関係の存否に関する紛争であって，且つそれが法律の適用によって終局的に解決し得べきものであることを要するのである」。

(ii)「しかるにXが本件において訴権の存在を主張する具体的利益というのは，論旨に従えば結局Xの主観的意見又は感情に基く精神的不満であって，これらをもって裁判所に訴を提起するための要件たるXの具体的な権利義務ないし法律関係の存否に関する紛争の存在を認めることはできない。のみならずXが本件訴において請求の趣旨として掲げるところは，衆参両院が専ら道義的又は政治的の見地から自ら決すべき問題であって，裁判所が法律の適用によって終局的に解決し得べき事項ではなく，これまた裁判所の権限に属するものと認めることはできない。以上説明のとおり本件訴がすでに不適法であるから，上告理由が原判決の違憲を主張する趣旨としても，これを判断するまでもなく，原判決は正当であって論旨は理由はない。」

■ 解 説 ■

1 本判決は，まず，最高裁が裁判所法3条のいう「法律上の争訟」を最初に定義した点で重要な意義をもつ（渋谷583頁）。しかも，(1)「当事者間の具体的な権利義務ないし法律関係の存否に関する紛争」であって，かつ(2)「それが法律の適用によって終局的に解決し得べきもの」という本判決の定義は，283事件（最判昭29・2・11―村議会予算議決無効確認事件），さらには285事件（最判昭41・2・8―技術士国家試験事件）でも踏襲され，ほぼ無傷のまま現在まで生き永らえている（例えば，最判平14・7・9民集56巻6号1134頁〔宝塚市パチンコ条例事件〕参照）。また，本判決が「すなわち」という言葉を用いて，司法権の発動要件となる「具体的争訟」と「法律上の争訟」に関する上記定義を等式で結んだ点も見過ごせない（具体的争訟＝法律上の争訟）。司法権の本質ないし核心を「具体的争訟」性にみる通説的見解に立つならば，本判決は，「具体的争訟」を媒介に，憲法上の司法権をも定義したことになる（司法権＝具体的争訟＝法律上の争訟）。もちろん，裁判所法3条に関する法律解釈をそのまま憲法解釈として受容するという態度については批判もあり，かかる等式の脱臼を企てる見解もある（「司法権＝具体的争訟」を否定する見解として高橋・後掲141頁以下，「具体的争訟＝法律上の争訟」を否定する見解として野坂・後掲47頁。こうした説明方法については，南野・後掲181～184頁）。

2 本判決は，Xの主張する利益は単なる主観的意見または精神的不満にすぎないとし，基本的には「法律上の争訟」の(1)要件（狭義の事件性）に欠けるという理由で，法律上の争訟性を否定している。しかし，「〔Xが〕請求の趣旨として掲げるところは，衆参両院が専ら道義的又は政治的の見地から自ら決すべき問題であって，裁判所が法律の適用によって終局的に解決し得べき事項ではな〔い〕」とも述べているように，本判決は(2)要件（終局的解決可能性）も考慮に入れている。もっとも，(2)要件に欠く理由として，本来は「範囲」問題からは外れるはずの（"should not"の領域である），本件問題の政治性等を挙げており，この点で，本判決には，(2)要件（「解決し得べき」）の意味に関する若干の混乱（山本・後掲75～76頁）が見られるように思われる（1995年に衆議院本会議でなされた「歴史を教訓に平和への決意を新たにする決議」の有効性が争われた東京地判平7・7・20判時1543号127頁でも，訴えの抽象性・一般性に加えて，(2)要件に関する同様の判断がなされている）。(2)要件については，297事件（最判昭56・4・7―「板まんだら」事件）で詳しく触れる。

◆ 参考文献 ◆

芦部信喜・教育百選〔第3版〕12頁，高橋和之『現代立憲主義の制度構想』[2006]，安西文雄ほか『憲法学の現代的論点〔第2版〕』[2009] 169頁（南野森），野坂泰司・法教246号42頁，山本龍彦・法セ678号74頁。

283 司法権と「法律上の争訟」(2)——村議会予算議決無効確認事件

最高裁昭和29年2月11日第一小法廷判決
（昭和26年（オ）第584号村議会議決無効確認請求事件）
民集8巻2号419頁

■事案■

Y（岐阜県本巣郡席田村）は，1947（昭和22）年5月15日，A（岐阜県知事）に対して，同年4月18日付第17回村議会議事録の謄本を添付して組合立中学校設置承認申請書を提出し，同年5月16日にその承認を得た。次いで，同年9月13日，Aに対して，同年6月25日付第2回村議会議事録の謄本を添付して一部事務組合設置許可申請書を提出し，同年12月6日にその設置許可を得た。これら承認および設置許可を受け，Yは，1949（昭和24）年11月22日に開会された村議会において，219万4118円の歳入を村民税として徴収し，これを中学校の校舎建設費のために支出する更正予算を議決した。

Xは，上記各議事録に記載されるように村議会（4月18日付第17回および6月25日付第2回）が開催された事実はなく，議事録は偽造されたものであるとし，これら偽造文書の謄本を添付してなした各申請に基づく知事の組合立中学校設置承認および一部組合設置許可は無効であり，組合立中学校の設立行為自体が無効である以上，（設立無効の）中学校校舎の建設費を負担する旨の村議会議決もまた無効であると主張して，同予算議決の無効確認を求め，行政事件訴訟特例法1条（当時）に基づき出訴した。

1審（岐阜地判昭25・9・18行集1巻6号873頁）は，「村議会の議決は単に村内部の意思を決定するに過ぎず，未だそれだけではその意思は外部に表示せられることなく，村住民の具体的な権利義務に直接関係するものでな」いとし，村議会議決の有効無効の争いは裁判所法3条のいう「法律上の争訟」に当らないとして本件訴えを却下し，2審（名古屋高判昭26・8・25行集2巻8号1320頁）も同様の理由で控訴を棄却したため，Xが上告した。

■争点■
村議会の予算議決の無効確認を求める訴えは適法か。

■判旨■
上告棄却。

「裁判所法3条によれば『裁判所は，日本国憲法に特別の定のある場合を除いて一切の法律上の争訟を裁判し，その他法律において特に定める権限を有する』ものであり，ここに『法律上の争訟』とは法令を適用することによって解決し得べき権利義務に関する当事者間の紛争をいうのである。本件村議会の予算議決は，単にそれだけでは村住民の具体的な権利義務に直接関係なく，村長において，右決議に基き，課税その他の行政処分を行うに至ってはじめて，これに直接関係を生ずるに至るのであるから，本件村議会の予算議決があったというだけでは，未だ行政処分はないのであり具体的な権利義務に関する争訟があるとはいえず，従って裁判所法3条の『法律上の争訟』に当るということはできない。また，本件のごとき村議会の議決に対し単にその効力を争う趣旨の出訴を認めた特別の法律の規定も存在しない。それ故，本件村議会の予算議決に対する出訴は不適法であ」る。

■解説■

1 本判決は，裁判所法3条の「法律上の争訟」を，「法令を適用することによって解決し得べき権利義務に関する当事者間の紛争」と定義した上で，村議会の予算議決の無効確認を求める訴えを「法律上の争訟」には当たらず，不適法と判断した。「法律上の争訟」に関する本判決の定義は，表現を異にするものの，基本的には本書282事件（最判昭28・11・17—教育勅語事件）が示した定義を踏襲している（「法律上の存否に関する紛争」という言葉を落とした本判決の定義をそのまま引用したものとして，285事件〔最判昭41・2・8—技術士国家試験事件〕がある）。

2 本判決が法律上の争訟性を否定した理由は，地方公共団体の議会の議決は地方公共団体の内部的な意思決定にすぎず，いまだ住民の具体的権利義務と直接の関係を生じていない，という点（狭義の事件性要件の欠如）に求められる（渋谷590頁）。公的機関の内部的意思決定につき，本判決と同じく争訟の具体性ないし成熟性を否定した判決に，国の所有農地に関する農業委員会の売渡決議を，「行政機関の意思決定手続として行われたに過ぎ」ないとし，その処分性を否定した最判昭37・7・20（民集16巻8号1621頁）がある。

3 衆参両院による教育勅語の失効決議等を問題とした282事件は，狭義の事件性の欠如に加えて，「上告人が本件訴において請求の趣旨として掲げるところは，衆参両院が専ら道義的又は政治的の見地から自ら決すべき問題であって，裁判所が法律の適用によって終局的に解決し得べき事項」でもないとしていた。他方，本件の予算議決は，教育勅語をめぐる決議にみられるような道義性や政治性を含まない。そこで，実際に課税処分がなされるなど争訟が具体化したり，校舎建設のための具体的な公金支出後に住民訴訟が提起された場合には，裁判所は本件議決の有効無効の問題と正面から向き合わなければならなくなろう。この点，本件議決の無効を主張する根源的な理由が議事手続・運営上の違法（議事録記載の村議会が実際に開催されていない）にあるとすれば，地方議会の自律権ないし自治権を理由に，裁判所は本件議決の有効無効に関する判断を回避すべきと解する余地もある。しかし，地方自治法が，地方議会に会議規則の制定を義務づけ（自治120），これに違反した議決につき首長による再議要求，総務大臣・知事による審査裁定，裁判所による裁判を定めている（自治176Ⅳ～Ⅷ）ことを踏まえれば，地方議会の自律権と国会両議院の自律権とを同視することはできないであろう（同論点については，大石・後掲115頁，佐藤・後掲207頁，田近・後掲415頁などを参照）。

◆参考文献◆
大石眞・地方自治百選〔第3版〕114頁，佐藤幸治・基本判例〔第2版〕203頁，田近肇・百選Ⅱ〔第5版〕414頁。

284 行政主体間の争いと「法律上の争訟」——ASWOC 事件

最高裁平成13年7月13日第二小法廷判決
（平成8年（行ツ）第261号情報公開決定処分取消請求上告事件）
訟月48巻8号2014頁，判自223号22頁

■ 事 案 ■

1988（昭和63）年12月，X（国）の機関である那覇防衛施設局長は，建築基準法18条2項に基づき，海上自衛隊第5航空群司令部庁舎の建築工事に関する計画を那覇市建築主事に通知した。同建物の地階部分にはASWOC（対潜水艦戦作戦センター）の指揮所等が設置されることになっており，通知とともに提出された同建物の設計図および建築申請に関する資料には，指揮所等に関する情報が含まれていた。この資料は，市建築主事により同計画が建築基準法に適合している旨の判断がなされた後，那覇市において保管されていたが，1989年3月，訴外A（市民）およびB（那覇市職員労働組合）による情報公開請求の対象とされた（那覇市情報公開条例に基づく）。Y（那覇市長）は非公開決定を行ったが，同年9月，AおよびBによる異議申立を受けて非公開決定を取り消し，資料の一部を公開する旨の決定をした。これに対してXは，同資料が公開されると国防上の秘密保護等の法律上保護された利益が侵害されるとして，Yの公開決定の一部の取消しを求めて出訴した（執行停止の申立てについては，那覇地判平元・10・11判時1327号14頁参照）。

1審（那覇地判平7・3・28行集46巻2・3号346頁）は，「抗告訴訟は，個人の権利利益の救済を目的とする主観訴訟であるから，原則として，行政主体が原告となって抗告訴訟を提起することは認められない」として，本件訴えを却下した。

2審（福岡高那覇支判平8・9・24行集47巻9号808頁）も，「行政主体又はその機関を当事者とする国又は公共団体の機関相互間における権限の存否又はその行使に関する紛争〔は〕……裁判所法3条にいう法律上の争訟には当らない」と述べ，1審判決を支持したために，Xが上告した。

■ 争 点 ■

①国が地方公共団体の長の処分の取消しを求める訴えは「法律上の争訟」に当たるか。
②国は，抗告訴訟の原告となりうるか（原告適格の有無）。

■ 判 旨 ■

上告棄却（福田博裁判官の反対意見がある）。

（i）「本件文書は，建築基準法18条2項に基づき那覇市建築主事に提出された建築工事計画通知書及びこれに添付された本件建物の設計図面等であり，Xは，本件文書の公開によって国有財産である本件建物の内部構造等が明らかになると，警備上の支障が生じるほか，外部からの攻撃に対応する機能の減殺により本件建物の安全性が低減するなど，本件建物の所有者として有する固有の利益が侵害されることをも理由として，本件各処分の取消しを求めていると理解することができる。そうすると，本件訴えは，法律上の争訟に当たるというべきである」。

（ii）「行政事件訴訟法9条にいう当該処分の取消しを求めるにつき『法律上の利益を有する者』とは，当該処分により自己の権利若しくは法律上保護された利益を侵害され又は必然的に侵害されるおそれのある者をいうのであり，当該処分を定めた行政法規が，不特定多数の者の具体的利益を専ら一般的公益の中に吸収解消させるにとどめず，それが帰属する個々人の個別的利益としてもこれを保護すべきものとする趣旨を含むと解される場合には，このような利益もここにいう法律上保護された利益に当たり，当該処分によりこれを侵害され又は必然的に侵害されるおそれのある者は，当該処分の取消訴訟における原告適格を有するものというべきである〔〔最判平4・9・22民集46巻6号571頁〕……参照）。」

「この点を本件条例〔那覇市情報公開条例〕についてみるに，本件条例6条1項は，同項各号所定の情報が記録されている公文書は非公開とすることができる旨を定めているが，その趣旨，文言等に照らし，同項がXの主張に係る利益を個別的利益として保護する趣旨を含むものと解することはできず，他に，Xの主張に係る利益を個別的利益として保護する趣旨を含むことをうかがわせる規定も見当たらない。そうすると，Xが本件各処分の取消しを求める原告適格を有するということはできないから，本件訴えは，結局，不適法なものに帰するというべきである。」

福田反対意見

「国と地方公共団体又は地方公共団体相互の間における訴訟では，原告となるべき当事者の数はそもそも限定されているのであるから，特段の事情がない限り，原告適格の有無を論ずる要はない」。「原告適格についての理論は，一般的にいえば，一方においていわゆる好訴者等を排除しつつ，他方において行政行為によって重大な利益侵害を被る一定の私人を保護するために発展してきた考えである」が，「行政主体そのものが原告となる事例にあってそのような理論を延伸して原告適格を論ずることには，私は大いにちゅうちょせざるを得ない」。

「近時，地方分権の推進に伴って情報公開のほか，課税権ないし課徴金の賦課，広義における環境問題等の分野で国と地方公共団体又は地方公共団体相互間の利害が対立する場面が増加しつつあるところ，国又は地方公共団体等の行政主体が裁判によって行政処分の取消しを求める場合には，私人が取消訴訟を提起する場合とは異な

り、当該行政主体には当該行政処分の取消しを求める原告適格があると解して本案の裁判を行うことに何らの支障もなく、このように解することは、司法の責務に沿うものである。いずれにしても、多数意見の引用する判決は、行政処分の名あて人以外の第三者である私人が行政処分の取消しを求める訴訟における原告適格について判示するものであり、第三者が国である場合とは、事案を異にするというべきである。」

■ 解　説 ■

1　本判決は、国が、地方公共団体の長のした情報公開決定の取消しを求める訴えを結論として不適法としたものの（判旨(ii)）、裁判所法3条のいう「法律上の争訟」には当たると判断した点で注目される（判旨(i)）。

2　本件のような行政主体間の争いについては、そもそもそれが「法律上の争訟」に当たるかどうかが問題とされてきた。多様な見解があるが、ここでは2つの考えに絞って検討を進めたい。

1つは、私権保護説あるいは私人同質説ともいうべき見解である。これは、狭義の事件性要件（(1)要件）を、個人の具体的な権利義務に関する争いと限定的に捉えた上で、国や地方公共団体がもっぱら行政権の主体として一般公益の保護ないし法規の適用の適正を求める訴えは（個人の権利利益の侵害を前提としないために）(1)要件を欠くが、国や地方公共団体が財産権の主体として（いわば一般私人と同様の立場において）自己の財産上の権利利益の保護救済を求める訴えは(1)要件を満たし、法律上の争訟に当たるとする考えである（福井・後掲118～119頁）。

もう1つは、固有の利益説ともいうべき見解である。これは、「相争う機関が、本来いずれも一体としての行政に帰属すべき利益を争っている場合には、その紛争はいわば表見的な紛争であってそこで提起される訴訟は『自己訴訟』となろうが、そのような利益と区別された機関に固有する利益を主張するような場合は、実質的な意味での紛争の存在を否定できないし、その限りにおいて法主体性を認め得ることが考えられる」（雄川・後掲466頁）という見解に代表される（塩野・後掲36頁以下、村上裕章・後掲219頁以下等も参照）。この考えが着目するのは、前説のように行政主体の財産権主体性や私人との同質性ではなく、紛争の実質、とりわけ対立性である。各行政主体は、同じ利益（一般的公益）の実現を目指している場合が多く、行政主体間の争いを実質的な対立とみなさず、(1)要件に含まれる「対立性の要素」を欠くことがある（渋谷584頁。例えば、法定受託事務を処理する地方公共団体と国の関係がこれに当たる場合がある。なお、最判昭49・5・30民集28巻4号594頁は、大阪市が大阪府国民健康保険審査会の裁決の取消しを求めた訴えを、国の特定の事業の遂行過程における処分庁ー裁決庁間の紛争として却下した）。他方で、行政主体間の争いであっても、「公行政一般の利益とは異なるそれ自身の固有の利益」（雄川・後掲467頁）

をもって対立する独立した当事者間の争いの場合は、対立性の要素を満たし、法律上の争訟に当たると解される場合があるというのである。

ところで、本件2審は、「国又は地方公共団体に属する行政権限の根源である公権力は、その性質上、本来は一体のもの」であり、「分属させられた個々の行政権限又はその行使について矛盾や抵触が生じ、それを巡って各行政機関の間に紛争が発生したとしても、この紛争は、行政組織内部において処理し解決されるべき性質のものであり、専ら、司法機関において法令を適用して終局的に解決すべき紛争、すなわち法律上の争訟ということはできない」として、行政主体相互関係を広く内部関係と捉えた上で終局的解決可能性要件（(2)要件）を否定するという論法を採用するが、上述した行政主体相互の独立性や主張利益の固有性は、こうした内部の関係性を否定する論拠ともなろう。

3　本判決は、私権保護説に立って本件訴えの法律上の争訟性を肯定したとみる見解がある（高木・後掲46頁、宇賀・後掲269頁）。確かに判旨(i)は、「本件建物の所有者として有する固有の利益」という言葉を使っており、国の財産権主体性や私人との同質性を示唆しているようにみえる。また、かかる理解は、正面から私権保護説に立って、行政主体が国民に対して行政上の義務の履行を求める訴えを法律上の争訟に当たらず不適法とした宝塚市パチンコ条例事件最高裁判決（最判平14・7・9民集56巻6号1134頁）とも平仄が合う。しかし、本件における国の主張利益の実体はあくまでも防衛上の秘密保持の利益であること、本件上告理由は「固有の利益」を財産上の利益を超えて広く定義していることから、本判決が私権保護説ではなく固有の利益説をとったと解することも不可能ではない（村上博・後掲13頁、岡田・後掲37頁）。こう理解する場合、行政主体間の争いが法律上の争訟として認められる余地は拡大しよう（なお、本判決はあえて私権保護説か固有の利益説かという議論に立ち入ることを避けたとみる見解として、稲葉・後掲195頁）。

4　本判決は、本件条例が国の主張利益を個別的利益として保護していないという理由で、国の原告適格を否定した。これに対しては、本件条例の非公開条項が保護する利益に防衛秘密保持の利益も含まれると解する見解や、判旨に引用した福田裁判官の反対意見などがある。後者は、地方分権の推進を踏まえ、国と地方公共団体との紛争を積極的に抗告訴訟のルールに乗せようとする見解とみることができる。

◆　参考文献　◆

稲葉馨・地方自治百選〔第3版〕194頁、宇賀克也・判タ1125号268頁、岡田正則・法教201号36頁、雄川一郎『行政争訟の理論』[1986]、塩野宏『国と地方公共団体』[1990]、高木光・平成14年度重判解45頁、福井章代・ジュリ1240号117頁、村上裕章・公法研究63号219頁、村上博・判自235号11頁。

285 国家試験の合否と終局的解決可能性——技術士国家試験事件

最高裁昭和41年2月8日第三小法廷判決
(昭和39年(行ツ)第61号国家試験合格変更又は損害賠償請求事件)
民集20巻2号196頁, 判時444号66頁

■事案■

Xは, 技術士法 (当時) に基づく第3回技術士鉱業部門本試験 (筆記試験および口頭試問。1960 [昭和35] 年実施) を受験したが, 不合格となった。そこでXは, Y (科学技術庁 [当時] 長官) を相手に, 本試験におけるXの解答は正しいものであって, Yの不合格判定は誤りであるから, 当該判定を合格に変更するか, 誤判定により被った受験料・旅費等の損害賠償として5万円の支払を求める訴えを提起した。

1審 (東京地判昭38・10・2訟月9巻10号1210頁) は, 試験制度は専門的機関の判定により受験者の学識能力を審査することを目的とするものであるから, その合否判定は試験手続の瑕疵により受験者が不利益を被った場合のほかは, 事柄の性質上試験実施機関の最終判断に委ねられるべきもので, 司法審査になじむものでないなどとして, 訴えを却下した。

2審 (東京高判昭39・4・22民集20巻2号201頁参照) も「受験成績に対する判定そのものに誤りがあったことを前提とする」請求は「もともと司法裁判所の審理判断すべき事項でない」として控訴を棄却したため, Xが上告した。上告理由は, Yが不当にXの合格を拒否しているのに, 原判決がこれを司法審査に適さない事項として救済を認めないのは失当であり, Xの幸福追求権を尊重しないもので, 13条の趣旨にも反する, というものである。

■争点■

国家試験の合格不合格の判定は, 司法審査の対象となるか。

■判旨■

上告棄却。
「司法権の固有の内容として裁判所が審判しうる対象は, 裁判所法3条にいう『法律上の争訟』に限られ, いわゆる法律上の争訟とは, 『法令を適用することによって解決し得べき権利義務に関する当事者間の紛争をいう』ものと解される ([本書283事件 (最判昭29・2・11——村議会予算議決無効確認事件)] ……参照)。従って, 法令の適用によって解決するに適さない単なる政治的または経済的問題や技術上または学術上に関する争は, 裁判所の裁判を受けるべき事柄ではないのである。国家試験における合格, 不合格の判定も学問または技術上の知識, 能力, 意見等の優劣, 当否の判断を内容とする行為であるから, その試験実施機関の最終判断に委せられるべきものであって, その判断の当否を審査し具体的に法令を適用して, その争を解決調整できるものとはいえない。この点についての原判決の判断は正当であって, Xは裁判所の審査できない事項について救済を求めるものにほかならない。」

■解説■

1 本判決が,「司法権の固有の内容として裁判所が審判しうる対象」と同視する「法律上の争訟」(裁3条) は, 一般に, (1)当事者間の具体的な権利義務ないし法律関係の存否に関する紛争で, かつ, (2)それが法令の適用により終局的に解決することのできるものをいうとされる。本判決は, 上記(2)要件を欠く紛争として,「単なる政治的または経済的問題や技術上または学術上に関する争[い]」を挙げ, 国家試験における合否判定をめぐる争いをこれに該当するものとした。すなわち, 国家試験の合否判定は「学問または技術上の知識, 能力, 意見等の優劣, 当否の判断を内容とする行為であるから」,「その判断の当否を審査し具体的に法令を適用して, その争を解決調整できるものとはいえない」としたのである。

2 学術技術問題の「法律上の争訟」性を, 終局的解決可能性を欠くとの理由から否定する判断方法を, 仮に「学術技術問題の法理」と呼ぶとすれば, 同法理の射程はそう広くない。本件事案でも触れたように, 1審は, 国家試験の合否判定をめぐる争いでも, それが手続上の瑕疵を理由とする場合には,「法律上の争訟」として司法審査の対象になりうるとしていた (ただし本件では手続上の違法は全く争われていないため, 1審でも, 結局, 司法審査対象性は否定された)。同様の視点は, 博士の学位不授与の決定が違法な手続に基づいてなされた場合には, その無効確認または取消しを訴求しうるとした下級審判決の中で既に提示されていた (東京地判昭37・3・8行集13巻3号362頁, 東京高判昭37・6・11行集13巻6号1213頁)。さらに, 別の下級審判決は, 司法試験の不合格判定の取消しが求められた事案で, 司法試験における合否判定は,「本来……学識・応用能力の有無の判断を内容とする行為であって, その性質上, ……裁判所が具体的に法令を適用してその判断の当否を審査しこれに関する紛争を解決するのに親しまない事項である」が, 合否判定に当たり,「たとえば原告主張のように年令, 性別, 社会的身分, 出身大学, 出身地, 受験回数等によって差別が行なわれたとするならば, それは司法試験第2次試験の目的である……学識・応用能力の有無とは直接関係のない事柄によって合否の判定が左右されたということになり (いわゆる他事考慮), そのような他事考慮がなされたかどうか, なされたとしてその他事考慮が許されるものであるかどうかの問題は, 試験実施機関の最終判断に委ねる必要のない, 裁判所による審査に親しむ事項である」とした (東京地判昭49・9・26判時769号38頁)。学説にも, 合否判定において事実誤認や他事考慮があった場合には, 裁量権の濫用・逸脱の問題として「当然に司法審査の対象となる」とする見解 (椎名・後掲391頁) があり, 有力である (大橋・後掲309頁。なお, 東京高判平19・3・29判時1979号70頁は, 国立大学の入学試験の不合格判定につき, 年齢差別等の他事考慮がなされたかどうかなどを審査しうるとした)。しかし, 裁判所が, 純然たる手続的審査に加えて, このような判断過程審査 (裁量処分に至る行政庁の判断形成過程の合理性について審査する手法) までなしうるとすると, 学術技術問題であっても, まずは「法律上の争訟」と捉え, 問題の性質に応じて行政庁の裁量の広狭を検討するといった手法をとるべきであろう (高田・後掲210頁)。「学術技術問題の法理」は,「法律上の争訟」性にかかわる大上段の法理ではなく, 裁量の広狭や裁量統制の手法にかかわる, より身近な法理として再構成されるべきなのかもしれない (なお, 最判平4・10・29民集46巻7号1174頁〔伊方原発訴訟判決〕参照)。

◆参考文献◆
大橋真由美・行政百選Ⅱ〔第5版〕308頁, 覚道豊治・民商55巻3号129頁, 椎名慎太郎・行政百選Ⅱ〔第4版〕390頁, 高田敏・行政百選〔新版〕209頁, 原田尚彦・ジュリ700号232頁, 矢野邦雄・最判解民事篇昭和41年度69頁, 山本龍彦・法セ678号74頁。

286 国会の議事手続と司法審査
——警察法改正無効事件

最高裁昭和37年3月7日大法廷判決
(昭和31年(オ)第61号地方自治法に基く警察予算支出禁止事件)
民集16巻3号445頁

■事案■

Y（大阪府知事）は、市町村警察の制度を廃止し、その事務を都道府県警察に移すとともに、これを管理する公安委員会を設ける新警察法の成立・公布を受けて、同法施行のための警察費（公安委員会費）9億5973万円余を含む追加予算案を大阪府議会に提出した。予算案は、1954（昭和29）年6月30日、同議会によって可決されたが、Xら（大阪府住民）は、後述のように新警察法は無効であるから、これを根拠とする警察費の支出は（府議会による予算議決があるとしても）違法であるとし、当該支出の禁止を求めて地方自治法243条の2第1項（現242参照）に基づき、府監査委員に対して監査請求をした。ところが、この請求が斥けられたため、Xらは、同条4項（現242の2参照）に基づき、違法支出禁止の訴えを提起した。

Xらが新警察法を無効とする理由は、以下のとおりである。(1)新警察法は、与野党が激しく衝突した第19回国会で、1953年6月3日に4度目の会期延長がなされた後、同月7日の参議院の議決（以下、「本件議決」と呼ぶ）を経て成立したものとして公布されている。しかし、3日になされた会期延長議決は、与野党の激しい衝突による混乱で衆議院本会議場に入れずにいた議長が、議長席後方のドアを2、3寸開いて2本の指を出し、2日間延長と宣言し、これを聞いた与党議員2、30人が拍手しただけのものにすぎず、開会宣言も、議事日程配布も、起立等による表決も、表決結果の宣告もなかったのであるから、衆議院規則にまったく適合せず、無効である。延長議決が無効であれば、同月7日になされた本件議決は閉会中に行われたものということになる。よって本件決議も、これに基づく新警察法も無効である。(2)警察組織の保有・運営は、憲法が保障する市町村の権能であるから、これを単なる法律の改正によって奪う新警察法は憲法92条・94条に違反する（この点はここでは扱わない）。

1審（大阪地判昭30・2・15行集6巻2号359頁）は、監査委員の権限は執行機関の行為の適否当否のみに及び、(地方公共団体)議会の議決の当否には及ばないため、議会が議決した予算に基づく支出禁止を求める訴えは住民訴訟の対象とならないとして請求を棄却した。2審（大阪高判昭30・8・9民集16巻3号472頁参照）も同様の判断をしたため、Xらが上告した。

■争点■

①地方公共団体の議会の議決があった公金の支出について、住民訴訟によりその禁止、制限等を求めることができるか。
②裁判所の審査権は、国会の両院における法律制定の議事手続の適否にまで及ぶか。

■判旨■

上告棄却（争点①につき、1つの補足意見、6人の裁判官による5つの反対意見がある）。

(i)「長その他の職員の公金の支出等は、一方において議会の議決に基くことを要するとともに、他面法令の規定に従わなければならないのは勿論であり、議会の議決があったからというて、法令上違法な支出が適法な支出となる理由はない。……監査委員は、議会の議決があった場合にも、長に対し、その執行につき妥当な措置を要求することができないわけではないし、ことに訴訟においては、議決に基くものでも執行の禁止、制限等を求めることができるものとしなければならない。」

(ii) Xらは、「同法〔警察法〕を議決した参議院の議決は無効であって同法は法律としての効力」を生じないと主張するが、「同法は両院において議決を経たものとされ適法な手続によって公布されている以上、裁判所は両院の自主性を尊重すべく同法制定の議事手続に関する所論のような事実を審理してその有効無効を判断すべきでない。従って所論のような理由によって同法を無効とすることはできない。」

■解説■

1 本件の中心的な争点は、地方議会の議決に基づく公金支出を、監査請求および住民訴訟の対象とすることができるか、国会の各議院における議事手続に司法審査は及ぶか、にあった。判旨(i)は、前者について、2審と異なり積極に解したものとして注目されたが（本判決に付された個別意見の多くはこの点にかかわる）、その後立法上の解決がなされたため（自治242の2Ⅰ）、本判決の有する意義は、もっぱら後者について判断した判旨(ii)に求められることとなった。

2 判旨(ii)は、Xらが新警察法の無効理由として、議事手続上の瑕疵を持ち出したのに対し、「議院自律権」を根拠に、議事手続に対する裁判所の審査権を否定した。憲法58条2項は、その文言上、両議院に手続・規律に関する規則制定権を認めているにとどまり、実際の議事手続が規則や国会法等に適合しているか否かを判断する権限までを認めていないが、通説は、権力分立の原理に基づき、かかる判断権までを「自律権」に含めて理解している（規則制定権＋適合性判断権）。したがって、判旨(ii)が、「両院において議決を経たものとされ」ている限りは、すなわち、両議院が本件議事手続の規則適合性を認めている限りは、裁判所はこれを「尊重」するとした点について、学説からの異論はほとんど見られない。しかし、判旨(ii)が、「『事実を審理』することを明示的に否定し」、「例外なしで自ら〔裁判所〕の審査権限を否定した」ことについては批判がある（毛利・後掲413頁）。通説は、「法律制定などにつながる議事手続」が、「国民の権利・義務に直接関係」することを踏まえて、「議事手続に明白な憲法違反が認められる場合には司法判断が可能」と考えるからである（佐藤憲法195頁。なお、このような例外が許容されるのは、議院自律権に基づく司法審査の限界が、司法権の内在的制約"can not"ではなく、外在的制約"should not"に由来しているからである）。

本件の延長議決は、定足数や過半数の計算がなされておらず、確かに憲法上問題となりうるが（ただしXらは憲法56条違反を主張していない）、それが新警察法の議決それ自体において生じたものでないことを踏まえると、これをもって本件「議事手続に明白な憲法違反」があったと言えるかは議論の余地がある（毛利・同上）。

◆参考文献◆
大石眞①・法教78号6頁、大石②・行政百選Ⅱ〔第5版〕316頁、宍戸常寿・自治研究75巻2号90頁、毛利透・百選Ⅱ〔第5版〕412頁、横田守弘・争点258頁。

287 法律案の受理手続と司法審査
―― 国民投票法事件

東京高裁平成9年6月18日判決
（平成8年（ネ）第354号損害賠償請求控訴事件）
訟月46巻6号2996頁，判時1618号69頁

■ 事 案 ■

1993（平成5）年6月14日，X（当時，日本社会党所属の衆議院議員）は，衆議院議員92名の賛成者およびXを含め3名の提出者と連署して，「国政における重要問題に関する国民投票法案」を衆議院事務局に提出した。ところが同事務局は，衆議院では議員による法律案提出にはその所属会派の機関承認（国会対策委員長の印等）を必要とするとの確立された先例があるとし，機関承認を得ていない本件法律案を受理法案として取り扱わずにいた。こうした状況下で衆議院が解散されたため（6月18日），本件法律案は国会の審議手続に付される機会を失った。

そこでXは，衆議院事務局が国会法および衆議院規則に定める要件のほかに議員の発議権を制約する上述のような先例の存在を理由に本件法律案を受理法案として取り扱わなかったことは違憲違法であり，その結果精神的損害を被ったと主張して，国家賠償請求訴訟を提起した。

1審（東京地判平8・1・19訟月43巻4号1144頁）は，本件訴えを「法律上の争訟」（裁3）に当たるとしつつ，法律案提出には機関承認が必要との衆議院の自律的判断が既に示されている以上，議院自律権への配慮から同判断を前提に請求の当否を判断すべきとし，本件請求を棄却したためにXが控訴した。

■ 争 点 ■

① 議院における議案受理手続の違法性を理由とする国家賠償請求は「法律上の争訟」に当たるか。
② 本件不受理取扱いに違法性はあるか。また，違法性の存否の判断方法はどのようなものか。

■ 判 旨 ■

控訴棄却。
(i) Xの本訴請求は，国家賠償法に基づく損害賠償請求であり，「議院の自律権能をめぐる問題は，本訴請求の前提問題であるにすぎず，これらの問題を直接の訴訟の目的とするものではない」。「そして，……右前提問題そのものについて衆議院の自律性を尊重すべき観点等から裁判所の審判権が及ばない場合においても，右前提問題に裁判所の審判権が及ばないとされる結果，当該違法性の存在について判断し得ない（当該違法性の立証がない場合と同視される。）ことを前提に請求の当否を判断すれば足りる」。「そうすると，本件訴訟は裁判所法第3条にいう『法律上の争訟』に当たらないものであるとはいえず」，本件請求は裁判所の審判の対象となり得る。

(ii) 「憲法は，……権力分立の原理に立つことを明らかにしているところから，各議院は，議院の組織，議事運営，その他議院の内部事項に関しては，他の国家機関から干渉，介入されることなく自主的に決定し，自ら規律する機能（いわゆる議院の自律権）を有している」。「憲法が，各議院に，議長その他の役員選任権（第58条第1項），会議その他の手続及び内部の規律に関する規則制定権，議員懲罰権（同条第2項），議員の資格争訟の裁判権（第55条）を規定しているのはこの趣旨に出たものと解され，国会法も，憲法の規定を受けて，議事運営における各議院の自主的な決定権を広範囲に認めている（国会法第55条以下）。したがって，議院の自律権の範囲内に属する事項について議院の行った判断については，他の国家機関が干渉し，介入することは許されず，当該議院の自主性を尊重すべき」である。「最高裁判所が，……〔最大判昭37・3・7（本書286事件―警察法改正無効事件の判旨(ii)）〕と判示したのは，……まさにこの趣旨を示したものというべきであり，この理は，衆議院における議員の発議にかかる法律案の受理手続の適法性が争われている本件にも妥当する」。

本件では，衆議院事務総長回答書によって「本件先例が衆議院内部において法規範性を有する確立したものとして存在しており，かつ，右取扱いは右確立した先例に従ったもので適法である旨の衆議院としての判断が示されたものということができる」。

なお，本件先例は衆議院先例集に登載されているものではないが，当裁判所の実施した証拠調べの結果は，本件先例が先例として確立していたことを示している。

「そうだとすれば，裁判所としては，衆議院の右自律的判断を尊重すべきであって，本件法律案につき受理法律案としての取扱いをしなかったことについて独自に適法，違法の判断をすべきではなく，その結果，本件では国家賠償法第1条第1項にいう『違法』が認められないことになるから，Xの本訴請求は理由がないというべきである。」

■ 解 説 ■

1 裁判所の判断の及ばない事項が，請求の当否を決する前提問題となっている場合に，裁判所はその訴え全体を不適法却下とすべきか（全体的波及効を認めるべきか），という問題がある。本判決は，議院自律権への配慮から前提問題に裁判所の判断が及ばない場合でも，「法律上の争訟」性は否定されず，訴え全体は不適法却下されないとした（ただし，議事手続の違法等を理由とする衆議院決議の無効確認請求を「法律上の争訟」に当たらないとした東京地判平7・7・20判時1543号127頁参照）。他方，前提問題が宗教問題である場合には，全体的波及効が認められ，訴え全体が不適法却下される傾向が強いが，この点については297事件（最判昭56・4・7―「板まんだら」事件）解説で触れる。

2 裁判所は，本訴請求の「法律上の争訟」性を肯定する以上，本件不受理取扱いの（国賠法上の）違法性について判断しなければならない。本判決は，議院自律権への配慮から，この違法性を裁判所が「独自に」判断すべきではなく，衆議院の自律的判断を尊重すべき（判断の基礎とすべき）とした。具体的には，衆議院事務総長の回答書をもって衆議院の自律的判断とし，尊重の対象（判断の基礎）としたが，本判決がさらに進んで，本件取扱いの先例としての確立について独自の証拠調べを行い，「確認」した点には（司法の過剰介入を惹起しうるがゆえに）批判もある。すなわち，この「確認」が，裁判所は議院の自律的判断を全面的に受容するわけではないとする思考のあらわれであるならば，「端的に『一見極めて明白に違憲無効事由』が含まれていない限り，『議院の自律的判断』を裁判所は尊重しなければならない」と述べるべきであった，というのである（宍戸・後掲104頁）。

◆ 参考文献 ◆
木下和朗・平成8年度重判解23頁（1審評釈），宍戸常寿・自治研究75巻2号90頁。

288 国立大学の内部問題と司法審査——富山大学事件

最高裁昭和52年3月15日第三小法廷判決
（昭和46年（行ツ）第52号単位不認定等違法確認請求事件）
民集31巻2号234頁，判時843号22頁

■事案■

富山大学経済学部の学生X₁〜X₆の6名および同学部専攻科の学生X₇は，1966（昭和41）年度，履修届を提出した上，同学部A教授の担当する経済原論等の科目を受講していた。ところが同年度途中，A教授に成績原簿偽造等の疑いが生じたため，12月26日，これらの受講科目は同経済学部長Y₁により停止され，学生らは代替科目の履修を指示された。X₁を含む6名およびX₇は，このような措置・指示にもかかわらず，A教授による授業に出席し続け，期末試験も受けた結果，A教授から合格判定の評価を受けたが，大学側はこれらの授業および試験が正規のものでないことを理由に，X₁らに対して各授業科目の単位を認定せず，X₇に対して専攻科の修了を認定しなかった。そこでX₁らは，Y₁および学長Y₂を相手に，単位認定に関する不作為の違法確認または単位認定義務の確認を求め，X₇は，Y₂を相手に，専攻科修了に関する不作為の違法確認または専攻科修了認定義務の確認を求めて出訴した。

1審（富山地判昭45・6・6行集21巻6号871頁）は，国立大学における単位認定等は特別権力関係の内部事項に当たり，司法審査の対象から除外されるとして本件訴えをすべて却下した。2審（名古屋高金沢支判昭46・4・9行集22巻4号480頁）は，専攻科修了認定について司法審査の対象性を認め，1審判決のうちX₇の訴えを却下した部分を取り消して1審に差し戻したため，敗訴したX₁ら，Yらがそれぞれ上告した（Yらからの上告については，最判昭52・3・15民集31巻2号280頁〔以下，争点③・判旨(iii)部分〕）。

■争点■

① 「部分社会論」とは何か。大学における内部紛争に司法審査は及ぶか。
② 大学における単位認定行為は司法審査の対象となるか。
③ 大学における専攻科修了認定行為は司法審査の対象となるか。

■判旨■

上告棄却。
(i) 「裁判所は，憲法に特別の定めがある場合を除いて，一切の法律上の争訟を裁判する権限を有するのであるが（裁判所法3条1項），ここにいう一切の法律上の争訟とはあらゆる法律上の係争を意味するものではない。すなわち，ひと口に法律上の係争といっても，その範囲は広汎であり，その中には事柄の特質上裁判所の司法審査の対象外におくのを適当とするものもあるのであって，例えば，一般市民社会の中にあってこれとは別個に自律的な法規範を有する特殊な部分社会における法律上の係争のごときは，それが一般市民法秩序と直接の関係を有しない内部的な問題にとどまる限り，その自主的，自律的な解決に委ねるのを適当とし，裁判所の司法審査の対象にはならないものと解するのが，相当である（〔本書290事件（最大判昭35・10・19）〕……参照）。そして，大学は，国公立であると私立であるとを問わず，学生の教育と学術の研究とを目的とする教育研究施設であって，その設置目的を達成するために必要な諸事項については，法令に格別の規定がない場合でも，学則等によりこれを規定し，実施することのできる自律的，包括的な権能を有し，一般市民社会とは異なる特殊な部分社会を形成しているのであるから，このような特殊な部分社会である大学における法律上の係争のすべてが当然に裁判所の司法審査の対象になるものではなく，一般市民法秩序と直接の関係を有しない内部的な問題は右司法審査の対象から除かれるべきものであること」は明らかである。

(ii) 「単位の授与（認定）という行為は，学生が当該授業科目を履修し試験に合格したことを確認する教育上の措置であり，卒業の要件をなすものではあるが，当然に一般市民法秩序と直接の関係を有するものでない」。「それゆえ，単位授与（認定）行為は，他にそれが一般市民法秩序と直接の関係を有するものであることを肯認するに足りる特段の事情のない限り，純然たる大学内部の問題として大学の自主的，自律的な判断に委ねられるべきものであって，裁判所の司法審査の対象にはならない」。

(iii) 「国公立の大学は公の教育研究施設として一般市民の利用に供されたものであり，学生は一般市民としてかかる公の施設である国公立大学を利用する権利を有するから，学生に対して国公立大学の利用を拒否することは，学生が一般市民として有する右公の施設を利用する権利を侵害するものとして司法審査の対象になる」。「国公立の大学において……大学が専攻科修了の認定をしないことは，実質的にみて，一般市民としての学生の国公立大学の利用を拒否することにほかならないものというべく，その意味において，学生が一般市民として有する公の施設を利用する権利を侵害するものであると解するのが，相当であ」り，「本件専攻科修了の認定，不認定に関する争いは司法審査の対象になる」。

■解説■

1 本判決の意義は，最高裁が，いわゆる部分社会論を用いて，国立大学における単位認定行為および専攻科修了行為の司法審査対象性について初めて判断を下した点にある。部分社会論とは，自律的法規範を有する団体内部の紛争については，それが一般市民法秩序と直接の関係を有しない限り，その自主的・自律的解決に委ね，裁判所の司法審査の外に置こうとする法理である（判旨(i)）。

2 従来，国立大学における在学関係は，在監者や公務員関係等と同じく，公法上の特別権力関係に属するものとされ，国立大学の内部問題は，ある意味で当然に司

法審査の対象外とされたが（特別権力関係論について，大阪地判昭33・8・20行集9巻8号1662頁参照），このような伝統的理解に対しては，特別権力関係論そのものへの異議はもちろん，それが国立大学と私立大学とで異なる帰結をもたらしうるために，かねてから多くの批判があった。各種教育法規を踏まえれば，国立大学も私立大学も同様の教育機関であるから，同じ大学内の教育措置につき，「国立」か「私立」かで，司法審査の対象となるか否かの結論を異にしたり，その救済の可能性を異にするのは不合理であると批判されたのである。この点で，国立大学の内部問題について特別権力関係論の適用を否定し，国立・私立大学を同様に扱うことができる部分社会論を採用した本判決に一定の意義を認めることもできる。無論，後述のように，現在では，抽象的で包括的な「法秩序の多元性」論（289事件〔最大決昭28・1・16—米内山事件〕田中耕太郎裁判官少数意見参照）を基底にした部分社会論に対する批判も強い（佐藤・後掲2頁）。

3 部分社会論は，一義的には，団体内部の紛争について，裁判所法3条のいう「法律上の争訟」性を否定する理論である。もっとも，本判決が，他の司法権関連事案のように「法律上の争訟」（狭義の事件性＋終局的解決可能性）を定義しておらず，「法律上の係争」なる別種の紛争概念を持ち込んでいること，その上で，「法律上の係争」に当たるものでも，事柄の性質上「法律上の争訟」と見るべきでない紛争類型があるとし，その一例として，部分社会の内紛を挙げていることから窺えるように，部分社会論が，司法権の内在的制約（can not）ではなく，外在的制約（should not）に由来するものであることには注意が必要である（「法律上の係争」という言葉は，ある紛争が，(1)狭義の事件性要件も(2)終局的解決可能性要件も満たした法律上のそれであることを示唆している。部分社会論は，こうした法律上の紛争でも，事柄の性質上，司法審査すべきではないとする外在的制約論の一つであり，(1)要件ないし(2)要件の欠如から司法審査の可能性それ自体が否定される内在的制約論とは異なる。司法権をそもそも発動できない事例か，発動できるが発動すべきでない事例かは，理論上区別される）。

4 このように，部分社会論は司法権の内在的制約に基づくものではないため，事柄の性質によっては，司法権の発動が許容ないし要請される場合がある。この点，本判決は，部分社会における係争でも，それが「一般市民法秩序と直接の関係を有する」場合には，司法審査の対象になりうるとする（判旨(i)）が，いかなる事項が一般市民法秩序と直接の関係性を有し，司法審査の対象となるかについて具体的な言及を加えていない。ただ，本判決は，判旨(ii)との関連で，一般には純然たる内部行為である（よって司法審査の対象とならない）単位認定行為も，「特定の授業科目の単位の取得それ自体が……一種の資格要件とされる場合」には，「一般市民法秩序と直接の関係を有することは否定できない」と述べている。同説示によれば，現行法上，当該授業科目の単位取得が法的資格取得のための前提要件とされているような場合には，当該科目の単位認定行為の司法審査対象性が肯定されうると考えられる（学説には，当該科目の単位認定が

「回生ないし学年の進級や課程の進級」と関わるような場合や，就職や進学等の社会生活と密接に関連するような場合には，一般市民法秩序と直接の関係を有し，司法審査の対象となりうるとする見解がある。田村・後掲703頁）。また，判旨(iii)によれば，国立大学における専攻科修了認定は司法審査の対象になる。

5 部分社会の内部事項にも司法審査の対象になりうるものがあるならば，次に，それに対する具体的な審査のあり方が問題となる。判旨(iii)は，専攻科修了認定の司法審査対象性を認めるに当たって，専攻科修了認定が「教育上の見地からする優れて専門的な価値判断」を含まず，その要件・手続が学則により明確に定められていることを強調している。ここでは，学則等に当該内部行為の要件・手続が明確に規定されているような場合には，裁判所はそれに照らした限定的な手続的な審査を行うべきことが示唆されている（手続的審査の可能性については，291事件〔最判昭63・12・20—共産党袴田事件〕，295事件〔最判昭55・1・11—種徳寺事件〕参照。当該内部行為の要件・手続が学則等に明確に規定されていない場合は，団体の自律性に配慮した上で，その裁量権の逸脱・濫用を審査することになろう。65事件〔最判平8・3・8—剣道受講拒否事件〕参照）。こうしてみると，部分社会論は，一義的には「法律上の争訟」性にかかわるものであるが，一般市民法秩序との直接の関係性が認められ，「争訟」性が肯定された後も，裁判所による限定的で謙抑的な審査を導く論理として一定の影響力を持つことになる。

6 最高裁が部分社会論を用いたとされる事案として，他に，地方議会における議員の懲罰（290事件），政党における党員の処分が挙げられる（291事件，293事件〔最判平7・5・25—日本新党繰上当選事件上告審〕。下級審では，公立高校，宗教団体，工場自治会，弁護士会等への適用もみられる）。しかし，最高裁は，とくに本件で顕著なように，なぜこれらの団体に自律性が認められるか，という根拠を明示していない（政党の内紛に関する事案ではそのような努力は見られる。291事件等参照）。学説は，このような判例の立場を，「法秩序の多元性」論に基づいた「一般的・包括的な部分社会論」と捉え，批判する傾向が強い。学説の支配的見解によれば，団体の内部事項に関する司法審査の対象性は，「それぞれの団体の目的・性質（たとえば，強制加入か任意加入かの区別）・機能はもとより，その自律性・自主性を支える憲法上の根拠も，宗教団体（20条），大学（23条），政党（21条），労働組合（28条），地方議会（93条。地方自治法134条-137条参照）などで異なるので，その相違に即し，かつ，紛争や争われている権利の性質等を考慮に入れて個別具体的に検討しなければならない」とされる（芦部335頁）。

◆ 参考文献 ◆

井上典之・百選Ⅱ〔第5版〕416頁，佐藤幸治・判タ455号2頁，田村悦一・民商77巻5号693頁，室井力・判評222（判時853）号133頁。

289 議員除名処分の司法審査と執行停止——米内山事件

最高裁昭和28年1月16日大法廷決定
（昭和27年（ク）第109号県議会議員除名処分執行停止決定に対する特別抗告事件）
民集7巻1号12頁

■事案■

Y（青森県議会）の議員であったX（米内山義一郎）は、議会演説中の発言を咎められ、Yにより除名の懲罰議決を受けたため、青森地裁に除名処分取消しの訴えを提起するとともに、処分の執行停止の決定を申し立てた。

1952（昭和27）年3月15日、同地裁はこの申立てを容れ、処分の効力発生を判決が確定するまで停止する旨の決定をしたが、同年5月16日、同決定について、内閣総理大臣により、行政事件訴訟特例法10条2項但書（当時）に基づく異議が述べられた（異議の理由は次のとおりである。議員への懲罰議決は「一般の行政庁による処分とは異り、全く議会内部の規律を維持するための自律作用として地方自治法上認められているものであるから懲罰の議決の執行が裁判所の最終判決に基かないで、決定を以て停止される」ことになれば「地方議会の自主的運営は著しく且不当に阻害される結果となり、延いては地方自治の本旨を害する」）。

これに対し、青森地裁は、本件異議は理由の明示を欠き不適法であるとして上記執行停止決定を取り消さない旨の決定（青森地決昭27・5・27行集3巻4号799頁）をしたため、Yが、これら決定の取消しを求めて最高裁に特別抗告した。

■争点■

①内閣総理大臣の異議の時宜。
②地方議会の懲罰議決（除名処分）に司法審査は及ぶか（田中耕太郎裁判官少数意見）。
③内閣総理大臣の異議制度の合憲性（真野毅裁判官補足意見）。

■決定要旨■

抗告棄却（田中、栗山茂、真野、斎藤悠輔、小林俊三裁判官の個別意見がある）。

「行政事件訴訟特例法10条2項但書の内閣総理大臣の異議は、同項本文の裁判所の執行停止決定のなされる以前であることを要するものと解するを相当とする」。本件異議は原審の執行停止決定後になされたのであるから、「本件異議は不適法なものであり、したがってこの異議を前提とする本件抗告も亦不適法」である。

田中少数意見

多数意見は、本件について裁判所が執行停止を命ずる決定を当然なし得るものとする前提に立ち、執行停止に関する法律の規定の解釈に及ぶが、「この除名処分執行停止申立事件にはもっと根本的なところに問題が伏在する」。「それは地方議会議員の除名に対し裁判所が執行停止を命ずる決定をすることができるかどうかということに外ならない。」

本件除名処分は、「議会の内部規律の問題として、議会自体の決定に委ぬべきものであり、司法権の介入の範囲外にある」。「以上の結論の理論的基礎としては、これを法秩序の多元性に求めなければならない。凡そ法的現象は人類の社会に普遍的のものであり、必ずしも国家という社会のみに限られないものである。国際社会は自らの法を有し又国家なる社会の中にも種々の社会、例えば公益法人、会社、学校、社交団体、スポーツ団体等が存在し、それぞれの法秩序をもっている。法秩序は社会の多元性に応じて多元的である。それ等の特殊的法秩序は国家法秩序即ち一般的法秩序と或る程度の関連があるものもあればないものもある。その関連をどの程度のものにするかは、国家が公共の福祉の立場から決定すべき立法政策上の問題である。従って例えば国会、地方議会、国立や公立学校の内部の法律関係について、一般法秩序がどれだけの程度に浸透し、従って司法権がどれだけの程度に介入するかは個々の場合に同一でない。要するに国会や議会に関しても、司法権の介入が認められない純然たる自治的に決定さるべき領域が存在することを認めるのは決して理論に反するものではない。そうして本件の問題である懲罰の事案のごときは正にかかる領域に属するものと認めなければならない。」

真野意見

「行政庁の違法な処分によって権利を侵害され法律上の争訟が生じたときは、当事者はその救済を求めるために違法な処分の取消又は変更等の訴訟を裁判所に提起することを得るのは当然であり、これは憲法上裁判所の権限である司法権に属する」。「そして、この種の訴の提起があった場合に、前記10条2項本文により処分の執行停止を命ずると否とは、同様に司法権に属する司法的処置である」。内閣総理大臣の異議は、「内閣総理大臣という行政機関が司法権の領域を侵犯して……〔このような〕司法的処置に干渉するものであるから、三権分立の原則に違反する」。

■解説■

1　本決定は、直接には、内閣総理大臣の異議の時期について判断したものであったが、その後、行訴法が、本決定要旨とは逆に、執行停止決定後の異議申述も認める規定を置いたため（行訴27Ⅰ）、本決定の今日的意義は、多数意見というより、むしろ地方議会による議員除名処分に対する司法審査を否定した田中少数意見や、異議制度そのものの違憲性を説いた真野意見の中に見出されることとなった。後者については本書300事件（東京地判昭44・9・26）で取り上げるため、ここでは田中少数意見について一言しておく。

2　田中少数意見は、同じく地方議会の議員除名処分に司法審査は及ばない（したがって執行停止は許されない）とする他の個別意見が、その論拠に、議院自律権とのアナロジー（栗山反対意見）や、統治行為論的発想（小林補足意見）を持ち出したのに対して、後に「部分社会」論として判例中に浸透していく「法秩序の多元性」論を提示した（田中・後掲17頁以下参照）。もっとも、地方議会の懲罰を、その軽重（除名か出席停止か、など）にかかわらずおよそ司法審査の対象外とする田中の議論は、290事件（最大判昭35・10・19）において修正を受けているし、その包括性や抽象性ゆえに、長く学説からの批判対象ともなっている（佐藤・後掲206頁）。

◆参考文献◆
雄川一郎・百選Ⅱ298頁、笹川紀勝・ジュリ1037号195頁、佐藤幸治・基本判例〔第2版〕203頁、田中耕太郎『法律学概論』〔1953〕、広岡隆・判例百選（ジュリ200）122頁。

290 地方議会議員の懲罰と司法審査

最高裁昭和35年10月19日大法廷判決
（昭和34年（オ）第10号懲罰決議等取消請求事件）
民集14巻12号2633頁、判時239号20頁

■事案■

Y（新潟県岩船郡山北村村議会）は、1957（昭和32）年12月2日に定例議会を招集し、村役場位置条例の一部を改正する条例案を審議したが、X₁・X₂（村議会議員）の反対により、同条例案の可決に必要な3分の2の特別多数（地方自治法4条3項の特別決議事項に当たるため）を獲得できず、否決される情勢にあった。そのため賛成派は、同月13日、「X₁・X₂はかつて山北村の合併促進委員となりこれが遂行の衝に当っていたのにもかかわらず、今日に至って位置条例の一部改正条例の制定に反対し、議事を混乱に陥れていることは懲罰に値する」として、X₁・X₂を3日間の出席停止処分に付する旨の動議を提出し、可決させた（同条例は、X₁・X₂の出席停止中に特別多数をもって可決された）。そこでX₁・X₂は、本件懲罰決議はY会議規則（懲罰事由は動議提出当日の事犯でなければならない旨定める）に違反すると主張して、本件懲罰決議の無効確認を、予備的にその取消しを求めて出訴した。

1審（新潟地裁判決年月日不明・民集14巻12号2646頁参照）は、出席停止期間は既に経過しており、処分自体の効力を争うことに法律上何らの実益がないとして訴えを却下し、2審（東京高判昭33・10・16前掲民集2648頁参照）も同様の判断をしたため、X₁・X₂が上告した。

■争点■

地方議会の懲罰議決（出席停止処分）に司法審査は及ぶか。

■判旨■

上告棄却（河村大助、奥野健一裁判官の各意見、田中耕太郎・斎藤悠輔・下飯坂潤夫裁判官の補足意見がある）。

「司法裁判権が、憲法又は他の法律によってその権限に属するものとされているものの外、一切の法律上の争訟に及ぶことは、裁判所法3条の明定するところであるが、ここに一切の法律上の争訟とはあらゆる法律上の係争という意味ではない。一口に法律上の係争といっても、その範囲は広汎であり、その中には事柄の特質上司法裁判権の対象の外におくを相当とするものがあるのである。けだし、自律的な法規範をもつ社会ないしは団体に在っては、当該規範の実現を内部規律の問題として自治的措置に任せ、必ずしも、裁判にまつを適当としないものがあるからである。本件における出席停止の如き懲罰はまさにそれに該当するものと解するを相当とする。（尤も〔最大判昭35・3・9民集14巻3号355頁以下〕……は議員の除名処分を司法裁判の権限内の事項としているが、右は議員の除名処分の如きは、議員の身分の喪失に関する重大事項で、単なる内部規律の問題に止らないからであって、本件における議員の出席停止の如く議員の権利行使の一時的制限に過ぎないものとは自ら趣を異にしているのである。従って、前者を司法裁判権に服させても、後者については別途に考慮し、これを司法裁判権の対象から除き、当該自治団体の自治的措置に委ねるを適当とするのである。）」「されば、前示懲罰の無効又は取消を求める本訴は不適法というの外なく、原判決は結局正当である。」

河村意見
地方議会議員の懲罰決議は「議員としての報酬、手当、費用弁償の請求権等に直接影響するものである以上、その懲罰処分の適否及び右請求権等の争いは単なる議会の内部規律の問題に過ぎないものと見るべきではなく、裁判所法3条の『法律上の争訟』として司法審査の対象になり得る」。「またこのことは、その懲罰処分が除名処分であると出席停止の処分であるとにより区別される理由はない。」

田中・斎藤・下飯坂裁判官補足意見
「多数意見のように、除名と出席停止とを区別して考えるべきではなく、両者はともに裁判権の対象の外にあるものと解すべ」きである。

■解説■

1 本判決は、地方議会がした議員の懲罰のうち、除名処分については、「議員の身分の喪失に関する重大事項」として司法審査の対象になるとしつつ、本件で問題とされた出席停止については、「自律的な法規範」をもつ団体の「自治的措置」に委ねられる事項として司法審査の対象にならないとした。こうした判断は、本書289事件（最大決昭28・1・16—米内山事件）の田中耕太郎裁判官少数意見によって提示された「法秩序の多元性」論の影響を強く受けたものであるが、これを全面的に受容したものではない。田中（耕）の「多元性」論は、除名処分に対する司法審査をも否定するものであったからである（田中・斎藤・下飯坂補足意見参照）。その意味で、本判決は、「多元性」論を「下敷き」にしながらも（常岡・後掲120頁）、「議員の懲罰が、戒告・陳謝・短期の出席停止に止まるならば、それは純粋の内部紀律の問題として、裁判所の介入を斥けるだけの理由がある」が、「除名処分まで認めるとすれば、それは、もはや内部紀律の問題の範囲を超え、市民法秩序につながる問題といわざるを得ない」とする田中二郎説（田中・後掲197頁）の影響も受けたものといえる。

こうして見ると、本判決は、2人の「田中」の融合によって、司法審査対象性が否定される純然たる内部事項と、それが肯定される重大事項・市民法秩序関連事項とを区分する、後の「部分社会論」の完成（288事件〔最判昭52・3・15—富山大学事件〕）に決定的な影響を与えた判決と位置づけることができよう。なお、河村意見は、議員報酬等に直接影響する懲罰にまで司法審査対象性を認めている。

2 地方議会の自律性を認める根拠として、93条が挙げられるのが通例であるが（芦部335頁）、より詳細にみれば、「議事機関」としての性格を強調して、国会両議院の自律権との類推（立法—司法間の水平的権力分立）にこれを求める見解（同見解の批判として、安念・後掲311頁）と、地方公共団体の一機関としての性格を強調して、地方自治（中央—地方間の垂直的権力分立）にこれを求める見解とがありえよう。

3 本件では、Xらが出席停止中に村役場位置条例が可決されたが、仮に同条例に基づく公金支出の違法性が住民訴訟（自治242の2）によって争われた場合、裁判所は本件懲罰決議にどのように向き合うべきか、という問題が浮上する。

◆参考文献◆
安念潤司・行政百選Ⅱ〔第5版〕310頁、田近肇・百選Ⅱ〔第5版〕414頁、田中二郎『行政争訟の法理』[1954]、常岡孝好・地方自治百選〔第3版〕120頁。

291 政党の内部自治と司法審査
―― 共産党袴田事件

最高裁昭和63年12月20日第三小法廷判決
(昭和60年(オ)第4号家屋明渡等請求事件)
判時1307号113頁, 判タ694号92頁

■事案■

Yは，1928（昭和3）年の入党以来，長年にわたり政党Xの幹部として活動してきたが，1976年末ごろからXの最高幹部等を激しく批判・非難するようになり，独断でXの内部を批判する手記を発表するなどした。そこでXは，党規約違反を理由に，1977年12月，Yを除名処分に付し，1963年以降Yに居住させてきたX所有の家屋の明渡しをYに求めた。ところがこの請求をYが拒否したため，Xが同家屋の明渡しを求めて出訴したのが本件である。

Yは，本件除名処分は党規約に反し手続的にも実体的にも無効であるから，これを前提とする明渡請求は許されないと主張したのに対し，Xは，除名処分の適否は政党の内部自律権に委ねられるべきもので，司法審査の対象とはなりえず，仮にその対象になるとしても審査対象は党規約上の手続違背に限られるところ，本件除名処分には手続上の瑕疵はないなどと主張した。

1審（東京地八王子支判昭58・5・30判時1085号77頁）はXの請求を認容し，2審（東京高判昭59・9・25判時1134号87頁）も同判決を正当とし，Yの控訴を棄却したため，Yが上告。

■争点■

①政党の位置づけと，その自律性をどのように考えるか。
②政党が党員にした処分に裁判所の審判権は及ぶか。及ぶとした場合，いかなる審査が妥当か。
③本件除名処分は有効か。

■判旨■

上告棄却。

(i)「政党は，政治上の信条，意見等を共通にする者が任意に結成する政治結社であって，内部的には，通常，自律的規範を有し，その成員である党員に対して政治的忠誠を要求したり，一定の統制を施すなどの自治権能を有するものであり，国民がその政治的意思を国政に反映させ実現させるための最も有効な媒体であって，議会制民主主義を支える上においてきわめて重要な存在であるということができる。したがって，各人に対して，政党を結成し，又は政党に加入し，若しくはそれから脱退する自由を保障するとともに，政党に対しては，高度の自主性と自律性を与えて自主的に組織運営をなしうる自由を保障しなければならない。」

(ii)「他方，右のような政党の性質，目的からすると，自由な意思によって政党を結成し，あるいはそれに加入した以上，党員が政党の存立及び組織の秩序維持のために，自己の権利や自由に一定の制約を受けることがあることもまた当然である。右のような政党の結社としての自主性にかんがみると，政党の内部的自律権に属する行為は，法律に特別の定めのない限り尊重すべきであるから，政党が組織内の自律的運営として党員に対してした除名その他の処分の当否については，原則として自律的な解決に委ねるを相当とし，したがって，政党が党員に対してした処分が一般市民法秩序と直接の関係を有しない内部的な問題にとどまる限り，裁判所の審判権は及ばないというべきであり，他方，右処分が一般市民としての権利利益を侵害する場合であっても，右処分の当否は，当該政党の自律的に定めた規範が公序良俗に反するなどの特段の事情のない限り右規範に照らし，右規範を有しないときは条理に基づき，適正な手続に則ってされたか否かによって決すべきであり，その審理も右の点に限られるものといわなければならない。」

(iii)「Xは，自律的規範として党規約を有し，本件除名処分は右規約に則ってされたものということができ，右規約が公序良俗に反するなどの特段の事情のあることについて主張立証もない本件においては，その手続には何らの違法もないというべきであるから，右除名処分は有効であるといわなければならない。」

■解説■

1 本判決は，政党内部の処分に対する司法審査のあり方を論じた初めての最高裁判決であるという点で，また，それを「部分社会論」から論じたという点で注目される。本書288事件（最判昭52・3・15―富山大学事件）で述べたように，部分社会論は，一義的には，自律的法規範を有する団体における純然たる内部問題の「法律上の争訟」性を否定するものであるが（争訟限定機能），当該問題に一般市民法秩序との直接的関係性が認められ，その「争訟」性が肯定された場合でも，団体の自律性を強調し，当該問題に対する限定的・抑制的な司法審査を導く力として機能する（審査抑制機能）。本判決は，本件除名処分が建物の明渡し（Yの居住条件の剥奪）に関連し，まさにYの一般市民としての生活（市民法上の具体的権利利益）と直接の関係を有していることに鑑み，その「争訟」性ないし司法審査対象性を認めた上で，かかる審査を手続的な審査に限定させたというところに特徴を持つ。その意味で，本判決は，部分社会論の審査抑制機能を強調した判決と位置づけることができる。

2 本判決は，政党による処分に司法審査が及ぶとしても，「右処分の当否は，当該政党の自律的に定めた規範が公序良俗に反するなどの特段の事情のない限り右規範に照らし，右規範を有しないときは条理に基づき，適正な手続に則ってされたか否かによって決すべきであ」るとした。これに対し1審は，「政党の組織や運営が民主主義の原理に則ったものでなければならないことは，憲法上の当然の要請であ」るとし，党内処分手続に（民主主義的要請を汲んだ）「公正」さを求め，「手続自体が著しく不公正」な場合と「手続規定に違背」する場合には，（一般市民法秩序との関係性にかかわらず）裁判所は当該処分の審査をなしうるとした。このように，1審が本判決以上に積極的な司法審査の可能性を認めたのは，政党の「高度の公共性」や議会制民主主義における中心的役割を重視したためであると解される（これに対し，本判決は「公共性」という言葉の使用を避けており，政党の「私的結社性」に重点を置いているようにも思われる。中谷・後掲9頁）。結社の自由（21）を根拠に政党の自律性ないし内部統制権を認めるにしても，政党の公的性格をどう理解するかによって，その内部事項に裁判所がどの程度介入すべきかの判断が変わりうることに留意すべきである。

◆参考文献◆
大沢秀介・法教105号88頁, プロセス628頁（宍戸常寿), 中谷実・平成元年度重判解8頁, 藤井俊夫・ジュリ938号34頁, 渡辺康行・百選Ⅱ〔第5版〕418頁。

292 政党による除名処分と司法審査(1)
——日本新党繰上当選事件1審

東京高裁平成6年11月29日判決
（平成5年(行ケ)第108号選挙無効請求事件）
訟月42巻7号1761頁，判時1513号60頁

■ 事 案 ■

1992（平成4）年7月26日の参議院（比例代表選出）議員選挙に際し，日本新党が公職選挙法（以下，「法」と呼ぶ）に基づき選挙長に届け出た候補者名簿において，Xは第5順位に登載されていた。選挙の結果，日本新党の候補者は第4順位までが当選となったため，Xは次点で落選となった。翌年の1993年6月23日，日本新党は，Xの除名届を選挙長に提出した。この届出書には，法の規定に従い，当該除名の手続を記載した文書および当該除名が適正になされた旨を党代表者が誓う宣誓書が添えられており，翌24日，選挙長により受理された。その後，名簿登載順位1位2位で当選人となったA・Bが，同年7月5日公示の衆議院議員総選挙に立候補したため，選挙会は，名簿順位6位7位のC・Dを繰上当選人とした。そこでXは，自己の除名の不存在ないし無効を理由に，Dの当選無効を主張し，Y（中央選挙管理会）を相手に当選訴訟（法208条）を提起した。

本判決は，(a)選挙長・選挙会は政党からの除名届に対し形式的な審査しかなしえず，この点で，選挙会のした本件当選人決定にかかわる判断それ自体に過誤があったとはいえないが，(b)選挙秩序の実質的な維持，実現を図るという当選訴訟の趣旨・目的（法1条）から，当選訴訟における当選無効原因は選挙会の判断それ自体の過誤にとどまらず，「その判断の前提ないし基礎をなし，かつ，当該選挙の基本的秩序を構成している事項が法律上欠如していると認められ〔る〕」場合も含むと解した上で（そうであるならば，政党による名簿登載者の除名の不存在ないし無効も，当選人決定の無効原因となりうる），以下の争点に関する判断を行った。

■ 争 点 ■

①拘束名簿式比例代表制による参議院選挙に際して政党が選定した名簿登載者を，選挙後に，政党が除名する場合に要求される手続とはどのようなものか（判旨(i)）。
②当選訴訟において，裁判所は，政党による除名処分の有効無効を審理判断することができるか（判旨(ii)）。

■ 判 旨 ■

請求認容（Dの当選を無効とする）。

(i)「現在における政党は，公共的任務又は役割を担った存在であり，その組織はもとより，所属員に対する規律・統制等も民主的であるべきものであり，なかんずく，拘束名簿式比例代表制による参議院議員の選挙において，……政党にのみ認められる特別な地位又は権限に基づき，当該政党が名簿登載者の選定をし，その届出に係る名簿に基づいて投票が行われた後においては，右名簿登載者について当該政党のする除名は，……国家公務員である国会議員の選定過程の最も重要な一部にかかわるものであって，公的ないし国家的性質を有し，単に政党の内部事項にとどまるとはいえないものというべきであるから，少なくとも右の除名を行うにあたっては，当該政党が，除名対象者に当該手続の主体としての地位を与えて参加させ，除名対象者に対し……告知・聴聞の機会を与えることは，除名手続が民主的かつ公正なものであるためにも，また，除名が除名事由に該当する真実の事実に基づいてされることを保障するためにも，必要不可欠なものというべきであ〔る〕」。このように，「右除名にあたり，除名対象者を当該手続の主体とし，これに対し告知・聴聞の機会を与えることは，最大限の自治ないしは自律が認められるべき政党においても遵守されるべき公序というべきであり，これが遵守されなかったときには，……当該除名は公序良俗に反する無効なものと解するのが相当」である（本書291事件〔最判昭63・12・20——共産党袴田事件〕）。

(ii)「当選訴訟において，政党のその所属員に対する除名についてであっても，右のような観点からないしは判断基準のもとにおいて，右除名の存否又は効力を審理判断することは，当選訴訟の……趣旨・目的に合致するものというべきであり，司法判断適合性に欠けるところもない」。「そして，当選訴訟において審理判断すべき事項を司法判断適合性を有するものに限定する限り，司法による政党の自治ないしは自律に対する不当な介入又はそのおそれはないも〔の〕というべきである。」

■ 解 説 ■

1 本判決は，まず，当選訴訟における当選無効原因を拡張的に捉えた（事案(b)参照）。当選訴訟の被告が「選管」とされていることから，一見すると，当選訴訟は，専ら選挙長・選挙会（選挙長は選管が選任）の判断の過誤を問題にし，これ（のみ）を当選無効の原因としているように思える。こうした見方に対し，本判決は，法1条を参照して，当選訴訟の目的を，「選挙秩序の実質的な維持・実現を図ること」というように広く捉え，当該訴訟における当選無効原因を，選挙会等による当選人決定プロセスより以前の瑕疵にまで拡張させたのである。

2 こうして，当選訴訟における裁判所の審査範囲もまた拡張する。裁判所としては，選挙会の「判断の前提ないし基礎をな〔す〕」，政党の（名簿登載者に対する）除名の有効無効等にまで目を配る必要が出てくるからである。しかし，「政党には憲法21条1項により最大限の自治ないしは自律が保障されていることとの関係上」，裁判所はこの審査に当たり，「部分社会」論という名の壁に直面する。おそらく，本判決の最大の特徴は，この壁を，拘束名簿式比例代表制における政党の「特別な地位又は権限」と，名簿登載者に対する政党の除名処分の「公的ないしは国家的性質」を強調することによって乗り越えたところにある（判旨(i)）。本判決は，政党の本件除名を選挙過程の一部とみなし，その公的性格を強調することで，除名の内部的・私的行為性を否定し（別言すれば一般市民法秩序との連関を肯定し），その除名に「民主的かつ公正な適正手続」を求めたのである（同手続を「直接」選挙という憲法原則から基礎づけるべきと主張するものに，高田・後掲349頁）。判旨(ii)では，この審査が手続的なものにとどまることを踏まえ，「司法による政党の自治ないしは自律に対する不当な介入又はそのおそれはない」としている。291事件との整合性も維持されているということであろう。

◆ 参考文献 ◆

高田篤・百選Ⅱ〔第5版〕348頁，高橋和之・平成6年度重判解19頁。

293 政党による除名処分と司法審査(2)——日本新党繰上当選事件上告審

最高裁平成7年5月25日第一小法廷判決
(平成7年(行ツ)第19号選挙無効請求事件)
民集49巻5号1279頁,判時1531号3頁

■事案■

本書292事件(東京高判平6・11・29)の上告審。1審がXの請求を認容したため,Y(中央選挙管理会)が上告した。

■争点■

①政党による除名届に対する選挙会の審査権限はいかなるものか(判旨(i))。
②当選訴訟において,裁判所の審査権は政党の除名処分の有効無効にまで及ぶか(判旨(ii))。

■判旨■

破棄自判。

(i)(1)「法〔公職選挙法〕は,選挙会が名簿届出政党等による除名を理由として名簿登載者を当選人となり得るものから除外するための要件として,……除名届出書,除名手続書及び宣誓書が提出されることだけを要求しており,それ以外には何らの要件をも設けていない」。このように,「選挙会が当選人を定めるに当たって当該除名の存否ないし効力を審査することは予定されておらず,法は,たとい客観的には当該除名が不存在又は無効であったとしても,名簿届出政党等による除名届に従って当選人を定めるべきこととしている」。「そして,法は,届出に係る除名が適正に行われることを担保するために,前記宣誓書において代表者が虚偽の誓いをしたときはこれに刑罰を科し……,これによって刑に処せられた代表者が当選人であるときはその当選を無効とすることとしている」。

(2)「法が名簿届出政党等による名簿登載者の除名について選挙長ないし選挙会の審査の対象を形式的な事項にとどめているのは,政党等の政治結社の内部的自律権をできるだけ尊重すべきものとしたことによる」。すなわち,「政党等に対しては,高度の自主性と自律性を与えて自主的に組織運営をすることのできる自由を保障しなければならないのであって,このような政党等の結社としての自主性にかんがみると,政党等が組織内の自律的運営として党員等に対してした除名その他の処分の当否については,原則として政党等による自律的な解決にゆだねられているものと解される」(291事件〔最判昭63・12・20—共産党袴田事件〕)。「そうであるのに,……選挙長ないし選挙会が当該除名が有効に存在しているかどうかを審査すべきものとするならば,必然的に,政党等による組織内の自律的運営に属する事項について,その政党等の意思に反して行政権が介入することにならざるを得ないのであって,政党等に対し高度の自主性と自律性を与えて自主的に組織運営をすることのできる自由を保障しなければならないという前記の要請に反する事態を招来することになり,相当ではない」。

(ii)(1)「参議院議員等の選挙の当選の効力に関するいわゆる当選訴訟(法208条)は,選挙会等による当選人決定の適否を審理し,これが違法である場合に当該当選人決定を無効とするものであるから,当選人に当選人となる資格がなかったとしてその当選が無効とされるのは,選挙会等の当選人決定の判断に法の諸規定に照らして誤りがあった場合に限られる。選挙会等の判断に誤りがないにもかかわらず,当選訴訟において裁判所がその他の事由を原因として当選を無効とすることは,実定法上の根拠がないのに裁判所が独自の当選無効事由を設定することにほかならず,法の予定するところではない」。「このことは,……繰上補充による当選人の決定についても,別異に解すべき理由はない」。(i)(2)に述べた「政党等の内部的自律権をできるだけ尊重すべきものとした立法の趣旨にかんがみれば,当選訴訟において,名簿届出政党等から名簿登載者の除名届が提出されているのに,その除名の存否ないし効力という政党等の内部的自律権に属する事項を審理の対象とすることは,かえって,右立法の趣旨に反する」。「したがって,名簿届出政党等による名簿登載者の除名が不存在又は無効であることは,除名届が適法にされている限り,当選訴訟における当選無効の原因とはならない」。

(2) 本件において,「日本新党による本件除名届は法の規定するところに従ってされているというのであるから,日本新党によるXの除名が無効であるかどうかを論ずるまでもなく,本件当選人決定を無効とする余地はない」。

■解説■

1 本判決は,当選訴訟の規定等に関する,ある特定の「憲法適合的解釈」から,その全結論を導出したものといえる。その解釈とは,公職選挙法の本件関連規定を,憲法21条が保障する「政党等の内部的自律権」に引きつけて(あるいはそれを強調するかたちで)読む,というアプローチである。この解釈により,政党からの除名届に対する選挙会等の審査権限は形式的なものへと厳に限定され(判旨(i)(2)),当選訴訟における当選無効原因も選挙会等の判断の誤りに限定され(すなわち,選挙会の判断の前提・基礎となる政党の除名処分の瑕疵が無効原因から除外され),当選訴訟における裁判所の審査対象もまた,政党の除名処分にまで及ぶものではない,とされたのである(判旨(ii)。この部分が1審〔292事件〕と鋭く対立する)。

2 しかし,これとは異なる「憲法適合的解釈」もあるはずである。拘束名簿式比例代表制による選挙が行われた後に,政党が名簿登載者を除名することで,「投票の結果によって決定されるべき候補者の順位が政党の恣意によって事後的に変更されれば,直接選挙の原則に反する」ことにもなる(長谷部319頁)。こう考えれば,「直接選挙」という憲法原則を維持・実現するために,政党による名簿登載者の除名に「民主的かつ公正な適正手続」を求め,その違背をも当選訴訟における当選無効原因とすることは,当選訴訟規定の一つの「憲法適合的(拡張的)解釈」として許容されるように思われるのである(1審〔292事件〕,高田・後掲349頁参照)。もちろん,このように当選無効原因を拡張することは,裁判所の視線を政党の除名処分にまで拡張することを意味する。この点で,1で述べた「政党等の内部的自律権」と抵触するように思われるが,本判決も引用する291事件を精読する限り,これを侵害するものではないように思われる。291事件は,一般市民法秩序と直接の関係を有する「除名」を裁判所の審査対象とし,これに手続的な審査を加えることを認めているからである(したがって,本判決における291事件の引用には問題がある。なお,一般市民法秩序との関連は,291事件の「除名」よりも,選挙秩序と密接に結びついた本件「除名」のほうが強いようにも思われる)。

◆参考文献◆
高田篤・百選Ⅱ〔第5版〕348頁,毛利透・法協113巻8号1247頁,山元一・セレクト1995年15頁。

294 専門職集団の会告と司法審査
—— 日本産科婦人科学会会告事件

東京高裁平成20年4月23日判決
(平成19年(ネ)第3357号損害賠償等請求事件)
公刊物未登載, LLI/DB06320287

■事案■

Y(社団法人・日本産科婦人科学会)は、着床前診断の実施を「重篤な遺伝性疾患」等に限定し、その実施に当たって、Yへの「着床前診断に関する臨床研究の施設認可申請」およびYの認可を要求する旨の会告等(1998〔平成10〕年10月「『ヒトの体外受精・胚移植の臨床応用の範囲』についての見解」、「『着床前診断』に関する見解」、2006年2月「『着床前診断に関する見解』について」)を定めていた。そこで、産婦人科医師X₁・X₂および彼らのもとで着床前診断による不妊治療を受けた患者らが、着床前診断の実施を制限する本件会告等は、患者らの「着床前診断を受ける権利及び子を産む権利」、「憲法上の自己決定権の一つである最新の医学的治療または医療行為を受ける権利および子を産む権利」等を侵害し、無効であることの確認と、本件会告違反を理由にYがなしたX₁に対する除名処分の無効確認等を求めて出訴した。

1審(東京地判平19・5・10公刊物未登載)は、本件訴えのうち一部を却下し、その余の請求を棄却したために、Xらが控訴した。

■争点■

専門職集団(学会)によって定立される会告(ガイドライン)に司法審査は及ぶか。

■判旨■

控訴棄却。

「民事事件において裁判所がその固有の権限に基づいて審判することのできる対象は、裁判所法3条1項にいう『法律上の争訟』、すなわち、法令の適用により終局的に解決することができるものであって、かつ、当事者間の具体的な権利義務ないし法律関係の存否に関する紛争に限られる〔本書285事件(最判昭41・2・8—技術士国家試験事件)、297事件(最判昭56・4・7—「板まんだら」事件)……参照〕」。

「本件会告等は、性選別、障害選別という生命倫理に関わる先端医療の適用範囲に関する意見の部分(以下「意見部分」という。)と、実施者を経験のある医師に限定し、適用範囲の確認のために本件申請及びYの認可を要するとする実施要領」からなる。

「着床前診断は未だ臨床研究途上にある最先端の高度な医療技術であり、その実施については生命倫理にも関わる複雑困難な課題が指摘され、諸外国においても様々な見解が存在し、未だ定説が存在しない状況にある。そして、意見部分は、このような論点について、自律権が保障された医師の私的団体であるYが、無秩序な着床前診断の濫用による弊害を防止するという合理的な目的から、定めた統一見解である。すなわち、意見部分はYの設立目的に含まれる学術調査研究に基づく専門家団体の意見であって、その意見の対象は、生命倫理に関する国民意識とも関わるものであり、意見部分が産科、婦人科における我が国の医療水準(適応事例については施術義務が発生し、その不履行が不法行為を構成する医療水準)に抵触すると認めるに足りる証拠はないから、意見部分は、専門家団体としてのYの学問、研究、表現の自由に含まれる事項であって、法令の適用によって当否を決すべきものではない。」「したがって、Xらの請求が意見部分が不当であるとの判断をもって本件会告及び本件意見の無効確認を求めるものとすれば、法律上の争訟ということはできない。」

■解説■

1 日本では、着床前診断や代理懐胎など、生殖補助医療の規制は、法律ではなく、医療専門職集団であるYが定めた会告(ガイドライン)によって行われている。会告は、形式的にみれば、任意加入団体であるYが自主的・自律的に定めた内部規範にすぎないが、本件1審および2審がいう、Yの、単なる任意加入の「学術親睦団体という性格に止まらない」性格に鑑みれば(Yは、「大学医学部の産科、婦人科教室の教員、病院勤務の産科、婦人科医のほとんど」および「産科、婦人科の開業医の多く」を会員としているだけではなく、特定不妊治療助成事業における指定医療機関の指定に深く関与しており、産婦人科専門医資格の認定なども行っている)、会員のみならず患者等へ与える影響も小さくなく、その妥当性や、それに対する司法審査のあり方が問題となる。本判決は、無名ではあるが、このような現代的論点の一端に答えるものとして、一定の重要性を有するように思われる。

2 本判決は、規制対象たる着床前診断の高度の専門技術性や倫理性などから、学術的・技術的論争は「法令の適用によって解決し得べき」事項に当たらないとし、その「法律上の争訟」性を否定した285事件を参照して、本件会告(意見部分)には司法審査が及ばないとした。285事件の解説でも述べたように、専門職集団による専門技術的判断にも判断過程審査をなしうることや、会告の外部的影響の大きさを考えれば、会告の当否につき司法審査を丸々否定するのではなく、本件1審のように、Yに広い裁量を認めつつも、それを統制する審査手法を模索していくべきであろう(1審は、裁量の広さを強調した上で、会告は「その内容が公序良俗又は強行法規に違反する場合に限り、無効とな」るとしたが、公序良俗違反に当たるかどうかの判断中で、会告の「制定過程」に着目した審査を行っている)。

3 本判決は、会告違反を理由にYがなした除名処分については司法審査を行っている。ここでは、(1)先述したYの社会的影響力の大きさから、Yによる除名処分が、医師の「一般市民法上の利益」を侵害すると判断されたこと(部分社会論につき、288事件〔最判昭52・3・15—富山大学事件〕参照)、(2)宗教関連事案とは異なり、請求(本件であれば除名処分の無効確認請求)の当否を決する前提問題に、法令の適用によって解決できない事項(本件であれば会告意見部分の当否)が含まれていたとしても、その請求全体の「法律上の争訟」性が否定されていないことが注目される。

◆ 参考文献 ◆

位田隆一・ジュリ1339号2頁、田中成明・書斎の窓545〜548号、『国民主権と法の支配(上)』(佐藤幸治先生古稀記念)[2008] 79頁(中山茂樹)山本龍彦・慶應法学18号45頁。

295 住職の地位確認と民事裁判権——種徳寺事件

最高裁昭和55年1月11日第三小法廷判決
(昭和51年(オ)第958号罷免無効確認等請求事件)
民集34巻1号1頁, 判時956号55頁

■事案■

Xは, Z寺(種徳寺)の住職であったが, 寺務放棄など行状不行届を理由に, 本山である包括宗教法人Y(曹洞宗)の管長により罷免された。また, 代表役員は住職の職にある者をもって充てるとするYの宗制により, XはZ寺の代表役員たる地位も失った。そこでXは, Yを被告として, Z寺の代表役員の地位にあることの確認等を求める訴えを提起した(甲事件)。他方, Z寺は, 住職の地位を罷免されながらも寺にとどまるXに対し, 本堂, 庫裡等の明渡し等を求める訴えを提起した(乙事件)。

甲事件1審(横浜地小田原支判昭45・10・16民集34巻1号11頁参照)は, Z寺ではなくYを相手とする本件訴えは即時確定の利益を欠き, 不適法な訴えであるとして却下し, 乙事件1審(横浜地小田原支判昭49・4・9前掲民集29頁参照)は, Y管長による住職罷免処分は有効であり, Xは本堂等の占有権原を失ったとしてZ寺の請求を認容したため, 両事件についてXが控訴した。2審では甲事件・乙事件が併合審理され, Xは新たに, Z寺の住職たる地位にあることの確認を求めた。しかし2審(東京高判昭51・4・28下民集27巻1~4号240頁)は, かかる新訴について, 「住職たる地位は, あくまでも, 宗教的, 信仰上の対象たる地位にとどまり, ……法律上の規律の対象たる地位ではない」として却下し, 本堂等の引渡しを求める訴えについても, 1審判決を是認してXの控訴を棄却したために(X全部敗訴), Xが上告した。

■争点■

①住職たる地位の確認を求める訴えは適法か。
②住職たる地位の存否が, 具体的権利または法律関係をめぐる紛争につきその当否を判定するための前提問題とされている場合, 裁判所は住職たる地位の存否について審判できるか。

■判旨■

上告棄却。
(i)「曹洞宗においては, 寺院の住職は, 寺院の葬儀, 法要その他の仏事をつかさどり, かつ, 教義を宣布するなどの宗教的活動における主宰者たる地位を占めるにとどまる」。「また, 原判示によれば, Z寺の住職が住職たる地位に基づいて宗教的活動の主宰者たる地位以外に独自に財産的活動をすることのできる権限を有するものであることはXの主張・立証しないところである」。「このような事実関係及び訴訟の経緯に照らせば, Xの新訴は, ひっきょう, 単に宗教上の地位についてその存否の確認を求めるにすぎないものであって, 具体的な権利又は法律関係の存否について確認を求めるものとはいえないから, かかる訴えは確認の訴えの対象となるべき適格を欠くものに対する訴えとして不適法である」。
(ii)「住職たる地位それ自体は宗教上の地位にすぎないからその存否自体の確認を求めることが許されないことは前記のとおりであるが, 他に具体的な権利又は法律関係をめぐる紛争があり, その当否を判定する前提問題として特定人につき住職たる地位の存否を判断する必要がある場合には, その判断の内容が宗教上の教義の解釈にわたるものであるような場合は格別, そうでない限り, その地位の存否, すなわち選任ないし罷免の適否について, 裁判所が審判権を有するものと解すべきであり, このように解することと住職たる地位の存否それ自体について確認の訴えを許さないこととの間にはなんらの矛盾もない」。

■解説■

1 「法律上の争訟」(裁3)は, 一般に, (1)当事者間の具体的な権利義務ないし法律関係の存否に関する紛争で, かつ, (2)それが法令の適用により終局的に解決することのできるものをいう。判旨(i)は, 寺院の住職たる地位の確認を求める訴えは, それが「単に宗教上の地位についてその存否の確認を求めるにすぎない」場合には, 「具体的な権利又は法律関係の存否について確認を求めるものといえない」とし, 上記(1)要件の欠如を理由に不適法とした。この点で, 上記(2)要件の欠如を理由に訴えを不適法却下とした本書297事件(最判昭56・4・7—「板まんだら」事件)等とは問題の本質を異にする。

2 最高裁は, 「宗教上の地位」と「法律上の地位」との区別を重視している。例えば, 現今の宗制では, 「住職」と, 宗教法人たる寺院の「代表役員」は同一人物によって担われるのが常であるが, 後者は宗教法人法に基づく「法律上の地位」であるために, その確認の訴えは当然に認められるという(慈照寺事件〔最判昭44・7・10民集23巻8号1423頁〕, 296事件〔最判昭55・4・10一本門寺事件〕)。もっとも, 判旨(i)が示唆するように, 宗教団体における内部的地位が(外部的な)財産的活動等とも関連しているような場合には, その地位に「法律上の地位」が肯定されることもある。例えば, 「檀徒」たる地位の存否が争われた満徳寺事件(最判平7・7・18民集49巻7号2717頁)は, 檀徒であることが代表役員の補佐機関である総代に選任されるための要件とされ, 予算編成や不動産処分等, 当該宗教法人の維持経営上の重要事項の決定につき, 総代による意見表明を通じて檀徒の意見が反映される体制となっているような場合には, 檀徒たる地位は具体的な権利義務ないし法律関係を含む「法律上の地位」に当たるとした(関連する下級審判決として, カトリック教会における主任司祭が, 宗教法人所有の教会建物敷地を管理し, また教会の世俗的な財務会計を担当していることなどを踏まえ, 「主任司祭」たる地位を「具体的な法的地位」と認め, その存否をめぐる争いを「法律上の争訟」に当たるとした大阪高判昭52・5・26判時861号76頁などがある)。

3 本判決は, 具体的権利・法律関係をめぐる紛争につきその当否を決する前提問題として住職たる地位の存否を判断する必要が生じた場合には, 「その判断の内容が宗教上の教義の解釈にわたるものであるような場合は格別, そうでない限り」, その地位の存否に裁判所の審判権が及ぶとした(判旨(ii))。本判決では, Yのした住職罷免処分について審判権を行使し, これを有効とした2審判断が特段の検討なく是認されたが, それは, Xの素行不良が住職罷免事由となっている本件では, 住職たる地位の存否を判断するに当たり, 世俗的な事実関係の存否等を考慮すれば足り, 宗教上の教義解釈に踏み込む必要がないため, 当然その存否を審判対象にできると考えたためである(詳細は, 296事件解説を参照)。

◆参考文献◆
渋谷秀樹・宗教百選〔第2版〕68頁, 吉井直昭・最判解民事篇昭和55年度1頁。

296 宗教団体の自治と司法審査
——本門寺事件

最高裁昭和55年4月10日第一小法廷判決
(昭和52年(オ)第177号代表役員地位確認等請求事件)
判時973号85頁，判夕419号80頁

■ 事 案 ■

Xは，Y寺(本門寺)の末寺等の住職の推薦に基づき，檀信徒総会の選挙によってY寺の住職に選任された。ところが，Y寺では，すでに，前住職の単独の意思によって住職に選任されたと主張するAが，代表役員の地位についていた(Y寺院規則は，住職を代表役員および責任役員にあてると定めている)。そこでXは，Y寺を相手に，XがY寺の代表役員の地位にあることの確認等を求める訴えを提起した。

1審(静岡地沼津支判昭43・7・3判夕226号168頁)は，住職選任に関する規則，慣習が存しない以上は，具体的にされた住職選任の手続等が条理に適合しているか否かによって選任の効力を判断するほかはないとした上で，檀信徒の総意をもってXを住職に選任した本件手続等は右条理に適合するとして，Xの請求を認容した。2審(東京高判昭51・11・29判時837号19頁)もほぼ同様の判断を示したため，Y寺が，代表役員たる地位の存否を判断する前提としてであれ，住職たる地位の存否という宗教問題を裁判所が判断することは裁判所の審判権の対象外の事項につき判断することになり，また憲法上宗教団体に保障された自治を侵害することになるなどとして，上告した。

■ 争 点 ■

①宗教法人における代表役員たる地位の確認を求める訴えは適法か。
②住職たる地位の存否が，代表役員たる地位の存否の確認を求める請求の当否を判断する前提問題となっている場合，住職たる地位の存否について裁判所の審判権は及ぶか。

■ 判 旨 ■

上告棄却。
(i)「何人が宗教法人の機関である代表役員等の地位を有するかにつき争いがある場合においては，当該宗教法人を被告とする訴えにおいて特定人が〔は〕右の地位を有し，又は有しないことの確認を求めることができ，かかる訴えが〔は〕法律上の争訟として審判の対象となりうる……」。
(ii)「裁判所は，特定人が当該宗教法人の代表役員であるかどうかを審理，判断する前提として，その者が右〔宗教法人〕の規則に定める宗教活動上の地位を有する者であるかどうかを審理，判断することができるし，また，そうしなければならない」。「もっとも，宗教法人は宗教活動を目的とする団体であり，宗教活動は憲法上国の干渉からの自由を保障されているものであるから，かかる団体の内部関係に関する事項については原則として当該団体の自治権を尊重すべく，本来その自治によって決定すべき事項，殊に宗教上の教義にわたる事項のごときものについては，国の機関である裁判所がこれに立ち入って実体的な審理，判断を施すべきものではないが，右のような宗教活動上の自由ないし自治に対する介入にわたらない限り，前記のような問題につき審理，判断することは，なんら差支えのないところというべきである。」
「これを本件についてみるのに，本件においてはXがY寺の代表役員兼責任役員たる地位を有することの前提として適法，有効にY寺の住職に選任せられ，その地位を取得したかどうかが争われているものであるところ，その選任の効力に関する争点は，XがY寺の住職として活動するにふさわしい適格を備えているかどうかというような，本来当該宗教団体内部においてのみ自治的に決定せられるべき宗教上の教義ないしは宗教活動に関する問題ではなく，専らY寺における住職選任の手続上の準則に従って選任されたかどうか，また，右の手続上の準則が何であるかに関するものであり，このような問題については，それが前記のような代表役員兼責任役員たる地位の前提をなす住職の地位を有するかどうかの判断に必要不可欠のものである限り，裁判所においてこれを審理，判断することになんらの妨げはないといわなければならない。」

■ 解 説 ■

1 本件訴えは，宗教法人の機関である「代表役員」たる地位，すなわち「法律上の地位」を確認請求の対象とするものである。したがって，「住職」という宗教団体の内部的地位，宗教活動上の地位そのものが確認請求の対象とされた本書295事件(最判昭55・1・11—種徳寺事件)とは異なり，「法律上の争訟」の第1要件(具体的な権利または法律関係の存否に関する紛争であること。狭義の事件性)は当然に満たすものとされている(判旨(i))。

2 本件の主要な争点は，上記請求の当否を判定する前提として，住職たる地位(すなわち宗教上の地位)の存否が問題となる場合に，その地位の存否や選任の適否について裁判所の審判権が及ぶか，にある。この点に関しては，既に295事件が，「その判断の内容が宗教上の教義の解釈にわたるものであるような場合は格別，そうでない限り」審判権を有するという立場を打ち出していた。本判決は基本的にこの立場を受け継いでいるが，宗教上の地位の存否が請求の前提問題となる場合には，その存否について審理・判断「しなければならない」とか，「宗教活動上の自由ないし自治に対する介入にわたらない限り」，これを審理・判断することは「なんら差支えのないところ」と述べるなど，〈原則＝審査〉のスタンスをより強調している(判旨(ii))。実際，本判決は，団体内部に住職選任に関する手続準則や慣習が不在の場合でも，裁判所は条理に照らして具体的選任手続の適否を判断し得るとしており，「住職選任に関する手続審査を最大限まで認めたもの」と評されることもある(宍戸・後掲622頁。自律権尊重の立場から批判する見解として，笹川・後掲215頁以下)。条理に基づく手続審査の可能性は，後の291事件(最判昭63・12・20—共産党袴田事件)でも言及されている。

3 本判決は，宗教団体の内部事項に対する司法審査が限定される根拠として，信教の自由に基づく宗教団体の自治権を挙げている。この点で，「限定」の根拠として法律上の争訟の第2要件(終局的解決可能性)の欠如を挙げる297事件(最判昭56・4・7—「板まんだら」事件)等とは異なる(前者は司法権の外在的制約，後者は内在的制約を問題にしている。詳細は，297事件解説参照)。

◆ 参考文献 ◆

『憲法訴訟と人権の理論』(芦部信喜先生還暦記念)[1985] 215頁(笹川紀勝)，プロセス617頁(宍戸常寿)。

297 法律上の争訟と宗教問題(1)——「板まんだら」事件

最高裁昭和56年4月7日第三小法廷判決
(昭和51年(オ)第749号寄附金返還請求事件)
民集35巻3号443頁, 判時1001号9頁

■事案■

1965(昭和40)年10月当時, Y(創価学会)の会員であったXら17名は, Yが「広宣流布」(日蓮の三大秘法の仏法が日本国中, さらに全世界に広まること)達成の時期に, 御本尊(俗称「板まんだら」)を安置する「事の戒壇」たる正本堂を建立する資金として寄付を募ったため, 1人当たり280円から200万円(総額約540万円)の金員を寄付した。しかし, その後, Xらは, この寄付行為は明示された出捐の目的たる重要な要素の錯誤に基づいてなされた無効のものであり, Yは法律上の原因なくして寄付金を不当に利得しているなどと主張し, 寄付金の返還を求めて出訴した。

Xらが主張する錯誤の内容は, (1) Yが正本堂に安置した本尊のいわゆる「板まんだら」は, 日蓮正宗において「日蓮が弘安2年10月12日に建立した本尊」と定められた本尊ではない(つまりは偽物である)ことが本件寄付の後に判明した, (2) Yは, 募金時には, 正本堂完成時が広宣流布の時に当たり正本堂は「事の戒壇」になると称していたが, 正本堂が完成すると, 正本堂はいまだ三大秘法抄の戒壇の完結ではなく, 広宣流布はいまだ達成されていないと言明した, という2点である。

1審(東京地判昭50・10・6判時802号92頁)は, 本件の争点は, 信仰対象の真否や宗教上解決すべき教義の問題にかかわる純然たる宗教上の争いであって裁判所が審判すべき法律上の争訟とはなりえないとしてXらの訴えを却下したが, 2審(東京高判昭51・3・30下民集27巻1~4号161頁)は, 不当利得返還請求権の存否は裁判所の審判の対象となるべきものであるから, 本件請求は法律上の争訟に当たらないとはいえないとして1審判決を取り消し, 本件を差し戻したため, Yが上告した。

■争点■

宗教上の教義に関する判断が前提問題となっている具体的紛争は「法律上の争訟」に当たるか。

■判旨■

破棄自判(寺田治郎裁判官の意見がある)。

「裁判所がその固有の権限に基づいて審判することのできる対象は, 裁判所法3条にいう『法律上の争訟』, すなわち当事者間の具体的な権利義務ないし法律関係の存否に関する紛争であって, かつ, それが法令の適用により終局的に解決することができるものに限られる〔本書285事件(最判昭41・2・8—技術士国家試験事件)参照〕……。したがって, 具体的な権利義務ないし法律関係に関する紛争であっても, 法令の適用により解決するのに適しないものは裁判所の審判の対象となりえない, というべきである。」

本件において「要素の錯誤があったか否かについての判断に際しては, 右(1)の点〔事案参照〕については信仰の対象についての宗教上の価値に関する判断が, また, 右(2)の点〔事案参照〕についても『戒壇の完結』,『広宣流布の達成』等宗教上の教義に関する判断が, それぞれ必要であり, いずれもことがらの性質上, 法令を適用することによっては解決することのできない問題である。本件訴訟は, 具体的な権利義務ないし法律関係に関する紛争の形式をとっており, その結果信仰の対象の価値又は宗教上の教義に関する判断は請求の当否を決するについての前提問題であるにとどまるものとされてはいるが, 本件訴訟の帰すうを左右する必要不可欠のものと認められ, また, 記録にあらわれた本件訴訟の経過に徴すると, 本件訴訟の争点及び当事者の主張立証も右の判断に関するものがその核心となっていると認められることからすれば, 結局本件訴訟は, その実質において法令の適用による終局的な解決の不可能なものであって, 裁判所法3条にいう法律上の争訟にあたらないものといわなければならない。」

寺田意見

「本訴請求は, ……不当利得返還の請求, すなわち金銭の給付を求める請求であって, 前記宗教上の問題は, その前提問題にすぎず, 宗教上の論争そのものを訴訟の目的とするものではないから, 本件訴訟は裁判所法3条1項にいう法律上の争訟にあたらないものであるということはできず, 本訴請求が裁判所の審判の対象となりえないものであるということもできない(〔313事件(最大判昭35・6・8—苫米地事件)〕……参照)。」「そして, このように請求の当否を決する前提問題について宗教上の判断を必要とするため裁判所の審判権が及ばない場合には, 裁判所は, 当該宗教上の問題に関するXらの錯誤の主張を肯認して本件金銭の給付が無効であるとの判断をすることはできないこととなる(無効原因として単に錯誤があると主張するのみでその具体的内容を主張しない場合, 錯誤にあたらない事実を錯誤として主張する場合等と同視される。)から,〔当〕該給付の無効を前提とするXらの本訴請求を理由がないものとして請求棄却の判決をすべきものである。」

■解説■

1 本判決の言葉を借りれば, 裁判所がその固有の権限に基づいて審判できる「法律上の争訟」(裁3)とは, (a)「当事者間の具体的な権利義務ないし法律関係の存否に関する紛争」であって, かつ, (b)「それが法令の適用により終局的に解決することのできるもの」に限られる。したがって, (a)要件(狭義の事件性)は満たすが, (b)要件(終局的解決可能性)を欠く紛争は, 結局のところ「法律上の争訟」を構成せず, 裁判所が審判権を行使できない(can not)紛争とみなされる(司法権の内在的制約)。本件訴えは, 金員の支払に関するもの, 具体的には, 錯誤(民95)を理由とする寄付金の返還請求であって, まさに具体的な権利義務に関する紛争であるといえるが(すなわち(a)要件は満たしているが),「信仰の対象の価値又は宗教上の教義に関する判断」が「本件訴訟の帰す

うを左右する必要不可欠のもの」となっており，法令の適用による終局的解決が不可能なものであると認められるために（すなわち(b)要件を欠くために），結局「法律上の争訟」には当たらず，不適法な訴えとして却下された。

2　このように，本判決では，宗教団体の内部紛争に対する司法審査が限定されたわけであるが，こうした「限定」は，295事件（最判昭55・1・11―種徳寺事件）や296事件（最判昭55・4・10―本門寺事件）において既に示唆されていた。しかし，これらの事件と本判決ではその「限定」の根拠が大きく異なる。

例えば，296事件では，信教の自由の観点から，「〔宗教〕団体の内部関係に関する事項については原則として当該団体の自治権を尊重すべく，本来その自治によって決定すべき事項，殊に宗教上の教義にわたる事項のごときものについては，国の機関である裁判所がこれに立ち入って実体的な審理，判断を施すべきものではない」と述べられていた。ここでは，部分社会論を髣髴とさせるようなかたちで，信教の自由に基づく宗教団体の自治・自律が強調され，かつ，「審理，判断を施すべきものではない」（should not）という言葉が用いられているように，司法権の外在的制約が「限定」の根拠とされていた。他方，本判決は，判決理由中にこうした自治論的要素はまったく出てこない（後の298事件〔最判平元・9・8―蓮華寺事件〕などでは再び自治論的要素が顔を見せるが，この点については298事件解説で検討する）。さらに，本判決が，前年に出された295事件や296事件ではなく，学術技術問題を司法権の範囲外とした285事件を引用していることからもうかがえるように，本判決が「限定」の根拠としたのは，前記(b)要件（終局的解決可能性）の欠如に基づく司法権の内在的制約であった。その意味で，295＝296事件と本判決との間には，宗教問題に対する司法審査の「限定」の根拠について重要な違いがあるといえる（「すべきでない」から「しない」のか，「できない」から「しない」のかは，論理上大きな違いがあるうえ，司法判断の積極性・消極性や，本案判決か訴訟判決かといった問題を含め，種々の実践的相違をもたらすことにもなる）。

なお，裁判所がその能力上「できない（不可能）」ことと「苦手・不得意」なこととは区別されるべきであり（安念・後掲252頁），この区別に注意すると，前者にかかわる事案というのは，実は相当に絞り込まれるようにも思われる（山本・後掲78頁）。

3　本判決は，裁判所が審理・判断できない事項が請求の当否を決する前提問題にとどまっている場合でも，裁判所はその訴え全体を却下すべきという考え（板まんだらの真偽について判断できなければ，錯誤の有無についても判断できないという考え）を示した（「判断放棄型」思考と呼ばれることもある。この点については，安念・後掲252頁）。これは，287事件（東京高判平9・6・18―国民投票法事件）などとは異質なアプローチである。同判決では，前提問題として司法判断になじまない事項が含まれていたとしても，裁判所は，訴え全体を却下することなく，当該団体（同事件では衆議院）の自律的判断を受容して，あるいは基礎として，当該請求の当否を判断するべきとされているからである（ここでは本案判決が下されることになる。313事件，291事件〔最判昭63・12・20―共産党袴田事件〕等も参照）。

そこで，宗教問題が前提問題となる本件のような場合に，なぜ訴え全体が却下されるのか（なぜ全体的派及効が認められるのか）が問題となる。学説には，「紛争の実質」論から説明しようとするものが少なくない。すなわち，宗教団体の内部紛争は，たとえ世俗的紛争の形式をとっていたとしても，その実質が宗教紛争ないし宗派抗争（主流派と造反派の抗争）であることが少なくなく，㋐世俗的紛争処理機関としての裁判所がこれを解決する必要性に乏しい上（桐ヶ谷・後掲，野坂・後掲409頁），㋑抗争の熾烈さゆえに当該宗教団体の自律的判断を同定しにくく，裁判所が無理にこれを同定，受容して請求の当否を判断した場合に，宗教的中立性を害するおそれも認められるために（298事件2審〔大阪高判昭61・5・6判時1207号61頁〕参照），結局，紛争全体を不適法なものとして却下するのが妥当と考えるのである（㋐を強調すれば，狭義の事件性要件の欠如とかかわる）。本件も，その「実質」において，Yの主流派幹部と造反派（元）会員との「板まんだら」の真偽をめぐる「宗教紛争」とみなされうることから（あるいは，不当利得返還請求といっても実際には「供養金」たる宗教上の献金の返金が問題となっていることから），本判決（却下）を妥当と評価する見解が多い（逆に宗教紛争の衣をまとった世俗的紛争である場合には，事情が異なる。295事件および296事件を参照）。他方，よりシンプルに，全体的派及効が認められる根拠を，本判決が純粋な宗教的事項（「板まんだら」の真偽や「戒壇の完結」の成否）を司法判断「できない」（can not）事項として捉えた，という点に求めることも不可能ではない。自律権に属する事項や統治行為など，司法判断「すべきでない」（should not）事項は，明白な憲法違反などについて司法審査が（裏から）及ぶため，当該団体の自律的判断を受容しやすく，それを基礎にした本案判決を出しやすいのに対して，「できない」事項は，裁判所による審理・判断が一切及ばないために，それが前提問題の多くを占めれば，紛争の終局的解決が不可能にならざるを得ないと解されるからである（実際に本判決は，シンプルに，「板まんだら」の真偽など，裁判所が判断「できない」事項が，一定のボリュームをもって前提問題として存在していることを，訴え却下の理由としているようである）。

4　本判決の寺田意見は，裁判所が認定できない要件事実については主張立証責任を適用し，本案判決を下すべき旨を主張するが，信教の自由への過剰介入につながるとして，これを批判する見解が少なくない。

◆ 参考文献 ◆

安念潤司・争点250頁，石川健治・平成5年度重判解11頁，桐ヶ谷章・法セ増刊『憲法訴訟』[1983] 269頁，佐々木雅寿・判例講義Ⅱ 271頁，プロセス617頁（宍戸常寿），篠田省二・最判解民事篇昭和56年度212頁，初宿正典・百選Ⅱ〔第5版〕420頁，野坂泰司・同〔第4版〕408頁，山本龍彦・法セ678号74頁。

298 法律上の争訟と宗教問題(2)
――蓮華寺事件

最高裁平成元年9月8日第二小法廷判決
（昭和61年（オ）第943号建物明渡，代表役員等地位確認請求事件）
民集43巻8号889頁，判時1329号11頁

■事案■

Yは，1965（昭和40）年10月に，宗教法人日蓮正宗の管長Aによって，日蓮正宗の被包括宗教法人であるX寺（蓮華寺）の住職に任命されるとともに，「代表役員は，日蓮正宗の規程によって，この寺院の住職の職のある者をもって充てる」とするX寺規則に基づき，X寺の代表役員に就任し，同年11月ごろからX寺所有の寺院付建物の占有を開始した。ところが，その後，日蓮正宗の信徒団体であった創価学会を厳しく批判する正信覚醒運動に参加し，同運動において中心的役割を果たしていたYは，1979年に遷化したAの後を継いで法主・管長に就任したBが，創価学会と協調路線（僧俗和合協調路線）をとり始めたことに反発し，Bの立場は日蓮正宗の教義に反するとか，BはそもそもAから（法主承継に必要な秘伝の）「血脈相承」を受けていないなどとする所説を発表したために，1981年2月，Bにより擯斥処分（僧籍剥奪処分）を受けた。処分理由は，Yの所説は異説に当たり，訓戒を受けてもYはこれを改めず，日蓮正宗宗規の擯斥事由（「本宗の法規に違反し，異説を唱え，訓戒を受けても改めない者」）に該当する，というものである（なお，同処分は責任役員会の議決を経ていた）。

この処分を受けて，X寺はYに対し，YはX寺の住職たる地位および代表役員たる地位を失ったためX寺所有建物の占有権原を喪失したとして，その明渡しを求める訴えを提起し（第1事件），YはX寺に対し，本件処分は懲戒権者たる管長の地位にない者によってなされ，かつ，自説は異説ではなく擯斥事由は存在しないために無効であるなどと主張して，代表役員・責任役員の地位にあることの確認を求める訴えを提起した（第2事件）。

1審（大阪地判昭59・9・28下民集34巻1～4号377頁）は，第1・2事件ともXを勝訴させたが，2審（大阪高判昭61・5・6判時1207号61頁）は，両事件とも「その実質において宗教上の争いにほかなら」ず，法律上の争訟に当たらないとして訴えを却下したために，X・Yの双方が上告した（なお，以下の判旨は第1事件に関するもの。第2事件については判時1329号25頁参照）。

■争点■

宗教団体内部においてされた懲戒処分の効力を前提問題とする具体的紛争は「法律上の争訟」に当たるか。

■判旨■

上告棄却。

「裁判所がその固有の権限に基づいて審判することのできる対象は，裁判所法3条にいう『法律上の争訟』，すなわち当事者間の具体的な権利義務ないし法律関係の存否に関する紛争であって，かつ，法令の適用により終局的に解決することができるものに限られ，したがって，具体的な権利義務ないし法律関係に関する紛争であっても，法令の適用により解決するに適しないものは，裁判所の審判の対象となり得ない……（〔本書297事件（最判昭56・4・7―「板まんだら」事件）〕……参照）」。

「宗教団体における宗教上の教義，信仰に関する事項については，憲法上国の干渉からの自由が保障されているのであるから，これらの事項については，裁判所は，その自由に介入すべきではなく，一切の審判権を有しないとともに，これらの事項にかかわる紛議については厳に中立を保つべきであることは，憲法20条のほか，宗教法人法1条2項，85条の規定の趣旨に鑑み明らかなところである（〔296事件（最判昭55・4・10―本門寺事件，前記297事件〕……参照）。かかる見地からすると，特定人についての宗教法人の代表役員等の地位の存否を審理判断する前提として，……手続上の準則に従って選任，剥奪がなされたかどうかにとどまらず，宗教上の教義，信仰に関する事項をも審理判断しなければならないときには，裁判所は，かかる事項について一切の審判権を有しない以上，右の地位の存否の審理判断をすることができない……（前記〔296事件〕……参照）」。

「したがってまた，当事者間の具体的な権利義務ないし法律関係に関する訴訟であっても，宗教団体内部においてされた懲戒処分の効力が請求の当否を決する前提問題となっており，その効力の有無が当事者間の紛争の本質的争点をなすとともに，それが宗教上の教義，信仰の内容に深くかかわっているため，右教義，信仰の内容に立ち入ることなくしてその効力の有無を判断することができず，しかも，その判断が訴訟の帰趨を左右する必要不可欠のものである場合には，右訴訟は，その実質において法令の適用による終局的解決に適しないものとして，裁判所法3条にいう『法律上の争訟』に当たらない……（前記〔297事件〕……参照）」。

「本件においては，……本件擯斥処分の効力の有無が本件建物の明渡を求めるXの請求の前提をなし，その効力の有無が帰するところ本件紛争の本質的争点をなすとともに，その効力についての判断が本件訴訟の帰趨を左右する必要不可欠のものであるところ，その判断をするについては，Yに対する懲戒事由の存否，すなわちYの前記言説が日蓮正宗の本尊観及び血脈相承に関する教義及び信仰を否定する異説に当たるかどうかの判断が不可欠であるが，右の点は，単なる経済的又は市民的社会事象とは全く異質のものであり，日蓮正宗の教義，信仰と深くかかわっているため，右教義，信仰の内容に立ち入ることなくして判断することのできない性質のものであるから，結局，本件訴訟の本質的争点である本件擯斥処分の効力の有無については裁判所の審理判断が許されないものというべきであり，裁判所が，Xないし日蓮正宗の主張，判断に従ってYの言説を『異説』であるとして本件擯斥処分を有効なものと判断することも，宗教上の教義，信仰に関する事項について審判権を有せず，これらの事項にかかわる紛議について厳に中立を保つべき裁判所として，到底許されないところである。したがって，本件訴訟は，その実質において法令の適用により終局的に解決することができないものといわざるを得ず，裁判所法3条にいう『法律上の争訟』に該当しない」。

■解説■

1 事案でも触れたように，1970年代後半から，日蓮正宗とその信徒団体であった創価学会（以下，「学会」と呼ぶ）との対立が表面化し，学会に敵対する僧侶らによって組織された正信覚醒運動も激しさを増していった。

これに伴い，学会との協調路線をとり始めた日蓮正宗管長（B）と正信会僧侶らとの抗争を中心とする日蓮正宗の内紛が法廷の場に持ち込まれることも増えていった（299事件〔最判平5・9・7―日蓮正宗管長事件〕も参照。なお，後にBは，学会を破門にするなど，再び学会との対立姿勢を強めたため，内紛の中心は，日蓮正宗と学会に同調する僧侶らとの対立へとシフトしていく。最判平14・2・22判時1779号22頁〔大経寺事件〕参照）。本判決は，このような日蓮正宗の内紛に起因する一連の訴訟について，最高裁が初めて判断を下したものである。その特徴は，本件1審判決後に下された297事件を引用し，建物明渡請求のような権利義務関係の存否にかかわる訴訟であっても，宗教団体内部でなされた懲戒処分（本件では擯斥処分）の効力の有無が請求の当否を決する前提問題となっており，その効力の有無が紛争の本質的争点をなすとともに，宗教上の教義・信仰の内容に立ち入ることなくしてその効力の有無を判断することができず，しかも，その判断が訴訟の帰趨を左右する必要不可欠のものである場合には，訴え全体が，その実質において法令適用による終局的解決に適しないものとして却下されるとした点にある。このような「訴え却下」説は，後の日蓮正宗関係の訴訟にも受け継がれている（299事件，大経寺事件等参照）。

2 本件の構造は，291事件（最判昭63・12・20―共産党袴田事件）と似ている。どちらも，団体による内部的な懲戒処分を前提とした建物等の明渡請求が問題とされているからである。しかし，291事件が，団体（政党）による除名処分について限定的な審査（手続審査）を行い，団体の自律権を尊重して「処分の有効性を基本的にはそのまま受容」し（安念・後掲253頁），請求を認容する「本案判決」を出したのに対して，本判決は，処分の有効性について判断せず，訴え全体を「却下」している。この結論の違いは何に由来するのであろうか。とくに後者のアプローチは，「裁判を受ける権利」の保障という観点から問題があり得るだけに，その正当化が強く求められる。この点，本判決が，明示的ではないにせよ依拠しているとされるのが，297事件解説でも触れた「紛争の実質」論である。すなわち，紛争の実質が主流派―造反派間の宗派抗争である場合，(1)世俗的紛争処理機関としての裁判所がこれを解決する必要性に乏しく，また(2)裁判所が団体の自律的決定を尊重・受容して請求の当否を判断すれば，結果的に教義・信仰にかかわる宗教団体内部の対立の一方に肩入れすることになり，裁判所ないしは国家機関の宗教的中立性を害するおそれがあるために，結局，紛争全体を不適法なものとして却下するのが妥当とする議論である（政党の内紛との違いを強調するならば，上記(1)との関連で，政党の公的性格に対する，宗教団体の私的性格を挙げることもできる）。

3 本件は，建物明渡請求という具体的な権利義務関係の存否をめぐる訴えであるから，上記(1)（紛争解決の不要性）を正面から肯定することは難しく，(2)（中立性の論理）を，訴え却下の中心的な根拠に据えざるを得ない。実際，2審判決は，「団体の自律的結果尊重の観点から処分の効力を是認することは結果として裁判所が宗教上の対立抗争に介入しその一方の立場に立つことになり相当ではない」と述べたうえで，本件紛争の実質が「宗派を二分して展開されている……宗教上の紛争」であることを認定，強調しており，また本判決も，裁判所は宗教上の教義・信仰に関する「紛議については中立を保つべき」と繰り返し述べている。

しかし，こうした中立性の論理が，訴え却下（説）を正当化する根拠として十分であるかは，なお議論の余地がある。仮に本案判決が出されたとしても，それは，対立する一方当事者の教義解釈（の宗教的正しさ）を裁判所ないし国家機関が積極的に是認・裏書きしたものではなく，敗訴者らが自らの教義解釈に基づき新たな宗教団体を設立・結成することを妨げるものではないからである（政教分離原則違反の審査方法についてはここでは触れない）。

他方，却下による法的不確定性が，末寺荒廃などを引き起こしているという事情に鑑みれば（井上・後掲67頁），却下が実質的に「中立」と言えるか，という問題もある（擯斥処分を受けた代表役員による，寺所有の建物の所持を奪った宗教法人に対する占有回収の訴えを認容した最判平10・3・10〔判時1683号95頁〕は，却下説が被処分者〔少数派〕有利に働き得ることを示唆している）。このように考えると，多くの学説が主張するように，裁判所は，宗教団体のなした自律的決定を，手続的瑕疵のない限りで受容し，これを基礎に本案判決を出すべきと言えよう（自律的決定受容説にも様々な種類のものがあるが，まずは新堂・後掲22頁を参照されたい）。このような自律的決定受容説に対しては，常に団体内の主流派・多数派に与することになるとの批判もあるが，一定の手続審査を組み込むことで，主流派による専断的決定についてはこれを排除し得る。なお，本件1審は，処分事由の有無（Yの主張が異説に当たるか）に関する日蓮正宗の「自治的決定」を，それが宗規所定の手続（管長は責任役員会の議決に基づき教義に関して正否を裁定する）に従ってなされている限りで受容し，結果としてXの請求を認容している（もっとも，大経寺事件の河合伸一裁判官反対意見は，自律的決定受容説をとりつつも，本件のような激しい異端紛争が背景にある事案では，自律的決定が何であるかの認定が極めて困難となることから，本案判決を断念せざるを得ないとする）。

4 297事件は，285事件（最判昭41・2・8―技術士国家試験事件）を引用して，宗教上の教義に関する問題は裁判所が判断できない（can not）とし，訴えを却下したが，本判決は，中立性保持という観点から裁判所が同問題について判断すべきでない（should not）ということを主な理由として（296事件の引用はこの点にかかわる），訴えを却下している（上述の「紛争の実質」論も外在的制約論の一つであろう）。こうしてみると，最高裁は司法権の「内在的制約」と「外在的制約」を混同しているように思えてならない（山本・後掲76～77頁）。この点については，他の判決も視野に入れてより詳細な分析を行う必要があるが，さしあたり外在的制約が問題となる事案は，本来的な不可能（can not）事案ではないのであるから，「すべきでない」理由に配慮したかたちで本案判決を出すことが積極的に模索されるべきと言えよう。

5 宗教団体内部の懲戒処分それ自体の無効確認を求める訴えは，狭義の事件性要件を欠くという理由で却下され得る（最判平4・1・23民集46巻1号1頁〔蓮覚寺事件〕参照）。

◆ 参考文献 ◆
安念潤司・争点250頁，市川正人・法教115号94頁，井上治典『民事手続の実践と理論』〔2003〕67頁，魚住庸夫・最判解民事篇平成元年度286頁，大沢秀介・ジュリ947号83頁，プロセス617頁（宍戸常寿），新堂幸司＝谷口安平編『講座民事訴訟2』〔1984〕1頁（新堂幸司），山本龍彦・法セ678号74頁。

299 法律上の争訟と宗教問題(3)
―― 日蓮正宗管長事件

最高裁平成5年9月7日第三小法廷判決
（昭和61年（オ）第531号代表役員等地位不存在確認請求事件）
民集47巻7号4667頁，判時1503号34頁

■事　案■

本件は，本書298事件（最判平元・9・8―蓮華寺事件）でも問題となった，宗教法人Y₁（日蓮正宗）内における路線対立を背景に，Y₁に包括される末寺の住職等であるXらが，Y₁およびY₂（Y₁の管長・代表役員。298事件のB）を相手に，Y₂の管長・代表役員としての地位の不存在の確認を求めた事案である。Xらは，その理由として，Y₁の宗制等によれば管長・代表役員の地位を取得する前提として法主就任が必要となるところ，Y₂は前法主より法主選定のための宗教的行為である「血脈相承」を受けていないなどと主張した。

1審（静岡地判昭58・3・30下民集34巻1～4号329頁）は，血脈相承の存否の判断は教義，信仰，教団の存立に深くかかわるから，国家機関としての裁判所はこの存否を審理・判断すべきではないとして法律上の争訟性を否定し，訴えを却下した。2審（東京高判昭60・11・21高民集38巻3号147頁）は，法主の任免に関与する機会をもたない一般末寺の僧侶であるXらは，管長・代表役員たる地位の存否を争う適格および法律上の利益を有しないとして，結局Xらの控訴を棄却したため，Xらが上告した。

■争　点■

代表役員の地位の存否の確認を求める訴えは「法律上の争訟」に当たるか。

■判　旨■

上告棄却（大野正男裁判官の反対意見がある）。

「特定の者が宗教団体の宗教活動上の地位にあることに基づいて宗教法人である当該宗教団体の代表役員の地位にあることが争われている場合には，裁判所は，原則として，右の者が宗教活動上の地位にあるか否かを審理，判断すべきものであるが，他方，宗教上の教義ないし信仰の内容にかかわる事項についてまで裁判所の審判権が及ぶものではない〔296事件（最判昭55・4・10―本門寺事件）……参照〕。」「したがって，特定の者の宗教活動上の地位の存否を審理，判断するにつき，当該宗教団体の教義ないし信仰の内容に立ち入って審理，判断することが必要不可欠である場合には，裁判所は，その者が宗教活動上の地位にあるか否かを審理，判断することができず，その結果，宗教法人の代表役員の地位の存否についても審理，判断することができないことになるが，この場合には，特定の者の宗教法人の代表役員の地位の存否の確認を求める訴えは，裁判所が法令の適用によって終局的な解決を図ることができない訴訟として，裁判所法3条にいう『法律上の争訟』に当たらないというほかない。」

「Y₂が代表役員及び管長の地位にあるか否かを審理，判断するには，Y₂が法主の地位にあるか否かを審理，判断する必要があるところ，……Y₁においては，法主は，宗祖以来の唯授一人の血脈を相承する者であるとされているから，Y₂が法主の地位にあるか否かを審理，判断するには，血脈相承の意義を明らかにした上で，同人が血脈を相承したものということができるかどうかを審理しなければならない。そのためには，Y₁の教義ないし信仰の内容に立ち入って審理，判断することが避けられないことは，明らかである。そうであるとすると，本件訴えは，結局，いずれも法律上の争訟性を欠き，不適法として却下を免れない。」

大野反対意見
本件の争点は，Y₂がY₁の宗制・宗規の条項に適合して法主に「選定」されたか否かである。「法主の『選定』があったか否かは，『血脈相承』それ自体を判断しないでも，『選定』を推認させる間接事実（例えば，就任の公表，披露，就任儀式の挙行など）の存否，あるいは選任に対するY₁内の自律的決定ないしこれと同視し得るような間接事実（例えば，責任役員らによる承認，新法主による儀式の挙行と列席者の承認など）の存否を主張立証させることによって判断することが可能である。『選定』の直接事実は『血脈相承』であり，それは裁判所の判断すべき事項ではないが，右例示の間接事実は，教義，教理の内容にわたるものではなく，裁判所にとって判断可能な社会的事実であり，これらの事実の存否によって，裁判所はY₂が宗教法人たるY₁の代表役員であるか否かを判定することが可能であり，また必要である。」

■解　説■

1　本件訴えは，宗教法人の代表役員たる地位（法律上の地位）の存否の確認を求めるもので，かつ，この請求の当否を決する前提として宗教上の地位の存否が問題となっている点で，296事件と類似している。ただ，296事件が，宗教上の地位（住職）の存否判断に必ずしも宗教上の教義解釈が必要とされない事案であったのに対して，本件は，宗教上の地位（法主）の存否判断と教義解釈（血脈相承の有無）とが密接不可分の関係にあるとされる。そして，296事件が，前者の事案につき宗教上の地位の存否を認め，これを前提に代表役員たる地位を確認したのに対して（本案判決），本判決は，297事件（最判昭56・4・7―「板まんだら」事件）の趣旨を容れ，教義問題について裁判所の審判権が及ばない以上，教義問題と密着する宗教上の地位についても，またこれを前提とする代表役員たる地位についても裁判所は判断することができないとして，結局，本件訴えの「法律上の争訟」性を否定した（却下判決）。

2　298事件解説で触れたように，このような訴え却下の手法については，裁判を受ける権利を軽視しているのではないか，あるいは（代表役員の地位が法的に確定されないために）宗教法人の運営を困難にするのではないか，といった批判があり，宗教団体の自律的決定を受容し，これを前提に本案判決を出すべきとの見解が有力に説かれている（大野反対意見にこうした自律的決定受容説の一端が見られる。さらに，最判平11・9・28判時1689号78頁〔仏世寺事件〕の元原利文裁判官反対意見参照）。ただし，本件のように，包括的宗教法人のトップである代表役員の地位が争われている場合には，当該宗教法人の自律的決定の同定がきわめて不明確になるとする指摘もある（滝澤・後掲753頁）。

◆参考文献◆
笹田栄司・百選Ⅱ〔第5版〕422頁，滝澤孝臣・最判解民事篇平成5年度728頁。

300 内閣総理大臣の異議

東京地裁昭和44年9月26日判決
(昭和42年(ワ)第7235号損害賠償請求事件)
行集20巻8・9号1141頁, 判時568号14頁

■事案■

X（憲法学者・星野安三郎）は、憲法擁護東京都民連合の代表役員として、憲法施行20周年を記念し、憲法擁護の趣旨を広く国民に訴えるためのデモ行進を、1967（昭和42）年6月10日に行うため、都公安条例に基づき、東京都公安委員会に許可申請を行ったが、同月8日、国会周辺コースの変更を条件とする（条件付）許可処分を受けた。そこでXは、同条件の取消しを求める訴えを提起するとともに、同条件の効力停止の申立てを行った。

東京地裁民事第二部は、この申立てを受け、同月9日午後9時すぎ、(1)本件申立ては回復困難な損害を避けるため緊急必要がある、(2)本件デモ行進は国政審議権の公正な行使を阻害し、公共の福祉に重大な影響を及ぼすおそれがあると断ずることはできないとして、進路変更条件の効力を停止する旨の決定をした（本書91事件〔東京地決42・6・9〕）。ところが、同決定に対し、同日午後11時50分ごろ、佐藤栄作総理大臣（当時）が、行訴法27条に定める異議を述べたため、翌10日午前5時50分、同地裁は、同条4項に基づき、前記執行停止決定を取り消した（そのためXは国会周辺コースを通ってデモ行進を行うことができなかった）。そこでXは、内閣総理大臣の本件異議申述を違法として国家賠償請求を求めた。

■争点■

①執行停止の性質はいかなるものか。
②執行停止に対する内閣総理大臣の異議制度は合憲か。
③異議内容の適否について裁判所の判断権は及ぶか。

■判旨■

請求棄却。

（ⅰ）行政処分の執行停止は、「確定的法律判断に至るまでの当事者間の法的状態の暫定的安定を保持し、確定的法律判断の結果を有名無実のものとしないための処分であるという点で、民事事件における保全処分の一つである仮の地位を定める仮処分に類似する」が、「行政処分はその適法性について争いがあっても、権限ある行政庁によって取消され、あるいは固有の司法作用による確定的法律判断によってその違法であることが確定されるまでは、一応適法なものとして取扱われる、いわゆる公定力を有し、したがって、行政庁はみずからその処分の執行をすることができる、いわゆる自力執行性を有するのであるから、行政処分の効力または執行の停止は行政処分たる性質を有するものである」。

（ⅱ）「このように、行政処分の効力または執行の停止も民事事件についての仮の地位を定める仮処分も、ともに固有の司法作用の実効性を確保するため、本案の裁判の確定前において暫定的に法律状態を形成する処分であるという点においては同じであるが、その形成の対象となる法律関係の性質の相違から、処分としての性質に差異がある。したがって、……民事事件についての保全処分を行う権限は憲法第76条第1項によって直接に裁判所の権限とされる司法権に含まれると解すべきであるけれども、行政処分の効力または執行を停止する権限についても同様に解すべきであるとは断定できない。つまり、行政処分の効力または執行を停止する権限は、本来固有の意味における司法権の範囲には属せず、いわば行政的作用であるが、国会は、立法政策上、司法機関たる裁判所に行わせるのが適当であると思考した結果、行訴法第25条においてこれを裁判所の権限とするに至ったものである。いわば、それは、本来的な行政作用の司法権への移譲にほかならない。したがって、その権限移譲にあたり、どのような態様で移譲し、どのように司法機関に行わしめるかも、一つの立法政策の問題であって、合憲違憲の問題は起らない。」「行訴法第27条第1項、第4項の規定が憲法第76条第1項に違反するものであるとはいえない。」

（ⅲ）行訴法27条の「一連の規定は、異議申述についての総理大臣の政治的責任を明らかならしめることによって、異議申述を慎重にさせようとするものであって、裁判所は、異議の理由として示された事情の存否、およびそれが公共の福祉に重大な影響を及ぼすものといえるか否かについての判断権、すなわち異議の理由の当否についての判断権を有しないと解するのが相当であ」る。これらは「政治責任の問題として、国会において検討さるべきことがらであり、適法、違法の問題として、裁判所で審判の対象となる問題ではない」。裁判所が異議の当否について判断権を有しないのは、「当該行政処分執行の必要の緊急性」にかかわりのない本件訴訟（異議の違法を理由とする事後の国家賠償請求訴訟）においても同様である。

■解説■

1　行訴法は、仮の権利救済として、裁判所は「重大な損害を避けるため緊急の必要があるときは」行政処分の効力または執行を停止することができる旨を規定する一方で（25Ⅱ）、内閣総理大臣がこの執行停止に異議を述べることを認めている（27Ⅰ。ただし内閣総理大臣は、異議の理由を付し、その理由中に「公共の福祉に重大な影響を及ぼすおそれのある事情」を示す必要がある。同条2項および3項。異議要件として、他に同条6項参照）。この内閣総理大臣による異議制度は、行政権が裁判所による判断を一方的に覆すことを認めるものであり、とくに憲法76条1項との整合性が問題とされてきた。

2　異議制度は、占領下において、いわゆる公職追放処分に対する裁判所の執行停止仮処分決定を内閣総理大臣が覆す機会を確保し、占領政策の遂行に批判的な裁判

所を牽制しようと考えたGHQの強い働きかけによって，行訴特例法10条2項および3項に組み込まれた（その契機となったのは，昭和23〔1948〕年，東京地裁が，平野力三衆議院議員に対する公職追放処分の効力停止を決定したのに対して，GHQがこれを取り消すように命じた「平野事件」である。詳細は，佐藤竺・後掲239頁参照）。この，諸外国においても例を見ないとされる特異の制度の憲法適合性は，289事件（最大決昭28・1・16＝米内山事件）後に盛んに論じられることとなり，執行停止は行政作用の一種で，そもそも司法権固有の作用ではないから，かかる執行停止に対する内閣総理大臣の異議は司法権への不当な介入には当たらないとする見解や（田中〔二〕・後掲200頁，兼子〔一〕・後掲164頁等），反対に，司法国家制を採用した現行憲法下における司法権には，裁判所が本案判決を下す権限のみならず，個人の権利利益の侵害に対する実効的・実質的救済を確保するための権限も含むとし，仮の救済手続たる執行停止を司法作用に含めた上で，異議制度をかかる司法作用に対する行政権の不当な介入として違憲と解する見解など（289事件の真野毅裁判官意見，今村・後掲318頁等。後者は，異議が「当事者の対等という訴訟制度の基本構造」に反することも併せて指摘する），様々な見解が提示された（他に，憲法32条や76条3項との関係を問題視するものがあった。議論の詳細は，佐藤〔英〕・後掲192〜193頁，田中〔信〕・後掲510〜511頁参照）。

その後，289事件の多数意見が，異議の時宜を問題にするにとどまり，異議制度それ自体の合憲性に疑いを差し挟むものではなかったこと，上述の〈執行停止＝行政作用〉説が通説的位置を占めたことなどから，少なくとも判例上は「この制度の合憲性は当然の前提とされる」ようになるが（佐藤〔英〕・後掲189，191頁。ただし1962年の行訴法改正時の議論につき，入江・後掲26頁以下参照），昭和40年代に入り，東京都公安条例に基づくデモ行進の不許可処分ないし条件付許可処分の条件部分（国会周辺を迂回させる進路変更）の執行停止に対し，内閣総理大臣がたびたび異議を申述したことにより，異議制度の合憲性に関する議論が再び活発化するに至った（例えば，91事件。裁判所はいずれの事案でも，異議を受けて執行停止決定を取り消している）。

3 上述のように，異議制度の合憲性を当然の前提とする判決が多く見られたなかで，本判決は，詳細な理由を挙げてその合憲性を正面から認めた点で注目される。すなわち本判決は，民事保全処分が司法作用の一部に含まれることを認めながらも，「公定力」および「自力執行性」を有する行政処分の執行停止は「行政処分たる性質」を有するもので（判旨(i)），「固有の意味における司法権」の範囲には含まれず，この権限をどう裁判所に移譲するかは立法政策上の問題にとどまるため，結局，立法府が内閣総理大臣による異議を伴う形でこの権限を移譲したとしても76条に違反するものとはいえないと述べたのである（判旨(ii)）。従前の学説には，民事上の保全手続も含め，およそ仮の権利保護なるものは76条1項の司法権に属する事項ではないと主張する見解もみられ

たところ，本判決が，権力分立の歴史的解釈に依拠して，「憲法第76条第1項によって，直接に裁判所の権限とされる司法権」には，「具体的な法律上の争訟について法を適用して，ある事項の適法，違法を確定し，または具体的な権利義務の関係を確定する作用」ばかりでなく，「確定的法律判断の結果を有名無実のものとしないために，暫定的法律状態を形成する処分を行う権限」を含むとして，民事保全処分を行う権限をそれに組み込んだ点は注目されてよいであろう。しかし，本判決が，「公定力」や「自力執行性」という，いまや行政行為の本質的要素と解されることの少なくなった旧式の概念をもって，執行停止を，同じ仮の救済手続たる民事保全手続から区別しうるのかについては議論の余地がある。現在では，本判決への反動もあってか，異議制度の合憲性に疑問を呈する見解が有力化していると言ってよいであろう（紙野・後掲417頁，佐藤憲法308頁，長谷部389頁等を参照）。

4 行特法の立法過程を見ると，異議制度は，統治行為ないし執政作用に対する司法権の限界として創設されたように思える（例えば，異議制度の導入を強く示唆したGHQ側のオプラー法規課長は，「政治は内閣総理大臣が責任を負うべきものであり，裁判所に口出しさせてはならない」とか，「内閣総理大臣は，政治的理由から，よほど大きな国家の重要性をもつ場合でなければ，この権限を行使することはない」と述べていた。佐藤〔竺〕・後掲262頁，兼子〔仁〕・後掲317頁参照）。そうであるならば，内閣総理大臣の異議は，「高度の政治性を有する問題」が絡んでいるような例外的な場面でのみ許容されると解すべきであろうし，また，そのような場面でも，「一見極めて明白に違憲無効であると認められる」異議に対する司法審査が排除されるわけではないと解すべきであろう（佐藤憲法308頁は，「異議の制度が正当化されることがあるとすれば，内閣の命運にかかわるような非常事態の法理しかない」と述べる）。その意味では，仮に異議制度それ自体の残存を容認したとしても，本判決が，統治行為とはおよそ関連しないデモ行進制限に関する執行停止への異議を当然に認めたこと，異議内容に対する司法審査の可能性を完全に否定したこと（判旨(iii)）は厳しく批判されてよいように思われる（さらに本判決は，執行の緊急性に欠く事後の国賠請求訴訟における司法審査の可能性まで否定しているが，問題である）。

◆ 参考文献 ◆
田中二郎ほか編『行政法講座(3)』［1965］318頁（今村成和），入江俊郎・法時34巻10号26頁，兼子一『民事法研究(2)』［1954］，鵜飼信成編『行政手続の研究』［1961］317頁（兼子仁），紙野健二・行政百選Ⅱ〔第5版〕416頁，鵜飼編・前掲239頁（佐藤竺），佐藤英善・ジュリ925号186頁，田中二郎『行政争訟の法理』［1954］，南博方＝高橋滋編『条解行政事件訴訟法〔第3版補正版〕』［2009］508頁（田中信義），村上裕章・行政法の争点〔第3版〕122頁。

判例の流れ　●宍戸常寿●

26 裁判所(3) 憲法訴訟

　1　憲法81条は起草当時からアメリカ型の付随的審査制を定めていると解するのが一般的であり，最高裁自身も早くからこの立場を述べていた（301事件〔最大判昭23・7・8〕，302事件〔最大判昭25・2・1〕）。警察予備隊訴訟判決（303事件〔最大判昭27・10・8〕）の意義は，最高裁は付随的審査から独立の憲法裁判をすることもできるかどうかという問題に，決着を付けたことにある。

　2　抽象的な紛争における違憲審査は認められないが（304事件〔最判平3・4・19〕），客観訴訟は司法権に属しないにもかかわらず違憲審査権の行使が認められているように（「7　政教分離」。なお305事件〔京都地判平5・11・19〕），「付随的審査制」は実際には憲法保障の機能をも有している。傍論による憲法判断（325事件〔大阪高判平17・9・30―大阪靖國訴訟〕）はその限界事例と見ることができる。

　3　付随的審査制の帰結として憲法判断回避の準則が導かれる，と説かれることがある。しかし付随的審査制の基礎は法を解釈する裁判官の専門的能力にあるのだから，無理な法令解釈はその基礎を掘り崩すことになり，法令の「書換え」による立法権侵害のおそれもある。狭義の憲法判断回避に関する恵庭事件（306事件〔札幌地判昭42・3・29〕）とともに，判例の設定した合憲限定解釈の限界を検討してみよう（308事件〔最大判昭59・12・12―税関検査事件〕～310事件〔最判平19・9・18―広島市暴走族追放条例事件〕。「15　適正手続」〈判例の流れ〉も参照）。

　「書換え」の限界がより大きな問題となる合憲拡張解釈については，非嫡出子国籍法差別違憲判決（311事件〔最大判平20・6・4〕）が考察の手掛かりを与える。

　4　違憲審査の対象として問題になるのは，条約（312事件〔最大判昭34・12・16―砂川事件上告審〕），統治行為（312・313事件〔最大判昭35・6・8―苫米地事件〕）および立法不作為（314事件〔最判昭60・11・21―在宅投票制度廃止事件〕～317事件〔山口地下関支判平10・4・27―関釜訴訟1審〕。311事件は評価が分かれる）である。313事件の「純粋型」よりも312事件のほうが，実務上の統治行為論としては優勢である。

　立法不作為の争い方としては，無名抗告訴訟のほか国家賠償訴訟がある。後者の可能性を著しく狭めた314事件に対して，下級審が異なる形で挑戦してきたが（315事件〔熊本地判平13・5・11―熊本ハンセン病訴訟〕・317事件），在外邦人選挙権事件判決（316事件〔最大判平17・9・14〕）は国賠法上の違法性の判断を緩和するとともに，公法上の確認訴訟を認めた点で注目される。

　5　わが国では違憲判決といえば法令違憲の手法がイメージされるが，付随的審査制の建前からは適用違憲が原則のはずである（318事件〔旭川地判昭43・3・25―猿払事件1審〕。80事件〔最判昭62・3・3―大分県屋外広告物条例事件〕・82事件〔最判昭59・12・18〕の伊藤正己裁判官少数意見も参照）。これに対して最近の最高裁は，郵便法事件（319事件〔最大判平14・9・11〕）のほか316事件・311事件で，部分違憲の手法を活用している。

　第三者所有物没収事件（320事件〔最大判昭37・11・28〕）は，付随的審査制の建前からは例外となる第三者の違憲主張適格を認めたが，同判決の違憲判断の方法については，理解の対立がある。

　6　付随的審査制からすれば，違憲と判断された法令の規定は，当該事件で法令の適用が問題になる時点に遡及して無効となる（遡及的無効）。しかし実際には，時間・効力の両面で違憲判断の効果の修正が求められる場合もある。合理的期間論（321事件〔最大判昭51・4・14〕）も，憲法判断の効力の面からは，規定を無効とせず違憲の確認ないし警告にとどめたものと見ることができ，事情判決の法理と共通する点がある。さらに議員定数不均衡事件では，違憲無効の効果を判決後に遅らせて発生させる，将来効の手法が提唱されている（322事件〔最大判昭60・7・17〕）。

　遡及的に法令が違憲となった時点よりも後で，その法令を基礎としてなされた裁判は，本来は不当な裁判だったということになる。この点，319事件判決を受けて，再審による救済の可能性を示した大阪高決平16・5・10（公刊物未登載，蛯原健介・百選Ⅱ〔第5版〕446頁）が注目される。逆に法的安定性の観点から，違憲判断の効力を当該事件以外に遡及させないという手法が説かれている（47事件〔最大決平7・7・5〕の反対意見参照）。

　憲法判例の変更については，東京都教組事件（307事件〔最大判昭44・4・2〕）等の合憲限定解釈を変更した全農林警職法事件（323事件〔最大判昭48・4・25〕）と，それに伴う遡及処罰の禁止との関係（324事件〔最判平8・11・18〕）を，まとめて学習すると良い（「19　社会権(2)労働基本権」も参照）。

301 違憲審査権の性格

最高裁昭和23年7月8日大法廷判決
(昭和23年(れ)第188号窃盗被告事件)
刑集2巻8号801頁

■ 事 案 ■

Y（被告人・控訴人・上告人・再上告人）は、2審（広島地判昭21・12・24公刊物未登載）で有罪判決を受け、大審院に上告した。裁判所法施行令1条（昭22政令24）は、過渡的措置として、大審院の受理した事件は東京高裁で取り扱うこととしており、本件についても東京高裁が上告棄却の判決をした（判決年月日不明）。

Xは、最高裁の開設により本件は最高裁において審理されるべきであり、裁判所法施行令1条は憲法13条・14条・32条等に反する等として、最高裁に再上告した。なお、刑訴応急措置法17条は、高等裁判所が上告審としてした判決に対して、「判決において法律、命令、規則又は処分が憲法に適合するかしないかについてした判断が不当であることを理由とするとき」に限って最高裁への再上告を許していたため、本件再上告が許されるかどうかの前提として、判決が同条ひいては憲法81条にいう「処分」に含まれるかどうかが問題となった。

■ 争 点 ■

①81条の違憲審査権の性格。
②裁判は81条にいう「処分」の中に含まれるか。

■ 判 旨 ■

上告棄却（斎藤悠輔裁判官の意見がある）。

(i)「現今通常一般には、最高裁判所の違憲審査権は、憲法第81条によって定められていると説かれるが、一層根本的な考方からすれば、よしやかかる規定がなくとも、第98条の最高法規の規定又は第76条若しくは第99条の裁判官の憲法遵守義務の規定から、違憲審査権は十分に抽出され得るのである。米国憲法においては、前記第81条に該当すべき規定は全然存在しないのであるが、最高法規の規定と裁判官の憲法遵守義務から、1803年のマーベリー対マディソン事件の判決以来幾多の判例をもって違憲審査権は解釈上確立された。日本国憲法第81条は、米国憲法の解釈として樹立せられた違憲審査権を、明文をもって規定したという点において特徴を有するのである。」

(ii)「裁判は一般的抽象的規範を制定するものではなく、個々の事件について具体的処置をつけるものであるから、その本質は一種の処分である」。「法律、命令、規則又は行政処分の憲法適否性が裁判の過程において終審として最高裁判所において審判されるにかかわらず、裁判の憲法適否性が裁判の過程において終審として最高裁判所において審判されない筈はない。否、一切の抽象的規範は、法律たると命令たると規則たるとを問わず、終審として最高裁判所の違憲審査権に服すると共に、一切の処分は、行政処分たると裁判たるとを問わず、終審として最高裁判所の違憲審査権に服する。すなわち、立法行為も行政行為も司法行為（裁判）も、皆共に裁判の過程においてはピラミッド型において終審として最高裁判所の違憲審査権に服するのである。かく解してこそ、最高裁判所は、初めて憲法裁判所としての性格を完全に発揮することができる。」「裁判の違憲審査権は、普通の上級審下級審の関係でのみ行われるものとすれば、法律が審級制を定めるに当り、例えば現行裁判所法のように、簡易裁判所を起点とする三審制と地方裁判所を起点とする三審制を二元的に設けている場合においては、前系統の三審制の過程における裁判の違憲審査は、終に最高裁判所の権限に属しない結果となる。かかる結果は、到底容認すべからざるところ」である。憲法81条の起草過程により「最高裁判所は、違憲審査については、常に最終審として関与する趣旨が一層明確に認められたのである。すなわち、最高裁判所の憲法上における事物の管轄権が宣明せられ、憲法裁判所である性格が確立せられたのである」。

■ 解 説 ■

1 本判決は、戦後の司法制度改革に伴う過渡期の事案に関するものであるが、81条の定める違憲審査権の性格（判旨(i)）、違憲審査の対象（判旨(ii)）に関する判例としての意義を有するものである。

2 判旨(i)は、裁判所の違憲審査権を、98条・76条3項・99条から導かれると理解し、下級裁判所も当然に違憲審査権を有するとしている。そうだとすれば、81条の創設的意味は、（当事者が争うつもりがあれば）すべての憲法問題が最高裁に到達しうる訴訟制度を要請するということになろう（本書204事件〔最判平13・2・13〕の解説参照）。判旨(ii)が最高裁の「憲法裁判所」としての性格に言及しているのは、最高裁が憲法問題について「終審」裁判所であることを強調するにすぎない。

3 争点②について、違憲審査の対象に判決が含まれることは（斎藤裁判官は反対）、学説の支持するところである（中島・後掲433頁等）。

◆ 参考文献 ◆

黒田了一・百選（ジュリ臨増276の2）211頁、桜田誉・百選II〔第2版〕384頁、戸波江二・法セ増刊『憲法訴訟』〔1983〕26頁、中島徹・百選II〔第5版〕432頁。

302 下級裁判所の審査権

最高裁昭和25年2月1日大法廷判決
(昭和23年(れ)第141号食糧管理法違反被告事件)
刑集4巻2号73頁

■ 事　案 ■

いわゆる白米ブローカーであるY（被告人・控訴人・上告人・再上告人）は，1946（昭和21）年2月ごろから7月ごろまでの間，食糧管理法に違反して白米を販売したとして，2審（東京地判昭22・3・8公刊物未登載）により同法違反を理由に懲役10年および罰金1万円の判決を受け，上告審も上告を棄却した（東京高判昭22・12・22刑集4巻2号85頁参照）。Yは，(1)法令が憲法に違反するか否かの審査権は最高裁判所にのみ属し，法令違憲の疑いがある場合に下級裁判所は当該事件を最高裁に移送すべきであるのに，東京高裁がXの違憲の主張に対して自ら判決したのは憲法に反する，(2)食糧管理法31条等が犯罪の構成要件の決定を命令に委任したのは憲法の基礎理念に反する等として，最高裁に再上告した。

■ 争　点 ■

①下級裁判所は違憲審査権を有するか。
②法律が犯罪構成要件を命令に委任することは許されるか。

■ 判　旨 ■

再上告棄却（澤田竹治郎・斎藤悠輔裁判官，栗山茂裁判官の意見がある）。

(i)「憲法は国の最高法規であってその条規に反する法律命令等はその効力を有せず，裁判官は憲法及び法律に拘束せられ，また憲法を尊重し擁護する義務を負うことは憲法の明定するところである。従って，裁判官が，具体的訴訟事件に法令を適用して裁判するに当り，その法令が憲法に適合するか否かを判断することは，憲法によって裁判官に課せられた職務と職権であって，このことは最高裁判所の裁判官であると下級裁判所の裁判官であるとを問わない。憲法81条は，最高裁判所が違憲審査権を有する終審裁判所であることを明らかにした規定であって，下級裁判所が違憲審査権を有することを否定する趣旨をもっているものではない。それ故，原審が所論の憲法適否の判断をしたことはもとより適法であるのみでなく，原審は憲法適否の判断を受けるために最高裁判所に移送すべきであるとの所論は，全く独断と言うの外はない。」

(ii)「憲法第73条6号但書においては，内閣の制定する『政令には，特にその法律の委任がある場合を除いては，罰則を設けることができない』と規定しているのであって，これを裏から云えば，特に法律の委任がある場合においては，政令で罰則（すなわち犯罪構成要件及び刑を定める法規）を設けることができること及び法律は罰則を設けることを政令に委任することができることの趣旨を表明していることは，一点の疑いを挿む余地がない（行政官庁法第6条参照）。」

■ 解　説 ■

1　争点①については，憲法制定過程における政府の理解にもブレがあったが（宍戸・後掲356頁以下），衆議帝国憲法改正案委員会の小委員会（1946年8月8日）において，下級裁判所も違憲審査権を有することを明確にするために，現在の81条の規定に修正されたという経緯がある。判旨(i)は最大判昭23・7・8〔本書301事件〕を引用していないが，憲法の最高法規性（98Ⅰ），裁判官の憲法拘束（76Ⅲ），憲法尊重擁護義務（99）を引き，日本国憲法がアメリカ型の付随的審査制を採用していると説き，その内容はほぼ同一といえる。こうした違憲審査権の理解からすれば，下級裁判所が違憲審査権を有しないことを前提に下級審において憲法問題が主張された場合には最高裁へ事案を移送すべきであるというYの主張が，判旨(i)で排斥されたのは当然といえよう。

2　学説には，下級審が法律を違憲と判断した場合，手続を中止して最高裁に憲法問題を移送するという制度を法律で採用することも許される，と説く見解がある（戸波・後掲等）。判旨(i)はこうした制度の採用が違憲かどうかという問題に直接答えたものではない。しかしその違憲審査権の理解からすれば，下級裁判所から，違憲と判断した法令の適用を拒否する権限を奪うことは，許されないか，少なくとも相当の理由が必要であろう。

3　判旨(i)の理解を前提にすると，81条は下級裁判所の違憲審査権と同じ性格のものを最高裁に認めたにすぎないのかどうか，という疑問が生じる。この問題が，続く警察予備隊訴訟（303事件〔最大判27・10・8〕）で争われた。判旨(ii)については小嶋・後掲および349事件（最大判昭33・7・9―犯罪構成要件の委任）の解説を参照。

◆ 参考文献 ◆

阿部泰隆・百選Ⅱ〔第4版〕416頁，市原昌三郎・百選（ジュリ臨増276の2）208頁，小嶋和司・憲法の判例〔第3版〕241頁。戸波江二・曹時51巻5号1頁以下，さらに宍戸常寿『憲法裁判権の動態』〔2005〕も参照。

303 違憲立法審査権の性格
――警察予備隊訴訟

最高裁昭和 27 年 10 月 8 日大法廷判決
（昭和 27 年（マ）第 23 号日本国憲法に違反する行政処分取消請求事件）
民集 6 巻 9 号 783 頁

■ 事 案 ■

朝鮮戦争の勃発を契機として，日本政府は 1950（昭和 25）年 8 月 10 日，警察予備隊令を公布し（政令 260 号），定員 7 万 5100 人の警察予備隊（現在の自衛隊の前身）を設置した。日本社会党の党首である X（鈴木茂三郎―原告）は，1951 年 4 月以降，国（被告）がなした警察予備隊の設置ならびに維持に関する一切の行為（行政行為，事実行為，私法上の行為のほか予備隊の設置維持に関する法令規則の一切を含む）の無効確認を求める訴えを，最高裁に提起した。X は，最高裁が司法裁判所の性格を有するとともに，具体的な争訟事件に関する判断を離れて抽象的にまた 1 審にして終審として法令が憲法に適合するかどうかを判断する権限を有する点において，立法・行政・司法のいずれの範疇にも属しない特殊の権限を行う性格を兼有する，と主張した。

■ 争 点 ■

①最高裁の違憲審査権の性格はどのようなものか。
②最高裁は法令の抽象的審査権を有するか。
③本件訴えは適法か。

■ 判 旨 ■

訴え却下（全員一致）。

(i)「わが裁判所が現行の制度上与えられているのは司法権を行う権限であり，そして司法権が発動するためには具体的な争訟事件が提起されることを必要とする。我が裁判所は具体的な争訟事件が提起されないのに将来を予想して憲法及びその他の法律命令等の解釈に対し存在する疑義論争に関し抽象的な判断を下すごとき権限を行い得るものではない。けだし最高裁判所は法律命令等に関し違憲審査権を有するが，この権限は司法権の範囲内において行使されるものであり，この点においては最高裁判所と下級裁判所との間に異るところはないのである（憲法 76 条 1 項参照）。原告は憲法 81 条を以て主張の根拠とするが，同条は最高裁判所が憲法に関する事件について終審的の性格を有することを規定したものであり，従って最高裁判所が固有の権限として抽象的な意味の違憲審査権を有すること並びにそれがこの種の事件について排他的すなわち第 1 審にして終審としての裁判権を有するものと推論することを得ない。」

(ii)「なお最高裁判所が X の主張するがごとき法律命令等の抽象的な無効宣言をなす権限を有するものとするならば，何人も違憲訴訟を最高裁判所に提起することにより法律命令等の効力を争うことが頻発し，かくして最高裁判所はすべての国権の上に位する機関たる観を呈し三権独立し，その間に均衡を保ち，相互に侵さざる民主政治の根本原理に背馳するにいたる恐れなしとしないのである。」

(iii)「要するにわが現行の制度の下においては，特定の者の具体的な法律関係につき紛争の存する場合においてのみ裁判所にその判断を求めることができるのであり，裁判所がかような具体的事件を離れて抽象的に法律命令等の合憲性を判断する権限を有するとの見解には，憲法上及び法令上何等の根拠も存しない。そして弁論の趣旨よりすれば，X の請求は右に述べたような具体的な法律関係についての紛争に関するものでないことは明白である。従って本訴訟は不適法であって，かかる訴訟については最高裁判所のみならず如何なる下級裁判所も裁判権を有しない。」

■ 解 説 ■

1 本件は，警察予備隊が 9 条に反するとの判断を求めて野党党首が最高裁に訴えを提起したものであり，日本国憲法下での最大の「憲法争議」の一つである（西村・後掲）。そして，81 条は付随的審査制を定めたものであり抽象的審査制を採用するものではないことを明らかにした本判決は，憲法訴訟に関する判例，また憲法判例全体の中でも，最も重要なものの一つということができる。

2 もっとも，本件の争点は，付随的審査制か抽象的審査制の二者択一ではなかった。それ以前の判例は既に，裁判所の違憲審査権は 81 条によらずとも，憲法の最高法規性（98 Ⅰ），裁判官の憲法拘束（76 Ⅲ），憲法尊重擁護義務（99）から基礎づけられる，としていた（本書 301 事件〔最大判昭 23・7・8〕・302 事件〔最大判昭 25・2・1〕参照）。そうだとすると 81 条は，アメリカ型の付随的審査制を前提にして，最高裁が違憲審査権を有する「終審」の裁判所であることを確認しただけの意味しかもたないことになる。

これに対して X は，81 条によって「最高裁判所が一般の司法裁判所としての性格と憲法裁判所としての性格を併せ有する」ことを前提に，「憲法保障機関としての

憲法裁判所」としての性格に基づいて，警察予備隊の違憲確認を求めた。Xが請求の原因中でした主張は，若干言葉を補いつつ整理すると，次のようになる。(1)最高裁を含む司法裁判所すべてが付随的審査権を有することとは別に，最高裁は憲法裁判所としての法令の合憲性決定権限という「第四権的な作用」を有する，(2)最高裁の管轄について定める裁判所法7条は「憲法裁判」を規定していないが，それは最高裁の司法裁判所としての手続を規定したにすぎず，最高裁は規則制定権（憲77）を行使することで，第1審として本件訴えの管轄権を有することができる，(3)野党党首であるXは，「憲法裁判」において，違憲な法令処分を直接訴えの対象として争い，取消判決を求める当事者能力を有する，というものであった。つまり本件では〈憲法81条の性格は付随的審査制と抽象的審査制のいずれか〉が争われたのではなく，〈憲法81条は，最高裁が司法裁判所としての付随的審査権を有することを確認したにとどまるのか，それとも憲法81条により最高裁は付随的審査権と並んで，憲法裁判所としての法令審査権も有するのか〉が，真の争点であった。そしてXのいう「憲法裁判」は，事件性を全く欠いたという意味で「抽象的」な法令の審査というよりは，議会において憲法改正を阻止しうる少数党の代表者として，法令による実質的な憲法改正を阻止するという「機関争訟」の延長線で主張されたものとみることができる。このような主張は，憲法施行後しばらく，佐々木惣一らによって主張されていた81条の解釈とほぼ同一であった（宍戸・後掲369頁以下）。

3　これに対して判旨(i)は，原告の主張する「憲法裁判所」としての性格を有することを最高裁自らが否定し，司法権の範囲内で違憲審査権が行使されること，最高裁の違憲審査権も下級裁判所と同一のものであることを示した。この点は，従来の判例の立場を，改めて確認したものといえよう。

判旨(ii)は，オーストリアやドイツの抽象的規範審査を念頭に，違憲訴訟の頻発や最高裁の「第四権」化によって，「民主政治の根本原理」，その実体は権力分立原理の破壊につながるという，原告の主張に対する反論を実質的に展開している。

判旨(iii)は，判旨(i)の前段が示した司法権の発動要件としての「具体的な争訟事件」を，「特定の者の具体的な法律関係につき紛争の存する場合」と言い換えた上で，「具体的事件を離れて抽象的に法律命令等の合憲性を判断する権限を有するとの見解には，憲法上及び法令上何等の根拠も存しない」とするものである。

4　本判決によって，81条は付随的審査制を定めたものであるという理解が，判例上も確立したものといえる。後に衆議院解散の無効確認を求めて苫米地義三氏が直接最高裁に訴えを提起した事件（第1次苫米地事件）でも，最高裁は訴えが，憲法裁判所としての性格を最高裁が有することを前提としたものであるとした上で，本判決を引用し，簡単に訴えを却下している（最大判昭28・4・15民集7巻4号305頁。最判昭28・6・9行集4巻6号1542頁も同旨）。その後，日本社会党は1957年，Xの主張を立法化する違憲裁判手続法案を国会に提出したが，後に廃案になったまま現在にまで至っている。

なお，日本国憲法の無効確認を求める訴えが直接最高裁に提起された事件では，最高裁は本判決を引用せず，「裁判所の有する司法権は，憲法76条の規定によるものであるから，裁判所は，右規定を含む憲法全体の効力について裁判する権限を有しない」とだけ述べて，訴えを却下している（最判昭55・5・6判時968号52頁）。

5　通説も判例に賛成し，81条は付随的審査制を定めたものであり，抽象的審査制の採用は憲法上不可能であると解している（佐藤憲法論622頁等）。しかし，本判決が「現行の制度上」「憲法上及び法令上」抽象的審査制は認められないと述べるにとどまることからすれば，法律で訴訟手続等を定めるならば最高裁に抽象的審査権を認めることも可能であると説く少数説（榎原・後掲）を完全に排除するものではないとの見方も可能である，との指摘もある（長谷部・後掲196頁）。

また，本判決は，「具体的な争訟事件」と違憲審査権の結びつきを強調するが，その後の判例は「法律上の争訟」（裁3Ⅰ）ではないとされる客観訴訟について，違憲審査権の行使を認めている。このことは，厳密に考えれば本判決とはにわかに整合しがたいように思われるが（佐藤憲法論623頁参照），判例自身がこれまで十分な説明を与えた例はない（305事件〔京都地判平5・11・19〕の解説参照）。

◆ 参考文献 ◆

井上典之『憲法判例に聞く』[2008] 11頁，川添利幸・百選Ⅱ〔第3版〕400頁，佐々木雅寿・同〔第5版〕428頁，野坂泰司『憲法基本判例を読み直す』[2011] 17頁，長谷部恭男・基本判例〔第2版〕194頁。『日本国憲法の再検討』（大石義雄先生喜寿記念）[1980] 542頁（榎原猛），宍戸常寿『憲法裁判権の動態』[2005]，西村裕一・法教349号14頁も参照。

76条・77条・81条　　26 裁判所(3)憲法訴訟　(1) 付随的違憲審査制

304 最高裁判所規則に対する取消訴訟

最高裁平成3年4月19日第二小法廷判決
(平成2年(行ツ)第192号最高裁判所規則取消請求事件)
民集45巻4号518頁, 金判905号31頁

■事案■

最高裁は, 1989 (平成元) 年12月に地方裁判所及び家庭裁判所支部設置規則等を改正して, 全国の4分の1以上の地・家裁乙支部の統廃合を行った。福岡地・家裁甘木支部の管轄区域内の住民であるX (原告・控訴人・上告人) らは, 最高裁を被告として, 同規則のうち, 同支部を廃止する旨の部分の取消しを求める訴えを提起した。

1審 (福岡地判平2・3・16判時1364号34頁) は「支部管轄区域内住民の当該支部 (裁判所) 利用に関する利益は, 事実上の利益であって法律上の利益ではないのであるから, このような事実上の利益に関する紛争は, 当事者間の権利関係又は法律関係の存否に関する紛争ということはできず, 行政事件訴訟における抗告訴訟に当たらないのはもとより, 法律上の争訟にも当たらない」として訴えを却下した。2審 (福岡高判平2・8・23民集45巻4号532頁参照) も同様の理由で控訴を棄却したため, Xが上告。

■争点■

国民の立場で最高裁規則の取消しを求める訴えは, 法律上の訴訟に当たるか。

■判旨■

上告棄却 (全員一致)。

「裁判所法3条1項の規定にいう『法律上の争訟』として裁判所の審判の対象となるのは, 当事者間の具体的な権利義務ないし法律関係の存否に関する紛争に限られるところ, このような具体的な紛争を離れて, 裁判所に対して抽象的に法令が憲法に適合するかしないかの判断を求めることはできないものというべきである (〔最大判昭27・10・8 (本書303事件―警察予備隊訴訟), 最判平元・9・8 (298事件―蓮華寺事件)〕……参照)。」

「本件各訴えは, 地方裁判所及び家庭裁判所支部設置規則及び家庭裁判所出張所設置規則の一部を改正する規則 (平成元年最高裁判所規則第5号。以下『本件改正規則』という。) のうち, 福岡地方裁判所及び福岡家庭裁判所の各甘木支部を廃止する部分について, これが憲法32条, 14条1項, 前文に違反するとし, また, 本件改正規則の制定には同法77条1項所定の規則制定権の濫用の違法がある等として, Xらが廃止に係る福岡地方裁判所及び福岡家庭裁判所の各甘木支部の管轄区域内に居住する国民としての立場でその取消しを求めるというものであり, Xらが, 本件各訴えにおいて, 裁判所に対し, 右の立場以上に進んでXらにかかわる具体的な紛争についてその審判を求めるものでないことは, その主張自体から明らかである。そうすると, 本件各訴えは, 結局, 裁判所に対して抽象的に最高裁判所規則が憲法に適合するかしないかの判断を求めるものに帰し, 裁判所法3条1項にいう『法律上の争訟』に当たらないというほかはない。」

■解説■

1　本判決は, Xの訴えは「国民としての立場で」最高裁規則の取消しを求めるものであるとして, 訴えを却下した。なお本判決に関連して, Xは規則を制定した裁判官会議に参加した最高裁判事に対する忌避を申し立てたが (民訴24 I), 最高裁は「最高裁判所が, 最高裁判所規則を制定するとともに, これをめぐる訴訟の上告事件を担当することは, 現行司法制度上予定されている」として, これを認めなかった (最決平3・2・25民集45巻2号117頁, 井上・後掲参照)。

2　本件1審は先例 (最決昭44・3・25刑集23巻2号212頁) を引用しつつ, 管轄によって保護される国民の法的利益は, 「下級裁判所の設立及び管轄区域に関する法律」(昭22法63) をもって限度とされるという前提に立った上で, 裁判所の司法事務処理に関する事項として制定された支部設置規則による管轄区域の定めは裁判所内部の事務分配の定めであるにすぎず, この定めによる国民の利益は事実上の利益にとどまると判示しており, 2審もほぼ同様の議論を展開していた。このように, 本件訴えは法律上の争訟の要件のうち, 当事者間の具体的な法律関係の存否に関する紛争ではないというのが, 下級審の訴え却下の理由であった。

最高裁も, 本件訴えが法律上の争訟に当たらないとしているが, 下級審とは異なり, 本件訴えが「国民としての立場で」抽象的な違憲審査を求めるものであり, そもそも紛争として抽象的であるという点にその理由を求めている。「具体的事件性もないのに (つまり権利侵害の要件もなく), 抽象的に法令の解釈または効力について争うこと」は法律上の争訟に当たらないとする通説の立場 (芦部323頁) からも, この結論は肯定すべきであろう。

3　本判決は本件訴えの却下が憲法32条に違反しないとしているが, 裁判を受ける権利と行政訴訟の関係については, 212事件 (最大判平20・9・10) の解説等を参照。

◆参考文献◆

井上治典・平成3年度重判解118頁, プロセス594頁 (内野正幸), 福岡右武・最判解民事篇平成3年度237頁, 室井敬司・行政百選II〔第5版〕304頁。

26 裁判所(3)憲法訴訟 (1)付随的違憲審査制　21・22・76・81条

305　住民訴訟と条例の合憲性審査

京都地裁平成5年11月19日判決
(平成4年(行ウ)第36号損害賠償請求事件)
判タ874号176頁, 判自128号57頁

■ 事　案 ■

　京都府は1991(平成3)年に知事による有害図書指定制度を導入する旨の京都府青少年健全育成条例の改正を行い(以下, 本条例), その周知のために要した費用および有害図書類指定のための図書購入費用として, 約239万円を支出した。京都府民であるX(原告)は上記公金支出について監査請求(地自242 I)を経た上で, 本件公金支出は憲法21条等に反する違憲な本条例に基づく違法な支出であると主張して, 京都府に代位して, Y(京都府知事―被告)に対して, 損害賠償を求めた(2002年改正前の地自242の2 I ④。現在の同号では, Y個人に対して損害賠償請求をするよう府知事に求めることになる)。
　なお, 本判決で敗訴したXは控訴したが, 2審は控訴を棄却している(大阪高判平6・7・29判自137号54頁)。

■ 争　点 ■

①先行行為の違法を理由に, 財務会計行為の違法を住民訴訟で争うことができるのはどのような場合か。
②条例が違憲であることを理由に, 当該条例に基づく公金支出行為の違法を, 住民訴訟で争うことができるか。

■ 判　旨 ■

請求棄却。
(i)「地方自治法242条の2所定の住民訴訟は, 普通地方公共団体(以下, 自治体という)の執行機関又は職員による財務会計上の違法な行為又は怠る事実の予防又は是正を裁判所に請求する権利を住民に与えて, 地方財務行政の適正な運営を確保することを目的とするものである〔最判昭53・3・30―本書336事件〕」。
　「したがって, 同条1項4号所定の代位請求による当該職員の財務会計上の行為につき損害賠償請求を問うためには, たといこれに先行する原因行為に違法事由が存在する場合であっても右原因行為を前提としてされた当該職員の行為自体が財務会計法規上の義務に違反する違法なものであるときに限られる(〔最判平4・12・15民集46巻9号2753頁〕……参照)。」
(ii)「Xは, 右公金支出の前提をなす本条例の違憲をいうのであるが, 条例の制定は地方議会が行うものであって自治体の長の権限に属するものではない(地方自治法96条, 138条の2, 同条の3, 147条, 176条)。」
　「自治体の長は, 条例が形式的に有効に成立した以上, ……違憲の最高裁判例がある場合など重大かつ明白な憲法違反がある特段の事情がある場合を除き, 条例の内容について憲法に適合しないことを理由にその誠実な執行を拒否することは許されない。」「そうすると, 公金支出の前提ないし先行行為である地方議会の条例制定行為の違憲による違法性は, 右の特段の事情があって, これに伴う所要の財務会計上の措置を採ることが, 予算執行の適正確保の見地から看過できない瑕疵がある場合でない限り, 本件公金支出がその職務上負担する財務会計上の義務に違反した違法なものとはいえない。」「本条例酷似の条例についてはこれを違憲でないとの最高裁判所の判例(〔最判平元・9・19(133事件―岐阜県青少年保護育成条例事件)〕……参照)があり, Xのその余の主張を考慮してもこれが明確に憲法に違反しているものとは認められない。」

■ 解　説 ■

　1　住民訴訟は法律上の争訟(裁3 I)ではなく民衆訴訟(行訴5)の一つであるが, 自治体の政教分離違反を訴訟で争う手段として機能してきた(66事件〔最大判昭52・7・13―津地鎮祭事件〕～72事件〔最大判平22・1・20―富平神社事件〕参照)。これに対して本判決は, 条例の合憲性を住民訴訟で争ったという珍しい事例に関するものであり, 下級審の裁判例ではあるがここで取り上げてみた。
　2　住民訴訟に関する地自法242条の2の解釈で難しいのは, 財務会計行為に先行する行為が違法であるときに, 財務会計行為が違法となるのはどのような場合か, という論点である。先行行為が違法である場合には, 常に財務会計行為も違法となると解するならば, 実際にはあらゆる自治体の行為の違法性を住民訴訟で争えることになってしまい, 制度の趣旨(336事件参照)を逸脱してしまう。逆に先行行為の違法性が財務会計行為に一切「継承」されないと考えると, 住民訴訟の意義は著しく弱まってしまう。そこで判旨(i)の引用する平成4年判決は, 4号請求に関して, 職員が財務会計法上の義務を尽くしたかどうかという基準を立てていた。
　3　それでは, 長が違憲の条例に公金を支出した場合に, 財務会計法上の義務を尽くしたとはいえるのだろうか。本判決は, (1)条例の制定が長の権限に属さず, (2)重大かつ明白な憲法違反がない限り長は条例の誠実執行を拒否できない, したがって(3)この特段の事情があって「予算執行の適正確保の見地から看過し得ない瑕疵の存する場合」(平成4年判決参照)でなければ, 長は財務会計上の義務に違反したとはいえない, と説く。そして133事件の趣旨からも, 本条例にそもそも重大かつ明白な違憲はないことを理由に, 長の公金支出には違法性がないとしたものである。本判決によれば, 条例の違憲性を4号請求で争うことができるのは, 同じ内容の条例に関する違憲判決が出たにもかかわらず, 条例執行のため公金を支出したような例外的な場合に限られよう。
　これに対して66事件判決は, 「支出の原因となる行為が憲法20条3項に違反し許されない場合の〔公金の〕支出もまた, 違法となる」として, 住民訴訟の要件として重大かつ明白な違憲性を要求していなかった。これは, 支出命令と先行行為がともに長の権限に属していた点, 先行行為が条例ではなく具体的な行為であった点で, 本件とは区別されるものと解される。

◆ 参考文献 ◆
平成4年判決について, 大久保規子・地方自治百選〔第3版〕180頁, 福岡右武・最判解民事篇平成4年度525頁。

306 法律解釈による憲法判断の回避——恵庭事件

札幌地裁昭和42年3月29日判決
(昭和38年(わ)第193号自衛隊法違反被告事件)
下刑集9巻3号359頁, 判時476号25頁

■事案■

自衛隊法（以下, 法）121条は,「自衛隊の所有し, 又は使用する武器, 弾薬, 航空機その他の防衛の用に供する物を損壊し, 又は傷害した者」を, 器物損壊罪（刑261）よりも重く処罰する旨を定めている。

北海道千歳郡恵庭町（現在恵庭市）の住民であるY₁・Y₂（被告人）は, 陸上自衛隊島松演習場（当時国内最大の射撃演習場の一つとして, 自衛隊の最精鋭部隊の演習場であった）内での射撃演習に抗議してきたが, 1962（昭和37）年12月にカノン砲の砲撃が開始されたため, 演習場内の通信線数箇所をペンチで切断したとして, 法121条違反の罪で起訴された。

Y₁・Y₂はいずれも法全般ないし自衛隊が憲法9条, 前文等に反するとして, 法121条は違憲無効であるから, 無罪であると主張し, 公判でも自衛隊の合憲性をめぐって審理が重ねられた（深瀬忠一・後掲「特集」85頁参照）。

■争点■

①法121条にいう「その他の防衛の用に供する物」の意義は何か。
②裁判所が違憲審査権を行使しうるのはいかなる場合か。

■判旨■

Y₁・Y₂はいずれも無罪（確定）。

(i) 法121条の罪質は,「自衛隊という組織・機関によっていとなまれることとなった『国の防衛作用』を妨害（侵害）する犯罪類型としての性格（一種の公務妨害罪的な要素）に, 第一次的な意義があ〔る〕」。罪刑法定主義からすると,「『その他の防衛の用に供する物』という文言は, 包括的・抽象的・多義的な規定方法であり」, 本条のように「その規制秩序の特殊性とあいまち, 規定文言の抽象的・多義的な性格がすこぶる濃厚な刑罰法規の解釈に際しては, 厳格解釈の要請がひときわ強くはたらくのであって, 類推解釈の許容される限界についても, いっそう多くのきびしい制約原理が支配し, 刑罰権の恣意的な濫用を厳重に警戒する態度をもってのぞまねばならない」。

(ii) 「『その他の防衛の用に供する物』の意義・範囲を具体的に確定するにあたっては, 同条に例示的に列挙されている『武器, 弾薬, 航空機』が解釈上重要な指標たる意味と法的機能をも」ち,「『その他の防衛の用に供する物』とは, これら例示物件とのあいだで, 法的に, ほとんどこれと同列に評価しうる程度の密接かつ高度な類似性のみとめられる物件を指称するというべきである」。

(iii) Y₁・Y₂の切断した本件通信線は,「本件通信線が自衛隊の対外的武力行動に直接かつ高度の必要性と重要な意義をもつ機能的属性を有するものというるか否か, 自衛隊の物的組織の一環を構成するうえで不可欠にちかいだけの枢要性をそなえているものと評価できるか否か, あるいは, その規模・構造等の点で損壊行為により深刻な影響のもたらされる危険が大きいと考えられるかどうか, ないしは, 同種物件による用法上の代たいをはかることが容易でないと解されるかどうか, これらすべての点にてらすと, 多くの実質的疑問が存し, かつ, このように, 前記例示物件との類似性の有無に関して実質的な疑問をさしはさむ理由があるばあいには, 罪刑法定主義の原則にもとづき, これを消極に解し,『その他の防衛の用に供する物』に該当しない」。

(iv) 「裁判所が一定の立法なりその他の国家行為について違憲審査権を行使しうるのは, 具体的な法律上の争訟の裁判においてのみであるとともに, 具体的争訟の裁判に必要な限度にかぎられることはいうまでもない。このことを, 本件のごとき刑事事件にそくしていうならば, 当該事件の裁判の主文の判断に直接かつ絶対必要なばあいにだけ, 立法その他の国家行為の憲法適否に関する審査決定をなすべきことを意味する。

したがって, すでに説示したように, Y₁・Y₂両名の行為について, 自衛隊法121条の構成要件に該当しないとの結論に達した以上, もはや, 弁護人ら指摘の憲法問題に関し, なんらの判断をおこなう必要がないのみならず, これをおこなうべきでもない」。

■解説■

1　本訴訟は自衛隊の合憲性が正面から争われたものとして注目されたが, 本判決は法121条の解釈によって憲法判断を回避した。憲法判断回避の準則には, 狭義の憲法判断回避と合憲限定解釈の2つの手法があるが, 本判決はこのうち狭義の憲法判断回避の代表例として, しばしば取り上げられる。

2　争点①について, 判旨(i)は法の「規制秩序」や保護法益の特殊性から厳格な解釈の要請を導き, 判旨(ii)で「その他の防衛の用に供する物」を「武器, 弾薬, 航空機」と同列に評価できるものに限定解釈した。そして判旨(iii)では, 通信線は「その他の防衛の用に供する物」に当たらないと結論したが, これは憲法判断を回避するための無理な解釈であるとの批判が強い（戸松234頁）。

3　本判決については,「合憲性の判断は全く加えられていない」という理解が一般的である（芦部・後掲①375頁）。憲法判断を先行すべきだという批判もなされたが, 現在では憲法判断回避の手法それ自体は広くも認められている（戸松229頁以下）。しかし, 憲法判断を事案の解決に「直接かつ絶対必要なばあいにだけ」限る判旨(iv)は, 違憲審査制の憲法保障機能を無にするものであろう。長沼事件1審（札幌地判昭48・9・7—本書272事件）はこの点に明示的に反対していたが, 最高裁もまた, 事案の解決に不必要な合憲判断に積極的である等（271事件〔最大判昭34・12・16—砂川事件上告審〕）, 本判決の説くような厳格な憲法判断回避は, 実務上も一般的ではない。

◆ **参考文献** ◆
芦部信喜①・百選Ⅱ〔第5版〕374頁, 中谷実・基本判例〔第2版〕208頁,「特集・恵庭裁判」ジュリ370号25頁以下,「恵庭判決」法時39巻5号. 芦部②『憲法訴訟の理論』〔1973〕第Ⅳ・Ⅵ・Ⅶ論文, 高橋和之『憲法判断の方法』〔1995〕第1章も参照。

307 法令の合憲限定解釈
—— 東京都教組事件

最高裁昭和44年4月2日大法廷判決
(昭和41年(あ)第401号地方公務員法違反被告事件)
刑集23巻5号305頁、判時550号21頁

■事案■

地方公務員法(以下、法)は、「職員は、地方公共団体の機関が代表する使用者としての住民に対して同盟罷業、怠業その他の争議行為をし、又は地方公共団体の機関の活動能率を低下させる怠業的行為をしてはならない。又、何人も、このような違法な行為を企て、又はその遂行を共謀し、そそのかし、若しくはあおってはならない」と定め(37Ⅰ)、「何人たるを問わず、第37条第1項前段に規定する違法な行為の遂行を共謀し、そそのかし、若しくはあおり、又はこれらの行為を企てた者」を処罰する旨を規定する(61④)。

その他は本書233事件(本件と同一事件)の事案参照。

■争点■

①裁判所は、違憲の疑いのある法令の規定に対してどのような態度をとるべきか。
②法37条1項・61条4号にいう争議行為および「あおり」の意義。

■判旨■

破棄自判(松田二郎裁判官の補足意見、入江俊郎、岩田誠裁判官の各意見、奥野健一・草鹿浅之介・石田和外・下村三郎・松本正雄裁判官の反対意見がある)。

(i) 法37条1項・61条4号が「文字どおりに、すべての地方公務員の一切の争議行為を禁止し、これらの争議行為の遂行を共謀し、そそのかし、あおる等の行為(以下、あおり行為等という。)をすべて処罰する趣旨と解すべきものとすれば、……違憲の疑を免れない」が、「法律の規定は、可能なかぎり、憲法の精神にそくし、これと調和しうるよう、合理的に解釈されるべきものであって、この見地からすれば、これらの規定の表現にのみ拘泥して、直ちに違憲と断定する見解は採ることができない」。「その元来の狙いを洞察し労働基本権を尊重し保障している憲法の趣旨と調和しうるように解釈するときは、これらの規定の表現にかかわらず、禁止されるべき争議行為の種類や態様についても、さらにまた、処罰の対象とされるべきあおり行為等の態様や範囲についても、おのずから合理的な限界の存することが承認されるはずである。」

(ii) 「地方公務員の具体的な行為が禁止の対象たる争議行為に該当するかどうかは、争議行為を禁止することによって保護しようとする法益と、労働基本権を尊重し保障することによって実現しようとする法益との比較較量により、両者の要請を適切に調整する見地から判断することが必要である。そして、その結果は、地方公務員の行為が地公法37条1項に禁止する争議行為に該当し、しかも、その違法性の強い場合も勿論あるであろうが、争議行為の態様からいって、違法性の比較的弱い場合もあり、また、実質的には、右各項にいう争議行為に該当しないと判断すべき場合もあるであろう」。法61条4号は「争議行為自体が違法性の強いものであることを前提とし、そのような違法な争議行為等のあおり行為等であってはじめて、刑事罰をもってのぞむ違法性を認めようとする趣旨と解すべきであ〔る〕」。

「あおり行為等にもさまざまの態様があり、その違法性が認められる場合にも、その違法性の程度には強弱さまざまなものがありうる。それにもかかわらず、これらのニュアンスを一切否定して一律にあおり行為等を刑事罰をもってのぞむ違法性があるものと断定することは許されないというべきである。ことに、争議行為そのものを処罰の対象とすることなく、あおり行為等にかぎって処罰すべきものとしている地公法61条4号の趣旨からいっても、争議行為に通常随伴して行なわれる行為のごときは、処罰の対象とされるべきものではない。」

奥野ほか反対意見

「『あおり』の概念を、強度の違法性を帯びるものに限定したり、『あおり』行為者のうち、組合構成員と組合外部の者とを区別し、外部の者の行為若しくはこれと共謀した者の行為のみを処罰の対象となると解したり、または『あおり』の対象となった争議行為が違法性の強いもの、ないし刑事罰をもってのぞむべき違法性のあるものである場合に限り、その『あおり』行為が可罰性を帯びるのであるというが如き限定解釈は、法の明文に反する一種の立法であり、法解釈の域を逸脱したものといわざるを得ない。」

■解説■

1 広義の憲法判断回避の手法には、狭義の憲法判断回避(306事件〔札幌地判昭42・3・29 — 恵庭事件〕参照)とともに合憲限定解釈の手法が含まれる。後者は、字義どおり解釈すれば違憲の疑いのある法文の意味を解釈によって限定する手法であり、憲法判断に入って法令が合憲であるとの判断を示す点で、前者とは異なる。判例はこれまでも合憲限定解釈の手法を多用しているが(164〔最大判平14・2・13 — 証券取引法事件〕・197〔最大判昭37・5・2〕・246事件〔最判昭54・12・20 —「政経タイムス」事件〕等)、本判決はその代表例の一つとして知られる。

2 判旨(i)は、法37条1項・61条4号に違憲の疑いがあることを前提に、法令を違憲とするのではなく合憲限定解釈を優先させるべきことを説く。そして(ii)の「二重の絞り」により、処罰の対象は(1)違法性の強い争議行為の違法性の強いあおり、(2)違法性の強い争議行為の違法性の弱いあおり、(3)違法性の弱い争議行為の違法性の強いあおり、(4)違法性の弱い争議行為の違法性の弱いあおりのうち、(1)へと縮減された上で、かろうじて法令は合憲と判断された。

3 合憲限定解釈を不要と主張した反対意見は、全農林警職法事件(最大判昭48・4・25 — 234・323事件)で多数派を形成し、「このように不明確な限定解釈は、かえって犯罪構成要件の保障的機能を失わせることとなり、その明確性を要請する憲法31条に違反する疑いすら存する」と、「二重の絞り」論を断罪した。確かに本判決の解釈は「極めて曖昧な基準」(安念・後掲60頁)と批判されても仕方ないであろうが、その後の判例の限定解釈の手法に、自らの振るった刃が返ってこないかどうかは、また別の問題である。

◆参考文献◆
安念潤司・法教214号52頁、倉田原志・百選Ⅱ〔第5版〕318頁、畑尻剛・同〔第5版〕442頁、船田三雄・最判解刑事篇昭和44年度54頁。

308 合憲限定解釈の基準——税関検査事件

最高裁昭和59年12月12日大法廷判決
(昭和57年(行ツ)第156号輸入禁制品該当通知処分等取消請求事件)
民集38巻12号1308頁，判時1139号12頁

■事案■

関税定率法21条1項3号(以下，本件規定。現在は関税69の11Ⅰ⑦)は，「風俗を害すべき書籍，図画，彫刻物その他の物品」を輸入禁制品としていた。輸入しようとした8ミリ映画フィルム等が本件規定に該当する旨の通知を受けたX(原告・被控訴人・上告人)は，通知の取消し等を求めて訴えを提起し，本件規定が不明確または過度に広汎である旨を主張した。

その他は本書132事件(本件と同一事件)参照。

■争点■

本件規定は不明確または過度に広汎のゆえに無効か。

■判旨■

上告棄却(大橋進裁判官ほか4名の補足意見，藤崎萬里裁判官の意見，伊藤正己裁判官ほか4名の反対意見がある)。

(i) 「表現の自由を規制する法律の規定について限定解釈をすることが許されるのは，〔①⑦〕その解釈により，規制の対象となるものとそうでないものとが明確に区別され，かつ，〔①⑦〕合憲的に規制し得るもののみが規制の対象となることが明らかにされる場合でなければならず，また，〔②〕一般国民の理解において，具体的場合に当該表現物が規制の対象となるかどうかの判断を可能ならしめるような基準をその規定から読みとることができるものでなければならない(〔最大判昭50・9・10(177事件—徳島市公安条例事件)〕……参照)。けだし，かかる制約を付さないとすれば，規制の基準が不明確であるかあるいは広汎に失するため，表現の自由が不当に制限されることとなるばかりでなく，国民がその規定の適用を恐れて本来自由に行い得る表現行為までも差し控えるという効果を生むこととなるからである。」

(ii) 猥褻表現物の輸入禁止は憲法に違反しないから，本件規定を「猥褻な書籍，図画等のみを指すものと限定的に解釈することによって，合憲的に規制し得るもののみがその対象となることが明らかにされたものということができる」。また本件規定の文言が「専ら猥褻な書籍，図画を意味することは，現在の社会事情の下において，わが国内における社会通念に合致するものといって妨げない。そして，猥褻性の概念は刑法175条の規定の解釈に関する判例の蓄積により明確化されており，規制の対象となるものとそうでないものとの区別の基準につき，明確性の要請に欠けるところはなく，前記3号の規定を右のように限定的に解釈すれば，憲法上保護に値する表現行為をしようとする者を萎縮させ，表現の自由を不当に制限する結果を招来するおそれのないものということができる」。

(iii) 本件規定の中に「猥褻物以外のものを含めて解釈するときは，規制の対象となる書籍，図画等の範囲が広汎，不明確となることを免れず，憲法21条1項の規定の法意に照らして，かかる法律の規定は違憲無効となるものというべく，前記のような限定解釈によって初めて合憲なものとして是認し得るのである」。

伊藤ほか反対意見

(iv) 「表現の自由を規制する法律の規定が，国民に対し何が規制の対象となるのかについて適正な告知をする機能を果たし得ず，また，規制機関の恣意的な適用を許す余地がある程に不明確な場合」，また「表現の自由を規制する法律の規定の適用範囲が広汎に過ぎ，右規定が本来規制の許されるべきでない場合にまで適用される可能性を無視し得ない場合」は違憲であるが，本件規定は「不明確であると同時に広汎に過ぎるものであり，かつ，それが本来規制の許されるべきでない場合にも適用される可能性を無視し得ない」。

(v) 表現の自由を規制する法律の規定については「規制の目的，文理及び他の条規との関係から合理的に導き出し得る限定解釈のみが許される」が，多数意見の限定解釈はこの限界を超え，通常の判断能力を有する一般人にも可能ではなく，しかもより明確な立法が容易であるから，合憲限定解釈は適切でない。

(vi) 規定が不明確または過度に広汎のゆえに違憲である場合には，「当該規定の具体的な適用の面を離れてその効力を否定すべき」であり，また「表現の自由を不当に規制する違憲の規定の効力を早期に排除することを認めるのが妥当である」。

■解説■

1　本判決は「検閲」の意義を明らかにしたとともに，表現の自由に関する合憲限定解釈の基準や文面審査の手法を考える上でも重要な判例である。

2　判旨(i)は表現の自由を規制する法令の合憲限定解釈が許される場合の基準として，①⑦解釈による規制対象の明確化，(ⅰ)解釈により規制が合憲的範囲に限定されること，および②具体的事例における一般人にとっての判断可能性を挙げる。判旨(ⅱ)は，本件規定を「わいせつな書籍，図画」等と限定解釈することの妥当性を説明しているが，上の基準をどのように用いているのかはやや明瞭でない。これに対して反対意見は(ⅳ)で法令解釈の限界を強調し，(v)で多数意見の解釈を批判している。後者を支持する学説が有力である(阪本・後掲153頁)。

3　多数意見も反対意見も，表現規制の萎縮効果を重視して文面審査の手法を検討している点は，注目に値する(判旨(i)(vi))。もっとも反対意見の(ⅳ)が不明確性と過度の広汎性を概念上区別しているのに対して，多数意見は両者の区別にやや無頓着であり，合憲限定解釈によってどちらの問題も同時に解決できるかのように考えているように思われる(309事件〔最大判昭60・10・23—福岡県青少年保護育成条例事件〕参照)。

◆参考文献◆
井上典之『憲法判例に聞く』[2008] 121頁，大沢秀介・メディア百選124頁，阪本昌成・百選Ⅰ〔第5版〕152頁，「特集・ポルノ税関検閲大法廷判決」ジュリ830号6頁以下，新村正人・最判解民事篇昭和59年度469頁，浜田純一・基本判例〔第2版〕107頁。

309 合憲限定解釈の限界(1)——福岡県青少年保護育成条例事件

最高裁昭和60年10月23日大法廷判決
(昭和57年(あ)第621号福岡県青少年保護育成条例違反被告事件)
刑集39巻6号413頁，判時1170号3頁

■事案■

福岡県青少年保護育成条例は，「何人も，青少年に対し，淫行又はわいせつの行為をしてはならない」(10Ⅰ)とし，違反者に対しては2年以下の懲役または10万円以下の罰金を科する旨を定めていた(16Ⅰ。以下「本件各規定」という)。Y(被告人・控訴人・上告人)は，少女A(当時16歳)とホテルや車内で十数回にわたり性交したとして，本条例違反で起訴された。

その他の点は本書178事件(本件と同一事件)参照。

■争点■

「淫行」の概念を限定解釈することで，本件各規定は憲法31条に反しないといえるか。

■判旨■

上告棄却(牧圭次，長島敦裁判官の各補足意見，伊藤正己，谷口正孝，島谷六郎裁判官の各反対意見がある)。

本件各規定の趣旨は「青少年の健全な育成を図るため，青少年を対象としてなされる性行為等のうち，その育成を阻害するおそれのあるものとして社会通念上非難を受けるべき性質のものを禁止することとしたものであることが明らかであって，右のような本件各規定の趣旨及びその文理等に徴すると，本条例10条1項の規定にいう『淫行』とは，〔(1)〕広く青少年に対する性行為一般をいうものと解すべきではなく，〔(2)〕青少年を誘惑し，威迫し，欺罔し又は困惑させる等その心身の未成熟に乗じた不当な手段により行う性交又は性交類似行為のほか，〔(3)〕青少年を単に自己の性的欲望を満足させるための対象として扱っているとしか認められないような性交又は性交類似行為をいうものと解するのが相当である」。けだし，「淫行」を(1)のように解すると，「『淫らな』性行為を指す『淫行』の用語自体の意義に添わないばかりでなく，例えば婚約中の青少年又はこれに準ずる真摯な交際関係にある青少年との間で行われる性行為等，社会通念上およそ処罰の対象として考え難いものをも含むこととなって，その解釈は広きに失することが明らかであり，また，前記『淫行』を目して単に〔(4)〕反倫理的あるいは不純な性行為と解するのでは，犯罪の構成要件として不明確であるとの批判を免れないのであって，前記の規定の文理から合理的に導き出され得る解釈の範囲内で，前叙〔=(2)(3)〕のように限定して解するのを相当とする。このような解釈は通常の判断能力を有する一般人の理解にも適うものであり，『淫行』の意義を右のように解釈するときは，同規定につき処罰の範囲が不当に広過ぎるとも不明確であるともいえないから，本件各規定が憲法31条の規定に違反するものとはいえ〔ない〕」。

伊藤反対意見

徳島市公安条例事件(177事件〔最大判昭50・9・10〕)および税関検査事件(132・308事件〔最大判昭59・12・12〕)の判断基準からすれば，多数意見の示す(2)(3)の解釈は「一般人の理解として『淫行』という文言から読みとれるかどうかきわめて疑問であって，もはや解釈の限界を超えたものと思われるのである」。私見では処罰の範囲は(2)の場合に限られるべきだが，「このような解釈は，『淫行』という文言の語義からいっても無理を伴うもので，通常の判断能力を有する一般人の理解の及びえないものであり，『淫行』の意義の解釈の域を逸脱したものといわざるをえない。」

谷口反対意見

「一般人の理解として，行為自体の性質を示す『淫行』という概念から」(2)の「手段の違法性までを導くことは，むしろその理解を超えるもの」であり，(3)の「定義も実にあいまいであり，融通無碍の概念規定である」。「多数意見の示す誘惑，威迫等性行為にいたる手段の違法性〔=(2)〕の如きは，これを加えることにより『淫行』の違法性を限定するというのであれば，私はすでに解釈の作業を超え新たな立法作業の範ちゅうに属するものと考える。そしてまた，多数意見の示す右の手段の違法性を除いた場合の概念規定〔=(3)〕も，通常人の理解をもってしては，とうていその意味内容を把握するに困難なものだと思う。」

■解説■

1 本判決も，明確性の理論・過度の広汎性の法理と合憲限定解釈の限界が争われた判例の一つである。ここでは，㋐通常の一般人がその規定から解釈を読み取ることができるかという問題と，㋑通常の一般人がその規定が具体的場合に適用されるかどうかを判断できるかという問題を区別して検討したい。

2 177事件判決は，㋑の基準として「通常の判断能力を有する一般人」を挙げていた。132・308事件でも，通常の一般人であれば「わいせつな書籍，図画」に当たるかどうかを判断できるとしていたが，これも限定解釈された結果としての規定と具体的場合の関係を問題にしており，やはり㋑を問題にしていたと見ることができる。

これに対して本判決は，「淫行」の解釈として(1)は処罰範囲が過度に広汎となり，(4)は(㋑の意味で)不明確であるとした。そして本条例の趣旨および文言から，「淫行」を(2)(3)の場合に限定解釈することは，㋐の意味で「通常の判断能力を有する一般人の理解」にも適い，過度に広汎でも，(㋑の意味で)不明確でもないとした。このように，㋐を合憲限定解釈の限界として挙げた点が，本判決の特徴といえる。

3 もっとも伊藤反対意見は，本件規定から(2)(3)を導くことは「一般人の理解」を超えていると批判する。谷口反対意見も(2)については同様だが，(3)について「通常人の理解」が把握困難だと指摘する点は，㋑を問題にしたものである。

◆参考文献◆

井上典之『憲法判例に聞く』[2008]253頁，プロセス348頁(工藤達朗)，駒村圭吾・百選Ⅱ〔第5版〕252頁，宍戸常寿・地方自治百選〔第3版〕56頁，「特集・青少年保護育成条例大法廷判決」ジュリ853号44頁以下，高橋省吾・最判解刑事篇昭和60年度201頁。

310 合憲限定解釈の限界(2)
——広島市暴走族追放条例事件

最高裁平成19年9月18日第三小法廷判決
（平成17年(あ)第1819号広島市暴走族追放条例違反被告事件）
刑集61巻6号601頁，判時1987号150頁

■事案■

広島市暴走族追放条例（以下，本条例）は，「暴走族」を「暴走行為をすることを目的として結成された集団又は公共の場所において，公衆に不安若しくは恐怖を覚えさせるような特異な服装若しくは集団名を表示した服装で，い集，集会若しくは示威行為を行う集団」と定義し（2⑦），「何人も，次に掲げる行為をしてはならない」の一つとして「公共の場所において，当該場所の所有者又は管理者の承諾又は許可を得ないで，公衆に不安又は恐怖を覚えさせるような集又は集会を行うこと」を挙げ（16Ⅰ①），この行為が市の管理する公共の場所において「特異な服装」をする等して行われたときは，市長は中止または退去を命ずることができ（17），この命令に違反した者は処罰される旨を定める（19）。

Y（被告人・控訴人・上告人）は「面倒見」の立場で，本条例16条1項1号に反する集会を行い，中止・退去命令を受けながら集会を継続したため，本条例違反で起訴された。1審（広島地判平16・7・16刑集61巻6号645頁参照）・2審（広島高判平17・7・28判タ1195号128頁）はともに本条例の規定が文面上違憲であるとのYの主張を斥けて有罪判決を下したので，Yが上告。

■争点■

①本条例の規定は過度に広汎ゆえに無効か。
②本条例の規定は集会の自由を侵害するか。

■判旨■

上告棄却（堀籠幸男，那須弘平裁判官の各補足意見，藤田宙靖，田原睦夫裁判官の各反対意見がある）。

(i)「なるほど，本条例は……規定の仕方が適切ではなく，本条例がその文言どおりに適用されることになると，規制の対象が広範囲に及び，憲法21条1項及び31条との関係で問題がある」。しかし「本条例の全体から読み取ることができる趣旨，さらには本条例施行規則の規定等を総合すれば，本条例が規制の対象としている『暴走族』は，本条例2条7号の定義にもかかわらず，暴走行為を目的として結成された集団である本来的な意味における暴走族の外には，服装，旗，言動などにおいてこのような暴走族に類似し社会通念上これと同視することができる集団に限られるものと解され，したがって，市長において本条例による中止・退去命令を発し得る対象も，Yに適用されている『集会』との関係では，本来的な意味における暴走族及び上記のようなその類似集団による集会が，本条例16条1項1号，17条所定の場所及び態様で行われている場合に限定されると解される。」

(ii)「このように限定的に解釈すれば，本条例16条1項1号，17条，19条の規定による規制は，広島市内の公共の場所における暴走族による集会等が公衆の平穏を害してきたこと，規制に係る集会であっても，これを行うことを直ちに犯罪として処罰するのではなく，市長による中止命令等の対象とするにとどめ，この命令に違反した場合に初めて処罰すべきものとするという事後的かつ段階的規制によっていること等にかんがみると，その弊害を防止しようとする規制目的の正当性，弊害防止手段としての合理性，この規制により得られる利益と失われる利益との均衡の観点に照らし，いまだ憲法21条1項，31条に違反するとまではいえないことは，〔最大判昭49・11・6（本書20事件—猿払事件上告審），最大判平4・7・1（88・179事件—成田新法事件）〕の趣旨に徴して明らかである。」

■解説■

1　308（最大判昭59・12・12—税関検査事件）・309（最大判昭60・10・23—福岡県青少年保護育成条例事件）事件では，過度の広汎ゆえに無効の法理と明確性の理論が一体的に扱われてきた。これに対して本判決は両者を区別した上で，本件1・2審で争われてきた「い集又は集会」，「公衆に不安又は恐怖を覚えさせるような」，「特異な服装」の不明確性については，簡単に「文言が不明確であるとはいえない」と一蹴している（田原反対意見は反対）。その反面で過度の広汎性の問題を合憲限定解釈によって処理した点に，本判決の特徴がある（前田・後掲85頁参照）。

2　争点①について，本条例では二重の意味で過度の広汎性が問題になる。まず本条例16条1項1号は「何人も」と規定することから，集会行為の禁止対象は「暴走族」に限られない。第2に，仮に「暴走族」に限られたとしても，本条例2条7号の「暴走族」の定義によれば，集会行為の禁止対象には様々な集団が含まれることになる。

そこで判旨(i)は本条例の「定義にもかかわらず」，集会行為の禁止対象を本来的意味の暴走族およびその類似集団に限定した。この点，多数意見の限定解釈が308事件の基準を充たすと主張する那須補足意見に対して，両反対意見は定義規定を踏まえた「通常人の読み方」（藤田），「何人も」という文言の「通常の判断能力を有する一般人」の解釈（田原）という観点から，多数意見を批判する。他方，堀籠補足意見は「条例全体の規定ぶり等を見た上で，その全体的な評価をすべき」と説いており，308事件の基準に依拠していない。さらに田原反対意見は，表現の自由を規制する規定の限定解釈が許されるかどうかについては，萎縮効果を考慮して判断すべきだと主張している。

3　判旨(ii)は猿払基準（20事件）に合わせた利益衡量によって，争点②について合憲の結論を導いている。本条例における間接罰方式が強調されているのは，同じ方式が採用されていた成田新法事件（88・179事件）を参照したこととも相応している。これに対し，田原反対意見は，本条例が法益の均衡を失していると批判している。

◆参考文献◆
渋谷秀樹・立教法務研究1号169頁，曽我部真裕・セレクト2007年7月，前田巌・ジュリ1350号84頁，巻美矢紀・平成19年度重判解16頁，渡辺康行・法政研究75巻2号159頁。

311 合憲拡張解釈
―― 非嫡出子国籍法差別違憲判決

最高裁平成20年6月4日大法廷判決
(平成18年(行ツ)第135号退去強制令書発付処分取消等請求事件)
民集62巻6号1367頁, 判時2002号3頁

■事案■

国籍法(以下,「法」という)3条1項(平20法88改正前)は「父母の婚姻及びその認知により嫡出子たる身分を取得した子で20歳未満のもの(日本国民であった者を除く。)は, 認知をした父又は母が子の出生の時に日本国民であった場合において, その父又は母が現に日本国民であるとき, 又はその死亡の時に日本国民であったときは, 法務大臣に届け出ることによって, 日本の国籍を取得することができる」と規定していた。
その他の点は本書48事件(本件と同一事件)参照。

■争点■

権利創設的規定の要件が平等違反とされた場合の救済方法はどのようなものか。

■判旨■

破棄自判(国〔被上告人〕の控訴棄却。6裁判官の補足意見, 藤田宙靖裁判官の意見, 5裁判官の反対意見がある)。
(i)「同じく日本国民である父から認知された子でありながら父母が法律上の婚姻をしていない非嫡出子は, その余の同項〔法3条1項〕所定の要件を満たしても日本国籍を取得することができないという区別」(本件区別)は,「遅くともXが法務大臣あてに国籍取得届を提出した当時には, 立法府に与えられた裁量権を考慮してもなおその立法目的との間において合理的関連性を欠」き, 法3条1項の「規定が本件区別を生じさせていることは, 憲法14条1項に違反する」。
(ii)「本件区別による違憲の状態を解消するために同項〔法3条1項〕の規定自体を全部無効と」することは「同法の趣旨を没却するものであり, 立法者の合理的意思として想定し難いものであって, 採り得ない解釈である」から,「同項の存在を前提として, 本件区別により不合理な差別的取扱いを受けている者の救済を図り, 本件区別による違憲の状態を是正する必要がある」。
(iii) 平等取扱いの要請と国籍法の基本的原則である父母両系血統主義を踏まえれば, 日本国民である父と日本国民でない母との間に出生し, 父から出生後に認知されたにとどまる子にも「同法3条1項の規定の趣旨・内容を等しく及ぼ」し,「父母の婚姻により嫡出子たる身分を取得したことという部分を除いた同項所定の要件が満たされる場合」には届出による国籍取得が認められるとすることで「同項及び同法の合憲的で合理的な解釈が可能」となり, この解釈は「直接的な救済のみちを開くという観点からも, 相当性を有する」。この解釈は「違憲の瑕疵を是正するため, 国籍法3条1項につき, 同項を全体として無効とすることなく, 過剰な要件を設けることにより本件区別を生じさせている部分のみを除いて合理的に解釈したものであって, その結果も, 準正子と同様の要件による日本国籍の取得を認めるにとどまる」上に「同項の規定の趣旨及び目的に沿うものであ

り」, この解釈を, 裁判所が「国会の本来的な機能である立法作用を行うものとして許されないと評価することは, 国籍取得の要件に関する他の立法上の合理的な選択肢の存在の可能性を考慮したとしても, 当を得ない」。
藤田意見
「違憲の結果が生じているのは……〔法3〕条が『過剰な』要件を設けているからではなく, むしろいわば『不十分な』要件しか置いていないから」であり, 違憲状態の解消は「『過剰な』部分を除く」のではなく,「『不十分な』部分を補充すること」によらねばならない。「立法府が既に一定の立法政策に立った判断を下しており, また, その判断が示している基本的な方向に沿って考えるならば, 未だ具体的な立法がされていない部分においても合理的な選択の余地は極めて限られていると考えられる場合において, 著しく不合理な差別を受けている者を個別的な訴訟の範囲内で救済するために, 立法府が既に示している基本的判断に抵触しない範囲で, 司法権が現行法の合理的拡張解釈により違憲状態の解消を目指すこと」は許される。

■解説■

1 判旨(i)は立法目的と区別の合理的関連性を否定する理由として, 立法事実の変化を挙げる。この手法に関しては316事件(最大判平17・9・14――在外邦人選挙権事件)・321事件(最大判昭51・4・14)等も参照。
2 権利創設的な規定が平等原則に反する場合に, 当該規定を違憲無効としてしまうと, 裁判所は当事者を救済できない。この点は憲法訴訟上の難問の一つであり, 東京高判昭57・6・23(行集33巻6号1367頁)等を素材に, 違憲確認判決や合憲拡張解釈の手法が説かれてきた。判旨(i)は法3条1項そのものではなく, それが本件区別を生じさせている状態を違憲とし, 判旨(ii)は「立法者の合理的意思」を理由に規定の効力を維持した。そして判旨(iii)は, 本件区別の原因となる過剰な要件を取り除くのが規定の合憲的・合理的解釈であるとして, 当事者を救済するという画期的手法を示した。
3 これに対して本件では「非準正子の国籍取得を排除する」のではなく,「非準正子に(も)国籍を認める」という規定が存在していないのだと見る点で, 反対意見と藤田意見は共通する。そして藤田意見は合憲拡張解釈により, 規定の不存在の部分を補充しようとする。多数意見も実質的には「合憲拡張解釈」と呼ぶこともできよう(森・後掲320頁参照)。
泉徳治裁判官の補足意見は可分性の法理により,「国会の立法意思として,『父母の婚姻』の部分を除いたままでは同項を存続させないであろうというがい然性が明白」とはいえないとして, 婚姻要件の部分を違憲としたが(今井功裁判官補足意見も同様), 本判決は意味上の部分違憲とも解しうる(長谷部・後掲)。この手法に関しては319事件(最大判平14・9・11――郵便法事件)を参照。

◆参考文献◆
「特集・国籍法違憲訴訟最高裁大法廷判決」ジュリ1366号44頁, 野坂泰司『憲法基本判例を読み直す』[2011] 445頁, 森英明・最判解民事篇平成20年度267頁, 山元一・平成20年度重判解13頁。長谷部恭男『憲法の境界』[2009] 61頁, 畑尻剛・中央ロー・ジャーナル7巻1号65頁も参照。昭和57年判決について常本照樹・百選Ⅰ〔第5版〕74頁参照。

312 統治行為論(1)
──砂川事件上告審

最高裁昭和34年12月16日大法廷判決
（昭和34年(あ)第710号日本国とアメリカ合衆国との間の安全保障条約第3条に基く行政協定に伴う刑事特別法違反被告事件）
刑集13巻13号3225頁，判時208号10頁

■事案■

駐留米軍が「戦力」（9Ⅱ）に当たるとした1審（東京地判昭34・3・30―本書270事件）に対して，検察官は(1)条約に対する裁判所の違憲審査権は憲法上否定されている，(2)日米安全保障条約（1960年失効）の特殊な性格から，司法裁判所が同条約の合憲性を審査することはできない等と主張して，跳躍上告した。

その他の争点は271事件（本件と同一事件）参照。

■争点■

①条約は違憲審査の対象か。
②裁判所の違憲審査権は旧日米安保条約に及ぶか。

■判旨■

破棄差戻し（7名の補足意見，3名の意見がある）。

「本件安全保障条約は……主権国としてのわが国の存立の基礎に極めて重大な関係をもつ高度の政治性を有するものというべきであって，その内容が違憲なりや否やの法的判断は，その条約を締結した内閣およびこれを承認した国会の高度の政治的ないし自由裁量的判断と表裏をなす点がすくなくない。それ故，右違憲なりや否やの法的判断は，純司法的機能をその使命とする司法裁判所の審査には，原則としてなじまない性質のものであり，従って，一見極めて明白に違憲無効であると認められない限りは，裁判所の司法審査権の範囲外のものであって，それは第一次的には，右条約の締結権を有する内閣およびこれに対して承認権を有する国会の判断に従うべく，終局的には，主権を有する国民の政治的批判に委ねらるべきものであると解するを相当とする。そして，このことは，本件安全保障条約またはこれに基く政府の行為の違憲なりや否やが，本件のように前提問題となっている場合であると否とにかかわらないのである。」

「アメリカ合衆国軍隊の駐留は，憲法9条，98条2項および前文の趣旨に適合こそすれ，これらの条章に反して違憲無効であることが一見極めて明白であるとは，到底認められない。」

藤田八郎・入江俊郎裁判官の補足意見

「直接国家統治の基本に関する高度に政治性のある国家行為は，たとえ，法律上の争訟となる場合においても，従ってこれに対する有効無効の法律判断が法律上可能である場合であっても，かかる国家行為は裁判所の審査権の外にあり，その判断は主権者たる国民に対して政治的責任を負うところの政府，国会等の政治部門の判断に委され，最終的には国民の政治判断に委ねられているものといわなければならない。この司法権に対する制約は，結局三権分立の原理に由来し，当該国家行為の高度の政治性，裁判所の司法機関としての性格，裁判に必然的に随伴する手続上の制約等にかんがみ，特定の明文による規定はないけれども，司法権の憲法上の本質に内在する制約と理解すべきである。」

「条約は憲法と並んで，若しくはこれに優位する国の最高法規であるから違憲審査の対象にならないとか，或は条約はすべて国際的性質を有するものであるから，一国の裁判所の審査権に服さないとかいう説はわれわれの左袒しないところである。条約も，その国内法の効力は原則として裁判所の審査に服するものと考えるのであるが，本件安全保障条約のごとき，前述のごとく最も政治性の高いもの，いわゆる統治行為に属する条約は，統治行為なるの故をもって，その国内法的効力もまた裁判所の審査権の外にあると考えるものである。」

■解説■

1 憲法81条は違憲審査の対象として「一切の法律，命令，規則又は処分」を挙げている。では，本件での検察官の主張(1)のとおり，条約には違憲審査権は及ばないのか。この点に関する多数意見の立場は，石坂修一裁判官補足意見，奥野健一・高橋潔裁判官意見によって不明確であると批判されているが，実際には藤田・入江補足意見と同様，憲法が条約に優位し条約が違憲審査の対象となりうることを前提にしたものと解される。同じ立場を奥野・高橋意見は詳しく論証している。もっとも付随的審査制の建前から，条約に違憲審査権が及ぶのはそれが当該事案に適用されうる法規範であるという意味での自動執行力がある場合に限られるはずだとすれば，最高裁が，自動執行的条約でない安保条約の合憲性を取り上げる必要はもともとなかったようにも思われる（長谷部424頁参照）。

2 多数意見は，旧安保条約が「高度の政治性を有する」ものであって，「一見極めて明白に違憲無効であると認められない限りは，裁判所の司法審査権の範囲外」として，最高裁として初めて統治行為論を採用した。もっとも藤田・入江補足意見は統治行為は司法権の内在的限界に当たり一切の司法審査を控えるべきだと考えるのに対して，多数意見は国会・内閣の「政治的ないし自由裁量的判断」をも理由に挙げ，「一見極めて明白に違憲無効」かどうかという限りでの審査を認めている。これに対して，統治行為論を否定する小谷勝重裁判官意見や本件での統治行為論の適用を否定する奥野・高橋意見は，多数意見が実際には旧安保条約の合憲性を強調する点を捉えて，その不徹底さを批判する。確かにこの点を説示したいのであれば，島保・河村大助裁判官の各補足意見が採用した裁量論の方が素直であろう。

3 本判決の統治行為論は，苫米地事件判決（最大判昭35・6・8―313事件）とは異なる「変則型」と呼ばれる。しかし，全司法仙台事件（最大判昭44・4・2刑集23巻5号685頁），沖縄代理署名訴訟（最大判平8・8・28―274事件）は，本判決を引用して，新安保条約が「一見極めて明白に違憲無効」かを審査している（その他，長沼事件2審〔札幌高判昭51・8・5―273事件〕等も参照）。むしろ本判決の「変則型」が裁判例では大勢であることに，注意が必要である。

◆参考文献◆
岡田信弘・基本判例〔第2版〕176頁，覚道豊治・百選Ⅱ322頁，佐藤功・百選（ジュリ臨増276の2）213頁，古川純・百選Ⅱ〔第5版〕434頁，ジュリ臨増『砂川事件上告審判決特集』〔1960〕。

313 統治行為論(2) ——苫米地事件

最高裁昭和35年6月8日大法廷判決
（昭和30年(オ)第96号衆議院議員資格確認並びに歳費請求事件）
民集14巻7号1206頁，判時225号6頁

■事案■

1952（昭和27）年8月28日，第3次吉田内閣は衆議院を解散した。当時衆議院議員であったX（苫米地義三—原告・被控訴人・上告人）は，この「抜き打ち解散」は違憲無効であると主張して，任期満了までの1953年1月分までの歳費28万5000円の支払を国に求めた。

1審（東京地判昭28・10・19行集4巻10号2540頁）は内閣の助言がなかったことを理由に解散を違憲無効としたため，国が控訴したところ，2審（東京高判昭29・9・22〔本書266事件—「抜き打ち」解散事件〕）は内閣の助言と承認があったとして，1審判決を取り消しXの請求を棄却した。Xが上告。

■争点■

衆議院の解散に違憲審査は及ぶか。

■判旨■

上告棄却（小谷勝重・奥野健一，河村大助，石坂修一裁判官の各意見がある）。

(i)「現実に行われた衆議院の解散が，その依拠する憲法の条章について適用を誤ったが故に，法律上無効であるかどうか，これを行うにつき憲法上必要とせられる内閣の助言と承認に瑕疵があったが故に無効であるかどうかのごときことは裁判所の審査権に服しないものと解すべきである。」

(ii)「わが憲法の三権分立の制度の下においても，司法権の行使についておのずからある限度の制約は免れないのであって，あらゆる国家行為が無制限に司法審査の対象となるものと即断すべきでない。直接国家統治の基本に関する高度に政治性のある国家行為のごときはたとえそれが法律上の争訟となり，これに対する有効無効の判断が法律上可能である場合であっても，かかる国家行為は裁判所の審査権の外にあり，その判断は主権者たる国民に対して政治的責任を負うところの政府，国会等の政治部門の判断に委され，最終的には国民の政治判断に委ねられているものと解すべきである。この司法権に対する制約は，結局，三権分立の原理に由来し，当該国家行為の高度の政治性，裁判所の司法機関としての性格，裁判に必然的に随伴する手続上の制約等にかんがみ，特定の明文による規定はないけれども，司法権の憲法上の本質に内在する制約と理解すべきである。」

(iii)「衆議院の解散は，衆議院議員をしてその意に反して資格を喪失せしめ，国家最高の機関たる国会の主要な一翼をなす衆議院の機能を一時的とは言え閉止するものであり，さらにこれにつづく総選挙を通じて，新な衆議院，さらに新な内閣成立の機縁を為すものであって，その国法上の意義は重大であるのみならず，解散は，多くは内閣がその重要な政策，ひいては自己の存続に関して国民の総意を問わんとする場合に行われるものであってその政治上の意義もまた極めて重大である。すなわち衆議院の解散は，極めて政治性の高い国家統治の基本に関する行為であって，かくのごとき行為について，その法律上の有効無効を審査することは司法裁判所の権限の外にありと解すべきことは既に前段説示するところによってあきらかである。そして，この理は，本件のごとく，当該衆議院の解散が訴訟の前提問題として主張されている場合においても同様であって，ひとしく裁判所の審査権の外にありといわなければならない。」

「本件の解散が憲法7条に依拠して行われたことは本件において争いのないところであり，政府の見解は，憲法7条によって，——すなわち憲法69条に該当する場合でなくとも，——憲法上有効に衆議院の解散を行い得るものであり，本件解散は右憲法7条に依拠し，かつ，内閣の助言と承認により適法に行われたものであるとするにあることはあきらかであって，裁判所としては，この政府の見解を否定して，本件解散を憲法上無効なものとすることはできないのである。」

河村意見
「高度の政治性を有する問題であっても，それが同時に法律上の争訟を含む場合においては，その法律問題が『憲法に適合するかどうかを決定する』ことは三権分立の均衡勢力を超えた部分につき違憲審査権が附与されているものと解せられる」。「本件衆議院の解散の効力如何がXの議員として有する権利の存否に直接影響すること明らかな本件においては，その前提を為す解散の方式，手続が憲法の定めるところに適合して行われたりや否やは一切の政策的評価を排除して法律的判断を為すことが可能であるから，司法審査の対象となる」。

■解説■

1 本判決の統治行為論は，砂川事件上告審（最大判昭34・12・16—312事件）とは次の2点で異なる。第1に，本判決は統治行為を司法権の内在的制約に当たると述べ，裁量論的色彩を払拭した。第2に，本判決は「一見極めて明白に違憲無効である」かどうかについても判断しなかった。判旨(ii)は，312事件における藤田・入江補足意見流の，「純粋型」の統治行為論を採ったと理解されている。

2 本判決では，河村意見が判旨(ii)を批判しているのに加えて，判旨(iii)について，本件で統治行為論を用いるのは妥当かという疑問が指摘されている。本件では(1)衆議院の解散が69条の場合以外に認められるか，(2)内閣の助言と承認は別々に行う必要があるか，(3)「持ち回り閣議」は適法な助言か，が争われていた（266事件参照）。小谷・奥野意見および石坂意見は，(1)や(2)は裁判所が示すべき法解釈の問題である，と批判する。また(3)は内閣の自律の問題であり，やはり統治行為論を持ち出す必要はなかったはずである（野坂・後掲55頁）。

3 本判決は複数の下級審判決で引用されているが（野坂・後掲62頁），「純粋型」の統治行為論を展開した最高裁判決は，本判決以外には存在しない。本判決の射程は本件事案限りのものと見ることもできよう。

◆参考文献◆

大石眞・法教349号7頁，大林文敏・百選Ⅱ〔第5版〕436頁，田中真次・最判解民事篇昭和35年度202頁，野坂泰司『憲法基本判例を読み直す』[2011] 49頁，山下威士・基本判例〔第2版〕199頁。

314 立法不作為(1)
── 在宅投票制度廃止事件

最高裁昭和60年11月21日第一小法廷判決
(昭和53年(オ)第1240号損害賠償請求事件)
民集39巻7号1512頁, 判時1177号3頁

■事案■

国会が1952(昭和27)年の公職選挙法改正により在宅投票制度を廃止したため, 歩行困難者であるX(原告・被控訴人・上告人)は, 1968(昭和43)年から1972(昭和47)年までの計8回の国政・自治体の選挙に際して投票できなかった。Xは, 国会議員が在宅投票制度を廃止して復活しない行為は, 憲法15条1項等に反しており, それにより精神的損害を受けたとして, 国(被告・控訴人・被上告人)に対して, 国家賠償を請求した。

1審(札幌地小樽支判昭49・12・9判時762号8頁)は立法行為の違憲性および国会の機関過失を認めてXの請求を認めたが, 2審(札幌高判昭53・5・24高民集31巻2号231頁)は立法不作為を違憲としたものの, 国会議員の故意・過失を否定したため, 敗訴したXが上告。

■争点■

①国家賠償法1条1項にいう違法性とは何か。
②国会議員の立法行為が国賠法上違法と評価されるのはどのような場合か。
③本件立法不作為は国賠法上違法と評価されるか。

■判旨■

上告棄却(全員一致)。

(i)「国家賠償法1条1項は, 国又は公共団体の公権力の行使に当たる公務員が個別の国民に対して負担する職務上の法的義務に違背して当該国民に損害を加えたときに, 国又は公共団体がこれを賠償する責に任ずることを規定するものである。したがって, 国会議員の立法行為(立法不作為を含む。以下同じ。)が同項の適用上違法となるかどうかは, 国会議員の立法過程における行動が個別の国民に対して負う職務上の法的義務に違背したかどうかの問題であって, 当該立法の内容の違憲性の問題とは区別されるべきであり, 仮に当該立法の内容が憲法の規定に違反する廉があるとしても, その故に国会議員の立法行為が直ちに違法の評価を受けるものではない。」

(ii)「憲法の採用する議会制民主主義の下においては, 国会は, 国民の間に存する多元的な意見及び諸々の利益を立法過程に公正に反映させ, 議員の自由な討論を通してこれらを調整し, 究極的には多数決原理により統一的な国家意思を形成すべき役割を担うものである。」そのため「国会議員の立法過程における行動で, 立法行為の内容にわたる実体的側面に係るものは, これを議員各自の政治的判断に任せ, その当否は終局的に国民の自由な言論及び選挙による政治的評価にゆだねるのを相当とする」。免責特権の保障(51)も「国会議員の立法過程における行動は政治的責任の対象とするにとどめるのが国民の代表者による政治の実現を期するという目的にかなうものである, との考慮によるのである。このように, 国会議員の立法行為は, 本質的に政治的なものであって, その性質上法的規制の対象になじまず, 特定個人に対する損害賠償責任の有無という観点から, あるべき立法行為を措定して具体的立法行為の適否を法的に評価するということは, 原則的には許されないものといわざるを得ない」。

「国会議員は, 立法に関しては, 原則として, 国民全体に対する関係で政治的責任を負うにとどまり, 個別の国民の権利に対応した関係での法的義務を負うものではないというべきであって, 国会議員の立法行為は, 立法の内容が憲法の一義的な文言に違反しているにもかかわらず国会があえて当該立法を行うというごとき, 容易に想定し難いような例外的な場合でない限り, 国家賠償法1条1項の規定の適用上, 違法の評価を受けないものといわなければならない。」

(iii)「憲法には在宅投票制度の設置を積極的に命ずる明文の規定が存しない」上, 憲法47条が「投票の方法その他選挙に関する事項の具体的決定を原則として立法府である国会の裁量的権限に任せる趣旨であることは, 当裁判所の判例とするところである〔最大判昭39・2・5民集18巻2号270頁, 最大判昭51・4・14(本書250事件—衆議院中選挙区制(1))〕……参照)」。「在宅投票制度を廃止しその後前記8回の選挙までにこれを復活しなかった本件立法行為につき, これが前示の例外的場合に当たると解すべき余地はなく, 結局, 本件立法行為は国家賠償法1条1項の適用上違法の評価を受けるものではないといわざるを得ない。」

■解説■

1 本件1審が在宅投票制度を廃止した立法行為を, 2審が制度復活を怠った立法不作為を問題にするのに対して, 本判決は制度を廃止し復活しないという立法行為を問題にしている。立法不作為概念は不明確であり, とりわけ本件の場合には立法行為の違憲性のみを問題にすれば足りるとの指摘も見られる(戸松152頁)。

2 判旨(i)は, 国賠法1条1項の違法性について職務行為基準説を採り, 立法内容の違憲性と立法行為における国賠法上の違法性を区別した。そして判旨(ii)では多元的民主政観(長谷部429頁参照)を展開し, 「法的義務」と「政治的責任」の二元論に立って, 立法行為が国賠法上違法と評価される場合を極限まで限定した。

3 本判決は, 国家賠償請求訴訟において法令の合憲性を争う手法(違憲国賠訴。棟居・後掲参照)を, 実務上ほとんど閉ざしたものであり, 実際にも多くの裁判例が, 本判決に従って実体的な憲法判断を拒否している(45事件〔最判平7・12・5〕・158事件〔最判平2・2・6—西陣ネクタイ事件〕等)。いかに本判決の呪縛から逃れるかが, その後の憲法訴訟の課題の一つとなるのである。なお判旨(ii)が示した憲法51条理解の展開については, 264事件(最判平9・9・9—国会議員の免責特権(2))参照。

◆参考文献◆

新正幸・百選II〔第5版〕438頁, 泉徳治・最判解民事篇昭和60年度366頁, プロセス633頁(笹田栄司), 中村睦男・ジュリ855号84頁, 長谷部恭男・行政百選II〔第5版〕464頁。棟居快行『人権論の新構成〔新装版〕』〔2008〕316頁以下も参照。

315 立法不作為(2)
――熊本ハンセン病訴訟

熊本地裁平成13年5月11日判決
（平成10年(ワ)第764号・第1000号・第1282号，同11年(ワ)第383号「らい予防法」違憲国家賠償請求事件）
訟月48巻4号881頁，判時1748号30頁

■ 事 案 ■

らい予防法（以下，「新法」。1953〔昭和28〕年に「癩予防法」の代わりに制定され，1996〔平成8〕年に廃止された）は，事実上，ハンセン病患者に療養所への入所義務を課す内容となっており（6），入所者の外出を厳格に制限し（15），違反に対して刑罰による制裁を設けていた（28）。新法の下で国立療養所に入所していたX（原告）らは，同法の下で厚生大臣（当時）が策定・遂行したハンセン病の隔離政策の違法，国会議員が新法を改廃しなかった立法不作為の違法等を理由に，国（被告）に対して損害賠償を求めた。以下では立法不作為に関する判示のみを扱う。

■ 争 点 ■

①国会議員の立法行為が国賠法上違法と評価されるのはどのような場合か。
②本件立法不作為は国賠法上違法と評価されるか。

■ 判 旨 ■

請求一部認容（国が控訴せず，確定）。

(i)「新法の隔離規定〔6条・15条・28条〕によってもたらされる人権の制限は，居住・移転の自由という枠内で的確に把握し得るものではな〔く〕」，「より広く憲法13条に根拠を有する人格権そのものに対するものととらえるのが相当である」。「新法の隔離規定は，新法制定当時から既に，ハンセン病予防上の必要を超えて過度な人権の制限を課すものであり，公共の福祉による合理的な制限を逸脱して」おり，「遅くとも昭和35年には，新法の隔離規定は，その合理性を支える根拠を全く欠く状況に至っており，その違憲性は明白となっていたというべきである」。

(ii)「ある法律が違憲であっても，直ちに，これを制定した国会議員の立法行為ないしこれを改廃しなかった国会議員の立法不作為が国家賠償法上違法となるものではない。」「〔本書314事件（最判昭60・11・21―在宅投票制度廃止事件）〕……は，在宅投票制度を廃止しこれを復活しなかった立法行為についての事案について，『国会議員の立法行為は，立法の内容が憲法の一義的な文言に違反しているにもかかわらず国会があえて当該立法を行うというごとき，容易に想定し難いような例外的な場合でない限り，国家賠償法1条1項の規定の適用上，違法の評価を受けない』と判示し，その後にも，これと同旨の最高裁判決がある」。しかし314事件判決は「もともと立法裁量にゆだねられているところの国会議員の選挙の投票方法に関するものであり，患者の隔離という他に比類のないような極めて重大な自由の制限を課する新法の隔離規定に関する本件とは，全く事案を異にする。右判決は，その論拠として，議会制民主主義や多数決原理を挙げるが，新法の隔離規定は，少数者であるハンセン病患者の犠牲の下に，多数者である一般国民の利益を擁護しようとするものであり，その適否を多数決原理にゆだねることには，もともと少数者の人権保障を脅かしかねない危険性が内在されているのであって，右論拠は，本件に全く同じように妥当するとはいえない」。「右判決の文言からも明らかなように，『立法の内容が憲法の一義的な文言に違反している』ことは，立法行為の国家賠償法上の違法性を認めるための絶対条件とは解されない。右一連の最高裁判決が『立法の内容が憲法の一義的な文言に違反している』との表現を用いたのも，立法行為が国家賠償法上違法と評価されるのが，極めて特殊で例外的な場合に限られるべきであることを強調しようとしたにすぎないものというべきである。」

(iii) 新法の隔離規定の違憲性は遅くとも昭和35年には明白になっていたことに加え，新法附帯決議，国際的動向，全国国立らい療養所患者協議会（後に「全国ハンセン病患者協議会」）の運動により国会議員としても昭和38年ごろには新法の隔離規定の適否を判断することが十分に可能だったこと，厚生省が昭和39年にまとめた資料からも新法の隔離規定に合理性がないことが明らかであること等を考慮し，「新法の隔離規定が存続することによる人権被害の重大性とこれに対する司法的救済の必要性にかんがみれば，他にはおよそ想定し難いような極めて特殊で例外的な場合として，遅くとも昭和40年以降に新法の隔離規定を改廃しなかった国会議員の立法上の不作為につき，国家賠償法上の違法性を認めるのが相当である」。そしてこれらの事実関係については「国会議員が調査すれば容易に知ることができたものであり，また，昭和38年ころには，全患協による新法改正運動が行われ，国会議員や厚生省に対する陳情等の働き掛けも盛んに行われていたことなどからすれば，国会議員には過失が認められるというべきである」。

■ 解 説 ■

在宅投票制度廃止事件判決（314事件）以降，立法行為に対する国家賠償請求の途は実務上閉ざされてきたが，本判決はその流れに一石を投じた。判旨(ii)は判例法理に逆らうのではなく，その前提を改めて再検討することで，違憲国賠訴訟の要件を緩和した。その要点は，(1)本件では，立法裁量を前提とする選挙権ではなく人格権（判旨(i)）が問題となっており事案を区別（distinguish）する必要がある，(2)「立法の内容が憲法の一義的な文言に違反している」という条件は例示にすぎない，ということにある。そして判旨(iii)では「容易に想定し難いような例外的な場合」の認定に人権侵害の重大性・司法的救済の必要性を関連づけて，立法不作為を違法と判断し，国会議員の過失を認めた。本判決は，下級審が確立した判例を創造的に読み替えた例として，評価されている。

◆ 参考文献 ◆
青井未帆・信大経済学論集54号153頁，小山剛・ジュリ1210号152頁，佐藤修一郎・百選Ⅱ〔第5版〕440頁，土井真一・平成13年度重判解25頁。

316 立法不作為と部分違憲 ── 在外邦人選挙権事件

最高裁平成 17 年 9 月 14 日大法廷判決
（平成 13 年(行ツ)第 82 号・第 83 号，同年(行ヒ)第 76 号・第 77 号在外日本人選挙権剥奪違法確認等請求事件）
民集 59 巻 7 号 2087 頁，判時 1908 号 36 頁

■事 案■

本書 242 事件（本件と同一事件）参照。

■争 点■

①公選法附則 8 項（当時）は，いかなる範囲で違憲か。
②本件立法不作為を，いかなる訴訟類型で争うべきか。
③国会議員の立法行為が国賠法上違法と評価されるのはどのような場合か。

■判 旨■

原判決変更（福田博裁判官の補足意見，横尾和子・上田豊三裁判官，泉徳治裁判官の各反対意見がある）。

(i) 「そのような制限をすることなしには選挙の公正を確保しつつ選挙権の行使を認めることが事実上不能ないし著しく困難であると認められる場合でない限り」，「国民の選挙権の行使を制限することは，憲法 15 条 1 項及び 3 項，43 条 1 項並びに 44 条ただし書に違反する」。「このことは，国が国民の選挙権の行使を可能にするための所要の措置を執らないという不作為によって国民が選挙権を行使することができない場合についても，同様である。」

(ii) 「本件改正前の公職選挙法が，本件選挙当時，在外国民であった X らの投票を全く認めていなかったこと」は憲法 15 条 1 項等に違反していた。また「遅くとも，本判決言渡し後に初めて行われる衆議院議員の総選挙又は参議院議員の通常選挙の時点においては……公職選挙法附則 8 項の規定のうち，在外選挙制度の対象となる選挙を当分の間両議院の比例代表選出議員の選挙に限定する部分は，憲法 15 条 1 項及び 3 項，43 条 1 項並びに 44 条ただし書に違反する」。

(iii) 選挙権の重要性からすると「引き続き在外国民である同 X らが，次回の衆議院議員の総選挙における小選挙区選出議員の選挙及び参議院議員の通常選挙における選挙区選出議員の選挙において，在外選挙人名簿に登録されていることに基づいて投票をすることができる地位にあることの確認」を求める訴えは適法であり，理由がある。

(iv) 「立法の内容又は立法不作為が国民に憲法上保障されている権利を違法に侵害するものであることが明白な場合や，国民に憲法上保障されている権利行使の機会を確保するために所要の立法措置を執ることが必要不可欠であり，それが明白であるにもかかわらず，国会が正当な理由なく長期にわたってこれを怠る場合などには，例外的に，国会議員の立法行為又は立法不作為は，国家賠償法 1 条 1 項の規定の適用上，違法の評価を受ける」。在宅投票制度廃止事件判決（314 事件〔最判昭 60・11・21〕）は「以上と異なる趣旨をいうものではない」。「昭和 59 年に在外国民の投票を可能にするための法律案が閣議決定されて国会に提出されたものの，同法律案が廃案となった後本件選挙の実施に至るまで 10 年以上の長きにわたって何らの立法措置も執られなかったのであるから，このような著しい不作為は上記の例外的な場合に当たり，このような場合においては，過失の存在を否定することはできない。」

■解 説■

1 本判決は，選挙権の保障だけでなく憲法上の権利の救済に関しても，数々の重要な説示を残した。判旨(i)は立法不作為を含む選挙権制限の合憲性の判断枠組みを示し，(ii)で 1998（平成 10）年改正前の公選法が在外選挙制度を認めていなかったこと，改正後の公選法が制度の対象を比例代表選挙に限っていたことの実体的な違憲性を宣言する。そして X らの請求のうち公選法の違法確認の訴えを不適法とする一方，判旨(iii)は「公法上の当事者訴訟のうち公法上の法律関係に関する確認の訴え」（行訴 4 参照）として，X らが次回選挙で投票できる地位にあることを確認し（行政救済法上の論点については山本・後掲参照），判旨(iv)は過去の立法不作為に対する国家賠償請求を認めている。法令それ自体の合憲性の判断を回避した 314 事件と比べると，本判決が積極的な違憲判断を先行させた点は注目に値する。

2 判旨(ii)は公選法の附則 8 項（当時）のうち，在外選挙制度を比例代表選挙に限っている部分を違憲とした。本判決は，規定の意味の一部を違憲とした郵便法事件判決（319 事件〔最大判平 14・9・11〕）とは異なり，文言の一部を違憲としたものである（具体的には杉原・後掲 640 頁以下）。こうした部分違憲の手法が許されるのは，その規定の部分が他の部分から可分（separable）な場合であるが，この点に関するわが国の議論の蓄積は十分でない（戸松 349 頁。319 事件の解説も参照）。また本判決は立法不作為を違憲と判断した初の最高裁判決であるが（杉原・後掲 641 頁），むしろ附則 8 項による選挙権の制限が違憲とされたものと説明することもできる（土井・後掲 301 頁参照）。

3 判旨(iv)は職務行為基準説を維持しつつも，違憲の権利侵害が明白な場合または立法措置の必要性が明白でありながら国会が長期にわたりそれを怠った場合には，例外的に国会議員の立法行為が国賠法上違法と評価されるとした。本判決は 314 事件判決は「異なる趣旨をいうものではない」とするが，判例は実質的に変更されたと見ることもできる。もっとも内閣の法案提出を期間の起算点とした点が妥当かどうかは議論の余地があり，また他にどのような場合に違憲国賠訴訟が認められるかも明らかではない（243 事件〔最判平 18・7・13〕も参照）。

◆参考文献◆

井上典之『憲法判例に聞く』[2008] 308 頁，「特集・在外邦人選挙権最高裁大法廷判決」ジュリ 1303 号 2 頁，杉原則彦・最判解民事篇平成 17 年度〔下〕603 頁，土井真一・判例講義 II 300 頁，野坂泰司①・百選 II〔第 5 版〕334 頁，野坂②『憲法基本判例を読み直す』[2011] 257 頁，プロセス 598 頁（畑尻剛），山本隆司・法教 308 号 25 頁。

317 立法不作為と合理的期間
―― 関釜訴訟1審

山口地裁下関支部平成10年4月27日判決
(平成4年(ワ)第349号・同5年(ワ)第373号・同6年(ワ)第51号釜山従軍慰安婦・女子勤労挺身隊公式謝罪等請求，女子勤労挺身隊従軍慰安婦公式謝罪等請求事件)
判時1642号24頁，判タ1081号137頁

■ 事 案 ■

韓国に在住する韓国国籍の女性であるX（原告）らが，日中戦争・第二次大戦中に従軍慰安婦として性的暴行を受けたり女子勤労挺身隊として強制連行されたりしたと主張して，国（被告）に対して，(1)道義的国家たるべき義務に基づく公式謝罪・賠償請求，(2)明治憲法27条に基づく損失補償請求，(3)債務不履行による賠償請求，(4)立法不作為による公式謝罪・国家賠償請求を求める等した。以下では(4)に関する判示のみを扱う。

■ 争 点 ■

①国会議員の立法行為が国賠法上違法と評価されるのはどのような場合か。
②本件立法不作為は国賠法上違法と評価されるか。

■ 判 旨 ■

請求一部認容（控訴審で取り消され，Xが上告中）。
(i)「一般に，国家がいつ，いかなる立法をすべきか，あるいは立法をしないかの判断は，国会の広範な裁量のもとにあり，その統制も選挙を含めた政治過程においてなされるべきであることは，日本国憲法の統治構造上明らかであるから，当裁判所もまた基本的には右最高裁判決〔本書314事件（最判昭60・11・21―在宅投票制度廃止事件)〕と意見を同じくする」が，『例外的な場合』についてはやや見解を異にし，立法不作為に関する限り，これが日本国憲法秩序の根幹的価値に関わる基本的人権の侵害をもたらしている場合にも，例外的に国家賠償法上の違法をいうことができるものと解する」。「積極的違憲立法の是正については，当該法令のその事案への適用を拒否することによって簡単に果たされるのに対し，消極的違憲の立法不作為については，その違憲確認訴訟を認めることに種々の難点があることから，国家賠償法による賠償を認めることがほとんど唯一の救済方法になるともいえるのであって，その意味では，むしろ，立法不作為にこそ違法と認める余地を広げる必要もある。」「立法不作為を理由とする国家賠償……が国家賠償法上違法となるのは，単に，『立法（不作為）の内容が憲法の一義的な文言に違反しているにもかかわらず国会があえて当該立法を行う（行わない）というごとき』場合に限られず，次のような場合，すなわち，前記の意味での当該人権侵害の重大性とその救済の高度の必要性が認められる場合であって（その場合に，憲法上の立法義務が生じる。)，しかも，国会が立法の必要性を十分認識し，立法可能であったにもかかわらず，一定の合理的期間を経過してもなおこれを放置したなどの状況的要件，換言すれば，立法課題としての明確性と合理的是正期間の経過

がある場合にも，立法不作為による国家賠償を認めることができると解するのが相当である。」
(ii)「遅くとも従軍慰安婦問題が国際問題化し，国会においても取り上げられるようになった平成2年（1990年）5, 6月ころには，右不作為〔被害者に対し，被害の増大をもたらさないよう配慮，保証すべき条理上の作為義務を尽くさず，被害者を放置してその苦しみを倍加させたこと〕による新たな被告〔国〕の侵害行為は，……人権侵害の重大性と救済の必要性を増し，違憲的違法性を帯びるものとなった」。「遅くとも右内閣官房長官談話が出された平成5年（1993年）8月4日以降の早い段階で，先の作為義務は，慰安婦原告らの被った損害を回復するための特別の賠償立法をなすべき日本国憲法上の義務に転化し，その旨明確に国会に対する立法課題を提起したというべきである。そして，右の談話から遅くとも3年を経過した平成8年8月末には，右立法をなすべき合理的期間を経過したといえるから，当該立法不作為が国家賠償法上も違法となったと認められる。」

■ 解 説 ■

1　本件は数多い戦後補償訴訟の中でも，原告側の請求が認められた例として知られる（判旨(ii)）。判旨(i)は従来の判例法理から離れて，憲法秩序の根幹的価値に関わる基本的人権の侵害の場合には，立法課題としての明確性と合理的是正期間の経過（判旨(ii)によると3年）を要件に，立法不作為に対する国賠請求が認められるとした。学説にも，相当の期間の経過後に立法不作為の違憲審査が認められるべきだという主張がある（芦部375頁）。もっとも司法権の役割や要件判断の客観性から，本判決の要件に疑問を呈する見解もある（戸松156頁）。実際には，本件2審（広島高判平13・3・29判時1759号42頁）が本判決の立場を明示的に批判する等，314事件判決を固守する裁判例が多い（東京地判平15・4・24判時1823号61頁等）。

2　国賠請求以外に立法不作為の合憲性を争うルートとしては，違憲確認訴訟が考えられる。台湾住民元日本兵戦死傷者の補償請求事件（9事件〔最判平4・4・28〕）の2審（東京高判昭60・8・26行集36巻7・8号1211頁）は，「①行政庁ないし立法府において一定内容の作為をなすべきことが法律上二義を許さないほどに特定していて，行政庁ないし立法府の第一次判断権を重視する必要がない程度に明白であること，②事前の司法審査によらなければ回復し難い損害を生ずるという緊急の必要がある場合であること，③他に適切な救済方法がないこと」の3要件で，無名抗告訴訟（当時の行訴3 I）の一種としての義務確認訴訟を認める旨を一般的に説示していた。2004年の行訴法の改正により，今後憲法訴訟にどのような変化が生じるか，注目される。

◆ 参考文献 ◆
314事件判決について戸波江二・法セ379号117頁。本書314～317事件を通じて芦部信喜編『講座憲法訴訟　第1巻』[1987] 355頁以下（戸波江二）参照。

318 適用違憲の方法
――猿払事件1審

旭川地裁昭和43年3月25日判決
（昭和43年（わ）第16号国家公務員法違反被告事件）
下刑集10巻3号293頁、判時514号20頁

■事案■

郵政事務官で労働組合協議会事務局長を務めていたX（被告人）は、1967（昭和42）年1月に告示された衆議院議員選挙に際し、日本社会党を支持する目的で、同党公認候補者の選挙用ポスターを公営掲示場に掲示したり、掲示を依頼して配布したりしたとして、国公法102条1項・110条1項19号・人事院規則14-7第6項13号（「政治的行為」の一つとして「政治的目的を有する署名」等の掲示・配布等の行為を挙げている）違反で起訴された。

■争点■

国家公務員法の政治的行為の禁止違反に対する罰則は、憲法21条・31条に違反するか。

■判旨■

Xは無罪（上告審である最大判昭49・11・6〔本書20事件〕は本判決を破棄し、Xを有罪とした）。

(i)「政治活動を行う国民の権利の民主主義社会における重要性を考えれば国家公務員の政治活動の制約の程度は、必要最小限度のものでなければならない。」

(ii) 人事院規則14-7第6項13号の禁止する行為を「行政過程に全く関与せず、かつその業務内容が細目迄具体的に定められているため機械的の労務を提供するにすぎない現業公務員が、勤務時間外に国の施設を利用することなく、かつ職務を利用し若しくはその公正を害する意図なしに行った場合、その弊害は著しく小さいものである」。

(iii)「法がある行為を禁じその禁止によって国民の憲法上の権利にある程度の制約が加えられる場合、その禁止行為に違反した場合に加えられるべき制裁は、法目的を達成するに必要最小限度のものでなければならないと解される。法の定めている制裁方法よりも、より狭い範囲の制裁方法があり、これによってもひとしく法目的を達成することができる場合には、法の定めている広い制裁方法は法目的達成の必要最小限度を超えたものとして、違憲となる場合がある。」「非管理者である現業公務員でその職務内容が機械的の労務の提供に止まるものが勤務時間外に国の施設を利用することなく、かつ職務を利用し、若しくはその公正を害する意図なしで人事院規則14-7、6項13号の行為を行う場合、その弊害は著しく小さいものと考えられるのであり……国公法82条の懲戒処分ができる旨の規定に加え、3年以下の懲役又は10万円以下の罰金という刑事罰を加えることができる旨を法定することは、行為に対する制裁としては相当性を欠き、合理的にして必要最小限の域を超えているものといわなければならない。」「組合員である公共企業体等労働関係法の適用を受ける職員がする行為につき……国公法110条1項19号の刑事罰を科することは、5現業に属する非管理職である職員に対する労働関係の規制を、国公法から公労法に移し労働関係についての制約を緩和した趣旨に沿わないものであり、ひいては公労法の適用を受ける労働組合の表現の自由を間接に制約するに至るものである」。

(iv)「非管理職である現業公務員で、その職務内容が機械的の労務の提供に止まるものが、勤務時間外に、国の施設を利用することなく、かつ職務を利用し、若しくはその公正を害する意図なしで行った人事院規則14-7、6項13号の行為で且つ労働組合活動の一環として行われたと認められる所為に刑事罰を加えることをその適用の範囲内に予定している国公法110条1項19号は、このような行為に適用される限度において、行為に対する制裁としては、合理的にして必要最小限の域を超えたものと断ぜざるを得ない。」「同号は同法102条1項に規定する政治的行為の制限に違反した者という文字を使っており、制限解釈を加える余地は全く存しないのみならず、同法102条1項をうけている人事院規則14-7は、全ての一般職に属する職員にこの規定の適用があることを明示している以上、当裁判所としては、本件Xの所為に、国公法110条1項19号が適用される限度において、同号が憲法21条および31条に違反するもので、これをXに適用することができないと云わざるを得ない。」

■解説■

1　裁判長の名前から「時國判決」とも呼ばれる本判決は、国公法の規定を法令違憲とするのではなく、司法事実の特性に着目して、それに刑事罰を適用することはLRAの原則に反するとしたものであり、適用違憲判決の代表例として知られる。

2　適用違憲には(1)法令の合憲限定解釈が不可能である場合、(2)合憲限定解釈が可能であるにもかかわらず法令が違憲的に適用された場合、(3)法令そのものは合憲でも憲法上の権利を侵害する形で適用された場合の3種類がある。そして東京地判昭46・11・1（行集22巻11・12号1755頁）が(2)の例、第2次家永訴訟1審（141事件〔東京地判昭45・7・17〕）が(3)の例であるのに対し、本判決は(1)の例に当たるとされる（芦部・後掲①参照）。もっとも「適用上違憲」であれば法令の合憲性それ自体を評価しないところ、本判決は上告審が適切に指摘したとおり「法令の一部を違憲とするにひとし」い。また合憲限定解釈が不可能（規定のうちで違憲部分と合憲部分が不可分）なのであれば、法令違憲判決を下すべきだとの批判もある（高橋・後掲参照）。

3　本判決は類似の裁判例の多くに影響を与えたものの、最高裁により覆された。しかしその約40年後に、堀越事件の2審（東京高判平22・3・29判タ1340号105頁）が国公法の政治的行為の制限に対して適用違憲判決を下したことで、本判決の意義が改めて見直されている。

◆参考文献◆
芦部信喜①・百選Ⅱ〔第5版〕444頁、今村成和・法時44巻10号28頁、尾形健・判例講義Ⅱ313頁。さらに芦部②『現代人権論』〔1974〕第Ⅶ・Ⅷ論文、遠藤比呂通『市民と憲法訴訟』〔2007〕第1章、高橋和之『憲法判断の方法』〔1995〕第4章も参照。

319 部分違憲の判断
——郵便法事件

最高裁平成14年9月11日大法廷判決
(平成11年(オ)第1767号損害賠償請求事件)
民集56巻7号1439頁，判時1801号28頁

■ 事 案 ■

本書213事件（本件と同一事件）参照。

■ 争 点 ■

郵便法68条，73条（平14法121による改正前。以下，本規定という）のうち，どの部分が憲法17条に違反して無効とされるか。

■ 判 旨 ■

破棄差戻し（滝井繁男裁判官の補足意見，福田博・深澤武久裁判官，横尾和子裁判官，上田豊三裁判官の各意見がある）。

(i) 書留郵便物について「郵便業務従事者の軽過失による不法行為に基づき損害が生じたにとどまる場合には，法68条，73条に基づき国の損害賠償責任を免除し，又は制限することは，やむを得ないものであり，憲法17条に違反するものではない」。しかし，郵政事業庁（当時）が引受けから配達に至るまでを記録することが定められている「書留郵便物について，郵便業務従事者の故意又は重大な過失による不法行為に基づき損害が生ずるようなことは，通常の職務規範に従って業務執行がされている限り，ごく例外的な場合にとどまるはずであって，このような事態は，書留の制度に対する信頼を著しく損なうものといわなければならない。そうすると，このような例外的な場合にまで国の損害賠償責任を免除し，又は制限しなければ法1条に定める目的を達成することができないとは到底考えられず，郵便業務従事者の故意又は重大な過失による不法行為についてまで免責又は責任制限を認める規定に合理性があるとは認め難い」。「法68条，73条の規定のうち，書留郵便物について，郵便業務従事者の故意又は重大な過失によって損害が生じた場合に，不法行為に基づく国の損害賠償責任を免除し，又は制限している部分は，憲法17条が立法府に付与した裁量の範囲を逸脱したものであるといわざるを得ず，同条に違反し，無効である」。

(ii) 特別送達郵便物の特殊性に照らすと「特別送達郵便物については，郵便業務従事者の軽過失による不法行為から生じた損害の賠償責任を肯定したからといって，直ちに，その目的の達成が害されるということはできず，上記各条に規定する免責又は責任制限に合理性，必要性があるということは困難であり，そのような免責又は責任制限の規定を設けたことは，憲法17条が立法府に付与した裁量の範囲を逸脱したものである」。「法68条，73条の規定のうち，特別送達郵便物について，郵便業務従事者の軽過失による不法行為に基づき損害が生じた場合に，国家賠償法に基づく国の損害賠償責任を免除し，又は制限している部分は，憲法17条に違反し，無効である」。

■ 解 説 ■

1 法令の一部を違憲とする判決には，法令の文言の一部を無効とする場合と法令の意味の一部（適用の一部）を無効とするものの2種類がある。本判決は（320事件〔最大判昭37・11・28—第三者所有物没収事件〕の評価を別としていえば），後者の意味上の部分違憲の手法を，初めて正面から採用した最高裁判決である（市川・後掲57頁。なお森林法事件〔163事件（最大判昭62・4・22）〕の大内恒夫裁判官意見も参照）。

2 部分違憲の手法は，規定のうち，違憲である文言・意味の部分と合憲である文言・意味の部分とを区分できる（separable）場合に用いられる点で，合憲限定解釈の手法と共通点がある。本件では，郵便業務従事者の不法行為に対する本規定の適用について，書留郵便物の場合には故意・重過失によるものとそれ以外のもの，特別送達郵便物の場合は故意・過失によるものとそれ以外のものとを区別し，各前者は違憲，各後者は合憲という線引きが可能であった（適用上の可分性）。それでは，そのように本規定を合憲限定解釈すれば良いのではないか。この点，本規定がもともと無過失責任を前提にした書きぶりのため，そのような解釈は規定の文言・趣旨から見て解釈の限界を超えてしまうという判断が，本判決の前提なのであろう。そこで本判決は，本規定の意味のうち，故意・重過失による書留郵便物および故意・過失による特別送達郵便物についての不法行為の責任を免除・制限する部分を切り取って違憲とさぜるを得なかったのである。

3 猿払事件1審（318事件〔旭川地判昭43・3・25〕）が採った型の適用違憲の手法は，その事件（ないし同じ事例類型）に適用する限りで法令を違憲と判断する点で，部分違憲の手法に近接する。適用違憲の手法を「ひっきょう法令の一部を違憲とするにひとし〔い〕」と否定していた同事件の最高裁（20事件〔最大判昭49・11・6〕）の頑なな姿勢は，本判決で暗黙のうちに改められている。ただし，部分違憲の手法は違憲部分以外の部分が合憲であることを前提にするのに対して，適用違憲の場合にはそのような判断を含意しない。本件でいえば，「原告の損害賠償請求に適用する限りで本規定は違憲である」という適用違憲の手法は，原告の請求（類型化すれば，特別送達郵便物について故意・過失による不法行為に対する請求）以外の事例に対して本規定を適用した場合の合憲性については，何も語らない。これに対して本判決は，書留郵便物の場合には故意・重過失以外の書留郵便物，故意・過失以外の特別送達郵便物に対する不法行為について責任を免除・制限する部分は，合憲であるとしている。

4 憲法判断の対象について，横尾意見は，特別送達郵便物の責任免除・制限の合憲性について判断すれば足りる，と多数意見を批判する。福田・深澤補足意見がこの点，「厳密にいえば本件事案の外の問題ではあるが，大法廷判決でもあり」，書留郵便物一般について判断を示すことも許される，と説く点が注目される。

◆ 参考文献 ◆

市川正人・法教269号53頁，尾島明・最判解民事篇平成14年度598頁，宍戸常寿・百選Ⅱ〔第5版〕292頁，野坂泰司・法教295号127頁，棟居快行・行政百選Ⅱ〔第5版〕498頁。宍戸常寿・法時81巻1号76頁も参照。

29条・31条・81条　　26 裁判所(3)憲法訴訟　(4) 違憲判断の方法

320 違憲主張適格の判断
——第三者所有物没収事件

最高裁昭和37年11月28日大法廷判決
（昭和30年(あ)第2961号関税法違反未遂被告事件）
刑集16巻11号1593頁，判時319号6頁

■ 事　案 ■

本書175事件（本件と同一事件）参照。

■ 争　点 ■

被告人に，第三者の憲法上の権利を主張する当事者適格があるか。

■ 判　旨 ■

破棄自判（入江俊郎，垂水克己，奧野健一各裁判官の補足意見および藤田八郎，下飯坂潤夫，高木常七，石坂修一，山田作之助裁判官の各少数または反対意見がある）。

(i)「第三者の所有物を没収する場合において，その没収に関して当該所有者に対し，何ら告知，弁解，防禦の機会を与えることなく，その所有権を奪うことは，著しく不合理であって，憲法の容認しないところであるといわなければならない。」「第三者の所有物の没収は，被告人に対する附加刑として言い渡され，その刑事処分の効果が第三者に及ぶものであるから，所有物を没収せられる第三者についても，告知，弁護〔解〕，防禦の機会を与えることが必要であって，これなくして第三者の所有物を没収することは，適正な法律手続によらないで，財産権を侵害する制裁を科するに外ならない」。「このことは，右第三者に，事後においていかなる権利救済の方法が認められるかということとは，別個の問題である」。したがって「関税法118条1項によって第三者の所有物を没収することは，憲法31条，29条に違反するものと断ぜざるをえない」。

(ii)「没収の言渡を受けた被告人は，たとえ第三者の所有物に関する場合であっても，被告人に対する附加刑である以上，没収の裁判の違憲を理由として上告をなしうることは，当然である。のみならず，被告人としても没収に係る物の占有権を剝奪され，またはこれが使用，収益をなしえない状態におかれ，更には所有権を剝奪された第三者から賠償請求権等を行使される危険に曝される等，利害関係を有することが明らかであるから，上告によりこれが救済を求めることができるものと解すべきである。これと矛盾する〔最大判昭35・10・19—174事件〕……の判例は，これを変更するを相当と認める。」

下飯坂反対意見
「具体的争訟事件の中において，自己に付き適用されない又は自己に合憲に適用される法令等を，他人に適用される場合」，(ｱ)「違憲審査の対象となる法令等により当事者が現実の具体的不利益を蒙っていない場合」と(ｲ)「違憲審査の対象となる法令等により当事者が現実の具体的不利益を蒙っている場合」は区別する必要があり，(ｱ)の場合に法令の違憲性を判断することは「将来を予想して疑論争に抽象的判断を下すことに外ならず，司法権行使の範囲を逸脱」し，「憲法81条の下で裁判所に付与されている違憲審査権の行使として許されるもので

はない」。本件で多数意見は「所有権を剝奪された第三者から賠償請求権を行使される危険に曝されること」を被告人の違憲主張を認める理由の一つとしているが，「没収物の所有者たる第三者が賠償請求権を行使するかどうかは未定の問題であり，この危険は未確定，抽象的なものに止る」。被告人が没収の裁判確定により占有権を奪われる等しても財産権の不法な剝奪ではないこと，被告人には告知・弁解・防禦の機会が与えられており自らの憲法上の権利を現に侵害されていないことからすれば，「現実の具体的不利益を蒙っていない被告人の申立に基づき没収の裁判の違憲性の争点に判断を加えた多数意見は，将来を予想して疑論争に抽象的判断を下したものに外ならず，憲法81条の下で裁判所に付与されている違憲審査権の行使の範囲を逸脱したものである」。多数意見は「被告人に対する附加刑である以上，没収の裁判の違憲を理由として上告をなし得る」とするが，「被告人は，本件没収の言渡により現実に具体的不利益を蒙るとはいささかも主張且つ立証していないし，しようともしない」。後に訴訟を提起して没収の違憲性を争うことができる「第三者が自らの憲法上の権利への侵害を甘受するかどうか未定の段階である刑事手続中で先き廻りして憲法判断をする必要はない」。

■ 解　説 ■

1　174事件は本件と同種の事案で，第三者の憲法上の権利を訴訟上主張できないとしていた。判旨(ii)は判例を変更してそれを認め，(1)第三者没収の裁判も被告人に対する附加刑であること，(2)被告人自身が利害関係を有すること（被告人自身の占有権等の喪失，第三者からの賠償請求のおそれ）を理由に挙げる。これに対して下飯坂反対意見（石坂反対意見が同調）は詳細な批判を展開している。

2　本判決は，結論それ自体に関しては学説の支持を受けているものの，いかなる場合に第三者の憲法上の権利主張が認められるのかについて，明確な指針を示していない。例えばオウム真理教解散命令事件では，2審（東京高決平7・12・19判時1548号26頁）が宗教法人に信者の信教の自由を主張する適格を否定したのに対して，最高裁はこの論点に触れることなく憲法判断に入っている（61事件〔最判平8・1・30〕参照）。なお，例えば過度の広汎ゆえに無効の主張は，下飯坂反対意見の(ｲ)の事例に相当しよう（310事件〔最判平19・9・18—広島市暴走族追放条例事件〕等）。

3　本判決を適用違憲と法令違憲のいずれと見るべきかについては，争いがある。手続規定の不存在を理由とした法令違憲とみる見解も説かれているが（戸波・後掲158頁），近時は適用違憲と処分違憲を区別した上で，本判決を処分違憲（関税法118条の合憲性には触れていない）と見る見解が有力になりつつある（戸松351頁，野坂・後掲38頁等）。

◆ 参考文献 ◆

市川正人・百選Ⅱ〔第4版〕418頁，「座談会・無差別没収の違憲判決をめぐって」ジュリ268号10頁，プロセス337頁（工藤達朗），戸波江二・基本判例〔第2版〕156頁，野坂泰司『憲法基本判例を読み直す』〔2011〕33頁，松井茂記・百選Ⅱ〔第5版〕250頁，矢口俊昭・同〔第5版〕430頁，脇田忠・最判解刑事篇昭和37年度223頁。

321 議員定数不均衡と合理的期間

最高裁昭和51年4月14日大法廷判決
(昭和49年(行ツ)第75号選挙無効請求事件)
民集30巻3号223頁, 判時808号24頁

■事案■
本書250事件（本件と同一事件）参照。

■争点■
①議員定数配分規定が選挙権の平等の要求に反する場合に、どの時点で憲法違反と判断されるか。
②いわゆる事情判決の法理とはどのようなものか。

■判旨■
請求棄却。「ただし、昭和47年12月10日に行われた衆議院議員選挙の千葉県第1区における選挙は、違法である」（岡原昌男裁判官ほか5裁判官、岸盛一、天野武一裁判官の各反対意見がある）。

(i)「一般に、制定当時憲法に適合していた法律が、その後における事情の変化により、その合憲性の要件を欠くに至ったときは、原則として憲法違反の瑕疵を帯びることになるというべきであるが、右の要件の欠如が漸次的な事情の変化によるものである場合には、いかなる時点において当該法律が憲法に違反するに至ったものと断ずべきかについて慎重な考慮が払われなければならない」。不断の人口異動により選挙区における人口数と議員定数との比率も絶えず変動するのに対し、議員定数の配分の頻繁な変更は実際的でも相当でもないことからすると、一票の較差が「選挙権の平等の要求に反する程度となったとしても、これによって直ちに当該議員定数配分規定を憲法違反とすべきものではなく、人口の変動の状態をも考慮して合理的期間内における是正が憲法上要求されていると考えられるのにそれが行われない場合に始めて憲法違反と断ぜられるべきものと解するのが、相当である」。

本件議員定数配分規定の下における著しい不均衡は「かなり以前から選挙権の平等の要求に反すると推定される程度に達していたと認められることを考慮し、更に、公選法自身その別表第1の末尾において同表はその施行後5年ごとに直近に行われた国勢調査の結果によって更正するのを例とする旨を規定しているにもかかわらず、昭和39年の改正後本件選挙の時まで8年余にわたってこの点についての改正がなんら施されていないことをしんしゃくするときは、前記規定は、憲法の要求するところに合致しない状態になっていたにもかかわらず、憲法上要求される合理的期間内における是正がされなかったものと認めざるをえない。それ故、本件議員定数配分規定は、本件選挙当時、憲法の選挙権の平等の要求に違反し、違憲と断ぜられるべきものであったというべきである」。

(ii) 選挙を無効としても「直ちに違憲状態が是正されるわけではなく、かえって憲法の所期するところに必ずしも適合しない結果を生ずる」といった事情等を考慮すれば、「本件選挙は憲法に違反する議員定数配分規定に基づいて行われた点において違法である旨を判示するにとどめ、選挙自体はこれを無効としないこととするのが、相当であり、そしてまた、このような場合においては、選挙を無効とする旨の判決を求める請求を棄却するとともに、当該選挙が違法である旨を主文で宣言するのが、相当である」。

■解説■

1 判旨(i)は、議員定数配分規定が選挙権の平等に反しても直ちに違憲とはならず、合理的期間を徒過してはじめて違憲となる、と説く。ここでは、法令の規定の合憲性の判断に立法者の行為に対する評価が混入しており、「違憲の主観化」が生じている。その後の判例では、最大判昭58・11・7（251事件）は、約3.94倍の較差のある配分規定は法の下の平等に反するが、施行から3年半の段階では合理的期間内とした。これに対して最大判昭60・7・17（322事件）では、約4.40倍の較差が施行から約5年を経て合理的期間を徒過し、配分規定は違憲となった。最大判平5・1・20（民集47巻1号67頁）は約3.18倍の較差は法の下の平等に反するが、施行から約3年半（国勢調査確定値公表日から約3年3か月）の時点では合理的期間内とする。

2 参議院における一票の較差については衆議院より長く、看過しがたい投票価値の著しい不平等状態が「相当期間継続」してはじめて配分規定が違憲となる、とされる（255事件〔最大判昭58・4・27〕）。最大判平8・9・11（256事件）は、約6.59倍の較差のある配分規定（1971年改正）について、最判昭63・10・21（判時1321号123頁）が約5.85倍の較差を平等に反しないとしたことも踏まえ、著しい不平等状態が相当期間継続したとはいえない、とした（最大判平24・10・17判時2166号3頁も参照）。地方議会における一票の較差については、合理的期間論が用いられる（259事件〔最判昭59・5・17〕参照）。

3 合理的期間論は、〈当初は合憲の法令が立法事実の変化により違憲となった〉とする論理（48・311事件—非嫡出子国籍法差別違憲判決〔最大判平20・6・4〕等）と容易に接合しうる。例えば、最判平15・3・31（判時1820号64頁）の島田仁郎裁判官補足意見が、民法900条4号の規定が現段階では「明らかに違憲であるとまではいえないが、極めて違憲の疑いが濃い」としているのも、合理的期間論に似た発想からであろう。しかし過度の「違憲の主観化」は違憲審査制の役割を弱めるおそれがあり、判例もこれまでは定数訴訟に限られた「特殊な方式」（戸松353頁）として合理的期間論を用いるにとどめている。

4 合理的期間論それ自体に根拠が薄いことに加えて（内藤・後掲339頁参照）、合理的期間を徒過した場合には判旨(ii)の事情判決の法理（尾形・後掲参照）によって選挙無効が回避されることからすると、定数訴訟における判例の姿勢はあまりにも敬譲的といえよう。

◆参考文献◆
芦部信喜『憲法訴訟の現代的展開』[1981]第Ⅷ論文、尾形健・判例講義Ⅱ315頁以下、越山安久・最判解民事篇昭和51年度129頁、「特集・衆議院議員定数違憲判決」ジュリ617号14頁、野坂泰司『憲法基本判例を読み直す』[2011]103頁、野中俊彦『選挙法の研究』[2001]125頁。安念潤司・百選Ⅱ〔第4版〕328頁、内藤光博・同〔第5版〕338頁も参照。

322 違憲判決の将来効と議員定数不均衡

最高裁昭和60年7月17日大法廷判決
（昭和59年(行ツ)第339号選挙無効請求事件）
民集39巻5号1100頁，判時1163号3頁

■事案■

1983（昭和58）年12月18日に施行された衆議院議員選挙では，選挙区間における1票の較差は最大で約4.40倍に達していた。Y（原告・上告人）は，公選法別表第1の定数配分規定（本件規定）は違憲であるとして，公職選挙法204条の選挙無効を求めた。1審（広島高判昭59・9・28判時1134号27頁）は，本件規定を違憲とし選挙を違法としつつも，事情判決の法理によって請求を棄却したため，Yが上告。

■争点■

議員定数不均衡訴訟における，違憲判決の方法。

■判旨■

上告棄却（寺田治郎・木下忠良・伊藤正己・矢口洪一，木戸口久治裁判官の各補足意見，谷口正孝裁判官の反対意見がある）。

「選挙区間における議員1人当たりの選挙人数又は人口の較差……が漸次拡大の傾向をたどっていたことは，それまでの人口の動態等から十分予測可能なところであって，決して予期し難い特殊事情に基づく結果ではなかったことは否定できないが，他方，本件議員定数配分規定の下における投票価値の不平等状態が違憲の程度にあることを明示した昭和58年大法廷判決の言渡から本件選挙までの期間や本件選挙当時の選挙区間における議員1人当たりの選挙人数の較差の程度等本件に現れた諸般の事情を併せ考察すると，本件は……一般的な法の基本原則に従い，本件選挙が憲法に違反する議員定数配分規定に基づいて行われた点において違法である旨を判示し，主文において右選挙の違法を宣言するにとどめ，右選挙は無効としないこととするのが相当である場合に当たるものというべきである。」

寺田・木下・伊藤・矢口補足意見

「是正措置が講ぜられることなく，現行議員定数配分規定のままで施行された場合における選挙の効力については，多数意見で指摘する諸般の事情を総合考察して判断されることになるから，その効力を否定せざるを得ないこともあり得る。その場合，判決確定により当該選挙を直ちに無効とすることが相当でないとみられるときは，選挙を無効とするがその効果は一定期間経過後に始めて発生するという内容の判決をすることも，できないわけのものではない。けだし，議員定数配分規定の違憲を理由とする選挙無効訴訟（以下『定数訴訟』という。）は，公職選挙法204条所定の選挙無効訴訟の形式を借りて提起することを認めることとされているにすぎないものであって（昭和51年大法廷判決〔本書250・321事件〕参照），これと全く性質を同じくするものではなく，本件の多数意見において説示するとおり，その判決についてもこれと別個に解すべき面があるのであり，定数訴訟の判決の内容は，憲法によって司法権にゆだねられた範囲内において，右訴訟を認めた目的と必要に即して，裁判所がこれを定めることができるものと考えられるからである。」

谷口反対意見

「違憲の議員定数配分規定について，早期・適切な是正を期待した国会がその挙に出ずして荏苒として時を過し，違憲の議員定数配分規定により選挙が繰り返し行われ，裁判所がこれに対しその都度，事情判決の処理をもって応待〔対〕するということになれば，それは正に裁判所による違憲事実の追認という事態を招く結果となることであって，裁判所の採るべき途ではない」。「議員1人当たりの選挙人数の全国平均からの乖離が上下50パーセントを超える選挙区に限り，右に述べた選挙の結果に異動を及ぼす虞があるものとして，当該選挙区の選挙を無効とすべき」である。「選挙無効の判決は，その確定と同時に将来に向かって当該選挙を無効とする効果をもたらす結果，右選挙により選出された議員はその資格を失うこととなる」。

■解説■

1 最大判昭51・4・14（250・321事件）は，学説の示唆（野中・後掲参照）も踏まえて事情判決の法理を採用したが，そのことは逆に，政治部門に違憲判断が無視された場合に，最高裁はどう対処すべきかというディレンマを生んだ。実際にも，最大判昭58・11・7（251事件）が本件規定を違憲状態にあると警告したにもかかわらず，その1か月後に本件選挙が実施され，しかも1票の較差は拡大していた。本判決は合理的期間を徒過したとして本件規定を違憲と判断し，事情判決の法理を用いたが，仮にこの判決が無視されたとしても，最高裁は事情判決を繰り返すほかはないのか。

2 既に251事件判決の団藤重光・中村治朗裁判官各反対意見は，是正の必要が選挙無効による不利益よりも大きい場合には，選挙無効判決もありうるとしていた。それを受けて本判決の寺田ほか補足意見は，選挙無効の効果を判決から一定の期間の後に初めて発生させる「将来効判決」の手法を提唱する。付随的違憲審査制の建前からすれば，法令が違憲であるという判断は法令の適用時に遡及して効果を発生させなければ意味がないはずである。したがって将来効判決は付随的審査制の建前には反するが，学説は，定数訴訟の特殊性を重視して，この手法が「例外的に可能である」（芦部380頁）と支持している。

3 これに対して谷口反対意見は，選挙のうちから対象範囲を絞って無効判決を下し，その効果を判決時から生じさせる手法を唱えている。これとは別に，最大判平21・9・30（258事件）の那須弘平裁判官補足意見は，選挙無効の訴えは定数配分規定の違憲確認の請求を含むと解しうることから，一部請求認容判決として主文で（選挙の違法ではなく）定数配分規定の違憲を宣言する手法を提唱しており，注目される。

◆参考文献◆

安念潤司・百選II〔第4版〕328頁，内藤光博・同〔第5版〕338頁，浜野惺・最判解民事篇昭和60年度277頁。野中俊彦『憲法訴訟の原理と技術』〔1995〕第XVI論文も参照。

323 憲法判例の変更
―― 全農林警職法事件

最高裁昭和48年4月25日大法廷判決
（昭和43年（あ）第2780号国家公務員法違反被告事件）
刑集27巻4号547頁、判時699号22頁

■ 事　案 ■

本書234事件（本件と同一事件）参照。

■ 争　点 ■

憲法判例の変更は可能か。もし可能であるとすれば、その限界はどこまでか。

■ 判　旨 ■

上告棄却（石田和外裁判官ほか7裁判官の補足意見、岸盛一・天野武一裁判官の追加補足意見、岩田誠裁判官、田中二郎裁判官ほか5裁判官の各意見、色川幸太郎裁判官の反対意見がある）。

「国公法98条5項、110条1項17号の解釈に関して……公務員の行なう争議行為のうち、同法によって違法とされるものとそうでないものとの区別を認め、さらに違法とされる争議行為にも違法性の強いものと弱いものとの区別を立て、あおり行為等の罪として刑事制裁を科されるのはそのうち違法性の強い争議行為に対するものに限るとし、あるいはまた、あおり行為等につき、争議行為の企画、共謀、説得、慫慂、指令等を争議行為にいわゆる通常随伴するものとして、国公法上不処罰とされる争議行為自体と同一視し、かかるあおり等の行為自体の違法性の強弱または社会的許容性の有無を論ずることは、いずれも、とうてい是認することができない」。上記のような「不明確な限定解釈は、かえって犯罪構成要件の保障的機能を失わせることとなり、その明確性を要請する憲法31条に違反する疑いすら存するものといわなければならない」。「いわゆる全司法仙台事件についての当裁判所の判決〔最大判昭44・4・2刑集23巻5号685頁〕……は、本判決において判示したところに抵触する限度で、変更を免れないものである。」

石田裁判官ほか7裁判官補足意見

「弁護人らの上告趣意には、多岐にわたる違憲の主張が含まれており、また、まさに本判決の多数意見と5裁判官の意見との分岐点をなす中心問題について互に相反する高等裁判所の判決が指摘されて判例違反の主張がなされたのであるから、当裁判所としては、これらに対し判断をするにあたり、当然右全司法仙台事件判決の当否について検討せざるをえないばかりでなく、5裁判官の意見も、本件上告を棄却するについては、結論的には同意見であるから、上告趣意の総てについて逐一判断を示すべきものである。5裁判官の意見のような、この際全司法仙台事件判決に触れるべきではないとする考えは、本件の処理上、基本的問題の判断を避けて一時を糊塗すべきであるというにひとしく、とうていわれわれの承服しがたいところである。」

田中裁判官ほか5裁判官意見

「本件の処理にあたり、多数意見が、何ゆえ、ことさらにいわゆる全司法仙台事件大法廷判決の解釈と異なる憲法判断を展開しなければならないのか、その必要と納得のゆく理由を発見することができない」。本件は政治目的に出た争議行為をあおった行為等が起訴された事件であり、このような争議行為が争議権の保障（28）の範囲に含まれない点について「判断を加えれば、本件の処理としては十分であり、あえて勤労条件の改善、向上を図るための争議行為禁止の可能性の問題にまで立ち入って判断を加え、しかも、従前の最高裁判所の判例ないしは見解に変更を加える必要はなく、また、変更を加えるべきではない」。

「憲法の解釈は、憲法によって司法裁判所に与えられた重大な権限であり、その行使にはきわめて慎重であるべく、事案の処理上必要やむをえない場合に、しかも、必要の範囲にかぎってその判断を示すという建前を堅持しなければならない」。「最高裁判所が最終審としてさきに示した憲法解釈と異なる見解をとり、右の先例を変更して新しい解釈を示すにあたっては、その必要性および相当性について特段の吟味、検討と配慮が施されなければならない。けだし、憲法解釈の変更は、実質的には憲法自体の改正にも匹敵するものであるばかりでなく、最高裁判所の示す憲法解釈は、その性質上、その理由づけ自体がもつ説得力を通じて他の国家機関や国民一般の支持と承認を獲得することにより、はじめて権威ある判断としての拘束力と実効性をもちうるものであり、このような権威を保持し、憲法秩序の安定をはかるためには、憲法判例の変更は軽々にこれを行なうべきものではなく、その時機および方法について慎重を期し、その内容において真に説得力ある理由と根拠とを示す用意を必要とするからである。」「いったん公権的解釈として示されたものの変更については、最高裁判所のあり方としては、その前に変更の要否ないしは適否について特段の吟味、検討を施すべきものであり、ことに、僅少差の多数によってこのような変更を行なうことは、運用上極力避けるべきである。」

■ 解　説 ■

本判決で変更された全司法仙台事件判決は、東京都教組事件判決（233・307事件〔最大判昭44・4・2〕）が地方公務員の労働基本権の制限に関して示した「二重の絞り」論を、国家公務員についても用いたものであった。233・307事件における石田和外裁判官ほかの反対意見は、この解釈を合憲限定解釈の限界を超えると批判したが（307事件解説参照）、その立場から公務員の労働基本権の制限を一律合憲としたのが、本判決の多数意見である。これに対して攻守所を変えた田中裁判官ほか意見は、多数意見の説得力の乏しさを指摘した上で、事案の解決にとって不必要な判例変更や僅少差での多数決による変更は、最高裁の憲法解釈の権威を損なう、と批判している。もっとも、この種の問題は判例の内容をどう評価するかに左右される傾向があり、判例変更自体も稀であるため、判例・学説ともに議論が進んでいない状況にある。

◆ 参考文献 ◆

芦部信喜『現代人権論』[1974] 第IX論文、戸松秀典・法教121号72頁、野坂泰司『憲法基本判例を読み直す』[2011] 321頁、向井哲次郎・最判解刑事篇昭和48年度305頁、棟居快行・法セ増刊『憲法訴訟』[1983] 89頁以下。青井未帆・争点288頁以下も参照。

324 判例と遡及処罰の禁止

最高裁平成8年11月18日第二小法廷判決
（平成5年(あ)第694号地方公務員法違反被告事件）
刑集50巻10号745頁、判時1587号148頁

■事案■

　岩手県教職員組合の中央執行委員長であったY（被告人・被控訴人・被上告人・差戻し後上告人）は、傘下の組合員に対して、賃金引上げ等の実現を目的とした1974（昭和49）年4月11日のストライキをあおったとして、地公法61条4号・37条1項違反の罪で起訴された。なお、地方公務員の労働基本権の制限については、東京都教組事件（本書233・307事件〔最大判昭44・4・2〕）の「二重の絞り」論が当時の判例法理であった。最高裁は、本件から約1年前の全農林警職法事件（234・323事件〔最大判昭48・4・25〕）において、国家公務員について同法理を否定していたが、地方公務員について判例変更がなされたのは、本件から約2年後の岩教組学テ事件（235事件〔最大判昭51・5・21〕）においてであった。

　1審（盛岡地判昭57・6・11判時1060号42頁）、2審（仙台高判昭61・10・24判時1216号44頁）はYの行為が「あおり」等に該当しないとしてYを無罪としたが、最高裁（最判平元・12・18刑集43巻13号1223頁）は事実誤認等を理由に2審判決を破棄し、仙台高裁に事件を差し戻した。差戻審（仙台高判平5・5・27労判651号134頁）は、Yの行為に地公法61条4号を適用することが合憲であることは234・323事件判決を先例としてほぼ予測できたことである等として、Yを有罪としたため、Yが上告。

■争点■

　行為当時の最高裁判例の示す法解釈に従えば無罪となるはずの行為を処罰することは、憲法39条前段に反しないか。

■判旨■

　上告棄却（河合伸一裁判官の補足意見がある）。
　「行為当時の最高裁判所の判例の示す法解釈に従えば無罪となるべき行為を処罰することが憲法39条に違反する旨をいう点は、そのような行為であっても、これを処罰することが憲法の右規定に違反しないことは、当裁判所の判例〔最大判昭25・4・26刑集4巻4号700頁、最大判昭33・5・28刑集12巻8号1718頁、最大判昭49・5・29刑集28巻4号114頁〕……の趣旨に徴して明らかであ〔る〕」。
　河合補足意見
　「私は、Yの行為が、行為当時の判例の示す法解釈に従えば無罪となるべきものであったとしても、そのような行為を処罰することが憲法に違反するものではないという法廷意見に同調するが、これに関連して、若干補足して述べておきたい。」「判例、ことに最高裁判所が示した法解釈は、下級審裁判所に対し事実上の強い拘束力を及ぼしているのであり、国民も、それを前提として自己の行動を定めることが多いと思われる。この現実に照ら

すと、最高裁判所の判例を信頼し、適法であると信じて行為した者を、事情の如何を問わずすべて処罰するとすることには問題があるといわざるを得ない。しかし、そこで問題にすべきは、所論のいうような行為後の判例の『遡及的適用』の許否ではなく、行為時の判例に対する国民の信頼の保護如何である。私は、判例を信頼し、それゆえに自己の行為が適法であると信じたことに相当な理由のある者については、犯罪を行う意思、すなわち、故意を欠くと解する余地があると考える。」

　「この観点から本件をみると、Yが犯行に及んだのは昭和49年3月であるが、当時、地方公務員法の分野ではいわゆる都教組事件に関する〔判決―233・307事件〕……が当審の判例となってはいたものの、国家公務員法の分野ではいわゆる全農林警職法事件に関する〔判決―234・323事件〕……が出され、都教組事件判例の基本的な法理は明確に否定されて、同判例もいずれ変更されることが予想される状況にあったのであり、しかも、記録によれば、Yは、このような事情を知ることができる状況にあり、かつ知った上であえて犯行に及んだものと認められるのである。したがって、本件は、Yが故意を欠いていたと認める余地のない事案であるというべきである。」

■解説■

　1　39条前段は「何人も、実行の時に適法であった行為……については、刑事上の責任を問はれない」と、遡及処罰の禁止を定める。本判決は、行為当時の判例に従えば無罪となるべき行為を処罰することは違憲ではないとしたものであるが、引用された昭和25年判決は上告理由の制限の遡及適用、昭和33年判決は証拠法に関する判例変更、昭和49年判決は罪数に関する判例変更であって、刑事実体法に関するものではない。このため、本件は大法廷で審理されるべきだったとの批判も残るところである。

　2　本判決の結論を支える理由は明らかではない。学説では、(1)判例の「法源」性（または、事実上の拘束力）を肯定し、あるいは(2)判例を信頼して行動した国民を保護すべきであるとして、本件のような処罰は遡及処罰の禁止に反する、という主張がある（山崎・後掲参照）。もっとも多数説は判例の法源性を否定している。さらに制定法主義の建前から、法律への信頼と判例への信頼に同じ保護を認めるべきではないとして、本判決を支持する見解が有力である（髙山・後掲等）。

　3　河合補足意見は、39条ではなく故意論の平面で、判例を信頼したことによる故意阻却の可能性を認めた上で、Yの行為が234・323事件判決後の事案であったことを理由に、犯罪の成立を認めている。仮に本件が234・323事件判決以前だったならば、Yは無罪となろう。また、判例が頻繁に変更されるような規定については、明確性を欠き31条に反するとして処理すべきだとの指摘もある（髙山・後掲163頁）。

◆参考文献◆
今崎幸彦・最判解刑事篇平成8年度151頁、高井裕之・法教202号116頁、高山佳奈子・ジュリ1132号160頁、永田憲史・判例講義Ⅱ174頁、山崎友也・法学会論集53巻1号189頁。

325 傍論による憲法判断
——大阪靖國訴訟

大阪高裁平成17年9月30日判決
(平成16年(ネ)第1888号損害賠償請求控訴事件)
訟月52巻9号2979頁

■ 事 案 ■

Y₁(小泉純一郎・内閣総理大臣〔当時〕—被告・被控訴人)は，2001(平成13)年8月，2002(平成14)年4月，2003(平成15)年1月の3回，Y₃(靖國神社—被告・被控訴人)が設置している靖國神社に参拝した。X(原告・控訴人)らは，本件各参拝により，戦没者が靖國神社に祭られているとの観念を受け入れるかどうかを含め，戦没者をどのように回顧し祭祀するかしないかに関して，公権力からの圧迫・干渉を受けずに自ら決定し行う権利ないし利益を侵害されたとして，Y₂(国—被告・被控訴人)に対して国賠法1条1項に基づき，Y₁・Y₃に対して民法709条に基づき，損害賠償を求めた。

1審(大阪地判平16・5・13判時1876号70頁)は，首相の靖國参拝の合憲性に立ち入ることなく請求を棄却したため，Xが控訴した。

その他の争点は本書74事件(最判平18・6・23)を参照。

■ 争 点 ■

裁判所が，裁判の結論とは直接に結びつかない憲法判断を示すことは，許されるか。

■ 判 旨 ■

控訴棄却(確定)。

「本件各参拝は，極めて宗教的意義の深い行為であり，一般人がこれを社会的儀礼にすぎないものと評価しているとは考え難いし，Y₁においても，これが宗教的意義を有するものと認識していたものというべきである。また，これにより，Y₂が宗教団体であるY₃との間にのみ意識的に特別の関わり合いをもったものというべきであって，これが，一般人に対して，Y₂が宗教団体であるY₃を特別に支援しており，他の宗教団体とは異なり特別のものであるとの印象を与え，特定の宗教への関心を呼び起こすものといわざるを得ず，その効果が特定の宗教に対する助長，促進になると認められ，これによってもたらされるY₂とY₃との関わり合いが我が国の社会的・文化的諸条件に照らし相当とされる限度を超えるものというべきである。」「したがって，本件各参拝は，憲法20条3項の禁止する宗教的活動に当たると認められる。」

「Y₁による本件各参拝が，Xらが主張する，思想良心の自由，信教の自由，国家による宗教活動からの自由，プライバシーの権利ないし人格的自律権・自己決定権が保障する権利ないし利益を侵害するものと認めることはできない。」

「XらのYに対する本件請求は，すべて理由がないからこれを棄却するべきであり，これと同旨の原判決は相当であるから，本件控訴を棄却する」。

■ 解 説 ■

1 いわゆる傍論中での憲法判断は，付随的違憲審査制の建前を貫徹するならば，許されないことになる。違憲審査権は，あくまで具体的事件の解決を目的とする司法権に付随して行使されなければならないとすれば，裁判の結論とは直接に結びつかない憲法上の争点に判断を示す必要はなく，また判断を回避すべきということになるからである。しかしここまで徹底した立場を主張する学説は稀であり，違憲審査制の憲法保障機能を大なり小なり認めて，事件の重大性や違憲状態の程度，憲法上の権利の性質等を考慮して，憲法判断に踏み切ることが許される場合があるとしている(芦部370頁等)。この種の手法を，機能的に見て「勧告的意見」として位置づける見解もある(戸松356頁以下)。

2 本判決は，首相の靖國神社参拝について，政教分離違反の判断を示しながら，法的利益の侵害を欠くとして，請求を棄却したものである。同じ手法が採られた裁判例としては，中曽根康弘・元首相の参拝に関する大阪高判平4・7・30(判時1434号38頁)，本件と同様に小泉純一郎・元首相の参拝に関する福岡地判平16・4・7(判時1859号125頁)がある。また仙台高判平3・1・10(行集42巻1号1頁)は，首相の靖國神社参拝は違憲であるが，当時の状況として，その実現を求める決議をした県議会議員の責任を住民訴訟で問うことはできないとしたものである。このように一連の靖國神社関連の訴訟で傍論中の憲法判断が見られることは，そのことの当否はともかく，興味深い現象といえる。

また本判決は，法的利益の侵害の判断に先立ち違法性を判断しているだけであって，事案とは全く無縁の判断というわけではない。傍論中で憲法判断に踏み込んだ理由を本判決が特段説明していないのも，そのためであろう。もっとも74事件が首相の靖國神社参拝に対する損害賠償請求について権利侵害の要件を否定したことからすると，今後の下級審としては法的利益の侵害の判断に先回りすれば足りるのであるから，仮に同様の手法を採る際には，傍論で憲法判断を行うだけの特別の事情があることを，詳しく説明する必要が出てこよう。また本判決で勝訴したY₁・Y₃らにとって，自ら(ないし自らの機関)の行為が違憲との評価を受けたにもかかわらず上訴の途が封じられていることを，81条との関係でどう考えるべきかといった問題も残っている。

3 最高裁判決の中では，朝日訴訟上告審(219事件〔最大判昭42・5・24〕)の「なお，念のために」という傍論はあまりにも有名である。その他にも自衛官合祀事件(73事件〔最大判昭63・6・1〕)，レペタ事件(128事件〔最大判平元・3・8〕)，定住外国人地方参政権事件(7事件〔最判平7・2・28〕)等，最高裁が裁判の結論とは直接に結びつかない憲法判断を示してきた点には注意すべきである。政教分離訴訟以外で，傍論中の憲法判断が大きな話題を呼んだ最近の下級審裁判例としては，275事件〔名古屋高判平20・4・17—イラク特措法差止訴訟〕がある。

◆ 参考文献 ◆

井上禎男・法セ615号121頁，木川統一郎・判タ1277号5頁，斉藤小百合・法セ614号60頁，山口智・セレクト2005年8頁。平成4年大阪高裁判決については，藤田尚則・百選I〔第5版〕102頁参照。さらに渡辺康行・ジュリ1287号60頁も参照。

判例の流れ

27 財　政

●尾形　健●

1　議会制度や立憲主義は「財政」を契機とするものといわれるが、国の財政に関する重要事項について、国民代表議会が関与・統制するという財政民主主義の原則は、ここに端を発する。さらに、国費の徴収・支出や国有財産の管理・処分等について責任政治の原則を適用し、議会・国民による責任追及を実効的に確保する、財政立憲主義が確立する。日本国憲法は、一切の財政処理が「国会の議決」によるべきものとする総則的規定（83）を冒頭に、第7章「財政」をおくが、国会を中心とする財政処理原則を前提としつつ、財政立憲主義の観点から、その権能を無制約なものとせず、憲法構造上種々の制約を課している。憲法第7章をめぐる裁判例は、これらの憲法的統制をめぐって展開される。

2　まず、国費の徴収について、憲法は、納税義務を法律によるべきものとし（30）、租税法律主義を掲げ（84）、課税権行使に憲法的制約を課している。最高裁は、84条にいう「租税」とは、国または公共団体が、課税権に基づき、反対給付としてではなくその経費に充てるための資金調達を目的として課す金銭給付と解し（328事件〔最大判平18・3・1〕）、租税法律主義の意義について、租税の創設・改廃をはじめ、納税義務者・課税標準・徴税手続等はすべて法律に基づき定められるべきものとする（最大判昭30・3・23―326事件）。この関係で、通達課税の合憲性（最判昭33・3・28―327事件）や、租税以外の課徴金等に租税法律主義の射程がどこまで及ぶか（328事件）などが問題となる。

3　国費の徴収はさらに、憲法上の権利保障によって制約される。適正手続保障（35条・38条1項との関係につき、最大判昭47・11・22―川崎民商事件〔185事件〕参照）のほか、租税平等原則（14Ⅰ）が問題となるが、最高裁は、後者につき、租税法定立にかかる立法府の政策的・技術的判断への敬譲を示しつつ、立法目的の正当性と、その区別が同目的との関連で著しく不合理であることが明らかであるか、といった枠組みで判断する（最大判昭60・3・27―サラリーマン税金訴訟〔329事件〕）。所得課税のあり方が両性ないし夫婦間の平等の要請（24）に適合するかといった問題も、この点に関連する（最大判昭36・9・6―330事件）。

4　一方、憲法は、公費の支出や公有財産の管理・処分等について、89条による制約を課している。その前段は、政教分離原則を財政的側面において徹底させるものであるが（最大判平22・1・20―空知太神社事件〔71事件〕。なお「7 政教分離」参照）、ここでは、いわゆる国有境内地処分法をめぐる、宗教団体に対する国有財産の処分が論点となる（最大判昭33・12・24―331事件）。慈善・教育・博愛事業にかかる公金支出等を規制する89条後段は、その趣旨をめぐって様々な解釈があるが、下級審裁判例は公金支出等にかかる濫費防止の見地から同条を読み解く（332事件〔東京高判平2・1・29―幼児教室事件〕）。

5　人権条項に比べ、憲法第7章にかかる裁判例は多いとはいえないが、いずれも、財政立憲主義に基づく規律という、立憲主義の基本原理にかかわる論点を含むものである。ここで扱う裁判例から、憲法と財政作用の動態的相克の一端を垣間見ることができよう。

326 租税法律主義の意義

最高裁昭和30年3月23日大法廷判決
(昭和28年(オ)第616号固定資産税賦課取消請求事件)
民集9巻3号336頁

■事案■

X（原告・控訴人・上告人）は、大阪市北区内に所有する宅地を、1951（昭和26）年2月訴外A株式会社に譲渡し、所有権移転登記を完了した。Y（大阪市北区長―被告・被控訴人・被上告人）はXに対し、上記土地に対する昭和26年度第4期の固定資産税として、昭和26年12月10日付けで徴税令書を発した。

これに対しXは次のように述べ、本件固定資産税賦課処分の取消しおよび昭和26年度第2・3期分納付済みにかかる損害金の支払を求め、訴えを提起した。すなわち、地方税法359条は固定資産税の賦課期日を当該年度の初日の属する年の1月1日としているところ、この定めは一般の常例に従っての原則的規定であり、その後に所有者に移動があった場合にも常に1月1日現在の所有者に課税すべしとした絶対的規定と解すべきものでなく、固定資産税はその固定資産の現在の所有者に課されるべきものであって、昭和26年度固定資産税は昭和26年2月に所有権を喪失したXに課せられるべきものでなく、本件賦課処分はその課税者を誤った違法なものであり、当然無効であるか、または少なくとも取消しを免れない、などというのであった。

1審（大阪地判昭27・11・14行集3巻11号2249頁）・2審（大阪高判昭28・4・20行集4巻4号896頁）ともにその主張を排斥したため、Xは上告した。

■争点■

租税法律主義（30・84）の意義は、どのようなものと解すべきか。

■判旨■

上告棄却。

「地方税法の関係条規を見ると、土地の固定資産税は土地の所有者に課せられるけれども、土地所有者とはその年度の初日の属する年の1月1日現在において、土地台帳若しくは土地補充課税台帳に所有者として登録されている者をいい（地方税法343条、359条）従ってその年の1月1日に所有者として登録されていれば、それだけで固定資産税の納税義務者として法律上確定されるから、4月1日に始まるその年度における納期において土地所有権を有する者であると否とにかかわらず、同年度内は納税義務者にかわりがないこととなっている。かように地方税法は固定資産税の納税義務者を決定するのに課税の便宜のため形式的な標準を採用していることがうかがわれるのである。

おもうに民主政治の下では国民は国会におけるその代表者を通して、自ら国費を負担することが根本原則であって、国民はその総意を反映する租税立法に基いて自主的に納税の義務を負うものとされ（憲法30条参照）その反面においてあらたに租税を課し又は現行の租税を変更するには法律又は法律の定める条件によることが必要とされているのである（憲法84条）。されば日本国憲法の下では、租税を創設し、改廃するのはもとより、納税義務者、課税標準、徴税の手続はすべて前示のとおり法律に基いて定められなければならないと同時に法律に基いて定めるところに委せられていると解すべきである。それ故地方税法が地租を廃して土地の固定資産税を設け、そして所有権の変動が頻繁でない土地の性格を考慮し、主として徴税の便宜に着眼してその賦課期日を定めることとしても、その当否は立法の過程において審議決定されるところに一任されているものと解すべく、従って1月1日現在において土地所有者として登録されている者を納税義務者と確定し、その年度における納期において所有権を有する者であると否とを問わないこととした地方税法343条、359条の規定は前記憲法の諸条規に適合して定められていること明であって、所論は結局独自の立法論にすぎない。もっとも原判決が本件固定資産税の賦課方法を公共の福祉による制約として説示したのは妥当を欠くきらいがないではないが、所論関係条規が憲法に違反していないとしたその判示は結局正当であって所論の違法はないから論旨は採用できない。」

■解説■

1　租税法律主義とは、法律の根拠に基づくことなしに、国家は租税を賦課・徴収することができず、国民は租税の納付を要求されないという原則とされる。憲法84条は、「国民に対して義務を課し又は権利を制限するには法律の根拠を要するという法原則を租税について厳格化した形で明文化したもの」であり（本書328事件〔最大判平18・3・1〕）、経済生活に法的安定性と予見可能性とを与える（金子・後掲①69～71頁）。

2　租税法律主義の内容として、(1)課税要件法定主義、(2)課税要件明確主義、(3)合法性の原則（租税行政庁は租税減免の自由はなく、法定どおりの税額徴収が要請される）などが挙げられる（金子・後掲①72～78頁）。本判決は、憲法上、租税の創設・改廃のみならず、納税義務者等の実体的要件、および手続的要件が法定されるべきことを述べ、その趣旨は、後の判例でも踏襲される（329事件〔最大判昭60・3・27―サラリーマン税金訴訟〕等。佐藤憲法論532頁参照）。

3　固定資産税は、登記簿等（本件当時は土地台帳等）に登記等された固定資産の所有者に課されるが（地税343Ⅰ・Ⅱ）、賦課期日（当該年度の初日の属する年の1月1日。同359）現在の登記名義人等をもって所有者とする、「名義人課税主義」を採用する（金子・後掲②11頁）。これについては、市町村長にすべての不動産につき真実の所有者を判定させるのは困難であるといった事情等から、その合理性が肯定されている（杉村・後掲9頁、金子・後掲②11頁）。本判決は、租税につき「法律に基いて定めるところに委せられている」、というが、それは、本件課税の合理性について述べたにとどまり、およそ他の憲法各条との抵触がありえないことまで判示したものと解すべきではないであろう（田中・後掲28頁、金子・後掲②11頁）。

◆参考文献◆
金子宏①『租税法〔第16版〕』[2011]、金子②・租税百選〔第2版〕10頁、杉村章三郎・租税百選8頁、田中真次・最判解民事篇昭和30年度27頁。

327 通達課税と租税法律主義

最高裁昭和33年3月28日第二小法廷判決
（昭和30年(オ)第862号物品税課税無効確認並びに納税金返還請求事件）
民集12巻4号624頁，判時145号15頁

■事　案■

　X（原告・控訴人・上告人）らは，その肩書地でいずれもパチンコ球遊器の製造を業とするものであるが，Y（品川税務署長－被告・被控訴人・被上告人）らは，パチンコ球遊器が物品税法1条1項第1種丁類第42号（当時）にいう「遊戯具」に属するものとして，Xらに対し物品税の賦課処分をした。これに対しXらは，次のように主張して，本件賦課処分の無効確認と，本件賦課処分に基づきXらが納付した金員について不当利得の返還を求め，訴えを提起した。すなわち，パチンコ球遊器はその性質上，間接消費税たる物品税の課税対象物品たり得ず，物品税法上もパチンコ球遊器に物品税を賦課すべきものとする明文もないから，パチンコ球遊器は明らかに物品税課税対象物品でないのに，Yらは物品税法の解釈を誤って本件賦課処分をなしたものである，というのであった。Xらはその主張において，東京国税局長が1951（昭和26）年3月に管下税務署に対しパチンコ球遊器が物品税の課税対象物件である旨の通達をなし，国税庁長官が同年10月に全国の税務署に対しパチンコ球遊器について物品税を賦課すべき旨の通達をするまでは，相当長期間にわたり物品税が賦課されなかった，と述べた。
　1審（東京地判昭28・2・18行集4巻2号298頁）・2審（東京高判昭30・6・23行集6巻6号1404頁）はいずれもその主張を排斥したため，Xは上告したが，上告理由において，本件賦課処分の違憲性を次のように主張した。憲法30条は，国民は行政による処分命令では納税を強制されず，既存の法律が長い間原則として非課税とした事柄が，後に行政の解釈・通達によって課税されないことを意味するところ，パチンコ球遊器は物品税法にいう「遊戯具」に属さない非課税物品として長く扱われてきたのに，上記東京国税局長らによる通達はパチンコ球遊器が非課税物件とされてきた事柄に変更を加えようとするもので，本件課税行為は法に基づかず単なる行政の解釈にすぎない通達に基づく通達課税であって，違憲処分である。

■争　点■

　法律上非課税の取扱いが長期間続いた場合に，通達により行政機関が解釈を変更し課税処分を行うことは，憲法30条に反しないか。

■判　旨■

　上告棄却。
　「物品税は物品税法が施行された当初（昭和4年4月1日）においては消費税として出発したものであるが，その後次第に生活必需品その他いわゆる資本的消費財も課税品目中に加えられ，現在の物品税法（昭和15年法律第40号）が制定された当時，すでに，一部生活必需品（たとえば燐寸）（第1条第3種1）や『撞球台』（第1条第2種甲類11）『乗用自動車』（第1条第2種甲類14）等の資本財もしくは資本財たり得べきものも課税品目として掲げられ，その後の改正においてさらにこの種の品目が数多く追加されたこと，いわゆる消費的消費財と生産的消費財との区別はもともと相対的なものであって，パチンコ球遊器も自家用消費財としての性格をまったく持っていないとはいい得ないこと，その他第1，2審判決の掲げるような理由にかんがみれば，社会観念上普通に遊戯具とされているパチンコ球遊器が物品税法上の『遊戯具』のうちに含まれないと解することは困難であり，原判決も，もとより，所論のように，単に立法論としてパチンコ球遊器を課税品目に加えることの妥当性を論じたものではなく，現行法の解釈として『遊戯具』中にパチンコ球遊器が含まれるとしたものであって，右判断は，正当である。」
　「なお，論旨は，通達課税による憲法違反を云為しているが，本件の課税がたまたま所論通達を機縁として行われたものであっても，通達の内容が法の正しい解釈に合致するものである以上，本件課税処分は法の根拠に基く処分と解するに妨げがなく，所論違憲の主張は，通達の内容が法の定めに合致しないことを前提とするものであって，採用し得ない。」

■解　説■

　1　本判決は，①物品税法にいう「遊戯具」解釈と②通達課税の合憲性にかかわる。①は，消費税法（昭63法108）による物品税法廃止のため意味を失ったが，②は今日においても意味を持つ（金子・後掲432～433頁，大橋・後掲15頁）。

　2　通達とは，上級行政庁の指揮監督権に基づく下級行政庁に対する命令・示達であり（行組14Ⅱ参照），その法的性質は行政組織内部の規律にとどまり，個人の権利義務に影響を与える法規たる性質を持つものでないとされる（町田顕・司法研修所論集1968年2号29頁・30頁）。しかし，行政実務上，通達の果たす役割は極めて重要となり，租税行政においては，税務通達による課税要件設定が租税法律主義（憲84・30。本書326事件〔最大判昭30・3・23〕解説参照）に反しないかが問題となってきた（高柳・後掲90頁）。

　3　本判決は，この点に関連して，法律上非課税の取扱いが長期間続いた場合に，通達により行政機関が解釈を変更し課税処分を行うことは，その解釈が法律の解釈として正しいものであれば許されることを示している（なお大橋・後掲15頁，須貝・後掲176頁参照）。物品税法の解釈として正しいとしても（反対，甲斐・後掲449頁），従前の非課税慣行を修正することについては，(a)慣習法成立の有無，(b)信頼保護・信義則違反，(c)法的安定性の阻害などの観点から，法律改正によるべきことが指摘される（平岡・後掲105頁参照）。本判決以降，通達の法的位置づけは，処分基準設定・公表の責務（行手12）との関係でも大きく変容している（大橋・後掲15頁）。

◆参考文献◆

今村成和・租税百選〔第2版〕28頁，大橋洋一・同〔第4版〕14頁，甲斐素直・百選Ⅱ〔第5版〕448頁，金子宏・同〔第4版〕432頁，白石健三・最判解民事篇昭和33年度68頁，須貝脩一・民商38巻4号175頁，高柳信一・行政百選〔新版〕89頁，平岡久・行政百選Ⅰ〔第5版〕104頁。

27 財　政　(1) 租税法律主義の意義と射程　a 租税法律主義　　84条

328 国民健康保険料の徴収と租税法律主義

最高裁平成18年3月1日大法廷判決
(平成12年(行ツ)第62号・同年(行ヒ)第66号国民健康保険料賦課処分取消等請求事件)
民集60巻2号587頁，判時1923号11頁

■事　案■

Y₁（旭川市—被告・控訴人＝附帯被控訴人・被上告人）は，国民健康保険法（以下「国民健康保険」を「国保」ということがある）等に基づく国保事業を運営する保険者であり，国保法および旭川市国保条例（以下「本件条例」という）により国保料を徴収している。Y₂（旭川市長—被告・控訴人＝附帯被控訴人・被上告人）はY₁の執行機関である。

X（原告・被控訴人＝附帯控訴人・上告人）とその妻Aは，平成6年4月，本件条例にいう国保の一般被保険者（全被保険者から退職被保険者およびその被扶養者を除いた者）資格を取得した者であるところ，Xに対して平成6年度保険料賦課額が決定された。Xは同年8月，平成5年度の収入は約90万円で生活保護基準の約45パーセントであることなどから保険料を免除されたい旨の理由により，平成6年度の保険料減免を申請したが，Xの申請理由は本件条例等に基づく減免基準に該当しないことから，減免非該当の通知がされた。Xは平成7・8年度保険料についても同趣旨の理由で保険料減免申請をしたが，いずれも減免非該当の通知がされた。Xは，平成6・8年度の保険料賦課処分および保険料減免非該当処分について，北海道国民健康保険審査会に審査請求をしたが，同審査会は請求を棄却する旨の裁決を行った（平成7年度の各処分については審査請求をしていない）。そこでXは，国保料は租税であるところ，本件条例は，保険料率を定率・定額で定める等何ら具体的に規定するところがないから，租税法律主義を定める憲法84条に反し無効であるなどとして，Y₁・Y₂に対し，主位的に，平成6～8年度の保険料賦課処分の取消しを，Y₂に対し，予備的に，各賦課処分の無効確認，各減免非該当処分の取消し・無効確認を求めた。

1審（旭川地判平10・4・21判時1641号29頁）は，本件条例の規定が憲法92条・84条等に反するとして，各保険料賦課処分を取り消した。これを不服としてY₁・Y₂が控訴し，Xも附帯控訴したが，2審（札幌高判平11・12・21判時1723号37頁）は，本件条例の規定は憲法84条等に反しないとして，Xの主張を排斥したため，Xが上告した。

■争　点■

国民健康保険法に基づき市町村が行う国民健康保険の保険料について，憲法84条の要請はどこまで及ぶか。

■判　旨■

上告棄却　（滝井繁男裁判官の補足意見がある）。

(i)「国又は地方公共団体が，課税権に基づき，その経費に充てるための資金を調達する目的をもって，特別の給付に対する反対給付としてでなく，一定の要件に該当するすべての者に対して課する金銭給付は，その形式のいかんにかかわらず，憲法84条に規定する租税に当たるというべきである。」「市町村が行う国民健康保険の保険料は，これと異なり，被保険者において保険給付を受け得ることに対する反対給付として徴収されるものである。……Y₁における国民健康保険事業に要する経費の約3分の2は公的資金によって賄われているが，これによって，保険料と保険給付を受け得る地位とのけん連性が断ち切られるものではない。また，国民健康保険が強制加入とされ，保険料が強制徴収されるのは，保険給付を受ける被保険者をなるべく保険事故を生ずべき者の全部とし，保険事故により生ずる個人の経済的損害を加入者相互において分担すべきであるとする社会保険としての国民健康保険の目的及び性質に由来するものというべきである。」「したがって，上記保険料に憲法84条の規定が直接に適用されることはないというべきである（国民健康保険税は，前記のとおり目的税であって，上記の反対給付として徴収されるものであるが，形式が税である以上は，憲法84条の規定が適用されることとなる。）。」

(ii)「もっとも，憲法84条は，課税要件及び租税の賦課徴収の手続が法律で明確に定められるべきことを規定するものであり，直接的には，租税について法律による規律の在り方を定めるものであるが，同条は，国民に対して義務を課し又は権利を制限するには法律の根拠を要するという法原則を租税について厳格化した形で明文化したものというべきである。したがって，国，地方公共団体等が賦課徴収する租税以外の公課であっても，その性質に応じて，法律又は法律の範囲内で制定された条例によって適正な規律がされるべきものと解すべきであり，憲法84条に規定する租税ではないという理由だけから，そのすべてが当然に同条に現れた上記のような法原則のらち外にあると判断することは相当ではない。そして，租税以外の公課であっても，賦課徴収の強制の度合い等の点において租税に類似する性質を有するものについては，憲法84条の趣旨が及ぶと解すべきであるが，その場合であっても，租税以外の公課は，租税とその性質が共通する点や異なる点があり，また，賦課徴収の目的に応じて多種多様であるから，賦課要件が法律又は条例にどの程度明確に定められるべきかなどその規律の在り方については，当該公課の性質，賦課徴収の目的，その強制の度合い等を総合考慮して判断すべきものである。」

(ⅲ)「市町村が行う国民健康保険は，保険料を徴収する方式のものであっても，強制加入とされ，保険料が強制徴収され，賦課徴収の強制の度合いにおいては租税に類似する性質を有するものであるから，これについても憲法84条の趣旨が及ぶと解すべきであるが，他方において，保険料の使途は，国民健康保険事業に要する費用に限定されているのであって，法〔国保法。以下同じ〕81条の委任に基づき条例において賦課要件がどの程度明確に定められるべきかは，賦課徴収の強制の度合いのほか，社会保険としての国民健康保険の目的，特質等をも総合考慮して判断する必要がある。」

(ⅳ)「本件条例は，保険料率算定の基礎となる賦課総額の算定基準を明確に規定した上で，その算定に必要な上記の費用及び収入の各見込額並びに予定収納率の推計に関する専門的及び技術的な細目にかかわる事項を，Y_2の合理的な選択にゆだねたものであり，また，上記見込額等の推計については，国民健康保険事業特別会計の予算及び決算の審議を通じて議会による民主的統制が及ぶものということができる。」「そうすると，本件条例が，8条において保険料率算定の基礎となる賦課総額の算定基準を定めた上で，12条3項において，Y_2に対し，同基準に基づいて保険料率を決定し，決定した保険料率を告示の方式により公示することを委任したことをもって，法81条に違反するということはできず，また，これが憲法84条の趣旨に反するということもできない。」

■ 解　説 ■

1　本判決は，国民健康保険の保険料と憲法84条の関係について，最高裁が初めて判断したものである（阪本①・後掲402頁，同②・後掲335頁。以下では憲法84条の射程にかかる論点に限定する）。なお本判決は，本件条例が恒常的生活困窮者を国保料減免対象としないことにつき，憲法25条・14条等に反しないとした（本書222事件〔最判平18・3・28〕も参照）。

2　「租税」とは，「国家が，その課税権に基づき，特別の給付に対する反対給付としてでなく，その経費に充てるための資金を調達する目的をもって，一定の要件に該当するすべての者に課する金銭給付である」（329事件〔最大判昭60・3・27―サラリーマン税金訴訟〕）。租税の特色として，その公益性，権力性，非対価性，一般性，金銭給付性などが指摘されるが（金子宏『租税法〔第16版〕』[2011] 8〜11頁），本判決も，概ねこれらと軌を一にしつつ，憲法84条は固有の意義の租税を直接の規律対象とするものとしている（判旨(ⅰ)。阪本・後掲396頁）。

3　秋田市国保税条例事件（仙台高秋田支判昭57・7・23行集33巻7号1616頁）や本件1審は，憲法84条の趣旨と92条に照らし租税（地方税）条例主義が要請され，憲法84条の「法律」は地方税条例を含むものとしていた（本件2審も憲法92条・84条の立法趣旨から導出する）。本判決は，憲法84条における課税権の主体として「国又は地方公共団体」を位置づけ，地方公共団体による課税権にも憲法84条の規律が及ぶことを示している（碓井・後掲②25頁，遠藤・後掲11頁，菊池・後掲307頁）。対照的に，公共組合による賦課徴収金等は，「国又は地方公共団体」の課税権による租税でないことから，同条は直接適用されない（最判平18・3・28判時1930号83頁。ただし同条の趣旨は及ぶとする。倉田・後掲223頁参照）。

4　固有の意義の租税以外に憲法84条が及ぶか否かにつき，憲法学説は，租税以外の課徴金等に関する財政法3条の位置づけをめぐって議論してきた（野中ほかⅡ324〜326頁〔中村睦男〕，尾形・後掲67〜68頁）。財政法学説では，憲法84条にいう「租税」に国保料が含まれるとするものもあったが（碓井光明・ジュリ705号122頁・126頁等），社会保障法学説からは，社会保険は実際の保険給付費を基礎に財源調達を行うため，医療等のサービス需要に対応した柔軟な財源調達を可能とする方式が求められる点で，租税法律主義の適用につき租税と異なる扱いがなされるべきことが説かれた（倉田・後掲208頁）。本件1審は国保の強制加入制・強制徴収制，公費投入により対価性が希薄な点などから，租税法律（条例）主義を適用したが，本判決は，国保料の反対給付性，保険給付との「けん連性」，国保制度の目的・性質（判旨(ⅰ)）などから，憲法84条の直接適用を否定する（ただし国税には適用を肯定する）。しかし本判決は，憲法84条に侵害留保原則を見出し（宍戸19頁注7），租税以外の公課で強制の度合い等において租税に類似するものには，総合考慮によりつつ，同条の趣旨が及び，国保料も同断とした（判旨(ⅱ)(ⅲ)）。租税法律主義と侵害留保原理の異同につき，山本・後掲48〜49頁）。

5　本判決は，以上を前提に，本件条例が算定基準等において明確であることなどに加え，国保事業の予算・決算審議を通じ議会による民主的統制が及ぶことなどから，本件条例が憲法84条の趣旨に反しないとした。滝井補足意見は，後者の点を「保険者自治の観点」から敷衍する（「保険者自治」につき，倉田・後掲202〜204，209〜210，227〜229頁参照）。

◆ 参考文献 ◆

遠藤美奈・平成18年度重判解10頁，碓井光明①・社会保障百選〔第4版〕14頁，碓井②・法教309号19頁，尾形・賃金と社会保障1310号65頁，菊池馨実・季刊社会保障研究42巻3号304頁，倉田聡『社会保険の構造分析』[2009] 第6章，斎藤一久・百選Ⅱ〔第5版〕450頁，阪本勝①・曹時61巻2号379頁，阪本②・最判解民事篇平成18年度312頁，鈴木敦士・ひろば59巻7号74頁，千松順子・判タ1245号264頁，多田一路・法セ628号113頁，山本隆司・法教346号42頁。

329 所得税の不平等
――サラリーマン税金訴訟

最高裁昭和60年3月27日大法廷判決
(昭和55年(行ツ)第15号所得税決定処分取消請求事件)
民集39巻2号247頁，判時1149号30頁

■**事　案**■

X（原告・控訴人・上告人）は，私立大学教授であるが，昭和39年度分の所得について確定申告をしなかったところ，Y（左京税務署長―被告・被控訴人・被上告人）は，1965（昭和40）年10月，課税所得金額114万3900円，税額20万8975円，納付すべき税額5万7170円とする所得税決定および無申告加算税5700円の賦課決定（以下「本件課税処分」という）をした。XはこれをYに不服として異議申立てをしたが棄却され，さらに大阪国税局長に対し審査請求をしたところ，同局長は昭和41年5月，課税所得金額113万6200円，税額20万7050円，納付すべき税額5万5250円，無申告加算税5500円とする，本件課税処分を一部取り消す旨の裁決をした。

Xは，給与所得控除制度は，給与所得者に対して必要経費の実額控除を認めず，他の所得者に比べ著しく不公平な所得税負担を課しているなどとして，旧所得税法（昭40法33による改正前のもの）の諸規定が憲法14条1項に反するとして本件課税処分（大阪国税局長により取り消された部分を除く）の取消しを求め訴えを提起した。

1審（京都地判昭49・5・30行集25巻5号548頁）・2審（大阪高判昭54・11・7行集30巻11号1827頁）はXの主張を排斥したため，Xが上告した（X死亡により遺族が訴訟承継）。

■**争　点**■

所得税法上の給与所得者にかかる区別は，14条1項に反しないか。

■**判　旨**■

上告棄却（5つの補足意見がある）。

(i) 憲法14条1項は，「国民に対し絶対的な平等を保障したものではなく，合理的理由なくして差別することを禁止する趣旨であって，国民各自の事実上の差異に相応して法的取扱いを区別することは，その区別が合理性を有する限り，何ら右規定に違反するものではない」。

(ii) 租税は，「国家が，その課税権に基づき，特別の給付に対する反対給付としてでなく，その経費に充てるための資金を調達する目的をもって，一定の要件に該当するすべての者に課する金銭給付」であり，およそ民主主義国家にあっては，国家の維持活動の経費は，主権者たる国民が共同の費用として代表者を通じて定めるところにより自ら負担すべきであるが，「租税は，今日では，国家の財政需要を充足するという本来の機能に加え，所得の再分配，資源の適正配分，景気の調整等の諸機能をも有しており，国民の租税負担を定めるについて，財政・経済・社会政策等の国政全般からの総合的な政策判断を必要とするばかりでなく，課税要件等を定めるについて，極めて専門技術的な判断を必要とすることも明らかである。したがって，租税法の定立については，国家財政，社会経済，国民所得，国民生活等の実態についての正確な資料を基礎とする立法府の政策的，技術的な判断にゆだねるほかはなく，裁判所は，基本的にはその裁量的判断を尊重せざるを得ないものというべきである。そうであるとすれば，租税法の分野における所得の性質の違い等を理由とする取扱いの区別は，その立法目的が正当なものであり，かつ，当該立法において具体的に採用された区別の態様が右目的との関連で著しく不合理であることが明らかでない限り，その合理性を否定することができず，これを憲法14条1項の規定に違反するものということはできないものと解するのが相当である」。

(iii) 「旧所得税法が給与所得に係る必要経費につき実額控除を排し，代わりに概算控除の制度を設けた目的は，給与所得者と事業所得者等との租税負担の均衡に配意しつつ，右のような〔実額控除を認めた際懸念される租税徴収費用増加・税務執行上の混乱等の〕弊害を防止することにあることが明らかであるところ，租税負担を国民の間に公平に配分するとともに，租税の徴収を確実・的確かつ効率的に実現することは，租税法の基本原則であるから，右の目的は正当性を有する」。この目的との関連で給与所得控除制度が合理性を有するかは，給与所得控除の額が給与所得に係る必要経費の額との対比において相当性を有するかどうかにかかるものであるが，「給与所得者において自ら負担する必要経費の額が一般に旧所得税法所定の前記給与所得控除の額を明らかに上回るものと認めることは困難であって，右給与所得控除の額は給与所得に係る必要経費の額との対比において相当性を欠くことが明らかであるということはできないものとせざるを得ない」。

■**解　説**■

1　本件は，社会的関心を広く集め，その後の税制改革等にも影響を与えた（金子・後掲②6頁。昭和62年改正で特定支出控除が採用された〔所税57の2。金子宏『租税法〔第16版〕』〔2011〕211頁〕）。最高裁は，本判決において，租税立法の合憲性審査につき，従前と異なり（本書326事件〔最大判昭30・3・23〕，最判昭55・11・20判時1001号31頁等），憲法14条1項の趣旨を確認しつつ（判旨(i)），租税法分野での立法府の政策判断に対する敬譲の姿勢を強くする判断枠組みを示した（判旨(ii)）。廣澤・後掲71頁は比例原則を読みとる）。本件では，捕捉率較差・租税優遇措置等の合憲性も争われたが，いずれも排斥された。

2　伊藤正己裁判官補足意見は，(1)性別等の憲法14条1項後段列挙事由には厳格審査がありうることや，(2)具体的な課税処分につき適用違憲の可能性も示唆する。(2)は学説も支持するが（碓井光明・後掲特集27頁，金子・後掲①168～169頁等），(1)について最高裁はなお消極的である（最判平7・12・15税務訴訟資料214号765頁）。

◆**参考文献**◆

泉徳治・最判解民事篇昭和60年度74頁，碓井光明・百選I〔第4版〕72頁，金子宏①・判評332（判時1201）号164頁，金子②・租税百選〔第4版〕4頁，清永敬次・民商94巻1号97頁，畠山武道・法教56号134頁，廣澤民生・百選I〔第5版〕70頁，「特集・大島訴訟最高裁大法廷判決」ジュリ837号6頁。

330 夫婦所得課税

最高裁昭和36年9月6日大法廷判決
(昭和34年(オ)第1193号所得税審査決定取消事件)
民集15巻8号2047頁

■事案■

X（原告・控訴人・上告人）は，その妻Aと婚姻生活を営む者であるが，昭和32年分所得税の確定申告をするに当たり，X名義で取得した同年中の総所得のうち，給与所得16万5600円および事業所得45万9200円は，妻の協力により得られた所得であるから，夫婦の各自に平分して帰属すべきものであると考え，Xの所得は上記金額のそれぞれ2分の1であるとして，これに配当所得11万9800円の全額を加算した43万2200円をXの総所得金額とし，住吉東税務署長にその旨の同年分確定申告書を提出し，同じくAも上記所得の各半額を同人の所得とする確定申告書を提出した。しかし同署長は，Aの申告分をXの所得と認定した上Xの申告分に合算し，その金額74万4600円をXの昭和32年分所得金額とする更正処分を行い，過少申告加算税を決定し，Xに通知した。

Xはこれを不服として，Y（大阪国税局長＝被告・被控訴人・被上告人）に審査請求をしたが，Yは棄却する決定をした。Xは，夫名義で取得される財産全額が夫に帰属するとのYの認定は，妻が夫の就労に協力し内助の功を尽くそうとも，その取得した財産について妻に何らの権利も認めず，すべて夫の財産として夫1人が独占することを許容するものであって，妻の尊厳を害し，両性の本質的平等を侵すものというべく，これを是認した本件審査決定とその根拠である所得税法は憲法24条・30条に違反する，として，審査決定取消しを求めて訴えを提起した。

1審（大阪地判昭34・1・17行集10巻1号53頁）はその主張を排斥したため，Xは控訴し，民法762条1項により，本件決定のように夫がその名で得た所得がすべて夫のものになるとすれば，背後に妻の努力と信頼があるのを忘れたものであるなどとして，民法同条項および所得税法が憲法24条に反すると主張したが，2審（大阪高判昭34・9・3行集10巻9号1707頁）も訴えを斥けたため，Xが上告した。

■争点■

民法762条1項と，これに依拠して，所得税法が夫婦の所得を合算折半して計算することにしていないのは，憲法24条に反しないか。

■判旨■

上告棄却。

(i) まず憲法24条の法意を考えてみるに，「それは，民主主義の基本原理である個人の尊厳と両性の本質的平等の原則を婚姻および家族の関係について定めたものであり，男女両性は本質的に平等であるから，夫と妻との間に，夫たり妻たるの故をもって権利の享有に不平等な扱いをすることを禁じたものであって，結局，継続的な夫婦関係を全体として観察した上で，婚姻関係における夫と妻とが実質上同等の権利を享有することを期待した趣旨の規定と解すべく，個々具体の法律関係において，常に必らず同一の権利を有すべきものであるというまでの要請を包含するものではないと解するを相当とする」。

(ii) 「次に，民法762条1項の規定をみると，夫婦の一方が婚姻中の自己の名で得た財産はその特有財産とすると定められ，この規定は夫と妻の双方に平等に適用されるものであるばかりでなく，所論のいうように夫婦は一心同体であり一の協力体であって，配偶者の一方の財産取得に対しては他方が常に協力寄与するものであるとしても，民法には，別に財産分与請求権，相続権ないし扶養請求権等の権利が規定されており，右夫婦相互の協力，寄与に対しては，これらの権利を行使することにより，結局において夫婦間に実質上の不平等が生じないよう立法上の配慮がなされているということができる。しからば，民法762条1項の規定は，前記のような憲法24条の法意に照らし，憲法の右条項に違反するものということができない。」

(iii) 「それ故，本件に適用された所得税法が，生計を一にする夫婦の所得の計算について，民法762条1項によるいわゆる別産主義に依拠しているものであるとしても，同条項が憲法24条に違反するものといえないことは，前記のとおりであるから，所得税法もまた違憲ということはできない。」

■解説■

1 本判決は，Xの主張に応えつつ，①憲法24条の法意を明らかにし（判旨(i)），②民法762条1項の意義とその憲法24条適合性を述べ（判旨(ii)），③民法762条に依拠した所得課税の合憲性を肯定した（判旨(iii)。なお小嶋・後掲46〜47頁参照）。憲法24条は，民主主義の基本原理である個人の尊厳と両性の本質的平等の原則を家族生活について定めたものであり，「夫婦が同等の権利を有することを基本として」とは，憲法14条の原則を夫婦関係に適用したものとされる（宮沢俊義〔芦部信喜補訂〕『全訂日本国憲法』〔1978〕261〜262頁，注釈Ⅱ134頁〔中村睦男〕）。本判決もこれに沿うが，「両性の本質的平等」につき，男女間の事実的同権ではなく機能的同権論に立つものといわれる（五十嵐・後掲57頁）。

2 民法762条1項を夫婦共有財産制と解する説もあるが（高根義三郎・税経通信11巻1号208頁・211頁），一般に夫婦別産制を採用したものとされる（青山道夫＝有地亨編『新版注釈民法(21)』〔1989〕458頁〔有地〕）。本判決もこれを前提とするが（判旨(ii)(iii)），別産制下で一方配偶者の協力が評価されない不利益は，財産分与請求権等で是正しうるという（判旨(ii)。問題点も含め小幡・後掲49頁）。

3 本判決は以上により，Xのいう二分二乗制度（夫婦所得を合算しその半額を夫・妻の所得として課税する方式。金子宏『租税法〔第16版〕』〔2011〕179頁）によらない，民法762条による所得課税を合憲とした（判旨(iii)）。現行法は配偶者控除等により配偶者の所得が勘案される（所税83等。西山・後掲）。

◆参考文献◆

五十嵐清・家族百選〔新版・増補〕56頁，小幡由子・同〔第3版〕48頁，緒方直人・同〔第7版〕20頁，小嶋和司・租税百選46頁，西山由美・同〔第4版〕52頁，若尾典子・百選Ⅱ〔第5版〕452頁，田中真次・最判解民事篇昭和36年度313頁。

331 宗教団体に対する国有財産の譲与——国有境内地処分法事件

最高裁昭和33年12月24日大法廷判決
(昭和30年(オ)第168号土地明渡請求事件)
民集12巻16号3352頁

■事案■

大阪市天王寺区所在の土地は、X寺（原告・被控訴人・被上告人）の寺有地であったところ、Xは明治初年ごろこれを国に上納したが、旧国有財産法24条（昭22法53による削除前のもの）により国から無償貸付けを受けたものとみなされ、以来使用を継続していた。1945（昭和20）年3月の戦災により、この土地にあった建造物は焼失したが、Yら（被告・控訴人・上告人）は同土地に木造平屋建工場10坪等（以下「本件建物」という）を建築共有し、その敷地等58坪（以下「本件土地」という）を占拠していた。Xは「社寺等に無償で貸し付けてある国有財産の処分に関する法律」（昭22法53による改正後のもの。以下「国有境内地処分法」という）に基づき、昭和23年1月、同土地の無償譲与の申請をしたところ、昭和26年4月、この土地のうち、Yら占有の本件土地を除く部分につき譲与の許可を受けた。

これに対しXは訴願の申立をした結果、同年7月、本件土地については、XとYらの訴訟においてX勝訴の判決が確定した後またはこの判決確定前に本件土地上の本件建物が完全に撤去されXに明け渡されたときは、これをXに譲与する旨の裁決があった。そこでXは、国に対し本件土地に対する使用権を有しているところ、Yらの占有により使用収益を妨げられているため、国が不法占拠者たるYらに対し有する土地明渡請求権を代位行使し、Yらに対し本件建物を収去の上本件土地の明渡しを求め、訴えを提起した。

1審（大阪地判昭28・4・28民集12巻16号3358頁参照）はXの請求を全面的に認容したのでYらが控訴したが、2審でYらは、国有境内地処分法は憲法89条に反するものであり、同法の適用を前提とする本訴請求は失当である、などと主張した。2審（大阪高判昭29・12・3高民集7巻11号1039頁）はその主張を排斥したため、Yらが上告した。

■争点■

「社寺等に無償で貸し付けてある国有財産の処分に関する法律」（国有境内地処分法）による国有地の社寺等に対する譲与は、憲法89条に反しないか。

■判旨■

上告棄却。

(i)「社寺等に無償で貸し付けてある国有財産の処分に関する法律……において、国有地である寺院等の境内地その他の附属地を無償貸付中の寺院等に譲与又は時価の半額で売り払うことにしたのは、新憲法施行に先立って、明治初年に寺院等から無償で取上げて国有とした財産を、その寺院等に返還する処置を講じたものであって、かかる沿革上の理由に基く国有財産関係の整理は、憲法89条の趣旨に反するものとはいえない。」

(ii)「又前記法律附則10条2項において、譲与又は売払をすることに決定したものについては、旧国有財産法24条の規定は、その譲与又は売払の日まで、なおその効力を有すると定められたのも、前記国有財産の整理に関する一連の経過規定であって、すなわち、過渡的手段としてとられた立法措置に外ならないから、同条を以て憲法89条に違反するものとはいえない。」「そして、右法律附則10条2項の規定は、譲与又は売払の申請がなされている土地については、その譲与又は売払の日までは、なお旧国有財産法24条の規定の効力が存続し、すなわち、無償貸付関係は継続する趣旨であると解すべきところ、……昭和23年1月5日Xのなした無償譲与の申請が不許可となり、これに対し訴願を申立てた結果同年7月31日付をもって、前記行政処分が取消され『本件土地については、XとY等の本件訴訟においてX勝訴の判決が確定した後又は右判決確定前において本件土地上に所在する本件建物が完全に撤去され右土地がXに明渡されたときは、これをXに譲与する旨の裁決がなされた』と、いうのであるから、前記法律附則10条2項によって右譲与の日まで国のXに対する本件土地の無償貸付はなおその効力を有し、したがってXは、その使用権を有するものと解するを相当とする。」

■解説■

1 諸侯による版籍奉還後、旧来のままであった社寺領は藩領整理上で障害となったため、明治政府は、上知令（明4）等により、社寺が買得した境内地等を除き、民有の証拠がないものをすべて官有地とした。その後、旧国有財産法（大10法43）による寺院境内地の無償貸付け（同法24）、「寺院等に無償にて貸付しある国有財産の処分に関する法律」（昭14法78）等による譲与等が進められたが、戦後、日本国憲法の政教分離原則を受け、上記法律を全面改正し国有境内地処分法が制定された。同法では社寺上地等による国有財産で現に国有財産法により無償貸付けとされるものの譲与を可能とし、不譲与でも宗教活動に必要なものは時価の半額で売り払う途が確保された。本判決の背景には、以上のわが国特有の歴史的経緯がある（以上、大石・後掲②204～231頁、清野正彦・ジュリ1399号84～85頁）。

2 国有境内地処分法の合憲性については、学説も、本判決のように、「特殊な沿革的理由」によって合憲としてきたが（宮沢俊義〔芦部信喜補訂〕『全訂日本国憲法』[1978] 742頁）、違憲説も一部みられた（新井隆一『財政における憲法問題』[1965] 62頁）。しかし、近時の有力説は、上記経緯等をふまえつつ、国有境内地の無償貸付関係を消滅させれば社寺等の宗教活動とその基盤が大きく損なわれることから、同法は、信教の自由と政教分離原則とを調和させるものと解し（大石・後掲① 61頁、百地・後掲455頁）、この点を明らかにする富士山頂譲与事件（最判昭49・4・9判時740号42頁）に言及する。信教の自由と政教分離の調和という問題は、時を経て、近時の判例でも再現する（本書72事件〔最大判平22・1・20—富平神社事件〕。蟻川恒正・法セ670号86頁参照）。

◆参考文献◆

新井隆一・百選Ⅱ〔第2版〕406頁、大石眞①・宗教百選〔第2版〕60頁、大石②『憲法史と憲法解釈』[2000]、田中真次・最判解民事篇昭和33年度309頁、百地章・百選Ⅱ〔第5版〕454頁。

332 幼児教室に対する補助金支出
―― 幼児教室事件

東京高裁平成2年1月29日判決
(昭和61年(行コ)第51号公金支出差止等請求事件)
高民集43巻1号1頁, 判時1351号47頁

■ 事 案 ■

埼玉県吉川町(当時)の住民は, 公立幼稚園設置を町議会に請願した。町議会文教常任委員会は, 公立幼稚園開設は財政上困難であろうから, 幼児教室の開設に積極的に協力すべきことを報告し, 町議会でこれが承認され, 同請願は町議会において全員一致で趣旨採択された。Y(吉川町長—被告・被控訴人)は, これを受けて, 昭和50年度, 町内の土地を賃借し建物を建て(これらを以下「本件不動産」という), 付近の母親数名がその子らの教育保育のため昭和50年ごろ開設した, 権利能力なき社団たる幼児教室(以下「本件教室」という)に本件不動産を無償で使用させ, また, 昭和51年度以降, 本件土地借上料等のため本件教室に公金を支出したほか, 昭和58年度には本件教室助成のため公金258万8000円を支出した(以下, 上記無償使用と昭和58年度の支出を「本件助成」という)。

同町住民であるXら(原告・控訴人)は, 本件教室が憲法89条にいう「教育の事業」を行うものであるところ, 本件教室に対するYの監督監査は形式的かつ軽微であって, 本件教室は同条にいう「公の支配」に属しないものであり憲法89条に反するなどの点で本件助成が違法であるとして, Yに対し, 地方自治法242条の2第1項1号・4号(いずれも当時)に基づき, 本件不動産の本件教室に対する無償使用の差止めと, A(被告承継人たる当時の吉川町長)が吉川町に対し, 昭和58年度の補助金相当額である金258万8000円を支払うよう求めた。

1審(浦和地判昭61・6・9判時1221号19頁)はXらの請求を斥けたため, Xらが控訴した(最高裁は上告を棄却した〔最判平5・5・27保育情報206号25頁〕)。

■ 争 点 ■

憲法89条後段の趣旨と, 同条にいう「公の支配」とは, いかなる趣旨のものと解すべきか。

■ 判 旨 ■

控訴棄却。

(i)「保育とは, 幼児に対する保護と教育の有機的一体の働きと解されるところ, 憲法89条に規定する『教育の事業』とは, 『人の精神的又は肉体的な育成をめざして人を教え, 導くことを目的とする組織的, 継続的な活動』をいうのであって, ……本件教室の事業は右の『教育の事業』に当たると解されるから, 本件不動産が本件教室の教育の事業に利用され, 本件支出がその教育の事業のためになされたことは明らかである。」

(ii) 憲法89条前段は, 国と宗教の分離を財政面からも確保するものであり, その規制は厳格に解すべきであるが, 同条後段については,「もともと教育は, 国家の任務の中でも最も重要なものの一つであり, 国ないし地方公共団体も自ら営みうるものであって, 私的な教育事業に対して公的な援助をすることも, 一般的には公の利益に沿うものであるから, 同条前段のような厳格な規制を要するものではない」。同条後段の趣旨は,「公の支配に属しない教育事業に公の財産が支出又は利用された場合には, 教育の事業はそれを営む者の教育についての信念, 主義, 思想の実現であるから, 教育の名の下に, 公教育の趣旨, 目的に合致しない教育活動に公の財産が支出されたり, 利用されたりする虞れがあり, ひいては公の財産が濫費される可能性があることに基づくものである」。このような法の趣旨を考慮すると,「公の支配」の程度は,「国又は地方公共団体等の公の権力が当該教育事業の運営, 存立に影響を及ぼすことにより, 右事業が公の利益に沿わない場合にはこれを是正しうる途が確保され, 公の財産が濫費されることを防止しうることをもって足りるものというべきである。右の支配の具体的な方法は, 当該事業の目的, 事業内容, 運営形態等諸般の事情によって異なり, 必ずしも, 当該事業の人事, 予算等に公権力が直接的に関与することを要するものではないと解される」。

(iii) 本件事情の下においては,「本件教室についての町の関与が, 予算, 人事等に直接及ばないものの, 本件教室は, 町の公立施設に準じた施設として, 町の関与を受けているものということができ, 右の関与により, 本件教室の事業が公の利益に沿わない場合にはこれを是正しうる途が確保され, 公の財産の濫費を避けることができるものというべきであるから, 右の関与をもって憲法89条にいう『公の支配』に服するものということができる」。

■ 解 説 ■

1 憲法89条後段は, ①その趣旨と②「公の支配」をめぐり解釈が分かれる(笹川・後掲, 前田徹生・桃山法学8号39頁, 尾形・後掲296～311頁)。①は, (a)公金支出等にかかる濫費防止, (b)事業主体の自主性確保, (c)事業主体が依拠する思想・信条等に対する国家の中立性確保などのほか, (d)前段と連続させ, 慈善事業等への支出が宗教支援とならぬよう統制するとみる説もある(高橋179～180頁)。②は, (1)公金支出等に対する財政統制, (2)事業主体の予算執行・人事等の支配, (3)特定の思想・信教等の影響排除のための統制, (4)憲法25条・26条等をふまえた体系的解釈, などがある。

2 裁判例では, 上記①(b)・(c), ②(4)に近いものもあったが(千葉地判昭61・5・28行集37巻4・5号690頁), 本判決は, 本件事業が本条の「教育」事業たることを前提に, ①につき(a)的立場をとり, 後の裁判例でも踏襲された(新潟地判平4・11・26行集43巻11・12号1462頁, 大阪地判平6・3・30判タ860号123頁)。89条後段は立法論的再検討も指摘されるが, 近時, 私的団体の多元的活動等の観点からも再読されている(横大道聡・季刊企業と法創造7巻5号52頁)。

◆ 参考文献 ◆
内野正幸・判評384(判時1367)号173頁, 大沢勝・教育百選〔第3版〕36頁, 大沢秀介・百選Ⅱ〔第5版〕456頁, 尾形健『福祉国家と憲法構造』[2011]第7章, 小林武・法セ432号119頁, 笹川隆太郎・争点306頁, 百地章・平成2年度重判解29頁。

判例の流れ

● 尾形 健 ●

28 地方自治

1 現行憲法は，第8章で「地方自治」について定め，地方自治に関する基本原則を筆頭に（92），地方公共団体の機関の構成と，長・議員等の住民による直接選挙の要請（93），その権能（94），そして特別法の住民投票（95）について規定する。明治憲法には「地方自治」に関する規定はなかったが，しばしば指摘されるように，このことは，明治憲法下で地方自治が否定されていたことを意味するものではない（明治憲法施行に先立ち，市制・町村制〔明治21年〕，府県制・郡制〔同23年〕が公布されていた）。現行憲法に「地方自治」が規定されたのはGHQ草案に由来するが，そこでは，府県・市町村等，具体的な主体（種類名）が列挙され，住民による「憲章」制定権も一部認められていた。現行憲法の地方自治をめぐる解釈は，こうした，戦前以来のわが国地方自治制度の展開や憲法制定期の議論ともまったく無関係ではなく，ここでとりあげる裁判例も，これらの文脈において位置づけられるものである。

2 先述のように，GHQ草案では具体的な統治団体に言及していたが，現行憲法は「地方公共団体」というのみであり，いかなる主体が憲法上の「地方公共団体」であるかを明示していない。333事件（最大判昭38・3・27—渋谷区長選任贈収賄事件）はこの点について最高裁が判示したものであり，そこでは，いわば地縁団体的な社会的基盤と地方自治の基本的権能を軸に，「地方公共団体」の意義が明らかにされている。

3 憲法93条は地方公共団体の組織と住民の直接選挙の要請について定めるが，その具体的あり方は地方自治法で規定される。334事件～338事件は，地方自治法上の制度のあり方にかかわるものであるが，ここではまず，地方公共団体の組織にかかわる論点として，地方議会の自律権と議員の免責（334事件〔最大判昭42・5・24—佐賀県議会事件〕）をとりあげる。また，先にみたように，GHQ草案は住民による「憲章」制定権をも認めていたが，地方自治法上住民に認められた直接請求制度をめぐる事案（335事件〔東京地判昭43・6・6—練馬区長準公選事件〕，337事件〔那覇地判平12・5・9—名護市住民投票条例事件〕）と，住民訴訟に関する事案を扱う（336事件〔最判昭53・3・30〕）。そして，わが国の地方自治制度の展開は，国と地方との関係をめぐる相克も一つの論点であるが，1999（平成11）年に改正された地方自治法により設置された国地方係争処理委員会の勧告は，この点で注目されるものである（338事件〔国地方係争処理委員会平13・7・24勧告判時1765号26頁〕）。

4 憲法94条も定めるように，地方行政の展開には，地方公共団体が行使しうる権能が不可欠である。この点で，地方公共団体は，憲法上いかなる権限を行使し，国法との関係でいかなる制約を受けるかが問題となるが，前者の点について，ここでは地方公共団体の課税権をめぐる事案（339事件〔福岡地判昭55・6・5—大牟田市電気税訴訟〕，340事件〔東京高判平15・1・30—東京都銀行税事件〕）をとりあげる。後者については，「法律の範囲内」（94）の射程をめぐる解釈が問題となるが，この点については，条例制定権の範囲の基本枠組み（342事件〔最大判昭50・9・10—徳島市公安条例事件〕。具体的事例として343事件〔最判昭53・12・21〕）が重要である。また，条例制定も，当然憲法上の各規定による制約を受けるが，この点は，条例による罰則（344事件〔最大判昭37・5・30〕）や地域取扱いの差異（341事件〔最大判昭33・10・15〕）において検討される。

5 以上は必ずしも憲法問題のみが争点となるものではないが，1でふれた歴史的経緯や地方自治の実践が，憲法が予定する地方自治の構造とどのように切り結び，展開していくか，という問いをも含んでいる。これらの事例を通じ，わが国地方自治の憲法的動態を感じ取ってほしい。

333 特別区と憲法上の地方公共団体——渋谷区長選任贈収賄事件

最高裁昭和38年3月27日大法廷判決
（昭和37年（あ）第900号贈収賄被告事件）
刑集17巻2号121頁、判時330号7頁

■事案■

Y₁らは、1957（昭和32）年8月、東京都渋谷区議会が同区区長候補を定め区長を選任するに際し、同区区長に選任されることを望んでいた者、Y₂らは、同区議会議員であって、同区の区長候補を定め区長を選任する職務権限を有している者である（いずれも被告人・被上告人）。Y₁らはY₂らに対し、区長候補の決定にあたっては自己を支持せられたい旨懇請し、もって各区議の職務に関し贈賄し、Y₂らは自己の職務に関し賄賂を収受したかどで、贈収賄の罪（刑197Ⅰ・198）で逮捕・起訴され、Y₁とY₂は戸別訪問・事前運動等の罪（公選138Ⅰ・129・239Ⅰ①③）でも起訴された。

1審（東京地判昭37・2・26下刑集4巻1・2号157頁）は、特別区は憲法上の地方公共団体であって、区長の公選制を廃止し区議会による区長選任とした地方自治法281条の2第1項（当時）は憲法93条2項に抵触し違憲のそしりを免れず、区議会議員がその区長候補を定め選任することはその本来有する職務権限とはいえないことから、Y₁らおよびY₂らの贈収賄罪成立の余地がないとして、同罪について無罪とした（上記戸別訪問等については有罪とされた）。そこで検察側が跳躍上告（刑訴406、刑訴規254Ⅰ）をした（本件上告棄却後の差戻審は上記贈収賄罪について有罪とした〔東京地判昭39・5・2判タ162号149頁〕）。

■争点■

東京都の特別区は93条2項にいう地方公共団体にあたるか。

■判旨■

破棄差戻し（垂水克己裁判官の補足意見がある）。

(i) 憲法93条2項にいう地方公共団体は何であるかについて、憲法は何ら明示するところはないが、「憲法が特に一章を設けて地方自治を保障するにいたった所以のものは、新憲法の基調とする政治民主化の一環として、住民の日常生活に密接な関連をもつ公共的事務は、その地方の住民の手でその住民の団体が主体となって処理する政治形態を保障せんとする趣旨に出たものである。この趣旨に徴するときは、右の地方公共団体といい得るためには、単に法律で地方公共団体として取り扱われているということだけでは足らず、事実上住民が経済的文化的に密接な共同生活を営み、共同体意識をもっているという社会的基盤が存在し、沿革的にみても、また現実の行政の上においても、相当程度の自主立法権、自主行政権、自主財政権等地方自治の基本的権能を附与された地域団体であることを必要とするものというべきである。そして、かかる実体を備えた団体である以上、その実体を無視して、憲法で保障した地方自治の権能を法律を以て奪うことは、許されないものと解するを相当とする」。

(ii) 特別区は、昭和21年都制一部改正により自治権の拡充強化が図られたが、翌年制定の地方自治法等の法律でその自治権に重大な制約が加えられていたのは、「東京都の戦後における急速な経済の発展、文化の興隆と、住民の日常生活が、特別区の範囲を超えて他の地域に及ぶもの多く、都心と郊外の昼夜の人口差は次第に甚だしく、区の財源の偏在化も益々著しくなり、23区の存する地域全体にわたり統一と均衡と計画性のある大都市行政を実現せんとする要請に基づくもの〔で〕あって、所詮、特別区が、東京都という市の性格をも併有した独立地方公共団体の一部を形成していることに基因するものというべきである」。

(iii)「しかして、特別区の実体が右のごときものである以上、……憲法制定当時においてもまた昭和27年8月地方自治法改正当時においても、憲法93条2項の地方公共団体と認めることはできない。従って、改正地方自治法が右公選制を廃止し、これに代えて、区長は特別区の議会の議員の選挙権を有する者で年齢25年以上のものの中から特別区の議会が都知事の同意を得て選任するという方法を採用したからといって、それは立法政策の問題にほかならず、憲法93条2項に違反するものということはできない」。

■解説■

1 東京都の区長は、東京都制の一部改正（昭和21年）により区民による直接公選とされていたが、地方自治法改正（昭和27年）により公選制が廃止され、特別区の長は、区議会が都知事の同意を得て選任するしくみとなった（渡部・後掲11頁）。この背景には、大都市行政における一体性確保の要請と、都知事の事務を法定事務以外にも区長に委任させる建前を採った関係上、区民の代表者である区議会を選任権者とするとともに、都知事の意向も反映させることが適当であると考えられたことなどがあった（宮澤＝岸・後掲111頁）。最高裁は、本件前に区長選任制等の無効確認が求められた事案で、訴えが具体的権利義務に関係がなく不適法であると斥けている（最判昭31・2・17民集10巻2号86頁）。その後、区長準公選要求の住民運動や裁判等をへて（本書335事件〔東京地判昭43・6・6―練馬区長準公選事件〕等）、区長公選制は復活した（昭49法71）。

2 特別区が93条2項にいう地方公共団体に該当するかについて、積極説は、憲法制定前より特別区が地方公共団体として承認されてきた経緯や、特別区が憲法上の地方公共団体でないとすれば23区域内に独自の基礎的地方団体は存在せず、92条との関係で問題となる点などを指摘する。消極説からは、住民の明確な共同体意識に基づく社会的実体性を判断基準とすべきであって、特別区の住民にその意識はないことなどが説かれた。本判決は、地縁団体としての社会的基盤と地方自治の基本権能の有無から判断している（渡部・後掲17頁）。

◆参考文献◆

阿部泰隆・地方自治百選〔第3版〕4頁、大隈義和・百選Ⅱ〔第5版〕458頁、成田頼明・ジュリ273号18頁、堀内健志・基本判例〔第2版〕212頁、宮澤弘＝岸昌・自治研究28巻9月号臨時増刊25頁、渡部吉隆・最判解刑事篇昭和38年度11頁。

334 地方議員の免責——佐賀県議会事件

最高裁昭和42年5月24日大法廷判決
(昭和38年(あ)第1184号公務執行妨害監禁職務強要被告事件)
刑集21巻4号505頁, 判時482号14頁

■事案■

佐賀県議会では, 1954 (昭和29) 年5月および9月, 事業費および人件費節減に関する議案の取扱いをめぐり, これに賛成する保守政派と反対する革新政派の各議員との間で激しい対立が生じていたが, 議員Yら (被告人・上告申立人) は上記節減案を含む全上程議案の一括採決を議場に諮ろうとした議長の措置を不当として, これを妨げ, もって議長の公務の執行を妨害し, また, 保守政派議員控室に同議員らを閉じ込め議場に入ることを阻止しようと決意し, 同議員らを同所から30分程度脱出することを不能ならしめて同所に監禁などしたかどで逮捕・起訴された。

Yらの弁護人は, 上記公務執行妨害罪 (刑95 I) 等について, 議長の違法な議事進行に対する抗議ないし注意喚起の過程で発生した純然たる議会内の議事運営に属するものであって, 議会自治・自律主義の原則により, 検察官は県議会の議決または議長による告訴・告発なくして公訴を提起できないものであるから, 本件公訴は不適法であると主張したが, 1審 (佐賀地判昭36・12・12下刑集3巻11・12号1167頁) および2審 (福岡高判昭38・3・23判時349号72頁) いずれもその主張を排斥した。そこでYらが上告した。

■争点■

地方議会の議事進行に関して議員が犯した刑事犯罪は, 地方議会の自治・自律の原則から, 議会または議長による告訴・告発が訴訟条件となると解すべきか。

■判旨■

上告棄却。

(i)「論旨は, 要するに, 本件に関し議会又は議長の告訴告発がなかったことは顕著な事実であるから, 本件各公訴事実については, すべて公訴棄却の判決がなされるべきであったのにかかわらず, これに反する判断をした原判決は, 地方議会についても当然認められるべき憲法上の大原則のひとつである議会自治・議会自律の原則に関する法理の解釈適用を誤ったものであるというにある。」

(ii)「しかし, 憲法上, 国権の最高機関たる国会について, 広範な議院自律権を認め, ことに, 議院 (員) の発言について, 憲法51条に, いわゆる免責特権を与えているからといって, その理をそのまま直ちに地方議会にあてはめ, 地方議会についても, 国会と同様の議会自治・議会自律の原則を認め, さらに, 地方議会議員の発言についても, いわゆる免責特権を憲法上保障しているものと解すべき根拠はない。もっとも, 地方議会についても, 法律の定めるところにより, その機能を適切に果たさせるため, ある程度に自治・自律の権能が認められてはいるが, その自治・自律の権能が認められている範囲内の行為についても, 原則的に, 裁判所の司法審査権の介入が許されるべきことは, 当裁判所の判例 (〔最大判昭35・3・9民集14巻3号355頁〕……参照) の示すとおりである。そして, 原判決の指摘するような言論の域を超えた実力の行使については, 所論のような議員の免責特権その他特別の取扱いを認めるべき合理的な理由は見出しがたいといわなければならない。」

(iii)「また, 現行法上, 告訴告発を訴訟条件とする場合には, 法律にその根拠のあることが必要であって, その根拠に基づくことなく, 地方議会の議事進行に関連して議員が犯した刑事犯罪について, 単に地方議会の自治・自律の原則を根拠として, 議会又は議長の告訴告発を訴訟条件と解すべきであるとか, 司法権の介入を許さないという主張は, 肯認することができない。」

■解説■

1 本件には, (1)地方議会に国会各院同様の自律権が認められるか, (2)認められるとして, 議員の刑事犯罪行為について議会・議長の告訴・告発を要件とするか, という問題が含まれている。本判決は(1)について, 国会各院に認められた議院自律権がそのまま地方議会について妥当しないことを明らかにする。(2)については, 国会での議員の行為について議院の告訴・告発を訴訟条件とすべきかをめぐって議論があったが (さしあたり佐藤・鈴木・斎藤・兼子各教授の意見〔ジュリ204号48頁〕, 黒田・後掲。本書263事件〔東京地判昭37・1・22――第1次国会乱闘事件〕も参照), 本判決は, 告訴・告発を訴訟条件とするには法律の根拠が必要であることを理由に (議院における偽証罪等の告発につき, 最大判昭24・6・1刑集3巻7号901頁参照), 消極に解している。

2 地方自治法上, 地方議会には, 議長・副議長の選挙権 (103), 会議規則制定権 (120), 議員懲罰権 (134~137), 地方議会で行う選挙の効力に関する異議の決定 (118 I) そして議員の資格決定権 (127 I) 等, 一定の自律権が認められている。しかし, これらについてはそもそも司法権の関与があわせて予定されている (118 V・127 IV等) ほか, 議会の議決に対し, 地方公共団体の長による再議や総務大臣等による審査を認める (176等) など, 行政の関与も想定されている。また判例上, 被除名議員は裁判所に出訴しうるものと解されている (前掲最大判昭35・3・9)。これらのことから, 学説は, そもそも地方議会の自律権は, 国会各院のそれに比べ質的に相違があり, 上記(1)の点でYらの主張を排斥する (黒田・後掲25頁, 菅間・後掲106頁, 大石・後掲115頁等)。ただし, 地方議会の議事運営の自立性を尊重し, 議員の行為の法益侵害の程度が大きくない限り, 国会議員の免責特権の趣旨をくんで, 議会または議長の告訴・告発を訴訟条件とすべきことを指摘する立場もある (清水・後掲31頁)。

◆ 参考文献 ◆

大石眞・地方自治百選〔第3版〕114頁, 覚道豊治・昭和41・42年度重判解151頁, 黒田覚・東京都立大学法学会雑誌1巻2号1頁, 清水睦・ひろば20巻8号28頁, 菅間英男・最判解刑事篇昭和42年度98頁。

335 条例制定請求と地方公共団体の長による審査——練馬区長準公選事件

東京地裁昭和43年6月6日判決
(昭和42年(行ウ)第213号行政処分取消請求事件)
行集19巻6号991頁，判時519号22頁

■事案■

X（原告）は東京都練馬区に居住し，同区選挙人名簿に記載されている者であるが，同区住民として，地方自治法283条1項・74条1項により練馬区長候補者決定に関する条例の制定を請求すべく，1967（昭和42）年9月，地方自治法施行令91条1項により，その代表者として，Y（東京都練馬区長職務代理者―被告）に対し，条例制定請求代表者証明書の交付を申請した。本件条例案は，区議会による区長の選任を定める地方自治法（281の3Ⅰ〔当時〕）等について，区議会が区長候補者を定めるにあたり，区が実施する区民投票の結果に基づいてこれを行う内容であったが，Yは，地方自治法の上記規定等は区議会が区長を直接選任する趣旨であって，候補者決定の段階といえども区議会の意思決定は他のいかなる外的拘束・制約も受けるべきではなく，Xが条例で制定しようとする事項は地方自治法で許された条例制定事項でないとして，同年10月，代表者証明書の交付を拒否した。

そこでXがこの拒否処分の取消しを求め訴えを起こした（本件では，以下の本案にかかる実体的判断のほか，本件拒否行為の処分性についても争われ，本判決はこれを肯定した）。なお本件2審（東京高判昭43・11・28行集19巻11号1817頁）も，本件代表者証明書交付拒否処分が違法であるとして控訴を棄却した。

■争点■

条例制定（改廃）請求代表者証明書交付の手続（自治74Ⅰ・自治令91）において，交付申請を受けた地方公共団体の長は，当該条例案の内容の適否を審査する権限を有するか。

■判旨■

請求認容。

「条例の制定（改廃）請求手続の構造や，この手続に関与する住民及び議会の役割，とくに立法機関たる後者の地位ないし権限，長と議会との関係等を，前述した条例制定（改廃）請求制度の本旨に照らして総合的に考察すると，法〔地方自治法。以下同じ〕は，住民の条例制定（改廃）請求権を議会の議員及び長の条例発案権に代わるべきものとみる立場から，その権利の行使につき，これを行使する者の良識と自覚を期待するとともに，違法な内容の条例が出現するのを防止する手段として，一方において，地方自治の主体たる一般住民及び立法機関たる議会の自主的な判断を信頼かつ尊重し，他方，行政の責任者たる長に対しては，議会の権限に対する事前干渉を避けるため，議会の議決以前には条例案を議会に付議する際に意見を附することを認めるにとどめ，もし違法な内容の条例が可決された場合には，瑕疵ある議決に対して長が拒否権を行使する一般の場合と同様，再議その他の法的手続〔法176Ⅰ等〕により事後的にこれを排除しうる途を開くことによって，議会制度の下における住民の自治権の伸張と行政権の執行との調和を図っているものと解するのが相当であり，要するに，住民による条例の制定（改廃）請求を手続的にも議員及び長の発案権の行使に準ずるものとして取扱う趣旨であると解される」。

「このように考えてくると，代表者証明書交付の手続においては，当該条例案の内容が，たとえばYのあげる憲法改正手続を定めるものであるとか，あるいは法第74条第1項かっこ書に掲げる地方税の賦課徴収並びに分担金，使用料および手数料の徴収に関するものであるとかのように，条例で規定しえない事項又は条例の制定（改廃）請求をなしえない事項に関するものであることが一見極めて明白で，条例としての同一性を失わせない範囲で修正を加える可能性がなく，条例制定（改廃）請求制度を利用させるに値しないと認められるような場合は格別，そうでない場合には，代表者証明書の交付申請を受けた長は，当該条例案の内容適否を審査する権限を有せず，その判断によれば条例事項でないと認めるときでも，それを理由として代表者証明書の交付を拒否することは許されないというべきであ」る。

■解説■

1 地方自治法によれば，普通地方公共団体の議会の議員および長の選挙権を有する者は，有権者総数の50分の1以上の者の連署をもって条例制定・改廃を請求しうる（74Ⅰ）。請求代表者は，請求の要旨および必要事項を記載した条例制定または改廃請求書を添えて，当該普通地方公共団体の長に対し，条例制定または改廃請求代表者証明書の交付を申請し，当該長は証明書を交付する（自治令91）。本件はその交付拒否処分が争われたが，その背後には，特別区区長の（準）公選制への住民運動があった（東京高判昭50・9・18行集26巻9号1008頁等参照。関連して本書333事件〔最大判昭38・3・27―渋谷区長選任贈収賄事件〕も参照）。

2 条例制定請求の場合，普通地方公共団体の長は，その内容が明らかに国の事務であって条例制定事項に属しないものや地方自治法上除外される事項（地方税徴収等に関する事項等。自治74Ⅰ等）については，請求代表者証明書交付をする必要はなく，理由を示して相手方に同証明書交付申請書を返付すれば足りると説明されている（松本・後掲235頁）。本判決は，制度の趣旨・手続の意義等を総合的に考慮・検討し，長による審査権を，条例制定・改廃不能が「一見極めて明白」であるなどの例外的場合に限定した（東京地判昭47・12・12行集23巻12号918頁も同旨）。裁判例にはさらに，長による事前審査はおよそ法の予想しないところであって，条例制定・改廃をなしえない事項であることが「何人にも論議の余地すらない程度に極めて明白」で，以後の手続を進めることが全く無意義であるような「特別な例外的場合」に限定するものもある（東京高判昭49・8・28行集25巻8・9号1079頁）。

◆参考文献◆
針生誠吉・百選Ⅱ〔第2版〕434頁，金子勝・百選Ⅱ〔第5版〕486頁，薄井一成・地方自治百選〔第3版〕42頁，松本英昭『新版 逐条地方自治法〔第5次改訂版〕』[2009]。

336 住民訴訟と地方自治の本旨

最高裁昭和53年3月30日第一小法廷判決
（昭和51年（行ツ）第120号愛知県に代位して行う損害賠償請求事件）
民集32巻2号485頁, 判時884号22頁

■事案■

X（原告・控訴人・被上告人）らは, 地方自治法242条の2第1項4号（平14法4による改正前のもの。以下,「損害補塡に関する住民訴訟」または「4号訴訟」ということがある）により, 訴外愛知県に代位して, 同県知事の職にあったY（被告・被控訴人・上告人）に対し, 8億4809万7372円の支払を求め損害賠償の請求をしたが, その際, 訴状には3350円の印紙を貼付したのみであった。

1審裁判所は貼付すべき印紙額が424万3400円であるとして, 不足額の追貼を命じたが, Xらは不足分を追貼しなかった。同裁判所は, 本件訴えについて, 民事訴訟費用等に関する法律4条（当時。以下「費用法」という）により, 損害補塡に関する住民訴訟が財産上の請求であるとした上で, その訴額は当該地方公共団体の受ける利益, すなわち請求金額を基準として算定すべきであるとして, 本件で印紙額は請求金額を基準とした424万3400円であるが, Xらは上記のとおり追貼に応じないため, Xらの訴えを却下する判決を言い渡した（名古屋地判昭51・7・14行集27巻7号1024頁）。

ところが2審裁判所は, 本件住民訴訟の訴額算定について, これが民衆訴訟・客観訴訟の性格を有し, 実体的な紛争利益の終局的な帰属主体はXらを含む住民全体であるということができるなどとして, 損害補塡に関する住民訴訟は, 住民訴訟の立法趣旨・性格に照らし, 全住民との関係で考慮されなければならず, その利益の性質に照らして訴額算定は不能であると述べ, 本件では訴額不能の場合の法定の印紙額を貼付していることは明らかであるから, 印紙額に不足はないとして, 1審判決を取り消し, 同裁判所に差し戻した（名古屋高判昭51・10・18判時834号30頁）。このためYが上告した。

■争点■

地方自治法242条の2第1項4号所定の損害賠償請求訴訟における訴訟物の価額は, 住民訴訟の性格に照らしてどのように考えるべきか。

■判旨■

上告棄却。

「地方自治法242条の2の定める住民訴訟は, 普通地方公共団体の執行機関又は職員による同法242条1項所定の財務会計上の違法な行為又は怠る事実が究極的には当該地方公共団体の構成員である住民全体の利益を害するものであるところから, これを防止するため, 地方自治の本旨に基づく住民参政の一環として, 住民に対しその予防又は是正を裁判所に請求する権能を与え, もって地方財務行政の適正な運営を確保することを目的としたものであって, 執行機関又は職員の右財務会計上の行為又は怠る事実の適否ないしその是正の要否について地方公共団体の判断と住民の判断とが相反し対立する場合に, 住民が自らの手により違法の防止又は是正をはかることができる点に, 制度の本来の意義がある。すなわち, 住民の有する右訴権は, 地方公共団体の構成員である住民全体の利益を保障するために法律によって特別に認められた参政権の一種であり, その訴訟の原告は, 自己の個人的利益のためや地方公共団体そのものの利益のためにではなく, 専ら原告を含む住民全体の利益のために, いわば公益の代表者として地方財務行政の適正化を主張するものであるということができる。」

「右のような損害補塡に関する住民訴訟の特殊な目的及び性格にかんがみれば, その訴訟の訴額算定の基礎となる『訴を以て主張する利益』については, これを実質的に理解し, 地方公共団体の損害が回復されることによってその訴の原告を含む住民全体の受けるべき利益がこれにあたるとみるべきである。そして, このような住民全体の受けるべき利益は, その性質上, 勝訴判決によって地方公共団体が直接受ける利益すなわち請求に係る賠償額と同一ではありえず, 他にその価額を算定する客観的, 合理的基準を見出すことも極めて困難であるから, 結局, 費用法4条2項に準じて, その価額は35万円とすることが相当である。」

■解説■

1　行政事件訴訟法による訴えの提起は, 民事訴訟と同様, 費用法に従い, 印紙をもって訴状に貼付して手数料を納付する。手数料の額は, 訴訟の目的の価額（訴額）に応じて算出され, 訴額は, 訴えをもって主張する利益（原告が勝訴判決によって直接受ける経済的利益を金銭をもって客観的に評価した金額）による（行訴7, 民訴8Ⅰ, 費用法4Ⅰ）。訴訟上の請求は, 経済的利益を目的とする財産権上の請求と, それ以外の非財産権上の請求に分けられ, 後者については, 訴額が費用法上一律に定められている（160万円〔同法4Ⅱ前段〕。本件当時35万円）。4号訴訟については, これが(1)財産権上の請求に当たるか, (2)財産権上の請求とした場合, 訴えをもって主張する利益を請求金額とみるか, あるいは算定不能とみるか, といった問題があり, 本判決は, これらの問題について一定の解答を示したものである（以上につき, 佐藤・後掲142頁, 村上・後掲458頁, 竹田・後掲442～443頁参照）。

2　上記(1)については1審から上告審まで財産権上の請求と解するが, (2)について, 1審は, 当時の4号訴訟が代位訴訟の形式をとることから, 債権者代位訴訟（民423）等と同様, 実体的な紛争利益の帰属主体（4号訴訟では地方公共団体）が受ける利益である請求金額をもって訴額算定の対象とする立場をとった。2審は, 住民訴訟が直接参政の一手段として地方財務会計の適正化を図る目的があることなどから, 紛争利益の終局的な帰属主体を全住民とみて訴額を算定不能とした。平成14年改正により, 4号訴訟は執行機関等に対する一種の義務付け訴訟的構成へと改められ, 非財産権上の請求に接近するものとされている（藤田・後掲255頁注(6)）。

◆参考文献◆

乙部哲郎・地方自治百選〔第3版〕152頁, 佐藤繁・最判解民事篇昭和53年度139頁, 竹田光広・行政百選Ⅱ〔第5版〕442頁, 藤田宙靖『行政組織法』[2005], 村上敬一・行政百選Ⅱ〔第3版〕458頁。

337 住民投票結果と異なる首長の判断——名護市住民投票条例事件

那覇地裁平成12年5月9日判決
（平成10年（ワ）第82号損害賠償請求事件）
判時1746号122頁，判タ1058号124頁

■事案■

沖縄県宜野湾市に所在する普天間基地は，米軍海兵隊の飛行場とされているところ，1996（平成8）年12月，日米両政府間において同基地返還の合意がなされ，その代替基地用地の候補として名護市東海岸地域のキャンプシュワブ沖が挙がった。名護市議会は，平成8年6月・11月，代替ヘリポート移設等に反対する議案等を全会一致で可決し，名護市市長であったY（被告）を実行委員長とする反対市民総決起大会が2度開催された。ところがその後Yが基地建設のための事前調査を受け入れるなどしたため，基地建設反対派の住民は危機感を抱き，基地建設を阻止すべく，基地建設の是非を問う住民投票条例を制定する活動に乗り出し，条例制定請求に必要な署名数を得た上で，Yに対し条例制定請求をした（自治74Ⅰ参照）。

Yは条例案の一部について修正意見を付した上で名護市議会に提出したところ（自治74Ⅲ参照），平成9年10月，Yの修正意見のとおりで条例を可決した。平成9年12月21日，条例に基づき住民投票が実施され，賛成の意思が計1万4267票，反対の意思が計1万6639票となった。ところがYは住民投票が行われた3日後の同年12月24日，内閣総理大臣Aと会談した際，Aに対し基地建設の受入れを表明し，会談終了後，「住民を賛成，反対に二分させた責任は重く受け止めている」と述べ，市長職を辞職する意向を示した。同年12月25日，Yは名護市内で会見を開き，基地建設受入れの決断の旨およびその理由等を内容とする声明文を読み上げ，基地建設受入れを表明し，これが苦渋の選択であった旨を強調した。

以上の経緯について，名護市住民等であるXら（原告）は，住民投票に法的拘束力があることを前提に，Yには住民投票の結果を受けて基地建設に反対しこれを容認しない決定をすべき義務があったにもかかわらず，本件条例に反して受入れを表明し，これにより基地のない環境で平穏に生活する権利や平和的生存権等が侵害されたとして，国家賠償法1条1項および民法709条に基づき，名護市（被告）およびYに対し慰謝料等の請求をした。

■争点■

住民投票条例に基づく住民投票の結果は，首長に対して法的拘束力を有するか。

■判旨■

請求棄却（確定）。

「本件条例は，住民投票の結果の扱いに関して，その3条2項において，『市長は，ヘリポート基地の建設予定地内外の私有地の売却，使用，賃貸その他ヘリポート基地の建設に関係する事務の執行に当たり，地方自治の本旨に基づき市民投票における有効投票の賛否いずれか過半数の意思を尊重するものとする。』と規定するに止まり（以下，右規定を『尊重義務規定』という。），市長が，ヘリポート基地の建設に関係する事務の執行に当たり，右有効投票の賛否いずれか過半数の意思に反する判断をした場合の措置等については何ら規定していない。そして，仮に，住民投票の結果に法的拘束力を肯定すると，間接民主制によって市政を執行しようとする現行法の制度原理と整合しない結果を招来することにもなりかねないのであるから，右の尊重義務規定に依拠して，市長に市民投票における有効投票の賛否いずれか過半数の意思に従うべき法的義務があるとまで解することはできず，右規定は，市長に対し，ヘリポート基地の建設に関係する事務の執行に当たり，本件住民投票の結果を参考とするよう要請しているにすぎないというべきである。」

■解説■

1　わが国の地方自治では，住民が自ら政治決定を行う直接民主制の一方式として，住民投票制度がしばしば用いられてきた。本件住民投票は，新潟県西蒲原郡巻町（当時）で原子力発電所設置の賛否が問われた「巻町における原子力発電所建設についての住民投票に関する条例」による住民投票（平成8年8月4日実施）と時期を同じくして実施され，注目を集めたものである（稲葉馨・法教195号2頁参照）。住民投票は，(1)憲法上のもの（一の地方公共団体に適用される特別法制定にかかる住民投票。憲95，自治261・262），(2)地方自治法上のもの（議会の解散請求，議員および長の解職請求における選挙人の投票。自治76Ⅲ・78・80Ⅲ・81Ⅱ・83），(3)地方公共団体の条例に基づくものがありうる。本件では，(3)について，特定の争点をめぐり住民の賛否を問う住民投票の法的拘束力が問題となった（以上につき武田真一郎・ひろば46巻6号25頁・26～28頁も参照）。

2　住民投票制度については，憲法・地方自治法が間接民主主義を地方行政の基本とし直接民主主義を例外的制度とするものとみて，その妥当性を疑問視する立場もあるが（原田尚彦『〔新版〕地方自治の法としくみ』[2005] 76頁），一般に，住民投票の結果を諮問的なものとする限りでは現行法上問題はないと解されており（塩野宏『行政法Ⅲ〔第3版〕』[2006] 198頁。なお佐藤憲法論562頁），本判決もこれに沿う判断をしている。学説では，「人民主権」論的立場から，憲法はじめ現行法上拘束的住民投票制を禁止・制限する規定がない限り，これを条例で設けることは可能とする立場や（杉原泰雄『地方自治の憲法論〔補訂版〕』[2008] 243～246頁），投票結果の「尊重」を求める条例であっても，首長が投票結果を尊重しない場合には説明義務が条例上課され，これに反した場合手続違反として，違法な公有財産処分の差止め等を求める住民訴訟で違法の評価を受けうるとするものなどがある（三辺夏雄・ジュリ1100号40頁・43頁）。ただし，このように一定の法的拘束力を承認する場合，首長の法律上の事務執行権限（自治147～149）を条例によって制約するという問題は残る（阿部・ジュリ後掲41～43頁参照）。

◆参考文献◆
赤坂正浩・法教212号8頁，秋田周・新潟大学法政理論31巻3号1頁，「特集・住民投票」ジュリ1103号所掲の座談会および辻村みよ子・阿部泰隆論文，大津浩・平成12年度重判解24頁，新村とわ・百選Ⅱ〔第5版〕462頁。

338 国地方係争処理委員会による係争処理

国地方係争処理委員会平成13年7月24日勧告
(平成13年国地係第1号地方公共団体に対する国の関与に関する審査申出事件)
判時1765号26頁、判タ1073号128頁

■事 案■

横浜市は、2000（平成12）年12月14日、法定外普通税として勝馬投票券発売税を新設する内容の横浜市市税条例の一部を改正する条例案を可決した。この税は、横浜市内の勝馬投票券発売所における勝馬投票券の発売に対し、当該勝馬投票券の発売を行う者に課されるもので、同市内の勝馬投票券の発売額から払戻金等に市内の発売割合を乗じて得た額を控除した額を課税標準とし、税率は100分の5であった。

横浜市は、平成12年12月21日、総務大臣に対し、地方税法669条に基づき、勝馬投票券発売税新設にかかる協議の申出を行ったところ、同大臣は平成13年3月30日に不同意とした（地税671参照）。横浜市長はこれを不服として、同年4月25日、国地方係争処理委員会に対し、総務大臣は地方税法671条に基づき同意すべきである旨の勧告を求める審査の申出を行った。

■争 点■

地方税法に基づく地方公共団体の協議の申出に対する国の同意は、いかなる性格を持つと考えるべきか。

■勧告要旨■

2週間以内に協議再開。

(i) 地方税法669条および671条に基づく同意制度（以下「本件同意制度」という）は、地方自治法上の関与の一つとして同法245条1号ニに定める同意であり、同法245条の2の規定に基づく関与の法定主義の原則に基づき、地方税法669条・671条で定められたが、「自治法第245条の3第4項では、同意制度を各個別法で設けるに際しては、国の施策と地方公共団体の施策との整合性を確保しなければこれらの施策の実施に著しく支障が生ずると認められる場合を除き、同意を要することとすることのないようにしなければならないとしているところ、本件同意制度もこの趣旨に従って整備されたものである」。「国の行政機関による地方公共団体に対する関与の一つである同意は、地方分権一括法による改正で新たに導入されたものであるが、国と地方公共団体とが相互に誠実に協議を行い、その結果一定の事項について双方の意思の合致としての同意を必要とする場合に、同意を要する協議制度が設けられたとされているところである」。

(ii) 「本件同意制度の制定の経緯、自治法上の同意制度の趣旨にかんがみると、……上述した同意を要する協議制度の趣旨と本質的に異なるところはないと考えられる。すなわち、協議の申出に係る法定外普通税の新設又は変更に関しては、総務大臣と市町村は対等の立場に立って、まずもって誠実に協議を行うことが前提とされている。その際、同意の要件の存否それ自体に関する情報の交換はもとより、課税の仕組み等についても話し合いがなされることが予定されていると解される。この点からすると、同意すべき場合であっても、国の経済施策の観点から、協議の過程で地方公共団体側に一定の譲歩を求めることも、同意を要する協議の内容の一つと解される。」

「『協議』とは、既に指摘したように、合意（又は同意）に向けて双方が意見を交換し、意見を異にする場合には、互いに相手方の意見を尊重することを前提に、しかるべき譲歩をしながら双方の意見の一致を見出す努力を重ねる過程をいうものと当委員会は考える。したがって、双方の意見に対立がある場合に、双方がそれぞれ自己の意見に固執し、双方の意見の一致を見出す努力を重ねないならば、その実は『協議』ではない。」「本件における協議は、互いに建前を貫こうとしたためか、真の意味での協議がなされたとは言い難い状況である。」

(iii) 「以上検討したとおり、当委員会は、勝馬投票券発売税の新設に関する横浜市からの協議の申出に対する総務大臣の不同意は、自治法及び地方税法で定める協議を尽くさずになされた点に瑕疵があるものと認め、総務大臣はその不同意を取り消し、平成12年12月21日付けの横浜市からの協議の申出について、同市と改めて協議をすることを勧告する」。改めて行われる協議においては、地方税法671条3号の消極事由の認定に当たり、国の経済施策に照らして重要な負の影響を及ぼすか否かという観点に限定して当該認定がなされるべきであるが、「この認定についての総務大臣の判断をより適切なものとするためには、横浜市も積極的に協議に臨む必要がある」。

■解 説■

1 いわゆる地方分権一括法（1999年）による地方自治法改正により、国＝地方公共団体および都道府県＝市町村との間の対等・協力を基本とする関係を構築すべく、関与等のルールの確立と公正・透明性の確保・向上等が図られた（松本英昭『新版逐条地方自治法〔第5次改訂版〕』[2009] 1007頁、人見・後掲28頁）。具体的には、関与の類型化（自治245各号）、法定主義（同245の2）、基本原則（同245の3）が示されている。国の関与をめぐる係争処理機関として設置されたのが、国地方係争処理委員会であり（同250の7以下）、本件は初の勧告例である。

2 普通地方公共団体の長等は、国による一定の関与について、それにかかる行為等に不服があるときまたは法令に基づく協議が調わないとき等においては、国地方係争処理委員会に審査の申出ができ（自治250の13）、同委員会は、審査を経て勧告等を行う（同250の14）。当該地方公共団体の長等は、同委員会の審査の結果等に不服があるとき等には、高等裁判所に対し、違法な国の関与の取消し等を求める訴えを提起できる（同251の5）。国の関与の一つである同意（同245①ニ）は、国と地方公共団体が相互に誠実に協議し、双方の意思の合致として同意を必要とする場合に、同意を要する協議として整理されたものと説明される（松本・前掲1014頁）。本勧告は、この趣旨に沿う論旨を述べている。

◆参考文献◆
岡村忠生・判評524（判時1791）号167頁、島田恵司・自治総研276号22頁、人見剛・ジュリ1214号28頁、村上裕章・地方自治百選〔第3版〕204頁、山元一・争点312頁。

339 地方公共団体の課税権(1)——大牟田市電気税訴訟

福岡地裁昭和55年6月5日判決
（昭和50年（ワ）第329号損害賠償請求事件）
訟月26巻9号1572頁，判時966号3頁

■事案■

X（大牟田市―原告）は，三池炭鉱を中心に関連産業の大工場群を擁する重化学工業都市であった。Y（国―被告）のなした昭和25年地方税法の全面改正により市町村の普通税となった電気ガス税（のち電気税とガス税に分離）は，石炭の生産等，一定の用途に供される電気またはガスの消費に対する課税について，国民経済等に与える影響を考慮し，非課税とした（地方税法489Ⅰ・Ⅱ〔当時〕）。

Xは1950（昭和25）年9月に大牟田市市税条例を制定し，電気ガス税（のち電気税とガス税）を徴収していたところ，地方税法に定める特定産業の産業用電気の消費に対する課税を行うことを禁止する上記立法によるYの非課税措置は，地方公共団体固有の課税権等を侵害し憲法92条に反し，また，本件非課税措置は実質的には特定企業の電力消費につき税負担を免除することに帰し14条1項に反するとして，地方税法の上記規定を立法しまたは改廃しなかった国会・内閣の違法行為により損害を被ったとして，国家賠償法1条1項に基づきYに対し損害賠償請求を求め，訴えを起こした。

■争点■

地方公共団体は憲法上課税権を有するか。有するとすれば，それはいかなる性格のものと解すべきか。

■判旨■

請求棄却。

憲法92条は，「憲法がその実現すべき理想の一つとして掲げる民主主義を徹底するために，地方公共団体に関する一般的な原則として，凡そ地方公共団体とされたものは，国から多少とも独立した地位を有し，その地域の公共事務はその住民の意思に基づいて自主的に行われるべきであるという政治理念を表明したものと解せられる。すなわち，地方公共団体の組織及び運営に関する事項を定める法律は，右の意味で地方公共団体の自治権を保障するものでなければならない。そして地方公共団体がその住民に対し，国から一応独立の統治権を有するものである以上，事務の遂行を実効あらしめるためには，その財政運営についてのいわゆる自主財政権ひいては財源確保の手段としての課税権もこれを憲法は認めているものというべきである。憲法はその94条で地方公共団体の自治権を具体化して定めているが，そこにいう『行政の執行』には租税の賦課，徴収をも含むものと解される。そこで例えば，地方公共団体の課税権を全く否定し又はこれに準ずる内容の法律は違憲無効たるを免れない」。

「しかし，憲法94条，基本的には92条によって認められる自治権がいかなる内容を有するかについては，憲法自体から窺い知ることはできない。そもそも憲法は地方自治の制度を制度として保障しているのであって，現に採られているあるいは採らるべき地方自治制を具体的に保障しているものではなく，現に地方公共団体とされた団体が有すべき自治権についても，憲法上は，その範囲は必ずしも分明とはいいがたく，その内容も一義的に定まっているといいがたいのであって，その具体化は憲法全体の精神に照らしたうえでの立法者の決定に委ねられているものと解せざるをえない。このことは，自治権の要素としての課税権の内容においても同断であり，憲法上地方公共団体に認められる課税権は，地方公共団体とされるもの一般に対し抽象的に認められた租税の賦課，徴収の権能であって，憲法は特定の地方公共団体に具体的税目についての課税権を認めたものではない。税源をどこに求めるか，ある税目を国税とするか地方税とするか，地方税とした場合に市町村税とするか都道府県税とするか，課税客体，課税標準，税率等の内容をいかに定めるか等については，憲法自体から結論を導き出すことはできず，その具体化は法律（ないしそれ以下の法令）の規定に待たざるをえない」。

地方自治法・地方税法の各規定からすれば，「電気ガス税という具体的税目についての課税権は，地方税法5条2項〔当時〕によって初めてXに認められるものであり，しかもそれは，同法に定められた内容のものとして与えられるものであって，Xは地方税法の規定が許容する限度においてのみ，条例を定めその住民に対し電気ガス税を賦課徴収しうるにすぎないのである」。

■解説■

1　地方自治保障の性格については，固有権説（新固有権説），承認説，制度的保障説などが説かれたが，制度的保障説が広く支持されてきた（杉原・後掲124頁，成田①・後掲244頁）。この立場からは，憲法92条・94条には，地方自治行政の自主的運営を裏付けるため，自己財源の確保・予算制度・課税権・自主的財政運営等を内容とする財政高権が含まれ，地方公共団体の課税権の否定や自主財源持出しの強要等は，財政高権の核心を侵すものとされていた（成田②・後掲299頁）。本判決は，「行政の執行」（94）は課税権を含み，その否定は許されないとした点で，この立場に接近する。

2　憲法上課税権を肯定しても，地方団体が具体的に決定しうる財源（税目）の範囲が問題となる。学説では，地方税法を準則法と解し，法律で地方税を一義的に規定しつくすことへの疑問もある（金子・後掲88頁）。もっとも，国と地方団体の課税権の具体的限界を見出すことには困難も伴い，本判決がこの点で立法裁量を肯定するのも，一応の理由はあるように思われる（中里・後掲445頁参照）。なお本件は，立法行為の国賠請求の可否等，訴訟法上の論点も含む（棟居・後掲140頁）。

◆**参考文献**◆
碓井光明・地方自治百選〔第3版〕8頁，鴨野幸雄・昭和55年度重判解24頁，北野弘久『新財政法学・自治体財政権』〔1977〕第2篇1・2章，中里実・百選Ⅱ〔第4版〕444頁，棟居快行・ジュリ755号137頁，橋本博之・租税百選〔第4版〕19頁．奥平康弘＝杉原泰雄編『憲法学 6』〔1977〕（杉原泰雄），成田頼明①・争点〔新版〕244頁，『日本国憲法体系 第5巻』（宮沢俊義先生還暦記念）〔1964〕135頁（成田②），金子宏『租税法〔第16版〕』〔2011〕．

340 地方公共団体の課税権(2)
——東京都銀行税事件

東京高裁平成 15 年 1 月 30 日判決
（平成 14 年（行コ）第 94 号・第 245〜261 号東京都外形標準課税条例無効確認等請求控訴事件）
東高民時報 54 巻 1〜12 号 1 頁，判時 1814 号 44 頁

■事　案■

Y_1（東京都—被告・被控訴人＝控訴人）は，2000（平成 12）年 4 月 1 日に，「東京都における銀行業等に対する事業税の課税標準等の特例に関する条例」（以下「本件条例」という）を制定した。本件条例は，各事業年度の終了の日における資金の量が 5 兆円以上である銀行業等を行う法人に対し，制定日から 5 年以内に開始する各事業年度の法人事業税について，課税標準を業務粗利益等とし，税率を原則として 3 パーセントとして課税するものである。

銀行業等を営む X ら（原告・控訴人＝被控訴人）は，本件条例は憲法 94 条，14 条 1 項，13 条または 31 条（適正手続），および地方税法 72 条の 19（事業税の課税標準の特例〔当時。以下同じ。現行 72 の 24 の 4 参照〕），72 条の 22 第 9 項（72 条の 19 による税率は同条項に掲げる負担と「著しく均衡を失する」ことのないよう求める規定。現行 72 の 24 の 7 Ⅷ参照）等に反し無効であるとして，次の訴えを提起した。(1) Y_1・Y_2（東京都知事—被告・被控訴人）に対する本件条例の無効確認，(2) Y_2 に対する本件条例に基づく更正処分・決定処分の差止め，(3) Y_1 に対し本件条例に基づく租税債務不存在確認，(4) X らが平成 12 事業年度分につき留保文言を付した上で本件条例による事業税額を納付したことから，Y_1 に対し，同事業税額の誤納金還付等の支払，(5) Y_1 に対し，本条例制定に関する一連の行為等が違法であるとする国家賠償請求等である。

1 審（東京地判平 14・3・26 判時 1787 号 42 頁）は，(1)〜(3)は却下したが，(4)について，本件条例が地方税法 72 条の 19 に反し無効であるとして誤納金還付請求を認め，(5)も認容した。X らおよび Y_1 が控訴したが（X らは平成 13 事業年度分として納付した事業税額の誤納金還付支払請求等の訴え等を併合提起した），2 審は次のように判示し，本件条例の無効確認請求等は不適法であるとしつつ，本件条例は，地方税法 72 条の 22 第 9 項に反し無効であるとして，誤納金還付請求を認めた（国家賠償請求は排斥）。Y_1 が上告したが，平成 15 年に和解が成立した。

■争　点■

地方公共団体の課税権は，地方税法上いかなる制約が課されるか。

■判　旨■

原判決一部変更，一部訴え却下，X らの控訴棄却。

「地方税法 72 条の 19 は，原則的な課税標準である『所得』を課税標準として課税すると適当でないと考えられる場合に，『所得』以外の適当な外形基準による課税（外形標準課税）を，地方公共団体の裁量によって行うことを認める趣旨の規定であると解するのが相当である」。地方税法 72 条の 19 にいう「事業の情況に応じ」の解釈運用にあたっては，「原則として，地方公共団体の合理的な裁量にゆだねられていると認められるところである」。が，同条項による立法裁量権行使は，全くの自由裁量に委ねられると解することはできない。地方税法中立法裁量権行使の制約原理として機能するのが期待されるのは，「地方税法 72 条の 22 第 9 項のいわゆる『均衡要件』であると解される。すなわち，同項は，外形標準課税の税率決定に，その外形標準課税による税負担が所得を課税標準とする場合の税負担と著しく均衡を失することのないように定めるべきものとしているのである」。「以上によれば，地方税法は，一方で，原則的課税標準を『所得』としてその税率をも法定し，他方で，地方公共団体に対し，『事業の情況』という解釈に幅のある表現で外形標準課税を導入できるようにするとともに，均衡要件により，原則的課税標準及び税率による税負担と，著しく均衡を失しないように定めるべきことを求めているものということができる」。

本件条例制定にかかる Y_1 の裁量判断は，地方税法 72 条の 19 において許容される範囲内のものであると認められるが，「地方税法 72 条の 19 に基づき導入した外形標準課税が同法 72 条の 22 第 9 項の均衡要件を満たすことについては，外形標準課税を導入する条例を制定した地方公共団体側において，客観的な資料に基づき積極的に証明すべき責任があるところ，以上を総合勘案すると，本件条例による税負担が，『所得』を課税標準とした場合の税負担と，『著しく均衡を失することのないよう』なものであることを認めるに足りる証拠はなく，Y_1 は，本件条例が均衡要件を満たすことの証明ができていないことになる。したがって，本件条例は，地方税法 72 条の 22 第 9 項の均衡要件を満たしていると認めることはできない」。

■解　説■

1　本件当時の地方税法は，法人事業税について，電気・ガス供給業等や信託業以外の事業は各事業年度の所得等を課税標準としていたが（72 の 12），電気・ガス供給業，生命保険業，損害保険業以外の法人等の行う事業税の課税標準は，事業の状況に応じ，資本金額・売上金額・家屋の床面積もしくは価格等を課税標準とすることなどができるとされていた（72 の 19。外形標準課税）。本件条例はこれに基づき，法人の銀行業等に対する事業税の課税標準の特例を定めたものである。なお平成 15 年改正により，資本金 1 億円超の法人事業税につき，所得に外形標準の要素を加えた改正が行われている（現行地税 72 の 2 Ⅰ①イ等。本件条例も平成 16 年 4 月失効）。

2　本件では，条例制定の裁量権につき，(a)課税標準（当時の 72 条の 19）にかかる裁量と，(b)租税負担にかかる裁量（当時の 72 の 22 Ⅸ。「均衡要件」）をめぐって問題となり，1 審は(a)の点で，2 審は(b)の点で本件条例を違法とした（岩崎・後掲 119 頁）。いずれも，条例の地方税法適合性につき，他領域に比べ綿密な司法審査を行っている（須賀・後掲 461 頁）。

◆参考文献◆

「特集・東京都外形標準課税条例」ジュリ 1181 号 2 頁，岩崎政明・ジュリ 1245 号 118 頁，須賀博志・百選Ⅱ〔第 5 版〕460 頁，高橋滋・租税百選〔第 4 版〕18 頁，玉国文敏・地方自治百選〔第 3 版〕10 頁，藤田尚則・平成 15 年度重判解 26 頁。

341 条例による地域取扱いの差異

最高裁昭和33年10月15日大法廷判決
(昭和29年(あ)第267号売春等取締条例違反被告事件)
刑集12巻14号3305頁

■事案■

X（被告人・上告人）は、東京都品川区において料亭を経営していたものであるが、同所において、女中らをして不特定の客を相手に売春せしめ、その報酬の一部を自己において取得し、もって売春をさせる目的で女子を自己の管理下においたものとして、東京都の売春等取締条例4条等違反で逮捕・起訴された。

1審（大森簡判昭28・8・3刑集12巻14号3311頁参照）はXを罰金2万円に処し、2審（東京高判昭28・11・30前掲刑集3312頁参照）も控訴を棄却したため、Xは、同じく日本国民でありながら居住地によって売春の一般的取締りが異なるようでは憲法の平等の精神に反し、売春取締りのような国民一般の問題を都県条例のごときに任せ刑罰規定を定めさせるのは憲法違反である、などとして上告した。

■争点■

地方公共団体が売春の取締りについて各別に条例を制定することは、憲法14条に反しないか。

■判旨■

上告棄却（下飯坂潤夫・奥野健一裁判官の補足意見がある）。

(i)「社会生活の法的規律は通常、全国にわたり画一的な効力をもつ法律によってなされているけれども、中には各地方の特殊性に応じその実情に即して規律するためにこれを各地方公共団体の自治に委ねる方が一層合目的的なものもあり、またときにはいずれの方法によって規律しても差支えないものもある。これすなわち憲法94条が、地方公共団体は『法律の範囲内で条例を制定することができる』と定めている所以である。……本件東京都売春等取締条例は前記憲法94条並に地方自治法の諸条規に基いて制定されたものである。（同条例は、昭和31年法律118号売春防止法附則4項、1項但書により昭和33年4月1日効力を失ったが、同法附則5項により、その失効前にした違反行為の処罰については、その失効後も、なお従前の規定によることとなっている。）」

(ii)「論旨……は、売春取締に関する罰則を条例で定めては、地域によって取扱に差別を生ずるが故に、憲法の掲げる平等の原則に反するとの趣旨を主張するものと解される。しかし憲法が各地方公共団体の条例制定権を認める以上、地域によって差別を生ずることは当然に予期されることであるから、かかる差別は憲法みずから容認するところであると解すべきである。それ故、地方公共団体が売春の取締について各別に条例を制定する結果、その取扱に差別を生ずることがあっても、所論のように地域差の故をもって違憲ということはできない。」

下飯坂・奥野補足意見
「憲法が各地方公共団体に、条例制定権を認めているからといって、当然に、各条例相互間に憲法14条の原則を破る結果を生ずることまでも、憲法が是認しているものと解すべきではなく、各条例が各地域の特殊な地方の実情その他の合理的根拠に基いて制定され、その結果生じた各条例相互間の差異が、合理的なものとして是認せられて始めて、合憲と判断すべきものと考える。」

■解説■

1　本判決は、憲法が条例制定権を認める以上、刑の種類やその高低が各地方公共団体間で画一的ではなくなることは憲法（および地方自治法）の予期するところであるとみて（吉川・後掲676頁。判旨(ii)）、Xの主張を排斥した。もっとも本判決は、本書344事件（最大判昭37・5・30）同様、売春防止法（昭31法118）制定前の事案であり（判旨(i)中のかっこ書部分参照）、この点をふまえると、本件で問題とされた売春取締りといった事務が、地域的に差異の伴う地方公共団体の制定する条例の対象に適しているかが問題となりうる。当時、売春取締関係では、性病予防法（性病にかかる者の売淫行為等の禁止。同26・27）、職業安定法（売春目的で職業紹介等を行うことの禁止。同63）、児童福祉法（児童に淫行をさせる行為の禁止。同60・34Ⅰ⑥）、さらに、「婦女に売淫させた者等の処罰に関する勅令」（昭22勅令9）等による規制があり、これらの範囲を超え、売淫・売春そのものの取締条例を制定することが許されるかは一つの問題であった。当時の地方自治法では刑罰事務が国の専属とされていたことなどから、地方公共団体が刑罰で地域により差のある禁止行為を規定することを条例で許容するのは、憲法94条の「法律の範囲」との関係で疑問視する立場もあった（以上、司波・後掲140〜143頁）。この点は、青少年保護育成条例等の文脈で、今日でも問題となりうるものである（安西・後掲73頁も参照）。

2　本判決がやや形式論的に条例による地域的差異を肯定するのに対し、下飯坂・奥野補足意見は、(1)各条例が各地の特殊な地方の実情等による合理的根拠に基づいて制定されるものであって、(2)その結果生じた条例相互間の差異が合理的なものとして是認されるか、を問題にする（司波・後掲143〜144頁参照）。学説では、この点について、条例相互による別異扱いは、平等侵害の問題としてではなく、自由に対する過度の侵害の有無といった観点から検討する余地がありうることも指摘されている（安西・後掲73頁）。

◆参考文献◆
酒井吉栄・百選Ⅰ〔第2版〕58頁、司波實・警察研究32巻1号137頁、安西文雄・百選Ⅰ〔第5版〕72頁、吉川由己夫・最判解刑事篇昭和33年度669頁。

342 条例制定権の範囲
——徳島市公安条例事件

最高裁昭和50年9月10日大法廷判決
（昭和48年（あ）第910号集団行進及び集団示威運動に関する徳島市条例違反，道路交通法違反被告事件）
刑集29巻8号489頁，判時787号22頁

■事案■

Y（被告人）は，日本労働組合総評議会の専従職員兼徳島県反戦青年委員会の幹事であるところ，1968（昭和43）年12月10日，同委員会主催による徳島市内を通る集団示威行進に青年・学生ら約300名とともに参加した。

Yは，集団示威行進の先頭集団数十名が，車道上において蛇行進を行い交通秩序の維持に反する行為をした際，Y自らも蛇行進をしたり，先頭列外付近に位置して所携の笛を吹き，あるいは両手を上げて前後に振り，集団行進者に蛇行進をさせるよう刺激を与え，もって集団行進者が交通秩序の維持に反する行為をするようせん動し，かつ，集団示威行進に対し，道路交通法77条3項に基づく所轄警察署長の与えた道路使用許可に付された条件（「だ行進をするなど交通秩序を乱すおそれがある行為をしないこと」）に違反したとして，このうちYが「自らも蛇行進をした」点が道路交通法77条3項・119条1項13号に該当し，「交通秩序の維持に反する行為をするようせん動した」点が「集団行進および集団示威運動に関する条例」（昭27徳島市条例3。以下「本件条例」という）3条3号・5条に該当するとして起訴された。

1審（徳島地判昭47・4・20判タ278号287頁）は，集団行進等を行う者が遵守すべき事項として本件条例3条3号が掲げる「交通秩序を維持すること」との規定について，少なくとも道路すなわち一般交通の用に供する場所における集団行動に関する限り，これは道路交通法77条の規制と全く同一内容の行為を規制し，しかも同法条とは別異のより重い処罰規定等を設けたものといわざるを得ず，検察官の解釈では，法律と条例の優先関係からして，本件条例3条3号は地方自治法14条1項に反し，憲法94条の条例制定権の範囲外の立法としてその形式的効力がないこととなり，同条項は，処罰されるべき犯罪構成要件の内容として合理的解釈により確定できる程度の明確性を備えているとはいえず，憲法31条に反し，本件条例違反の訴因については罪とならないとした。2審（高松高判昭48・2・19刑集29巻8号570頁参照）も控訴を棄却したため，検察官が上告した。

■争点■

法律と地方公共団体が制定する条例との効力関係は，どのように解されるべきか。

■判旨■

破棄自判（小川信雄・坂本吉勝裁判官の補足意見および岸盛一・団藤重光裁判官による各補足意見，髙辻正己裁判官の意見がある）。

(i)「本件1, 2審判決は，憲法94条，地方自治法14条1項により，地方公共団体の条例は国の法令に違反することができないから，本条例3条3号の『交通秩序を維持すること』とは道路交通法77条3項の道路使用許可条件の対象とされる行為を除くものでなければならないという限定を付したうえ，本条例5条の罰則の犯罪構成要件の内容となる本条例3条3号の規定の明確性の有無につき判断しているのであるが，まず，このような限定を加える必要があるかどうかを検討する。」

「道路交通法は，前述のとおり，道路における危険を防止し，その他交通の安全と円滑を図ること等，道路交通秩序の維持を目的として制定されたものであり，同法77条3項による所轄警察署長の許可条件の付与もかかる目的のためにされるものであることは，多言を要しない。」

「これに対し，本条例の対象は，道路その他公共の場所における集団行進及び場所のいかんを問わない集団示威運動であって，学生，生徒その他の遠足，修学旅行，体育競技，及び通常の冠婚葬祭等の慣例による行事を除くものである。」

「このような集団行動は，通常，一般大衆又は当局に訴えようとする政治，経済，労働問題，世界観等に関する思想，主張等の表現を含むものであり，表現の自由として憲法上保障されるべき要素を有するのであるが，他面，それは，単なる言論，出版等によるものと異なり，多数人の身体的行動を伴うものであって，多数人の集合体の力，つまり潜在する一種の物理的力によって支持されていることを特徴とし，したがって，それが秩序正しく平穏に行われない場合にこれを放置するときは，地域住民又は潜在者の利益を害するばかりでなく，地域の平穏をさえ害するに至るおそれがあるから，本条例は，このような不測の事態にあらかじめ備え，かつ，集団行動を行う者の利益とこれに対立する社会的諸利益との調和を図るため，1条において集団行進等につき事前の届出を必要とするとともに，3条において集団行進等を行う者が遵守すべき事項を定め，5条において遵守事項に違反した集団行進等の主催者，指導者又はせん動者に対し罰則を定め，もって地方公共の安寧と秩序の維持を図っているのである。」

「このように，道路交通法は道路交通秩序の維持を目的とするのに対し，本条例は道路交通秩序の維持にとどまらず，地方公共の安寧と秩序の維持という，より広はん，かつ，総合的な目的を有するのであるから，両者はその規制の目的を全く同じくするものとはいえないのである。」

(ii) もっとも，地方公共の安寧と秩序の維持という概念は広いものであり，道路交通法の目的である道路交通秩序の維持をも内包するものであるから，本条例3条3号の遵守事項が単純な交通秩序違反行為をも対象としているものとすれば，道路交通法による警察署長の道路使用許可条件と，部分的には共通しうる。「しかし，そのことから直ちに，本条例3条3号の規定が国の法令である道路交通法に違反するという結論を導くことはできない。」

「すなわち，地方自治法14条1項は，普通地方公共団体は法令に違反しない限りにおいて同法2条2項の事務に関し条例を制定することができる，と規定しているから，普通地方公共団体の制定する条例が国の法令に違反する場合には効力を有しないことは明らかである

が，条例が国の法令に違反するかどうかは，両者の対象事項と規定文言を対比するのみでなく，それぞれの趣旨，目的，内容及び効果を比較し，両者の間に矛盾牴触があるかどうかによってこれを決しなければならない。例えば，〔A〕ある事項について国の法令中にこれを規律する明文の規定がない場合でも，当該法令全体からみて，右規定の欠如が特に当該事項についていかなる規制をも施すことなく放置すべきものとする趣旨であると解されるときは，これについて規律を設ける条例の規定は国の法令に違反することとなりうるし，逆に，〔B〕特定事項についてこれを規律する国の法令と条例とが併存する場合でも，〔B〕-1 後者が前者とは別の目的に基づく規律を意図するものであり，その適用によって前者の規定の意図する目的と効果をなんら阻害することがないときや，〔B〕-2 両者が同一の目的に出たものであっても，国の法令が必ずしもその規定によって全国的に一律に同一内容の規制を施す趣旨ではなく，それぞれの普通地方公共団体において，その地方の実情に応じて，別段の規制を施すことを容認する趣旨であると解されるときは，国の法令と条例との間にはなんらの矛盾牴触はなく，条例が国の法令に違反する問題は生じえないのである。」

(iii) 「これを道路交通法77条及びこれに基づく徳島県道路交通施行細則と本条例についてみると，徳島市内の道路における集団行進等について，道路交通秩序維持のための行為規制を施している部分に関する限りは，両者の規律が併存競合していることは，これを否定することができない。しかしながら，道路交通法77条1項4号は，同号に定める通行の形態又は方法による道路の特別使用行為等を警察署長の許可によって個別的に解除されるべき一般的禁止事項とするかどうかにつき，各公安委員会が当該普通地方公共団体における道路又は交通の状況に応じてその裁量により決定するところにゆだね，これを全国的に一律に定めることを避けているのであって，このような態度から推すときは，右規定は，その対象となる道路の特別使用行為等につき，各普通地方公共団体が，条例により地方公共の安寧と秩序の維持のための規制を施すにあたり，その一環として，これらの行為に対し，道路交通法による規制とは別個に，交通秩序の維持の見地から一定の規制を施すこと自体を排斥する趣旨まで含むものとは考えられず，各公安委員会は，このような規制を施した条例が存在する場合には，これを勘案して，右の行為に対し道路交通法の前記規定に基づく規制を施すかどうか，また，いかなる内容の規制を施すかを決定することができるものと解するのが，相当である。そうすると，道路における集団行進等に対する道路交通秩序維持のための具体的規制が，道路交通法77条及びこれに基づく公安委員会規則と条例の双方において重複して施されている場合においても，両者の内容に矛盾牴触するところがなく，条例における重複規制がそれ自体としての特別の意義と効果を有し，かつ，その合理性が肯定される場合には，道路交通法による規制は，このような条例による規制を否定，排除する趣旨ではなく，条例の規制の及ばない範囲においてのみ適用される趣旨のものと解するのが相当であり，したがって，右条例をもって道路交通法に違反するものとすることはでき

ない。」

右の次第であって，本条例3条3号・5条は，道路交通法77条1項4号・3項，119条1項13号等に違反するものということはできず，本条例3条3号の事項についても，「道路交通法との関係からこれに限定を加える必要はないものというべく，したがって，この点に関する原判決の見解は，これを是認することができない」。

■ 解 説 ■

1 本件では集団示威運動規制や刑罰法規の明確性が問題となるが（177事件〔本件と同一事件〕の解説参照），ここでは法律と条例の関係を検討しよう。1・2審は，本件条例の「交通秩序を維持すること」とは道路交通法（以下「道交法」という）上の道路使用許可条件の対象となる行為を除くものでなければならないと限定したことから，本判決はその限定が必要かどうかをまず検討した（判旨(i)）。それによれば，道交法は道路交通秩序の維持を目的とし，一方，本件条例は地方公共の安寧と秩序の維持というより広範・総合的な目的を有する点で，両者は規制目的を異にするが，本件条例は前者の目的をも内包するものであるから，両者の目的に一部共通する点がある（判旨(ii)）。国の法令に反する条例は無効となるから（憲94，地自14 I），ここにおいて本件条例の道交法適合性が問題とされ，より一般的には，いかなる場合に条例が国の法令に違反するかが問題となる（小田・後掲180〜182頁）。

2 学説では，(1)憲法上，法律によっても規制しえない基本的人権や法律でのみ規制しうる事項は条例による規制はできず，(2)国の法令による規制と同一の対象について，条例によって同一の趣旨・目的で規制することはできない，(3)国の法令による明確な規制はないが，法令全体の趣旨・建前から法令の先占領域とされる場合，条例で規制できない，と説くものがあった（田中・後掲457〜458頁。成田・後掲213〜216頁も参照）。本判決は，判旨(ii)の(A)・(B)のような枠組みを示しつつ，本件条例と道交法の関係について，道路交通秩序維持規制の部分で両者は競合するが，道交法77条1項4号はその規制対象を公安委員会による裁量に委ねる点で，道交法による全国一律規制の趣旨に出るものではないとみた（(B)-2。高田・後掲118頁。道交法の立法事実につき小田・後掲184頁参照）。本判決の意義として，単純な法律先占論を排し，上乗せ条例の許容性に関する判断枠組みを示した点が指摘されるが（山下・後掲59頁），規制事項の性格や問題となる人権にも留意すべきことや，上乗せ許容論としての射程についても議論がある（山下・後掲59頁，廣澤・後掲467頁）。また，条例自体の意義・効果，合理性等も適法性の考慮要素とされている点にも注意が必要である（廣澤・後掲467頁。条例の合理性につき福岡高判昭58・3・7行集34巻3号394頁参照）。

◆ 参考文献 ◆

小田健司・最判解刑事篇昭和50年度156頁，木村草太・百選II〔第5版〕484頁，高田敏・行政百選I 116頁，廣澤民生・百選II〔第4版〕466頁，矢口俊昭・ジュリ800号74頁，山下淳・地方自治百選〔第3版〕58頁，田中二郎・法協80巻4号439頁，清宮四郎＝佐藤功編『憲法講座 第4巻』[1964] 193頁（成田頼明）。

343 河川管理条例の河川法適合性

最高裁昭和53年12月21日第一小法廷判決
（昭和53年（行ツ）第35号工作物除却命令無効確認請求事件）
民集32巻9号1723頁，判時918号56頁

■ 事案 ■

X（原告・控訴人・上告人）は，高知市内を流れる普通河川たる本件河川付近に居住する者であるが，その居住する土地と本件河川の間に，幅員約0.6メートル，長さ約21メートルの東西に細長い土地があった（以下「本件土地」という）。以前は本件土地に通行人はなかったが，付近に児童遊園地やスーパーマーケットが建設され，通行人が増え，中にはX方家屋を覗いたり，侵入しようとする者まで生じた。このためXは，一般人が本件土地を通行できないようにするため，本件土地の東側と西側の両端に，本件工作物たる木塀を設置した。

これに対し，Y（高知市長──被告・被控訴人・被上告人）は，本件工作物設置が高知市普通河川等管理条例（以下「本件条例」という）に違反するとして，本件工作物を除却せよとの工作物除却命令（以下「本件命令」という）を発した。

Xは本件命令の無効確認を求めて提訴したが，1審（高知地判昭50・12・25民集32巻9号1732頁参照）・2審（高松高判昭52・12・21前掲民集1738頁参照）いずれもXの請求を棄却したため，Xは上告した。Xは，2審判決は本件土地が本件条例にいう「護岸」であり河川管理施設に該当するからYの管理下にある旨判断したところ，河川法では，河川管理者以外の者が設置した施設については，河川管理者が権原に基づき当該施設を管理する者の同意を得たものに限り河川管理施設となし得る旨規定しており（河3Ⅱ但書），その趣旨は本件条例にも及ぶのであって，本件護岸の設置者が河川管理者以外の者であれば，いついかなる方法で同意が得られたかを明白にせずに河川管理施設の該当性は判断できず，この点で理由不備の違法がある，などと主張した。

■ 争点 ■

普通河川の管理について定める地方公共団体の条例と河川法との関係は，どのように解されるべきか。

■ 判旨 ■

破棄差戻し。

憲法94条，地方自治法14条1項は，「条例制定権の根拠であるとともに，その範囲と限界を定めたものである。したがって，普通地方公共団体は，法令の明文の規定又はその趣旨に反する条例を制定することは許されず，そのような法令の明文の規定又はその趣旨に反する条例は，たとえ制定されても，条例としての効力を有しないものといわなければならない」。

「河川の管理について一般的な定めをした法律として河川法が存在すること，しかも，同法の適用も準用もない普通河川であっても，同法の定めるところと同程度の河川管理を行う必要が生じたときは，いつでも適用河川又は準用河川として指定することにより同法の適用又は準用の対象とする途が開かれていることにかんがみると，河川法は，普通河川については，適用河川又は準用河川に対する管理以上に強力な河川管理は施さない趣旨であると解されるから，普通地方公共団体が条例をもって普通河川の管理に関する定めをするについても……，河川法が適用河川等について定めるところ以上に強力な河川管理の定めをすることは，同法に違反し，許されないものといわなければならない。」

「河川法3条は，同法による河川管理の対象となる『河川』に含まれる堤防，護岸等の『河川管理施設』は，それが河川管理者以外の者の設置したものであるときは，当該施設を『河川管理施設』とすることについて，河川管理者が権原に基づき当該施設を管理する者の同意を得たものに限るものとしている。これは，河川管理者以外の者が設置した施設をそれが『河川管理施設』としての実体を備えているということだけで直ちに一方的に河川管理権に服せしめ，右施設を権原に基づき管理している者の権利を制限することは，財産権を保障した憲法29条との関係で問題があることを考慮したことによるものと解される。このような河川法の規定及び趣旨に照らして考えれば，普通地方公共団体が，条例により，普通河川につき河川管理者以外の者が設置した堤防，護岸等の施設をその設置者等権原に基づき当該施設を管理する者の同意の有無にかかわらず河川管理権に服せしめることは，同法に違反し，許されないものといわざるをえない。」

■ 解説 ■

1　当時の河川法は，河川又はこれと同様の水流・水路等について，公共性の強弱の度合い（国土保全や国民経済との関連の度合い等）に応じ，国土交通大臣が指定する一級河川と，都道府県知事が指定する二級河川とに種別し（現行4Ⅰ・5Ⅰ参照），これらについては同法が全面的に適用される（適用河川）。上記以外で市町村長が指定する普通河川は二級河川にかかる規定が準用されるが（現行100Ⅰ参照），これら以外の普通河川については同法の規定はなく，本件ではこの普通河川をめぐり問題となった（はやし・後掲56〜57頁。平成11年地方分権一括法による河川法改正について市橋・後掲61頁参照）。

2　徳島市公安条例事件（本書342事件〔最大判昭50・9・10〕）の枠組みは，法律と条例が同一の目的であっても，法律が全国一律の規制を施す趣旨でないときは，条例による別段の規制を容認していたが，本判決は，普通河川については河川法による規制が上限とみて，その限りにおいて一律の規制を課すものと解した。学説では，私有河川管理施設が多くその設置者の同意を得ることが困難な場合でも地方公共団体は河川法3条に沿う条例を制定すべきとすることは，「不可能なことを要求するに近い」との批判（村上・後掲541〜545頁）や，地域特性への配慮に欠ける硬直的判断との指摘もある（原田・後掲43頁）。

◆ 参考文献 ◆

市橋克哉・地方自治百選〔第3版〕60頁，石井健吾・最判解民事篇昭和53年度617頁，原田尚彦・地方自治百選〔第2版〕42頁，はやし・しうぞう・時の法令1040号56頁，芝池義一・昭和54年度重判解36頁，村上義弘・民商81巻4号533頁。

344 条例による罰則

最高裁昭和37年5月30日大法廷判決
（昭和31年（あ）第4289号大阪市条例第68号違反被告事件）
刑集16巻5号577頁、判時303号2頁

■事案■

Y（被告人・上告人）は、売春の目的で、昭和31年2月、大阪市天王寺区内の公園球場西側路上で通行中の訴外Aを誘ったとして、大阪市条例（街路等における売春勧誘行為等の取締条例）違反の罪で逮捕・起訴された。Yは、地方自治法14条5項（現3項）は授権事項を特定せず、罰則制定権の委任に関する限り無効であって本件条例も無効であること、本件条例が売春勧誘行為につき罰則を定めるのは国の事務について条例を定めたこととなり地方自治法14条に反し無効である（本件行為時に売春防止法〔昭31法118〕は未制定であった）などとして、無罪を主張した。
1審（大阪簡判昭31・3・15刑集16巻5号601頁参照）・2審（大阪高判昭31・10・18前掲刑集605頁参照）ともにその主張を排斥したため、Yは上告した。

■争点■

地方公共団体が条例によって罰則を設けることは、憲法上許されるか。

■判旨■

上告棄却（入江俊郎、垂水克己〔藤田八郎同調〕、奥野健一裁判官の各補足意見がある）。

「地方公共団体の制定する条例は、憲法が特に民主主義政治組織の欠くべからざる構成として保障する地方自治の本旨に基づき（同92条）、直接憲法94条により法律の範囲内において制定する権能を認められた自治立法に外ならない。従って条例を制定する権能もその効力も法律の認める範囲を越えることはできないけれども、法律の範囲内にあるかぎり、条例はその効力を有するものといわなければならない」。

Xは、地方自治法14条1項・5項（当時）の授権の範囲が不特定・抽象的で、いかなる事項でも条例で罰則を付することができ、憲法31条に反すると主張するが、「憲法31条はかならずしも刑罰がすべて法律そのもので定められなければならないとするものでなく、法律の授権によってそれ以下の法令によって定めることもできると解すべきで、このことは憲法73条6号但書によっても明らかである。ただ、法律の授権が不特定な一般的の白紙委任的なものであってはならないことは、いうまでもない」。地方自治法所定の事務は具体的な内容のものであり、14条5項による罰則の範囲も限定されている。

「しかも、条例は、法律以下の法令といっても、上述のように、公選の議員をもって組織する地方公共団体の議会の議決を経て制定される自治立法であって、行政府の制定する命令等とは性質を異にし、むしろ国民の公選した議員をもって組織する国会の議決を経て制定される法律に類するものであるから、条例によって刑罰を定める場合には、法律の授権が相当な程度に具体的であり、限定されておればたりると解するのが正当である」。地方自治法のように相当に具体的な内容の事項につき、同法14条5項のように限定された刑罰の範囲内において、条例をもって罰則を定めることができるとしたのは、憲法31条の意味において法律の定める手続によって刑罰を科するものということができ、同条違反とはいえない。

■解説■

1 現行地方自治法14条3項は、2年以下の懲役・禁錮や100万円以下の罰金等の刑罰を条例で科すことができると定めるが、この条例の罰則規定が憲法31条に反しないか。これについてはいくつかの立場がありうる（園部・後掲206～207頁等参照）。

2 (1)まず、条例を一種の命令として扱い、法律と条例との関係を立法の委任の問題として論じるものがある。本判決多数意見は、憲法31条が法律による委任を許容することを前提に、地方自治法（当時）上の行政事務事項（「風俗のじゅん化」等）が相当に具体的内容を持ち、罰則の範囲も限定され、議会による自治立法で法律に類するものであることなどから、条例による罰則制定は、法律の授権が相当程度に具体的で限定されていれば足りるという。入江補足意見はさらに、条例が民主的な自主立法である点などにおいて、政令に対する委任よりも緩やかなものでよい、としていた。また、(2)条例は、住民代表機関たる議会が制定する点で、憲法73条6号但書の求める個別的委任を要せず、条例による刑罰を一般的に委任する地方自治法14条5項（現3項）は憲法31条に反しない、とみる立場がある（奥野補足意見）。以上と異なり、(3)条例制定権が直接憲法から付与されたことを前提に論ずるものがある。すなわち、刑罰法規は国会による法律でなければならないが、憲法は、条例による罰則制定を、94条で「法律の範囲内」という制限付きで例外的に認めており（条例制定権は94条が直接付与する）、地方自治法14条5項（現3項）は、「法律の範囲内」という条例制定の制限を一般的・包括的に設定したものと解する（垂水・藤田補足意見。また佐藤憲法論566頁参照）。

3 平成11年の地方自治法改正により自治体事務の具体的例示が存しなくなった（現1の2・2等参照）。判旨はこの具体的事務の列挙をもとに授権が相当な程度に具体的であるとしていたが、この点は、今日では再検討の必要性が指摘される（西浦・後掲489頁、長谷部・後掲55頁参照）。

◆参考文献◆
園部逸夫・基本判例204頁、西浦公・百選II〔第5版〕488頁、長谷部恭男・地方自治百選〔第3版〕54頁、深瀬忠一・行政百選I110頁、柳瀬良幹『人権の歴史』〔1949〕162頁・172頁、脇田忠・最判解刑事篇昭和37年度151頁、和田英夫・百選II〔第2版〕436頁。

判例の流れ　　　　　　　　　　　　　　　　●尾形　健●

29　国法の諸形式

　1　かつての憲法概説書は，様々な法形式と効力関係について，「国法の諸形式」との標題で論じることがあった。そこでは，法の形式として①不文法源と②成文法源とが区別され，①について慣習・判例・条理が，②については，制定手続・機関や所管・効力とを関連させつつ，憲法典・法律・政省令・条例が検討された（小嶋和司）。本書でも，これらについて一部言及するところがあった——例えば，①のうち「判例」は，違憲判決の効力論として（最大判昭48・4・25〔全農林警職法事件——234・323事件〕），②については，その法形式を制定する機関の権限として（国家公務員法による人事院規則の委任につき最大判昭49・11・6〔猿払事件上告審——20事件〕，条例制定権の範囲につき最大判昭50・9・10〔徳島市公安条例事件——177・342事件〕，租税法律主義と通達課税につき最判昭33・3・28〔327事件〕等）。ここではそれ以外の，各法形式の効力問題をめぐる判例を収録している。

　2　わが国は，明治憲法制定・日本国憲法制定の各前後において憲法体制の変動を経験したが，その変動前に成立した法令について，効力の帰すうが問題とされた事例がある。まず，死刑の執行方法について定めた明治6年太政官布告65号の効力が問題となった事例がある（最大判昭36・7・19——346事件）。また，明治憲法から現行憲法への体制変動に関しては最大判昭27・12・24〔345事件〕があり，ここでは銃砲火薬類取締法施行規則（明44勅16）の罰則規定について争われた。さらに，わが国は太平洋戦争終了後，連合国最高司令官総司令部（GHQ/SCAP）により占領管理体制下にあったが，その際，連合国最高司令官による指示（指令）実施のため，「ポツダム緊急勅令」が発せられた。占領終了後の占領法規の位置づけをめぐり，裁判官の間で鋭く見解が分かれたのが，政令325号事件である（最大判昭28・7・22——347事件）。

　3　国法の諸形式とその効力は，制定機関とその手続等にかかわる論点を含むが，これについては，法律の制定・公布手続をめぐって争われたものがある。348事件（最判昭26・3・1）は，法律成立の時期について問題となったものであるが，このほか，法令の公布は，官報をもってされるものと解するのが相当とされた事例（最大判昭32・12・28刑集11巻14号3461頁）や，覚せい剤取締法改正法律の公布の時期が争われたものなどがある（最大判昭33・10・15刑集12巻14号3313頁）。

　4　法形式間での効力については，上位の法令が下級法令に委任した場合が問題となり，わが国判例では法律による委任が争われてきた。委任立法の限界は，立法の委任の仕方の問題と，受任命令が委任の範囲であるか，という2つの論点を含むが，後者について，受任命令が委任の趣旨を超えたものとする判例がみられる。代表的なものとして，農地法施行令にかかる最大判昭46・1・20（民集25巻1号1頁），銃砲刀剣類登録規則に関する最判平2・2・1（民集44巻2号369頁），監獄法施行規則をめぐる最判平3・7・9（民集45巻6号1049頁）がある。本書では，立法の委任に関する古典的事例として，349事件（最大判昭33・7・9）・350事件（最判昭33・5・1）と，最近の事例として，児童扶養手当法施行令に関する最判平14・1・31（351事件）をとりあげている。

345　明治憲法下の法令の効力

最高裁昭和27年12月24日大法廷判決
(昭和25年(れ)第723号銃砲火薬類取締法施行規則違反被告事件)
刑集6巻11号1346頁

■事案■

Y（被告人・上告人）は、火薬類の販売業者・製造業者でもなく、その他法定の所持資格がないにもかかわらず、1946（昭和21）年7月、自宅で氏名不詳の者から預かった爆薬420数本および導火線数十尺のうち、爆薬250本を除くほか同人から贈与を受けて以後数回にわたりこれを処分し、翌昭和22年1月中旬ごろその残品として爆薬17本・導火線63尺を自宅で不法に所持した者である。

2審（福岡高判昭23・7・27刑集6巻11号1361頁参照）は、Yの所為は銃砲火薬類取締法施行規則（以下「本件規則」という）22条・45条に該当するとして懲役1年等に処したところ、Y側が上告した。

上告趣意でY側は次のように主張した。本件規則は明治44年3月11日勅令16号として公布されたが、この勅令は、「日本国憲法施行の際現に効力を有する命令の規定の効力等に関する法律」（昭22法72）1条（「日本国憲法施行の際現に効力を有する命令の規定で、法律を以て規定すべき事項を規定するものは、昭和22年12月31日まで、法律と同一の効力を有するものとする」）により、本件規則は昭和23年1月1日以降失効しているところ、本件規則のような勅令等で刑罰を設けるには法律およびその法律の委任による場合でなければできないのに、本件規則の効力を存続させる法律等は発布されていない。したがって本件規則は昭和23年1月1日以降失効しており、その後の昭和23年7月に至り原裁判所がYに有罪判決を言い渡したのは憲法31条・73条等に反する。

■争点■

明治憲法下で制定された勅令の効力は、現行憲法下においてなお効力を有するものと解すべきか。

■判旨■

原判決破棄（被告人免訴）（斎藤悠輔裁判官反対意見と河村又介・入江俊郎裁判官による補足意見がある）。

「日本国憲法施行の際現に効力を有する命令の規定の効力等に関する法律」（昭22法72。以下「法律72号」という）1条にいう「法律を以て規定すべき事項」とは、「旧憲法下におけるものではなく、新憲法下において法律を以て規定すべき事項を意味するものと解するを相当とする」。憲法73条6号によれば、「罰則を設けることは、特にその法律に具体的な委任がある場合を除き、新憲法下においては法律を以て規定すべき事項であって、従って、また法律72号1条にいわゆる『法律を以て規定すべき事項』に該当するのである」。銃砲火薬類取締法（明43法53）14条2号は、「銃砲、……其の他の取扱」に関し必要な規定は命令で定める旨規定し、この委任に基づき、本件規則22条は、特に列挙した例外を除き原則として火薬類の所持を禁止した。そして同45条は、22条の規定に違反し火薬類を所持する者は、1年以下の懲役又は200円以下の罰金に処する旨を規定する。「しかしながらこのように命令で罰則を規定し得るがためには、新憲法下においては、基本たる法律において具体的に委任する旨の規定の存在することを必要とすることは上述の通りであるが、前記取締法14条2号の規定による命令、すなわち前記施行規則22条に違反した者に対し命令を以て罰則を設けることができる旨を特に委任した規定は、基本法である法律の中のどこにもこれを発見することができない。（なお、前記施行規則45条の罰則は、明治23年法律84号命令の条項違犯に関する罰則の件の委任によって設けられたものと認められる。しかし、右法律84号は広範な概括的な委任の規定であって新憲法下においては違憲無効の法律として新憲法施行と同時に失効したものということができるし、また現実に明文をもって法律72号3条で新憲法施行と同時に廃止されている。それ故、新憲法施行後においては、前記施行規則45条の罰則を設けることについては法律の委任は全然存在していないのである。）」

「よって、前記施行規則45条で火薬類の所持に対し罰則を設けている規定は、法律72号1条にいわゆる『日本国憲法施行の際現に効力を有する命令の規定で、法律を以て規定すべき事項を規定するもの』に該当するわけであり、従って昭和22年12月31日までは法律と同一の効力を有するが、昭和23年1月1日以降は国法として効力を失うものと言わなければならぬ。」

■解説■

1　旧憲法下の法令の現行憲法での効力については、(1)否定説もありうるが、(2)これらの法令は、現行憲法に反する限りその効力を有しないが、反しない限りは有効と解されている（宮沢・後掲803頁）。その根拠については諸説あり、(2-1)憲法98条1項は旧憲法76条1項と同趣旨の経過規定的意義をもつとする立場（清宮I 26頁等参照）のほか、(2-2)その効力が維持されるためには実質的な理由づけが要求されるとして、国家が共同体としてまとまる規範が存続するという意味での「国家の同一性」が維持された点に根拠を求める立場がある（注解IV 337〜338頁〔佐藤幸治〕）。(2)では旧憲法下の法令の内容が問題となるが、さらに、(3)法律で規定すべき事項を定めた勅令は、内容自体は現憲法上許容されても法形式上違憲とする、法形式適合性を求めるものがある（佐藤功『憲法(下)〔新版〕』〔1983〕1280頁）。

2　法律事項にかかる旧憲法下の命令は法律72号により昭和22年末まで効力が維持されたが、(2-1)(2-2)は、現行憲法に内容が抵触しない限り存続するが法律72号により失効した、と解し、(3)は、現行憲法施行と同時に失効すべき命令が、法律72号により効力が存続された、とみる。本判決多数意見は(3)に、補足意見は(2-1)に接近する（最大判昭23・6・23刑集2巻7号722頁も参照。以上注解IV 338〜339頁〔佐藤幸治〕）。また本判決は、罰則の委任をめぐる論点も含む（石村・早坂・堀内後掲参照）。

◆参考文献◆
稲正樹・百選II〔第5版〕470頁、大山正武・同〔第2版〕418頁、石村善治・行政百選I〔第3版〕108頁、早坂禧子・同〔第4版〕120頁、堀内健志・百選II〔第2版〕424頁、宮沢俊義（芦部信喜補訂）『全訂日本国憲法』〔1978〕。

346 明治憲法前の法令の効力

最高裁昭和36年7月19日大法廷判決
（昭和32年（あ）第2247号強盗殺人被告事件）
刑集15巻7号1106頁，判時266号9頁

■事案■

Y₁・Y₂（被告人・上告人）は，A浴槽会社B支店に勤務していたが，金策としてBの留守番Cを殺害しBより銅板を持ち出そうとしてBに行ったが，予期に反しCの妻もその場にいたため犯行を躊躇し，そのまま引き揚げた。後日，Y₁は知人Dから拳銃の購入を持ちかけられ，これで人を脅せば容易に金品をとりうると考え，拳銃を購入することとし，Y₁・Y₂両名で代金を工面したが果たせなかったので，Dにその旨告げたところ，Dから拳銃の売買は取りやめにするといわれたので，Yらは共謀して，Bの留守番Cを同支店の工場にある道具を使って殺害し銅板を強取し，これを売却して拳銃購入代金に充てることを決意した。Y₂が同店でCを呼び起こし，工場の鍵を開けさせYらは中に入ったが，その直後にCの妻が居ることを発見したため，Yらは互いに意思相通じ，Cとその妻も共に殺害して所期の目的を遂げることを決意し，工場内のハンマーでCとその妻を殴打し，いずれも脳挫傷のため即時死亡させ，B工場内から同店所有の銅板を持ち出し，これを強取した。

1審（名古屋地判昭31・12・11刑集15巻7号1178頁参照）はY₂を無期懲役に，Y₁を懲役15年に処したが，2審（名古屋高判昭32・7・8高刑裁特4巻16号383頁）は1審判決を破棄しYらを死刑に処した。Yらは上告したが，上告趣意中，死刑の執行方法について法律の定めがないのにかかわらず，その方法を特定することなくあえて絞首刑たる死刑を宣告したことは憲法31条・36条に反する，などと主張した。

■争点■

明治憲法施行前に制定され，死刑の執行方法について定める明治6年太政官布告65号は，現行憲法下において効力を有するか。

■判旨■

上告棄却（裁判官3名の補足意見および4名の意見がある）。

明治6年太政官布告65号は，「同布告の制定後今日に至るまで廃止されまたは失効したと認むべき法的根拠は何ら存在しない。そして同布告の定めた死刑の執行方法に関する事項のすべてが，旧憲法下また新憲法下において，法律をもって規定することを要する所謂法律事項であるとはいえないとしても，同布告は，死刑の執行方法に関し重要な事項（例えば，『凡絞刑を行ふには……両手を背に縛し……面を掩ひ……絞架に登せ踏板上に立しめ……絞縄を首領に施し……踏板忽ち開落して囚身……空に懸る』等）を定めており，このような事項は，死刑の執行方法の基本的事項であって，死刑のような重大な刑の執行方法に関する基本的事項は，旧憲法下においても法律事項に該当すると解するを相当とし（旧憲法23条），その限度においては同布告は旧憲法下において既に法律として遵由の効力を有していたものと解するを相当とする。けだし，旧憲法前の法令は，その名称の如何を問わず，旧憲法下において法律をもって定むべき事項を定めたものは，法律として遵由の効力を有していたからである〔明憲76Ⅰ〕」。「更に新憲法下においても，同布告に定められたような死刑の執行方法に関する基本的事項は，法律事項に該当するものというべきであって（憲法31条），……将来右布告の中その基本的事項に関する部分を改廃する場合には，当然法律をもってなすべきものである。なお，昭和22年法律72号『日本国憲法施行の際現に効力を有する命令の規定の効力等に関する法律』は，新憲法下において法律をもって規定することを要するとされている事項を定めた従前の命令の規定につき，その新憲法下における効力を定めたものであって，旧憲法下において既に法律としての効力の認められた法令（例えば本件明治6年太政官布告65号のごとく旧憲法76条により法律として遵由の効力を認められたと解されるもの……等）については，触れるところはない。それ故，右布告は，右法律によって昭和22年12月31日限り効力を失ったものであると解する余地はなく，新憲法下においても，法律と同一の効力を有するものとして存続しているのである。そして，現行死刑の執行方法が憲法36条の『残虐な刑罰』に当らないことは，上記論旨第1点についての説明中に引用した当裁判所の判例〔最大判昭30・4・6刑集9巻4号663頁〕の示すとおりであるから，右布告は新憲法下において，法律と同一効力を有するものとして有効に存続しているといわなければならない（憲法98条1項）。」

■解説■

1　本判決は，本書188事件（最大判昭23・3・12）等とともに死刑制度の合憲性を支持するものである。本布告は今なお死刑執行法の唯一の根拠法令とされるが，ここでは，(1)死刑執行の具体的方法は法律事項か，(2)本布告は現行憲法下で効力を有するかが問題となる（伊藤・後掲6頁）。

2　(1)について，(a)多数意見は，本布告が定める死刑執行法の基本事項は，旧憲法下でも法律事項であって，法律として遵由の効力を有し，現行憲法下でも法律事項に該当する，としたが，(b)個別意見は，刑法等の法律で死刑執行手続の基本事項は定められており，憲法31条の要請は満たされているとして，死刑執行法の細部を定めた本布告が法律として効力を有するかを問うまでもなく憲法31条等の違反は生じない，とした（島保裁判官意見等。河村又介裁判官はさらに，本布告は旧憲法下でも命令として効力を有していたという）。(2)について，多数意見は，本布告は現在も廃止されず，昭和22年法律72号によっても失効せず，その内容が合憲であることから，法律として有効なものとした。もっとも，死刑が今なお太政官布告に依ることには違和感も示されている（伊藤・後掲13頁，栗田・後掲197頁）。

◆参考文献◆
遠藤博也・百選Ⅱ〔第2版〕420頁，伊藤榮樹・警察研究32巻9号3頁，栗田正・最判解刑事篇昭和36年度189頁，所一彦・刑法百選Ⅰ〔第2版〕208頁，堀内健志・百選Ⅱ〔第5版〕472頁。

347 占領法規の効力
── 政令325号事件

最高裁昭和28年7月22日大法廷判決
(昭和27年(あ)第2868号昭和25年政令第325号占領目的阻害行為処罰令違反被告事件)
刑集7巻7号1562頁, 判時5号3頁

■ 事案 ■

Y(被告人・上告人)は, 日本共産党の機関紙「アカハタ」が1950(昭和25)年6月26日および同年7月18日付けの連合国最高司令官の指令によりその発行を停止され, 以後その後継紙等の発行をも停止されたにもかかわらず, 東京都内で発行している「平和のこえ」が「アカハタ」の後継紙であることを知りながら, 昭和26年1月2日ごろより同年同月25日ごろまでの間, 約8回にわたり「平和のこえ」第1～11号等600部のうち578部を頒布してその発行行為をなし, もって前記指令に違反し, 占領目的に有害な行為をなしたものとして, 占領目的阻害行為処罰令(昭25政令325)違反で逮捕・起訴された。

1審(盛岡地判昭26・6・25刑集7巻7号1616頁参照)はYを有罪に処し, 2審(仙台高判昭27・4・28前掲刑集1618頁参照)は控訴を棄却したため, Yが上告した。

政令325号は, ポツダム宣言受諾に伴い, 連合国最高司令官の要求事項を実施するため, 特に必要がある場合に日本政府が命令で所要の定めや罰則を設けることができるとした『「ポツダム」宣言の受諾に伴ひ発する命令に関する件』(昭20勅令542。ポツダム緊急勅令)に基づくものであるが, Yは, 上告趣意で, 勅令542号と政令325号は, 講和条約が発効した昭和27年4月28日に失効したから, 2審判決後に刑罰法令が廃止されたものとして2審判決は破棄されるべく免訴の自判が相当である, などと主張した。

■ 争点 ■

「アカハタ及びその後継紙, 同類紙の発行停止に関する指令」についての昭和25年政令325号違反で起訴された事件は, 講和条約発効後は刑の廃止があったものとして免訴すべきか。

■ 判旨 ■

破棄免訴。

多数意見(真野毅裁判官ほか6名の意見〔意見(i)〕と井上登裁判官ほか4名の意見〔意見(ii)〕)は, 本件は2審判決後に刑の廃止がされたときに当たる(刑訴411⑤・337②参照)とした。田中耕太郎裁判官ほか4名の反対意見, 1つの附加意見, 3名の各補足意見, 1つの補充意見がある。

意見(i)

昭和25年政令325号の罰則は, 「その犯罪行為の実質的内容を政令自体において直接的・自給自足的に特定することなく, いわば抽象的な形式的内容に過ぎない『連合国最高司令官の日本国政府に対する指令の趣旨に反する行為』という表現をもって, ただ間接的・他依存的犯罪行為の実質的内容を特定し得べからしめたものに過ぎない。……かくて, この罰則は, その本質において全く最高司令官の占領目的達成のための手段たるに過ぎないものであるから, 占領状態の継続ないし最高司令官の存続を前提としてのみ, その存在の価値と意義を有するに過ぎないものと言うべきである」。昭和27年4月28日に発効した「日本国の平和条約」により, わが国は独立国家の地位を恢復したのであって, 平和条約発効後においては, 「占領目的に有害な行為」も「連合国最高司令官の指令」も存せず, したがって「連合国最高司令官の指令違反行為」が発生存在する余地がない。「それ故, 指令違反を処罰する政令325号は, 前にも述べたとおり平和条約発効後においては, その効力を保持する余地がなく, 当然失効したものと言わなければならない」。

意見(ii)

「思うに占領が終了し, 連合国最高司令官の地位がなくなり, 従ってその指令も指令に対する服従義務もなくなったからといって, 平和条約発効後は, 右政令第325号が当然全面的にわが国法として存続する内容も効力ももち得ないということはできない。……指令の内容において合憲なるものは平和条約発効後においても, その指令のかぎりにおいてわが国は右政令第325号をわが国法として存続させることはその自由とするところである」。本件Yが違反したと認められた前記指令の内容が合憲であるかどうかを考えて見るに, 前記指令は, 「アカハタ及びその同類紙又は後継紙について, これを掲載されようとする記事が国家の秩序を紊り又は社会の福祉を害するというような理由の有る無しを問わず, 予じめ全面的にその発行を禁止するものであり通常の検閲制度にもまさって言論の自由を奪うのであるから, 憲法21条に違反するものであることは明らかであって, 右政令第325号もまたこの指令に対する違反を罰するかぎりにおいて憲法に違反するといわなければならない」。

■ 解説 ■

1 わが国は, ポツダム宣言受諾により連合国の管理下におかれた。連合国最高司令官は, 日本政府に対し指令等で指示するが, その実現に法改正等が必要な場合, 迅速性等をふまえポツダム緊急勅令が制定された(田中・後掲71～73頁)。最高裁は, これを「日本国憲法にかかわりなく憲法外において法的効力を有するもの」としている(最大判昭28・4・8刑集7巻4号775頁)。

2 本件は, 政令325号も「憲法外における法的効力を有するもの」としつつ, 占領終了後の占領法規の位置づけをめぐり見解が分かれた。(1)政令325号は平和条約発効と同時に失効したから, 同政令違反事件は犯罪後の法令により刑が廃止された場合に当たるとして, 全面免訴とする立場(意見(i)), (2)その政令の内実をなす最高司令官の指令の内容を検討し, 違憲であれば免訴になるとする立場(意見(ii)), (3)刑訴法411条5号は刑罰廃止の国家意思が発現された場合を指すものと解し, 本件にそれがないことなどから上告棄却とする立場(田中ほか意見)である。その後最高裁は, 上記勅令に基づく政令の平和条約発効後の効力につき, その内容の憲法適合性により決しており, (2)説に接近するかのようである(最大判昭36・12・20刑集15巻11号2017頁)。

◆ 参考文献 ◆

井上正治・判例百選〔第2版〕(別冊ジュリ2号)170頁, 川上勝己・百選Ⅱ〔第2版〕422頁, 北川善英・同〔第5版〕474頁, 田中二郎・公法研究1号68頁, 真野毅・ジュリ41号2頁, 本判決研究会・ジュリ43号19頁。

348 法律成立の時期

最高裁昭和26年3月1日第一小法廷判決
(昭和25年(れ)第1785号臨時物資需給調整法違反物価統制令違反被告事件)
刑集5巻4号478頁

■事案■

Y（被告人・上告人）は、Aと共謀して、法定の除外事由がないのに、営利目的をもって、1948（昭和23）年9月8日ごろ、岐阜県揖斐郡藤橋村において、BおよびCから未検査黒炭154俵を、所定の統制額より6097円超過した代金2万3870円にて買い受けたとして、臨時物資需給調整法1条・4条、薪炭配給統制規則2条、物価統制令3条等違反により逮捕・起訴された。

2審（名古屋高判昭25・10・6刑集5巻4号484頁参照）はYを罰金1万円に処した。Y側は上告したが、上告趣意において、次のような主張をした。すなわち、2審判決が適用した臨時物資需給調整法は、昭和21年10月1日法律32号として公布即日施行されたが、同法は昭和22年3月31日その一部を改正し、「この法律は、昭和23年4月1日又は経済安定本部の廃止の時の何れか早い時に、その効力を失ふ」と公示していた。その後、同法は法の失効時期を1年延長して昭和24年4月1日とする旨改正し、これを昭和23年3月31日付官報に登載したが、この官報は実際には同年4月9日に配布された。しかしながら、法律公布の効力は現実に官報に登載して一般に配布される日に発生するのであって、公布日付の日において発生するのではないから、失効時期を1年延長したこの改正法が登載された官報の配布が公布日付から遅れたことは、同法が昭和23年4月1日をもって効力を失うことを意味するのであって、したがって、2審判決はすでに廃止となった臨時物資需給調整法を適用処断した違法の判決である、というのであった。

■争点■

失効時期が定められた法律の失効時期到来直前において、その時期を延長する旨定めた改正法の公布が、改正前の法律による失効時期後に官報でなされた場合、その効力はどのように解すべきか。

■判旨■

上告棄却。
「所論は、臨時物資需給調整法は昭和21年10月1日法律32号として公布、即日施行せられ、その後昭和22年3月31日その一部を改正して『この法律は昭和23年4月1日又は経済安定本部の廃止の時の何れか早い時にその効力を失う』と公示し、さらにその後同法の失効時期を1年延長して昭和24年4月1日とする旨改正し、これを昭和23年3月31日付で実際には同年4月9日の官報号外に登載して配付され同日公布されたのであるから、同法は昭和23年4月1日に失効したと主張するのである。」
「しかしながら、問題となっている前記後者の改正法律案は、昭和23年3月31日衆議院及び参議院の両議院で可決され、同日法律となったのである（憲法59条1項）。従って、これによって前記前者の改正法律は改正されたのであるから、臨時物資需給調整法が昭和23年4月1日に失効するわけはないのである。されば、所論によるも前記後者の改正法律の公布（4月9日）の後に属する昭和23年9月8日頃に行われた本件犯行に対し、臨時物資需給調整法を適用処断したのは正当であって所論のような違法はない。」

■解説■

1　本判決では、失効時期が定められた法律が、その失効時期が到来する直前に失効時期の延長がなされたところ、その公布が、改正前の失効時期以後に官報でなされた場合、その法律の効力はどのように解すべきか、という点が論点となった（栗城・後掲446頁）。本件ではさらに、関連した経済統制法令が相次いで廃止された場合に、それぞれの法令に「廃止前の行為に対する罰則の適用についてはなお従前の例による」旨の規定があるとき、各法令廃止前の行為に対する罰則の適用も問題となっている（本判決はこの点につき、各法令廃止前の各所為は、それぞれ犯行当時の各法令により処断されるとしている）。

2　法律案は、両議院で可決したとき法律となるが（59 I）、最後の議決のあった院の議長（衆議院の議決が国会の議決となったときは衆議院議長）から、内閣を経由して奏上し、奏上の日から30日以内に公布されなければならない（国会65 I・66）。「公布」とは、すでに国法として成立した国法形式（法律・命令等）をひろく一般国民に知らせる行為をいう（宮沢・後掲109頁）。法令が国民に対し、現実にその拘束力を発動するためには、その内容が一般国民の知りうべき状態におかれることが前提条件となり、その状態におく方法として法令公布制度が採用される。その方法は、わが国では、公式令廃止後も官報によることとされている（最大判昭32・12・28刑集11巻14号3461頁、最大判昭33・10・15刑集12巻14号3313頁）。公布以前においては国法の効力は未発動の状態にあり、公布によって初めて、その効力が発動（施行）され、この意味で、公布は国法の効力発生要件とされる（佐藤・後掲76頁）。

3　以上を前提にすると、失効時期延長にかかる本件改正法律は、官報による実際の公布があった昭和23年4月9日までは、国民に対し、実際上の拘束力を有していなかったことになる（註解(下)913頁註19、栗城・後掲447頁、田中・後掲465頁参照）。もっとも、公布とは、すでに成立したものの、その効力が潜在的状態ないし停止したままである法律を、現実的に発動させる条件とも考えられる（栗城・後掲447頁。田中・後掲465頁は、「法律成立に伴う効力」と「法律公布に伴う効力」を区別する）。そうだとすれば、本件改正法律は、昭和23年3月31日に成立し、潜在的な効力は有していたものの、官報への登載という公布によって、その効力が現実に発動した、と解されることになる。したがって、本件改正法律は同年4月1日に失効せず、同法公布後の本件所為について同法を適用処断した2審判決は正当なものと評される（田中・後掲465頁）。

◆参考文献◆
栗城壽夫・百選II〔第4版〕446頁、佐藤功『ポケット注釈憲法(上)〔新版〕』[1983]、田中祥貴・百選II〔第5版〕464頁、宮沢俊義（芦部信喜補訂）『全訂日本国憲法』[1978]。

349 立法の委任
——犯罪構成要件の委任

最高裁昭和33年7月9日大法廷判決
(昭和27年(あ)第4533号酒税法違反被告事件)
刑集12巻11号2407頁

■事案■

X₁は岡山県内において酒類製造業を営んでおり、X₁の子X₂はX₁の代理人として酒類製造の一切の業務を執っていた(Xらは被告人・上告人)。X₂はX₁の業務に関して、製造場において1948(昭和23)年4月から6月末ごろの間、酒桶に入れてある葡萄酒等を他の桶に入れ替えて酒類の容器移動をなしたのに、所定の帳簿に移動事項の記載を怠ったとして、酒税法(昭23法107による改正前のもの)65条・54条・67条、酒税法施行規則(昭23政令148による改正前のもの)61条9号違反のかどで逮捕・起訴された(移動事項の記載義務は、同規則同条に基づく税務署長の指定によるものであった。現行法につき酒税46、同施行令52 Ⅰ⑦、同施行規則14 Ⅰ参照)。

1審(玉島簡判昭24・11・15刑集12巻11号2419頁参照)はXらを罰金刑に処した。Xらは、酒税法施行規則の当該規定が違憲であるとして控訴したが、2審(広島高岡山支判昭27・4・10前掲刑集2420頁参照)はその主張を排斥した(ただし1審が本件事実につき包括一罪と認定処断したのは法令の適用を誤ったものとして、1審判決破棄差戻しの判決を言い渡した)。

Xらは、酒税法65条・54条は処罰の対象を命令に委任しているが、酒税法施行規則61条9号は再び「税務署長の指定」に委任しており、処罰法規が法律によらずたんに税務署長が事務上設けた指定によって何の苦もなく実質的処罰法規を作りうることになり、同規則の当該規定は憲法11条にいわゆる基本的人権に反する、などと主張して上告した。

■争点■

酒税法が、同法違反の事由となる義務内容の定めを一部命令に委任すること、およびその委任を受けた酒税法施行規則による税務署長への委任は、憲法に反しないか。

■判旨■

上告棄却。
「酒税法(昭和23年法律107号による改正前のもの)54条は、『酒類、酒母、醪若は麹の製造者又は酒類若は麹の販売業者は命令の定むる所に依り製造、貯蔵又は販売に関する事実を帳簿に記載すべし』と規定し、同法65条1号は、『左の各号の一に該当する者は3万円以下の罰金又は科料に処す。1、第54条の規定に依る帳簿の記載を怠り若は詐り又は帳簿を隠匿したる者』と規定し、また、酒税法施行規則(昭和23年政令第148号による改正前のもの)61条9号は、『酒類、酒母、醪又は麹の製造者は左の事項を帳簿に記載すべし、9、前各号の外製造、貯蔵又は販売に関し税務署長の指定する事項』と規定している。右酒税法65条によれば、同法54条の規定による帳簿の記載を怠った者等は、所定の罰金、科料に処される旨規定しているから、同65条の規定は、罪となるべき事実とこれに対する刑罰とを規定したいわゆる罰則規定であり、同54条の規定は、その罪となるべき事実の前提要件たる帳簿の記載義務を規定したものということができる。しかるに、同54条は、その帳簿の記載等の義務の主体およびその義務の内容たる製造、貯蔵又は販売に関する事実を帳簿に記載すべきこと等を規定し、ただ、その義務の内容の一部たる記載事項の詳細を命令の定めるところに一任しているに過ぎないのであって、立法権がかような権限を行政機関に賦与するがごときは憲法上差支ないことは、憲法73条6号本文および但書の規定に徴し明白である。そして、前記酒税法施行規則61条は、その1号ないし8号において、帳簿に記載すべき事項を具体的且つ詳細に規定しており、同条9号は、これらの規定に洩れた事項で、各地方の実状に即し記載事項とするを必要とするものを税務署長の指定に委せたものであって、前記酒税法施行規則においてこのような規定を置いたとしても、前記酒税法54条の委任の趣旨に反しないものであり、違憲であるということはできない。それ故、原判決は、結局正当であって、論旨は、採るを得ない。」

■解説■

1 現代国家の活動は量的に拡大し、議会がすべて決定することは難しく、また柔軟な措置や高度の専門性を要する領域も生じ、立法の委任は不可避かつ積極的に必要とされた(小嶋和司・憲法の判例〔第3版〕241頁・243頁)。日本国憲法は、立法権を国会に独占させ(41)、独立命令等は認められないが、内閣による法律実施のための命令(執行命令)は認められ、委任命令も可能とされる(73⑥。佐藤憲法論434〜435頁)。法律の委任があれば、刑罰規定を政令で定めうる(本書302事件〔最大判昭25・2・1〕)。

2 委任は具体的たるべきものとされるが(最判昭27・5・13刑集6巻5号744頁、宮沢俊義〔芦部信喜補訂〕『全訂日本国憲法』〔1978〕577頁等)、基準なき広汎な委任は、国家機関と権能をめぐる憲法上の定めを破壊するため、「国会は、顕著な政策的選択肢について明白な決定を自ら行うことが必要であって、委任はその決定にとって手段的でなければならない」(佐藤憲法論435頁)。本判決は、酒税法上限定された委任にとどまる点を重視するようである。

3 本件では酒税法施行規則による再委任が問題となった。旧憲法下では、①法律が特定の機関の命令(勅令等)を指定する場合は認めない(指定せず一般的に命令とする場合は可能)とする立場(美濃部達吉『憲法撮要〔改訂第5版〕』〔1932〕539頁)と、②委任法律の趣旨、規定事項の性質により、勅令によるべきもの以外は許されるとみる見解があった(佐々木惣一『日本憲法要論〔訂正3版〕』〔1932〕608頁)。①による説明もあるが(栗田・後掲490頁)、その理由の形式性が説得的でないとして、②に近い立場から本判決を支持するものもある(芦部・後掲101頁)。

◆参考文献◆
青山武憲・百選Ⅱ〔第5版〕476頁、芦部信喜・行政百選Ⅰ100頁、奥平康弘・同〔第4版〕110頁、神長勲・同〔第5版〕92頁、菊井康郎・百選Ⅱ〔第3版〕452頁、栗田正・最判解刑事篇昭和33年度482頁。

350 人事院規則の委任

最高裁昭和33年5月1日第一小法廷判決
(昭和32年(あ)第2243号国家公務員法違反被告事件)
刑集12巻7号1272頁

■事案■

X₁・X₂（被告人・上告人）はいずれも郵政事務官（当時）であって、X₁は全逓信従業員組合北諸県支部長、X₂は同組合都城支部長であるが、Xらは共謀の上、1953（昭和28）年4月24日施行された参議院議員通常選挙に際し、全逓信従業員組合の推薦候補である全国区議員候補者Aを当選させる目的で、同月12日、宮崎郡田野町役場から北諸県郡山之口村青井岳、高城町を経て都城市都城駅まで、同候補者の選挙運動用トラックに同乗し、もって同候補者のために投票の勧誘をして政治的行為をしたものとして、国家公務員法（以下「国公法」という）110条1項19号・102条1項、人事院規則14-7第5項1号・第6項8号等違反のかどで逮捕・起訴された。

Xらは、人事院規則14-7は憲法の保障する国民の基本的人権を法律によらないで制限するものであるから無効であるなどと主張したが、1審（都城簡判昭31・12・26刑集12巻7号1278頁参照）はこれを排斥しXらを罰金刑に処した。

2審（福岡高宮崎支判昭32・8・6前掲刑集1282頁参照）は、Xらの上記主張につき、次のように述べ、Xらの主張を斥けた。すなわち、公務員は全体の奉仕者であるから、一般国民に比べその政治的活動につき制約を受ける場合のあることも憲法が予期するところである。国公法102条1項は公務員の「政治的行為」を一切禁止する趣旨でないが、人事院規則で定め得べき「政治的行為」は同条に例示的に定められた程度に一定の限界があり、その程度の定めは、全体の奉仕者である国家公務員の中立性維持からいってやむを得ない制限である。さらに、人事院規則14-7をみれば、裁判所法52条のような抽象的規定をおかず、特定の「政治的目的」・「政治的行為」を列挙しており、これらを禁止することは公務員の中立性保持および公共の福祉を満足するに最小限のものと認められるから、同規則の規定は、いずれも国公法102条1項の精神に合致し、何ら授権の範囲を逸脱していない、というのであった。

Xらは、①人事院規則14-7は実質的に適法性がなく、また②同規則による政治的行為の制限は、例えば裁判官に対する政治運動等の禁止をいう裁判所法52条のように、法律をもって行うことが憲法31条の要請するところであって、同規則は形式的にも適法性がない、などとして上告した。

■争点■

人事院規則14-7は、国家公務員法102条1項の委任の範囲を逸脱したものであるか。

■判旨■

上告棄却。
「所論人事院規則14-7は、国家公務員法102条1項の委任に基づき制定せられたものであり、そして国家公務員法102条が憲法14条又は28条に違反するものでないことは当裁判所の判例とするものであるところ〔最大判昭33・3・12刑集12巻3号501頁、最大判昭33・4・16刑集12巻6号942頁〕……、前記人事院規則は、右国家公務員法102条1項に基づき、一般職に属する国家公務員の職責に照らして必要と認められる政治的行為の制限を規定したものであるから、前記大法廷判決の趣旨に照らし、実質的に何ら違法、違憲の点は認められないばかりでなく、右人事院規則には国家公務員法の規定によって委任された範囲を逸脱した点も何ら認められず、形式的にも違法ではないから、憲法31条違反の主張はその前提を欠くものというべきである。」

■解説■

1　国公法102条1項は、包括的な委任が問題視されてきたが（註解(上)371頁註8)、委任事項の性質、受任機関の性格・地位等を勘案し、授権の仕方が不相当であるときは授権法規が違憲となる、とする枠組みを示した裁判例や（東京高判昭30・9・20高刑集8巻8号1024頁。本件2審判決も参照）、同条項は「政治的行為」について人事院規則に委任するが「政治的目的」については何らの授権も与えておらず、同規則14-7第5項が「政治的目的」を定義するのは「人事院の越権」である、との評もあった（最大判昭32・10・9刑集11巻10号2520頁〔斎藤悠輔裁判官少数意見。田中耕太郎・池田克裁判官少数意見も参照)。本判決は、同規則が、実質的にも形式的にも違憲・違法でない点を確認した初の最高裁判決とされる（芦部・後掲106頁、竜岡・後掲294頁)。

2　国公法102条1項の合憲性は、猿払事件上告審判決（最大判昭49・11・6―本書20事件）で再言されるが、同判決は、「公務員の政治的中立性を損うおそれのある行動類型に属する政治的行為を具体的に定めることを委任するものであることは、同条項の合理的な解釈により理解しうる」ものであること、さらに、その種の政治的行為は、①公務員組織の内部秩序を維持する見地による懲戒処分（国公82）と、②国民全体の共同利益を擁護する見地による刑罰（同110 I ⑲）とを根拠づけるから、これらの対象となる政治的行為の定めを一様に委任しても委任の限度を超えるものではないとした。委任の限界につき、立法府は⒜処理すべき問題と⒝解決方法の指示を決定しておくべきところ、同条項の委任の目的は公務員の政治的中立性維持による行政の中立的運営とこれに対する国民の信頼確保であり（⒜)、その委任が公務員の政治的中立性を損なうおそれのある政治的行動の定めを予定することも規定の文言・趣旨から合理的に解しうる（⒝)、とされたようである（香城・後掲244～246頁)。同判決の反対意見は、同条項が上記①と②の対象を一体として委任する限りで違憲としたが、①の委任については、委任に合理的必要性があり、かつ、受任機関を指導・制約すべき目標・基準等を指示するものである限り違憲でないとする見地から肯定する（人事院の独立性等も考慮される)。

◆参考文献◆

芦部信喜・行政百選Ⅰ106頁、勝山教子・百選Ⅱ〔第5版〕478頁、香城敏麿・最判解刑事篇昭和49年度165頁、園部逸夫・百選Ⅱ〔第3版〕454頁、竜岡資久・最判解刑事篇昭和33年度292頁。

351 委任立法の範囲
——児童扶養手当法施行令事件

最高裁平成 14 年 1 月 31 日第一小法廷判決
(平成 8 年(行ツ)第 42 号児童扶養手当資格喪失処分取消請求事件)
民集 56 巻 1 号 246 頁、判時 1776 号 49 頁

■事案■

児童扶養手当法(当時。以下「法」という)は、都道府県知事は次に該当する児童の母がその児童を監護するときなどには、その母に対し、児童扶養手当を支給する(法 4 Ⅰ)と定め、各号において、父母の婚姻解消(1 号)、父の死亡(2 号)、父が一定の障害にある場合(3 号)、父の生死不明(4 号)、その他これらに準ずる状態で政令で定めるもの(5 号)、としていた(同法上の「婚姻」には事実上婚姻関係と同様にある場合も含む〔同 3 Ⅲ〕)。また、同法施行令(平 10 政令 224 による改正前のもの。以下「施行令」という)1 条の 2 は、法 4 条 1 項 5 号にいう「政令で定める」児童の一つとして、「母が婚姻……によらないで懐胎した児童(父から認知された児童を除く。)」(3 号。以下、「(父から認知された児童を除く。)」を「本件括弧書」という)と定めていた。

X(原告・被控訴人・上告人)は、婚姻によらないで A を懐胎・出産し、監護しているが、A は平成 5 年 5 月その父 B により認知された。X は平成 3 年 1 月、奈良県桜井市長に対し、A を対象児童として児童扶養手当認定請求書を提出し、Y(奈良県知事=被告・控訴人・被上告人)から児童扶養手当認定通知書の交付を受け、同年 2 月分から児童扶養手当が支給されていた。ところが Y は、X に対し、平成 5 年 10 月、A が認知をされたため本件括弧書により平成 5 年 5 月に児童扶養手当受給資格が消滅したとして、同手当資格喪失通知書を交付した(以下「本件処分」という)。X は本件処分を不服として同年 11 月異議申立てをしたが Y はこれを棄却する決定をしたため、X は、本件括弧書が憲法 14 条に反するなどとして、本件処分の取消しを求めて訴えを提起した。

1 審(奈良地判平 6・9・28 訟月 41 巻 10 号 2620 頁)は本件括弧書が憲法 14 条に違背するとして X の請求を認容したが、2 審(大阪高判平 7・11・21 行集 46 巻 10・11 号 1008 頁)は 1 審判決を取り消し X の請求を棄却したため、X が上告した。

■争点■

児童扶養手当法の委任を受け、支給対象児童を定める同法施行令は、委任の範囲を逸脱しないか。

■判旨■

破棄自判(町田顯裁判官の反対意見がある)。

(i) 法 4 条 1 項 5 号(現 4 Ⅰ①ホ)の委任の範囲については、「その文言はもとより、法の趣旨や目的、さらには、同項が一定の類型の児童を支給対象児童として掲げた趣旨や支給対象児童とされた者との均衡等をも考慮して解釈すべきである」。

(ii) 法 4 条 1 項各号(現 4 Ⅰ①イ～ホ)にいう児童は、「1 条の目的規定等に照らして、世帯の生計維持者としての父による現実の扶養を期待することができないと考えられる児童、すなわち、児童の母と婚姻関係にあるような父が存在しない状態、あるいは児童の扶養の観点からこれと同視することができる状態にある児童を支給対象児童として類型化しているものと解することができる」。母が婚姻によらずに懐胎・出産した婚姻外懐胎児童は、父による現実の扶養が期待できない類型の児童に当たるから、施行令 1 条の 2 第 3 号が本件括弧書を除く本文でこの児童を法 4 条 1 項 1 号～4 号(現 4 Ⅰ①イ～ニ)に準ずる児童とするのは委任の趣旨に合致する。一方、施行令 1 条の 2 第 3 号は本件括弧書により、父から認知された婚姻外懐胎児童を支給対象児童から除外する。

「確かに、婚姻外懐胎児童が父から認知されることによって、法律上の父が存在する状態になるのであるが、法 4 条 1 項 1 号ないし 4 号が法律上の父の存否のみによって支給対象児童の類型化をする趣旨でないことは明らかであるし、認知によって当然に母との婚姻関係が形成されるなどして世帯の生計維持者としての父が存在する状態になるわけでもない。また、父から認知されれば通常父による現実の扶養を期待することができるともいえない。したがって、婚姻外懐胎児童が認知により法律上の父がいる状態になったとしても、依然として法 4 条 1 項 1 号ないし 4 号に準ずる状態が続いているものというべきである。そうすると、施行令 1 条の 2 第 3 号が本件括弧書を除いた本文において、法 4 条 1 項 1 号ないし 4 号に準ずる状態にある婚姻外懐胎児童を支給対象児童としながら、本件括弧書により父から認知された婚姻外懐胎児童を除外することは、法の趣旨、目的に照らし両者の間の均衡を欠き、法の委任の趣旨に反するものといわざるを得ない。」

■解説■

1　本件括弧書は、①本件括弧書と委任の範囲、②本件括弧書の憲法 14 条 1 項違反等をめぐり、各地で争われた(豊島・後掲 38 頁。本件括弧書は平成 10 年改正により削除)。最高裁は各上告審につき、本判決と同旨の判断をしている(最判平 14・1・31 賃金と社会保障 1322 号 47 頁〔広島事件〕、最判平 14・2・22 判時 1783 号 50 頁〔京都事件〕)。②については厳格な合理性基準により違憲の可能性も指摘される(市川正人『ケースメソッド憲法〔第 2 版〕』[2009] 216～219 頁)。以上の前提として③本件括弧書の可分性も争われ(原審は消極)、本判決は肯定したが、その趣旨は非嫡出子国籍法差別違憲判決(最大判平 20・6・4—本書 48・311 事件)にも関連する(森英明・ジュリ 1366 号 92 頁・98 頁)。

2　委任をめぐる①につき、多数意見は、法 4 条 1 項を「父による現実の扶養を期待できない児童」と、法の運用経緯に沿う解釈をした。反対意見は制定当初の趣旨に近く、「父母の離婚等その児童の経済状態が悪化する特別の事情のある児童」と解している(中野妙子・ジュリ 1230 号 127～128 頁、馬場里美・自治研究 79 巻 2 号 130～131 頁)。

◆参考文献◆

笹田栄司・法教 263 号 207 頁、杉山正己・判タ 1125 号 260 頁、清野幾久子・法教 265 号 134 頁、竹田光広・最判解民事篇平成 14 年度(上) 169 頁、豊島明子・平成 14 年度重判解 37 頁、長尾英彦・中京法学 37 巻 1・2 号 251 頁、原田一明・セレクト 2002 年 12 頁、村田尚紀・百選Ⅱ〔第 5 版〕480 頁。

判例プラクティス憲法 判例索引

（数字は事件番号，ゴシック体は表題判例，「流れ」は各章の〈判例の流れ〉を指す）

〈最高裁判所〉

昭和 22～29 年

最判昭 22・11・29 刑集 1 巻 40 頁　200
最大判昭 23・3・10 刑集 2 巻 3 号 175 頁　204, 205, 17 流れ
最大判昭 23・3・12 刑集 2 巻 3 号 191 頁　188, 346
最大判昭 23・5・5 刑集 2 巻 5 号 447 頁　189, 279
最大判昭 23・5・26 刑集 2 巻 5 号 511 頁　189
最大判昭 23・5・26 刑集 2 巻 5 号 517 頁　42
最大判昭 23・5・26 刑集 2 巻 6 号 529 頁　260
最判昭 23・6・1 民集 2 巻 7 号 125 頁　244, 20 流れ
最大判昭 23・6・23 刑集 2 巻 7 号 722 頁　345
最大判昭 23・6・23 刑集 2 巻 7 号 734 頁　191
最大判昭 23・6・30 刑集 2 巻 7 号 773 頁　189
最大判昭 23・6・30 刑集 2 巻 7 号 777 頁　188
最大判昭 23・7・8 刑集 2 巻 8 号 801 頁　301, 302, 303
最大判昭 23・7・14 刑集 2 巻 8 号 846 頁　198
最大判昭 23・7・19 刑集 2 巻 8 号 952 頁　191, 277
最大判昭 23・7・29 刑集 2 巻 9 号 1012 頁　191, 200
最大判昭 23・9・29 刑集 2 巻 10 号 1235 頁　217, 218, 219, 221
最大判昭 23・11・17 刑集 2 巻 12 号 1565 頁　279
最大判昭 23・12・15 刑集 2 巻 13 号 1783 頁　279
最大判昭 23・12・22 刑集 2 巻 14 号 1853 頁　190
最判昭 24・1・18 民集 3 巻 1 号 10 頁　182
最大判昭 24・2・9 刑集 3 巻 2 号 146 頁　194, 198
最大判昭 24・3・23 刑集 3 巻 3 号 352 頁　203, 278, 24 流れ
最大判昭 24・5・18 民集 3 巻 6 号 199 頁　206
最大判昭 24・5・18 刑集 3 巻 6 号 772 頁　230
最大判昭 24・5・18 刑集 3 巻 6 号 789 頁　191
最大判昭 24・5・18 刑集 3 巻 6 号 839 頁　61, 75, 76, 177, 247, 8 流れ
最大判昭 24・6・1 刑集 3 巻 7 号 901 頁　334
最大判昭 24・7・13 刑集 3 巻 8 号 1286 頁　172
最大決昭 24・7・22 集民 2 号 467 頁　204
最大判昭 24・11・2 刑集 3 巻 11 号 1737 頁　192
最大判昭 24・11・30 刑集 3 巻 11 号 1857 頁　192, 194
最大判昭 25・2・1 刑集 4 巻 2 号 73 頁　302, 303, 349
最大決昭 25・4・7 刑集 4 巻 4 号 512 頁　192
最大判昭 25・4・26 刑集 4 巻 4 号 700 頁　324
最大判昭 25・6・21 刑集 4 巻 6 号 1049 頁　149
最判昭 25・6・22 刑集 4 巻 6 号 1056 頁　203
最判昭 25・9・27 刑集 4 巻 9 号 1799 頁　78, 247, 8 流れ
最大判昭 25・9・27 刑集 4 巻 9 号 1805 頁　201
最大決昭 25・10・4 刑集 4 巻 10 号 1866 頁　191
最大判昭 25・10・11 刑集 4 巻 10 号 2037 頁　42
最判昭 25・11・9 民集 4 巻 11 号 523 頁　20 流れ
最大判昭 25・11・15 刑集 4 巻 11 号 2257 頁　230, 231
最判昭 25・11・21 刑集 4 巻 11 号 2359 頁　198
最大判昭 25・11・22 刑集 4 巻 11 号 2380 頁　22, 24, 29
最判昭 26・3・1 刑集 5 巻 4 号 478 頁　348
最判昭 26・11・30 民集 5 巻 12 号 759 頁　206
最判昭 27・2・15 民集 6 巻 2 号 77 頁　58
最判昭 27・2・20 民集 6 巻 2 号 122 頁　281
最判昭 27・4・2 刑集 6 巻 4 号 387 頁　44
最判昭 27・4・9 刑集 6 巻 4 号 584 頁　191
最判昭 27・5・13 刑集 6 巻 5 号 744 頁　349
最大判昭 27・8・6 刑集 6 巻 8 号 974 頁　121, 126
最大判昭 27・10・8 民集 6 巻 9 号 783 頁　175, 282, 302, 303, 304, 22 流れ, 23 流れ
最大判昭 27・12・24 刑集 6 巻 11 号 1346 頁　345
最大決昭 28・1・16 民集 7 巻 1 号 12 頁　288, 289, 290, 300
最大判昭 28・4・1 刑集 7 巻 4 号 713 頁　192
最大判昭 28・4・8 刑集 7 巻 4 号 775 頁　230, 231, 347
最大判昭 28・4・15 民集 7 巻 4 号 305 頁　303
最大判昭 28・6・9 行集 4 巻 6 号 1542 頁　303
最大判昭 28・7・22 刑集 7 巻 7 号 1562 頁　347
最大判昭 28・11・17 行集 4 巻 11 号 2760 頁　282, 283, 17 流れ
最大判昭 28・12・23 民集 7 巻 13 号 1523 頁　166, 167, 168, 169, 206
最大判昭 28・12・23 民集 7 巻 13 号 1561 頁　78, 82, 93, 95, 8 流れ, 17 流れ
最判昭 29・1・22 民集 8 巻 1 号 225 頁　167
最判昭 29・2・11 民集 8 巻 2 号 419 頁　282, 283, 285
最大決昭 29・4・26 民集 8 巻 4 号 848 頁　182, 24 流れ
最判昭 29・7・16 刑集 8 巻 7 号 1151 頁　185, 195, 196, 197, 199, 265
最判昭 29・7・30 民集 8 巻 7 号 1463 頁　65
最判昭 29・7・30 民集 8 巻 7 号 1501 頁　65
最大判昭 29・10・13 民集 8 巻 10 号 1846 頁　204, 205
最大判昭 29・11・10 民集 8 巻 11 号 2034 頁　166
最大判昭 29・11・24 刑集 8 巻 11 号 1866 頁　78, 89, 90, 92, 95, 8 流れ

昭和30～39年

最大判昭30・1・26 刑集9巻1号89頁　150, 151
最大判昭30・2・9 刑集9巻2号217頁　241, 242, 245
最大判昭30・3・23 民集9巻3号336頁　326, 327, 329
最大判昭30・3・30 刑集9巻3号635頁　20 流れ
最大判昭30・4・6 刑集9巻4号663頁　188, 346
最判昭30・4・22 刑集9巻5号911頁　278, 24 流れ
最大判昭30・4・27 刑集9巻5号924頁　180, 184, 185, 198
最大判昭30・6・22 刑集9巻8号1189頁　230
最大判昭30・9・28 民集9巻10号1453頁　182
最大判昭30・10・26 民集9巻11号1690頁　166
最判昭30・11・22 民集9巻12号1793頁　44
最判昭30・11・29 民集9巻12号1886頁　58
最判昭30・11・29 刑集9巻12号2524頁　191
最大判昭30・12・14 刑集9巻13号2760頁　180
最大判昭31・2・17 民集10巻2号86頁　333
最大判昭31・5・30 刑集10巻5号756頁　276
最大判昭31・7・4 民集10巻7号785頁　51, 53, 54, 119, 177, 192, 10 流れ
最大判昭31・7・18 刑集10巻7号1173頁　199, 196
最判昭31・7・20 民集10巻8号1059頁　113
最大決昭31・10・31 民集10巻10号1355頁　207
最大決昭31・12・24 刑集10巻12号1692頁　214, 215
最大判昭31・12・26 刑集10巻12号1769頁　199
最判昭32・1・29 刑集11巻1号337頁　191
最大判昭32・2・20 刑集11巻2号802頁　185, 192, 194, 195, 196, 197, 199, 265
最大判昭32・3・13 刑集11巻3号997頁　97, 98, 99, 100, 101, 102, 177, 279
最大判昭32・6・19 刑集11巻6号1663頁　3
最判昭32・9・6 刑集11巻9号2155頁　279
最大判昭32・10・9 刑集11巻10号2520頁　350
最大判昭32・11・27 刑集11巻12号3132頁　173, 174, 175
最大判昭32・12・25 刑集11巻14号3377頁　1, 2, 3
最大判昭32・12・28 刑集11巻14号3461頁　348, 29 流れ
最大判昭33・2・12 民集12巻2号190頁　160
最大決昭33・2・17 刑集12巻2号253頁　120, 121, 128, 131, 277, 24 流れ
最大判昭33・3・12 刑集12巻3号501頁　350
最判昭33・3・28 民集12巻4号624頁　327, 29 流れ
最判昭33・4・10 刑集12巻5号830頁　51, 177, 192
最判昭33・4・16 刑集12巻6号942頁　350
最大判昭33・4・30 民集12巻6号938頁　202
最判昭33・5・1 刑集12巻7号1272頁　268, 350, 22 流れ
最大判昭33・5・28 刑集12巻8号1718頁　324
最大判昭33・7・9 刑集12巻11号2407頁　302, 349
最大決昭33・7・29 刑集12巻12号2776頁　16 流れ
最大判昭33・9・10 民集12巻13号1969頁　3, 22,

最大決昭33・10・15 刑集12巻14号3291頁　183, 202
最大判昭33・10・15 刑集12巻14号3305頁　178, 341
最大判昭33・10・15 刑集12巻14号3313頁　348, 29 流れ
最大判昭33・12・24 民集12巻16号3352頁　331
最判昭34・4・9 刑集13巻4号442頁　202
最大判昭34・7・8 刑集13巻7号1132頁　159
最大判昭34・12・16 刑集13巻13号3225頁　266, 271, 273, 274, 306, 312, 313, 22 流れ , 25 流れ
最大判昭35・1・27 刑集14巻1号33頁　157
最大判昭35・2・11 刑集14巻2号119頁　150
最大判昭35・2・11 集刑132号219頁　24
最大判昭35・3・3 刑集14巻3号253頁　78, 120, 8 流れ
最大判昭35・3・9 民集14巻3号355頁　290, 334
最大判昭35・6・8 民集14巻7号1206頁　266, 267, 297, 312, 313, 22 流れ , 25 流れ
最大判昭35・6・17 民集14巻8号1420頁　274
最大決昭35・7・6 民集14巻9号1657頁　207, 208, 209, 211, 24 流れ
最大判昭35・7・20 刑集14巻9号1243頁　90, 91, 92, 8 流れ
最判昭35・9・8 刑集14巻11号1437頁　191
最決昭35・9・21 刑集14巻11号1498頁　183
最大判昭35・10・10 民集14巻12号2441頁　169
最大判昭35・10・19 刑集14巻12号1574頁　173, 174, 175, 320
最大判昭35・10・19 刑集14巻12号1611頁　174, 175
最大判昭35・10・19 民集14巻12号2633頁　288, 289, 290
最判昭35・12・8 刑集14巻13号1818頁　279
最大判昭36・2・15 刑集15巻2号347頁　77, 8 流れ
最判昭36・4・5 民集15巻4号657頁　4
最大判昭36・6・7 民集15巻6号915頁　184
最判昭36・7・6 刑集15巻7号1054頁　202
最大判昭36・7・19 刑集15巻7号1106頁　346
最大判昭36・9・6 民集15巻8号2047頁　330
最大判昭36・12・20 刑集15巻11号2017頁　347
最判昭37・1・19 民集16巻1号57頁　150
最大判昭37・2・21 刑集16巻2号107頁　75, 222
最判昭37・2・28 刑集16巻2号212頁　222
最大判昭37・3・7 刑集16巻3号445頁　286, 287, 22 流れ
最判昭37・3・14 民集16巻3号530頁　245
最判昭37・3・14 民集16巻3号537頁　20 流れ
最大判昭37・5・2 刑集16巻5号495頁　185, 195, 196, 197, 199, 215, 265, 307
最判昭37・5・30 刑集16巻5号577頁　162, 341, 344
最判昭37・7・20 民集16巻8号1621頁　283
最判昭37・11・28 刑集16巻11号1577頁　175
最大判昭37・11・28 刑集16巻11号1593頁　43, 173, 176, 175, 179, 319, 320

最判昭 38・3・15 刑集 17 巻 2 号 23 頁　　232
最大判昭 38・3・27 刑集 17 巻 2 号 121 頁　　333, 335
最大判昭 38・5・15 刑集 17 巻 4 号 302 頁　　60, 61
最大判昭 38・5・22 刑集 17 巻 4 号 370 頁　　15, 136, 137, 138, 145
最大判昭 38・6・26 刑集 17 巻 5 号 521 頁　　162, 169
最判昭 38・9・5 判時 347 号 8 頁　　281
最大判昭 38・12・4 刑集 17 巻 12 号 2434 頁　　152
最大判昭 39・2・5 民集 18 巻 2 号 270 頁　　250, 314, 21 流れ
最大判昭 39・2・26 民集 18 巻 2 号 343 頁　　140, 143
最大判昭 39・5・27 民集 18 巻 4 号 676 頁　　42, 43, 222, 223, 229
最大判昭 39・6・5 刑集 18 巻 5 号 189 頁　　202
最大判昭 39・7・15 民集 18 巻 6 号 386 頁　　156
最大判昭 39・8・20 集刑 152 号 499 頁　　198
最大判昭 39・11・18 刑集 18 巻 9 号 579 頁　　229
最大判昭 39・12・22 判時 397 号 57 頁　　152

昭和 40 〜 49 年

最大判昭 40・4・28 刑集 19 巻 3 号 240 頁　　201, 215
最大決昭 40・6・30 民集 19 巻 4 号 1089 頁　　208, 209, 210, 211, 24 流れ
最大決昭 40・6・30 民集 19 巻 4 号 1114 頁　　208, 211
最大判昭 40・7・14 民集 19 巻 5 号 1198 頁　　230, 231
最判昭 41・2・8 民集 20 巻 2 号 196 頁　　282, 283, 285, 294, 297, 298
最大判昭 41・2・23 民集 20 巻 2 号 271 頁　　212
最大決昭 41・3・2 民集 20 巻 3 号 360 頁　　208
最判昭 41・4・21 集民 83 号 269 頁　　51
最判昭 41・5・31 集民 83 号 623 頁　　250, 21 流れ
最大判昭 41・6・23 民集 20 巻 5 号 1118 頁　　106, 108, 109, 110, 111, 115, 116
最大判昭 41・7・13 刑集 20 巻 6 号 609 頁　　176
最大判昭 41・10・26 刑集 20 巻 8 号 901 頁　　232, 233, 234, 236, 2 流れ, 22 流れ
最大決昭 41・12・27 民集 20 巻 10 号 2279 頁　　179, 209, 210, 211, 15 流れ, 24 流れ
最大判昭 42・5・24 刑集 21 巻 4 号 505 頁　　334
最大判昭 42・5・24 民集 21 巻 5 号 1043 頁　　219, 221, 227, 325
最判昭 42・7・5 民集 21 巻 6 号 748 頁　　176
最大判昭 42・12・21 民集 21 巻 10 号 1476 頁　　200
最決昭 43・1・18 刑集 22 巻 1 号 7 頁　　109
最大決昭 43・2・8 刑集 22 巻 2 号 55 頁　　195
最大判昭 43・11・27 刑集 22 巻 12 号 1402 頁　　162, 169, 170
最大判昭 43・11・27 刑集 22 巻 12 号 2808 頁　　10, 171, 172
最大判昭 43・12・4 刑集 22 巻 13 号 1425 頁　　238, 239, 241, 245, 20 流れ
最大判昭 43・12・18 刑集 22 巻 13 号 1549 頁　　79, 80, 81, 177, 8 流れ
最決昭 44・3・25 刑集 23 巻 2 号 212 頁　　304
最大判昭 44・4・2 刑集 23 巻 5 号 305 頁　　233, 234, 235, 307, 323, 324, 2 流れ, 22 流れ

最大判昭 44・4・2 刑集 23 巻 5 号 685 頁　　233, 234, 312, 323, 23 流れ
最大判昭 44・4・23 刑集 23 巻 4 号 235 頁　　247, 20 流れ
最決昭 44・6・11 刑集 23 巻 7 号 941 頁　　192
最大判昭 44・6・25 刑集 23 巻 7 号 975 頁　　104, 108, 109, 110, 111, 115, 116
最判昭 44・7・10 民集 23 巻 8 号 1423 頁　　295
最判昭 44・7・11 民集 23 巻 8 号 1470 頁　　161
最大判昭 44・10・15 刑集 23 巻 10 号 1239 頁　　97, 98, 99, 102, 145, 177
最大決昭 44・11・26 刑集 23 巻 11 号 1490 頁　　120, 121, 122, 123, 124, 125, 126, 127, 128
最大決昭 44・12・3 刑集 23 巻 12 号 1525 頁　　184, 198
最大判昭 44・12・24 刑集 23 巻 12 号 1625 頁　　22, 29, 30, 31, 32, 35, 36
最大判昭 45・6・17 刑集 24 巻 6 号 280 頁　　81, 177, 8 流れ
最大決昭 45・6・24 民集 24 巻 6 号 610 頁　　210
最大判昭 45・6・24 民集 24 巻 6 号 625 頁　　12, 56, 58
最判昭 45・7・28 刑集 24 巻 7 号 569 頁　　197
最判昭 45・9・11 刑集 24 巻 10 号 1333 頁　　202
最大判昭 45・9・16 民集 24 巻 10 号 1410 頁　　21, 23, 125
最大決昭 45・12・16 民集 24 巻 13 号 2099 頁　　211
最大判昭 46・1・20 民集 25 巻 1 号 1 頁　　165, 29 流れ
最大判昭 47・11・22 刑集 26 巻 9 号 554 頁　　179, 184, 185, 195, 196, 198, 199, 15 流れ, 27 流れ
最大判昭 47・11・22 刑集 26 巻 9 号 586 頁　　24, 150, 151, 153, 154, 156, 158, 160, 163
最大判昭 47・12・20 刑集 26 巻 10 号 631 頁　　190
最大判昭 48・4・4 刑集 27 巻 3 号 265 頁　　43, 46, 188
最大判昭 48・4・12 刑集 27 巻 3 号 351 頁　　99
最大判昭 48・4・25 刑集 27 巻 4 号 547 頁　　234, 235, 236, 237, 268, 307, 323, 324, 2 流れ, 15 流れ, 22 流れ, 29 流れ
最決昭 48・10・8 刑集 27 巻 9 号 1415 頁　　189
最大判昭 48・10・18 民集 27 巻 9 号 1210 頁　　166, 168
最大判昭 48・12・12 民集 27 巻 11 号 1536 頁　　6, 14, 15, 17, 19, 26, 27, 73, 5 流れ
最判昭 48・12・20 集刑 190 号 989 頁　　198
最大判昭 49・2・5 民集 28 巻 1 号 1 頁　　169
最大判昭 49・4・9 判時 740 号 42 頁　　331
最大判昭 49・4・25 判時 737 号 3 頁　　250
最大判昭 49・5・29 刑集 28 巻 4 号 114 頁　　324
最大判昭 49・5・30 民集 28 巻 4 号 594 頁　　284
最決昭 49・7・18 判時 747 号 45 頁　　189
最判昭 49・7・19 民集 28 巻 5 号 790 頁　　15, 26, 65, 12 流れ
最判昭 49・9・26 刑集 28 巻 6 号 329 頁　　43
最大判昭 49・11・6 刑集 28 巻 9 号 393 頁　　20, 54, 61, 133, 177, 247, 280, 310, 318, 319, 350, 19 流れ, 22 流れ, 24 流れ, 29 流れ

昭和 50 〜 59 年

最判昭 50・1・21 刑集 29 巻 1 号 1 頁　　197
最判昭 50・3・13 判時 771 号 37 頁　　169

最判昭 50・4・11 判時 777 号 35 頁　　169
最大判昭 50・4・30 民集 29 巻 4 号 572 頁　　77, 150, 151, 152, 154, 155, 159, 163, 164
最大判昭 50・9・10 刑集 29 巻 8 号 489 頁　　76, 92, 177, 178, 185, 308, 309, 342, 343, 29 流れ
最判昭 50・11・28 民集 29 巻 10 号 1634 頁　　240
最判昭 50・11・28 民集 29 巻 10 号 1698 頁　　12, 56, 57, 58, 59, 239, 240, 1 流れ
最判昭 51・1・26 訟月 22 巻 2 号 578 頁　　5
最大判昭 51・4・14 民集 30 巻 3 号 223 頁　　242, 250, 251, 252, 253, 254, 255, 256, 259, 311, 314, 321, 322
最大判昭 51・5・21 刑集 30 巻 5 号 615 頁　　53, 54, 140, 142, 144, 145, 147, 148, 235
最大判昭 51・5・21 民集 30 巻 5 号 1178 頁　　54, 144, 235, 237, 324, 2 流れ , 22 流れ
最判昭 52・3・15 民集 31 巻 2 号 234 頁　　25, 288, 290, 291, 294, 2 流れ , 12 流れ
最判昭 52・3・15 民集 31 巻 2 号 280 頁　　288
最大判昭 52・5・4 刑集 31 巻 3 号 182 頁　　232, 236, 237, 2 流れ , 22 流れ
最大判昭 52・7・13 民集 31 巻 4 号 533 頁　　65, 66, 67, 68, 69, 70, 71, 72, 73, 305
最決昭 52・8・9 刑集 31 巻 5 号 821 頁　　181
最判昭 52・12・20 民集 31 巻 7 号 1101 頁　　65, 139, 144
最判昭 53・3・30 民集 32 巻 2 号 485 頁　　305, 336
最決昭 53・5・31 刑集 32 巻 3 号 457 頁　　121, 123, 124
最判昭 53・6・20 刑集 32 巻 4 号 670 頁　　186
最判昭 53・7・10 民集 32 巻 5 号 820 頁　　193
最大判昭 53・7・12 民集 32 巻 5 号 946 頁　　162, 164, 165, 206
最決昭 53・9・4 刑集 32 巻 6 号 1077 頁　　190
最判昭 53・9・7 刑集 32 巻 6 号 1672 頁　　186, 187
最大判昭 53・10・4 民集 32 巻 7 号 1223 頁　　1, 2, 3, 5, 7, 36, 65, 228, 229
最判昭 53・12・21 民集 32 巻 9 号 1723 頁　　343
最決昭 54・6・13 刑集 33 巻 4 号 348 頁　　278
最判昭 54・7・5 判時 945 号 45 頁　　94
最判昭 54・7・20 判時 943 号 59 頁　　278
最判昭 54・7・24 刑集 33 巻 5 号 416 頁　　192, 194
最決昭 54・11・19 刑集 33 巻 7 号 754 頁　　9 流れ
最判昭 54・12・20 刑集 33 巻 7 号 1074 頁　　246, 307
最判昭 55・1・11 民集 34 巻 1 号 1 頁　　288, 295, 296, 297
最決昭 55・3・6 判時 956 号 32 頁　　126
最判昭 55・4・10 判時 973 号 85 頁　　295, 296, 297, 298, 299
最判昭 55・5・6 判時 968 号 52 頁　　303
最決昭 55・10・23 刑集 34 巻 5 号 300 頁　　187
最判昭 55・11・20 判時 1001 号 31 頁　　329
最判昭 55・11・28 刑集 34 巻 6 号 433 頁　　97, 98, 99, 100, 101, 102
最判昭 55・12・23 民集 34 巻 7 号 959 頁　　20
最判昭 56・3・24 民集 35 巻 2 号 300 頁　　16, 18, 4 流れ
最判昭 56・4・7 民集 35 巻 3 号 443 頁　　282, 287, 294,

295, 296, 297, 298, 299
最判昭 56・4・14 民集 35 巻 3 号 620 頁　　33, 34, 35, 105
最判昭 56・4・16 刑集 35 巻 3 号 84 頁　　109, 110, 116
最判昭 56・6・15 刑集 35 巻 4 号 205 頁　　20, 247, 20 流れ
最判昭 56・7・21 刑集 35 巻 5 号 568 頁　　20, 134, 247, 248
最大判昭 56・12・16 民集 35 巻 10 号 1369 頁　　40, 41, 275, 23 流れ
最判昭 57・3・23 刑集 36 巻 3 号 339 頁　　247
最大判昭 57・7・7 民集 36 巻 7 号 1235 頁　　217, 221, 222, 223, 225, 228, 229, 25 流れ
最判昭 57・9・9 民集 36 巻 9 号 1679 頁　　273, 17 流れ
最判昭 57・11・16 刑集 36 巻 11 号 908 頁　　92, 8 流れ
最判昭 57・12・17 訟月 29 巻 6 号 1074 頁　　223
最判昭 57・12・17 訟月 29 巻 6 号 1121 頁　　223
最判昭 58・3・8 刑集 37 巻 2 号 15 頁　　99, 97, 100, 101
最判昭 58・3・31 集刑 230 号 697 頁　　198
最大判昭 58・4・27 集民 37 巻 3 号 345 頁　　255, 256, 257, 258, 321
最大判昭 58・6・22 民集 37 巻 5 号 793 頁　　21, 23, 52, 88, 121, 125, 128
最判昭 58・10・27 刑集 37 巻 8 号 1294 頁　　100
最判昭 58・11・7 民集 37 巻 9 号 1243 頁　　251, 253, 256, 321, 322
最判昭 59・2・24 刑集 38 巻 4 号 1287 頁　　205
最判昭 59・3・27 刑集 38 巻 5 号 2037 頁　　184, 185, 194, 195, 196, 198, 265
最判昭 59・5・17 民集 38 巻 7 号 721 頁　　259, 321
最大判昭 59・12・12 民集 38 巻 12 号 1308 頁　　28, 52, 101, 116, 132, 133, 134, 177, 178, 249, 308, 309, 310, 15 流れ
最判昭 59・12・18 刑集 38 巻 12 号 3026 頁　　80, 82, 83, 92, 8 流れ , 26 流れ
最判昭 59・12・18 労判 443 号 23 頁　　139

昭和 60 ～ 63 年

最判昭 60・1・22 民集 39 巻 1 号 1 頁　　161
最大判昭 60・3・27 民集 39 巻 2 号 247 頁　　24, 128, 155, 326, 328, 329
最大判昭 60・7・17 民集 39 巻 5 号 1100 頁　　251, 321, 322
最大判昭 60・10・23 刑集 39 巻 6 号 413 頁　　28, 178, 185, 308, 309, 310
最決昭 60・11・12 判時 1202 号 142 頁　　183
最判昭 60・11・21 民集 39 巻 7 号 1512 頁　　45, 158, 224, 242, 243, 264, 314, 315, 316, 317, 17 流れ , 20 流れ , 22 流れ
最判昭 61・2・14 刑集 40 巻 1 号 48 頁　　29, 30, 32
最判昭 61・3・27 判時 1195 号 66 頁　　256
最大判昭 61・6・11 民集 40 巻 4 号 872 頁　　103, 104, 107, 109, 116, 132, 133, 134, 209, 11 流れ
最判昭 62・2・6 訟月 34 巻 2 号 413 頁　　156
最判昭 62・3・3 刑集 41 巻 2 号 15 頁　　79, 80, 81,

8 流れ, 26 流れ

最大判昭 62・4・22 民集 41 巻 3 号 408 頁　　155, 162,
　163, 164, 165, 213, 319
最判昭 62・4・24 民集 41 巻 3 号 490 頁　　111, 117,
　118, 119, 127
最判昭 62・9・24 判時 1273 号 35 頁　　256
最判昭 62・11・24 公刊物未登載　　267
最判昭 63・1・21 判時 1284 号 137 頁　　237
最判昭 63・2・5 労判 512 号 12 頁　　14, 17, 5 流れ
最判昭 63・2・16 民集 42 巻 2 号 27 頁　　4
最大判昭 63・6・1 民集 42 巻 5 号 277 頁　　67, 68, 69,
　73, 74, 325
最判昭 63・7・15 判時 1287 号 65 頁　　52
最判昭 63・10・21 判時 1321 号 123 頁　　256, 321
最判昭 63・12・20 判時 1302 号 94 頁　　85, 8 流れ
最判昭 63・12・20 判時 1307 号 113 頁　　288, 291, 292,
　293, 296, 297, 298

平成元～9 年

最判平元・1・20 刑集 43 巻 1 号 1 頁　　151
最決平元・1・30 刑集 43 巻 1 号 19 頁　　122, 123, 121
最判平元・2・17 民集 43 巻 2 号 56 頁　　41
最判平元・3・2 訟月 35 巻 9 号 1754 頁　　9, 228, 229,
　1 流れ
最判平元・3・7 判時 1308 号 111 頁　　151
最大判平元・3・8 民集 43 巻 2 号 89 頁　　21, 120, 121,
　128, 131, 133, 277, 325, 24 流れ
最判平元・6・20 民集 43 巻 6 号 385 頁　　19, 85, 23 流れ
最判平元・8 民集 43 巻 8 号 889 頁　　297, 298, 299,
　304
最判平元・9・19 刑集 43 巻 8 号 785 頁　　133, 178, 305
最判平元・11・20 民集 43 巻 10 号 1160 頁　　261
最判平元・12・14 刑集 43 巻 13 号 841 頁　　24, 25
最判平元・12・18 民集 43 巻 12 号 2139 頁　　259
最判平元・12・21 民集 43 巻 12 号 2252 頁　　111, 112
最判平元・12・21 集民 158 号 659 頁　　240
最判平 2・1・18 民集 44 巻 1 号 1 頁　　144
最判平 2・2・1 民集 44 巻 2 号 369 頁　　29 流れ
最判平 2・2・6 訟月 36 巻 12 号 2242 頁　　158, 314
最決平 2・2・16 判時 1340 号 145 頁　　131, 24 流れ
最判平 2・3・6 判時 1357 号 144 頁　　119
最判平 2・4・17 民集 44 巻 3 号 547 頁　　249
最判平 2・5・28 労経速 1394 号 3 頁　　16
最決平 2・7・9 刑集 44 巻 5 号 421 頁　　121, 122, 123
最判平 2・9・28 刑集 44 巻 6 号 463 頁　　61, 76, 8 流れ
最判平 2・9・28 集刑 255 号 261 頁　　76
最決平 2・10・17 刑集 44 巻 7 号 543 頁　　205
最決平 3・2・25 民集 45 巻 2 号 117 頁　　304
最決平 3・3・29 刑集 45 巻 3 号 158 頁　　214, 215
最判平 3・4・19 民集 45 巻 4 号 367 頁　　170
最判平 3・4・19 民集 45 巻 4 号 518 頁　　203, 304
最判平 3・4・23 民集 45 巻 4 号 554 頁　　259
最判平 3・5・10 民集 45 巻 5 号 919 頁　　193
最判平 3・5・31 集民 163 号 47 頁　　193
最判平 3・7・9 民集 45 巻 6 号 1049 頁　　21, 125,
　29 流れ

最判平 3・9・3 判時 1401 号 56 頁　　25, 26, 27
最判平 4・1・23 民集 46 巻 1 号 1 頁　　298
最判平 4・4・28 訟月 38 巻 12 号 2579 頁　　9, 10, 317
最大判平 4・7・1 民集 46 巻 5 号 437 頁　　20, 88, 172,
　179, 185, 310, 8 流れ, 16 流れ
最判平 4・9・22 民集 46 巻 6 号 571 頁　　284
最判平 4・10・29 民集 46 巻 7 号 1174 頁　　285
最判平 4・11・16 集民 166 号 575 頁　　1, 2, 3, 4
最判平 4・11・16 判時 1441 号 57 頁　　67, 68, 69, 305
最判平 4・12・15 民集 46 巻 9 号 2753 頁　　66, 305
最判平 4・12・15 民集 46 巻 9 号 2829 頁　　153, 154,
　155
最大判平 5・1・20 民集 47 巻 1 号 67 頁　　321
最判平 5・2・16 民集 47 巻 3 号 1687 頁　　67, 68, 69,
　71, 305
最判平 5・2・25 民集 47 巻 2 号 643 頁　　41, 23 流れ
最判平 5・2・26 判時 1452 号 37 頁　　7
最判平 5・3・16 民集 47 巻 5 号 3483 頁　　65, 134, 142,
　145, 179, 6 流れ, 15 流れ
最判平 5・5・27 判時 1490 号 83 頁　　58
最判平 5・6・25 訟月 40 巻 5 号 1089 頁　　153, 154,
　156
最判平 5・9・7 民集 47 巻 7 号 4667 頁　　298, 299
最判平 5・9・21 集刑 262 号 421 頁　　188
最判平 5・10・19 民集 47 巻 8 号 5099 頁　　182
最判平 5・10・22 民集 47 巻 8 号 5147 頁　　259
最判平 6・1・20 判時 1502 号 98 頁　　41
最判平 6・1・27 民集 48 巻 1 号 53 頁　　129, 130, 131
最判平 6・2・8 民集 48 巻 2 号 149 頁　　33, 51, 103,
　105, 106
最判平 6・10・27 判時 1513 号 91 頁　　21
最大判平 7・2・22 刑集 49 巻 2 号 1 頁　　268, 269
最判平 7・2・28 民集 49 巻 2 号 639 頁　　1, 7, 8, 325
最判平 7・3・7 民集 49 巻 3 号 687 頁　　82, 86, 88, 89,
　95, 96, 8 流れ
最判平 7・5・25 民集 49 巻 5 号 1279 頁　　288, 293
最大決平 7・7・5 民集 49 巻 7 号 1789 頁　　47, 26 流れ
最判平 7・7・7 民集 49 巻 7 号 2599 頁　　41
最判平 7・7・18 民集 49 巻 7 号 2717 頁　　295
最判平 7・9・5 判時 1546 号 115 頁　　17, 2 流れ
最判平 7・12・5 判時 1563 号 81 頁　　45, 314
最判平 7・12・15 刑集 49 巻 10 号 842 頁　　3, 36, 1 流れ
最判平 7・12・15 税務訴訟資料 214 号 765 頁　　329
最決平 8・1・30 民集 50 巻 1 号 199 頁　　60, 61, 62, 63,
　320
最判平 8・3・8 民集 50 巻 3 号 469 頁　　15, 25, 27, 65,
　144, 145, 146, 237, 288
最判平 8・3・15 民集 50 巻 3 号 549 頁　　96, 8 流れ
最判平 8・3・19 民集 50 巻 3 号 615 頁　　12, 56, 58,
　1 流れ
最判平 8・7・18 判時 1599 号 53 頁　　26
最大判平 8・8・28 民集 50 巻 7 号 1952 頁　　172, 179,
　274, 312, 15 流れ
最大判平 8・9・11 民集 50 巻 8 号 2283 頁　　256, 321
最判平 8・11・18 刑集 50 巻 10 号 745 頁　　324
最判平 9・1・28 民集 51 巻 1 号 147 頁　　168

最判平9・1・30刑集51巻1号335頁　　195, 265
最判平9・3・13民集51巻3号1233頁　　171
最判平9・3・13民集51巻3号1453頁　　245
最判平9・3・28訟月44巻5号647頁　　244
最大判平9・4・2民集51巻4号1673頁　　66, 67, 68, 69, 70, 71, 72, 305
最判平9・8・29民集51巻7号2921頁　　145
最判平9・9・9民集51巻8号3804頁　　111, 112
最判平9・9・9民集51巻8号3850頁　　264, 314
最判平9・10・17民集51巻9号3925頁　　48

平成10〜19年

最判平10・3・10判時1683号95頁　　298
最判平10・3・13公刊物未登載　　57
最判平10・3・24刑集52巻2号150頁　　155
最判平10・3・26判時1639号36頁　　155
最判平10・4・10民集52巻3号776頁　　4, 8
最判平10・7・13判時1651号54頁　　204
最判平10・7・16判時1652号52頁　　155
最大判平10・9・2民集52巻6号1373頁　　256
最判平10・10・13判時1662号83頁　　202
最大決平10・12・1民集52巻9号1761頁　　20, 210, 211, 280, 15流れ
最判平11・1・21判時1675号48頁　　4流れ
最判平11・2・23判時1670号3頁　　99, 101, 9流れ
最判平11・2・26判時1682号12頁　　21
最大判平11・3・24民集53巻3号514頁　　193
最判平11・9・28判時1689号78頁　　299
最判平11・10・21判時1696号96頁　　68
最大判平11・11・10民集53巻8号1441頁　　248, 252, 253, 20流れ
最大判平11・11・10民集53巻8号1577頁　　248, 254
最大判平11・11・10民集53巻8号1704頁　　248
最決平11・12・16刑集53巻9号1327頁　　135, 187
最判平12・2・8刑集54巻2号1頁　　159
最判平12・2・29民集54巻2号582頁　　37, 39
最決平12・3・10民集54巻3号1073頁　　126
最判平12・3・17訟月47巻12号3713頁　　234, 237, 268, 2流れ, 22流れ
最判平12・3・17判時1708号119頁　　204
最判平12・6・13民集54巻5号1635頁　　193
最決平12・10・27公刊物未登載　　86
最判平13・2・13判時1745号94頁　　204, 205, 301, 24流れ
最判平13・3・13訟月48巻8号1961頁　　228
最大決平13・3・30判時1760号68頁　　24流れ
最判平13・4・5訟月49巻5号1500頁　　9, 10
最判平13・7・13訟月48巻8号2014頁　　284, 17流れ
最判平13・9・25訟月49巻4号1273頁　　229, 1流れ
最決平13・12・7刑集55巻7号823頁　　215
最判平13・12・18民集55巻7号1603頁　　130
最判平13・12・18民集55巻7号1647頁　　248, 253
最判平14・1・29民集56巻1号185頁　　108
最判平14・1・31民集56巻1号246頁　　351
最判平14・1・31賃金と社会保障1322号47頁　　351
最大判平14・2・13民集56巻2号331頁　　162, 163, 164, 165, 307
最判平14・2・22判時1779号22頁　　298
最判平14・2・22判時1783号50頁　　351
最判平14・4・5刑集56巻4号95頁　　164, 14流れ
最判平14・4・25判時1785号31頁　　12, 56, 59, 1流れ
最判平14・6・4判時1788号160頁　　155
最判平14・6・11民集56巻5号958頁　　166, 168, 169
最判平14・7・9民集56巻6号1134頁　　282, 284
最判平14・7・11民集56巻6号1204頁　　70, 305
最決平14・7・18公刊物未登載　　6
最大判平14・9・11民集56巻7号1439頁　　20, 213, 311, 316, 319
最判平14・9・24判時1802号60頁　　98, 103, 104, 106, 107, 116
最判平14・11・22判時1808号55頁　　48
最判平15・2・14刑集57巻2号121頁　　186
最判平15・3・14民集57巻3号229頁　　104, 105, 106
最判平15・3・31判時1820号64頁　　321
最判平15・4・18民集57巻4号366頁　　165, 14流れ
最判平15・9・5判時1850号61頁　　193
最判平15・9・12民集57巻8号973頁　　34, 35, 105
最判平15・10・16民集57巻9号1075頁　　112, 113
最判平15・11・27民集57巻10号1665頁　　172, 179, 15流れ
最判平15・12・11刑集57巻11号1147頁　　28
最大判平16・1・14民集58巻1号1頁　　254
最大判平16・1・14民集58巻1号56頁　　253, 257, 258
最判平16・3・16民集58巻3号647頁　　226
最判平16・4・13刑集58巻4号247頁　　185, 195, 196, 199, 265
最判平16・7・15民集58巻5号1615頁　　111, 112
最判平16・7・15LEX/DB28092064　　51, 119
最判平16・11・25民集58巻8号2326頁　　117, 118, 119, 127
最大判平17・1・26民集59巻1号128頁　　4, 8
最判平17・4・14刑集59巻3号259頁　　191, 277
最判平17・4・19民集59巻3号563頁　　193
最判平17・4・26裁時1387号3頁　　153, 160
最判平17・7・14民集59巻6号1569頁　　87, 8流れ
最判平17・9・13民集59巻7号1950頁　　202
最大判平17・9・14民集59巻7号2087頁　　20, 241, 242, 243, 311, 316, 17流れ
最判平17・11・1判時1928号25頁　　274
最判平18・2・7民集60巻2号401頁　　95, 6流れ
最大判平18・3・1民集60巻2号587頁　　222, 326, 328
最判平18・3・17民集60巻3号773頁　　18
最判平18・3・23判時1929号37頁　　21
最判平18・3・28裁時1409号3頁　　222, 328
最判平18・3・28判時1930号83頁　　328
最判平18・6・23訟月53巻5号1615頁　　74, 325
最判平18・7・13訟月53巻5号1622頁　　242, 243, 316
最決平18・10・3民集60巻8号2647頁　　121, 123, 126

最大判平 18・10・4 民集 60 巻 8 号 2696 頁　　258
最判平 18・11・27 判時 1958 号 61 頁　　164, 14 流れ
最判平 19・2・2 民集 61 巻 1 号 86 頁　　240
最判平 19・2・27 民集 61 巻 1 号 291 頁　　20, 51, 53, 54, 55
最大判平 19・6・13 民集 61 巻 4 号 1617 頁　　248, 253
最決平 19・6・14 公刊物未登載　　102
最判平 19・9・18 刑集 61 巻 6 号 601 頁　　20, 310, 320, 15 流れ
最判平 19・9・28 民集 61 巻 6 号 2345 頁　　225
最判平 19・10・9 裁時 1445 号 4 頁　　225
最決平 19・10・19 家月 60 巻 3 号 36 頁　　50

　　平成 20 〜 24 年
最判平 20・2・19 民集 62 巻 2 号 445 頁　　99, 101
最判平 20・3・6 民集 62 巻 3 号 665 頁　　32, 33, 34, 35, 36
最判平 20・3・14 刑集 62 巻 3 号 185 頁　　260
最判平 20・4・11 刑集 62 巻 5 号 1217 頁　　83, 84, 8 流れ
最決平 20・4・15 刑集 62 巻 5 号 1398 頁　　29, 30
最決平 20・5・8 家月 60 巻 8 号 51 頁　　208, 211, 15 流れ
最大判平 20・6・4 民集 62 巻 6 号 1367 頁　　9, 20, 47, 48, 224, 253, 311, 321, 351
最判平 20・6・12 民集 62 巻 6 号 1656 頁　　127
最大判平 20・9・10 民集 62 巻 8 号 2029 頁　　212, 304
最決平 21・1・15 民集 63 巻 1 号 46 頁　　208, 24 流れ
最判平 21・4・23 判時 2045 号 116 頁　　164, 14 流れ
最判平 21・7・14 刑集 63 巻 6 号 623 頁　　205, 24 流れ
最大判平 21・9・30 民集 63 巻 7 号 1520 頁　　258, 322
最決平 21・9・30 家月 61 巻 12 号 55 頁　　47
最判平 21・11・30 刑集 63 巻 9 号 1765 頁　　84, 8 流れ
最決平 21・12・1 家月 62 巻 3 号 47 頁　　211
最判平 21・12・10 民集 63 巻 10 号 2463 頁　　148
最大判平 22・1・20 民集 64 巻 1 号 1 頁　　67, 68, 71, 72, 305, 6 流れ, 27 流れ
最大判平 22・1・20 民集 64 巻 1 号 128 頁　　71, 72, 305, 331, 6 流れ
最判平 22・2・23 判時 2076 号 40 頁　　169
最決平 22・3・15 刑集 64 巻 2 号 1 頁　　109, 114, 115
最判平 23・3・23 民集 65 巻 2 号 755 頁　　248, 253
最判平 23・4・28 民集 65 巻 3 号 1499 頁　　108
最判平 23・5・30 民集 65 巻 4 号 1780 頁　　20, 54, 55
最判平 23・6・6 民集 65 巻 4 号 1855 頁　　55, 5 流れ
最判平 23・6・14 民集 65 巻 4 号 2148 頁　　55, 5 流れ
最判平 23・6・21 判時 2123 号 35 頁　　5 流れ
最大判平 23・11・16 刑集 65 巻 8 号 1285 頁　　24 流れ
最判平 24・1・16 判時 2147 号 127 頁　　55, 65, 5 流れ, 6 流れ
最判平 24・1・16 判時 2147 号 139 頁　　55, 65, 5 流れ, 6 流れ
最大判平 24・10・17 判時 2166 号 3 頁　　321
最判平 24・12・7 裁時 1569 号 2 頁　　2 流れ, 20

〈高等裁判所〉
　　昭和 22 〜 29 年
東京高判昭 22・6・28 刑集 2 巻 6 号 607 頁　　260
東京高判昭 24・7・29 高刑集 2 巻 1 号 53 頁　　81
名古屋高判昭 25・10・6 刑集 5 巻 4 号 484 頁　　348
高松高判昭 26・7・30 高刑集 4 巻 9 号 1104 頁　　180
東京高判昭 29・9・22 行集 5 巻 9 号 2181 頁　　266, 313

　　昭和 30 〜 39 年
名古屋高金沢支決昭 30・3・7 刑集 10 巻 12 号 1698 頁　　213
札幌高判昭 30・8・23 高刑集 8 巻 6 号 845 頁　　22 流れ
東京高判昭 30・9・20 高刑集 8 巻 8 号 1024 頁　　350
大阪高判昭 31・4・19 労刑集 6 輯 180 頁　　29
東京高判昭 31・5・8 高刑集 9 巻 5 号 425 頁　　136
福岡高宮崎支判昭 32・8・6 刑集 12 巻 7 号 1282 頁　　350
東京高判昭 37・6・11 行集 13 巻 6 号 1213 頁　　285
仙台高判昭 37・11・30 刑集 22 巻 12 号 1416 頁　　169

　　昭和 40 〜 49 年
東京高判昭 40・1・30 高民集 18 巻 1 号 56 頁　　171
東京高判昭 43・6・12 判時 523 号 19 頁　　14
東京高判昭 43・12・18 行集 19 巻 12 号 1947 頁　　3
仙台高判昭 44・2・19 判時 548 号 39 頁　　235
高松高判昭 44・3・28 判時 567 号 95 頁　　81
東京高判昭 44・12・17 高刑集 22 巻 6 号 924 頁　　263
東京高決昭 45・4・13 判時 587 号 31 頁　　107
名古屋高判昭 45・8・25 刑月 2 巻 8 号 789 頁　　136, 137
東京高判昭 47・4・19 判時 664 号 3 頁　　5
東京高判昭 48・1・16 判時 706 号 103 頁　　90
高松高判昭 48・2・19 刑集 29 巻 8 号 570 頁　　342
東京高判昭 49・8・28 行集 25 巻 8・9 号 1079 頁　　335

　　昭和 50 〜 59 年
東京高判昭 50・9・18 行集 26 巻 9 号 1008 頁　　335
大阪高判昭 50・11・10 行集 26 巻 10・11 号 1268 頁　　220, 221
大阪高判昭 50・11・27 判時 797 号 36 頁　　40, 41
東京高判昭 51・3・25 行集 27 巻 3 号 375 頁　　91
札幌高判昭 51・8・5 行集 27 巻 8 号 1175 頁　　273, 275, 312, 17 流れ
東京高決昭 51・9・28 東高民時報 27 巻 9 号 217 頁　　261
名古屋高判昭 51・10・18 判時 834 号 30 頁　　336
大阪高判昭 51・12・17 行集 27 巻 11・12 号 1836 頁　　223
大阪高判昭 52・5・26 判時 861 号 76 頁　　295
札幌高判昭 53・5・24 高民集 31 巻 2 号 231 頁　　314
大阪高判昭 53・9・28 集民 127 号 159 頁　　94
東京高判昭 54・3・20 高刑集 32 巻 1 号 71 頁　　99
札幌高決昭 54・8・31 下民集 30 巻 5 〜 8 号 403 頁

126

広島高松江支判昭 55・4・28 判時 964 号 134 頁　247
東京高判昭 56・4・22 行集 32 巻 4 号 593 頁　223
東京高判昭 57・5・19 高民集 35 巻 2 号 105 頁　52
東京高判昭 57・6・23 行集 33 巻 6 号 1367 頁　311
仙台高秋田支判昭 57・7・23 行集 33 巻 7 号 1616 頁　328
福岡高判昭 58・3・7 行集 34 巻 3 号 394 頁　342
大阪高判昭 58・5・31 判タ 504 号 105 頁　85
東京高判昭 59・2・17 行集 35 巻 2 号 144 頁　24 流れ
大阪高判昭 59・4・19 高刑集 37 巻 1 号 98 頁　181

昭和 60 〜 63 年

名古屋高判昭 60・4・12 判時 1150 号 30 頁　40, 41
東京高判昭 60・8・26 行集 36 巻 7・8 号 1211 頁　317
東京高判昭 61・4・9 判時 1192 号 1 頁　23 流れ
大阪高判昭 61・5・6 判時 1207 号 61 頁　297, 298
東京高判昭 61・9・29 高刑集 39 巻 4 号 357 頁　24
東京高判昭 62・1・22 行集 38 巻 1 号 1 頁　155
東京高判昭 62・3・16 高刑集 40 巻 1 号 1 頁　76
名古屋高判昭 62・3・25 行集 38 巻 2・3 号 275 頁　266, 267
広島高判昭 62・6・15 判時 1236 号 52 頁　16
東京高判昭 62・7・15 判時 1245 号 3 頁　40
東京高判昭 62・11・26 判時 1295 号 30 頁　155
東京高判昭 63・4・1 東高刑時報 39 巻 1 〜 4 号 8 頁　29, 30, 31
東京高判昭 63・9・29 行集 39 巻 9 号 948 頁　3

平成元〜 9 年

東京高判平元・3・1 公刊物未登載　27
東京高判平 2・1・29 高民集 43 巻 1 号 1 頁　332
高松高判平 2・2・19 判時 1362 号 44 頁　27
仙台高判平 3・1・10 行集 42 巻 1 号 1 頁　325
広島高判平 3・11・28 判時 1406 号 3 頁　45
大阪高判平 4・2・20 判時 1415 号 3 頁　40, 41
大阪高判平 4・6・26 高刑集 45 巻 2 号 43 頁　20 流れ
大阪高判平 4・7・30 判時 1434 号 38 頁　325
東京高判平 4・12・18 高民集 45 巻 3 号 212 頁　170, 17 流れ
東京高判平 4・12・21 自由と正義 44 巻 2 号 99 頁　57
福岡高判平 5・8・10 判時 1471 号 31 頁　170
札幌高判平 6・3・15 民集 51 巻 8 号 3881 頁　264
大阪高判平 6・3・16 判時 1500 号 15 頁　170
福岡高判平 6・5・13 行集 45 巻 5・6 号 1202 頁　4
札幌高判平 6・5・24 判時 1519 号 67 頁　147
東京高判平 6・11・29 訟月 42 巻 7 号 1761 頁　292, 293
東京高判平 7・2・28 労民集 46 巻 1 号 638 頁　237
東京高判平 7・8・10 訟月 42 巻 7 号 1783 頁　125
東京高決平 7・12・19 判時 1548 号 26 頁　320
福岡高那覇支判平 8・9・24 行集 47 巻 9 号 808 頁　284
大阪高判平 8・9・27 行集 47 巻 9 号 957 頁　130
東京高判平 9・6・18 訟月 46 巻 6 号 2996 頁　287, 297, 22 流れ

東京高判平 9・9・16 判タ 986 号 206 頁　49

平成 10 〜 19 年

東京高判平 10・2・9 高民集 51 巻 1 号 1 頁　37, 38, 39
札幌高判平 11・12・21 判時 1723 号 37 頁　328
名古屋高金沢支判平 12・2・16 判時 1726 号 111 頁　86, 87, 95, 8 流れ, 22 流れ
大阪高判平 12・2・29 判時 1710 号 121 頁　106
名古屋高判平 12・6・29 判時 1736 号 35 頁　106
東京高判平 13・2・15 判時 1741 号 68 頁　104, 107
広島高判平 13・3・29 判時 1759 号 42 頁　317
東京高判平 13・6・28 訟月 49 巻 3 号 779 頁　24 流れ
東京高判平 13・9・5 判時 1786 号 80 頁　114, 115, 249
東京高判平 14・1・23 判時 1773 号 34 頁　6
東京高判平 14・2・20 判時 1782 号 45 頁　113
東京高判平 14・10・31 判時 1810 号 52 頁　216
札幌高判平 14・11・28 賃金と社会保障 1336 号 55 頁　222
東京高判平 15・1・30 東高民時報 54 巻 1 〜 12 号 1 頁　340
大阪高判平 15・2・20 刑集 57 巻 11 号 1161 頁　28
東京高判平 15・7・31 判時 1831 号 107 頁　112
大阪高判平 15・10・10 判タ 1159 号 158 頁　24 流れ
東京高判平 16・3・3 民集 59 巻 6 号 1604 頁　87
東京高決平 16・3・31 判時 1865 号 12 頁　104, 107, 116
大阪高決平 16・5・10 公刊物未登載　26 流れ
名古屋高判平 16・5・12 判時 1870 号 29 頁　106
東京高判平 16・7・7 民集 61 巻 1 号 457 頁　53
東京高決平 17・3・10 判タ 1179 号 137 頁　260
東京高判平 17・6・16LEX/DB28135240　97, 102
大阪高判平 17・6・28 判タ 1192 号 186 頁　121
広島高判平 17・7・28 判タ 1195 号 128 頁　310
大阪高判平 17・9・30 訟月 52 巻 9 号 2979 頁　275, 325
東京高判平 17・11・24 判時 1915 号 29 頁　87
東京高判平 17・12・9 判時 1949 号 169 頁　83
大阪高判平 18・11・30 判時 1962 号 11 頁　35
東京高判平 19・1・29 判タ 1258 号 242 頁　127
東京高判平 19・3・29 判時 1979 号 70 頁　285
大阪高決平 19・6・6 公刊物未登載　50
仙台高決平 19・8・7 判タ 1256 号 107 頁　96
東京高判平 19・10・31 判時 2009 号 90 頁　148

平成 20 〜 23 年

名古屋高判平 20・4・17 判時 2056 号 74 頁　275, 325
東京高判平 20・4・23LLI/DB06320287　294
仙台高判平 20・8・21 公刊物未登載　35
東京高判平 21・1・29 判タ 1295 号 193 頁　32
東京高判平 21・1・30 判タ 1309 号 91 頁　115
東京高判平 22・3・29 判タ 1340 号 105 頁　20, 318
東京高判平 22・4・22 高刑集 63 巻 1 号 1 頁　24 流れ
東京高判平 22・5・27 判時 2085 号 43 頁　227
福岡高判平 22・6・14 判時 2085 号 76 頁　227

東京高判平 23・9・29 判時 2142 号 3 頁　　124

〈地方裁判所〉

　昭和 21～29 年

東京刑事地判昭 21・11・2 刑集 2 巻 6 号 603 頁　　260
東京地命昭 26・2・19 公刊物未登載　　261
東京地判昭 27・4・28 行集 3 巻 3 号 634 頁　　93
福井地判昭 27・9・6 行集 3 巻 9 号 1823 頁　　268
東京地判昭 28・10・19 行集 4 巻 10 号 2540 頁　　266
東京地決昭 29・3・6 裁時 154 号 1 頁　　262
釧路地判昭 29・9・15 判時 36 号 3 頁　　75

　昭和 30～39 年

東京地判昭 31・7・23 判時 86 号 3 頁　　265, 22 流れ
大阪地判昭 33・8・20 行集 9 巻 8 号 1662 頁　　288, 2 流れ
東京地判昭 34・3・30 下刑集 1 巻 3 号 776 頁　　270, 271
東京地判昭 34・8・8 裁時 286 号 6 頁　　90
東京地判昭 35・10・19 行集 11 巻 10 号 2921 頁　　218, 219
東京地判昭 36・11・22 行集 12 巻 11 号 2318 頁　　140
東京地判昭 37・1・22 判時 297 号 7 頁　　263, 334
東京地判昭 37・3・8 行集 13 巻 3 号 362 頁　　285
東京地判昭 38・7・29 行集 14 巻 7 号 1316 頁　　25
東京地判昭 38・10・2 訟月 9 巻 10 号 1210 頁　　285
東京地判昭 39・9・28 下民集 15 巻 9 号 2317 頁　　33, 103, 104, 105, 110

　昭和 40～49 年

東京地判昭 40・3・30 刑集 21 巻 6 号 756 頁　　176
東京地判昭 41・1・21 下刑集 8 巻 1 号 44 頁　　263
和歌山地判昭 41・4・16 刑集 23 巻 7 号 984 頁　　109
札幌地判昭 42・3・29 下刑集 9 巻 3 号 359 頁　　306, 307, 23 流れ
東京地判昭 42・5・10 下刑集 9 巻 5 号 638 頁　　90
東京地決昭 42・6・9 行集 18 巻 5・6 号 737 頁　　90, 91, 8 流れ
東京地決昭 42・6・10 行集 18 巻 5・6 号 757 頁　　91
東京地判昭 42・7・17 判時 498 号 66 頁　　14
旭川地判昭 43・3・25 下刑集 10 巻 3 号 293 頁　　20, 318, 319
東京地判昭 43・6・6 行集 19 巻 6 号 991 頁　　333, 335
東京地判昭 43・7・15 行集 19 巻 7 号 1196 頁　　223
東京地判昭 43・10・11 行集 19 巻 10 号 1637 頁　　3
東京地判昭 44・1・25 行集 20 巻 1 号 28 頁　　5
金沢地七尾支判昭 44・6・3 判時 563 号 14 頁　　181
東京地判昭 44・7・1 労民集 20 巻 4 号 715 頁　　16
東京地判昭 44・9・26 行集 20 巻 8・9 号 1141 頁　　289, 300
東京地判昭 44・12・2 行集 20 巻 12 号 1608 頁　　91
大阪地判昭 44・12・26 労民集 20 巻 6 号 1806 頁　　13
東京地判昭 45・7・17 行集 21 巻 7 号別冊 1 頁　　5, 141, 145, 318
東京地判昭 46・7・19 判時 639 号 61 頁　　25

東京地判昭 46・11・1 行集 22 巻 11・12 号 1755 頁　　318
徳島地判昭 47・4・20 判タ 278 号 287 頁　　342
神戸地判昭 47・9・20 行集 23 巻 8・9 号 711 頁　　220, 223
東京地判昭 47・12・12 行集 23 巻 12 号 918 頁　　335
東京地判昭 48・5・1 訟月 19 巻 8 号 32 頁　　138
札幌地判昭 48・9・7 行集 27 巻 8 号 1385 頁　　272, 273, 275, 306, 17 流れ, 24 流れ
大阪地判昭 49・2・27 判時 729 号 3 頁　　40
東京地判昭 49・9・26 判時 769 号 38 頁　　285
札幌地小樽支判昭 49・12・9 判時 762 号 8 頁　　242, 314, 20 流れ

　昭和 50～59 年

大阪地判昭 50・5・28 判タ 329 号 223 頁　　94, 8 流れ
名古屋地判昭 51・7・14 行集 27 巻 7 号 1024 頁　　336
東京地判昭 54・3・28 判時 921 号 18 頁　　52
東京地判昭 54・10・19 判時 945 号 15 頁　　99
岐阜地判昭 55・2・25 判時 966 号 22 頁　　166
大阪地判昭 55・5・14 判時 972 号 79 頁　　143
福岡地判昭 55・6・5 訟月 26 巻 9 号 1572 頁　　339
東京地判昭 55・7・24 刑月 12 巻 7 号 538 頁　　265
東京地判昭 55・12・15 労民集 31 巻 6 号 1202 頁　　25
東京地判昭 56・9・9 判時 1043 号 74 頁　　6
東京地八王子支判昭 58・5・30 判時 1085 号 77 頁　　291
青森地判昭 58・6・28 行集 34 巻 6 号 1084 頁　　155
東京地判昭 59・5・18 訟月 30 巻 11 号 2011 頁　　170, 17 流れ
京都地判昭 59・6・29 判タ 530 号 265 頁　　158
東京地判昭 59・7・19 行集 35 巻 7 号 969 頁　　155
大阪地判昭 59・9・28 下民集 34 巻 1～4 号 377 頁　　298

　昭和 60～63 年

東京地判昭 60・4・16 判時 1171 号 94 頁　　249
熊本地判昭 60・11・13 行集 36 巻 11・12 号 1875 頁　　25, 26
大分地決昭 60・12・2 判時 1180 号 113 頁　　39
東京地判昭 61・3・17 行集 37 巻 3 号 294 頁　　274
東京地判昭 61・3・20 行集 37 巻 3 号 347 頁　　64, 65
東京地判昭 61・3・26 行集 37 巻 3 号 459 頁　　3
千葉地判昭 61・5・28 行集 37 巻 4・5 号 690 頁　　332
大阪地判昭 62・9・30 判時 1255 号 45 頁　　170
横浜地判昭 63・3・9 判タ 672 号 139 頁　　155

　平成元～9 年

大阪地判平元・3・14 判時 1309 号 3 頁　　129
東京地判平元・3・15 判時 1310 号 158 頁　　30
福岡地判平元・9・29 行集 40 巻 9 号 1300 頁　　4
静岡地沼津支決平元・12・7 判時 1334 号 239 頁　　131
福岡地判平 2・3・16 判時 1364 号 34 頁　　304
広島地判平 3・1・28 判時 1375 号 30 頁　　45
金沢地判平 3・3・13 判時 1379 号 3 頁　　41
浦和地判平 3・3・25 判タ 760 号 261 頁　　198

東京地判平 3・6・21 判時 1388 号 3 頁　　26
東京地判平 4・1・30 判時 1430 号 108 頁　　12, 56, 57, 1 流れ
神戸地判平 4・3・13 行集 43 巻 3 号 309 頁　　145, 146, 147
新潟地判平 4・11・26 行集 43 巻 11・12 号 1462 頁　　332
秋田地判平 5・4・23 行集 44 巻 4・5 号 325 頁　　226
大阪地判平 5・6・18 判時 1468 号 122 頁　　6
札幌地判平 5・7・16 判時 1484 号 115 頁　　264
京都地判平 5・11・19 判タ 874 号 176 頁　　303, 305
大阪地判平 6・3・30 判タ 860 号 123 頁　　332
大阪地判平 6・4・27 判時 1515 号 116 頁　　29, 30, 31
東京地判平 6・7・15 判時 1505 号 46 頁　　10
東京地判平 7・3・14 判時 1552 号 90 頁　　119
東京地判平 7・3・23 判時 1531 号 53 頁　　6
東京地判平 7・5・19 判時 1550 号 49 頁　　104
東京地判平 7・7・20 判時 1543 号 127 頁　　282, 287
神戸地判平 7・11・27 行集 46 巻 10・11 号 1033 頁　　130
大阪地判平 8・3・27 判時 1577 号 104 頁　　23 流れ
東京地判平 8・4・22 判時 1597 号 151 頁　　9 流れ
大阪地判平 8・5・20 判時 1592 号 113 頁　　23 流れ
東京地判平 8・5・29 行集 47 巻 4・5 号 421 頁　　229
東京地判平 9・3・12 訟月 44 巻 3 号 315 頁　　37, 38, 39
札幌地判平 9・3・27 訟月 44 巻 10 号 1798 頁　　11
東京地判平 9・5・26 判時 1610 号 22 頁　　114

　　　　　平成 10 ～ 19 年

旭川地判平 10・4・21 判時 1641 号 29 頁　　328
山口地下関支判平 10・4・27 判時 1642 号 24 頁　　317
富山地判平 10・12・16 判時 1699 号 120 頁　　86
東京地判平 11・6・22 判時 1691 号 91 頁　　104
東京地判平 11・9・24 判時 1707 号 139 頁　　114
静岡地浜松支判平 11・10・12 判時 1718 号 92 頁　　6
仙台地判平 11・12・22 判時 1727 号 158 頁　　139
東京地判平 12・1・28 訟月 47 巻 7 号 1793 頁　　125
那覇地判平 12・5・9 判時 1746 号 122 頁　　337
東京地決平 12・11・13 判タ 1067 号 283 頁　　181
東京地判平 13・2・6 判時 1748 号 144 頁　　32
熊本地判平 13・5・11 訟月 48 巻 4 号 881 頁　　315, 17 流れ
東京地判平 13・5・31 判時 1773 号 36 頁　　6
東京地判平 13・6・13 判時 1755 号 3 頁　　61, 62, 63
東京地判平 13・8・27 判時 1778 号 90 頁　　115
東京地判平 13・8・31 判時 1787 号 112 頁　　135
東京地判平 13・11・12 判時 1789 号 96 頁　　6
東京地判平 14・3・26 判時 1787 号 42 頁　　340
東京地判平 14・5・21 判時 1791 号 53 頁　　216
東京地判平 14・6・26 判時 1810 号 78 頁　　114
札幌地判平 14・11・11 判時 1806 号 84 頁　　6
東京地判平 14・11・28 判タ 1114 号 93 頁　　242, 20 流れ
横浜地決平 15・4・15 判時 1820 号 45 頁　　260
東京地判平 15・4・24 判時 1823 号 61 頁　　317
東京地判平 15・9・9 民集 59 巻 6 号 1579 頁　　87
東京地判平 15・12・3 判時 1845 号 135 頁　　53

東京地決平 16・3・19 判時 1865 号 18 頁　　107
東京地判平 16・3・24 判時 1852 号 3 頁　　223, 224, 225
福岡地判平 16・4・7 判時 1859 号 125 頁　　74, 325
大阪地判平 16・5・13 判時 1876 号 70 頁　　74
名古屋地判平 16・7・16 判時 1874 号 107 頁　　29, 33
広島地判平 16・7・16 刑集 61 巻 6 号 645 頁　　310
新潟地判平 16・10・28 賃金と社会保障 1382 号 46 頁　　224
東京地八王子支判平 16・12・16 判時 1892 号 150 頁　　83
広島地判平 17・3・3 判タ 1187 号 165 頁　　224
福岡地判平 17・4・26 公刊物未登載　　53
東京地判平 17・6・2 判時 1930 号 174 頁　　30
横浜地判平 18・2・9 刑集 62 巻 3 号 236 頁　　260
東京地判平 18・9・21 判時 1952 号 44 頁　　53, 54
千葉地判平 19・1・31 判時 1988 号 66 頁　　40
東京地判平 19・5・10 公刊物未登載　　294
岡山地決平 19・10・15 判時 1994 号 26 頁　　96

　　　　　平成 20 ～ 22 年

東京地判平 20・2・29 判時 2009 号 151 頁　　115
東京地判平 20・6・26 判時 2014 号 48 頁　　219, 227
東京地判平 22・4・9 判時 2076 号 19 頁　　124
京都地判平 22・5・27 判時 2093 号 72 頁　　46

〈簡易裁判所・その他〉

大森簡判昭 42・3・31 下刑集 9 巻 3 号 366 頁　　81
呉簡判昭 43・2・5 判時 509 号 79 頁　　81
枚方簡判昭 43・10・9 下刑集 10 巻 10 号 981 頁　　79
神戸簡判昭 50・2・20 判時 768 号 3 頁　　63
国地方係争処理委員会平 13・7・24 勧告判時 1765 号 26 頁　　338
裁判官弾劾裁判所判平 13・11・28 官報 3253 号 11 頁　　24 流れ

凡　例

1　法令の掲げ方
(1) 括弧内で表記される法令名は，憲法については単に条数のみを表示し，その他の法令については『六法全書』（有斐閣）にならって略記した。略記のない法令については原則として正式名称のままとした。

(2) 括弧内で表記される条数については，条はアラビア数字（1，2，3……），項はローマ数字（I，II，III……），号は丸なか数字（①，②，③……）とした。

2　判旨の扱い
(1) 原告側はX，被告側はYで表記し（複数の場合は$X_1 \cdot X_2$……，$Y_1 \cdot Y_2$……），その他の関係者はA，B，C等の記号で表記した。
(2) 促音・拗音は一律，小字とした。
(3) 旧字体は新字体に置き換えた。
(4) カタカナ書きの判決文等はひらがなに置き換え，濁点を付した（ただし，句読点は補っていない）。
(5) 引用文中の省略箇所は一律に「……」（3点リーダー2倍）で示した。
(6) 明らかな誤字・脱字は，〔　〕に訂正したものを入れて表示した。
(7) 論旨をより明確にするために執筆者が語句を補う場合には，〔　〕に入れて表示した。
(8) 法令や制度が現在と異なる場合は，〔当時〕との注をつけ，必要な場合はさらに〔　〕内で説明を加えた。
(9) 漢数字はアラビア数字に置き換えた。

3　略語一覧　判例集，文献の略語は本一覧のほか，一般の慣例による。

(1) 判例略語
最大判（決）	最高裁判所大法廷判決（決定）
最判（決）	最高裁判所小法廷判決（決定）
高判（決）	高等裁判所判決（決定）
地判（決）	地方裁判所判決（決定）
支判（決）	支部判決（決定）
簡判（決）	簡易裁判所判決（決定）

(2) 判例集略語
民（刑）集	最高裁判所民（刑）事判例集
高民（刑）集	高等裁判所民（刑）事判例集
下民（刑）集	下級裁判所民（刑）事判例集
行集	行政事件裁判例集
東高民（刑）時報	東京高等裁判所民（刑）事判決時報
労民集	労働関係民事裁判例集
訟月	訟務月報
裁時	裁判所時報
刑月	刑事裁判月報
家月	家庭裁判月報
集民（刑）	最高裁判所裁判集民（刑）事
判時	判例時報
金判	金融・商事判例
判自	判例地方自治
判タ	判例タイムズ
労判	労働判例
労経速	労働経済判例速報

(3) 文献略語
ジュリ	ジュリスト
法教	法学教室
曹時	法曹時報
法時	法律時報
判評	判例時報に添付の「判例評論」
民商	民商法雑誌
法セ	法学セミナー
ひろば	法律のひろば
○○百選	○○判例百選（版表記のないものは，初版〔第1版〕）（別冊ジュリ）
セレクト○○年	判例セレクト○○（法教別冊付録）
平成（昭和）○○年度重判解	『平成（昭和）○○年度重要判例解説』（ジュリ臨増）
百選	『憲法判例百選』（ジュリ臨増276の2・1963年，新版・1968年，第3版・1974年）
百選I・II	『憲法判例百選I・II』（版表記なし・1980年，第2版・1988年，第3版・1994年，第4版・2000年，第5版・2007年）（別冊ジュリ）
争点	『憲法の争点』（版表記なし・2008年〔新・法律学の争点シリーズ〕，新版・1985年，第3版・1999年）（ジュリ増刊）
基本判例	『憲法の基本判例』（版表記なし・1985年，第2版・1996年）（別冊法教）
憲法の判例	『憲法の判例』（版表記なし・1966年，第2版・1971年，第3版・1977年）（ジュリ増刊）
最判解民（刑）事篇平成（昭和）○○年度	最高裁判所判例解説民（刑）事篇平成（昭和）○○年度

(4) 著書等略語
芦部	芦部信喜（高橋和之補訂）『憲法〔第5版〕』（岩波書店，2011年）
芦部憲法学I～III	芦部信喜『憲法学I～III』（有斐閣，I・1992年，II・1994年，III〔増補版〕・2000年）
芦部古稀(上)(下)	樋口陽一＝高橋和之編『現代立憲主義の展開(上)(下)』（芦部信喜先生古稀祝賀）（有斐閣，1993年）
芦部理論	芦部信喜『憲法訴訟の理論』（有斐閣，1973年）
伊藤	伊藤正己『憲法〔第3版〕』（弘文堂，1995年）
浦部教室	浦部法穂『憲法学教室〔全訂第2

大石Ⅰ	大石眞『憲法講義Ⅰ〔第2版〕』(有斐閣, 2009年)		版〕』(有斐閣, 2006年)
奥平Ⅲ	奥平康弘『憲法Ⅲ』(有斐閣, 1993年)	長谷部	長谷部恭男『憲法〔第5版〕』(新世社, 2011年)
清宮Ⅰ	清宮四郎『憲法Ⅰ〔第3版〕』(有斐閣, 1979年)	樋口	樋口陽一『憲法〔第3版〕』(創文社, 2007年)
小嶋	小嶋和司『憲法概説』(良書普及会, 1987年)	松井	松井茂記『日本国憲法〔第3版〕』(有斐閣, 2007年)
佐藤憲法	佐藤幸治『憲法〔第3版〕』(青林書院, 1995年)	宮沢Ⅱ	宮沢俊義『憲法Ⅱ〔新版〕』(有斐閣, 1971年)
佐藤憲法論	佐藤幸治『日本国憲法論』(成文堂, 2011年)	プロセス	LS憲法研究会編『プロセス演習憲法』(信山社, 版表記なし・第4版・2011年, 第3版・2004年)
宍戸	宍戸常寿『憲法 解釈論の応用と展開』(日本評論社, 2011年)	事例研究	木下智史=村田尚紀=渡辺康行編著『事例研究 憲法』(日本評論社, 2008年)
渋谷	渋谷秀樹『憲法』(有斐閣, 2007年)	判例講義Ⅰ・Ⅱ	佐藤幸治=土井真一編『判例講義 憲法Ⅰ・Ⅱ』(悠々社, 2010年)
杉原Ⅱ	杉原泰雄『憲法Ⅱ』(有斐閣, 1989年)	論点探究	小山剛=駒村圭吾編『論点探究憲法』(弘文堂, 2005年)
高橋	高橋和之『立憲主義と日本国憲法〔第2版〕』(有斐閣, 2010年)	注解Ⅰ~Ⅳ	樋口陽一=佐藤幸治=中村睦男=浦部法穂『憲法Ⅰ~Ⅳ』(青林書院, 1994~2004年)
辻村	辻村みよ子『憲法〔第3版〕』(日本評論社, 2008年)	註解(上)(下)	法学協会編『註解日本国憲法 上巻・下巻』(有斐閣, 1953・1954年)
戸松	戸松秀典『憲法訴訟〔第2版〕』(有斐閣, 2008年)		
野中ほかⅠ・Ⅱ	野中俊彦=中村睦男=高橋和之=高見勝利『憲法Ⅰ・Ⅱ〔第4		

判例プラクティス憲法

2012(平成24)年2月29日　第1版第1刷発行
2013(平成25)年4月5日　第1版第2刷発行

編　集　憲法判例研究会
著　者　淺野博宣　尾形 健　小島慎司　宍戸常寿　曽我部真裕　中林暁生　山本龍彦
編集人　渡辺左近
発行人　今井 貴
発行所　信山社出版株式会社
　　　　〒113-0033
　　　　東京都文京区本郷6-2-9-102
　　　　電話 03-3818-1019
　　　　FAX 03-3818-0344
編集・制作担当　島本裕子　木村太紀　柴田尚到
印刷所　株式会社 暁印刷

©2012, 淺野博宣・尾形 健・小島慎司・宍戸常寿・曽我部真裕・中林暁生・山本龍彦　2625-01021
ISBN978-4-7972-2625-6　C3332

本書の無断複写は著作権法上での例外を除き禁じられています。複写される場合は、そのつど事前に、(社)出版者著作権管理機構(電話 03-3513-6969, FAX 03-3513-6979, e-mail:info@jcopy.or.jp)の許諾を得てください。